ISBN 978-1-332-52128-9
PIBN 10327372

English
Français
Deutsche
Italiano
Español
Português

www.forgottenbooks.com

Mythology Photography **Fiction**
Fishing Christianity **Art** Cooking
Essays Buddhism Freemasonry
Medicine **Biology** Music **Ancient**
Egypt Evolution Carpentry Physics
Dance Geology **Mathematics** Fitness
Shakespeare **Folklore** Yoga Marketing
Confidence Immortality Biographies
Poetry **Psychology** Witchcraft
Electronics Chemistry History **Law**
Accounting **Philosophy** Anthropology
Alchemy Drama Quantum Mechanics
Atheism Sexual Health **Ancient History**
Entrepreneurship Languages Sport
Paleontology Needlework Islam
Metaphysics Investment Archaeology
Parenting Statistics Criminology
Motivational

Untersuchungen zur Grundlegung der allgemeinen Grammatik und Sprachphilosophie.

Von

Dr. Anton Marty

Professor der Philosophie an der deutschen Universität in Prag.

Erster Band.

Halle a. S.

Verlag von Max Niemeyer.

1908.

Franz Brentano,

dem Lehrer und Freunde,

zum 70. Geburtstag
(16. Januar 1908).

Vorwort.

Die Untersuchungen, die ich hier als Frucht längerer Studien biete, wollen Beiträge zur Sprachphilosophie sein, und einem ersten einleitenden Stück überlasse ich es, diesen Begriff zu bestimmen, sowie die Absicht der darauf folgenden Stücke (II, III, IV und V) und die natürliche Stelle zu präzisieren, die ihrem Inhalt innerhalb jenes weiteren Gebietes zukommt. Hier nur die Bemerkung, daß unsere Untersuchungen durchaus Fragen nach der Funktion und Bedeutung unserer Sprachmittel betreffen, also ein Gebiet, auf dem meines Erachtens noch viel zu tun ist, und wo Psychologie und historische Sprachforschung sich bei der Lösung die Hand reichen müssen.

Was das erstere betrifft, so wird, auch wer nicht so weit geht zu sagen, von der Semantik sei bis jetzt kaum mehr als der Name vorhanden, doch zugeben, daß es hier selbst in den elementarsten deskriptiven Fragen, geschweige denn in den komplizierten des Gebietes und in den genetischen Untersuchungen, gar mannigfach an Klarheit und Übereinstimmung gebricht. Wie wäre es sonst möglich, daß z. B. selbst über den Begriff des Satzes noch keine Einigkeit herrscht? Das kann nur daran liegen, daß man einerseits den semasiologischen Gesichtspunkt mit demjenigen der Unterschiede äußerer oder innerer Sprachform vermengt und anderseits über die fundamentalsten semasiologischen Klassen im Unklaren ist.

Was das zweite betrifft, so bedarf es keiner weiteren Ausführung, daß und wie die semasiologischen Probleme den Psychologen angehen. Allgemein wird ja zugestanden, daß die Bedeutung unserer Sprachmittel irgend etwas mit dem Ausdruck der psychischen Phänomene des Sprechenden und der Erweckung ähnlicher im Hörer zu tun habe, und diese zu beschreiben und ihre Genesis zu erforschen ist doch Sache des Psychologen.

Aber auch daß die historische Sprachforschung an der Bedeutungslehre, sowohl an der deskriptiven als an der genetischen, kein geringes Interesse habe, ist wohl nicht kontrovers; wenn auch diese Anteilnahme nicht zu allen Zeiten und bei allen Sprachforschern eine gleich lebendige war und ist. Und es ist bemerkenswert, daß doch gerade eine Anzahl der hervorragendsten unter ihnen immer und immer wieder — und unter verschiedenen Formen — die Beschäftigung mit der Funktionslehre als das höchste Ziel aller sprachlichen Untersuchungen bezeichnet haben und als das, was alle anderen Bestrebungen auf sprachwissenschaftlichem Gebiete kröne und adle. Wir werden heute jene mystische Überschwänglichkeit nicht mehr billigen, womit man einst verkündete: die Sprache sei das bildende Organ der Gedanken. Die intellektuelle Tätigkeit und die Sprache seien eins und unzertrennlich voneinander. Die Sprache entspringe aus einer Tiefe der Menschheit, welche überall verbiete sie als eine Schöpfung der Völker zu betrachten, und sie sei kein Erzeugnis der Tätigkeit, sondern eine unwillkürliche Emanation des Geistes usw. Aber sofern solche Äußerungen und Ausdrucksweisen bei Humboldt, Heyse und anderen ein Ausfluß der Anerkennung dafür waren, in welcher Richtung der vornehmste Wert der Sprache und damit auch das höchste Ziel der Sprachforschung liegt, sind sie wohl begreiflich. Wenn auch die Art, wie jene Männer diese höchsten Aufgaben ihrer Wissenschaft zu beantworten strebten, von großen Fehlern nicht frei war. Der Hinweis auf eine unergründliche Tiefe, in der Denken und Sprechen zusammenhängen, die Rede von dem „Sprachgeist", der jede Sprache in ihrer Eigentümlichkeit erzeugt habe und bedinge und dgl., ist ja keine wissenschaftliche Lösung der deskriptiven und genetischen Fragen der Semasiologie. Und so war allerdings durch das Streben nach wahrhaft wissenschaftlicher Methode geboten, daß man, von jener nebelhaften Höhe zur Erde herabsteigend, an die Stelle der Fiktion eines „Geistes der Gesamtheit" die Geister und Körper der einzelnen Individuen als Träger der Sprache setzte und dementsprechend die Frage nach ihrem Werden und Wandel zerlegte und nüchterner formulierte. Es war auch wohl berechtigt, daß man dabei zunächst vor allem die äußere Sprachform zum Gegenstand der Betrachtung machte und unter den Kräften, durch die sie gestaltet und umgestaltet wird, die völlig blind wirkenden, physiologischen. Auch daß

mancher sich diesen Lautforschungen in etwas einseitiger Überschätzung ausschließlich zuwandte, ist wohl zu begreifen. Wo
wahrhaft wissenschaftliches Streben ist, da ist es auf die Erkenntnis von Allgemeinem und von Gesetzmäßigkeiten gerichtet.
Hier aber, auf phonetischem Gebiete, war solcher Boden
gewonnen, während er bei dem, was sonst noch den Grammatiker
beschäftigt, zu fehlen schien, — da doch, was man grammatische
Regeln nannte und die Vorschriften über das, was als sprach-
richtig gelten kann, nur äquivok den Namen von „Gesetzen"
trägt. Auch das ist verständlich und verzeihlich, daß manche
in dem Eifer, die auf phonetischem Gebiete gefundene Gesetzmäßigkeit hervorzuheben, den bloß empirischen Charakter der
gefundenen Gesetze verkannten oder wenigstens nicht genügend
betonten, und andere glaubten, in dem Lautgesetzlichen nicht
bloß allein den Boden echter Wissenschaft für die Sprachforschung
gefunden, sondern sie damit in eine Linie mit den Naturwissenschaften gerückt zu haben. Das letztere wäre ja richtig, wenn
der Sprachforscher wirklich seine Untersuchungen auf die Frage
nach der Artikulationsbasis und nach der Statik und Mechanik
ihrer Äußerungen beschränkte; denn durch solche Beschränkung
würde, wie Bréal (Essai de Sémantique, 1897, S. 1) treffend sagt,
das Sprachstudium zu einem Zweige der Physiologie. Aber eben
dieser Forscher, so wenig er natürlich verkennt, daß das Studium
der Lautgesetze teils eine Vorbedingung, teils wenigstens eine
unentbehrliche Ergänzung ist für die Erforschung dessen, was
die Sprachwissenschaft auch sonst noch angeht, so sehr empfindet
er die Entwertung, die diese erführe, wenn man über jenen der
Physiologie verwandten Forschungen die an die Psychologie angrenzenden und speziell die Frage nach der Bedeutung und
Funktion der Sprachmittel vernachlässigte. Und wie Bréal, so
haben auch andere neuere Forscher, ohne in die Überschwänglichkeit jener mystischen Periode der Sprachwissenschaft zu verfallen, hervorgehoben, daß das höchste Augenmerk der wissenschaftlichen Sprachbetrachtung doch nicht der Laut, sondern das
durch ihn ausgedrückte Seelenleben, und nicht das bloß Stoffliche an jenem Kleid, sondern seine Form als Gewand des
Geistes sein könne. So sagte schon E. Förstemann im I. Bande
der Zeitschrift für vergleichende Sprachforschung von Aufrecht
und Kuhn, 1852, S. 1, der Zweck der Sprachwissenschaft sei
kein anderer als das Erkennen des Geistes in der Sprache;

L. Tobler in seinem Vortrag „Die fremden Wörter in der deutschen Sprache" (kleine Schriften zur Volks- und Sprachkunde, herausgegeben von Baechtold und Bachmann, 1897 S. 242) betont, es gebe eine allgemeine philosophische und zwar wesentlich psychologische Wissenschaft von der Sprache als reiner Form des Geistes, und W. Scherer (in seinem Jacob Grimm, 1885, S. 21) verlangt von der Grammatik, sie müsse „die letzten geistigen Gründe für die sprachlichen Erscheinungen aufsuchen". Und in der Tat ist auch hier ein wahrhaft wissenschaftliches Forschen, d. h. ein Forschen nach Gesetzen nicht unmöglich. Es gibt eine Gesetzmäßigkeit in dem, was die Funktionen der Sprachmittel angeht, so gut wie in dem, was ihre äußere Form betrifft, und wenn es auch ganz begreiflich ist, daß man zuerst auf dem letzteren Gebiete darauf aufmerksam wurde, wie ein alles überschauender, kombinatorischer Verstand, wie ihn Laplace sich dachte, auch in sprachlichen Dingen das scheinbar Willkürlichste und Launenhafteste aufs genaueste vorauszusagen imstande wäre, weil alles die notwendig determinierte Wirkung bestimmter Bedingungen und Umstände ist, so ist doch das Gebiet der Bedeutungen von ebenso unerbittlichen deskriptiven und genetischen Gesetzen beherrscht. Und je komplizierter insbesondere die letzteren sind, und je mehr darum ihre Erforschung ausdauernde Geduld und die Anbahnung von allerlei neuen Wegen und Umwegen erfordert, desto mehr wird auch ein teilweiser Erfolg durch den Reiz der überwundenen Schwierigkeit die Mühe lohnen, insbesondere, wo — wie hier — das Gewonnene auch in sich einen höheren Wert hat als so manches mit geringerer Anstrengung zu Erreichende.

In manchen Abschnitten des Buches sehe ich mich zu ausführlicher Polemik gezwungen. Ich glaubte mich im Interesse der Sache nicht damit begnügen zu dürfen, die eigene Lehre positiv zu begründen; denn, obwohl gewiß über kurz oder lang das sicher Begründete sich von selber Bahn brechen wird gegenüber dem weniger wohl Fundierten, scheint mir die Geschichte der Philosophie zu zeigen, daß das *vincit veritas* auf diesem Gebiete vermöge der besonderen Schwierigkeit der Untersuchungen und der Zerfahrenheit der Arbeitsweise länger als billig auf sich warten lassen kann, wenn die entgegenstehenden Irrtümer nicht ausdrücklich widerlegt und die Schwäche der für sie vorgebrachten Argumente eingehend aufgewiesen wird.

Es hat in der Philosophie bekanntlich Zeiten gegeben —
und wir stehen einer solchen nicht so fern, daß nicht gelegentlich noch Nachwirkungen von ihr zu verspüren wären — wo
nicht einmal das allgemein anerkannt war, daß in den hierher
gehörigen Fragen ein Autor auch die eigene Ansicht überhaupt
zu begründen und besser zu begründen habe, als es die gegne-
rische ist. Es drohten sich — wie man mit Recht sagen konnte
— die Grenzen zwischen Philosophie und einer Art schöner
Literatur zu verwischen, und so geschah es, daß verschiedene
Philosophen ihre Theorien und Systeme fast so nebeneinander
stellten, wie von verschiedenen Künstlern in ihren Werken
verschiedene „Naturauffassungen" als gleichberechtigt dem Be-
schauer und Leser dargeboten werden. Nicht an die Richtigkeit
in erster Linie, sondern — als handle es sich um eine Art „Be-
griffsdichtung" — mehr an den Eindruck der Neuheit und
Originalität, einer gewissen inneren Harmonie und geistvollen
Mannigfaltigkeit, schien man bei philosophischen oder sog.
spekulativen Erzeugnissen zu denken, und nach solchen
Vorzügen, und nicht wie auf dem Gebiete der „exakten Wissenschaften" nach dem Maße der sicheren Begründung, wurde dort
der Wert einer Leistung bemessen.[1]) Ja, ähnlich wie vom
Künstler verlangte man vom Philosophen, daß er — mit Tren-
delenburg zu sprechen — seinen „nach einer besonderen Form
geschliffenen Spiegel" habe, „um die Welt darin aufzunehmen".

Dem gegenüber ist es natürlich als ein Glück zu preisen,
daß man in neuerer Zeit wenigstens das fast allgemein einsieht,
daß auch in der Philosophie, soll sie überhaupt des Namens der
Wissenschaft nicht völlig verlustig gehen, nicht jeder sein ur-
eigenes Prinzip haben könne, sondern daß, was er behauptet,
den gemeinsamen Regeln der Logik und wissenschaftlichen
Methode zu unterwerfen sei, somit, wenn es nicht selbstverständlich
ist, ordnungsgemäß bewiesen werden müsse.

Allein, wenn man so anerkennt, daß auch im Bereiche der
Philosophie das Abweichende nicht wie in der Welt der Phantasie
friedlich im selben Raume wohnen kann, sondern, weil von einer
und derselben Norm beherrscht und ihr zum Teile folgend, zum
anderen widerstreitend, auch unter sich in hartem und unver-
söhnlichem Kampfe liegen muß, dann ist — meine ich — damit

---

[1]) Vgl. Brentano, Die vier Phasen der Philosophie 1895.

im Prinzip zugegeben, daß der Aufbau der Wissenschaft auch hier nur so zustande kommen kann, wie z. B. im Gebiete der Mathematik und Naturwissenschaften und überall sonst, wo wirklich geforscht wird. Und das ist, indem Viele in geduldiger Zusammenarbeit den Ertrag ihres Denkerlebens zu jenem Baue beisteuern und keiner — geschweige denn jeder — es für seine Aufgabe hält, sofort und aus eigenem ein ganzes System der betreffenden Disziplin, ja eines ganzen Kreises von Disziplinen, wie durch ein Zauberwort ins Leben zu rufen. Auch der Begabteste und Genialste ist ja in jenen Gebieten zunächst darauf aus, von andern zu lernen, und dann erst seinerseits bestimmte einzelne Fragen, seien es ihrer mehr, seien es weniger, immer aber die einfacheren vor den komplizierteren, unter Aufbietung konzentriertester Geisteskraft und Akribie, der Erforschung und Lösung näher zu bringen, nicht aber in leichtherzigem Fluge an alles zu rühen und seine Einfälle über Jegliches, ohne tiefere Ergründung der Sache, bekannt zu geben.

Wer vom Philosophen nicht eben solche Arbeitsweise erwartet und verlangt, der ist entweder inkonsequent und verbindet mit einer besseren Ansicht vom wissenschaftlichen Charakter der Philosophie noch den veralteten Maßstab, den man einst, sie „als Spekulation" den exakten Wissenszweigen gegenüberstellend, an ihre Leistungen anlegte, oder aber er billigt selbst diese Entgegensetzung und hält die Philosophie für ein Gebiet, das, weil keiner strengen Prüfung seiner Lehrsätze fähig, dem bloßen Glauben, der subjektiven Meinung und dem mehr ästhetisch orientierten Aperçu unweigerlich offen und überantwortet sei.

Will und anerkennt man aber die Philosophie als Wissenschaft, dann ist damit schon zugegeben, daß auch hier bei der allmählichen Sammlung eines gesicherten Schatzes von Erkenntnissen durch die Zusammenarbeit vieler das alte Wort: ὁ πόλεμος πατὴρ πάντων zu Ehren komme. Denn was jeder Einzelne beiträgt, wird schwerlich immer die ungetrübte Wahrheit, viel öfter eine mehr oder weniger glückliche Vereinigung von Richtigem und Unrichtigem sein. Und so besteht die Zusammenarbeit der Vielen mit darin, in gegenseitiger Kritik das für den Bau der Wissenschaft Brauchbare vom Unbrauchbaren und Schädlichen zu sondern. Ohne diese Kritik ist der wissenschaftliche Fortschritt ebenso unmöglich, wie ein wohlgeordneter Staat ohne Gericht und Polizei und ein lebensfähiger

Organismus ohne Schutzvorrichtungen, welche das Eindringen der Toxika verhüten oder, wo solche doch zu Leben und Wirksamkeit gekommen sind, durch das entsprechende Antitoxin unschädlich machen.

Daß aber im Gebiete der Philosophie und der Geisteswissenschaften dieser Streit des Wahren mit dem Falschen häufiger und mehr als in der Mathematik und Naturwissenschaft zu einer Polemik von Forscher gegen Forscher führen muß, hängt mit einer Anzahl von Umständen zusammen, durch welche jene Disziplinen hinter diesen glücklicher situierten zurückstehen.

Auf dem Gebiete der Mathematik und Naturwissenschaft ist man nicht bloß im Großen und Ganzen über die richtige Methode der Forschung einig, sie ist auch schon vielfach im einzelnen in erfreulicher Weise ausgebildet und in dieser Ausgestaltung zu allgemeiner Anerkennung gelangt. Und wie über die Methode, so herrscht auch über einen stetig wachsenden Grundstock von Resultaten allgemeine Übereinstimmung. An beidem fehlt es noch sehr in der Philosophie. Hier sind darum noch vielfach Kämpfe auszufechten, die dort längst ausgetragen sind, und die Differenzen zwischen den verschiedenen Forschern sind mannigfaltiger und tiefergreifend, so daß das von jedem einzelnen Gebotene in Inhalt und Ausdrucksweise, in Begriffen und Terminis, ein mehr individuelles Gepräge erhält als irgendwo sonst. Diese Sachlage zwingt dann aber notwendig, auch die wissenschaftliche Kontroverse und Polemik zu individualisieren.

Und dazu kommt noch ein anderes, was in derselben Richtung liegt. Es ist dies die Schwierigkeit der Beobachtung auf geistigem Gebiete und die Auseinandersetzungen, zu denen dieser Übelstand drängt. Jene Beobachtung kann bekanntermaßen nur im beschränkten Maße das Experiment zu Hilfe rufen und hat es überhaupt mit Erscheinungen zu tun, die nicht bloß durch ihre Flüchtigkeit, sondern auch dadurch den Beobachter in eine mißliche Lage bringen, daß sie nur einem direkt zugänglich sind. Wie oft kommt es darum hier vor, daß verschiedene Forscher ganz Verschiedenes und Entgegengesetztes als Inhalt unmittelbarer Erfahrung ausgeben. Da liegt es — meine ich — ganz besonders im Interesse des raschen und sicheren Fortschritts der Erkenntnis, daß man nicht bloß angebe, wie man selbst ein gewisses Resultat gefunden zu haben glaubt, sondern auch d e n Weg einer Prüfung unterzieht, auf welchem der Gegner zu einem entgegengesetzten gekommen sein will.[1]) Bei solcher Prüfung der Gründe und Gegengründe werden mit denen der Wahrheit auch die der Täuschung offenbar, die einen auf die andern Licht werfend und die Sicherheit der Wahrheitsfindung erhöhend. Oft kommt es hier auch darauf an, die Richtigkeit oder Falschheit einander entgegenstehender vermeintlicher Beobachtungen an den Konsequenzen zu prüfen, die sich aus beiden ergeben und an denen vielleicht Wahrheit und Irrtum greifbarer ist und deutlicher in die Augen springt. Alles dies zu unterlassen und sich zu begnügen, bloß die eigene Behauptung neben die fremde zu stellen, ohne den Versuch, sie — wenn ich so sagen soll — im Nahekampf mit dem Gegner zu verteidigen, das ist meines Erachtens eine Selbstbeschränkung, die man nur als Schädigung des Interesses der Wissenschaft beklagen kann.

Ich sagte: Die Raschheit des wissenschaftlichen Fortschritts mache besonders auf dem Gebiete der Philosophie und Geisteswissenschaft ein Eingehen auf die Positionen des Gegners wünschenswert. Und diese Rücksicht kann es, meine ich, auch begründen, daß man dabei — während im allgemeinen gewiß solche Gegner am eingehendsten berücksichtigt zu werden verdienen, deren Einreden bedeutsam, also Aporien sind, deren Lösung zum εὐπορεῖν zu führen verspricht — doch unter Umständen auch solchem größere Aufmerksamkeit zuwende, was es vom rein sachlichen Gesichtspunkte nicht völlig rechtfertigte. Wie auch schon von anderen hervorgehoben wurde, kennt die Geschichte der Wissenschaften Fälle, wo z. B. in einem Lande das Vorurteil für die besondere Größe der konnationalen Forscher und gegen die gleichwertige Bedeutung fremder lange Zeit für die Richtigkeit anderswo gefundener Lehren verblendet und der berechtigten Kritik einheimischer Irrtümer Tür und Tor

---

[1]) Es gilt hier in ganz besonderem Maße, was E. Mach treffend auch im allgemeinen bemerkt: „Man schützt sich vor dem Irrtum und zieht sogar Nutzen aus demselben, indem man die Motive, welche verführend gewirkt haben, aufdeckt" (Erkenntnis und Irrtum, S. 117). Und wenn schon Pascal betont hat, die Gründe des Widerstandes gegen eine richtige Lehre aufzuspüren und zu beseitigen, sei oft ebenso wichtig und schwierig als diejenigen zu finden, welche für sie sprechen, so gilt dies ganz besonders auf dem Gebiete der psychologischen Forschung. Vgl. auch Brentano, Psychologie, S. 264 ff.

verschlossen hat. Was aber die nationale, das kann auch jede irgendwie anders motivierte Voreingenommenheit für die Aussprüche irgend eines als Autorität angesehenen Mannes tun. Ungerechtfertigtes Vertrauen auf einen gefeierten Namen kann dazu führen, daß Methoden und Behauptungen als das letzte Wort der Wissenschaft in gewissen Fragen angesehen und für längere Zeit von vielen zum Ausgangspunkt ihrer verwandten Studien gemacht werden, die bei näherer Prüfung sich als eine völlig trügerische Basis erweisen. Und andere, indem sie zwar die Schwäche des Verfahrens und seiner Resultate fühlen, aber nicht endgiltig zu durchschauen und durch etwas Triftigeres zu ersetzen vermögen, werden dadurch leicht zu skeptischem Mißtrauen gegen das ganze betreffende Forschungsgebiet und die Möglichkeit seines fruchtbringenden Anbaues geführt. Auch wo diese Übelstände drohen, erachte und erachtete ich es als weit mehr im Interesse der Wahrheit liegend, einen solchen Stand der Dinge zu beleuchten als, in allzu großer Zurückhaltung von jeder Polemik, darüber zu schweigen.

In andern Fällen allerdings bin ich aus dem andern Grunde in eine ausführlichere Polemik eingetreten, weil die sachliche Bedeutung der entgegenstehenden Theorien und Argumente dies rechtfertigt, weil ich Grund hatte, die Urheber derselben in anderer Richtung so hoch zu stellen, daß mir ihre Meinungen, auch wo sie sich als minder begründet erweisen, Berücksichtigung zu verdienen schienen oder weil ihre Ausführungen als Typen für eine gewisse Richtung der Ansichten gelten können.

Immer aber glaube ich die Kontroverse so geführt zu haben, daß der objektiv Urteilende den Eindruck gewinnen wird, sie sei mir durchaus nicht Selbstzweck und es wäre auch mir lieber, wenn der Stand der heutigen Forschung es erlaubte, der Polemik weit mehr aus dem Wege zu gehen.

Dieser Zustand, insbesondere die Tatsache, daß auf dem Gebiete der deskriptiven Psychologie selbst über so grundlegende Fragen wie die nach dem Wesen des Bewußtseins und dem wahren Sinn der Rede von einem „immanenten Gegenstand" desselben, ferner nach den Grundklassen psychischer Tätigkeit und dergl. noch keineswegs genügende Klarheit und Übereinstimmung herrscht, nötigte mich auch, eingehender bei diesen Punkten zu verweilen. Denn ohne die Klärung und Entscheidung in diesen Fragen war auch für die fundamentalsten

Probleme der deskriptiven Bedeutungslehre nicht die Lösung zu gewinnen. So wird man jene Ausführlichkeit, die sonst Wunder nehmen könnte, aus der Gesamtheit der Umstände wohl begreiflich finden.

Schließlich sei hier den Herren Dozenten Dr. A. Kastil und Dr. O. Kraus der Dank abgestattet für ihre freundliche Mithilfe bei der Korrektur dieses Bandes und der Herstellung des Sachregisters.

Prag, Ostern 1908.

Inhalt des ersten Bandes.

Erstes, einleitendes Stück.
Über den Begriff und die Aufgaben der Sprachphilosophie und allgemeinen Grammatik und ihr Verhältnis zur Psychologie.

Erstes Kapitel.
Begriff der Sprache und der Sprachphilosophie.

Zweites Kapitel.
Von der Gliederung der sprachphilosophischen Untersuchungen.

Zweites Stück.

Über Form und Stoff in der Sprache, insbesondere auf dem Gebiete der Bedeutungen.

I. Teil.
Über die mannigfaltigen Bedeutungen von Form und Stoff überhaupt und insbesondere auf sprachlichem Gebiete.

Vieldeutigkeit der Termini Form und Stoff in manchen sprachwissenschaftlichen Werken. Klage von Sprachforschern darüber.

I. Kapitel.
Von der Vieldeutigkeit der Termini Form und Stoff (resp. Inhalt) überhaupt.

II. Kapitel.
Von der äußeren Sprachform und ihrem Unterschied von den genetischen Eigentümlichkeiten der Sprachform.

VII. Kapitel.
Ergänzendes über das Bedeuten im allgemeinen.

VIII. Kapitel.
Allgemeines über die verschiedenen Klassen
synsemantischer Zeichen.

Anhang.

Zu Wundts Lehre
vom regulären und singulären Bedeutungswandel und seiner Kritik der „teleologischen Sprachbetrachtung".

I.

II.

Zusätze.

Einleitendes Stück.

Über den Begriff und die Aufgaben der Sprachphilosophie und allgemeinen Grammatik und ihr Verhältnis zur Psychologie.

Erstes Kapitel.

Begriff der Sprache und der Sprachphilosophie.

§ 1. Indem wir von Sprachphilosophie, wie indem wir von Sprachwissenschaft reden, gebrauchen wir das Wort „Sprache" vornehmlich im Sinne der absichtlichen Kundgabe des inneren Lebens durch irgend welche Zeichen, insbesondere durch Laute und zwar durch solche, die — wie die allermeisten Worte unserer Lautsprachen — nicht durch sich verständlich sind, sondern ihre signifikative Kraft der Gewohnheit und der Tradition verdanken. Im weiteren Sinne nennt man, wie bekannt, allerdings Sprache jedes Zeichen psychischer Vorgänge, auch wenn es unabsichtlich geäußert erscheint (wie das unwillkürliche Lachen und Weinen, ein Schrei des Entsetzens, das Erblassen und Erröten, die Beschleunigung des Atems beim Zorn usw.) oder wenn es zwar absichtlich, aber in einer andern Absicht als zur Kundgabe des inneren Lebens gewirkt ist — wie unsere auf verschiedenartige Ziele gerichteten Handlungen, z. B. Essen, Trinken, Spazierengehen, unsere Geschäftswege usw.[1]) Auch diese Zeichen psychischen Lebens, wenigstens die unabsichtlichen Gebärden und Affektäußerungen, wird die Sprachwissenschaft und Sprachphilosophie nicht ganz außer acht lassen, aber einen viel breiteren Raum nimmt doch in ihr die Betrachtung der willkürlichen Kundgabe innerer Vorgänge ein,

[1]) Im weitesten Sinne wird sogar unter Umständen alles „Sprache" genannt, was Zeichen oder Erkenntnisgrund für irgend etwas anderes ist, mag dieses ein psychisches oder physisches Ereignis sein, und in diesem Sinne sagt man, die Natur und die Geschichte reden für den Kundigen eine deutliche „Sprache".

und dabei, neben Erscheinungen, wie die Bilder-, Signal- und selbst die Gebärdensprache, aus leicht begreiflichen Gründen vor allem die üblichste und reichste Weise der absichtlichen Verständigung, diejenige durch sogenannte konventionelle Laute.

§ 2. Ich rede von Sprachphilosophie im Unterschied von Sprachwissenschaft. Was kann mit diesem Unterschiede gemeint sein?

Vor allem müßte ich dagegen protestieren, wenn man beide einander etwa so gegenüber stellen wollte, daß man meinte, sie behandelten dieselben Gegenstände und Fragen, aber nach einer verschiedenen Methode. So hat man ja einst die Naturwissenschaft und Naturphilosophie einander entgegengesetzt. Die letztere sollte nach einer sogenannten spekulativen Methode vorgehen, während die erstere die empirische Forschungsweise die ihrige nannte.

Allein wenn es auch unter Umständen verschiedene Wege geben mag, wie man zur Erkenntnis einer gewissen Wahrheit gelangen kann (wie denn manche mathematische Sätze zuerst empirisch, dann erst durch Analyse und a priori gefunden worden sind), so haben doch Erfahrung und logische Reflexion zur Genüge gezeigt, daß die richtige Methode zur Erforschung der die Naturvorgänge beherrschenden Gesetze die empirische ist, und es kann daneben für uns nicht noch eine zweite, nichtempirische geben, die gleichfalls zum Ziele, ja sogar zu tiefer liegenden Resultaten, führte. Jedesfalls hat die sogenannte spekulative Methode hier nur Mißerfolge gezeitigt, die schließlich selbst dem Fluche der Lächerlichkeit nicht entgangen sind, während die empirische von Triumph zu Triumph geleitet hat.

Analog und unter dem Einfluß derselben Geistesströmungen, die jene verunglückte Naturphilosophie verschuldet haben, hat man denn einst auch, obwohl nicht so deutlich und offen, zwischen Sprachwissenschaft und Sprachphilosophie einen Gegensatz in der Methode sehen wollen. Aber auch hier erwies und erweist sich dies als ebenso verkehrt wie dort. Wenn die empirische Methode die richtige ist, um zur Erkenntnis des Details der sprachlichen Erscheinungen und von diesem schrittweise zu den allgemeinen Gesetzen vorzudringen, so kann es daneben für uns nicht noch eine andere geben, die ebenso gut oder etwa gar noch besser zum selben Ziele führt. Und ich wüßte denn auch wahrlich nicht, wo etwa ein Verteidiger einer „spekulativen"

Methode in der Sprachforschung uns heute Erfolge und Resultate aufweisen wollte, welche die Gangbarkeit und Zuverlässigkeit eines solchen vermeintlich höheren Forschungsweges dartäten. Auch hier handelt es sich — soweit man nicht unter „Spekulation" etwas versteht, was nur eine besondere Form und kompliziertere Gestaltung empirischer Methoden ist —, nur um Irrwege. und vornehmlich um ihretwillen ist der Name Sprachphilosophie wie einst der der Naturphilosophie, so in Mißkredit gekommen, daß er bei manchen geradezu zur Bezeichnung für eine unexakte und phantastische Denkweise geworden ist.

§ 3. Wenn man also unter Sprachwissenschaft — und dies scheint mir die naturgemäßeste Verwendung des Namens — überhaupt die wissenschaftliche Erforschung der Fragen, welche die Sprache betreffen, versteht, so kann unter Sprachphilosophie, wenn der Name nicht mißbräuchlich verwendet ist, nur ein Teil der Sprachwissenschaft gemeint sein, und dem Einwand gegenüber, daß doch beide, wenn sie verschieden sein sollen, nicht vom selben Gegenstand nach derselben Methode handeln könnten, wird man mit einer Antwort nicht in Verlegenheit sein. Denn vom selben Gegenstand kann ja unter verschiedenen Gesichtspunkten gehandelt werden; verschiedene Wissensdisziplinen können verschiedene Teile und Seiten an ihm ins Auge fassen und einen verschiedenen Kreis von Fragen über ihn zur Lösung zu bringen suchen. So und nur so ist ja auch z. B. der Unterschied von Physik und Biologie zu verstehen.

Doch kann und muß man fragen, welchen Kreis von Problemen denn speziell die Sprachphilosophie im Unterschied von andern Teilen der Sprachwissenschaft, z. B. der Sprachphysiologie oder Sprachgeschichte, den ihrigen heiße.

Da man an der Sprache zwei fundamentale Seiten unterscheiden kann, das sinnlich Wahrnehmbare, Physische des Zeichens einerseits, und seine Bedeutung oder seinen Inhalt andererseits, soll man da vielleicht sagen, die Sprachphilosophie handle ausschließlich vom letzteren und die übrigen Teile der Sprachwissenschaft vom ersteren?

Nein! Das wäre keine zweckmäßige, jedenfalls aber keine dem üblichen Sprachgebrauch entsprechende Scheidung, und die Sprachforscher, die sich nicht Sprachphilosophen nennen, würden mit Recht gegen sie protestieren.

Auch die Sprachgeschichte, die nicht Philosophie sein will, handelt nicht bloß vom Lautlichen oder überhaupt vom Physischen am Zeichen, sondern auch von der Bedeutung. Andererseits kann der Sprachphilosoph auch das erstere nicht gänzlich außer Acht lassen. Und ganz abgesehen davon fallen tatsächlich noch gewisse andere Erscheinungen beim Sprechen und Verstehen, die weder zur äußeren Sprachform noch zur Bedeutung gehören, mit in den Bereich seiner Betrachtung.

Sollen wir also vielleicht sagen: Die Sprachphilosophie handle vom Allgemeinen, Gesetzmäßigen, die übrigen Teile der Sprachwissenschaft vom Besonderen und Konkreten?

Auch das wäre nicht ganz richtig. Sucht doch auch die Sprachphysiologie allgemeine Gesetze, insbesondere über die Genesis der Sprachlaute, zu gewinnen.

Für eine naturgemäße Abgrenzung der Sprachpilosophie gibt, glaube ich, diejenige Fassung des einheitlichen Begriffes der Philosophie Licht, welche ich in meiner Schrift: Was ist Philosophie?[1] ausgeführt und begründet habe. Philosophisch sind, so sagte ich dort, die Untersuchungen des Psychologen und alle auf das Allgemeine und Gesetzmäßige gerichteten Forschungen, die sich auf jene stützen, und an sie anlehnen müssen, derart, daß es im Interesse einer zweckmäßigen Arbeitsteilung gefordert ist, sie mit den psychologischen in einer Hand zu vereinigen.

§ 4. Man hat mir mit Rücksicht auf diese meine Auffassung der Philosophie als einer Einheit, deren Zentrum die Psychologie bildet, entgegengehalten, ich sei Anhänger des „Psychologismus". So z. B. Adickes in seiner, in der Berliner Literatur-Zeitung, Jahrgang 1898, S. 155 ff. veröffentlichten Rezension meiner oben erwähnten Rektoratsrede.

Dieses Schlagwort wird von solchen, die es mit Vorliebe gebrauchen, im Sinne eines Tadels und Vorwurfs verwendet,[2] und so ist es auch bei Adickes an der eben erwähnten Stelle gemeint. Aber ich vermisse durchaus den Nachweis, daß meine

―――――――

[1] Rektoratsrede. Prag, Calvesche Buchhandlung, 1897.

[2] Husserl, Logische Untersuchungen I, S. 52, betont freilich, bei ihm solle der Name „Psychologismus" keine „abschätzende Färbung" haben. Allein wie ist das zu vermeiden, wenn er alle Lehren, die er so nennt, und die Mehrzahl derselben mit gutem Grund (man vergleiche das Folgende mit seinen Ausführungen über den „Psychologismus" a. a. O.) als unrichtig zu bezeichnen sich genötigt sieht?

Auffassung des Verhältnisses der übrigen philosophischen Disziplinen zur Psychologie etwas Verwerfliches involviere, obwohl
ich ohne weiteres zugebe, daß manche Lehre, die man neuestens
mit dem Namen Psychologismus zu bezeichnen liebt, ein ver-
dammendes Urteil verdienen mag. Um nichts zu versäumen,
will ich einige der wichtigsten Formen solchen „Psychologismus"
d. h. einer verkehrten Weise der Basierung anderer philosophischer
Disziplinen auf die Psychologie hier anführen und präzisieren.
Dabei wird Gelegenheit sein zu urteilen, ob mich Adickes mit
Recht als „Psychologisten" tadelt.

1. Vor allem bezeichne auch ich es als eine verkehrte
Weise. die übrigen philosophischen Disziplinen auf die Psychologie zu gründen, wenn man die Gesetze der Logik und Ethik
in dem Sinne für psychologische Gesetze ansieht, daß man überhaupt „Gesetz" im Sinne von Vorschrift, Norm oder Regel des
Richtigen und Zweckmäßigen verwechselt mit Gesetz im Sinne
von allgemein-notwendigen Tatsachen, wie dies das Gesetz der
Trägheit, der Gravitation oder dasjenige der Gewöhnung usw.
sind. Es ist eine bedauerliche Verirrung, wenn man dem entsprechend, all das, was in dem Sinn notwendig ist, daß die Natur
uns unter bestimmten Umständen dazu nötigt, für eben dadurch
als richtig sanktioniert hält; wenn man also z. B. angeborene
Vorurteile oder Auffassungsweisen, von denen wir uns nicht
frei machen können, mit evidenten Axiomen, wenn man blinde,
sei es instinktive, sei es gewohnheitsmäßige Neigungen, die
naturgesetzlich in uns gegeben sind, oder sich entwickeln, mit
werterfassenden Gefühlen, kurz wenn man auf logischem und
ethischem Gebiet das normative „Sollen" mit einem bloßen
psychologischen „Müssen" verwechselt. Die bloße psychologische
Nötigung ist die Erklärung dafür, daß ein gewisses psychisches
Verhalten in uns tatsächlich auftritt, nicht eine Sanktion dafür,
daß es richtig und gerechtfertigt ist. Wer Logik und Ethik in
dieser Weise auf bloß psychologische Betrachtungen baut, hebt
in Wahrheit ihren normativen Charakter auf und macht sie zu
Zweigen der Psychologie, die lediglich im Besonderen ausführen,
was auf dem Gebiete des Urteils und des Wollens und Wählens
je nach Umständen naturgesetzlich eintritt. Und daß speziell
eine solche Verwechslung des Logischen und Psychologischen,
die alles für wahr erklärt und erklären muß, was wir unter Umständen nach psychologischen Gesetzen urteilen und glauben,
einen alle Wahrheit und Wissenschaft zerstörenden Relativismus
und Subjektivismus involviert, bedarf keiner Bemerkung. Nie
habe ich einem solchen „Psychologismus" das Wort geredet.
Dagegen könnte sich zeigen, daß etwas derartiges nicht bloß
bei diesem oder jenem Anderen. der von den Urhebern dieses
Schlagwortes unter die „Psychologisten" gezählt wird, sondern
auch bei manchem dieser Urheber selbst gefunden wird, die jede
Fundierung der Logik und Erkenntnistheorie auf die psychologische

Erfahrung verdammen und verpönen. Es stößt ihnen eben das
zu, was allen begegnet, die sich und anderen etwas schlechthin
Unentbehrliches versagen wollen. Sie greifen dazu, ohne sich
dessen bewußt zu sein, und eben darum trifft es sich umso leichter,
daß sie in unrichtiger Weise davon Gebrauch machen und hier
insbesondere ein Apriori lehren, von dem nicht bloß gilt, daß,
wenn es bestände, wir auch nur durch die psychologische Erfahrung etwas von ihm wüßten, sondern auch, daß es an die
Stelle einer wahrhaften Erkenntnis der Gegenstände (das heißt
einer Orientierung unserer Urteile an der Wirklichkeit) eine
„Formung" der Objekte durch unsere subjektiven Auffassungs-
oder Funktionsweisen setzt, das heißt ein unentrinnbares Ge-
fangensein unseres Urteilens im Banne bloßer angeborener psychologischer Nötigungen, die natürlich keinerlei vernünftige Sanktion
und Rechtfertigung bedeuten.

Und wie die Verkennung eines schlechthin Wahren und
seine Identifizierung mit dem, was tatsächlich bei diesem oder
jenem Urteilenden zum Glauben und Fürwahrhalten führt, den
Namen eines tadelnswerten „Psychologismus" verdient, so auch
die analoge Verkennung eines in sich und schlechthin Wertvollen und die so häufige Meinung. „gut" heiße alles, was nach
Naturgesetzen die Liebe erzwingt. Auch einen solchen Relativismus und Subjektivismus auf dem Gebiete der Lehre vom Guten
und der Ethik habe ich nie vertreten und ich finde es so gut
wie irgendeiner ungehörig, wenn gelegentlich gerade solche
Philosophen, die den Begriff des Wertvollen in dieser Weise
fälschen und verkennen, als Begründer der Werttheorie gefeiert
werden. Als ob nicht schon Platons Philebos und Republik und
die Nikomachische Ethik diesen Namen mit mehr Recht verdienten.

2. Aber auch wer nicht Logik und Ethik kurzweg in dem
Sinne auf die Psychologie bauen will, daß er in beliebigen
inneren Antrieben und Denk- resp. Gefühlsgewohnheiten die
Sanktion für die Richtigkeit unseres Fürwahrhaltens und Wählens
sucht, sondern in etwas, was er Evidenz des Urteilens nennt und
in einem analogen Charakter der Gefühle und Wahlakte, kann
dies doch in einer Weise tun. daß er den Wert dieses richtigen
und wichtigen Gedankens zerstört und einen falschen „Psychologismus" lehrt. Mehrerlei ließe sich hier aufzählen. Ich erwähne
nur den Versuch, die Evidenz in vager Weise als ein „Gefühl"
zu beschreiben. welches manchmal das urteilende Verhalten be-
gleite. Gegenüber dieser unexakten Bestimmung muß man unwillkürlich an Goethes Wort denken: Gefühl ist alles. In der
Tat wird jede Art von Bewußtsein oder Innewerden im unwissenschaftlichen Sprachgebrauch unter Umständen ein Gefühl
genannt. Und so könnte ja einer unter dem „Gefühl der Evidenz"
auch schon das bloße Innewerden jener blinden Nötigung zu einem
gewissen Glauben verstehen wollen, wovon wir oben schon hörten

als von etwas, was durchaus keine Garantie der Richtigkeit des Geglaubten in sich birgt.

Im wissenschaftlichen Gebrauche versteht man unter Gefühl einen Zustand des Interesses, des Liebens oder Hassens, z. B. der Lust oder Unlust. Will man also etwa das „Gefühl" der Evidenz im Ernst als ein durch Lust- oder Unlust-Betontsein eines Urteils bezeichnen? Wenn dies, dann hätten wir daran ein so äußerliches Verhältnis, daß ganz wol entgegengesetzte Urteile evident sein könnten, und eine solche „Evidenz" wäre als Kriterium wertlos und nichtig. Wir stünden wieder vor einem völligen Subjektivismus.

3. Doch weiter! Wir haben betont, daß es den Begriff der Evidenz zerstören hieße anzunehmen, es könne Entgegengesetztes evident sein. Aber während es unmöglich ist, daß dem Einen das Gegenteil von dem einleuchte, was dem Andern evident ist, ist damit keineswegs gesagt, daß, was einer einsieht, jedem einsichtig sein müsse, und es wäre abermals ein tadelnswerter „Psychologismus", zu meinen, die Evidenz sei in dem Sinne Kriterium der Wahrheit, daß wahr nur sei, was nach dem Zeugnis der inneren Erfahrung uns Menschen evident ist. Was wahr ist, ist allgemein für jeden Urteilenden wahr. Aber nicht alles, was dem einen Verstand einleuchtet, tut dies auch jedem andern. Es können vielmehr ganz wohl beim einen die Bedingungen dafür fehlen, während sie beim andern gegeben sind. Kurz: die Wahrheit oder Richtigkeit eines Urteils ist eine objektive Eigenheit desselben, die Evidenz im obigen Sinne dagegen eine solche, bei der es auf die Subjektivität des Urteilenden mit ankommt.[1])

Ganz das Entsprechende gilt wieder von dem Analogon der Einsicht auf dem Gebiete des Liebens und Hassens und von dem Wert und Unwert des Geliebten resp. Gehaßten. Es ist unmöglich, daß der Eine etwas als in sich wertvoll erfasse, was sich dem Andern als hassenswert kündet. Aber damit ist nicht gesagt, daß jedes in sich Wertvolle jedem als solches erfaßbar sei. Was in sich wertvoll ist, und nur das, kann sich schlechtweg gesprochen in einer richtig charakterisierten oder werterfassenden Liebe kundgeben. Aber der Begriff des Wertvollen fällt nicht mit dem des tatsächlich von uns durch eine als richtig charakterisierte Liebe Erfaßten und Erfaßbaren zusammen. Und dies zu behaupten würde einen Relativismus involvieren, der an die Stelle der schlechthinigen Allgemeingültigkeit, die im Begriffe des Wahren und Guten liegt, höchstens ein allgemein Menschliches setzte. Nein! auch in diesem Sinne sind die Gesetze darüber, was ein Gut (und analog diejenigen darüber, was wahr

---

[1]) Anders, wenn man unter „evident" nicht das, was uns, sondern was schlechthin und einem idealen Verstande einleuchten kann.

sei) nicht psychologische Gesetze und nicht Gesetze unserer Psychologie.

4. Und es wäre natürlich auch verkehrt, wenn einer bloß zugäbe, daß das Wahre zwar an und für sich und allgemein wahr sei, aber meinte, für uns bilde es doch nur eine psychologische Tatsache, da wir doch von wahren Urteilen nur dadurch wüßten, daß wir sie in der inneren Erfahrung als solche erfassen.

Daß wir irgend etwas als wahr erkennen, das heißt einsehen, und was für Klassen von solchen evidenten Sätzen wir tatsächlich besitzen, daß uns z. B. nur negative apodiktische, nur assertorische affirmative Urteile mit unmittelbarer Evidenz gegeben sind usw., sind allerdings nur Fakta unserer psychologischen Erfahrung. Aber damit ist gar nicht gesagt, daß auch den Inhalt aller jener Erkenntnisse notwendig und stets irgend welche psychologische Fakta oder ein auf solche bezügliches Gesetz bilden müßten.[1] Er kann von ganz anderer Art sein, z. B. daß $2 \times 2 = 4$ ist. Dies ist keine psychologische Wahrheit, kein Faktum der inneren Wahrnehmung, wenn auch die Erkenntnis, daß ich sie einsehe, eine psychologische Erfahrung ist.

Ebenso wäre es ein verkehrter Psychologismus, daraus, daß wir nur aus der eigenen inneren Erfahrung etwas von werterfassenden Gemütsbewegungen wissen, zu folgern, der Inhalt dieser Gefühle sei stets und notwendig ein psychologisches Ereignis. Daß ich so fühle, ist ein Faktum der Psychologie. Der Inhalt des Gefühles kann etwas ganz anderes sein, wie z. B. wenn ich im Gemüte erfasse, daß ein Gut plus einem andern Gute vorzüglicher ist als jeder der Summanden für sich allein. Auch dies ist kein Satz von spezifisch psychologischer Natur.

Schon durch das eben Gesagte ist also auch diejenige Deutung unserer Lehre von der Wichtigkeit der Psychologie für die übrigen philosophischen Disziplinen ausgeschlossen, wonach etwa diese so auf jene basiert wären, daß sie ausschließlich aus ihr zu schöpfen hätten.[2] Schon nach dem eben Erörterten tun dies mindestens die Logik und Ethik keineswegs. Denn psychologische Wahrheiten sind z. B. wohl die Gesetze darüber, welche Typen von Sätzen tatsächlich dem menschlichen Verstande a priori einleuchten können, nicht aber ist der Inhalt dieser Sätze selbst, der doch für die Logik auch wichtig sein kann, ein Gegenstand der Psychologie. Und das Analoge gilt bezüglich

---

[1] So wäre es auch verkehrt, die apriorische Einsicht in gewisse Notwendigkeiten resp. Unmöglichkeiten als die Wahrnehmung der Inkompatibilität gewisser Urteilsakte fassen zu wollen. Vgl. dazu Husserl a. a. O. I, S. 87 ff. 183 ff.

[2] Wie schon früher angedeutet, will ich die Bedeutungen, die man dem Terminus „Psychologismus" in tadelndem Sinne beigelegt hat oder beilegen kann, hier nicht erschöpfen. Sonst wäre noch manches zu erwähnen. Auf das Eine und Andere davon werden wir noch später geführt werden.

der Gesetze darüber, was uns tatsächlich als wertvoll erfaßbar ist, und hinsichtlich der Wahrheit, daß das Betreffende schlechthin überall, wo immer es realisiert sein mag, ein Gut sei.

Und wie nicht alle Sätze, die für die Logik und Ethik von Wichtigkeit sind, als Gesetze der Psychologie als solcher in Anspruch genommen werden können, so noch weniger alle Gesetze der Metaphysik. Mißverständlicherweise aber schreibt mir Adickes diesen Psychologismus als meine Lehre zu, indem er meint, ich erblicke „in der Psychologie die alleinige Grundlage für alle philosophischen Untersuchungen, auch für die erkenntnistheoretischen und metaphysischen." Dies ist gar nicht meine Meinung, und wenn der genannte Rezensent es aus meiner Definition der Philosophie, sie sei „jenes Wissensgebiet, welches die Psychologie und alle mit der psychischen Forschung nach dem Prinzip der Arbeitsteilung innigst zu verbindenden Disziplinen umfaßt", folgert, so ist dies ungerechtfertigt. Was ich behaupte ist: an die Psychologie schließen sich die übrigen philosophischen Disziplinen insgesamt soweit und soviel an, daß sie — indem alle gemeinsam und reichlich aus ihr schöpfen — eben dadurch vom methodisch-heuristischen Gesichtspunkte jene Einheit gewinnen, um derenwillen man sie seit alter Zeit mit Recht zusammengerechnet und unter dem gemeinsamen Namen der Philosophie befaßt hat.

Wie viel Psychologisches in den Ausführungen des Logikers und Ethikers, wenn sie irgend ihren praktischen Zweck (nämlich zum richtigen Urteilen resp. zum richtigen Wählen und Handeln anzuleiten) erfüllen sollen, noch übrig bleibt nach Abzug alles dessen, was man bloß irrtümlich für psychologische Wahrheiten hielte, bedarf keiner längeren Ausführung.

Schon oben, wo wir selbst diese Scheidung trafen, deuteten wir an, daß es ja doch auch ein Gegenstand der Psychologie ist, welcherlei Urteile uns Menschen als wahr einleuchten können und nicht, und ebenso die analogen Tatsachen auf dem Gebiete der werterfassenden Gemütsbewegungen und des Guten, und das sind Gesetze, welche den Logiker und Ethiker in hohem Maße interessieren müssen. Und ebenso ist es für ihn von großer Wichtigkeit zu wissen, unter welchen Umständen etwas, was von uns eingesehen werden kann, tatsächlich zu einem richtigen und einsichtigen Urteile führt und ebenso welche Bedingungen nötig sind, damit das Gute und Wertvolle tatsächlich unsere Liebe und Wahl auf sich ziehe und welche Umstände sich dem richtigen Verhalten hier und dort ungünstig und hinderlich erweisen. Was nützte es dem Logiker und Ethiker, Normen für unser Urteilen und Wollen aufzustellen, wenn er uns nicht Belehrung darüber zu erteilen vermöchte, wie wir dazu kommen, ihnen entsprechend uns zu verhalten? Auf psychischem wie auf physischem Gebiete gilt: naturam observando regimus. Wenn die Gesetze der Entstehung des richtigen und normentsprechenden

Verhaltens nicht erkennbar wären, — und sie sind natürlich
Sache der Psychologie — so könnte es keine auf solches Verhalten abzielende Führung und Erziehung des Seelenlebens
geben.

Was aber die Metaphysik betrifft, so habe ich in der erwähnten Rede betont, daß der psychologischen Erfahrung — das
heißt den Anschauungen unseres psychischen Verhaltens und der
Komperzeption seiner eigentümlichen Inhalte — die Mehrzahl
ihrer wichtigsten Begriffe entstammt, und wie es schon darum
auch für den Metaphysiker wünschenswert und notwendig ist,
daß er zugleich Psychologe sei.

Wenn man aber auch diese Behauptung, die psychologische
Erfahrung sei derart bedeutsam und wichtig für alle übrigen
philosophischen Disziplinen, daß sie geradezu als das einigende
Band für sie angesehen werden könne, „Psychologismus" nennt, dann
muß ich mich offen als dessen Anhänger bekennen. Allein dafür
daß auch diese Lehre tadelswert sei, vermisse ich sowohl bei
Adickes als sonstwo den Nachweis.

Der genannte Autor bestreitet insbesondere, daß Erkenntnistheorie (und ebenso Metaphysik) wesentlich auf Psychologie sich
gründe, und führt (a. a. O.) aus: „Den Gegenstand der Psychologie
bildet die Gesamtheit der psychischen Zustände, wie sie sind und
wie sie werden, ihre Gesetze, ihre einfachsten Elemente. Das
Verhältnis zwischen Reizen und Empfindungen, die Abhängigkeit
des Physischen und Psychischen voneinander: das sind schon
nicht mehr genuine Probleme der Psychologie; sie tritt da in Verbindung mit Physik und Physiologie. Die erkenntnistheoretischen
Fragen nach Umfang, Wert, Geltungsbereich unserer Erkenntnisse, nach ihrem Wahrheitsgehalt (im Verhältnis zu einer
etwaigen absoluten Wahrheit),[1] nach den Bedingungen des

---

[1] Indem hier nicht bloß nach dem Umfang unserer „Erkenntnisse"
gefragt wird (was für sich allein verständlich wäre als die Frage, zu was für
Klassen von sicheren und einsichtigen Urteilen wir tatsächlich die Fähigkeit
besitzen) sondern auch nach ihrem „Wahrheitsgehalt" und „Geltungsbereich",
erscheint der Begriff der Erkenntnis offenkundig in einer Weise verändert,
welche die auf Grund dessen zu erhoffende „Erkenntnistheorie" in bedenkliche
Nähe bringt zu jenem Psychologismus, den wir oben unter 1 charakterisierten.
Der wahre Begriff der Erkenntnis besagt, wie schon angedeutet, ein nicht
bloß richtiges, sondern einsichtiges Urteilen d. h. ein solches, dessen
Wahrheit oder Richtigkeit sich uns kundgibt. Bei ihm ist also die
Frage nach der Giltigkeit oder dem Wahrheitsgehalt nicht mehr eine offene.
Wer von „Erkenntnis" sprechend noch frägt, ob sie auch giltig sei, hat offenbar
das Moment der Evidenz fallen gelassen. Die Urteile, die er so nennt, sind
blinde. Sie können zufällig richtig aber auch unrichtig sein, und da allerdings ist im einzelnen Falle erst zu untersuchen, ob und wie weit das eine
oder andere gelte. Schaltet man aber so die Evidenz aus, was bleibt dann

Zustandekommens der Erfahrung (ihre „Möglichkeit", wie Kant sagte): sie alle liegen außerhalb des Gebiets der Psychologie. Ebenso nötig wie letztere ist zur Lösung jener Probleme die Naturwissenschaft. Beiden bereitet die Erkenntnistheorie den Boden für ihre Gebäude zu; sie bezieht sich auf beide, steht aber eben darum über beiden. Wie die Raumvorstellung und der Kausalbegriff entstehen: das untersucht die Psychologie. Aber was sie für Geltung haben, ob nur für Erscheinungen oder auch für Dinge an sich (um auch hier in der Fragestellung an Kant anzuknüpfen): Darüber kann sie gar nichts ausmachen. Das ist Sache der Erkenntnistheorie, welche von dem Gegebenen (innerer und äußerer Erfahrung, Psychologie und Naturwissenschaft) ausgeht und die Bedingungen zu konstruieren sucht, unter denen das Gegebene allein wirklich werden konnte."

Wie man sieht, sucht Adickes durch ein Doppeltes die Bedeutung, die ich der Psychologie beimesse, einzuschränken, einmal indem er den Begriff psychologischer Erkenntnisse auf dasjenige einengt, was aus der inneren Erfahrung für sich allein gewonnen wird, anderenteils, indem er lehrt, daß „die erkenntnistheoretischen Fragen außerhalb des Gebietes der Psychologie liegen". Wir wollen auf beides einen prüfenden Blick werfen.

Ist jene Einschränkung des Begriffs der Psychologie auf die Probleme, welche mit den Mitteln der inneren Erfahrung für sich allein zu lösen sind, gerechtfertigt? Ich glaube nicht. Wenn man alle, von denen dies nicht gilt, nicht mehr als „genuine Probleme der Psychologie" bezeichnen dürfte, dann verlangte die Konsequenz auch, daß man keine Frage, deren Lösung die Beihilfe der inneren Erfahrung nötig hat, als ein genuines Problem der Naturwissenschaft bezeichnete. Und heißt dies nicht strengegenommen, daß es dann überhaupt kein solches gebe? Denn was man gemeinhin für ein durch sog. äußere Erfahrung unmittelbar Gegebenes hält, ist ja in Wahrheit nichts anderes als ein Stück innerer Erfahrung, die Erfahrung unseres Sehens, Hörens usw. Ohne diese Erfahrung aber gäbe es schlechterdings keine Naturwissenschaft. Das Physische, von dessen Existenz wir eine wissenschaftliche Überzeugung haben, ist ja nur erschlossen als Ursache der regelmäßigen Koexistenz und Sukzession unserer Empfindungen, und nur diese Erfahrungsschlüsse verdienen den Namen einer äußeren Erfahrung. Somit ist eine Fassung des Begriffes der Naturwissenschaft, welche die Mittel und Daten der inneren Erfahrung völlig umgehen wollte, unmöglich.

Was die Psychologie betrifft, so gilt nun zwar nicht kurzweg das Umgekehrte. Es ist nicht schlechtweg unmöglich, von

---

anderes als eine bloße psychologische Nötigung, die zu solchem oder solchem Urteilen treibt, als vermeintliche Garantie für die Wahrheit?
Doch dies nur nebenbei.

einer Lehre vom Psychischen zu reden, die sich bloß auf die innere Erfahrung als Erkenntnisquelle beschränkte. Aber es wäre ungerechtfertigt, dies zu tun, und mein Gegner vermag sich eigentlich darin selbst nicht konsequent zu bleiben. Sagt er doch selbst: den Gegenstand der Psychologie bilde die Gesamtheit der psychischen Zustände, wie sie sind und wie sie werden usw. Also nicht bloß, wie die psychischen Zustände sind, sondern auch wie sie werden, hat nach Adickes die Psychologie zu erforschen. Wenn aber dies, dann ist es — da diese genetischen Gesetze in letzter Instanz psychophysische sind — unerläßlich und mithin auch gerechtfertigt, psychophysiologische Untersuchungen in die Psychologie aufzunehmen. Was wir aus der inneren Erfahrung allein und ohne Zuhilfenahme jener Erfahrungsschlüsse des Naturforschers über die Welt des Physischen (welche man in wissenschaftlichem Sinne die „äußere Erfahrung" nennen kann), zu erkennen vermögen, das erschöpft nicht den vollen Begriff der Wissenschaft vom Psychischen.

Doch weiter — und dies ist hier die Hauptfrage: wie steht es mit dem Verhältnis von Psychologie und Erkenntnistheorie? Adickes behauptet einerseits, die Psychologie sei für die Erkenntnistheorie nicht notwendiger als die Naturwissenschaft, und andererseits, die Erkenntnistheorie bereite für beide den Boden und zwar indem sie hier und dort von dem „Gegebenen", welches der Autor bei der Psychologie das Gegebene der inneren, bei der Naturwissenschaft das Gegebene der äußeren Erfahrung nennt, „ausgeht und die Bedingungen zu konstruieren sucht, unter denen das Gegebene allein wirklich werden konnte".

Beide Behauptungen über das Verhältnis der Erkenntnistheorie zu den genannten Schwester-Disziplinen muß ich bestreiten, und obwohl die zweite uns auf den ersten Blick weniger anzugehen scheint, gehe ich doch auch auf sie ein, da sie ein πρῶτον ψεῦδος der ganzen Position von Adickes, nämlich seine unberechtigte Gleichstellung der inneren und der sogenannten äußeren Erfahrung in prononciertester Form zum Ausdruck bringt.

Vor allem: wenn mein Rezensent sagt, die Erkenntnistheorie suche „die Bedingungen zu konstruieren, unter denen das in der Erfahrung Gegebene allein wirklich werden konnte", so kann unter diesem Gegebenen und dessen Wirklichwerden nicht ein an sich Seiendes, Reales, es können — Kantisch gesprochen — nicht „Dinge an sich" gemeint sein. Denn nach den Bedingungen für das Werden dieses Realen forscht nicht die Erkenntnistheorie, sondern — soweit sie es vermögen — die Psychologie, die Naturwissenschaft und die Metaphysik demjenigen Teile nach, der nicht bloße Erkenntnistheorie ist und der in der Richtung seiner Fragen und der Methode, sie zu lösen, sich ganz an die Naturwissenschaft und Psychologie anschließt.

Die Rede vom Gegebenen, für dessen Werden die Erkenntnistheorie die Bedingungen zu konstruieren habe, scheint

also, in Kantschem Sinne, von „Erscheinungen" verstanden werden
zu müssen, die sich, wie dieser betonte, mit nach der Subjektivität
dessen richten müßten, dem sie erscheinen; nach seinen Anschau-
ungs- und Urteils- oder Verstandesformen. Diese Aufgabe, die
Bedingungen aufzuzeigen, unter denen allein solche „Erscheinungen" (oder wie Kant sich mißverständlich ausdrückte
„Erfahrungen") überhaupt möglich seien, fällt, wie er sagte,
den „transzendentalen" Untersuchungen oder (wie man heute sagt)
der Erkenntnistheorie zu. Nur so oder ähnlich kann ich die obige
Ausführung von Adickes verstehen, und demgegenüber muß ich
ein Doppeltes bemerken.

Erstlich: nehmen wir einmal an, die Erkenntnistheorie
habe in der oben angegebenen Weise die Bedingungen zu untersuchen, unter denen uns überhaupt etwas erscheinen kann, bedürfte sie nicht auch dazu vor allem der Psychologie? Wenn,
wie Kant meint, Raum und Zeit, Sein und Nichtsein, Notwendigkeit, Unmöglichkeit, Kausalität usw. Begriffe resp. Anschauungen
sind, die mit Formen unserer Sinnlichkeit und solchen unserer
Verstandes- oder Urteilstätigkeit zusammenhängen, haben wir
nicht auf Schritt und Tritt die Psychologie nötig um sie zu
klären? Wie anders wüßten wir denn etwas von Sinnesanschauungen und Urteilen und ihren Formen als durch die psychologische Erfahrung?

Doch dies nur nebenbei ad hominem; einem Gegner gegenüber, der sich in seiner Auffassung des „in der inneren und
äußereren Erfahrung Gegebenen" offenbar auf Kants Standpunkt
stellt. Definitiv vermag ich diesen Standpunkt keineswegs zu
teilen. Die Lehre, daß das in der inneren Erfahrung Gegebene
im selben Sinne „Erscheinung" sei, wie das, was uns die sogenannte äußere Erfahrung unmittelbar zeigt, scheint mir sich
selbst aufzuheben und alle Erfahrungswissenschaft unmöglich
zu machen.

Unter „Erscheinung" kann ja doch nichts anderes gemeint
sein als: was Objekt eines Bewußtseins und — da das Vorstellen die
fundamentalste Weise alles Bewußtseins ist — was jedenfalls Objekt
eines Vorstellens ist. Und da nicht ein Objekt eines Vorstellens
gegeben sein kann, wenn nicht ein Vorstellen gegeben ist, so
heißt: es sei eine Erscheinung gegeben, unweigerlich: es sei
ein Vorstellen gegeben. Aber natürlich nicht ein Vorstellen,
welches wiederum bloß eine Erscheinung d. h. bloß Objekt
eines Vorstellens wäre, das seinerseits abermals bloß in der
Vorstellung existierte u. s. f. in infin., sondern ein wirkliches
Vorstellen, das zwar selbst auch Objekt eines Vorstellens und
überhaupt eines „inneren" Bewußtseins sein mag, aber nicht,
wie eine bloße Erscheinung, in diesem Objektsein aufgeht,
sondern in sich selbst eine Realität ist. Kurz: soll es sicher
sein, daß es irgend eine Erscheinung gibt, so ist es ebenso sicher,
daß es ein wirkliches Vorstellen, also einen realen psychischen

Vorgang gibt. Die Behauptung, alles sei uns bloß als Erscheinung gegeben, straft sich selbst Lügen. Entweder können wir überhaupt nicht sicher sein, daß wir Erscheinungen haben, oder wir sind zugleich sicher, daß es etwas gibt, was nicht bloß Erscheinung, sondern an sich und real ist. Es hat einen guten Sinn, zu sagen, die sog. äußere Erfahrung, d. h. das Sehen von Farben, das Hören von Tönen usw. berge keine unmittelbare Garantie in sich, daß, was sie uns zeigen (die Farben, die Töne usw., wirklich ist: Die Sinnesanschauungen seien vielmehr Erscheinungen, von denen erst zu untersuchen bleibt, wie weit sie als Zeichen einer sie verursachenden physischen Wirklichkeit (eines physischen „Dings an sich") gelten können und wie weit dieses ihnen ähnlich oder unähnlich sei. Aber Eines muß bei dieser Untersuchung sicher sein, nämlich, daß jene Erscheinungen wirklich gegeben sind, d. h., daß wir Farben sehen, Töne hören usw. Ist auch die Tatsache dieser psychischen Vorgänge, unserer Sinnesanschauungen, zweifellaft, bietet die innere Erfahrung, die sie uns zeigt, ebensowenig, wie die sog. äußere, eine unmittelbare Garantie, daß, was sie uns zeigt, wirklich existiert, dann fehlt jede sichere Basis sowohl für die Naturwissenschaft, wie für die Psychologie. Jeder Erfahrungsschluß muß — da man nicht ins Unendliche beweisen kann — von einem unmittelbar sicheren Erfahrungsdatum ausgehen können. Ist auch, was die innere Erfahrung zeigt, nicht von der Art, steht sie — wie Adickes mit Kant will — hierin mit der sog. äußeren Erfahrung völlig auf einer Stufe, dann fehlt jene Voraussetzung durchaus, und eine Erfahrungswissenschaft ist schlechthin unmöglich.

Dies habe ich zu erinnern gegen die Behauptung von Adickes, daß die Erkenntnistheorie für das in der inneren und das in der sog. äußeren Erfahrung „Gegebene" im selben Sinne und in derselben Weise die Bedingungen seines Zustandekommens zu konstruieren habe.

Es erübrigt die zweite Bemerkung des Autors, daß die Resultate der Psychologie für die Erkenntnistheorie nicht wichtiger seien, als die der Naturwissenschaft, und darum kein Grund bestehe, die beiden ersten enger zusammenzurechnen.

Daß es neben der Psychologie eine Naturwissenschaft gebe, bin ich weit entfernt zu leugnen. Ich anerkenne eine solche. Zwar ruht sie nicht auf dem Grunde irgendwelcher Daten einer ihr eigenen unmittelbaren Erfahrung, wie Adickes mit anderen zu glauben scheint. Das unmittelbar Gegebene, worauf die Naturwissenschaft basiert ist, sind vielmehr — wie schon früher bemerkt wurde — nichts anderes, als gewisse Daten der inneren Erfahrung; es ist die unmittelbar sichere Existenz unserer Seh- und Hörakte usw. Aber auf diese gründen sich tatsächlich berechtigte Erfahrungsschlüsse über die äußeren Ursachen dieser unserer Empfindungen, und jene Schlüsse mag man „äußere Erfahrung" nennen. Daß nun weiter auch ihre Ergebnisse für die Erkenntnistheorie von Wert sind, wer wollte es leugnen! Aber bestreiten muß ich, daß hier nicht den Ergebnissen der Psychologie eine präponderierende Bedeutung zukomme. Ist es doch selbstverständlich von fundamentaler Wichtigkeit für die Theorie unserer Erkenntnis, welches die letzten Elemente der Begriffe sind, die wir überhaupt zu bilden vermögen und die die Materie für all' unsere möglichen Urteile bieten; ferner: welcher einsichtigen Urteile wir überhaupt fähig sind, welcher Erfahrungseinsichten und welcher Klassen apriorischer Evidenzen. Und woher anders sollen wir über all' das etwas wissen, als aus der psychologischen Erfahrung? Zwar wäre es, wie wir schon unter 4. betonten, verkehrt, etwa die apriorischen Einsichten selbst mit der Erfahrung irgend welcher psychologischer Tatsachen zu verwechseln. Ihr Inhalt ist nicht ein Faktum unseres Innenlebens und in diesem Sinne ist zweifellos, daß uns auch Fremdes einsichtig ist. Aber jede solche Einsicht ist doch untrennbar an ein einsichtiges Erfassen von etwas uns Eigenem geknüpft. Das Eine und Andere zu identifizieren mag als „Psychologismus" getadelt werden; aber daß wir vom Einen nichts wissen können ohne vom Anderen, ist eine Wahrheit, deren Verkennung den Erkenntnistheoretiker ins Grund- und Bodenlose führte. Wir kommen darauf zurück.

Ich berief mich auch schon in meiner Rektoratsrede zuGunsten der Wichtigkeit der Psychologie für den Erkenntnistheoretiker und Metaphysiker darauf, daß die innere Erfahrung es sei, welche die Realität der für ihn wichtigsten Begriffe verbürge. Demgegenüber argumentiert Adickes: „Wie die Raumvorstellung und der Kausalbegriff entstehen, das untersucht die Psychologie. Aber was sie für Geltung haben, ob nur für Erscheinungen oder auch für Dinge an sich . . ., darüber kann sie gar nichts ausmachen." Diese einschränkende Bemerkung meines Rezensenten ist aber nichts anderes als ein Ausfluß seiner uns bereits bekannten Meinung, daß uns die innere Erfahrung, ebenso wie die sog. äußere, unmittelbar nur Erscheinungen zeige, bei denen es zweifelhaft bleibe, was das „an sich Seiende" sei — eine Anschauung, die (wie wir schon gesehen haben) ernst genommen nichts Geringeres bedeutet, als eine Leugnung und Aufhebung jeglicher Erfahrungskenntnis. Nein! was die innere Erfahrung zeigt, ist von vornherein nicht bloß als Erscheinung, sondern als Realität gegeben, und ebendamit ist auch die reale Giltigkeit des Kausalbegriffes garantiert. Indem die Psychologie zeigt wie er entsteht, stellt sich heraus, daß sein Ursprung auf psychischem Gebiete liegt. Wir erfahren nämlich — wie schon Brentano betont hat — die Kausation in jedem Falle, wo ein Urteilen oder ein Interesse durch einen anderen psychischen Vorgang motiviert ist und sich als dadurch motiviert kundgibt. Und wie jene Vorgänge überhaupt, die uns die innere Erfahrung zeigt, uns eben dadurch als ein wirkliches Urteilen, Lieben,

Hassen usw. und nicht bloß als der Schein eines solchen garantiert
sind, so gilt dies auch von dem eigentümlichen Charakter der
Motiviertheit oder des Kausiertseins durch einen anderen Vorgang, den manche Urteile und Zustände des Interesses aufweisen.
Eben durch diese Erfahrung ist also ausgemacht, daß der Kausalbegriff reale Giltigkeit hat, daß er für Reales, und in diesem
Sinne für Dinge an sich, gilt.[1]) Und indem wir auf psychischem
Gebiete Kausation direkt und mit unmittelbarer Sicherheit als
etwas Wirkliches erfassen, erwächst uns das Recht, den Begriff
hypothetisch auch auf Ereignisse anzuwenden, wo uns die direkte
Erfahrung z. B. nur ein regelmäßiges Nacheinander zeigt, und
Kausalzusammenhänge und Kausalgesetze durch Wahrscheinlichkeit und Induktion zu erschließen, wo wir die Kausation nicht
wahrnehmen, sondern nur etwas ganz anderes gegeben ist, was
sich, sei es mit größerer Leichtigkeit, sei es einzig, aus dem Bestehen eines Kausalverhältnisses erklärt. Dahin gehören weite
Gebiete des psychischen Geschehens selbst, sowie das gesamte
Gebiet der genetischen Forschung im Bereiche der Naturwissenschaft und Metaphysik.

So bietet gerade der Kausalbegriff, dessen weittragende
Bedeutung für alle die obengenannten Wissenschaften vom Realen
und damit auch für die Theorie des Erkennens auf diesem Gebiete, gewiß auch Adickes anerkennt, ein schlagendes Beispiel
für die überragende Bedeutung der Psychologie als Hilfsmittel
für die Erkenntnistheorie und Metaphysik.

So bleibe ich denn dabei, daß die Psychologie einerseits
und die Erkenntnistheorie anderseits vom methodologisch - heu-
ristischen Gesichtspunkt besonders innig zusammengehören, und
daß dieser Gesichtspunkt es ist, der überhaupt allen Disziplinen,
die man zur Philosophie rechnet, die Einheit gibt.

---

[1]) Und eben die Erfahrungseinsicht, die uns eine Kausation als wirklich
zeigt, klärt uns auch darüber auf, daß sie ein Verhältnis ist, welches nur
zwischen Realem bestehen kann, also nicht zwischen Erscheinungen als
solchen; nicht zwischen den Tönen und Farben, wenn darunter weder das
wirkliche Hören und Sehen, noch die es verursachenden Luft- und Äther-
erscheinungen u. dgl. verstanden wird.

Was die Raumvorstellung betrifft, von der Adickes (a. a. O.) auch spricht,
so vermag m. Er. die Naturwissenschaft mit unendlicher Wahrscheinlichkeit auszumachen, daß sie für „Dinge an sich" Geltung hat, indem sie zeigt,
daß die regelmäßige Coexistenz und Sukzession unserer Empfindungen sich
unendlich leichter unter der Annahme einer dreidimensionalen Körperwelt als
ohne sie begreifen läßt.

Die Psychologie dagegen hat keinen Anlaß anzunehmen, daß die
psychischen Vorgänge selbst räumlich seien. Die innere Erfahrung zeigt bloß,
daß uns vermöge unserer psychischen Vorgänge vielfach Räumliches als Erscheinung gegeben ist m. a. W., daß z. B. die Farben, die Tast- und Temperatur-
qualitäten, die wir anschauen, als räumlich angeschaut werden.

§ 5. Auf Grund meiner Begriffsbestimmung von Philosophie, die ich — wie eben bemerkt — auch gegenüber dem Vorwurf des „Psychologismus" voll und ganz festhalte, werden wir nun bezüglich der Sprachphilosophie sagen können: Zu ihr gehören alle auf das Allgemeine und Gesetzmäßige an den sprachlichen Erscheinungen gerichteten Probleme, welche durch eine heuristische Zusammengehörigkeit sofern geeint erscheinen, als sie entweder psychologischer Natur sind oder wenigstens nicht ohne vornehmliche Hilfe der Psychologie gelöst werden können.

Zum Behufe der Lösung einer gewissen sprachwissenschaftlichen Frage können und müssen ja oft verschiedene und verschieden geartete Erkenntnisse zusammenwirken, einerseits konkret-historische, andererseits abstrakt-gesetzliche und unter diesen wieder sowohl lautphysiologische, als psychologische. Bei der Entscheidung darüber, zu welchem Zweige der Sprachwissenschaft das betreffende Problem zu rechnen sei, wird sich denn zunächst fragen, ob die Untersuchung auf ein konkretes Faktum oder ein allgemeines Gesetz abzielt. Ist ersteres der Fall, so gehört die Arbeit zweifellos zum Bereich der Sprachgeschichte, wenn auch der Historiker, um sie zu leisten, vielleicht gehalten ist, von manchem Notiz zu nehmen, was ihn nur der Psychologe und Physiologe lehren kann.

Ist dagegen das Gesuchte etwas Allgemeines und Notwendiges, so wird abermals zuzusehen sein, ob die Hauptschwierigkeit und der vornehmste Anteil der Arbeit bei der Antwortfindung doch noch auf historischem oder ob er auf physiologischem oder psychologischem Gebiete liegt. Und wenn das letzte statt hat, wenn es also nach den Grundsätzen praktischer Teilung und Einigung der Arbeit geboten erscheint, daß der Psychologe die betreffende Untersuchung in Angriff nehme, (wenn er auch zu dem Behufe nebenbei von allem Kenntnis zu nehmen hat, was die konkrete Sprachgeschichte und was die Physiologie Klärendes dazu beitragen kann), so rechnen wir sie zur Sprachphilosophie. Sonst, unter analogen Vorbehalten, je nach dem zur Sprachphysiologie oder, ebenso wie die konkreten Fragen, zur Sprachgeschichte.

§ 6. Im Lichte dieser unserer Definition von Sprachphilosophie ergibt sich nun auch leicht, was an den zuvor versuchten Bestimmungen dieses Begriffs als richtig anzuerkennen ist.

Es ist durchaus zutreffend, daß die Sprachphilosophie ihr Augenmerk ausschließlich auf das Allgemeine und das Gesetzmäßige an der Sprache richtet, während die konkrete Sprachgeschichte vor allem darauf aus ist, individuelle Tatsachen zu konstatieren. Und jene Richtung auf das Allgemeine und Typische gibt der Philosophie zweifellos eine höhere Dignität. Wächst doch der Wert einer Erkenntnis unter sonst gleichen Umständen stets mit dem Umfange ihres Geltungsbereiches. Aber wenn alle sprachphilosophischen Fragen auf das Allgemeine abzielen, so gilt doch nach unseren Ausführungen nicht die Umkehrung, daß nämlich alles Forschen nach Allgemeinem auf sprachlichem Gebiete Sprachphilosophie sei.

Weiter ist zweifellos, daß die Lehre von der Bedeutung einen Hauptgegenstand der Sprachphilosophie bildet. Denn da unsere psychischen Funktionen und ihre Inhalte dasjenige sind, was die Sprachmittel ausdrücken und bedeuten, so ist begreiflich, daß hier vornehmlich die Psychologie zu Worte kommen muß. Aber wiederum wäre die Umkehrung nicht richtig, nämlich daß, wo immer von der Bedeutung gehandelt wird, wir es mit Sprachphilosophie zu tun hätten. Ist die semasiologische Frage eine konkrete, so gehört sie jedenfalls zur Sprachgeschichte im weitesten Sinne dieses Wortes.

Und auch das ist nicht zu vergessen, daß es Fragen geben kann, die nicht die Bedeutung, sondern die Sprachform betreffen und doch ins philosophische Gebiet einschlagen, weil sie, auf allgemeines gehend, zugleich von der Art sind, daß sie vornehmlich psychologische Arbeit zu ihrer Lösung erheischen.

Auch die Beschäftigung mit den Lautgesetzen kann so teilweise dem Sprachphilosophen zufallen. Nicht darum, weil alles Sprechen eine Willens- oder Wahlhandlung und in diesem Sinne ein psycho-physischer Vorgang ist, sondern weil die Ursachen der Entstehung eines bestimmten Lautes und seines Wandels bald mehr physiologischer, bald mehr psychologischer Natur und so die bezüglichen Gesetze bald physiologische, bald aber auch psychologische und vom Psychologen zu erforschende sind.

Bleiben wir also bei der von uns gegebenen Begriffsbestimmung und Abgrenzung der Sprachphilosophie, so ist ihr die Physiologie der Sprache koordiniert und beide stehen als abstrakte oder Gesetzeswissenschaften von den sprachlichen Erscheinungen der ausschließlich oder vorwiegend konkreten Sprachkenntnis oder Sprachhistorie gegenüber.

Zweites Kapitel

Von der Gliederung der sprachphilosophischen Untersuchungen.

§ 7. Die Sprachphilosophie, so gefaßt, wie wir es im vorigen Kapitel ausgeführt haben, zerfällt vor allem in einen theoretischen und einen praktischen Teil.

Den Inhalt des ersteren bildet die theoretische Erforschung der Funktion oder Bedeutung der Sprachmittel sowie des Psychischen, das, ohne selbst zur Bedeutung zu gehören, bei der Erweckung derselben und beim Zustandekommen der Verständigung beteiligt ist — soweit sich in bezug auf dieses alles nicht bloß konkrete und individuelle Tatsachen, sondern allgemeine Züge und Gesetze konstatieren lassen. Und da dies sowohl in Hinsicht auf die Beschreibung dieser Gegenstände als in Bezug auf ihr Entstehen und Vergehen und ihre Umwandlung möglich ist, so gliedert sich die theoretische Sprachphilosophie in einen deskriptiven und einen genetischen Teil, und den Regeln natürlicher Methode gemäß, welche verschiedenartige Fragen zu scheiden gebieten, soweit sie nicht Licht aufeinander werfen, sind diese Teile in ihrer Behandlung zu trennen, soweit nicht aus der Vereinigung im Einzelnen der eben erwähnte Nutzen erwächst.

§ 8. Doch an diesen theoretischen Teil der Sprachphilosophie, den man auch Psychologie der Sprache nennen mag, schließt sich naturgemäß ein praktischer an.

Die Sprache ist ein Organ, das gewissen Zwecken dient. Es kann dementsprechend mehr oder weniger zweckmäßig gebildet sein, und wenn sich etwas Allgemeines darüber sagen läßt, einesteils was zu dieser Vollkommenheit gehört und andernteils, wie dieselbe, wo sie nicht vorhanden ist, erreicht werden kann, so ist es gerechtfertigt, diese teleologischen und technischen Betrachtungen und Erkenntnisse zu einem Wissenszweig zu vereinigen, der, wie die Logik, Ethik uud Ästhetik, welche der Vervollkommnung unseres Urteils-, Gemüts- und Vorstellungslebens dienen und wie die Heilkunde, Baukunde usw. zu den praktischen Disziplinen zu rechnen ist.

Man kann diesen Zweig der allgemeinen sprachwissenschaftlichen Betrachtungen auch Glossonomie[1]) oder Glossotechnik nennen, und da sie, ebenso wie die Logik, Ethik und Ästhetik, ihre Erkenntnisse vornehmlich aus der Psychologie schöpft, so ist sie wie diese zu den philosophischen praktischen Disziplinen zu zählen und als ein Teil der Sprachphilosophie zu betrachten.

In sich selbst wird sie wieder mehrere Kapitel unterscheiden lassen, da entsprechend den verschiedenen Zwecken, denen die Sprache dient, auch verschiedene teleologisch-kritische Betrachtungsweisen derselben möglich und geboten sind.

Wir sagten, unter Sprache verstehe man in der Sprachwissenschaft und Sprachphilosophie vornehmlich die absichtliche Kundgabe des inneren Lebens. Die primäre Intention bei dieser Kundgabe aber ist eine entsprechende Beeinflussung des fremden Seelenlebens. Man äußert in der Regel seine eigenen Vorstellungen, Urteile, Gefühle usw., um in andern psychischen Wesen Vorstellungen, Urteile und Gefühle, und zwar solche, die den eigenen analog sind, oder ihnen in anderer Weise korrespondieren,[2]) hervorzurufen. Diese Beeinflussung des fremden psychischen Lebens ist die primäre Absicht des Sprechens, mag sie selbst nun wie immer, mehr egoistisch oder altruistisch und überhaupt mehr oder weniger ideal motiviert sein. Doch sind die Unterschiede dieser Motivation nicht in jeder Beziehung gleichgültig für die praktisch-nomologische Betrachtung der Sprache, da sich mit dem Zweck auch die eigentümliche Vollkommenheit des Mittels differenzieren kann.

---

[1]) Ich nehme dabei νόμος im Sinne von Vorschrift, Richtschnur oder einer allgemein giltigen Regel des Richtigen und Zweckmäßigen, nicht im Sinne einer Notwendigkeit, wie in Naturgesetz, psychologisches Gesetz usw.

[2]) Vgl. später Ausführliches darüber.

So ist es der Sprache bekanntlich gegeben, Kunstmittel zu sein, das heißt Organ zur Erzeugung von ästhetischem Wohlgefallen durch schöne Vorstellungen, und es ist Aufgabe einer Sprachästhetik, zu untersuchen, was die Sprachmittel für solche Leistungen im Dienste der Schönheit tauglich macht, und im allgemeinen Unterweisungen darüber zu geben, wie sie in dieser Richtung wirkungsfähiger und idealer gestaltet werden können.[1]

§ 9. Aber auch als Vermittlerin der Wahrheit und Erkenntnis kommt der Sprache eine wichtige Aufgabe zu, und zwar sowohl sofern es sich um deren Mitteilung im gemeinüblichen engeren Sinne des Wortes handelt, nämlich um die zwischen verschiedenen Individuen stattfindende, als wenn das in Frage kommt, was man in einem weiteren Sinn gleichfalls eine Mitteilung heißen kann, ich meine die im Fortgange des einsamen Denkens Schritt für Schritt sich abspielende Kommunikation der Gedanken und ihrer Inhalte von Seite des einzelnen Individuums an sich selbst und vom gegenwärtigen an den zukünftigen Denker in ihm.

Unsere Urteile und die ihnen zugrunde liegenden Begriffe, obschon an sich von Sprache und Verkehr verschiedene Vorgänge, finden doch tatsächlich in ihrer Großzahl sprachlichen Ausdruck im äußeren oder ineren Wort, schon darum, weil unser Denken erwächst, indem es aus der Mitteilung anderer schöpft und sich seinerseits wieder andern zu eröffnen strebt. Durch die Assoziation, welche so die Worte der Sprache (ob sie nun wirklich geäußert oder nur innerlich reproduziert werden mögen) im Dienste der gegenseitigen Verständigung mit den Gedanken eingehen, werden sie ein Werkzeug für das, was wir eine Mitteilung des Individuums an sich selbst nannten. Sie werden ja mannigfaltig zu Hilfen für das wichtige Geschäft, auch schwer faßbare und flüchtige Gedanken sicher zu unterscheiden und in ihrer Identität wieder zu erkennen und sie erleichtern es uns, die Früchte früheren Beobachtens und Vergleichens im Gedächtnis aufzubewahren und wieder in Erinnerung zu rufen.

---

[1] Damit soll natürlich nicht gesagt sein, daß diese Unterweisungen allein jemanden zum dichterischen Sprachbildner machen könnten. Sie können das angeborene unmittelbare Gefühl für das ästhetisch Wirksame nicht völlig und den Reichtum einer schöpferischen Phantasie gar nicht entbehrlich machen.

Diese Leistungen der Sprachmittel als Unterscheidungs- und Erinnerungszeichen (durch die erstere Funktion wird uns das Urteil suggeriert, daß die betreffenden Inhalte verschieden seien, durch die zweite das Urteil, daß ein gewisser Inhalt der gleiche sei wie einer, der früher schon gegeben war) kann man — meine ich — nicht uneben eine Mitteilung des Einsamen an sich selbst nennen. Aber noch mehr! Die sprachlichen Zeichen leisten uns oft auch wichtige Dienste als Elemente von symbolischen oder Surrogatvorstellungen da, wo die eigentliche Vergegenwärtigung eines gewissen Inhalts zu mühevoll und zeitraubend oder wo sie geradezu unmöglich ist, sei es wegen zu großer Komplikation des Gedankens oder aus einem andern Grunde.

Auf allen diesen Wegen und Weisen können die Worte der Sprache einen mächtigen Einfluß auf das Denken des Einsamen gewinnen, und dieser Einfluß ist, selbst bei nicht völlig idealer Beschaffenheit der bezüglichen Mittel, ein so merklicher, daß — ganz abgesehen von dem Nutzen der Sprache als Werkzeug des gegenseitigen geistigen Verkehrs — es sich gelohnt hätte, eine Assoziation zwischen unseren Gedanken und etwas den sprachlichen Zeichen Ähnlichem zu stiften, bloß um jener Förderung des einsamen Denkens nicht verlustig zu gehen.

Ich sagte: Auch bei nicht völlig idealer Beschaffenheit der Sprachmittel. Denn gerade auch für den oben erwähnten Erfolg oder Nebenerfolg können die Worte der Sprache mehr oder weniger geeignet und zweckmäßig gewählt und gebildet sein. Und nicht bloß kann so, je nachdem, der Nutzen ein größerer oder geringerer, sondern es kann auch mehr oder weniger ein positiver Schaden mit ihm verbunden sein, ja er kann dadurch paralysiert und in extremen Fällen überwogen werden. Denn — um nur eines zu erwähnen — dieselben psychologischen Gesetze, die unter günstigen Umständen dazu führen, daß wir die verschiedenen Gedanken mit Hilfe der ihnen assoziierten Zeichen besser unterscheiden und die gleichen in ihrer Gleichheit wiedererkennen, können es unter ungünstigen Umständen (wie in Fällen von Äquivokation und Synonymie) mit sich bringen, daß wir verführt werden, Verschiedenes zu verwechseln und für gleich zu nehmen, und andererseits in das Identische fiktive Unterschiede hineinzutragen.

So kann denn sowohl, wo es sich darum handelt, Andern Wahrheiten mitzuteilen, als darum, in dieser Richtung gleichsam mit sich

selbst zu verkehren und die eigenen Gedanken zu verstehen, der
Sprache eine größere oder geringere Eignung und Vollkommenheit für die betreffende Aufgabe zukommen. M. a. W. auch
dieser ihr scientifischer Zweck stellt eigentümliche Anforderungen
an sie nnd natürlich vielfach andere als der vorhergenannte
ästhetische, so daß — entsprechend der großen Verschiedenheit
der Gesichtspunkte und Rücksichten — der Logiker vielfach dem
fluchen muß, was der Ästhetiker segnet und umgekehrt.[1])

Der Logiker; denn der erwähnte Zweig der kritisch-no-
mothetischen Sprachbetrachtungen, welcher sich die Frage stellt,
wie die Sprache beschaffen sein müsse, um der Erkenntnis und
Wissenschaft in möglichst vollkommener Weise Dienste zu
leisten, ist den logischen Untersuchungen verwandt, ja er ist
einer voll und allseitig ausgebildeten Logik geradezu als Teil
einzufügen, teils der individuellen Logik, die den Einzelnen zur
Prüfung und Entdeckung der Wahrheit anleiten will, teils einer
kommunikativen Logik, die eine Kunstlehre von der zweckmäßigsten Weise der Mitteilung richtiger Urteile an andere wäre.
Man kann aber diese Betrachtungen und Unterweisungen des
Logikers über die Sprache, soweit sie allgemeiner und prinzipieller
Natur sind, auch in einem besonderen Zweige der praktischen
Sprachphilosophie vereinigen.

Ich sage: Die allgemeinen Betrachtungen. Denn in diesen
Kapiteln, welche vom Ausdruck der Gedanken in der Sprache,
von den Gefahren einer Mißdeutung derselben infolge der mangelhaften Zweckmäßigkeit des Ausdrucks und der vulgären Tendenz
sprachliche Unterschiede in das Ausgedrückte hineinzutragen u.
s. w. handeln, darf und soll der Logiker, um die Aufgabe seiner
Disziplin, dem richtigen Denken zu nützen, ernstlich und allseitig zu erfüllen, auch spezielle Winke und Unterweisungen
geben, welche auf die in jener Hinsicht relevanten Besonderheiten
derjenigen Sprache oder Sprachen Rücksicht nehmen, welche den
logisch zu Unterweisenden geläufig sind. Andere Sprachen mit
anderem Bau und Wortvorrat bieten andere Mängel und Unvollkommenheiten dar, vor welchen der Logiker im Interesse

---

[1]) Niemand zweifelt ja wohl heute daran, daß die Bodmer und Breitinger
gegenüber Gottsched im Rechte waren mit ihrer Behauptung, daß die Sprache
der Poesie natur- (das heißt hier zweck-) gemäß verschieden sein müsse von
derjenigen der Prosa.

des richtigen Denkens zu warnen hat. und welche in dieser oder jener Weise unschädlich gemacht werden müssen.

In diesem Sinn verstanden involviert die bekannte Bemerkung von Sayce: Aristoteles würde, wenn er etwa die Sprache der Mexikaner geredet hätte, zweifellos eine andere Logik geschrieben haben, keinerlei Vorwurf sondern ein Lob.

Was die allgemeinen Betrachtungen des Logikers über die Sprache betrifft, die man — wie bemerkt — zweckmäßig in einem besonderen Zweige der Glossonomie vereinigen könnte, so gehören dahin natürlich die Versuche zur Theorie einer möglichst durchsichtigen und in jeder Beziehung zweckmäßigen wissenschaftlichen Nomenklatur[1]) und die Lehre von der Definition als der richtigen und dienlichsten Weise um Namen, welche in irgend einer Beziehung weniger verständlich sind, zu verdeutlichen.

Und die eine und die andere Betrachtung ist — während sie bisher allzu sehr auf die Namen eingeschränkt wurde — eigentlich auch auf die übrigen Klassen von Sprachmitteln, auf die Aussagen und Emotive resp. die Synsemantika auszudehnen, durch deren Hinzutritt die Namen zum Ausdruck von Urteilen und Interessephänomenen werden. Wer an dem Begriff der Definition als einer Worterklärung festhält und ihn nicht mit irgend einem anderen Sinne des vieldeutig gebrauchten Wortes, der keine Ausdehnung über das Gebiet der Begriffe (das heißt der Namensbedeutungen) hinaus zuläßt, konfundiert. der wird leicht einsehen, daß es wie eine Namens- so auch eine Worterklärung in Fällen, wo die Worte nicht Namen. sondern Synsemantika sind, und eine Satzerklärung geben kann und geben sollte, da doch auch bei diesen Sprach- und Redeteilen Mehrdeutigkeit oder irgend eine Undeutlichkeit anderer Art obwalten kann, welche eine Erklärung durch verständlichere Zeichen oder anderweitige Mittel wünschenswert macht.

Was bis jetzt von einem solchen Analogon der Theorie der Nomenklatur und Definition im Bezug auf die übrigen Klassen von Sprachmitteln vorhanden ist, sind gewisse Vorschläge und Versuche zu einer von der üblichen Ausdrucksweise abweichenden

---

[1]) Zur Bildung der durch die wissenschaftlichen Namen bezeichneten Begriffe und Klassen selbst anzuleiten ist auch Sache der Logik, aber natürlich nicht desjenigen Teiles, der zur praktischen Sprachphilosophie gehört.

Formulierung der Aussagen beim Schlußverfahren, teils um die Äquivokationen auszuschließen, die bei den üblichen Aussageformen mannigfach vorliegen und die Richtigkeit des Schließens gefährden, teils um sonst durch weitergehende Zweckmäßigkeit und Durchsichtigkeit der Bezeichnungsmethoden das Folgern und die Prüfung seiner Bündigkeit zu erleichtern und zu sichern.

§ 10. Die Krönung aller dieser Bestrebungen wäre die grundsätzliche Anleitung dazu, nicht bloß die bestehenden Sprachen im Dienste der Wissenschaft zu verbessern, sondern von Grund auf eine von den überlieferten Volkssprachen unabhängige, den Zwecken des wissenschaftlichen Gebrauchs vollkommen angepaßte, ideale Sprache zu bilden, eine charakteristica universalis, wie sie Cartesius und Leibniz vorschwebte. Mit Recht meint Leibniz von ihr, sie würde die Kraft unseres Denkens um soviel verstärken, wie das Teleskop die Tragweite des Auges, und Descartes verhieß, mit Hilfe einer solchen Sprache würde ein einfacher Landmann die Wahrheit der Dinge besser beurteilen können als jetzt ein Philosoph.

Was die Realisierung eines solchen Planes betrifft, so hielt Descartes sie für märchenhaft,[1] während Leibniz merkwürdigerweise die Schwierigkeit der Ausführung weit unterschätzte. In Wahrheit ist sie weder so leicht und rasch zu erhoffen, wie Leibniz meinte, noch ganz unmöglich, wie Descartes glaubte. Die wissenschaftliche Idealsprache ist eine ernst zu nehmende Angelegenheit der fortschreitenden scientifischen Methodik. Sie ist möglich im Sinne eines auf die exakte Analyse unserer psychischen Erlebnisse und ihrer Inhalte gebauten und deren Zusammensetzung aus den relativ einfachsten Elementen soweit wie möglich nachbildenden Zeichensystems. Aber natürlich ist sie nicht schon heute, und im Fluge, sondern nur Hand in Hand mit dem Fortschritt der Wissenschaft und insbesondere der deskriptiven Psychologie zu realisieren. Das Grundsätzliche über diese Kunst des adäquatesten und exaktesten Ausdruckes aber gehört, wie schon bemerkt, in den der Logik verwandten Teil der praktischen Sprachphilosophie.

---

[1] Vgl. Oeuvres par Adam et Tannery, Correspondance I p. 76 (Paris 1898). Im Übrigen ist die Klarheit bemerkenswert, womit Descartes eine eindringende Analyse des Bewußtseins als unerläßliche Vorbedingung des ganzen Unternehmens erkennt und betont.

§ 11. Und wie es einen so beschaffenen und — nach unseren früheren Betrachtungen — auch einen den ästhetischen Unterweisungen affiliierten Teil praktisch - philosophischer Sprachbetrachtung geben kann und muß, so endlich auch eine solche vom Standpunkt des Ethikers und philosophischen Politikers. Da ist die Beschaffenheit der menschlichen Verständigungsmittel zu besehen in Hinsicht auf die Forderungen, welche das Streben nach Vervollkommnung unseres Fühlens und Begehrens, die Pflege der Sittlichkeit und Gerechtigkeit, die zweckmäßige Legislation sowie die Sorge für Humanität und Volkswohlfahrt an sie stellt, und wäre zu ergründen, was in diesem Betracht förderlich und hinderlich ist. Auch Bestrebungen, die Sprachen diesen Forderungen anzupassen, sind in schwachen Anfängen vorhanden. Es gibt z. B. ein εὐφημεῖν, das mit Recht bevorzugt und empfohlen wird, und wenn man Versuche zur Bildung einer Weltsprache macht, so strebt man damit etwas an, was zweifellos im Interesse der allgemeinen menschlichen Wohlfahrt gelegen wäre. Der Ethiker und weitblickende philosophische Politiker betrachtet die gesamte Menschheit als eine große Familie. Er bedauert alles, was den Verkehr zwischen ihren Gliedern erschwert, und beklagt es mit dem Dichter, daß, was die Sprache gewollt, die Sprachen zerstört haben. Auch hierüber gehört das Allgemeine und Prinzipielle als besonderer Zweig in die praktische Sprachphilosophie.

Wir haben bisher von einer Vollkommenheit der Sprache gesprochen, welche speziell mit jener Vervollkommnung der verschiedenen Seiten des Seelenlebens im Zusammenhange steht, wozu die Ästhetik, Logik und Ethik Anleitung geben wollen oder vielmehr sprachen wir von einer Mehrheit, verschieden gerichteter, bezüglicher idealer Sprachgestaltungen, da — wie wir schon angedeutet haben — die Forderungen, welche jene verschiedenen Zwecke an die Sprache stellen, sich vielfach zuwiderlaufen und nicht ein Organ, sondern nur eine Mehrheit verschiedener Organe den differenten Aufgaben in idealer Weise zu dienen vermöchte.

§ 12. Man könnte aber bei der praktisch-nomothetischen Betrachtung der Sprache auch von ihrem speziellen Einfluß auf eine ideale Pflege und Gestaltung des fremden Seelenlebens absehen, indem man, was sie zum intellektuellen, ästhetischen und moralischen Fortschritt beiträgt (und auch in der unvollkommensten Form wird sie ja noch etwas nicht zu Unterschätzendes beitragen, sofern sie der Vereinigung der Kräfte mehrerer Individuen dient und diese eine Bedingung für höhere menschliche Leistungen auf allen Gebieten ist) nur als einen Nebenerfolg ansieht. Und dabei kann gleichwohl noch von einer vollkommeneren oder unvollkommeneren Bildung und Beschaffenheit derselben gesprochen werden.

Zu dieser Vollkommenheit, die wir jener höheren oder auf ideale Ziele gerichteten, als eine niedere oder gemeinpraktische gegenüberstellen wollen, gehört gewiß vor allem ein — weder durch Überfluß lästiger, noch wegen allzu fühlbarer Lücken unzureichender — Vorrat von Zeichen, durch welchen der Sprechende im Hörer unzweideutig das Verständnis zu erwecken vermag, das er intendiert, handle es sich dabei z. B. um richtige oder unrichtige Mitteilungen und überhaupt um eine solche Beeinflussung des fremden psychischen Lebens, die für dieses selbst einen Fortschritt im idealen Sinn bedeutet, oder um eine solche, von der dies nicht gilt.

Sodann kommen aber hier auch diejenigen Züge im Bau und Stil der Sprache in Betracht, wodurch sie nicht bloß ein sicher verständliches, sondern gleichzeitig auch ein möglichst bequemes und ein (in einem Sinne, der nicht mit jeder Weise der Unzweideutigkeit gegeben ist) möglichst müheloses Verständigungsmittel zu sein vermag, kurz Eigenschaften, die unter sonst gleichen Umständen einer Sprache vor der andern die Aussicht bieten, weitere Geltungsgebiete zu erobern, eventuell etwas wie eine Weltsprache zu werden. Und auch die Erörterung dieser Vorzüge, die bei einer Ausdrucksmethode wünschenswert sein können, und die Erwägung der Mittel und Wege, sie zu erreichen, fällt naturgemäß der praktischen Sprachphilosophie zu.

Dagegen ist m. E. der Ort für eine auf alle diese allgemeinen Einsichten und Kunstregeln der Sprachbildung gegründete Kritik und Würdigung der verschiedenen historisch gegeben Sprachstämme und Einzelidiome, sowohl in Hinsicht auf diese niedere als in Bezug auf die früher erwähnten verschiedenen Arten höherer Vollkommenheit, nicht die Sprachphilosophie, sondern die Sprachgeschichte. Diese natürlich im weitesten Sinne dieses Wortes verstanden, wo sie für die Welt der Sprachen nicht bloß ein Analogon der Geographie, Kosmographie usw. bildet, sondern,

... naturgemäßer ist, auch ein Analogon der Geschichte
... und Rechtsbildung und der Kunsthistorie ist.[1)]
... tatsächliche Ausführung aber, sowol von stückweisen
... en an den üblichen Sprachen als des Aufbaues einer
... unabhängigen sogenannten künstlichen Sprache (sei
... einer scientifischen Idealsprache oder, was — wie kaum
... betont zu werden braucht — natürlich etwas ganz ver-
... es ist, einer den allgemeinen Verkehr erleichternden
... sal- oder Weltsprache) kurz: die Ausübung jener Sprach-
... kunst, deren Prinzipien die Sprachphilosophie aufstellt,
... nicht ein Wissen oder Erkennen, sondern ein *ποιεῖν*.

Daß ich eine solche „künstliche" Sprachbildung auch im
Sinne der Bestrebungen für eine „Weltsprache" nicht von vornherein für widersinnig halten kann, wird dem Leser meiner
früheren Arbeiten zur Sprachphilosophie nicht neu sein. Ich bin
mit H. Schuchardts bezüglichen geistvollen Schriftchen („auf Anlaß des Volapüks" 1888 und „Weltsprache und Weltsprachen" 1894),
welche auf wenigen Seiten mehr richtige Blicke in die wahre
Natur der Sprache und mehr feinsinnige und treffende Bemerkungen zu einer natürlichen Würdigung der verschiedenen
Methoden des menschlichen Sprachbaues darbieten als manches
anspruchsvoll auftretende und dickleibige Werk, wesentlich einverstanden, wo sie das Mystische in der so oft gehörten Rede
bekämpfen, daß eine lebensfähige Sprache notwendig „organisch"
(d. h. hier offenbar planlos) und „unbewußt" entstehen müsse.
Warum soll eine Aufgabe, welche die Völker ohne systematische
Berechnung von Zweck und Mitteln zu leisten versucht haben,
schlechterdings nicht planmäßig und mit verständiger Abwägung
der verschiedenen Möglichkeiten und ihrer relativen Zweckmäßigkeit — wenn nicht von einem Einzelnen, so doch von einer
einheitlich zusammenarbeitenden Vereinigung von Kräften —
unternommen werden können? Und warum sollte das Resultat

[1)] Dass die Sprachgeschichte vielmehr diesen im engeren Sinn historischen
Disziplinen verwandt ist als der Naturgeschichte, hindert nicht, dass auf der
Grundlage der konkreten Kenntnisse sich auch Einsichten in Allgemeines und
Notwendiges, in Gesetze, eröffnen. Das soll damit, dass ich mit Anderen die
Sprachwissenschaft nicht zu den Naturwissenschaften zähle, durchaus nicht
geleugnet werden. Wir kommen darauf zurück. Leider hat aber solche Verwechslung ganz verschiedener Behauptungen und Gesichtspunkte dazu beigetragen, den bekannten Streit um die Zugehörigkeit der Sprachwissenschaft zu
den Natur- oder Geisteswissenschaften zu verwirren und in die Länge zu ziehen.

einer in dieser Weise mit Berechnung von Zweck und Mitteln durchgeführten Arbeit von vornherein niemals besser und sofern auch lebensfähiger sein können als das einer „unbewußten"?

Dabei verkenne ich die Schwierigkeiten, die sich jeder künstlichen und insbesondere der Gewinnung einer allgemein befriedigenden Weltsprache in den Weg stellen, keineswegs. Und noch weniger meine ich (und dies ist gewiß auch nicht Schuchardts Gedanke), daß durch die Weltsprache alle andern Sprachen entbehrlich würden. Ich möchte die Sprache eines Homer, Aeschylos und Sophokles, die Sprache des Cervantes und auch unser geliebtes Deutsch schon um ihrer dichterischen Schönheiten willen nicht missen. Denn daß die Weltsprache uns diese alle ersetzen solle, hieße nicht bloß Schwieriges, sondern schlechterdings Unmögliches von ihr verlangen. Von vornherein vornehmlich für den praktischen Gebrauch bestimmt, könnte sie überhaupt mit diesen selben Mitteln unmöglich auch das ästhetisch-poetische Bedürfnis befriedigen.

Und natürlich vermag sie auch nicht, was ihren äußeren Bestand betrifft, den lautlichen Neigungen und Dispositionen aller Menschen in gleichem Maße Rechnung zu tragen. Man hat darum eingewandt, es würden sich infolge jener psycho-physiologischen Besonderheiten verschiedener Völker von Anfang an beim lebendigen Gebrauch einer solchen Volkssprache verschiedene Dialekte bilden. Das ist zweifellos als in gewißem Maße unvermeidlich zuzugeben. Aber wäre nicht auch das schon ein großer Gewinn für den allgemeinen Verkehr, wenn diese Dialekte wenigstens für lange Zeit einander so nahe blieben, daß die sie Sprechenden sich doch untereinander und daß auf noch längere Zeit hinaus wenigstens alle die Mutter dieser Dialekte als gemeinsame „Schriftsprache" verständen?

Größere Schwierigkeit noch — das sei nicht vergessen — erwächst m. E. der zweckmäßigen Bildung und allgemeinen Verbreitung einer Weltsprache mit Rücksicht auf die sehr verschiedenen geistigen Dispositionen und bisherigen Gewohnheiten sprachlichen Denkens bei allen denen, die nun diesen festgewurzelten Neigungen und mannigfach abweichenden Bedürfnissen zum Trotz sich einer Sprechweise bedienen sollen. Nicht bloß zeigen — wie man weiß — verschiedene Familien der natürlich gewachsenen Sprachen einen wesentlich verschiedenen Bau und abweichende syntaktische Mittel, die für den Ausdruck

komplizierterer Gedankengebilde nicht gleich zweckmäßig sind;
jede, auch die höchststehende Volkssprache weist in Grammatik
und Syntaxe gar manche Unschärfen, Äquivokationen und sonstige
Unvollkommenheiten auf. Soll man diese einfach in die Universalsprache hinübernehmen, obwohl man es hier mit einem planmäßigen Werk zu tun hat, wo man naturgemäß sein Augenmerk
auf Schaffung von Mitteln richten möchte, die dem Zwecke möglichst adäquat sind und nicht gerne solche aufnimmt, die man
anderwärts nur festhält, weil sie traditionell überkommen und
durch Gewohnheit sanktioniert sind? Verlegt man sich aber
aufs Bessern, wie weit soll und darf man darin gehen, ohne
allzusehr die Fühlung zu verlieren mit der Fassungskraft und
den Bedürfnissen des Durchschnitts derjenigen, deren geistigem
Niveau im Allgemeinen die Volkssprachen entsprechend sind, und
für deren Gebrauch doch auch die Weltsprache bestimmt ist? Und
gilt diese Verlegenheit bezüglich der syntaktischen Mittel, so
noch mehr in Hinsicht auf die Nomenklatur, auf die Weise, wie
in verschiedenen Sprachen die Klassifikationen in mehr oder
weniger feingliederiger und zweckmäßiger Auswahl und die Begriffe in ihren mannigfaltigen Nüancen mehr oder weniger reich
und scharf ausgedrückt sind und wie sie in einer künstlichen
Sprache an und für sich weit über das Niveau hinaus, welches
auch die höchststehenden Volkssprachen darin erreicht haben,
ausgeprägt sein könnten. Wie weit soll und darf sich die Weltsprache auch hier der Idealsprache nähern?[1])

Immerhin wollen auch diese Bedenken durchaus nicht die
Aussichtslosigkeit jener universalistischen Bestrebungen besagen.
Sie richten sich nicht gegen ein bedächtiges Vorgehen auf diesem
Gebiete, sondern nur gegen die allzukühnen und heißblütigen
Hoffnungen mancher Enthusiasten, die jene Schwierigkeiten und
die Notwendigkeit so mannigfaltiger Rücksichten und Kompromisse
zu gering anzuschlagen oder zu übersehen scheinen.

------

[1]) Was man jedenfalls sofort sagen kann, ist, daß sie im Ganzen dem
Niveau der Volkssprachen weiter näher wird bleiben müssen, als es die
Forderungen an eine scientifische Idealsprache schon heute gestatten —
Forderungen, die sich natürlich mit dem Fortgang der Wissenschaft Schritt
für Schritt steigern. Und eben darum kann — wie wir schon früher betonten —
keine Rede davon sein, daß die praktische Weltsprache zugleich den Dienst
einer scientifischen Idealsprache leisten könnte.

Doch hier nicht weiter von diesem praktischen Teil der Sprachphilosophie. Denn nicht ihm, sondern dem Theoretischen gehören die speziellen Untersuchungen an, die wir in den nachfolgenden Abschnitten geben wollen. Wir sind darum mehr veranlaßt von den Aufgaben und Aussichten der theoretischen Sprachphilosophie noch etwas eingehender zu sprechen. Zuvor aber wollen wir doch noch auf einige Bedenken hören, welche man erhoben hat gegen die Namen „Sprachphilosophie" und „Sprachpsychologie", die wir für die Betrachtungen und Erkenntnisse, zu denen unsere ferneren Ausführungen einen Beitrag bilden wollen, gewählt haben.

Drittes Kapitel.

Einwände gegen die Bezeichnungen „Sprachphilosophie" und „Sprachpsychologie" und ihre Lösung.

---

§ 13. H. Paul, dem wir für eine der dankenswertesten neueren Arbeiten aus dem Gebiete der Sprachphilosophie,[1]) wo dieselbe an die Sprachgeschichte grenzt, verpflichtet sind, geht in der Einleitung zu derselben mit sich zu Rate über den Namen, den er seinen Untersuchungen geben soll und meint, es fehle für sie eine allgemein giltige und passende Bezeichnung. Er prägt darum den neuen Namen „Prinzipien der Sprachgeschichte"; denjenigen der „Sprachphilosophie" dagegen lehnt er ab mit der Bemerkung, man verstehe darunter in der Regel doch etwas anderes. „Und außerdem", fährt er fort, „dürfte es vielleicht aus einem andern Grunde geraten sein, diesen Ausdruck lieber zu vermeiden. Unser unphilosophisches Zeitalter wittert darunter leicht metaphysische Spekulationen, von denen die historische Sprachforschung keine Notiz zu nehmen brauche."[2])

Ich gehe wohl nicht irre, wenn ich die letztere Bemerkung von Paul dahin verstehe, daß nach seiner Meinung der Name Sprachphilosophie und Philosophie überhaupt vielfach einen bösen Klang gewonnen hat und geradezu zum Namen für methodisch verkehrte und bodenlose Spekulationen geworden ist, welche die exakte Forschung am besten ignoriere.

Ich kann diese Tatsache leider nicht leugnen, und so ist es wohl — nebenbei bemerkt — zum Teil auch zu verstehen,

---

[1]) „Prinzipien der Sprachgeschichte".
[2]) a. a. O. III. Aufl. S. 10.

daß hervorragende Naturforscher wie E. Mach,[1] indem sie über Fragen schreiben, welche psychologischer, logischer, erkenntnistheoretischer, also zweifellos im üblichen Sinne philosophischer Natur sind, doch ausdrücklich betonen, sie täten es nicht als Philosophen, sondern sie wollten dabei Naturforscher bleiben.

Ich sage: zum Teil. Denn Mach gibt allerdings am betreffenden Orte zugleich eine Definition und Abgrenzung der Philosophie, die von der unseren wesentlich abweicht.[2] Er stellt nämlich die Philosophie kurzweg allen Spezial- oder Fachwissenschaften gegenüber und bezeichnet das Philosophieren wesentlich als ein Schematisieren, als ein Ordnen und Systemisieren gewonnener Resultate, und danach würde, wenn ich recht verstehe, alle Lösung spezieller wissenschaftlicher Fragen, auch wenn sie psychologischer, erkenntnistheoretischer, ethischer Natur sind, außer das Gebiet der Philosophie fallen.

Daß ich mich aber mit dieser Fassung des Namens Philosophie und Philophieren nicht einverstanden erklären könnte, geht aus dem Früheren zur Genüge hervor. Der Begriff scheint mir damit verschoben, ja, so fürchte ich fast, gewissermaßen bei Seite geschoben. Denn wenn nicht alle, so doch die Großzahl der Forschungen, die man sonst zur Philosophie rechnete, würden nach Mach zur „Spezialforschung", die er der Philosophie entgegensetzt, gehören und die bloße Zusammenstellung und enzyklopädische Ordnung der Resultate der Spezialforschung schiene mir nicht mehr den Namen einer besonderen Wissenschaft zu verdienen.

Wohl waren einzelne Philosophen zugleich Polyhistoren. Aber den Namen „Philosophen" verdienten sie doch nicht schon wegen dieses enzyklopädischen Wissens, sondern nur deshalb, weil sie ihre umfassenden Kenntnisse in den Naturwissenschaften, der Mathematik, der Geschichte, der Sprachenkunde usw. in fruchtbringender Weise für die Lösung psychologischer, logischer, ethischer, rechtsphilosophischer Fragen usw. verwerteten — eine Arbeit, zu der man auch beitragen kann, ohne Polyhistor zu sein. Wer immer solche Arbeit tut, verdient sofern den Namen eines Philosophen, und auch das ist durchaus nicht von ihm zu verlangen, daß er ein ganzes „System" neuer Wahrheiten der obigen Art bieten wolle, oder tatsächlich biete.

Gewiß gilt von den bedeutendsten Vertretern des Gebietes der Philosophie, daß sie gleichzeitig oder sukzessive in den verschiedensten Zweigen desselben sich Probleme gestellt und sie der Beantwortung näher gebracht haben; so daß, wenn man diese Lösungsversuche zusammenstellt, sich etwas ergibt, was man mit

---

[1] Erkenntnis und Irrtum 1905. Vorwort.
[2] a. a. O. S. V u. 8.

mehr oder weniger Recht ein „System philosophischer Begriffe und Anschauungen" des betreffenden Autors nennen kann, gleichviel, ob der Autor ein solches zu geben beansprucht oder nicht. Aber möge dieses Ganze mehr oder weniger vollständig sein — und lückenlos wird überhaupt keines sein —, die darauf verwendete Forschungtätigkeit verdient stets den Namen des Philosophierens, wenn sie nur methodisch und mit irgend welchen Früchten gesegnet war. Und eben das gilt auch, wenn es einem Forscher aus diesen oder jenen Gründen überhaupt versagt blieb, alle oder auch nur mehrere Bereiche des weiten Gebietes, das wir zur Philosophie rechnen, selbständig zu kultivieren. Zwar wird Jeder, der in einem dieser Erdgänge tiefer gräbt, es empfinden, daß in den tiefsten Wurzeln fast alles mit Allem, und so auch das scheinbar Entlegenste in der Philosophie irgendwie zusammenhängt. (Das eben gibt ihr ja die heuristische Einheit, von der wir oben sprachen.) Jeder philosophische Forscher mag darum wünschen, in alle Gebiete des Faches mit gleichmäßiger Energie und Selbständigkeit eindringen zu können. Aber gar mannigfache Umstände, und unter anderem, auch schon die zunehmende Verfeinerung der Aufgaben, die der Fortschritt der Forschung naturgemäß mit sich bringt, können dies unmöglich machen und eine gewisse einseitige Beschränkung des Arbeitsgebietes für den Einzelnen gebieterisch erheischen, ohne daß er doch damit aufhört, den Namen eines Philosophen zu verdienen. Und er verdient ihn m. E. mehr, wenn er — wo die wissenschaftlichen Kräfte und der Stand der Forschung ein vollständiges System der Philosophie nicht gestatten — bescheiden darauf verzichtet, als wenn er kühn einen trügerischen Ersatz dafür sucht. Doch sei gern zugestanden, daß es bei dem starken Interesse, welches gerade die philosophischen Fragestellungen (insbesondere in ihren tiefsten Fundamenten und höchsten Gipfelpunkten) erwecken, psychologisch wohl begreiflich ist, wie so mancher, und zu Zeiten ganze Generationen von Forschern, bei jener Resignation sich nicht zu bescheiden vermögen und darum die Antworten, die ihnen die strenge, im Rahmen wissenschaftlicher Methode verharrende Forschung nicht zu geben vermag, sich von einem Surrogat derselben bieten lassen, das mit leichterer Mühe, und den wechselnden Wünschen sich anschmiegend „Systeme bereitet".

Im Übrigen ist es, wenn (wie bei dem von mir hochgeschätzten Verfasser von „Erkenntnis und Irrtum") Philosophie und Spezialforschung einander gegenübergestellt werden, wohl auch zweckmäßig, noch an eine Äquivokation zu erinnern, die sich dabei einschleichen kann. Die Philosophie würde, wie schon bemerkt, m. E. aufhören, den Namen einer besonderen Wissenschaft zu verdienen, wenn sie lediglich dasjenige sammelte und ordnete, was der Naturforscher, Mathematiker, Zoologe usw. gefunden hat. Auch sie hat bestimmte eigenartige Fragen zu lösen. Selbst angenommen — wenn auch nicht zugegeben —

sie hätte nur allgemein die Frage nach der besten Weise der
Ordnung und Formulierung der bereits gefundenen Erkenntnisse, sei
es vom Gesichtspunkt ihrer inneren Abhängigkeit, sei es von dem
der zweckmäßigsten Folge und Form für die Mitteilung, zu beantworten, so gäbe und gibt es doch auch da etwas zu finden, was
nicht schon bekannt war. Auch jenes sind also in diesem Sinne
Spezialfragen (Probleme eines besonderen Gebietes, der Erkenntnis-
lehre und der individuellen und der kommunikativen Logik),
während die praktische Anwendung der gefundenen Methoden
nicht, oder wenigstens nicht überall Sache des Philosophen, sondern
auf dem Gebiete der Naturwissenschaft eben Sache des Naturforschers, auf dem der Mathematik des Mathematikers wäre und
so im übrigen.

In diesem Sinne also ist m. E. alle Wissenschaft und
Forschung Spezialforschung. Allein nicht damit zu verwechseln
ist eine andere Bedeutung des Wortes, wonach gewisse Forschungs-
gebiete mehr den Namen des Speziellen, andere dagegen mehr den
des Allgemeinen verdienen. Während nämlich jeder Forscher
Neues sucht, besitzt doch das Gesuchte resp. Gefundene in verschiedenen Fällen einen sehr verschiedenen Grad der Abstraktion
und Allgemeinheit. Das gilt nicht bloß, wenn wir auf der einen
Seite die bloße Konstatierung konkreter Tatsachen, auf der
andern die Auffindung von Gesetzen oder Notwendigkeiten vor
uns haben. Auch im letzteren Fall macht es wieder einen Unterschied, wenn z. B. die Biologie speziell von den Gesetzen handelt,
die von den lebenden Wesen als solchen gelten, während die Physik
Eigentümlichkeiten erforscht, die sich an den Begriff alles Körperlichen als solchen knüpfen und die Mathematik diejenigen, die
allem Zähl- und Meßbaren zukommen, sofern es unter diese Begriffe fällt. In gewissem Sinne ist da die Physik und Mathematik
zweifellos weniger Spezialforschung als die Botanik und Zoologie.
Und so verstanden gilt von den metaphysischen Untersuchungen,
daß sie noch weniger speziell sind, als alle die genannten. Und
auch wiederum von denjenigen der Psychologie gilt, daß sie
wenigstens allgemeiner sind, als die Probleme und Studien der
spezielleren Geisteswissenschaften, wie der Sprachwissenschaft,
Staatswissenschaft, Geschichte usw. (Vgl. auch Mach selbst a.
a. O. S. 4, wo von den Versuchen der Philosophie die Rede ist
„die allgemeinsten Züge großer Gebiete zusammenzufassen".)

Kurz: Die Betrachtungen des Philosophen wollen umfassender
sein als die vieler anderer Forscher, in dem Sinne wie der allgemeinere Begriff umfassender ist als der spezielle und ein allgemeineres Gesetz weitere Gebiete umfassend, als ein spezielles,
nicht aber so wie eine vollständige Sammlung und Klassifikation
aller Tatsachen umfassender ist, als eine solche, die sich auf
einen gewissen Bereich beschränkt. Die Philosophie gibt in
manchem Betracht die allgemeinsten Linien für jenes Welt-
bild, das alle Wissenschaften im Vereine anstreben; aber ein

vollständiges Bild vermag sie ohne die übrigen Wissenszweige
so wenig zu bieten, als diese ohne jene.

Das ist natürlich auch meine Ansicht bezüglich der Sprachphilosophie und der Welt der sprachlichen Erscheinungen. Nicht
ein in allem Detail ausgeführtes Bild und in diesem Sinn ein ab-
geschlossenes Ganze soll sie bieten wollen, während die andern
Disziplinen nur Teile böten. Auch was sie rechtmäßigerweise
bietet, ist nur ein Beitrag zum Ganzen (wenn er auch von besonderer und grundlegender Wichtigkeit sein mag), und in diesem
Sinne ist auch der Sprachphilosoph nur eine besondere Art
Spezialforscher, nämlich der spezielle Erforscher der allgemeinen
Züge an der psychischen Seite der Sprache und Sprachen.

Aber eben indem Mach den Philosophen so dem Spezialforscher gegenüberstellt, daß er betont, der erstere suche „eine
möglichst vollständige, weltumfassende Orientierung über die
Gesamtheit der Tatsachen" (wobei er nicht umhin könne, „seinen
Bau auf Grund fachwissenschaftlicher Anleihen auszuführen"),
während es dem andern „zunächst um Orientierung und Übersicht
in einem kleineren Tatsachengebiet zu tun" sei, stellt er der
Philosophie eine Aufgabe, die in fruchtbringender und befriedigender Weise nur auf Grund einer genügenden Ausbildung der „Fachwissenschaften" und von einem in ihnen in umfassendster Weise
bewanderten Polyhistor erfüllt werden kann.[1] Wer an ihre
Lösung schreitet, ohne daß diese Bedingungen gegeben sind, der
kann — in eben dem Maße als diese Voraussetzungen fehlen —
nur den Schein einer Erfüllung bieten, indem er die Lücken der
Erkenntnis mit Fiktionen der Phantasie und apriorischen Konstruktionen auskleidet. So ist freilich vielfach philosophiert worden,
und eben das hat zu jener Verwischung des Unterschiedes zwischen
philosophischen und künstlerischen Leistungen und zu einer un-
gerechtfertigten Überschätzung des Momentes der Originalität

---

[1] Mach sagt selbst treffend, auch die Gesamtheit der Spezialforscher
strebe ersichtlich nach einer Weltorientierung durch Zusammenschluß der
Spezialgebiete. Das Endziel aller Forschung sei also dasselbe (a. a. O. S. 3.).
Allein meines Erachtens ist hier nicht bloß das Endziel eines, sondern auch
der richtige Weg bloß einer. Es ist, meine ich, „die möglichst vollständige
weltumfassende Orientierung über die Gesamtheit der Tatsachen" nur durch
Zusammenschluß der Spezialforschungen anzustreben; wobei allerdings notwendig die Philosophie (das heißt die Zusammenfassung der psychologischen, ethischen, logischen, erkenntnistheoretischen, metaphysischen Untersuchungen) selbst eines dieser Spezialgebiete bildet, und zum Teil ein solches mit
Fragen von großer Allgemeinheit. Von manchen dieser philosophischen Untersuchungen gilt auch, daß sie erst in nutzbringender Weise in Angriff genommen
werden können, wenn die Forschung in gewissen andern Fächern schon relativ
weit fortgeschritten ist. Doch nicht von allen in gleichem Maße. Und dies hat
ja positiv und negativ auch bei andern Spezialgebieten seine Geltung, wie
denn z. B. die Mathematik weit unabhängiger ist als die Biologie.

auch bei den ersteren geführt, wovon ich schon im Vorwort gesprochen habe. Auf diesem Wege kam es dann notwendig auch
zur Entgegensetzung einer philosophischen oder sogenannten
spekulativen Methode und der exakten Denk- und Forschungsweise der Spezialfächer, und Mach selbst bemerkt (a. a. O. S. 4.),
es sei richtig, „was der Philosoph für einen möglichen Anfang“
halte, winke „dem Naturforscher erst als das sehr ferne Ende
seiner Arbeit“. Und da — wie gelegentlich auch er durchblicken
läßt — nicht beide Anschauungen und Verfahrungsweisen gleich
richtig und zweckmäßig sein können, so ist große Gefahr, daß
das „Philosophieren“ so gefaßt, ganz von selbst und unversehens
zum Namen einer verkehrten oder wenigstens höchst prekären
Forschungsmethode werde.[1]) so daß dann, wer sich anschickt,
Fragen der Psychologie. Erkenntnistheorie. Methodenlehre usw.
zu behandeln. ohne in sog. „philosophischer“ Manier das natürliche
Ende zum Anfang machen zu wollen, recht wohl versucht sein
kann, zu betonen, er wolle jene Probleme nicht als „Philosoph“,
sondern als Naturforscher oder überhaupt als Spezialforscher
erörtern. d. h. dabei derjenigen Methode treu bleiben, die er in

---

[1]) Da es keine doppelte Wahrheit geben kann, so darf es ja wohl in
obigem Sinne verstanden werden, wenn Mach selbst a. a. O. S. 13. bemerkt:
„für den Naturforscher ist es ... eine ganz sekundäre Angelegenheit, ob seine
Vorstellungen in irgend ein philosophisches System passen oder nicht, wenn
er sich derselben nur mit Vorteil als Ausgangspunkt der Forschung bedienen
kann. Die Denk- und Arbeitsweise des Naturforschers ist nämlich von jener
des Philosophen sehr verschieden. Da er nicht in der glücklichen Lage ist,
unerschütterliche Prinzipien zu besitzen, hat er sich gewöhnt, auch seine
sichersten, bestbegründetsten Ansichten und Grundsätze als provisorisch und
durch neue Erfahrungen modifizierbar zu betrachten“ usw.

Wenn irgend ein Satz unerschütterlich sicher ist (und das ist er, sobald
er evident ist), dann handelt — meine ich — derjenige, sei er Psychologe
oder Physiker oder was immer, verkehrt, der ihn nicht als solchen anerkennt.
Fehlt einer Lehre aber diese Sicherheit (d. h. die Evidenz), dann gilt natürlich
dieser Tadel von dem, der im Wahne von dessen Unerschütterlichkeit lebt
und verharrt, gleichviel wiederum, ob er Philosoph oder Naturforscher sei.
Aber — so meint Mach offenbar — in letzterer Beziehung viel zu viel zu tun
(also nach unserer Ausdrucksweise, allerlei für sicher zu halten, was weder
mittelbar noch unmittelbar einleuchtet) gehöre habituell zur Denkweise der
„Philosophen“. In der Tat — soweit hat Mach ganz Recht — gilt diese
Charakteristik z. B. von manchen Philosophen des vorigen Jahrhunderts bei
uns in Deutschland zur Zeit der Schöpfung der sogenannten großen „Systeme“,
und wenn Philosophieren und abschließende Systeme bauen ein und dasselbe
wäre, dann könnte es nicht anders sein, als daß jeder sog. „Philosoph“ es viel
zu wenig genau nähme mit dem, was er für ein „unerschütterliches Prinzip“
und für etwas durch keine nachfolgende Erfahrung Modifizierbares hielte.
Jeder wäre in der äußersten Gefahr, statt reeller Wohnstätten Potemkinsche
Dörfer zu bauen.

1 „exakten" Fächern gewohnt war und welche alles vor-
re Konstruieren verpönt und strenge zwischen bewiesenen
rheiten und bloßen Antizipationen der Phantasie unterscheidet.
Von solcher Vorsicht gegenüber dem Namen „Philosophie"
, „Philosophieren" ist denn wohl auch H. Paul geleitet, wenn
für seine oben erwähnten (nach unserer Terminologie größten-
ls philosophischen) Untersuchungen über die Sprache den
amen „Sprachphilosophie" ablehnt. Aber obwohl diese Bedenk-
chkeit aus einem Blick auf die Irrwege, welche die Geschichte
ler Philosophie zeigt, wohl begreiflich und verzeihlich ist,[1]
halte ich sie doch für übertrieben. Es scheint mir zweckmäßiger,
energisch auf die wahre Bedeutung des Wortes Philosophie und
Philosophieren zu dringen, und indem ich im Anschluß an sie
meine Untersuchungen „sprachphilosophisch" nenne,[2]) ist meine
Furcht, daß sie durch die Bezeichnung diskreditiert werden
möchten, nicht groß genug, um mich von dieser Namengebung
abzuhalten. Man darf ja dabei wohl an einen Gedanken erinnern, den schon Platon ausgesprochen hat, daß nämlich ein
schlechter Arzt eigentlich kein Arzt ist und dennoch so genannt
wird. Und wenn Mißbrauch den Gebrauch verböte, welcher
Name wäre vor Abschaffung und Verdrängung sicher? Etwa
derjenige der Psychologie, den Wundt vorziehen will? Durchaus
nicht. Denn auch dieser Teil der Philosophie ist dem Schicksal
nicht entgangen, daß sich Manches so nennt, was den Namen
Resultat unglückliche Versuche den Namen der Wissenschaft
nicht verdient; auch hier geschieht es, daß nach Methode und
usurpieren; seien es „Spekulationen", seien es Scheinleistungen
experimenteller Art, von denen die auf dem Boden der Tatsachen

[1]) Und bei einem Sprachforscher wie H. Paul ist sie es umsomehr, als auc
Philosophen von Fach, wie Wundt, diesem Namen neustens jenen gerin
schätzigen Sinn beilegen. Vgl. dessen „Sprachgeschichte und Sprachpsychologi
S. 9 und 23.
[2]) Dagegen möchte ich den Namen „Metaphysik der Sprache", der gl
falls manchmal, namentlich in England, für solche Betrachtungen wi
meinigen und einen bedeutenden Teil derjenigen von Paul gebraucht
vermeiden. Nicht weil dieser Name, wie der der Philosophie, diskre
worden ist, so daß man ihn geradezu als Bezeichnung für eine falsche M
und phantastische Spekulation gebraucht hat, sondern aus Rücksicht
eine zweckmäßige Klassifikation und Benennung der Wissenszweige nac
natürlichen Verwandtschaft, die dem Leser schon aus unseren frühe
... bekannt sind.

stehende und nach wirklicher Exaktheit strebende Forschung mit Recht keine Notiz nimmt. Wie aber die Bezeichnung „Psychologie" trotz gelegentlichem Mißbrauch ein Ehrenname bleiben kann, so wird dies auch vom Namen der Philosophie und des Philosophierens gelten, wenn wir darunter nur eine nach der richtigen (d. h. einer bloß auf Erfahrung und vernünftig gerechtfertigte Schlüsse vertrauenden und in diesem Sinne „naturwissenschaftlichen") Methode fortschreitende Erforschung jenes Gebietes verstehen, das die Tradition der Jahrhunderte — geleitet von einem natürlichen Einteilungs- und Klassifikationsprinzip — von den übrigen Wissenszweigen ausgeschieden und als philosophisch bezeichnet hat.

Und wenn ich darauf gestützt, und durch den Mißbrauch des Namens unbeirrt, fortfahre von Sprachphilosophie zu reden, so habe ich dafür noch den besonderen Grund, daß wir durchaus eines Namens bedürfen, der das ganze Gebiet von Betrachtungen umfaßt, die wir oben sprachphilosophisch nannten, auch die deskriptiven und die praktischen, und daß für alle zusammen sowohl der Name „Prinzipien der Sprachgeschichte" als auch der weitere der Sprachpsychologie noch zu eng wäre.

Nur in dem Sinne, daß man mit „Sprachphilosophie" gewöhnlich einen weiteren Kreis von Fragen meint, als denjenigen, welchen Paul behandelt, kann ich es zugeben, wenn er sagt: Man verstehe in der Regel etwas anderes darunter, als was er bietet. Seine Ausführungen sind großenteils sprachphilosophisch, nur sind sie natürlich nicht die ganze Sprachphilosophie.

§ 14. Für den überwiegenden Inhalt des Paul'schen Buches wäre freilich der Name Sprachpsychologie oder genauer der Name eines sehr schätzenswerten „Beitrages zur genetischen Sprachpsychologie" oder dgl. nicht unpassend. Er hat auch ihn nicht gewählt, und zwar, weil er mit dem Namen Psychologie einen etwas anderen Begriff verbindet, als ich für richtig halte, wie wir sofort sehen werden. Zwar ist er weit entfernt zu leugnen, daß die Wissenschaft, welcher seine Arbeit gewidmet ist und welche sich speziell in bezug auf die Sprache „mit den allgemeinen Lebensbedingungen des geschichtlich sich entwickelnden Objektes beschäftigt" und „die in allem Wechsel gleichmäßig vorhandenen Faktoren nach ihrer Natur und Wirksamkeit untersucht", auch zur Psychologie in inniger Beziehung stehe. Vielmehr gibt er zu, daß die Psychologie oder ein Segment von ihr einen Bestandteil des Komplexes von „reinen Gesetzeswissenschaften" oder Segmenten solcher Wissenschaften bilde, aus denen jene Prinzipienwissenschaft sich zusammensetze. Aber im Ganzen sieht er zwischen der von ihm eben charakterisierten Wissenschaft und der Psychologie doch einen Gegensatz, derart, daß es ihm ganz untunlich erscheint, der ersteren den Namen „Psychologie" zu geben.

Daß nun eine Disziplin mit der Aufgabe, wie die oben von Paul angedeutete, nicht bloß aus der Psychologie schöpfen kann, sei keinen Augenblick bestritten. Es gehören dazu zweifellos konkret-historische Kenntnisse und außerdem auch solche aus der Physiologie. Aber ebenso gewiß ist mir, daß daneben doch die Psychologie es ist, die den vornehmsten Beitrag liefert, und soweit Paul dieses Verhältnis der Psychologie zu dem, was er Prinzipien der Sprachgeschichte nennt, verkennt und demzufolge auch nicht völlig zugeben will,[1] daß dieser letztere Wissenszweig wenigstens a potiori ganz wohl (ein Stück genetischer) „Sprachpsychologie" genannt werden könnte, kann es nur mit einer — wie ich glaube — nicht einwandfreien Auffassung der Aufgaben und des Umfangs jener fundamentalen philosophischen Disziplin zusammenhängen.

---

[1] Nahe steht er dem gleichwohl; denn er betont selbst a. a. O. S. 6: „das psychische Element ist der wesentlichste Faktor in aller Kulturbewegung, um den sich alles dreht, und die Psychologie ist darum die vornehmste Basis aller in einem höheren Sinn gefaßten Kulturwissenschaft. Das Psychische ist darum nicht der einzige Faktor; es gibt keine Kultur auf rein psychischer Grundlage und es ist daher mindestens sehr ungenau, die Kulturwissenschaften als Geisteswissenschaften zu bezeichnen. In Wahrheit gibt es nur eine reine Geisteswissenschaft, das ist die Psychologie als Gesetzeswissenschaft."

Nebenbei sei bemerkt, daß Wundt (Sprachgeschichte usw. S. 8; vgl. auch „Die Sprache" I.[1] S. 18. [2] S. 24) auf Grund von Äußerungen Pauls, wie diese letzte (von mir unterstrichene) von diesem Forscher sagt, er stelle die Psychologie als eine Normwissenschaft der Sprachwissenschaft als einer historischen Disziplin gegenüber. Aber sicher darf dabei — wenn Paul nicht ganz mißdeutet werden soll — unter „Norm" nicht das verstanden werden, was man gewöhnlich darunter versteht und nur „äquivok" auch „Gesetz" nennt, nämlich eine Regel des Richtigen, ein Sollen, sondern nur „Gesetze" im Sinne von Notwendigkeiten, wie das Gesetz der Beharrung, das der multiplen Proportionen u. dgl. Wie könnte sonst der berühmte Germanist die Psychologie mit der Mathematik und Naturwissenschaft zusammenstellen? Er hätte sie ja dann eher mit der Ethik und Logik in eine Linie bringen müssen! Hierin glaube ich mit Paul ganz einig zu sein.

Paul rechnet die Psychologie neben „den sog. exakten Wissenschaften und der Mathematik" zu den „reinen Gesetzeswissenschaften" und sieht zwischen ihnen und den historischen einen schroffen Gegensatz. Die Gesetzeswissenschaften, meint er, kümmern sich nicht um das Ineinandergreifen heterogener Kräfte und ihnen sei der Begriff der Entwicklung fremd, ja er scheine mit ihren Prinzipien unvereinbar.

§ 15. Dem gegenüber muß ich bemerken, daß allerdings von der Mathematik gilt, daß sie sich nicht um das Ineinandergreifen heterogener Kräfte kümmert und ihr auch der Begriff der Entwicklung fremd ist. Allein nur darum, weil sie überhaupt nicht von Kräften und von Gesetzen des Werdens und Gewirktwerdens handelt. Ihr Gegenstand sind die a priori (oder analytisch) erkennbaren Gesetze der Größenverhältnisse und alle genetischen und überhaupt empirischen Fragen nach dem bestehenden Realen fallen nicht in ihren Bereich.[1])

Anders die Naturwissenschaft und Psychologie, die hierin durchaus als Schwestern anzusehen sind. Sie bilden einen Gegensatz zur Mathematik dadurch, daß sie von Realem handeln und nach den Kräften und genetischen Gesetzen zu forschen haben, die beim Enstehen und der Entwicklung desselben im Spiele sind. Und daraus folgt offenbar, daß die Sprachwissenschaft nur deswegen. weil ihrem Gegenstand eine Entwicklung zukommt, durchaus keinen Gegensatz zur Psychologie bilden kann. Ein Gegensatz zwischen ihnen könnte nur bestehen, soweit die Sprachwissenschaft auf der Stufe einer bloßen Konstatierung individueller Tatsachen stehen bliebe und sich nicht zur Erkenntnis von Allgemeinem und Notwendigem erhöbe. Das Wissen von Realem, sei dieses Reale ein Physisches oder Psychisches, muß ja allerdings wieder geschieden werden in ein konkretes und abstraktes, wobei ich unter letzterem — das auch im eminenten Sinne Wissen und Wissenschaft heißt — eine Erkenntnis allgemeiner Tatsachen und Notwendigkeiten (Gesetze) meine. Versteht man

---

[1]) Doch soll damit nicht geleugnet sein, daß nicht ihre Wahrheiten vielfach auf das Reale Anwendung finden, daß sie eben dadurch bedeutend an Interesse gewinnen. und in dem Maße auch eingehender erforscht werden. Und auch das soll mit dem Obigen nicht gesagt sein, daß die Wahrheiten der Mathematik für sich allein ebenso zweckmäßig zu einer abgeschlossenen Disziplin gerechnet würden, wie etwa diejenigen der Psychologie.

unter Sprachwissenschaft die Sprachgeschichte im Sinne der
bloßen Kenntnis individueller Tatsachen, welche die Sprache betreffen, — gleichviel, ob dies nun Fakta des Bestandes oder des
Wandels und Wechsels und ob solche der Gegenwart oder solche
einer näheren oder ferneren Vergangenheit sein mögen — dann
bildet dieser Wissenszweig allerdings einen Gegensatz zur Psychologie, darum, weil diese eine abstrakte, auf die Auffindung von
Gesetzen abzielende Wissenschaft ist, nicht aber weil sie nicht
auch vom Wandel und der Entwicklung von gewissen Gegenständen
handelte.

Und erkennt man andererseits die Möglichkeit an, daß es
einen Teil der Sprachwissenschaft gebe, der auch Gesetze des
Entstehens und der Entwicklung der sprachlichen Vorgänge
bietet — und dies ist ja wirklich Paul's Meinung — dann ist
dieser Teil offenbar auf das Engste der Psychologie verwandt,
da ja die sprachlichen Erscheinungen doch ihrem vornehmsten
Teile nach psychischer Natur sind.

Will man diesen abstrakten Zweig der Sprachwissenschaft,
der auf das Allgemeine und Gesetzmäßige in der Sprachentwicklung geht, nicht Sprachpsychologie nennen, so kann zur Rechtfertigung dafür höchstens das vorgebracht werden, daß zu den
„Prinzipien der Sprachgeschichte" außer psychischen auch physiologische Gesetze — wenn gleich in untergeordnetem Maße —
gehören. Aber ein anderer Grund für die Ablehnung des Namens
Sprachpsychologie besteht hier schlechterdings nicht.

Denn wenn Paul noch bemerkt, die Psychologie sei reine
Geisteswissenschaft, während, sobald man das Gebiet der historischen
Entwicklung betrete, man es neben den psychischen auch mit
physischen Kräften zu tun habe (S. 6), so ist das Erstere ein
Irrtum. Und noch mehr gilt dies, wenn der genannte Forscher
sogar (S. 13) mit Herbart geneigt ist, anzunehmen, die Psychologie sei „die Wissenschaft von dem Verhalten der Vorstellungen
zueinander" und darum könne es (da alle rein psychische Wechselwirkung sich innerhalb des Individuums vollziehe) nur eine
individuelle Psychologie geben, der man keine „Völkerpsychologie"
oder wie man es sonst nennen möge, gegenüberstellen dürfe.

Daß alle unsere psychischen Erlebnisse, welche die Psychologie zu analysieren und zu beschreiben und für welche sie die Gesetze des Entstehens und Vergehens anzugeben hat, Vorstellungen
seien, ist eine Meinung, welche heute wenige teilen werden.

Aber ebensowenig ist die Ansicht haltbar, die Psychologie sei in dem Sinne reine Geisteswissenschaft, daß sie nur das Walten psychischer und nicht auch dasjenige von physischen Kräften in Betrachtung ziehe.

Eine reine Geisteswissenschaft in diesem Sinne ist auch im Gebiete der individuellen Psychologie bloß derjenige Teil, welcher überhaupt nicht von Kräften handelt, indem er die psychischen Vorgänge bloß möglichst exakt zu beschreiben sucht. Derjenige Teil derselben dagegen, der die Genesis unseres seelischen Lebens erforscht, hat es so gut wie die Gesellschaftspsychologie und die Forschung, welche „das Gebiet der historischen Entwicklung betrifft", „neben den psychischen mit physischen Kräften zu tun." Mit andern Worten: die genetischen Gesetze alles psychischen Geschehens — und ihre Auffindung ist eine wichtige Aufgabe auch der Individualpsychologie — sind in letzter Instanz psychophysische.

Ist es aber überhaupt eine Täuschung, daß nur eine reine Geisteswissenschaft den Namen Psychologie verdiene. dann besteht auch von vornherein kein Hindernis, daß er auch den Untersuchungen zukomme, welche dem geistigen (wenn auch körperlich mitbedingten) Verkehr zwischen einer Vielheit psychischer Individuen zugewandt sind, mit andern Worten, daß es eine Psychologie des menschlichen Zusammenlebens und seiner eigentümlichen Früchte und Werke gebe. Und die nahe Verwandschaft dieser Psychologie mit der Geschichtswissenschaft, soweit auch sie (auf Grund des Wissens um die individuellen Tatsachen) Erkenntnisse von Allgemeinem und Gesetzmäßigem anstrebt, liegt auf der Hand. Kurz, wenn „historisch" nicht im engeren Sinne bloß für konkretes Wissen verwendet wird — und dies scheint Paul nicht zu wollen — sondern wenn es für jede Erkenntnis eines Geschehens und einer Entwicklung gebraucht wird, so ist zwischen historischen und Gesetzeswissenschaften kein Gegensatz.

Paul nennt die Psychologie reine Gesetzeswissenschaft. Aber damit kann nicht gemeint sein, die von ihr aufgestellten Gesetze müßten samt und sonders Grund- oder abgeleitete Gesetze sein. Wohl schwebt solche zu ergründen jeder Wissenschaft als Ideal vor; aber nur wenige haben dasselbe bis jetzt in einem weiteren Umfange zu erreichen vermocht, und nicht bloß die Gesellschaftswissenschaft und die Lehre von der historischen Entwicklung, sondern auch der genetische Teil der Individual-

psychologie ebenso wie die Biologie und Physiologie sind noch
soweit davon entfernt, daß sie sich einstweilen und wohl noch
für lange Zeit ausschließlich oder größtenteils mit „empirischen
Gesetzen" begnügen müssen, d. h. mit Generalisationen, die weder
letzte Gesetze, noch solche sind, deren Ableitung aus letzten bekannt
wäre. Wer empirische Gesetze speziell auf psychischem Gebiete
gering achtete oder verschmähen wollte, der würde heute überhaupt
wenig oder nichts von einer genetischen Psychologie zu bieten haben.
Gesetz heißt in jedem Falle eine Notwendigkeit (denn es handelt
sich ja hier nicht um Gesetze im Sinne von Normen, d. h. um
etwas, was sein soll, sondern um etwas, was sein muß) und seine
Erkenntnis resp. Formulierung besteht immer in der Auffindung
resp. Angabe der allgemeinen Bedingungen, an welche diese
Notwendigkeit geknüpft ist. Aber das ist uns nicht immer in
gleich vollkommener und exakter Weise möglich. Manchmal
vermögen wir jene Bedingungen nicht oder nicht vollkommen zu
analysieren. Wir nehmen Bezug auf einen gegebenen Komplex
von Umständen, der uns aber in seinen Einzelheiten nicht deutlich ist. Die Folge solchen Mangels der Analyse kann sein, daß
wir nicht mit Sicherheit zu sagen vermögen, ob nicht irgend
welche Elemente des Komplexes irrelevant sind und ob ein
andermal, obwohl uns das Ganze der Umstände konstant erscheint,
doch relevante Elemente fehlen, die für die Folge notwendig
wären oder ob andere mitgegeben sind, welche sie „stören". Die
Formel muß also etwa lauten: Wenn gleiche oder ähnliche
Umstände gegeben seien, treten die Folgen regelmäßig ein oder
unter gewissen Umständen trete eine gewisse Folge in der Regel
oder durchschnittlich oder mit Wahrscheinlichkeit auf. Wie wir
z. B. nur in letzterer Weise zu sagen vermögen, daß ein Herbst-
tag kälter sei als ein Sommertag, indem ja im einzelnen Falle
seine Temperatur nicht bloß von dem astronomischen Stand der
Sonne sondern auch von anderen mannigfach wechselnden Umständen abhängt.

Mit solchen empirischen oder unexakten Gesetzen muß, wie
die Meteorologie, auch die Gesellschaftswissenschaft und wie
schon bemerkt wurde, auch die individuelle Psychologie in ihrem
genetischen Teile sich vielfach, wo nicht ausschließlich, begnügen.[1]

---

[1] Und wie schon oben angedeutet, auch die Biologie oder Physiologie.
Daß es auch speziell von der Lautphysiologie gilt, ist selbstverständlich und
daß man sich über diesen Charakter der „Lautgesetze", der physiologischen

Es bleibt also dabei: Das Wissen von Realem zerfällt teils
in konkretes, teils in abstraktes (d. h. solches, das sich auf Allgemeines oder — da alle Erkenntnis von wahrhaft Allgemeinem
stets auf Erkenntnis von Notwendigem beruht — auf Gesetze bezieht). Die individuellen Tatsachen, auf die das Erstere
geht, können solche physischer oder psychischer Natur und auf
beiden Gebieten entweder Tatsachen eines gegenwärtigen oder
vergangenen Bestandes oder solche eines gegenwärtig oder in
der Vergangenheit spielenden Werdens und Wandelns sein, so
daß man auch auf dem Gebiete der Naturerkenntnis von konkret-
historischem Wissen sprechen kann. Und das Analoge gilt wieder
von den Gesetzmäßigkeiten sowohl auf psychischem als auf
physischem Gebiete. Sie können nicht bloß deskriptiver, sondern
auch genetischer Natur sein m. a. W. sich nicht bloß auf das
Sein, sondern auch auf die Veränderung und Succession der Dinge
und ihrer Zustände beziehen. So gibt es denn auch Gesetze für
die Geschichte und Entwicklung einerseits des Physischen,
andererseits des Psychischen. Das alles scheint — wenn ich ihn nicht
ganz mißverstehe — im wesentlichen auch Paul's Ansicht. Aber
wenn dies, dann scheint er mir unweigerlich auch weiter mit-
gehen zu müssen, wenn ich sage, daß bei der Entwicklung des
menschlichen Seelenlebens, nicht bloß desjenigen der Gesellschaft,
sondern auch desjenigen des Einzelnen, physiologische und
psychische Kräfte im Vereine wirksam sind, daß es aber nichtsdestoweniger im Bereiche des Einen und Andern wichtige Untersuchungen gibt, deren Schwierigkeiten vornehmlich psychologischer Natur sind und daß diese darum mit Grund den Namen
psychologisch und philosophisch tragen mögen. In diesem Sinne
sprechen wir — und wie mir scheint mit Recht — von Geschichts-
philosophie überhaupt und wiederum speziell von philosophischer
Sprachgeschichte oder genetischer Sprachphilosophie.

----

wie der psychologischen, nicht immer klar war und mit dem Begriffe des
Gesetzes in jedem Sinne des Wortes irrigerweise den der Ausnahmslosigkeit
verband, hat m. E. viel dazu beigetragen, den Streit, ob es etwas wie
Lautgesetze gebe oder nicht, in die Länge zu ziehen. Die Verständigung
darüber, daß nur empirische Gesetze gemeint sein können und was dies
ist, hätte hier gewiß die Einigung beschleunigt und auch den Sinn der
öfter zu hörenden Rede geklärt, welche die (physiologischen) Lautgesetze
als an „an und für sich" ausnahmslos wirksam und die mit eingreifenden
psychischen Wirkungen (wie namentl. diejenige der Analogie) als „Störungen"
jenes gesetzmäßigen Verlaufes bezeichnet.

§ 16. Mit Paul glaube ich, wie bemerkt, darin einig zu gehen, daß nach ihm, wie nach mir, eine Forschung nach Gesetzmäßigkeiten im Gebiete der menschlichen Geschichte wohl möglich ist. Dagegen hat man von anderer Seite (Windelband und seine Schule) so gesprochen, als ob der Umstand, daß wir es in der Geschichte mit psychischen Individuen und ihrer Entwicklung zu tun haben, es ausschließe, daß hier, analog wie auf naturwissenschaftlichem Gebiete, Gesetze des Geschehens erkannt werden könnten.

Allein was will man damit sagen? Etwa, daß wohl in der Welt des Physischen nicht aber in der des Psychischen die Existenz bestimmter Individuen etwas der Notwendigkeit Unterliegendes sei?

Darauf wäre zu sagen, daß die Realitäten oder die „Collokationen" mit J. St. Mill zu sprechen, nirgends etwas absolut Notwendiges (Inhalt einer verité de raison. Leibniz), sondern nur etwas relativ Notwendiges (Inhalt einer verité de fait) sind; als notwendige Wirkung der einmal gegebenen Dinge und ihrer realen Eigenschaften. Das gilt vom Physischen so gut wie vom Psychischen. und von dem, was man Pflanzenindividuen nennt, so gut wie von den tierischen und menschlichen. Aber hier und dort unterliegt eben doch das Wirken und Gewirktwerden notwendigen Gesetzen, und ich kann nicht glauben, daß die genannten Autoren dies für das Gebiet des Psychischen leugnen, also hier ernstlich den Indeterminismus lehren, m. a. W. dem absoluten Zufall einen Spielraum vindicieren wollten.

Wenn aber dies nicht, dann kann der Sinn der Rede doch nur etwa der sein, daß hinsichtlich der Entwicklung des Psychischen zwar Gesetzmäßigkeit durchgängig und ausnahmslos bestehe, aber für uns im Einzelnen nicht erkennbar sei und demgegenüber liegt eine Reihe von Gegenbemerkungen nahe.

Erstlich ist es offenbar nicht richtig, daß hier gar keine Gesetzmäßigkeit erkennbar sei. Sind z. B. in der Kunstgeschichte nicht Gesetze des Verfalles zu konstatieren? Ja, ist nicht auch in der Geschichte der Philosophie eine gewisse Gesetzmäßigkeit unverkennbar, wie Brentano in seinem Vortrag „die vier Phasen der Philosophie und ihr augenblicklicher Stand" (1895) dargetan hat? Freilich ist es hier — auf den verschiedenen Gebieten menschlicher Kultur — möglich (und wahrhaftig auch wünschenswert), daß die nachfolgenden Generationen aus den Schicksalen der früheren Lehren ziehen. daß sie deren Fehler zu vermeiden und ein richtigeres Verhalten als die Vorfahren einzuschlagen suchen und infolgedessen kann — auch wenn im Übrigen die Umstände gleich blieben — in einer späteren Zeit der Gang der geschichtlichen Bewegung im Bereiche des Staatswesens. der Wissenschaft, der Kunst usw. Änderungen gegenüber früheren Phasen zeigen. Das ist natürlich etwas, was ausschließlich bei der Entwicklung der psychischen Individualitäten und speziell in der menschlichen Geschichte statthat, weil es von dem Eingreifen der Einsicht und des vernünftigen Willens bedingt ist. Aber es bedarf keiner Bemerkung, daß auch dieses, von verständiger Überlegung und werterfassender Wahl abhängige Geschehen notwendigen Gesetzen unterliegt und daß somit schlechthin gesprochen, kein Hindernis besteht für die Erkennbarkeit von Gesetzen auch auf diesem Gebiete.

Was man zugeben kann ist bloß, daß im Bereiche der psychischen und insbesondere der menschlichen Entwicklung die Erscheinungen in der Regel sehr kompliziert und oft von so mannigfaltigen, zum Teil noch unerforschten Faktoren bedingt sind, daß es uns unmöglich ist, auch nur empirische Generalisationen von einiger Sicherheit zu machen, geschweige denn die letzten Gesetze der Vorgänge zu erkennen. Allein dem ist doch sofort hinzuzufügen, daß der eben erwähnte Übelstand etwas ist, was nicht dem psychischen Gebiete schlechthin allein eigentümlich ist, sondern sich in nur graduell abgeschwächter Form auch auf biologischem, ja in erheblichem Grade sogar auf dem Gebiete der terrestrischen Physik und Meteorologie findet.[1]) Einen strikten Gegensatz zwischen der menschlichen Geschichte und der Naturwissenschaft kann er also jedenfalls nicht bilden.

Und auch das endlich kann keinen entscheidenden Unterschied begründen, daß wir es auf dem ersten Gebiete mit Werten zu tun hätten, auf dem zweiten dagegen nicht. Wir wollen an dieser Stelle ganz dahingestellt sein lassen, ob es nicht auch in der Welt des Physischen Werte gebe oder geben könne, die nur nicht, wie gewisse psychische Werte, die Eigenheit haben, sich uns unmittelbar auch als wertvoll kundzugeben. Eines aber ist sicher, daß Wert und Gesetzmäßigkeit durchaus keinen unverträglichen Gegensatz bilden. Wohl ist der Begriff des Idealen und Normalen (d. h. des den Regeln des Richtigen Entsprechenden), mit welchem der des Wertes innig zusammenhängt, scharf zu scheiden vom Begriffe des Gesetzmäßigen im Sinne eines notwendigen Seins oder Geschehens. Allein daraus, daß diese Begriffe nicht identisch sind, folgt keineswegs, daß sie sich etwa am selben Dinge oder Geschehen ausschlössen, daß also ein Vorgang, welcher nach den Regeln des (logisch oder ethisch) Richtigen zu beurteilen ist, nicht zugleich Gesetzen in jenem ganz andern Sinne unterliegen könne, wie sie der Naturforscher und Psychologe untersucht. Der Norm und dem Normalen steht das Unrichtige, dem Werte der Unwert und dem Wertvolleren

---

[1]) Und wie uns hier die Komplikation der Erscheinungen als genügende Erklärung für die unvollkommene Erkennbarkeit gilt, so verbietet der alte Grundsatz: entia non sunt multiplicanda praeter necessitatem auch bezüglich des Dunkels auf psychischem Gebiet außer der übergroßen Komplikation und der Unzulänglichkeit unserer Erkenntniskräfte noch einen objektiven Zufall als Erklärungsgrund zu statuieren.

oder Vorzüglichen das minder Gute gegenüber. Den Gegensatz zum Gesetzmäßigen im Sinne des nach Natur- oder psychologischen Gesezten Notwendigen dagegen würde der Zufall bilden. Und während es Übel oder minder Wertvolles zweifellos gibt, ist die Existenz des Zufalls m. E. eine ganz unwissenschaftliche Annahme. Auch hat wohl noch niemand zu behaupten gewagt, daß mit dem Maße der Wertsteigerung der Erscheinungen auf einem gewissen Gebiete das Maß ihrer Gesetzmäßigkeit im umgekehrten Verhältnisse stehe, also mit dem Maße des Wertes auch das der Kontingenz der Ereignisse wachse.

So vermag ich von keiner Seite einen Grund abzusehen, der prinzipiell verböte, auf dem Gebiete der menschlichen Kultur und speziell der Sprache nach Gesetzen der geschichtlichen Entwicklung zu forschen.

Viertes Kapitel.

Von den Aufgaben und der Möglichkeit einer allgemeinen deskriptiven Semasiologie.

Wir haben oben einen praktischen und theoretischen Teil der Sprachphilosophie unterschieden und den letzteren auch Sprachpsychologie genannt. Einem Teile der letzteren nun, nämlich der Semasiologie, und speziell dem deskriptiven Teile derselben sollen unsere nachfolgenden Untersuchungen angehören, und es ist wohl angemessen, jetzt etwas Näheres über die Aufgaben dieser Disziplin zu sagen.

§ 17. Daß die Erkenntnisse der theoretischen Sprachphilosophie ihrem vornehmsten und wichtigsten Teile nach semasiologischer Natur sind und ganz wohl den Namen einer „allgemeinen Semasiologie" tragen können, wird man nicht bestreiten. Denn semasiologisch sind ja im Grunde alle Betrachtungen über die Beschaffenheit und Genesis der Sprachmittel als solcher. Der Laut, die Artikulationsbewegung und auch die bloße Lautvorstellung, abgesehen von ihrer Funktion, sind ja nicht eine Sprachform. Sie werden dazu nur durch die Bedeutung und sind somit nur dann als Sprachformen Gegenstand der Betrachtung, wenn die Form im Zusammenhang mit der Funktion oder im Interesse eines Studiums, das auch der letzteren gilt, betrachtet wird. Und dies gilt wie von der äußeren Sprachform, so nicht minder von jenen eigentümlichen Hilfen der Verständnisvermittlung, die wir als „innere Sprachform" kennen lernen werden. Umgekehrt ist aber auch die Bedeutung als solche

4*

nicht loszulösen von irgend einem Ausdruck oder Zeichen und
die psychischen Erlebnisse ohne diese Beziehung auf ein Bezeichnet-
sein und eine Bezeichnung sind natürlich nicht Gegenstand der
Sprachphilosophie, sondern schlechtweg der Psychologie. Der
allgemeinen Semasiologie oder Funktionslehre aber, so gefaßt,
daß in ihr mit der Bedeutung eben auch die verschiedenen
Weisen und Methoden ihrer semantischen Darstellung und die
Wege, wie sie als Sprachmittel entstehen und vergehen, in den
allgemeinsten Zügen zur Betrachtung gelangen, kommt offenbar
der Löwenanteil an dem zu, · was den Namen Sprachpsychologie
oder theoretische Sprachphilosophie verdient. Denn was der
Psychologe daneben noch und abgesehen von ihrer Funktion
über die Beschaffenheit und Genesis der Sprachzeichen zu sagen
hat, tritt an Wert und — wenn heute noch nicht, so sicher
später einmal — auch an Umfang weit zurück.

§ 18. Die Semasiologie nun, der hier allein unser näheres
Interesse gehört, scheiden wir naturgemäß in einen deskriptiven
und genetischen Teil[1]) und es bedarf keiner besonderen Bemerkung mehr, daß die Grundsätze richtiger wissenschaftlicher
Methodik fordern, die deskriptiven Fragen im allgemeinen von
den genetischen zu trennen und ihre Lösung nur soweit miteinander zu verbinden, als die eine für die andere eine Hilfe
und Vorarbeit liefert. In andern Zweigen des Wissens ist eine
solche Trennung der deskriptiven und genetischen Untersuchungen
teils bereits durchgedrungen (ich erinnere an die Zweiteilung
der Geologie in Geognosie und Geologie im engeren Sinne, der
Biologie in Anatomie und Physiologie usw.), teils in der Durchführung begriffen.

Überall aber fordern die Regeln der Methode auch, daß
man die Fragen in ihrer natürlichen Ordnung zur Untersuchung
vornehme, d. h. die einfacheren und relativ unabhängigen vor
den komplizierteren und abhängigen. Und einfacher und unabhängiger sind zweifellos überall die deskriptiven. Denn wie
sollen wir die Entstehung der Erscheinungen eines gewissen
Gebietes in exakter Weise erforschen, ehe sie analysiert und

---

[1]) Natürlich handelt es sich bei der Frage nach der Genesis der
sprachlichen Funktionen und ihres Verständnisses sowohl um das Entstehen
und den Wandel derselben beim Individuum als bei den Völkern und
Völkerfamilien.

und nach ihrer Verwandtschaft und Verschiedenheit klassifiziert sind und wir uns so darüber orientiert haben, wessen Genesis und Wandel zu ergründen ist?

Wir kommen darauf und überhaupt auf den Wert der deskriptiven Bedeutungslehre, der heute nicht allgemein und genügend gewürdigt wird, in einem späteren Stück dieser Beiträge ausführlich zu sprechen.[1]

In etwas wird sich übrigens das Vorurteil, welches eine deskriptive Betrachtung ohne weiteres mit einer solchen identifiziert, die nur auf die Konstatierung konkreter Tatsachen, nicht auf Gesetze gehe (somit nicht eigentlich als Wissenschaft gelten könne), und die Meinung, daß alles „Fragen nach dem Grunde" einer semasiologischen Tatsache eo ipso historisch-genetisch gemeint sein müsse, schon im sofort Folgenden berichtigen, wo wir von den Aufgaben einer allgemeinen deskriptiven Bedeutungslehre handeln wollen und in späteren Kapiteln, wo wir solche Aufgaben zu lösen suchen.

§ 19. Die Sprache ist ein Organ, das — wie jedes Werkzeug — aus dem Zwecke oder der Aufgabe, die es zu erfüllen hat, zu begreifen ist, und da die Semasiologie sie als Mittel zum Ausdruck für die psychischen Vorgänge im Redenden und die entsprechende Beherrschung des fremden Seelenlebens ins Auge faßt, so hat dieselbe — um sich zur Höhe einer allgemeinen Betrachtung zu erheben — vor allem die Forderungen darzulegen, die, schlechthin gesprochen, jener Zweck der Verständigung an die Sprache stellt.[2]

Welcher und von wie vielerlei Art — diese Frage ist an die Spitze zu stellen — sind die Funktionen, welche für die Sprache unentbehrlich sind, falls sie ein lückenloses Ganze von Ausdrucksmitteln für die fundamentalen Kategorien des Aus-

---

[1] Nebenbei bemerkt ersehe ich aus der an wertvollen Bemerkungen reichen Besprechung einer Schrift von E. Martinak, die H. Schuchardt in Nr. 6 des Literaturblattes für germanische und romanische Philologie (Jahrgang 1902) hat erscheinen lassen, daß ich mit seinen bezüglichen Anschauungen wesentlich einig gehen kann. Ich begrüße dies umsomehr, als ich hierin den Ansichten anderer angesehener und gleichfalls um die Sprachpsychologie verdienter Forscher widersprechen muß.

[2] Damit ist natürlich nicht ausgeschlossen, daß auch der praktisch-nomothetische Teil wieder von diesen Forderungen handle. Will er doch dazu anleiten, sie in möglichst idealer Weise zu erfüllen.

zudrückenden (oder die logischen Kategorien in diesem weiteren
Sinn) sein soll.

Ich sage: Falls die Sprache das lückenlose Ganze der
wesentlich verschiedenen semantischen Kategorien darstellen soll. Eine andere Frage ist dagegen die, was ihr im
weiteren Sinne des Wortes unentbehrlich sei, wo also gefragt
wird, welche Lücken das System von Ausdrucksmitteln für die
fundamentalen Bedeutungskategorien aufweisen könne oder dürfe
(sei es hinsichtlich von Bezeichnungsmitteln überhaupt für jene
Kategorien, sei es hinsichtlich des Vorhandenseins je eines besonderen univoken Ausdruckes für jede derselben), ohne daß die
betreffende Sprache für die Verständigung unzulänglich und un-
brauchbar werde.

Von keiner der historisch gegebenen Sprachen läßt sich
sagen, daß sie auch nur im Bezug auf die fundamentalen, geschweige denn alle sekundären, Bedeutungsklassen ein lückenloses
System von Zeichen aufweise. Einmal kommt es vor, daß wo
im Gebiete des Auszudrückenden Äquivalenzen gegeben sind
(wie wir solche z. B. an denjenigen Gedanken vor uns haben,
aus denen gleichviel folgt, obwohl sie nicht identisch sind), eine
Sprache nur für die eine von ihnen eine zutreffende Bezeichnung
besitzt. Noch weit wichtiger aber sind Lücken da, wo das Auszudrückende nicht äquivalent ist, und sie können entweder
darin bestehen, daß überhaupt ein Ausdrucksmittel oder darin,
dafs wenigstens ein von aller Mehrdeutigkeit freies Gebilde fehlt.
Und beides kommt nicht bloß im Gebiete der Namen und
Begriffe, sondern auch auf anderen Bedeutungsgebieten vor.
Überall stoßen wir auf die Erscheinung, daß eine grammatische Kategorie für eine Mehrheit logischer, d. h. „Bedeutungskategorien" aufzukommen hat; während diesem Mangel zugleich
wieder mannigfacher Überfluß in der Art zur Seite geht, daß
umgekehrt eine Mehrzahl grammatischer Formen dieselbe Funktion
üben. Natürlich weicht hierin die eine Sprache mehr als die
andere vom Ideal eines lückenlosen Parallelismus ab; doch irgendwie tut es jede. Und selbstverständlich nicht, ohne daß diese
Mängel und Unterschiede beim Zustandekommen des Verständnisses
von Belang wären, indem dasselbe vielmehr in einem Falle ein
sichereres und müheloseres, im andern ein schwierigeres und un-
sicheres ist. Doch ist es schwer möglich, eine allgemeingiltige
und scharfe Bestimmung darüber zu geben, bei welchem Maße

der Zweideutigkeit oder Ungenauigkeit und Unvollständigkeit der grammatischen Mittel die Schwierigkeit und Unsicherheit des Verständnisses zur vollen Unmöglichkeit wird. Und dies umsomehr, als auch das Maß der Anforderungen, welches an verschiedene der historisch gegebenen Sprachen tatsächlich gestellt wird, ein mannigfach wechselndes und schwankendes ist. Und nur unter Vorbehalt solcher fließender Grenzen und mit einem dementsprechend nur nach einem Extrem hinweisenden, nach der andern Seite aber abnehmenden Maße von Sicherheit wird man darum in diesem weiteren Sinn etwas als für jede Sprache unentbehrlich und notwendig und dessen Mangel für unmöglich erklären können. Und für die Sprachphilosophie sind viel wichtiger als solche schwankende Angaben diejenigen über das im früheren Sinne Unentbehrliche und schlechthin gesprochen Geforderte.

Aber diese sind nicht das Ganze, was die allgemeine Semasiologie zu bieten hat. Sie will nicht bloß etwas allgemein Giltiges aussagen hinsichtlich der fundamentalen semantischen Kategorien, die in einem lückenlosen System grammatischer Zeichen je ihr besonderes Gegenstück haben müssen, sie möchte — soweit dies möglich ist — gewisse Notwendigkeiten erkennen auch hinsichtlich der Form, welche die Ausdrucksmittel überall annehmen und annehmen müssen.

Aus der bloßen Betrachtung jener durch die Natur des Auszudrückenden geforderten fundamentalen Funktionen für sich allein läßt sich freilich die Methode nicht erkennen, in welcher die Funktion ihre Erfüllung findet. Wohl aber ist dies möglich, wenn man die allgemeine Natur der psychischen und physischen Kräfte mit in betracht zieht, worauf alles Streben nach Mitteilung unter den Menschen angewiesen ist. Aus dieser Erkenntnis lassen sich wohl berechtigte Erwartungen darüber schöpfen, wie überall. wo Menschen zueinander sprechen, den von Seite des Auszudrückenden gestellten Aufgaben genügt sein wird; m. a. W. es läßt sich auf Grund dessen in Hinsicht auf die Form aller menschlichen Rede solches auseinanderhalten, was übereinstimmen und überall in irgend welcher Gestalt gefunden werden wird und anderes, was entsprechend den verschiedenen Anlagen und Schicksalen der verschiedenen sprachbildenden Völker variieren konnte, ja mußte.

Und sowohl jene übereinstimmenden Grundzüge der Form aller menschlichen Rede als auch diese Verschiedenheit der besonderen Gestaltung, die sie da und dort annehmen können, (letztere wenigstens nach ihren allgemeinen Typen) zu charakterisieren, halte ich für eine Aufgabe der allgemeinen deskriptiven Semasiologie.

§ 20. Wir sprachen von der Erkenntnis eines Notwendigen resp. Unmöglichen, welche die allgemeine Semasiologie auch in ihrem deskriptiven Teil zu gewinnen und zu vermitteln habe.

In etwas anderem Verstande als wir soeben, hat neuerlich auch E. Husserl in seinen „Logischen Untersuchungen" von einem Notwendigen und Unmöglichen gesprochen, was „dem vom Rationalismus des 17. und 18. Jahrhunderts konzipierten Gedanken einer universellen Grammatik[1]) einen sicheren Halt" gebe — nämlich vor allem im Sinne von apriorischen Bedeutungsgesetzen.

„Instinktiv", so bemerkt er a. a. O. 2, 318 ff. — „hatten die älteren Grammatiker vor allem wohl die bezeichnete Gesetzessphäre im Auge, wenn sie sie auch nicht zu begreiflicher Klarheit zu bringen vermochten. Es gibt auch in der grammatischen Sphäre ein festes Maß, eine apriorische Norm, die nicht überschritten werden darf. Wie sich in der eigentlichen logischen Sphäre das Apriorische als „reine Logik" vom empirisch und praktisch Logischen sondert, ebenso sondert sich in der grammatischen Sphäre das sozusagen „rein" Grammatische, d. h. eben das Apriorische (die „idealische Form" der Sprache, wie man vortrefflich sagte) vom Empirischen. Beiderseits ist das Empirische durch die allgemeinen und doch nur faktischen Züge der Menschennatur bestimmt, teils auch durch die zufälligen Besonderungen der Rasse, näher des Volkes und seiner Geschichte, des Individuums und seiner individuellen Lebenserfahrung. Das Apriorische aber ist mindestens in seinen primitiven Gestaltungen hier und dort, wie überall sonst, „selbstverständlich", ja geradezu trivial; und doch ist seine Nachweisung und theoretische Verfolgung wissenschaftlich und philosophisch von allergrößtem Interesse... Sehe ich recht, so ist es für die Sprachforschung von fundamentaler Bedeutung, sich ..... die Einsicht zu erwecken, daß die Sprache nicht bloß ein physiologisches, psychologisches und kulturhistorisches Fundament hat .... Wir können abschließend sagen: Innerhalb der reinen Logik grenzt sich als eine, an sich betrachtet erste und grundlegende Sphäre, die reine Formenlehre der Bedeutungen ab; das ist die Lehre von den reinen Bedeutungskategorien und den a priori in ihnen gründenden Gesetzen der Komplexion, beziehungsweise Modifikation. Sie legt das ideale Gerüst bloß, das jede faktische Sprache, teils allgemein mensch-

---

[1]) Nebenbei bemerkt, halte ich den Gedanken einer allgemeinen Grammatik für weit älter. Ich komme darauf zurück.

lichen, teils zufällig wechselnden empirischen Motiven folgend, in verschiedener Weise mit empirischem Material ausfüllt und umkleidet. Wieviel vom tatsächlichen Inhalt der historischen Sprachen, sowie von ihren grammatischen Formen in dieser Weise empirisch bestimmt sein mag, an dieses ideale Gerüst ist jede gebunden; und so muß die theoretische Erforschung desselben eines der Fundamente für die letzte wissenschaftliche Klärung der Sprache überhaupt ausmachen".

Was den Namen betrifft, so schlägt Husserl vor, die Summe dieser grammatischen Erkenntnisse, deren theoretisches Heimatsgebiet die „reine Logik" sei, „r e i n e Grammatik" zu nennen — da dieser Name als Analogon zu Kant's Terminus von der „reinen Naturwissenschaft" auf das apriorische Fundament aller Grammatik hinweise.

Wie man aus dem zuvor Gesagten und schon aus meinen früheren Arbeiten zur Sprachphilosophie ersehen kann, bin ich mit Husserl darin einig, daß eine allgemeine Grammatik möglich und notwendig ist, und ich weiß ihm — angesichts der vielen Gegner, die alle solche Bestrebungen heute noch haben — Dank, daß auch er die Sprachforscher auf dieses philosophische Fundament der Sprachwissenschaft verweist. Aber um so wichtiger scheint es mir auch, dasjenige auszuscheiden und abzulehnen, was ich an seinen bezüglichen Ausführungen für einseitig halten muß.

Ohne weiteres sei denn zugegeben, daß in Hinsicht auf die semantische Seite unserer Sprachmittel es auch solches gibt, was in dem Sinne notwendig ist, daß sich sein Gegenteil als a priori unmöglich zu erkennen gibt. So leuchtet es z. B. m. E. analytisch ein, daß es kein Sprachmittel geben kann, welches ein Urteilen kundgäbe ohne implizite ein Beurteiltes, das zugleich vorgestellt ist, auszudrücken, und kein Ausdrucksmittel für ein Interressephänomen, das nicht implizite etwas ausdrückte, was Gegenstand des Interesses und zugleich, sei es beurteilt, sei es wenigstens vorgestellt ist; daß es ferner keinen Namen geben kann, der ein Glied einer Correlation nennen würde, ohne das oder die anderen Glieder wenigstens im allgemeinen in die Vorstellung zu rufen, ja auch daß jeder Ausdruck eines einfachen Urteils entweder ein Zeichen der Bejahung oder Verneinung involviere usw. All' dies ist a priori klar, weil eben aus der Analyse der bezüglichen Vorstellungen[1]) einleuchtet, daß es kein Urteilen geben kann

---

[1]) Diese selbst freilich sind aus Erfahrung und nur aus Erfahrung gewonnen. Schon D. Hume hat gesehen, daß die Apriorität gewisser Urteile nichts zu tun haben braucht mit Apriorität der Begriffe oder Vorstellungen, aus deren Analyse jene apriorischen Einsichten gewonnen sind. Aber auch Kant ließ wenigstens die analytischen Erkenntnisse a priori nicht in einer Apriorität der zugehörigen Vorstellungen wurzeln. Diese sollte nur bei seinen s y n t h e t i s c h e n Erkenntnissen a priori als Grund ihrer Möglichkeit im Spiele sein.

ohne ein Beurteiltes, welches zugleich vorgestellt ist, und kein
Interesse ohne etwas, woran das Interesse gefunden wird, das
zugleich vorgestellt oder auch beurteilt wird und wiederum,
weil es analytisch erkennbar ist, daß ein Glied einer Korrelation
nicht ohne das oder die anderen Glieder vorgestellt werden kann.
Allein, daß in unserem psychischen Leben tatsächlich nicht bloß
Vorstellungen und Urteile, sondern auch Phänomene des Interesses
vorkommen, daß wir korrelative Begriffe besitzen und welche
fundamentale Klassen solcher es gibt, ferner, daß sich an unserem
Urteilen nicht bloß die obengenannten qualitativen Differenzen
(Anerkennen und Verwerfen), sondern auch der Unterschied der
Evidenz und Blindheit, sowie derjenige des apodiktischen und
assertorischen Charakters finden und welche von diesen Seiten des
urteilenden Verhaltens durch Sprache mitteilbar sind und welche
nicht, sowie analoge Fragen bezüglich der Zustände des Interesses,
sind nicht a priori zu beantworten. Darüber und über vieles andere,
was die allgemeine Grammatik auch interessiert, kann nur die
Erfahrung Aufschluß geben. Kurz: auch in bezug auf das, was
man vor allem Studium spezieller Sprachen ganz Allgemeines
über ihre semantische Seite und zwar auch in Hinsicht auf die
in ihnen ausgedrückten sog. „Formen" des Bewußtseins zu erkennen vermag, gibt es solches, was für die allgemeine Grammatik
von größter Wichtigkeit aber nur empirisch, nicht a priori,
erkennbar ist. Und schon darum scheint mir der Name „allgemeine Grammatik" passender als der der „reinen" oder apriorischen Grammatik.

Doch weiter! Eine allgemeine Grammatik hat, wie früher
erwähnt, nicht bloß die aller menschlichen Sprache gemeinsamen
Aufgaben, die allgemeinen Grundlinien und Eigentümlichkeiten
des in aller menschlichen Sprache Auszudrückenden oder dessen
überall übereinstimmende Kategorien zu beschreiben, sondern
auch anzugeben, was sich etwa Allgemeines über die Methode
erkennen läßt, durch welche jenen Aufgaben überall genügt ist.
Und dies ist nicht bloß nicht a priori, sondern — wie früher
schon angedeutet wurde — überhaupt nicht durch die bloße Betrachtung des Bedeutungsgebietes als solchen erkennbar.

Wohl zerlegt sich hier für den Blick des psychologischen
Analytikers das komplexe Ganze unserer Bewußtseinszustände
und ihrer Inhalte in eine Anzahl nicht weiter auflösbarer Elemente, welche teils wirklich trennbar sind und getrennt vorkommen, teils auch bloß distinktionell eine Anzahl nicht weiter
analysierbarer Seiten unterscheiden lassen. Und eine planmäßig
und auf Grund einer solchen, nach Brentanos Ausdruck, „mikros-

---

Es würde sonach eine große Unerfahrenheit in der Geschichte der Philosophie
bekunden, wenn man meinte, jene Unabhängigkeit der apriorischen analytischen Einsichten von einer sog. Apriorität der dabei inbetracht kommenden
Vorstellungen sei erst in neuester Zeit „entdeckt" worden.

kopischen Anatomie des Bewußtseins und seiner Inhalte" gebildete, wissenschaftliche Sprache wird jene Elemente und Seiten des Auszudrückenden durch elementare Zeichen wiedergeben und den Ausdruck für ihr konstantes Zusammenvorkommen oder ihre wechselnde Verknüpfung durch, nach festen Regeln gebildete, Verbindungen jener elementaren Zeichen gewinnen.[1]) Und sie würde so, soweit dies überhaupt möglich ist, das innere Fadenwerk des verschlungenen Gewebes unseres psychischen Lebens in der Syntaxe der Ausdrucksmittel nachzeichnen. Allein es wäre ein schwerer Irrtum, zu glauben, daß schlechtweg jede Sprache notwendig jene Struktur der ausgedrückten Inhalte durch eine analoge Syntaxis der Ausdrucksmittel wiedergeben müsse. Es bedarf kaum der Bemerkung, daß keine der wirklichen Sprachen auch nur entfernt jenem Ideale entspricht, obwohl jede — wie auch immer planlos und unvollkommen — jene art de décomposer la penseé (um mit Condillac zu sprechen) in gewissem Maße übt. Aber daß sie es tut, d. h. daß sie in gewissem Maße und mit mehr oder weniger Glück syntaktisch gebildet ist, das ist — wie wir später ausführlicher sehen werden — durchaus nicht bloß eine Folge der Zusammensetzung des ausgedrückten Inhaltes und des mehr oder weniger vollkommenen Bewußtseins dieser Struktur bei den Sprachbildnern, sondern noch mehr eine Folge des Strebens nach Zeichenersparnis oder Schonung des Gedächtnisses. Es sei zugegeben, daß es — und ich habe es schon in früheren Arbeiten betont — für den philosophischen Grammatiker von der größten Wichtigkeit ist, die Pfeiler und Traversen, kurz das ganze Netz der architektonischen Linien jenes Idealbaues menschlicher Sprache zu kennen und vor Augen zu haben, um das Gefüge der wirklichen Sprachen an ihm zu messen und sowohl, wo es damit übereinstimmt, als wo es von ihm abweicht, zu verstehen. Allein damit ist schon gesagt, daß jenes Netz idealer Linien den wirklichen Sprachen und ihren Grammatiken d. h. der Tafel ihrer Bestandstücke und den Regeln ihrer Verbindungsweise gegenüber durchaus nicht als ein Gerüste gelten kann, welches sie, wechselnden empirischen Motiven folgend, in verschiedener Weise ausgefüllt und umkleidet hätten.[2]) Das

---

[1]) Ob Humboldt und Anderen, wenn sie von einer „idealischen Form der Sprache" u. dgl. redeten, die der Sprachgeist nicht überall zu verwirklichen vermochte, diese — wie ich glaube — am passendsten als wissenschaftlich ideal zu bezeichnende Bildungsweise der Sprachmittel vorschwebte, will ich nicht entscheiden. Dagegen scheint mir sicher, daß sie dabei nicht, wie Husserl glaubt, bloß an das von ihm sog. „rein Grammatische", d. h. bloß an das Apriorische dachten.

[2]) Ich wähle hier Worte von Husserl, ohne damit sagen zu wollen, daß er strikte diese irrige Meinung hege. Er will bloß vom Apriorischen in der Grammatik als einem Gerüste reden, das mit verschiedenem empirischen Material ausgefüllt worden sei. Aber freilich auch in Bezug auf dieses, was

Gewebe der elementaren Bedeutungskategorien steht den wirklichen Sprachen und ihren Bildnern vielmehr als eine Vorlage gegenüber, die sie nachzuzeichnen suchen, soweit ihre unvollkommene psychologische Erkenntnis es erlaubt und die Not dazu drängt, oder die Bequemlichkeit nicht zum Gegenteil führt; nicht als ein Rahmen, der gleichmäßig vor dem Bewußtsein aller stände und den sie nur verschieden ausfüllten.

Diese Erkenntnis aber, daß und wie die Not und das Bedürfnis der Zeichenökonomie überall irgendwie zu einer syntaktischen Gewinnung der Sprachmittel führte, ferner die Erkenntnis, in welch verschiedenen Weisen und Graden dabei die syntaktische Sprachbildung von den architektonischen Linien eines idealen Sprachbaues abweichen oder sich ihr nähern konnte, ist nicht bloß nicht a priori, sondern auch nicht aus der bloßen Einsicht in die Bedeutungskategorien zu schöpfen. Ebensowenig die Erkenntnis anderer übereinstimmender Züge, die sich für alle Sprachen erwarten lassen in der Weise, wie sie den auszudrückenden Inhalt sprachlich umkleiden, infolge der allgemeinen Natur der Kräfte und Mittel, auf deren Benutzung und Wirksamkeit alles Werden und alle Bildungen in der menschlichen Rede angewiesen sind. Und wiederum der Einblick in die Art und Tragweite der Differenzen, die doch wieder innerhalb dieses gemeinsamen Rahmens möglicher Ausdrucksmethoden, je nach der Verschiedenheit der Erfahrung und Phantasierichtung bei verschiedenen Völkern, Platz greifen mußten. Man findet z. B. in allen Sprachen übereinstimmende Klassen von Äquivokationen, auch speziell solche Äquivokationen, wie sie schon in meinen Artikeln „über subjektlose Sätze" (Vierteljahrsschrift für wissensch. Philosophie, Band VII, S. 178, und vor mir von Fr. Brentano, Psychologie vom empir. Standpunkte 1874, S. 287) in einem eminenten Sinne als Bedeutungsmodifikationen bezeichnet wurden; wie wenn von einem abgebrannten Haus, einem toten König, einem gemalten Pferd, einem bloß vorgestellten Schloß, einer möglichen Erbschaft usw., die Rede ist. Aber auch die Wahrscheinlichkeit und Wirklichkeit solcher Äquivokationen in der Sprache ist nicht bloß aus der Analyse des Ausgedrückten (geschweige denn a priori), sondern nur zugleich aus Rücksicht auf das Bedürfnis der Zeichenersparnis und die in unserem psychischen Leben herrschenden Gesetze der Ideenassoziation zu erkennen, und ebenso nicht die verschiedenen Gestaltungen, zu denen die Besonderheiten in diesen sprachbildenden Mächten hier und dort führen müssen.

---

wir im Bezug auf Sprache und Grammatik wirklich a priori erkennen können, scheint mir das Bild vom Gerüste, das die verschiedenen Sprachen, wechselnden empirischen Motiven folgend, verschieden ausgefüllt und umkleidet hätten, nicht passend.

Das alles ist aber für die allgemeine Grammatik von großem Interesse, und so scheint mir denn nicht bloß zu sagen, daß — wie Husserl (a. a. O. S. 319) zugeben will, — „man den Gedanken der universellen Grammatik über die apriorische Sphäre hinaus erweitern kann, indem man die etwas vage Sphäre des allgemein Menschlichen im empirischen Sinne heranzieht", sondern diese Sphäre scheint mir so reich an wichtigen und auch hinreichend bestimmten Erkenntnissen, daß sie als ein notwendiger und wesentlicher Teil der allgemeinen Grammatik zu bezeichnen ist.

Da Husserl sich auf Humboldt beruft, so will ich nicht versäumen, der eigentümlichen Ansicht von einer idealen oder logischen Grammatik zu gedenken, die Steinthal (im Abriß der Sprachwissenschaft 1881, S. 63 ff.) dem berühmten Sprachphilosophen (neben anderen) zuschreibt.

Diese ideale oder logische Grammatik soll nämlich die Lehrsätze aus der Logik enthalten, welche der Sprachwissenschaft unentbehrlich sind oder eine Zusammenstellung der logischen Kategorien sein, welche für die Grammatik in Betracht kommen, modifiziert mit Rücksicht auf letztere und auf die Bedürfnisse der Sprache. Zu dieser logischen, idealen Grammatik, welche weder Grammatik noch Logik, sondern das vermittelnde Glied zwischen beiden sei, „komme nun, nach Humboldt, erst die wirkliche Grammatik, welche nicht bloß zu sehen hätte, welche Lautformen in jeder Sprache für die Kategorien der idealen Grammatik existieren, sondern auch, ob das ideale Kategorienschema in einer Sprache vollständig und ohne Lücke, rein nach der idealen Bedeutung, oder im Gegenteil nur mit getrübter Bedeutung, ausschließlich oder mit fremdartigen Elementen vermischt, enthalten ist." „Denn — so fährt Steinthal in seinem Referate fort — nach allen diesen Beziehungen weichen die wirklichen Sprachen von der idealen Grammatik ab. Sie besitzen teils das ideale Schema nicht vollständig, teils haben sie die Bedeutung einzelner Kategorien getrübt, teils haben sie ganz eigentümliche, weder der Logik angehörige, noch dem Wesen der Sprache notwendige Kategorien geschaffen, und nicht nur mit letzteren den Mangel des Schemas ersetzt, sondern sogar dieselben in wuchernder Üppigkeit entwickelt..." „Diese wirkliche Grammatik zerfiele in eine besondere und eine allgemeine. Die besondere hätte die eben bestimmte Aufgabe für die besonderen Sprachen zu erfüllen, die allgemeine hätte zu zeigen, welche Kategorien wohl überhaupt in der Sprache der Menschheit auftreten und in welchem Grade und in welchem Umfange jene idealen Kategorien der logischen Grammatik in den wirklichen Grammatiken umgestaltet worden sind und welche Größe und Bedeutung der Abstand der einzelnen Sprachen voneinander erreicht hat. Für diese allgemeine Grammatik würde die ideale gewissermaßen das Knochengerüste bilden. Die ideale würde aber auch erst durch die allgemeine mit sprachlichem Fleisch und Blut bekleidet werden und

erst durch sie etwas anderes sein, als ein totes, trockenes Gerippe
— lebendiger Leib“.

Ich will wiederum hier nicht untersuchen, ob das von
Steinthal Vorgetragene wirklich Humboldt's Ansicht sei. Dagegen
mag ich nicht versäumen zu betonen, daß m. E. eine solche Lehre
von einer logischen oder idealen Grammatik und ihrem Verhältnis
zur wirklichen (einer „allgemeinen“ und der „besonderen“) jedenfalls als unklar beanstandet werden müßte.

Was ist mit dieser „idealen“ Grammatik gemeint? Da es
jedenfalls nicht die „ideale“ Darstellung und Beschreibung irgend
einer besonderen Sprache oder dgl. sein kann, soll es dann
vielleicht die Grammatik der Idealsprache sein? Wäre dies,
dann würden ihre Unterweisungen vor allem dem praktischen Teil
der Sprachphilosophie angehören, und zwar, je nach dem Ideale,
das dabei angestrebt ist, entweder dem der Ästhetik oder Logik
oder Ethik verwandten Teile und es ergibt sich von selbst, daß
ihr Verhältnis zur „wirklichen“ Grammatik nicht das oben angegebene sein könnte.

Oder ist vielmehr das gemeint, was wir allgemein des-
kriptive Semasiologie nennen, und sind die „logischen, idealen
Kategorien“, von denen Steinthal spricht, nichts anderes, als die
Bedeutungskategorien?

Dann scheint es mir nicht gut gesagt, daß die Kategorien
der wirklichen Sprachen „Modifikationen“, ja, wie die Ausdrücke
auch sonst noch lauten, „Unter- und Abarten“ von jenen seien.
Ich verstehe wohl, daß beide sich nicht decken, daß die sprachlichen Kategorien solches vermissen lassen, was in den „logischen“
gegeben ist und daneben anderes enthalten, was nicht „logisch“
d. h. nicht in der Bedeutung begründet ist. Aber dieses Verhältnis scheint nicht glücklich bezeichnet dadurch, daß man die
einen Umgestaltungen oder Abarten der anderen nennt. Denn
dabei kommt gar nicht zum Ausdruck, daß die sprachlichen
Kategorien eben auch solches enthalten, was der Bedeutung heterogen ist und ganz anderen Quellen entstammt.

Noch weniger endlich kann ich es billigen, wenn davon gesprochen wird, die ideale Grammatik biete durch ihr ideales
Kategorienschema das Knochengerüste für die wirkliche, während
uns doch zuvor gesagt war, jenes Schema sei durchaus nicht
vollständig und lückenlos in dieser enthalten. Dies widerstreitet
dem Bild vom Knochengerüste. Der Vergleich und die Bezeichnung
der idealen Grammatik als totes, trockenes Gerippe, ist aber auch
sofern ganz unglücklich, als in dem Kategorienschema der idealen
Grammatik doch die Aufgaben und Funktionen in idealer Vollständigkeit vorgezeichnet sind, deren Erfüllung die wirklichen
Sprachen anzustreben haben (wenn sie sie auch nicht erreichen)
und man doch fragen muß, ob denn diese Aufgaben etwas sind,
was mit dem Leibe, der doch ein Organ ist, ja insbesondere mit
dem Gerippe im Gegensatz zu Fleisch und Blut, zu vergleichen

sei? Viel eher wäre es angezeigt, sie eine Seele ohne Leib oder eine solche mit einem allzu ätherischen Leib, ohne irdisch-materielles Knochengerüste, zu nennen.

§ 21. Wir mußten es ablehnen, daß den wesentlichen Inhalt der allgemeinen Grammatik a priori erkennbare Wahrheiten bildeten. Ihre Untersuchungen sind vielmehr, wie wir gesehen haben, einem beträchtlichen und wichtigen Teile nach empirisch-psychologischer Natur. Schon aus diesem Grunde können wir also dieses Stück der Sprachphilosophie nicht einer „reinen Logik" d. h. nach Husserl einer Lehre vom Apriorischen zurechnen.

Aber selbst was jenen Bestand von Gesetzen der allgemeinen Semasiologie betrifft, die wirklich apriorischer Natur sind, so würde ich Bedenken hegen, die „Logik" als ihren natürlichen Ort zu bezeichnen. Mit demselben Recht müßte man sonst diesen Wissenszweig auch als den natürlichen Ort für alle mathematischen Sätze betrachten und weiterhin auch für alles, was in der Ethik a priori erkennbar ist (und auch solches gibt es, wie wir bei späterer Gelegenheit sehen werden), ja auch für die Einsichten des Schachspielers, die doch gleichfalls analytisch sind usw. Und die Sache wird dadurch nicht einwandfrei, daß Husserl diesen Wissenszweig als „reine Logik" von den übrigen logischen Unterweisungen abgrenzt. Nehmen wir selbst an, die Grundsätze zweckmäßiger Klassifikation der Wissensgebiete würden es rechtfertigen und gebieten, eine Disziplin abzustecken, die alles apriorische Wissen sammelte und ordnete, so wäre diese jedenfalls nicht das, was man bisher „Logik" genannt hat, und um Verwirrung zu vermeiden, wäre es besser, für jenen Wissenszweig einen bezeichnenden Namen zu wählen, wie etwa: Enzyklopädie des a priori oder aus der Analyse unserer Vorstellungen Erkennbaren oder dgl. [1]) Die „Logik" wurde von allen großen Logikern von Aristoteles bis Mill — wenn nicht im Worte, doch

---

[1]) Von anderer Seite (Meinong) hat man diesen (vermeintlich neu zu bildenden) Wissenszweig „Gegenstandstheorie" genannt. Aber ich kann auch diesen Namen nicht glücklich finden. Man hat dafür geltend gemacht, es handle sich bei den apriorischen Erkenntnissen um solche, die durch ihren Gegenstand legitimiert oder aus der Natur des Gegenstandes zu gewinnen seien und darum werde ihre Sammlung passend „Gegenstandstheorie" genannt. Allein ich gestehe offen, daß ich beim ersten Hören dieses Namens eher erwartete, es seien damit Untersuchungen über den Begriff des Gegenstandes und die Klassen desselben gemeint; also etwa die Frage, ob „Gegenstand" zu einem psychischen Verhalten relativ sei und zu welchem, ob dazu bloß Reales gehöre oder ob es auch Nichtreales gebe und welche Gattungen des Einen und Klassen des Anderen u. dgl. Um deutlich zu bezeichnen, daß es sich um eine Sammlung alles dessen handeln soll, was für uns und aus unseren Vorstellungen von Gegenständen analytisch erkennbar ist, schiene es mir unschwer, passendere Namen zu finden, als den der „Gegenstandstheorie".

in der Sache übereinstimmend — als Anleitung zum richtigen Urteilen gefaßt. Als solche enthält sie wohl eine für diesen Zweck passende Auswahl des apriorischen Wissens, aber sie ist nicht „rein formal" im Sinne einer Sammlung alles und bloß des a priori Erkennbaren.

Doch wichtiger noch als der Streit um den Namen ist die sachliche Frage, ob die Grundsätze einer zweckmäßigen Klassifikation und Zusammenordnung unseres Wissens es überhaupt rechtfertigen, eine besondere Disziplin abzugrenzen, wo alles Apriorische und nur dieses vereinigt würde. Das aus der Analyse unserer Vorstellungen jeglicher Gegenstände Erkennbare, oder das Selbstverständliche, bildet als solches gewiß eine eigentümliche Klasse von Wahrheiten. Aber damit ist nicht schon gesagt, daß es auch nach den Grundsätzen, die uns bei der Klassifikation der Wissenschaften zu leiten berechtigt sind, zu einem besonderen theoretischen Wissenszweig zusammengehört.

Auch das empirisch Erkennbare bildet ja als solches eine eigentümliche Klasse. Aber dies genügt doch nicht, um alles in gleicher Weise zum Inhalt der Wissenschaft und noch weniger, um es zum Inhalt einer Wissenschaft zu machen, gleichviel, ob dessen Gegenstände im übrigen so heterogen sein mögen wie „Dreieck, Wehmut und Schwefelsäure", und gleichviel, wie verschiedenen Wert es haben möge, darum überhaupt zu wissen. Auch diese letztere Rücksicht ist, meine ich, nicht zu vergessen. Indem wir unter dem überhaupt Wißbaren zum Behufe der Bildung jener Gruppen von Wahrheiten oder Erkenntnissen, die uns als besondere Wissenschaften gelten sollen, eine Auslese treffen, ist diese — wie schon Aristoteles bemerkt hat — mit beherrscht von dem verschiedenen und unter Umständen mächtig differenten theoretischen Interesse, das den verschiedenen Bestandteilen unseres Wissens zukommt.[1])

Berücksichtigt man aber diese Gesichtspunkte, die bisher stets — und wie ich glaube, mit Recht — bei der Klassifikation der Wissenschaften maßgebend waren, dann wird es auch bei der bisherigen Praxis bleiben, die — ohne irgend ein bemerkenswertes Gebiet des apriorischen Wissens bei Seite zu schieben — es doch unterlassen hat, eine besondere Disziplin zu bilden, wo alle apriorischen Einsichten vereinigt wären. Man wird auch fürderhin das Gebiet nicht zu erschöpfen streben. Nicht bloß darum, weil dieses Geschäft ins Uferlose und Unendliche führen würde. Obwohl auch dies offenkundig ist. Hat man doch schon in alter Zeit eingesehen, daß der apriorischen Prinzipien unzählig viele sind. (Unzählig viele Sätze vom Typus des Satzes der

---

[1]) Ich meine dabei natürlich das Interesse am Wert der Erkenntnis mit Rücksicht auf ihren Inhalt, nicht an ihrem Aufsuchen und Finden oder die Freude an der bloßen inneren Harmonie und Abfolge der Gedanken, wie sie auch bei den Überlegungen und Einsichten des Schachspielers u. dgl. gegeben sind.

Kontradiktion und des ausgeschlossenen Dritten leuchten gleich
unmittelbar ein, und wiederum unzählig viele vom Typus des
Satzes der Kontrarität (z. B. einen viereckigen Kreis gibt es
nicht¹)), und abermals eine gleiche Unzahl von Sätzen, welche die
Unmöglichkeit der Existenz eines Korrelationsgliedes ohne die
des anderen besagen.) Und wenn dies schon von den Prinzipien
gilt, was soll man erst von den Ableitungen sagen? Doch ich
wiederhole: nicht bloß, weil das Reich der apriorischen Einsichten
schlechthin gesprochen unerschöpflich ist, wird man es nicht zu
erschöpfen suchen, sondern — ganz abgesehen davon — auch,
weil durchaus nicht alles gleich wertvoll und interessant ist.
Oder trifft nicht der Mathematiker, der es zweifellos mit einem
solchen Gebiete zu tun hat, in der offenkundigsten Weise eine
derartige Auswahl? Schon — um von noch handgreiflicheren
Beispielen dafür abzusehen²) — dadurch, daß er zwar nicht bloß
vom dreidimensionalen Raum, sondern auch von beliebigen
„Topoiden" handelt aber doch von jenem in weit eingehenderer
Weise als von diesen Überräumen und beliebig ersonnenen
Gebilden in ihnen.

Und trifft man eine solche, durch das größere oder geringere
Interesse verschiedener a priori erkennbarer Wahrheiten geleitete
Auslese unter ihnen, dann wird die Klage darüber, daß ohne
eine besondere, ausschließlich diesem Gebiete gewidmete Disziplin
viele jener Wahrheiten „heimatlos" blieben, sicher grundlos sein.
Handelt es sich um etwas relativ Wertloses und Unwichtiges,
wie z. B. um die analytische Einsicht, daß es keine Zentauren
ohne Pferdefüße und keinen Pegasus ohne Flügel geben könne,
so verdient sie keine Heimstätte in der Wissenschaft. Das
Wichtige und Wertvolle aber wird, wie bisher, auch ohne jene
neue Disziplin im System der Wissenschaften seine passende
Stelle finden. Man wird, wie bisher, was vom theoretischen
Gesichtspunkte interessant ist, im Zusammenhang mit dem ihm
dem Gegenstande nach verwandten empirischen Wissen zur
Sprache bringen; das praktisch Wichtige aber in geeigneter
Auswahl und an passender Stelle bei Gelegenheit der ethischen,
logischen, rechnerischen u. dgl. praktischen Unterweisungen.

---

¹) Auch Locke hat schon betont, daß solche Sätze unmittelbar aus der
Analyse der Vorstellungen einleuchten und daß sie nicht etwa aus einer abstrakten Formel, wie „A ist nicht nicht A", gefolgert werden. Den Kindern,
bemerkt er. leuchtet ein Satz wie: „eine Rute ist keine Kirsche" als selbstverständlich ein, ehe sie jene abstrakte Formel verstehen.

²) Die Resultate aller Rechnungen, die sich ausführen lassen, im Einzelnen
zu behalten, erachtet der Mathematiker gewiß für etwas, wovon fast das
Wort Senecas (Ep. 88) gelte, daß man sie verlernen sollte, wenn man sie
wüßte, nicht erlernen, wenn man sie nicht weiß. Und gerade so wenig ist
es dem Logiker darum zu tun, daß man sich alle Beispiele von wichtigen
Schlüssen merke, die sich nach Barbara oder Celarent machen lassen.

In ersterer Hinsicht würde also z. B. eine analytische
Einsicht wie die, daß es kein Urteilen geben könne, das nicht
seiner Qualität nach entweder affirmativ oder negativ, und daß
hier kein drittes möglich ist u. dgl. in die allgemeine Psychologie
gehören, die dem entsprechenden analytischen Einsichten über die
notwendige Natur des Urteilsausdruckes aber in die Sprachpsychologie. Die Psychologie ist m. E. auch der einzig richtige
Ort, wo das über die Sinnesqualitäten a priori Einleuchtende zu
behandeln ist. Denn nicht Farben und Töne sind uns ja empirisch
gegeben, sondern nur ein Farben- resp. Töne-vorstellendes. Und
so ist offenkundig die Lehre von den psychischen Vorgängen, vom
Sehen und Hören usw. als deren Objekte jene Qualitäten allein
gegeben sind, diejenige empirische Wissenschaft, die uns etwas
von ihnen sagt. An das empirisch über das Sehen und Hören
usw. Gefundene aber wird am passendsten, was an analytischen
Einsichten sich an jene Erfahrungen knüpft, angefügt. Oder soll
man etwa die positive Erfahrungserkenntnis, daß in einem gewissen Klang z. B. dem Violin-C bestimmte Teiltöne enthalten
sind (genauer: die Erfahrung, daß der jenen Klang Hörende
diese Teiltöne hört) zur Psychologie rechnen; die damit verbundene analytische Einsicht aber, daß, wenn jenes Ganze, notwendig auch die Teile gegeben sein müssen oder daß niemals
das eine ohne das andere gegeben sein kann, in eine ganz andere
Disziplin, die „reine Logik" oder „Gegenstandstheorie"? Und
ebenso, nachdem die psychologische Beobachtung gezeigt hat,
daß Rot, Gelb, Blau den Gattungsbegriff Farbe einschließen
(genauer: daß ein Rot, Gelb, Blau Anschauender in ihnen das
gemeinsame Element der Farbigkeit anschaut), sollen wir dann
den hypothetischen Satz: wenn es ein Rot gibt, ist es eine
Farbe, ganz anderswohin weisen? Viel zweckmäßiger scheint
es, auch diese axiomatischen Sätze über die Objekte unserer
Sinnesempfindungen, die keine reale Existenz haben, eben in der
deskriptiven Lehre von diesen Empfindungen zu behandeln.
Hätten wir doch jene Einsicht gar nicht ohne diese psychologische
Erfahrung.

Aber nicht minder verkehrt schiene es mir, die Erfahrungserkenntnis, daß unserem Urteilen ein Vorstellen und dem Interesse
entweder ein Vorstellen oder ein Urteilen zu Grunde liegt, in
die Psychologie zu rechnen, dagegen die analytische Einsicht,
die sich an diese psychologischen Erfahrungen knüpft, daß es
ein Urteilen ohne Vorstellen und ein Interesse ohne das eine
oder andere (resp. ohne beides) nicht geben kann, in eine ganz
andere Disziplin, eine „reine Logik" oder dgl.

Ein Auseinanderreißen jener Erfahrungsätze und der im
Zusammenhang damit gewonnenen negativen oder hypothetischen
Axiome wäre — so fürchte ich — nur geeignet, in weiten Kreisen
die so wichtige Disziplin der deskriptiven Psychologie zu diskreditieren.

Und wie vom theoretischen Gesichtspunkte der Klassifikation des Wissenswerten die genannten apriorischen Einsichten teils in der allgemeinen, teils in der Sprachpsychologie und andere in anderen theoretischen Wissenszweigen eine natürliche Stelle finden, so manche von ihnen auch vom praktischen Gesichtspunkte in der Logik oder im nomothetischen Teil der Sprachphilosophie oder sowohl hier als dort,[1]) und wieder andere in anderen praktischen Disziplinen, wie z. B. die apriorischen Einsichten über Werte (von denen wir später noch hören werden) in den ethischen Unterweisungen. Bekanntlich hat Kant die Forderung aufgestellt, den Bestand apriorischen Wissens in jeglicher Disziplin für sich ausgesondert als besonderen Teil des betreffenden Wissenszweiges zu vereinigen und dem Empirischen des Gebietes voranzustellen. Aber nicht einmal, daß dies zweckmäßig sei, ist zweifellos, und Kant hat mit seinem Vergleich von den Einnahmen und Ausgaben, die gesondert gebucht werden müßten, wenn nicht eine üble Wirtschaft einreißen solle, die Zweckmäßigkeit jener Anordnung nicht dargetan. Die Vergleichung ist ja nicht zutreffend, da sowohl apriorisches als empirisches Wissen, wenn es wahrhaft diesen Namen verdient, auf den Gewinn- oder Besitzkonto zu setzen ist. Um sicher zu sein, daß man es mit Erkenntnissen zu tun hat, wird allerdings die Prüfung eines Jeglichen, das sich dafür ausgibt, auf die Quellen zurückgehen und somit konstatieren müssen, ob und wie weit die betreffenden Urteile apriorisch oder empirisch sind. Aber zum Behufe dieses kritischen Verhaltens, das der Forscher freilich keinen Augenblick aufgeben darf, ist es keineswegs notwendig, daß das Apriorische und Empirische in jeder Wissenschaft in besonderen Teilen derselben angeordnet würde. Wie viel weniger, daß man — wie Neuere wollen — alles Apriorische, möge es was immer für heterogene Gegenstände angehen, in einer Disziplin vereinige.

§ 22. Doch zurück zur philosophischen Grammatik. Als den ersten Beitrag zu einer solchen und speziell zu einer allgemeinen deskriptiven Semasiologie kann man das Buch περὶ ἑρμηνείας von Aristoteles bezeichnen, und sein Titel ist demgemäß nicht unpassend, da ja in der Tat die beschreibende

---

[1]) Wenn Husserl sagt, die Erkenntnisse der allgemeinen Grammatik seien aus der „Logik" in die Sprachwissenschaft zum Zwecke praktischer Anwendung herübergenommen, so finde ich das Umgekehrte weit mehr begründet. Vom theoretischen Gesichtspunkt haben jene Erkenntnisse sowohl die apriorischen als die empirischen ihre natürliche Heimat in der Sprachpsychologie. Und die Logik und der nomothetische Teil der Sprachphilosophie entlehnen daraus das, was ihrem Zwecke dienlich und angemessen ist.

Bedeutungslehre die Sprachmittel interpretiert und der allgemeine Teil derselben die Leitsterne für dieses Geschäft zu weisen hat.

Aber nicht nur dieses Stück des aristotelischen Organon, sondern auch sonstige gelegentliche Ausführungen, z. B. seine Bemerkungen über die verschiedenen allgemeinen Klassen von Äquivokationen, sind ein Stück allgemeiner Semasiologie. Und, nebenbei bemerkt, ist der Eifer, womit er im Einzelnen die Äquivokationen speziell der philosophischen Termini aufzudecken bemüht ist und vor ihnen warnt, auch ein sprechendes Zeugnis dafür, wie es gegen die geschichtliche Wahrheit verstößt, wenn man ihm vorwirft, er habe seine Logik in sklavischer Abhängigkeit von der Sprache und Grammatik aufgebaut. Mag er wirklich manches Mal, z. B. bei der Aufstellung seiner Kategorientafel, der Sprache gegenüber allzu konservativ gewesen sein, im großen und ganzen war er es doch kaum mehr, als es mancher von denen selbst ist, die ihm den obigen Tadel entgegenhalten.

Steinthal macht ihm bekanntlich den umgekehrten Vorwurf, er habe die Grammatik aus der Logik abgeleitet. Soweit er überhaupt begründet ist und die theoretische Sprachphilosophie betrifft, kann er sich nur auf dieselben Tatsachen stützen, wie der frühere. Denn wer etwas, was nur eine Besonderheit des sprachlichen Ausdrucks ist, für einen Unterschied im Ausgedrückten hält und so irrtümlich Sprachliches in seine Beschreibung der Gedankenwelt hinein trägt, der wird natürlich auch wieder in irriger Weise meinen, bloß grammatische Unterschiede aus Differenzen des Gedankens herleiten zu können. Doch nicht bloß diesen Vorwurf der „Verwirrung grammatischer und logischer Betrachtung" muß die Aristotelische Sprachphilosophie sich von Steinthal gefallen lassen, sondern auch den, daß ihre ganze Grundanschauung vom Wesen der Sprache naiv sei und die näheren Bestimmungen nicht weniger diesen Namen verdienen; daß es überhaupt dem modernen Leser nicht leicht werde die Zumutung zu erfüllen, sich in eine Anschauungsweise wie die Aristotelische zu versetzen, die ihm in ihrer Dürftigkeit und Unbildung so fern stehe. Und immer wieder hören wir bei Steinthal über dürftige Naivität, die dem modernen Psychologen Lächeln errege, über Dunkelheit und Widersprüche bei Aristoteles klagen („Die Geschichte der Sprachwissenschaft bei den Griechen und Römern", vgl. z. B. S. 185, 191, 195, 211, 214).

Sieht man jedoch näher zu, so zeigt sich ein Doppeltes.
Steinthal fertigt vielfach Ansichten bei Aristoteles als naiv,
dürftig usw. ab, die in Wahrheit die einzig natürlichen und
richtigen sind, so daß hier — was freilich in der Geschichte der
Philosophie nicht zum ersten Mal geschieht — kurzweg der
gesunde Menschenverstand von einer verstiegenen und ungesunden
Spekulation verurteilt wird. Andererseits liest er Dunkelheiten,
Widersprüche und offenkundige Absurditäten in Aristoteles hinein,
die zum größten Teil nur in seiner Interpretation und der Unzulänglichkeit des Verständnisses seinerseits ihre Wurzel haben,
mag nun diese wiederum aus Flüchtigkeit oder Unvermögen
stammen. So lasse ich mich denn durch das geringschätzige
Urteil von Steinthal über die oben erwähnten Ausführungen des
Stagiriten nicht abhalten, sie als den ersten und zwar als einen
sehr schätzenswerten Beitrag zur allgemeinen Grammatik zu bezeichnen. Später treffen wir bei den Stoikern, denen wir bekanntlich Versuche zu einer genaueren Definition der Redeteile
verdanken, dann bei den Scholastikern, und wiederum bei
Schülern des Cartesius Untersuchungen zu diesem Teil der
Sprachphilosophie.[1]) Natürlich gehört auch das dritte Buch des
Essay conc. h. u. von Locke hierher und die entsprechenden
Partien der Nouv. Essais von Leibniz, dessen umfassender Geist
sich bekanntlich mit besonderem Interesse auch dem Gedanken
an Sprachvergleichung und dem Plane einer wissenschaftlichen
Idealsprache zugewendet zeigt.

Obwohl aber angesehene Philosophen auf diesem Gebiete
tätig waren und sich ihnen zu verschiedenen Zeiten Sprachforscher, welche philosophisch geschult waren oder zu sein
glaubten, zur Mitarbeit angeschlossen haben, befindet sich die
allgemeine deskriptive Semasiologie (und mit ihr auch die genetische, die nun einmal nicht in ein exaktes Stadium treten
kann, ehe die, ihre Untersuchungen vorbereitende Lösung der
deskriptiven Fragen in befriedigender Weise gegeben ist) noch
in einem relativ zurückgebliebenen Zustand. In Hinsicht auf die
exakte Analyse und Beschreibung des Lautlichen in der Sprache
(und ebenso auch in bezug auf die Erforschung der auf diesem
Gebiete herrschenden genetischen Gesetze) haben die Vertreter der

---

[1]) Ich erinnere an die Grammaire générale et raisonnée de Port-royal
von Arnauld und Lancelot.

modernen vergleichenden Sprachwissenschaft Hand in Hand mit
physiologischen Forschern bereits einen von Tag zu Tag sich
mehrenden Schatz von Erkenntnissen gesammelt. Was dagegen
die Bedeutungsseite und Funktionsweise der Sprachmittel betrifft,
so sind wir von einer exakten Klassifikation und analytischen
Beschreibung derselben, namentlich aber von dem festen und
anerkannten Besitze einer allgemeinen Funktionslehre leider
noch so weit entfernt, daß man heute noch nicht einmal darüber
einig ist, ob in den verschiedenen menschlichen Sprachen ein in
seinen fundamentalen Zügen und Elementen übereinstimmendes
(und nur mehr oder weniger hoch entwickeltes) Seelenleben sich
äußere, oder vielmehr ein in seiner inneren Natur und Struktur
hier und dort wesentlich abweichendes. Ob nicht insbesondere
qualitativ verschiedene Denkformen vorliegen, wovon die verschiedenen „Sprachformen" (wie etwa die isolierend und agglutinierend, synthetisch und analytisch gebauten Sprachen) nur ein
Ausfluß wären. Und damit ist natürlich auch strittig, ob es
eine auf alle menschlichen Sprachen bezügliche allgemeine
Semasiologie von nennenswertem Inhalt gebe oder bloß spezielle;
wenn auch nicht lediglich so viele speziellste als es einzelne
Sprachen gibt, so doch nur eine Mehrheit von darüber hinausgehenden allgemeineren, nämlich soviele, als es verschiedene
Sprachgruppen gibt, in denen wesentlich verschiedene „Denkformen" zu eigentümlichem Ausdruck kommen.

§ 23. Das alles ist noch kontrovers, und erst neuestens hat
Wundt in seinem großen Werke „Die Sprache" die, einer einheitlichen allgemeinen Semasiologie nicht günstige, Ansicht
zu begründen gesucht, daß der verschiedenen Konstruktion der
Sprachen ein analog verschiedener Bau des Denkens,[1]) oder
wesentlich verschiedene Denkformen zugrunde liegen. Im Zusammenhange damit lehrt er ebenda und in der Schrift „Sprach-

---

[1]) Er gebraucht auch den Namen „verschiedene Entwicklungsstufen des
Denkens" für die Inhalte, von welchen die verschieden gebauten Sprachen der
natürliche Ausfluß und Ausdruck sein sollen. Allein bei näherem Zusehen
zeigt sich, daß nach ihm auf den sog. höheren Stufen gewisse Elemente und
fundamentale Erscheinungen gegeben sein sollen (wie z. B. die Prädikation)
die (angeblich) auf den niederen fehlen, so daß wir es also doch in den verschiedenen Sprachen mit qualitativ verschiedenen „Denkformen"
zu tun hätten.

geschichte und Sprachpsychologie" die völlige Unentbehrlichkeit des vergleichenden Sprachstudiums für den Psychologen, ein Verhältnis, welches — gegenüber der Hilfe, welche die Sprachwissenschaft umgekehrt von der Psychologie empfange und welche wir oben betont haben — bisher allzusehr und namentlich auch von den mit Herbarts Schule zusammenhängenden Sprachforschern (wie Steinthal, Paul, Delbrück und andere) verkannt worden sei.

In seiner bereits erwähnten Abhandlung „Sprachgeschichte und Sprachpsychologie", welche als Antwort auf Delbrücks Schrift „Grundfragen der Sprachforschung mit Rücksicht auf W. Wundts Sprachpsychologie erörtert" erschienen ist, will Wundt zwar nicht verkennen, daß tatsächlich die Sprachwissenschaft aus der Psychologie Nutzen ziehe, aber — so betont er — das Verhältnis beider sei ein solches gegenseitiger Hilfeleistung und es sei nicht zu verkennen, daß in den Arbeiten Steinthals und seiner Nachfolger (darunter eben auch bei Delbrück) zunächst die eine Seite dieser Wechselbeziehungen, nämlich die Anwendung der Psychologie auf die Sprache, beinahe ausschließlich Beachtung gefunden habe oder mindestens offiziell als der eigentliche Inhalt des aufgestellten Programms[1]) anerkannt wurde, während die andere Seite, die Verwertung der sprachlichen Tatsachen zur Gewinnung psychologischer Erkenntnisse, eigentlich nur zufällig und nebenbei zur Geltung gekommen sei, „wie denn auch das von vornherein an die Sprache herangebrachte System" (es ist dasjenige Herbarts gemeint) „einer solchen Verwertung gewisse Schranken ziehen mußte".

„Wenn ich nun, so fährt Wundt a. a. O., S. 8 fort, dem vorliegenden Aufsatze nicht den Titel „Sprachgeschichte und Psychologie", sondern den anderen „Sprachgeschichte und Sprachpsychologie" gegeben habe, so soll der zweite Teil des Titels schon darauf hinweisen, daß nach meiner Meinung bei den heutigen Beziehungen beider Gebiete zwar selbstverständlich auch die Anwendung der anderwärts, namentlich bei den einfacheren Problemen der experimentellen Psychologie, gewonnenen Gesichtspunkte und Ergebnisse auf die Sprache nicht ausgeschlossen sei, daß aber doch der Schwerpunkt jener Beziehungen für uns gegenwärtig auf der zweiten Seite der oben erwähnten Wechsel-

---

[1]) In der von Wundt programmatisch genannten Schrift Steinthals „Grammatik, Logik und Psychologie".

wirkungen liegen müsse, auf der Gewinnung psychologischer Erkenntnisse aus den Tatsachen der Sprache und vor allem der
Sprachgeschichte. Wir würden der Sprache bedürfen, um eine
haltbare Psychologie der zusammengesetzteren geistigen Vorgänge
zu schaffen, auch wenn es sich zeigen sollte — was ich allerdings nicht glaube — daß die Sprachwissenschaft allenfalls die
Hilfe der Psychologie entbehren könnte. Delbrück ist, wie mir
scheint, an dieser veränderten Fragestellung, ohne sie sonderlich
zu beachten, vorübergegangen."

Es sei hier inzidentell die Bemerkung gestattet, daß es für
die These, daß das Studium der komplizierteren Bewußtseinsvorgänge nicht ohne die Sprache möglich sei, natürlich einen Sinn
gibt, wobei ihre Richtigkeit über alle Kontroverse erhaben ist.
Wenn unter „zusammengesetzteren geistigen Vorgängen" ein
höher entwickeltes Denken verstanden wird, so ist ja zweifellos,
daß es zu einem solchen gar nie gekommen sein würde, wenn
der Mensch sprachlos geblieben wäre; da der intellektuelle Fortschritt des Einzelnen der Zusammenarbeit mit anderen und so auch
der unerläßlichen Bedingung dafür, dem Verständigungsmittel
der Sprache, die gewaltigste Förderung verdankt. Aber selbst das
Denken des Einsamen erfährt durch die mit ihm verknüpften
Zeichen — obwohl diese zunächst im Dienste der gegenseitigen
Mitteilung entstanden sind — eine namhafte Unterstützung, wie
schon früher erwähnt wurde. Und nicht bloß hilft so die Sprache
das Objekt für die Psychologie in gewissem Maße mit schaffen,
sie erleichtert auch das Studium dieses Objektes, indem sie gestattet, die spontane Beobachtung durch etwas dem experimentellen
Verfahren Ähnliches zu ergänzen und zu unterstützen, wie wir in
dem Stück über die Methode der semasiologischen Untersuchungen
näher ausführen werden.

Hätte Wundt bei seiner Bemerkung, wir würden der Sprache
bedürfen, um eine haltbare Psychologie der zusammengesetzteren
geistigen Vorgänge zu schaffen usw., nur diesen Nutzen der
Sprache für das Denken und das Studium desselben im Sinne,
so wären wir völlig einverstanden. Aber offenbar ist mehr
gemeint, nämlich, daß aus dem verschiedenen Bau der Sprachen
ein Bild wesentlich verschiedener Denkformen der Völker zu
gewinnen sei und das ist etwas, was wir bestreiten müssen.

Doch weiter. Wie wir hörten, ist also insbesondere eine
Psychologie des Denkens nach Wundt nicht möglich ohne

das Studium der Sprachgeschichte, und dem entspricht es, wenn er in seinen andern Arbeiten zur Philosophie der Sprache äußert, der (reguläre) Bedeutungswandel biete ein getreues Bild der Begriffsentwicklung, ferner — wie schon erwähnt wurde — es sei in verschieden gebauten Sprachen ein verschieden geformtes Denken ausgeprägt, in den Entwicklungsstufen des Sprachbaues sei eine Parallele für die Entwicklung des menschlichen Bewußtseins gegeben und aus den Entwicklungsstufen der inneren Sprachform sei ein allgemeines Bild der menschlichen Geistesentwicklung zu gewinnen.

Die Vergleichung der verschiedenen Sprachen und Sprachstufen zeige zwar, daß es auch gewisse Gesetze des menschlichen Denkens gäbe, die sich, seit die Sprache besteht, nicht geändert haben. Dahin gehöre z. B. die Tatsache, daß der Mensch Gegenstände von ihren Eigenschaften, und daß er sich selbst von den Personen seiner Umgebung und diese voneinander unterscheidet. Aber in anderen Richtungen offenbaren sich in verschieden gebauten Sprachen Abweichungen in den Gesetzen und Gewohnheiten des darin sich äußernden Denkens, vermöge deren das eine dem anderen sehr fremdartig gegenüberstehe. Und so bezeichne z. B. die Entstehung des Verbums eine der größten, wahrscheinlich die allergrößte Revolution, die die Geschichte des menschlichen Denkens überhaupt aufzuweisen habe.

So ist es auch zu verstehen, wenn er protestiert gegen den Gedanken einer idealen Sprachform, welche dem Auszudrückenden den vollkommensten Ausdruck gebe und die in den verschiedenen Sprachen bald mehr, bald weniger erreicht sei. Dies war — meint Wundt — ein Gedanke, der einer gewissen Zeit nahe genug liegen mochte, aber es war offenbar eine solche, „der die Idee der Allgemeingültigkeit und Ewigkeit der Denkgesetze tiefer eingewurzelt war als den unseren".[1] Jede Sprache sei Ausdruck einer bestimmten Form und Entwicklungsstufe des Denkens und

---

[1] Die Sprache, II, 1, S. 406; 2, S. 431. Unter „Denkgesetzen" sind hier natürlich psychologische Gesetze, d. h. Notwendigkeiten, nicht Normen des Logisch-Richtigen gemeint, und der Gedanke an die Möglichkeit einer idealen Sprachform ist in der Tat nicht denkbar ohne den Glauben, daß alles menschliche Denken von denselben psychologischen Gesetzen beherrscht sei. Wenn aber Wundt hinzusetzt, jener Gedanke mußte in der Anwendung auf die wirkliche Sprache notwendig dazu führen, „daß man irgend eine konkrete Sprachform, z. B. das Griechische, zum Muster nahm, an dem nun alle

„die an unserem Maß gemessene unvollkommenste"[1] könne „Erscheinungen darbieten, in denen gewisse Gesetze des menschlichen Fühlens und Denkens in höchst eigenartiger, in dieser Weise niemals wieder erreichter Form uns entgegentreten".[2]

Kein Wunder, wenn denn auch Wundt seine „Sprachpsychologie", d. h. eine Psychologie der Sprache, welche sich durchaus an eine aus der Betrachtung der Sprache selbst geschöpfte Lehre von den psychischen Vorgängen und insbesondere vom Denken anlehnt, der bisherigen stark methodisch überlegen glaubt, weil diese eben jene wichtigen Quellen psychologischer Erkenntnis, die in der vergleichenden Sprachgeschichte flössen, nicht genügend beachtet und statt dessen irgend ein psychologisches System „von außen an die Sprache herangebracht habe", um ihre Erscheinungen danach zu interpretieren.

§ 24. Diesen Ausführungen Wundts gegenüber seien zunächst folgende Bemerkungen erlaubt, die nicht eigentlich die Hauptfrage betreffen, sondern auf andere sich beziehen, welche aber der Autor infolge seiner oben erwähnten Polemik mit Delbrück damit verflicht.

1. Es ist gewiß über jeden Zweifel erhaben, daß die Schaffung einer Sprachpsychologie nicht darin bestehen darf, ein „System der Psychologie" in dem Sinne äußerlich an die Erscheinungen der Sprache zu ihrer Interpretation heranzubringen, daß entweder, was jenes System bietet, zwar vielleicht wahr ist aber nicht geeignet, auf die sprachlichen Tatsachen wirkliches Licht zu werfen, oder aber, daß, was als „System einer Psychologie" oder als Teil eines solchen geboten wird, gar nicht auf Wahrheit beruht, m. a. W.: daß man es dabei nicht mit wissenschaftlich begründeten Erkenntnissen, sondern mit Hirngespinsten und willkürlichen Konstruktionen zu tun hat. Das scheint gemeint,

---

übrigen gemessen wurden", so ist die Behauptung mißverständlich. Mit dem Gedanken von einer idealen Sprachform, richtig verstanden, verträgt sich ganz wohl, ja in Wahrheit und den konkreten Tatsachen gegenüber ausschließlich, die Überzeugung, daß keine der bestehenden Sprachen auch nur entfernt jenem Ideale gleichzustellen ist.

[1] Man beachte, daß das Folgende von der Sprache als solcher gesagt ist, nicht etwa von der in ihr vorliegenden Literatur u. dgl.

[2] Ebenda II[1], S. 408, [2], S. 432. Man vergleiche auch II[1], S. 584 ff., [2], S. 614 ff. die Darlegungen über den Ursprung der Sprache, wo dieselben Gedanken zum Ausdruck kommen.

wenn Wundt (Sprachgeschichte usw. S. 9.) seine Untersuchungen
nicht mit der „Sprachphilosophie" zusammengeworfen wissen will
und dann fortfährt: „Zwischen der Anwendung eines selbst von
Hause aus metaphysisch orientierten psychologischen Systems auf
die Sprache und der alten Sprachphilosophie[1]) ist ja in der Tat
kein allzu tief greifender Unterschied, während ich allerdings
von meinem Standpunkte aus darauf Wert legen muß, daß sich
die Psychologie auch der Sprache gegenüber als rein empirische
Wissenschaft betätige, die mit den metaphysischen Spekulationen
über Ursprung und Wesen der Sprache nichts mehr gemein hat".

Damit kann Wundt nur sagen wollen, daß, was sich als
Psychologie ausgibt und auf die Sprache angewandt werden soll,
auch wirklich Psychologie, d. h. wissenschaftliche Erkenntnis
psychischer Tatsachen und nicht phantastische Fiktion sein solle.
„Metaphysik" und „Sprachphilosophie" gebraucht er also offenbar
im Sinne einer gänzlich verfehlten Methode, und wer würde eine
solche „Philosophie" und „Metaphysik" nicht mit ihm desavouieren?

Anders, wenn Wundt „metaphysisch" hier überall im un-
verfälschten Sinne verstände. Dann kann es zwar keine berechtigte
metaphysische Spekulation über Ursprung und Wesen der
Sprache geben (aus dem naheliegenden Grunde, weil die ganze
Frage eine psychologische ist), wohl aber darf einer ohne
Tadel ein „metaphysisch-orientiertes psychologisches
System" vortragen, d. h. ein solches System psychologischer
Lehren, das mit den metaphysischen Wahrheiten in Harmonie
ist; ja er darf nur ein solches vortragen. Denn wie Wundt
selbst — wenigstens gegen Delbrück (auf der folgenden Seite,
S. 10) — betont, kann es ja nur eine und nicht eine doppelte,
eine metaphysische und eine psychologische Wahrheit geben.

Aber dann freilich — so sollte man meinen — auch z. B.
nicht einen doppelten Willensbegriff, einen, der in der Metaphysik
und einen andern, der in der Psychologie richtig und am Platze
sein soll! Ich staune darum — nebenbei bemerkt — wie Wundt
in derselben Schrift (S. 21, Anmerkung 1) sich darüber beklagen
kann, es sei ihm oft begegnet, daß namentlich der „metaphysische
Willensbegriff", den er auf Grund der psychologischen Willensvorgänge vermittelst der Methode des „philosophischen Regresses"

---

[1]) Welcher? Es ist doch nicht über alle frühere Sprachphilosophie
dasselbe Verdikt am Platze?

entwickle, mit seiner empirisch-psychologischen Auffassung des
Willens vermengt oder verwechselt werde, und ich wundere mich,
wie er bezüglich seines Werkes zur Methaphysik die Direktive
aussprechen mag, „das System der Philosophie kann ... zwar
benutzt werden, um die philosophischen Anwendungen kennen zu
lernen, die ich von den in der Psychologie gewonnenen Anschauungen über den Tatbestand des seelischen Lebens mache; es
kann aber in keiner Weise benutzt werden, um meine psychologischen Anschauungen selbst kennen zu lernen".

Kann man aus den Anwendungen, die ein Forscher von
seinen Lehren macht, nicht — wenn er darin konsequent ist —
auch diese kennen lernen? Und was speziell den Willensbegriff
betrifft, ist er derselbe in der Metaphysik und in der Psychologie
oder nicht? Wenn ja, dann muß man ihn doch auch dort aus
der Anwendung, die von ihm gemacht wird, kennen lernen
können! Oder ist der Begriff nicht derselbe und hat, was
Wundt hier und dort Wille nennt, nur den Namen gemein?
Hätte er also mit Bewußtsein und Absicht (in einer so wichtigen
Sache) eine Äquivokation gestiftet, ohne es offen und klar zu
sagen? Dann, meine ich, wäre doch wohl er anzuklagen und
zwar keines leichten methodischen Fehlers, nicht die von ihm
etwas ironisch behandelten „Philosophen" (vgl. S. 23), die ihn
infolge dieser schwer zu entschuldigenden Äquivokation mißverstanden haben.[1]) Doch dies nebenbei. Versteht Wundt unter

---

[1]) Ich spreche dabei, wie der Leser meiner Schriften weiß, durchaus
nicht pro domo. Wo ich in meinen Artikeln über Sprachreflex, Nativismus und
absichtliche Sprachbildung (Vierteljahrsschrift für wissensch. Philosophie Bd. X,
S. 96 ff., S. 346 ff., Bd. XIII, S. 195 ff. und S. 304 ff.) nachgewiesen habe, daß
Wundt den Willensbegriff viel zu weit faßt, ja derart verflüchtigt, daß er
dadurch, wie in andern Problemen, so insbesondere in demjenigen vom Ursprung der Sprache nur Verwirrung schafft und eine klare und richtige Lösung
unmöglich macht, da habe ich nur in Wundts Werken zur Psychologie
Belehrung und Belege gesucht.

Er hat auf jene meine Kritik keine sachliche Erwiderung geboten und
sucht meine eigenen Anschauungen vom Ursprung der Sprache (aus einem
absichtlichen, wenn auch planlosen Wählen) nur in Bausch und Bogen als
„scholastische Reflexionspsychologie" bei Seite zu schieben.

Ich komme auf diesen Vorwurf einer Erneuerung der „scholastischen
Methode" und einer der „Vulgärpsychologie" verwandten Reflexionspsychologie,
den er mir und andern Forschern, deren Richtung ich nahestehe, auch noch
in bezug auf andere Fragen macht, später zurück. Hier bezüglich der „scholastischen Methode" nur eines! Man macht der dekadenten Scholastik, die auch

„Metaphysisch" eine falsche Methode, so will ich, so wenig wie
er, etwas von „metaphysischen Spekulationen über die Sprache"
wissen.

2. Ebenso zweifellos aber ist mir, daß die sprachlichen Erscheinungen ein Gebiet sind, auf die man psychologische Erkenntnisse nicht bloß zu ihrer Interpretation anwenden, sondern aus
denen man auch solche gewinnen kann. Wer das erstere zugäbe und das zweite leugnete, würde sich ja offenkundig widersprechen, und es wäre unsinnig zu lehren, ein gewisser Kreis von
Tatsachen bilde zwar ein Gebiet, für dessen Aufhellung und Erklärung gewisse psychologische Wahrheiten und Gesetze Anwendung fänden, er könne aber selbst unter keinen Umständen
Anlaß zur Auffindung und Erhärtung dieser Erkenntnisse und
Gesetzmäßigkeiten geben. Es müßte dies denn ein Gebiet sein,
das sich der direkten Erfahrung gänzlich entzöge! Wo immer
sich dagegen direkte Beobachtungen anstellen lassen, da ist es
selbstverständlich, daß Erscheinungen, die sich nur als Folge
gewisser psychologischer Gesetze erklären, an und für sich auch
den Anhaltspunkt bilden können zur Auffindung dieser Gesetze.
Aber andererseits kann es für den Wert einer Erklärung keinen
Unterschied machen, ob das die Erscheinungen erklärende Gesetz
eben aus diesen selbst erkannt wurde oder ob es anderswoher
schon bekannt war, wenn es nur wahr ist und wirklichen
Erklärungswert besitzt. Und ich kann darum schlechterdings
nicht großes Gewicht auf das legen, was Wundt gegen Delbrück
(a. a. O. S. 11.) betont, indem er sagt: „Wenn ich darauf vertraue,
daß . . . meine Gesamtauffassung der sprachlichen Erscheinungen
keine unrichtige sei, so geschieht das nicht deshalb, weil ich mein
Urteil für untrüglich halte, sondern weil die psychologischen
Voraussetzungen, aus denen ich die Sprache interpretiere, wesentlich aus der Sprache selber geschöpft, nicht von einem zuvor

---

ich für eine Zeit tiefen Verfalles in der Philosophie (nur nicht für die einzige
der Art, welche wir erlebt haben) halte, mit Recht den Vorwurf einer großen
Neigung zu nichtigen und haltlosen Distinktionen und Distinktiönlein. Auch
gebe ich zu, daß diese Seite der „scholastischen Methode" mit den ehrwürdigen
Herren nicht zu Grabe gegangen ist. Aber als Beleg dafür muß ich u. a.
gerade die Wundt'sche Unterscheidung zwischen einem metaphysischen und
psychologischen Willensbegriff ansehen. Denn ich vermag, wenigstens nach
den bisherigen Ausführungen Wundts, diese seine Distinktion nicht für besser
begründet zu halten, als die erwähnten fiktiven Unterscheidungen aus der
Zeit disputationslustigster Scholastik.

geschaffenen System aus auf sie übertragen sind". Ich sage: wenn nur die Interpretation der Erscheinungen so sorgfältig und methodisch begründet ist, daß ein untrügliches Urteil berechtigt erscheint, so ist es völlig nebensächlich, ob jene „Voraussetzungen" schon zuvor und anderwärts richtig aus Tatsachen erschlossen oder ob sie eben aus den zu erklärenden Erscheinungen gefunden sind.

Nur das kann hier ernstlich die Frage sein, ob ersteres etwa schwer oder unmöglich, m. a. W. ob die psychologischen Wahrheiten, durch die uns gewisse sprachliche Phänomene verständlich werden, eben nur aus ihnen selbst oder wenigstens viel leichter aus ihnen als anderwärts zu gewinnen sind. Dies hörten wir Wundt bezüglich der, für das psychologische Verständnis der Sprache so wichtigen, Erkenntnisse zur Psychologie des Denkens behaupten, und es wird zu untersuchen sein, ob er hierin Recht hat.

3. Ob es nötig war, daß Wundt Delbrück gegenüber noch ausführlich betont, es müsse auch von der psychologischen Interpretation der sprachlichen Erscheinungen gelten, daß es nur eine Wahrheit, nicht verschiedene von einander abweichende, geben könne und daß man jede komplexe Tatsache so gründlich wie möglich zu analysieren und sich nicht bloß mit der einfachsten, praktisch brauchbaren Auffassung derselben zu begnügen habe, ist mir zweifelhaft. Denn dies ist so einleuchtend, daß ich nicht glauben kann, ein so ernster Forscher wie Delbrück habe das Gegenteil sagen wollen. Wenn er gelegentlich so spricht, als ob es dem Sprachforscher freistehe, die Wundt'sche Auffassung gewisser Erscheinungen des Sprachlebens oder die vordem von Sprachforschern aus Herbarts Schule gehegte anzunehmen, indem die eine und andere „für die Praxis" brauchbar sei, wollte er damit vielleicht bloß in höflicher Weise sagen, die von Wundt aufgestellte Theorie sei nicht in der Weise begründet, daß die frühere jede Wahrscheinlichkeit verloren habe; beide seien Hypothesen, nach denen der „Praktiker" einstweilen sich und anderen die Erscheinungen irgendwie begreiflich zu machen versuchen könne, ohne daß damit die eigentliche Natur der Vorgänge zweifellos ins Licht gesetzt sei. Doch wie dem sei. Zweifellos ist es richtig, daß es überall nur eine Wahrheit gibt; ebenso, daß es hier wie überall nicht bloß darauf ankommt, was etwa zu den Zwecken des Unterrichts und der Darstellung als praktisch

brauchbar gefunden wird, sondern daß eine wissenschaftliche
Klassifikation der Erscheinungen nach ihrer natürlichen Verwandtschaft und Verschiedenheit und eine Erklärung derselben
aus ihren wahren Ursachen zu verlangen ist. Und wiederum ist
sicher, daß selbst die praktische Brauchbarkeit letztlich nur
der Wahrheit zukommt und dem Irrtum bloß soweit, als er sich
der Wahrheit nähert oder eine Vorstufe zu ihr bildet.

Doch kommen wir wieder auf die Hauptfrage nach dem
Verhältnis von Sprechen und Denken, mit welcher die eben erörterten Bemerkungen Wundts (daß nicht ein „System der Psychologie von außen an die Sprache herangebracht" werden dürfe,
daß es nicht eine doppelte Wahrheit geben könne usw.) an und
für sich nichts zu tun haben.

§ 25. Wundt steht mit seiner, in ihren Konsequenzen so
weit tragenden Ansicht über jenes Verhältnis in Wahrheit nicht
so sehr allein, wie er zu glauben scheint. Ja eben unter den
Sprachforschern aus Herbarts Schule, von denen er merkwürdigerweise samt und sonders behauptet, sie hätten die ergiebige Erkenntnisquelle, die im vergleichenden Sprachstudium für die
Psychologie des Denkens fließe, nicht beachtet und hätten diese
Ausnutzung der Sprachwissenschaft für die Psychologie nicht in
ihr Programm aufgenommen, finden sich Männer, von denen offenkundig das Gegenteil gilt. Insbesondere sehen wir gerade in
Steinthals „programmatischer" Schrift „Grammatik, Logik und
Psychologie" über den Kern unserer Frage Anschauungen ausgesprochen, die den Wundt'schen sehr verwandt sind.[1]

Wie Wundt, so wird Steinthal nicht müde zu betonen, die
Sprache sei nicht, wie Aristoteles ganz „oberflächlich" gemeint
habe, lediglich ein äußeres Zeichen zum Behufe der Mitteilung
der Gedanken, vielmehr sei sie etwas innerlich zu diesem selbst
Gehöriges; sie sei zuerst und vor allem ein Selbstbewußtsein,
eine Form des Denkens.

Wie sich dies mit Herbarts Psychologie, die er sonst adoptiert, vertrage, scheint Steinthal nicht gekümmert zu haben. Herbart

---

[1] Wenn dagegen Whitney gelegentlich, ähnlich wie Wundt, behauptet,
daß die Psychologie von der Sprachforschung mehr lernen könne, als diese
von jener, so scheint dies doch nicht völlig im selben Sinne gemeint, da Whitney
im übrigen hinsichtlich des Verhältnisses von Sprechen und Denken die Ansichten Wundts nicht teilt.

selbst hatte bekanntlich über das Verhältnis von Sprechen und Denken ganz andere Anschauungen. Nach ihm ist nicht bloß, wie auch Aristoteles gelehrt hatte, das Wort nur ein äußeres Zeichen für die Gedanken, sondern der Umstand, daß es sich (infolge von Gewohnheit) auch mit dem Denken des Einsamen innig assoziiert, hat seiner Meinung nach einen überwiegend schädlichen Einfluß auf das letztere. Thesen wie die, daß die Sprache das „lebendige Organ" des Gedankens und zu ihm innerlich gehörig sei, würde er als mit seiner Psychologie unvereinbar weit von sich gewiesen haben. Und ebenso hätte er die nativistischen Aufstellungen Steinthals über den Ursprung der Sprache gründlich abgelehnt und hat er hier im Prinzip durchaus empiristisch gedacht.

In allen diesen Beziehungen kann man von Steinthal wirklich sagen, er habe Herbarts System der Psychologie nur „äußerlich" an seine Auffassung vom Wesen und Werden der Sprache „herangebracht", in dem Sinne, daß diese Steinthal'schen Anschauungen nicht wahrhaft aus den Voraussetzungen jener Psychologie fließen, sondern der Autor sich der Vorstellungsmechanik usw. vielfach nur wie eines moderneren Aufputzes bedient für Lehren, die aus W. v. Humboldt und der „spekulativen" Philosophie stammen.[1]

Doch, ob im Widerspruch mit seinem Herbart'schen Standpunkt oder nicht, tatsächlich lehrt Steinthal über das Verhältnis von Sprechen und Denken so, daß er in sog. formlosen Sprachen ein formloses, in den „Formsprachen" ein geformtes Denken ausgedrückt sieht; daß sich also nach ihm — ähnlich wie nach Wundt — in verschieden gebauten Sprachen auch ein seiner inneren Struktur nach verschiedenes Denken, eine verschiedene Art, wie der Mensch die Dinge auffaßt, äußern soll. Und danach konnte er nicht anders als verlangen, daß man die Psychologie, speziell die des Denkens, auf das vergleichende Studium der Sprachen und Sprachgeschichte baue.

Nur von der „Logik" — dafür kämpft das von Wundt genannte „programmatische" Buch Steinthals, worin der früheren philosophischen Grammatik ein erbitterter Krieg erklärt ist —

---

[1] Ich habe darauf schon im neunten meiner Artikel „über Sprachreflex, Nativismus und absichtliche Sprachbildung" hingewiesen. Vierteljahrsschrift für wissenschaftliche Philosophie, Jahrgang 1891, S. 447 ff.

von der „Logik" soll die Grammatik gänzlich emanzipiert
werden; ganz so, wie ja auch Wundt sich darin nicht genug tun
kann — wir werden davon hören — dasjenige, was er „logische"
Sprachbetrachtung nennt, als für den Sprachforscher und Sprachphilosophen völlig verfehlt hinzustellen. Der Logik gegenüber,
so hören wir immer wieder von Steinthal, sei die Sprache und
die Grammatik völlig autonom; sie spotte jener und verhöhne
sie; ja die Vortrefflichkeit der Sprache sei eben da und darin zu
suchen, daß sie und wo sie diese Autonomie recht kräftig walten
lasse. Aus der „Logik" seien also keinerlei „Forderungen" (d. h.
hier wohl auch Voraussagungen) hinsichtlich der Beschaffenheit
der wirklichen Sprachen ableitbar usw.

Demgegenüber habe ich schon in einem Aufsatz der „Symbolae Pragenses"[1]) betont, daß es natürlich einen Sinn von „Logik"
und „logisch" gibt, in welchem dies zweifellos richtig ist. Das
richtige und einsichtige, d. h. den Normen der Logik entsprechende Urteilen ist in der Sprache nicht mehr als das unrichtige (und in diesem Sinne unlogische) ausgeprägt, und wenn
man unter Logik diese Normen des richtigen Urteilens versteht,
so lassen sich aus ihr in der Tat keinerlei berechtigte Erwartungen über die tatsächliche Beschaffenheit menschlicher Rede
deduzieren.

Allein man spricht nicht bloß im Sinne des richtigen
Denkens vom „Logischen", sondern, gerade wenn von ihm im
Zusammenhang mit dem Sprachlichen die Rede ist, versteht man
darunter viel häufiger, überhaupt das durch die Sprache
Ausgedrückte, also das unrichtige wie das richtige Denken und
überhaupt das gesamte psychische Leben und seine Inhalte, wie
sie sich in der Sprache offenbaren. Und daß von diesem
„Logischen" — ich würde sagen von einer allgemeinen Psychologie — aus keinerlei allgemeine Forderungen an die Sprache
und an alle Sprachen gestellt und keine Erwartungen über ihre
Beschaffenheit gebildet werden könnten, dies muß Steinthal bei
seinen oben erwähnten Bannflüchen mit gemeint haben[2]) und
zwar darum, weil es — wie schon angedeutet — nach ihm keine

---

[1]) Prag. 1893 S. 199 ff.

[2]) Nur mag dabei die unklare Vermengung dieser Bedeutung eines
Logischen (nämlich im Sinne einer allen Sprachen gemeinsamen Welt der
Bedeutungen) mit dem früher erwähnten Sinn, des den logischen Normen
entsprechenden oder richtigen Denkens, mitgewirkt haben.

über alle Sprachen übergreifende und von ihnen unabhängige Psychologie des Denkens gibt, sondern nach seiner Meinung in verschieden gebauten Sprachen ein wesentlich verschiedenes Denken ausgedrückt wäre, das eben aus diesen Ausdrucksmitteln selbst studiert werden müßte.

§ 26. So und nur so ist auch sein Krieg gegen alle Bestrebungen der allgemeinen oder philosophischen Grammatik als gegen phantastische Utopien völlig zu verstehen. Denn wenn er bloß solche Bestrebungen als nichtig darzutun gesucht hätte, welche etwa aus dem „Logischen" im Sinne der Normen des richtigen Urteilens oder aus den im Interesse der Erkenntnis aufzustellenden Vorschriften zweckmäßiger Begriffsbildung u. dgl. die tatsächlich gegebenen Kategorien der Sprache und Grammatik hätten ableiten und erklären wollen, so wäre sein Kampf bloß ein Einrennen offener Türen gewesen. Wollten dies doch weder die grammaire raisonnée in Frankreich, noch die Erscheinungen in Deutschland, die man als jener analoge bezeichnen kann.

Um nur einen Blick auf die letzteren Versuche zu einer allgemeinen Grammatik zu werfen, die Steinthal etwa vor Augen haben konnte, so erinnere ich daran, daß — wie schon Pott bemerkt hat — einst Gottfried Hermann, G. F. Bernhardi, Reinbeck, Roth u. a. „in einmütiger Gier und gleichwie verabredetermaßen" nach den Kant'schen Kategorien griffen, um sie für den Zweck der philosophischen Grammatik auszubeuten. Allein jeder weiß, und zweifellos wußten dies auch Hermann, Bernhardi, und die übrigen oben genannten Sprachphilosophen, daß die Kant'schen Kategorien im Sinne ihres Entdeckers oder Erfinders nicht Normen des logisch richtigen Denkens, sondern allgemeine psychologische Züge oder Elemente alles überhaupt möglichen menschlichen Denkens sein sollen. Und man meinte eben, daß diese (wirklichen oder vermeintlichen) Grundzüge alles menschlichen Denkens, des unrichtigen wie des richtigen, sich auch in aller menschlichen Sprache irgendwie ausgeprägt haben müßten, so daß man dann an den, jenen sog. Denkformen kongruenten, sprachlichen Gegenstücken, wenn sie entdeckt seien, auch etwas allen menschlichen Sprachen Gemeinsames und sie Verbindendes vor sich habe. Also nur vom „Logischen" in jenem weiteren, eigentlich psychologischen, Sinne, wollten jene philosophischen Grammatiker ausgehen und auf Grund dessen übereinstimmende Züge in der funktionellen Beschaffenheit, in den Bestandteilen und Kategorien, aller menschlichen Sprachen aufsuchen und konstatieren. Und dagegen wendet sich Steinthal als gegen etwas, wofür die fundamentale Voraussetzung fehle, nämlich die, daß der Zweck der menschlichen Sprache, und insbesondere das in ihr in die Erscheinung tretende Denken, überall dasselbe sei. Es ist somit die Annahme, daß das „Logische" in der Sprache, im Sinne des in ihr Ausgedrückten, in allen Sprachen im Wesentlichen übereinstimme und es ist die Voraussetzung einer für alle Völker fundamental gleichen Psychologie des Denkens, was Steinthal bekämpfen will, indem er die Sprache als autonom gegenüber der „Logik" bezeichnet. Dieser Hypothese wird ja (unter dem Namen eines Unabhängigmachens der Grammatik von der „Logik") ganz offen der Krieg erklärt, indem Steinthal behauptet, der Grammatiker dürfe weder Dinge noch Begriffe, weder sinnliche noch logische[1]) Verhältnisse und Formen irgendwelcher Art voraussetzen, welche die Sprache zu bezeichnen hätte; er müsse auf alles „was objektiv" genannt werden kann, verzichten und habe vielmehr die Sprache als ein subjektives Gebilde anzusehen, welches (zunächst und allererst) ihre eigenen Schöpfungen, die von ihr selbst geschaffenen Anschauungen und Begriffe und Formen, darstelle. Denn damit kann nur gemeint sein, daß, ähnlich wie auch Wundt glaubt, das Denken der wirklichen Dinge und Verhältnisse bei jedem, eine wesentlich anders gebaute Sprache redenden Volke andere Formen oder Typen annehme, daß, was direkt in der Sprache ausgedrückt werde, eben diese da und dort anders geartete Aneignungs- und Auffassungsweise der objektiven Welt sei und nur indirekt irgendwie auch jenes allem sog. „psychologischen" Denken zugrunde liegende „Logische" und Objektive mit zum Ausdruck gelange.

Wie dies eigentlich zu verstehen sei, das bleibt freilich im Dunkel,[2]) und nur das ist klar, daß hier (bei Steinthal sowohl

---

[1]) „Logisch" steht hier offenbar, wie so oft (im Anschlusse an Kant) im Gegensatz zu „sinnlich". Es sind wohl die Begriffe von Substanz, Kausalität u. dgl. im Gegensatz zu Raum und Zeit als „sinnlichen Anschauungen" gemeint.

[2]) Ebenso muß, wenn Wundt in verschieden gebauten Sprachen verschiedene Typen des Denkens, wenn er in einem verschiedenen Aufbau der Wortformen, in einer anderen Scheidung der Redeteile, Gliederung des Satzes und Ordnung der Satzglieder andere und andere eigentümliche Assoziations- und Apperzeptionsgesetze zur Erscheinung kommen läßt (a. a. O. ¹, 407, ², 432),

als bei Wundt) die Verwechslung der Erscheinungen der „inneren
Sprachform" mit der Bedeutung (wovon später ausführlich die
Rede sein wird) und die Äquivokationen von „logisch" eben im
Sinne der Bedeutung überhaupt mit „logisch" im Sinne des
Richtigen und der Norm Entsprechenden hereinspielt. Das
richtige, d. h. den Vorschriften der Logik entsprechende Denken
kann in jedem Falle nur eines sein. Es ist ein Ideal, etwas, was
sein soll und Gegenstand der Logik als Kunstlehre ist, d. h. einer
praktischen, speziell zum richtigen Urteilen anleitenden Disziplin.
Das wirkliche Denken dagegen ist vielfältig, weil es in individuo
meist nur in beschränktem Maße jenen Normen des Richtigen entspricht, in vielen Beziehungen aber von ihnen abweicht, und weil,
während das Normale nur eines ist, es der Abweichungen von ihm
zahllos viele geben kann und gibt. Auf dieses wirkliche Denken,
gleichviel ob es richtig sei oder von der Norm abweiche, geht die
Psychologie. Denn sie will ja die Gesetze des Wirklichen, d. h.
die die Wirklichkeit beherrschenden Notwendigkeiten erkennen,
nicht Normen oder Vorschriften für das Richtige aufstellen.
Allein dieser Gegensatz von Logik und Psychologie ist etwas
ganz anderes als das, was ihm von Steinthal (und in verwandter Weise von Wundt) in der oben ausgesprochenen Theorie
unterschoben und mit ihm konfundiert wird. Das wird völlig
klar werden, wenn noch der Gegensatz zwischen Bedeutung
und „innerer Sprachform", welche beide auch wieder in ganz
anderem Sinne einander als „Logisches" und „Psychologisches"
gegenüber gestellt werden können, gehörig ins Licht gesetzt
sein wird.

Doch kehren wir von diesen incidentellen kritischen Bemerkungen zurück zu Steinthals Lehre, daß in verschieden gebauten Sprachen eine wesentlich andere Auffassungsweise der
objektiven Welt zum Ausdruck komme. Im Zusammenhang mit
ihr und nur so ist es auch zu begreifen, wenn der Autor im
Vorwort zu seinem Buche „Die Mandenegersprachen" (S. VII)
erklärt, er beabsichtige mit der gegenwärtigen Schrift zu zeigen,

dies irgendwie in Einklang gebracht werden damit, daß er doch wieder (ebenda)
davon spricht, daß in der verschiedenen geistigen Organisation, deren Ausdruck
die verschiedenen Sprachen seien, doch schließlich immer wieder die nämlichen
allgemeinen psychologischen Gesetze zur Wirkung kommen. Aber das Genauere darüber, wie dies eigentlich zu vereinigen sei, getraue ich mich nicht
angeben zu wollen.

daß es in der Welt Sprachen gebe, welche mit dem Kategorienschema der philosophischen Grammatik keinen Berührungspunkt
zeigen, und wenn er in weiterem Zusammenhang damit bemerkt,
er sehe recht wohl, daß er in diesem Buche der Psychologie
mehr Aufgaben gestellt als gelöst habe (S. IX). Es ist offenbar
die Aufgabe gemeint, die fremdartigen Denkformen zu erkennen,
von denen die eigentümlichen Kategorien und typischen Züge der
Mande-Sprachen der Ausfluß sind oder sein sollen. Wenn der
verschiedene Bau der Sprache aber in dieser Weise der Psychologie des Denkens Aufgaben stellt, so gibt sie ihr eben zugleich
auch Daten, die bei genügendem Reichtum derselben und hin-
reichendem Scharfblick des Forschers zu Lösungen führen müssen.
Ganz wie Wundt glaubt, der seinerseits in bezug auf dieses
Steinthal'sche Buch erklärt, viel aus ihm für die Psychologie
gelernt zu haben.

So ist denn kein Zweifel, in welchem Sinne nach Steinthal
die Grammatik von der Logik emanzipiert werden, dafür aber
zur „Psychologie" in das innigste Verhältnis treten soll. Es ist
damit hier offenbar das Studium jener in den verschiedenen
Sprechweisen ausgeprägten Denkformen und überhaupt eine solche
Auffassung des Denkens gemeint, wonach es etwas innerlich
zum Sprechen gehöriges wäre. Und wer könnte verkennen, daß
Steinthal damit ähnliche Lehren wie Wundt vorträgt, der ja ganz
im selben Sinne fordert, es sei mit der früheren Methode, das
„Logische" als Norm des sprachlichen Denkens anzusehen, zu
brechen. Ja Steinthal scheint in dieser Betonung des Psychologischen gegenüber dem „Logischen", d. h. in der Richtung der
Leugnung einer gemeinsamen intellektuellen Welt, die in den
verschiedenen Sprachen zur Kundgabe und Darstellung gelangte,
noch über Wundt hinauszugehen. Doch ist dies vielleicht mehr
Folge der rhetorischen, zu Übertreibungen neigenden Ausdrucksweise, die ihm überhaupt eigen ist, als einer grundsätzlichen
Differenz.[1]) Auch im übrigen mögen die beiden Forscher, was

---

[1]) Auch wenn Steinthal von „formlosen" Sprachen redet, Wundt dagegen
jeder Sprache irgend eine „Form" zuschreibt, ist dies zum Teil vielleicht nur
ein Unterschied der Ausdrucksweise. Der Terminus „Form" ist ja — wie wir
sehen werden — sehr äquivok und bei Steinthal laufen die mannigfachsten
Bedeutungen durcheinander. So nennt denn auch er selbst die chinesische
gelegentlich eine Formsprache, während sie — in einem anderen Sinn dieses
Terminus — nach ihm ausgesprochen formlos sein muß.

das Detail der Ausführung anbelangt, da und dort zu verschiedenen Resultaten gekommen sein; aber ihr „Programm" ist wesentlich verwandt.

§ 27. Vielleicht von Steinthal angeregt, jedenfalls aber wie dieser beeinflußt durch den Blick auf die den früheren Sprachphilosophen nicht bekannte Mannigfaltigkeit des menschlichen Sprachbaues, meinte auch Waitz, in den Sprachen, je nachdem sie asynthetisch, polysynthetisch oder flektierend seien, einen anderen und anderen Zustand des Denkens ausgedrückt zu sehen, der eben aus jenem Sprachzustand studiert werden könne. (Anthropologie der Naturvölker I S. 277.) Vor Steinthal und Waitz aber hatte Humboldt gemeint, die Sprache. insbesondere der grammatische Bau als die am meisten „geistige" Seite derselben, drücke wie nichts anderes das geistige Wesen eines Volkes aus. Und in neuerer Zeit sucht auch Sayce die Erklärung z. B. des eigentümlichen semitischen Sprachbaues in dem semitic thought und meint, den, sog. analytische Sprachen redenden, Völkern ein fortgeschrittenes Denken zuschreiben zu müssen, gegenüber denen, welche synthetisch gebildete Idiome sprechen.

§ 28. Doch genug der Belege dafür, daß es auf dem Gebiete der Semasiologie auch in den fundamentalsten Fragen an Einigkeit fehlt. Andere, auf speziellere Probleme bezügliche Beispiele werden uns im Laufe der weiteren Untersuchungen in den späteren Abschnitten begegnen. Ich hoffe aber auch, sowohl in bezug auf wichtige der letzteren, als hinsichtlich jener allgemeinen Fragen. eine befriedigende Lösung und Klärung bieten und zeigen zu können, daß in viel weiterem Umfange, als die genannten Forscher glauben, trotz gewaltiger Abweichungen im Sprachbau, das ausgedrückte Denken wesentlich übereinstimmend sein kann und umgekehrt die unleugbar bestehenden Differenzen im letzteren sich nicht notwendig und nicht primär in der Struktur der Grammatik äußern.[1])

---

[1]) Ich erachte es auch für einen großen Gewinn, daß wir so in der Lage sind. die eigentümliche Struktur des menschlichen Denkens und überhaupt des menschlichen Seelenlebens. das sich in der Sprache äußert, in allen essentiellen Zügen an uns selbst zu studieren und daß wir nicht nötig haben, uns von wesentlich abweichenden Formen und Typen eines solchen aus fremdartigen Sprachen, in denen es sich angeblich äußerte, ein Bild zu machen.

Daß der Unterschied richtigen und unrichtigen, wissenschaftlich fortgeschrittenen oder zurückgebliebenen, begründeten oder abergläubischen Urteilens, wodurch sich das Denken verschiedener Völker so mächtig unterscheidet, sich gerade in der Grammatik ihrer Sprachen auspräge, behaupten Steinthal und Wundt selbst nicht. Sonst dürften sie ja eben die Grammatik nicht einmal von der Logik im eigentlichsten Sinn, d. h. der Anleitung zum richtigen Urteilen emanzipieren wollen. Doch weiter! Große Differenzen im Denken verschiedener Völker liegen auch schon vor in dem verschiedenen Bestand an elementaren Begriffen, die wir bei ihnen finden und noch mehr in der größeren oder geringeren Mannigfaltigkeit und Zweckmäßigkeit ihrer Kompositionen; aber auch diese Differenz hat wenig zu tun mit dem verschiedenen grammatischen Bau der Sprachen. Und selbst die größere oder geringere Komplikation unserer Urteile und Urteilsinhalte, obschon sie zweifellos durch die größeren oder geringeren Ansprüche, welche sie an die Ausdrucksmittel (namentlich wenn diese zugleich bequem und leicht handlich sein sollen) stellt, einen Einfluß auf den Ausbau der Syntaxe üben kann und übt, ist doch — wie die Sprachgeschichte zur Genüge zeigt — nicht imstande, den Bau einer Sprache etwa von Grund aus umzuändern. Der menschliche Geist nützt ganz verschiedene Methoden aus, um denselben semantischen Aufgaben zu genügen, und er gewinnt unter Umständen einem in seiner elementaren Struktur spröden Material und wenig glücklichen Stil durch dessen feinere Ausgestaltung mehr ab, als ein anderes Volk aus einem an und für sich bildsameren zu machen versteht. In dieser Ausnützung der einmal gegebenen fundamentalen Sprachstruktur äußern sich graduelle Unterschiede in der Ausbildung des Denkens der Völker; wie analoge Differenzen bei den einzelnen Individuen in der bald klaren, bald verworrenen Weise, wie sie sprechend oder schreibend die Mittel einer gegebenen Sprache zu gebrauchen wissen, zutage treten. Aber jene elementare grammatische Struktur einer Sprache selbst ist durchaus nicht ohne weiteres Zeichen

---

Dies dürfte uns sehr schwer sein, selbst bei Gelegenheit zu eingehender Bekanntschaft mit allen jenen Sprachen. Wie erst, wenn wir nur auf ungenügende oder nicht völlig zuverlässige Berichte angewiesen wären! Und nicht alle Forscher denken ja über die Vollkommenheit der Berichte, die wir über die Sprachen Afrikas, Asiens und des wilden Amerika besitzen, so zuversichtlich wie Wundt es zu tun scheint.

und Ausfluß einer qualitativ verschiedenen Struktur der Elemente
des Denkens, sondern (oft bei völliger Gleichheit des Auszudrückenden) Sache eines, vielleicht durch den Zufall und lautliche
Neigungen mitbedingten, glücklichen oder ungeschickten Griffes
und sofort sich wirksam erweisender Gewohnheit und Analogie-
bildung. Und wenn wir beachten, wie schwer die Völker, und
selbst hochgebildete Völker, von anderen Gewohnheiten in Sitte,
Recht und Staat — auf Gebieten also, wo doch bei der Bildung
der bezüglichen Gebräuche und Institutionen noch eher Reflexion
im Spiele ist, als bei der Gestaltung der Sprachmittel — ab-
lassen, die einmal sich eingebürgert haben, werden wir einsehen, wie verkehrt es wäre, von dem Bau und Stil der
Sprachen ohne weiteres auf eine Verschiedenheit der „Weltanschauung" und der elementaren geistigen Konstitution der sie
sprechenden Menschen schließen zu wollen.

Wir kommen auf alle diese Dinge später eingehender zurück.
Sind sie doch für die deskriptive Bedeutungslehre von fundamentaler Wichtigkeit; während sich zugleich an diesem Punkte
so augenfällig wie irgendwo die grundlegende Bedeutung dieses
Zweiges der Sprachpsychologie für die genetischen Untersuchungen
offenbart. Denn wer den Grund für die Entstehung eines verschiedenen Baues der Sprachen verschiedener Völker ohne weiteres
in einer verschiedenen Qualität und Struktur der Elemente des darin
ausgedrückten Denkens, in verschiedenen „Denkformen", entdeckt
zu haben glaubt, wird sich eben dabei beruhigen und nicht nach
weiteren Ursachen forschen, während derjenige dazu gehalten
und getrieben ist, der jene nativistische Lösung als fiktiv ablehnt.
Wir werden aber — wie schon angedeutet — sehen, daß sie in
der Tat großenteils fiktiv ist und auf einer Reihe nachweisbarer
Verwechslungen beruht. Man trägt dabei in weitem Umfange
und ganz unberechtigter Weise Unterschiede der äußeren Sprachform in die Bedeutung hinein. Man konfundiert nebstdem mit
dieser noch etwas anderes, was zwar in gewissem Sinne ein
Innerliches ist, aber in Wahrheit ebenfalls nicht zum Bezeichneten, sondern selbst nur zu den Bezeichnungs- oder
Verständigungsmitteln gehört und das wir an späterer Stelle
unter dem Namen der figürlichen und der konstruktiven
inneren Sprachform ausführlich charakterisieren werden. Und
man identifiziert endlich graduelle Unterschiede in der Komplikation und Ausbildung des Denkens fälschlich mit elemen-

taren Unterschieden und „Formen" desselben. Von alledem später mehr.

Hier nur noch die Bemerkung, daß, wenn Steinthal argumentiert, nur zwei Fälle seien möglich: entweder sei die Logik die in der Sprache sich verkörpernde Idee, und dann müsse zwischen den grammatischen und logischen Kategorien volle Übereinstimmung herrschen und alle Sprachen darin einander gleich sein, oder aber die Sprache sei autonom und dann habe keine Logik ein Recht, Forderungen an sie zu stellen, ich die Stringenz dieses Dilemmas durchaus nicht einzusehen vermag. Mit dem ersten Gliede desselben könnte nur gemeint sein, die Sprache sei der innerlich notwendige Ausdruck eines überall im Wesentlichen übereinstimmenden Seelenlebens. Denn nur wenn man den Satz so deutet, so folgt aus ihm, daß es nur eine Sprache geben könne. Allein dies ist ja gegenüber dem andern Gliede, nämlich, daß die Sprache jenem „Logischen" gegenüber völlig autonom sei, durchaus nicht die einzige Möglichkeit. Wie denn, wenn die Sprache nicht eine innerlich notwendige, sondern eine absichtlich zum Zwecke der Verständigung, aber planlos und unsystematisch (und auf Grund einer mangelhaften Gabe, das eigene psychische Leben und seine Inhalte aufzufassen) herbeigeführte Darstellung der Gedankenwelt wäre? Wenn dies der Fall ist, dann wird, wenn auch jene Welt in ihrer elementaren Struktur überall übereinstimmt, die Folge doch keine andere sein können als der Zustand, den wir tatsächlich verwirklicht sehen, nämlich daß gewisse „logische" Kategorien (d. h. hier nichts anderes als fundamentale Bedeutungsunterschiede) ihr Gegenstück irgendwie in jeder Sprache haben und entsprechende „grammatische Kategorien" darum in jeder Sprache irgendwie gefunden werden, während andere grammatische Kategorien (d. h. in diesem Falle fundamentale Verschiedenheiten der äußeren und inneren Sprachform) in verschiedenen Sprachen mannigfach wechseln und nicht aus den „logischen" d. h. aus Unterschieden der Funktion abzuleiten sind. So ist denn dieser rasche Schluß, der aus dem verschiedenen Bau der Sprachen eine Verschiedenheit des dadurch ausgedrückten Denkens dartun soll, ganz untriftig.[1]) Es kann trotz der ersteren Differenz doch

---

[1]) Und nicht minder ein anderer, welcher sich auf den Satz stützt, daß, wo die Mittel verschieden sind, auch der Zweck verschieden sein müsse.

Übereinstimmung im Zweiten bestehen. Wie weit sie tatsächlich
gehe und wie weit sie mit bunter Verschiedenheit im Ausdruck
verträglich sei, wie weit aber andererseits auch gewisse übereinstimmende Züge und Bestandteile in allen Sprachen gefordert
seien, das ist im Einzelnen zu erforschen auf Grund jener
psychologischen Erkenntnisse, die wir oben vom philosophischen
Grammatiker forderten. Ich meine: auf Grund einer mikro-
skopischen Analyse des Bewußtseins und seiner Inhalte einerseits und andererseits auf Grund des Studiums der Kräfte und
genetischen Gesetze, mit denen jede Gewinnung von Ausdrucksmitteln für jenes Auszudrückende beim Menschen zu rechnen
hatte. Die Einsicht in diese beiden Faktoren wird mit derjenigen Genauigkeit, die hier überhaupt möglich ist, den Forscher
erkennen lassen, was im Bau und der sonstigen Beschaffenheit
der Sprachen variieren kann. Sie wird ihn aber auch in die
Lage setzen, das, was überall übereinstimmend gegeben sein
muß, sei es vorauszusehen, sei es nachträglich aufzuweisen, und
so die eigenartigen Züge, die das Antlitz aller menschlichen
Rede als solches kenntlich machen, aufzudecken, auch da, wo
ein nicht durch richtige Psychologie geschärfter Blick nur ein
buntes Chaos von Besonderheiten und eine allem „Logischen"

Dieses vermeintliche Gesetz wird ja auf den verschiedensten Gebieten, und so
auch gerade auf sprachlichem, von der Erfahrung offenkundig Lügen gestraft.
In einen offenkundigen Widerspruch stürzt sich Steinthal auch (Abriß S. 62),
indem er zu Gunsten seiner These, daß die Sprache unabhängig von der
Logik ihre Formen in vollster Autonomie schaffe, argumentiert: „Es liegt ja
schon im Wesen der Darstellung überhaupt, daß sie ganz und lediglich nach
ihren eigenen Gesetzen verfährt, welche aus der Natur ihres Mittels und
ihres Zieles folgen, aber nicht vom darzustellenden Gegenstande diktiert
werden". Ist denn hier das „Ziel der Darstellung" im Unterschied vom
Mittel nicht eben dasselbe wie der „darzustellende Gegenstand"? Im
selben Atem wird also von Steinthal unter dem einen Namen behauptet,
unter dem andern geleugnet, daß sich aus der zu erfüllenden Aufgabe etwas
für die Lösungsversuche erkennen und ableiten lasse!
  Nicht minder staunt man, wenn der Autor, während er hier die Sprache
eine Weise der Darstellung nennt, sie kurz zuvor (S. 60) auch einem Web-
stuhl verglich und dem Denkinhalt dagegen den zu verwebenden Stoff entsprechen ließ. Dieser letztere Vergleich ergibt willig das von Steinthal
gewünschte Resultat, nämlich, daß — wie das gewebte Zeug etwas anderes
ist als der Rohstoff — so auch „der Gedankeninhalt anders vor dem sprachlichen Ausdrucke und anders, nachdem er in der Sprachform dargestellt ist".
Ich möchte nur fragen, ob Weben wirklich ebenso wie Sprechen nur eine
besondere Weise der Darstellung oder Bezeichnung ist?

hohnsprechende Autonomie der Sprachen zu sehen glaubt und jenes durch jegliche individuelle und nationale Verschiedenheit durchblickende allgemein Menschliche nicht zu erspähen vermag.

§ 29. Den früheren Vertretern und Freunden der allgemeinen Grammatik hat es gewiß vielfach an der ausreichenden psychologischen Einsicht in der einen und andern der oben genannten Richtungen gefehlt. Sie haben infolgedessen auf ihre Überzeugung von einer in ihren Grundzügen übereinstimmenden Gedanken- und Gefühlswelt, die sich in verschiedenen Sprachen äußere, überspannte Erwartungen hinsichtlich der Uniformität der überall gegebenen Ausdrucksmittel gebaut. Aber indem sie das Maß und den Umfang der Möglichkeiten unterschätzten, wie derselbe seelische Inhalt mannigfaltigen Ausdruck finden kann. haben sie wesentlich denselben Fehler begangen wie ihre neueren und neuesten Gegner; nur daß diese, gestützt auf die Beobachtungen der eben aufgeblühten vergleichenden Sprachforschung und beschreibenden Linguistik, zu andern Konsequenzen fortschritten als jene von ihnen bekämpften philosophischen Grammatiker, denen diese Mannigfaltigkeit verschiedener Sprachstile noch unbekannt war. Beides beruht ja im Prinzip auf demselben Mangel, nämlich einer ungenügenden Unterscheidung des Auszudrückenden und der Ausdrucksmittel, wenn die alte philosophische Grammatik in diesem allzu großen Vertrauen auf den Parallelismus von Denken und Sprechen die Kategorien der ihnen ausschließlich genauer bekannten indogermanischen (insbesondere der lateinischen) Grammatik auch bei den anderen Sprachen zu finden erwartete, weil diese doch der Ausdruck eines analog gebauten Denkens sind; [1] und wenn man später, auf Grund der neu gewonnenen Kenntnis des weit abweichenden Baues anderer Sprachfamilien, nun für diese letzteren ganz eigenartige „Denkformen" voraussetzte, welche von den in

---

[1] Nicht — wie Husserl (a. a. O. S. 319) meint — die „Vermengung von Apriorischem und Empirischem" in der Bedeutungslehre, sondern, wie oben bemerkt, die Konfusion der Bedeutung und der Ausdrucksform oder die Verwechslung der jeder Sprache gestellten Aufgaben mit irgend einem bestimmten Lösungsversuche, muß ich für den Kardinalfehler der früheren grammaire universelle halten.

den einst allein bekannten Sprachen ausgedrückten, wesentlich differieren sollen.

Steinthal und Wundt nennen freilich ihr Verfahren, Unterschiede der äußeren und inneren Sprachform in das Ausgedrückte hineinzutragen, „Psychologie des Denkens", während sie das Vorgehen der früheren Grammatik, aus dem Vertrauen auf die Uniformität der Bedeutungskategorien bei verschiedenen Völkern ohne weiteres auf die Uniformität der grammatischen Kategorien zu schließen als ein Abhängigmachen der Grammatik von der „Logik" verdammen. Aber diese verschiedenen Etiketten vermögen den Tieferblickenden nicht über die prinzipielle Identität der beiderseitigen Schlußweisen auf Grund einer gemeinsamen irrigen Voraussetzung zu täuschen. Kann ja doch hier, wo tadelnd von Abhängigkeit der Grammatik von der „Logik" die Rede ist, unter dem „Logischen" nichts anderes gemeint sein, als eben das ausgedrückte Denken oder überhaupt die Bedeutung. Und so haben wir — wie schon bemerkt — dasselbe vor uns, was anderwärts dann wieder als ein Gewinnen der Psychologie des Denkens aus der Sprache gepriesen wird; auf Grund eines viel zu weit gehenden Vertrauens auf eine analoge Struktur der Ausdrucksmittel und des ausgedrückten Inhalts.

Zugegeben, daß die frühere philosophische Grammatik irrte; aber nunmehr gilt es, das Wesentliche an ihrem Ziele, das richtig bleibt, anzustreben und die Aufgaben, die im großen und ganzen zu Recht bestehen, zur Lösung zu bringen, ohne ihre Fehler in der Wahl unrichtiger Methoden und unzulänglicher Mittel nachzuahmen. Und wo man ihre Verkehrtheiten bekämpft, möge man es vor allem in jener wirksamsten Weise tun, die das französische Sprichwort ausdrückt, welches in bezug auf alle menschlichen Bestrebungen und Institutionen, die nicht bloßen Chimären nachjagen, sich als so wahr erweist: on ne détruit que ce qu' on remplace. Übrigens verlangt es die Gerechtigkeit, ausdrücklich anzuerkennen, daß nicht alle philosophischen Grammatiker der Vorwurf in gleichem Maße trifft, sie hätten im Wahne gelebt, man könne alle sprachlichen Besonderheiten aus Unterschieden der Bedeutung begreifen. Wohl mag man etwa von G. Fr. Hermann sagen, er habe (im obigen Sinne) das „logische Denken" als Norm des sprachlichen angesehen, wenn er kurzweg erklärt, die Kategorien des Denkens seien auch die der Sprache und die Grammatik müsse jede

Erscheinung der Sprache auf den reinen Gedanken als ihren
wahren Grund zurückführen usw. Allein bezüglich anderer,
wie Reinhold, Condillac und die Grammatiker aus dem Kreise
von Port-royal, bemerkt ihr eifrigster Gegner, Steinthal, selbst:
sie hätten, indem sie nicht vermochten, alle sprachlichen Besonderheiten aus Unterschieden der Bedeutung zu begreifen,
das Allermeiste aus Rücksicht auf Schönheit und Bequemlichkeit abzuleiten gesucht. Aber statt nun daraus
etwas zur Ehrenrettung jener vielverlästerten Männer zu folgern,
nämlich eben daß sie durchaus nicht meinten, jede grammatische
Kategorie sei notwendig der Ausdruck einer „logischen", schließt
er, wie wir gehört haben, seinerseits in der kühnsten Weise
aus dieser zugestandenen Unmöglichkeit, alle grammatischen
Kategorien aus logischen abzuleiten, daß keine grammatische
etwas mit einer logischen zu tun habe.

§ 30. Doch genug im allgemeinen von den Aufgaben einer
generellen deskriptiven Semasiologie und der Möglichkeit ihrer
Lösung.

Im folgenden sollen uns die Grundprobleme dieses Wissenszweiges im besonderen beschäftigen. Und als die wichtigste
Aufgabe erschien es mir nach dem heutigen Stande der
Forschung: klarzustellen, was es mit der üblichen Unterscheidung
von Form und Stoff oder formal und material für eine Bewandtnis habe, soweit damit ein aktueller Bedeutungs-
unterschied gemeint ist oder gemeint sein will. Mit anderen
Worten: ich möchte das Tatsächliche, was dieser Unterscheidung zugrunde liegt, aus der Verhüllung und Verdunkelung,
in die es durch die Verwechslung mit Andersgeartetem oder
völlig Fiktivem geraten ist, herausheben und ins Licht setzen.
Denn die Untersuchung darüber kann, wie wir zur Genüge
sehen werden, wohl als das Fundament der gesamten deskriptiven
Bedeutungslehre angesehen werden. Sie bildet den Hauptteil
des folgenden Stückes, und überhaupt den Kern des gesamten
Inhaltes dieser „Beiträge". Im Interesse dieser Untersuchung
schien es mir aber zweckmäßig, auch einen Überblick zu
bieten über alle die mannigfachen Verwendungen, welche die
Termini Form und Stoff überhaupt und insbesondere auf sprachlichem Boden gefunden haben, um die uns vornehmlich inter-
essierende um so schärfer von ihnen abheben zu können. Diese

allgemeinere Betrachtung füllt die erste, kleinere Hälfte des
genannten zweiten Stückes. Jene Erörterung aber, über den
Unterschied von Form und Stoff auf dem Gebiete der Bedeutung, gab — da sie ordentlich im Mittelpunkte der
beschreibenden Semasiologie steht — Gelegenheit, fast alle
andern wichtigen Fragen dieses Zweiges der Sprachphilosophie
zur Sprache zu bringen, wie ein Blick in das Inhaltsverzeichnis
dem Leser anzeigen mag. Auch hoffe ich, damit wenigstens
teilweise ein ‚Versprechen eingelöst zu haben, welches ich schon
in der Vorrede zu meiner ersten Arbeit auf dem Gebiete der
Sprachphilosophie („über den Ursprung der Sprache“ 1875)
gegeben habe. Ich sagte dort (von dem Interesse sprechend,
welches die Philosophie an dem oben erwähnten Probleme habe),
noch direkter gehe sie allerdings eine andere Untersuchung
über die Sprache an, nämlich die „über den Einfluß, den
nützlichen, besonders aber auch den schädlichen, welchen die
Sprache auf unser Denken übt“. Und ich sprach die Hoffnung
aus, diese Frage, sowie die weitere: „wie die artikulierten
Laute, nachdem sie als Mittel der Mitteilung entstanden waren,
jenen Einfluß auf das einsame Denken gewonnen“ vielleicht
später einmal erörtern zu können. Noch hat sich mir dieser
Plan nicht realisiert; aber die vorliegenden Ausführungen zur
beschreibenden Bedeutungslehre öffnen doch so viele Blicke in
die Wege und Weisen, wie die Sprachmittel durch adäquates
und inadäquates Verhalten zum Ausgedrückten der Richtigkeit
und Fruchtbarkeit des Denkens auch beim Einsamen förderlich
und abträglich sein können, daß ich das hier Gebotene vielleicht
wenigstens wie eine vorläufige Abschlagszahlung für eine alte
Schuld ansehen mag.

Doch zurück zu dem kurzen Überblick über den Inhalt
dieser Beiträge. Es erübrigen die Stücke III bis V. Davon
sind III und IV vornehmlich polemisch. Neue, von der bisher
in der Semasiologie üblichen abweichende, Begriffe und Lehren
hätten schon in den Ausführungen über Form und Stoff auf
dem Gebiete der Bedeutung (im II. Stück) vielfach Anlaß zu
polemischen Auseinandersetzungen geboten. Den wichtigsten
derselben will ich auch nicht aus dem Wege gehen. Um aber
dort die positive Darstellung nicht aufzuhalten, habe ich sie
zwei besonderen kritischen Abschnitten (Stück III und IV) zu-
gewiesen.

Ein letzter Abschnitt endlich (V. Stück) beschäftigt sich ausdrücklich mit dem Wert und der Methode deskriptiv-semasiologischer Untersuchungen. Der Wert derselben wird ja heute im Verhältnis zu den historisch-genetischen nicht immer genügend gewürdigt, ja ausdrücklich in Abrede gestellt. Über die Frage der Methode aber — deren richtige Lösung doch eine Lebensfrage für den Fortschritt eines jeglichen Wissenszweiges ist — herrscht Unklarheit. Und zu dieser prinzipiellen Wichtigkeit der Sache kommt als besonderer Umstand hinzu, daß derjenigen Richtung in der Philosophie, welcher ich angehöre, in neuerer Zeit von W. Wundt ganz allgemein der Vorwurf gemacht wurde, methodisch ganz verkehrt vorzugehen und nichts als eine „subjektive, logische Reflexions-psychologie" zu sein, was im gemeinten Sinne das strikte Gegen-teil jeder richtigen Erforschung des Geisteslebens wäre. Bei dem Ansehen, das dieser Schriftsteller zurzeit genießt, mußte mir daran gelegen sein, nichts zu verabsäumen, was dazu bei-tragen kann, eventuelle Vorurteile, die dieses summarische Ver-dammungsurteil da oder dort erweckt haben kann, zu zerstreuen. Auch gilt es, da gerade in bezug auf die semasiologischen Untersuchungen Wundt seinerseits Grundsätzen folgt, die ich nicht billigen kann, meine abweichende Ansicht speziell zu rechtfertigen.

Ich habe aber diese Ausführungen über Wert und Methode der Untersuchungen zur deskriptiven Semasiologie ans Ende gestellt, weil sich beides an diesem Orte besser illustrieren und, ohne in lästiger Weise der Hauptuntersuchung vorzugreifen, begründen ließ. Auch glaubt der Leser sowohl das über den Wert eines gewissen Wissenszweiges als das über seine Methode gesagte gewiß leichter, wenn er die letztere bereits durch tat-sächliche Resultate sich hat bewähren sehen und wenn schon ein gewisser Reichtum konkreter Beispiele die Bedeutung und den Wert dessen, was die Disziplin zu bieten vermag, an-schaulich gemacht hat.

Zweites Stück.

Über Form und Stoff in der Sprache, insbesondere auf dem Gebiete der Bedeutungen.

Über die mannigfachen Bedeutungen von Form und Stoff überhaupt und insbesondere auf sprachlichem Gebiete.

———

Um sich zu überzeugen, daß die Termini Form und Stoff (resp. Inhalt), auch wenn sie speziell auf die Sprache angewendet werden, nichts weniger als eindeutig sind, braucht man nur einen Blick in die Schriften zur allgemeinen Grammatik und Sprachphilosophie, zum Beispiel in das Buch von H. Steinthal „Grammatik, Logik und Psychologie" oder in dessen „Einleitung in die Psychologie und Sprachwissenschaft" zu werfen. Wer die Verwendungen des Terminus Form, die er hier antrifft, nebeneinanderstellt, der sieht sofort, daß sie unmöglich aus einer Bedeutung zu begreifen sind, auch da, wo der Autor nicht das Geringste über diese Äquivokationen in seinem Sprachgebrauche ausdrücklich anmerkt. Wie könnte, um nur ein Beispiel zu erwähnen, „Form" dasselbe bedeuten, wenn wir unter anderm das eine Mal lesen, alles Denken („Vergleichen, Klassifizieren" usw.) und alles Sprechen sei ein Formen, und wenn im Handumdrehen wieder die Rede ist von formlosen Sprachen, in denen auch ein formloses Denken sich äußere. Oder: Wenn wir hören, Gedankenform und Gedankenstoff seien für die Sprache in gleicher Weise ein Stoff, der von ihr geformt werde, und wenn es dann doch wieder heißt, die Auffassung und Darstellung des Gedankens sei bei manchen Sprachen formlos, indem sie die Form des Gedankens nicht als Form, sondern als Stoff auffassen und darstellen usw.

7*

Steinthal fand sich durch solche Äquivokationen in keiner Weise bedrückt, vielmehr nur zu einer, der Hegelschen ähnlichen Dialektik angeregt, und er schreckt z. B. sogar davor nicht zurück, die kühne Parallele zu ziehen, daß der Ägypter, wie er „die gerade Linie, die reine mathematische Figur, ideal eine Form, geschaffen, so auch eine reine, aus dem Geiste heraus-gebildete grammatische Form besitze".

Andere unter denjenigen Sprachforschern, deren Interesse auch den allgemeinsten Fragen ihrer Wissenschaft zugewendet war und ist, haben sich dagegen bei diesem Durcheinander von Bedeutungen nicht so wohl gefühlt, und so beklagt z. B. Fr. Pott in seiner Schrift „über allgemeine Grammatik" ernstlich die „wachsähnliche Biegsamkeit des Wortes Form", wie sie gerade in den Schriften Steinthals zutage trete. Aber ich kann nicht sagen, daß es in der neueren Literatur zur Sprachphilosophie etwa durchwegs besser geworden sei. Auch da trifft man gelegentlich auf eine nicht unbedenkliche Nachlässigkeit und auf weitgehende Äquivokationen im Gebrauch der Termini Form und formal, und ich verweise zum Belege dafür nur auf Wundts neuestes Werk „Die Sprache", speziell auf die allgemeinen Aus-führungen über Begriff und Einteilung der Wortformen (II. Teil, [1] u. [2], S. 1—8) und über äußere und innere Sprachform (ebenda, [1], S. 402 ff., [2], S. 427 ff.).[1]

Es ist nicht meine Absicht, hier auf historische Details einzugehen. Dagegen erachte ich für das Hauptthema dieser Schrift (nämlich die Erörterung des richtigen Kerns, welcher der Unterscheidung von Stoff und Form in Hinsicht auf die Bedeutung zugrunde liegt) es als eine nützliche Vorarbeit, in Kürze die wichtigsten Unterschiede in der Weise, wie man die äquivoken Termini Form und Stoff (resp. Inhalt) überhaupt und speziell auf sprachlichem Gebiete verwendet hat oder eventuell verwenden kann, zusammenzustellen.

---

[1] Vgl. auch, in Hinsicht auf G. v. d. Gabelentz „Die Sprachwissenschaft" 2. Aufl., eine Bemerkung von A. Tobler bei Gelegenheit seiner Besprechung des Buches in der deutschen Literaturzeitung, XXIII. Jahrgang, Nr. 15, S. 919.

Erstes Kapitel

Von der Vieldeutigkeit der Termini Form und Stoff (resp. Inhalt) überhaupt.

§ 1. Der Terminus „Form" samt seinem Korrelat ist, wie so viele, ja die meisten Ausdrücke der Sprache, bildlich. Aber zwei verschiedene Bilder scheinen dabei der Phantasie als Vermittler der Bedeutung vorzuschweben, und so finden wir denn auch die letztere von vornherein auf ihren Wegen und in ihren Wandlungen im allgemeinen zwei verschiedene ja entgegengesetzte Richtungen einschlagend.

Das eine Mal erscheint die Form dem Stoffe gegenüber als das Wichtigere, Wertvollere und in diesem Sinne als das Wesentliche. So ist es, wenn z. B. auf dem Gebiete der Plastik die „Form" (im Sinne der Gestalt) dem Stoffe (Marmor, Erz), in welchem sie ausgeprägt erscheint, gegenübergestellt wird. Von diesem Bilde, von der Körpergestalt, die dem Marmor oder von dem Relief, das dem Wachse eingeprägt wird, ging Aristoteles aus, indem er εἶδος zum Namen für die abstrakten Wesenheiten erhebt, d. h. für dasjenige, was — wie ein Hauptteil oder Kern jeglichem so oder so Bestimmten innewohnend — ihm diese Bestimmtheit gibt. Der Stoff oder die Materie erscheint dabei als das bei der Umwandlung Bleibende, die Form als das Wechselnde, und beide sind in diesem Sinne nach Aristoteles innere Prinzipien des Werdens überall da, wo das Werden eine Umwandlung ist. Die Beobachtungen am Werden von realen Akzidentien und an solchem, das ein bloßes Mitwerden ist (Werden von Nichtrealem) übertrug Aristoteles bekanntlich auch auf das selbständige Werden (Werden von Realem) und speziell

auf das substantielle Werden, und dieser Schritt führte ihn
zur Annahme einer substantiellen Materie und substantieller
„Formen".

Übrigens scheint die Bedeutung von einem wesenhaften,
die Bestimmung gebenden Teil beim Terminus „Form" auch
Kant vorgeschwebt zu haben, wo er z. B. die Allgemeingültigkeit
als die „Form des Gesetzes", und Fries, wenn er es als „Form
des Urteils" bezeichnete, daß es eine behauptende Vorstellung
sei. Es ist wohl jedesmal gemeint, daß dies der wesentlichste Zug sei, der das Gesetz zum Gesetze, resp. das Urteil
zum Urteil mache. Etwas anders dagegen ist die Verwendung
von „Form" wiederum, wenn der sog. Unterschied der Qualität
am Urteil (nämlich ob es ein Anerkennen oder Leugnen, Bejahen oder Verneinen ist) so genannt wird. Doch liegt wohl
auch hier der Gedanke mit zugrunde, daß dies der wichtigste
Gesichtspunkt der Differenzierung sei, weshalb man ihn auch
den der „Qualität" genannt hat, die ja gleichfalls dem „bloß
Quantitativen" gegenüber als das Wesentlichere gilt.

§ 2. Neben der Gruppe von Verwendungen des Wortes
Form und formal, die sich an das Bild von der „Form" der
Statue oder des Siegels anlehnt, gibt es aber eine andere, die
an das wesentlich verschiedene Bild von der „Form" im Sinne
eines Gefäßes oder Kleides anknüpft, welches — in sich weniger
wichtig und wertvoll — etwas Wertvolleres und Wesentlicheres
wechselnd umgibt und umschließt.

So erscheint das Sprachliche als etwas Formales gegenüber der ausgedrückten Bedeutung. So ist es aber auch gemeint,
wenn in irgend einer Angelegenheit vom Formalen im Unterschied vom Meritorischen und wohl auch, wenn in juristischen
Fragen vom Unterschied des formalen und materialen Rechts
gesprochen und wenn etwa über den Formalismus der Juristen
geklagt wird. Wo die Form als das minder Wertvolle, das so
oder so Geformte als das Wichtigere erscheint, da nennt man
das Letztere statt „Stoff" häufig auch Inhalt oder Gehalt.
Ja, wenn man auf künstlerischem Gebiete Form und Gehalt
einander entgegensetzt, indem der Gehalt als das Wertvollere
erscheint, kann er wie zur „Form", so auch zu etwas in Gegensatz kommen, was man unter anderem Gesichtspunkte „Stoff"
nennt, wie wir sofort sehen werden.

Diese Unterscheidung des Ästhetikers zwischen der Form
und dem Gehalt eines Kunstwerks wird am häufigsten bei der
Poesie gemacht, läßt sich aber auch auf alle anderen Künste
anwenden, und überall sind dann mit „Gehalt" die im Kunstwerk
verkörperten Gedanken, gewissermaßen die Seele oder der Geist
gemeint, der in der künstlerischen Form einen wahrnehmbaren
Leib, eine sinnliche Hülle annimmt d. h. sich mit Mitteln umgibt,
die ihn zu anschaulicher Wirkung bringen. Indem man diese
Unterscheidung aber auch auf die Plastik anwendet, entsteht
die oben erwähnte Paradoxie, die recht klar macht, daß dabei
die Gegensätze Form und Stoff einerseits und Form und Gehalt
andererseits auf ganz verschiedenen Gesichtspunkten beruhen.
Ob nämlich eine Statue aus Marmor oder Erz geformt sei, ist
für den Gehalt gleichgültig. Soweit der Unterschied des „Stoffes"
im Sinne des Materials von ästhetischer Bedeutung ist (was
allerdings der Fall sein kann) gehört auch er zu dem, was —
dem Gehalte gegenüber — die Form d. h. das den Gehalt zum
Ausdruck und zur Wirkung bringende heißt.

§ 3. Wir erwähnten, daß Aristoteles vom Begriffe der
Gestalt gegenüber dem Gestalteten ausgehend seinen eigentümlichen Begriff der Form (dem in der Geschichte der Metaphysik eine so große Bedeutung zukam) bildete, doch spielt
dabei die Form im Sinne der Gestalt nur die Rolle eines
Bildes oder einer Analogie. Anders meint Wundt. Nach
ihm würde — wenn ich recht verstehe — gerade hier, nämlich
„in der Zerlegung des Wahrnehmungsinhaltes, durch welche
sich die räumliche und zeitliche Form absondert von dem Stoff
der Empfindung" der eigentliche Begriff der Form seinen
Ursprung nehmen, dessen wesentliche Elemente dann auch sonst
überall sich fänden, wo von Form oder formalen Begriffen die
Rede sei. Die „für diese ganze Unterscheidung grundlegende
Tatsache" soll nämlich nach dem genannten Autor die sein:
„daß bei einer gegebenen anschaulichen Form zwar der Stoff
der Vorstellung beliebig wechseln kann, daß aber Veränderungen
der Form nicht möglich sind, ohne daß sich zugleich irgend
etwas am Stoff der Empfindung ändert". So „System der
Philosophie", [1], 1889, S. 240, [2], S. 228, 229. Analog heißt es ebenda,
[1], S. 117, [2], S. 112: „Beim Verhältnis der Materie der Empfindungen
zu der räumlich-zeitlichen Form der Vorstellungen" ist zwar

„eine Veränderung des Stoffs der Empfindungen möglich, ohne daß zugleich die räumlich-zeitliche Form sich ändert; dagegen ist niemals eine Änderung der letzteren möglich, ohne daß zugleich irgend eine Veränderung in dem Stoff der Empfindungen eintritt". Und er fährt, diese abstrakte Behauptung illustrierend, fort: „Ein beliebiger Körper z. B. kann seine Farbe ändern, während seine geometrischen Eigenschaften nicht die geringste Änderung erfahren; aber er kann nicht seine Gestalt ändern, ohne daß entweder vorhandene Empfindungen verschwinden oder neue entstehen".

Hier scheint offenbar, daß Wundt in der geometrischen Gestalt den Typus des Formbegriffs überhaupt gefunden zu haben glaubt, und daß er das Wesen des Verhältnisses von Form und Materie in einer gewissen Ungleichwertigkeit der beiden Faktoren, genauer in einer einseitigen Änderungsmöglichkeit erblickt.

§ 4. Dieser Angabe gegenüber muß ich drei Fragen stellen: „Ist durch diesen Zug das Wesentliche der Form im geometrischen Sinne" charakterisiert; spricht man überall von Form und Stoff, wo dieser Zug gegeben ist, und gilt auch umgekehrt, daß er überall sich findet, wo von Form und Stoff die Rede ist?

Beginnen wir mit dem letzten Punkt. Er trifft offenbar nicht zu. Man redet z. B. von sprachlichen Formen, und auch Wundt tut es in ausgiebigem Maße. Aber man gibt dabei zu, daß die Form wechseln kann, ohne daß der Stoff oder Inhalt sich ändert, mindestens ebenso wie, daß umgekehrt oft der Stoff oder Inhalt wechselt, während die sprachliche Form dieselbe bleibt.

Doch wird vielleicht Wundt einwenden, dies sei ein ungenauer Gebrauch der Termini Form und Stoff, den er bei seiner exakten Begriffsbestimmung nicht im Auge gehabt habe. Dann ist aber doch seltsam, daß er dies mit keinem Worte anmerkt, wo er selbst jenem der (vermeintlich) exakten Begriffsbestimmung offenkundig widerstreitenden Gebrauche des Terminus folgt!

§ 5. Doch wenden wir uns zu der umgekehrten Frage: Wird in den Fällen, wo diese exakt sein sollende Begriffs-

·bestimmung zutrifft, der Terminus „Form" resp. Stoff wirklich
allgemein angewendet?

Auch dies muß ich entschieden verneinen. Den eklatantesten
Fall solcher Ungleichwertigkeit und einseitiger Veränderungs-
möglichkeit, wie ihn Wundt als für das Verhältnis von Form
und Materie charakteristisch hinstellt, haben wir vor uns bei
den Gattungen gegenüber ihren Spezies. Überall, auf dem
Gebiete der Qualitäten wie des Ortes und der Zeit, können
die Spezies wechseln, während die Gattung dieselbe bleibt.
Dagegen kann natürlich die Gattung sich nicht ändern, ohne
daß die Spezies mit in den Wechsel hineingerissen werden.
Allein es ist durchaus nicht üblich, hier allgemein die Gattung
gegenüber den Spezies „Form" zu nennen.¹) Und was wiederum
namentlich bemerkenswert ist, Wundt selbst tut es durchaus
nicht, obschon es doch vor allem s e i n e Sache wäre, die
Konsequenzen aus seiner Begriffsbestimmung zu ziehen und
der von ihm für richtig und zweckmäßig gehaltenen Terminologie zum Durchbruche zu verhelfen, wo sie sonst noch nicht
üblich ist.

Ferner: nicht bloß von der Gestalt gilt, daß sie sich nicht
ändern kann, ohne daß irgend etwas an den Qualitäten sich
ändert, indem „entweder vorhandene Empfindungen verschwinden
oder neue entstehen", sondern auch von der Größe. Aber niemand
nennt es eine Formveränderung im eigentlichen Sinne, wenn ein
Quadrat um einen Quadratzoll oder ein Kubus um einen Kubik-
zoll zunimmt.

Und damit haben wir an einen Kardinalfehler der Wundtschen
Ausführungen gerührt. Er scheint bei seinem Formbegriffe vom
Typus der geometrischen „Form" d. h. der Gestalt ausgehen
zu wollen, gibt aber als charakteristisch dafür Eigenschaften
an, die zwar der Gestalt a u c h zukommen, aber n i c h t d a s
e i g e n t l i c h C h a r a k t e r i s t i s c h e für sie sind. Nur so gelingt
es ihm, den Formbegriff auf das Gebiet der Zeit, das ja kein
eigentliches Analogon der Gestalten kennt, zu übertragen und
von verschiedenen „Formen" des Zeitverlaufs zu sprechen, die

---

¹) Und soweit man das Allgemeine gegenüber dem Besonderen als
Form bezeichnet, da geschieht es weit eher etwa in Anlehnung an das Bild
vom Gefäße mit wechselndem Inhalt, als in Rücksicht auf den von Wundt
aufgestellten Typus des Formalen.

bei einem qualitativ gleich bleibenden Geschehen gegeben sein
könnten.[1])

Wenn es aber so nach Wundt zum Begriff des Formalen
genügt, daß seine Veränderung immer auch irgend eine Veränderung am Stoffe, wenn auch nicht gerade die bei der Gestalt-
änderung gegebene oder eine analoge, mit sich führe (während die
Form unabhängig vom wechselnden Stoff beharren könne), dann
muß man den Begriff — wie schon angedeutet — auf mannigfache Verhältnisse anwenden, wo es nicht bloß sonst nicht allgemein geschieht, sondern von Wundt selbst nicht versucht wird.

§ 6. Doch vielleicht sagt Wundt, ich hätte ihn mißverstanden, und es sei nicht seine eigentliche Meinung, daß
speziell die Reflexion anf die Raumgestalten den Formbegriff
ergebe, sondern überhaupt die Rücksicht auf das Verhältnis des
Raumes (und analog der Zeit) zu den sie erfüllenden Sinnesqualitäten, und dies sei etwas ganz anderes.

Demgegenüber sei ohne weiteres zugegeben, daß dies in
der Tat etwas wesentlich anderes ist. Aber ein Doppeltes habe
ich dann zu fragen: Welches Verhältnis besteht wirklich
zwischen Raum resp. Zeit einerseits und den sie erfüllenden
Qualitäten andererseits, und kann es als der Typus des Verhältnisses von Form und Materie angesehen werden?

---

[1]) Beispiele für das, was er darunter versteht, führt Wundt leider
nicht an. Ich kann mir unter einem verschiedenen Zeitverlauf eines Geschehens bei quantitativer und qualitativer Gleichheit desselben nur etwa
Fälle denken wie die, daß z. B. dieselbe Bewegung einer Kugel x von A
nach B (x *A* _ *B*) das eine Mal in kürzerer, das andere Mal in längerer
Zeit stattfindet oder, wenn in derselben Zeit, das eine Mal mit Pausen, das
andere Mal ohne Unterbrechung.

Aber dafür ist es doch eine ungenügende Beschreibung, wenn Wundt,
wo er dem vermeintlich formalen Zug der Zeit gegenüber dem in ihr auf-
tretenden Geschehen spricht, sich dahin ausdrückt: „wir können uns inhaltlich
sehr verschiedene Ereignisse in einem und demselben Zeitverlauf denken";
„wir können uns aber nicht den Zeitverlauf geändert denken, ohne daß damit
auch die Eigenschaften des Geschehens selbst sich verändern, indem auch
dann, wenn dieses qualitativ konstant bleibt, nur die nämlichen Zeit-
teile mit andern Wahrnehmungsinhalten zusammenfallen" (a. a. O., 2. Aufl.,
S. 113).

Doch wie auch immer dies zu verstehen sei, sicher ist, daß es im Gebiete der Zeit kein strenges Analogon der Formen im Raume gibt, und daß
jene Unterschiede des zeitlichen Verlaufes vielmehr ein Gegenstück zur verschiedenen Dichtigkeit der Raumerfüllung bilden.

Gehen wir zunächst vom Raum und von demjenigen Beispiele aus, durch welches Wundt vornehmlich seine Ansicht illustriert. Es ist dies die Tatsache, daß ein Körper zwar seine Farbe ändern kann, ohne seine Gestalt zu ändern, daß aber, wenn seine Gestalt wechselt, sich notwendig auch an den Qualitäten etwas ändert. Wenn wir ein rotes Quadrat in ein Dreieck (wenn auch von völlig gleichem Flächeninhalt) verwandeln, so ändert sich in der Tat auch an den diese Figuren erfüllenden Qualitäten etwas, indem nämlich ein Teil derselben ihre örtliche Bestimmtheit spezifisch wechselt. Warum aber dies? Der wahre Grund scheint mir der zu sein, daß die Summe der eigentümlichen Verhältnisse von Orten, welche wir die Quadratgestalt nennen, sich nicht ändern kann, wenn die absoluten örtlichen Bestimmtheiten, die das Fundament dieser Relationen bilden, spezifisch dieselben bleiben. Während allerdings umgekehrt mit der spezifischen Änderung der absoluten Bestimmtheiten wohl gewisse, aber (infolge der Homogeneität des Raumes) nicht notwendig alle, örtlichen Relationen spezifisch wechseln, die sich an sie knüpfen. (So kann ja die Gestalt auch spezifisch dieselbe bleiben, trotzdem der Körper seinen Ort im Zimmer ändert.) Soweit also hier eine einseitige Änderungsmöglichkeit im Spiele ist, ist es die der absoluten örtlichen Bestimmtheiten im Verhältnis zu den auf sie gegründeten Relationen, nicht eine solche der Orte im Verhältnis zu den Qualitäten.

Und ganz das Analoge wie bezüglich der örtlichen Relationen und ihrer absoluten Fundamente gilt hinsichtlich der Qualitätsrelationen und der absoluten qualitativen Bestimmungen, die deren Fundament bilden. Die Relation der spezifischen Verschiedenheit z. B. kann hier nicht aufhören, wenn die absoluten Bestimmungen (z. B. rot und blau) dieselben bleiben. Dagegen kann, trotzdem an die Stelle von blau und rot etwa gelb und grün tritt, die allgemeine Relation der spezifischen Farbenverschiedenheit dieselbe bleiben. Auch hier brauchen mit den absoluten Fundamenten nicht alle Relationen spezifisch zu wechseln. Wir haben also daran gar nicht etwa eine Besonderheit des Raumes vor uns.

Was den einzelnen Ort im Verhältnis zu der ihn erfüllenden Qualität betrifft, so gilt, daß er nicht sein oder angeschaut werden kann, ohne von irgend einer Qualität ein-

genommen zu sein und darum sind Ortsänderungen eben immer
Fälle, wo Qualitäten ihren Ort ändern. Aber ganz ebenso
gilt umgekehrt, daß die Qualität nie sein oder angeschaut
werden kann, ohne einen Ort einzunehmen und darum sind auch
Qualitätsänderungen immer Fälle, wo Orte ihre Qualität ändern.
Und wie die Farbe, wenn sie ihren Ort spezifisch ändert, selbst
eine individuell andere wird (das hier seiende Rote ist ein
individuell anderes als das dort seiende), so wird der Ort ein
individuell anderer, wenn er seine Farbe spezifisch ändert (das
rotseiende Quadrat ist ein individuell anderes als das blaue).
Hierin ist durchaus kein besonderes Verhältnis gegeben, das
etwa der Ort der Qualität gegenüber einnähme. Beide individualisieren sich gegenseitig und sind also in ihrer Individualität gegenseitig voneinander abhängig. Aber ebenso
sind sie in ihren spezifischen Änderungen gegenseitig voneinander unabhängig.

Die Zeit nimmt allerdings nicht eine völlig gleiche Stellung
den Qualitäten gegenüber ein wie der Raum. Denn während
jeder Ort von einer Qualität erfüllt sein muß, gilt dies von der
Zeit nicht, und Wundt würde sehr irren, wenn er Ort und Zeit
auch hierin als Analoga behandelte. Zwar gibt es keine leere
Zeit sowenig als einen leeren Raum. Aber nicht jede Zeit
muß durch eine Qualität erfüllt sein. Denn alles, was ist, ist
in der Zeit, während nicht alles, was ist, räumlich ist. Aber
daraus und aus den Unterschieden, die sonst noch zwischen
Raum und Zeit bestehen, ergibt sich nur, daß bei ihr womöglich noch weniger als beim Raume ein Grund besteht, sie
den Qualitäten wie eine „Form" einem „Stoffe" gegenüberzustellen.

Aber auch sonst vermag ich weder beim Ort noch bei der
Zeit ein Verhältnis den Qualitäten gegenüber zu entdecken,
das irgend diese Bezeichnungsweise verdiente.

Das gilt insbesondere auch hinsichtlich jener markanten
Unterschiede, welche Ort und Zeit als Kontinua gegenüber
den möglichen Qualitätskontinuis auszeichnet. Sie sind offenkundig. Die Orts- und Zeitspezies können bekanntlich nur als
Elemente in einem Kontinuum, nicht punktuell, existieren. Dagegen können Qualitätsspezies auch existieren, ohne Glieder
eines Qualitätskontinuums zu bilden. Auch ist wohl ein Raum-
und Zeitkontinuum möglich, ohne daß ein qualitatives damit

parallel geht, mit andern Worten, spezifisch dieselbe Qualität kann mit beliebig vielen kontinuierlich variierenden Ortsspezies und eben solchen Zeitspezies verbunden sein. Dagegen kann ein Qualitätskontinuum nicht bestehen, ohne entweder mit einem örtlichen oder zeitlichen Kontinuum verbunden zu sein, mit andern Worten, die kontinuierlich variierenden Qualitätsspezies müssen entweder gleichzeitig über ein Kontinuum von Orts- oder gleichortig über ein Kontinuum von Zeitspezies ausgebreitet sein.

Allein diese Eigenschaften, welche den Raum und die Zeit in ihrer besonderen Natur als Kontinua angehen, können unmöglich der Anlaß sein, sie als „Formen" den Qualitäten als einem „Stoff" gegenüberzustellen, ja als den Typus für dieses ganze Verhältnis anzusehen, schon darum, weil die Begriffe der Form und Materie ja von allgemeinerer Natur sein und auch auf ganz andere Denkobjekte als auf Kontinua Anwendung leiden sollen.

So kann ich denn den ganzen Versuch von Wundt in dem Verhältnis von Raum und Zeit zu den Qualitäten den Ursprung der Begriffe von Form und Stoff finden zu wollen nicht als Ausfluß der Einsicht und Klarheit über deren wahres Verhältnis betrachten.

§ 7. Wir haben im § 1 gesehen, wie für die Bedeutungsentwicklung des Terminus „Form" der Hinblick auf die „Form" speziell im Sinne von Gestalt mitbestimmend gewesen ist. Als in derselben Richtung liegend wollen wir aber doch noch die Tatsache erwähnen, daß man vielfach überhaupt Verhältnisse wie Einheit, Mannigfaltigkeit, Ordnung, Synthese und Verknüpfung als „Formen" und das, was im Verhältnisse steht, (das Mannigfaltige, die Elemente) als „Stoff" zu bezeichnen liebt. Mir scheint auch dabei der Hinblick auf die Gestalt und speziell der Umstand mitgewirkt zu haben, daß die „Form" im Sinne der Gestalt evidentermaßen nichts anderes als eine besondere Art und Summe von Verhältnissen ist.

Man hat dies geleugnet, und um anzudeuten, daß das Eigentümliche der Gestalt und ebenso eines Komplexes von Elementen, wie es ein Akkord oder eine Melodie und dgl. ist, sich nicht in Verhältnissen erschöpfe, sondern darin etwas ganz Neues auftrete, hat man hier überall von „Gestaltqualitäten" gesprochen (Ehrenfels). Aber was soll dieses Neue sein? Da es nicht Relationen sein sollen, so müssen es absolute

Bestimmungen sein. Und wenn die Wahl des Namens von „Qualitäten" für dieselben nicht völlig willkürlich ist, muß es sich um etwas handeln, was demjenigen unter den absoluten Bestimmungen am verwandtesten ist, was man bisher „Qualitäten" genannt hat. Was kann dies sein?

Bisher ist der Name bekanntlich sowohl auf psychischem als auf physischem Gebiete im Gebrauche gewesen. Auf dem ersteren hat man z. B. von Urteilsqualität geredet, indem man diejenige Differenz des urteilenden Verhaltens die qualitative nannte, welche man für die wesentlichste hielt, nämlich, ob es sich um ein Anerkennen oder Leugnen handelt. Und analog wurde auch die Differenz der Gemütstätigkeit, ob sie ein Lieben und Genehmhalten oder ein Hassen und verabscheuendes Ablehnen ist, als die Qualität κατ᾽ ἐξοχήν des Vorgangs bezeichnet. Allein etwas dem ähnliches kann mit „Gestaltqualität" unmöglich gemeint sein. Gehören ja doch die vornehmsten Beispiele, die man für diese neue Kategorie anführt, dem physischen Gebiete an und sind durchaus nicht etwas wie eine Bewußtseinsbeziehung.

Was das physische Gebiet betrifft, so hat man bisher allgemein die Farben, Töne, Gerüche usw. im Gegensatz zu den örtlichen und zeitlichen Bestimmungen Qualitäten genannt. Sollen also die Gestaltqualitäten etwa eine neue Gattung solcher Qualitäten sein? Auch das scheint nicht gemeint. Denn von Gestaltqualitäten soll ja auch die Mathematik handeln, die doch von den Sinnesqualitäten im Sinne der αἰσθητὰ ἴδια des Aristoteles abstrahiert.

Ich sehe also nur die folgende Alternative: Entweder erscheint der Name Qualität hier völlig willkürlich und ohne alle Rücksicht und Analogie zu dem, was man bisher so genannt hat, gewählt. Oder — da dies doch nicht wohl anzunehmen ist — er muß ganz anders verstanden werden, als man auf den ersten Blick meinen könnte. Gestaltqualität soll nicht besagen, an die Summe von Relationen, die man bisher die Gestalt eines Körpers nannte, sei etwas neues geknüpft, welches selbst erst wahrhaft das Gestalt zu nennende und zugleich etwas einer Qualität soweit verwandtes sei, daß man es am passendsten mit diesem Namen benenne. Sondern: Gestalt sei das, was man bisher so nannte (nämlich eine Summe von Relationen) und an sie und analog an Tonverhältnisse, wie Akkorde, Melodien usw. knüpfe sich etwas wie eine Qualität im bisher üblichen Sinne.

Anlaß zu einer solchen Lehre ist meines Erachtens in gewissen Grenzen wohl gegeben. Von der Art ist ohne Zweifel der Umstand, daß ein Akkord, eine Melodie und dgl. von einem ebenso ausgesprochen sinnlichen Gefühl begleitet sein kann, wie die einzelnen Elemente, aus denen jene Komplexe bestehen und daß sich die Frage aufdrängt, woran sich dieses Lust- oder Unlustgefühl knüpfe. An die Relation selbst kann es nicht geknüpft sein. Denn diese als solche könnte nur eine gewissermaßen abstrakte Freude erwecken — ein theoretisches Interesse, wie es sich an jede Vorstellung irgendwie knüpft, insbesondere wenn dieselbe als Befriedigung der Neugierde und als Bereicherung unseres Vorstellungslebens auftritt. Ein Akkord oder eine Melodie aber ist für uns von einer Lust oder Unlust begleitet, wie sie speziell sinnlichen Empfindungen eigentümlich ist und wie sie offenbar zur spezifischen Energie der betreffenden Sinneserregungen gehört. Diese sinnliche Lust resp. Unlust kann also auch nur an eine Qualität im eigentlichen Sinne, d. h. an eine Sinnesqualität geknüpft sein. Aber eine lust- oder unlustbetonte Tonqualität ist es offenbar nicht. Denn es ist nicht denkbar, daß an die Erregung einer Verbindung von Tönen in Hinsicht auf die Gefühlsbetonung eine ganz andere spezifische Energie geknüpft sei als an jedes einzelne der Elemente. Durch das Zusammengegebensein der letzteren für sich allein kann auch hinsichtlich der sie begleitenden Lust nur eine Summierung des an die Elemente Geknüpften, nicht etwas spezifisch Neues, sich ergeben. Was ist es also, was dieses Novum im Gefühlsgebiete erregt?

Hier kommt uns die Theorie Brentanos entgegen, wonach überhaupt nicht im Sehen und Hören Empfindungen von emotionellem Charakter, d. h. lust- und unlustbetonte gegeben sind, sondern diese Gefühle hier ausschließlich an gewisse Mitempfindungen geknüpft sind, wovon jene in normalen Fällen regelmäßig begleitet werden[1]) — Mitempfindungen einer gewissen

---

[1]) Vgl. „Von der psychologischen Analyse der Tonqualitäten in ihre eigentlich ersten Elemente". Atti del V congr. intern. di Psicologia. Roma 1906. S. 164.

Der vielfach übliche Name lust- oder unlustbetont scheint mir sofern passend, als nach der eben erwähnten Ansicht Lust und Unlust untrennbar zum selben Akt gehören, durch welche uns die empfundene Qualität in bestimmter Ausdehnung und Intensität erscheint; zwar durchaus nicht als eine Eigenschaft dieser Momente des Empfindungsinhalts aber als eine neue, zur Gattung des Interesses gehörige, Beziehungsweise zu diesem Inhalt. Im selben Akt sind untrennbar mehrere Beziehungsweisen zu der „empfundenen" Qualität gegeben, darunter das anschauliche Vorstellen derselben und die emotionelle Beziehung oder das Interesse in der Form der Lust oder des Schmerzes, welche eben wegen dieser innigen Zusammengehörigkeit zum Akt der Empfindung ganz an dem sinnlichen Charakter der letzteren Teil haben und sich dadurch deutlich von den geistigen Freuden und Schmerzen unterscheiden.

Auch Stumpfs Ansicht („Über Gefühlsempfindungen", Zeitschrift für Psychologie von Ebbinghaus, Bd. 44, S. 1 ff.), obwohl von der vorgetragenen abweichend, stimmt doch in dem, was speziell auf die „Gestaltqualitäten" angewendet werden kann, wesentlich mit ihr überein.

Klasse, die man, weil ihr der emotionelle Charakter eigentümlich ist, vermöge einer Äquivokation durch Beziehung, „Gefühls- empfindungen" nennen mag.

Solche Mitempfindungen können sich aber nicht bloß an einzelne Farben- oder Tonempfindungen, sondern — und natürlich wieder andere und andere — an gewisse Verbindungen von ihnen, d. h. an das, was Ehrenfels in seinem weiteren Sinne „Gestalten" nennt, knüpfen. Die „Gestalten" selbst sind also nicht und in keinem Sinne Qualitäten, vielmehr bleibt es dabei, daß sie nichts anderes sind als Gruppen von Empfindungen, zwischen denen besondere Verhältnisse bestehen. Aber sie können begleitet sein von Qualitäten im eigentlichen Sinne, d. h. von Empfindungsqualitäten bestimmter Gattung, die sich, wie Reflexe, regelmäßig zu jenen Verbindungen anderer Sinnes- elemente gesellen.

Wir sprachen es als wohlbegründete Vermutung aus, daß der allgemeine Gebrauch, die Verhältnisse und Verknüpfungen „Form", das was in dieser Verbindung steht, „Stoff" zu nennen, sich mit im Hinblick auf die Bedeutung von Form im Sinne von „Gestalt" gebildet habe. Aber noch mehr! Auch für die Tatsache, daß man mannigfach Raum und Zeit als Formen bezeichnet hat, scheint mir nun weiterhin, wenigstens zum Teil die Erklärung darin zu liegen, daß man sie für Verhältnisse oder, wie man sich gern ausdrückt, für Ordnungen des Mannigfaltigen der Empfindung (namentlich der Qualitäten) hielt, die Ver- hältnisse aber eben überhaupt „Formen" oder formal nannte.

Zu einem andern Teil aber wirkte hier wohl auch das Bild vom Gefäße mit. Raum und Zeit erscheinen ja Manchem wie ein „etwas, worin ein anderes ist" — wie ein Rahmen oder Behältnis. Ja es kann sein, daß beim selben Philosophen sowohl dieses Bild vom Behältnis als der andere Gedanke, daß Raum und Zeit Verhältnisse (und als solche der „Form" im Sinne der Gestalt verwandt) seien, in unklarer Weise zusammenwirken, um ihn zu der Theorie vom formalen Charakter von Raum und Zeit zu führen.[1]

Aber es bedarf auch keiner langen Überlegung um diese beiden Gedanken als Täuschungen zu erkennen.

Ein Behältnis kann auch existieren, ohne daß etwas darin ist. Der leere Raum und die leere Zeit dagegen sind Fiktionen.

---

[1] Auf etwas anderes, nämlich den vermeintlich apriorischen Charakter der betreffenden Vorstellungen, kommen wir noch später zu sprechen.

Wirklich sind nur die örtlichen und zeitlichen Bestimmtheiten des Wirklichen, die man wohl zu einer Summe zusammenfassen aber nicht wie etwas für sich Bestehendes von dem, was örtlich und zeitlich bestimmt ist, trennen darf.

Die Redeweisen „im Raume", „in der Zeit" sind nicht weniger bildlich und uneigentlich als die Ausdrücke „in dieser Größe", „in jener Gestalt", „in süßer Hoffnung", „in großer Angst", „in tausend Nöten" usw., und so gut es eine Fiktion (eine Täuschung durch die „figürliche innere Sprachform", wie wir später sehen werden) wäre, die Gestalt und die Angst ernstlich als Behältnisse anzusehen, in denen das Gestaltete und der Geängstigte sich befänden, so gut ist die analoge Auffassung von Raum und Zeit fiktiv und eine sprachliche Täuschung.

Das Andere aber, daß man nämlich Raum und Zeit für bloße Verhältnisse hielt, ist zwar aus mannigfachen Anlässen begreiflich (auf die hier nicht eingegangen werden kann), aber es ist ebenso zweifellos ein Irrtum. Ja es ist geradezu absurd, Raum und Zeit als bloße Ordnungen eines Mannigfaltigen, das einer andern Kategorie angehörte, z. B. von Sinnesqualitäten, zu definieren. Wenn ich die Empfindungsqualitäten, z. B. die Farben, räumlich und zeitlich ordnen kann, so doch nur darum, weil ihnen absolute örtliche und zeitliche Bestimmungen und auf Grund dessen auch örtliche und zeitliche Verhältnisse zukommen. Vor allem aber kann ich sie doch auch als Qualitäten und vom qualitativen Gesichtspunkt ordnen, und es ist also schon darum ganz verkehrt, die räumliche und zeitliche Ordnung geradezu als die Ordnung der Qualitäten zu bezeichnen.

In Wahrheit sind die räumliche und zeitliche nur eine besondere Weise der Ordnung, und beruhen, wie jede besondere Weise der Ordnung, auf einer besonderen Gattung absoluter Bestimmungen, so daß es — wie schon bemerkt — widersinnig ist, nicht bloß von der räumlichen und zeitlichen Ordnung der Qualitäten zu sprechen sondern geradezu Raum und Zeit selbst als eine bloße Ordnung und nichts Anderes auszugeben. Kurz: die räumliche und zeitliche Ordnung (das Neben- und Nacheinander, das Nah und Fern, das Früher und Später usw.) gehören zu den Verhältnissen, welche absolute Bestimmungen dieser Gattung als Fundament voraussetzen, und sowenig etwa eine Farbengleichheit oder

-Verschiedenheit möglich ist ohne absolute Farbenqualitäten, sowenig eine räumliche und zeitliche Ordnung ohne absolute örtliche und zeitliche Bestimmungen.

§ 8. Die vorausgehenden Betrachtungen haben uns zur Genüge überzeugt, nicht bloß daß die Termini Form und Stoff (resp. Inhalt) vieldeutig verwendet werden, sondern daß von vornherein ganz verschiedene Bilder und Typen als Leitsterne für die Richtungen dienten, in welchen sich der Sinn derselben entwickelte. Da kann es denn nicht Wunder nehmen, wenn wir — wie schon früher angedeutet — die Wörter schließlich bei wesentlich verschiedenen, ja diametral entgegengesetzten, Bedeutungen anlangend finden. So sehen wir ja Form bald für das Allgemeine und Allgemeinste im Gegensatz zu dem Spezielleren, bald umgekehrt für das Besondere im Gegensatz zum Allgemeinen gebrauchen.

Die Gestalt erscheint gegenüber dem so oder so Geformten (dem Marmor oder Wachs) als das Bestimmende, als das ein Unbestimmtes oder wenigstens mannigfach Bestimmbares so oder so Determinierende. Dies führte dazu, das Besondere die Form zu nennen. So spricht man von verschiedenen Bewußtseins-formen, Schlußformen, Urteilsformen, Daseinsformen usw. zu-nächst im abstrakten Sinne, für das, was die „Formung" und damit die Besonderung gibt, dann für das dadurch „geformte" Besondere selbst.

Zur entgegengesetzten Verwendung aber konnte das Bild vom Gefäße führen. Dieses erscheint als ein leeres; der erfüllende Inhalt als das Bestimmende. Daran anschließend sehen wir denn „Form" auch für das inhaltsleere Allgemeine und Abstrakte, das vielen Gemeinsame, im Gegensatz zu dem reicheren Konkreten und Individuellen gebraucht. Diesen Sinn muß es z. B. haben, wenn von „formaler" Bildung geredet wird, falls man darunter nicht geradezu die bloße Übung in mannigfaltigem sprachlichem Ausdruck oder gar nur in den „Umgangsformen", sondern die Bildung allgemeiner Dispositionen des Verstandes, des Gedächtnisses, der Beobachtungsgabe, die Übung der Kräfte im allgemeinen versteht, der dann eine Ver-wendung dieses Gewinnes für das Besondere, Fachliche, folgen soll. Es ist gemeint, daß es dabei nicht auf die einzelne Erkenntnis als solche ankomme, die durch verständiges Nachdenken gewonnen oder dem Gedächtnis eingeprägt wird, sondern auf die Schärfung des Verstandes und die Übung des Gedächtnisses überhaupt.

So verstanden kann die Logik „formal" genannt werden, sofern sie als praktische Disziplin die Aufgabe hat z. B. zum Schließen anzuleiten, nicht um der einzelnen besonderen Resultate willen, die erschlossen werden, sondern um die Methoden des Folgerns zu lehren und den Adepten darin zu üben. Und im selben Sinne verdient auch der mathematische Unterricht den Namen eines „formalen", sofern es auch da nicht auf die Einprägung der einzelnen Resultate von Rechnungen ankommt, sondern auf das Verständnis der Operationen und die Übung in denselben.

Auch der Gegensatz des Groben und Grobsinnlichen, welchen Charakter man der Materie zuschreibt (materia rudis, „Rohstoff"), gegenüber dem „Feinen" und Geistigen der Gestalt oder Form, konnte dazu führen, dem Abstrakten und Allgemeinen den Namen des Formalen zuzuwenden; aber hier wieder mit dem Nebengedanken des Wertvolleren, während vorhin, wo das Allgemeine als das relativ Leere erschien, es eher den Nebengeschmack des Wertloseren hatte.

Doch ich will die Richtungen, die das Wort „Form" auf seinen Eroberungszügen in dem Lande der Bedeutungen eingeschlagen hat, hier nicht weiter verfolgen.[1]) Nur von dem gänzlichen Verblassen der ursprünglichen Bilder sei noch die Rede und von der Verwendung des Terminus Form und formal für die psychischen Funktionen als solche und für das Gebiet des Apriorischen.

Wenn die Bilder, die bei der Bedeutungsentwicklung eines Terminus als Vehikel dienten, infolge langen Gebrauches regelmäßig zu verblassen pflegen, so geschieht es besonders leicht, wo deren verschiedene, ja entgegengesetzte im Spiele waren. So bei „Form". Und so sehen wir denn zahlreiche Fälle, wo beim Gebrauch dieses Wortes die ursprünglichen Vorstellungen voll-

---

[1]) Sonst müßte ich unter anderm auch noch der distinctio formalis des Duns Scotus gedenken. Sie soll ein Mittelding sein zwischen der distinctio realis und distinctio rationis d. h. der sachlichen (realen) und begrifflichen, ist aber in ihrem eigentlichen Wesen nicht klar zu machen, sondern gehört zu jenen berüchtigten fiktiven Unterscheidungen, die man der verfallenden Scholastik, nur leider nicht ihr allein, mit Recht zum Vorwurfe machen muß.

ständig verflüchtigt sind und „Form" einfach soviel heißt wie
„Klasse", unbekümmert, ob damit ursprünglich ein Bestimmendes,
Gestaltendes gemeint war und dann im übertragenen Sinne das
so oder so Bestimmte, also das Besondere „Form" hieß, oder
ob sie als ein Leeres, als ein Rahmen erschien, in den das
Besondere und Konkrete eingefüllt wird. Indem man so schließlich
ohne an irgend ein solches Bild und einen Stoff oder Inhalt als
Korrelat der Form zu denken, diesen Terminus im Sinne von
Gattung und Art (im weitesten Sinne dieses Wortes) gebraucht,
kommt er unbedenklich auch für die Klassen von solchem zur
Verwendung, was man schon in anderm Sinne „Formen" genannt
hat, z. B. für Verhältnisse, Synthesen und dgl. „Formen von
Formen" würde man nicht gern sagen, wohl aber Formen von
Verhältnissen, Synthesen und dgl., indem man sich wieder für
ein andermal vorbehält, diese selbst Formen zu nennen. Ebenso
sagt man wohl „Wortformen" und „Begriffsformen" statt Wortklassen und Begriffsklassen, um dann ein andermal auch wieder
die Worte und die Begriffe selbst Formen zu nennen, und spricht
von Bewußtseinsformen oder Formen der psychischen Beziehung
(= Klassen derselben), während man — wie wir noch hören
werden — auch die psychische Beziehung überhaupt gegenüber
dem Objekt, worauf sie gerichtet ist (= Materie), eine Form
nennt.

§ 9. Wie schon bemerkt, werden endlich die Termini
Form und formal auch auf alles übertragen, was zur eigenen
„Tätigkeit oder Aktivität" („Energie") der Seele gehört und zu
dem, was sofern „nicht von außen" sondern „von innen kommt",
als es apriorischer Natur ist. Das Gegenteilige heißt „Stoff"
oder „stofflich".

In der ersten Weise kann man das Bewußtsein überhaupt
im Gegensatz zu dem in dasselbe Aufgenommenen eine „Form"
und seine fundamental verschiedenen Weisen: das Vorstellen,
Urtheilen, Interessenehmen und wiederum die Modi des Urteilens
und Interesses „Formen" oder formal nennen im Gegensatz zum
Objekt und seinen Differenzen, welche die „Materie" heißen.[1]

--- --- -

[1] Wenn es auch auf dem Gebiete des Vorstellens Unterschiede gibt, die
nicht solche des Objekts sind, sondern etwas den Modi des Urteils und
Interesses Analoges, so wären auch diese Vorstellungsmodi „Formen" zu
nennen.

Insbesondere aber wurde häufig das begriffliche Denken im Gegensatz zu der dadurch „aufgefaßten" oder „bearbeiteten" konkreten Anschauung als ein Formen bezeichnet. Dabei scheint bald das Bild vom Gefäß oder von einem Rahmen oder einer Schablone im Spiele zu sein, in die gleichsam das Bewußtseinsobjekt aufgenommen werde. Bald schwebt der Phantasie das Zutun des Subjekts als ein der Tätigkeit des bildenden Künstlers ähnliches Gestalten der von außen gegebenen Materie vor, so daß die Form als das Bestimmende, der Stoff als das Bestimmbare dasteht. Ein stichhaltiger sachlicher Grund dafür, alles, was einen gewissen Bewußtseinsakt außer den Unterschieden des Objekts charakterisiert und differenziert, unter dem Namen der „Form des Bewußtseins" zusammenzufassen, liegt aber nicht vor. In Wahrheit ist das Gemeinsame bloß ein Negatives; nämlich eben nicht zur sogenannten „Materie" zu gehören.

Was hat aber, kann man noch fragen, speziell dazu geführt, das apriorische Wissen formal zu nennen und zur „Form der Erkenntnis" zu rechnen?

Man könnte sagen, die apriorischen Erkenntnisse seien einem Rahmen zu vergleichen, in welchen die auf verschiedenen Gebieten hinzugewonnenen Erfahrungseinsichten eingefaßt und eingeordnet würden, und so liege das Bild offen zutage, durch welches jene Bezeichnung für sie vermittelt worden sei.

Allein jener Vergleich scheint mir in Wahrheit nur etwa sofern zu gelten, als alle apriorischen Urteile allgemein sind und man die allgemeinen Urteile insgesamt dem konkreten Wissen gegenüber als „Formen" bezeichnen könnte. Aber dann müßte man mit demselben Recht auch diejenigen, welche empirischen Ursprungs sind, so nennen. Da man das letztere nicht tut, sondern nur die apriorischen Erkenntnisse mit Vorliebe als „Formen" und „formal" bezeichnet, so müssen andere Gründe im Spiele sein, und in der Tat scheinen solche, und zwar verschiedenartige, wirksam zu sein, deren Güte nicht gleichmäßig außer Zweifel steht.

Zu den Anlässen von zweifelhafter Berechtigung gehört gewiß die irrige, aber seit Kant nicht selten gehörte Annahme, daß bei gewissen unserer apriorischen Urteile auch hinsichtlich der ihnen zugrunde liegenden Vorstellungen gelten müsse, daß sie nicht aus der Erfahrung gewonnen seien (wenn sie auch bei Gelegenheit der Erfahrung auftreten) und daß sie in diesem

Sinne apriorisch seien [1]) oder „von innen stammen", somit in besonderem Sinne allem aus Eindrücken oder Erfahrungen Empfangenen wie eine dasselbe aufnehmende „Form" gegenüberständen.

Aber noch anderes scheint dabei mitgewirkt zu haben, daß man die Bezeichnung „formal" mit Vorliebe für die apriorischen Erkenntnisse verwendet. Es geschieht dies zweifellos mit Anlehnung an die „reine Mathematik" und die Logik, die, teils ausschließlich, teils überwiegend apriorische Erkenntnisse bieten und gleichzeitig aus anderen Gründen in einem wohl verständlichen Sinne formal genannt werden können. Sofern nämlich, wie schon bemerkt, der Zweck ihrer Unterweisung ein „formaler" ist, und ihre Lehren, eben weil es dabei vornehmlich auf das Allgemeine, Typische, Vorbildliche ankommt, vielfach die Fassung von sogenannten „Formeln" vertragen, d. h. von solchen Sätzen, bei denen von den besonderen Unterschieden der Urteilsmaterie (der Begriffe) so weit abgesehen ist, daß dafür ganz wohl Buchstaben oder überhaupt Zeichen anderer Art als die Worte der Sprache dienen können, wie die Formel A non A ist nicht; kein A ist B; kein A ist non A usw.; kurz: Sätze, die besonders gerne unter dem Bilde von Rahmen erscheinen, welche durch die spezielleren Begriffe, die bei der Anwendung von Logik und Mathematik an die Stelle jener symbolischen Termini treten, gleichsam ausgefüllt werden.[2])

Speziell bei der Mathematik kommt dann noch ein weiterer Anlaß sie „formal" zu nennen, darin hinzu, daß man — wie wir schon wissen — ihre Gegenstände, die Begriffe von Raum und Zahl, als formal zu bezeichnen liebte.

— — — — — -

[1]) Was dieses Apriori eigentlich bei den Vorstellungen heißen sollte (denn daß es nicht ganz dasselbe sein könnte wie bei den Urteilen ist jedem offenbar, dem die fundamentale Verschiedenheit dieser seelischen Beziehungsweisen klar ist), müßte untersucht werden.

[2]) Wenn man von der „Form" der Schlüsse im Gegensatz zu ihrer materialen Wahrheit spricht und damit die Weise der Abfolge im Gegensatz zu dem besonderen Gehalt und der Richtigkeit der Prämissen meint, so mag auch hier das Bild vom Rahmen im Spiele sein, in dem ein wechselnder Inhalt auftritt. Auch trifft sich ja, daß man gerade für diese „Form" der Schlüsse auch eine besondere Urteilssprache, nämlich den algebraischen ähnliche Zeichen und Formeln ausgebildet hat, während für die Besonderheiten der Materie (der Begriffe) die gemeinüblichen beibehalten wurden.

War man aber auf diese Weise dazu gekommen, Logik und Mathematik formal zu nennen, so wurde der Umstand, daß zwar nicht die Begriffe, wohl aber die Lehrsätze der Mathematik und die überwiegende Zahl derjenigen der Logik zugleich apriorischer Natur sind, zum Anlaß, alle Erkenntnisse, die nicht aus Erfahrung und Induktion stammen, formal zu nennen.

Im übrigen ist speziell mit der Rede vom formalen Charakter der Logik nicht wenig Mißbrauch getrieben worden. Es ist nicht richtig, daß sie formal sein müsse oder dürfe in dem Sinn, daß sie bloß apriorische Sätze böte. Um formal im Sinne einer praktisch-brauchbaren Methodenlehre zu sein — und das ist, was wahrhaft ihren formalen Charakter ausmacht und diesen Namen für sie rechtfertigt —, darf sie vielmehr nicht rein apriorisch sein, sondern muß, wenn auch in untergeordnetem Maße, Empirisches in sich aufnehmen.[1])

Sie kann und darf auch nicht formal sein in dem Sinne, daß sie — wie man auch gesagt hat — von allem Unterschied der Urteilsmaterien absähe und bloß die Urteilsform im Auge hätte. Täte sie dies, so wäre sie eine vollständige Mißgeburt, da sie in dieser Begrenzung weder dem erwähnten praktischen Zweck in ersprießlicher Weise dienen könnte, noch etwa vom theoretischen Standpunkt eine Daseinsberechtigung gewönne. Obwohl ihr — wie früher bemerkt — ein formaler Charakter so verstanden zukommt, daß es bei dem, was sie lehrt, auf das Allgemeine, Typische und Methodische unserer Erkenntnisse ankommt, nicht auf das Spezielle, das sich nach jenen Regeln richtet und nach jenen Methoden geprüft oder entdeckt wird, so sind doch auch diese Unterweisungen zur Prüfung und Auffindung von Erkenntnissen naturgemäß verschiedene, wenn jene Erkenntnisse dem Gegenstande nach wesentlich differieren. Und somit muß der Logiker auf die

---

[1]) Auch die scholastische Logik war formal in dem Sinne, daß sie Methodenlehre, nicht daß sie rein apriorisch zu sein anstrebte. Schon darum irrt also Jerusalem, wenn er („der kritische Idealismus und die reine Logik") Husserls reine (d. h. apriorische) Logik mit der angeblich scholastischen Methode von Brentanos' Schule in Zusammenhang bringen will.

Was es im übrigen mit der Charakteristik der Methode Brentanos und seiner Schule als „scholastischer", worin Jerusalem den ähnlichen Anwürfen Wundts sekundiert, für eine Bewandtnis habe, werden wir an anderer Stelle untersuchen.

allgemeinen Unterschiede dieser Gegenstände unumgänglich Rücksicht nehmen.

Soviel von den mannigfachen Bedeutungen, welche die Termini Form und Stoff (resp. Inhalt) im allgemeinen gewonnen haben. Wir haben auf sie hingewiesen, weil ein Reflex derselben (wenngleich nicht aller im selben Maße) auch insbesondere auf dem Gebiete der Sprache zu erwarten steht, und wir wollen jetzt daran gehen, die wichtigsten Etappen des Weges zu verfolgen, den die Ausdrücke speziell hier genommen haben.

Zweites Kapitel.

Von der äuſseren Sprachform und ihrem Unterschied von den genetischen Eigentümlichkeiten der Sprachform.

§ 10. Man kann — wir haben es gelegentlich schon erwähnt — alle Ausdrucksmittel der Sprache als Formen, d. h. als ein Formendes bezeichnen, in dem oder in denen als Stoff oder Inhalt das Mitzuteilende, die Bedeutung, zur Darstellung komme, und man hat dies auch getan.

Doch wird dabei zweckmäßig eine äußere und innere Sprachform, in der der Inhalt erscheine, auseinander gehalten.

Äußere Sprachform nennt man passend diejenigen Züge des Ausdrucksmittels für ein gewisses Mitzuteilendes, welche beim Blick auf die gegenwärtige Beschaffenheit desselben äußerlich oder sinnlich „wahrnehmbar" sind;[1] innere Sprachform dagegen solche Besonderheiten der Ausdrucksmethode, die nur innerlich erfahren werden können. Genetische Eigenheiten endlich sind solche Unterschiede in der einen oder andern Richtung, über deren Eigenart uns nicht die bloße Erfahrung der gegenwärtigen Beschaffenheit und Funktionsweise eines

---

[1] Ich gebrauche hier den Ausdruck „äußere Wahrnehmung" im populären Sinne des Wortes, da es auf einen exakteren Sprachgebrauch im Augenblick nicht ankommt. Ich sehe also davon ab, daß in Wahrheit die einzige direkte Wahrnehmung und Erfahrung die innere oder psychologische ist, während der unmittelbare Glaube an Physisches blind, der einsichtige mittelbar ist und auf Schlüssen ruht.

Sprachmittels, sondern nur die Mitberücksichtigung ihrer Entstehung belehrt.

Ist nun dadurch der Begriff dieser drei Klassen, die sich in den Umfang der Gattung Sprachform überhaupt teilen, seinem Inhalte nach genügend geklärt, so kann aber weiter noch gefragt werden, was im einzelnen zum Umfang des einen und andern gehöre, und darüber wollen wir im folgenden die Verständigung suchen.

Zweifellos gehört es zu den Unterschieden der äußeren Sprachform, wenn das eine Mal etwas durch Laute, das andere Mal durch Geberden wiedergegeben ist.

Darüber ist wohl keine Kontroverse zu befürchten. Aber dasselbe scheint mir offenkundig auch zu gelten, wenn etwas das eine Mal durch einen so, das andere Mal durch einen anders beschaffenen Laut oder Lautkomplex und wiederum, wenn es bald durch eine eigentümliche Lautform, das andere Mal durch eine Mehrheit solcher und ihre besondere Stellung zueinander ausgedrückt ist. Denn alles dies sind sinnliche und äußerlich „wahrnehmbare" Unterschiede.

Vielleicht will man nur Unterschiede der letzteren Art, wie den, daß der sogenannte Genetiv im Latein durch hominis, im Englischen durch of the man (also durch eine Fügung mit Präposition), ausgedrückt ist, als einen Unterschied der Sprachform, dagegen den Umstand, daß Mensch im Lateinischen homo heißt, nur als einen Unterschied der Lautform anerkennen.

Allein ich könnte diese Einschränkung nicht gerechtfertigt finden. Zwischen homo und Mensch besteht natürlich auch ein Unterschied der Lautform. Doch dasselbe gilt ebenso von hominis gegenüber of the man. Beidemal aber fungieren die Laute als Sprachzeichen, und darum ist der Unterschied der Lautform zugleich ein Unterschied der Sprachform. Und soweit nicht genetische Betrachtungen sondern lediglich die Rücksicht auf die aktuelle Beschaffenheit der Ausdrucksmittel ins Spiel kommt, ist der Unterschied zwischen homo und Mensch einerseits und zwischen hominis und of the man andererseits nur der, daß im letzteren Falle ein tiefergreifender Unterschied oder, wenn man will, eine Reihe von Unterschieden gegeben ist, von denen der eine wegfallen könnte, während der andere bliebe. Hominis und of the man unterscheiden sich ja auch dadurch, daß das eine Mal eine Zusammenfügung von Worten, das andere Mal nur ein Wort, also hier und dort eine ganz verschiedene Ausdrucksmethode, vorliegt, während homo und Mensch der allgemeinen Methode des Ausdrucks nach übereinstimmen und nur im Spezielleren differieren.

Aber ich muß dabei bleiben, daß ein weniger tiefgreifender Unterschied, der neben Differenzen auch eine Übereinstimmung aufweist, ebensogut ein Unterschied der äußeren Sprachform zu nennen sei wie der tiefergreifende, z. B. zwischen hominis und of the man.

§ 11. Doch ein anderes! Sind nicht vielleicht solche und ähnliche Unterschiede, wie die, ob und wie weit eine Sprache flektierend ist oder nicht, und weiter, ob und wie weit sie eine Präfix- oder Suffixsprache ist usw., kurz was man Eigentümlichkeiten des Baues und der Struktur zu nennen pflegt, eher zur inneren Sprachform zu rechnen? So meint in der Tat unter den neueren angesehenen Sprachforschern z. B. Delbrück.[1])

Böhtlingk in seinem berühmten Werke über die Sprache der Jakuten gibt eine Schilderung des eigentümlichen Baues dieser Sprache, indem er z. B. bemerkt, daß in ihr das grammatische Geschlecht nicht entwickelt sei, ebensowenig die Steigerung beim Adjektiv, daß es dagegen besondere Endungen für den Accusativus definitus und indefinitus, Dativ, Ablativ, Vocativ, Instrumental, Adverbialis, Comparativ und Comitativ habe, daß das Verbum finitum und die Verbalnomina der Gegenwart, Vergangenheit und Zukunft eine besondere bejahende und verneinende Form besitzen usw.

Diese Schilderung Böhtlingks wird von Delbrück zitiert, und er seinerseits will diese, von Böhtlingk „logische Merkmale" genannten Eigentümlichkeiten der Sprache ihre „innere Sprachform" nennen. Zugunsten dieser Klassifikation und Bezeichnungsweise könnte einer in der Tat argumentieren, es handle sich dabei doch um Eigenheiten in der Ausdrucksmethode, welche über das sinnlich Wahrnehmbare hinausliegen. Ganz deutlich, so könnte er sagen, springe dies z. B. bei Bildungen mit Suffixen und Präfixen in die Augen. Hier wäre es denkbar, daß man bei völlig gleichem Lautcharakter doch zwei wesentlich verschieden gebaute Worte vor sich hätte.

---

[1]) Vergleichende Syntax der indogermanischen Sprachen, I, S. 42.

Dieselbe Lautgruppe. z. B. der (fiktive) Lautkomplex *abar*, könnte
(schlechthin gesprochen) in der einen Sprache etwa in der Weise
bedeutsam sein, daß der Grammatiker *ab* als Präfix, in einer
anderen so, daß er *ar* als Suffix betrachten müßte, und in einer
dritten so, daß das Wort gar keine solche innere Struktur auf-
wiese. Wer aber diese Unterschiede erfasse, erfasse darin
offenbar etwas mehr an den Zeichen, als was der sinnliche
Eindruck darbiete; er erfasse etwas „Inneres". Und somit sei
es angezeigt, solche Unterschiede in der Struktur der Worte
nur zur inneren Sprachform zu rechnen.

§ 12.   Allein diese Ausführung hat nur auf den ersten
Blick etwas Bestechendes.   Gewiß, antworte ich, sagt der sinnliche Eindruck nichts darüber, ob ein gewisser Wortbestandteil
Präfix oder Suffix ist und ob er den Charakter einer Flexion
hat oder nicht.   Solche Eigentümlichkeiten können nur Gegenstand, sei es eines sicheren Schlusses oder einer berechtigten
Vermutung, sei es auch einer unbegründeten Fiktion, sein.
Aber es sind eben nicht deskriptive sondern genetische Eigentümlichkeiten der betreffenden Worte.   Daß z. B. „kraft" als
Präposition durch Funktionswechsel aus „Kraft" als Substantiv
hervorgegangen, ist natürlich etwas Erschlossenes, ebensowohl
wie, daß die Endung „te" in „liebte" hervorgegangen ist aus
einem Wörtchen, welches „er tat" bedeutete.   Und natürlich
wäre es auch nicht etwas direkt Wahrgenommenes, sondern
Sache einer hypothetischen Fiktion, wenn einer sich etwa die
Theorie konstruierte, daß „liebte" zu seiner Bedeutung komme
durch Zusammensetzung von „lieb", welches die Handlung des
Liebens bedeute und von „te", das die Vergangenheit und eine
von dem Sprechenden und Angeredeten verschiedene dritte
Person bezeichne.

Allein diese wirklichen oder vermeintlichen Wörter, von
denen man so annimmt oder annähme, daß sie auf dem Wege
der Bildung der Präposition „kraft" und des Imperfektes
„liebte" liegen, sind oder waren doch einmal etwas sinnlich
Wahrnehmbares oder sie wären es, wenn sie tatsächlich und
nicht bloß fiktiv als Wörter fungierten oder fungiert hätten.
Somit sind sie — wie man sofort sehen wird — nicht in dem
Sinne und aus dem Grunde etwas über den sinnlichen Eindruck
Hinausgehendes wie das, was wir zur inneren Sprachform rechnen.

Nicht diesem Begriffe sind sie darum zu subsumieren, sondern es ist passender, neben äußerer und innerer Sprachform noch die Klasse der genetischen Besonderheiten der Sprachform als ein Drittes zu unterscheiden, und ihr gehören sie zu.

Bei alledem aber bleibt auch, was wir die (gegenwärtig bestehende) äußere Sprachform nennen, bei jenen Unterschieden in der Struktur der Sprache, von welchen Delbrück redet, in etwas beteiligt. Denn die verschiedene Gestalt gleichbedeutender Sprachmittel, wie τοῖν θεοῖν und „den beiden Göttern" resp. der beiden Götter oder des Wortes hominis und des Wortgefüges of the man, ist ja etwas ohne jede genetische Betrachtung Erkennbares und zwar sinnlich „Wahrnehmbares", und ebenso ist es ein äußerlich erfaßbarer Zug an der gegenwärtigen Beschaffenheit der Zeichen, wenn es in gewissen Sprachen Gruppen von Zeichen gibt, die — wie sie eine in gewisser Richtung analoge Funktion besitzen — auch der Form nach teilweise übereinstimmen, wie hominis, originis usw. einerseits, oder of the man, of the wife usw. andererseits. Und sofern rechnen wir diese Eigentümlichkeiten zur „äußeren Sprachform". Wie weit aber doch Unterschiede der „inneren" im Spiele sind und also Delbrück in etwas recht hat, werden wir später sehen.

§ 13. Wie die Verschiedenheit zwischen hominis und of the man und analoge, so muß ich — wenigstens zum Teil — auch das als einen Unterschied der äußeren Sprachform bezeichnen, wenn die einfachen Namen (vorhin hatten wir es nicht speziell mit Namen zu tun) der einen Sprache sich vielfach nicht mit denen einer andern decken. Und auch dabei wollen wir etwas stehen bleiben, da ein so angesehener Forscher wie E. Zeller den erwähnten Umstand kurzweg als einen Unterschied der „inneren Sprachform" bezeichnet hat. Auch diese Auseinandersetzung mit einer der unserigen widerstreitenden Klassifikation wird Gelegenheit geben unseren Begriff der äußeren Sprachform noch mehr ins Licht zu setzen. Die Tatsache, von welcher Zeller redet, ist bekannt. Für die einfachen Namen einer Sprache fehlen vielfach isodyname einfache Ausdrücke in der andern. Solche mit verwandter Bedeutung (die man ungenau Synonyma nennt) sind vielleicht gegeben. Aber um ein streng gleichbedeutendes Zeichen zu gewinnen, muß man gar manchmal ein syntaktisches Gefüge, eine sogenannte Umschreibung bilden.

Bei der Frage nach der Natur und den Gründen dieser Erscheinung sind vor allem die beiden Fälle auseinander zu halten, wo der Name, für den in einer andern Sprache ein genaues Äquivalent vermißt wird, Name eines durch einfache Abstraktion gewonnenen Begriffes (resp., vermöge einer Äquivokation, mehrerer solcher Begriffe) ist und derjenige, wo er Name eines (oder, infolge von Vieldeutigkeit, mehrerer) prädikativ zusammengesetzter Begriffe ist.

Im ersten Falle kann das Sichnichtdecken zweier Wörter von verwandter Bedeutung nur darin wurzeln, daß ihre Bedeutung entweder verschwommen und zwar in ungleicher Weise verschwommen ist, oder daß das Wort der einen Sprache eindeutig, das der anderen äquivok oder daß sie zwar beide vieldeutig aber dies in verschiedener Richtung sind, so daß ihnen nicht alle Bedeutungen gemeinsam zukommen. Nicht selten sind auch sogenannte Verschwommenheit und Vieldeutigkeit verbunden, so daß sich letztere nur unter der ersteren birgt. Ein Beispiel sind die Farbennamen der verschiedenen Sprachen, wie das deutsche blau und das lateinische caeruleus, das deutsche grün und das griechische χλωρός usw. Das deutsche blau z. B. bezeichnet eine gewisse Grundfarbe und nebstdem eine Anzahl von Nuancen derselben. Vielleicht gibt es nun in der andern Sprache kein Wort, das genau dieselbe Gruppe von Nuancen, nicht mehr und nicht weniger, umfaßt; dann fehlt ein genaues Äquivalent.

Fassen wir den andern Fall ins Auge, wo wir es mit einfachen Namen für prädikativ zusammengesetzte Begriffe zu tun haben, wie Mensch, Pferd, Oberschenkel, Hammer, Zange, Tugend, Laster und dgl. Auch hier kann die Diskrepanz zwischen verschiedenen Sprachen zum Teil darin liegen, daß ein solcher Name der einen Sprache äquivok ist und der ihm in der einen Bedeutung äquivalente der anderen Sprache die übrigen Bedeutungen nicht mit ihm teilt.

Aber auch wenn man einen eindeutigen herausgreift oder von einem vieldeutigen nur eine seiner Bedeutungen ins Auge faßt, kann eine Differenz zwischen verschiedenen Sprachen noch sofern gegeben sein, als für die bestimmte Verbindung von Merkmalen, die etwa den Begriff Oberschenkel oder Hammer bildet, in einer bestimmten Sprache kein einfacher Name vorhanden ist, sondern ein solcher durch „Umschreibung“, d. h. hier durch Zusammenfügung und gegenseitige Determination von Namen allgemeinerer Bedeutung gebildet werden muß. Der möglichen prädikativ zusammengesetzten Begriffe sind ja unzählig viele und natürlich kommt in jeder Sprache faktisch nur eine beschränkte Auswahl dazu, überhaupt irgendwie bezeichnet zu werden. Aber sicher ist doch, daß vergleichweise der Anlaß Zusammensetzungen von Begriffen zum Ausdruck zu bringen viel häufiger ist, als die Gelegenheit von einem einfachen zu reden. Nun sind überdies die Verknüpfungen häufig sehr kompliziert. Man denke nur an Begriffe wie Hund, Pudel, Pferd, Apfelbaum, an diejenigen unserer mannigfachen Werkzeuge und Mittel zur Befriedigung unserer Bedürfnisse, an die Begriffe der mannigfachen sozialen Verhältnisse, wie Wechselschuldgläubiger, ja selbst Bräutigam, Stiefbruder usw. Infolgedessen würde unsere Rede über die Massen schleppend werden, wenn die Namen der komplizierten Begriffe gebildet würden durch eine der Struktur des Gedankens analoge Verknüpfung von Namen für die einzelnen Merkmale (d. h. für die einfacheren Begriffe, die in der Zusammensetzung enthalten sind). Man bildete also einfache Namen, die — den sogenannten Sigeln der Gabelsbergerschen Stenographie vergleichbar — die Struktur des ausgedrückten Gedankens in keiner Weise erkennen lassen, aber eben darum kürzer oder kompakter sind als solche, welche dies täten.

Freilich droht dem, der so der Skylla einer zu großen Schwerfälligkeit des Ausdrucks entfliehen will, andererseits die Gefahr einer für das Gedächtnis höchst lästigen Vermehrung der Sprachzeichen. Sind doch — wie schon bemerkt — die Zusammensetzungen in dem Wechsel ihrer Elemente und ihrer Komplikation fast unbegrenzt und erheischt bei entwickelterem geistigen Leben und Verkehr eine große Zahl derselben wenigstens ab und zu eine Bezeichnung. Diese Lage der Dinge drängt zu dem Kompromiß: für diejenigen komplizierten Begriffe einfache Namen zu bilden, von denen man häufig zu reden in der Lage ist, für die übrigen aber die Bezeichnung auf dem Wege der erwähnten Kombination zu gewinnen. Indem aber das Denken und die gegenseitige Mitteilung, unter dem Einfluß verschiedener äußerer und innerer Umstände stehend, bei verschiedenen Völkern andere und andere Richtungen einschlägt und verschiedene Ent-

wicklungsstufen erreicht, werden die komplizierten Gedanken,
die am öftesten Anlaß zur Bezeichnung geben, vielfach da und
dort andere und eigenartige sein. So wird denn mannigfach die
eine Sprache einfache Namen besitzen, für die eine zweite nur
in einer Zusammensetzung ein Äquivalent herzugeben vermag.
Analoge Umstände führen ja, wie man weiß, weiterhin auch
dazu, daß sogar innerhalb derselben Volkssprache jeder Berufs-
kreis einen besonderen Vorrat solcher Termini besitzt, die oft
dem bezüglichen Laien, auch wenn er sonst sprachkundig ist,
unbekannt sind. Und sowohl hier, als bei der analogen und
nur weiter reichenden Erscheinung im Verhältnis verschiedener
Volkssprachen untereinander, erklärt sich natürlich die Diskrepanz
nicht bloß aus den verschiedenen Lagen und sachlichen Umständen, in welchen die die betreffende Sprache Redenden sich
befunden haben und befinden. Es wirken außerdem verschiedenes
Geschick und Glück in der Sprachbildung und mancherlei
unvernünftiger Zufall mit.

Sind nun diese Differenzen der einen Sprache gegenüber
der anderen in Hinsicht auf das Maß und die Weise des steno-
grammatischen Charakters ihrer Namen und die früher erwähnten
Abweichungen hinsichtlich Eindeutigkeit und Vieldeutigkeit,
sowie die verschiedene Weise der Verschwommenheit ihrer Namen,
kurz alles, was man als ein Sichnichtdecken derselben bezeichnet
hat, kurzweg als Differenzen der „inneren Sprachform“ zu
bezeichnen?

Ich glaube nicht. Vielmehr, was zunächst den Umstand
betrifft, daß gewisse Namen wie etwa grün und χλωρός sich
nicht völlig decken, weil sie in verschiedener Richtung verschwommen und vag begrenzt sind, so ist dies offenbar ein
Unterschied der ausgedrückten Gedanken. Die verschwommenen
Begriffe sind meist nach Typen gebildet, sei es daß dieser Typus
auch noch in der Etymologie des Namens hervortritt (wie in
violett, orange und dgl.) oder nicht. Selbst wenn also die
Ähnlichkeit mit einem Typus nicht selbst schon ein schwankender
Begriff wäre mit Grenzen, die bald so bald so gezogen werden,
so würden sich doch für solche Begriffe und Namen schon
dadurch Differenzen bei verschiedenen Völkern und in verschiedenen Sprachen ergeben, daß vielfach nicht derselbe Gegenstand, sondern nur etwas sich mehr oder weniger Nahestehendes
und Verwandtes als Typus gewählt wird.

So können Bedeutungen wie die von „groß“, „klein“, „schnell“ und dgl. nicht bloß bei verschiedenen Völkern, sondern auch beim selben Volke im Laufe der Zeit schwanken und wechseln. Man denke an den Begriff des „Schnellfahrens“ zurzeit der Pferdepost und des Automobils.

Doch weiter! Was die übrigen oben erwähnten Erscheinungen des Sichnichtdeckens der Namen betrifft, so hat man an ihnen allerdings, wenn nicht ausschließlich doch jedenfalls zunächst, Unterschiede der äußeren Sprachform vor sich; nur sind es solche sehr allgemeiner Natur, mit denen sich teils noch spezielle Differenzen, teils Übereinstimmungen anderer Art verbinden können. So ist es ja, wenn in der einen Sprache zwei verschiedene Begriffe auch durch zwei verschieden lautende Worte wie diversus und mortuus, in der anderen dagegen durch das gleichlautende Wort „verschieden“ ausgedrückt sind. Was eine Bedeutung hat, ist ja im gewissen Sinne eine Bezeichnung zu nennen, was mehrere, eine Mehrheit von Bezeichnungen, und so verstanden, besagt also die Tatsache einer gewissen Äquivokation, daß eine bestimmte Anzahl von verschiedenen Bezeichnungen gleich lauten, die Tatsache einer gewissen Synonymie dagegen, daß umgekehrt bei einer Bezeichnung eine Mehrheit verschieden lautender Formen oder verschiedener Vertonungen existiert. Ebenso liegt zunächst ein Unterschied der äußeren Sprachform, nur ein solcher von sehr allgemeiner Natur vor, wenn die eine Sprache für einen gewissen prädikativ zusammengesetzten Begriff wie Nadel oder Schere ein einfaches Wort als Bezeichnung besitzt, während die andere eine Fügung aus mehreren Worten dafür gebrauchen muß.

Man könnte einwenden: Wenn unserer eigenen Definition gemäß zur äußeren Sprachform nur zu rechnen sei, was zum sinnlichen Eindruck der Sprachzeichen gehört, zur innern aber alles, was über diesen hinausliegt oder genauer gesprochen, nicht an ihm selbst erfaßt werden kann, so gehörten doch Unterschiede wie die, ob ein Wort einer Sprache eindeutig oder mehrdeutig sei oder ob einer Mehrheit von Worten eine einheitliche und dieselbe Bedeutung zukomme wie anderwärts einem einzelnen Wort und dgl., zur inneren Sprachform. Denn sie seien nichts sinnlich Wahrnehmbares.

Allein wenn hier mit dem Begriff des „nicht sinnlich Wahrnehmbaren“ gemeint ist, daß jene Zeichen eben Zeichen sind, d. h. daß sie eine Bedeutung haben, so ist zwar allerdings zuzugeben, daß dies nicht zum äußeren sinnlichen Eindruck gehört. Aber dieses Innere und nicht sinnlich Wahrnehmbare gehört eben nicht zur Sprachform, sondern zu dem durch sie ausgedrückten Inhalt. Dem Umstand, daß sich ein solcher mit dem Laute verbindet, haben wir — das wurde bereits früher angedeutet — schon dadurch Rechnung getragen, daß wir überhaupt einen Unterschied wie etwa den zwischen Quadrat und gleichseitiges rechtwinkliges Viereck oder den zwischen mortuus und verschieden als einen Unterschied der „Sprachform" und nicht bloß der „Lautform", mit andern Worten, indem wir gewisse Lautkomplexe und Fügungen von Lautkomplexen als „Formen" bezeichneten, denen als Stoff oder Inhalt eine Bedeutung gegenübersteht.[1]) Von einem Unterschied der Sprachform, sei es der inneren oder äußeren, aber ist nun meines Erachtens passenderweise nur da zu sprechen, wo eine Differenz vorliegt, die nicht primär jenes Ausgedrückte selbst, sondern die Bezeichnungsweise oder Ausdrucksmethode als solche angeht. Und wenn eine solche Differenz sinnlich wahrnehmbar ist, so heißt sie, scheint mir, angemessen „äußere Sprachform"; wenn sie dagegen nur in die innere Erfahrung fällt, „innere Sprachform". Der Umstand aber, ob die Bezeichnung für eine gewisse Bedeutung in irgend einer Sprache ebenso lautet wie die für eine andere, oder ob dies nicht der Fall ist, sondern die Verschiedenheit der Funktion auch von einer solchen der Lautung begleitet ist, ist zunächst gewiß ein sinnlich wahrnehmbarer Unterschied der Ausdrucksmethode. Und dasselbe gilt von dem Umstand, ob ein zusammengesetzter Begriff das eine Mal durch einen Namen wiedergegeben ist, der eine der Gliederung des Gedankens irgendwie analoge Gliederung zeigt oder nicht. Nur wollen wir — um kein Mißverständnis aufkommen zu lassen —

---

[1]) Man kann ja auch die einzelnen relativ einfachen Laute, aus denen die Worte und Wortkomplexe einer Sprache und diejenigen aller Sprachen gebildet sind, den Lautstoff nennen, aus denen jene Wortgebilde geformt sind. Allein diese Unterscheidung von „Stoff und Form" kann auch bei sinnlosen Lautkomplexen gemacht werden.

Zur „Sprachform" dagegen wird nach uns die „Lautform" erst, indem sie als Ausdruck einer Bedeutung betrachtet wird. Ihr Korrelat, der Stoff, ist hier das Bezeichnete, also psychische Erlebnisse und Inhalte von solchen, während dort der Stoff etwas ganz anderes, rein Physisches, war.

gleich hinzufügen, daß auch nach uns, obwohl beides Mal zunächst eine Differenz der äußeren Sprachform vorliegt, doch damit der Unterschied nicht immer erschöpft ist, sondern außerdem, nur eben nicht primär, noch eine Verschiedenheit in dem vorliegen kann, was wir „innere Sprachform" nennen. Einesteils in dem, was wir als figürliche innere Sprachform bezeichnen (so bei den Erscheinungen der Äquivokation), andernteils in dem, was wir als konstruktive innere Sprachform in Anspruch nehmen werden (so bei der Differenz zwischen gegliederten, und der Zusammensetzung der Gedanken entsprechend gleichsam eingekerbten, Namen und den Bezeichnungen ohne solche Struktur).

§ 14. Durch das zuvor Gesagte scheint mir der Begriff der äußeren Sprachform nach Inhalt und Umfang genügend geklärt und so gefaßt, daß er einer natürlichen und wohlbegrenzten Klasse von Erscheinungen entspricht. Leider wird aber der Terminus in der Literatur nicht durchweg in dieser Weise gebraucht.

Daß Delbrück und E. Zeller seinem Umfange vieles kurzweg entziehen wollen, was — zum Teil wenigstens — sicher unter ihn gehört, haben wir schon gesehen. Bei Wundt aber, in seinem neuesten Werke über die Sprache,[1] treffen wir auch eine ausdrückliche Inhaltsbestimmung, die von der unsrigen weit abweicht. Er gibt an, der Begriff der äußeren Sprachform „setze sich aus allen den Faktoren zusammen, welche Wort- und Satzbildung in der Sprache darbieten", sowie: es gehörten dahin „die für den psychologischen Charakter einer Sprache maßgebenden Merkmale ihrer Struktur", mit Ausschluß derjenigen „lautlichen Eigentümlichkeiten, die eine solche direkte psychologische Beziehung nicht erkennen lassen". Und fragt man, was unter dieser „direkten psychologischen Beziehung" und unter jenen „für den psychologischen Charakter einer Sprache maßgebenden Merkmalen" zu verstehen sei, so scheint aus den an diese Begriffsbestimmung sich anschließenden Ausführungen hervorzugehen, daß damit solche Unterschiede im Bau und der Struktur der Sprache gemeint sind, welche nach Wundts Meinung ihre Ursache haben in der Eigentümlichkeit des

---

[1] II, ¹, S. 402 ff.; ², S. 427 ff.

dadurch geäußerten Denkens oder überhaupt des durch
sie ausgedrückten Inhaltes.

Es springt in die Augen, daß diese Inhaltsbestimmung für
den Begriff der äußeren Sprachform von der unsrigen stark
differiert. Doch scheint mir auch offenkundig, daß sie den
Regeln einer zweckmäßigen Klassifikation und Namengebung
nicht entspricht. Diese Regeln fordern meines Erachtens
vor allem, daß man nicht — wie es bei Wundt der Fall ist
— deskriptive und genetisch-kausale Gesichtspunkte vermenge.
Bleibt man aber konsequent auf dem deskriptiven Standpunkt,
so scheint es mir — wie schon bemerkt wurde — am natürlichsten, daß man zur äußeren Sprachform alles zähle, was
einem gewissen auszudrückenden Inhalt als sinnlich wahrnehmbare Form seiner Wiedergabe gegenübersteht. Nur in dem
Sinne muß dabei die „Lautform" eine psychologische Beziehung
erkennen lassen, als sie eben Ausdruck eines Inhalts, also
„Sprache" sein muß. Sonst allerdings, wenn es sich um bloße
Lautunterschiede handelt ohne Rücksicht darauf, ob sie eine
Bedeutung haben oder nicht, wird man sie — wie wir oben
schon sagten — nicht passend Unterschiede der äußeren Sprachform nennen. Steht aber der Lautform eine Bedeutung gegenüber, welche in ihr sprachlich geformt erscheint, dann steht
nach meinem Dafürhalten nichts im Wege, den Terminus „äußere
Sprachform" darauf anzuwenden. Und zwar nicht bloß auf
solche Unterschiede der Ausdrucksform, die mit einem Unterschied „des Ausgedrückten" Hand in Hand gehen (wie z. B. auf
den Unterschied zwischen dem Namen Mensch und dem bloß
mitbedeutenden obliquen Kasus „des Menschen") sondern ganz
ebenso auf solche, die sich finden in der Weise wie derselbe
Inhalt da und dort ausgedrückt erscheint (wie wenn unser „des
Menschen" im Latein durch hominis wiedergegeben ist). Ja für
die Vergleichung und Charakteristik der „äußeren Sprachform"
verschiedener Sprachen sind offenbar die eigentümlichen
Unterschiede dieser parallelen oder synonymen Wendungen das am meisten Charakteristische und somit das
Wichtigste und Bemerkenswerteste. Daran kommt uns ja am
schärfsten und deutlichsten zum Bewußtsein, daß wir es mit
verschiedenen Sprachen zu tun haben, während eine Verschiedenheit des Ausdrucks bei Verschiedenheit der Bedeutung
auch innerhalb derselben Sprache die Regel bildet. Auch bei

dem, was man eine Sprache nennt, erwecken ja darum die
Ausnahmen von dieser Regel, d. h. die nicht seltenen Fälle, wo
doch für denselben Inhalt mehrere verschiedene Bezeichnungen
und Ausdrucksmethoden bestehen, den Eindruck, daß man es
mit einem Werke zu tun habe, das nicht zu einem Zwecke
und aus einem Gusse entstanden, sondern gewissermaßen aus
mehreren, von verschiedenen Bildnern und zum Teil zu etwas
differenten Zwecken geschaffenen, Sprachen zusammengewachsen
sei, von denen nur keine zu konsequenter und allseitiger Ausbildung kam und jede im Kampfe mit der andern um denselben
Boden einen Teil ihres Bestandes einbüßte.

Ich sage: aus verschiedenen Sprachen usw.; denn diesen
Namen verdienen ja in gewissem Sinne Ausdrucksmittel, wovon die
einen lediglich um der nackten Verständigung willen, die anderen
dagegen im Dienste des ästhetischen Vergnügens und wiederum
die einen in einem Kreise mit solchen und die anderen in einem
Zirkel mit etwas anderen Bedürfnissen und Interessen, und den
einen und andern angepaßt, geprägt worden sind. Aus solchen
Beiträgen Vieler aber sind ja unsere Volkssprachen durch Auslese und planlose Kombination entstanden. Würde eine Sprache
planmäßig und z. B. ausschließlich zwecks der nüchternen Mitteilung gebildet, so wären in ihr Synonymien sicher als nutz-
loser ja lästiger Überfluß verpönt.

So steht mir außer Zweifel, daß Wundt den Begriff der
äußeren Sprachform jedenfalls prinzipiell zu eng faßt. Und daß
der Umfang dessen, was er tatsächlich dahin rechnet, nach
gewisser Richtung nicht noch mehr hinter dem zurückbleibt,
was wir als dahin gehörig betrachten, hängt nur damit zusammen,
daß er irrtümlicherweise eine Menge von Unterschieden im Bau
und der Struktur der Sprachen für den Ausfluß einer Verschiedenheit des geäußerten Inhalts ansieht, die dies in Wahrheit nicht sind. Auf diesen letzteren Punkt müssen wir, wo
wir von Wundts Begriff der inneren Sprachform handeln werden,
zurückkommen. Andererseits aber verstärkt es wieder die Abweichung von uns, daß er, nach anderer Richtung den Umfang
ungebührlich erweiternd, auch solches zur äußeren Sprachform
rechnet, was nach unserer Klassifikation genetische Unterschiede
sind. Auch davon wird noch die Rede sein.

Drittes Kapitel.

Vom Begriff und Umfang der inneren Sprachform.

§ 15. Wir sagten, unter den Begriff der inneren Sprachform falle alles das, was von der aktuellen Beschaffenheit und methodischen Eigentümlichkeit eines Sprachmittels nur durch innere Erfahrung erfaßbar ist.

I. Dahin gehören vor allem die Erscheinungen, die ich schon in meinem vornehmlich diesem Gegenstande gewidmeten Aufsatze der Symbolae Pragenses so bezeichnet und in ihrer wahren Natur erläutert habe und die ich jetzt, im Unterschiede von anderen, speziell die der figürlichen inneren Sprachform nennen will.

Wenn wir sagen: ich bin entsetzt, erschüttert, gefaßt, erbaut, niedergeschmettert; er ist in gehobener Stimmung, in Vorurteilen befangen, schwankend im Urteil, festen Willens; ich erwäge, begreife, conjicio, $\sigma\nu\mu\beta\dot{\alpha}\lambda\lambda\omega$, $\varkappa\rho\dot{\iota}\nu\omega$, he stood convicted, rests content; er ist auf dem Holzwege, seine Ansicht hat weder Hand noch Fuß usw. usw., so dienen alle diese Ausdrücke, soweit sie Namen oder Äquivalente von solchen enthalten, dazu, gewisse psychische Zustände in uns und anderen und Eigenschaften solcher Bewußtseinsvorgänge zu bezeichnen. Doch neben den Vorstellungen dieser Gegenstände der Innenwelt, welche durch die in jenen Aussagen enthaltenen Namen erweckt werden, sind uns beim Aussprechen und Hören derselben häufig noch andere Vorstellungen gegenwärtig, welche physische Phänomene zum Inhalt haben; ja diese werden zunächst durch die Worte erweckt. Aber sie bilden durchaus nicht deren Sinn. Nicht im

Ernst meine ich ja z. B., wenn ich von einem schwankenden Urteile spreche, daß dasselbe auf- und abschlenkere wie ein Balken. Dieses Bild, und ebenso die analogen in den andern Fällen, haben teils den Zweck ästhetisches Vergnügen zu erwecken,[1]) teils (und dies war das Ursprünglichere und gilt überhaupt in der Mehrzahl der Fälle) den Zweck das Verständnis zu vermitteln, also als ein Band der Assoziation zu dienen zwischen dem Laut und der durch ihn wirklich gemeinten Bedeutung. Und dabei verstehe ich unter „Vermittlung des Verständnisses" auch jede Art Erleichterung desselben, alles, was ein rascheres und bequemeres Zustandekommen desselben ermöglicht und begünstigt.

Wie bei der metaphorischen Verwendung von Ausdrücken für Physisches auf dem Gebiete des Psychischen, so ist es aber auch in tausend und tausend andern Fällen übertragenen Gebrauches. Wie ein Name Bezeichnung für etwas Psychisches werden kann, indem er als innere Form die Vorstellung eines Physischen mit sich führt, so kann er Bezeichnung eines Vorganges sein, aber als innere Sprachform die Vorstellung eines Dinges oder einer Substanz erwecken. Schon in meinen Artikeln „Über subjektlose Sätze"[2]) habe ich, von der inneren Form der kategorischen Aussagen handelnd, darauf hingewiesen, wie das Subjekts- und Prädikatswort im sog. kategorischen Satz durchaus nicht immer als Bedeutung, sondern sehr häufig nur als innere Sprachform, das erstere die Vorstellung einer Substanz, das zweite die eines Tuns oder Leidens erwecken. Und die Verkennung dieser Tatsache hat, wie ich ebendort nachwies, zu ganz falschen Auffassungen von der Natur des Urteils geführt und gebiert immer aufs Neue solche.

Aber noch weiter greift diese Verwendung von Vorstellungen, welche die Bedeutung gewisser Namen bildeten, als innere Sprachform für die Vermittlung des Verständnisses anderer Sprachmittel. Man denke — um nur auf ganze Gruppen von derartigen Er-

---

[1]) Zu erörtern, in welcher Weise sie dies vermögen, ist Sache der Sprachästhetik. Vgl. Beiträge dazu in meinem Buche „Die Frage nach der geschichtlichen Entwicklung des Farbensinnes", II. Anhang, „Über Befähigung und Berechtigung der Poesie zur Schilderung von Farben und Formen". 1879. S. 130 ff.

[2]) Vierteljahrsschrift für wissenschaftliche Philosophie, Bd. XIX, 3. Heft, S. 263 ff.

scheinungen hinzuweisen — an die vielen Fälle, wo Redeweisen, welche gewissen Anschauungen und Gewohnheiten auf dem Gebiete der Religion, Sitte und Sittlichkeit entstammten, noch beibehalten worden sind, nachdem man jene Ansichten und Übungen aufgegeben hat. Und nicht minder an so manche Ausdrucksweisen im Gebiete der Wissenschaft, die sich ihrem eigentlichen Sinne nach überlebt haben, aber in einer neuen Bedeutung fortleben, ohne daß der frühere Sinn ganz aus dem Bewußtsein entschwunden ist; wie wenn man noch von Polarisation des Lichtes spricht, obwohl man nicht mehr an Lichtkörperchen mit „Polen", die ein anderes Verhalten zeigten als alle anderen Punkte, glaubt. Und bei solchen Übertragungen wird oft das Gebiet der Namen und überhaupt der für sich bedeutsamen Sprachmittel ganz überschritten, und es geschieht, daß etwas, was eigentlich als Name geprägt war und wenigstens als innere Form noch die Vorstellung eines Dinges oder überhaupt eines nennbaren Gegenstandes erweckt, nicht mehr für sich allein als Name bedeutsam ist, sondern eigentlich die Funktion eines bloß mitbedeutenden Zeichens übernommen hat. Die Folge ist dann natürlich, daß, wenn ein solcher vermeintlicher Name scheinbar als Subjekt oder Prädikat oder überhaupt als Materie einer Aussage verwendet wird, worin von dieser gesagt ist, sie sei oder sie sei nicht, auch diese, dem Ausdruck der Aussage als solcher dienenden, Wörtchen ihre Bedeutung ändern und zu einem bloß scheinbaren „ist" oder „ist nicht", „es gibt" oder „es gibt nicht" werden. Wer kopernikanisch denkt, aber ptolemäisch spricht, wer sich in der Ausdrucksweise bald dieser bald jener von den vielen Fiktionen bedient, welche die Juristen in Theorie und Praxis ersonnen haben, ohne doch an sie zu glauben (ohne also z. B. den Staat und die Kirche ernstlich für einheitliche Dinge und „Personen" zu halten), der gebraucht eine Menge scheinbarer Namen, von denen nur das sicher ist, daß ihnen als innere Sprachform die Vorstellung eines nennbaren Gegenstandes entspricht. Wenn aber dies, dann muß auch im einzelnen Falle untersucht werden, welche Funktion das „ist" und „ist nicht", das in Aussagen mit jenen scheinbaren Namen verbunden ist, eigentlich hat; ob es nicht in Wahrheit von etwas ganz anderem gilt, und von wem im Ernst gesagt sein will, daß es sei oder nicht sei, statt desjenigen, von dem die betreffende Redeweise es tut. Und nicht immer ist die Übersetzung leicht und bequem zur Hand.

Und wie wir in der oben angedeuteten Weise Namen diese Funktion verlieren und diejenige von mitbezeichnenden Sprachmitteln annehmen sahen, so gibt es noch mannigfache andere Weisen derartigen Wechsels und wir werden später Gelegenheit haben, solche kennen zu lernen. Ein besonders häufiger Fall dieses Wandels von Namen in bloß synsemantische Zeichen, in dessen Folge dann auch ein mit dem scheinbaren Namen verbundenes „ist" oder „ist nicht" gewissermaßen seinen Sinn ändert, sind die Fälle der Bedeutungsmodifikation im eminenten Sinne des Wortes. Wir haben der betreffenden modifizierenden Beiwörter früher schon Erwähnung getan und werden später eingehender auf den Punkt zurückkommen. Wenn ich von einem bloß gewünschten A oder einem unmöglichen B spreche, so ist, indem ich dieses Gewünschte resp. Unmögliche als solches anerkenne, nicht ein A oder B anerkannt. A und B fungieren hier nicht als Namen, so wie wenn ich von einem kleinen A oder großen B rede, und wenn die Vorstellung von A oder B dort zunächst ebenso wie hier erweckt wird, so fungiert sie doch in jenem Falle nicht ebenso als Bedeutung, sondern als innere Sprachform für einen Begriff, worin die Vorstellung von A oder B durchaus nicht in der Weise als Bestandteil vorkommt wie in großes A oder kleines A. Ebenso ist es beim bloß vorgestellten Ton, der als solcher kein Ton und bei der gemalten Landschaft, die als solche nicht eine Landschaft ist.

Aber nicht bloß Namen, auch ganze Sätze entgehen dem Schicksal nicht, zu bloß mitbedeutenden Zeichen degradiert zu werden, und es werden uns später Beispiele genug dafür begegnen. Zu sogenannten Nebensätzen geworden, sind sie nicht mehr selbständig sondern unselbständig bedeutend, und auch da geschieht es, daß die ursprüngliche Bedeutung noch als innere Sprachform wirksam ist.

Nicht genug. Nicht bloß gehen so Autosemantika in Synsemantika über, auch bei den letzteren untereinander finden die vielfältigsten Bedeutungsübertragungen statt, wobei, was einmal Bedeutung war, dann noch als figürliche innere Sprachform weiterlebt. Hier sei nur an Partikeln wie: daß, wenn, weil, aber (aus „abermals"), da, ob, zwar, allerdings, wohl, vero, französisch mais (aus magis) usw. und an sogenannte Hilfszeitwörter wie etwa: habe, würde, wäre, sollte, dürfte, an die ursprüngliche und die abgeleiteten Bedeutungen des

französischen que, des lateinischen uter, an den Übergang des
Fragepronomens ins Relativpronomen usw. usw. als an die nahe-
liegendsten Beispiele erinnert. „Wenn" und „weil" haben ja
meist nicht mehr zeitlichen, „ob" nicht mehr räumlichen, „daß"
nicht mehr deiktischen Sinn; „wäre" und „würde" hat häufig
nichts mehr mit der Vergangenheit, „dürfte" und „sollte" nichts
mehr mit dem Erlaubt- resp. Gebotensein und „wird sein"
nichts mehr mit Entstehen, ja auch nichts mit der Zukunft zu
tun, wie ja auch die Bedeutung des sogenannten Perfektums in
dixerit quis und in ne dixeris in Wahrheit nicht mehr perfektisch
ist. Wo immer aber bei einer solchen veränderten und ganz
anders gearteten Verwendung eines Sprachmittels der ursprüngliche Sinn noch durchschimmert, da haben wir auch eine figürliche innere Form vor uns. Und sie diente auch hier in der
Regel als Vermittler des Verständnisses für die neue Bedeutung.
Damit, daß etwas bloß als erlaubt oder geboten hingestellt wird,
ist es noch gar nicht als sicher bezeichnet. Im Anschluß daran
aber können diese Ausdrücke geradezu die Bedeutung des Nicht-
sicheren gewinnen. Analog kann das Futurum die Funktion
eines Potentialis erhalten und erklärt sich überhaupt der Übergang eines sogenannten Modus in den andern und der Tempora
und Aktionsarten (z. B. der Vergangenheit und des Perfektivs,
der Gegenwart und des Durativs) ineinander. Und soweit hier
etwas wie ein Name im Spiele ist, hätten wir des Falles früher
schon Erwähnung tun können; wie auch dasselbe gilt von der
Verwendung des Reflexivs für das Passiv. Wo von etwas gesagt
wird, daß es sich selbst schlägt, liebt, erkennt usw., da ist
es implicite zugleich als Geschlagenes, Geliebtes, Erkanntes
bezeichnet; und durch Funktionswechsel kann diese passive Seite
des Verhaltens als Bedeutung des Ausdrucks festgehalten werden,
auch wo das aktive Verhalten nicht demselben Träger zukommt.
Blickt aber diese reflexive Vorstellung noch durch, so ist sie
innere Form des Sprachmittels.

Eine innere Form kann auch noch mehr oder weniger
lebendig sein in „es regnet", „es schneit", „es fehlt an Geld",
„mich denkt es eines alten Traumes" (C. F. Meyer). So sind
hier, wie ich in meinen Artikeln über subjektlose Sätze[1] nachgewiesen habe, sowohl diejenigen im Rechte, welche sagen, es

---

[1] Vierteljahrsschrift für wissenschaftliche Philosophie, Bd. XIX, S. 289.

werde ein Subjekt gedacht, als diejenigen, welche dies leugnen.
Ein Subjekt wird gedacht oder kann gedacht werden als figürliche innere Sprachform. Aber daß ein solches als Bedeutung
gedacht werde, daß man ernstlich an irgend ein bestimmtes
oder unbestimmtes Etwas glaube, dem das Regnen als Tätigkeit
zukomme, ist gewiß eine aller psychologischen Erfahrung wider-
streitende Behauptung, die nur einer verkehrten Theorie vom
Urteil zu lieb hartnäckig festgehalten und in etwas von der
eben erwähnten Verwechslung unterstützt wird. Doch einstweilen genug der Beispiele. Andere, und namentlich auch solche
aus dem Gebiete der Bezeichnungsmittel, die nicht Namen sind,
werden uns im Verlaufe unserer weiteren Untersuchungen in
Fülle begegnen.

§ 16. In der universelleren Funktion, nämlich als Vermittler des Verständnisses verdanken diese Begleitvorstellungen
der Bedeutung, welche wir die figürliche innere Sprachform
nannten, ihre Existenz natürlich dem Umstande, daß die Sprache
planlos und ohne Verabredung entstanden ist. Die Zeichen, die
von Anfang zur Verständigung dienten, mußten sich selbst erklären; sie mußten vor aller Übereinkunft und in diesem Sinne
von Natur verständlich sein. In einigen wenigen Fällen wurde
dies erreicht, indem es gelang, den Gegenstand, von dem man
sprechen wollte, sei es durch Geberden, sei es durch Laute
soweit nachzuahmen, daß dadurch (wenigstens, wenn die Situation
unterstützend wirkte) im Hörer die gewünschte Vorstellung
erweckt wurde. Aber in der weit überwiegenden Zahl der
Fälle war dies nicht möglich. Man mußte also jene wenigen
nachahmenden Zeichen weit über den Kreis dessen hinaus verwenden, was unmittelbar durch sie dargestellt wurde. Durch
einen onomatopoetischen Laut wird z. B. mehr oder weniger
glücklich die Stimme eines Tieres nachgeahmt. Aber nicht bloß
für sie wurde nun jener Laut gebraucht, sondern durch Synekdoche auch für den Träger dieser Stimme, z. B. für das Pferd
oder den Hund. In diesem Falle bildete die Vorstellung der
Stimme des Tieres, die zunächst erweckt wurde, nicht mehr die
Bedeutung, sondern nur eine zu ihrer Vermittlung und Erweckung
dienende sprachliche Hilfsvorstellung.

Wie mit den nachahmenden, so wurde es aber auch mit
den durch bloße Gewohnheit verständlichen und in diesem Sinne

willkürlichen Zeichen gehalten, zu deren Bildung und Verwendung es auf Wegen, die ich anderwärts erörtert habe,[1]) für und für gekommen ist. Sie wurden von der Bedeutung, an die Zufall oder Gewohnheit sie zunächst gekettet hatte, mannigfach auf andere übertragen, und damit ist eben gesagt, daß sie diese letzteren nicht unmittelbar sondern bloß mittelbar im Hörer hervorriefen, und daß die Vorstellungen, welche zunächst und direkt erweckt wurden, nicht das eigentlich Gemeinte waren und sind, sondern nur den Zweck hatten und haben, auf jenes andere hinzuführen. Nur durch solche Benützung der assoziativen Kraft figürlicher innerer Sprachformen war es möglich, daß die menschliche Sprache, ohne planmäßige Berechnung und Verabredung, mit wenigem haushaltend, doch allmählich dazu kam, eines so großen Kreises von Auszudrückendem Herr zu werden. Besonders in die Augen springend ist die ökonomische Tragweite jener Ausnützung figürlicher innerer Sprachformen unter anderem bei den Fällen, welche wir schon früher unter dem Namen der Bedeutungsmodifikation im eminenten Sinne dieses Wortes erwähnt haben, wie: ein bloß vorgestellter Ton, eine gemalte Landschaft, eine mögliche oder gewünschte Erbschaft usw.

Man sieht leicht, zu was für einer nahezu unerschwinglichen Anzahl von Namen es führen müßte, wenn die Sprache für die „modifizierte" Bedeutung besondere, stets neue Zeichen bilden wollte, statt sie in der angegebenen Weise durch Äquivokation und Übertragung zu gewinnen.

An diesen Weisen des Bedeutungswechsels, die wir im eminenten Sinne Fälle von Bedeutungsmodifikation nannten, haben wir zugleich einen Kunstgriff der inneren Sprachform vor uns, der bis ins Spezielle den verschiedenen Sprachen gemeinsam ist. Ein ebensolcher ist aber auch die Fassung des Subjektes und Prädikates als Substanz und als Tun und Leiden, und auf andere Beispiele werden wir bei späterer Gelegenheit zu sprechen kommen.

---

[1]) Vgl. „Über den Ursprung der Sprache", Würzburg, 1875, und „Über das Verhältnis von Grammatik und Logik" in den Symbolae Pragenses, S. 109, an welch letzterem Orte ich auch erörtert habe, warum unter den Vorstellungen, die bei den konventionellen Lautbezeichnungen als innere Sprachform dienen, diejenigen von Inhalten physischer Phänomene und insbesondere solche, welche Gesichtsanschauungen entnommen sind, eine so dominierende Rolle spielen. Eine Tatsache, die von L. Geiger und Anderen ganz irrig gedeutet worden ist.

Daneben aber besteht eine Großzahl von Fällen, wo die innere Form bei verschiedenen Sprachen anders und anders geartet ist und bloß der allgemeinsten Methode nach übereinstimmt. Ich erinnere beispielsweise an die von verschiedenen physischen Vorgängen hergenommenen Bilder, womit da und dort derselbe psychische Vorgang (vgl. „Denken" bald durch das Bild von einem Zusammenschütteln oder - bringen, bald von einem Wägen, bald von einem Teilen und Ausscheiden usw. usw.) umschrieben wird. Oder daran, daß der Deutsche sagt: Das Blei ist schwerer als das Eisen, der Neugrieche dagegen βαρύτερον ἀπὸ τὸν σίδηρον, daß im Deutschen ein gewisses Zeicheninstrument „Storchschnabel", im Französischen le singe genannt wird; daß wir in Deutschland den sogenannten Leichdorn als Hühnerauge, der Holländer ihn als Elsternauge,[1]) der Mandschuh als Fischauge bezeichnet; daß, was wir durch „vielleicht" (= sehr leicht) ausdrücken, im Griechischen mit τάχα (hergenommen von ταχύς) oder ἴσως (hergenommen von den nach beiden Seiten gleichen Chancen), im Englischen mit perhaps (zusammenhängend mit hap, der Zufall), im Spanischen mit a caso (zusammenhängend mit casus), im Lateinischen mit forsitan (forssit an) wiedergegeben wird; daß der Engländer statt „eine Unverschämtheit" sagen muß a piece of impudence; daß der Javaner statt „Ich" Diener, statt „du" Eure Füsse oder Euer Palast oder ähnlich sagt; daß der Neger, wenn er englisch spricht, immer versucht ist statt to be zu sagen to live; daß manche Sprachen das Passiv mit Vorliebe durch das Reflexiv ausdrücken, andere nicht; daß manche Sprache unser „alle" oder „jeder" durch „dieser, jener" umschreiben usw. usw.

Diese Beispiele von inneren Sprachformen, die bei gleicher Bedeutung in verschiedenen Sprachen differieren und wofür sich die Beispiele ins Endlose vermehren ließen, sind besonders geeignet, die Verschiedenheit jener wechselnden Begleitvorstellungen von der überall identischen Bedeutung vor Augen zu führen, und ebenso umgekehrt der Fall, wo dieselbe innere Sprachform da und dort den Vermittler für verschiedene Bedeutungen bildet. Übrigens kann diese Diskrepanz auch in derselben Sprache zur Erscheinung kommen; in der einen Richtung bei Synonymien, in der andern bei Äquivokationen.

---

[1]) Auch im Schweizerisch-Alamannischen ist dieses Bild gebräuchlich.

Sehr lehrreich für die wahre Natur der Erscheinung ist auch die Wahl ganz verschiedener innerer Sprachformen bei identischer Bedeutung in der Geberdensprache .gegenüber der Lautsprache.

Man hat manchmal von „der inneren Form" einer Sprache wie von einer Einheit und einer einfachen Erscheinung gesprochen. Nach dem Gesagten bedarf es kaum mehr der Bemerkung, daß diese Redeweise, wenigstens in Hinsicht auf das, was wir bisher innere Sprachform genannt haben, nicht passend ist. Nicht die Sprache als ein Ganzes, sondern das einzelne Bezeichnungsmittel in ihr und die einzelne Bezeichnungsmethode hat (unter Umständen) eine figürliche innere Form. Und ebenso sollte man von der Ursache dieser inneren Formen einer Sprache nicht ohne weiteres wie von einer Einheit sprechen; da solche Redensarten leicht zu Fiktionen und Hypostasierungen verführen, welche — eine Scheinerklärung statt der wirklichen bietend — von dem Aufsuchen der letzteren abhalten.

Das Wahre an jener Rede von einer inneren Form in einer gewissen Sprache ist das, daß die dahin gehörigen Erscheinungen bei verschiedenen Ausdrucksmitteln derselben Sprache oder Sprachenfamilie unter sich vielfach Züge der Übereinstimmung, wo nicht etwas wie einen einheitlichen Stil zu zeigen pflegen.

Und dies deutet, soweit es statt hat, natürlich auch auf eine Einheit oder Verwandschaft in den Ursachen. Solche sind die angeborene größere oder geringere Lebhaftigkeit und eigentümliche Artung der Phantasie des betreffenden Volkes, der Kreis der besonderen Eindrücke und Erfahrungen, der jene angeborene Begabung weckt und befruchtet, die eigenartigen Auffassungen von Dingen und Vorgängen, die sich bei ihm gebildet haben und später als irrig verlassen worden sind, und für und für auch die Macht der durch das Vorausgehende begründeten Vorstellungs- und Sprechgewohnheiten und des sogenannten Analogiegefühls. So kann man ja aus den figürlichen inneren Formen einer Sprache (insbesondere einer primitiven) unter Umständen erkennen, ob das Volk, das sie gebildet hat, Ackerbau treibt oder mehr der Jagd und dem Kriege, ob es am Meere oder im Gebirge lebte usw.

Aber soweit eben diese und ähnliche, die Wahl der figürlichen inneren Sprachformen beeinflussende Umstände innerhalb

verschiedener Kreise derselben Sprachgemeinschaft verschiedene
waren, sehen wir auch sofort Abweichungen in jenen Wirkungen.
Und so ist es ja eine bekannte Erfahrung, daß verschiedene
Gesellschafts- und Berufsklassen (Jäger, Bergleute, das Waffen-
handwerk) vermöge der Verschiedenheit der sie tagtäglich
umgebenden Eindrücke andere und andere sprachliche Bilder
bevorzugen und zum allgemeinen Sprachgebrauch beisteuern,
soweit es diesem gefällt, sie aufzunehmen.

Immerhin begegnen wir — wie schon bemerkt — auch
solchen inneren Formen, die von vornherein ihren Ursprung
haben in der allgemeinen Richtung der Phantasie und der Vor-
stellungsgewohnheiten und den gemeinsamen Erfahrungen, die
dem einen sprachbildenden Volk vor dem andern eigentümlich
sind und als Frucht dieses gemeinsamen Bodens entsprechende
Verwandschaft zeigen. Ein Volk, das den Pfeil „Kind des
Bogens" nennt, wird analoge Wendungen auch in analogen
Fällen bevorzugen. Wer wie die Malaien statt „Dir habe ich
es gegeben" sagt: Du (bist der) Platz meines Gebens und statt
„lerne die Lehre": die Lehre (sei) dein Lernort, wird überhaupt
nominale Wendungen statt verbaler lieben, z. B. statt: „iß dies":
dies (sei) dein Essen sagen. Wer für „sehr früh" früh früh,
für „außerordentlich früh" früh früh früh sagt, wie die Mande-
neger, der wird die Wiederholung überhaupt gern als figürliche
innere Form (denn auch hier handelt es sich um eine solche)
für jegliche Art von Steigerung und Verstärkung verwenden.
Und solche weitreichende Methoden des Ausdrucks tragen
natürlich (im Vereine mit dem, was wir unten als konstruktive
innere Sprachform kennen lernen werden) sehr dazu bei, der
Sprache ein eigentümliches Gepräge zu geben. Sie gehören
zu dem, was man den Geist oder Genius derselben nennt und
dessen man nicht so leicht Herr wird wie der äußeren Sprachform,[1] da es — obwohl an und für sich gesetzmäßig — sich
nicht in einfacher Weise auf Regeln bringen sondern nur etwa
typisch charakterisieren läßt. So etwa wie wir auch die Launen
von Wetter und Wind, obschon auch hier alles nach Gesetzen

---

[1] Oft hat man — um nur e i n berühmtes Beispiel anzuführen — betont,
daß die Septuaginta wohl in griechischen Worten aber im Geiste der hebräischen
Sprache geschrieben sei, und man meint damit (neben der eigentümlichen
Syntaxe und dgl.) gewiß auch die Verwendung eigenartiger figürlicher innerer
Sprachformen.

(nur nach sehr komplizierten) verläuft, nicht im einzelnen mit
Sicherheit vorauszusagen, sondern nur nach gewissen Richtungen
und Typen zu charakterisieren vermögen.

Doch sei noch einmal betont, daß in ihren allgemeinsten
Zügen die Erscheinungen der inneren Sprachform überall übereinkommen und daß auch gewisse spezielle Methoden, wovon
wir Beispiele kennen gelernt haben und noch kennen lernen
werden, sich mehr oder weniger durch alle menschlichen Sprachen
hindurchziehen.

Auch braucht nach dem schon Gesagten nur kurz noch
einmal erinnert zu werden, daß wir die erwähnten zur Vermittlung des Verständnisses berufenen Vorstellungen nur dann
zur inneren Sprachform rechnen, wenn sie noch im naiven Bewußtsein der Sprechenden und Verstehenden lebendig sind.[1]
Werden sie dagegen bloß von den Sprachforschern erschlossen
als etwas, was einst für ein gegenwärtig gebrauchtes Zeichen
oder ein auf dem Wege seiner Genesis liegendes Gebilde die Bedeutung vermitteln half, so rechne ich sie zu den genetischen
Eigentümlichkeiten des heutigen Wortes. So wenn z. B. die
Sprachgeschichte erkennt, daß Istambul einmal $\epsilon\iota\varsigma$ $\tau\dot{\eta}\nu$ $\pi\dot{\omega}\lambda\iota\nu$
geheißen hat und somit die Vorstellung der „Stadt" $\varkappa\alpha\tau'$ $\dot{\epsilon}\xi o\chi\dot{\eta}\nu$
als innere Sprachform für die individuelle Bedeutung des be-
treffenden Städtenamens diente. Das festzuhalten scheint mir im
Interesse einer naturgemäßen Einteilung und Nomenclatur geboten.

§ 17. II. Aber dieselbe Rücksicht auf die Grundsätze einer
natürlichen Klassifikation scheint mir auch eine Erweiterung
des Begriffs der inneren Sprachform über das hinaus, was ich
früher so genannt und jetzt speziell als Erscheinungen der figürlichen inneren Sprachform bezeichnet habe, zu fordern. Meistens
wenn wir zueinander reden, tun wir es durch eine Mehrheit von
Wörtern, die nur durch ihr syntaktisches Zusammenwirken den

---

[1] Wo dies nicht mehr der Fall ist, da kann es dann besonders leicht
geschehen, daß die Bedeutung mit Vorstellungen der figürlichen inneren
Form, wenn sie ins Leben gerufen würden, oder daß diese untereinander
(wenn alle, unter deren Vermittlung das Sprachmittel zu seiner Funktion gekommen ist, lebendig wären) in offenkundigen, oft geradezu ergötzlichen
Widerstreit gerieten.

Man denke an: Mit einem auseinander sein; dissentire cum aliquo;
distinguer l'ami d'avec le flatteur usw.

Sinn wiedergeben. Vielen unter ihnen kommt überhaupt eine Funktion zu, vermöge deren sie für sich allein nicht einen vollständigen Sinn zu erwecken vermögen — wovon später ausführlich die Rede sein muß —, und nicht wenige von diesen sind für sich allein genommen überdies vieldeutig, so daß sie aus doppeltem Grunde der Mitwirkung anderer Zeichen und des Zusammenhangs bedürfen, um das gewünschte Verständnis zu erwecken. Kurz, gewöhnlich bildet die Bedeutung einer kleineren oder größeren Anzahl von Worten ein Ganzes, dessen Teile nicht für sich sondern nur zusammen im Bewußtsein gegeben sein sollen, ja unter Umständen bloß so gegeben sein können, obwohl jene Worte natürlich nicht simultan, sondern nur nacheinander geäußert und dem Hörer vermittelt werden.

Aber wenn auch das einzelne Wort nicht alles zu sagen vermag, was durch die ganze Wortfolge gemeint ist, so erwecken doch auch schon diese aufeinander folgenden Teile des Satzes gewisse Vorstellungen und Erwartungen in bezug auf das, was durch das Ganze gemeint ist, und auch durch diese vorläufigen Vorstellungen wird — wie ich schon in dem oben erwähnten Aufsatze der Symbolae Pragenses angedeutet habe — das Verständnis irgendwie vorbereitet und vermittelt. Nur ist diese Vermittlung in einem Falle glücklicher, im anderen weniger glücklich, je nach dem sogenannten Bau und Stil der Rede; sei dies der Stil einer gewissen Sprache überhaupt, sei es die Art, wie der dieselbe Sprechende ihre Mittel mehr oder weniger geschickt und zweckmäßig zu handhaben weiß.

Keine Sprache drückt alles explizite aus, was wir mitteilen wollen; jede gleicht mehr oder weniger einem Stenogramm und einer Skizze. Es ist immer ein gewisser, oft sogar ein großer, Unterschied einerseits zwischen dem, was der Sprechende denkt und fühlt und der verstehende Hörer ebenso zu denken und zu fühlen hat, und andererseits zwischen dem, was davon explizite zum Ausdrucke kommt. Die Diskrepanz ist in verschiedenen Sprachen und Sprechweisen vor allem eine graduell verschiedene. Jeder kennt die bezügliche Differenz zwischen den verschiedenen Stilarten innerhalb desselben Idioms z. B. die Eigentümlichkeit des Telegrammstils gegenüber dem Briefstil, des poetischen gegenüber dem didaktischen Stil usw. Während der eine sich auf Stich- oder Schlagworte beschränkt, gebraucht der andere umständlichere Redeweisen, die möglichst wenig der erratenden

Konstruktion des Hörers überlassen. Was aber Eigenart einer besonderen Sprech- und Schreibgewohnheit innerhalb eines gewissen Idioms ist, das kann auch ein für allemal die Eigentümlichkeit einer gewissen Sprache oder Sprachenfamilie gegenüber einer anderen bilden.

Und nicht bloß graduelle Unterschiede in der Ausdrucksmethode können derart verschiedenen Sprachen und Sprechweisen ein verschiedenes Gepräge geben, sondern auch die besondere Richtung, die bei der Wahl dessen eingeschlagen wird, was man explizite ausdrückt und was der Ergänzung überlassen wird. So gehört denn die Wirkung des Unterschieds zwischen dem, was man fragmentarischen und diskursiven Sprachbau genannt hat, und diejenige ähnlicher Differenzen der individuellen Sprechweisen auf das Zustandekommen des Verständnisses und den Aufbau der Gedanken im Hörer, zweifellos zu dem, was wir hier innere Sprachform und zwar im Unterschied von der figürlichen „konstruktive" innere Sprachform nennen wollen.

Doch weiter! Auch der Unterschied zwischen dem sog. analytischen und synthetischen Sprachbau — obwohl zunächst ein solcher der äußeren Sprachform — hat Differenzen der inneren Form (in dem Sinne, der uns jetzt beschäftigt) zur Folge. Nicht der Gedanke, den der Lateiner als Bedeutung mit amavi verbunden hat, war ein anderer als derjenige, den der Franzose mit j'ai aimé verbindet, und es ist darum sicher ein Irrtum, mit Wundt[1]) zu meinen, in einem Falle (beim Lateiner) werde die Person nicht oder nicht deutlich von der Handlung unterschieden und so sei das sogenannte „analytische" Denken des Franzosen gegenüber jenem früheren „synthetischen" als ein Fortschritt zu betrachten. Wer die fragliche Bedeutung überhaupt denkt, der prädiziert das Lieben von der Person, und dazu muß er beide unterscheiden, und es ist meines Erachtens eine unmögliche Fiktion, daß „hier wie überall das äußere Verhältnis der Bestandteile einer Wortzusammensetzung der Verbindung der Vorstellungen selbst genau parallel geht" und somit im obigen Falle der Gedanke der Person so mit dem der Handlung verschmelze oder in ihm verschwinde, wie etwa einst ein gesondertes Personalpronomen von dem Ausdruck für die Handlung einverleibt und absorbiert worden ist.

---

[1]) Die Sprache, II, ¹, S. 277, 411; ², S. 284, 436.

Wo es sich um den bloßen Vorstellungsausdruck handelt,
da können einfache Namen im Unterschied von zusammengesetzten
zu bloß symbolischem Denken des, eventuell attributiv zusammengesetzten Begriffs, der in beiden Fällen gemeint ist, Anlaß
geben; obwohl sie es nicht immer tun. Allein das ist in
keiner Weise eine Stütze für das, was wir Wundt lehren
hörten. Aus doppeltem Grunde. Erstlich liegt auch beim symbolischen Denken durchaus kein der sprachlichen Verschmelzung
der (sonst selbständigen) Lautmittel analoges Verschmelzen der
ausgedrückten Vorstellungen vor. Von einem wahren Parallelismus
zwischen Wort und Gedanke ist auch hier durchaus nicht zu
sprechen. Fürs zweite aber findet das symbolische Vorstellen
im obigen Falle, wo es sich um eine Prädikation handelt, und
so noch bei mannigfachen anderen Gliederungen eines seelischen
Inhalts, der sprachlich bald durch eine sogenannte analytische
bald durch eine synthetische Ausdrucksweise wiedergegeben ist,
überhaupt keine Anwendung. Wer den Sinn von amavi überhaupt versteht und denkt, der muß Person und „Handlung"
unterscheiden, und der wahre Unterschied, den in diesen und
ähnlichen Fällen die verschiedene, sogenannte analytische und
synthetische, Ausdrucksweise mit sich bringen kann, ist nur
der, daß der da und dort identische Gedanke, der die Bedeutung bildet, in einem Falle durch gewisse vorbereitende
Vorstellungen zustande kommt, die im anderen fehlen und
dies ist ein Unterschied der konstruktiven inneren Sprachform,
der Ausfluß der äußeren ist.

Ähnlich in andern Fällen. Indem die Sprachen nicht bloß
in dem differieren, was sie überhaupt explizite ausdrücken oder
bloß der Ergänzung durch den Zusammenhang überlassen,
sondern auch darin, ob und wie sie den auszudrückenden
Inhalt teils seiner natürlichen Gliederung entsprechend (oder
fiktive Gliederungen und Einschnitte in ihn hineintragend)
wiedergeben, teils nur wie durch stenogrammatische Kürzungen
andeuten, kann auch dies auf das Zustandekommen des Verständnisses von Einfluß sein, und dann haben wir einen Unterschied der konstruktiven inneren Sprachform vor uns (mit dem
vielleicht solche der figürlichen inneren Form Hand in Hand
gehen).

Und auch damit ist noch nicht alles erschöpft. Bei dem,
was zum Ausdruck kommt, ist für die konstruktive innere Sprach-

form nicht bloß wichtig, ob und wie weit dies durch einfache
Wortgebilde oder Fügungen und Zusammensetzungen von solchen
geschehe; die verschiedene Weise des décomposer la pensée,
welche von verschiedenen Sprachen dabei geübt wird, liegt
auch noch in der verschiedenen Anordnung der durch die Ausdrucksweise, soweit sie analytisch ist, gebotenen Vielheit von
Redeteilen, seien dies Worte in den Wortfügungen und Sätzen
oder aber Wortbestandteile in den Komposita. Ja dies ist von
ganz besonderer Wichtigkeit für ein rasches und leichtes oder
ein gehemmtes und schwerfälliges Verständnis, kurz für die verschiedene Beschaffenheit der das Verständnis vermittelnden Vorstellungen, die wir hier im Auge haben. Wenn z. B. in einer
Sprechweise alles an das letzte Wort im Satze angelehnt ist, d. h.
die Worte so geordnet sind, daß sie erst durch dieses ihre
richtige Beleuchtung finden, so wird es sich kaum vermeiden
lassen, daß die Erwartungen, die man über die Bedeutung der
zuvor gehörten Worte bildet, sich hinterher nicht immer erfüllen.
So wird in wiederholten Versuchen eine Gesamtbedeutung auf-
zubauen, die wieder aufgegeben und durch neue ersetzt werden
müssen, viel nutzlose Arbeit geleistet werden. Anders, wenn
gleich bei den ersten Worten das Ganze der Bedeutung in seinen
wesentlichsten Umrissen oder einem wichtigen Teile nach bleibend
feststeht und das Spätere hierzu nur Ergänzungen oder unwesentliche Korrekturen bildet. Hier sprechen wir von mühelosem
Verständnis und Gedankenaufbau. Und auch in dieser Richtung
können die Unterschiede des Sprachstils entweder solche sein,
die den Bau und Aufriß einer Sprache oder Sprachengruppe an
sich selbst betreffen und ihn zu einem mehr oder weniger glücklichen machen, oder es kann sich um die mehr oder weniger
geschickte Handhabung und Benutzung dieser Mittel durch den
einzelnen Sprechenden oder Schreibenden handeln. Einem an
und für sich wenig glücklich veranlagten Idiom vermag ein mit
dessen Kräften wohl Vertrauter und mit Geschick für ihre
Ausnutzung Begabter vielleicht noch eine erträgliche Ausdrucksweise abzugewinnen, während ein Anderer die best-
gebaute Sprache nur zu einer verworrenen Sprech- und
Schreibweise mißbraucht, welche den Hörer und Leser bei
der Verständnisbildung beständig zu ratlosem und mühseligem
Hin- und Herschwanken zwischen verschiedenen Möglichkeiten
zwingt.

Derselbe Condillac, der davon sprach, daß alles Sprechen eine, sei es identische, sei es verschiedene, manière de décomposer la pensée involviere, hat in seiner *art d'écrire* auch gesagt: nous ne concevons jamais mieux une pensée, que lorsque les idées s'en présentent dans la plus grande liaison, und dies durch die Anordnung der Worte im Satze zu leisten sei das Geheimnis eines guten Stils.

Es liegt dieser Äußerung offenbar die so weit verbreitete Supposition zugrunde, daß alles, was wir durch Worte kundgeben und einander vermitteln, Vorstellungen seien. Wenn dies wäre, käme es darauf an, die Worte im Satze so zu wählen und zu fügen, daß diejenigen sich am nächsten ständen, welche den am engsten verbundenen Vorstellungen entsprechen. Streifen wir jenen Irrtum ab, so werden wir auf Grund unserer differenten Anschauung von der mannigfachen Bedeutung der Wörter (wovon später) allgemein sagen müssen: da diese Bedeutungen teils mehr direkt, teils mehr indirekt zusammenhängen, und die eine mehr als die andere von zentraler Natur und von der Art ist, daß die anderen nur von ihr aus verstanden werden, so ist es (unter sonst gleichen Umständen) im Interesse des raschen und leichten Verständnisses, daß bei der Auswahl und Anordnung der Worte auf jenen natürlichen Zusammenhang ihrer Bedeutungen Rücksicht genommen sei. Auch diese verschiedene Weise, wie die Gesamtbedeutung eines Satzes durch jene vorläufigen Vorstellungen und Erwartungen über die Funktion der einzelnen Bestandteile desselben vorbereitet wird (darunter auch sogar durch Gedanken, die bereits der Stufe der grammatischen Reflexion angehören), will ich Unterschiede der inneren Sprachform nennen. Auch hier handelt es sich um etwas, was zur Ausdrucksmethode gehörig, eine Vorstufe und gleichsam Vorhalle des Verständnisses und nicht dieses selbst ist, und zugleich um etwas, was schlechterdings nicht äußerlich wahrnehmbar ist. Die betreffenden Vorgänge knüpfen sich, wie schon angedeutet wurde, wohl an äußerlich Wahrnehmbares, an gewisse Unterschiede der äußeren Sprachform wie die, ob gewisse Worte diese oder jene Stellung haben, ob etwas durch einen ungegliederten oder einen gegliederten Namen, ob es abkürzend durch Wortkomposita oder Simplizia ausgedrückt sei, und welcher Art diese sind usw.; aber dieses Äußere ist nicht das Ganze. Es war zwar ein Fehler, bei diesen Besonderheiten im Bau und der Struktur der Sprachen nur innere Unterschiede sehen zu wollen. Primär liegen auch äußere (und genetische) vor, und jene inneren sind nur die Folgen der letzteren. Aber diese Folgen sind wirklich vorhanden als etwas von dem Äußeren und Genetischen Verschiedenes und als etwas direkt in die innere Erfahrung Fallendes, und es wäre gleichfalls verkehrt sie in ihrer Eigenart zu ignorieren.

Daß überdies mit derartigen Unterschieden der konstruktiven inneren Sprachform auch solche der figürlichen Hand in Hand gehen können, wurde schon gelegentlich angedeutet.

Endlich noch die Bemerkung, daß wir auch diese Erscheinungen der konstruktiven inneren Sprachform, ebenso wie die der figürlichen natürlich nur so lange hierher rechnen, als sie lebendig im Bewußtsein des Verstehenden sind, und nicht mehr, wenn sie etwa nur durch genetische Betrachtungen als etwas erschlossen werden, was früher einmal wirksam war.

Viertes Kapitel.

Andere Fassungen des Begriffs der inneren Sprachform
und abweichende Beschreibungen, die von den bezüglichen Erscheinungen gegeben werden.

---

§ 18. Schon als wir der Tatsache gedachten, daß man nicht allgemein die äußere Sprachform so bestimmt und den Bereich ihres Umfangs so abgesteckt hat, wie wir es für angemessen fanden, sind uns unter einem auch Abweichungen in bezug auf die Bestimmungen des Inhalts und der Grenzen des Terminus „innere Sprachform" begegnet. Und die dort erwähnten sind keineswegs die einzigen. Es gesellen sich ihnen noch andere Angaben hinzu, die nach anderer Richtung von der unsrigen differieren. Alle aber laufen sachlich darauf hinaus daß man dabei einmal ganz allgemein die bezüglichen Erscheinungen bei den Ausdrucksmitteln, die nicht Namen sind, ganz übersehen und nur diese letzteren im Auge behalten hat — wovon wir aber jetzt nicht handeln wollen —,[1] zweitens daß man mit dem von uns Beschriebenen in größerem oder geringerem Umfange anderes verwechselt und vermengt, und als „innere Form" bezeichnet hat, teils weil man es überhaupt für ein bei der Sprache beteiligtes „Inneres", teils weil man es speziell für eine solche „Form" ansah.

a) Was zunächst das Letztere betrifft, so stellt die nähere Untersuchung heraus, daß, was man so nannte, entweder nicht

---

[1] Wir werden später darauf zurückkommen.

eine „Form" oder daß es dies nur in ganz anderem Sinne als
unsere „innere Form" ist. Von solchen Äquivokationen des
Terminus „Form" spielte z. B. gelegentlich bei Steinthal insbesondere diejenige herein, vermöge deren man von „Formsprachen" gegenüber „formlosen" redet. Solchen Sprachen, die
keine „echten" grammatischen Formen haben, fehle — so wird
uns da verkündet — die Form innen und außen. Und mit
dieser „inneren Form", die man gewissen Sprachen absprach
und anderen ausschließlich zuschrieb, meinte man offenbar etwas
nur der inneren Erfahrung Zugängliches (denn warum sonst
innere Form?) vor sich zu haben, was mit dem besonderen
Bau derjenigen Sprachen zusammenhängen soll (und zwar als
dessen innerer Grund), denen man „grammatische Formen" zugesteht. Aber was soll dieses Innere sein? Wenn man nicht
von vornherein darauf verzichten will, auf dem Boden des Tatsächlichen zu bleiben, so hat man nur eine doppelte Alternative
vor sich. Dieses Innere müßte entweder die Bedeutung der
grammatischen Formen sein oder das, was wir die (speziell
mit ihnen verbundene) konstruktive innere Form genannt
haben.

Ist das Letztere gemeint, dann müßte ich es als unglücklich
bezeichnen, daß man die Besonderheit einer solchen inneren
Form, die sich an eine spezielle äußere Sprachform (nämlich
den Besitz sogenannter grammatischer Formen) knüpft, ausschließlich mit dem Namen „innere Form" belegt. Auch
verrät man, die wahre Natur dieser Erscheinungen nicht erkannt
zu haben, dadurch, daß man sie als Grund jener Besonderheit
der äußeren Form ansieht, während sie — wie wir gesehen
haben — in Wahrheit deren Folge und Begleiterin ist.

Oder will man unter „innerer Form" die Bedeutung verstanden wissen, indem man der Ansicht ist, daß sich in den
„echten" grammatischen Formen ein eigentümliches (sonst
nirgends vorhandenes) Denken ausdrücke und dieses den Grund
jener eigentümlichen äußeren Sprachform bilde? Diese Anschauung ist mit der Lehre Wundts von der inneren Sprachform verwandt und kommt am besten mit dieser zusammen
unten zur Behandlung. Einstweilen führen wir hier unseren
Überblick weiter über die Verwechslungen, welche zu mannigfach abweichenden Bestimmungen über die innere Sprachform
geführt haben.

b) Wie wir schon andeuteten, war ja dabei nicht bloß der
so äquivoke Terminus „Form" zusammen mit dem des Inneren
verführerisch, sondern auch der des Inneren für sich allein.

Auch bei exaktem Gebrauche dieses Terminus kann man
— wir haben inzidentell schon daran gerührt — bei den Bezeichnungsmitteln ein mehrfaches „Inneres" unterscheiden, und
dazu kommt, daß man, bei mangelhafter Unterscheidung, auch
solches für ein Inneres nehmen kann und tatsächlich genommen
hat, was der schärfer Zusehende nicht so klassifizieren wird.
Sprechen wir zuerst von der letzteren Verwechslung. Was wir
innere Form nannten, ist ein Inneres in dem Sinne, daß es nur
der inneren Erfahrung erfaßbar ist. Es scheint aber, daß man
auch solches für ein Inneres genommen hat, von dem nur soviel
klar ist, daß es nicht unmittelbar wahrgenommen wird, sondern
erschlossen ist, gleichviel wenn auch gilt, daß es, falls es
„wahrnehmbar" wäre, unter die „äußere Erfahrung" fiele (wie
z. B. viele genetische Eigentümlichkeiten der Sprachform). Und
wiederum hat man solches für ein Inneres gehalten, was nicht
ein konkret (sinnlich) Wahrnehmbares ist, sondern nur durch
Abstraktion (und zwar nur durch umfassendere Vergleichung
und Abstraktion) im (sinnlich) Wahrnehmbarem erfaßbar wird.
So die allgemeinen Züge von Übereinstimmung und Verschiedenheit an der äußeren Sprachform. Doch genug von
solchen unexakten Fassungen des Begriffs des „Inneren". Wer
aber diesen Begriff scharf im Sinne des nur innerlich Erfahrbaren
faßt und als solchen von dem des „äußerlich Wahrnehmbaren"
scheidet, der kann in bezug auf die Beschreibung der „inneren
Sprachform" noch fehlgehen, indem er in der schon angedeuteten
Weise ihre Erscheinungen, die — wie wir gesehen haben —
bloße Begleiter der Bedeutung sind, mit dieser selbst resp.
dem, was die Sprachmittel ausdrücken, konfundiert. Denn
auch dieses ist ebenso wie die „innere Form" ein nur der
inneren Erfahrung Erfaßbares.

Auch diese Verwechslung, ja sie nicht zum wenigsten,
ist begangen worden, und das alles hat Anlaß zu abweichenden
Bestimmungen und Begrenzungen des Begriffs der inneren Sprachform gegeben.

§ 19. Es ist nicht unsere Absicht, eine historisch vollständige Aufzählung der verschiedenen Deutungen zu geben,

welche der Terminus infolge von alledem erfahren hat, seit ihn
W. v. Humboldt in die sprachwissenschaftliche Literatur eingeführt hat. Es genügt uns, einige Beispiele vorzuführen und
daran die vorhin ausgesprochenen allgemeinen Bemerkungen zu
illustrieren und die Richtigkeit unserer Fassung noch mehr ins
Licht zu setzen. Soviel zu tun aber hielt ich für umsomehr
gerechtfertigt, als ich diesen Begriff für einen der wichtigsten
in der gesamten Sprachphilosophie und allgemeinen Grammatik
halte, hierin ganz mit Steinthal einig, der darum dessen Aufstellung als Humboldts größtes Verdienst und das Bestreben,
ihn völlig zu klären und „Humboldt hierin zu erfüllen" als seine
eigene Hauptaufgabe betrachtete. Dies alles, indem er zugleich
mir, als einem angeblichen Tiedemannus redivivus,[1]) ebenso
wie der früheren „philosophischen Grammatik", ein gänzliches
Übersehen oder Verkennen der betreffenden Erscheinungen zur
Last legte.

I. Ich erinnere denn zunächst noch einmal an jene Umfangsbestimmung der inneren Sprachform, die wir schon bei Delbrück
antrafen. Sie rechnete kurzweg dahin Erscheinungen, die zwar
— wie wir in unseren Ausführungen über die konstruktive
innere Form gesehen haben — zum Teil auch unter diesen
Begriff, zum Teil aber und zwar primär unter den der äußeren
Form fallen (nur daß es sich um allgemeine Züge dieser Art
handelt) und zu einem weiteren Teil zur Klasse der genetischen
Eigentümlichkeiten der Sprachform gehören.

Verwandt mit jener Delbrückschen Fassung ist aber auch,
wenn Heyse und gelegentlich auch Steinthal die innere Sprachform mit dem System der grammatischen Kategorien
identifizierte. Nur ist hinzuzufügen, daß zum Umfang dieses
Begriffes (zu den grammatischen Kategorien) nicht bloß Unterschiede der äußeren und inneren Sprachform (in unserem Sinne)
sowie genetische Eigentümlichkeiten derselben gehören, sondern
in gewissem Maße auch solches, was von allen Unterschieden

---

[1]) Unter diesem Pseudonym sind bei Steinthal in der III. Auflage seines
„Ursprung der Sprache", 1877, offenbar meine Ansichten über das Wesen und
Werden der Sprache gemeint und werden sie dort von dem Autor bekämpft,
soweit er sie sich nicht stillschweigend oder in Form einer sogenannten
Selbstkritik zu eigen macht. (Vgl. darüber den 1., 8. und 9. meiner Artikel
„Über Sprachreflex, Nativismus und absichtliche Sprachbildung" in der Viertel-
jahrsschrift für wissenschaftliche Philosophie, Bd. VIII und XV.)

der äußeren und inneren Sprachform und allen genetischen Besonderheiten unabhängig nur in einem Unterschied der Funktion besteht. In der Regel sind allerdings Unterschiede in der Funktion, wie z. B. die einer Aussage oder eines Wunsch- oder Befehlsatzes gegenüber einem bloßen Namen, auch von Unterschieden in der Sprachform begleitet. Aber nicht immer. Und auch da, wo dem Unterschied in der Bedeutung kein solcher in der Form zur Seite geht, werden auf die betreffenden Ausdrucksmittel doch die grammatischen Kategorien der Aussage, des Namens usw. angewendet, so daß also in diesem Falle etwas damit bezeichnet ist, was nur einen Unterschied der Bedeutung ausmacht.

Daß genetische Besonderheiten der Sprachform und solche der äußeren Sprachform bei dem ins Spiel kommen, was man gewöhnlich als grammatische Kategorien bezeichnet, ist einleuchtend. Auch daß Unterschiede der konstruktiven inneren Sprachform die der äußeren begleiten, bedarf keiner besonderen Bemerkung mehr. Daß aber auch eigentümliche Vorstellungen der figürlichen inneren Sprachformen beteiligt sind, zeigt schon der Hinweis auf die üblichen Begriffe von Substantiv und Verb, von denen, wie wir später sehen werden, ohne Berücksichtigung gewisser Bilder der figürlichen inneren Sprachform keine befriedigende Rechenschaft zu geben ist.

§ 20. II. Wenden wir uns zu W. v. Humboldt, der, wie schon bemerkt, zuerst von „innerer Sprachform" gesprochen hat. Ihm und denen, die in der Sprachphilosophie seinen Pfaden gefolgt sind, wie z. B. Steinthal, schweben beim Gebrauch dieses Terminus zweifellos auch die Erscheinungen vor, die wir so genannt haben, und zwar vornehmlich die der figürlichen inneren Sprachform, aber leider nicht sie allein, sondern in unklarer Vermischung damit auch anderes und namentlich die Bedeutung selbst. Das verrät sich ganz unverkennbar in einer Reihe ausdrücklicher Definitionen, die sie geben und in den Beispielen, die sie aus dem (wirklichen oder vermeintlichen) Umfange des Begriffs anführen.

Freilich nicht alle bezüglichen Angaben Humboldts und noch weniger alle diejenigen von Steinthal sind aus dieser Verwechslung der figürlichen inneren Sprachform und der Bedeutung zu erklären. So wenn Humboldt von einer idealen inneren Form der

Sprache redet, von der die wirklichen bald mehr bald weniger
abweichen, und wenn er diese Abweichungen für etwas den
verschiedenen Graden und Abstufungen der spracherzeugenden
Kraft bei den betreffenden Völkern Entspringendes erklärt.
Hier haben wir es, wie mir scheint, nicht bloß mit Verwechslungen auf deskriptivem Gebiete (unter „der idealen
inneren Form" scheinen die Bedeutungskategorien gemeint,
die in einer idealen Sprache samt und sonders adäquat ausgeprägt wären), sondern auch mit fiktiven und mystischen Anschauungen über die Genesis der Sprache zu tun.

Stellen, wie die zuvor genannten, hat vielleicht E. Wechßler,
in seinem mit großer Umsicht geschriebenen Buche „Gibt es
Lautgesetze?" (Halle, Niemeyer, 1900), im Auge, wenn er S. 37
sagt, Humboldt habe unter der inneren Sprachform, in die
später soviel hineingedeutet worden sei, nichts anderes verstanden, als den gesamten Bestand der mit den akustisch-
motorischen Worten und Wortformen (der „äußeren Sprachform"
oder den phonetischen Phänomenen) assoziierten Bedeutungen.
Beides zusammen aber habe er einem Dritten gegenübergestellt,
„dem Inhalt, wie er es ausdrückte und es sind die Bewußtseinsvorgänge, welche der Sprechende äußert".

Wir haben selbst schon im Jahre 1884 (im VIII. Bande
der Vierteljahrsschrift für wissenschaftliche Philosophie, S. 300 f.)
betont und werden es weiter unten wieder tun müssen, daß die
Worte und Sätze der Sprache allerdings in doppeltem Sinne Zeichen
sind, nämlich im Sinne einer Kundgabe oder Äußerung der psychischen Vorgänge im Sprechenden und im Sinne der Bedeutung,
die auf den Inhalt jener Vorgänge geht. So gibt z. B. die Aussage: es regnet kund, daß der Sprechende dieses Urteil fällt;
aber, was man die Bedeutung der Aussage nennt, ist vielmehr
der Inhalt jenes Urteils: die Tatsache, daß Regen falle.

Sollte Humboldt wirklich unter der „inneren Form" nur die
Bedeutungen der Sprachmittel im eben genannten Sinne und
unter dem „Inhalt" das verstanden haben, was sie kundgeben oder
äußern? Ich kann es nicht glauben. Aber vor allem muß gesagt
werden, daß, wenn dem so wäre, auch er dann eine Klasse
von Erscheinungen, die für die Betrachtung der Sprache nicht
minder wichtig ist als die vorgenannten, gänzlich übersehen
hätte. Es müßte gesagt werden, daß auch für sie, wie für
jede wissenschaftlich bedeutsame Klasse von Tatsachen, ein
besonderer Name wünschenswert ja methodisch geboten ist, und
ich könnte nicht umhin, hinzuzufügen, daß mir gerade der
Name „innere Sprachform" (mit den besonderen Zusätzen: der
figürlichen und konstruktiven) dafür wohl passend erscheint,
während für die Bedeutung eben dieser Name ja schon geprägt
und viel passender ist als der der inneren Form. Kurz: in
dem Falle würde ich vorschlagen, diesen letzteren Namen für
die fragliche Gattung von Erscheinungen, die von der Wissen-

schaft nicht ignoriert werden kann und darf, einzuführen und zu verwenden, bis etwa ein noch passenderer gefunden würde; mich mit dem alten Horazschen Worte an die Mitforscher wendend: Si quid novisti rectius istis, candidus imperti, si non, his utere mecum.

Allein, wie schon bemerkt, kann ich nicht glauben, daß Wechßler hierin den berühmten Sprachforscher richtig verstehe. Hat dieser beim Terminus „innere Sprachform" klar und konstant an die Bedeutungen unserer Sprachmittel gedacht, wie wäre er auf jenen Namen verfallen, der doch in Wahrheit nicht auf das Bedeutete, sondern weit besser auf irgendwelche Darstellungsmittel für dasselbe paßt? Auch war es dann gar nicht konsequent, innere und äußere Form zusammen dem „Inhalt" als etwas drittem gegenüberzustellen. Vielmehr hätten innere Form (= Bedeutetes) und Inhalt (= Kundgegebenes) als das (nur in verschiedenem Sinne) Bezeichnete zusammengehört gegenüber der „äußeren Form" als dem Zeichen.

Aber auch sonst scheint mir diese Deutung mit den Angaben Humboldts über die innere Sprachform nicht wohl in Einklang zu bringen. Dagegen erklärt sich der Name „innere Sprachform", den Humboldt aufbrachte, recht gut, wenn ihm dabei irgendwie das vorschwebte, was wir so nennen und was ja wirklich eine Art „Form", d. h. Ausdrucksmittel (aber von der äußeren, phonetischen Form verschieden) ist, und es verstehen sich die Angaben, die Humboldt selbst über die „innere Form" macht, am ehesten daraus, daß er zwar jene eigentümlichen Erscheinungen bemerkte, aber ihre Eigenart nicht klar und konstant von derjenigen der Bedeutung zu scheiden vermochte, sondern ihm beide Begriffe zu einem schwankenden und konfusen Mittelding ineinanderflossen. Und Analoges gilt von Steinthal und seinen Nachfolgern in dieser Sache.

So ist es, wenn Humboldt die innere Sprachform (besser: die Summe der inneren Formen einer Sprache) eine „Weltanschauung" und die „intellektuelle Seite der Sprechtätigkeit" nennt; wenn Steinthal sie als den eigentlichen Inhalt der Sprache, als das, was dem Laute seinen Wert und seine Geltung und Bedeutung gebe, bezeichnet; wenn man sie als „das eigentliche Apperzeptionsmittel" hinstellt und ihre Unterschiede mit den Unterschieden in der Richtung der Apperzeption und des abstrahierenden Erfassens der Gegenstände identifiziert, oder wenn man im Zusammenhang mit der Lehre von der inneren Sprachform jede Bezeichnung für eine „Abbreviatur, sozusagen für einen Bruch von dem Vollbegriff des bezeichneten Ganzen" erklärt hat usw. Fast alle diese Angaben lassen sich in irgendeiner Weise und in irgendwelchen Grenzen sowohl auf die Erscheinungen der figürlichen inneren Sprachform anwenden als

auf die Bedeutung oder die Summe der in einer Sprache ausgedrückten Bedeutungen. Wenigstens wenn man davon absieht,
daß die Urheber jener Definitionen dabei zu ausschließlich das
Gebiet der einfachen Namen im Auge hatten und die Zeichen,
welche diese zu Aussagen, Bitten, Befehlen und dergleichen
ergänzen und überhaupt die bloß mitbedeutenden Ausdrucksmittel fast ganz übersahen. Aber auch in dieser Beschränkung
passen jene Beschreibungen doch weit eigentlicher auf die
Bedeutung, während dagegen die Beispiele, wodurch die
Urheber jener Definitionen das Gesagte illustrieren, auf die
innere Sprachform gehen.

Ein Blick auf einzelne dieser Definitionen wird dies erhärten.

a) Eine „Weltanschauung" — um hiermit zu beginnen —
im eigentlichen Sinne bilden gewiss die Bedeutungen, die
ein Volk mit seinen Sprachmitteln (speziell mit seinen Namen
und Aussagen) verbindet, und nur sie. Etwas davon ganz Verschiedenes ist aber die Weise, wie dieses Volk die ihm eigenen
Gedanken und Gefühle mit einer relativ geringeren Zahl von
Sprachmitteln und darum auch unter Zuhilfenahme figürlicher
innerer Sprachformen zum Ausdruck gebracht hat. Diese
Methoden weisen direkt auf eine besondere Richtung der
Phantasietätigkeit hin und bloß indirekt lassen sie auf die
Grenzen des Begreifens und Erkennens der Natur und
Innenwelt bei dem Volke schließen. (Zum Teil hängen sie auch
lediglich mit Zufälligkeiten zusammen, die gar keinen Schluß
auf den geistigen Zustand der Sprechenden gestatten.) Und
jene Richtung der Phantasietätigkeit, die sich kundgibt, in sich
selbst und die eigenartige Weise, wie von den einen Sprechenden anders als von den anderen die Gesetze der Ideenassoziation
benutzt worden sind, um die — gegenüber den Worten — viel
größere Zahl von auszudrückenden Inhalten mit sparsamen und
sich selbst erklärenden Mitteln zu bezeichnen, kann man nur
ganz uneigentlich eine besondere „Weltanschauung" nennen.

b) Ebenso wie die Summe der figürlichen inneren Sprachformen einer Sprache etwas ganz anderes ist als die Summe
der aus ihr zu erschließenden Begriffe und Überzeugungen (die
eigentliche „Weltanschauung") des die Sprache redenden
Volkes, so ist auch der Unterschied jener inneren Sprachformen z. B. beim Ausdruck eines einzelnen Begriffes

etwas ganz anderes als die verschiedene Richtung, die unsere
„Apperzeption" bei der Auffassung desselben Gegenstands
durch verschiedene Begriffe nimmt, indem sie ihn bald als
dieses bald als jenes konzipiert und dementsprechend verschieden
benennt. Etwas anderes ist es z. B., wenn ich eine rote Kugel
das einemal (mit dem Interesse des Malers) als Rotes, das
anderemal (mit dem Interesse des Mathematikers oder Bildners)
als Rundes erfasse und benenne, und wenn ich — um noch ein
anderes Beispiel hinzuzufügen — einen gewissen Gegenstand
bald überhaupt nur als lebendes Wesen, bald genauer als ein
Tier von gewaltigen Dimensionen mit Rüssel und Stosszähnen
erkenne und benenne, so daß (bei diesem zweiten Beispiel) bald
der relativ einfachere Begriff („lebendes Wesen"), bald der letzt-
erwähnte kompliziertere („Tier mit den und den Merkmalen") den
Grund für die Benennung des Gegenstandes bildet. Und etwas
anderes ist es, ob ich nun bei der Benennung des Gegenstands
auf Grund des vorhin genannten zusammengesetzten Begriffes
(Tier von gewaltigen Dimensionen usw.) einen Namen wähle,
der zunächst und als innere Sprachform die Vorstellung des
zweimal Trinkenden oder die des Zweizahnigen oder des mit
einer Hand Versehenen usw. erweckt. Alle diese Vorstellungen
dienen nämlich, wie Humboldt erwähnt, im Sanskrit abwechselnd
als innere Sprachform bei der Bezeichnung des Elephanten.
Aber es ist eine ganz irrige Auffassung und Beschreibung des
Sachverhalts, wenn er sagt, es sei da „derselbe Gegenstand
gemeint" aber „durch viele verschiedene Begriffe bezeichnet".
Nein! nicht bloß derselbe Gegenstand ist gemeint und wird
durch verschiedene Begriffe erfaßt — das ist der Fall, wenn
ich den Elephanten bald nur im Allgemeinen als lebendes Wesen
oder als Tier, bald speziell als Elephanten auffasse — sondern
es ist auch derselbe Begriff gemeint, und nur zum Behufe seiner Bezeichnung sind verschiedene Vorstellungen als
Band der Assoziation zwischen diesem Begriffe und dem Namen
gewählt. Kurz: dort handelt es sich um eine verschiedene
Klassifikation desselben Gegenstandes durch Subsumierung
desselben unter verschiedene Begriffe, hier um verschiedene
Bezeichnungsmethoden für denselben Begriff.

Und wie man in doppeltem, wohl zu scheidendem Sinne
von einer verschiedenen Richtung der Apperzeption bei unserer
Auffassung und Bezeichnung der Gegenstände sprechen kann,

so auch von einer Verschiedenheit von „Denkformen". Ich habe
denselben Gegenstand unter verschiedenen Denkformen aufgefaßt, wenn ich ihn einmal als ein qualitativ, einmal als ein
räumlich, einmal als ein zeitlich Bestimmtes denke oder begreife.
Die „Denkformen" sind dann nichts anderes als verschiedene
Begriffe, die ich von ihm prädiziere. Kommen ihm diese Prädikate
wirklich zu, mit anderen Worten bietet er in Wahrheit Anlaß
sie ihm beizulegen, so ist der Vorgang ein wirkliches Erfassen
des Gegenstands zu nennen. Wenn nicht, so ist es eine Fälschung
des objektiv Gegebenen durch subjektive oder überhaupt fremd-
artige Zutaten, ein Hineintragen von Inhalten in eine Sache,
die ihr selbst nicht angehören. Nicht ein dem Gegenstand Zukommendes ist dann dadurch gedacht, nur etwa in einer andern
„Form", sondern etwas ihr nicht Zukommendes, indem irgend
ein fiktiver Begriff, sei es nun eine figürliche innere Sprachform oder ein anderer Inhalt mit dem dem Gegenstand wirklich
zukommenden konfundiert wird. Derselbe Begriff aber und
dasselbe Prädikat kann nicht ernstlich unter verschiedenen
Denkformen gedacht werden. Das Verschiedene kann nur eine
den Ausdruck jenes Begriffes vermittelnde andere und andere
figürliche innere Sprachform sein.

Und wie Humboldt, so machen auch seine Erklärer die
gerügte offenkundige Verwechslung, wenn sie — ohne die Unklarheit und Zweideutigkeit zu bemerken — sagen: die innere
Sprachform sei nach ihm „die einseitige Bezeichnung eines
mehrseitigen Gegenstandes".[1]

Der Unterschied zwischen jenen beiden so oft verwechselten
Vorgängen, der Auffassung eines Gegenstands unter verschiedene
Begriffe und der Bezeichnung desselben Begriffs mit Hilfe verschiedener innerer Sprachformen wird besonders auch daraus
deutlich, daß in dieser Weise etwas als innere Sprachform dienen
kann, was nicht bloß nicht etwa das wichtigste Merkmal des zu
bezeichnenden Begriffes ist sondern gar nicht eigentlich als
ein Merkmal d. h. ein Teilbegriff bezeichnet werden kann. Aber

---

[1] Auch Wundt begeht sie, wie vielerorts (wir werden dies noch sehen),
so insbesondere, wo er von der „Einheit der Apperzeption" bei der Benennung
und vom sogenannten „dominierenden Merkmal" oder der „dominierenden Vorstellung" dabei und beim Bedeutungswandel spricht. „Die Sprache", II, ¹,
S. 497 ff.; ², 521 ff.

wo zweifellos ein einzelnes Merkmal des Begriffs herausgegriffen und in der erwähnten Weise als Vermittler für das Verständnis des ganzen benutzt wird, da war es doch eine arge Kurzsichtigkeit, dieses ernstlich für das Einzige zu halten, was der Sprechende von dem Gegenstand apperzipiere. Sollte denn, wenn der Inder den Elephanten den zweimal Trinkenden nannte, Dieses, und wenn er ihn den Zweizahnigen nannte, dieses Andere das Ganze gewesen sei, was er überhaupt an ihm bemerkte? Wenn dies, dann hätte er eben gar nicht den Begriff des Elephanten (auch nicht den populären) sondern einen ganz andern gehabt, der so wenig mit ihm identisch ist als etwa der des Gelben mit dem des Goldes; so oberflächlich und populär dieser auch nur gefaßt sein möge.

Kurz, nur in einem uneigentlichen Sinne kann man, wenn der Begriff vermittelst verschiedener figürlicher innerer Sprachformen seine Bezeichnung findet, ebenfalls von einer verschiedenen Richtung der „Apperzeption" beim Sprechenden reden. Es ist eine verschiedene „Apperzeption" nicht im Sinne einer ernstgemeinten Auffassung und Klassifikation von Gegenständen zu theoretischen oder praktischen Zwecken, sondern eine solche etwa in dem Sinne. wie man auch beim Rätselbildner und Schöpfer phantasievoller und witziger Vergleiche davon sprechen kann.[1] Nur daß die eigentümlichen „Apperzeptionen" des letzteren bloß den Zweck haben ästhetisches Vergnügen zu erwecken, die des Schöpfers einer eigenartigen figürlichen inneren Sprachform dagegen (in der Regel) die Aufgabe, dem Hörer das Verständnis eines gewissen Inhaltes zu vermitteln. Nimmt einer in seine Auffassungen, im Sinne der Begriffe von Gegenständen, Widersprüche auf, so verdient er den Tadel der Logik; häuft er Ungereimtheiten in seinen „Auffassungen" im Sinne

---

[1] Dank Phantasie und Witz, als Schöpfern mannigfaltiger figürlicher innerer Sprachformen, sehen wir denn auch den Franzosen mit einem geringeren Wortschatz als andere Kulturvölker trefflich auskommen. Und mit den Rätseln hat schon Aristoteles die sprachlichen Metaphern verglichen.

Noch sei bemerkt, daß, wie man den Terminus „Apperzeption" äquivok auf die ernste begriffliche Auffassung eines Gegenstandes und dann auch wieder auf das Aperçu der inneren figürlichen Sprachform angewendet hat, wodurch man etwa die Bezeichnung jenes Begriffes vermittelt werden läßt, so ist es auch bald das eine bald das andere, d. h. bald die Bedeutung bald jenes sprachliche Bild, was „die beim Gebrauche des Namens herrschende oder dominierende Vorstellung" genannt worden ist.

der Bilder der inneren Sprachform (etwa in der Weise des bekannten Zahnes der Zeit, der alle Tränen trocknet), so gehört dies nur vor das Forum des Stilisten. Und dieser tadelt es, weil bei den Vorstellungen der inneren Sprachform sowohl in Rücksicht auf die nüchterne Verständlichkeit, welcher sie im einen Fall, als im Interesse des poetischen Reizes, dem sie in einem anderen Falle zu dienen haben, möglichste Anschaulichkeit erwünscht ist; eben diese aber bleibt ja bei Widersprechendem von vornherein ausgeschlossen.[1])

Ebensowenig wie ein Widerstreit zwischen verschiedenen Elementen der inneren Sprachform untereinander, geht den Logiker ein solcher an zwischen dem eigentlich gemeinten Begriff und der inneren Form, die ihn zu erwecken bestimmt ist. Und gegen einen solchen hat auch meist der Stilist nichts einzuwenden, indem eine Vorstellung sehr wohl als innere Form auf eine andere als Bedeutung führen kann, die, mit dieser zusammen selbst zur Bedeutung gerechnet, eine Unverträglichkeit und Absurdität ergäbe. Dies gilt nicht bloß von den Wachsstreichhölzchen, den schreienden Farben und dem trockenen Humor usw. sondern von den meisten Metaphern.

Noch sei erwähnt, daß — wie bekannt — die Vorstellungen der figürlichen inneren Sprachform unter Umständen, ebensogut wie die der äußeren Sprachform und andere, als Surrogat der Bedeutung oder des eigentlichen Begriffes (genauer: als Elemente einer solchen Surrogatvorstellung) fungieren können. Auch das ändert aber an all' dem oben Gesagten nicht das Mindeste. Sie bleiben eben doch etwas ganz anderes als jener durch sie vertretene Begriff, so wie die Surrogatvorstellung „Zahl, welche das Zeichen 1000 hat" etwas anderes ist als der eigentliche Gedanke 1000. Es handelt sich nicht um ein unvollständiges Denken des Begriffs, sondern um ein uneigentliches. Wer einen Begriff uneigentlich denkt, denkt in Wahrheit nicht diesen Begriff, sondern einen anderen (und diesen vollständig), der mit jenem konvertibel ist, als Surrogat desselben. Mehr davon später.[2]) Hier nur noch die

---

[1]) Ist eines oder das andere der widersprechenden Elemente einer inneren Sprachform oder sind beide verblaßt und aus dem lebendigen Bewußtsein der Redenden entschwunden, dann nimmt auch der Stilist keinen Anstoß mehr am betreffenden Ausdruck.

[2]) Daß und wie man (z. B. Steinthal und Wundt) die Erscheinungen der figürlichen inneren Sprachform und diese ihre Verwendung als Surrogat

Bemerkung, daß es offenbar jenes öfter vorkommende uneigentliche Vorstellen des Begriffs durch die figürliche innere Sprachform seines Bezeichnungsmittels ist, was man manchmal im Auge
hat, wenn man von einem „psychologischen" im Unterschied
vom „logischen" Denken spricht. Nur sollte man nicht vergessen, daß man auch wieder — und viel öfter und natürlicher
— unter „logischem Denken" ein den logischen Normen entsprechendes, unter „psychologischem" alles Denken versteht,
wie es sich eben — bald in Übereinstimmung, bald in Widerstreit mit jenen Normen des Richtigen — nach psychologischen
Gesetzen abspielt. Und man sollte das sogenannte „psychologische Denken" in jenem Sinne nicht mit diesem total verschiedenen konfundieren.

§ 21. c) Man hat endlich im Zusammenhang mit der Lehre
von der figürlichen inneren Sprachform auch gesagt, jede Bezeichnung sei eine Abbreviatur, sozusagen ein Bruch von dem
Vollbegriff des bezeichneten Ganzen. Auch da muß gefragt
werden: was versteht man dabei unter „Abbreviatur" und
„bezeichnetem Ganzen"? Meint man mit letzterem die Bedeutung des Namens oder das durch den Namen Genannte?
Wenn ich etwas, was ich auf der Wiese grasend sehe, einmal
lebendes Wesen, dann Tier, dann Säugetier, dann Ziegenbock
nenne, so ist das Genannte stets dasselbe. Aber die
Namen haben verschiedene Bedeutung, d. h. das Ganze des
Gegenstandes ist dabei gleichsam von verschiedenen Seiten,
es ist durch verschiedene vollständigere oder weniger vollständige
Begriffe aufgefaßt. Die Bezeichnung ist jedesmal eine Abbreviatur, weil die zugehörige Bedeutung oder der Begriff
jedesmal ein unvollständiger oder abbreviativer ist und entweder
überhaupt nicht alles oder wenigstens nicht explizite alles
enthält, was man schlechthin am Gegenstand bemerken und
auffassen könnte. Der strenge „Vollbegriff" des durch den
Namen Ziegenbock bezeichneten Tieres, d. h. ein Begriff, der
alle Merkmale desselben explizite enthielte, ist ja in gewissem
Sinne als für uns unerschöpflich zu bezeichnen.

eines Begriffs fälschlich geradezu mit dem Wesen des begrifflichen Denkens
identifiziert hat, habe ich schon in meinen Artikeln „über subjektlose Sätze"
usw. (Vierteljahrsschrift für wissenschaftliche Philosophie, Bd. VIII, S. 321 ff.,
327 ff.) gezeigt.

Ganz anders, wenn ich, nachdem ich jenen Gegenstand durch irgendeinen, sagen wir durch den relativ vollständigsten der obigen Begriffe, nämlich als Ziegenbock, aufgefaßt habe, nun einen Namen für diesen Begriff suche und ihn bald etwa vom Meckern, bald vom Barte des Tieres hernehme. Hier ist nun nicht bloß das Genannte sondern auch die Bedeutung des Namens dieselbe. Ich verbinde dieselben Begriffe mit den Worten, ob ich nun sage: Sehen Sie dort den Meck-Meck oder: Sehen Sie dort den Bärtigen grasen. Der Unterschied, der da besteht, ist nur ein solcher in den Vorstellungen der figürlichen inneren Sprachform. Allerdings kann man auch diese manchmal — z. B. in den beiden eben angeführten Fällen — in gewissem Sinne eine Abbreviatur nennen. Aber der Unterschied von vorhin ist ein gewaltiger. Diese Abbreviatur, die möglicherweise bei der figürlichen inneren Sprachform vorliegt und die darin besteht, daß die Bezeichnung für den Begriff von derjenigen für ein einzelnes Merkmal hergenommen ist, ist nicht notwendig eine Folge davon, daß nicht der ganze Begriff gedacht würde — während jene andere Abbreviatur, welche in jedem Namen und Begriffe im Verhältnis zum Gegenstande liegt, tatsächlich darin wurzelt, daß, wenigstens wenn es sich um „Substanzen" handelt, keiner unserer Begriffe den Gegenstand mit expliziter Vollständigkeit zu erfassen vermag. Während also diese Unvollständigkeit eine Folge der Beschränktheit unseres Erkenntnis- und Denkvermögens und darum eine universelle ist, erweist sich jene erste, bei manchen figürlichen inneren Sprachformen gegebene, bloß als ein Kunstgriff unserer Sprachbildung und, da dieser mit anderen wechselt, findet sie sich keineswegs universell bei unseren Namen, auch nicht bei denen von Dingen. Schon wenn ich z. B. sagen würde: Dort grast des Schneiders Reitpferd, so habe ich eine innere Sprachform gewählt, nicht eigentlich indem ich den Namen von einem einzelnen Merkmal des Begriffs hergenommen habe. Jedenfalls aber begegnet demjenigen, der glaubt, jedesmal erscheine bei der inneren Sprachform ein „Merkmal" (das sogenannte „auffälligste")[1]) als Vertreter und Abbreviatur für die übrigen, daß

---

[1]) Vgl. im übrigen über die Theorie vom sogenannten „auffälligsten" oder „hervorstechendsten", „herrschenden" Merkmal meinen erwähnten Aufsatz in den Symbolae Pragenses, S. 113 und den dritten der vorerwähnten Artikel

er die Fälle der figürlichen inneren Form auf dem weiten Gebiete derjenigen Bedeutungen, die nicht prädikativ zusammengesetzte Begriffe und somit gar nicht aus Merkmalen, d. h.
Teilbegriffen verknüpft sind, ganz übersieht. Und doch
gehören dahin nicht bloß die einfachen Begriffe, sondern auch
die Bedeutungen der Aussagen, Befehle, Bitten usw. (welche
nicht Vorstellungsinhalte, sondern Inhalte von Urteilen und
Gemütstätigkeiten sind) und die Bedeutungen aller bloß mitbezeichnenden Ausdrucksmittel.

So wird man zugeben müssen, daß alle die genannten
Bestimmungen der figürlichen inneren Sprachform äquivok sind
und in eigentlicherem und universellerem Sinne nicht von ihr
selbst, sondern von der Bedeutung gelten, wie denn auch
tatsächlich die Forscher, welche sie aufstellen, beide wesentlich
verschiedene Gebiete unter diesem Namen konfundiert haben.

§ 22. Zwei eigentümliche Definitionen der inneren Sprachform wollen wir noch besprechen, diejenige von W. Wundt und
eine andere, die darin liegt, daß man sagte, sie bestehe in der
Anpassung des Gedankens an ein vorhandenes Sprachmaterial.

III. Was kann mit dieser letzteren Bestimmung gemeint sein?

Der nächstliegende Sinn von „Gedanke" ist hier zweifellos:
das durch die Sprache „mitzuteilende Denken", und es läßt sich
nicht leugnen, daß man tatsächlich zu einer Anpassung desselben
an ein vorhandenes Sprachmaterial gezwungen sein kann.

Nehmen wir an, wir hätten die Gedanken, die wir mitteilen wollen, in eine fremde Sprache zu kleiden. Davon, daß
nicht alles, was wir durch die Sprache anderen vermitteln,
„Gedanken", d. h. Begriffe und Urteile sind, wollen wir
hier der Einfachheit halber absehen. Die Übertragung auf

über subjektlose Sätze (Vierteljahrsschrift für wissenschaftliche Philosophie,
Bd. VIII, S. 327 ff.). Nicht immer, so habe ich schon dort betont, ist der als
innere Form ergriffene Zug derjenige, der an und für sich der wichtigste ist
oder dem Sprachbildner als solcher erscheint, oft genügt, daß er vom Standpunkt des eben eine Bezeichnung Suchenden und unter der praktischen Rücksicht auf den Kreis der hierfür gerade zur Verfügung stehenden und gebräuchlichen Mittel vor anderen die Aufmerksamkeit auf sich lenke. Weshalb
z. B. dem durch Geberden Redenden ein ganz anderer Zug „auffallen" und von
ihm gewählt werden mag, als von dem durch Laute sich Verständigenden.

die übrigen Inhalte unserer Mitteilung macht sich von selbst. Und ich wähle die Anpassung an eine fremde Sprache, weil hier der fragliche Prozeß sich nicht so spontan und sofort mit der Geburt des Gedankens zu vollziehen pflegt wie bei der Muttersprache.

Dabei kann sehr wohl im strengen Sinne eine Anpassung des Gedankens an das vorhandene Sprachmaterial, d. h. eine gewisse Modifikation desselben nötig sein, wenn wir nicht auf jede Möglichkeit der Verständigung verzichten wollen. Man muß sich vielleicht begnügen, in der fremden Sprache etwas dem, was man eigentlich sagen möchte, Verwandtes oder irgendwie nahe Kommendes zu äußern, und dergleichen kommt jedenfalls vor, wenn wir unsere Gedanken in der unentwickelten Sprache eines Naturvolkes, dem eine Menge unserer Begriffe fremd sind, auszudrücken suchen.[1] Aber der Name „innere Sprachform" scheint mir für diese Anpassung des Gedankens an ein vorhandenes Sprachmaterial nicht der geeignete, da eben nicht bloß die Form der Äußerung geändert ist, sondern das Geäußerte, der Inhalt, selbst. Wenn also einem Vertreter der obigen Begriffsbestimmung dabei bloß diese Vorkommnisse vorschwebten, so würde der ganze Umfang dessen, was er und dessen, was wir „innere Sprachform" nennen, auseinanderfallen. Diese Deutung halte ich indessen nicht für wahrscheinlich, und viel näher liegt, daß man mit den obigen Unterschieden, die solche der Bedeutung wären, auch solche zu einer konfusen Klasse zusammengerechnet, die wirklich bloß Differenzen der „inneren Sprachform" in unserem Sinne sind, sowie auch noch bloße Unterschiede der äußeren Sprachform und endlich solche Erscheinungen, wo Differenzen beider Art Hand in Hand gehen.

Wie schon an früherem Orte bemerkt wurde, ist keine Sprache in dem Sinne ein adäquater Ausdruck unseres Innen-

---

[1] Auch bei der anfänglichen Bildung der Sprache und jeglicher populären Umbildung kann es geschehen, daß solche Begriffe und Klassifikationen als Grundlage der Benennung bevorzugt werden, durch welche am bequemsten eine Verständigung statthat. Das ist ganz deutlich bei gewissen verschwommenen Begriffen, die nach Typen gebildet sind, die gerade bequem zur Hand waren, wie violett, orange usw. usw. So kam Locke dazu, sogar ganz allgemein zu behaupten, die Menschen hätten bei der Bildung der allgemeinen Begriffe mehr die Bequemlichkeit der Mitteilung als die Erkenntnis des Wesens der Dinge im Auge.

lebens und auch nicht unserer Gedanken, daß sie alles explizite
ausdrückt, was wir, eine gewisse Rede äußernd, tatsächlich
denken. Um nur eines zu erwähnen, so müssen ja korrelative
Gedanken stets und notwendig zusammen gedacht werden. Man
kann nicht denken: „er schlägt mich" ohne zugleich zu denken:
„ich werde von ihm geschlagen". Aber gewöhnlich wird nur
der eine der beiden Gedanken explizite in der Sprache ausgedrückt; der andere muß sich begnügen, dadurch implizite
wiedergegeben zu sein.[1]) Nun könnte es geschehen, daß die
eine Sprache, ohne Parteilichkeit und gewissen Umständen entsprechend, bald dieses bald jenes Glied eines solchen Korrelaten-
paares explizite ausdrückt, während eine andere eine besondere
Vorliebe besitzt für Wendungen der einen Art vor denen der
anderen. Bei der Übersetzung in die letztere Sprache kann
man also, um ihren Stil zu wahren, gezwungen sein vom Originale
sofern abzuweichen als man nur implizite wieder gibt, was dort
explizite ausgedrückt ist. So ist z. B. in den malaischen
Sprachen die passive Konstruktion sehr beliebt. Sie wird selbst
in Fällen verwendet, wo sie uns fast unmöglich scheint. Wie
wenn z. B. statt: ich will deinen Bruder schlagen, gesagt wird:
Dein Bruder will durch mich geschlagen werden. Mit der Besonderheit der konstruktiven verbindet sich hier noch eine
eigentümlich kühne figürliche innere Sprachform. Ferner: der
Dajacke bezeichnet nicht die Dinge als mehrfach, sondern lieber
das an ihnen Geschehene oder von ihnen Getane. Im Gedanken
ist natürlich die eine Pluralität von der anderen untrennbar.
Doch kann sich die Sprache den expliziten Ausdruck bald des
einen bald des andern ersparen. Dabei liegt dann offenbar ein
Unterschied der äußeren und als Begleiter ein solcher der konstruktiven inneren Sprachform vor. Und wie hinsichtlich des
Ausdrucks der Korrelative, kann es auch in mannigfacher
anderer Beziehung der Fall sein, daß in verschiedenen Sprachen
das vorhandene Sprachmaterial bei der Auswahl dessen, was
ausdrücklich wiedergegeben wird, und dessen, was der Ergänzung
überlassen bleibt, anders und anders und eigenartig vorzugehen

---

[1]) Nebenbei bemerkt ist also gegenüber: Dich ruft der Vater, der
korrelative Gedanke: Du wirst gerufen vom Vater, nichts anderes als ein
nicht explizite ausgedrückter Teil der Bedeutung, nicht — wie ich
es auch schon bezeichnen hörte — „die innere Sprachform" im Gegensatz zur
äußeren.

zwingt. So wenn da oder dort geeignete Konjunktionen fehlen, um die sogenannte Unterordnung gewisser Sätze explizite und exakt wiederzugeben, und es so dem Zusammenhange überlassen bleibt, die Auffassung derselben zu vermitteln. Sind freilich die Ausdrucksmittel eines gewissen Idioms, selbst in Verbindung mit dieser ergänzenden und erklärenden Kraft des Kontextes, nicht imstande einen gewissen komplizierteren Gedanken im Hörer zu erwecken, so haben wir den früheren Fall vor uns, wo man aus Mangel an passenden Worten und Wendungen nicht den gewünschten, sondern einen ihm bloß verwandten Gedanken — hier einen einfacheren statt eines komplizierteren — zum Ausdruck bringt.

Dagegen nur eine Verschiedenheit der äußeren Sprachform, eventuell begleitet von einer solchen der konstruktiven inneren, liegt wieder vor, wenn für einen gewissen zusammengesetzten Begriff wie Fichte oder Oberschenkel in der einen Sprache ein einfacher Name existiert, in der anderen nicht. Wer sich hier dem vorhandenen Sprachmaterial dadurch anpaßt, daß er, was in der einen Sprache in jener abgekürzten Weise genannt ist, in der anderen durch einen analysierenden und gegliederten Namen umschreibt, der braucht dabei durchaus nicht notwendig seinen Gedanken zu ändern.

Wohl kann es geschehen, daß der Gebrauch eines einfachen Namens für einen sehr zusammengesetzten Begriff allmälig dazu führt die Bedeutung nicht mehr auszudenken, sondern sie nur in abgekürzter symbolischer Weise vorzustellen, z. B. bei Quadrat statt: gleichseitiges rechtwinkliches Viereck etwa das Quadrat genannte zu denken. Aber eine notwendige Folge davon ist dies nicht. Und wenn dies nicht, dann ist die Änderung nur eine solche der äußeren Ausdrucksform, mit der ein Wechsel der konstruktiven inneren Sprachform Hand in Hand geht.

Und eine Differenz der äußeren Sprachform, begleitet von einem Unterschied der inneren (diesmal der figürlichen), liegt natürlich auch vor, wenn — wie schon erwähnt wurde — der Holländer Elsteroog (Elsternauge) nennt, was im Deutschen Leichdorn heißt. Nur daß hier die äußere Sprachform neben den speziellen Differenzen auch Übereinstimmungen in allgemeinen Zügen aufweist, wie z. B. darin, daß der Ausdruck beidesmal ein zusammengesetztes Wort ist.

Auch wenn man — wie wir dies später noch eingehender
erörtern werden — etwa genötigt ist, in der einen Sprache
etwas durch sogenannte nominale Wendungen wiederzugeben,
was in einer anderen durch verbale geäußert wird, haben wir
es mit einer Verbindung von Unterschieden der äußeren und
inneren Sprachform zu tun.

§ 23. IV. Wenden wir uns noch zu der Bestimmung der
inneren Sprachform von W. Wundt in seinem neuesten Werke
„Die Sprache". Wir haben früher gesehen, was dieser Forscher
als äußere Sprachform bezeichnet. Es können damit nur die
Unterschiede im Bau und der Struktur der Sprache gemeint
sein, soweit sie (nach Wundts Meinung) ihre Ursache haben in
der Eigentümlichkeit des durch sie geäußerten Denkens. Dieses
letztere nun aber als Ursache der ersteren oder „die psychischen
Motive, welche die äußere Sprachform als ihre Wirkung hervorbringen"[1] oder „die gemeinsame psychische Ursache aller
äußeren Formeigenschaften samt ihren Korrelationen"[2] nennt
er die innere Sprachform. Und fragt man, worin jene psychische „Ursache aller äußeren Formeigenschaften" bestehe, so
wären es nach dem Autor — in großen Zügen geschildert —
teils Unterschiede des Zusammenhanges, teils solche
der Richtung, teils solche im Inhalt des „sprachlichen
Denkens" und damit kann nur das in der Sprache ausgedrückte
Denken gemeint sein. Von vornherein freilich könnte diese Bezeichnung einen mehrfachen Sinn haben. Es könnte damit statt
des in der Sprache ausgedrückten Denkens auch ein solches
gemeint sein, das auf die Erzeugung und Hervorbringung
der Sprache gerichtet war, oder es könnten Vorstellungen
gemeint sein, die beim Gebrauch und Verständnis der fertigen
Sprache vermittelnd wirken, also diejenigen Erscheinungen,
die wir innere Sprachform genannt haben. Allein daß Wundt
nicht ein für die Erzeugung der Sprache aufgewendetes Denken
meinen kann, zeigen seine bekannten Ansichten über den Ursprung der Sprache unzweifelhaft. Überall wird ja von ihm
nicht bloß die Lehre, welche eine auf die Arbeit der Sprachbildung gerichtete, planmäßige Reflexion annimmt, sondern sogar

---

[1] II, 1, S. 408; 2. S. 432.
[2] Ebenda 2, S. 433.

jede, welche auch nur irgendwie die Absicht der Verständigung
bei der Erzeugung der volkstümlichen Sprache wirksam sein
läßt, als „Erfindungstheorie" und damit zugleich als eine gänzlich
unpsychologische Fiktion perhorresziert.

Was aber ein „sprachliches Denken" im Sinne von Erscheinungen, wie die, welche wir als innere Sprachform bezeichnet haben, betrifft, so zeigen Wundts weitere Ausführungen
allerdings, daß ihm in Wahrheit bei dem Denken, welches er
die Ursache der äußeren Sprachform und darum innere Sprachform nennt, dergleichen Tatsachen vorgeschwebt haben, aber
nur indem er sie mit dem in der Sprache ausgedrückten Denken
verwechselt und identifiziert.[1]) Nur so ist es möglich, daß er sie
kurzweg als Ursache der verschiedenen konstruktiven Gestaltungen der Sprache, seiner sogenannten „äußeren Sprachform", bezeichnet, während sie in Wahrheit entweder umgekehrt
eine Folge dieser äußeren Sprachform sind oder mit ihr zusammen als parallele Erscheinungen einem Dritten als ihrer
Ursache entspringen.

So kann ich denn, wie schon bemerkt, Wundts Lehre nur
dahin verstehen, daß in verschieden gebauten Sprachen ein verschiedenes Denken ausgedrückt sei, und daß er dieses, sofern
es die Ursache jenes verschiedenen Baues (also dessen was er
äußere Sprachform nennt) bilde, als innere Sprachform bezeichnen
will.[2])

Dieser Fassung des Begriffes der inneren Sprachform gegenüber wollen wir hier nur ein Doppeltes bemerken. Der Gesichtspunkt, nach welchem Wundt die Klasse bildet, ist offenbar ein

---

[1]) Wie der Autor infolgedessen speziell bezüglich der figürlichen
inneren Sprachform ihre wichtige Funktion beim Bedeutungswandel völlig
verkennt, werden wir später sehen.

[2]) Wo der Verfasser (a. a. O., [1], S. 409, [2], S. 434) nun speziell vom Zusammenhang des sprachlichen Denkens handelt, gebraucht er denn auch selbst
die unzweideutige Wendung: „Nach dem Zusammenhang, in welchem die in
der Sprache sich äußernden Denkakte (von mir unterstrichen) miteinander stehen" usw. Auch Meumann, wohl unter dem Einflusse Wundts,
gebraucht „innere Sprachform" kurzweg für das durch die Sprache Ausgedrückte. Oder wie anders soll man es verstehen, wenn er (Die Sprache
des Kindes, 1903, S. 41) sagt: „wie sich die innere Sprachform des Kindes
entwickele, d. h. wie seine Wort- und Satzbedeutungen entstehen und sich
allmählich vervollkommnen usw."?

genetischer, nicht ein deskriptiver. Allerdings , bilden die
„psychischen Ursachen" für die Besonderheiten im Baue einer
Sprache auch deskriptiv eine Klasse, sofern dazu eben nur Psychisches gehören soll. Allein es ist durchaus nicht selbstverständlich, daß sie, über diesen ganz allgemeinen Zug hinaus-
gehend und irgendwie tiefergreifend, eine deskriptive Einheit
bilden. Noch weniger, daß es eine „gemeinsame (psychische)
Ursache aller äußeren Formeigenschaften der Sprache" gebe und
daß diese in Besonderheiten der „in der Sprache sich äußernden
Denkakte" oder allgemeiner des ausgedrückten Inhalts liege.
Das aber ist offenbar der Kern von Wundts Lehre, auf den hier
alles ankommt, und das alles ist nicht ausgemacht. Es müßte
erst untersucht werden, und wir haben vor, an späterer Stelle
darüber Erörterung zu pflegen.

Allein nehmen wir für den Augenblick selbst an, Wundt
halte mit Recht dafür, die Ursache dessen, was er äußere
Sprachform nennt (d. h. für die Unterschiede im Bau und der
Struktur der Sprachen, wie die, ob sie agglutinierend oder
flektierend, ob ihre Ausdrucksweise dem „fragmentarischen"
oder „diskursiven" Typus angehört, ob sie analytisch oder
synthetisch ist usw.) liege kurzweg in Differenzen des durch sie
ausgedrückten Denkens (z. B. einem angeblich fragmentarischen,
analytischen, synthetischen Denken usw.), wie er sie (a. a. O., II,
1, S. 409 ff., 2, S. 434 ff.) aufzählt und schildert. Ich frage: wäre es
dann angemessen, diese Unterschiede um deswillen „innere Sprachform" zu nennen? Und dies muß ich jedenfalls sofort verneinen. Verdient doch, was Ursache einer Sprachform ist,
darum noch nicht selbst den Namen Sprachform. Sonst könnte
man ja mit demselben Rechte die inneren Ursachen der eigentümlichen Gestalt eines Tieres, auch wenn sie selbst nichts
derart wie eine Gestalt sind, „innere Tiergestalt" nennen.
Kurz: Ich meine, eine Ursache der „äußeren Sprachform" wird
nur dann passend selbst „Sprachform" genannt, wenn sie selbst
zu den aktuellen Sprachmitteln gehört. Denn wenn das Wort
Sprachform nicht allen natürlichen Sinn einbüßen soll, so muß
doch der Form etwas als Stoff oder Inhalt gegenüberstehen.
Und was wäre dies bei der Wundtschen Fassung und Ausdrucksweise?

Vielleicht wendet Wundt demgegenüber ein, was er innere
Sprachform nenne, sei doch auch eine „Form". Die betreffenden

Unterschiede seien verschiedene Typen und Gestalten, die das menschliche Denken bei verschiedenen Völkern annehme. Wir werden, wie schon bemerkt, bei anderer Gelegenheit untersuchen, wieviel oder wenig Wahrheit dieser These zugrunde liegt, daß ein gewissermaßen abstrakter Denkstoff da und dort verschiedenartige, konkrete „Formen" annehme, die sich dann in dem Bau der verschiedenen menschlichen Sprachen ausprägten, resp. ausgeprägt hätten. Aber nehmen wir an, es sei richtig, dann wäre es meines Erachtens doch passender, diese verschiedenen Richtungen und Weisen des Denkens eben Denkformen zu nennen, wie auch Wundt gelegentlich tut. Dagegen wäre es ganz ungerechtfertigt, darauf auch den Namen „innere Sprachform" anzuwenden, und dies nur um so weniger, als ja nach Wundt jene verschiedenen Denkformen nicht die Folge der verschiedenen äußeren Sprachformen, sondern ihnen gegenüber das Primäre und deren Ursache wären. Ich fürchte auch nicht den Vorwurf, daß ich hier bloß um Worte streite. Nein! Es ist mir um die Sache zu tun; um eine richtige und zweckmäßige Klassifikation der Erscheinungen und Vorgänge. Aber wir können uns nur durch Worte verständigen und bedürfen doch in den Geisteswissenschaften wie in der Naturwissenschaft dringend der Verständigung zugunsten der Zusammenarbeit und gegenseitiger Kontrolle und Unterstützung. Darum werden — wie schon der platonische Sokrates gewußt und nach ihm alle großen Logiker betont haben — die Fragen einer zweckmäßigen Namengebung unter Umständen zu ernsten wissenschaftlichen Angelegenheiten. Mangelhafte Beschaffenheit der Namen verführt gar oft zur Verkennung der wahren Natur des Benannten und begünstigt und verschleiert seine Verwechslung mit ganz Fremdartigem. Eben aus diesem Grunde muß ich Wundts Verwendung des Namens „innere Sprachform" für das in der Sprache ausgedrückte Denken ablehnen, und ich darf es wohl um so zuversichtlicher, als ja dafür bereits eine ganze Anzahl unzweideutigerer und überhaupt in jedem Betracht verständlicherer Namen bestehen, nämlich eben die Namen: Ausgedrücktes, Gemeintes, Bedeutung, Sinn usw. Will man das Namenpaar Form und Stoff oder Inhalt hier irgendwie anwenden, so ist es einzig passend, das ausgedrückte Denken den Stoff oder Inhalt zu nennen, und das Mittel, das ihn ausdrückt oder umkleidet, die Form.

§ 24. Bei den verschiedenen Bestimmungen, die wir für den Begriff der inneren Sprachformen geben hörten, waren — wie sich zeigte — mannigfache Verwechslungen im Spiele. Die wichtigste Rolle spielte die Konfusion der Erscheinungen der inneren, insbesondere der figürlichen inneren, Sprachform mit der Bedeutung. Wir sahen sie bei Wundt, aber auch bei Humboldt und seinen Anhängern wirksam, und ehe wir den Gegenstand verlassen, wollen wir nicht versäumen, noch an einigen anderen Beispielen aufzuzeigen, wie sie bei der Beschreibung und Auffassung der für die deskriptive wie genetische Sprachpsychologie gleich wichtigen Erscheinungen der inneren Sprachform irreführend tätig war.

Ich beginne mit J. G. Herders Abhandlung über den Ursprung der Sprache. Wenn der berühmte Autor hier die Fähigkeit des Menschen zu der ihm eigentümlichen Sprache auf das Vermögen zur „Besinnung" zurückführt, so schwebt ihm dabei gewiß der richtige Gedanke vor, daß es zu dem, was wir spezifisch menschliche Sprache (im Unterschiede von der tierischen) nennen, nicht gekommen wäre ohne die Befähigung des Menschen zur begrifflichen Analyse, vermöge deren er die individuellen Dinge der Anschauung unter verschiedene allgemeine Begriffe aufzufassen und zu klassifizieren vermag. Aber diese Gabe, die Gesamtvorstellung von Gegenständen in Teilbegriffe zu zerlegen, oder mit anderen Worten Merkmale an ihnen zu unterscheiden, und dieses oder jenes besonders herauszuheben, war nicht die einzige Bedingung für die Möglichkeit der Entstehung einer nicht planmäßig verabredeten, sondern ohnedies sich bildenden Sprache, und nur eine solche war ja überhaupt von Anfang möglich. Dazu gehörte außerdem, daß irgendwelche auch für andere wahrnehmbare Äußerungen des Menschen ohne Konvention und Übereinkunft jenen anderen ein Zeichen wurden in dem Sinne, daß sie in ihnen den Glauben an ein gewisses Bezeichnetes oder wenigstens die Vorstellung davon erweckten. Und erleichtert wurde die Entwicklung, wenn der Mensch zu Äußerungen fähig war, die kraft ihrer Ähnlichkeit und imitativen Beschaffenheit jene assoziative Kraft besaßen. Dazu boten sich ihm unter anderm die Laute seiner Stimme, sofern sie Töne, die anderwärts erklangen, nachzuahmen vermochten. Er vermochte dadurch unter Umständen die Vorstellung solcher Töne und — dies war von der weittragendsten Bedeutung —

nicht bloß die Vorstellung von ihnen sondern auch die von
Anderem zu erwecken, wenn jene damit nur irgendwie nach den
Gesetzen der Ideenassoziation zusammenhingen. So konnte z. B.
eine Nachahmung des Blökens nicht bloß als Zeichen auf dieses
selbst sondern auch auf das Tier hinweisen, für welches dieser
Stimmlaut charakteristisch ist. Herder ist auch auf die Wichtigkeit dieser Erscheinung figürlicher innerer Sprachformen — denn
eine primitive Tatsache solcher Art haben wir ja hier vor uns
— aufmerksam geworden. Aber sein Fehler war, daß er ihre
Möglichkeit nicht gehörig unterschied von jener andern, an und für
sich von Sprache, und jedenfalls von Lautsprache, unabhängigen
Gabe des Menschen, vermöge deren er überhaupt an den Anschauungen eine Analyse zu vollziehen und Züge, die vielen
gemeinsam sind, zu unterscheiden vermag, wodurch allererst
nicht bloß die inneren Sprachformen für die Zeichen sondern auch
die Bedeutungen selbst zustande kommen. Bezeichnend für
diesen Mangel in den Ausführungen des geistreichen Mannes
ist es, daß er ohne weiteres annimmt, die charakteristischen
Laute der Dinge seien auch für den einsamen Denker das erste
und natürlichste Merkzeichen („Wort der Seele", „innerliches
Merkwort") gewesen, woran er überhaupt Dinge wieder erkannt
habe; mit andern Worten, daß er uns glauben machen will,
Laute seien nicht bloß die prima appellata, sondern auch die
prima cogitata gewesen und darum sei die menschliche Sprache
notwendig Lautsprache geworden. Bekannt ist ja in seiner
berühmten Preisschrift eine bezügliche Stelle, die beginnt: „Lasset
jenes Lamm als Bild sein (sc. des Menschen) Auge vorbeigehn: ihm
wie keinem andern Tiere. Nicht wie dem hungrigen, witternden
Wolfe; nicht wie dem blutleckenden Löwen — die wittern und
schmecken schon im Geiste . . . Nicht so dem Menschen. Sobald er in das Bedürfnis kommt, das Schaf kennen zu lernen,
so störet ihn kein Instinkt . . . es steht da, ganz wie es sich
seinen Sinnen äußert. Weiß, sanft, wollicht — seine besonnen
sich übende Seele sucht ein Merkmal; das Schaf blöket, sie
hat ein Merkmal gefunden . . . Dieses Blöken, das ihr den
stärksten Eindruck macht, das sich von allen anderen Eigenschaften des Beschauens und Betastens losriß, hervorsprang, am
tiefsten eindrang, bleibt ihr. Das Schaf kommt wieder. Weiß,
sanft, wollicht — sie sieht, tastet, besinnet sich, sucht Merkmal
— es blökt, und nun erkennt sie es wieder! Du bist das

Blökende, fühlt sie innerlich" usw. „Das erste Merkmal, was ich erfasse, ist Merkwort für mich und wird Mitteilungswort für andere" (a. a. O., II. Abschnitt).

Die Kritik ist leicht. Selbst im Falle eines solchen Gegenstandes wie der obige, für den ein Laut besonders charakteristisch ist, ist es zu viel behauptet, daß die Vorstellung des Lautes nicht bloß passende innere Sprachform für dessen Bezeichnung sei (wenigstens bei einem Wesen, das solche Laute zu äußern vermag), sondern daß es **überhaupt das erste Merkzeichen sei,** das vom Denken erfaßt wird. In Wahrheit kann sich nicht bloß, wenn das Schaf blöket, „ein Merkmal von der Leinwand des Farbenbildes, worin so wenig zu unterscheiden war, von selbt los reißen", sondern jede stärkere Veränderung kann Anlaß zur Unterscheidung werden; jeder bedeutendere Wechsel kann auffallen und zum Bemerken führen. So ist es sogar in einem Falle wie dem des Schafes. Wie erst, wo andere Züge für das Ding weit charakteristischer sind als die Töne, die sich von ihm losreißen können!

Doch nicht weiter. Es ist zur Genüge klar, daß und wie Herder die Tatsachen der (figürlichen) inneren Sprachform mit Solchem, was dem Gebiet der Bedeutungen und ihrer Genesis angehört, verwechselt.

§ 25. Von dieser Erscheinung aus dem Jahre 1770 gehen wir zu einer aus neuester Zeit über, die in anderer Weise ein Beispiel ist für jene Verkennung der wahren Natur der inneren Sprachform, welche sie mit der Bedeutung konfundiert; ich meine gewisse Züge der Lehre von der „Einfühlung", welche im Augenblick bei manchen Psychologen und Ästhetikern einen so breiten Raum einnimmt. Bei allen Erscheinungen, die zur ästhetischen Einfühlung gehören, ist irgendwie das fundamentale Gesetz über den Wertunterschied der Vorstellungen im Spiele, auf welches schon früher aufmerksam gemacht wurde, nämlich daß die Vorstellungen von Psychischem unter sonst gleichen Umständen wertvoller sind als die von bloß Physischem, und daß es darum — soweit immer eine Kunstgattung dazu fähig ist — zu ihren höchsten Aufgaben gehört, das unerschöpfliche Gebiet des psychischen Lebens zur Darstellung zu bringen.[1]

---

[1] Vgl. Fr. Brentano „Über das Schlechte als Gegenstand dichterischer

Allein in zwei wesentlich verschiedenen Weisen kann es
doch geschehen, daß der Künstler, insbesondere der Dichter,
durch die sinnlichen Darstellungsmittel, die ihm zu Gebote
stehen, Vorstellungen von psychischen Leben zu erwecken sucht,
und im einen und anderen Falle muß auch von Seite des Be-
trachtenden und Genießenden in wesentlich verschiedenem Sinne
eine „Einfühlung" geleistet werden. Das eine Mal sind die
Vorstellungen psychischen Lebens dasjenige, was zu suggerieren
letzter und eigentlicher Zweck der Darstellungsmittel ist. So,
wenn der Lyriker, Epiker, Dramatiker das eigene psychische
Leben oder das seiner Helden zur Anschauung bringt. Das,
was uns der Dichter hier bietet, fordert in dem Sinne eine
„Einfühlung" von Seite des empfänglichen Hörers, als diesem
in direkter Erfahrung nur sein eigenes psychisches Leben gegeben
ist und er sich alle fremden psychischen Erlebnisse nur anschaulich machen kann — und auf möglichste Veranschaulichung
kommt es doch bei allem künstlerischen Vorstellen und Ge-
nießen an — nach Analogie zum eigenen Selbst. Das „Einfühlen" ist hier das produktive und reproduktive Sichvorstellen
eines fremden Seelenlebens nach Analogie zu dem uns allein
direkt anschaulichen eigenen. Nicht um es ernstlich für wirklich
zu halten wie bei demjenigen „Einfühlen", wodurch wir im gemeinen Leben und beim wissenschaftlichen Denken fremdes
Denken und Fühlen nach Analogie zum eigenen uns zu vergegenwärtigen und zu deuten oder verstehen uns durch praktische und theoretische Gründe genötigt sehen, sondern lediglich
vom ästhetischen Wohlgefallen bestimmt, welches das Verweilen
bei solchen Vorstellungsgebilden bereitet. Aber dieses selbe
Motiv des ästhetischen Vergnügens führt den ihm Folgenden,
insbesondere auf dem Gebiete des dichterischen Kunstwerks und
Kunstgenusses, noch in anderer Weise dazu, Vorstellungen von
psychischen Vorgängen in sich und anderen zu erwecken. Vorhin bildete das psychische Leben den eigentlichen Gegenstand, den der Dichter darstellen wollte. In anderen
Fällen bilden diese Vorstellungen selbst nur die Rolle von
Darstellungsmitteln, d. h. sie bilden ein Element und zwar ein

Darstellung" und mein Buch „Die Frage nach der geschichtlichen Entwicklung des Farbensinnes", II. Anhang: „Über Befähigung und Berechtigung
der Poesie zur Schilderung von Farben und Formen".

wichtiges Element der „figürlichen inneren Sprachform", womit die dichterische Sprache operiert. Die Metaphern, durch die wir poetisch das Darzustellende verschönern und verklären, sind ja vielfach von tierischem und menschlichem Leben hergenommen, wie wenn bildlich vom grollenden Donner, vom lächelnden Blau des Himmels und dergleichen gesprochen wird. Hier fühlen wir uns in die leblose oder wenigstens unbewußte Natur ein, wir beseelen sie, weil diese, durch die geschmückte Ausdrucksweise den Vorstellungen des bloß Physischen beigesellten, Bilder psychischen Lebens deren Schönheit erhöhen. Ähnlich wie man auch — im Gebiete des Physischen bleibend — zu Verschönerungsmitteln greift, und z. B. statt prosaisch von roten lieber von Rosenwangen spricht; nicht weil man die Vorstellungen von Wangen erwecken will, die mit Rosen identisch wären, sondern weil das Bild von der Rose geeignet ist, den Reiz der Vorstellung, die eigentlich erweckt werden soll (derjenigen der roten Wangen), zu erhöhen. Jetzt besteht also die Einfühlung nicht darin, fremdes psychisches Leben nach Analogie zum eigenen zu deuten oder einen reichen Verlauf dichterischseelischer Erlebnisse einheitlich zu ersinnen, sondern an Lebloses und Unbewußtes, durch irgendwelche Assoziation — sei es der Kontiguität, sei es der Ähnlichkeit — geleitet, Vorstellungen von psychischem Leben zu knüpfen, deren Züge nur ein schmückendes Beiwerk, nicht die struktiven Linien in dem eigentlichen Inhalt des Poemas bilden. Kurz: hier handelt es sich bloß um Vorstellungen der inneren Sprachform, die mannigfach wechselnd, und von Bild zu Bild ohne inneren Zusammenhang, die Bedeutungen der Sprachmittel des Dichters begleiten und dieselben verzierend umschlingen; dort dagegen um jene Bedeutungen selbst, die ein den Anforderungen der Ästhetik entsprechend reiches und harmonisches Ganze darstellen müssen. Die „Einfühlung" in einen von Shakespeare oder Cervantes erdichteten Charakter wie Othello oder Don Quixote, kann ganz wohl zu einer Psychologie des Eifersüchtigen oder des verstiegenen „Idealisten" führen. Aber niemand wird an eine Psychologie der Trauerweide oder Edeltanne denken, deßwegen weil mannigfache metaphorische Wendungen üblich sind, welche Vorstellungen psychischen Lebens erwecken, die vorübergehend mit derjenigen jener Gestalten verknüpft werden, um sie dadurch ästhetisch zu heben und zu verschönen.

Analog wird — wenn man den Tieren durch Einfühlung spezifisch-menschliches Seelenleben zuschreibt, zu unterscheiden sein einerseits die Art, wie dies in der Tierfabel geschieht, wo die Vorstellung der menschlichen Gedanken und Gefühle der Tiere die eigentliche Bedeutung der betreffenden Darstellung bilden, und anderseits die bloße Verwendung solcher Vorstellungen als innere Sprachform, wie wenn etwa in der Sprache des Turf von einem Rennpferd gesagt wird, es sei „seinen Verpflichtungen nicht nachgekommen" oder von einem anderen, es werde „auch noch ein ernstes Wort zu der Sache sprechen" und dergleichen.

Noch weiter als von den Erscheinungen der ästhetischen Einfühlung im Sinne der dichterischen oder bildnerischen Charakterdarstellung und Seelenschöpfung sind die Tatsachen der figürlichen inneren Sprachform natürlich abliegend von dem ernstlichen und wohlbegründeten Glauben an psychisches Leben in unseren Mitmenschen und in den Tieren, das man jetzt auch als „Einfühlen" bezeichnen hört. Zwar halte ich diesen Glauben an fremdes Seelenleben in seiner Unmittelbarkeit durchaus nicht für einsichtig, nicht für ein „Wahrnehmen" oder direktes Erfahren sowenig als das sogenannte Wahrnehmen der damit verbundenen Körper, und ich möchte darum nicht mit Lipps (Archiv für die gesamte Psychologie, Bd. VI, S. 16) sagen, daß wir jenes fremde Psychische „unmittelbar in den körperlichen Vorgängen" („oder in der Wahrnehmung derselben") „erleben" oder daß „der Akt der Wahrnehmung des Körperlichen und das Bewußtsein eines Psychischen" („das zu ihm gehört"), nicht „nebeneinander stehen", sondern „ineinander seien".[1] Meines Erachtens ist das unmittelbare „Bewußtsein des objektiven Daseins", das hier gegeben ist, bloß ein blindes Fürwahrhalten, und zwar ist speziell die sogenannte Wahrnehmung körperlicher Vorgänge ein instinktiver Glaube, und das unmittelbare Bewußtsein eines zu ihnen gehörigen Psychischen eine gewohnheitsmäßige Annahme, indem die Gewohnheit hier wie so oft nicht bloß Gleiches mit Gleichem, sondern auch Analoges mit Analogem in der Vorstellung und in der Erwartung und

---

[1] Vgl. vom selben Verfasser neuestens „Die ästhetische Betrachtung und die bildende Kunst", 1906, S. 23. „Indem ich . . . eine Lebensäußerung (eines anderen) z. B. die Geberde der Trauer sehe und erfasse, erfasse ich darin zugleich den Affekt. Beides zusammen macht ein einziges unteilbares Erlebnis aus".

dem Fürwahrhalten verknüpft. Allein dieser zunächst blinde Glaube findet durch vernünftige Überlegung und bündige Schlüsse eine mehr oder minder ausgedehnte Rechtfertigung und Begründung, d. h. die unmittelbaren blinden Urteile werden durch nachfolgende mittelbare Einsichten in erheblichem Umfange bestätigt. Ich wundere mich darum, daß ein so hochangesehener Psychologe wie W. James diese Art der „Einfühlung" nicht scharf von der oben erwähnten, wobei wir auch Leblosem und für leblos Gehaltenem bildlich unsere Gefühle zuschreiben, trennt und sich unter anderem auf letztere Tatsache zugunsten einer tatsächlichen Identität von Physischem und Psychischem beruft. Wenn wir auch Bäumen und Felsen, Strömen und Seen psychisches Leben und entsprechende Ausdrucksbewegungen und willkürliche Handlungen andichten, wenn wir fiktiv von einem sehnsüchtigen Sichneigen der Trauerweide oder von einem kühnen Sichemporrecken der Edeltanne sprechen, ja weniger geschmackvoll sogar im Börsenbericht die Baumwolle willig und das Rüböl stätig nennen — was kann dieses Spiel einer dichterischen Phantasie oder eines geschmacklos entarteten Stils für die Welt der Tatsachen und wissenschaftlich begründeten Wahrheiten beweisen?

Dies ist wohl die weitestgehende Konsequenz aus der Verwechslung der Vorstellungen der (figürlichen) inneren Sprachform mit solchem, was zur Bedeutung unserer Sprachmittel gehört.

Aber diese Konfusion liegt — um unsere Beispielsammlung zu beschließen — auch wieder vor in der oft gehörten Bestimmung: die innere Sprachform sei die subjektive Anschauung, die sich der Mensch von den Dingen schafft, oder sie sei die Individualisierung des Begriffs, sei ein Mittleres zwischen logischem Begriff und physischem Laut.[1] „Anschauung von den Dingen" ist ja sehr mißverständlich und viel zutreffender für eine Beschreibung der Bedeutungen als für eine solche der inneren Sprachformen. Und was ist mit „logischem Begriff" hier gemeint? Ist es kurzweg die Bedeutung des Namens (wo dann „logischer

---

[1] Und nebenbei bemerkt trägt sie (wie ich schon in den Symbol. Prag., S. 118 ff. nachgewiesen) auch mit die Schuld an der — in ihre volle Konsequenzen geführt — geradezu monströsen Lehre, daß in der Entwicklung der Bezeichnungen auseinander der Beleg für eine Umwandlung der Begriffe aus- und ineinander gegeben sei — ein Irrtum, der unter anderm auch das πρῶτον ψεῦδος bildet in Fr. Nietzsches Genealogie der Moral.

Begriff" eben dasselbe hieße wie „Begriff" oder Bedeutung überhaupt, sei sie nun welche immer), oder ist eine solche gemeint,
welche den Regeln der Logik gemäß gebildet ist, also ein
berechtigtes Element einer wissenschaftlichen Weltanschauung
bildet? Beides kann ein „Logisches" genannt werden. Nur das
Erstere aber, nicht das Letztere (das den Regeln der Logik
Gemäße), ist der richtige Gegensatz für den „physischen Laut",
und auch zwischen ihnen ist die innere Sprachform nur genetisch
nicht deskriptiv ein Mittleres.

Erfreulicher und wenigstens einer Ahnung des richtigen
Verhältnisses entsprungen, ist es dagegen, wenn N. Madvig die
Vorstellungen der (figürlichen) inneren Sprachform im Unterschied von der Bedeutung das „direkt Bezeichnete", wenn Fr. Pott
sie den „subjektiven" und O. Erdmann den „Nebensinn" der
Worte nannte. Immerhin sind auch diese Versuche zur Charakteristik der fraglichen Erscheinung nicht unzweideutig
und die dafür gewählten Namen nicht ganz glücklich. Besser
sagt man, die figürliche innere Form eines Ausdrucks sei in
Wahrheit gar nicht das durch ihn Bezeichnete, und was
speziell die von Pott und Erdmann gebrauchten Termini betrifft,
so würden sie besser auf das passen, was man die „Farbe"
gewisser Ausdrücke genannt hat und was in Wirklichkeit zum
Sinn derselben gehört, wie wir später sehen werden.

Fünftes Kapitel.

Vom Begriff der „Wortform".

— — —

§ 26. Eine Reihe verschiedener Verwendungen lassen sich aufzählen, die für den Terminus „Wortform" denkbar sind und denen auch tatsächlich da oder dort zu begegnen man sich gefaßt halten muß.

I. Jedes Ausdrucksmittel — so sagten wir schon zu Beginn unserer Ausführungen über den Begriff der äußeren Sprachform — kann man eine Form, d. h. ein Formendes nennen, in welchem als Stoff oder Inhalt das Mitzuteilende, die Bedeutung, zur Darstellung kommt.

Solche Formen sind z. B. einesteils die Geberden und Syntaxen von Geberden, andernteils die Worte, Wortkomposita und Wortfügungen. Und wie die Worte eine besonders beschaffene oder gestaltete Klasse von äußeren Sprachformen sind, so kann man wiederum verschieden gestaltete Worte als verschiedene Exemplare dieser Klasse bezeichnen. Aber während man es wohl als unpassend bezeichnen würde, jene mannigfaltigen Gestalten von Sprachformen überhaupt verschiedene „Formen von Sprachformen" zu nennen, weil in der Wendung das Wort Form zweimal (wenn auch in verschiedenem Sinn) wiederkehrt, trägt man vielleicht kein Bedenken, die verschiedenen Wortgestalten „Wortformen" zu heißen, weil jener Anstoß entfällt. Es ist aber klar, daß „Form" hier doch ganz ebenso fungiert wie in „Formen von Sprachformen". Bedeutet es doch in abstracto (= „Form des Wortes") die Gestalt oder Beschaffenheit des Wortes, wodurch es zu einem besonderen Exemplar der Klasse „Wort" wird (etwa im Unterschied von der Stellung des Wortes in einem Wortgefüge) und in concreto eben dieses so oder so gestaltete Exemplar. In diesem Sinn könnte also jeder bedeutsame oder in irgend einer Sprache übliche Laut oder Lautkomplex eine Wortform heißen. Damit wäre nichts anderes gesagt, als: er sei ein besonders gestaltetes Exemplar derjenigen Klasse von Sprachformen, welche im Gegensatz zu den Geberden und andern Ausdrucksmitteln „Worte" heißen. Und in diesem Sinne wären das deutsche Wort Uhr einerseits und das englische watch zwei verschiedene Wortformen, d. h. zwei durch ihre „Form" oder Gestalt unterschiedene Exemplare jener Klasse; dagegen wäre das englische watch in der eben genannten Bedeutung und in derjenigen von „wachen" als dieselbe Wortform zu bezeichnen.

II. Allein bekanntlich gibt es auch eine ganz andere Verwendung des Terminus „Wortform" und ihr zufolge werden gerade umgekehrt die beiden Substantive Uhr und watch als dieselbe, watch, als Substantiv und als Verb, aber als verschiedene Wortformen bezeichnet. Was heißt hier Wortform?

Es ist offenbar, daß es soviel heißt wie Wortklasse oder -kategorie, und daß der Gesichtspunkt der Klassifikation, der dabei walten soll, derjenige der Funktion ist oder noch genauer, daß nicht die speziellen und speziellsten, sondern gewisse allgemeine Unterschiede der Bedeutung in Betracht kommen sollen, wie man sie bei den unterschiedlichen sogenannten Redeteilen gegeben glaubt. Man spricht dabei von so vielen „Wortformen", als man Redeteile unterscheidet und bezeichnet als solche das Substantiv, Adjektiv, Verbum usw.

Es erweckt zunächst Staunen, wie es dazu gekommen sein mag, daß man in dieser Weise völlig gleichgestaltete Worte unter Umständen als verschiedene Wortformen bezeichnet, und die Verschiedenheit der Funktion allein kann nicht der letzte Grund dafür sein. Denn sie ist ja nicht ein das Wort Formendes, sondern ein durch dasselbe Geformtes oder zu Formendes. Worin also liegt der Anlaß hier von Formverschiedenheit zu sprechen?

Ich glaube, es liegt nahe zu sagen, daß der Ursprung dieser eigentümlichen Verwendung des Terminus „Wortform" gewiß in solchen Fällen zu suchen ist, wo mit der Verschiedenheit der Funktionsweise auch wirklich eine Verschiedenheit der Wortgestalt Hand in Hand ging, so daß auch hier dem konkreten

Gebrauch von „Wortform" ein Abstraktum „Form des Wortes"
gegenüberstand. Es war damit jene „Formung" des Wortes
oder dasjenige ihm eine gewisse typische Gestalt gebende
Element gemeint, welches in gewissen Sprachen eine besondere
Klasse von Bezeichnungsmitteln mehr oder weniger allgemein
und sicher charakterisiert. So hießen etwa „Substantivform" diejenigen äußerlichen Züge oder diejenigen Bestandteile an einem
sogenannten Substantiv, welche das Wort als zu dieser Wortklasse gehörig erkennen lassen. Und an diese Fälle anlehnend,
wo man an den zu einer solchen Klasse gehörigen Wörtern
eine sie vor anderen charakterisierende „Form" unterscheiden
konnte oder unterscheiden zu können glaubte, hat man die
Klasse selbst und die unter sie fallenden Konkreta dann Sub-
stantivformen, Verbalformen, kurz „Wortformen dieser oder
jener Kategorie" genannt.

Später aber führte die Erfahrung den Grammatiker da
und dort auf Worte, welche z. B. die Funktionsweise (oder
Funktionsweisen) eines sogenannten Substantivs üben ohne Züge
in der Lautgestalt zu besitzen, die als für diese Kategorie
von Bezeichnungsmitteln allein charakteristisch angesprochen
werden können, und da übertrug man den Namen „substantivische Wortform" auch auf diese Wörter; so daß nun
„substantivische Wortform" nicht mehr bloß eine durch Lautgestalt und Funktionsweise (respektive Funktionsweisen) charakterisierte Klasse von Worten bedeutet, sondern eine solche, die
entweder durch die Gestalt oder bloß durch Funktionsweise und
Stellung im Satzgefüge oder auch bloß durch die Funktionsweise ausgezeichnet ist. Auch die Präpositionen und Konjunktionen nennt man so besondere Klassen von Wortformen,
auch wenn sie nicht ein Element oder typische Züge unterscheiden lassen, wodurch jedes Exemplar als zu dieser Klasse
gehörig sich zu erkennen gäbe.

§ 27. III. Wir sind noch nicht zu Ende. Der Vollständigkeit halber muß noch erwähnt werden, daß manche für
Unterschiede wie Substantiv, Verb, Adjektiv und dgl. nicht
mehr den Terminus „Wortform" sondern die Bezeichnung „Wortklasse" gebrauchen und den Namen „Wortform" für etwas vorbehalten, was sie offenbar als Unterklassen der genannten
Redeteile ansehen, z. B. für die verschiedenen Kasus des Sub-

stantivs. Analog heißt ihnen das Verb eine Wortklasse, seine
Flexionen „Wortformen".

Auch dieser engere Gebrauch von Wortform knüpfte gewiß
zunächst an diejenigen Fälle an, wo die betreffenden engeren
Klassen von Bezeichnungsmitteln durch etwas wie eine verschiedene Formung eines gleichen oder ähnlichen Stoffs (homo,
-inis, -ini, -inem und dgl.) gebildet und charakterisiert erscheinen.
Dann übertrug man auch hier den Namen weiter auf Fälle, wo
z. B. verschiedene Kasus die gleiche Lautgestalt haben, so daß
z. B. ein Genitiv und Dativ verschiedene Wortformen heißen, obschon sie die gleiche „Form" aufweisen und bloß anderswie dazu
kommen, ihre charakteristische verschiedene Funktionsweise
(oder Funktionsweisen) auszuüben.

IV. Doch noch eine Bedeutung von Wortform ist zu erwähnen, die uns im Zusammenhang mit dieser Unterscheidung
gewisser charakteristischer Züge und Elemente für besondere
Wortklassen begegnet. Wo man in der oben erwähnten Weise
an den Worten unserer Sprache ein formendes Element· gegenüber einem, verschiedenen solchen Formungen zugrunde liegenden,
Grundstoff auseinanderhalten kann oder zu können glaubte, da
ist man noch einen Schritt weiter gegangen. Man hat sich
vielfach nicht damit begnügt, dem ganzen Wort, z. B. dem
Worte hominis eine bestimmte Funktion zuzuschreiben und zu
sagen, diese Endung z. B. sei das charakteristische Zeichen dafür,
daß den Worten eine gewisse analoge generelle Funktion zukomme wie den analog gestalteten Worten nominis, ominis usw.
Vielmehr hat man, wie an dem Worte, so auch an der Bedeutung zwei Elemente, eine Form und einen Stoff, auseinanderhalten zu können geglaubt und hat dieses Formale und
Stoffliche dem sogenannten Formalen und Stofflichen im Ausdruck zugeordnet. Auf Grund dessen heißt jetzt also „Wortform"
nicht mehr wie vorhin eine besondere, durch eine gewisse
generelle Funktionsweise ausgezeichnete, Klasse von Worten (und
in abstracto dasjenige Element oder diejenigen Züge am Worte,
welche das Wort als Träger dieser Funktion charakterisieren),
sondern es heißt speziell: Ausdrucksmittel für eine Gedankenform, d. h. für eine gewisse eigenartige Bedeutung oder ein
eigenartiges Element der Bedeutung, welches den anderen
Elementen wie eine Form dem Stoff gegenübersteht. Doch auf
diese Bedeutung von Wortform sei hier nur der Vollständigkeit

halber kurz hingewiesen.[1]) Die eingehende Beschäftigung damit
bleibt späteren Kapiteln vorbehalten.

§ 28. Wir sahen uns oben genötigt, vom Standpunkte der
Regeln einer zweckmäßigen Klassifikation und Namengebung —
und auch letztere ist, wie schon gesagt, für sachliche Probleme,
für eine richtige Beschreibung der Gegenstände, nicht unwichtig
— gegen Wundts Fassung der Begriffe äußere und innere
Sprachform Bedenken zu erheben. Auch der Terminus „Wortform"
aber wird von diesem Forscher in einer Weise verwendet, welche
die Kritik herausfordert. „Mit dem Begriff der Wortform", so
hören wir von ihm (a. a. O., II, [1] u. [2], S. 2), „läßt sich ein zwei-
facher Sinn verbinden. Betrachtet man ein einzelnes Wort los-
gelöst von dem Zusammenhang der Rede, so kann es immer
noch in seiner Form Merkmale bieten, aus denen seine allgemeine Bedeutung im Satze unzweideutig hervorgeht, wenn
sich auch selbstverständlich die besonderen Beziehungen, in
denen es sich zu anderen Wörtern befindet, nicht mehr erkennen
lassen. So sehen wir einem griechischen oder lateinischen Worte,
auch wenn es uns isoliert gegeben wird, in der Regel ohne
weiteres an, ob es Substantiv, Verbum, Adverbium usw. ist,
welche Kasus-, Numerus-, Modus-, Tempusform es besitzt, falls
es nicht zur Klasse der unflektierbaren Redeteile gehört. Alle
diese äußerlich erkennbaren Merkmale, die das Wort nur durch
seine Stellung im Satze gewinnen kann, die aber gleichwohl
ihm selber anhaften,[2]) können wir die äußere Form des Wortes
nennen". Danach haben wir, so scheint mir, unter äußerer
Wortform nach Wundt das zu verstehen, was wir oben unter
Nr. III anführten, nämlich die Gestalt eines Wortes sofern sie
Merkmal dafür ist, daß dem Wort eine gewisse generelle

---

[1]) Ebenso darauf, daß Sütterlin (in seinem sonst durch gute kritische
Bemerkungen ausgezeichneten Buche „das Wesen der sprachlichen Gebilde",
1902) von „innerer Wortform" spricht und den Terminus — analog wie Wundt
und andere den Ausdruck „innere Sprachform" — für die Funktion gebraucht.
Es bedarf nach dem früheren keiner Bemerkung, daß ich auch hier die letztere,
viel unzweideutigere Bezeichnung vorziehe.

[2]) Dies klingt widersprechend. Doch liegt es sicher nur an einer
gewissen Nachlässigkeit im Ausdruck. Es will natürlich nicht gesagt sein,
die „Merkmale" gewinne das Wort nur durch seine Stellung im Satze (wie
könnten sie sonst „ihm selber", auch wenn es isoliert ist, „anhaften"?)
sondern die Funktion, worauf jene Merkmale wenigstens im allgemeinen
hinweisen, gewinne es so.

Funktion zukommt, d. h. daß es zu dieser oder jener Kategorie von Redeteilen gehört.

„Nun", fährt Wundt fort, „kann es sich aber bekanntlich schon in den uns geläufigen Sprachen ereignen, daß das einzelne Wort jene Merkmale teilweise oder vollständig einbüßt. So sind z. B. unsere Wörter „gebe" und „Gabe" zwar noch, das erste als eine verbale, das zweite als eine substantivische Wortform zu erkennen, ihre nähere Stellung bleibt jedoch unsicher: „gebe" kann Indikativ oder Konjunktiv des Präsens, und „Gabe" kann jede Kasusform des Singulars sein. Vollends ein Wort wie das englische like (gleich, gleiches) kann Adverb, Adjektiv, Substantiv, oder (in der Bedeutung „gefallen") Verbum sein, ohne daß der Wortform diese verschiedene begriffliche Stellung anzusehen wäre. Nichtsdestoweniger kann es keinem Zweifel unterliegen, daß ein solches Wort jedesmal die Bedeutung einer ganz bestimmten Wortform, eines Nomens, Verbums, Adverbs usw. hat und daß ihm unter den geeigneten Bedingungen eine bestimmte Kasus-, Tempus-, Numerusbedeutung usw. zukommt." Ich unterbreche das Zitat um daran zu erinnern, daß im Vorausgehenden der Terminus Wortform bereits zweimal seine Bedeutung gewechselt hat. Denn da, wo „Gabe" eine „substantivische Wortform" genannt wird, heißt der Ausdruck offenbar soviel wie Wortklasse oder Wortkategorie (vgl. die im vorigen Paragraphen unter Nr. II erwähnte Gebrauchsweise); wo wir aber weiter hören: like könne bald Adverb, bald Adjektiv usw. sein, ohne daß der Wortform diese begriffliche Stellung anzusehen sei, kann damit nur soviel wie die Gestalt des Wortes gemeint, dagegen wo schließlich gesagt wird, daß dem Worte dennoch jedesmal die Bedeutung einer ganz bestimmten Wortform zukomme, muß darunter wieder soviel wie Wortklasse verstanden sein.

Doch hören wir weiter. Nachdem uns gesagt ist, daß auch Wörtern wie „Gabe", „gebe" und dem englischen like jedesmal die Bedeutung einer ganz bestimmten Wortform, eines Nomens, Verbums usw. mit bestimmter Kasus-, Tempus-, Numerusbedeutung zukomme, fügt der Autor hinzu: „Doch es gewinnt dieselbe erst durch das Verhältnis, in das es im Zusammenhang der Rede zu andern Wörtern tritt". „Diese — heißt es dann weiter — dem Worte durch seine Stellung im Satze verliehene begriffliche Bestimmtheit können wir hiernach die innere Wort-

form nennen. Nach den Verhältnissen der Formbestimmung in
Sprachen, die, wie das Deutsche und Englische, bald durch
äußere bald durch innere, aus der Verbindung mit andern
Worten hervorgehende, Merkmale die Wortform (wohl = Wortklasse) erkennen lassen, werden nun aber auch die Erscheinungen
in solchen Sprachen zu beurteilen sein, denen die äußeren
Unterschiedsmerkmale überhaupt fehlen. Von ihnen werden wir
zwar sagen können, daß sie keine äußeren Wortformen besitzen; wir werden ihnen aber nicht die Wortformen überhaupt
absprechen dürfen, da selbst in diesen Sprachen innere Wortformen stets existieren und im Satze in der Regel durch bestimmte Merkmale der Wortstellung deutlich geschieden werden."
Wie man sieht, unterscheidet Wundt hier eine „äußere" und
„innere" Wortform. Daß er außerdem „Wortform" inzidentell
auch im Sinne von Wortklasse schlechtweg verwendet, bemerkten
wir schon nebenbei. Wichtiger aber ist uns jetzt über seine
Unterscheidung einer „äußeren" und „inneren" Wortform ins
Klare zu kommen.

§ 29. Unter „innerer Wortform" kann nach den bisherigen Ausführungen Wundts meines Erachtens nur jene
generelle Funktion im Satze, jene Zugehörigkeit zu einer
gewissen Wortklasse wie Substantiv, Adjektiv, Verb usw. gemeint
sein, die nach dem Autor jedem Worte im Zusammenhang der
Rede zukommt. So daß sich also bei „äußerer" und „innerer
Wortform" Äußeres und Inneres verhalten wie die Bedeutung
und das, wodurch diese äußerlich angedeutet wird; doch letzteres
mit der Beschränkung, daß dieses äußere Merkmal dem
Worte selbst (als „Bildungsmerkmal", wie Wundt auch sagt)
anhafte.

Nebenbei bemerkt, nennt Wundt die Funktion eines Wortes
als Substantiv, Verb usw. auch die durch die Stellung im Satze
jedem Worte verliehene „begriffliche Bestimmtheit". Diese
Ausdrucksweise scheint mit seiner Meinung zusammenzuhängen,
daß jeder „Wortform" als Bedeutung eine besondere „Begriffs-
form" entspreche, z. B. dem Verbum Zustands-, dem Nomen
Gegenstands-, den Partikeln Beziehungsbegriffe usw. In der
Erweckung einer oder der anderen dieser Begriffsformen
besteht nach Wundt die Funktion der äußeren Wortform
oder — nach dem obigen — die innere Wortform. Ob er

mit dieser Lehre, daß den vorschiedenen „Wortformen" (hier
Wortkategorien) verschiedene „Begriffsformen" entsprechen, Recht
habe, ja auch nur imstande sei, sich darin konsequent zu bleiben,
werden wir später berühren. Hier ist es irrelevant und kommt
es nur im allgemeinen darauf an, daß an den oben zitierten
Stellen unter „innerer Wortform" jedenfalls die generelle
Funktion eines Wortes als Nomen, Verb, Adverb usw.
gemeint ist.

Allein wenn man nun diesen Sinn von „innerer Wortform" auch an den weiterfolgenden Stellen auf der oben zitierten
Seite und auf S. 3 überall einzusetzen sucht, wo sich Wundt
weiter über „äußere und innere Wortform" ausspricht, bemerkt
man sofort, daß sie unverständlich werden. Um sie zu verstehen muß man dem Ausdruck unweigerlich noch zwei andere,
wesentlich davon verschiedene Bedeutungen (bald diese, bald
jene) geben.

An gewissen Orten scheint „innere Wortform" nur soviel
heißen zu können, wie: eine feste Stellung des Wortes, soweit
eine solche gegeben ist und sofern sie das Zeichen einer gewissen generellen Funktion desselben bildet. Ich sage: soweit eine
feste Stellung gegeben ist. Denn sie kann natürlich auch
fehlen, trotzdem das Wort im Zusammenhang der lebendigen
Rede verwendet wird und ihm also nach Wundt eine „innere
Wortform" im zuvor angegebenen Sinne, d. h. eine allseitige
„begriffliche Bestimmtheit" oder eine bestimmte Funktion als
Substantiv, Verb usw. zukommt. Zusammenhang und feste
Position des Wortes gegenüber anderen sind ja nicht dasselbe.

Soweit aber eine feste Stellung gegeben ist, scheint sie —
wie bemerkt — das zu sein, was Wundt an gewissen Stellen
unter „innerer Wortform" versteht. So z. B. wenn es sofort S. 2
weiter heißt: „Für die Begriffe Nomen und Verbum, Substantiv
und Adjektiv, für die verschiedenen Kasus- und Tempusformen
sind . . . nicht die äußeren Formelemente allein, sondern ebenso
sehr die Merkmale der inneren Wortform maßgebend. Wenn
z. B. die Kasusform des Genitivs nur dadurch gekennzeichnet
ist, daß das im Genitivverhältnis stehende Wort dem Nomen,
zu dem es gehört, regelmäßig nachfolgt oder vorangeht, so ist
das gerade so gut eine formale, die Wortform (hier offenbar
wieder = Wortkategorie) charakterisierende Eigenschaft, als wenn
die gleiche Wirkung durch ein angehängtes Kasussuffix erreicht

wird". — Kann hier mit „innerer Wortform", so wie früher, die einem Nomen, Verbum, einem bestimmten Kasus, Tempus und dgl. eigentümliche **Funktion** gemeint sein? Unmöglich. Vielmehr scheint die feste Stellung des Wortes gemeint, sofern sie Zeichen seiner Zugehörigkeit zu einer jener Wortklassen und so der betreffenden generellen Funktion ist.

Und daß Wundt von dem erstgenannten unvermerkt zu diesem Sprachgebrauch hinübergleitet, ist um so begreiflicher, als so gefaßt die Bedeutung des Terminus „innere Wortform" auch am ehesten ein Pendant bildet zu derjenigen von „äußerer Wortform", bezüglich welcher wir ja hörten, daß damit ein festes (aber dem Worte selbst anhaftendes) Merkmal für seine Zugehörigkeit zu einer gewissen Wortkategorie gemeint ist.

§ 30. Aber nicht genug. Noch eine dritte Bedeutung für „innere Wortform" müssen wir einführen um zu verstehen, was weiterhin (auf S. 3) gesagt ist. Nachdem ausgeführt worden war, daß „die Merkmale, die den formalen Wert eines Wortes (es ist offenbar gemeint: die Zugehörigkeit zu einer gewissen Wortkategorie) bestimmen" von doppelter Art seien, nämlich **syntaktische** und **Bildungsmerkmale**, daß in mancher Sprache (wie im Chinesischen) bloß die syntaktischen Merkmale ausgebildet seien, während in anderen Sprachen (wie im Griechischen und Lateinischen) „vorzugsweise die Bildungsmerkmale des einzelnen Wortes die Wortform[1]) andeuten", beklagt Wundt, daß „die Grammatik unter dem vorwaltenden Einfluß der genannten klassischen Sprachen den Begriff der „Wortform" auf die engere Bedeutung der äußeren Wortform einzuschränken pflege". Und er fährt fort: „Die psychologische Betrachtung wird jedoch nicht umhin können, hier an dem allgemeineren Begriff festzuhalten. Da jedes Wort nur im Zusammenhang der Rede entsteht, so hat es von Anfang an eine bestimmte formale Bedeutung. Ob es diese Bedeutung durch äußere oder durch innere Merkmale oder durch beide zugleich gewinnt, erscheint demgegenüber als ein sekundäres Moment".

Was ist hier unter dem „allgemeineren Begriff der Wortform" zu verstehen, an dem die Psychologie der Grammatik

---

[1]) Hier offenbar wieder = Wortklasse, nicht Merkmal dieser Klasse.

gegenüber festhalten müsse? Ist damit allgemein jedes Merkmal gemeint, wodurch die generelle Funktion eines Wortes als
Verb oder Adverb und dgl. charakterisiert ist oder heißt so
vielmehr diese eigentümliche Bedeutung des Wortes selbst?
Ich denke: Da Wundt als Grund dafür, warum an diesem allgemeineren Begriff der Wortform festgehalten werden müsse.
die Tatsache anführt, daß jedem Wort im Zusammenhang der
Rede ein formaler Wert zukomme, kann unter „Form" hier nur
die Funktion des Wortes selbst als Verb, Adverb und dgl.,
nicht ein festes Merkmal dieser Funktion verstanden werden.
Denn nur von dieser behauptet Wundt und kann es mit einigem
Schein behaupten, daß sie für jedes Wort im Zusammenhang
der Rede gegeben sei. Von einem Merkmal dieser Funktion
nicht. Wie schon bemerkt, können ja nicht bloß die „Bildungsmerkmale", es kann auch eine feste Stellung des Wortes als
Kennzeichen seiner generellen Funktion fehlen.

Auch soviel wie Wortklasse kann „Wortform" hier, wo es
die gemeinsame Gattung für „innere" und „äußere" Wortform
bedeuten soll, nicht wohl heißen. Denn wer würde sich nicht über
allzugroße Undeutlichkeit und Nachlässigkeit im Sprachgebrauch
beklagen, wenn man dementsprechend von „inneren" und
„äußeren Wortklassen" redete und ohne ein Wort der Erklärung
— denn kein solches ist bei Wundt zu finden — darunter etwa
verstehen würde: eine Wortklasse, sofern das zugehörige Wort
durch eine feste Stellung („Inneres"!) oder sofern es durch ihm
selbst anhaftende Bildungsmerkmale („Äußeres"!) in jener
Zugehörigkeit charakterisiert wäre. Und doch müßte dies· als
die einzige etwa denkbare Interpretation gelten, wenn Wortform hier soviel wie Wortklasse bedeutete. Es bleibt also nur,
daß in den oben zuletzt erwähnten Ausführungen Wundts der
allgemeinere Begriff „Wortform", wovon „äußere" und „innere
Wortform" besondere Klassen sein sollen, soviel besagt wie:
Funktion eines Wortes als Verb, Adverb und dgl. Wenn aber
dies, dann muß auch der speziellere Begriff „innere Wortform"
und mit ihm natürlich auch sein Pendant, „äußere Wortform",
entsprechend gefaßt werden. „Innere Wortform" kann dann
nur heißen: jene generelle Funktion eines Wortes, sofern sie
durch eine feste Stellung und äußere Wortform, dieselbe
Funktion sofern sie „an dem Aufbau des Wortes selbst zu
erkennen" ist. Und nicht bloß bekommen wir so eine dritte

Bedeutung für „innere Wortform", und für „äußere Wortform"
zu der früher gehörten eine zweite, sondern Wundt müßte, um
bei dieser Einteilung keine Lücke zu lassen, zu der „durch
Bildungsmerkmale charakterisierten" und der „durch die feste
Stellung gekennzeichneten" generellen Funktion eines Wortes
als dritte Klasse eigentlich noch hinzufügen: die „gar nicht
äußerlich charakterisierte" Funktion; also zu der „äußeren"
und „inneren" Wortform im oben entwickelten Sinne noch eine
etwa: „weder innerlich noch äußerlich zu nennende" gesellen.
Doch sehen wir von dieser Unterlassung Wundts ab. Jedenfalls
ist er in seinen eigenen Ausführungen auf den drei ersten
Seiten des zweiten Bandes seines Sprachwerkes nicht bei dem
zweifachen Sinn von Wortform, von dem er erläuternd sprechen
will, geblieben, sondern die Zahl der Bedeutungen des Wortes
ist, ohne daß Wundt es zu bemerken scheint, auf ein Vielfaches
dessen angewachsen.

§ 31. Sollen wir nun eine dieser neuen Bedeutungen von
„Wortform" und insbesondere den Terminus „innere Wortform"
in irgend einer der oben angeführten Verwendungen adoptieren
und in die Wissenschaft einbürgern helfen? Ich kann mich
nicht dazu entschließen. Denn keine dieser Gebrauchsweisen
finde ich glücklich.

Fürs erste: Sollen wir die Funktion eines Wortes als
Substantiv oder Verb und dgl. allgemein seine Wortform nennen?
Das scheint mir nicht passend, da man doch die „Form" dem
Inhalt oder der Funktion entgegenzustellen gewohnt ist und
für diese Innenseite der Bezeichnungsmittel eben diese, viel
unzweideutigeren, Ausdrücke zur Hand sind.

Auch wird die Sache dadurch nicht besser, wenn man
zweitens, um anzudeuten, daß mit „Form" hier eigentlich ihr
Gegenstück, nämlich der Inhalt, gemeint sei, das Beiwort
„innere" hinzufügte. Denn wer wird das Bekleidete, statt es
mit diesem allgemein verständlichen Namen zu nennen, lieber
etwa „inneres Kleid" heißen?

Zum Dritten! Was die Fassung von „innerer Wortform"
betrifft, wonach damit die feste Stellung eines Wortes als
Merkmal seiner generellen Funktion gemeint wäre, so hat sie
— wie schon gesagt wurde — für Wundt den Vorteil, daß
dabei innere Wortform und „äußere Wortform" (wenigstens wie

er diesen Terminus S. 1 definiert) sich doch als Pendants gegenüberstehen. Aber der Vorzug ist nur ein relativer; für den
Fall nämlich, daß man durchaus gezwungen wäre, jenen
Wundtschen Terminus „äußere Wortform" zu gebrauchen!
Allein weder besteht dafür eine Pflicht, noch wäre auch nur der
Rat dazu gerechtfertigt. Die ganze Gegenüberstellung von
äußerer und innerer Form scheint mir — offen gestanden —
hier verfehlt. Ich finde es unglücklich und unnatürlich, wenn
die Stellung eines Wortes im Gegensatz zu seinen „Bildungsmerkmalen" ein inneres Merkmal (für dessen Zugehörigkeit
zu einer gewissen Wortklasse) genannt wird. Und wenn von
„Bildungsmerkmalen" allein die Rede ist, finde ich es pleonastisch sie „äußere Wortform" zu heißen. In Wahrheit ist ja
beides, sowohl die feste Stellung eines Wortes als seine Gestalt,
ein äußerlich erkennbares Zeichen seiner Funktion.

Wo Wundt (S. 1) die von ihm ausschließlich „äußere Wortform" genannten Bildungsmerkmale charakterisierte, hörten wir
ihn sagen: „Alle diese äußerlich erkennbaren Merkmale, die das
Wort nur durch seine Stellung im Satze gewinnen kann, die
aber gleichwohl ihm selber anhaften, können wir die äußere
Form des Wortes nennen". „Äußerlich erkennbare Merkmale,
die dem Worte selber anhaften!" Dazu würde den natürlichen
Gegensatz bilden: Äußerlich erkennbare Merkmale, die nicht
dem Worte selber anhaften. Etwas derartiges ist die feste
Stellung desselben und ich vermag keinen Grund abzusehen,
warum gerade sie ein nicht Äußerliches, sondern ein Inneres
genannt werden sollte. Will man überhaupt den Gegensatz
von Äußeres und Inneres auf die Stellung eines Wortes und
seine „Bildungsmerkmale" anwenden, dann kommt es mir
passender vor, gerade für die letzteren den Namen „Inneres"
und für die Stellung den eines „Äußeren" zu gebrauchen. S. 3
unten betont Wundt, daß oft die „Bildungsmerkmale" und die
syntaktischen Merkmale (die Stellung) zusammenwirken um die
Wortkategorie zu charakterisieren und fährt dann fort: „Aus
der bei dieser Bildung der Wortformen wirksamen Verbindung
äußerer Beziehungen und innerer Eigenschaften des Wortes
geht aber auch zugleich deutlich hervor, daß die psychologische
Analyse der Formenbildung eng zusammenhängt mit der syntaktischen Fügung der Worte" usw. Was sind hier die „äußeren
Beziehungen" und was die „inneren Eigenschaften" des Wortes?

Würde mit ersterem nicht am natürlichsten die Stellung und mit letzterem die dem Worte selbst anhaftenden Bildungsmerkmale bezeichnet? Ebenso hießen meines Erachtens diese Merkmale auch besser die „innere", und die Stellung die „äußere" Wortform, falls man nicht vorzieht — und das möchte ich freilich noch mehr empfehlen — „Wortform" eben nur die dem Worte anhaftende Gestalt zu nennen, dagegen die Stellung als das zu bezeichnen, was sie ist, nämlich als Position und nicht als „Form", was sie nicht ist. (Die Zusammenfügung mehrerer Worte — mit oder ohne feste Stellung derselben — kann man ja wohl passend eine besondere Art von „Sprachform", aber nicht wohl „Wortform" nennen.)

Und wenn Wundt erwähnt, die Grammatik pflege unter einseitiger Rücksicht auf die klassischen Sprachen den Namen „Wortform" auf die „äußere Wortform" einzuschränken, so scheint mir dieser beschränkten Verwendung des Terminus gar nicht eine Einseitigkeit sondern die löbliche Tendenz nach einem solchen Gebrauche von „Wortform" zugrunde zu liegen, die sich nicht so weit von dem natürlichen Sinne entfernt, wie dies die Wundtsche Verwendung des Ausdrucks (einesteils für die Stellung und andernteils für die Funktion des Wortes) tut. Ich kann mich hierin den von Wundt getadelten Grammatikern nur anschließen und wünschte nur, sie hätten auch andere Äquivokationen ebenso wie diese vermieden. Wir haben im vorausgehenden Paragraphen gesehen, daß dies nicht durchweg der Fall ist. Aber soviel steht fest, daß durch die Adoption der Wundtschen Neuerungen die Klarheit und Eindeutigkeit in der Terminologie nicht gefördert, sondern nur noch mehr und recht empfindlich leiden würden.

Man wende nicht ein, dies sei eine Nörgelei um Worte. Wiederholt sei solcher Einrede gegenüber gesagt, daß das Geschäft, die wissenschaftlichen Termini möglichst passend zu wählen und konsequent festzuhalten, keine müßige oder unwichtige Angelegenheit ist. In Sachen der Lautlehre haben sich unter den an ihr Arbeitenden eine größere Anzahl fester Unterscheidungen und entsprechender Bezeichnungen übereinstimmend durchgesetzt, die gewiß keiner wieder missen möchte um zu dem Zustande chaotischer Oberflächlichkeit zurückzukehren, der einst auch auf diesem Gebiete herrschte. Was die semasiologischen Fragen betrifft, sind wir — wie schon angedeutet wurde — leider erst daran, uns aus einer solchen Situation herauszuarbeiten. Aber das Gelingen dieser Bestrebungen, die feste Abgrenzung und terminologische Fixierung wesentlich verschiedener Begriffe und das unerbittliche Festhalten an dem so Wohlbegründeten, ist zweifelles hier wie dort die unerläßliche Bedingung für jeden gesunden Fortschritt. In den exakten Wissenschaften, in der Mathematik, Physik usw., ist dies längst anerkannte Tradition. Wenn es nicht auch auf philosophischem Gebiete dazu kommt, so müssen alle anderen und auch die in sich berechtigsten Versuche, der Forschung auch hier den Charakter der Exaktheit zu geben, Halbheiten bleiben. Nur zusammen mit jener fundamentalen Akribie in der Begrenzung der Begriffe und Termini vermögen sie der Arbeit des Philosophen jenen Ehrentitel zu erobern.

Sechstes Kapitel

Weitere Bedeutungen von Form auf dem Gebiete der Sprache.

§ 32. Wir haben in den ersten Kapiteln ausführlich bei solchen Verwendungen des Terminus „Form" auf sprachlichem Gebiete verweilt, wo unter dem gegenüberstehenden Korrelat, also dem durch die Sprache Geformten, die Bedeutung unserer sprachlichen Ausdrücke verstanden wird. „Sprachform" hieß also da soviel wie Ausdrucksmittel, und wir unterschieden eine „äußere" (a) und eine „innere" (β). Bei der letzteren hielten wir die Erscheinungen der figürlichen und der konstruktiven „inneren Sprachform" auseinander, während wir bezüglich der ersteren eine ganze Reihe möglicher Untereinteilungen andeuteten. So zerfällt ja, wenn man hier zunächst Geberden und Lautzeichen unterscheidet, z. B. die letztere Klasse wiederum in Gebilde, welche einfache Worte, Wortfügungen und Wortkomposita sind usw.[1]) Im Zusammenhang damit begegnete uns auch der Terminus „Wortform". Zunächst allgemein im Sinne der besonderen Gestalt und Beschaffenheit eines Wortes oder (in concreto) im Sinne eines so oder so gestalteten Exemplars derjenigen Klasse äußerer Sprachformen, welche Worte heißen.

Dann begegneten wir einem engeren und engsten Gebrauche des Terminus „Wortform" (γ), wo das Abstraktum („Form des Wortes") nicht überhaupt die charakteristische Lautgestalt des Wortes, sondern diejenige Form desselben oder diejenigen Be-

---

[1]) Eine analoge Unterscheidung kann natürlich auch auf dem Gebiete der Geberden noch gemacht werden.

standteile seiner Form bezeichnet, welche es als zu einer bestimmten (sei es tatsächlich, sei es wenigstens nach der Meinung der so Klassifizierenden) durch eine gewisse generelle Funktion ausgezeichneten, Klasse oder Unterklasse von Worten gehörig charakterisieren. Und das entsprechende Konkretum „Wortform" bezeichnet dann, vermöge einer naheliegenden Bedeutungsübertragung, eben diese Klasse selbst.

§ 33. In Verknüpfung mit dieser Unterscheidung besonderer Formen oder formender Elemente für besondere Wortklassen trafen wir aber weiterhin auch, und zwar zum ersten Mal, auf eine Verwendung der Termini Form und Stoff für Unterschiede in der Bedeutung und auf ein dementsprechendes und somit innerlich motiviertes oder motiviert sein sollendes Auseinanderhalten vom Formalem und Materialem an den Bezeichnungsmitteln (ε). Sprachliche „Form" oder sprachlich „formal" heißt also nun hier nicht etwas, was überhaupt für irgend eine Bedeutung in irgend einer Sprache die besondere Weise des sinnlich wahrnehmbaren Ausdrucks (die „äußere Sprachform") bildet; es ist vielmehr der Ausdruck für eine besondere Klasse oder für besondere Elemente des Ausgedrückten gemeint nämlich für etwas, was auch für sich selbst, und abgesehen von allem sprachlichem Ausdruck, den Namen einer Form oder eines Formalen trägt. Und dieser sprachlichen „Form" soll ein ebensolches „Materiales" gegenüberstehen, so genannt, weil es als der Ausdruck einer Bedeutung oder eines Elements der Bedeutung angesehen wird, welches gleichfalls an und für sich den Namen eines Stofflichen auf dem Gebiete des Gedankens (oder überhaupt des ausgedrückten Inhaltes) verdient oder verdienen soll. Auch ist noch hinzuzufügen, daß man im selben Sinne nicht bloß unter den Wortbestandteilen, sondern auch unter den Wortganzen solche unterschieden hat, die man formale Bezeichnungsmittel oder „Formen" in diesem besonderen Sinne und andere, die man Stoffwörter nannte; in der Annahme, daß den einen und anderen eine verschiedene Bedeutung, den einen eine sogenannte formale, den anderen eine materiale zukomme.

Diese Unterscheidung eines Formalen und Materialen in der Bedeutung, und die ihr einfach entsprechende in den Bezeichnungsmitteln, wollen wir denn hier ausdrücklich als zwei

neue Nummern in unserem Register von verschiedenen Verwendungen der Termini auf sprachlichem Gebiete verzeichnen.
Ja, die eine derselben (δ) ist die wichtigste von allen, die uns
bisher begegnet ist und die Untersuchung der Frage, was ihr
Haltbares zugrunde liege, wird dementsprechend den Hauptgegenstand dieser Arbeit, insbesondere den Inhalt des III. und
IV. Stückes, ausmachen. Einstweilen aber fahren wir in unserer
Aufzählung fort; denn noch ist der Katalog keineswegs vollständig.

Man hat auch, wie wir hörten, von verschiedenen „inneren
Sprachformen" geredet in dem Sinne, daß man in Sprachen mit
verschiedener Konstruktion verschiedene Denkformen ausgeprägt sehen will. Auch kann unter diesen „Formen" des
Denkens, die bei Völkern mit abweichend gebauten Sprachen
einander gegenüberstehen sollen, unmöglich dasselbe gemeint
sein wie mit den „Formen", die man innerhalb jeder einzelnen
Sprache als solche zusammengruppiert und einem Stoffe gegenüberstellt. Im letzteren Sinne sind Form und Stoff Elemente,
die beide nebeneinander im Bewußtsein sind oder sein sollen
und in der Sprache zum Ausdruck kommen. Wenn dagegen
dort verschiedene koordinierte „Denkformen" einem gemeinsamen „Stoff" gegenüberstehen, so kann mit letzterem nur —
in etwas mystischer Fassungsweise — etwas wie ein Abstraktum
oder ein Unbewußtes gemeint sein, das in den konkreten (oder
allein ins Bewußtsein fallenden) Denkformen hier so, dort anders
in die Erscheinung trete. Klar und verständlich gesprochen
aber kann man damit nur die allen Menschen gemeinsame Welt
der Gegenstände meinen, die durch jenes (vermeintlich) in seiner
inneren Konstruktion verschiedene Denken der verschiedenen
Völker erfaßt werden soll. Ob es solche in dem verschiedenen
Bau der Sprache zutage tretende verschiedene Denkformen gebe,
wollen wir an späterer Stelle untersuchen. Hier aber müssen
wir einstweilen diesen Sinn von „Form", speziell von „Gedankenform", als neuen Posten (ζ) auf unserer Tafel der Bedeutungen
dieses Terminus registrieren.

Weiter! Es geht auch die Rede von Sprachen, welche
formlos seien im Gegensatz zu anderen, welche man Formsprachen nennt. Dies hängt, wie die betreffenden Ausführungen
zeigen, mit der nächst zuvor erwähnten Bedeutung von Gedankenform resp. Stoff zusammen, wo nämlich damit Elemente

des in einer bestimmten Sprache oder Sprachenfamilie ausgedrückten Denkens gemeint sind. Gelegentlich scheint man
(so z. B. Steinthal) sagen zu wollen, daß in gewissen Sprachen
ein Denken ausgedrückt sei, welches diesen Unterschied von
formalen und materialen Bestandteilen ganz vermissen lasse.
So wenn wir bei Steinthal (in der Zeitschrift für Völkerpsychologie, Bd. 12, S. 423) lesen: „Wo man von formlosen
Sprachen redet, fehlt . . . die Form innen und außen. Das
Akkusativzeichen ist nicht ohne eine zugrunde liegende Objekts-
kategorie, und diese wieder äußert ihre Existenz nur im
Akkusativzeichen, und so durchweg". Aber nicht immer, selbst
bei Steinthal und noch weniger bei anderen Forschern, kann
die Unterscheidung von formlosen und Formsprachen den Sinn
haben, daß man im Ernste zu behaupten gewillt wäre, in gewissen Sprachen sei überhaupt an dem ausgedrückten Gedanken
keinerlei Formales gegeben. Hier muß also angenommen werden,
daß jene Redeweise entweder keine besondere Beziehung zur
Unterscheidung von Stoff und Form in der Bedeutung habe —
und auch das ist stellenweise der Fall; wir kommen darauf
zurück — oder, soweit dies der Fall ist, kann den Worten
überhaupt nur eine der beiden folgenden Interpretationen gegeben werden. Entweder man will hier mit dem Ausdruck
„Formlosigkeit" sagen, es gebe Sprachen, in denen die „formale"
Seite am geäußerten Inhalt nicht zu besonderem Ausdruck
komme, sondern der Ergänzung durch den Zusammenhang überlassen bleibe, oder es ist gemeint, sie komme in ihnen nicht
zu so vollständigem und adäquatem Ausdruck wie in den sogenannten Formsprachen.

Aber auch von diesen beiden Behauptungen kann wohl
nur die zweite von irgend einem Forscher definitiv gemeint
sein. Denn wer könnte eine Sprechweise überhaupt für verständlich halten, bei der für einen so wichtigen und durch alles
sich hindurchziehenden Bestandteil des mitzuteilenden Denkens
— und für ein solches wesentliches, ja wesentlichstes Element
hielt man doch die „Form" der Gedanken — gänzlich die
expliziten Ausdrucksmittel fehlten! Es bleibt also im Ernste
nur übrig, daß man gewisse Sprachen darum formlos nennt,
weil in ihnen, sei es der allseitige, sei es der passende und
angemessene Ausdruck für die „Form im Gedanken" fehlen soll.
Letzteres ist gewiß am häufigsten gemeint, und im Sinne dieses

Vorwurfs müssen wohl auch wohlbekannte Äußerungen mancher Forscher über gewisse Sprachen verstanden werden wie die: diese Idiome oder die sie sprechenden Völker hätten in ihrem Denken den Unterschied von Stoff und Form „nicht erfaßt"; sie hätten sich die Form „nicht zum Bewußtsein gebracht" und dgl. Denn um ein mangelndes abstraktes Erfassen der „Gedankenform" als solcher, um den Mangel einer psychologischen Reflexion auf den Unterschied von „Gedankenstoff" und „Gedankenform" kann es sich unmöglich handeln. Eine solche Reflexion kommt ja tatsächlich keinem Volke, auch nicht denen, welche die höchstorganisierten Sprachen geschaffen haben und reden, zu. Und daß z. B. gerade Steinthal sie bei irgendeinem sprachbildenden Volke angenommen hätte, wäre doch das äußerste Maß von Inkonsequenz bei einem Manne, der jede Lehre vom Ursprung der Sprache von vornherein für abgetan und gar keiner Widerlegung wert erachtete, die ihm irgend eine entfernte Ähnlichkeit mit der „Erfindungstheorie" aufzuweisen schien. Wenn also er und andere, die hierin unter seinem Einflusse stehen, öfter davon sprechen, daß gewissen Sprachen im Unterschied von anderen das Bewußtsein der „wahren Form", daß ihnen der Sinn für Form gefehlt hätte, daß sie „die Form als Stoff auffaßten" und dgl., so kann dies zweifellos nur heißen, sie hätten nicht den allseitigen und adäquaten Ausdruck für die „Gedankenform" gefunden (η).

§ 34. Aber welches ist nach der Meinung dieser Sprachphilosophen jene adäquate Bezeichnungsweise? Darüber besteht in Wahrheit keine volle Einigkeit. Doch scheint man prinzipiell und im allgemeinen die Ausdrucksmittel für das Formale umsomehr als dem Ausgedrückten adäquate anzusehen, je mehr sie sich in ihrem Aussehen von denjenigen für das Stoffliche entfernen.

a) Unter der Voraussetzung, daß diese letzteren lautliche sind, könnte man darum, wenn nicht gar die Geberden, wenigstens die Stellung als das eminent formale Bezeichnungsmittel und das Chinesische als die höchststehende „Formsprache" bezeichnen. Anklänge an diese Anschauung finden sich in der Tat bei gewissen Sprachforschern. Heyse z. B. hat den Umstand, daß der Geist in einer Sprache die „grammatischen Kategorien" oder „Beziehungsverhältnisse" (und damit ist das Formelle der

Bedeutung gemeint) ohne lautliche Stütze und nur in der
Wortstellung festhalte, dem betreffenden Idiom zum besonderen
Vorzug angerechnet. Humboldt rühmt am Chinesischen, daß es
die Wortstellung grammatisch benütze, indem dadurch, mehr als
es in manchen anderen Sprachen der Fall sei, „die Kraft des
reinen Gedankens herausgestellt" werde. Auch Steinthal bezeichnet das Chinesische gelegentlich als Formsprache, indem er
ihm als Verdienst nachrühmt, daß es die grammatischen Beziehungen wenigstens nicht durch unklare Bezeichnungsweise in
ihrer begrifflichen Auffassung erschwere.

b) Aber andere, ja dieselben Forscher anderwärts, hört
man wiederum bezüglich der isolierenden Sprachen klagen, sie
stellen „ungeformt" Stoff neben Stoff. „Wahre" Form liege da
vor, „wo dem Worte, auch wenn es aus dem Satze heraus-
gerissen ist, noch die Beziehung zum Ganzen deutlich aufgeprägt
ist". Die betreffenden Grammatiker sind also offenbar der
Ansicht (und diese hört man überhaupt am häufigsten aussprechen), daß Deklinations- und Konjugationsendungen und
ähnliches der adäquateste Ausdruck des Formalen seien. So
sagt Steinthal einmal: Form und Stoff in der Sprache ent-
ständen, indem diese (die Sprache) den Unterschied der materialen
und formalen Momente des Gedankens „anschaue" und dem
Laute den erkannten Unterschied einhauche. Sie müsse
den Elementen, welche den Stoff des Gedankens und denen,
welche die Form darstellen, eine „verschiedenartige Färbung
und Schattierung" geben. Am besten erreiche sie dies durch
die den Wurzeln angefügten Endungen. Die Wurzel bedeute
den Stoff, die Endung die Form.

c) Daß man es auch als Kriterium des wahrhaft „Formalen"
im Ausdruck angesehen hat, wenn es aus Pronominalwurzeln
abgeleitet ist, sei nur kurz erwähnt. Im übrigen will ich an
dieser Stelle nicht weiter bei Details über die vermeintlich
„echt formale" Ausdrucksweise oder Ausdrucksweisen verweilen.
Genug, wenn man sieht, daß wir an dem eben erwähnten
Unterschied von „formal" (und material) nichts anderes vor uns
haben als verschiedene Typen von Ausdrucksmethoden (sei es
bloß äußere Sprachformen, sei es auch innere und außerdem
vielleicht auch Besonderheiten in der Genesis), durch welche
dasjenige, was man für das Formelle (respektive Materiale) an

der Bedeutung gehalten hat, angeblich besonders passend und adäquat ausgedrückt sein soll. Eine kritische Würdigung dieses Gesichtspunktes versparen wir für den letzten, polemischen Teil dieser Arbeit.

§ 35. Wir sind aber mit unserer Aufzählung der Gebrauchsweisen von Form und Stoff auf sprachlichem Gebiete noch nicht zu Ende.

Vorhin haben wir „Form" im Sinne alles dessen, wodurch — nicht überhaupt irgendein Inhalt sondern — speziell die „Gedankenform"[1]) ausgedrückt wird, im Gegensatz zu dem, was Ausdruck für den Gedankenstoff ist, kennen gelernt, und zuletzt begegnete uns „Form oder formell" im Sinne einer besonders adäquaten Ausdrucksweise für die „Gedankenform", wogegen „materiell" die Ausdrucksweise hieß, die für den Gedankenstoff ausschließlich oder vorzugsweise passend sein soll. Es bleibt aber noch eine Reihe weiterer Bedeutungen von Form und formal übrig.

Man kann von Formensinn oder aber von Formlosigkeit in der Sprache reden, ohne dabei speziell an den Ausdruck dessen zu denken, was Stoff und Form in der Bedeutung genannt worden ist. Und dann mag man darunter ein über das Unumgänglichste und Notwendigste hinausgehendes Streben nach Deutlichkeit oder weiterhin eine nicht bloß vom nacktesten Bedürfnis, sondern auch von der gemeinen Deutlichkeit unabhängige und von ästhetischen Rücksichten getragene Pflege der Sprache verstehen (ϑ).

Und wenn man, wie eben bemerkt, gewisse Ausdrucksmittel und -methoden „Formen" genannt hat, weil sie zwar nicht bedeutungslos aber nicht der Ausfluß des bloßen Triebes nach Verständigung und Verständlichkeit sind, so wurde die Bezeichnung Form und formal abermals in anderem Sinne endlich auch noch solchem gegeben, was man geradezu für des Sinnes entleert hält (ι). Etwas mehr von alledem im kritischen Teil.[2]) Nach diesem Überblick über die verschiedenen Ver-

---

[1]) So sage ich der Kürze halber (und nach der Regel: a potiori fit denominatio) statt „Form des Auszudrückenden" überhaupt.

[2]) Nur nebenbei sei noch erwähnt, daß man auch von „formaler Sprachbetrachtung" redet und damit die deskriptiven im Gegensatz zu den genetischen Untersuchungen meint.

wendungen, welche „Form und Stoff" überhaupt auf sprachlichem Gebiete erfahren hat, sind wir nun vorbereitet, speziell
die Weise ins Auge zu fassen, wie man in Hinsicht auf die
Bedeutung davon spricht und sprechen kann, d. h. an das
Problem heranzutreten, das als Kern der gesamten deskriptiven
Semasiologie gelten kann und uns hier am eingehendsten beschäftigen soll.

II. Teil

Die Unterscheidung von formalen und materialen Elementen in der Bedeutung.

Wie früher erwähnt wurde, spricht man auch in Hinsicht auf die Bedeutung der Sprachmittel einer Sprache von Form und Stoff oder von materialen und formalen Elementen, und diese Unterscheidung nimmt in der deskriptiven Bedeutungslehre eine zentrale Stellung ein. Wenn man sich aber unter den verschiedenen Forschern nach der Inhalts- und Umfangsbestimmung für diesen Begriff und Terminus umsieht, so erfährt man keineswegs einheitliche und unzweideutige Auskunft.

In Hinsicht auf den Umfang dessen, was in diesem Sinne formal und Form zu nennen sei, herrscht wohl soweit am ²hesten Übereinstimmung, daß man dasjenige so bezeichnet, was ⎿ls die Bedeutung gewisser Wortbestandteile angesehen wird, ie es die Deklinations- und Konjugationsendungen der indo-rmanischen Sprachen sind. Und demgegenüber verhalte sich, meint man, dasjenige, was dem sogenannten Stamm jenes ⎿linierten und konjugierten Wortes als Bedeutung ent-ʼchen soll, wie ein Stoff, der bald diese bald jene „Gedanken-ʼ annehme. Außerdem pflegt man allgemein auch gewisse ⎿dere Wörtchen wie die Präpositionen und Konjunktionen, ⎿opula und gewisse Pronomina, für formal zu erklären, Funktion im Satze man für identisch oder nahe verwandt ⎿et mit jener der vorhin erwähnten sogenannten formalen ⎿estandteile.

⎿rößer als die Diskrepanz der Angaben über den Umfang ⎿rmalen einerseits und des Materialen andererseits ist aber die Unklarheit und Verwirrung hinsichtlich des Inhalts dieser Begriffe. Die bezüglichen Bestimmungen sind vornehmlich von drei Faktoren beherrscht:

a) von der Rücksicht auf das, was man vom morphologischen Standpunkt in einem gewissen eminenten Sinne „Formen" und formal zu nennen pflegt und von der voreiligen Übertragung dieser Eigenheit des Ausdrucks auf den ausgedrückten Inhalt;

b) von dem, was die Philosophen von ihrem, insbesondere vom psychologischen, Standpunkt (und unabhängig von dem, was morphologisch in der Sprache so genannt wird) über Form und Materie im Denken gesagt haben;

c) endlich von einer Unterscheidung in der Bedeutung unserer Sprachmittel, die wir den Unterschied der Synsemantie und Autosemantie nennen wollen.

Von der letzteren wichtigen und tiefgreifenden Differenz, die für die vielberufene Scheidung von Form und Stoff in der Bedeutung in Wahrheit allein hätte den Anschlag geben sollen, werden wir hier ausführlich handeln. Von dem unter a) und b) Erwähnten war teils andeutungsweise bereits die Rede, teils soll es im V. Stück dieser Beiträge zur Sprache kommen, bei einem kritischen Blick auf die bisherige Lehre von Form und Stoff auf sprachlichem und vornehmlich auf semasiologischem Gebiete und dem Versuch, die bezüglichen Irrtümer und deren Quellen ins Licht zu setzen.

Erstes Kapitel

Die Unterscheidung von selbstbedeutenden und mitbedeutenden Ausdrücken.

§ 36. Auf die Frage, ob den Urhebern der Unterscheidung von Form und Stoff, formal und material und dgl. in Hinsicht auf die Bedeutung der Ausdrucksmittel einer Sprache, ein sachlicher und in der Natur der Dinge begründeter Unterschied vorgeschwebt habe und welcher dies sei, ist meines Erachtens zu antworten: Der Unterscheidung kann als unbestreitbarer sachlicher Kern nur d e r Umstand zugrunde liegen, daß es in jeder Sprache teils solche Bezeichnungsmittel gibt, welche schon allein genommen der Ausdruck eines für sich mitteilbaren psychischen Phänomens sind, teils solche, von denen dies nicht gilt. Diesen Unterschied zwischen selbständig und unselbständig bedeutsamen Sprachmitteln hatte wohl schon Aristoteles im Sinne, wenn er, neben φωναὶ σημαντικαί, zu denen er ὄνομα und ῥῆμα rechnet, φωναὶ ἄσημοι unterschied und zu letzteren die einzelnen Silben der Wörter und alle sogenannten Partikeln zählte, und so auch der Grammatiker Apollonius Dyscolos, wenn er die letzteren den Mitlautern verglich. Ebenso war dies zweifellos bei späteren Aristotelikern der Fall, wenn sie die sprachlichen Zeichen einteilten in kategorematische: das sind solche, welche als Subjekt oder Prädikat in einer Aussage stehen können, und in synkategorematische (dictiones syncategorematicae oder syncategoreumata): das sind solche, welchen nur in Verbindung mit anderen diese Funktion zukommen kann. Doch sind diese letzteren Klassen zu eng. Nicht bloß und nicht immer handelt es sich darum, ob ein Zeichen für sich prädikabel oder ob es nur komprädikabel sei, sondern es ist die Frage, ob es überhaupt selbstbedeutend oder bloß mitbedeutend fungiere. Diese letzteren Namen oder die äquivalenten griechischen Termini: autosemantisch und synsemantisch scheinen mir darum die angemessenen Bezeichnungen für die fundamentalen Klassen, auf die es hier ankommt.

E. Husserl bemerkt (a. a. O., II, S. 294): „Da Marty und mit ihm auch andere Autoren die Termini synkategorematisch und mitbedeutend in gleichem Sinn verstehen und zwar in dem Sinne von Zeichen, „welche nur mit anderen Redebestandteilen zusammen eine vollständige Bedeutung haben, sei es daß sie einen Begriff erwecken helfen, also bloß Teil eines Namens sind, oder zum Ausdruck eines Urteils (einer Aussage), oder zur Kundgabe einer Gemütsbewegung, oder eines Willens (zu einer Bitt-, Befehlsformel und dergleichen) beitragen", so wäre es eigentlich konsequenter gewesen, wenn sie den Begriff des kategorematischen Ausdrucks entsprechend weit gefaßt, somit auf alle für sich bedeutsamen oder vollständigen Ausdrücke irgendwelcher psychischen Phänomene ausgedehnt hätten, um dann einzeln zu sondern: kategorematische Ausdrücke von Vorstellungen oder Namen, kategorematische Ausdrücke von Urteilen oder Aussagen usw."

Der richtige Gedanke von Husserl, mit dem ich — wie schon eben diese von ihm angeführten Worte aus meinem Aufsatz „Über das Verhältnis von Grammatik und Logik" in den Symbolae Pragenses 1893 zeigen — sachlich vollkommen übereinstimme, scheint mir sprachlich besser so zur Ausführung zu kommen, daß man alles, was ich am angeführten Orte synkategorematisch nannte, also alles bloß Mitbedeutende, synsemantisch, alle selbstbedeutsamen Sprachmittel dagegen „autosemantisch" nennt. Die Klasse „kategorematisch" der Aristoteliker aber ist genau genommen unserer Klasse des Autosemantischen gegenüber nicht bloß zu eng. so daß etwa die letztere alles umfaßte, was man früher kategorematisch nannte und nur noch mehr, sondern in anderer Richtung greift der Begriff dessen, was man als Prädikat auffaßte, offenbar über das Autosemantische hinaus und ins Synsemantische hinüber. „Sitzt", „geht" und dergleichen hätten wohl die Aristoteliker als kategorematisch bezeichnet, da es als Prädikat dienen kann. Es ist aber synsemantisch. Nur „Gehender", „Sitzender" und „er geht", „er sitzt" könnte ich als autosemantisch gelten lassen.

Ich nannte die Synsemantika Zeichen, welche nur mit anderen zusammen bedeutsam sind. Noch exakter wäre es allerdings, sie gar nicht Zeichen, sondern bloß Bestandteile oder Glieder von irgendwie durch Zusammenfügung oder Zusammensetzung gebildeten Zeichen zu nennen. Doch wird es keinen Schaden stiften, wenn wir im folgenden, obwohl uns bewußt bleibend, daß im strengen Sinne bloß die selbstbedeutenden Ausdrucksmittel wahrhaft Zeichen sind, die mitbedeutenden in einem uneigentlicheren Sinne so nennen.

In analoger Weise, als lässigere Redeform, ist es wohl auch zu verstehen, wenn Husserl a. a. O., S. 317 sagt: „ein Worthaufen wie: „König, aber, oder, ähnlich, und", ist einheitlich überhaupt nicht zu verstehen; jedes Wort für sich hat einen Sinn, nicht aber die Komposition". Eigentlich gesprochen haben Wörtchen wie „aber", „oder", „und" für sich keinen Sinn.

Und jedenfalls wollen wir es vermeiden, die Bedeutung (genauer: Mitbedeutung) eines Synsemantikons seinen Begriff zu nennen und wollen — um der falschen Lehre, als ob alle Worte Vorstellungen ausdrückten, keinen Vorschub zu leisten, — den Terminus Begriff nur im Sinne des lateinischen conceptus für die Bedeutung gewisser Autosemantika nämlich der Namen verwenden.

Auch davor ist noch zu warnen, daß man unsere Definition der synsemantischen Zeichen: als solcher, die nur mit anderen zusammen bedeutsam sind, dahin mißverstehe, als ob etwa alles das, wodurch ein Zeichen zu einem solchen wird, das nur mit anderen zusammen Verständnis erweckt, es auch zu einem synsemantischen machte. Weit entfernt! Sonst müßten wir jedes vieldeutige Sprachmittel, dessen aktueller Sinn nur aus dem Zusammenhange klar wird, für ein bloß mitbedeutendes erklären. Dieses Moment der Eindeutigkeit einerseits und der Vieldeutigkeit und Erklärungsbedürftigkeit andererseits ist hier ganz auszuschalten. Wenn wir von einem bloßen Mitbedeuten sprechen oder bildlich geredet, gewisse Zeichen als die Selbstlauter, die anderen bloß als die Mitlauter auf dem Gebiete des Bedeutens bezeichnen, so haben wir dabei — wie schon bemerkt — im Auge, daß die einen, wie z. B. eine Aussage (z. B. amo) oder ein Befehl (z. B. Komm!) schon allein genommen der Ausdruck eines für sich mitteilbaren psychischen Phänomens sind, während dies von einer Partikel wie „wenn", „aber", und dergleichen nicht gilt.

Vieldeutig, und darum mit Sicherheit bloß im Zusammenhang
verständlich, können dagegen nicht bloß Partikeln und andere
in unserem Sinne synsemantische, sondern auch autosemantische
Zeichen wie Aussagen, Wunschsätze usw. sein. Es kann ja
zweifelhaft sein, ob ein Autosemantikon, z. B. eine Aussage,
diese oder jene Bedeutung hat, wie: Ajo te, Aeacida, Romanos
vincere posse. Aber natürlich kann — namentlich außerhalb
des Zusammenhangs — auch unsicher sein, ob ein gewisses
Zeichen autosemantisch oder synsemantisch zu verstehen sei.
Ein „Daßsatz", wie etwa „daß du mir dies nicht gesagt hast"
und dergleichen kann das eine Mal eine Ausrufung, also eine
autosemantische Wendung, das andere Mal ein bloßer Nebensatz
und synsemantisch sein.

Doch die folgenden Ausführungen werden eine Verwechslung
jener Ergänzungsbedürftigkeit, welche den Synsemantika als
solchen anhaftet, von der ganz anders gearteten der vieldeutigen
Ausdrücke (welche ein Ausfluß mangelnder Sicherheit ist, womit
ihnen diese oder jene bestimmte Bedeutung zukommt), noch vollständiger ausschließen helfen.

§ 37. Wir haben von autosemantischen und synsemantischen
Zeichen gesprochen. Man wird aber weiter fragen, was dabei
— in der üblichen grammatischen Terminologie ausgedrückt — unter „Zeichen" gemeint sei? Ob nur Worte
und Wortgefüge oder auch Bestandteile von Worten. Und diese
Frage ist um so dringlicher, als man ja die Bezeichnungen
„materiell" und „formell", von denen wir sagen, daß sie in ihrem
wahren und begründeten Kern auf unsere Unterscheidung von
selbständig und unselbständig Bedeutendem zurückgehen, auch
auf Wortbestandteile anwendet, ja den Namen „Form" sogar
mit Vorliebe gerade für solche gebraucht.

Ich erwidere: Nicht bloß Worte und Wortfügungen, auch
Bestandteile von Worten können unter Umständen teils als
autosemantisch, teils als synsemantisch gelten, oder anders
ausgedrückt: auch Teile dessen, was man da oder dort ein Wort
nennt, können unter Umständen als besondere Träger einer
Funktion im Satze, als besondere Redeglieder, bezeichnet werden.

Man wird vielleicht demgegenüber einwenden, der Begriff
und Umfang dessen, was „ein Wort" genannt wird, sei selbst
ein fließender. Und die Besonderheit des Baues verschiedener

Sprachen bringe es mit sich, daß man gewissen Idiomen und Familien von solchen den Besitz eigentlicher Worte und den Unterschied zwischen Wort und Satz in dem Sinne, wie er bei den flektierenden Sprachen gemacht wird, ganz abspricht.

Darauf möchte ich erwidern, daß mir dies wohl bekannt ist und daß ich im folgenden den Terminus „Wort" in dem Sinne nehme, wie er in der Grammatik der flektierenden Sprachen üblich ist. Falls die von mir empfohlenen Grundsätze über das, was man hier als eine semantische Einheit gelten zu lassen hat und nicht, sich bewähren, so wird es für einen vertrauten Kenner der äußeren und inneren Form jener anders gebauten Sprachen von agglutinierendem, polysynthetischem Charakter und dergleichen nicht unmöglich sein, für diese veränderten Umstände eine in analoger Weise zweckmäßige und entsprechende Formel zu finden. Im Bereiche der uns näherliegenden flektierenden Sprachen scheint es mir für die deskriptive Semasiologie am zweckmäßigsten: Wortbestandteile solange als besondere Redeglieder anzusehen, als sie, aus Zusammensetzung ursprünglich selbständiger Worte hervorgehend, jedes mit dem ihm entsprechenden, noch ein selbständiges Leben fortführenden, Sprachmittel so große Ähnlichkeit bewahrt haben, daß die Bedeutung dieses letzteren als figürliche innere Sprachform wirksam zu sein vermag für die Funktion seines Verwandten in der Zusammensetzung. Wo dies aber nicht mehr der Fall ist, da möchte ich Präfixe, Suffixe, Stämme und sogenannte Bildungssilben nicht mehr als besondere Redeglieder im Sinne der deskriptiven Analyse gelten lassen, sondern nur als Kategorien der Sprachgenesis. Und sollte einer auch bezüglich einer festgewordenen Wortgruppe (die auf der Grenze dessen steht, was man üblicher Weise ein Wort und was man eine Wortfügung nennt) im Zweifel sein, ob dabei besser von einer Mehrheit von Gliedern oder aber von einer semantischen Einheit zu sprechen sei, so muß nach analogen Grundsätzen entschieden werden, wie da, wo man allgemein von Wortbestandteilen redet. Kurz: ich möchte „semantische Einheit" und „Wort" nicht identifizieren.

§ 38. Doch wir vergessen natürlich nicht, daß diese unsere Entscheidung zugunsten anderer angefochten werden könnte. Und zwar sind von vornherein noch mehrere andere

Anschauungen möglich; insbesondere zwei, die man als Extreme bezeichnen kann und eine dritte, welche, wie die unsrige, zwischen jenen liegt, aber eine etwas andere mittlere Linie als die von uns gezogene für die richtige hält.

1. Vor allem könnte einer (und dem war — wie es scheint — die Meinung von Aristoteles[1]) nahe) so weit gehen, alle Wortbestandteile, jede Silbe und jeden einzelnen Laut, für synsemantisch zu erklären, mit der Begründung, daß doch auch sie zur Bedeutung beitragen ohne für sich selbst etwas zu bedeuten. Allein diese weiteste Fassung des Begriffes der Synsemantie wird, denke ich, doch wenige Anhänger finden. Einmal weicht sie weit ab von der üblichen Klassifikation der Sprachmittel in formale und materiale; indem es keinem Vertreter dieser Scheidung eingefallen ist, jede beliebige Silbe und jeden beliebigen Laut eines Wortes formal zu nennen. Auf diese Übereinstimmung mit dem, was in dieser Beziehung üblich ist, könnte einer freilich verzichten wollen. Allein er müßte auch — und dieses zweite ist wichtiger und, wie mir scheint, entscheidend — darauf verzichten, daß dem derartig erweiterten Sinn des Synsemantischen noch irgend ein klärender Wert für die deskriptive und weiterhin auch für die genetische Bedeutungslehre zukäme. Soll der Begriff des Mitbedeutenden für diesen wichtigsten Teil der allgemeinen Grammatik Früchte tragen, so muß von dieser allzuweiten Fassung desselben jedenfalls abgegangen werden und erscheint es zweckmäßiger, den Begriff des synsemantischen Zeichens so zu fassen, daß dahin jedenfalls nicht mehr gehört, als was im naiven Sprachbewußtsein als besonderer Baustein der Rede wirkt oder angesehen wird.

Wenn man einwenden wollte, auch ein einzelner Laut oder eine Silbe wie B oder Bi in „Bild" gebe kund, daß der Sprechende etwas vorstelle, nämlich eben diesen Laut, so wäre zu erwidern, daß bei unseren Sprachmitteln nicht bloß zu fragen ist, was sie kundgeben, sondern auch was sie bedeuten. Und auch wenn man nur auf das erste blickt, so ist doch diese Art des Zeichenseins eines Lautes, nämlich die Kundgabe eines auf

---

[1]) Vergleiche unter anderem J. Vahlen, Beiträge zu Aristoteles Poetik, III, Sitzungsberichte der Kaiserlichen Akademie der Wissenschaften, Philos.-Hist. Klasse, Jahrgang 1867, Mai, S. 226 ff.

ihn selbst gerichteten psychischen Erlebnisses (Vorstellens, Urteilens), nicht das, was den sinnvollen Lauten eigentümlich ist. Die Sinnigkeit (was die Scholastiker suppositio formalis nannten) ist etwas anderes. Bloß in jener (der suppositio materialis der Scholastiker verwandten) Weise Zeichen zu sein, gilt auch vom sinnlosen Laute.

Noch sei erwähnt, daß auch Husserl (a. a. O. II, S. 298) sich gegen die von mir bekämpfte Lehre ausspricht; freilich mit einer Begründung, der ich mich nicht völlig anschließen könnte. Er bemerkt nämlich, bei einer Partikel wie „aber" und bei einem Wortstück wie „bi" sei die Ergänzungsbedürftigkeit eine wesentlich verschiedene; dort treffe sie nicht bloß den Ausdruck, sondern vor allem den Gedanken; hier nur den Ausdruck oder vielmehr das Ausdrucksstück. „Mit der sukzessiven Bildung des komplizierten Wortgefüges baut sich die Gesamtbedeutung schrittweise auf; in der sukzessiven Bildung des Wortes baut sich bloß das Wort auf und erst dem fertigen fliegt der Gedanke zu."

Husserl verweist hierbei auf eine Stelle meines vorhin erwähnten Aufsatzes in den Symbolae Pragenses, wo ich es als „Vorzug einer Sprache oder Stilweise bezeichne, wenn Bau und Wortfolge ihrer Sätze von der Art ist, daß der Hörer beim Aufbau des Gedankens, der in ihm erweckt werden soll, rasch auf die richtige Fährte gebracht wird". Allein es wäre ein Mißverständnis, diese meine Äußerung dahin aufzufassen, als glaubte ich überall an einen Aufbau der Gesamtbedeutung aus Teilbedeutungen so, daß diese letzteren auch für sich allein — wie Bausteine und Grundmauern und dergleichen — Bestand haben könnten. Nach meiner Meinung ist der Gedanke, den ein synsemantisches Zeichen erwecken kann, nur ein vorläufiger, ein Stück konstruktiver innerer Sprachform, das mit dem fertigen Verständnis, welches erst dem Ganzen des autosemantischen Sprachmittels „zufliegt", mehr oder weniger verwandt sein wird, aber immer nur eine Vorbereitung dafür ist.

Und wenn Husserl sagt, bi (etwa in bissig oder billig usf.) sei zwar ein Wortstück, aber es entspreche ihm kein Bedeutungsstück, während dieses bei den synsemantischen Zeichen der Fall sei, so kann ich dies nicht — wenigstens nicht im bezug auf alle Synsemantika — unterschreiben. Wir kommen auf eine bezügliche wichtige Unterscheidung der Synsemantika

in logisch begründete und nicht begründete, später ausführlich
zu sprechen.

Aber daß nicht jede beliebige Silbe als synsemantisch anzusehen sei, ist auch meine Ansicht. Ihr steht, wie bemerkt,
eine andere Ansicht extrem gegenüber, die keinen Wortbestandteil als besonderes Zeichen gelten lassen will. Doch ehe
wir sie prüfend ins Auge fassen, erscheint es zweckmäßiger,
uns zuvor einer der unsrigen am meisten verwandten mittleren
Ansicht zuzuwenden.

2. Sie gibt zu, es sei allerdings nicht angezeigt, einen
beliebigen Bestandteil, wie z. B. das anlautende β in βροντᾷ,
als synsemantisch zu bezeichnen. Wohl aber sei es gerechtfertigt, „organische" Wortbestandteile, wie etwa im angegebenen Falle Stamm und Endung[1]), teils als synsemantisch,
teils als autosemantisch gelten zu lassen. Und das stimme
mit dem üblichen Gebrauch von formell und materiell recht
wohl überein.

Allein wenn man hier in dem Begriffe des „organischen"
Wortbestandteils die Grenzbestimmung gefunden zu haben glaubt,
innerhalb welcher Teile von Worten als besondere (teils autosemantische, teils synsemantische) Zeichen gelten könnten und
wenn man z. B. Stamm und Endung in dem Wörtchen βροντᾷ
als solche organische Bestandteile hinstellt, was ist mit diesem
Terminus, der die Lösung des Rätsels bieten soll, eigentlich
gemeint?

Soll es heißen, daß jedem der beiden Wortbestandteile
vom Standpunkte der aktuellen Rede der Charakter eines
besonderen Gliedes oder Organs desselben zuzuschreiben sei?
Dies wäre eben das, was bewiesen werden müßte und was ich
bestreite. Ich kann nicht zugeben, daß βροντ ein organischer
Wortbestandteil in diesem Sinne sei, sonst müßte er Ausdruck
eines Begriffes, also ein Name, heißen. Ebensowenig kann ich
dann aber zugeben, daß α als synsemantisches Zeichen jenen
vermeintlichen Namen, der die Urteilsmaterie ausdrückte, zum
Ausdruck der bejahenden Aussage ergänze. Was zweifellos
tatsächlich vorliegt, ist der Umstand, daß das Wort βροντᾷ in
mehrfacher Richtung mit anderen Bezeichnungsmitteln sowohl

---

[1]) Ich gebrauche hier „Stamm", wie man sofort sehen wird, in etwas
weiterem, nicht im strengsten Sinne der neueren historischen Grammatik.

formähnlich als bedeutungsverwandt ist, nämlich einesteils mit den Namen βροντὴ, βρόντημα, βροντώδης usw., andererseits mit den funktionsanalogen Ausdrucksmitteln für Aussagen wie διψᾷ πεινᾷ usw., und daß es mit den ihm in der einen und anderen Richtung ähnlichen und bedeutungsverwandten Gebilden Assoziationen eingeht. Auch entsteht, infolge dieser Konkomitanz einer gewissen Analogie oder Verwandtschaft der Bedeutung mit der Ähnlichkeit der Gestalt, in bezug auf neu auftretende sprachliche Formen von dieser oder ähnlicher Art eine gewohnheitsmäßige Erwartung über ihre Bedeutung, und sie kann zur Schaffung neuer Bildungen dieser Art („Analogiebildungen") führen.

Bekanntlich begegnen wir sogar schon bei Kindern solchen Erwartungen und Analogiebildungen; ja sie bringen sich durch letztere gelegentlich mit dem inkonsequenteren Sprachgebrauch der Erwachsenen in Widerspruch, wie wenn sie etwa steigern: gut, güter, am gütesten — nach Analogie zu klug, klüger, mehr, mehrst usw. Kürzlich wurde mir die Beobachtung mitgeteilt, daß ein 3 1/2 jähriges Kind, welches früher von Amme und Kindermädchen tschechisch gelernt hatte und jetzt auch deutsch zu sprechen anfängt, aus tschechischen Zeitwörtern deutsche zu bilden sucht, indem es an die slavischen Stämme die deutsche Endung „en" anhängt, die ihm von gewissen Fällen wie essen, gehen, schlafen usw. her geläufig ist. Es macht also aus dem tschechischen zeptati (fragen), um deutsch zu sprechen, kurzweg „zepten". Wer wird glauben, daß das Kind dies auf Grund grammatischer Reflexion tue? Wir haben eine Analogiewirkung vor uns ohne Analyse und grammatische Theorie.

§ 39. In diesen, im naiven Bewußtsein liegenden, Assoziationen und konkreten Erwartungen bezüglich solcher Gruppen analog gestalteter Wortgebilde ist natürlich auch schon eine Vorarbeit für die sammelnde Tätigkeit des Grammatikers gegeben. Die grammatische Reflexion bildet, daran anknüpfend und unter zeitweiligem Absehen von den Ausnahmen, abstrakte Regeln der Bedeutung und des Gebrauchs für solche formverwandte Gestaltungen. Nur wurden — das bedarf keiner Bemerkung — durch den grammatischen Unterricht nicht bloß jene spontanen Assoziationen gefestigt und für die Reproduktion noch prompter gemacht, sondern auch solche zwischen anderen

Gruppen bedeutungsverwandter und mehr oder weniger ähnlicher Wörter ausgebildet, die in einem grammatisch nicht geschulten Gedächtnis sich nicht so entwickelten.

Aber noch mehr kann zugegeben werden. Die grammatische Reflexion mag an einem Worte wie amo mit Rücksicht auf diese doppelte Richtung der Verwandtschaft und Assoziation mit anderen Wörtern ganz wohl zwei Bestandteile unterscheiden; den einen entsprechend seiner Verwandtschaft mit laudo, affirmo, nego usw., einen anderen entsprechend derjenigen mit amans, amare, amor (als Substantiv gefaßt), amoris usw. Ebenso an laudo einen entsprechend seinem assoziativen Zusammenhang mit amo, nego usw. und einen anderen entsprechend der Verwandtschaft mit laudans, laudare, laus, laudis usw. Aber auch an μουσικός oder zerstören einen solchen entsprechend seinem assoziativen Zusammenhang mit γραμματικός resp. zerschlagen usw. und einen anderen entsprechend der Verwandtschaft mit μοῦσα resp. Schlag.

Und man kann sagen, mit der Gleichheit oder Ähnlichkeit des einen Bestandteils (der der Grundbestandteil, die Basis oder Substanz des Wortes genannt werden kann) gehe eine andere Art der Bedeutungsverwandtschaft oder Homoiosemasie Hand in Hand, als mit der Gleichheit des anderen (der passend etwa die Abwandlung oder überhaupt morphologische Modifikation des Wortes heißt).

Ich sprach von Gleichheit der Abwandlung. Statt ihrer kann bekanntlich auch bloße Ähnlichkeit bestehen wie zwischen amas und vides, und auch sie kann von ebenso großer Übereinstimmung der Bedeutung in einer bestimmten Richtung begleitet sein wie die völlige Gleichheit.

Es ist dies natürlich eine Folge der planlosen Entstehung der Sprache. Eine planmäßige Bildungsweise hätte diese Diskrepanzen vermieden. Wie sie andererseits auch vermieden haben würde, daß volle Gleichheit der Gestalt gegeben sein kann (vgl. amor als Substantiv und als Verbalform) ohne jede Gleichheit oder auch nur entferntere Verwandtschaft in der Richtung der Bedeutung, die sich sonst an die Gleichheit der Endung zu knüpfen pflegt.

Eine Bedeutungsverwandtschaft in einer und derselben Richtung, nur von allgemeinerer Natur, besteht aber endlich auch zwischen amo und amas, amat usw., und auch diese vagere Übereinstimmung in der Funktionsrichtung geht Hand in Hand mit einer bestimmten Formverwandtschaft, nämlich dem Besitz dessen, was man die Endung o, as, at und dergleichen nennt. Auch bei amo, amas, amat usw. kann man also von einer doppelten Homoiosemasie sprechen, wovon die eine sich an die sogenannte „Endung", die andere an die „Basis" des Wortes knüpft und welch letztere sie mit den Namen amare, amans und amor (als Substantiv verstanden) teilen.

Wir wollen jene Bedeutungsverwandtschaft, wie sie im weiteren Sinne auch zwischen amo und amas und dergleichen, im engeren aber zwischen amo und laudo besteht, die Bedeutungsverwandtschaft durch völlige oder teilweise Homologie der Funktion nennen. (Die Funktion von amo ist ja völlig analog derjenigen von laudo; diejenigen von amo und amas sind sich wenigstens entfernt homolog.) Dagegen möchte ich für jene ganz andere Bedeutungsverwandtschaft, wie sie zwischen amo und amare und wiederum zwischen laus und laudo besteht, im Augenblick nur eine negative Bezeichnung gebrauchen; ich nenne sie eine Verwandtschaft, die nicht auf Homologie der Funktion beruht, indem ich mir vorbehalte, später eingehender zu untersuchen, welcher Art, positiv gesprochen, sie gewöhnlich sei. Es ist ja sicher, daß z. B. die Bedeutung von homo derjenigen von hominis irgendwie verwandt ist, obwohl es sich nicht um eine homologe Funktion handelt wie bei hominis und nominis. Ebenso ist die Bedeutung von laus und laudo verwandt, obschon keine Homologie der Funktion vorliegt wie bei laudo und amo oder wie — im weiteren Sinne — bei laudo und laudas. Kurz: Die grammatische Reflexion ist gewiß berechtigt, an den flektierten Wörtern zwei verschiedene Arten von Bestandteilen zu unterscheiden und die Beobachtung auszusprechen, daß an die Gleichheit oder Ähnlichkeit der Worte in der einen oder anderen Beziehung sich verschiedene Richtungen von Bedeutungsverwandtschaften knüpfen. Aber etwas anderes ist die Behauptung, daß die aktuelle Funktion des Wortes sich aus zwei Funktionen zusammensetze; mit anderen Worten, die Meinung, das unmittelbare naive Sprachbewußtsein unterscheide zwei Teile an dem Worte (so wie an einem wahren Kompositum) und empfinde das eine als Träger einer anderen Bedeutung als das andere

oder noch spezieller das eine als Träger einer synsemantischen,
das andere als Träger einer autosemantischen.

§ 40. Wäre man berechtigt, an amo oder an hominis so
viele Zeichen zu unterscheiden, aus denen das Wort angeblich
zusammengesetzt sei, als es verschiedene Richtungen der Form-
und Bedeutungsverwandschaft aufweist, so könnte man dies mit
demselben Rechte auch in dem Falle tun, wo die Worte, welche
sich so funktionsverwandt sind wie πτιτ? und διψῷ oder amo
und lego usw., morphologisch nicht eine „Endung", sondern
nur einen sogenannten Umlaut oder eine Besonderheit des
„Vokalismus" miteinander gemein haben. Auch da müßte
es dann gestattet sein, mit Ausscheidung des Umlauts oder
Vokalismus den Rest des Wortes für einen Namen zu erklären,
obwohl er nirgends in der Sprache ein relativ gesondertes
Dasein hat, sondern für sich allein vielleicht kaum aussprechbar
ist. Und ebenso müßte man jenen anderen Bestandteil des
Wortes, der für sich allein ebensowenig in gleicher oder ver-
wandter Bedeutung als besonderer Redeteil vorkommt, als das
Zeichen des affirmativen Urteils ansprechen. Eine bedenkliche
Theorie!

Es gibt bekanntlich Fälle, wo — wie man sich kurz und
bequem ausdrückt — durch Dehnung eines Vokals die besondere
Größe des durch das Wort bezeichneten Gegenstands, durch
die Kürzung sein kleineres Volumen bezeichnet ist. Auch
kann dies der eine Vokal im Gegensatz zum anderen bedeuten.
Unsere Kinder z. B. statten, wie schon v. d. Gabelentz bemerkt
hat, was Name eines großen Dinges sein soll, gerne mit dem
Vokal u aus. Aber wäre es nicht eine Täuschung, wenn man
hier im Ernst glaubte, den gedehnten Vokal oder das u als
synsemantisches Zeichen der Größe, den kurzen als solches für
die Kleinheit auffassen zu dürfen? Wären sie dies, so müßten
sie als Adjektive und der übrige Wortkörper als ergänzendes
Substantiv gelten! Und ähnlich in tausend und tausend anderen
Fällen. Man sieht leicht, zu welcher Verwirrung in der
deskriptiven Grammatik es führen würde, sie mit solchen
neuen Gebilden bevölkern zu wollen.

Aber nicht anders wäre es, wenn man dem Stamm und
der Endung in einer Verbalform wie βλέπομαι ernstlich eine
besondere Funktion zuschreiben wollte. βλεπ müßte dann als

Infinitiv oder Partizip kurz als ein Name, *ομαι* als Personalpronomen und Kopula angesprochen werden.

So kann denn die Lehre, daß es sich bei Stamm und
Endung in *βροντᾷ* oder amo um **o r g a n i s c h e** Bestandteile
handle, nicht im Sinne einer aktuellen besonderen Funktion
dieser Elemente, sondern nur etwa so gemeint sein, daß sie
eine besondere Genesis haben. Genauer: es kann nur gesagt
sein wollen, daß z. B. *βροντᾷ* aus der Agglutination und Verschmelzung mehrerer Wörter entstanden sei, wovon das eine
einst als Name, das andere als synsemantisches Urteilszeichen [1]
fungierte, während später das einheitliche Wort die Gesamt-
funktion, d. h. die einer Aussage, übernahm. Allein wenn man
unter dem Terminus „organischer Bestandteil" [2] diese **g e -
n e t i s c h e** Eigentümlichkeit gewisser Elemente eines Wortes
versteht, so ist man auch **n u r   v o m   g e n e t i s c h e n   S t a n d -
p u n k t e** und nur, soweit jene Genesis nicht bloße Hypothese
sondern erwiesene Tatsache ist, berechtigt, von einer Zuteilung
verschiedener Funktionen an jene verschiedenen Wortteile zu
reden. Wenn, so kann man sagen, die lautlich selbständigen
Gebilde, aus denen tatsächlich oder mutmaßlich diese Wortbestandteile hervorgegangen sind, in ihrer ursprünglichen Gestalt
restituiert wären und das durch sie gebildete Gefüge oder
Kompositum dieselbe Bedeutung hätte, die jetzt dem flektierten
Wort zukommt, käme jenen Vorfahren des Stammes und der
Endung teils die autosemantische Bedeutung eines Namens teils

---

[1]) Ich verstehe unter Urteilszeichen hier nicht die Aussage, sondern
nur das Zeichen der Anerkennung oder Verwerfung respektiv der Prädikation.

[2]) Ich weiß wohl, daß Fr. Schlegel und andere mit „organisch" eine
innere, dem Wachstum tierischer und pflanzlicher Gebilde ähnliche, Veränderung der Worte, im Gegensatz zu einer Entstehung durch „mechanische"
Zusammensetzung meinten. Aber heute kann der mystische Gedanke eines
solchen Wachsens und Werdens der Sprachmittel wohl als gänzlich über-
wunden gelten. Man spricht ja aber auch bei architektonischen Werken, die
„künstlich" und planmäßig entstanden sind, von „organischen" Teilen.
W i r verstehen denn hier unter „organischen" Wortbestandteilen kurzweg solche, welche sofern „natürlich" sind, als sie der Zusammensetzung des
Wortes aus einer ursprünglichen Mehrheit selbständiger entsprechen; im
Gegensatz zu Teilen, die durch eine willkürliche und keiner solchen genetischen
Parallele korrespondierende Einschnitte entstehen würden. Wie wenn ich
z. B. auf Grund unbegründeter Volksetymologie das Wort männiglich nicht
scheiden würde in männi-glich (ahd. mannô-gilih) sondern in männig-lich
oder Alfred in Al-fred statt in Alf-red.

die synsemantische eines Urteilszeichens zu. Ich sagte: soweit eine solche Entstehung der Wortteile aus selbständigen Worten Tatsache ist! Denn nicht in allen Fällen ist sie es, selbst wenn es sich um Endungen, noch weniger, wo es sich um sogenannte Ablaute und Umlaute handelt. Zwar macht es die Sprachgeschichte im Vereine mit der Psychologie im allgemeinen wahrscheinlich, daß die sogenannten Flexionsformen aus einem Gefüge von selbständigen Wörtern hervorgegangen sind. Aber es bleibt die Möglichkeit offen, daß — wenn auch gewiß nicht immer — doch in manchen Fällen zufällige Variationen der Lautgestalt[1]) nachträglich als Anhalt für den Ausdruck einer Bedeutungsdifferenz benutzt worden sind. Die Bedeutsamkeit der Ab- und Umlaute ist wohl größtenteils auf diese Weise entstanden.

Bekanntlich hat z. B. das ä in Kräfte seinen Ursprung bloß in Gründen des Wohllauts und war anfänglich auch im Genitiv und Dativ des Singulars vorhanden. Dann wurde es Merkzeichen des Plurals, und nach Analogie wurde auch Täge, Füße usw. gebildet, wo der Umlaut sonst nicht aufgetreten war.

Von den Endungen kann wenigstens ein Teil so zu ihrem semantischem Belang gekommen sein. Und so sind die sogenannten Wurzeln oft in doppeltem Sinne „ideale" Gebilde zu nennen; nicht bloß weil sie gegenwärtig nur im Gedanken des Grammatikers existieren, sondern auch, weil diese Reflexion nicht einmal für die Vergangenheit deren gesonderte Existenz und Funktion mit Sicherheit zu erschließen vermag. Auch wenn es also erlaubt wäre, die genetisch-hypothetische Betrachtung an die Stelle der deskriptiven Frage nach der aktuellen Bedeutung der Sprachmittel zu setzen, könnte man nicht in allen Fällen, wo man jetzt gemeinhin formelle und materielle Wortbestandteile unterscheidet, für diese Bezeichnungen die Namen synsemantisch und autosemantisch substituieren.

§ 41. Doch es könnte sich einer mit dem Gesagten nicht zufrieden geben wollen und meinen, auch was die aktuelle

---

[1]) Wenn ich hier von „zufällig" spreche, so meine ich natürlich nur „zufällig mit Rücksicht auf die Bedeutung und eine auf die Funktion gerichtete Absicht". Schlechthin gesprochen entsteht ja alles gesetzmäßig und gibt es nichts Zufälliges.

Funktion betrifft, könne man Wortbestandteile wie Stamm, Endung und Umlaute, sei es autosemantisch, sei es synsemantisch, nennen. Es gebe ja doch jedermannn zu, daß z. B. in hominis die Endung inis den Genitiv und in homini die Endung ini den Dativ bezeichne. Eben damit aber sei zugegeben, daß diesem Wortteil aktuell eine synsemantische Bedeutung zukomme. Denn was man so von diesen Endungen sage, habe gar nichts mit genetischen und hypothetischen Betrachtungen, sondern nur mit der gegenwärtigen Funktion jener Silben zu tun.

Diesem Einwand gegenüber muß ich wirklich zugeben, daß man mit einer gewissen Berechtigung sagen kann, die Endung *inis* im lateinischen Wort homo bezeichne den Genitiv. Allein, was heißt hier „bezeichnen"? Hat es denselben Sinn wie wenn ich sage: „ist" sei Zeichen der Anerkennung, „ist nicht" der Verwerfung, also kurzweg Zeichen in dem Sinne, daß es eine gewisse Bedeutung erwecke? Ich glaube nicht. Sondern es heißt bloß: die Endung sei Zeichen, daß das Wort, welchem sie zukommt, einer gewissen Klasse oder Unterklasse von Sprachmitteln angehöre, wie die Reflexion einer guten oder schlechten deskriptiven Grammatik sie unterscheidet, indem sie unter den Wörtern Vergleiche anstellt in Hinsicht auf die Verwandtschaft und Verschiedenheit ihrer Funktion und auf eine dieser etwa parallel gehende Ähnlichkeit und Differenz der Form. Ebenso ist es natürlich zu verstehen, wenn man sagt: der Umlaut in *Väter* bezeichne den Plural und dergleichen, oder wenn man vom Zeitwort der semitischen Sprachen sagt, die Konsonanten gäben den Stoff des Gedankens, die Form desselben sei ganz den Vokalen zugeteilt (Steinthal, Schleicher und andere).

Vielleicht wendet man abermals ein: Die Reflexion über die Sprache und über die Funktion ihrer Bestandteile dränge tatsächlich nicht bloß zu dem, was wir eben zugegeben haben, sondern sie führe Viele dazu, an Worten, wie es die flektierten und die Derivative sind, geradezu mehrere Elemente zu unterscheiden, denen sie verschiedene Elemente in der Bedeutung zuordnen.

Ich antworte: Relevant ist hier vor allem nicht die Frage, ob eine solche Distinktion verschieder Wortbestandteile bei den über die Sprache Reflektierenden, sondern ob sie im naiven Sprachbewußtsein allgemein gegeben sei. Dies ist

sicher zu verneinen, und wir haben schon betont, daß zur
Erklärung der Analogiebildungen die entgegengesetzte Annahme
durchaus nicht nötig ist. Die Sprache ist ohne solche deskriptive Scheidungen und Analysen von seite ihrer Bildner entstanden und auch bei ihrer Weiterentwicklung spielen sie nur
eine untergeordnete Rolle. Zu alledem genügt es, wenn die
form- und bedeutungsverwandten Gebilde als Ganzes untereinander
assoziiert sind und in dieser Weise kann ganz wohl z. B. das
Wort Väter einerseits mit Vater, Vaters, väterlich usw.,
andererseits mit Mütter, Güter und dergleichen assoziiert sein
resp. sich assoziieren.

Was aber die Grammatiker betrifft, so bezweifle ich auch
hier, daß jene oben erwähnte semasiologische Theorie, wonach
der Stamm eines konjugierten Wortes, ähnlich wie ein Name,
und die Endung, ähnlich wie etwa die Kopula, als Träger einer
besonderen Bedeutung zu gelten hätten, so allgemein und
ernstlich von ihnen geteilt werde. Wahrscheinlich werden
solche Ausdrucksweisen, welche jene verschiedenen Wortelemente
wie besondere Redeglieder behandeln, von ihnen mehr der Kürze
und Bequemlichkeit wegen gewählt und als eine Fiktion
benutzt, welche für die Überlieferung und Einprägung des
grammatischen Stoffes gute Dienste leistet.

Sollten sie aber von manchen doch ernst genommen werden
oder genommen worden sein, so dürfte meines Erachtens eine
fortgeschrittene und von den Grundsätzen zweckmäßiger Klassifikation geleitete Analyse und Beschreibung der Redeteile
sich von solchen verfehlten Versuchen zu einer deskriptiven
Semasiologie so wenig beirren lassen, wie die exakte Etymologie von ähnlich unbegründeten früheren Mutmaßungen über
den genetischen Zusammenhang unserer Worte.

§ 42. Mit mehr Schein könnte uns entgegengehalten
werden, wir gingen in der entgegengesetzten Richtung zu weit,
indem wir zugeben, daß man wenigstens bei einem eigentlichen
Kompositum von Synsemantie oder Autosemantie der Teile
sprechen könne. Es sei weit konsequenter, könnte er sagen,
überall, wo bloß ein Wort — wenn auch ein zusammengesetztes
— vorliege, auch nur von einem Zeichen, nicht von einer
Mehrheit solcher zu sprechen. Ein Wort aber sei, was

zusammengesprochen und dementsprechend auch zusammengeschrieben werde.

Allein das Moment der Trennung gewisser Laute und Lautkomplexe durch die Sprachpause, Betonung und Schreibart oder die gegenteilige Gruppierungsweise in Sprache und Schrift kann doch nicht der entscheidende, jedenfalls nicht der in letzter Instanz entscheidende Anhaltspunkt für oder wider ihre Scheidung in eine Mehrheit von Redegliedern sein, da sie mannigfache, teils allerdings semasiologische, teils aber auch andersartige z. B. lautliche und mit Lautneigungen zusammenhängende Gründe haben kann. Wir werden später bei einem kritischen Blick auf den Begriff des Wortes darauf zurückkommen. Hier nur die Bemerkung, daß es mir allzuhart scheint anzunehmen, daß, wenn ich z. B. sage: Ich werde ihm Speisen vorsetzen, „vor" und „setzen" ein Zeichen seien; dagegen in „ich setze ihm Speisen vor", zwei. Man müßte also, wenn man „vorsetzen" nicht als Kompositum aus zwei Zeichen gelten lassen will, dies auch nicht tun, wenn „vor" und „setzen" durch andere Wörter getrennt sind, und dazu wird man sich schwer entschließen. Wenn überhaupt die übliche Scheidung zwischen Wort und Satz aufrecht bleiben soll, wonach das Wort nicht zugleich eine „Rede" ist, so muß wohl eine Trennung wie die oben erwähnte zwischen „vor" und „setzen" als ein Kriterium für verschiedene Wortindividuen gelten, und ich meine, eine solche Beweglichkeit von „vor" wäre nicht möglich, wenn dasselbe nicht vom naiven Sprachbewußtsein, unabhängig von aller grammatischen Reflexion, als besonderes Sprachmittel empfunden würde. Was ich dagegen nicht leugnen will, ist, daß die Grenze zwischen Wortkompositum und Simplex eine fließende ist in dem Sinne, daß fortwährend in der Sprachgeschichte sich Übergänge vom einen zum anderen vollzogen haben und vollziehen können. Immer, wo es sich um ein wahres Kompositum handelt, ist es aus einer Agglutination von früher selbständigen Elementen entstanden. Und solange die Elemente (und zwar alle) durch das Zusammenrücken entweder gar keine weitere Alteration erfahren haben oder wenigstens keine solche, durch welche sie aufhören, als Verwandte der selbständigen Wörter, aus denen sie hervorgegangen sind, empfunden zu werden, solange scheinen sie mir unmittelbar als Träger einer besonderen Funktion behandelt zu sein, und können wir sie also im Sinne des naiven

Sprachbewußtseins als eine Mehrheit von Zeichen betrachten.
Anders wenn infolge größerer lautlicher Veränderungen an
ihnen oder infolge eines Wandels oder des Aussterbens ihrer
selbständigen Verwandten, für alle Teile der Komposition oder
auch nur für einen derselben jener Zusammenhang verloren
gegangen ist. Dann kann keiner mehr in jenem Sinne als
besonderer Beitrag zur Funktion der Rede, als besonderes Redeglied, gelten. Man sieht, ein Zustand geht in den andern über,
und es kann für den Grammatiker, der den aktuellen Zustand
einer Sprache zu beschreiben hat, im einzelnen Falle besonderer
Achtsamkeit bedürfen um zu konstatieren, was man gerade vor
sich habe. Nicht als ob der Begriff des Kompositums und des
Simplex in sich nicht ein klarer und scharf begrenzter wäre.
Das Simplex ist ein Zeichen, das Kompositum eine Zusammensetzung von mehreren, und der Begriff der Einheit und Mehrheit ist auch hier ein fester und kein fließender. Aber es mag
nicht immer leicht zu entscheiden sein, ob etwas Gegebenes
unter den einen oder anderen Begriff falle, das heißt
hier, ob etwas, was vielleicht kurz zuvor ein Kompositum war,
sodaß die Bestandteile in der Zusammensetzung noch als besondere Träger einer Bedeutung behandelt wurden, nun diesen
Charakter noch besitze oder bereits verloren habe.

Wie man aus dem Vorausgehenden wohl ersehen hat, rede
ich bei der Beantwortung der Frage, ob auch Wortbestandteile
unter Umständen als Synsemantika anzusehen seien, der Rücksicht
auf die Weise, wie das naive Bewußtsein sie beim aktuellen
Gebrauch der Sprache behandelt, das Wort, und worauf es mir
dabei ankommt, ist ein Doppeltes.

Ich kämpfe erstlich gegen eine Verwechslung der genetischen und deskriptiven Betrachtungsweise in der
Semasiologie, die so häufig begangen wird. Ohne in Abrede
stellen zu wollen, daß beide sich manchmal berühren und
dann natürlich die eine in zweckmäßiger Weise auf die
andere Rücksicht zu nehmen hat, muß man doch andererseits
zugeben, daß an und für sich etwas anderes die Frage ist, was
ein gewisses Sprachmittel im gegenwärtigen Gebrauch und
naiven Bewußtsein der Sprechenden für eine Funktion habe, und
ein anderes die Frage, welche Bedeutung es etwa früher gehabt
und auf welchem Wege es zu seiner jetzigen gekommen sei.
So, meine ich, ist auch bezüglich gewisser Wortbestandteile, wie

z. B. der Flexionsendungen, wohl zu unterscheiden die Frage,
ob man sie gegenwärtig als Träger einer besonderen Bedeutung, als besondere Redeglieder, ansehen solle, und die, ob
sie aus etwas entstanden sind, dem früher dieser Charakter
zukam.

Ist dann aber jene deskriptive Frage von den genetischen
abgelöst, mit anderen Worten, richtet man sein Augenmerk auf
eine Klassifikation der Sprachmittel vom Standpunkte ihrer tatsächlichen Bedeutung, so darf eine solche, um zweckmäßig zu
sein, die Weise nicht außer acht lassen, wie das naive Bewußtsein der Sprechenden die verschiedenen Sprachbestandteile behandelt.

Es könnte einer, bloß auf die aktuelle Funktion der
sprachlichen Bezeichnungsmittel schauend, auch sagen: Immer,
wenn wir solche gebrauchen, geschehe es, indem wir zueinander
reden. Die Klassifikation der Sprachmittel vom Standpunkte
ihres aktuellen Gebrauchs könne also nur eine Klassifikation
dessen sein, was man eine Rede nennen könne: wie etwa
eine Aussage, ein Befehl, eine Bitte, eine Ausrufung usw. Dagegen z. B. von bloßen Namen, wie etwa: ein Haus, ein Pferd
und dergleichen sei hier nicht zu handeln; denn niemals reden
wir zueinander in solchen, sondern, selbst wenn wir, wie der
Dichter, bloß darauf ausgehen, im Hörer gewisse (wertvolle)
Vorstellungen zu erwecken, tun wir dies durch Vorstellungssuggestive, die nicht bloße Namen sind.

Ich erwidere, daß dies alles zuzugeben ist und wir werden
es später im geeigneten Zusammenhange selbst zu betonen haben.
Nichts war darum auch verkehrter als die Meinung, die menschliche Sprache habe anfänglich nur aus Namen bestanden und
erst später seien Sätze im Sinne von Aussagen, Bitten, Ausrufungen usw. gebildet worden. Gewiß waren vielmehr diese
das erste, wenn sie auch sicher unseren Sätzen der Form nach
recht unähnlich gewesen sind.

Allein so zweifellos es ist, daß wir nur in Reden zueinander sprechen, so kann es doch zweckmäßig sein, bei der Beschreibung eine deskriptive Analyse derselben zu versuchen, mit
anderen Worten, Redeglieder zu unterscheiden und eine
Klassifikation der Sprachmittel unter diesem Gesichtspunkte
durchzuführen. Als ein solches Redeglied werden dann gewiß
zweckmäßig die Namen zu unterscheiden sein, da sie eine

wenigstens relativ selbständige Bedeutung innerhalb der Rede
haben. Aber nicht bloß sie, sondern auch Synsemantika und zwar
nicht bloß solche, denen besondere Teile der Bedeutung entsprechen,
sondern auch solche, wo dies nicht der Fall ist, können zweckmäßig in jene Tafel der Redeglieder aufgenommen werden, wenn
sie vom naiven Sprachbewußtsein wie besondere Glieder behandelt werden. Und so muß es, meine ich, auch mit Wortbestandteilen gehalten werden, vorausgesetzt, daß die eben
bemerkte Bedingung erfüllt sei. Das alles wird, glaube ich,
durch spätere Detailausführungen noch vollkommener geklärt
und erhärtet werden. Einstweilen glaube ich aber demgemäß
sagen zu können, daß hinsichtlich von Wortbestandteilen die
Grenze zwischen dem, was als besonderes Synsemantikon zu
gelten hat und nicht, am zweckmäßigsten so gezogen wird, daß
— wie wir früher sagten — das Positive zu gelten hätte, wo
jene Wortelemente, aus Zusammensetzung ursprünglich
selbständiger Worte hervorgehend, jedes mit dem ihm
entsprechenden, noch ein selbständiges Leben fortführenden,
Sprachmittel soweit einen Zusammenhang bewahrt haben, daß
die Funktion des letzteren als innere Sprachform für die des
ersteren wirksam sein kann, das Negative aber, wo dies nicht
mehr der Fall ist. Und so schließe ich jedenfalls Flexionsendungen wie die in amo, amas, hominis, homini von den Synsemantika aus und schreibe nur dem ganzen Worte eine, sei es
autosemantische (amo), sei es synsemantische (hominis) Bedeutung
zu. So sehr meines Erachtens eine zweckmäßige Beschreibung
der aktuellen Funktion unserer Sprachmittel gebietet, nicht bloß
Klassen von Reden, sondern innerhalb dieser auch Redeglieder
auseinanderzuhalten und zu klassifizieren, so sehr verbietet sie
etwa *am*, *laud* als Prädikatsnamen wie amans und *o*, *as* als Ausdruck der Prädikation und des Subjekts zu bezeichnen, ebenso
wie ego und sum, resp. tu und es. Die Funktion des einheitlichen Wortes in dieser Weise aus Syntaxe der Funktion zweier
Teile zu erklären, ist meines Erachtens eine Fiktion, die in
Wahrheit undurchführbar ist und die für die Grammatik nur
dann ohne Schaden bleibt, wenn sie sich eben nur als Fiktion
— etwa im Interesse einer abgekürzten und bequemen Ausdrucksweise — oder als Ausfluß einer genetisch-hypothetischer
Betrachtung und nicht als Beschreibung der tatsächlichen Vorgänge beim aktuellen Sprechen und Verstehen ausgibt.

Soviel möge hier über die Frage, ob der Umfang des Begriffes autosemantischer und namentlich auch synsemantischer Zeichen auch auf Wortbestandteile auszudehnen sei, genügen. Wir müssen auf dieselbe im vierten Stücke zurückkommen, wo wir — wie oben schon bemerkt — den üblichen Begriff des Wortes selbst einer kritischen Erörterung unterwerfen wollen. Schreiten wir nunmehr zu einer Betrachtung der autosemantischen und synsemantischen Sprachmittel mehr im einzelnen und zunächst zur Beantwortung der Frage nach den fundamentalen Klassen der Autosemantika.

Zweites Kapitel

Von den Grundklassen der autosemantischen Sprachmittel.

——

§ 43. Zum Begriffe eines autosemantischen Sprachmittels gehört, wie wir wissen, daß es für sich allein genommen der vollständige Ausdruck eines mitteilbaren psychischen Erlebnisses ist. Es werden also soviele Grundklassen solcher Sprachmittel zu unterscheiden sein, als es fundamentale Klassen solcher psychischen Vorgänge gibt, und so sind wir angewiesen uns zunächst über diesen Punkt ein begründetes Urteil zu bilden.

In neuerer Zeit bricht sich hier wieder mehr und mehr eine Einsicht Bahn, die freilich schon Aristoteles und wiederum Cartesius bei ihren Klassifikationen geleitet hat, nämlich der Gedanke, daß der natürlichste und wichtigste Gesichtspunkt für eine Einteilung der psychischen Vorgänge vom Standpunkte ihrer deskriptiven Verwandtschaft und Verschiedenheit, durch die Rücksicht darauf gegeben ist, ob dieselben eine Verwandtschaft und Verschiedenheit in Hinsicht auf das in ihnen gegebene eigentümliche Verhalten der Seele oder des Ich zu den Gegenständen darbieten. Jedes psychische Erlebnis, sei es ein Vorstellen oder Bejahen und Verneinen oder ein Fühlen und Wollen, ist in gewissem Sinne eine Subjekts-Objektsbeziehung d. h. indem jener Vorgang sich in uns abspielt, ist uns etwas anderes als er selbst — wie man sich ausdrückt — als Objekt gegenwärtig. Aber in verschiedenen Fällen ist die Weise des Verhaltens unseres Ich zum Objekte oder die Weise des einen Objekt-Zugewendetseins eine verschiedene und zwar, wie ich glaube, nicht bloß eine spezifisch sondern eine generell und fundamental verschiedene.

Wer die Geschichte der deskriptiven Psychologie und Semasiologie überblickt, findet freilich auch in dieser Hinsicht schon eine ganze Anzahl recht abweichender Ansichten vor. Während man lange Zeit darüber einig war, daß eine Mehrheit fundamental verschiedener Beziehungsweisen zu unterscheiden sei (wenn man auch über die Zahl und Natur derselben im einzelnen auseinanderging), ist bekanntlich in neuerer Zeit der Versuch gemacht worden, alle Erscheinungen auf eine Klasse, diejenige der Vorstellungen, zurückzuführen. Und da angesehene neuere Vertreter der Sprachwissenschaft gerade von jener Richtung in der Psychologie ihre philosophische Schulung empfingen, wurde die betreffende Ansicht, daß alles, was von psychischen Vorgängen in den Worten der Sprache zum Ausdruck komme, Vorstellungen und „Vorstellungsgruppen" seien, in der Semasiologie zu einer weitverbreiteten.

In der Psychologie selbst ist man davon ziemlich allgemein zurückgekommen. Aber Einigkeit ist damit keineswegs erzielt. Während viele an der im 18. Jahrhundert aufgekommenen Klassifikation: Denken, Fühlen, Wollen festhalten, hat Fr. Brentano an die Stelle dieser Dreiteilung die andere: Vorstellen, Urteilen und Lieben resp. Hassen gesetzt. Neuere wiederum, die einen fundamentalen Unterschied zwischen Vorstellen und Urteilen zugeben, sind geneigt, noch weitere solche Differenzen, sei es auf intellektuellem, sei es auf emotivem Gebiete, zu statuieren.

§ 44. Zu diesem wogenden Streite um die Zahl der fundamentalen und überhaupt letzten Unterschiede auf dem Gebiete des psychischen Verhaltens möchte ich vor allem eine prinzipielle und methodische Bemerkung machen. Man hat denjenigen, die aus wenigen solchen letzten Elementen die tatsächlichen Erscheinungen zu begreifen suchen, entgegengehalten, daß ihre Erklärungen durch zu große Komplikation unwahrscheinlich würden,[1]) und es bedarf vom logischen Standpunkt einer Klärung, wann und in welchem Sinne ein solcher Vorwurf

---

[1]) Vgl. darüber auch meine Abhandlung „Über Annahmen" in der Zeitschrift für Psychologie usw., herausgegeben von Ebbinghaus und Nagel, Bd. 40, S. 31 ff.

überhaupt berechtigt oder unberechtigt ist. Nicht jede Komplikation, meine ich, die einer gewissen Erklärung anhaftet, ist
eine solche, welche die vorgängige Wahrscheinlichkeit derselben
herabmindert und schädigt. Schon der Hinweis auf die Chemie
kann dies veranschaulichen. Wer mit den siebzig und einigen
Elementen, die wir heute annehmen, das Auslangen zu finden
sucht, der ist bekanntlich gezwungen, sehr komplizierte Verbindungen anzunehmen. Dem gegenüber könnte nun auch einer,
der eine größere Zahl von Elementen aber dafür weniger
komplizierte Synthesen zu statuieren versuchte, geltend machen
wollen, seine Erklärungsweise sei weniger kompliziert. Aber
jeder, der den wahren Sinn der die Wahrscheinlichkeit von
Hypothesen betreffenden Regeln versteht, wird hier doch Einsprache erheben und die letztgenannte Theorie für die mit einer
von vornherein unwahrscheinlicheren Komplikation behaftete
erklären. Das ganz Analoge gilt aber auch im obigen Falle
der Annahme einer größeren Anzahl von psychischen Verhaltungsweisen als letzten, nicht weiter zurückführbaren, Elementen unseres Seelenlebens. Obschon, wer sie macht, natürlich
dementsprechend weniger komplizierte Synthesen zu statuieren
braucht, so ist doch nicht seine sondern diejenige Theorie, welche
mit weniger letzten Elementen auszukommen sucht, als eine vermöge ihrer geringeren Komplikation von vornherein wahrscheinlichere Erklärungsweise in Anspruch zu nehmen. Denn daß
überhaupt komplizierte Zusammensetzungen und Verbindungen
in unserem Seelenleben vorkommen, ist nichts Neues und
Unerhörtes. Doch ist natürlich damit gar nicht gesagt, daß
diese Hypothese auch die a posteriori wahrscheinlichere sei.
Das hängt von ihrem Erklärungswert ab, und wenn eine geringere Zahl von elementaren Differenzen in der Beziehungsweise zum Objekt die Fülle des Details unserer psychischen
Erlebnisse nicht zu erklären vermag, dann verdient eine andere
obgleich kompliziertere Annahme gewiß den Vorzug.

Den zu erklärenden Tatsachen gegenüber scheint mir nun,
hinsichtlich der Zahl und Natur der fundamentalen Klassen
von Beziehungsweisen, die von Brentano in seiner Psychologie
vom empirischen Standpunkt aufgestellte Dreiteilung die richtige
Mitte zu halten. Mit ihr und zwar zunächst mit der Scheidung
von Vorstellen und Urteilen, die sie involviert, werden wir uns
denn eingehender beschäftigen.

§ 45. Während die meisten früheren Psychologen Vorstellen und Urteilen zu der konfusen Klasse Denken zusammen-
rechnen, lehrt Brentano bekanntlich, daß das Urteilen seinem
Wesen nach in einem Anerkennen oder Verwerfen bestehe und
damit eine von allem bloßen Vorstellen fundamental verschiedene und zu ihm neu hinzukommende Verhaltungsweise der
Seele zum Objekte, ein ἴδιον γένος oder πάϑος, repräsentiere.[1]
Man hat bekanntlich lange Zeit gemeint, genügende
Rechenschaft vom Wesen des Urteils zu geben, indem man
sagte, es sei ein Verbinden und Trennen von Vorstellungen. In
Wahrheit kann aber ein solches gegeben sein ohne daß ein
Urteilen vorliegt und umgekehrt, wie dies bereits Brentano
a. a. O. überzeugend dargetan hat.[2] Von sonstigen Besonderheiten auf dem Gebiete des Vorstellens aber ist von vornherein
klar, daß sie nicht imstande sind, der Eigentümlichkeit gerecht
zu werden, die das Urteilen vom bloßen Vorstellen scheidet.
Der Unterschied kann ja offenkundig weder darin liegen, daß
etwa das Urteilen ein unanschauliches Vorstellen, das bloße
Vorstellen ein anschauliches wäre oder umgekehrt; noch daß
das eine ein deutliches, das andere ein undeutliches Vorstellen
wäre. Und wollte einer etwa versuchen, die Intensität als das
Unterscheidende anzurufen — welcher Intensitätsgrad sollte es
sein, bei dem das Vorstellen anfinge ein Urteilen zu werden?
Um nicht aller Willkür Tür und Tor zu öffnen, müßte man
entweder sagen, nur der höchstdenkbare Grad sei ein Urteilen,
oder jeder, auch der minimalste; nur sei dies eben ein Urteilen
von minimalster Stärke. Die letztere Annahme hebt — von allem
anderen abgesehen — den Unterschied zwischen Vorstellen und
Urteilen auf, verzichtet also darauf, von ihm Rechenschaft zu
geben. Die erstere Annahme aber widerspricht offenkundig
aller Erfahrung. Diese kennt nur eine Intensität des Vorstellens im Zusammenhang mit der Intensität des Vorstellungs-
inhalts, zeigt aber zugleich, daß wir an einen leisen Ton so gut
wie an einen starken, geschweige denn bloß an den stärkst-
denkbaren glauben können.

---

[1] In diesem Sinne werden wir die Theorie gelegentlich kurz die
idiopathische nennen.

[2] Vgl. Psychologie vom empirischen Standpunkt I, S. 271 ff. und meine
Artikel über subjektlose Sätze in der Vierteljahrsschrift für wissenschaftliche
Philosophie, Bd. VIII, S. 162 ff.

In neuerer Zeit hat man ziemlich allgemein das Zugeständnis gemacht, es gehöre zum Urteil ein „Bewußtsein der objektiven Giltigkeit des Vorgestellten", oder ein „Wahrheitsbewußtsein" und dergleichen. Allein dieser Angabe gegenüber muß man fragen, welche Art Bewußtsein dies sein sollte? Ist es ein vom Vorstellen fundamental verschiedenes oder nichts anderes als eben ein Vorstellen selbst? Nur das letztere kann der Gegner, ohne seine Position offenkundig aufzugeben, lehren. Aber wenn dies, so erweist sich seine Erklärung, das Wesen des Urteilens liege in einem solchen zum Vorstellen und zur Vorstellungsverknüpfung hinzutretenden Wahrheits-, Giltigkeits-, oder Notwendigkeitsbewußtsein, sofort wieder als ungenügend. Denn dann haben wir es dabei eben nur wieder mit einer zu dem ursprünglich gegebenen Vorstellungskomplex hinzutretenden neuen Vorstellung und somit bloß mit einer noch komplizierteren Vorstellungsverknüpfung zu tun. Wir sind also nicht weiter wie zu Anfang. Von der Frage, die der Gegner außerdem zu beantworten hätte, nämlich woher wir die Vorstellung der Wahrheit, Giltigkeit, Notwendigkeit haben, sei dabei ganz abgesehen. Würde auch ihr nähergetreten, so ergäbe sich, daß der Besitz jener Begriffe nicht das Prius für das Urteil bilden, sondern vielmehr nur in Reflexion auf dasselbe, das seinerseits etwas Letztes und Primitives sein muß, gewonnen sein können.

§ 46. Wie es hoffnungslos ist, den Unterschied des ernstlichen Fürwahrhaltens und des Leugnens aus einer Verbindung von Vorstellungen oder dergleichen zu erklären, so fände ich es andererseits auch unmöglich, alle intellektuellen Zustände als solche eines Anerkennens oder Verwerfens (resp. Zuerkennens oder Aberkennens) zu fassen. Für den Versuch einer solchen Reduktion spräche zwar von vornherein der alte Grundsatz: entia non sunt multiplicanda praeter necessitatem. Aber bei näherer Betrachtung zeigt sich, wie mir scheint, unweigerlich, daß jene reduzierte Zahl von Klassen die Erscheinungen, die die Erfahrung zeigt, eben nicht restlos zu erklären vermöchte.

Abgesehen davon, daß schon darum nicht um das Vorstellen herumzukommen ist, weil ein solches jedem Urteilen zugrunde liegt, halte ich jenen Versuch auch darum für aussichtslos, weil es, wie mir scheint, unleugbare Tatsache ist, daß uns

unter Umständen Inhalte intellektuell gegenwärtig sind, die
wir nicht leugnend verwerfen, aber auch nicht anerkennend
für wahr halten oder setzen (weder schlechtweg, noch mit Wahrscheinlichkeit); Fälle, wo auch nicht etwa ein Hin- und Herschwanken zwischen solchem entgegengesetzten urteilenden Verhalten, sondern ein Zustand gegeben ist, der an und für sich
durchaus weder ein Fürwahr- (resp. Fürwahrscheinlich-) halten
noch ein Leugnen ist. Sie sind meines Erachtens nur begreiflich als Fälle einer besonderen Gattung psychischer Beziehung nämlich eines bloß vorstellenden Verhaltens.

Wie sollte z. B. der intellektuelle Zustand, der dem Wunsche
zugrunde liegt, immer als ein Urteilen gedeutet werden? Wie
soll der Gedanke: daß ein nicht A seiendes A sei, ist falsch —
aufgebaut sein, wenn alles Vorstellen eigentlich ein Urteilen
ist? „Ein nicht A seiendes A" könnte nur als Prädikation
gedeutet werden: A ist nicht A. Und darin wäre das Subjekt
anerkannt, da man nicht von etwas prädizieren kann ohne es
anzuerkennen. Weiter wäre aber auch die Vorstellung „daß
(ein nicht A seiendes) A sei" eigentlich ein Urteilen und zwar
notwendig ein Bejahen, und dieses Bejahen und die vorerwähnte
in „ein nicht A seiendes A" enthaltene Affirmation (A ist und
ist nicht A) wären ein konstituierender Bestandteil und die
Grundlagen für die strikte entgegengesetzte Verneinung nämlich
daß es ein solches A nicht gebe. Wir hätten ein sich selbst
widersprechendes Verhalten der Seele vor uns, und doch müßte
dieser, eine Absurdität involvierende, Akt richtig, ja unmittelbar
evident sein und — wie ich schon an anderer Stelle („Über
Annahmen", Zeitschrift für Psychologie, Bd. 40, S. 40) bemerkte
— würden solche innerlich widersprechende Akte ein schier
allgegenwärtiges Element in unserem Denken bilden. So scheint
mir eine besondere Klasse intellektuellen Verhaltens, die weder
ein Ponieren noch das Gegenteil ist, unentbehrlich, und wollte
man gegen ihre Annahme einwenden: eine besondere Gattung
von psychischen Beziehungen dürfe nur da anerkannt werden,
wo das Subjekt sich in entgegengesetzter Weise zum Objekt
verhalten könne,[1]) so wäre dies meines Erachtens ein willkür-

---

[1]) Ein solcher Gedanke schwebt — wenn ich recht verstehe —
H. Münsterberg vor, wenn er von einem Bewußtseinssubjekt nur sprechen
will, wo ein entgegengesetztes Verhalten zum Objekt zur Beobachtung
komme.

liches Postulat. Man sieht von vornherein durchaus nicht ein,
warum es nicht eine eigentümliche Weise der psychischen Beziehung geben könne, welche zwar durch die Unterschiede des
Objekts, aber nicht durch besondere entgegengesetzte Modi im
Verhalten zum selben Objekt, differenziert ist.

Beim Urteil haben wir allerdings solche entgegengesetzte
Modi der Differenzierung vor uns und ebenso bei der Gattung
„Interessenahme". Aber wenn wir z. B. beim Urteil die
Unterschiede des Anerkennens und Verwerfens unterscheiden,
verlangen wir doch von diesen, um sie als spezifisch verschiedene Modi psychischer Beziehung gelten zu lassen,
nicht, daß jeder von ihnen abermals eine Differenzierung in
entgegengesetzte Subspezies zulasse. Und wenn dies bei den
Spezies psychischen Verhaltens nicht gefordert ist, wie will
man es a priori von der Gattung verlangen? Gewiß wird
das Vorhandensein einer solchen durch derartige Differenzierungen, wo sie gegeben sind, besonders auffällig und in die
Augen springend. Aber damit scheint mir gar nicht gesagt,
daß es nur wo dies der Fall ist, überhaupt Tatsache sei und
sein könne.

§ 47. Wenn gewisse Forscher in der früheren Weise an
der — wie ich glaube — konfusen Klasse Denken festhalten
wollen, ohne aber die Berechtigung dieser Klassifikation und
die innere Zusammengehörigkeit von Vorstellen und Urteilen
erweisen zu können, so sind zwar andere bereit, beides als
fundamental verschiedene psychische Beziehungsweisen zu trennen,
dagegen möchten sie die Urteilsbeziehung mit der Klasse der
Gemütstätigkeit und des Willens oder, wie ich kürzer zu sagen
vorziehe, derjenigen des „Interesses" vereinigen. Schon D. Hume
neigte dazu, das Wesen des Glaubens in einem Gefühl zu
suchen, und einige neuere Psychologen haben das „Anerkennen",
welches im urteilenden Glauben[1]) gegeben ist, allen Ernstes

---

[1]) Wenn ich hier und im folgenden gelegentlich „Glauben" synonym
mit Urteilen gebrauche, verstehe ich darunter natürlich nicht bloß jenes
blinde oder speziell durch Wille und Gemüt beeinflußte Fürwahrhalten, das
man im engeren Sinne „Glaube" nennt, im Gegensatz zum Wissen, d. h. zum
einsichtigen Urteile. Es kommt doch auch jener weitere Sprachgebrauch vor,
der nicht ausschließt, daß das betreffende Urteil den Charakter der Evidenz
habe; wie wenn ich einen Arzt frage: Läßt diese Krankheit eine Heilung zu

mit dem Werthalten identifiziert, das im Lieben und Begehren vorliegt.

Allein mir scheint offenkundig, daß sie dabei das Opfer von Täuschungen sind, worunter die durch die Äquivokationen der Sprache herbeigeführten keine kleine Rolle spielen. Man spricht ja wie von einer „Meinung des Verstandes" so auch von einer „Willensmeinung" (statt von einer Willensentschließung). Man gebraucht „Anerkennung" nicht bloß im Sinne von Bejahung sondern auch im Sinne einer gewissen liebenden Wertschätzung. Insbesondere aber wird das Wort „Billigung" bald für ein zustimmendes Urteilen, bald für ein beifälliges Interesse, für ein Genehmhalten im Gemüte und für ein Fühlen und Wollen gebraucht. Was zu dieser Gleichheit des Ausdrucks führte, war aber nicht Identität des einen und anderen seelischen Verhaltens; der Sinn der Bezeichnung ist hier und dort nicht derselbe, sondern es liegt nur eine Übertragung und Äquivokation durch Analogie vor, wie schon Brentano gegenüber Windelband betont und durch sprechende Beispiele erläutert hat.[1]) Was vom Terminus „Billigung" das gilt aber auch von dem der „Anerkennung", wenn er nicht bloß im Sinne einer Bejahung sondern auch eines Werthaltens gebraucht wird. Und nur eine Analogie ist natürlich auch gegeben, wenn man die Gefühle uneigentlich „Werturteile" genannt hat. In den Gefühlen, oder wenigstens in gewissen Gefühlen von ausgezeichnetem Charakter, wird in analoger Weise das Gute erfaßt wie in gewissen ausgezeichneten Urteilen (im eigentlichen Sinne dieses Wortes) das Wahre. Denn Gefühle sind ja nur eine Klasse von Phänomenen des Liebens und Hassens. Wer aber ausdrücklich betont, daß „Werturteil" hier nur im Sinne jener Analogie gemeint ist oder wer — und dies ist allerdings noch mehr zu empfehlen — nicht die Gefühle selbst sondern nur die aus der Erfahrung gewisser werterfassender Gefühle gewonnenen Erkenntnisse über Wertvolles „Werturteile" nennt, dem macht man völlig mit Unrecht den Vorwurf des „Intellektualismus".

— was glauben Sie? Und die Antwort lautet: ich glaube es allerdings. Womit doch gar nicht gesagt ist, daß dies ein grundloses Urteilen, sondern nur etwa im Gegensatz zum vollen Wissen bloß ein begründetes Wahrscheinlichkeitsurteil sei.

[1]) Vgl. „Vom Ursprung sittlicher Erkenntnis", S. 56.

Wie Windelband so fällt aber auch seither wieder Rickert jenen Analogien und Äquivokationen zum Opfer, wenn er unter anderem argumentiert: der Intellekt stehe nicht neben dem Willen sondern beruhe überall selbst auf einem Wollen, „weil er sonst nie zur Wahrheit als einem Werte führen könnte, der, um für uns zu gelten, von uns gewollt und gebilligt sein muß".[1]) Wenn ich recht verstehe, ist der Sinn dieser Argumentation etwa der folgende: Was für uns als Wert gelten soll, muß von uns gewollt und gebilligt sein. Nun ist die Wahrheit für uns ein Wert, also muß sie von uns gewollt und gebilligt sein, und somit ist das Erkennen oder Billigen der Wahrheit ein Wollen.

Mehreres ist dieser Argumentation gegenüber zu erinnern. Erstlich, wenn gesagt wird, die Wahrheit sei ein Wert oder sie sei uns lieb, so würde es statt dessen unzweideutiger heißen: die Erkenntnis der Wahrheit ist uns lieb oder ist wertvoll. Denn eben nur das richtige und einsichtige Urteilen kann hier als das Wertvolle gemeint sein; nicht der erkannte Sachverhalt, z. B. daß 2×2 nicht $= 5$ sei.

Ferner liegt ein bedenklicher Relativismus und Subjektivismus darin, daß, wenn ich recht verstehe, nach Rickert der Wille durch seine „Billigung" die Werte setze. Aber weiter — und das ist das Entscheidende — ruht der eigentliche Nerv der Argumentation auf einer Äquivokation, auf dem Doppelsinn von „Billigen". Damit ist hier das eine Mal das urteilende Bejahen, das andere Mal die Zuneigung im Gemüte und Begehren bezeichnet, und ganz unvermittelt wird die eine Bedeutung der anderen unterschoben. Nehmen wir an, nur der Wille setze Werte dadurch, daß er sich einem Gegenstande zuwendet, dann folgt zwar, daß das Erkennen der Wahrheit darum ein Gut ist,

---

[1]) Fichtes Atheismusstreit und die Kantische Philosophie. 1899. S. 15. Vgl. auch „Der Gegenstand der Erkenntnis", 1904, S. 106: „Es liegt auch im vollentwickelten Urteil, und zwar als das für seinen logischen Sinn Wesentliche, ein „praktisches" Verhalten vor, das in der Bejahung etwas billigt, in der Verneinung etwas verwirft. Weil nun, was für das Urteil gilt, auch für das Erkennen gelten muß, da alles Erkennen sich in vollentwickelten Urteilen bewegt, so ergibt sich aus der Verwandtschaft, die das Urteil mit dem Wollen und dem Fühlen hat, daß es sich auch beim rein theoretischen Erkennen um ein Stellungnehmen zu einem Werte handelt. . . . Nur Werten gegenüber hat das alternative Verhalten des Billigens oder Mißbilligens einen Sinn."

weil wir danach streben; aber daß das Erkennen selbst ein Streben oder Wollen sei, folgt daraus gar nicht. Auch das Nichtwollen des Schlechten und die Befreiung von Schmerz ist etwas Gutes, und — wenn Rickert im übrigen Recht hätte — wäre es dies darum, weil es vom Wollen gebilligt wird. Folgt daraus, daß jenes Nichtwollen und das Aufhören des Schmerzes selbst ein Wollen sei? Ebenso gilt vom Vorstellen, daß es wertvoll ist, und was uns am Schönen in Natur und Kunst mit Recht anzieht, liegt eben darin, daß es Vorstellungen erweckt, welche in besonders hohem Maße durch die der Gattung eigentümliche Vollkommenheit ausgezeichnet und darum wertvoll sind. Aber gleichwohl ist das Vorstellen toto genere nicht bloß vom Urteilen, sondern auch vom Interessenehmen verschieden. Wenn also Rickert bezüglich der Erkenntnis plötzlich zu dem Resultate kommt, sie müsse selbst ein Fühlen oder Wollen oder ihnen verwandt sein, weil sie, um wertvoll zu sein, vom Gefühl oder Willen „gebilligt" sein müsse, so kann dies nur davon kommen, daß er nebenher die Äquivokation von „Billigen" im Sinne der Zustimmung des Verstandes und von „Billigen" im Sinne des Fühlens oder Wollens ins Spiel bringt und das eine mit dem anderen verwechselt. Daß beim Erkennen in gewissem Sinne ein Billigen vorliege, gibt ihm jeder zu. Aber daraus darf man nicht ein Billigen im Gemüte oder Willen machen.

Auch noch eine andere Analogie führt ihn irre, nämlich die des Sollens auf dem Gebiete des Urteils und auf dem des Begehrens. Hier wie dort gibt es ein Richtiges neben einem Unrichtigen, ein Ideal und eine Norm, denen die betreffende Betätigungsweise entsprechen soll. Aber so verkehrt es wäre, um dieser Analogie willen aus dem ethischen Sollen ein logisches und die Ethik zu einem Zweig der Logik zu machen, so unberechtigt wäre es auch umgekehrt, wenn man das logische Sollen mit dem des Wollens identifizierte, wozu Rickert (vgl. am zuerst a. O., S. 17) geneigt ist. Das Ideale und Richtige (dem „Sollen" entsprechende) auf dem Gebiete des Urteils gibt allerdings Anlaß auch zu einem Sollen für das Gefühl und den Willen; aber dieses kommt als ein zweites zu dem ersten hinzu. Jener Anlaß ist bei der Erkenntnis nicht anders gegeben als bei allem Erstrebenswerten. Und sowenig etwa die Gesundheit selbst ein Streben ist, weil sie erstrebenswert ist, sowenig das richtige (und einsichtige) Urteil oder die Erkenntnis. Wenn Rickert weiter (a. a. O.) von „der tiefgehenden Verwandtschaft des nach Wahrheit strebenden Denkens mit dem auf das Gute gerichteten Willen spricht", so hat man sich abermals vor einer Äquivokation zu hüten. „Denken" heißt hier offenbar nicht Urteilen, sondern es können damit (wie auch gewöhnlich wenn von „Nachdenken" die Rede ist) nur Willenshandlungen gemeint sein, die auf ein richtiges und einsichtiges Urteilen gerichtet sind. Ein auf solches Urteilen abzielendes Wollen und (inneres) Handeln ist aber natürlich einem, dem Guten zugewendeten, Wollen nicht bloß verwandt, sondern es ist identisch mit einem besonderen Zweige dieses Wollens. Wiederum aber folgt gar nichts für die Verwandtschaft oder Identität dieses Wollens und des gewollten und erstrebten (richtigen) Urteilens. Endlich lesen wir bei Rickert gelegentlich, auch das Erkennen beruhe letztlich auf einem Willensentschluß. Wenn dabei der Terminus „Erkenntnis" im strengen Sinne nämlich nur für das einsichtige Urteilen genommen ist, dann ist die Bemerkung durch das eben Ausgeführte schon erledigt. Manches Erkennen ist durch Willenshandlungen herbeigeführt. Es wurde erst mehr oder weniger planmäßig gesucht; dann erst gefunden. Aber von allem gilt dies natürlich nicht. Denn wie könnten wir eine Erkenntnis suchen, wenn wir nicht spontan irgendwelche Erfahrungen von solchen und auch von den Wegen, die zu ihnen führen, hätten? Aber nehmen wir selbst per absurdum an, jedes Erkennen sei Ausfluß von Willenshandlungen; daß es selbst ein Wollen sei, folgt daraus sowenig als etwa bezüglich einer Muskelkontraktion, wenn sie vom Willen herbeigeführt ist.

Und Analoges gilt, wenn etwa Rickert in seinem oben erwähnten Satze den Terminus Erkenntnis unexakt für jede Überzeugung gebrauchte und — wie es die Meinung von Cartesius gewesen zu sein scheint — sagen wollte, jedes überzeugte Urteilen sei durch den Willen motiviert oder gewirkt. Auch wenn man dies annähme — obwohl es nicht bloß von den Einsichten, sondern auch von vielem blinden (gewohnheitsmäßigem) Glauben nicht gilt — so würde es doch wiederum nicht angehen, darum weil die Ursache oder das Motiv des Urteilens im Willen läge, es selbst für ein Wollen zu erklären.

So scheint mir denn — auch all demjenigen gegenüber, was Windelband, Rickert (und zum Teil ähnlich auch Münsterberg) vorgebracht haben — ganz außer Zweifel zu sein, daß das Urteilen wie vom Vorstellen so auch von den Phänomenen des Interesses (Fühlen, Wollen usw.) fundamental verschieden ist.

§ 48. W. Wundt hat gegen Brentanos Urteilstheorie eingewendet, sie sei nur der Ausfluß einer neuen Form der „scholastischen Methode" und einer Reflexionspsychologie, welche — hier, wie in anderen Fragen — subjektive und willkürliche Reflexionen über die Tatsachen in diese selbst hineintrage und so eine Denkweise repräsentiere, welche zu den wahren Aufgaben der Psychologie in schärfstem Gegensatze stehe.[1]) Wir gehen auf diese Vorwürfe — denn auch der Vorhalt scholastischer Methode soll natürlich kurzweg ein Verdammungsurteil sein — hier nicht näher ein. Sie werden besser an späterer Stelle zur Sprache gebracht.

Dort wird sich zeigen, daß erstlich, wenn es auch Tatsache wäre, daß wir als Vertreter der idiopathischen Urteilstheorie, wie schlechte Psychologen, dem naiven Bewußtsein unsere eigenen nachträglichen Reflexionen zuschrieben, mindestens eben diese unsere Reflexionen, die doch auch psychische Vorgänge und ein berechtigter Gegenstand der Psychologie sind, sich nicht als Phänomene des Vorstellens oder Willens, sondern nur als solche einer von beiden fundamental verschiedenen Gattung psychischen Verhaltens (eben des Urteilens) begreifen ließen. Sodann aber, daß wir dem naiven Bewußtsein gar nicht unsere Reflexionen zuschreiben, daß wir vielmehr zwischen primitiven und entwickelten Vorgängen eines gewissen Gebietes sehr wohl zu unterscheiden wissen, und daß überhaupt die Darstellung von dem, was wir wirklich über das Wesen des Urteils „als Elementarphänomen" lehren, bei Wundt fiktiv und entstellt ist.

Im übrigen werden wir auch untersuchen, wie weit die Etiquette „scholastischer Methode" (welche, ähnlich wie Wundt, neuestens auch Jerusalem der Denk- und Forschungsweise Brentanos und seiner Schule anheftet) einen berechtigten Tadel involviert, und wie weit hier ein, von der herrschenden öffentlichen Meinung über alles Scholastische getragener, Paralogismus des gefärbten Ausdruckes im Spiele ist. Es wird — wenn man gerecht sein will — zu beachten sein, ob und wie weit wirklich die Methoden der verschiedenen „Scholastiker" untereinander etwas gemein haben, was sie alle tadelnswert macht. Denn daß sie auch weitgehende Differenzen aufweisen, wird kein Kenner der Geschichte leugnen; z. B. die Methode eines Nicolaus Cusanus und diejenige eines D. Scotus und

---

[1]) Die Sprache, II, 1, S. 217, 2, S. 222. Vgl. I, 1, S. 15—16 und 273 ff., 2, S. 21—22 und 278 ff.

wiederum beide gegenüber derjenigen von W. Occam und abermals alle diese im Vergleich mit derjenigen von Thomas von
Aquino, und die letztere wieder im Zusammenhalt mit derjenigen eines Anselm v. Canterbury, dem Erfinder des ontologischen Arguments (das bekanntlich Thomas von Aquino
seinerseits ganz richtig, und besser als mancher neuere, in seinen
Schwächen durchschaut hat). Soweit aber allen diesen im einzelnen weit abweichenden Denk- und Forschungsweisen doch
etwas Bedenkliches gemeinsam ist, wird sich ernstlich fragen,
ob Brentanos Richtung ebenso wie die der Scholastiker dadurch
charakterisiert ist. Das alles komme später etwas eingehender
zur Erörterung. Und ebenso was Wundt sagt bezüglich des
Zusammenhanges von Brentanos Urteilslehre mit der „Vulgärpsychologie" und einer besonderen Verwandtschaft der Denkweise, die sich hier und dort äußere. Hier nur wenige Bemerkungen. Worin hinsichtlich ihrer Methode in der Tat die
Scholastiker übereinkommen, das ist gewiß die Vernachlässigung
des Experiments (ein Mangel, den sie mit der alten, griechischen
Philosophie teilen), ferner eine mehr oder weniger große
Neigung sich die Resultate der Forschung von der Autorität
vorschreiben zu lassen und sich in langen Deduktionen aus
ungeprüften oder mangelhaft begründeten Prinzipien zu ergehen.
Ich sage eine „mehr oder weniger große Neigung". Denn es
wäre — nebenbei bemerkt — durchaus unhistorisch und ungerecht
zu behaupten, daß sie sich bei allen Scholastikern in gleichem
Maße als herrschend erweise. Aber — das geht uns hier an
— soll und kann nun etwa die idiopathische Urteilstheorie als
ein Ausfluß und Beweis dieser Denkweise und Methode bei
Brentano und seiner Schule gelten? Ganz unmöglich. Denn
das Experiment kommt bei dieser Frage gewiß nicht ins Spiel,
und was das zweite betrifft, so involviert ja jene Lehre gerade
eine Opposition gegen die vereinte Autorität der alten,
mittelalterlichen und der Großzahl der neueren Philosophen, welche (wie Wundt selbst) das Urteilen mit dem Vorstellen zu einer Klasse zusammenrechnet.

Hätten die Scholastiker diese Urteilslehre, so würden
auch sie wenigstens in diesem Punkte sicher nicht den
Vorwurf der Autoritätssucht verdienen. Sie wären ja dann
eben darin eklatant von der sonst übermächtigen Autorität
des Aristoteles abgewichen. In Wahrheit teilen sie die Ansicht
über die Natur des Urteils mit ihm, und wenn Brentano bei
der seinigen Vorläufer hatte, so wären als solche eher Cartesius,
D. Hume, J. St. Mill zu nennen, also Männer, die niemand in
Verdacht haben wird, blinde Nachbeter scholastischer Ansichten
und Methoden zu sein.

Und wie jene Urteilslehre nicht mit der Scholastik zusammenhängt, ebenso offenkundig auch nicht mit dem, was
Wundt die „Vulgärpsychologie" nennt. Dieser ist es ja

charakteristisch, daß sie sich ihre Ansichten über die Natur
und die Klassen psychischer Vorgänge fast durchgängig von
der Sprache vorschreiben läßt. Und in dieser sklavischen
Abhängigkeit von der Sprache — wir werden es in diesen
Beiträgen fast auf Schritt und Tritt, wo wir Wundt begegnen,
zu sehen bekommen — sind gerade die Ansichten dieses
Forschers zur deskriptiven Psychologie in bedauerlichem Maße
den Dogmen der Vulgärpsychologie verwandt. Brentanos Urteilslehre dagegen ist davon so weit entfernt, daß ihr Jerusalem,
der hier sonst ganz auf Seite Wundts steht, unter anderem
gerade das zum Vorwurfe macht, daß sie sowenig von
der Sprache bestätigt werde. Wir werden auf diesen Punkt
mehrfach zurückkommen.

§ 49. Am selben Orte („Der kritische Idealismus und die
reine Logik", 1905) wendet sich auch der eben genannte
Autor, wie er dies schon früher getan, gegen Brentanos
Urteilslehre. Und er beklagt sich hier (S. 56), daß Husserl
seine (Jerusalems) Urteilstheorie scharf kritisiert und seinerseits
die Brentanosche festhaltend, es gänzlich ignoriert habe, wie
von ihm (Jerusalem) schon in seinem Buche „Die Urteilsfunktion" die Haltlosigkeit jener Lehre überzeugend dargetan
worden sei. Es scheint damit namentlich das Argument gemeint, das Wesen des Urteils könne schon darum offenkundig
nicht — wie Brentano will — in einem Anerkennen und Verwerfen bestehen, weil das, was anerkannt und verworfen wird,
immer nur ein Urteil sein könne. „Kein Kritiker, so fährt
Jerusalem a. a. O. fort, hat diese Argumentation widerlegt.
Husserl, der ja hier das Fundament seiner ganzen Logik unter-
graben sehen mußte, hat dieselbe in seiner ausführlichen Besprechung meines Buches nicht mit einem Worte erwähnt. Er
fand es offenbar bequemer, die schwer zu bekämpfende Argumentation zu ignorieren als zu widerlegen."
Nebenbei bemerkt, hätte dem gegenüber Husserl seinerseits einen gewissen Grund zur Klage, sofern ihm kurzweg
vorgehalten wird, er teile Brentanos Ansicht über das Urteil
ohne sie gegen Jerusalem zu verteidigen. Denn in Wahrheit
vertritt er jene Lehre nicht in ihrer ursprünglichen Gestalt,
sondern wesentlich modifiziert, indem er ja Bejahen und Verneinen nicht wie Brentano für wesentliche Differenzen des
Urteilens, sondern des Vorstellens hält und das Wesen des
Urteils wie Hume im belief erblickt, einem Verhalten, das
keine Gegensätze kenne. Doch das geht uns an dieser Stelle
nicht weiter an. Ich will aber meinerseits, dem Verlangen
Jerusalems nachgebend, nicht versäumen, einen Augenblick bei
dem zu verweilen, worauf er bei seinem Versuch die Halt-
barkeit der fraglichen Urteilslehre nachzuweisen, offenbar am
meisten Gewicht legt und was schon vorhin angedeutet wurde.

Jerusalem stützt sich dabei zuversichtlich, aber eben allzu zuversichtlich, auf den üblichen populären Gebrauch der Termini „anerkennen" und „verwerfen". Man gebraucht nämlich diese Termini gemeinhin häufig synonym mit billigen und verdammen, wo man an die Billigung oder Ablehnung eines uns durch fremde Mitteilung bekannt gewordenen oder sonstwie in die Vorstellung gerufenen Urteilsinhaltes denkt. Ich sage: eines Urteilsinhaltes. Denn nur ein solcher und nicht ein Urteilsakt, kann mit „Urteil" hier überhaupt gemeint sein, wo Jerusalem behauptet, was anerkannt oder verworfen wird, könne immer nur ein Urteil sein. Wenn ich sage: ich anerkenne, oder leugne, daß A sei oder dergleichen, so will ich nicht anerkennen oder leugnen, daß irgend jemand so urteile, sondern was er urteilt; ich anerkenne oder leugne nicht das Urteilen, sondern das darin Geurteilte. Dieses, z. B. daß A sei oder nicht sei (oder was völlig dasselbe ist: das Sein oder Nichtsein von A) ist hier der Gegenstand des Anerkennens und Verwerfens. Allein es kommt ihm diese Stellung ganz ebenso zu wie ein andermal dem A oder B, nur mit dem Unterschiede, daß jener erstere Gegenstand nicht bei unseren primitivsten Urteilen die Materie bilden konnte, da dessen Vorstellung auf ein bereits stattgehabtes Urteilen reflex ist. Das anerkennende oder verwerfende Verhalten zu diesem reflexen Gegenstand aber ist kein anderes als dasjenige zu A oder B. Und wäre nicht ein ponierendes oder dem entgegengesetztes Verhalten zu A vorausgegangen, so wäre auch die Vorstellung „daß A sei" nie entstanden und der Gegenstand „Sein von A" könnte von uns nicht poniert oder negiert werden. Ich sage: poniert oder negiert. Denn es ist nur eine logisch ungerechtfertigte Eigenheit des Sprachgebrauchs, daß man gegenüber „Sein von A" üblicherweise gerne von anerkennen und verwerfen spricht, gegenüber A nicht ebenso. In Wahrheit ist völlig dasselbe psychische Verhalten gegeben, und wir haben hier einen Fall vor uns, wo die Regeln der wissenschaftlichen Terminologie wohl gestatten, ja gebieten, einen Ausdruck, der üblicherweise ein engeres Anwendungsgebiet hat, über dasselbe hinaus auszudehnen, um mit der Natur der Dinge in Übereinstimmung zu bleiben. Als die Physik die Identität der kosmischen mit der terrestrischen „Schwere" erkannt hatte, war es ein ganz berechtigter Vorgang, den Namen von der letzteren auf die erstere zu übertragen, obwohl es dem herrschenden Sprachgebrauche zuwiderlief. Ganz ebenso ist es — meine ich — für den, der eine wesentliche Übereinstimmung in der psychischen Verhaltungsweise, die man bald Anerkennen, bald Fürwahrhalten, bald affirmierendes Urteilen, bald Glauben usw. nennt, erschaut hat, ein methodisch berechtigtes Vorgehen, wenn er für diesen übereinstimmenden Zug eine einheitliche Bezeichnung gebraucht und festhält, unbekümmert, ob er dabei in etwas vom populären Sprachgebrauch abweiche. Der Gegner hätte rein sachlich nachzuweisen, daß jene Übereinstimmung in den Vorgängen fehlt. Und die Berufung auf einen entgegenstehenden gemeinen Sprachgebrauch, der doch ganz wohl willkürlich und launenhaft sein kann, sollte man nicht ohne weiteres als ein stringentes Argument betrachten und herbeibringen. Sonst hat die Psychologie allen Grund, mit wehmütiger Klage das Los ihrer glücklicheren Schwester, der Naturwissenschaft. zu preisen, wo dergleichen vulgäre, und in einem nicht empfehlenswerten Sinne scholastische, Argumentationsweisen längst jeglichen Kredit verloren haben.

Dasselbe ist zu sagen, wenn man Anstoß daran genommen hat, daß wir auch die Akte des Wahrnehmens — ich meine diejenigen, welche wirklich diesen Namen verdienen, was allerdings nur von der Wahrnehmung unserer eigenen psychischen Zustände gilt — evidente anerkennende Urteile nennen. Wer nicht einen zu engen oder überhaupt falschen Begriff mit diesem Namen verbindet, kann nicht leugnen, daß hier ein unmittelbar evidentes Anerkennen einer Tatsache vorliegt. Und dabei braucht man sich nicht auf die unbegründete Volksetymologie zu stützen, die „wahrnehmen" mit „wahr" in Zusammenhang bringt. Fürs erste kann ja die aktuelle Bedeutung eines Wortes überhaupt unabhängig geworden sein von derjenigen, die es als Ganzes oder in seinen Bestandteilen früher hatte, und so kommt denn gerade dem Terminus, von dem hier die Rede ist, wie schon bemerkt, die Bedeutung eines unmittelbar sicheren Erfassens zu unabhängig von aller Etymologie.

Aber selbst wenn man auf die richtige Abstammung des Wortes und die frühere Bedeutung seines ersten Bestandteiles (wahr oder besser: war) blickt, so steht sie jenem heutigen aktuellen Gebrauch nicht zu fern. „War" hängt, wie die Sprachgeschichte zeigt, mit warre (= Aufmerksamkeit, Obacht) zusammen, und danach hieße wahrnehmen soviel wie beobachten, bemerken. Man wird aber, denke ich, zugeben, daß nur beobachtet und bemerkt werden kann, was wirklich ist. Es handelt sich also auch da um ein sicheres, affirmatives Beurteilen einer Tatsache.

Unberechtigt und zum Teil wohl auf Mißverständnis beruhend ist es natürlich auch, wenn man Brentanos Urteilslehre als ungereimt hinstellen wollte, weil sie das Urteilen als ein Anerkennen oder Verwerfung einer Vorstellung fasse, und weil es bei einem Vorstellen, welches da sei, keinen Sinn habe von einem besonderen Anerkennen geschweige denn von einem Verwerfen derselben zu reden.

Ich antworte: Die idiopathische Urteilstheorie nennt natürlich das (einfache) Urteilen nicht ein Anerkennen oder Verwerfen einer „Vorstellung" im Sinne eines „Vorstellens", sondern eines Vorstellungsgegenstandes. Dieser Gegenstand kann ein Physisches oder Psychisches sein und nur im letzteren Falle handelt es sich — und auch da nicht ausschließlich — um einen Vorstellungsvorgang. Ferner: Wenn es sich dabei um einen solchen Vorgang bei einem fremden Individuum oder in meiner eigenen Vergangenheit handelt, warum soll es nicht möglich sein, daß ich im Zweifel bin, ob er statthabe resp. stattgehabt habe und daß ich ihn unter Umständen leugne, unter anderen Umständen anerkenne? Wie z. B. auf die Frage, ob die Pflanzen eine Vorstellung davon haben, daß sie sich dem Lichte zuwenden, der eine verneinend antworten würde, ein anderer vielleicht bejahend.

Handelt es sich freilich um mein eigenes gegenwärtiges Vorstellen, so kann ich es allerdings nicht leugnen. Denn es ist mir mit unmittelbarer Evidenz im inneren Bewußtsein gegeben. Aber eben dieses Gegebensein ist nicht bloß ein Dasein, sondern eine eigentümliche Weise des Fürmichdaseins, das sich dem Auge des Psychologen als ein mit unmittelbarer Sicherheit Anerkanntwerden erschließt.

§ 50. Daß die Phänomene des Interesses nur eine Grundklasse der Subjekt-Objektbeziehung bilden, dafür halte ich gegenüber früheren entgegenstehenden Ansichten den Beweis bei Brentano für erbracht und begnüge mich, auf die Ausführungen in seiner Psychologie (Bd. I, S. 307 ff.) zu verweisen. Mit dieser Dreizahl: Vorstellen, Urteilen und Interessenehmen scheint mir aber auch die Zahl der elementaren Gattungen psychischer Beziehungsweisen erschöpft, und neuere dem widersprechende Ansichten vermochten mich bei genauer und wiederholter Prüfung nicht vom Gegenteil zu überzeugen.

Insbesondere auf intellektuellem Gebiete hat man neuerlich eine große Zahl elementarer Beziehungsweisen oder „Aktqualitäten" annehmen zu müssen geglaubt. Nach E. Husserl wären solche: das Vergleichen und Unterscheiden, das Kombinieren und Kolligieren, das Disjungieren, das „Meinen" usw. Doch ist dabei nicht immer klar, ob es sich nur um besondere Urteils- oder Vorstellungsmodi oder aber um Grundklassen handeln soll, die dem Vorstellen und Urteilen koordiniert wären. A. Meinong aber hat neben dem Vorstellen und Urteilen eine besondere Klasse der „Annahmen" statuiert.

Was nun zunächst das „Meinen" betrifft, so ist der Terminus, wie auch Husserl weiß, vieldeutig. In einem gewissen Sinne kann man es von allen absichtlich verwendeten Sprachmitteln aussagen, und hier ist das Gemeinte in Wahrheit nichts anderes, als das „Bedeutete", d. h. das, was man durch eine

Äußerung dem Hörer zu verstehen gibt, und was dieser auch — der Gewohnheit des Sprachgebrauchs folgend — darunter versteht. Aber nicht immer fällt das „Gemeinte" mit der üblichen Bedeutung zusammen. Manchmal ist etwas anderes „gemeint", als wirklich gesagt oder bezeichnet ist, d. h. etwas anderes, als was nach dem üblichen Sprachgebrauch mit den Worten als Bedeutung verbunden zu werden pflegt. Dieses „bloß" Gemeinte" ist also das, was man zu bezeichnen inten- diert („sagen will") aber nicht wirklich zur Bezeichnung bringt, sei es wegen unvollkommener Sprachkenntnis von Seite des Redenden, sei es infolge momentaner Unachtsamkeit oder eines sonstwie verschuldeten „Versprechens".

Sodann heißt „Meinen" aber auch soviel wie Glauben, wo es an und für sich nichts mit Sprache und Mitteilung zu tun hat. Insbesondere gebraucht man „Meinen" gern mit einer ge- wissen Einschränkung für ein Glauben, das nicht von ver- nünftiger Einsicht begleitet ist und nicht auf solchen Gründen beruht, sondern den Charakter der Blindheit hat, oder aber, wo man etwas, wenn auch nicht ohne Grund, nur mit Wahr- scheinlichkeit für wahr hält. Von der Verwendung von Meinen im Sinne von „Minnen" oder Lieben und liebendem Verlangen sehe ich ab, da sie veraltet ist und bloß noch dichterisch vor- kommt, wie in: Freiheit, die ich meine usw. Daß man aber auch heute noch von Willensmeinung statt von Willensentschluß spricht, wurde schon oben gelegentlich erwähnt.

Zu allen diesen Verwendungen kommt endlich noch hinzu diejenige für das eigentümliche Verhältnis, welches beim un- eigentlichen Vorstellen gegeben ist. Wir kommen auf dieses und auf das „Meinen" im Sinne von üblicher Weise Bezeichnen oder Bedeuten (wo es sich also beim „Gemeinten" um das handelt, was für einen gewissen Namen die Bedeutung bildet, oder was durch eine gewisse Aussage ausgesagt und durch einen Befehl als Willensinhalt und zu Vollziehendes kund- gegeben ist) später zurück. Es wird sich zeigen, daß es sich hier nirgends um einen besonderen Modus psychischen Ver- haltens, weder um einen von den drei oben erwähnten Grund- klassen verschiedenen, noch um einen solchen handelt, der auch nur eine spezielle Differenz einer jener Gattungen bildete.

Ebenso werden wir bezüglich des Kombinierens, Kolli- gierens und Disjungierens, die wir von Husserl als besondere

Aktqualitäten bezeichnen hörten, in späterem Zusammenhange erörtern, ob wir daran besondere Modi des Vorstellens oder Urteilens, die sich nicht auf Objektsdifferenzen zurückführen lassen, vor uns haben. Jedenfalls sind es nicht neue Weisen psychischen Verhaltens, die jenen fundamentalen Klassen an die Seite zu stellen wären.

Wenden wir uns zur „Annahme"lehre, die Meinong im II. Ergänzungsband zur Zeitschrift für Psychologie und Physiologie der Sinnesorgane (1902) vorträgt. Daß auch der Terminus „Annahme" vieldeutig ist und manchmal für etwas gebraucht wird, was nichts anderes als ein Urteilen ist, ist bekannt und wird von Meinong selbst bemerkt.[1]) Dagegen anderes, was so genannt wird, könne — so meint der erwähnte Verfasser — nicht ein Urteilen sein; denn es fehle ihm der für diese Gattung psychischer Vorgänge ganz wesentliche Charakter der Überzeugung. Aber andererseits auch kein bloßes Vorstellen, denn es sei stets entweder ein Anerkennen oder Leugnen, und dies falle außer den Bereich des Vorstellens.

Eine ganze Reihe von Tatsachen führt der Autor an, die sich nach seiner Meinung nur als solche Fälle einer neuen Beziehungsweise der Seele, die weder ein Vorstellen noch ein Urteilen, sondern ein Mittelding zwischen beiden sei, begreifen ließen.

Allein ich glaube schon in meiner oben erwähnten Abhandlung „Über Annahmen" gezeigt zu haben, wie dem genannten Autor der versuchte Nachweis, daß wir es bei seinen Annahmen mit einem bisher in seiner Eigenart übersehenen letzten Elemente unseres psychischen Lebens zu tun hätten, nicht gelungen ist. Es erwies sich, daß die Meinongsche „Annahme"lehre für die Erklärung und Deutung unserer psychologischen Erfahrung nicht wirklich notwendig ist, ja daß sie auch an innerer Unwahrscheinlichkeit wo nicht Unmöglichkeit leidet. Was das erste betrifft, so ergibt die nähere Untersuchung, daß, was Meinong für „Annahmefälle" hält, teils nichts anderes sind als Vorstellungen (insbesondere Vorstellungen von Urteilsinhalten), teils Urteile, nur vielfach solche, die nicht

---

[1]) Vgl. darüber meine Abhandlung „Über Annahmen" in der Zeitschrift für Psychologie und Physiologie der Sinnesorgane, Bd. 40, S. 1 ff.

dominierend das gesamte übrige psychische Leben beeinflussen und in diesem Sinne keine vollen Überzeugungen sind.

In letzterer Hinsicht wies ich unter anderem darauf hin, wie es weder annehmbar ist, daß „Annahmen" und Urteile verschiedene Gattungen psychischen Verhaltens bilden, noch daß sie Spezies einer Gattung sind. Nehmen wir das erste an, wie wäre es dann — so fragte ich — denkbar, daß sie dieselben Spezies des Anerkennens und Verwerfens aufwiesen? Das wäre doch ebenso, wie wenn einer Rot und Blau auch außerhalb der Gattung Farbe finden wollte. Wendet man sich aber der anderen Alternative zu, so erweist sich auch dieser Weg als ungangbar, da sich keine innere Differenz angeben läßt, wodurch sich Annahmen und Urteile als Spezies derselben Gattung qualifizieren und voneinander unterscheiden würden. Denn der Charakter der Überzeugung und ihr Mangel, den Meinong als das Unterscheidende zwischen Annahmen und Urteilen bezeichnet, kann eine solche innere Differenz nicht sein.[1])

---

[1]) Früher verstand Meinong unter „Überzeugungen" den Gegensatz zu bloßen Wahrscheinlichkeitsurteilen oder Vermutungen. Jetzt nennt er dies „Gewißheit" und gebraucht „Überzeugung" als gemeinsamen Namen sowohl für „gewisses" (sicheres) als für wahrscheinliches Urteilen, so daß also danach auch die Vermutungen „Überzeugungen" heißen müssen.

Auch Husserl spricht von „Assumptionen" oder Phantasieurteilen als besonderen Aktqualitäten, d. h. letzten, nicht weiter zurückführbaren Weisen der Beziehung zum Objekte. Doch scheint er sie nur für besondere „Modifikationen" der Klasse *belief*, nicht für etwas diesen Akten Nebengeordnetes zu halten. Wenn ich recht verstehe, sind sie also nach ihm eine besondere Weise des Überzeugtseins, nicht etwas, was den völligen Mangel dieses Momentes involvierte. Zwar kennt auch er ein Bejahen und Verneinen abgesehen von dem Momente der Überzeugung und des *belief*, aber er betrachtet es (Bolzano folgend) als etwas dem Gebiete des Vorstellens angehörendes.

Wenn ich Meinong recht verstehe, will er neuestens jedem anheimstellen, die „Annahmen" den Urteilen zu koordinieren oder als „Phantasieurteile" zu subsumieren (vgl. über die Erfahrungsgrundlagen unseres Wissens, 1906, S. 60, Anmerkung). Wer das Letztere tut, gibt aber natürlich die Lehre von einer Mittelstellung der „Annahmen" zwischen Vorstellen und Urteilen auf und erneuert diejenige Kants vom sogenannten problematischen Urteilen. Er hat zu erklären, warum die „Annahmen" nicht ebenso wie die anderen Klassen von Urteilen evident sein können (vgl. dazu meine frühere Abhandlung S. 17 ff.) und überhaupt zu zeigen, daß die „Phantasieurteile" wirklich Klassen von Urteilen und nicht bloß (wie Meinong sonst sagte) „Scheinurteile", d. h. etwas nur per aequivocationem Urteil Genanntes sind.

Von Überzeugung und Überzeugtheit kann in einem doppelten Sinne die Rede sein, in einem engeren, der „Grade der Überzeugung" zuläßt, und in einem weiteren, wo dies keine Anwendung leidet. In diesem weiteren Sinne kann mit Überzeugung oder Glaube (belief) nur der generelle Grundzug gemeint sein, der allem Anerkennen und Verwerfen und dem blinden und evidenten, assertorischen und apodiktischen Fürwahrhalten gemeinsam ist. Ein Anerkennen und Verwerfen ohne Überzeugung in diesem Sinne ist meines Erachtens unmöglich, so gut wie ein Rot oder Blau, das nicht Farbe wäre. Dagegen kann einem Anerkennen oder Verwerfen ganz wohl der Charakter einer vollen Überzeugung fehlen und bloß ein minderer Grad derselben zukommen. Damit ist ein ganz anderer Begriff von Überzeugung gemeint. Es handelt sich nicht um einen inneren Unterschied des betreffenden psychischen Verhaltens, sondern um seinen Einfluß auf das übrige Seelenleben, insbesondere seine Macht zur Erzeugung anderer Urteile sowie von Gemüts- und Willenszuständen. Mit Urteilen, die in dem Sinne keine „Überzeugungen" sind, daß ihnen keine volle psychische Herrschaft zukommt, haben wir es in vielen Fällen zu tun, wo Meinong seine neue Klasse der „Annahmen" als Erklärung herbeiruft, während es sich in anderen — wie schon bemerkt — kurzweg um Vorstellungen, speziell Vorstellungen von Urteilsinhalten, handelt.

§ 51. Meinong hat, wie den „Urteilen" im gewöhnlichen Sinne (d. h. dem ernstlichen Fürwahr- und Fürfalschhalten), ein, jeder Überzeugung bares, „Annehmen" (oder wie er es nennt, ein „Scheinurteilen"), so dem ernstlichen Fühlen auch wieder „Schein-" oder „Phantasie"gefühle und dem ernstlichen Begehren „Schein-" oder „Phantasie"begehrungen als besondere Klassen und letzte Elemente des Seelenlebens gegenübergestellt. Aber von der Existens derart verschiedener psychischer Verhaltungsweisen auf emotionellem Gebiete konnte ich mich sowenig als von jener analog seinsollenden auf intellektuellem überzeugen. Auch über die Bedenklichkeit und Entbehrlichkeit dieser Aufstellungen glaube ich schon am früher angeführten Orte Genügendes gesagt zu haben, will aber nicht versäumen, bei dem, was Meinong seither auf das dort gegen seine „Annahmelehre" von mir Vorgebrachte entgegnet hat, im folgenden noch einen Augenblick zu verweilen.

§ 52. Es ist nicht meine Absicht, auf alles zu erwidern, was der Urheber der neuen „Annahmen"theorie meiner ablehnenden Kritik entgegengehalten hat, und insbesondere nicht auf den spöttischen Ton zu reagieren, der ihm bei seiner Antikritik beliebte (obschon — unbegründet wie er ist — er gar oft zur Gegenwehr herausfordert). In vielem — so darf ich zuversichtlich annehmen — wird für jeden Kundigen, der die entgegenstehenden Beweisführungen vergleicht, die Entscheidung auch ohne ein neues Wort meinerseits leicht sein. Aber einige wenige Punkte, darunter insbesondere auch prinzipielle, deren Erörterung ein allgemeineres Interesse hat, seien hier doch zur Sprache gebracht.

I. Vor allem nimmt Meinong Anstoß daran, daß ich seine Theorie als eine Hypothese behandle und dementsprechend — und nach den altüberlieferten Regeln der Logik — zuerst ihre vorgängige Wahrscheinlichkeit (resp. Möglichkeit), dann ihren Erklärungswert prüfe. Ihm — so versichert er uns — habe es wirklich ganz ferne gelegen, bei den Annahmen, da sie ihm die direkte Erfahrung nun einmal darbot, auch noch danach zu fragen, ob sie denn auch „vorgängig wahrscheinlich" seien. Eine solche Frage sei ja bekanntlich auch nicht in jedem Sinne einwurfsfrei. „Wird," so fährt der Autor fort, „ein Ball emporgeworfen, so ist, daß er gerade an dieser oder jener Stelle zu Boden fallen werde, um so unwahrscheinlicher, je genauer man die Stelle bestimmt; hat der fallende Ball aber dann tatsächlich eine bestimmte Stelle berührt, so zweifelt niemand, der es gesehen hat, an der Tatsache, wenn sie auch vorgängig noch so unwahrscheinlich war. Ich weiß natürlich, daß Allgemeines nicht auf demselben Fuße zu behandeln ist wie Individuelles; cum grano salis aber wird eine Berufung auf die Analogie des obigen Falles wohl auch für die Lehre von den Annahmen statthaft sein, um den vorgängigen Haupteinwand Martys vorgängig zu würdigen."

Demgegenüber muß die Bemerkung erlaubt sein, Meinong habe denn doch in seinen „Annahmen und Scheinurteilen" nicht in der Art eine neue Weise seelischer Beziehung zum Objekte aufgezeigt, daß man ihr Bestehen als ein Faktum bezeichnen kann wie das Fallen eines Balles vor unseren Augen, von dem ja jeder Anwesende, der gesunde Sinne hat, sich mit Leichtigkeit überzeugen kann. Was der Autor in Wahrheit tut, ist etwas ganz anderes. Er beruft sich auf eine Reihe längst bekannter Tatsachen, vor allem die von ihm sogenannten „nächstliegenden Annahmefälle" (wie wenn ich sage: Nehmen wir an, die Buren hätten gesiegt) und auf andere Vorgänge, die ebenfalls wohl bekannt sind, nur daß sie bisher niemand „Annahmen“ genannt hatte, wie die Vergegenwärtigung der Ueberzeugung eines anderen, die negativen Begriffe usw., und sucht alle diese — wie ich glaube — nicht durchwegs homogenen Erlebnisse als Beispiele einer einheitlichen neuen Klasse psychischer Zustände zu begreifen. Diese Erlebnisse sollen mit den Urteilen gemein haben, daß auch sie notwendig entweder ein Bejahen oder Verneinen wären, aber sich dadurch von jenen unterscheiden, daß ihnen keine Spur dessen, was man Überzeugung oder Glauben nennt, beiwohnte. Wir haben es also bei Meinong mit dem Versuche zu tun, längst bekannte Tatsachen des Seelenlebens, die bisher zum Teil als verschiedenartig angesehen wurden, in einer neuen, einheitlichen Weise zu deuten, und obwohl der Autor sagen wird, auch diese neue Deutung beruhe auf Erfahrungen, die ihm zweifellos seien, so wird man doch zugeben, daß solange nicht ausgemacht ist, daß gerade Meinongs Beobachtungen ein für allemal als unfehlbar anzusehen sind, für jeden anderen ihr Resultat zunächst den Charakter von etwas Hypothetischem haben darf, das er nach den Regeln der Hypothesenbildung zu prüfen berechtigt ist. So meinte auch ich und meine es noch heute.[1]) Und einer solchen Hypothese gegenüber, die vielleicht auf einer wirklichen, vielleicht aber bloß auf einer vermeintlichen Beobachtung beruht, sind naturgemäß nicht nur auf Grund anderer zweifelloser Erfahrungen „vorgängige“ Einwände erlaubt, sondern auch apriorische, d. h. solche „aus Begriffen“;[2]) bloß daß ich so

---

[1]) Meine Untersuchung zerfällt dementsprechend in zwei Abschnitte, nämlich 1. eine Prüfung der vorgängigen Wahrscheinlichkeit der Lehre von den Annahmen und 2. einen Nachweis der Unnötigkeit der Hypothese. An dieser letzteren Überschrift findet Meinong zu tadeln, sie halte nicht gerade sorgfältig auseinander, ob die Existenz der Annahmen selbst das Hypothetische sei oder nur ihr Anteil an gewissen Erlebnissen. Ich muß gestehen, daß mir die getadelten Worte — insbesondere im Zusammenhang mit der ihnen vorausgehenden und nachfolgenden Erörterung — völlig deutlich scheinen. Es ist danach ganz selbstverständlich, daß ich die „Annahmen“ als eine Hypothese betrachte, die (vorausgesetzt, daß sie nicht etwa schon vorgängig unmöglich ist) nur durch ihren Erklärungswert, also durch das, was Meinong ihre Beteiligung an gewissen tatsächlichen Erlebnissen nennt, bewiesen werden könnte. Nur aus solcher Beteiligung — das sage ich auf das deutlichste — könnte meines Erachtens die Existenz jener besonderen Klasse erschlossen werden, und darum rede ich auch — da ich mich zu einem solchen Schlusse durch nichts berechtigt fand — von ihrer Unnötigkeit.

[2]) Daß Meinong auch dies prinzipiell nicht anfechten werde, erwartete und erwarte ich um so sicherer, als er nicht bloß — wie so viele andere — die apriorischen Erkenntnisse als ein wichtiges Element unseres Wissens ansieht, sondern sie — wie verschiedenartig sie sonst dem Objekte nach sein

gut wie Meinong nur solche Begriffe anerkenne, die aus Erfahrung geschöpft sind, was ja, wie schon D. Hume und andere wußten, nicht hindert, daß die aus ihrer Analyse gewonnenen einsichtigen Urteile apriorischen Charakter haben.

§ 53. II. Bei der „vorgängigen" Prüfung von Meinongs Annahmelehre hatte ich denn — wie auch oben angedeutet wurde — vor allem die Frage aufgeworfen, ob, wenn es solche Vorgänge, wie Meinong sie unter jenem Namen beschreibt, gäbe, wir sie den Urteilen gegenüber als eine neue Gattung psychischer Beziehungsweise anzusehen haben oder nicht, und ich glaube schwerwiegende Gründe gegen die Denkbarkeit des einen und des anderen geltend gemacht zu haben.

Das erste hielt und halte ich darum für unmöglich, weil das „Annehmen" so gut wie das Urteilen als Differenzen das Anerkennen und Verwerfen[1]) aufweisen sollen. Und wenn es — was Meinong nicht leugnet — beide Mal sich um ein Anerkennen oder Verwerfen im eigentlichen Sinne und nicht etwa bloß um ein Analogon handelt, wie ein solches auch im Lieben und Hassen gegeben ist, so hätten wir ja den Fall vor uns, daß in verschiedenen Gattungen dieselben spezifischen Differenzen gefunden würden, was mir ebenso unerhört erscheint, als wenn einer etwa auf dem Gebiete der Sinnesqualitäten lehrte, die Differenzen von Rot und Blau würden auch außerhalb der Gattung Farbe, z. B. bei den Tönen, gefunden.

Auf das zweite Glied unserer dilemmatischen Argumentation (die Hypothese, daß Annahmen und Urteile zur selben Gattung psychischer Verhaltungsweisen gehören) kommen wir sofort im besonderen zu sprechen. Gegen die ganze Ausführung aber hat Meinong nunmehr eingewendet:

„Gesetzt nun, die Annahmen in meinem Sinne ließen sich durch Schwierigkeiten dieser Art nicht abschrecken und existierten doch; was wäre die Folge? Doch wohl nur, daß damit Martys (und Brentanos) Aufstellungen über Genus, Spezies, Differenz usw. sich als abänderungsbedürftig herausgestellt hätten, was beim gegenwärtigen, so unvollkommenen Zustand der Gegenstandstheorie kaum sehr zum Verwundern wäre.

Inzwischen sind die fraglichen Schwierigkeiten selbst kaum der Art, daß, wer Annahmen in meinem Sinne in der Erfahrung

---

mögen — alle unter dem Namen „Gegenstandstheorie" (ähnlich wie E. Husserl unter dem Namen einer „reinen Logik") in einer besonderen Disziplin miteinander vereinigen möchte, wie wir früher schon erwähnt haben.

[1]) Meinong erklärt (a. a. O., S. 3) er würde lieber sagen: „Bejahen und Verneinen". Warum? Bei exakterem Sprachgebrauch verwendet man die letzteren Termini für den sprachlichen Ausdruck des Anerkennens und Verwerfens. Aber das hat Meinong offenbar nicht im Sinne. Was aber soll sonst für ein Unterschied sein?

angetroffen hat, die Erledigung der Zukunft anheimstellen muß. Wer das erste Glied der obigen Disjunktion zu retten wünscht, könnte sich vielleicht schon darauf berufen, daß nicht nur ein Ton stark oder schwach sein kann, sondern auch Wärme, ja sogar Lust."

Demgegenüber zuerst die historische Bemerkung, daß den Satz, wahre Spezies könnten nicht außerhalb der Gattung gefunden werden, bekanntlich lange vor Brentano und mir Aristoteles ausgesprochen hat, und daß Meinong meines Wissens der erste ist, der ihn ausdrücklich leugnen will. Daß ich mich hier auf Aristoteles berufe, wird freilich wieder Meinongs Spott herausfordern (vgl. seine Bemerkungen a. a. O., S. 10 und 42). Aber der Spott ist nicht mehr berechtigt, als gegenüber einem, der, eine alte mathematische Wahrheit wieder vortragend, dazufügen würde: schon Pythagoras oder einer der anderen griechischen Geometer habe sie eingesehen.

Im übrigen habe ich zu erwidern, daß mir von früher her wohl bekannt ist, wie Meinong gar mancherlei für möglich und nicht widersprechend hält, was mir offenkundig absurd und unmöglich erscheint. So z. B. Größen (und zwar solche im allereigentlichsten und nicht etwa in einem übertragenen Sinne), von welchen die kleinere keinem Teile der größeren gleich wäre,[1] ferner „evidente Vermutungen", also Urteile, welche einleuchtend sein sollen, trotzdem sie ganz wohl falsch sein könnten, weiter: die Existenz von Relationen ohne die der Glieder und ein Sosein ohne ein Sein, und neuestens auch Urteile, denen kein Vorstellen zugrunde liegen soll. Aber ich bin doch erstaunt, ihn nun auch noch ernstlich am Werke zu sehen, die meines Wissens bisher unbezweifelte Wahrheit zu stürzen, daß, wo es sich um wahre Gattungs- und wahre spezifische Differenzbegriffe handelt, die spezifische Differenz den Gattungsbegriff einschließt und darum nie in einer anderen Gattung gefunden werden kann.[2]

Ich sage: die spezifische Differenz schließe evidentermaßen den Gattungsbegriff ein. Eben darum ist ja doch die spezifische Differenz der Spezies selbst begrifflich gleich. „Röte" heißt nichts anderes als rote Farbe, drei nichts anderes als Dreizahl oder aus

---

[1] Vgl. Meinongs Aufsatz „Über die Bedeutung des Weberschen Gesetzes", I. Abschnitt, in der Zeitschrift für Psychologie und Physiologie der Sinnesorgane, Bd. XI.

[2] Das alles kann und muß für die Details von Meinongs „Gegenstandstheorie" verhängnisvoll werden.

Wenn wir auch von allem anderen absehen, ein wichtiges Kapitel einer „Gegenstandstheorie" müßte jedenfalls die Lehre vom Kontinuum und vom Begriff der Dimensionalität usw. bilden und jeder Kundige erkennt leicht, welch heillose Verwirrung gerade hier das Aufgeben des strengen Aristotelischen Begriffs der Gattung und Spezies stiften muß.

drei Einheiten bestehende Zahl usw., und so leuchtet ein, daß
eine der spezifischen Differenz einer Gattung gleiche Differenz
nie auch in einer anderen Gattung gefunden werden kann.

Und wenn ich staune, daß Meinong diesen alten Satz an-
zweifelt, so tue ich es nicht minder, indem ich auch auf die
Gründe sehe, welche denselben angeblich diskreditieren sollen,
z. B. daß nicht bloß ein Ton stark oder schwach sein könne,
sondern auch Wärme, ja sogar Lust. Ich gebe demgegenüber
natürlich ohne weiteres zu, daß man von Intensität und Stärke-
graden innerhalb ganz verschiedener Gattungen von Sinnesqualitäten, ja auch auf anderen Gebieten spricht, die von Tönen,
Wärme usw. wiederum toto genere verschieden sind. Aber
ebenso sicher ist, daß dies mannigfach in höchst unexakter
Weise geschieht, und so, daß unmöglich überall derselbe Begriff
dem Gebrauche des Namens zugrunde liegen kann. Und auch
soweit dieser Begriff in einheitlichem Sinne verwendet wird,
wie bei den Sinnesqualitäten, ist seine wahre Natur keineswegs
in der Weise und Richtung geklärt, daß man etwa als ausgemacht hinstellen könnte, es handle sich bei den sogenannten
Intensitätsgraden um wahre Spezies der betreffenden Gattung, so
wie bei rot und blau um Farbendifferenzen, bei c, d usw. um
Tondifferenzen. Stände aber auch nur dies fest, daß bisher
eine derartige Klärung und Entscheidung der Intensitätsfrage
keineswegs zweifellos sei, so schiene es mir gegen die Regeln
der Logik zu verstoßen, bei solchem Stande der Dinge, schon
darum, weil man von stark und schwach sowohl bei Wärme
als bei Ton spricht, den Satz aufzugeben, daß wahre Differenzen
nicht in verschiedenen Gattungen auftreten können, der hinsichtlich jener obenerwähnten Differenzen wie rot, blau usw.,
die sich zweifellos als wahre Spezies zu erkennen geben, so
einleuchtend erscheint.

Aber noch mehr. Nicht bloß ist der Begriff der Intensität
auf dem Gebiete der Sinnesqualitäten nicht etwa dahin geklärt,
daß wir zweifellos sagen könnten, sie seien wahre Differenzen
jener Gattung, sondern wir haben allen Grund zu glauben, daß
die Entscheidung in entgegengesetztem Sinne gegeben ist und
z. B. das laute und leise c qualitativ ganz gleich sind. Es
handelt sich in Wahrheit um quantitative Differenzen, genauer gesprochen, um Unterschiede der Dichtigkeit in der Erfüllung des Sinnesraumes durch die betreffende Sinnesqualität.
Letzteres hat Brentano aus einer allseitigen Prüfung aller einschlägigen Tatsachen geschlossen und in hohem Grade wahrscheinlich gemacht.[1]) Und aus dieser seiner Intensitätslehre ist
nebst vielem anderen, was bisher unbegriffen blieb, nun eben
auch das völlig begreiflich geworden, daß auf dem Gebiete
jeder Gattung von Qualitäten von Intensität die Rede sein kann,

---

[1]) Franz Brentano: Untersuchungen zur Sinnespsychologie, 1907, S. 51 ff.

ohne daß der Satz, daß wahre Differenzen nicht verschiedenen Gattungen gemein sein können, durchbrochen wäre.

Freilich, auf Meinong wird wohl all dies schon darum ohne Eindruck bleiben, weil er überhaupt eine ganz abnorme Anschauung zu haben scheint von dem, was unter der wahren Differenz einer gewissen Gattung zu verstehen ist. Davon werden wir uns sofort noch mehr als aus dem bisherigen überzeugen, indem wir seine Antwort auf den zweiten Teil meiner dilemmatischen Ausführung hören.

Zwischen Annahmen und Urteilen, so führte ich dort aus, kann auch nicht das Verhältnis bestehen, daß sie zur selben Gattung psychischer Beziehungsweise gehören. „Eine Gattung psychischer Beziehungen kann in verschiedener Richtung und unter verschiedenen Gesichtspunkten differenziert sein. So ist es auch bei der Gattung, die wir hier vor uns haben und die wir einstweilen nur dadurch charakterisieren wollen, daß sie außer den Unterschieden des Objekts oder der Materie ein qualitatives Moment und unter diesem Gesichtspunkt die Spezies des Anerkennens und Verwerfens aufweist. Dieses Verhalten, das wir im übrigen einstweilen nur das generelle Verhalten x nennen wollen, kann, wie die Erfahrung zeigt, außerdem noch so differenziert sein, daß es entweder ein evidentes oder blindes, entweder ein apodiktisches oder assertorisches ist usw. Aber es fällt niemandem ein, wenn er das evidente Verhalten (z. B. das evidente Anerkennen von A) ein Urteilen nennt, dem blinden diesen Namen zu versagen und unter „Urteilen" versteht er dann eben den gemeinsamen generellen Zug, der diesen Differenzen zugrunde liegt." Und, so argumentierte ich dem Sinne nach weiter, sei analog zu erwarten, daß, wer bei jenem Verhalten x abermals ein überzeugtes und nicht überzeugtes auseinanderhalte, doch beides als Urteile gelten lasse; nur drückte ich mich der Bequemlichkeit halber (und um den umständlichen Ausdruck von dem „generellen Verhalten x" nicht noch einmal zu wiederholen) kurz aus: „Das Analoge wäre nun auch zu erwarten, wenn man weiterhin zwischen überzeugten und nicht überzeugten Urteilen unterscheidet, nämlich: daß doch beides Urteile bleiben". „Doch hier — fuhr ich fort — gebietet uns Meinong plötzlich Halt. Wenn die Überzeugung fehlt, dann soll es nicht mehr erlaubt sein, daß man, wie wenn die Evidenz fehlt, fortfahre von „Urteilen" zu sprechen. Das Urteil ohne Überzeugung ist nach Meinong nur ein „Scheinurteil", also in Wahrheit gar kein Urteil". „Damit", so heißt es bei mir weiter, „ist offenbar gelehrt, daß das Überzeugtsein oder sein Mangel nicht eine Differenz sei von der Art wie Evidenz und Blindheit oder wie Apodiktizität und der Mangel dieses Charakters, die jenes generelle Verhalten, das wir x genannt haben, als Spezies innerlich differenzieren; sonst müßte, wenn man x in einem Falle ein Urteil nennen kann, es auch im anderen so heißen dürfen. Allein, wenn es keine solche Differenz ist, dann bleibt, soviel ich zu sehen vermag, nur ein Doppeltes. Entweder haben wir an dem Überzeugtsein doch — was oben abgelehnt wurde — keine bloß spezifische, sondern die generelle Differenz des Verhaltens x vor uns, so daß Überzeugung (nach Meinong = Urteil) und nicht überzeugtes Anerkennen und Verwerfen (nach Meinong = Annahmen) der Gattung nach verschiedene Verhaltungsweisen der Seele sind, oder es kann überhaupt keine interne Differenz der seelischen Beziehungsweise (so wie die Evidenz usw.) sondern muß etwas ihr Äußerliches sein. Etwas drittes vermag ich hier als möglich nicht zu erkennen."

Demgegenüber wirft mir Meinong vor, daß ich das zu Beweisende vorwegnehme. In die Prämissen werde ja die Voraussetzung aufgenommen, daß „man weiterhin zwischen überzeugten und nicht überzeugten Urteilen unterscheidet", indes doch gerade das Recht hierzu von ihm in Abrede gestellt werde. „Daß Urteile, fährt Meinong fort, wenn sie sich sonst in der verlangten Weise haben „unterscheiden" lassen, auch „Urteile bleiben", wäre überdies selbstverständlicher, als für ein zu Erweisendes wünschenswert ist".

Ich soll also eine petitio principii begangen haben. Worin liegt sie nach Meinong? Doch wohl nicht darin, daß ich mich (der Kürze halber) der Wendung bediente: „Das Analoge wäre nun zu erwarten, wenn man weiterhin zwischen überzeugten und nicht überzeugten Urteilen unterscheidet: nämlich daſs doch beides Urteile bleiben" — statt umständlicher auch hier von dem „generellen Verhalten x" zu sprechen, bei dem ein überzeugtes und nicht überzeugtes auseinander gehalten werde usw. Denn nach dem strengen Wortlaut verstanden, wäre die in jenem Satze enthaltene petitio principii doch allzu handgreiflich; handgreiflicher, als für einen Gegner wünschenswert sein kann um darüber zu triumphieren.

Nein! Meinong meint gewiß etwas anderes, und was dies ist, wird — scheint mir — klar, wenn man auf seine vorausgehenden Bemerkungen bezüglich dessen achtet, was ich über den Charakter der Evidenz und Blindheit sage, wo angeblich dieselbe Vorwegnahme des zu Beweisenden zutage trete, wie bei meinen Ausführungen hinsichtlich des Charakters der Überzeugtheit und Nichtüberzeugtheit. „Mein Kritiker, so sagt er dort, widerlegt mich aus der Voraussetzung, daß auch alle nichtevidenten x jedenfalls Urteile seien: gerade das weiß aber erst der, der schon ausgemacht hat, daß unter diesen nicht evidenten x sich außer den Urteilen nicht auch Annahmen befinden."

Darauf muß ich antworten: Was heißt hier „nichtevident"? Ist es in rein negativem Sinne gemeint, wie das Prädikat auch vom bloßen Vorstellen und vom Lieben und Hassen und von physischen Vorgängen ausgesagt werden kann? (Alles, was nicht A ist, ist ja ein Non A.) Oder heißt es „nichtevident" im

Sinne einer Privation, wie es nur in einer Gattung vorkommt,
der unter andern Umständen auch die Evidenz im eigentlichen
Sinne als spezifische Differenz zukommt? Wenn mein Argument
nicht entstellt sein soll, so kann nur letzteres gemeint sein, und
dann habe ich keineswegs vorausgesetzt, was zu beweisen war,
wenn ich argumentiere: falls einer das evidente Verhalten x als
ein Urteilen bezeichne, könne er auch dem blinden, diesen Namen
nicht versagen. Das ergibt sich einfach daraus, daß es sich
um Differenzen handelt, die die Gattung innerlich spezifizieren
und darum nicht außerhalb derselben gefunden werden. Ganz
ebenso, argumentierte ich nun weiter, müßte es auch sein,
wenn Überzeugtheit eine innere Differenz jenes Verhaltens wäre. Verdient das überzeugte den Namen Urteilen,
dann kann auch die Privation dieses Charakters dem Verhalten jenen Titel nicht rauben. Und daß Meinong kein nicht-
überzeugtes Verhalten als ein Urteilen gelten lassen wolle
(während er blinde Urteile anerkennt),[1) sei ein Beweis, daß
er unter Überzeugtheit nicht eine innere Differenz der Gattung
verstehen könne. So lautete mein Argument. Es ist offenbar
keine petitio principii, und ich habe damit auch nicht „für überzeugungslose Urteile plädiert" wie Meinong spottet. Dagegen
habe ich allerdings ihm, daß er nicht an überzeugungslose
Urteile glaubt, als Inkonsequenz vorgehalten für den Fall,
daß er die Überzeugtheit als eine innere Differenz des Verhaltens x ansieht.

Meinong erwidert mir nun, das scheine ihm etwa ebenso
stringent, als wenn einer in betreff der Klänge, das Wort soweit
genommen, daß es relativ zusammengesetzte Klänge ebenso
befaßt als relativ einfache, so argumentierte: Klänge gestatten
nebst anderen Differentiationen auch die unter dem Gesichtspunkte, ob sie Dissonanzen sind oder nicht. Es fällt nun
niemandem ein, wenn er die dissonanten Klänge Zusammenklänge nennt, den nicht dissonanten Klängen diesen Namen zu
versagen. Das Analoge wäre nun auch zu erwarten, wenn man
weiterhin zwischen zusammengesetzten und einfachen Klängen
unterscheidet, nämlich daß doch beides Zusammenklänge bleiben.
Die Konsequenz verlangt somit, auch die einfachen Klänge für
Zusammenklänge gelten zu lassen. „Natürlich", fährt Meinong
fort, „kann eine Beweisführung dieser Art niemanden überzeugen. Nur wenn man mit Recht behaupten dürfte, daß
dissonante wie nicht dissonante Klänge Zusammenklänge sein

---

1) Oder will er dies nicht? Darauf kommt es an, und nicht, wie der
Autor äquivok sich ausdrückt, ob sich unter den „nicht evidenten Verhaltungsweisen" außer den Urteilen auch „Annahmen" befinden. Auch nach mir ist
eine „Annahme" — wie: Nehmen wir an, die Buren hätten gesiegt — „nichtevident" in dem Sinne, daß davon, weil es sich um ein bloßes Vorstellen
handelt, so gut Evidenz wie Blindheit kurzweg zu leugnen sind.

müßten, was übrigens kaum minder widersprechend sein wird als das überzeugungslose Urteil".

Ich sprach oben mein Erstaunen aus, daß Meinong die Unterschiede eines starken und schwachen c in gleiche Linie stellt mit Differenzen wie rot und blau in der Gattung Farbe. Ich kann hier nicht minder staunen, wie es ihm begegnen kann, meiner Argumentation von dem generellen Verhalten x gegenüber Evidenz und Blindheit und gegenüber Überzeugtheit und Nichtüberzeugtheit (für den Fall, daß einer auch diese als innere Differenzen jener Gattung ansähe) als Analogon gegenüberzustellen: die Differentiation der „Klänge" in einfache und zusammengesetzte und wiederum in konsonante und dissonante. Sieht Meinong nicht, daß die Scheidung der Klänge in einfache und zusammengesetzte sicher keine Scheidung einer Gattung durch spezifische Differenzen ist? Einen einzelnen Ton und einen Haufen von Tönen wird doch keiner für Spezies der Gattung „Ton" halten, sowie evidente und blinde Urteile für Spezies der Gattung „Urteil"! Würde aber einer sagen, sie seien Spezies der Gattung „Zahl von Tönen", so bemerkt wohl jeder, was für ein Mißbrauch hier mit dem Gattungsbegriff getrieben wird, auch wenn ihm die Erörterungen von Aristoteles über den strengen Begriff von Gattung, Differenz und Art unbekannt sein sollten.

Und wie ein Ton und viele Töne nicht Spezies der Gattung Ton sind, so ist natürlich auch „Klang" („das Wort soweit genommen, daß es relativ zusammengesetzte Klänge — also einen Haufen von Tönen — ebenso befaßt als relativ einfache") nicht eine Gattung, wovon dissonant und nichtdissonant Spezies wären. Ich muß und darf also dagegen protestieren, daß — wie Meinong glauben machen will — die Absurditäten, die wir ihn eben deduzieren hörten, Ausfluß davon seien, daß er meine Argumentationsweise nachgebildet habe. Sie sind vielmehr eine Folge davon, daß er — die fundamentalsten Unterscheidungen der „Gegenstandstheorie" übersehend — sie nicht nachgebildet hat, und gegen eine weitere derartige Pflege dieser neuesten Disziplin hätte die Wissenschaft allen Grund, sich ebenso zu wehren, wie schon gegen die oben erwähnten absonderlichen Beiträge Meinongs zu ihr.

§ 54. Von den übrigen Einwänden, die Meinong meiner Kritik seiner Annahmelehre entgegenhält, seien noch folgende erwähnt:

III. 1. Gegenüber der Rede Meinongs von einer angeblichen „Aktivität" der Annahmen und Urteile im Unterschied von einer angeblichen „Passivität" der Vorstellungen erörterte ich im Hinblick auf die Natur der Dinge, wie sie sich meiner Beobachtung bietet, die möglichen Bedeutungen dieser Charakteristik und kam zu dem Resultat, daß in keinem Sinne von

„Aktivität". der mir irgendwie in der Erfahrung begründet
erschien, das Annehmen und Urteilen kurzweg als „aktiv". das
Vorstellen als „passiv". bezeichnet werden könne. Auch dieser
Versuch, einen Zug anzugeben. wodurch die Klasse der sogenannten „Annahmen" sich von derjenigen der Urteile unterscheiden sollte, schien mir also mißlungen.

Demgegenüber bemerkt nun Meinong, mit den „vielerlei
Möglichkeiten", die ich mir „als eventuelle Bedeutungen des
Wortes Aktivität ausgedacht", seien keineswegs alle möglichen
Bedeutungen erschöpft. So sei insbesondere der Begriff übersehen. den A. Höfler mit Aktivität verbunden nämlich der der
psychischen Arbeit, und gerade diesen Begriff habe er (Meinong)
— hierin Höflers Vorgange folgend — im Sinne gehabt, wie
ich aus S. 256 des Annahmenbuches hätte ersehen können.

Ich erwidere, daß mir Höflers Ausführungen über „Psychische Arbeit" wohl bekannt waren. Als in der Erfahrung
begründet aber kann ich etwas wie eine solche „Arbeit" nur in
den Fällen anerkennen, wo ein gewisser psychischer Vorgang
Wirkung einer längeren Kette von Ursachen und insbesondere
auch von Eingriffen des Willens ist.[1]) Aber weder gilt, daß
in diesem Sinne jedes Urteilen Produkt einer psychischen
Arbeit, noch daß kein Vorstellen dies jemals sei. Etwas, was
psychische Arbeit genannt werden könnte und was bei jedem
Urteilen und bei keinem Vorstellen gegeben und noch dazu —
wie Meinong durchaus will — eine deskriptive Eigentümlichkeit
des ersteren wäre, vermag ich in aller Erfahrung nicht zu entdecken. Ich bin weit entfernt, meine Beobachtungen als unfehlbar
anzusehen und es fällt mir nicht ein, anderen das Recht zu
bestreiten, sie als Hypothesen zu betrachten. die nach den bekannten Regeln zu prüfen sind. Allein ich darf und muß mich doch
an sie halten, bis mich ein Gegner durch zwingende Argumente
von ihrer Lückenhaftigkeit überzeugt hat. Solche Argumente
liegen aber weder bei Meinong noch bei Höfler im geringsten
vor, und solange muß ich ihren „Aktivitätsgedanken" als
unbewiesen und mystisch bezeichen.

Meinong spottet, das Prädikat „fiktiv" möge „von den
vielerlei Möglichkeiten gelten", die ich mir „als eventuelle Bedeutungen des Wortes Aktivität ausgedacht" habe. Was soll
dies heißen? Ist „Aktivität" im Sinne von „Wirken" und
weiterhin speziell im Sinne von „Wollen" und „Willenshandlung"

---

[1]) Ob es zweckmäßig und der Klarheit dienlich ist, hier — ich meine,
soweit man tatsächlich von etwas wie psychischer Arbeit sprechen kann —
so großes Gewicht auf die physikalischen Analogien zu legen, ist mir zweifelhaft. Unglücklich aber ist dieses Schwelgen des Psychologen in physikalischen
Begriffen wie: Spannung, Weg, Kraftlinien usw. ganz gewiß, wo es ihn
zu Fiktionen verführt. Man spricht jetzt viel von „Psychologismus" als
„Psychologie am unrechten Orte". Es gibt aber auch Physik am unrechten Orte.

etwas Fiktives? Das freilich ist fiktiv, daß etwa nur das
Urteilen und „Annehmen" wirke, das Vorstellen nicht, oder daß
jedes Urteilen, das Vorstellen aber niemals, eine Willenshandlung
sei, und eben darauf wies ich an den von Meinong inkriminierten
Stellen hin um zu zeigen, daß es halt- und bodenlos ist, von
einer besonderen „Aktivität" zu sprechen, die allen Urteilen und
„Annahmen" und keinem Vorstellen zukäme.

In der Zeitschrift für Psychologie von Ebbinghans (Bd. VI,
S. 448) hatte Meinong „Aktivität" und „Passivität" in dem
Sinne, wie er sie, die eine den Urteilen — und jetzt auch den
„Annahmen" —, die andere den Vorstellungen als Charakte-
ristikon zuschreibt, als „das psychische Analogon von Bewegung
und Ruhe" hingestellt. „Wer tut — sagt er dort — muß etwas
tun; dieses etwas ist ein Zielpunkt, auf den das Tun gerichtet
ist und mit dessen Erreichung es seinen natürlichen Abschluß
findet... Sagt man: Vorstellen und Fühlen sei passiv, Urteilen
und Begehren aktiv, so hat man dabei Ausgedehntes im Auge."

Ich frage: kann man nicht mit ebensoviel Recht und
Unrecht beim Vorstellen von einem Ziel und einem Tun sprechen
wie beim Urteilen (und „Annehmen")? Eine Absicht und
ein Weg, auf dem das Beabsichtigte allmählig und durch
Zwischenglieder herbeigeführt würde, ist hier sowenig wie dort
immer gegeben. Davon abgesehen aber können die Ausdrücke
Ziel und Tun und dergleichen lediglich Bilder für das Objekts-
verhältnis sein, die entweder beim Vorstellen ebensogut am Platze
sind wie beim Urteilen, oder aber überhaupt und hier wie dort
zu vermeiden wären.

Man vergleiche auch, wie Höfler neuestens in seiner Anzeige von Meinongs Annahmenbuch (Göttinger Gel. Anz., 1906,
S. 214 ff.) den vermeintlichen Gegensatz zwischen Vorstellen
einerseits und „Annehmen" und Urteilen andererseits zu deuten
und dabei doch auch einen Unterschied zwischen den beiden
letzteren festzuhalten sucht, indem er das Urteilen mit einer
kinetischen Kraftwirkung (Beschleunigung), das „Annehmen"
mit einer statischen (Druck, Zug, Spannung) in Analogie bringt.
Ich glaube, bei näherem Zusehen werden mit mir andere auch
darin einen Fall von Physik am unrechten Orte finden.

2. Wenn Meinong mir hier den Vorwurf macht, daß ich,
um seine Lehre von der Aktivität zu verstehen, Höflers Lehre
von der „psychischen Arbeit" nicht genügend berücksichtigt habe,
so hält er mir in einem anderen Falle einen ähnlichen Tadel
entgegen. Um die Lehre von den „Annahmen" als Schein-
oder Phantasieurteilen, d. h. Vorgängen, die zwar ein „Bejahen
oder Verneinen" sein sollen, aber ein solches, bei dem es uns
gar nicht Ernst ist, plausibel zu machen, wies er auch auf
vermeintliche Analogien hin auf anderen Gebieten. Solche
sollen sein: die „Schein- oder Phantasiegefühle" und „die Schein-
oder Phantasiebegehrungen" und im Bereiche des Vorstellens

die Phantasievorstellungen. Mir vermochten diese vermeintlichen Analogien den Glauben an die „Annahmen" nicht zu
stärken; im Gegenteil wurden meine Bedenken gegen Meinongs
Lehre durch diesen Zusatz nur gesteigert. Sowenig wie Scheinurteile, sowenig vermochte ich jene Scheingefühle und Schein-
begehrungen in mir zu entdecken, und ich weiß keinen psychischen Vorgang und keinen Komplex von solchen, der sich
nicht ohne diese Nova restlos begreifen ließe.

Was aber die Phantasievorstellungen betrifft, so fragte ich
vor allem, was denn unter ihnen im Gegensatz zu den „Wahr-
nehmungsvorstellungen" und als vermeintlichem Analogon zu
den „Annahmen usw. gemeint sei, und ich hielt auch hier an
der Hand dessen, was mir die Natur der Dinge an psychischen
Vorgängen zu zeigen scheint, auseinander, was für Erscheinungen
etwa Meinong dabei im Auge haben könnte. Dieses Vorgehen
aber findet mein Gegner ganz verkehrt. „Einmal, so betont er,
wisse auch ohne förmliche Definition doch jedermann ziemlich
genau, was man mit Phantasievorstellungen zu meinen pflegt";
sodann aber hätte „Marty, statt sich in Vermutungen zu erschöpfen, was ich mir bei diesem Worte wohl gedacht haben
könnte . . ., und dabei, wie es bei vorgängigen Betrachtungen
über Tatsachen leicht begegnet, neben dem Richtigen vorbei-
zutreffen, aus S. 284 meines Annahmebuches entnehmen können,
daß ich einst eine Abhandlung „Über Phantasievorstellung und
Phantasie" veröffentlicht habe —, überdies bereits aus S. 281
meines Buches, daß ich um die Klärung der einschlägigen Termini noch früher, nämlich in meiner Arbeit „Über Begriff und
Eigenschaften der Empfindung" bemüht gewesen war. Den
dort noch vertretenen Irrtum, daß die Phantasie- oder Ein-
bildungsvorstellung sich von der Wahrnehmungsvorstellung in
quantitativer Hinsicht unterscheide, habe ich später durch
Hervorhebung des qualitativen Unterschiedes berichtigt."[1]

Dem ersten Teil dieser Einrede gegenüber bemerke ich,
daß bekanntlich der Umfang eines Begriffes feststehen kann
ohne daß denjenigen, die von ihm Gebrauch machen, sein Inhalt
deutlich ist. Er kann konfus sein. Es gilt dann, daß die Leute
zwar zu wissen glauben, was sie „meinen", aber wenn man sie
fragt, nicht imstande sind davon Rechenschaft zu geben. Aber
ein solches Wissen um das „was man mit Phantasievorstellungen
zu meinen pflegt", würde — auch wenn es gegeben wäre —
meines Erachtens nicht genügen, um mit Sicherheit zu konstatieren, ob, wenn es etwas wie Annahmen in Meinongs Sinne
gäbe, die „Phantasievorstellungen" wirklich ein Analogon zu
ihnen bilden würden.

---

[1] Meinong zitiert dazu: Beiträge zur Theorie der psychischen Analyse,
Zeitschrift für Psychol. etc. 6, S. 374, Anm.

Ich sage: wenn es gegeben wäre. Denn tatsächlich ist
nicht einmal dies der Fall, wie der Umstand zur Genüge beweist,
daß nicht bloß unter Nichtpsychologen, sondern selbst unter
Psychologen der Gebrauch des Terminus keineswegs ein übereinstimmender ist. Aber nehmen wir selbst an, es wäre eine
feste Beziehung zwischen dem Namen und der Bedeutung allgemein gesichert, so würde das Wissen darum für das oben erwähnte Gefühl nicht genügen. Dafür muß nicht bloß klargestellt
sein, welche Gruppe von Phänomenen, die unser psychisches
Leben tatsächlich zeigt, damit gemeint sei; es muß noch darüber
hinaus eine exakte Beschreibung dieser Vorgänge, eine Verdeutlichung der Definition des Namens und Begriffs vorliegen. In diesem Sinne ging ich bei der von Meinong getadelten
Erörterung vor. Es schien mir — und scheint mir noch —
darauf anzukommen, ob die exakte Analyse und Beschreibung
der in unserm psychischen Leben sich abspielenden Vorgänge
etwas aufweise, was man Phantasievorstellung genannt hat oder
nennen könnte und was wirklich eine Analogie bilde zu den
von Meinong supponierten Annahmen. Ich vermochte nichts
derartiges zu finden und kann mich auch nicht aus Meinongs
Ausführungen über die Phantasievorstellungen — weder aus
den früheren noch aus den, zur Berichtigung jener geschriebenen,
späteren — überzeugen, daß ich bei dem Versuch, das hierher
gehörige Tatsachengebiet zu überblicken, etwas übersehen hätte.
Kurz: es geht mir hier ähnlich wie mit dem Höfler-Meinongschen
„Aktivitätsgedanken". In meiner psychologischen Erfahrung
finde ich nur die Unterschiede, die ich bereits S. 26 ff. meines
kritischen Aufsatzes aufgezählt hatte und deren keiner die geforderte Analogie zu Meinongs „Annahmen" aufweist. So kann
ich denn auch hier nicht von der Stelle, ehe mir der Nachweis
geliefert wird, daß aus jenen, von mir anerkannten, Elementen
die Tatsachen nicht zu begreifen sind, daß also meine Beschreibung
des Gebietes lückenhaft ist und ich darum „das Bezugsobjekt
für die Analogie zu den Annahmen" nicht gefunden habe.

Meinong sagt jetzt zum Schlusse seiner bezüglichen Erwiderung (S. 8): „daß der gehörte Ton dem bloß gedachten in
irgendeiner Weise ähnlich gegenübersteht, wie die geglaubte
Existenz der bloß angenommenen, verlangt, soviel ich ermessen
kann, noch gar keine theoretische Erwägungen, möchte daher
um so besser die Grundlage für solche abgeben können". Die
hier behauptete Tatsache gebe ich ohne weiteres zu, wenn unter
der bloß angenommenen Existenz eine „Annahme" im allgemein
üblichen Sinne des Wortes verstanden wird. Und dann steht
meines Erachtens der gehörte Ton dem bloß gedachten Ton
nicht bloß „in irgendeiner Weise ähnlich" gegenüber, „wie die
geglaubte Existenz der bloß angenommenen", sondern die Glieder
dieser vermeintlichen Analogie sind paarweise geradezu wesensgleich. Der gehörte Ton ist gewiß etwas anderes als der bloß

gedachte. Das Hören ist ein von einem instinktiven Glauben begleitetes (anschauliches) Vorstellen eines Tones; es ist also wesensgleich der geglaubten Existenz, nämlich ein (anerkennendes) Urteilen. Andererseits kann mit dem bloß gedachten Ton als Gegensatz zum gehörten nur gemeint sein: ein Vorstellen des Tones ohne jenen instinktiven Glauben, also ein bloßes Vorstellen. Und damit ist wesensgleich die bloß angenommene Existenz; denn dieses Annehmen ist nichts anderes als ein bloßes Vorstellen, daß etwas sei, also das Vorstellen eines gewissen Urteilsinhaltes). Wie man sagt: Nehmen wir an, dieser Tisch stehe nicht da (während wir ihn doch sehen), so sagt man völlig synonym auch: Denken wir uns oder stellen wir uns vor, der Tisch sei nicht da. Phantasievorstellungen in diesem Sinne und „Annahmen" sind nicht Analoga, sondern sie sind dasselbe, und ebenso das Sehen des Tisches und der mit der anschaulichen Vorstellung verknüpfte (reflexionslose und) instinktive Glaube an seine Existenz.

So hat — scheint mir — Meinong keinen berechtigten Grund zur Klage, daß ich in meiner Kritik seine Ansichten nicht genügend zu Worte kommen ließ.

§ 55. IV. Dagegen könnte eher ich mich beschweren, daß er mir Meinungen zuschreibt, die ich nirgends ausgesprochen, und solches, was er ungenau wiedergibt, dann in dieser Form zum Gegenstand des Tadels macht.

3. Wenn ich sage, wir fänden in der ganzen Natur, daß die deskriptiven Unterschiede der Dinge und Vorgänge die fundamentaleren seien, an die sich die Eigentümlichkeiten der Genesis als Folge knüpfen, so macht Meinong daraus, ich hätte behauptet, daß sich an die Beschaffenheit eines Dinges seine Genesis „als Folge knüpfe" und er fügt hinzu, das werde freilich nicht jedermann zugeben.

Gewiß nicht. Aber um so gewisser wird jedermann — und ich hätte es auch von Meinong erhofft — den Unterschied zugeben zwischen dieser lächerlichen Behauptung und meiner These, daß auf jeglichem Gebiete die genetischen Gesetze von den deskriptiven abhängig und darum erst auf Grund der Kenntnis der letzteren in exakter Weise zu erforschen sind. Und auch das bezweifelt wohl außer Meinong (a. a. O., S. 7) nicht leicht jemand, daß die Bestimmbarkeit gewisser psychischer Phänomene durch den Willen ein Moment der Genesis sei.

Ich hatte davon gesprochen, daß manches, was Meinong zu seinen „Annahmen" rechnet, z. B. das Verhalten gegenüber dem im Drama uns Vorgeführten, in Wahrheit ein Urteilen oder Glauben sei, nur nicht ein derart alleinherrschendes, „daß ihm die volle und dauernde Entkräftung der entgegenstehenden kritischen Urteile gelänge" und welches infolgedessen auch nicht dazu komme, „sich nach jeder Richtung und namentlich auch nicht nach der praktischen völlig geltend zu machen".

Demgegenüber bemerkt Meinong „theoretisch": „ein Glauben, das ganz andere Eigenschaften hat als alles andere Glauben, scheint mir ein viel minder vertrauenswürdiges Novum, als ein eigenartiges psychisches Ereignis, das in seiner Eigenartigkeit bisher der Psychologie entgangen ist".

Seltsam! Das Novum eines Anerkennens und Verwerfens, das ganz andere Eigenschaften hat als die ganze bisherige Psychologie annahm, soll viel vertrauenswürdiger sein, als ein Glauben, dem es nicht gelingt, sich nach jeder Richtung völlig geltend zu machen! Nur davon aber hatte ich — wie aus Meinongs eigenem Zitat hervorgeht — gesprochen, und ich wundere mich, wie er dazu kommt, daraus ein „Glauben von ganz besonderer Beschaffenheit". „ein Glauben, das ganz andere Eigenschaften hat, als alles andere Glauben" zu machen. Meint er wirklich, die Erfahrung zeige uns, jeder psychische Akt, der den Namen Urteilen verdient, sei eine volle Überzeugung in dem Sinne, daß er in der Seele alleinherrschend ist, und will er ernstlich leugnen, daß es etwas wie einen Konflikt entgegenstehender Urteile in uns gebe?

In dieser Hinsicht hatte ich mich auf den Widerstreit zwischen unserem instinktiven Glauben an die Außenwelt und der, den unmittelbaren Sinnenschein gewaltig einschränkenden, wissenschaftlichen Überzeugung berufen. Meinong meint aber, er könne diese Analogie nicht einräumen und verweist auf eine „demnächst erscheinende" (und inzwischen erschienene) Schrift von ihm: „Über die Grundlagen unseres Erfahrungswissens" (Abhandlungen zur Didaktik und Philosophie der Naturwissenschaft, Bd. I, Heft 6).

Diesen Ausführungen gegenüber glaube ich das, was ich sagte, voll aufrecht halten zu können, sehe aber davon ab, um hier die Polemik nicht mehr als nötig auszudehnen. Stehen mir doch andere Belege für das von mir Behauptete zur Genüge zu Gebote.

Ich bin ja auch wahrhaftig nicht der erste, der etwas von einem Konflikt verschiedener Urteile und von einer nur beschränkten und zeitweiligen Herrschaft des einen oder anderen über das übrige Seelenleben in sich erfahren hat. Schon andere Psychologen lange vor mir haben beobachtet, daß unser Urteilen oder Glauben in mannigfacher Weise und durch verschiedene Umstände bedingt und motiviert sein kann, nicht bloß durch die Einsicht, sondern auch durch instinktive Antriebe, durch die Macht der Gewohnheit und insbesondere auch durch den Willen und die Gemütsbewegungen. Wenn aber dem so ist, dann können natürlich auch verschiedene Urteile, die in ihrem Einfluß auf unser übriges psychisches Leben und unser Handeln einander zuwider sind und beschränken, sich gleichzeitig in uns

geltend machen oder machen wollen. Es kann und muß zu
einem Glauben kommen, der keine volle Herrschaft übt.

Was speziell den Einfluß des Willens auf unser Führwahr-
halten betrifft, so schien er manchen Psychologen, wie z. B. Cartesius und Spinoza, so bedeutend, daß der erstere jedes Urteil
für eine Willenshandlung gehalten zu haben scheint und der
letztere — an die Stelle der Willenshandlung (des actus imperatus voluntatis) das Wollen selbst (den actus elicitus voluntatis)
setzend — geradezu sagen konnte: voluntas et intellectus idem
sunt. Diese Psychologen hätten jedenfalls nichts einzuwenden
gehabt gegen die „Urteile auf Kündigung", von denen ich
sprach. Denn daß es Willensentschlüsse gibt, die man nicht
bloß selbst widerruft, sondern von vornherein gewissermaßen auf
Widerruf faßt, ist eine ausgemachte Sache. Wenn aber auch
jene Lehren, diejenige von Spinoza nicht bloß, sondern auch die von
Cartesius schief und übertrieben sind, so liegen ihnen doch zweifellos irgendwelche Erfahrungen zugrunde. Der Wille hat tatsächlich
ein gewisses Imperium über das Urteil.[1]) Er kann die Wag-
schale einmal in der einen und dann wieder in der anderen
Richtung zum Sinken bringen, und schon darum haben wir dann
auch schwankende und in ihrem Bestand und ihrer Herrschaft
angefochtene Urteile, wir haben halbe Überzeugungen vor uns.

Aber nicht bloß der Wille, sondern alle Phänomene des
Interesses, auch die sogenannten Gefühle und Gemütsbewegungen,
haben einen gewissen Einfluß auf unser Glauben, wie wohl jedem
seine psychologische Erfahrung sagt. Schon D. Hume unter
anderen hat diese Macht der Affekte über den „Glauben" (belief)
betont und hervorgehoben, daß nicht allein solche Tatsachen, die
angenehme Gefühlserregungen herbeiführen, vermöge dieses Umstandes leichter zu Gegenständen des Glaubens werden, sondern
daß sehr oft dasselbe auch hinsichtlich solcher gilt, die Unlust
verursachen. „Ein Feigling, in dem sich leicht Furcht regt,

---

[1]) Freilich, wenn Meinong (Zeitschrift für Philosophie und philosophische
Kritik, Bd. 129, S. 77) speziell von den apriorischen Einsichten bemerkt, das
hier gegebene Verstehen führe „etwas wie ein sich freiwillig Unterwerfen
mit sich", während man beim Wissen um eine Wirklichkeit die Macht der
Tatsachen weit mehr als einen von außen sich geltend machenden Zwang
fühle, dem man sich fügen müsse auch ohne Verständnis, so kann jene Beschreibung der ersteren Erkenntnisweise durch den Terminus „freiwillig" nur
als ein Bild gemeint sein, über dessen glückliche Wahl sich streiten ließe.
Gerade bei den apriorischen Einsichten hat in Wahrheit der Wille nicht den
geringsten Einfluß. Während bei der Anerkennung von Tatsachen wenigstens
da, wo wir — wie so häufig — von dem Beweis der unendlichen Wahrscheinlichkeit ohne weiteres den Schritt zur Behauptung der Wahrheit
machen, statt eines Verstandsmotivs wohl ein solches des Willens im Spiele
sein kann.

schenkt auch leicht jedem Bericht über Gefahren Glauben, sowie jemand mit ängstlicher und melancholischer Charakteranlage alles, was die ihn beherrschende Gemütsstimmung nährt, leicht glaubt."[1]) Und W. James sagt, offenbar auf Grund ähnlicher Beobachtungen, gelegentlich geradezu: „The greatest proof, that a man is sui compos, is his ability to suspend belief in presence of an exciting idea". Wenn aber eine solche *idea* den Glauben bestimmen will, während die vernünftige Überlegung diesen Suggestionen des Gemüts entgegenarbeitet, kommt es da nicht notwendig zu Konflikten, und auch gerade zu solchen, bloß zeitweise obsiegenden und halb mächtigen, halb ohnmächtigen „Velleitäten des Glaubens" (es fehlt hier ein entsprechender Ausdruck), wie ich sie geschildert habe? Ich glaube, jeder von uns hat solchen Kampf und solches Hin- und Hergeworfenwerden zwischen dem, was die verständige Überlegung sagt und was der Affekt uns einzureden sucht, in praktisch wichtigen Fragen schon öfter peinlich genug empfunden. Ich lasse mir aber auch nicht abstreiten, daß speziell die ästhetischen Emotionen einen solchen Einfluß auf unser Urteilen üben, und daß auch beim Kunstgenuß, insbesondere beim dramatischen, dasjenige, was Meinong für „Annahmen" in seinem Sinne hält, vielfach Urteile von der oben beschriebenen Art sind, denen der Charakter und die Wirksamkeit voller Überzeugungen fehlt.

Meinong ruft freilich, diesen meinen Behauptungen gegenüber, vom „empirischen" Standpunkt[2]) aus: „Wer in aller Welt spürt denn hier unter normalen Umständen überhaupt etwas von einem Konflikte? — wenn er nicht etwa den Roman in der Meinung zur Hand nimmt, das sei eine wahre Geschichte oder im Theater über die Natur seiner Situation im Irrtum ist oder in Irrtum gerät. Wo Umstände dieser Art nicht vorliegen, wird man Spuren eines Ineinanderfließens von Schein und Wirklichkeit, wenn es ja vorkommen sollte, unbedenklich für pathologisch halten dürfen".

Ich meinerseits sage unbedenklich, daß, wenn dem so wäre, man gar viele Theaterbesucher, die der schöne Schein für eine Weile gefangen nimmt, so daß sie sich durch das Vorgeführte zu Furcht, Mitleid usw. verführen lassen, als ob es wirklich wäre, für pathologisch erklären müßte. Ich zitierte in meinen von Meinong so hart angefochtenen Ausführungen beispielsweise einen Bericht über eine Volksaufführung des Wilhelm Tell in

---

[1]) Treatise of human nature, I. Buch, III. Teil, 10. Abschnitt. On the influence of belief. Ich zitiere im folgenden nach der Ausgabe von Th. Lipps, Übersetzung von E. Köttgen, 1895, und nach The philosophical Works of D. Hume, Vol. I, Edinburgh 1826. Die obige Stelle steht im Original vol. I, S. 162, in der Übersetzung S. 163 und 164.

[2]) Seinen „theoretischen" Einwand hörten wir eben zuvor.

Zürich, mit dem Bemerken, daß ja bekanntlich die sogenannte Illusion bei naiven Menschen weit stärker zur Wirkung komme als bei Gebildeten; offenbar weil bei ihnen der, von der Lebendigkeit des künstlerischen Bildes und von dem Wohlgefallen daran getragene Glaube an das Dargestellte weniger durch den kritischen Verstand gestört und paralysiert werde.[1]) Auch über diese meine Berufung gießt nun Meinong die volle Schale seines Spottes aus, und wenn in dem von mir zitierten Berichte schließlich gesagt wird: „Geßler tat gut daran, als er sich durch das Klatschen nicht verleiten ließ, sich dem Publikum zu zeigen; er wäre nicht gut aufgenommen worden", fügt Meinong hinzu: „Gesetzt er hätte sich doch gezeigt: wären da die Zuschauer wohl der Meinung gewesen, durch ihr Klatschen einen Toten erweckt zu haben?" Ich meinerseits frage: ob mein Gegner wirklich der Meinung sei, mich durch diese witzige Frage widerlegt zu haben? Gerade das stimmt ja vollständig zu meiner Lehre von einem halben Glauben und von „Urteilen auf Kündigung" (die meines Erachtens hier im Spiele sind), daß die Illusion der Zuschauer der entgegenstehenden Wirklichkeit gegenüber nicht so weit standhielt, daß sie an Geßlers Tod durch Tells Pfeil glaubten. Aber wenn ihnen andererseits gar nicht, auch nicht für einen Augenblick und nicht stückweise, Schein und Wirklichkeit ineinander geflossen wäre, wie kam es dann, daß sie ihre Entrüstung über Geßler auf den unschuldigen Darsteller übertrugen? Wenn dagegen nach Meinong die „Annahme", der Darsteller sei der hochfahrende Tyrann, sie dazu vermag, ihn mit Mißfallens- und Entrüstungskundgebungen zu überschütten, dann müßte die weitere „Annahme", er sei

---

[1]) Während ich dies schreibe, lese ich die Notiz in den Tagesblättern über eine Aufführung der „Brüder von St. Bernhard" von A. Ohorn, eines Tendenzstückes, welches unerquickliche Zustände und Vorgänge in einem Kloster schildert. Die betreffende Aufführung, welche in Mühlhausen in Thüringen stattfand, hat nach den Zeitungsberichten die Galerie derart in Ekstase versetzt, daß laute Zwischenrufe erschallten und die mönchischen Bösewichte ein über das andere Mal „Elende Heuchler!", Scheinheilige Hunde!" geschimpft wurden. „Es fehlte wenig, und die vom Spiel ganz hingerissenen Galeriebesucher hätten auf die armen Mönchedarsteller ein Bombardement eröffnet."

Man sieht, nicht bloß auf meine Landsleute bei Aufführung des W. Tell, sondern auch auf andere Zuschauer bei Vorführung anderer Szenen vermögen Tendenz und Handlung eines Stückes solchen Eindruck zu machen, daß sie in gewissem Maße geneigt sind, Schein und Wirklichkeit zu verwechseln. Und wer hätte nicht schon ähnliches beobachtet? Und dabei haben wir es in beiden obigen Fällen mit Angehörigen des relativ nüchternen deutschen Volksstammes, nicht etwa mit heißblütigen Kindern einer südlichen Sonne zu tun!

von Tells Pfeil getötet (und diese muß doch Meinong den Zuschauern auch zuschreiben), sie ganz ebenso dazu vermögen, für sein Begräbnis Sorge zu tragen.

In Wahrheit können meines Erachtens die „Annahmen", wenn ihnen keine Spur von dem, was wir Glauben oder Fürwahrhalten nennen, beiwohnt, weder das eine noch das andere bewirken.

Falls die Weise, wie man beim Anhören eines Dramas die dargestellten Vorgänge „annimmt", völlig dasselbe psychische Verhalten ist, wie wenn ich etwa — um mir die eventuellen Konsequenzen zu vergegenwärtigen — annehme, daß ein gewisser mathematischer Satz nicht gelte oder daß die Japaner die Russen nicht besiegt hätten, wie sollen wir glauben, daß dann jene intellektuellen Zustände im Zuschauer der Tragödie Furcht und Mitleid erregen, ihn erschüttern und zu Tränen rühren können?

Meinong wird freilich einwenden, die von den „Annahmen" erzeugten Emotionen seien eben auch nicht wahre, sondern bloß Schein- oder Phantasiegefühle resp. -Begehrungen; Furcht und Mitleid, die die Tragödie erwecken, seien „eine Furcht, bei der man sich im Grunde doch gar nicht fürchtet" und „ein Mitleid, das doch gar nicht wehe tut", es seien nicht Gefühle wohl aber ein Gefühlartiges. Allein an diese Gefühle, die eigentlich keine Gefühle sind, vermag ich ebensowenig zu glauben, als an die Scheinurteile, und es wäre nur konsequent, wenn einer noch weiter ginge und sagte, die Tränen, die man bei solcher Scheinrührung vergieße, seien im Grunde doch gar keine Tränen, sondern es sei nur etwas Tränenartiges, es seien Schein- oder Phantasietränen. Falls man nicht vorzieht, diese Zusätze von „Schein-" und „Phantasie-" statt auf Urteile und Gefühle, vielmehr auf die vermeintliche Entdeckung aller dieser neuen Klassen und Kategorien von seelischem Verhalten anzuwenden.

Wie schon erwähnt wurde, hat Meinong speziell daran Anstoß genommen, daß ich von „Urteilen auf Kündigung" sprach. Aber nicht bloß dieser Begriff sondern sogar der Ausdruck ist durchaus nicht so unerhört, wie es ihm scheint, und lange vor mir ist ein anderer, von Meinong mit Recht hochgeachteter Forscher gerade beim Studium des Einflusses der Poesie auf Glauben und Affekte zu etwas ganz ähnlichem geführt worden. Indem ich in dem schon zitierten Kapitel: of the influence of belief in D. Humes Treatise on human nature nachlese, finde ich zum Schlusse der Ausführungen über die Wirkung poetischer Darstellung auf die Lebhaftigkeit der Vorstellungen, auf den Glauben und das Affektleben folgende Stelle. Nachdem der Autor betont hat, daß es keinen Affekt des menschlichen Geistes gebe, der nicht durch die Poesie hervorgerufen werden könnte, aber daß doch die Affekte anders geartet seien, wenn sie durch Gebilde der Poesie erregt werden, als wenn sie in Glauben und

Wirklichkeit ihren Ursprung haben, indem sie im ersteren Falle nicht mit dem gleichen Gewichte auf uns liegen, daß „sie uns weniger bestimmt und solide anmuten",[1]) schließt er mit der Bemerkung: „Wir werden später Gelegenheit haben, sowohl von den Ähnlichkeiten als den Verschiedenheiten zwischen der poetischen Begeisterung und der ernsten Überzeugung Kenntnis zu nehmen. Inzwischen kann ich nicht umhin zu bemerken, daß der große Unterschied hinsichtlich dessen, was wir in einem und im anderen Falle erleben, bis zu einem gewissen Grade auf Überlegung und allgemeine Regeln zurückzuführen ist (that the great difference in their feelings proceeds, in some measure, from reflection and general rules). Wir finden, daß die Lebhaftigkeit, welche die Auffassung bloßer Erdichtungen durch die Macht der Poesie und Beredsamkeit in uns gewinnt, ein bloß zufälliges Moment ist (that the vigour of conception, wich fictions receive from poetry and eloquence, is a circumstance merely accidental), das jeder Vorstellung in gleicher Weise zu teil werden kann; wir vermissen bei solchen Erdichtungen die Verknüpfung mit etwas Wirklichem (außer ihnen). Diese Beobachtung bewirkt, daß wir uns der poetischen Erfindung sozusagen nur leihweise überlassen (this observation makes us only lend ourselves, so to speak, to the fiction, but causes the idea to feel very different from the eternal established persuasions founded on memory and custom. They are somewhat of the same kind; but the one is much inferior to the other, both in its causes and effects).[2])

Ich glaube, jeder Unbefangene wird finden, daß, indem Hume hier davon spricht, daß wir uns den Fiktionen des Dichters nur gleichsam leihweise überlassen, daß die lebendige Hingabe an jene Fiktionen und der Glaube an die Wirklichkeit zwar *somewhat of the same kind*, aber die ersteren hinsichtlich der Ursachen und der Wirkungen eine niedrigere Stufe einnehmen als die „unveränderlich feststehenden Überzeugungen", die auf Erinnerung und Gewohnheit beruhen — dies alles sachlich, und zum Teil selbst im Ausdruck, dem von mir Gesagten nicht zu fern steht, als daß ich mich nicht dieser Bestätigung der eigenen Auffassung der betreffenden Tatsachen freuen dürfte. Kommt es mir doch durchaus nicht darauf an, um jeden Preis etwas Neues, sondern vielmehr nur etwas Richtiges oder dem möglichst Nahekommendes zu lehren. Man mag im Gegensatz zu jenem halben und schwankenden Glauben das volle und unerschütterliche, ein „Ernstglauben" und ebenso die auf diesem fußenden Gefühle „Ernstgefühle" nennen. Aber daß, was nicht in diesem Sinne ein Ernstglaube und Ernstgefühl ist, nun eine besondere,

---

[1]) So übersetzt Köttgen a. a. O., S. 169; Hume: it feels less firm and solid.

[2]) Im Original a. a. O., S. 168, in der Übersetzung a. a. O., S. 169 und 170 des I. Teiles.

deskriptiv wesentlich verschiedene Klasse von psychischen Beziehungen bilde, daß es bloße „Scheinurteile" und „Scheingefühle" seien, ist damit durchaus nicht bewiesen, sondern eine ganz unnötige Annahme.

Wie mit dem Kunstgenuß, so ist es meines Erachtens auch mit der Freude am Spiel. Wo es sich nicht um eine Freude an bloßen Vorstellungen (darunter namentlich auch Vorstellungen von Urteilsinhalten) handelt, da liegen den Emotionen Urteile zugrunde, die nur nicht den Charakter voller Überzeugungen haben. Hinsichtlich des ersten bemerkt jetzt Meinong: Dadurch, daß ich dem Kinde Vorstellungen von Urteilsinhalten zuschreibe, scheine ihm — wenn dazu wirklich die (von mir gelehrte) „Reflexion" auf das Urteilen nötig sein sollte — der kindlichen Intelligenz doch mehr als billig zugemutet. Allein so bedenklich hier das Wort „Reflexion" klingt, wenn man dabei an den Sinn denkt, der im gewöhnlichen Sprachgebrauch damit verbunden wird, nämlich an denjenigen planmäßigen Nachdenkens, sowenig ist das Bedenken begründet, wenn es den Sinn hat, den ich, einem lange eingebürgerten Sprachgebrauche folgend, hier damit verbinde. Oder sollte ein Kind gar nicht wissen, was Sehen, Hören, Lieben, Hassen, Fühlen, Hoffen usw. ist? Auch Meinong wird dies gewiß nicht behaupten, und doch sind auch all das Vorstellungen, welche nach meiner, in der Wissenschaft keineswegs unerhörten, Ausdrucksweise „durch Reflexion" auf das eigene psychische Leben gewonnen sind, in verwandtem Sinne wie die Vorstellung der Inhalte unseres Denkens, Liebens, Hassens usw.

Natürlich entgeht mir nicht, daß die Erklärung Meinongs, wonach die eigentümlichen Erscheinungen beim Kunstgenuß und Spiel durch einheitliche besondere Klassen von intellektuellen und emotionellen Phänomenen begründet wären, in gewissem Sinne den Eindruck größerer Einfachheit machen mag. Wer wie ich eine geringere Anzahl von letzten Elementen statuiert, der ist ja natürlich genötigt, dieselben mannigfaltiger zusammenwirken zu lassen und in diesem Sinne kompliziertere Erklärungen zu geben. Daß dies aber nicht eine Komplikation ist, welche die vorgängige Wahrscheinlichkeit der Hypothese schmälert, habe ich schon an anderem Orte gezeigt.

5. Ich hatte unter anderem auch die Frage aufgeworfen, ob denn nach Meinong entgegengesetzte Annahmen, und ob Annahmen und Urteile von entgegengesetztem Inhalt, in uns kompatibel seien oder nicht. In seiner Abwehr zieht Meinong dies aber so an, daß der Leser nicht wohl verstehen kann, welcher Gedankengang bei mir vorliegt. Doch will ich nicht länger bei diesem Punkte verweilen und erwähne aus seinen Gegenbemerkungen nur etwas, was ein sprechendes Zeichen dafür ist, wie weit wir leider davon entfernt sind, uns in dieser Frage zu verstehen. „Freilich", so erklärt nämlich hier mein Gegner,

„muß ich bekennen, daß mir die fragliche Inkompatibilität nicht
einmal beim Urteil vorbehaltlos einleuchtet, sondern nur dann,
wenn dasselbe volle Gewißheit hat. Daß der Wurf eines aus-
reichend genau angefertigten Würfels mehr als 3 ergeben werde,
vermute ich mit ebensoviel Zuversicht, als daß er nicht mehr
als 3 ergeben werde; und die beiden Vermutungen zugleich
gegenwärtig zu haben, scheint mir nicht schwerer, als gleichzeitig über zwei ganz verschiedene Gegenstände zu urteilen."

Demgegenüber muß ich fragen, wem es denn einfallen
könne zu behaupten, daß es schwer sei, die beiden erwähnten
Vermutungen gleichzeitig gegenwärtig zu haben? Meines Erachtens sind sie nicht wahrhaft entgegengesetzt, sondern in gewissem Sinn korrelativ; sie sind darum nicht bloß nicht in-
kompatibel, sondern fordern sich gegenseitig.

6. Meinong wollte die Notwendigkeit seiner „Annahmen"
auch daraus beweisen, daß jede Negation durch eine Affirmation
über denselben Gegenstand vorbereitet sei und diese Affirmation
nicht ein Urteil sein könne, also eine „Annahme" sein müsse.
Für ersteres sah er eine Bestätigung schon darin, daß die
Sprache das Zeichen der Negation durch Zusammensetzung einer
besonderen Partikel mit der Form des Verbum finitum, die sonst
Ausdruck der Affirmation ist, bilde.

Demgegenüber betonte ich, daß diese Methode der Bildung
der negativen Aussage durchaus nicht universell ist, und daß,
selbst wenn dies wäre, es sich ganz wohl ohne die Meinongsche
Deutung verstehen ließe. Im Zusammenhange damit wies ich
dann auf die Tatsache hin, daß — wie schon nach der ganzen
Art und Weise der populären Sprachbildung zu erwarten war
— überhaupt die Syntaxe der Redeteile nur im Rohen und
Rohesten der natürlichen Gliederung des Auszudrückenden entspreche.

Darauf erwiedert mir Meinong, daß „der sprachliche Ausdruck das Ausgedrückte nicht ebenso eindeutig abbildet, wie
etwa die kymographische Aufnahme die Muskelkontraktion, dürfte
auch bereits vor den Ausführungen auf S. 36 f. einigermaßen
bekannt gewesen sein".

Aber wenn alles, was ich in bezug auf die Unzuverlässig-
keit des Parallelismus von sprachlichem Ausdruck und Struktur
des Gedankens vorbringe, Meinong genügend bekannt war,
warum doch hat er die so naheliegende Konsequenz nicht daraus
gezogen, und diese wäre hier gewesen, seinen oben erwähnten
Ausführungen über die Beschaffenheit des Ausdrucks der Negation
kein Gewicht beizulegen und sie also nicht als Argument für
seine These aufzuführen! Er ließ sich, wie sich zeigte, nicht
davon abhalten. Ja auch seither sehen wir ihn wieder und
wieder sich allzu zuversichtlich auf den sprachlichen Ausdruck
berufen, sogar um unmögliche und absurde Behauptungen zu
stützen wie die, daß man ein Sosein anerkennen könne ohne

ein Sein. Wir kommen darauf zurück. Und in dem einleitenden Aufsatz „Über Gegenstandstheorie" (in dem Buche „Untersuchungen zur Gegenstandstheorie und Psychologie", 1904, S. 33) fühlt er sich versucht zu behaupten, „die allgemeine Gegenstandstheorie habe von der Grammatik in ähnlicher Weise zu lernen, wie die spezielle Gegenstandstheorie von der Mathematik lernen kann und soll". Meines Erachtens würde auch dies voraussetzen, daß die Sprache in viel weitergehendem Maße ein adäquater Ausdruck unserer psychischen Vorgänge und ihrer Inhalte sei, als es tatsächlich der Fall ist. So wie die Dinge stehen, scheint es mir viel richtiger umgekehrt zu betonen, daß die Grammatik von der „Gegenstandstheorie", soweit damit auch die deskriptive Analyse des Bewußtseins und seiner Inhalte gemeint ist, zu lernen habe.

7. Gegen die Auffassung der negativen Begriffe als Vorstellungen vom Inhalt negativer Urteile hatte Meinong betont, daß der „Unvoreingenommene" nichts von solchen Vorstellungen wisse. Ich bemerkte demgegenüber, daß, wenn der „Unvoreingenommene" zugleich ein in psychologischen Betrachtungen Uneingeweihter sei, dies nicht im mindesten Staunen erwecken dürfe. Aber selbst wenn Psychologen die Eigenart der Erscheinung entginge.[1]) die Lage dieser Deutung und Hypothese jedenfalls nicht schlimmer sei als diejenige Meinongs bei seiner Lehre von den „Annahmen", von denen er ja selbst sagt, daß sie von der Psychologie ganz allgemein in ihrer wahren Natur verkannt worden seien.

Hiergegen bemerkt jetzt mein Gegner, für jene Fälle, wo die innere Wahrnehmung „Annahmen" wirklich nicht direkt erkennen lasse, bestreite er, daß sie im selben Maße gegen ihn (Meinong) zeugen, wie alle Fälle negativer Begriffe gegen die von mir „wieder aufgenommene" Hypothese. „Denke ich an etwas", so fährt er fort, „so wird dieses etwas meiner Aufmerksamkeit viel schwerer entgehen als das Denken selbst. Müßte ich, um Nichtrot zu erfassen, ein Urteil vorstellen, so könnte das so vorgestellte Urteil schon mäßiger Achtsamkeit nach meiner Meinung kaum entgehen — ganz anders, wenn die Charakteristik der Sachlage nicht in dem liegt, was erfaßt wird, sondern in der erfassenden Tätigkeit." Demgegenüber gebe ich zu, daß es schwieriger ist, die psychische Beziehung[2]) als solche — zwar nicht wahrzunehmen (denn wenn wir z. B. das Vorstellen nicht wahrnehmen würden, wie könnten wir überhaupt etwas von seinem Objekte wissen?), aber — zum Gegenstand besonderer

---

[1]) Meinong macht daraus: es verschlage mir nichts, daß, wie er dagegen geltend gemacht habe, niemand (!) etwas von einer solchen Vorstellung bemerke.

[2]) So sage ich lieber statt (mit Meinong) „erfassende Tätigkeit".

Beobachtung und Vergleichung zu machen und zu beschreiben, als die Objektsseite des Vorganges. Worin eigentlich der Grund dieser merkwürdigen Tatsache liege, mag hier dahingestellt bleiben. Genug, daß wir über deren Bestand einig sind.

Allein Meinong überschätzt ihre Beweiskraft gegen mich. Er irrt, wenn er glaubt, die Charakteristik der Sachlage liege nur in seinem Falle, „in der erfassenden Tätigkeit", d. h. in der psychischen Beziehung. In beiden Fällen vielmehr, sowohl wenn ich sage, der negative Begriff sei ein Vorstellen eines gewissen Objektes x (nämlich eines Urteilsinhaltes), als wenn Meinong sagt, er sei ein wesentlich anderes, urteilsähnliches Verhalten zu einem anderen Objekte y (das kein Urteilsinhalt wäre), handelt es sich sowohl um die Deutung und Beschreibung der Subjekts- als der Objektsseite eines psychischen Erlebnisses. Mit anderen Worten: Wir haben hier und dort mit den gleichen Fährlichkeiten zu kämpfen, und diese können uns beide mit gleicher Wahrscheinlichkeit dazu verführen, daß wir irre gehen. Die Folge der besonderen Schwierigkeit, die es hat, die Subjektsseite unserer psychischen Vorgänge zu beobachten und richtig zu deuten, kann es gerade so gut mit sich bringen, daß Meinong eine neue psychische Beziehung zu finden glaubt, wo sie nicht besteht, als daß ich sie übersehe, wo sie wirklich vorhanden ist.[1]) So haben wir hier offenkundig einen Fall vor uns — und er ist nicht der einzige — wo Meinong an seine und meine Beobachtung ohne Grund einen ungleichen Maßstab anlegt. Doch will ich bei diesem Punkte nicht weiter verweilen.

Nur ein anderes sei noch erwähnt, daß nämlich einer der wärmsten Lobredner des Annahmenbuches, A. Höfler, sich doch zu mehrfachen Modifikationen an Meinongs Lehre veranlaßt sieht, die in Wahrheit von ihrem Grundgedanken abführen. Er möchte nämlich (S. 226), unbeschadet seiner Dankbarkeit für „die Entdeckung der Annahmetatsache als solche", nach wie vor die zweite Hauptklasse intellektueller Phänomene als „Urteile" bezeichnen „und höchstens, wo es einem Übersehen des bloßen „Annehmens" gegenüber dem volleren „Glauben" zuvorzukommen gilt, beisetzen: „Urteile („einschließlich" oder „nebst" Annahmen)."

Das ist aber in Wahrheit nicht die Meinongsche Theorie. Vielmehr sind diese „Annahmen" entweder wirkliche Urteile, nur solche, die kein volles Glauben sind sondern etwas wie jene halben Überzeugungen, die ich in einem Teil der Fälle für tatsächlich gegeben erachte, wo mein Gegner „Annahmen" zu sehen meint, oder es sind die Kantschen „problematischen Urteile",

---

[1]) Weiter verdient bemerkt zu werden, daß bekanntlich auch Objektsdifferenzen der Beobachtung und Beschreibung Schwierigkeit bieten, sobald sie nicht sinnlich-anschaulich sind. Woher sonst die extrem sensualistischen und nominalistischen Theorien in alter und neuer Zeit?

von denen aber — wie oben schou erwähnt wurde — bewiesen werden müßte, daß sie den Namen nicht bloß mißbräuchlich tragen.

Und nicht genug. Zu dieser Modifikation der Annahmelehre fügt Höfler noch eine weitere, die der Entdecker jenes Novums gleichfalls unmöglich billigen kann ohne von sich selbst abzufallen. Höfler möchte nämlich, während Meinong als Analogie zu seinen „Annahmen" die „Schein- oder Phantasiegefühle" resp. -Begehrungen hinstellt, seinerseits die Wünsche als Analogon zu den „Annahmen" und das Wollen als Analogon zum Urteilen angesehen wissen. Auch das bricht in Wahrheit mit dem Grundgedanken der Meinongschen Lehre. Denn während nach dieser das „Annehmen" kein ernstliches Urteilen ist und ihm eben darum auf emotionellem Gebiet sogenannte Scheingefühle als Analogon entsprechen sollen, ist ja doch Wünschen kein Schein- sondern ein wirkliches Gefühl, das wohl- oder wehetut (so gut wie das Wollen ein Begehren ist) und es kann auf etwas gerichtet sein, von dem ich sicher bin, daß es eintreten werde, also auf etwas, was ich glaube, nicht — wie Meinong von den Annahmen und Scheingefühlen will — auf etwas bloß Phantasiertes.

Endlich möchte Höfler auch an der Lehre von den hypothetischen Urteilen, wie sie Meinong auf Grund seiner Annahmelehre gibt, eine Korrektur vornehmen, die meines Erachtens jemand, der an dem Grundgedanken jener Theorie festhalten will, konsequenterweise ablehnen muß. Alles das zeigt, daß auch dieser Autor nicht umhin kann, Bedenken auszusprechen, die zum Teil den von mir früher geltend gemachten verwandt sind; nur daß er die Konsequenz zu ziehen vermeiden will und statt dessen Kompromisse vorschlägt, die eine nähere Untersuchung wie mir scheint als unmögliche Halbheiten erkennen läßt. Doch genug von der „Annahme"lehre. Ich habe auch gegenüber Meinongs Verteidigung und Höflers Modifikation derselben keinen Grund, von meiner ablehnenden Haltung irgendwie abzugehen. Ich glaube voll berechtigt zu sein, wenn ich bei der Aufstellung der früher erwähnten Grundklassen psychischen Verhaltens als einziger bleibe und sie zum Wegweiser bei der Unterscheidung der Grundklassen autosemantischer sprachlicher Zeichen nehme.

§ 56. Doch nicht bloß die Zahl der fundamentalen Weisen psychischer Beziehung ist für die Frage nach den Grundklassen der autosemantischen Zeichen wichtig, sondern auch das Problem des gegenseitigen Verhältnisses jener Bewußtseinsbeziehungen, ihrer relativen Abhängigkeit und Unabhängigkeit.

Auch in dieser Beziehung hat bereits Brentano, und vor ihm schon Cartesius, das der Erfahrung Entsprechende ins Licht gesetzt. Es zeigt sich, daß jedes Interessephänomen insofern komplex ist, als es mindestens ein Vorstellen, in den allermeisten Fällen aber auch ein Urteilen voraussetzt und als etwas, worauf es gleichsam basiert ist, involviert.

Ob dies so zu verstehen sei, daß zwei Akte ineinander verwoben (etwa der eine dem anderen inhärierend) oder die Mehrheit von Bewußtseinsbeziehungen als verschiedene Momente oder Seiten eines Aktes gegeben sind, wollen wir hier dahingestellt sein lassen. Jedenfalls besteht — wie es auch immer näher zu deuten sei — tatsächlich ein solches Verhältnis der Verflechtung oder Superposition derart, daß jedes Geliebte oder Gehaßte auch ein Vorgestelltes und in den meisten Fällen auch so oder so beurteilt ist. Und eben durch die Beschaffenheit der betreffenden Urteile (ob wir z. B. das Geliebte resp. Gehaßte als wirklich anerkennen oder als unwirklich verwerfen, ob wir es als zukünftig mit größerer oder geringerer Wahrscheinlichkeit erwarten, ob wir es für etwas durch uns zu Verwirklichendes oder außerhalb unseres Machtbereiches Gelegenes halten) wird dasjenige mit bestimmt, was wir den speziellen Charakter des Interessephänomens oder eines gewissen Komplexes von solchen nennen. Und diesen Charakter meinen wir, wenn wir das eine Mal von Freude, das andere Mal von Hoffnung oder Furcht, von Sehnsucht und Wunsch, Verlangen und Wehmut, von Begehren oder Wollen sprechen; immer sind hier irgendwelche positive oder negative Urteile mit im Spiele.

Ich sagte mit Brentano, den Phänomenen des Interesses liege bald ein Urteilen bald ein bloßes Vorstellen zugrunde. Wenn man aber auf Grund dessen etwa die ersteren Urteils- oder Glaubgefühle, die letzteren Vorstellungsgefühle nennt, so ist bei diesen Ausdrücken vor Äquivokationen zu warnen.

Den Terminus „Vorstellungsgefühl" z. B. hat man auch angewendet als Bezeichnung für die ästhetischen Gefühle, und es wäre ein arges Mißverständnis zu meinen, daß er auch in diesem Falle den Sinn habe, der soeben gemeint war. Ein Vorstellungsgefühl im obigen Sinne ist ja ein solches, wo etwas geliebt oder gehaßt wird, das wir bloß vorstellen und weder als seiend noch als nicht seiend beurteilen. Von den ästhetischen Gefühlen gilt dies nicht; sie sind im obigen Sinne vielmehr Urteilsgefühle, nämlich eine (berechtigte) Lust an unserem wirklichen Vorstellen, das im Urteile der inneren Wahrnehmung als seiend erfaßt wird. So und nur so ist es zu verstehen, wenn Brentano in seiner „Psychologie vom empirischen Standpunkte" die Schönheit als Ideal des Vorstellens bezeichnet hat, analog wie die Wahrheit als eigentümlichen Vorzug des Urteilens und die sittliche Güte als die dem Lieben und Hassen zugehörige Vollkommenheit. Die ästhetischen Gefühle sind, wie bemerkt, Urteilsgefühle an wertvollem Vorstellen, und mit Rücksicht auf dieses Vorstellen werden dann auch dessen Gegenstände schön genannt, auf deren Existenz es natürlich beim ästhetischen Genuß nicht ankommt.

Um vollkommen klar zu sein muß man strenggenommen drei mögliche Bedeutungen des Ausdruckes „Vorstellungsgefühl" wohl auseinanderhalten. Im ersten Falle wird ein Gefühl so genannt, weil ihm ein bloßes Vorstellen des Gegenstands, worauf das Gefühl oder Interesse gerichtet ist, und nicht ein bezügliches Urteil zugrunde liegt. So wie ich z. B. die Gerechtigkeit im allgemeinen liebe, davon absehend, ob sie tatsächlich da oder dort gegeben sei.

Nicht damit zu verwechseln ist der zweite Fall, wo von Vorstellungsgefühl gesprochen wird, nicht weil sein Gegenstand bloß vorgestellt ist, sondern weil ein wirkliches und als wirklich beurteiltes Vorstellen sein Gegenstand ist.

Abermals davon zu scheiden ist endlich der Fall, wo das bloße Vorstellen eines gewissen Gegenstands Motiv des Gefühls ist. So ist es bei dem als richtig charakterisierten oder werterfassenden Lieben (Brentano), welches darum als ein Analogon eines apodiktisch einsichtigen Urteils anzusehen ist. Wie hier durch die Vorstellung (z. B. die Vorstellung A non-A) das apodiktische und sich unmittelbar als richtig kundgebende Urteil kausiert wird, daß das Vorgestellte nicht sein kann, so dort durch die Vorstellung z. B. der Erkenntnis, ein Lieben, das sich als richtig kundgibt. Die Analogie wird auch davor bewahren hier Motiv mit Gegenstand zu verwechseln. Wie beim unmittelbar apriori einsichtigen Urteil, daß es ein A non A nicht gibt, das Vorstellen dieser kontradiktorischen Materie Motiv des Urteilens ist, den Gegenstand aber diese Materie selbst, nicht ihr Vorstellen, bildet, so ist das Vorstellen eines Wertvollen Motiv der werterfassenden Liebe, aber ihr Objekt ist dieses Wertvolle selbst (z. B. die Erkenntnis, die Tugend usw.), nicht das Vorstellen desselben. Manchmal allerdings kann ein wirkliches

Vorstellen zugleich Motiv und Gegenstand einer werterfassenden Liebe sein. Dies ist der Fall bei den ästhetischen Gefühlen. Sie beziehen sich auf ein Vorstellen als Objekt und das Vorstellen dieses Vorstellens ist erzeugender Grund für die als richtig charakterisierte Liebe, wie in anderen Fällen das Vorstellen eines anderen in sich Guten oder Wertvollen z. B. einer Erkenntnis oder einer edlen Handlung.

Aus dem Gesagten sind die verschiedenen möglichen Bedeutungen des Terminus „Vorstellungsgefühl" wohl klar geworden und auch, daß nicht jede derselben im Gegensatze steht zu dem, was wir oben „Urteilsgefühl" genannt haben.

Was die Urteilsgefühle im obigen Sinne betrifft, so hat man sie „Wertgefühle" genannt, indem man gerade das als den letzteren charakteristisch bezeichnete, daß sie sich auf ein Sein oder Nichtsein bezögen. Auch dies ist sehr mißverständlich.

Richtig daran ist, daß das Sein des Wertvollen oder Guten vorzüglicher ist als das Nichtsein und beim Übel oder Schlechten umgekehrt das Nichtsein vorzuziehen dem Sein.[1]) Aber im übrigen ist der Terminologie ein Mehrfaches entgegenzuhalten. Versteht man unter Wertgefühl ein solches, welches an etwas Wertvollem gefunden wird, so ist mit der Forderung, daß es ein Urteilsgefühl sein müsse, zu viel und zu wenig verlangt. Zu wenig: denn wertvoll ist doch nur, was eine berechtigte Liebe zu erwecken geeignet ist. Zu viel: denn auch wenn einer solchen Liebe nur ein Vorstellen des Gegenstandes zu Grunde liegt, kann sie in der Form der bloßen Liebe doch berechtigt und in diesem Sinne der Gegenstand ein Wert sein. Bloß die spezielle Form der Freude kann ein solches Gefühl nicht annehmen, außer wenn der Gegenstand ist und die Liebe verdient und wenn das Urteil, daß er sei, dem Gefühl zu Grunde liegt und seinen Charakter mitbestimmt. Allerdings kann Einer den Terminus „Wertgefühl" auch in so weitem Verstande nehmen, daß damit jedes Lieben, „Unwertgefühl" so, daß damit jedes Hassen gemeint ist, wenn er nämlich nichts mehr damit sagen will, als daß jedes Interesse so viel an ihm, als der Subjektsseite, liegt, ein mögliches Wert- resp. Unwerthalten von etwas ist — wobei dahingestellt bleibt, ob für seine Berechtigung auch die geforderte Bedingung von der Objektseite

---

[1]) Vgl. Brentano, Vom Ursprung sittlicher Erkenntnis, S. 25.

erfüllt sei oder nicht, mit anderen Worten ob das Objekt das
Werthalten resp. Unwerthalten verdiene. Allein auch bei so
weit gefaßtem Begriffe gilt dann wieder, daß es zuviel ist, von
dem Wert- resp. Unwertgefühl zu sagen, daß sie im obigen
Sinne Urteilsgefühle seien. Vielmehr ist der Begriff dann überhaupt auf alle Phänomene des Interesses auszudehnen, gleichgültig ob ihnen ein Urteil über Sein und Nichtsein oder bloß
die Vorstellung eines Gegenstandes zu Grunde liege.

Wir kommen bei anderer Gelegenheit auf diese Fragen
zurück. Für das Sprachliche, das uns hier beschäftigt, sind sie
nicht eigentlich relevant. Wichtig dagegen ist, daß die Phänomene des Interesses, obwohl ein eigenes Genus von Objektsbeziehungen, doch sofern den anderen Grundklassen gegenüber
unselbständig sind, daß für jede Form des Liebens oder Hassens
entweder ein Vorstellen oder ein Urteilen gleichsam die Basis
bildet. Daraus folgt für unsere sprachliche Frage einerseits, daß
es in unserer mit Absicht gesprochenen Sprache eine Grundklasse
autosemantischer Zeichen für die ebenerwähnten Phänomene des
Interesses geben kann und (normalerweise) muß, andererseits
aber daß dieselben — da das Interesse nicht möglich und so
auch nicht mitteilbar ist ohne das zugrundeliegende Vorstellen
resp. Urteilen — implizite stets auch Zeichen für Phänomene
der ebengenannten Art sind. Wir wollen diese Klasse von
autosemantischen Zeichen unserer Sprache E m o t i v e o d e r
i n t e r e s s e h e i s c h e n d e Äußerungen nennen, um sie schon im
Namen von solchen u n a b s i c h t l i c h e n Zeichen unserer Gemütszustände zu scheiden wie das unwillkürliche Lachen, Weinen,
Erröten. Man entschuldige den neuen Terminus damit, daß im
bisherigen Sprachgebrauch ein für die ganze Klasse passender
nicht vorhanden ist, da die Namen: Ausrufung, Frage, Wunsch,
Befehlsatz usw. alle einen engeren Bedeutungsumfang haben.

E. M a r t i n a k (Psychologische Untersuchungen zur Bedeutungslehre 1901, S. 19 ff.) spricht neben „mitteilenden" von
„begehrenden Zeichen". Allein dieser letztere Name — um nur
dabei stehen zu bleiben — scheint mir nicht unzweideutig.
„Begehrend" in d e m Sinne, daß mit ihrer Äußerung die Absicht
auf einen gewissen Zweck (ein Begehrtes) verbunden ist, sind
auch die Aussagen und Namen. Das kann also nicht das
Charakteristische der Ausrufungen, Befehle usw. sein. Wollte
aber der Autor (und dies scheint allerdings) sagen, die von ihm

18*

„begehrend" genannten Zeichen beabsichtigen, ein Handeln beim Hörer zu bewirken, so müßte ich entgegnen: erstlich, daß dafür der Name „begehrend" keineswegs als treffend gelten könnte, und fürs zweite, daß nicht alle absichtlichen Zeichen, die etwas anderes und mehr sind als Namen und Aussagen, in jenem Sinne „begehrend" sind. Wohl aber ist das allen diesen Zeichen gemein, daß sie ein Interesse im Hörer erwecken wollen, mag dies nun zu einem Handeln führen oder nicht. Dieser gemeinsame Zug begründet eine fundamentale Klasse, die den Aussagen und Vorstellungssuggestiven koordiniert ist; dagegen die Rücksicht darauf, ob das zu erweckende Interesse ein passives Mitgefühl oder ob es ein auf ein Tun gerichtetes Wollen ist, kann nur zu Untereinteilungen Anlaß geben.

§ 57. Haben wir an den Pänomenen des Interesses (den Gefühlen, Affekten, Begehrungen Willensentschlüssen usw.) die relativ komplizierteste Grundklasse vor uns, so folgt als zweitnächste in der unter diesem Gesichtspunkte der Abhängigkeit und des Grades der Komplikation gebildeten Ordnung die Klasse des Urteilens. Jedes Anerkennen oder Verwerfen, Bejahen oder Leugnen, involviert unweigerlich ein Vorstellen. Das Beurteilte ist stets auch ein Vorgestelltes, und ein Vorstellen geht somit, wie schon Brentano (a. a. O.) betont hat, gleichsam als Fundament in jedes Urteilen ein.[1]) Dagegen erscheint dieses, vom deskriptiven Standpunkte, allem Fühlen, Begehren oder Wollen gegenüber unabhängig.

Wenn manche an der Lehre Anstoß genommen haben, daß z. B. auch dem Wahrnehmungsurteil eine Vorstellung zugrunde liege, so hängt dies nur damit zusammen, daß sie mit dem Terminus „Vorstellung" einen zu engen Begriff z. B. den einer sogenannten Phantasievorstellung verbinden. Da man unter Vorstellen in diesem engeren Sinne häufig gerade ein solches versteht, das nicht vom Glauben an die Existenz des Vorgestellten begleitet ist, so erscheint es natürlich wie ein Widerspruch zu behaupten, daß auch für das Wahrnehmungsurteil ein Vorstellen das Fundament bilde. Die Paradoxie verschwindet, wenn man sich gegenwärtig hält, daß unter der Brentanoschen

---

[1]) Auf die gegenteilige Behauptung Meinongs, daſs es Fälle gebe, wo wir etwas beurteilen ohne es vorzustellen, komme ich weiter unten zu sprechen.

ersten Klasse, deren Allgegenwart bei jeder Art von Bewußtsein hier behauptet wird, ein Vorstellen im weitesten Sinne gemeint ist, d. h. jedes Bewußtsein, sofern es nicht ein Urteilen (Bejahen oder Leugnen) oder ein Interesse (Lieben oder Hassen) ist. Und hieran sei es erlaubt die Bemerkung zu knüpfen, daß jener engere Gebrauch des Terminus „Vorstellung" im Interesse der Klarheit gewiß besser vermieden würde. Daß es eine Klasse psychischen Verhaltens gebe oder geben könne, wobei ein Bewußtsein von einem Objekt vorliegt, das doch weder beurteilt noch Gegenstand des Interesses ist, kann nach unseren obigen Ausführungen nicht bestritten werden. Dann ist aber ebensowenig zu bestreiten, daß dafür auch ein unzweideutiger Klassenname methodisch gefordert ist. Und da sich unter den in der populären und wissenschaftlichen Sprache vorhandenen kein anderer besser eignet als eben der des Vorstellens, so wäre es meines Erachtens sehr wünschenswert, daß ihm diese allgemeine Funktion ausschließlich belassen würde. Für spezielle deskriptive oder genetische Besonderheiten des Phänomens oder für sein Zusammenauftreten mit Vorgängen des Urteils oder Interesses (und um das Eine oder Andere oder Mehreres zusammen muß es sich handeln, wenn „Empfindungs- oder Wahrnehmungs-vorstellung", „Phantasievorstellung" „begriffliche Vorstellung" usw. unterschieden und einander gegenüber gestellt werden) sind ja diese spezielleren Ausdrücke zur Hand, oder falls keine solche zur Hand wären, müßten sie geprägt werden. Aber wenn man statt dessen „Vorstellung" äquivok auch in einer dieser engeren Bedeutungen verwendet, so kann dies in der Frage der Klassi-fikation der psychischen Vorgänge, die doch keine müßige sondern für die gesamte genetische wie deskriptive Psychologie und alle auf sie gebauten Disziplinen von fundamentaler Bedeutung ist, leicht Verwirrung stiften.

Die Frage, ob mit dem Eingeschlossensein eines Vorstellens in jedem urteilenden Verhalten ein Verwobensein zweier realer Akzidentien in der Seele behauptet sein müsse und könne oder wie dieses Ineinander genauer zu deuten sei, bleibe auch hier dahingestellt; genug daß es Tatsache ist. Für die Frage der Mitteilung und des Ausdrucks ergibt sich daraus, daß es in unserer mit Absicht gesprochenen Sprache eine Grundklasse autosemantischer Zeichen für die Urteilsphänomene geben kann und muß, die zwar von allem Gefühls- und Willensausdruck unabhängig aber sofern komplex sind, als sie notwendig den Ausdruck von Vorstellungen involvieren oder implizite enthalten. Für diese absichtlichen autosemantischen Zeichen, die Urteilssuggestive, fehlt es nicht an einem bereits üblichen, den ganzen Umfang der Klasse umspannenden Namen: sie heißen Aussagen.

Gewisse Äquivokationen, die dem zugehörigen Verbum „aussagen" anhaften, sind leicht zu erkennen und von der obigen Bedeutung (ein Urteil ausdrücken oder suggerieren) zu scheiden. Wie wenn „aussagen" etwa überhaupt für Sprechen im Gegensatz zum bloßen innerlichen Erleben, oder wenn es speziell für ein relativ vollständiges und explizites Äußern der inneren Vorgänge durch die Sprache gebraucht wird, im Gegensatz zu einem bloßen „Andeuten", und endlich für ein prädizierendes Urteilen, wovon später zu handeln sein wird.

Die unabhängigste und einfachste unter den fundamentalen Bewußtseinsrelationen ist diejenige des Vorstellens. Sie setzt weder ein Urteilen noch ein Interesse voraus. Mag sie auch tatsächlich stets von diesen anderen Bewußtseinsweisen begleitet, mag sie auch teilweise genetisch von ihnen bedingt sein, an sich und deskriptiv ist sie ohne sie denkbar und könnte schlechthin gesprochen ohne sie vorkommen. So ist sie denn auch, strenge genommen, ohne diese mitteilbar, und es kann in unserer Sprache autosemantische Zeichen von Vorstellungen geben, die weder mit Aussagen noch Emotiven kompliziert sind — reine Vorstellungssuggestive. Für den ganzen Umfang dieser einfachsten und unabhängigsten Klasse autosemantischer (absichtlicher) Sprachzeichen fehlt bisher ein allgemein üblicher Name. Dagegen gibt es einen solchen, der einem großen und wichtigen Teil dieses Umfanges dient. Es ist eben der Terminus „Name" selbst. Er ist für diejenigen Vorstellungssuggestive im Gebrauche, welche als Subjekt oder Prädikat verwendet werden können. Diejenigen, von denen dies nicht gilt, hat man gewöhnlich in ihrer wahren Natur verkannt oder ganz übersehen, wie man auch wieder umgekehrt eine große Menge von Ausdrucksmitteln für Vorstellungssuggestive, speziell für Namen, gehalten hat, die es durchaus nicht sind. (Es wurde dies schon angedeutet und wird weiterhin eingehend zur Sprache kommen müssen.)

Beispiele von Vorstellungssuggestiven, die, überhaupt oder im gegebenen Zusammenhang, nicht Namen sind und deren wahre Funktion vielfach verkannt worden ist, sind einesteils

viele Nebensätze (insbesondere „Daßsätze" wie in: daß A ist,
ist falsch) andererseits manche Wörter[1]) und Wortfügungen des
Dichters, welche unter andern Umständen als Aussagen und
interesseheischende Äußerungen fungieren, im gegebenen Falle
aber bloß den Zweck haben gewisse Vorstellungen im Hörer
zu erwecken. Von ihnen wird besser später die Rede sein.

---

[1]) Ich erinnere an das bekannte Gedicht von Uhland: Saatengrün,
Veilchenduft, Lerchenwirbel, Amselschlag, Sonnenregen, linde Luft usw.

Drittes Kapitel.

Vorläufiges über das Bedeuten im allgemeinen.

––––

§ 58. Wenn nach der Bedeutung unserer sprachlichen Ausdrücke gefragt wird, so gilt es vor allem sich klar zu machen, ob der Terminus bedeuten selbst eindeutig oder ob er in mehrfachen Sinne gebraucht wird und ob, was z. B. ein Name oder was eine Aussage bedeutet, dasselbe ist, wie das was sie ausdrücken oder was sie äußern, was sie mitteilen usw. Ist dies alles dasselbe, oder werden die Termini Bedeuten, Ausdrücken, Mitteilen, in verschiedenem Sinne und für verschiedene Weisen des Zeichenseins gebraucht und wenn dies, welchen verschiedenen Sinn kann das Zeichensein hier haben?

Wo es sich um eine unabsichtliche Äußerung unseres psychischen Lebens, wie z. B. um einen unwillkürlichen Schrei, handelt, da heißt Zeichensein oder Bedeuten zweifellos stets wesentlich dasselbe oder etwas streng Analoges; und der Sinn ist jedem klar, der z. B. frägt: was „bedeuten" diese Tränen und darauf etwa die Antwort erhält: der weinenden Mutter ist ihr Kind gestorben oder dergleichen. In diesem Falle heißt Bedeuten und Zeichensein nur: etwas kund und zu erkennen geben, analog wie man auch vom Donner sagt, er sei Zeichen einer elektrischen Entladung und von den dunklen Wolken, sie bedeuten Regen. Dies ist der einzige Sinn, den das Zeichensein bei unabsichtlichen Äußerungen hat. Und dabei ist es gleichgültig, ob, wer durch das Zeichen zum Glauben an das Bezeichnete geführt wird, diesen Schritt in der Weise eines Notwendigkeits oder Wahrscheinlichkeitsschlusses oder eines Gemisches aus beiden und überhaupt in der Weise einsichtig begründeten Schließens oder blinder gewohnheitsmäßiger Erwartung tut. Genug, wenn das Resultat des Schlusses oder schlußähnlichen Verfahrens ein richtiges Urteil ist und somit ein Fall vorliegt, wo die Wahrnehmung des Zeichens entweder berechtigtes Motiv für die Annahme des Bezeichneten ist oder (falls es sich um eine bloß gewohnheitsmäßige Annahme handelt) wenigstens sein könnte. Wenn aber auch letzteres nicht der Fall ist, dann wird eine gewisse Erscheinung zwar von irgend jemand als Zeichen einer anderen genommen, aber sie ist es nicht, vielmehr wird sie, nicht bloß blind, sondern fälschlich dafür gehalten.

Ich nannte oben in gewissen Fällen die Wahrnehmung des Zeichens Motiv für die Annahme des Bezeichneten: indem ich, wie auch schon, nach dem Vorgange Brentanos, Hillebrand und Meinong getan, den Terminus „Motiv" nicht bloß auf das Verhältnis gewisser Willensakte untereinander (wie das Wollen des Zweckes gegenüber dem des Mittels) sondern auch auf das Verhältnis der in den Prämissen gegebenen Urteile gegenüber dem im Schlußsatze ausgesprochenen anwende. Höfler hat dagegen Einsprache erhoben; er hält diese „Wiederaufnahme des Brentanoschen Terminus Motivation nicht nur bei Begehrungen sondern auch bei Urteilen für gefährlich". „Bei Begehrungen, bemerkt er, besagt Motivation eine Kausation, die bei Urteilen so sicher das Wesen des Begründens nicht trifft, wie sich Realgrund nicht mit Erkenntnisgrund deckt."[1])

Ich antwortete: Gewiß sind „Erkenntnisgrund" und Realgrund etwas Verschiedenes.

Wenn ich aus dem Fallen des Barometers auf den Eintritt von Regen schließe, so ist die erwähnte Beobachtung für mich der „Grund der Erkenntnis", daß Regen eintreten werde, während es natürlich niemandem einfällt, das wirkliche Zurückgehen der Quecksilbersäule als die Ursache für den Regen anzusehen. Und nicht bloß mit Realgrund fällt Erkenntnisgrund nicht zusammen sondern auch nicht mit Seinsgrund überhaupt, wovon ja auch bei Nichtrealem gesprochen werden kann, während ein Realgrund nur vorliegt, wo es sich um das Sein und Werden

---

[1]) In seiner Anzeige des Buches von Meinong „Über Annahmen". Göttinger Gelehrt. Anz. 1906, Nr. III, S. 219.

von Realem handelt. Auch die Geltung oder der Bestand eines
Gesetzes oder einer Notwendigkeit kann Grund für den eines
anderen sein, obwohl die Gesetze keine Realitäten sind und
nicht wirken und gewirkt werden.[1]) Aber auch dieses sachliche
Verhältnis ist nicht zu verwechseln mit dem Begriff des Erkenntnisgrundes. Erkenntnisgrund kann auch hier etwas sein,
was sachlich nicht Grund und Folge ist. Schon Aristoteles hat
darum allgemein ein πρότερον φύσει und ein πρότερον πρὸς
ἡμᾶς unterschieden. Oft ist unserer Erkenntnis etwas, was der
Natur der Sache nach ein Späteres, Abgeleitetes, eine Folge, ist,
früher zugänglich als das, was der Natur nach das Frühere,
Begründende für jenes ist und so sind wir gezwungen die Seinsfolge als Erkenntnisgrund zu benutzen. Nichtsdestoweniger
liegt, wenn man auch hier den Namen „Grund" anwendet, zwar
eine Äquivokation aber keine willkürliche und ungerechtfertigte
vor. Im eigentlichen Sinne wird allerdings nur das Grund
genannt, was Seinsgrund ist und Erkenntnisgrund heißt etwas
berechtigterweise nur etwa vermöge einer Äquivation durch
Beziehung zu jenem. Aber eine solche Beziehung, welche die
Übertragung des Namens rechtfertigt, liegt hier wirklich vor.
Erkenntnisgrund und -folge nennen wir ja gewisse Urteilsinhalte
(mögen sie unter sich sachlich wie immer sich verhalten), wenn
die betreffenden Urteilsakte im Verhältnis des Seins- speziell
des Realgrunds stehen. Der Begriff des Erkenntnisgrundes im
Unterschied vom Seinsgrund wird also gewissen Urteilsinhalten
beigelegt nur mit Rücksicht darauf, daß die betreffenden Akte,
der eine vom anderen erzeugt ist.[2]) Der Begriff des Seins-
grundes dagegen kann sowohl hier, bei den Folgerungen, geschöpft
sein als auch mannigfach anderswo, wo es sich nicht um ein
Schließen handelt. Wir können das Verhältnis überall gewahr
werden, wo uns, mit Aristoteles zu sprechen, ein der Natur nach

---

[1]) Auch zwischen Werten, obwohl Wert kein reales Prädikat ist,
kann das Verhältnis von Seinsgrund und Folge bestehen. So zwischen dem
Wert des Zweckes und desjenigen, was wahrhaft Mittel zur Erreichung des
Zweckes ist.

[2]) Verstände man unter „Erkenntnisgrund" das einen gewissen Urteilsakt Erzeugende, so wäre der Erkenntnisgrund selbst ein Realgrund. Obwohl
das Fallen des Quecksilbers nicht Realgrund des Regens ist, so ist doch mein
Urteilen über jenen Barometerstand Realgrund meines Urteilens, daß
vermutlich Regen eintreten werde.

Früheres und Späteres gegenübersteht. Und auch speziell der Begriff des Realgrundes ist nicht bloß beim Verhältnis des als Prämisse wirksamen und des dadurch erzeugten Schlußurteilens sondern auch in anderen Fällen direkt zu erfahren, wie z. B., wo das Wollen des Zweckes das des Mittels verursacht, wo die Liebe zu etwas in sich Wertvollem unmittelbar durch die Vorstellung desselben und wo eine unmittelbare apriorische Einsicht wie: A non est non-A durch die Vorstellung der apodiktisch verworfenen Materie kausiert oder motiviert ist.

Aus dem Gesagten ist nun aber wohl klar, wie ungerechtfertigt es ist, wenn Höfler dagegen protestiert, daß man auch bei Urteilen von Motivation spreche, weil Motivation Kausation besage und diese „bei Urteilen so sicher das Wesen des Begründens nicht" treffe, „wie sich Realgrund nicht mit Erkenntnisgrund deckt". Realgrund, ja Seinsgrund gegenüber Seinsfolge überhaupt, trifft das Wesen des Begründens beim Urteilen nicht, wenn unter „Begründung" das Verhältnis des gegebenen zu dem erschlossenen Urteilsinhalte in einem beliebigen richtigen Schluß verstanden wird. Denn dieses ist nie eine Kausation[1]) und kann — wie wir sahen — auch das Verhältnis von Seinsfolge zu Seinsgrund sein. Wohl aber besteht das Verhältnis von Realgrund oder von Kausation und Kausiertem zwischen dem die Prämissen denkenden Urteilen und dem die Folgerung enthaltenden. Und nur beziehungsweise, mit Rücksicht auf dieses Verhältnis von Seinsgrund und Folge bei den Urteilsakten, werden auch die betreffenden Urteilsinhalte als Grund und Folge („Erkenntnisgrund und -folge") bezeichnet, während sie sachlich oft im umgekehrten Verhältnisse stehen.

Ich bleibe also bei dem von Höfler angefochtenen Sprachgebrauch, auch bei Urteilen von Motivation zu reden und wiederhole: unabsichtliche Äußererungen unseres psychischen Lebens bedeuten etwas, wenn ihre Wahrnehmung berechtigtes Motiv für die Annahme gewisser innerer Vorgänge ist oder sein könnte, und dies ist der einzige Sinn, den das Zeichensein hier hat.

---

[1]) Wie auch niemand den Zweck für den Realgrund des Mittels ausgibt, obwohl Höfler selbst anerkennt, daß das Wollen des Zweckes Realgrund oder Ursache für das Wollen des Mittels ist.

Anders, wenn es sich um ein absichtliches Zeichengeben und insbesondere, wenn es sich um ein autosemantisches Element der mit Absicht gesprochenen menschlichen Lautsprache handelt. Hier kann das Zeichensein oder Bedeuten einen mehrfachen Sinn haben. Wie der unabsichtliche Schrei, so gibt auch das absichtliche Aussprechen eines Namens und ein ebensolches Äußern einer Aussage ein Stück vom psychischen Leben des Sprechenden kund, nur daß eben diese Kundgebung keine unwillkürliche sondern eine von uns intendierte ist.[1]

Nebenbei bemerkt kann sie natürlich auch eine bloß intendierte und nur vermeintliche und weiterhin auch eine heuchlerische sein. Im letzteren Falle will der Sprechende den Hörer täuschen über das, was in ihm vorgeht, im ersten Falle täuscht er sich selbst. Er meint z. B. ein gewisses Urteil zu fällen, das durch eine bestimmte Aussageformel ausgedrückt zu werden pflegt und gebraucht darum die letztere einem Hörer gegenüber; in Wahrheit aber hat er jenen Gedanken gar nicht und es liegt der Fall vor, daß er sich selbst nicht versteht.

Doch diese Weise des Zeichenseins, die Kundgabe des eigenen psychischen Lebens ist nicht das Einzige und nicht das Primäre, was beim absichtlichen Sprechen intendiert ist. Das primär Beabsichtigte ist viemehr eine gewisse Beeinflussung oder Beherrschung des fremden Seelenlebens im Hörenden. Absichtliches Sprechen ist eine besondere Art des Handelns, dessen eigentliches Endziel ist, in anderen Wesen gewisse psychische Phänomene hervorzurufen.[2] Dieser Intention gegenüber erscheint die Kundgebung oder Anzeige der Vorgänge im eigenen Innern nur als ein Mittel oder πάρεργον, und so weist jedes absichtliche Sprechen eine Mehrheit von Seiten und verschiedene Weisen des Zeichenseins auf, und die eine Art dieser absichtlichen Zeichengebung ist eine unmittelbare, die andere dagegen in den meisten Fällen eine mittelbare.

---

[1] Noch sei erwähnt, daß man bei absichtlichen Zeichen in eigentlicherem Sinne von ihrer „Funktion" spricht; bei unabsichtlichen geschieht dies mehr uneigentlich. Auf andere Unterschiede, die noch bestehen, kommen wir später zu sprechen.

[2] Vgl. darüber meine Artikel „über subjektlose Sätze usw." in der Vierteljahrschrift für wissenschaftliche Philosophie Bd. VIII, S. 300 f.

§ 59. Um demgegenüber eine nach Möglichkeit unzweideutige Terminologie zu besitzen, wollen wir das in der ersten
Weise Bezeichnete oder Angezeigte in der Regel (und wo es
uns auf eine exakte Redeweise ankommt) das durch unsere Aussagen und Emotive Ausgedrückte nennen. Ich verhehle mir
nicht, daß man diesen Namen gemeinhin auch im Sinne der
mittelbaren Zeichengebung gebraucht. Aber es gibt eben meines
Erachtens keinen hier passenden Namen, der nicht gelegentlich
äquivok. nämlich bald im Sinne des primär bald in dem des
sekundär durch die sprachliche Äußerung Intendierten, verwendet
würde. (Es gilt auch von „Anzeigen", „Kundgeben" usw.) So
bleiben wir denn bei jenem Terminus, und es heiße uns, wenn
ich z. B. die Äußerung tue: es regnet, die psychische Tatsache,
daß ich, der Sprechende, an das gegenwärtige Sichabspielen jenes
Naturereignisses glaube, das, was die Aussage (in der Regel)
ausdrückt. Das „Ausdrücken und „Ausgedrücktwerden" ist,
wie schon bemerkt. durch seine Unmittelbarkeit offenbar verwandt dem unabsichtlichen Schrei als einer Äußerung des
Schmerzes. So wenig der Schrei den Schmerz nennt oder
aussagt, sowenig gilt dies von meiner Äußerung „es regnet"
mit Bezug auf die Tatsache, daß ich so urteile. Nur daß eben
diese unmittelbare Kundgabe meines Urteilsaktes, im Unterschied vom unwillkürlichen Schmerzensschrei, vom Willen intendiert ist; wenn nicht primär, doch wenigstens sekundär.

Man wird gegen diese Lehre von einer zweifachen, einer
primären und sekundären, Intention unseres absichtlichen Sprechens
und so auch speziell einer Aussage (wie: es regnet) wohl nicht
einwenden, es könne doch offenkundig auch geschehen, daß es
der eigentliche und primäre Zweck meines Sprechens sei, dem
anderen kundzutun, was in mir vorgeht, wie wenn ich sage:
Ich bin überzeugt, daß A ist; es freut mich oder es tut mir leid,
daß B nicht ist usw. Denn die Erwiderung auf diese Einrede
wäre leicht. Gewiß gibt es Fälle, wo meine primäre Intention,
die ist. einem anderen von meinen eigenen inneren Erlebnissen
zu erzählen. Allein was heißt dies, genau besehen, anderes als:
es sei hier meine primäre Intention, in ihm Urteile zu erwecken,
welche meine eigenen psychischen Vorgänge zum Gegenstande
haben, analog wie in einem anderen Falle Überzeugungen, welche
physische Vorgänge (wie das Regnen) oder fremdes psychisches
Leben betreffen? Das eine wie das andere aber geschieht eben

nicht direkt sondern indirekt, nämlich dadurch, daß ich zunächst etwas anderes äußere (oder zu äußern den Anschein erwecke); das einemal: mein Urteil, daß es regne, das anderemal ein Urteil der inneren Wahrnehmung und Reflexion, nämlich die Beobachtung, daß ich Freude oder Schmerz empfinde, daß ich etwas fürchte oder hoffe usw. Nur dadurch, und somit mittelbar, erwecke ich hier im Hörer die Überzeugung von der Tatsache meiner Freude oder Furcht selbst,[1]) analog wie im anderen Falle diejenige von der Tatsache des Regens.

So ist denn bei der Lehre, die ich schon im VIII. Bande der Vierteljahrschrift für wiss. Philosophie (1884) vertreten habe, zu bleiben, daß wir beim absichtlichen Sprechen und so auch beim Aussagen stets eine doppelte Weise des Bezeichnens vor uns haben, ein primär oder sekundär Intendiertes und dem entsprechend ein mittelbares und unmittelbares. Und wie für das letztere den Terminus Ausdrücken oder Äußern, so wollen wir im Sinne und Dienste der mittelbar und primär intendierten Zeichengebung (in der Regel) den Terminus Bedeuten und Bedeutung verwenden. Ein Sprachmittel habe die Bedeutung oder Bedeutungsfunktion[2]) z. B. einer Aussage heißt uns also: sie sei in der Regel bestimmt (und in gewissen Grenzen auch fähig) dem Hörer ein Urteilen von bestimmter Art zu suggerieren oder zu insinuieren.

Ich sage: in gewissen Grenzen auch fähig. Denn diese Fähigkeit beschränkt sich vor allem auf den Kreis derer, welche die betreffende Sprache „verstehen"; wovon später. Aber auch in diesem Kreise, wo das fragliche Sprachmittel üblich ist, vermag es jene Wirkung nicht für sich allein und unter allen Umständen hervorzubringen. Es gehören dazu noch andere Bedingungen. Wenn die Äußerung meines eigenen Urteilens oder der Schein einer solchen, Mittel sein soll um einem anderen ein gleiches Urteilen zu suggerieren, so muß dieser einerseits Ver-

---

[1]) Von dem Falle, wo eine Äußerung wie: es freut mich, daß usw., ich wünsche usw. keine Aussage ist sondern vermöge eines Funktionswechsels als interesseheischende Äußerung verwendet wird, handeln wir später. Auch dieser Fall steht, wie wir sehen werden, durchaus nicht im Widerstreit mit unserer obigen Lehre.

[2]) Ich sage so im Unterschied von dem, was man die „Ausdrucksfunktion" nennen mag.

trauen in meine Wahrhaftigkeit haben und auf Grund dessen
überzeugt sein, daß ich eine gewisse Aussage nicht lügenhaft
und auch nicht gedankenlos (und gleichsam mich selbst nicht
verstehend) mache. Außerdem ist aber bei einem Wesen, das
den Unterschied zwischen richtigem und unrichtigem Urteilen
kennt, die Zuversicht vorausgesetzt, daß mein urteilendes Verhalten richtig sei. Ich muß ihm also als Autorität und Garantie
für die Wahrheit des Geurteilten gelten.

Viertes Kapitel

Von der Bedeutung der Aussagen im besonderen.

§ 60. Indem wir die Begriffe des Bedeutens im allgemeinen
erläuterten und speziell auch am Beispiel der Aussage illustrierten,
sind wir bereits zu dem Resultate gekommen: die Bedeutung
der Aussage sei es, im Hörer ein Urteil von bestimmter Art
zu erwecken. Statt dessen kann man sich aber auch ausdrücken:
die Aussage bedeute „daß der Hörer ein gewisses Urteil fällen
solle". Doch ist bei dieser Ausdrucksweise vor einem Mißverständnis zu warnen. Es ist damit nicht eine Aufforderung
an den Willen gemeint, weder überhaupt ein Appell an das
Wollen, noch (und dies noch weniger) speziell ein Machtgebot
d. h. ein Willensappell von Seite eines solchen, der die Macht
hat seine Aufforderung durch Gewalt wirksam zu machen. Die
Aussage ist keinerlei Imperativ oder Befehl sondern nur überhaupt ein Suggestiv zum Urteilen.

Dieses Mißverständnis droht, wenn Wegener in seiner sonst
von sehr gründlichem Nachdenken zeugenden Arbeit („über die
Grundfragen des Sprachlebens") die Aussage eine „Aufforderung"
nennt. Es kann nicht eine Aufforderung im strengen Sinne d. h.
eine solche an den Willen gemeint sein. Und zu solcher Meinung
darf auch der Umstand nicht verführen, daß die meisten Worte
unserer Sprache „willkürlich" zu ihrer Bedeutung gekommen
sind. Denn damit will nicht gesagt sein, daß in jedem einzelnen
Falle der Wille des Hörenden die Bedeutung mit dem gehörten
Laute verknüpfe, und so folgt denn auch nicht, daß die Äußerung
eines Sprachmittels sich immer an den Willen des Hörenden
wende d. h. ein Imperativ sei. Der Hörende müßte ja sonst jedesmal schon vorgängig wissen, welche Bedeutung er zu erwecken

und mit dem Zeichen zu verknüpfen habe und woher soll er dies wissen? Wir würden uns unrettbar in einem circulus vitiosus bewegen.

Wir sagten, die Aussage bedeute, daß der Hörer infolge der Äußerung eines gewissen Urteils von Seite des Sprechenden ebenfalls ein Urteil fällen solle, und wenn man nach dem Verhältnis des geäußerten und des zu erweckenden Urteils fragt, so ist zu antworten: das zu erweckende ist in der Regel demjenigen, welches durch die Aussage ausgedrückt wird, gleich, soweit eine solche Gleichheit direkt durch Sprache suggerierbar ist. Diese Möglichkeit aber bezieht sich — wie eine nähere Betrachtung leicht erkennen läßt — nur auf gewisse, nicht auf alle Seiten, die der Urteilsvorgang überhaupt aufweisen kann und im Sprechenden aufweist. Bei diesem wird ja das Urteilen z. B. auch entweder evident oder blind, es wird entweder assertorisch oder apodiktisch sein. Aber der Charakter der Evidenz und der Apodiktizität kann bei dem im Hörenden zu erweckenden Urteilen durchaus nicht unmittelbar durch das Vertrauen erzeugt werden, welches der Hörende dem Charakter und der Urteilsfähigkeit des Sprechenden entgegenbringt, mag dieses ein noch so unumschränktes sein. Was so kurzweg mitgeteilt werden kann, erstreckt sich nur auf die Vergegenwärtigung des beurteilten Gegenstandes (= die „Materie" des Urteils)[1]) und auf den anerkennenden oder verwerfenden (resp. zuerkennenden) Charakter des urteilenden Verhaltens (= die „Form oder Qualität"). Ob dieses Verhalten beim Hörenden daneben evident oder blind, assertorisch oder apodiktisch sein werde, liegt teils an dem, was wir eben die Materie und Form nannten, teils an mannigfachen anderen positiven, und negativen Bedingungen, die gegeben sein müssen, damit, was z. B. an und für sich geeignet ist eingesehen zu werden, auch tatsächlich zur Einsicht führe. Will der Sprechende etwas dazu tun, so kann er es nur, indem er Mittel ergreift, wodurch jene Bedingungen im Hörer herbeigeführt und entgegenstehende Hindernisse hintangehalten werden.

Kurz: nur daß ein nach Materie und Form oder Qualität bestimmtes Urteilen erweckt werden soll, kann als stehende

---

[1]) An Stelle dieses schon früher üblichen Terminus will Meinong neuestens den des „Materials" setzen. Zeitschrift für Philosophie und philosophische Kritik, Bd. 129, S. 74.

Bedeutung einer gewissen Aussage gelten. [1]) Und daraus werden wir auch etwas Analoges folgern hinschtlich der unmittelbaren Weise, wie die Aussage Zeichen ist, d. h. hinsichtlich der Äußerung des Urteilsvorgangs im Sprechenden. Da diese nur als Mittel zur Erreichung jener vermittelten kommunikativen Wirkung intendiert ist, so bezieht auch sie sich in der Regel nur auf die Materie und Qualität des ausgedrückten Urteilens. Wer z. B. ein gewisses Urteil als evidente Folgerung aus evidenten Prämissen in einem richtigen Schlusse (mit anderen Worten wer es als Bestandteil eines eigentümlich zusammengesetzten aber in allen Teilen evidenten Urteils) fällt, und wer es abgelöst von dieser Begründung uneinsichtig fürwahrhält, drückt es in der Regel in beiden Fällen sprachlich gleich aus. Der Charakter der Evidenz im einen, der der Blindheit im andern Falle, kommt sprachlich nicht oder wenigstens nicht direkt zur Geltung und Darstellung. Nicht weil eine direkte Bezeichnung dieses Charakters des Urteilens etwa innerlich unmöglich wäre, sondern weil sie für jenen primären Zweck alles absichtlichen Sprechens, nämlich den Versuch das fremde Seelenleben dem eigenen zu verähnlichen oder überhaupt entsprechend zu gestalten, nutzlos ist.

Man könnte einwenden: wir müßten noch mehr sagen. Ein Zeichen der Evidenz könnte überhaupt unmittelbar höchstens die Annahme im Hörer begründen, daß der Aussagende sein Urteil für evident halte und daß er dementsprechend zu dieser besonderen Aussageformel greife, nicht aber, daß dasselbe

---

[1]) Das gilt sowohl von kategoroiden Formeln wie: Alle A sind B, als von existentialen wie: Es gibt kein A, welches nicht B wäre. Aber so sicher es ist, daß der eventuelle apodiktische Charakter weder dort noch hier direkt zum Ausdrucke kommt, ebenso sicher ist es, daß er doch hier wie dort gegeben sein kann. Und Husserl irrt sehr, wenn er (Archiv für systematische Philosophie, Bd. X) zu glauben scheint, daß, wenn man einen Existentialsatz ausspricht, das Urteil, welches dazu führt, nie ein apodiktisches sondern stets nur ein assertorisches sein könne, während das apodiktische sich immer in einer Form wie „Alle sind B" äußere. Der apodiktische Charakter des Urteils ist weder hier noch dort direkt ausgedrückt, kann aber — wie schon bemerkt — dort wie hier gegeben sein. Auf die Einwände, die Husserl (a. a. O.) auf Grund seiner eben erwähnten Vorausetzungen gegen die in meinen Artikeln „über subjektlose Sätze" verfochtene Lehre von dem eigentlichen Sinne sogenannter· allgemein bejahender Sätze wie „alle gleichseitigen Dreiecke sind gleichwinklïg" vorbringt, kommen wir an späterer Stelle zu sprechen.

wirklich evident sei. Und das Gleiche gelte auch bezüglich der Apodiktizität.

Darauf ist zu erwidern, daß dies allerdings richtig ist. Aber es ist nichts, was nicht auch bezüglich derjenigen Momente gälte, von denen allgemein, und zweifellos mit Recht, gesagt wird, daß sie in der Regel durch die Aussage unmittelbar ausgedrückt werden. Der Aussagende kann sich ja auch über die Materie und den anerkennenden oder leugnenden Charakter seines Gedankens täuschen. Er kann überhaupt — wie schon früher bemerkt wurde — eine gewisse Aussage machen, indem er fälschlich meint das entsprechende Urteil zu fällen. Und darum (und nicht bloß wegen der Fälle lügenhafter und völlig gedankenloser Äußerungen) sagten wir oben nur: die Aussage gebe in der Regel ein gewisses nach Materie und Qualität bestimmtes Urteil von Seite des Sprechenden kund. Es ist von seiner Seite in jeder Beziehung Unklarheit und Täuschung darüher möglich, was er wirklich urteilt und infolge davon (trotz voller Sprachkenntnis) auch eine irrige Wahl in den Mitteln zum Ausdruck dessen, was wirklich in ihm vorgeht.

Eben dies ist auch ein Grund, warum die absichtliche Kundgabe unseres Innenlebens nicht völlig auf gleiche Linie zu stellen ist mit der unabsichtlichen Kundgabe des Schmerzes durch den Schrei, und in dieser Hinsicht bedarf dasjenige, was wir oben darüber sagten, einer gewissen Einschränkung. Die absichtliche Kundgabe involviert eine gewisse Deutung und primitive Weise der Klassifikation des eigenen psychischen Lebens (resp. seiner Inhalte) durch den Sprechenden; die instinktive ruht auf keinem solchen, wie immer gearteten Denken über das Geäußerte.

§ 61. Wir sagten, im weiteren Sinne bedeuten die Aussagen in der Regel, daß der Hörende ein nach Materie und Qualität gleiches Urteil fällen solle wie das, welches durch die Aussage als im Sprechenden stattfindend ausgedrückt wird. In einem engeren Sinne aber nennt man — wie ich schon in meinen Artikeln über subjektlose Sätze (Vierteljahrschrift für wissenschaftliche Philosophie, Jahrgang 1884, Heft 3, S. 301) ausgeführt habe — auch noch etwas anderes die Bedeutung der Aussage. Wer aussagt: „A ist", behandelt, falls er selbst so urteilt,[1] A als

---

[1] Was in der Regel anzunehmen ist. Falls er es nicht tut, also

ein Seiendes und mutet auch dem Hörer zu, daß er im Vertrauen
auf dieses von ihm (dem Sprechenden) geäußerte Verhalten seinerseits A als Seiendes behandle. Mit Bezug darauf sagt man auch,
die Aussage gebe das Sein von A kund oder wolle es kundgeben
resp. vermeine es kundzugeben und bedeute es in diesem Sinne.
Und da man das Sein von A oder daß A sei resp. das B. sein von
A oder, daß A B sei oft auch als den Inhalt des Urteils „A ist"
bezw. „A ist B" und wiederum das Nichtsein von A und das
Nicht B sein von A als 'Inhalt des Urteils „A ist nicht" resp.
„A ist nicht B" bezeichnet, so kann man auch sagen: die Aussage gebe den Inhalt des Urteils kund und bedeute ihn in
diesem Sinne.

So habe ich selbst am oben angeführten Orte der Vierteljahrsschrift den Terminus „Urteilsinhalt" verwendet und vor mir
Brentano in seinen Würzburger und Wiener Vorlesungen.
Aber überhaupt ist dieser Gebrauch des Namens mannigfach
üblich, und ich sagte darum mit Bezug auf den neuen Terminus
„Objektiv", den jetzt Meinong für ganz dieselbe Sache einführen will, schon bei Gelegenheit der Kritik seiner Annahmelehre (Zeitschrift für Psychologie usw., Bd. 40, S. 19), man habe
das sonst den Inhalt des Urteils genannt.

In seiner Antikritik (a. a. O., Bd. 41, S. 10) bemerkt nunmehr Meinong: „Marty teilt leider nicht mit, wo „man" sich
„sonst so ausgedrückt hat".

Je nun; der Fehler, wenn es ein solcher ist, ist bereits
zum Teile gut gemacht. Und ich füge hinzu, daß nicht bloß
Brentano und ich das, was Meinong jetzt Objektiv nennt, früher
Urteilsinhalt genannt haben; auch andere gebrauchen den Ausdruck ganz unabhängig von uns in diesem Sinne. So — ich
greife nur Beispiele heraus, die mir gerade zur Hand sind —
H. Bender, Groethusen,[1]) Ofner, Prantl und andere. Der
erstgenannte übersetzt den bekannten Satz der Aristotelischen
Anal. prot. A 2: ἐπεὶ δὲ πᾶσα πρότασίς ἐστιν ἢ τοῦ ὑπάρχειν,
ἢ τοῦ ἐξ ἀνάγκης ὑπάρχειν ἢ τοῦ ἐνδέχεσθαι ὑπάρχειν mit den
Worten: „jeder Satz, jedes Urteil hat zum Inhalt entweder das
Sein oder das notwendige Sein oder das Sein können". Und im
selben Heft 1, Bd. 41 der Zeitschrift von Ebbinghaus, wo Meinong
die oben erwähnte Frage an mich stellt, finde ich den Terminus
„Inhalt von Sätzen" auch bei Ofner und Prantl in ihrem

---

unwahrhaftig oder gedankenlos aussagt, gibt er sich wenigstens jenen Schein
und mutet auf Grund dessen dem Hörer zu oder veranlaßt ihn, das wirklich zu
tun, wozu er sich den Schein gibt.

¹) Vgl. seinen Aufsatz „Das Mitgefühl" in der Zeitschrift für Psychologie und Physiologie der Sinnesorgane von Ebbinghaus, Bd. 34, S. 221.

Referat über B. Russel, Meinong's Theory of Complexes and
Assumptions (Minden 1904, 13. Aufl.) im Sinne von Meinong's
„Objektiven" verwendet. „Annahmen", so berichten sie, „sind
(nach Russel) den Vorstellungen wesensgleich und unterscheiden
sich von ihnen nur durch einen verschiedenen Gegenstand, indem
Annahmen Vorstellungen des Inhaltes von Sätzen sind." Aber
auch schon Bolzano hat, indem er vom „gedachten Satz",
d. h. dem Urteilsakt, den „Satz an sich" unterschied — womit
er offenbar das meinte, was Meinong das Objektiv nennt —,
von ihm gesagt, er mache „den Inhalt des Urteils" aus (Wissenschaftslehre I, § 19). Und so sieht man wohl, daß der nach
Meinong angeblich unerhörte Name in den verschiedensten Kreisen
bekannt war und ist.

Und ich wiederhole, daß ich keinen triftigen Grund zu
sehen vermag, warum man von diesem Namen (oder dem gleichbedeutenden des Sachverhalts, den z. B. Stumpf gebraucht) abgehen sollte. Ja, speziell der Name „Urteilsinhalt" ist gegenüber
einem „Apsychologismus", der verkennen will, daß der Gedanke
der „Objektive" nicht möglich ist ohne den an ein Urteilen,
besonders zweckmäßig und markant.

Ich sagte: wie für „A ist" das Sein von A, so sei für „A
ist B" das B-sein von A als Inhalt zu bezeichnen. Denn wie
der Begriff des Seins oder der Existenz aus der Reflexion auf
eine Anerkennung wie „A ist", so ist der des Dies- oder Jenes-
seins und der Identität geschöpft aus der Reflexion auf gewisse
eigentümliche Urteilssynthesen (Prädikationen oder Doppelurteile),
von denen wir später (in dem Abschnitt über den Ausdruck der
Aussagen) eingehend handeln werden.[1]) Wir werden aber an
diesem späteren Orte sehen, daß während das einfache, thetische
Urteil zwei entgegengesetzte Modi der Qualität aufweist (Bejahen
und Verneinen), das synthetische oder „kategorische" stets ein
Zuerkennen ist und hier nicht zwei Spezies einander gegenüberstehen. Was man für ein Aberkennen hält ist nicht — wie
man gewöhnlich glaubt — ein primäres, sondern ein reflexes
Urteil (z. B. es ist falsch, daß A B ist). Dementsprechend ist
auch sein Inhalt zu fassen.

Doch davon jetzt nicht weiter. Genug, daß bei jedem
Urteil von einem Inhalt zu sprechen ist. Ist das Urteil richtig,
so ist es diesem Inhalt in eigentümlicher Weise konform, d. h.

------

[1]) Vgl. darüber einstweilen Brentano, „Vom Ursprung sittlicher Er-
kenntnis", S. 57, 59; Fr. Hillebrand, „Die neuen Theorien der kategorischen
Schlüsse", S. 95 ff. und meine Artikel „Über subjektlose Sätze" usw. in der
Vierteljahrsschrift für wissenschaftliche Philosophie, Bd. XIX, Heft 1, S. 63 ff.

es gibt einen ihm adäquaten Inhalt.[1]) Und dann ist die zugehörige Aussage für den Inhalt des Urteils eine Kundgabe im eigentlichen Sinne eines Zeichens (ähnlich wie der Schrei für den Schmerz). Wo dagegen das geäußerte Urteil unrichtig ist, ist die Aussage in diesem eigentlichen Sinne nicht Zeichen des Urteilsinhalts, sondern (in der Regel) nur ein Zeichen, daß der Sprechende so urteilt und daß er die Intention hat, ein analoges Urteil im Hörer zu erwecken, eventuell vermeint, ihm den Urteilsinhalt kundzugeben.

§ 62. Ich sagte, der Inhalt des Urteils „A ist" sei das Sein von A, von „A ist B" das B-sein von A usw. Dies bedarf noch einer gewissen Erläuterung und Ergänzung.

Meinong (über Annahmen S. 191) hat bemerkt, an Objektiven gebe es, soviel er sehe, im Grunde nur zweierlei ... nämlich die beiden Fälle: „daß A ist" und „daß A B ist" oder ... Sein und Sosein — die kontradiktorischen Gegenteile Nichtsein und Nichtsosein natürlich mitgerechnet. Die „Eigenschaften" aber, die dem Objektiv zukommen, ergäben sich einfachst unter Berücksichtigung der charakteristischen Momente an dem sie erfassenden Urteil, nämlich Gewißheit und Ungewißheit, worin der Intensitätsgrad des Urteils zur Geltung komme. Ferner: Evidenz oder die Eigenschaft eine Erkenntnis zu sein; Wahrheit, Falschheit, Apriorität, Notwendigkeit (was mit apriorischer Evidenz des „vorgegebenen" Urteils) und

---

[1]) Das gilt sowohl, wenn es sich um ein negatives, als wenn es sich um ein affirmatives Urteil handelt. Ist das Urteil „A ist nicht" richtig, so ist das Nichtsein von A Tatsache. Der Inhalt ist gegeben, während der Gegenstand nicht existiert. Und so ist für jedes richtige negative Urteil, das als solches kein wirkliches Objekt hat, ein auf seinen Inhalt reflexes affirmatives Urteil denkbar, für das ein wirkliches Objekt gegeben ist, z. B. „daß A nicht sei, ist (oder ist wahr)". Aber es wäre offenbar eine Täuschung durch die äquivoke Form des sprachlichen Ausdrucks, die vom Nichtsein des A spricht, wie von seiner Größe oder Gestalt, wenn man glaubte, daß das Objekt (A) im Urteilsinhalt „Nichtsein von A" enthalten sei und in diesem Sinne darin „erfaßt" werde. Dieselbe Syntaxe, welche bei „Farbe von A" eine Determination oder Bereicherung ausdrückt, drückt in „Nichtsein von A" eine Modifikation aus. Selbst bei „Sein von A" ist nur cum grano salis davon zu sprechen, daß A als Teil darin gegeben sei; sonst läuft man Gefahr, die unhaltbare scholastische Lehre von einer Zusammensetzung der Dinge aus esse und essentia zu erneuern.

Unmöglichkeit (was mit apriorischer Evidenz des „nachgegebenen" negativen Urteils zusammenhänge).

Die Frage, ob man alles, was hier Meinong als Eigenschaften
des „Objektivs" aufzählt, überhaupt auf eine Linie stellen könne,
wird sich uns beantworten im Verlaufe der wichtigeren Untersuchung, ob die hier angegebenen Fälle von „Objektiven" oder
Urteilsinhalten (nämlich Sein und Sosein samt Nichtsein und
Nichtsosein) die einzigen seien, und ihr wenden wir uns denn
zu. . Ich muß — um das Resultat vorweg zu nehmen — dieser
Meinung widersprechen. Die naturgemäße Fassung des Begriffes
„Urteilsinhalt" scheint mir zu ergeben, daß vor allem in gewissen
Fällen die Notwendigkeit, resp. Unmöglichkeit, ganz ebenso wie
in anderen das simple Sein oder Nichtsein, den Inhalt konstituiert, und in dieser Beziehung sind auch die Angaben unseres
vorausgehenden Paragraphen zu ergänzen.

Wenn der Begriff des Urteilsinhaltes im Unterschied von
anderen Begriffen, die bei der Reflexion auf unser Urteilen gebildet
werden können (wie etwa der des tatsächlich Beurteilten, Anerkannten oder Geleugneten, welche sofern etwas Subjektives an
sich haben, als sie die Existenz eines Urteilenden voraussetzen,
damit ihnen etwas entsprechen könne), eine innere Berechtigung
haben soll, so muß er etwas meinen, was von der Existenz eines
Urteilenden unabhängig ist, aber selbst die Bedingung bildet
für die mögliche Richtigkeit des Urteilens. Mit anderen Worten:
die natürliche Fassung des Begriffes des Urteilsinhaltes scheint
mir zu sein, er sei das, was die Richtigkeit unseres Urteilens
objektiv begründet oder genauer gesagt: dasjenige, ohne welches
jenes Verhalten nicht richtig oder adäquat sein könnte. Dementsprechend hatte ich schon in meinen Artikeln über subjektlose Sätze, indem ich das Sein resp. Nichtsein im Sinne der
Existenz und Nichtexistenz zu den Urteilsinhalten rechnete, diese
Begriffe dahin definiert, daß ich sagte: seiend sei das, was in
einem richtigen Urteil anerkannt, nicht seiend, was in einem
solchen verworfen werden kann und hatte von dem „ist" und
„ist nicht" der thetischen Aussagen betont, sie bedeuteten, daß
etwas mit Recht anerkannt resp. geleugnet werden könne.[1]

— — ·· — —

[1] Nicht daß es tatsächlich vom Sprechenden anerkannt oder geleugnet
werde. Es ist einem Mißverständnisse zuzuschreiben, wenn Husserl in seiner
sonst sorgfältigen und dankenswerten Anzeige jener Artikel (im Archiv für

Und hier gilt ja in der Tat, was wir eben als dem Urteilsinhalt charakteristisch bezeichneten, daß, wer sagt, es gebe ein Seiendes, nicht zugleich sagen muß, es gebe ein anerkennendes Urteilen sondern nur, es gebe etwas, was — soviel an ihm liegt — ein Anerkennen und ein Anerkennendes möglich und berechtigt macht. [1])

Allein zu diesem die Richtigkeit oder Adäquation des Urteilens objektiv Bedingenden und somit zu dem, was als „der Urteilsinhalt" zu bezeichnen ist, scheint mir nicht immer das simple Sein und Nichtsein resp. Dies- oder Jenessein sondern unter Umständen die Notwendigkeit oder Unmöglichkeit zu gehören. Wie die Begriffe seiend und nichtseiend in Beziehung stehen zu einem (möglichen) richtigen Anerkennen und Verwerfen schlechtweg, so sind diejenigen der Notwendigkeit und Unmöglichkeit — wie schon Brentano betont hat — geschöpft aus der Reflexion auf eine besondere Modalität gewisser Anerkennungen oder Leugnungen, nämlich ihre Apodiktizität.

So gut wie „assertorisch anerkennen oder verwerfen" heißt: etwas für seiend oder nicht seiend nehmen, so gut heißt „apodiktisch urteilen": es für notwendig oder unmöglich nehmen. Und daraus scheint mir unweigerlich zu folgen, daß, wie Sein und Nichtsein, so unter Umständen auch das Notwendig- resp. Unmöglichsein des Beurteilten zum Inhalt des Urteils gehören. Sie konstituieren in gewissen Fällen dasjenige, dem das urteilende Verhalten konform sein muß, um richtig und adäquat zu sein. Wer etwas bloß assertorisch anerkennt, was in Wahrheit notwendig ist, der beurteilt es nicht so, wie es ist. Sein Urteil ist nicht in vollkommener Übereinstimmung mit der Sachlage und in diesem Sinne nicht völlig richtig und adäquat. Wohl pflegt man es nicht falsch zu nennen, indem man unter einem falschen Urteil nur ein solches versteht, aus dessen Beschaffenheit die Wahrheit der Bejahung resp. Verneinung derselben Materie d. h. das sogenannte kontradiktorische Gegenteil folgt. Und kontradiktorisch stehen sich wohl die assertorische Bejahung

---

systematische Philosophie, Bd. X, S. 104, vgl. aber damit S. 102) mir diese Lehre zuschreibt. Daß etwas vom Sprechenden anerkannt sei, galt mir stets als dasjenige, was die Aussage ausdrückt (oder, wie Husserl sagt, „anzeigt"), nicht als das, was sie im engeren Sinne bedeutet.

[1]) Während, wer behauptet es gebe ein Anerkanntes, eo ipso auch behauptet, es gebe ein Anerkennendes.

und Verneinung, aber nicht die apodiktische Bejahung und Verneinung gegenüber; mit anderen Worten aus der Unrichtigkeit
der ersteren folgt nicht die Richtigkeit der letzteren.[1]) Neben
diesem Sinn von Richtigkeit und Unrichtigkeit des Urteilens gibt
es aber einen weiteren, nämlich den der völligen Adäquation
des urteilenden Verhaltens oder des Mangels derselben. Er
trifft nicht bloß das assertorische sondern auch das apodiktische
Urteilen, und in jenem Sinne nenne ich ein bloß assertorisches
Verwerfen von etwas, was in Wahrheit unmöglich ist, nicht
völlig richtig und adäquat. Es gibt — wie unter anderen
Leibniz betont hat — vérités de fait und vérités de raison;
mit anderen Worten unter dem Seienden ist manches der Art,
daß es an und für sich bloß als tatsächlich, anderes dagegen
so, daß es als notwendig anzuerkennen ist, und ebenso ist unter
dem Nichtseienden das eine bloß als tatsächlich nichtseiend, das
andere dagegen als unmöglich zu verwerfen. Den ersteren
Sachverhalten sind also — meine ich — die assertorischen, den
letzteren nur die apodiktischen Urteile völlig adäquat. Und so
rechne ich Notwendigkeit resp. Unmöglichkeit als konstituierende
Momente zum Urteilsinhalt, so oft es sich um apodiktische Urteile
handelt.

Es muß jedoch hier vor einer Verwechslung gewarnt werden.
Nicht mit den apodiktischen Urteilen zu identifizieren sind die
indirekten Urteile, welche von einer gewissen Urteilsmaterie
aussagen, sie sei notwendig resp. unmöglich, wie: „daß A sei, ist
unmöglich" oder auch: „A ist unmöglich", „daß es kein A non-A
gebe, ist notwendig oder ist eine notwendige Wahrheit" u. dgl.
Die Verwechslung liegt um so näher, als ein eben solcher adäquater
Ausdruck für den apodiktischen Charakter eines Urteils, wie er
für dessen Qualität als Bejahung oder Verneinung resp. Zuerkennung besteht, in unseren Sprachen fehlt. Nicht bloß die
oben angeführten Sätze sind dies nicht sondern auch, wenn es
heißt: A ist unmöglich Non-A, oder: dies ist notwendigerweise
so, bezweifle ich, ob dies als direkter Ausdruck des apodiktischen
Charakters eines Urteils gelten könne. Doch wie dem sei,
jedenfalls — wir sprachen schon früher davon — kann die

---

[1]) Daß ein Urteil, um einer Notwendigkeit vollkommen adäquat zu
sein, apodiktischen Charakter haben muß, leuchtet auch nicht nach dem Satze
des Widerspruchs oder dem der Kontrarietät ein, sondern nach dem Prinzip,
daß ein Korrelat nicht sein kann ohne das andere.

Bedeutung eines solchen Satzes, wie es alle die oben angeführten sind, nicht sein: im Hörer ein apodiktisches Urteil zu
erwecken, da dies durch die Sprache unmittelbar nicht möglich
ist. Wer also die Bedeutung einer solchen Aussage denkt, denkt
ein indirektes Urteil der oben angegebenen Art.

Er mag dabei zugleich ein direktes apodiktisches fällen.
Aber dieses ist dann doch nicht das, was er dem Hörer mitteilen will und kann. Und häufig ist auch das nicht einmal der
Fall, daß jenem geäußerten indirekten nicht-apodiktischen ein
direktes und apodiktisches Urteil zugrunde liegt; sondern man
urteilt bloß assertorisch (sei es gedächtnismäßig, sei es auf Treu
und Glauben), der Inhalt eines gewissen anderen Urteils sei
notwendig resp. unmöglich. Ein solches assertorisches Urteil
über eine Materie, deren Vorstellung durch Reflexion auf ein
irgend einmal gefälltes apodiktisches Urteil gewonnen ist, ist
oft das Ganze, was bei einem Satze wie: es ist notwendig resp.
unmöglich, daß A sei, im Bewußtsein ist. Und der Inhalt dieses
aktuell gefällten Urteils ist dann nicht die Notwendigkeit resp.
Unmöglichkeit von etwas, sondern ein simples Sein oder Nichtsein, oder Dies- oder Jenessein. Mit anderen Worten hier bildet
Notwendigkeit oder Unmöglichkeit entweder einen Bestandteil
der Materie des Urteils als „Attribut" in einer Verbindung
wie A B, oder es bildet das Prädikat in einer Aussage wie: A
ist B.[1]) Kurz: Indem man so den Inhalt eines gewissen Urteils
zum Gegenstand eines anderen Urteils macht, kann man in
einem kategorischen oder pseudokategorischen Satze von ihm
die Notwendigkeit resp. Unmöglichkeit als „Eigenschaften" „aussagen". Und zwar sind es objektive Eigenschaften, eben weil
in dem ursprünglichen Urteil, worauf die ganze Prädikation
oder „Attribution" beruht, dasjenige, was diese „Eigenschaft"
besagt, ein konstituierendes Moment des Inhalts war. Weil in
dem apodiktischen Urteil: ein A non-A gibt es nicht, die Unmöglichkeit zum Inhalt gehört, ist sie eine objektive oder
innerliche und konstante Eigenschaft der Urteilsmaterie „daß
es ein A non-A gebe" zu nennen, und ist Notwendigkeit

---

[1]) Ich will damit natürlich nicht sagen, daß dieses simple Anerkennen
oder Zuerkennen einer Notwendigkeit oder Unmöglichkeit ein der Sachlage
adäquates Verhalten sei. Denn das Bestehen einer Notwendigkeit oder Unmöglichkeit kann nicht selbst eine kontingente Wahrheit sein. Aber wenn
dem (per absurdum) so wäre, so wäre ein solches indirektes Urteil ein adäquates.

eine ebensolche Eigenschaft der Urteilsmaterie „daß es ein
A non-A nicht gebe.[1]) Während: „daß A sei, wird jetzt von
mir geurteilt" oder dgl. nur eine subjektive d. h. äußerlich-
zufällige, weil von der Existenz eines Subjekts abhängige,
Eigenschaft dieses Urteilsinhalts zu nennen wäre.

§ 63. Wir behaupteten soeben, daß unter Umständen nicht
bloß das Sein resp. Nichtsein sondern das Notwendig- resp. Unmöglichsein zu den inneren Momenten des Inhalts von Urteilen
gehören. Es frägt sich weiter, ob es noch andere solche Momente
und dann in abgeleiteter Weise auch objektive Eigenschaften
von Urteilsinhalten gebe, und wie es in dieser Beziehung mit
dem übrigen bestellt sei, was wir Meinong oben als Eigenschaften des Objektivs aufzählen hörten, wie Gewißheit und
Ungewißheit, Evidenz, Apriorität usw.

Wenn vorab unter Gewißheit resp. Ungewißheit soviel wie
Sicherheit resp. Wahrscheinlichkeit und Unwahrscheinlichkeit
gemeint ist, so sind dies unter Umständen gewiß konstituierende
Momente des Urteilsinhalts und in abgeleiteter Weise objektive
Eigenschaften desselben. Denn wir haben es meines Erachtens
in dem Falle mit nichts anderem zu tun als mit einer besonderen
Klasse von Unterschieden der Materie, und so gut das Urteil
„A ist" einen andern Inhalt hat als „B ist", weil seine Materie
eine verschiedene ist, so gut das Urteil „es ist wahrscheinlich,
daß A ist" gegenüber „A ist" (schlechtweg).

Anders wenn mit Gewißheit und Ungewißheit nur die subjektive Zuversichtlichkeit eines Urteils gemeint wäre.[2]) Dann

---

[1]) Daß auch ich hier etwas, was keine absolute sondern eine relative
Bestimmung ist, eine „Eigenschaft" nenne (und dasselbe werde ich noch in
anderen Fällen tun), wird wohl kaum jemand ernstlich beanstanden. Sonst
müßte man ihm entgegenhalten, daß nicht bloß im gewöhnlichen Leben,
sondern auch in der Wissenschaft der Sprachgebrauch in dieser Beziehung durchaus kein fester ist. Leibniz z. B. sagt (in den Nouveaux Essais) geradezu:
La plupart des qualités des corps sont des relations, und so sprechen
auch heute noch die Physiker von den „allgemeinen Eigenschaften der Körper",
obwohl es größtenteils Relationen oder relative Bestimmungen sind. So mag
man denn auch ganz wohl von jenen konstanten relativen Bestimmungen
gewisser Urteilsinhalte wie Notwendigkeit und Unmöglichkeit, und ebenso
von den sofort zu nennenden wechselnden Korrelationen, wie „tatsächlich
geurteilt- oder erkannt sein" u. dgl. als „Eigenschaften" derselben reden.

[2]) Tatsächlich ist wohl von Meinong nicht diese subjektive Zuversicht,

hätten wir daran kein inneres Moment des Urteilsinhalts vor
uns. Nur äußerlich kann man in diesem Sinne von einem
„Objektiv" sagen, es sei diesem oder jenem Urteilenden gewiß
oder ungewiß. Es ist in ebenso subjektivem Sinne eine Eigenschaft von ihm, wie die, überhaupt von diesem oder jenem tatsächlich geurteilt zu sein.

Doch weiter, zu den Prädikaten evident und apriorisch!

Vor allem ist da die Bemerkung zu machen, daß auch
damit teils etwas gemeint sein kann, dem eine solche subjektive
Rücksicht auf die Existenz eines Urteilenden, teilweise aber
auch etwas, dem ein objektiver Charakter beiwohnt. Und beides
muß· wohl unterschieden werden. Um einen objektiven Charakter
handelt es sich, einmal wenn „evident" soviel heißt wie: etwas,
was an und für sich evident sein kann und dann, wenn es
heißt: etwas, was — wenn es adäquat beurteilt wird —
notwendig mit Evidenz beurteilt werden muß. Dem letzteren
Begriffe begegnen wir auf dem Gebiete des apriorisch Evidenten,
und er ist identisch mit dem des Notwendigen resp. Unmöglichen.
Ich sage, die Begriffe seien nicht bloß umfangsgleich sondern
inhaltlich identisch. Denn beim apodiktischen Urteil ist die
Richtigkeit von der Evidenz nicht trennbar.

Wohl weiß ich, daß Aristoteles auch nichtevidente Urteile
mit apodiktischem Charakter angenommen hat. Aber er scheint
mir hierin zu irren und ist wohl dadurch getäuscht, daß ein
reflexes Urteil wie: „daß A sei, ist notwendig" auch in
blinder Weise gefällt werden kann. Aber wir wissen schon, daß
dies nicht zu verwechseln ist mit einem direkten apodiktischen.

Vom wahrhaft apodiktischen aber wiederhole ich, daß es
nur in evidenter Weise gefällt werden kann, und daß so sein
Begriff zusammenfällt mit dem des a priori evidenten. Apodiktizität heißt ja die Eigenheit eines Urteils, daß es durch
das Vorstellen der beurteilten Materie motiviert ist oder aus
der Betrachtung und Analyse dieser Vorstellung hervorgeht.
Aber dieses Hervorgehen kann meines Erachtens nur ein evidentes sein; mit anderen Worten: etwas apriorisch d. h. auf Grund

sondern die Sicherheit resp. Wahrscheinlichkeit gemeint. Nur daß er sie für
einen Intensitätsunterschied des betreffenden Urteils hält. Man gebraucht aber
bekanntlich gelegentlich den Ausdruck: es ist mir wahrscheinlich, und damit
ist manchmal jene bloß subjektive Zuversicht gemeint, doch nicht immer.

der bloßen Betrachtung der Vorstellungen beurteilen[1]) und: es mit apriorischer Evidenz beurteilen, ist eines und dasselbe. Und habe ich hierin Recht, dann ist es ganz unzweifelhaft, daß die Erkennbarkeit aus der Vorstellung der Urteilmaterie zum Inhalt des apodiktischen Urteils gehört d. h. einen Zug an dem Beurteilten bildet, mit dem das Urteilen konform sein muß, um adäquat zu sein.

Etwas anders steht es bezüglich der assertorischen Evidenz. Während die apriorische von der Apodiktizität untrennbar ist und darum nur derjenige etwas Notwendiges resp. Unmögliches in völlig adäquater Weise beurteilt, der es in apriorisch evidenter Weise beurteilt, gilt von dem einfach Tatsächlichen oder

---

[1]) Meinong sagt, wie wir uns erinnern, mit der apriorischen Evidenz des vorgegebenen affirmativen Urteils hänge die Notwendigkeit, mit der apriorischen Evidenz des nachgegebenen negativen Urteils hänge die Unmöglichkeit zusammen. Wie wir oben gesehen haben, sagt man besser: sie seien identisch mit dem apriori-evident-sein-können. Notwendig heißt: was an und für sich oder für einen idealen Verstand apriori als seiend erkannt werden kann; unmöglich, was ebenso apriori als nicht seiend erkannt werden kann. Was unseren Verstand betrifft, so besitzt er wohl das Vermögen, von manchem apriori die Nichtexistenz einzusehen (und mit Rücksicht auf ein solches negatives apodiktisches Urteil bilden wir uns eben den Begriff der Unmöglichkeit); dagegen gibt es keine Realität, deren notwendiges Dasein uns apriori einleuchtete (weshalb auch alle Versuche, das Dasein Gottes apriori darzutun, von vornherein verfehlt sind). Wir können nur, wie wir apriori erkennen, daß z. B. ein Farbe-seiender Ton nicht sein kann, auch apriori einsehen, daß das Nichtsein eines solchen Absurdums sein muß. Und nur aus der Reflexion auf ein solches affirmatives apodiktisches Urteil, welches auf den Inhalt eines negativen reflex ist, gewinnen wir den Begriff der Notwendigkeit d. h. von etwas, dessen Sein aus der Betrachtung der Vorstellungen einleuchten kann.

Ob dies mit der obigen Rede Meinongs von „vorgegebenem" und „nachgegebenem" Urteil gemeint ist? Es scheint nicht. Denn neuestens (Zeitsch. für Philosophie Bd. 129 S. 159) lehrt er, wir könnten den Begriff der Notwendigkeit anders als auf dem Wege über die Unmöglichkeit gewinnen. Dies ist sicher unrichtig und das oben Ausgeführte das einzige, was die Tatsachen zeigen.

Wenn wir sagten: notwendig sei das, dessen Existenz apriori oder in einem durch die Vorstellung motivierten Urteile einleuchten könne, so ist damit nicht behauptet, daß „notwendig" so viel heiße wie Folgesein oder Begründetsein. Es ist damit gesagt, das Urteilen über eine Notwendigkeit habe seinen Seinsgrund (d. h. da es sich um Reales handelt, seine Ursache) im Vorstellen. Der (notwendige) Urteilsinhalt dagegen kann selbst nicht immer wieder einen Seinsgrund haben. Es muß auch letzte Notwendigkeiten geben.

Kontingenten nicht, daß es nicht anders als mit (assertorischer) Evidenz in adäquater Weise beurteilt werden könnte. Das assertorische Urteil ist richtig, wenn es das (kontingent) Seiende anerkennt, das Nichtseiende leugnet, und, sowohl wer es blind, als wer es mit Evidenz anerkennt oder leugnet, beurteilt es so wie es ist, somit adäquat. Notwendig mit Evidenz beurteilt zu werden gehört also nicht zum Begriffe dessen, was gegeben sein muß, damit das assertorische Urteil richtig oder adäquat sei, d. h. zum Inhalte dieses Urteils. Und auch der Begriff des „an und für sich evident-sein-könnens" ist nicht identisch damit. Denn wäre: richtig anerkannt werden können identisch mit: in evidenter Weise anerkannt werden können, so müßte auch: richtig annerkannt werden identisch sein mit: in evidenter Weise anerkannt werden. Und das ist, wie schon bemerkt, offenkundig nicht der Fall. Aber wenn der Begriff des assertorisch evident-sein-könnens auch nicht identisch ist mit dem Inhalt des assertorischen Urteils d. h. dem Begriff des Existierenden resp. Nichtexistirenden,[1]) so ist er doch ein unablösbares Poprium desselben.

Wir haben eben von Evidenz im Sinne des eventuell „evident sein müssens und des an und für sich evident-sein-könnens" gehandelt. Wie früher bemerkt, kann aber mit „evident" auch gemeint sein: daß etwas tatsächlich von diesem oder jenem eingesehen werde. Sofern auch hiermit natürlich implizite gesagt ist, daß das Betreffende an und für sich einleuchten könne, gilt das vorhin Bemerkte. Was aber darüber hinausliegt, ist — mag es sich dabei um apriorische oder Erfahrungsevidenz handeln — ebenso nur ein subjektives oder äußerliches Prädikat für den betreffenden Urteilsinhalt, wie, daß er überhaupt von diesem oder jenem tatsächlich beurteilt sei.

---

[1]) Darum halte ich es nicht für eine strenge Definition des Wahren oder Existirenden, zu sagen: es sei das, was in einem evidenten anerkennenden Urteile anerkannt werden kann. Dies ist eine Charakteristik des Begriffes nicht durch Analyse seines eigenen Inhalts sondern durch Angabe eines Proprium.

Daß, da sich uns die Richtigkeit des Urteils nur im Falle der Evidenz kundgibt, diese bei der Genesis des Begriffes des Wahren beteiligt ist, ist selbstverständlich. Aber wie ich schon in den Artikeln „über subjektlose Sätze„ usw. (Vierteljahrschr. f. wiss. Philos., Bd. XIX, S. 37) gegen Jerusalem betont habe, ist ein anderes die Frage nach dem Inhalt eines Begriffes oder nach seiner strengen Definition und ein anderes die Frage nach seinem Zustandekommen.

Eine ähnliche Mischung von Objektivem und Subjektivem ist gegeben, wenn bei dem Prädikat „evident" sofern auf einen bestimmten Urteilenden oder eine bestimmte Klasse von solchen Rücksicht genommen ist, daß man sagen will, eine gewisse Materie könne von ihnen (gemäß ihrem eigentümlichen Verhältnis zum Beurteilten oder der Besonderheit ihrer Urteilskraft und dem Umfang ihres Vorstellungsvermögens) mit Evidenz beurteilt werden. Denn wenn es auch widerspricht, daß verschiedenen Urteilenden Entgegengesetztes einleuchten könne (das würde freilich, ebenso wie die „evidenten Vermutungen", den Begriff der Evidenz zerstören; da ja dann auch Falsches evident sein könnte), so liegt doch in dem Zugeständnis, daß dem einen tatsächlich einleuchten könne, was dem andern nicht, durchaus kein falscher „Psychologismus".

Fassen wir zusammen: Was die Evidenz betrifft, so bildet die apriorische, aber nur sie, im oben ausgeführten Sinne für das evidente Urteil ein inneres Moment seines Inhalts. Wird dieser Inhalt oder ein Teil desselben wieder zum Gegenstand (zur Materie) eines anderen Urteils gemacht, dann kann das „einleuchten-können" von ihm als objektive Eigenschaft ausgesagt werden; sowohl wenn es sich um Erfahrungsevidenz, als wenn es sich um apriorische handelt.

§ 64. Wir haben vorhin betont, daß in unseren Aussagen der apodiktische Charakter der Urteile nicht in ebenso adäquater und direkter Weise zum Ausdrucke kommt wie der der Bejahung und Verneinung und wie die Objektsdifferenz. Dasselbe gilt bezüglich der Evidenz. Aber nicht bloß, wo es sich um apodiktische, sondern auch, wo es sich um die Evidenz des Assertorischen handelt. Ich kann Sätze wie: es ist einleuchtend, daß A sei und auch solche wie: A ist evidentermaßen B u. dgl. nicht als den eigentlichen und direkten Ausdruck für den evidenten Charakter eines Urteils halten. Jedenfalls ist es nicht die Bedeutung eines solchen Satzes, im Hörer ein evidentes Urteil zu erwecken; denn dies ist, wie wir schon früher bemerkten, nicht unmittelbar durch Sprache und Worte möglich. Die Bedeutung ist vielmehr, ein Urteil zu erwecken, wo über den Inhalt eines anderen Urteils geurteilt wird, daß er einleuchtend sei. Und der Sprechende, der die Bedeutung denkt, fällt jedenfalls ein solches indirektes Urteil. Dasselbe mag in einem

direkten evidenten, das er gleichzeitig fällt, wurzeln. Aber
nicht immer ist dies der Fall. Es geschieht auch, daß einer in
blinder Weise (gedächtnismäßig oder auf gut Treu und Glauben)
urteilt: es sei einleuchtend, daß A sei u. dgl. In keinem Falle
aber sind das direkte und indirekte Urteil identisch.

So verkehrt es aber wäre, hinsichtlich der Apodiktizität zu
folgern, daß, weil sie nicht so direkt zum Ausdruck kommt wie
Form und Materie des Urteils, sie ihm auch nicht so innerlich
beiwohne wie diese, so verkehrt wäre es, die analoge Konsequenz
bezüglich des Charakters der Evidenz zu ziehen; auch soweit
er nicht geradezu mit dem apodiktischen identisch ist. Auch
sie ist uns in jedem Falle primär und vor allem als eine
besondere Modalität und ein Vorzug gewisser Urteilsakte gegeben, und nur in und mit einem Urteilen, das diesen Vorzug
hat, daß sich uns seine Richtigkeit kundgibt, erfassen wir überhaupt dessen Inhalt. Sofern also eine Übertragung des Prädikates „evident" stattgefunden hat, so hat sie nicht vom Inhalt
zum Akt ihren Weg genommen, sondern umgekehrt vom Akt
zum Inhalt. Und dieser heißt etwas tatsächlich evidentes als
Inhalt eines evidenten Urteilens.

Meinong hat (a. a. O., S. 173) sich geäußert, es werde dem
Laien sicher um vieles natürlicher sein zu sagen: es leuchtet
mir ein, daß 3 größer ist als 2, als etwa: das Urteil hierüber
ist einleuchtend. Und Höfler in seiner Anzeige des Buches
„über Annahmen", welches diese Bemerkung enthält, scheint
(S. 217 und 218) zu glauben, Meinong habe mit derselben (und
mit „der Entdeckung" der Objektive) der Erkenntnistheorie
große Dienste geleistet. Denn er habe damit, im Gegensatz zu
der bisherigen Auffassungsweise (die auch von mir eben wieder
vertreten worden ist, und wonach Evidenz primär eine Sache der
psychologischen Erfahrung wäre), einer richtigeren, apsychologischen Betrachtungsweise die Bahn gebrochen.

Dergleichen müßte ich für gänzlich bodenlos halten, und
ich glaube auch nicht, daß es in der Intention von Meinong
selbst gelegen ist. Immerhin begegnen auch ihm in Bezug auf
jene Ausdrucksweisen, auf die er hinweist, und aus denen Höfler
so grundstürzende Konsequenzen ziehen möchte, Irrtümer, und
es ist vielleicht nicht unnötig ausdrücklich vor ihnen zu warnen.
Hören wir zu dem Zwecke den Kern seiner bezüglichen Ausführungen.

Nachdem er (a. a. O., S. 173) bemerkt hat, die Redeweise: es ist mir einleuchtend, daß ... lasse sich nicht bloß auch mit Bezug auf eine andere Person (wie z. B. es leuchtet ihm ein) gebrauchen, sondern weiterhin ohne Bezugnahme auf irgend eine Person, also kurzweg: es leuchtet ein, daß ... fährt er fort: „An einer solchen unpersönlichen Form wird besonders auffallend, was freilich eigentlich schon auch an jeder der persönlichen Formulierungen zu bemerken gewesen wäre, daß hier etwas, das sich zunächst als eine Eigenschaft eines Urteils darstellt, nun geradezu als Attribut des im „daß"-Satze zur Geltung kommenden Objektivs erscheint. Evidenz ist doch sicher so gut Sache des Urteils wie etwa Gewißheit; gleichwohl könnte das Sprachgefühl, das dem Theoretiker heute anstandslos gestattet, das Adjektiv „evident" ohne weiteres an das Substantiv „Urteil" anzuschließen, vielleicht erst durch die erkenntnistheoretische Kunstsprache geschaffen sein, indes es dem Laien sicher um vieles natürlicher sein wird, zu sagen: es leuchtet ein, „daß 3 größer als 2 ist" als etwa „das Urteil hierüber ist einleuchtend".

Demgegenüber bedarf es wohl keiner Bemerkung, daß in dieser ganzen Ausführung von Meinong unter dem äquivoken Ausdruck „Urteil" offenbar stets Urteilen, Urteilsakt, nicht Urteilsinhalt verstanden werden darf. Denn „Urteil" soll ja hier eben dem „Objektiv" d. h. dem Urteilsinhalt als Gegensatz gegenübergestellt werden. Was soll aber dann mit dem Satze gemeint sein: „Das Urteil hierüber ist einleuchtend"? Jeder Urteilsakt? Das wäre nicht bloß „unnatürlich" sondern unrichtig. Denn es ist nicht ausgemacht, daß nicht einer über jene Materie urteilt ohne Einsicht. Sind ja doch unter besonderen Umständen manche sogar am Satze des Widerspruchs irre geworden.

Man wird also sagen müssen: „das Urteil usw." heiße eigentlich: das Urteilen darüber sei in der Regel einleuchtend oder es könne unter normalen Verhältnissen ein einleuchtendes sein. Nur so ist der Satz auf eine Linie zu stellen mit dem Satze: Es ist einleuchtend, daß ... Gar nicht dagegen, wenn er etwa den deiktischen Sinn hatte: das Urteilen dieses oder jenes bestimmten Individuums sei einleuchtend. Wie ja auch die Sätze: es leuchtet mir ein, daß ... oder es leuchtet ihm ein, daß ... mit jenem anderen (es leuchtet ein, daß ...) nur dann in Parallele gebracht werden können, wenn darin nicht von einem tatsächlichen Evidentsein, das natürlich die tatsächliche Existenz eines Urteilenden voraussetzte, die Rede ist sondern nur davon, daß es mir oder einem anderen unter normalen Verhältnissen einleuchten könne.

Vergleiche ich aber den so verstandenen Satz: es leuchtet mir ein, mit der anderen Wendung: mein Urteil darüber ist in der Regel ein einleuchtendes, oder den allgemein gefaßten Satz: es leuchtet ein, daß — mit der Wendung: das Urteil darüber kann ein einleuchtendes sein, so vermag ich höchstens in dem Sinne zuzugeben, daß die Ausdrucksweise des zweiten weniger natürlich sei, als die des ersten, als man vom Urteilen sprechend statt „einleuchtend" etwa lieber „einsichtig" oder „evident" sagt. Das ist aber mehr eine Angelegenheit des deutschen Stils und der Grammatik, als eine solche von irgendwie tiefer reichender Bedeutung.

Auch wäre es irrtümlich und nur einer Täuschung durch die Sprachform zuzuschreiben, wenn man irgend eine der obigen Formeln für schlechtweg unpersönlich hielte. Das gilt von „es leuchtet ein" so wenig als von „es leuchtet mir ein". Im Sinne jedes dieser Sätze ist, wenn auch nicht die Anerkennung, so doch unweigerlich die Vorstellung eines Urteilenden involviert, auch wo sie nicht explizite zum Ausdruck kommt. Nur braucht es nicht die Vorstellung eines bestimmten Individuums zu sein und auch nicht die einer bestimmten Klasse von Individuen (bei denen etwa besondere Bedingungen für das tatsächliche Einleuchtenkönnen erfüllt sind, die bei anderen fehlen) sondern bloß die Vorstellung irgend eines Urteilenden. Diese aber ist schlechterdings nicht auszuschließen; wie überhaupt der Gedanke des Urteilsinhalts oder „Objektivs" nicht faßbar ist ohne den irgend eines Urteilenden, zu dem er relativ ist. Wer dies leugnete, würde die wahre Natur der Urteilsinhalte gänzlich verkennen, und so tut es auch der, welcher übersieht, daß das Prädikat der Evidenz, vom Urteilsinhalt gebraucht, stets zu einem Urteilenden relativ ist und darum die letztere Vorstellung einschließt.[1]) Das alles müßte als Ausfluß eines verkehrten „Apsychologismus" gelten, und auch vor einem solchen muß hinsichtlich der Lehre von der Evidenz und der Erkenntnis gewarnt werden, so gut wie vor einem verkehrten „Psychologismus", den man jetzt überall, und gar nicht überall mit Recht, wittert.

§ 65. Doch es erübrigt noch die Frage, wie die Begriffe Wahr und Falsch sich zu dem des Urteilsinhalts stellen.

Meinong hat sie, wie wir hörten, für Attribute desselben erklärt, und zwar gebe sich dieser ihr Charakter unzweifelhaft daran zu erkennen, daß es um vieles natürlicher, ja im Grunde die einzig natürliche Redeweise sei, zu sagen: es ist wahr, daß A existiert, es ist falsch, daß ..., während es weniger natürlich sei zu sagen, das Urteil[2]) sei wahr oder falsch (a. a. O.).

Diese Stelle bei Meinong, sowie die oben zitierte über den „natürlichen" Gebrauch des Terminus „einleuchtend", macht Höfler in der Anzeige der Meinongschen Schrift (a. a. O., S. 217) als eine Probe dafür geltend, „was alles sich an hergebrachten Meinungen über grundlegende Dinge durch die Entdeckung der Objektive in neuem Lichte darstellt". · Und anschließend an die bezüglichen, im wesentlichen bereits erwähnten Ausführungen Meinongs bemerkt er: „Während also die Frage: was ist wahr? in dem Sinne: wem kommt Wahrheit zu: Dingen oder Gedanken oder dergleichen mehr, seit Aristoteles ein für allemal dahin beantwortet schien: Die Eigenschaften wahr und falsch kommen unmittelbar nur Urteilen zu, und erst mittelbar auch Dingen, Vorstellungen u. dgl., lernen wir jetzt, daß auch das Urteil erst von seinem Objektiv das Merkmal Wahrheit zu Lehen trage, sowie man früher bemerkt hatte, daß z. B. der 'wahre Freund' nur in mittelbarem Sinne wahr genannt wird nach dem wahren Urteil, das ihn für einen Freund hält". „In diesem Beispiel von der Umbildung des Wahrheitsbegriffes durch die Verschiebung des als unmittelbar, nicht erst durch Übertragung, als 'wahr' zu bezeichnenden Gegenstandes aus dem Psychologischen ins Apsychologische mag das ehrwürdige Alter der so modifizierten Lehre ein Maß für die Wichtigkeit der Entdeckung und für die Bedeutung des Entdeckten, 'der Objektive', innerhalb der ganzen Erkenntnistheorie abgeben." So Höfler.

---

[1]) Wenn Husserl (Logische Untersuchungen I, S. 184) sagt, der Satz „A ist wahr" spreche nicht von Urteilen jemandes, auch nicht irgend jemandes ganz im allgemeinen, so ist dies richtig, wenn damit gemeint ist, es sei darin nicht behauptet, daß irgend jemand jetzt tatsächlich so urteile. Aber die Vorstellung irgend eines Urteilenden ist in dem Gedanken „A ist wahr oder existierend" unzweifelhaft involviert.

[2]) Hier offenbar wieder im Sinne von „Urteilen" (nicht „Urteilsinhalt").

Zwischen den Bemerkungen Meinongs über den Wahrheits-
begriff und den eben gehörten, sie interpretierenden, scheint
auf den ersten Blick eine gewisse Differenz zu bestehen; sofern
Meinong davon spricht, daß Wahrheit und Falschheit Attribute
von „Objektiven" seien, während Höfler, wo er dasjenige nennt,
was nach „der Entdeckung der Objektive" nunmehr primär und
unmittelbar als „wahr" zu bezeichnen sei, nicht immer von den
„Objektiven" sondern auch von den „Gegenständen" spricht.

Doch ist diese Differenz in Wahrheit nur eine scheinbare.
Wenn wir Meinong Beispiele anführen hörten dafür, daß es
einzig natürlich sei, das Objektiv, nicht das Urteil, als wahr
zu bezeichnen, so sind es ja eben solche, wo die betreffenden
„Objektive" Gegenstände eines andern Urteils sind als dasjenige
ist, dessen Objektiv sie selbst bilden. Z. B. in „daß A sei, ist
wahr" kann man ja zwar „daß A sei" als ein „Objektiv"
bezeichnen, aber nicht als das Objektiv des durch jene eben-
erwähnte Aussage ausgedrückten reflexen Urteils (dieses ist vielmehr: die Wahrheit oder Tatsache, daß A sei) sondern nur als
das Objektiv eines irgend einmal vorausgegangenen Urteils „A
ist". Sowohl in „A ist" als in dem Ausdruck „daß A sei" (oder
„das Sein oder die Existenz von A", oder „A als Seiendes" u. dgl.)
ist ein gewisses Objektiv „bezeichnet"; aber die letztgenannten
Wendungen bezeichnen es, indem sie es bloß nennen d. h. in
die Vorstellung rufen, Äußerungen wie „A ist" u. dgl. bezeichnen
es dagegen, indem sie es (wie ich schon in meinen Artikeln
über subjektlose Sätze betont habe) bedeuten im Sinne einer
Aussage d. h. es zu erkennen resp. zu glauben geben.[1]) Es
handelt sich also bei den „Objektiven", von denen wir Meinong
sagen hörten, daß sie (und nicht die Urteile) es seien, von
denen „wahr und falsch" einzig natürlich als Attribute prädiziert
würden, in Wahrheit nur um eine besondere Klasse von Urteils-
gegenständen, nämlich um solche, deren Vorstellung durch
Reflexion auf den Inhalt anderer Urteile gebildet worden

---

[1]) Warum aber Höfler (a. a. O., S. 220) auch darin wieder einen
bemerkenswerten Schritt in der Durchführung einer „apsychologischen
Betrachtungsweise" sehen will, daß, während „in dem Annahmenbuch die
Objektive ... vorwiegend durch 'Daßsätze' sprachlich ausgedrückt worden
seien", später (von Mally und Ameseder in den „Untersuchungen zur Gegenstandstheorie"), nicht nur „daß A ist" sondern auch schon „A ist" geradezu
als Objektiv bezeichnet wurde, vermag ich nicht zu erkennen.

ist.¹) Im übrigen handelt es sich dabei offenbar um das „wahr" in dem Sinne, wie es die Sprache den Gegenständen überhaupt und gelegentlich auch solchen beilegt, die nicht Urteilsinhalte sind. Es ist mit einem Worte das ὅν ὡς ἀληθές und ἀληθές ὡς ὅν des Aristoteles; das „wahr", welches synonym ist mit Tatsächlichkeit oder Sein im Sinne der Existenz. Nur daß die Sprache unter einer ganzen Anzahl von Ausdrücken, die in dieser Verwendung synonym sind, wie: wahr oder wahrhaft, seiend, existierend, wirklich, bestehend, tatsächlich, richtig, positiv, anzuerkennend, nicht zu leugnen usw., einige auch auf das Urteilen anwendet, wie z. B. richtig und positiv, die anderen dagegen nicht.²) Und daß sie weiterhin auch in der Anwendung jener Wörtchen auf die Gegenstände wählerisch ist und in der einen Klasse von Fällen den einen, in einer anderen einen anderen bevorzugt. Obwohl sie in dieser Verwendung auf Gegenstände alle denselben Begriff zum Ausdruck bringen, also logisch gesprochen streng synonym sind und wir es bei ihrer Unterscheidung nur mit einer Sache des Stils und der Grammatik zu tun haben. In dieser sprachlichen Rücksicht aber kann man wohl mit einiger Sicherheit sagen, daß das Wörtchen „wahr" oder „Wahrheit von" … in der Regel mit Namen verbunden wird, welche als Prädikate gedacht sind —, die Wörtchen „seiend" und „Sein von …" dagegen mit solchen, von denen dies nicht gilt.

Dem entsprechen die alten Schulbeispiele vom „wahren Freund" und „falschen Geld" ganz wohl. Denn diese Namen sind hier offenbar als Prädikate aufgefaßt. Ein wahrer Freund besagt: Einer, der wahrhaft ein Freund ist. Dagegen spricht man vom Dasein Gottes oder vom Dasein von Atomen, weil diese Namen hier nicht als Prädikate sondern als letzte Subjekte von Prädikationen gemeint sind. Sobald dies nicht der Fall ist, sobald z. B. Gott selbst wie ein Prädikat gedacht wird, wie

---

¹) Wenn auch (wie wir später sehen werden) Meinong diesen Charakter der „Objektive" verkennt. In Wahrheit aber ist es nur darum und insoweit berechtigt, sie — wie er es tut — als eine besondere Klasse von „Gegenständen" zu bezeichnen, als sie Vorstellungsgegenstände und dadurch eventuell auch Urteilsgegenstände und Gegenstände des Interesses sein können.

²) Die Wörtchen „anzuerkennend", „nicht zu leugnen" können zwar nicht selbst auf das Urteilen angewendet werden, weisen aber doch schon etymologisch darauf hin. Dagegen „tatsächlich" oder „Tatsache" tut dies nicht.

wenn gefragt wird, ob dieses oder jenes Wesen Gott sei
oder nicht, sagt man auch hier: es oder er ist wahrhaft oder
wahrer Gott, oder man redet umgekehrt von falschen Göttern.
Und ebenso sagt man von etwas, es sei ein wahres oder wirkliches Atom, wenn die Frage war, ob es nicht ein noch weiter
zerlegbarer Körper sei; im gegenteiligen Fall aber spricht man
von einem vermeintlichen oder fälschlich dafür gehaltenen Atom.
Daß man von einem falschen Atom nicht redet, obwohl das
Wörtchen sonst ganz denselben Sinn hat wie: fälschlich dafür
gehalten, ist lehrreich und zeigt recht deutlich die Launen-
haftigkeit des Sprachgebrauchs, von der man sich nicht verführen lassen darf, Unterschiede des Gedankens zu erdichten,
wo keine sind.

Ein anderes Beispiel! Man spricht vom Dasein von Menschen
auf dem Mars, wenn die Frage ist, ob dort überhaupt Menschen
seien oder nicht. Wenn es sich aber darum handelt, ob ein
gewisses Wesen, dessen Existenz bereits als ausgemacht gilt, das
Prädikat Mensch verdiene oder nicht, dann sagt man entweder:
es sei ein wirklicher oder wahrer Mensch oder aber ein bloß
vermeintlicher.

Was den anderen Punkt betrifft, nämlich die Auswahl,
welche die Sprache unter den oben genannten Wörtchen trifft,
indem sie die einen nicht bloß auf die Gegenstände sondern
auch auf das Urteilen anwendet, die anderen dagegen nicht, so
ist das erstere, wie schon angedeutet, z. b. bei „richtig“ der Fall.
Bei anderen, wie z. B. bei „tatsächlich, seiend“ usw. nicht. Von
einem Bericht, d. h. dem Berichteten, kann man im selben Sinne
sowohl sagen, er sei richtig, als er sei tatsächlich und wahr.
Vom Urteilen dagegen kann man wohl sagen, es sei richtig,
aber nicht im selben Sinne, es sei tatsächlich. Dies würde so
verstanden werden, als ob das Urteilen selbst als Inhalt eines
Berichtes gemeint wäre d. h. als ob man sagen wollte: es finde
statt oder habe stattgefunden.

Wie steht es in dieser Beziehung mit „wahr“? Meinong
behauptet, wie wir hörten, es sei gar nicht natürlich zu sagen:
das Urteilen sei wahr. Ich kann nicht finden, daß dies so gezwungen sei. Aber selbst angenommen, dem wäre so, so wäre
auch dies meines Erachtens nur eine Angelegenheit des Sprachgebrauchs, die in erster Linie den Grammatiker und Stilisten,
den Philosophen aber nur sekundär angeht; wenn es etwa gilt

Täuschungen und Irrtümer abzuwehren, zu denen eine solche Besonderheit des Sprachgebrauchs Anlaß geben könnte. Und ein schwerer Irrtum wäre es meines Erachtens allerdings, wenn man daraus die Notwendigkeit einer Korrektur der bisherigen Erkenntnistheorie ins „Apsychologische" folgern wollte.

Die Termini richtig oder wahr, einmal auf das Urteilen, das andere Mal auf Gegenstände überhaupt und speziell auch auf Urteilsinhalte angewendet, drücken offenbar verschiedene Begriffe aus. Unter diesen hielt Aristoteles und mit ihm viele andere den naturgemäß vom Urteil prädizierten in gewissem Sinne für den ursprünglichen, den naturgemäß auf Gegenstände angewendeten für den sekundären. Höfler aber glaubt offenbar, durch Meinongs Ausführungen sei der Beweis erbracht, daß dies irrtümlich sei, und hierin scheint er mir das Opfer einer argen Täuschung zu sein.

In einem doppelten Sinne, meine ich, kann man von den zwei Bedeutungen des Wörtchens wahr oder richtig sagen, die eine sei die primäre, die andere die sekundäre. Einmal in dem Sinne, daß das in der einen oder anderen Verwendung Gemeinte sachlich, das andere Mal, daß es in Hinsicht auf unser Erkennen und Begreifen, das Frühere resp. Spätere sei.

Wer behaupten würde, der naturgemäße Sinn des Wörtchens „wahr" in seiner Verwendung für das Urteilen sei in sachlicher Beziehung das Primäre gegenüber jener anderen (für die Gegenstände angemessenen) Bedeutung, der müßte lehren, daß jegliches nur sofern, oder wenigstens nur solange wahr sei, als es von einem wahren Urteilen anerkannt würde. Daß dies nicht die im Altertum herrschende Ansicht war, bedarf keiner Bemerkung. Wohl hatte Protagoras gesagt: der Mensch ist das Maß aller Dinge, der seienden, daß sie sind, der nichtseienden, daß sie nicht sind. Aber eben diesem Subjektivismus hatte Sokrates unerbittlich den Krieg erklärt, und in seinen Fußstapfen wandelten hier auch Plato und Aristoteles. Die Ideenlehre des ersteren war der energischeste, wenn auch gewiß weit über das Ziel hinausschießende Protest gegen die Protagoreische Lehre. Aber auch der scharfe Kritiker des platonischen Ultrarealismus blieb doch darin ein echter Schüler Platos, daß auch er erklärte: wenn die Dinge sich ändern, kann die Wahrheit über sie nicht dieselbe bleiben. Und die Schule des Stagiriten sprach beharrlich, wenn auch (vermöge ihrer unvollkommenen Psychologie des

Urteils) nicht in völlig glücklicher Fassung, von einer adaequatio rei et intellectus, worin die Wahrheit zu suchen und wobei nicht der intellectus das Maßgebende sei. Aber auch andere, die nicht zur aristotelischen Schule gehören, Cartesius, Spinoza, Locke, Leibniz usw. waren doch in diesem Punkte Aristoteliker, und als Kant den Gedanken aussprach, nicht unser Verstand müsse sich nach den Gegenständen sondern diese sich nach ihm richten, konnte er ihn mit der kühnen Umwälzung vergleichen, die im Systeme des Copernikus lag. So allgemein war sonst die Überzeugung, daß das Urteil, um richtig zu sein, sich nach dem Seienden (nach dem ὄν ὡς ἀληθές) richten müsse. Den Verstand also, als wäre dieses das Sekundäre gegenüber der Wahrheit oder Richtigkeit des Urteilens, kann die Rede der Aristoteliker, daß „wahr" erst im übertragenen Sinne von den Gegenständen und im eigentlichen vom Urteilen gesagt würde, unmöglich haben.

Es bleibt somit — soweit damit überhaupt etwas über das Verhältnis der Begriffe und nicht bloß über den Sprachgebrauch und seine Entwicklung gesagt sein will, — nur übrig, daß der Sinn jener Rede ist: Wenn auch in Bezug auf das sachliche Verhältnis beider Begriffe das Seiende gegenüber der Richtigkeit unseres Urteilens gewissermaßen das Primäre sei, so gelte doch in Hinsicht auf unsere Erkenntnis dieser Inhalte das Umgekehrte. Wir schöpften — dies ist die Meinung — den Begriff des Seienden (d. h. des Wahren, wie es von Gegenständen gilt) nur aus der Reflexion auf die Richtigkeit oder Wahrheit gewisser Urteilsakte; jener Begriff sei nur in Zusammenhang mit diesem zu gewinnen und in diesem Sinn sei die Bedeutung von „Wahrheit", wie sie von Gegenständen ausgesagt wird, vermittelt durch die Bedeutung von „Wahrheit", wie sie unter Umständen dem Urteilen zukommt. Und wenn Höfler davon spricht, daß durch Meinongs oben erwähnte Ausführungen über die „Objektive" die alte aristotelische Lehre von der Mittelbarkeit der Verwendung des Wörtchens „wahr" für Gegenstände eine für die Erkenntnistheorie grundstürzende Korrektur erfahre, mit anderen Worten, daß wir von Meinong im Gegensatze zu den meisten Philosophen alter und neuer Zeit zu lernen hätten, daß „das Urteil erst von seinem Objektiv das Merkmal Wahrheit zu Lehen trage", so kann dies nur heißen, die Lehre, daß der Begriff des ὄν ὡς ἀληθές durch Reflexion auf einen Vorzug gewisser Urteile geschöpft sei, habe sich als unrichtig erwiesen und müsse eine gründliche Wendung ins „Apsychologische" erfahren.

Aber ich denke, es sieht auch jedermann sofort, daß diese Wendung ins Apsychologische mit einem auch ins Grund- und Bodenlose führt. Es hieße ja nichts Geringeres, als daß wir anders als durch ein evidentes Urteil erkennen könnten, daß etwas ist. Es hieße, daß uns die „Objektive" auf geheimnisvolle Weise unabhängig vom Bewußtsein gegeben und zugänglich wären und wir dann mittelbar (etwa durch Vergleichung derselben mit unseren Urteilen — oder wie sonst in aller Welt?) die Wahrheit der letzteren erkännten.[1]) Ein solcher Apsychologismus und Objektivismus ist gewiß nicht minder verwerflich

---

[1]) Dies will Meinong nicht. Aber seine Ausführungen darüber, daß „wahr in erster, natürlichster Wortbedeutung nicht ein Urteil sondern dessen Objektiv sei", halten auch in ihrer neuesten Gestalt (Zeitschrift für Philosophie, Bd. 129, S. 156) die beiden oben unterschiedenen Bedeutungen, die die Frage haben kann, nicht mit wünschenswerter Klarheit auseinander. Ja auch er, obschon er zugibt, daß am Begriffe des wahren Objektivs das Urteil in eigentümlicher Weise beteiligt sei, setzt sofort hinzu, man könne „die Eigenart des wahren Objektivs auch unabhängig vom Urteil charakterisieren". Wer dies wolle, nenne das betreffende Objektiv eine Tatsache oder tatsächlich. Auch nach Meinong hätten wir also von der Wahrheit von Gegenständen einen Begriff unabhängig von der Reflexion auf das Urteilen. Aber wie wir zu ihm gelangen sollten und könnten, erklärt der Autor mit keinem Worte. In Wahrheit unterliegt er auch hier wieder einer Täuschung durch die Sprache. Weil in der Etymologie des Wortes Tatsache kein Hinweis auf das Urteilen liegt, scheint er allen Ernstes zu glauben, es werde uns dadurch ein Begriff von der Wahrheit des „Objektivs" (denn vom Begriff und nicht vom Wort ist ja doch die Rede!) vermittelt, der nichts mit dem Urteilen zu tun habe. Fragen wir aber, was „Tatsache oder tatsächlich" heißt, so ist davon in keiner anderen Weise Rechenschaft zu geben als: Tatsache sei das, was ist, und daß hierbei die Vorstellung eines Urteilens mit gegeben ist, bedarf keiner Erörterung mehr.

Nebenbei bemerkt, ist es ebenso aussichtslos und gleichfalls nur aus einer Täuschung durch die Sprache begreiflich, wenn Meinong auf der folgenden Seite der eben erwähnten Ausführungen (a. a. O., S. 159) einen „apsychologischen", d. h. ohne Heranziehung psychologischer Erlebnisse und Reflexion auf sie gewonnenen, Begriff der Notwendigkeit zu besitzen meint. Notwendigkeit und Unmöglichkeit sind Urteilsinhalte, ebenso wie Sein und Nichtsein, und unser Begriff davon ist nur aus der Reflexion auf bestimmte Weisen des Urteilens geschöpft. Ob in der Etymologie ein Hinweis darauf gegeben sei oder nicht, darf nicht beirren. Nicht minder ist es endlich irrig, wenn Meinong glaubt, wir könnten den Begriff der Notwendigkeit anders als auf dem Umwege über die Unmöglichkeit gewinnen. Es hängt

als der verkehrte Psychologismus des Protagoras. Dieser irrte, indem er nicht unterschied zwischen dem bloß tatsächlich Geurteilten (Anerkannten oder Geleugneten) und dem was so oder so beurteilt zu werden verdient, und indem er lehrte, jegliches werde wahr oder seiend dadurch, daß man es für wahr halte oder für seiend nehme. Diesem Subjektivismus und Relativismus gegenüber bin ich, wie Sokrates und die Anhänger, die er durch alle Zeiten gefunden hat, Antipsychologist. Dagegen ist es durchaus kein verkehrtes Hineintragen des Begriffs der Akte in das durch sie Erfaßte, vielmehr ein Psychologismus, der zugleich die einzig mögliche Form des Objektivismus ist, wenn man zwar nicht sachlich die Richtigkeit oder Wahrheit des Urteils dem Seienden gegenüber als das Frühere bezeichnet, aber die Erkenntnis des letzteren durchaus auf die psychologische Erfahrung des Urteilens und seiner Evidenz baut. Indem wir, und nur indem wir unser evidentes Urteilen erfassen, geschieht es, daß wir den ihm adäquaten Inhalt als adäquat miterfassen. Eine Erkenntnis erschließt uns beides. Das Erfassen des einen (realen) Fundaments der Korrelation ist zugleich ein Miterfassen, eine Komperzeption, des anderen (nichtrealen) Fundaments und des Verhältnisses beider d. h. der Richtigkeit des Urteilens einerseits und der Wahrheit des Geurteilten andererseits. (Wir kommen darauf zurück.) Und da wir das Sein oder Existieren nur in und mit einem (anerkennenden) Urteilen, dessen Richtigkeit sich uns kundgibt, erfassen, so kann auch der Begriff des Seienden nicht anders als durch Reflexion auf ein solches Urteilen gewonnen werden. Seiend und existierend heißt, wie wir schon wiederholt betonten: was mit Recht anerkannt werden kann.

Wenn Dyroff (Der Existentialbegriff, 1902, S. 15) gegen diese Fassung des Begriffs der Existenz einwendet: „Nicht heißt etwas existierend, wenn das anerkennende Urteil wahr ist, sondern umgekehrt ist das anerkennende Urteil wahr, wenn das in ihm Anerkannte existiert", so bin ich — wie man aus dem

---

dies mit seiner Lehre zusammen, daß wir affirmative Axiome besäßen, mit der wir uns an späterer Stelle auseinandersetzen werden. In Wahrheit haben alle unseren unmittelbaren apodiktischen Einsichten negativen Charakter, und so gelangen wir, wie früher schon betont wurde, zum Begriff und zur Erkenntnis von Notwendigkeiten nur auf dem Umwege über das Unmögliche, mit anderen Worten wir vermögen nur das als notwendig zu erkennen, dessen Gegenteil wir als unmöglich einsehen.

Vorausgehenden sieht — weit entfernt (und war es immer), den ersten Teil dieser seiner Bemerkung zu leugnen. Aber so richtig sie ist, so wenig wird Dyroff andererseits ernstlich leugnen wollen, daß wir gleichwohl nicht zuerst das Seiende erfassen und dann daraus die Richtigkeit des dasselbe anerkennenden Urteils erkennen (wie in aller Welt sollte dies geschehen?), sondern daß hier alles auf das evidente d. h. sich als richtig kundgebende Urteil zurückgeht. Und damit ist eben gesagt — was ich behaupte —, daß wir keinen anderen Begriff der Existenz haben als jenen durch Reflexion auf das richtige (anerkennende) Urteil gewonnenen.

Doch meine ich natürlich mit der von mir gegebenen Verdeutlichung des Begriffs nicht alle Bedingungen seiner Entstehung angegeben zu haben. Die erschöpfende Behandlung eines solchen Problemes gehört in die allgemeine Lehre von der Abstraktion und Bildung begrifflicher Gedanken.

Auch Jerusalem (Die Urteilsfunktion, S. 120 ff.) kämpft gegen ein Phantasiebild, wenn er meint, unsere Definition des Existenzbegriffes laufe auf einen circulus vitiosus hinaus.[1]) Denn die Richtigkeit eines (anerkennenden) Urteils könne man nach uns nur daran erkennen, daß der anerkannte Gegenstand existiert, dies aber wiederum erkenne man daran, daß das Urteil richtig ist. Wenn wir das erstere meinten, müßten wir ja glauben, daß man die Existenz des anerkannten Gegenstands irgendwie unahhängig von unserem Bewußtsein erfassen könne!

Nein! entweder sind „Seiendes, Nichtseiendes (und ebenso Notwendiges, Unmögliches und die Urteilsinhalte überhaupt) Worte ohne Sinn, oder wir besitzen nur einen Begriff von ihrer Bedeutung, der geschöpft ist aus der Reflexion auf das Urteilen (und darum die Vorstellung desselben im allgemeinen einschließt), und die Erkenntnis der Existenz von etwas uns Fremdem ist stets untrennbar geknüpft an die Erkenntnis von uns selbst als richtig Urteilenden und nur in dieser Begleitung d. h. in einer mit der Selbstperzeption verbundenen Komperzeption möglich.

---

[1]) In der Zeitschrift für die österr. Gymn. 1892, S. 445 hatte er den Vorwurf erhoben, daß diese Deutung des Existenzbegriffes sich als eine bloße Tautologie erweise. Darauf habe ich schon in meinen Artikeln „Über subjektlose Sätze" (Bd. XIX, S. 35 ff.) erwidert und habe u. a. nachgewiesen, daß die obige Definition des Existenzbegriffes nur in dem Sinne tautologisch ist, als dies zu sein ein unentbehrliches Erfordernis jeder strengen Definition ist, während seine Definition: existieren hieße wirken, allerdings nicht tautologisch aber in Wahrheit auch nicht eine Definition, sondern eine Mißdeutung des Namens und Begriffes darstellt.

Fassen wir das Resultat unserer Betrachtung über das
Verhältnis von Wahrheit und Urteilsinhalt oder „Objektiv"
zusammen, so ist zu sagen: da Wahrheit, auf Gegenstände angewendet, nichts anderes heißt als Sein, und Falschheit soviel
wie Nichtsein, so bilden sie in einem Urteil wie „A ist" oder „A
ist nicht" ein inneres Moment des Urteilsinhalts. In abgeleiteter
Weise aber, und in einem indirekten Urteil wie „daß A sei ist
wahr", können sie auch als Eigenschaften von dem Inhalt eines
anderen Urteils ausgesagt werden.

§ 66. Wir glauben im Vorausgehenden den Begriff der
Urteilsinhalte (des Seins, Nichtseins, der Notwendigkeit, Unmöglichkeit usw.) genügend geklärt zu haben. Doch gilt es, dieses
Gebiet, und insbesondere den Begriff des Seienden, noch ausdrücklich vor Verwechslungen zu schützen.

Am häufigsten trifft man die Konfusion des Begriffs des Seienden im obigen Sinne eines Urteilsinhalts mit Sein im Sinne des
Realen, obwohl schon Aristoteles diese Äquivokation des Terminus
bemerkt[1]) und das eine als $\ddot{o}v$ $\dot{\omega}\varsigma$ $\dot{\alpha}\lambda\eta\vartheta\acute{\epsilon}\varsigma$ dem anderen als $\ddot{o}v$
$\varkappa\alpha\tau\dot{\alpha}$ $\tau\dot{\alpha}\varsigma$ $\varkappa\alpha\tau\eta\gamma o\varrho\acute{\iota}\alpha\varsigma$ (die Kategorien sind nach ihm bekanntlich
die höchsten Gattungen realer Prädikate) gegenübergestellt
hat. Wir meinen, daß der Stagirite hier richtig gesehen hat.
Das Seiende im Sinne dessen, was mit Recht anerkannt werden
kann, nennt er passend: $\ddot{o}v$ $\dot{\omega}\varsigma$ $\dot{\alpha}\lambda\eta\vartheta\acute{\epsilon}\varsigma$, Sein im Sinne des Wahren.
Denn wir haben gesehen: seiend in diesem Sinne oder existierend
ist dasselbe wie wahr, sofern das Prädikat nicht auf das richtige
Urteil sondern dessen (mögliche) Gegenstände als solche ange-

---

[1]) $\tau\acute{o}$ $\ddot{o}v$ $\lambda\acute{\epsilon}\gamma\epsilon\tau\alpha\iota$ $\pi o\lambda\lambda\alpha\chi\tilde{\omega}\varsigma$. Dyroff (Über den Existenzbegriff, S. 5 u. 6)
findet, einer positiven Abgrenzung des „Existenzbegriffes" gegen den „Seins-
begriff" stehe ein unüberwindliches Hindernis im Wege, weil dieser der
allgemeinste und einfachste Begriff sei usw. Deutlicher als vom „Seinsbegriff"
dagegen hebe sich der „Existenzbegriff" von dem der Realität ab. Die
Wahrheit ist hier die, daß „Sein" nicht ein Begriff sondern nur ein äquivoker Name ist, der bald Existierendes bald Reales heißt. Und wenn der
genannte Autor (S. 5) noch bemerkt, die Scholastiker hätten betont, daß das
Sein dem Seienden nicht in eindeutiger sondern nur in analoger Weise
zukomme, so ist dies nichts anderes als das, was Aristoteles vom Sein im
Sinne des Realen lehrt. Wir haben nicht — wie Dyroff glaubt — drei
Begriffe vor uns: Sein, Existenz und Reales, sondern „Sein" heißt nur entweder Existenz oder Realität.

wendet wird. Nicht alles, was ein Seiendes im letzteren Sinne ist, ist es aber auch im ersteren.

Dementsprechend zerfällt uns das Gebiet des Existierenden oder mit Wahrheit Anerkenntlichen in zwei Bezirke, dasjenige was existiert und real ist und dasjenige was existiert, ohne real zu sein. Ich sage, das Gebiet des Existierenden zerfalle usw. Denn daß das, was nicht existiert, auch nicht real ist, ist selbstverständlich.[1]) Von ihm, z. B. einem goldenen Berg, zu sagen, er sei etwas Reales, kann nur heißen, der Name würde, wenn das Genannte existierte, etwas Reales bezeichnen. Während Namen wie: ein Mangel, eine Möglichkeit usw., auch wenn das Genannte in aller Wahrheit anzuerkennen ist, doch nichts Reales bezeichnen. G. Wernick irrt darum, wenn er meint,[2]) indem ich die Begriffe der Existenz und des Realen scheide, sei damit gesagt, der Gegensatz Realität — Nichtrealität sei ganz unabhängig von demjenigen zwischen Existenz und Nichtexistenz und wenn er, um mich hierin zu widerlegen, darauf hinweist, daß ich doch selbst als Beispiele von Nichtrealem solches anführe, was auf den Begriff der Nichtexistenz zurückzuführen sei, wie z. B. den Mangel, das Unmögliche. Ich meine, Begriffe können doch verschieden sein, auch wenn ihr Umfang nicht völlig auseinanderfällt. Es ist allerdings, wie der Leser weiß, auch meine Ansicht, daß z. B. unmöglich heißt: etwas, was notwendig nicht ist, und so war es und konnte es nie meine Meinung sein, daß der Begriff des Realen gar nichts zu tun hätte mit dem Gegensatz von Existenz und Nichtexistenz. Das Nichtseiende als solches kann unmöglich ein Reales sein. Aber nicht alles Nichtreale ist ein Nichtseiendes, und nicht alles Seiende ein Reales.

Den Begriff des Seienden gewinnen wir, wie schon oben ausgeführt wurde, durch Reflexion auf das richtige Urteilen. Der des Realen dagegen ist abstrahiert aus der Betrachtung gewisser Gegenstände des Urteils, und er muß vor allem klar gemacht werden durch Hinweis auf solche Beispiele und im Gegensatz dazu auch durch Hinweis auf solche Gegenstände,

----

[1]) Auf ein bezügliches Mißverständnis Jerusalems und Meinongs kommen wir später zurück.

[2]) In dem Aufsatz „Der Wirklichkeitsgedanke". Vierteljahrsschrift für wissenschaftliche Philosophie und Soziologie, Bd. XXX, S. 189.

die, obwohl sie in aller Wahrheit anerkannt zu werden verdienen, doch ein Nichtreales sind. Beispiele des Nichtrealen
wurden eben schon angedeutet. Solche des Realen dagegen sind:
Räume, Qualitäten (resp. Räumliches, Qualitatives); Vorstellen,
Urteilen, Lieben, Hassen (resp. ein Vorstellendes, Urteilendes) usf.
Nebenbei bemerkt nenne ich das Vorstellen, Urteilen usw.
selbst das psychische Reale. Wenn man auch von diesen
psychischen Vorgängen, ebenso wie von den Farben, Tönen usw.
gesagt hat, sie seien bloß „Erscheinungen" eines durch sie
sich Kundgebenden, aber selbst im Unbewußten liegenden, Realen,
so vergißt man, daß „Erscheinen" doch Vorgestelltwerden heißt
und es kein Vorgestelltwerden geben kann ohne ein wirkliches
Vorstellen resp. ein Vorstellendes. So sicher als es Erscheinungen
gibt, so sicher existiert ein Vorstellen und ein Vorstellendes, und
— wenn wir nicht unrettbar der Skepsis überantwortet sein
sollen — kann also der Fall bei den psychischen Erlebnissen
nicht analog liegen wie bei den physischen Phänomenen. Das
Sein der letzteren ist in Wahrheit nichts anderes als das Sein
gewisser psychischer Erlebnisse (nämlich der Empfindungsakte).
Das Sein dieser Erlebnisse aber ist ihr eigenes, und würden
wir es nicht mit unmittelbarer Sicherheit erfahren, und als das
erfahren, was es ist, wo wäre eine Basis gegeben um überhaupt
auf irgend ein Reales im Gebiete des Unbewußten zu schließen?

Ich habe eben den Begriff des Realen durch Beispiele und
nicht durch eine eigentliche Definition klar zu machen gesucht.
Man wird dies nicht tadeln. Und wer es doch täte, der hätte
offenbar vergessen, daß man auch Begriffe wie Farbe, Ton, Ort,
Vorstellen usw. und überhaupt alle einfachen Begriffe nur durch
Beispiele und nicht durch etwas wie eine Analyse verdeutlichen
kann. Letzteres ist naturgemäß nur möglich bei solchen Vorstellungen, deren Inhalt eine Synthesis von Elementen darbietet.
Wo dies nicht der Fall ist — und das gilt auch beim Begriff
des Realen — bleibt eine Zerlegung der Natur der Sache nach
ausgeschlossen. Der Versuch kann nur zu Scheinoperationen
und Irrtümern führen.

Auch schon in meinen Artikeln „Über subjektlose Sätze"
hatte ich betont, daß der Begriff des Realen durch Beispiele
klar gemacht werden müsse, und damit ist doch auch gesagt,
daß derselbe durch eine auf solche Beispiele gerichtete Abstraktion
und Vergleichung gewonnen sei. Ich begreife darum nicht recht,

wie G. Wernick (a. a. O., S. 190) meinen eben erwähnten Ausführungen gegenüber den Vorwurf erheben kann: „Ein bedenklicher Mangel ist es ferner, daß wir über die Herkunft der Begriffe des Realen und Nichtrealen nichts zu hören bekommen. Während zu wiederholten Malen auseinandergesetzt wird, woher der Begriff der Existenz stammt, nämlich aus der Reflexion über anerkennende" (genauer: richtig anerkennende) „Urteile, die ihrerseits aus einem nicht weiter zurückführbaren geistigen Vermögen hervorgehen, findet sich nirgends eine Angabe, wie wir zum Begriff des Realen gelangen. Stammt auch er aus einem besonderen Vermögen oder vielleicht aus einer besonderen Klasse von Erfahrungen?" Die Antwort auf diese Frage Wernicks ist schon in meinen obenerwähnten Artikeln deutlich gegeben.

Doch weiter! Daß die Unterscheidung zwischen Realem und Nichtrealem keine völlig müßige sei, wird man wohl ziemlich allgemein zugeben. Aber über ihre wahre Natur gehen die Meinungen allerdings auseinander, und es ist für die deskriptive Bedeutungslehre natürlich von höchster Wichtigkeit, daß wir darüber und über die Berechtigung unserer vorläufig darüber ausgesprochenen Ansicht, zu voller Klarheit kommen.

Wir fragen also: wenn ich einmal sage, psychische Tätigkeiten, Bäume, Häuser und Berge seien und ein andermal, ein Mangel, eine Möglichkeit, ein Unmöglichkeit sei, liegt da der Unterschied in einer verschiedenen Bedeutung des „ist" oder liegt er bloß in einem Unterschied der Materie, von der gesagt ist, daß sie sei, oder in beidem? Althergebracht und — wie schon bemerkt — bereits bei Aristoteles vertreten ist die Lehre, daß das Reale und Nichtreale sich essentiell unterscheiden, und der obengenannte Denker rechnet zum Realen alles, was die Substanz einschließt d. h. entweder eine Substanz ist oder nur Substanzen zukommen kann. Allein da es in neuerer Zeit (obwohl, wie ich glaube, mit Unrecht) sogar kontrovers geworden ist, ob es überhaupt etwas wie Substanzen gebe, jedenfalls aber eine nähere Untersuchung darüber nötig wäre, was denn, insbesondere auf körperlichem Gebiete, als das Substantielle anzusehen sei, so ist es hier vielleicht besser, von dieser aristotelischen Begriffsbestimmung abzusehen.

Neuere haben statt dessen betont, daß das Reale wirke, während dies vom Nichtrealen nicht gelte, und in der Tat kann man — wie mir scheint — diesen Charakterzug als durchschlagend betrachten; nur mag man sich noch etwas vollständiger dahin ausdrücken: Vom Realen gelte, daß ihm ein Wirken und Gewirktwerden und in diesem Sinne ein selbständiges Entstehen und Vergehen zukomme, während das Nichtreale ein bloßes Mitwerden habe, d. h. werde und vergehe, indem das Reale gewirkt wird und vergeht. Das trifft bei allem zu, was man gemeinhin einesteils als Beispiele des Realen, andererseits als solches von Nichtrealem angeführt hat oder anzuführen pflegt. Als real betrachtet man, wie schon bemerkt, z. B. auf physischem Gebiete den Ort und die denselben erfüllenden Qualitäten¹); auf psychischem die Seelensubstanz (wenn man eine solche als etwas dem Vorstellen, Urteilen, Interessenehmen eines Individuums identisch Subsistierendes anerkennt) und die eben erwähnten psychischen Vorgänge. Als nichtreal dagegen sieht man z. B. an: jedes bloße Kollektiv als solches. Niemand wird zwar leugnen, daß das Zusammensein des Kolligierten, seine Verbindung, in gewissem Sinne als etwas Neues zu den Gliedern hinzukomme; aber doch nicht als eine neue Realität. Würde man ja doch bei dieser Annahme — wie schon öfter hervorgehoben wurde — konsequent zu einer Vervielfältigung der Realitäten ins Unendliche gelangen; indem eben durch Hinzuzählung dieses durch Zusammenfassung der ursprünglichen Glieder (sie mögen a, b, c heißen) gewonnenen, neuen, kollektivischen Realen, dem Trio x, ein neues Kollektiv, das Quatuor (a, b, c) x entstünde, welches mit gleichem Recht wie das vorige als eine neue Realität y betrachtet und abermals durch Hinzufügung zu a, b, c, x ein neues Reale (a, b, c, x) y bilden müßte usw. in infinitum.

Will man solchen Konsequenzen entgehen, so wird also das zum Kollektiv (a, b, c) Verbundene als solches für ein Nichtreales anzusehen sein, und es gilt ja auch in der Tat von ihm, daß es wird, indem die Glieder werden, und daß es vergeht,

---

¹) Besser noch sagt man: Das örtlich Bestimmte — Qualitative sei in der einen und anderen Richtung seiner Differenzierung etwas Reales, und wenn auch nicht die uns bekannten sinnlichen Qualitäten, so existiert ja in Wirklichkeit doch sicher ein Analogon von ihnen, das den wirklichen Raum erfüllt. Aber der Ort ohne die Qualität und diese ohne jenen kann schlechterdings nicht sein und so auch nicht wirken. Der leere Raum, wie ich schon früher gelegentlich sagte, ist — als Reales genommen — eine Fiktion. Modifiziert verstanden, d. h. als Möglichkeit örtlicher Bestimmungen, aber ist er zwar nicht Fiktion, aber ein Nichtreales.

indem diese vergehen. Was vom Kollektiv, das gilt aber weiter
auch von den Relationen, die man als nichtreale zu bezeichnen
pflegt, wie von der Gleichheit und Verschiedenheit und von
anderem, was ihnen verwandt und untergeordnet ist (wie die
Ähnlichkeit, der Gegensatz und Abstand) oder auch bloß analog
(wie die intentionale Relation). Wohl ist die letztere eine Folge
von etwas Realem, und so sind es oft direkt, oft indirekt auch
die anderen; aber niemals sind sie in sich selbst eine Realität.
Sie wirken nicht und werden nicht gewirkt. Ihr Werden und
Vergehen begleitet das Entstehen und Vergehen dessen, zwischen
dem die Gleichheit und Verschiedenheit sich findet, und dieses
ist entweder selbst ein Reales oder seinerseits Folge des Gewirktwerdens oder Vergehens eines Realen, falls es überhaupt ein Entstehen und Vergehen hat. Was von den nichtrealen Relationen,
das gilt auch von den weiteren Beispielen des Nichtrealen, auf
die man hinzuweisen pflegt: dem Mangel, dem bloß Möglichen
(d. h. dem, was nicht notwendig nicht ist) und Unmöglichen (d. h.
dem notwendig Nichtseienden) und überhaupt von den Urteilsinhalten, auch dem Seienden und Notwendigen als solchen und
dem Dies- oder Jenessein. Auch hier haben wir es mit etwas
zu tun, was — wenn es wird — nicht gewirkt wird und wenn
es vergeht, nicht direkt infolge des Aufhörens eines Wirkens
vergeht. Indem der körperliche oder psychische Zustand aufhört,
hört sein Sein auf d. h. es hört auf zu gelten, daß er mit Recht
anerkannt werden kann, und indem jener gewirkt wird, entsteht
sein Sein d. h. fängt an zu gelten, daß er mit Recht anerkannt
werden kann.

§ 67. Doch manchen genügt diese Fassung des Unterschieds
zwischen Realem und Nichtrealem keineswegs. Es scheint ihnen
wesentlich, daß dem Nichtrealen in anderer Weise als dem Realen
das Sein zukomme d. h. daß beim einen und anderen das „es
ist" einen anderen Sinn habe; sei es, daß darin das Ganze des
Unterschieds liegen soll, sei es, daß es zum Unterschied des Was
noch hinzukäme.

Tatsächlich hat wohl, wenn überhaupt eine dieser Ansichten, nur die letztere von vornherein Anspruch auf Beachtung.
Denn die erstere, welche lehren würde, das Nichtreale sei seiner
Essenz nach völlig gleichartig dem Realen, würde sich nicht
bloß dadurch in eine unhaltbare Position stürzen, daß sie leugnen

müßte, dem Nichtrealen komme kein Wirken und Gewirktwerden zu, sondern sie läßt auch völlig unerklärt, warum
doch, wenn kein essentieller Unterschied zwischen Realem und
Nichtrealem besteht, beiden eine ganz verschiedene Weise des
Daseins zukommen soll. Nur wenn auch das „Was" beider
fundamental verschieden ist, kann von vornherein daran gedacht
werden, ihnen auch eine ganz verschiedene Weise des „Daß"
zuzuschreiben. Sehen wir denn zu, ob diese Meinung begründet sei.

Sie ist in neuerer Zeit wiederholt aufgetaucht, so z. B. bei
Bolzano. Dieser scharfsinnige Denker scheint der Meinung
gewesen zu sein, das „ist" und „ist nicht" habe bei dem, was
er „wirklich" und real nennt, und bei dem, was er zwar als ein
„Etwas" aber nicht als ein Wirkliches bezeichnen will, einen
verschiedenen Sinn. Das erstere „existiere"; vom letzteren dagegen könne man dies nicht sagen; doch sei der Ausdruck, „es
gebe" dergleichen, wohl am Platze.[1]) Auch James spricht von
verschiedenen Weisen des Seins[2]) und nicht minder Husserl. Und
Meinong will unterscheiden zwischen existieren und „bestehen",
und beruft sich auf die Sprache, die in manchen Fällen lieber
sage: etwas, wie z. B. eine Möglichkeit oder Unmöglichkeit
bestehe, als: sie existiert. Die Meinung ist also nicht: das Nichtreale sei eine Fiktion (denn dies wäre etwas, was fälschlich
anerkannt wird) sondern es sei etwas, was ist, aber in anderem
Sinne als das Reale.

Allein, was zunächst die Anlehnung an den Sprachgebrauch,
die man dabei versucht hat, betrifft, so scheint sie mir recht
wenig zuverlässig. Ich will nicht erwähnen, daß das deutsche
Wort „bestehen" geradezu wie eine Übersetzung des lateinischen
„existere" lautet, und daß die Sprache denn auch gelegentlich
bestehen und existieren vollkommen äquivalent gebraucht,[3]) wie
man ja z. B. ganz im selben Sinne sagt: dieses Fürstenhaus

---

[1]) Wissenschaftslehre I, S. 237, I, § 19: ... das Nichtreale, meint hier
Bolzano, habe keine Wirklichkeit, kein wirkliches Dasein, keine Existenz.
So sagt er z. B., nur der Urteilsakt habe Dasein; der Satz „an sich", der den
Inhalt des Urteils ausmache (es ist dasselbe, was auch wir Inhalt nennen und
was nach Bolzano, wie nach uns, nicht real ist), sei nichts Existierendes. Aber
doch kann man auch nach Bolzano in Wahrheit von ihm sagen, er sei.

[2]) The principles of Psychology II, ch. 21.

[3]) So tut z. B. auch Bolzano.

besteht noch heute, und es existiert noch heute (im Gegensatz
zu einem anderen etwa, das ausgestorben ist) und wie jedermann dasselbe und nicht — wie es nach Meinong sein
sollte — Verschiedenes zu sagen meint mit den Worten: es
besteht und es existiert die Allmacht eines unendlich vollkommenen Wesens u. dgl. Aber die schon öfter gemachte allgemeine Bemerkung kann auch hier nicht unterdrückt werden,
daß die Sprache gar oft in launenhafter Weise von gewissen
Ausdrücken den einen in solchem, den anderen in anderem
Zusammenhange zu verwenden liebt, ohne daß dieselben dem
Sinne, vielmehr nur der äußeren und inneren Sprachform nach,
verschieden sind.[1]) So scheint sie es mir mehr oder weniger
auch zu halten mit den Ausdrücken: bestehen, existieren, sich
finden, gefunden werden, mit „es ist" und „es gibt" usw. So
wenig ich ernstlich Klassen bilden möchte von Gegenständen,
die „sind", und von solchen, die „gefunden werden", so wenig
möchte ich, der Sprache folgend, solche, die „existieren", und
solche, die „bestehen", auseinanderhalten. Und wenn Meinong in
anderem Zusammenhange betont, man könnte ganz wohl sagen:
„es gibt Gegenstände, von denen gilt, daß es dergleichen Gegenstände nicht gibt", wendet er hier nicht selbst das „es gibt", das
er sonst auch für „existieren" und mit Bezug auf Reales gebraucht,
in einem Falle an, wo es sich bloß auf ein „Objektiv" beziehen
kann, von dem der Autor nicht gelten lassen will, daß es existiere,
sondern nur, daß es bestehe? Der obige Satz kann ja nichts anderes
besagen, als daß es Unmögliches oder Nichtseiendes gebe, oder
besser: daß die Unmöglichkeit oder Nichtexistenz gewisser Gegenstände „bestehe".

Doch sehen wir vom Sprachgebrauche ab und auf die
Natur der Sache, so möchte die Annahme einer wesentlich verschiedenen Weise des Seins beim Realen und Nichtrealen vor
allem unnötig sein. Wenn ein Unterschied des Was zwischen
dem einen und anderen besteht, so scheint mir dies zu genügen.
Freilich, wenn eine solche verschiedene Seinsweise sonstwie Tatsache wäre, so müßte diese Einrede entfallen. Aber ist sie Tatsache? Ich kann es durchaus nicht finden. Denn wenn wir an

---

[1]) Man kann z. B. nicht sagen: es gibt Gott (nur: einen Gott oder
Götter), aber: Gott ist, oder Gott existiert. Auch behandelt die innere Sprach-
form selbst das Nichtsein wie eine Art des Seins und drückt es durch positive
Verben wie mangeln, fehlen, abgehen usw. aus.

Bestand oder dergleichen eine andere Weise des „Daß", eine andere Sachlage in Bezug auf ein „Was" vor uns hätten, so müßte sie einem besonderen Modus urteilenden Verhaltens adäquat sein können und in und mit der Richtigkeit dieses Verhaltens sich uns kundgeben. „Seiend" heißt, wie wir gesehen haben, was anerkannt, nichtseiend, was geleugnet zu werden verdient. Nur wenn es ein Anerkennen und Leugnen in anderem und anderem Sinne gibt, kann es auch einen verschiedenen Sinn von Sein und Wahrheit resp. Nichtsein und Falschheit geben.

Meines Erachtens gibt es tatsächlich in gewissem Sinne Weisen des Seins, welche von dem Sein eines einfachen Faktums verschieden sind, nämlich das Notwendig- resp. Unmöglichsein und das mit etwas Identischsein. Und siehe da! Sie sind in der Tat relativ zu verschiedenen Weisen des Anerkennens resp. Leugnens, denen sie ädäquat sind; die Notwendigkeit und Unmöglichkeit ist dies zu dem eigentümlichen Modus des apodiktischen Anerkennens und Verwerfens, die Identität (das A- oder B-sein) zu dem besonderen Modus des synthetischen Urteilens oder Zuerkennens.

So müßte es auch sein, wenn wir an „Bestand" oder dergleichen eine andere Seinsweise vor uns hätten. Nur mit einem bemerkenswerten Unterschiede gegenüber vorhin. Sowohl das Notwendigsein als das mit — etwas — Identischsein sind doch jedenfalls wahrhaft ein Sein. Der gewöhnliche Begriff des Seins ist darin enthalten und nur bereichert und determiniert. Was notwendig ist, das ist, und wie aus dem Notwendigsein, so folgt auch aus dem Dies- oder Jenessein das Sein schlechtweg. Man hat allerdings behauptet, es gebe ein Sosein ohne ein Dasein. Aber das scheint mir offenkundig unmöglich. Was rot oder grün, rund oder eckig sein soll, muß vor allem sein. Und man kann nicht zuerkennen (prädizieren) ohne anzuerkennen. Wir kommen darauf zurück. Ebenso involvieren das apodiktische Anerkennen und Leugnen wahrhaft ein Anerkennen und Leugnen und sind nur besondere Modi desselben. Anders dagegen wäre es mit dem Begriff des „Bestehens" im obigen Sinne. Im „Bestehen" soll die Existenz nicht involviert, es soll durchaus keine eigentliche Existenz sondern nur in wesentlich modifiziertem Sinne ein Sein genannt werden können. Dementsprechend, nämlich den gewöhnlichen Sinn des Anerkennens und Leugnens eigentümlich modifizierend, müßte auch der Modus desjenigen urteilenden oder überhaupt psychischen Verhaltens gedacht werden, der zu jenem modifizierten Sinne das „ist" relativ wäre und in und mit dessen Richtigkeit sich uns jene eigentümliche Weise des „Daß" kundgäbe.

Allein von einer derartigen Bewußtseinsbeziehung scheint mir die innere Erfahrung nichts zu zeigen. Und so klar es ist, daß „ist", im Sinne der Existenz gebraucht, das anerkennende Urteil ausdrücken und ein solches erwecken will, mit anderen Worten den Inhalt eines solchen bedeutet, frage ich mich umsonst, wo der vermeintlich ganz eigenartige Begriff des „Bestandes" gewonnen sei, mit anderen Worten: wo die dem Anerkennen analoge psychische Verhaltungsweise sei, der das „ist" im Sinne des Bestandes so entspräche wie jenem das „ist" im Sinne der Existenz. Auch sei ausdrücklich betont, daß nicht bloß Bolzano, sondern auch Meinong und Husserl, die, der eine verschiedene Weisen des „Denkens" (Annehmen und Urteilen), der andere verschiedene Modi des Glaubens (belief), statuieren, doch keinen Versuch machen, dadurch jene verschiedenen Seinsweisen zu rechtfertigen und zu erklären.

§ 68. Meinong spricht, wie wir wissen, neben Urteilen im eigentlichen Sinne von „Phantasieurteilen" oder „Annahmen", die zwar ein Anerkennen oder Verwerfen aber kein Urteilen sein sollen; beides Klassen einer Gattung psychischen Verhaltens, die er „Denken" nennt. Allein er bringt das „Bestehen", von dem er im Unterschied vom Existieren redet, doch durchaus nicht mit den „Annahmen" im Gegensatz zum Urteilen in Beziehung. Und er kann es wohl auch nicht, da Urteilen und Annehmen nach ihm ein Anerkennen (resp. Leugnen) im selben Sinne sein und der wesentliche Unterschied zwischen beiden bloß in dem Überzeugtsein resp. dem Mangel der Überzeugung liegen soll, was unmöglich der Anlaß sein kann, mit Rücksicht auf das eine Verhalten das Prädidat der Existenz (das vom Realen zu gelten hätte), mit Rücksicht auf das andere dagegen das Prädikat „bestehen" zu bilden, das vom Nichtrealen gelten soll. Wir sind ja — und so auch Meinong — nicht minder vom Sein des Nichtrealen als des Realen überzeugt.[1]

---

[1] C. Stumpf (Erscheinungen und psychische Funktionen. Aus den Abhandlungen der Königlich-Preußischen Akademie der Wissenschaften vom Jahre 1906. Berlin 1907, Verlag der Königlichen Akademie der Wissenschaften, S. 30) hat gegen Meinongs Lehre von den „Annahmen", als einer besonderen neuen Klasse von psychischen Funktionen, eingewendet: „Was die Annahmen betrifft, so trage ich schon darum Bedenken, sie mit Meinong als eine besondere Klasse von Funktionen neben die Urteile zu stellen, weil sonst überall einer besonderen Klasse von Funktionen eine besondere Klasse von Gebilden entspricht, was in diesem Falle nicht zutreffen würde".

Vielleicht wendet er ein, wir hätten überhaupt keinen Begriff und keine Vorstellung der Existenz und des „Bestandes", kurz der „Objektive". Wir werden später untersuchen, was es mit der Berechtigung dieser Behauptung für eine Bewandtnis hat. Für den Augenblick wollen wir davon absehen und annehmen, vom Sein im Sinne der Existenz gebe es in der Tat keine Vorstellung und die einzige Klärung des Sinnes für das Wort sei, darauf hinzuweisen, daß es durch das anerkennende Verhalten „erfaßt" werde. Aber auch so, und so nicht minder, müßte doch eine besondere Klasse psychischen Verhaltens namhaft gemacht werden, welche uns in analoger Weise den Sinn des Wortes „ist", wo es soviel wie „bestehen" heißen soll, erklärt. Welches ist sie?

Hier gibt es für Meinong meines Erachtens kein Entrinnen. Wenn er mit seiner Leugnung, daß wir von den „Objektiven" keine Vorstellung haben, Recht hat, dann sind auch die Wörtchen Existenz, Bestand (denn dabei haben wir es doch beidemal mit „Objektiven" zu tun) nicht Namen sondern Aussagen (der Ausdruck von Urteilen oder „Annahmen"), und es entsteht die Frage, wodurch unterscheidet sich denn unser psychisches Verhalten, wenn ich das eine Mal Existenz, das andere Mal Bestand „denke"? Ich sehe nur zwei Möglichkeiten. Entweder liegt der Unterschied in einer verschiedenen Modalität des durch jene „Aussagen" ausgedrückten psychischen Verhaltens oder in einem Unterschied des Objektes. Im ersteren Falle, aber auch nur dann, kann trotz der Gleichheit des Objekts auch ein Unterschied des „Objektivs" gegeben sein. Wie ja mit der Anerkennung von A ein anderes „Objektiv" Hand in Hand geht als mit der Verwerfung trotz der Gleichheit des Objekts, und so — wenn es

---

Unter dem „Gebilde", welches dem Urteilen entspricht, und wofür — wie Stumpf sagt — ein Analogon auch bei der Annahme gegeben sein müßte, wenn sie eine besondere Klasse von psychischen Funktionen neben dem Urteilen sein sollte, versteht der genannte Psychologe den „Urteilsinhalt", z. B. das Sein von A und das Nichtsein von A. Und analog bezeichnet er als das „Gebilde", welches den Gefühlen und Willensakten entspricht, den Wert.

Wären nun, so argumentiert er mit Recht, Annehmen und Urteilen zwei verschiedene Klassen von psychischen Funktionen, so müßten beiden verschiedene Gebilde gegenüberstehen.

Und natürlich würde es nichts helfen etwa zu sagen, Sein und Nichtsein seien in Wahrheit die den Annahmen entsprechenden „Gebilde" oder Inhalte. Das hätte zwar für sich, daß ja das Annehmen seinem Wesen nach ein Bejahen und Leugnen sein soll, und diesen in der Tat das Sein und Nichtsein in natürlicher Weise entsprechen. Allein in dem Falle bliebe eben kein besonderes „Gebilde" oder kein eigentümlicher Inhalt für das Urteilen übrig, und dieses könnte unmöglich in wahrhaft analogem Sinne eine psychische Funktion genannt werden wie das Annehmen. Der Unterschied, der es vom Annehmen trennte, könnte nur ein subjektiver sein, nicht ein solcher, dem etwas Objektives entspräche oder (eventuell) entsprechen könnte.

überhaupt einen Sinn haben soll von „Objektiven" zu sprechen —
mit jedem (spezifischen oder generischen) Unterschied in der
Qualität oder überhaupt einer (nicht bloß subjektiven) Modalität
des psychischen Verhaltens. Wenn also der Unterschied von
„Bestand von etwas" und „Existenz von etwas" darin und nicht
im Objekte liegt, so gebe Meinong ihn an. Welcher Art ist der
Unterschied im Modus psychischen Verhaltens, der hier und dort
vorliegt? Wenn aber weder er noch sonst jemand einen solchen
anzugeben vermag, dann bleibt eben nichts anderes übrig, als daß
die Differenz nur im Objekte liege, wie wir behaupten, und daß
es lediglich eine Laune des Sprachgebrauchs ist, ihm scheinbar
verschiedene Weisen des „Seins" zuzuschreiben. Zwischen „Existierendem" (Realem) und „Bestehendem" (Nichtrealem) ist dann
kein Unterschied als ein solcher des „Was", das im einen und
anderen Falle „ist" d. h. anerkannt zu werden verdient.

Doch wenden wir uns zu Husserl mit der Frage, wie er
von den Begriffen verschiedener Seinsweisen Rechenschaft gebe.
Wenn ich recht verstehe, nimmt er verschiedene Modifikationen
desjenigen psychischen Verhaltens an, das er, D. Hume folgend,
„Glauben" (belief) nennt.[1]) Eine solche Modifikation bilden nach
ihm die gewöhnlich sogenannten Annahmen (wie wenn ich sage:
Nehmen wir an, es gebe Dreiecke mit mehr oder weniger als
2 R als Winkelsumme) — was er „Assumptionen" nennt. Aber
außerdem soll es noch eine ganze Reihe solcher Weisen des
belief geben, wie z. B. das Phantasieren oder Fingieren des
Künstlers. Nicht verschiedene Modi des Anerkennens also hätten
wir daran vor uns; denn Anerkennen und Verwerfen gehören
nach Husserl zum Vorstellen. Eine neue, vom Vorstellen fundamental verschiedene, Weise psychischen Verhaltens tritt seiner
Meinung nach erst mit dem belief („Glauben") auf und davon
sind, wie schon bemerkt, das Annehmen und Fingieren usw.
verschiedene Weisen oder Modifikationen. Ihnen entsprechend
statuiert er denn auch eine Reihe verschiedener Wahrheitsniveaus. Doch — worauf es uns hier vor allem ankommt —
für den Begriff der idealen Existenz, die er, wie wir hörten,
von der realen unterscheidet, rekurriert er nicht auf jene verschiedene Weisen des belief als ihre Quelle. Es würde, so
scheint mir, auch umsonst sein. Schon darum, weil meines Erachtens tatsächlich die Erfahrung solche verschiedene Modi des
belief, denen verschiedene „Wahrheitsniveaus" entsprächen, gar
nicht zeigt. Alles, was ich in mir zu finden vermag, sind
jene verschiedenen Grade der Überzeugung, darunter jenes halb
mächtige, halb ohnmächtige Glauben und jene „Urteile auf
Kündigung", von denen ich in meinen Ausführungen gegen

---

[1]) So in der gefl. Antwort auf einen Brief, worin ich ihn um Aufschlüsse
über gewisse Punkte seiner Lehre, insbesondere seinen Begriff des Urteilens,
gebeten hatte.

Meinongs „Annahmen" sprach und wobei wir es, wie ich dort gezeigt habe, nicht mit deskriptiven Unterschieden zu tun haben, soweit nicht derjenige von blindem und evidentem Urteilen mit ins Spiel kommt.

In den „logischen Untersuchungen" schreibt Husserl dem, was er als Ideales vom Realen unterscheidet, eine zeitlose Existenz zu, während das Reale zeitlich sei. Ich kann auch eine Unterscheidung dieser Art nicht berechtigt finden. Alles, so scheint mir, was wir als seiend denken, denken wir zeitlich. Was schon daraus hervorgeht, daß wir es entweder als bestehend und beharrend oder als sich verändernd denken. Das im strengen Sinne Zeitlose wäre weder das eine noch das andere. Nur das kann zugegeben werden, daß wir, was wir zeitlich denken, nicht immer mit einer bestimmten und nicht immer mit einer beschränkten Temporalbestimmung denken. Mit anderen Worten, während wir vieles als zu bestimmter Zeit seiend und anfangend und aufhörend denken, anerkennen wir auch manches bloß als zu irgendeiner Zeit seiend, ohne nähere Bestimmung welche, und anderes denken wir als zu aller und jeder Zeit bestehend. Aber weder, wo die Zeitbestimmung indefinit bleibt, noch wo wir ausdrücklich jede Beschränkung der Temporalbestimmung aufheben, scheint es mir passend von einer zeitlosen Existenz zu sprechen. Was ist, ohne zu werden und zu vergehen, ist darum nicht zeitlos sondern eben zu jeder Zeit.

Fällt nun vielleicht in dieser modifizierten Fassung eine (freilich bloß uneigentlich so zu nennende) verschiedene Existenzweise mit dem Unterschied des Realen und Nichtrealen zusammen? Auch dies schiene mir nicht richtig. Das Nichtreale ist ja durchaus nicht immer ein solches, das kein Entstehen und Vergehen hat. Merkwürdigerweise hat Bolzano von den Sätzen oder Wahrheiten an sich, die er begreiflicherweise zum Nichtrealen rechnet, behauptet, daß sie für immer (und allenthalben) gelten.[1]) Ebenso hat Meinong von den „Objektiven" (die mit Bolzanos „Sätzen an sich" sachlich identisch sind) und überhaupt von allem, dem nur „Bestand", nicht „Existenz" zukomme, behauptet, es sei an keine Zeitbestimmung gebunden und in diesem Sinne ewig oder besser zeitlos. „Mein Schreibtisch — so führt er (Über Annahmen S. 189) aus — ist ein zu bestimmter Zeit existierendes Ding: daß er aber jetzt existiert, das besteht jetzt wie in alle Zukunft und Vergangenheit, obgleich es dem Wissen der vergangenen Zeiten unzugänglich war und dem der

---

[1]) Wissenschaftslehre, Bd. II, § 125. „Niemand wird in Ernst behaupten, daß Wahrheit oder Falschheit der Sätze eine Beschaffenheit derselben sei, die sich nach Zeit und Ort verändern."

Meines Erachtens sind Zeit und Ort hierin nicht auf eine Linie zu stellen. Das „jetzt" hat eine ganz andere Beziehung zum „ist" und „ist nicht", als das „hier" oder „dort".

künftigen entschwunden sein wird." (Vgl. auch 166: „das Objektiv ist ... nicht in der Zeit".)

Ich meine, wenn die Dinge wechseln, kann die Wahrheit über sie nicht dieselbe bleiben. Es gilt dann, was schon Aristoteles sagte, daß ein Urteil, und zwar auch im Sinne eines Urteilsinhalts, ohne sich selbst zu ändern aus einem wahren ein falsches werden kann und umgekehrt. Bei seinem obigen Beispiele vom Schreibtisch scheint mir Meinong durch eine Äquivokation getäuscht zu sein. Nur wenn entweder das „Jetztsein" oder der „Bestand" seinen Sinn ändert, bleibt das Jetztsein des Schreibtisches immer wahr oder (was dasselbe ist) „besteht es jetzt wie in aller Zukunft und Vergangenheit". Wenn z. B. das jetzt immer denselben Zeitpunkt bezeichnet, sagen wir: eine bestimmte Phase der Wirren in Marokko, während welcher diese Zeilen gedruckt werden, so „besteht" die Existenz des Schreibtisches jetzt als etwas Gegenwärtiges, sie „bestand" vor hundert Jahren als etwas Zukünftiges und wird in hundert Jahren als etwas Vergangenes „bestehen", oder mit anderen Worten: es war wahr, daß der Schreibtisch zur Zeit der Wirren in Marokko existieren werde, es ist (zur Zeit der genannten Unruhen) wahr, daß er jetzt existiere, und es wird wahr sein, daß er zu dieser Zeit existiert hat. Ganz wie auch von dem Tische selbst gilt, daß er jetzt (d. h. zur Zeit der Unruhen in Marokko) ein Gegenwärtiges ist und zur Zeit Cäsars, daß er ein zukünftiger war und im Jahre 2500 n. Ch., daß er ein gewesener sein wird.

Daneben gibt es allerdings „ewige Wahrheiten", wie z. B. die Unmöglichkeit eines dreieckigen Viereckes. Aber auch von solchen Urteilsinhalten gilt, daß sie zu jeder Zeit als etwas Gegenwärtiges wie Vergangenes und Zukünftiges bestehen, nicht daß sie zeitlos bestehen.[1]) Und das alles hat natürlich auch nichts zu tun mit derjenigen Allgemeingiltigkeit, die man — in Opposition gegen einen den Begriff der Wahrheit überhaupt zerstörenden Relativismus — jedem wahren Satze zuschreibt. Es widerstreitet gewiß der Natur des Wahren, daß etwas wahr nur für mich und für einen anderen nicht wahr sei. Aber das hat nichts zu tun mit einer angeblichen Zeitlosigkeit der Wahrheit.

§ 69. So sind denn verschiedene Weisen des Seins, wie man sie hier bei allem Nichtrealen gegenüber dem Realen statuieren wollte, meines Erachtens etwas Unbewiesenes und Fiktives. In einem Sinne allerdings kann dem „ist" unter

---

[1]) Sollte, wenn man die Zeitlosigkeit solcher Wahrheiten betont, die Äquivokation von zeitlich im Sinne von „zeitweilig" hereinspielen? Zeitweilig ist freilich nur das Kontingente, das Notwendige nicht. Aber zeitlich im Gegensatz zu zeitlos heißt nicht „zeitweilig".

Umständen eine andere Bedeutung beiwohnen, die wir schon von
der inneren Sprachform handelnd erwähnt haben. Es ist dies
der Fall, wo es nicht eigentlich als Ausdruck eines Urteils
sondern der bloßen Vorstellung eines Urteilsinhalts fungiert,
welche als figürliche innere Sprachform für den Ausdruck
eines andern psychologischen Phänomens dient. Und hier, wo
es sich um die Frage handelt, ob dem sog. Nichtrealen eine
andere Weise des Seins zukomme als dem Realen, könnte dies
nur in der Weise sein, daß die Vorstellung vom Inhalt eines
Urteils, das ein nichtreales a anerkennen würde, ähnlich als
figürliche innere Sprachform diente für den Ausdruck der Anerkennung eines realen a, wie etwa die Rede vom Sonnenaufgang für die Behauptung des wahren astronomischen Vorgangs.
Wer ja davon spricht, daß die Sonne aufgehe, während er doch
kopernikanisch denkt und dies auch vom Hörer voraussetzt, der
gebraucht die Vorstellung des Urteilsinhalts, welcher zunächst
durch seine Äußerung erweckt wird, nur als vermittelndes Glied
für die Erweckung eines andern Urteils. Indem er den Aufgang
der Sonne als Anzuerkennendes kundzugeben scheint, meint er
vielmehr, daß etwas Anderes „ist". Dieses Andere ist wahrhaft
als seiend gemeint und kundgegeben, nicht der Sonnenaufgang,
und sofern hat, auf diesen angewendet, das „ist" nicht den
üblichen Sinn und man könnte von einer „Pseudoexistenz"
sprechen. So aber kann es auch in mannigfachen anderen Fällen
sein: dasjenige, wovon man scheinbar sagt, es sei, ist bloß
eine Fiktion der inneren Sprachform; sei es, daß jeder sie als
solche erkennt, sei es wenigstens derjenige, welcher auf dem
betreffenden Gebiete tiefere Einsichten hat. Und nur wenn man
bezüglich des Nichtrealen, indem man ihm nicht eine wahrhafte
Existenz zuschreibt, etwa meinte, daß nicht es, sondern statt
dessen etwas Anderes Reales existiere, könnte der ganzen
Lehre von einer hier gegebenen anderen Seinsweise ein diskutabler
Sinn abgewonnen werden.

§ 70. Wir haben eben eine Weise kennen gelernt, wie man
es etwa rechtfertigen könnte, daß dem „ist" beim sog. Nicht-

---

[1]) An und für sich kann eine solche Vorstellung auch innere Sprachform sein für ein Emotiv, wie auch umgekehrt die des Inhalts eines Emotivs
nicht bloß für ein anderes Emotiv sondern auch für eine Aussage diesen
Dienst leisten kann, worauf wir an anderem Orte zurückkommen.

realen ein anderer Sinn zukommen solle als beim Realen, wenn
nämlich das Erstere nur als eine Fiktion der inneren Sprachform angesehen würde, die auf etwas Reales hinwiese.
Was wirklich ist, wäre dann eben dieses Reale, und das Sein des
sog. Nichtrealen wäre nur ein sprachliches Bild für diese Behauptung. Nicht zwei Weisen des Seins hätten wir vor uns,
sondern nur eine, und diese — nämlich das mit Recht anerkanntwerden-können — käme nur dem Realen zu. Aber für eine solche
Aussage würde unter Umständen eine Ausdrucksweise gebraucht,
deren nächstliegende, aber nur scheinbare Bedeutung bloß als
Vorstellung der inneren Sprachform fungierte.

So könnte man die bisherige Lehre vom Nichtrealen zu
berichtigen suchen. Freilich von allem, was man bisher zum
Nichtrealen gerechnet hat, ist es meines Erachtens nicht möglich,
es nur als eine Fiktion der inneren Sprachform, als ein ens
elocutionis, zu deuten bei einer Aussage, die eigentlich die Existenz
von Realem meine. Und so müßte man den eben angedeuteten
Versuch, um ihm nicht von vornherein das Grab zu bereiten,
dadurch modifizieren und ergänzen, daß man nur einen Teil des
bisher zum Nichtrealen Gezählen so wegzudeuten, einen anderen
aber im Gegenteil zum Realen zu schlagen suchte. Sehen wir
denn zu, wie weit der eine und andere Teil des Unternehmens
vom Gelingen gekrönt sein könne und wie weit sich ihm unübersteigliche Hindernisse entgegenstellen.

Vor allem scheint es mir unmöglich, etwa das Kollektiv
als solches wie eine Realität zu betrachten. Einen entscheidenden
Grund dagegen haben wir ja bereits kennen gelernt. Es ist
zweifellos wahr, daß ein Apfel und ein zweiter Apfel zusammen
ein Paar bilden. Aber unmöglich kann dies eine neue Realität
sein, sonst würden wir unweigerlich zu einer unendlichen Vervielfältigung der Realitäten geführt. Und wie diese, so verbieten
auch noch andere Überlegungen, das Kollektiv als ein neues
Reale anzusehen. Wer dieses tut, der könnte ja z. B. auch nicht
der Konsequenz ausweichen, dieser neuen Realität — die er
doch, wenn das Kolligierte Substanzen sind, selbst wieder als
eine Substanz wird gelten lassen müssen — auch einheitliche,
sie betreffende Zustände oder Vorgänge zuzuschreiben. Allein
daß ein Kollektiv von Substanzen einheitliche Accidentien habe,
ist offenbar unannehmbar. Zwar tragen manche Gelehrte kein
Bedenken, von einem einheitlichen Willen einer Vielheit von

Individuen (wie eines Staates oder der ganzen Menschheit) zu
sprechen. Aber in Wahrheit könnte damit im besten Falle
eine spezifische Gleichheit der Willensrichtungen gemeint
sein, deren aber individuell so viele sein müßten als wollende
·Individuen. Eine andere „Willenseinheit" hier anzunehmen wäre
mystisch und fiktiv, wenn es auch sogar vorkommt, daß man
durch solche fiktive Hypostasierungen und figürliche innere
Sprachformen Ethik und Staatsrecht ernstlich zu begründen
sucht. So wenig ein Haufe von Kugeln oder ein Regiment von
Soldaten individuell dieselbe Bewegung haben können (es
sind der Bewegungen viele; nur können sie in wichtigen Beziehungen spezifisch gleich sein), so wenig können viele Ich
individuell denselben Willensakt haben, und davon zu sprechen
ist entweder eine unexakte oder eine bloß bildliche Ausdrucksweise. Dem könnte aber nicht so sein, sondern es müßte im
Ernste einer Vielheit von Substanzen ein einheitliches Accidens
inhärieren können, wenn diese Vielheit, als Kollektiv betrachtet,
ein neues Reale wäre.

Ebensowenig wie das Kollektiv kann man die Relationen
der Gleichheit, Ähnlichkeit und Verschiedenheit als reale Prädikate in Anspruch nehmen. Daß zwei weiße Pferde gleichfarbig
sind, ist zwar etwas, was ihnen in aller Wahrheit zukommt;
aber es ist nichts neues Reales, was dem Paar neben den
absoluten Eigenschaften der einzelnen zukäme. Es kann schon
darum nur etwas Nichtreales sein, weil wir hier sonst wieder
vor der unmöglichen Annahme ständen, daß eine Vielheit von
Dingen Träger einer einheitlichen realen Eigenschaft sein müßte.
Wie das Paar als solches nur eine nichtreale Einheit bildet, so
kann auch, was ihr als einer Einheit zukommt, nur etwas Nichtreales sein.

Bolzano hat zu Gunsten des Satzes, daß die Relation der
Ähnlichkeit als etwas Reales anzusehen sei, betont, sie sei ja
dasselbe, was am einzelnen Ding die Eigenschaft ist. Allein das
Wahre an der letzteren Behauptung scheint mir vielmehr das zu
sein, (was wir zuvor hervorhoben), daß nämlich durch das Ähn-
lichsein das Ähnliche keinen Zuwachs an Realität erfährt.
Daraus folgt aber dann eben, daß die Ähnlichkeit auch kein reales
Prädikat sein kann. Ähnlichkeit ist nicht dasselbe wie z. B.
Weißsein, es ist etwas Neues; aber das Neue ist kein neues Reale,
und es unterscheidet sich deutlich genug vom Weißsein, indem

dieses einem einzelnen, jenes notwendig mehreren zukommt. Würde man aber einwenden, damit die Gleichfarbigkeit des Kollektivs aufhöre, müsse doch an diesem eine reale Änderung vorsichgehen und damit sei jene als ein reales Prädikat charakterisiert, so ist zu erwidern, daß doch die reale Veränderung nicht an dem Ganzen als solchen sondern an dem Teil oder Glied (das real ist) vorsichgeht. Und daß überhaupt irgend eine reale Änderung vorsichgehen muß, damit die nichtreale Relation der Gleichfarbigkeit zu bestehen aufhört, stimmt durchaus mit unserer Lehre, daß das Nichtreale, wenn es entsteht und vergeht, als Folge des Entstehens und Vergehens von Realem auftritt und vergeht.

Eine nichtreale Relation ist zweifellos auch die, der Relation der Gleichheit entfernt verwandte, intentionale Relation, die eigentümliche ideelle Gleichheit oder Adäquation zwischen dem psychischen Vorgang und seinem Inhalt. Zu den Gründen, die wir schon bezüglich der Gleichheit im eigentlichen Sinne geltend machten, kann man hier noch die Frage hinzugesellen, zu welcher Klasse des Realen denn die ideelle Konformität zwischen der psychischen Funktion mit ihrem Inhalt zu rechnen wäre, falls sie als eine reale Bestimmung gelten sollte; ob zu der des Physischen oder zu der des Psychischen? Keine dieser Alternativen wird man ernstlich verteidigen wollen.

Was aber von den Relationen gilt, das gilt mit ebensolchem Rechte von den relativen Bestimmungen. Sie kommen den Dingen in Wahrheit zu; aber offenbar nicht als etwas Reales.

Und abermals ist zum Nichtrealen zu zählen das Vergangene als solches und das Zukünftige, obschon Meinong neuestens das erstere (und wenn er konsequent ist, dann notwendig auch das zweite) zum Realen zählen will.[1]) Auch wer zugibt, daß das Vergangene als solches und ebenso das Zukünftige als solches in Wahrheit anzuerkennen sei, kann — meine ich — unmöglich damit sagen wollen, daß es etwas Reales sei. Ganz offenkundig ist es ja, daß es weder wirkt noch gewirkt wird, und auch Meinong wird dies nicht behaupten wollen. Die Argumente, die er im übrigen gegen die Ausschließung des Vergangenen aus dem Gebiete des Realen vorbringt, scheinen mir auf Miß-

----

[1]) Ohne aber im übrigen den obigen Versuch, alles Nichtreale teils zum Realen zu schlagen teils als fiktiv fallen zu lassen, durchführen zu wollen. Er arbeitet ihm hier nur ganz unbewußt und ungewollt in die Hände.

verständnis zu beruhen. So wenn er den Vertretern dieser Lehre vorwirft, daß sie doch gleichzeitig solches, was nicht sei, ja niemals sein könne, zum Realen rechne, ein Vorgehen, das mit jener Ausschließung schlecht harmoniere.

Hierbei scheint er mir einem ähnlichen Mißverstand zu unterliegen wie seinerzeit W. Jerusalem, der mir entgegenhielt, ich befände mich mit mir selbst in Widerstreit, indem ich[1]) einerseits farbig, tönend u. s. w., kurz die sinnlichen Qualitäten, als Beispiele von realen Prädikaten aufzählte, andererseits zugab, daß es in Wirklichkeit keine Farben und Töne gebe, sondern statt dessen Schwingungen oder dergleichen existieren. Die Antwort darauf wurde mir nicht schwer. Sie konnte nur dahin lauten, daß der Ton, die Farbe, sofern sie nicht sind, natürlich nicht zum Realen zu zählen sind; daß sie aber, wenn sie wären, Beispiele von Realem wären, während von anderem, wie einem Mangel oder einer bloßen Gleichheit oder Verschiedenheit, gelte, daß, auch wenn sie sind, sie nichts Reales sind. Der Begriff des Realen ist gewonnen aus unseren Anschauungen physischer Inhalte und psychischer Vorgänge. Aber nur, wenn das Angeschaute ist, ist es real. Das Nichtseiende als solches ist es nicht. Das muß ich, wie gegen Jerusalem, auch Meinong's Einwand gegenüber bemerken.

Doch dieser Autor fügt noch weiter hinzu: wenn man das Vergangene als solches zum Nichtrealen rechne, so mache man die Existenz der Dinge von der „Urteilszeit" abhängig und trage so etwas Subjektives in den Existenzbegriff hinein. Da Meinong Existenz nur dem Realen zusprechen will, so ist damit offenbar gemeint, es hänge nach dieser Theorie von der Urteilszeit ab, ob etwas real oder nichtreal sei. Das mit ihr Gleichzeitige d. h. Gegenwärtige erkläre man ja eben für real, alles ihr gegenüber Vergangene und Zukünftige als solches für nichtreal.

Demgegenüber gebe ich zu, einesteils daß allem jetzt Gegenwärtigen dieselbe Gegenwart zukommt wie meinem jetzigen Urteilen und zum anderen, daß nur, was gegenwärtig ist, real sein kann, das Vergangene und Zukünftige als solches nicht. Es mag real gewesen sein oder in Zukunft real sein, aber dies

---

[1]) In meinen Artikeln über subjektlose Sätze in der Vierteljahrsschrift für wissenschaftliche Philosophie Bd. VIII, S. 171.

heißt nicht, das Gewesene und Zukünftige sei jetzt als ein Reales anzuerkennen. Jetzt darf es nur als Nichtreales anerkannt werden.

Aber ich kann nicht zugeben, daß in dieser Behauptung eine Subjektivierung des Existenz- und damit des Realitätsbegriffes liege. Eine subjektivistische Fälschung des Seinsbegriffes läge vor, wenn einer etwa meinte, Jegliches sei nur, sofern es Gegenstand meines Urteilens sei, nicht aber darin, daß wir behaupten, Alles, was gegenwärtig ist, sei mit unserem Urteilen gleichzeitig. Die Urteilszeit hat gegenüber derjenigen alles anderen realen Geschehens durchaus kein Privilegium für sich. Auch der Urteilende muß um real zu sein jetzt sein, und nur als Realer kann er urteilen. Und so kann man, wie: alles, was gegenwärtig ist, sei mit unserem Urteilen gleichzeitig, auch umgekehrt sagen: mein Urteilen könne nicht sein, ohne mit allem Anderen, was gegenwärtig ist, gleichzeitig zu sein. Diese Unmöglichkeit aber, daß Verschiedenes gegenwärtig sei ohne gleichzeitig zu sein, ist auch durchaus nicht Sache eines „subjektiven" Momentes an unserer Zeitwahrnehmung oder -anschauung, sondern sicherlich etwas Objektives. In dieser Beziehung mangelt der Zeitanschauung die Objektivität sicher nicht. So kann es denn auch nicht eine Subjektivierung des Begriffs der Existenz und des Realen bedeuten, wenn nur das, was gegenwärtig ist, real sein kann.

Und so ist denn gar kein Grund vorhanden nicht dabei zu bleiben, daß das Vergangene und Zukünftige als solches vom Bereiche des Realen auszuschließen sei. Der Versuch es zum Realen zu rechnen ist so offenkundig unhaltbar wie irgendeiner.

Was die andere Seite des oben erwähnten Unternehmens betrifft, nämlich den Versuch manches von dem bisher für nichtreal Gehaltenen als eine Fiktion anzusehen, so ist er zwar — wie wir später sehen werden — nicht in jeder Richtung unbegründet, aber doch auch nicht in jeder glücklich. Und so ist es nicht möglich, alles was bisher zum Nichtrealen gezählt wurde, so aufzuteilen, daß ein Teil sich zum Realen rechnen und das übrige als Fiktion erweisen ließe. Es bleibt zweifellos solches, was unmöglich als eine Realität angesprochen werden kann, aber doch wahrhaft ist. Mit anderen Worten neben dem Gebiet des realen Seienden ist ein solches des Nichtrealen anzuerkennen.

§ 71. Immerhin ist der eben besprochene Versuch ohne diese Annahme auszukommen bis zu einem gewissen Grade wohl begreiflich und zwar wegen des Mißbrauches, der mit ihr getrieben worden ist und der Irrtümer, die damit verquickt sind.

Vor allem ist zuzugeben, daß wirklich manches von dem, was man als eine besondere Klasse des Nichtrealen aufgeführt hat, sich als eine Fiktion der inneren Sprachform herausstellt. So 1. das sog. mental oder intentional Existierende. Wir werden davon später eingehend handeln. Wenn ich sage: etwas (bloß) Vorgestelltes sei, so ist dies nur ein anderer Ausdruck dafür, daß ein Vorstellendes ist, und zwar ein anderer Ausdruck für dasselbe, nicht in dem Sinne, wie man den Ausdruck für das eine Korrelat so nennt mit Bezug auf denjenigen für das andere, sondern so, daß der zunächst ins Bewußtsein gerufene Urteilsinhalt gar nicht die Bedeutung bildet sondern nur den Wert und die Funktion einer Vorstellung der „inneren Sprachform" beanspruchen kann, welche die eigentliche Bedeutung (und diese ist hier: ein Vorstellendes ist) zu vermitteln geeignet ist.

Wäre es richtig, daß — wie man oft hört — die Relationen etwas Subjektives d. h. nur in der Vorstellung Existierendes seien, dann würde auch von ihnen gelten, daß sie Fiktionen wären. Doch beruht diese Meinung auf Irrtum und Mißverständnis. Die Begriffe von Relationen sind Begriffe von etwas Objektivem, und sie sind aus Erfahrungen geschöpft so gut wie die von absoluten Bestimmungen. Nur eben, im Unterschied von diesen, im Hinblick auf eine Mehrheit von Gegenständen, zwischen denen — wie man sich ausdrückt — die Relation besteht.

Dagegen muß ich 2. für fiktiv halten, was Bolzano „Vorstellungen an sich" und Husserl ideal existierende Bedeutungen (der allgemeinen Namen) genannt hat. Bolzano unterscheidet ja zwischen der gehabten Vorstellung und der Vorstellung an sich, welch' letztere er den Stoff der ersteren nennt. Die „gehabte" heißt er (mit einem, an den scholastischen erinnernden Sprachgebrauch) auch die subjektive, die „Vorstellung an sich" dagegen die objektive. Die erstere setze ein Subjekt voraus und sei etwas Wirkliches und Wirkendes, die letztere bedürfe keines Subjektes sondern bestehe — zwar nicht als etwas

Wirkliches, aber doch als ein gewisses Etwas — auch wenn niemand sie auffaßt.[1]) Ähnlich ist es nach Husserl. Nach ihm haben die Gattungen und Spezies alles Realen, z. B. die möglichen Farben, Töne, Orte, Zahlen usw., also die Qualität Röte, die Zahl Zwei oder Drei usw., kurz — wenn ich recht verstehe — alle universellen und nicht mit einem Widerspruch belasteten Inhalte unserer Vorstellungen ideale d. h. (nach Husserl) zeitlose Existenz, und ohnedies, meint er, wäre die Identität der Bedeutung unserer Namen und die Objektivität unserer Urteile nicht möglich.

Ich halte diese Gefahr für imaginär und jene Theorie, die ihr vorbeugen will, für unmöglich. Was gegen die Platonischen Ideen, das gilt auch gegen sie. Wie dort so muß man auch hier fragen, ob diesen „idealen" Existenzen im selben Sinne der Name Farbe oder Urteilen u. dergl. zukomme, wie den „realen"? Wenn nicht, wenn sie bloß homonym so genannt werden, so leistet ihre Annahme nicht, was sie soll, nämlich die Konstanz der Bedeutung der Namen und die Objektivität unserer Erkenntnis zu garantieren. Kommt ihnen der Name aber im selben Sinne zu, dann haben wir an ihnen wahre Gattungen und Spezies, die getrennt von dem Individuellen, in abstracto und für sich existieren sollen, und dies leuchtet nach dem Satze des Widerspruches in gleicher Weise als unmöglich ein, mag es sich um eine „zeitlose" oder eine zeitliche Existenz handeln. Kurz: wenn die Essenz dessen, was Husserl die ideal existierende Gattung resp. Spezies nennt, dieselbe wie beim real Existierenden bleiben und nur die Weise des Seins eine andere sein soll, so ist die Annahme unmöglich. Wenn aber das zeitlos Existierende, das er statuiert, etwas essentiell anderes ist als das Reale, dann verdient es nicht den Namen von Gattungen und Spezies wie Farbe, Urteilen usw., und die Annahme kann nicht leisten, was sie leisten soll.

Und weiter muß man, wie schon Aristoteles gegen Plato argumentiert hat, auch bezüglich der Spezies „Farbe", die an sich existieren soll, fragen: ob sie überhaupt nur einmal so

---

[1]) Als Beispiele führt er an: was das Wort „Cajus" oder „Klugheit" oder das Wort „hat" bezeichnet; kurz „was einen Bestandteil in einem Satze abgeben kann, aber nicht selbst ein Satz ist" (Wissenschaftslehre I S. 215 ff.). Man sieht, nebenbei bemerkt, daß Bolzano jedes Wort, auch die synkategorematischen, als Ausdruck einer Vorstellung betrachtet, was verhängnisvoll ist.

existiert oder nicht auch wieder im „Roten an sich" und im
„Blauen an sich"? Wie eine einfache Überlegung zeigt, ist
beides unannehmbar, und dieselbe Schwierigkeit ergibt sich
natürlich, wenn man sich fragt, ob z. B. die Zahl Drei bloß
einmal „ideal" existieren soll, oder ob und wie ihre ideale
Existenz auch in 6, 9, 12 usw. enthalten sei? So gilt das
Wesentliche, was gegen den falschen Realismus Platos und des
Mittelalters galt, in anderer Weise auch hier.[1]) Wie schon
jene Theorien, so kann auch diese neueste wieder nur die
Wirkung haben, die Neigung zu nominalistischen und skeptischen
Richtungen in der Erkenntnistheorie zu begünstigen. Für eine
Rettung der Objektivität unseres Wissens scheint sie mir weder
tauglich noch notwendig. Wer sie ablehnt, mithin nicht zugeben
will, daß die Wahrheit, es könne etwas wie eine Dreizahl von
Dingen oder ein Urteil u. dgl. existieren und die widerspruchslose
Bedeutung eines Namens bilden, die ideelle Existenz einer Dreizahl
oder eines Urteilens besage oder voraussetze, der verdient deshalb
nicht im mindesten den Namen eines, den Begriff der Erkenntnis
subjektivistisch fälschenden und zerstörenden, „Psychologisten".
Die Möglichkeit, daß es Dreiecke, Farben, Töne usw. gebe,
ist etwas anderes als die ideale Existenz des Dreiecks an
sich usw. Wohl ist in der Vorstellung der Möglichkeit eines
Dreiecks die Vorstellung des Dreiecks eingeschlossen (ist doch
sogar in der Vorstellung der Unmöglichkeit von etwas dies
irgendwie vorgestellt). Aber die Existenz der Möglichkeit eines
Dreiecks schließt nicht die Existenz eines Dreiecks ein; wie die
Existenz einer Anzahl, „die kleiner ist als eine Billion", nicht
die Existenz einer Anzahl von dieser letzteren Größe involviert,
obwohl auch hier die Vorstellung der letzteren mit der Vorstellung der ersteren als solchen notwendig mit gegeben ist.

Allein auch dafür, daß es richtig sei, daß wirkliche Dreiecke, Farben, Töne usw. existieren, ist nicht gefordert, daß ein

---

[1]) Von Plato scheint auch Bolzano durch Vermittlung von Leibniz, an
dessen Gedanken er ja mannigfach anknüpft und die er weiter zu entwickeln
sucht, beeinflußt. Was ihn noch speziell irreführt, ist die irrtümliche Lehre,
daß alles Denken sich in Vorstellungen auflösen lasse (weshalb auch jedem
Worte des Satzes eine Vorstellung entsprechen soll), daß also auch das Urteil
in einer Verbindung von Vorstellungen liege und somit, wenn die Wahrheiten
oder „Sätze an sich" Bestand haben sollen, dasselbe auch von den „Vorstellungen an sich", als ihren Bestandteilen, gelten müsse.

Universale (wie d a s Dreieck, d i e Farbe, d e r Ton u. dgl.) als
solches existiere. Es ist damit bloß gemeint, daß Individuen
existieren, von denen ein allgemeiner Begriff mit Recht prädiziert werden kann, d. h. von denen er eine richtige, wenn auch
unvollständige und unbestimmte Auffassung ist. So ist die
Objektivität unserer Erkenntnis zu retten ohne die idealen oder
zeitlosen Existenzen Husserls. Dem Begriff Dreieck oder Mensch
entspricht nicht und braucht nicht zu entsprechen ein Unbestimmtes, sondern ein Bestimmtes in eigentümlich unvollständiger Weise.

§ 72. Und wie ich die „Vorstellungen an sich" Bolzanos und
die idealen Existenzen von Husserl für fiktiv halten muß, so
auch die „Wahrheiten an sich" des ersteren, soweit er, infolge
einer Verkennung der wahren Natur jener allgemeinen Sätze,
deren Subjekt nicht anerkannt ist, in ihnen affirmative allgemeine
Wahrheiten gegeben glaubt. Wären diese Urteilsinhalte anzuerkennen, so müßten sie, zwar nicht als ein Reales, aber doch
als ein Nichtreales (ein ὄν ὡς ἀληθές) anerkannt werden. Aber
sie sind meines Erachtens eine Fiktion. Wie ich schon wiederholt betont habe, muß ich es für unmittelbar absurd halten, daß
von etwas mit Recht affirmiert werden könne, es sei rund oder
eckig, rot oder grün, wenn nicht mit Recht gesagt werden kann, es
sei. Die gegenteilige Lehre, die jetzt von Meinongs Schüler
E. Mally und von ihm selbst in der Formel von der „Unabhängigkeit des Soseins vom Sein" ausgesprochen wird, ist zwar alten
Datums, aber sie ist meines Erachtens nur der Ausfluß einer
Täuschung durch die Sprache. Die scheinbar bejahende Form
von Sätzen wie: alle gleichseitigen Dreiecke sind gleichwinklig
oder d a s gleichseitige Dreieck ist gleichwinklig, hat auch schon
früher fast allgemein die Psychologen und Logiker dazu verführt zu glauben, es sei darin eine Affirmation ausgesprochen,
und indem man sich dabei nicht verhehlen konnte, daß die
Mathematiker mit einer solchen Behauptung doch keineswegs
die Existenz von gleichseitigen Dreiecken behaupten wollen (und
wer sich klar machte, daß sie doch einen wahrhaft allgemeinen und notwendigen Satz aussprechen wollen, konnte es
sich nicht verhehlen), so sah man sich genötigt zu lehren, es
sei hier einem Subjekte ein Prädikat zuerkannt, ohne daß es
selbst anerkannt sei oder es sei hier eine Relation behauptet

ohne die Existenz ihrer Glieder,[1]) wie der Ausdruck der Lehre auch lautete.

Das eine und andere ist schlechterdings unmöglich,[2]) und auch alles, was Meinong neuestens dafür vorbringt, zerfließt bei näherer Betrachtung in nichts und dient nur unfreiwillig dazu, die These völlig in Mißkredit zu bringen.

Daß ich mit Recht sagen kann: das gleichseitige Dreieck ist gleichwinklig, ohne daß ich doch die Existenz irgend eines gleichseitigen Dreiecks behaupten will und zu behaupten brauche, besagt gar nicht — wie Meinong lehrt —, daß die Gleichwinkligkeit des gleichseitigen Dreiecks ohne sein Sein „besteht" oder anzuerkennen sei, sondern es besagt die Unmöglichkeit, daß es sei ohne gleichwinklig zu sein. Schon Brentano hat betont und in seiner Psychologie (I, S. 283) ausgeführt, daß ein Satz wie der vorhin angeführte, worin die Existenz von gleichseitigen Dreiecken nicht ausgesprochen ist, negativ und mit einem negativen Existentialsatz identisch sei. In Wahrheit heißt er entweder direkt und apodiktisch verstanden: Ein gleichseitiges Dreieck, welches nicht gleichwinklig wäre, gibt es nicht

---

[1]) So hatte auch Meinong sich früher ausgedrückt. Vgl. noch „Über Annahmen" S. 143, wo es heißt: man müsse das kategorische Urteil als Seinsurteil über eine Relation zwischen Subjekt und Prädikat behandeln.

[2]) Manche frühere Forscher haben denn auch schon, obwohl sie die wahre Natur der sogenannten kategorischen Formeln für den Ausdruck einfacher Urteile (a, e, i, o) nicht erkannten und a für affirmativ, o für negativ hielten, nicht unbeschränkt die Konsequenz gezogen, daß man einem Subjekte etwas zuerkennen könne ohne es selbst anzuerkennen. So hat Aristoteles die Einschränkung gemacht: wenn es sich um ein reales Prädikat handle gelte dies nicht. In Wahrheit ist dieses Zugeständnis meines Erachtens freilich nicht genügend. Auch ein nichtreales Prädikat kann ich von einem Subjekte nicht mit Recht affirmieren, wenn dieses nicht existiert. Und wenn einer zum Beweise des Gegenteils etwa argumentieren wollte: Es sei doch wahr, daß glücklichsein liebenswürdig oder ein Gut sei, auch wenn das Glück nicht existiere sondern bloß gewünscht und gehofft werde, so müßte ich erwidern, daß eben auch mit diesem Satze nur ein negatives (ethisches) Axiom ausgedrückt ist, nämlich, daß das Glück nicht gegeben sein kann, ohne Gegenstand berechtigter Freude zu sein, oder daß Liebe zum Glücke nicht vorkommen kann ohne richtig zu sein. Und dieser Satz ist wahr und die fragliche Liebe richtig, auch wenn das geliebte oder gewünschte Glück nicht existiert. Wir kommen in dem Kapitel über die Bedeutung der Emotive ausführlicher darauf zurück. Ein affirmatives Axiom aber, in welchem von einem Subjekte, das doch selbst nicht anerkannt wäre, etwas mit Recht prädiziert würde, kann ich auch hier nicht sehen.

oder, was dem äquivalent ist, assertorisch und indirekt: Daß es
ein solches Dreieck gebe ist unmöglich.[1])

§ 73. Meinong, dem nach wie vor Sätze von der Art wie:
das gleichseitige Dreieck ist gleichwinklig, der klarste Beweis
dafür zu sein scheinen, daß das Sosein affirmiert sein könne
unabhängig vom Sein, hat nicht unterlassen die Einrede, solche
Sätze seien nur scheinbar affirmativ und kategorisch, in Wahrheit
aber hypothetisch und negativ, zu berücksichtigen. Und er hält
dabei die Deutung: in einem Satze wie: das gleichseitige Dreieck
ist gleichwinklig, sei etwas Hypothetisches gemeint (= wenn es
ein genau gleichseitiges Dreieck gibt, dann ist es auch gleichwinklig) und die, es sei damit gemeint: ein gleichseitiges Dreieck,
das nicht zugleich auch gleichwinklig wäre, existiert nicht, auseinander,[2]) weil er keineswegs der Meinung sei, daß jenes
hypothetische und dieses negative Urteil etwa identisch seien.
Was zunächst die letzte Bemerkung betrifft, so muß ich
erwidern, daß, was mich betrifft, ich nicht behaupte, daß die
beiden Sätze identisch sein müßten, wohl aber daß beide negativ
sind, genauer: daß der hypothetische den negativen vollständig
enthält und nur zu der einen noch eine weitere Negation hinzufügt. Wir werden in einem späteren Kapitel eingehender darauf
zu sprechen kommen, daß der Sinn der hypothetischen Formel
nicht immer völlig derselbe und daß an der gewöhnlichen Meinung,
der hypothetische Satz behaupte ein Verhältnis von Grund und
Folge, so viel richtig ist, daß in einer Formel wie: Wenn A ist,
ist B, manchmal ein zusammengesetztes Urteil ausgedrückt ist,
wobei nicht bloß (assertorisch oder apodiktisch) gesagt ist: A
sei nicht ohne daß B sei, sondern außerdem, es sei nicht ohne
für das andere Grund oder auch: ohne dafür Zeichen zu sein. Und
den Sinn eines solchen hypothetischen Satzes können gerade
auch mathematische Sätze von der obigen scheinbar affirmativ-
kategorischen Form haben. Doch hören wir nun, was Meinong
gegen die negative sowohl als gegen die hypothetische Interpretation der fraglichen (nach uns nur scheinbar affirmativen
und kategorischen) Sätze einwendet.
Was die negative Fassung („ein gleichseitiges Dreieck, das
nicht zugleich auch gleichwinklig wäre, existiert nicht") betrifft,

— — — —

[1]) In anderen Fällen ist der Sinn eines fälschlich für allgemein bejahend
gehaltenen Satzes, bei dem die Existenz des Subjektes nicht anerkannt ist, auch
einfach identisch mit dem eines direkten assertorisch-negativen Existential-
satzes wie: Ein A-nonB gibt es nicht, oder ein AB gibt es nicht u. dgl.

[2]) So formuliert er selbst die fraglichen Interpretationsversuche seiner
Gegner in seinem Artikel „Über die Stellung der Gegenstandstheorie im
System der Wissenschaften" in der Zeitschrift für Philos. und philos. Kritik,
Bd. 129. 1906. S. 88 ff.

so will er nicht leugnen, daß ein solches negatives Urteil unter
den gegebenen Umständen sicher mit ebensoviel Recht gefällt
werde wie das affirmative („das gleichseitige Dreieck" usw.).
Aber daß dieses selbst nur scheinbar affirmativ und in Wahrheit negativ sei, müsse er entschiedenst als der direkten Erfahrung entgegenstehend in Abrede stellen. „Darüber", bemerkt
er, „ob man affirmiert oder negiert, ob das Urteil ein positives
oder negatives Objektiv erfaßt, darüber hat man, soviel ich sehe,
in den allermeisten Fällen eine ganz eindeutige Erfahrung ..."
„Hält man sich also genau an das, was man erfährt, dann kann
man, wie mir scheint, nur sagen, daß, indem man das geometrische
Urteil über Seiten- und Winkelgleichheit im Dreicke fällt, man
nicht negiert, sondern affirmiert." „Weil aber am Ende schwer
zu kontrollieren und überdies ohne jeden Belang ist, wie oft
etwa einer das ja an sich durchaus nicht fehlerhafte negative
Urteil dem affirmativen vorziehen mag, so genügt es hier darauf
Gewicht zu legen, daß es jedenfalls ein affirmatives Urteil in
Sachen der Dreiecksseiten und -winkel gibt, das zugleich dem
herkömmlichen sprachlichen Ausdruck ganz unverkennbar besser
entspricht."

Ich muß demgegenüber wiederholen: ich leugne, daß es ein,
dem vorhin erwähnten negativen, gleichberechtigtes affirmatives
Urteil gebe, welches den gleichseitigen Dreiecken die Gleichwinkligkeit zuerkenne, ohne die Existenz von Dreiecken anzuerkennen, und wenn Meinong dies unmittelbar in sich zu
„erfahren" meint, so bin ich der Ansicht, daß wir beide gewiß
dasselbe unmittelbar erfahren, aber diese Erfahrung nicht so
„eindeutig", d. h. der Versuch, zu beschreiben, was man erfährt,
hier — wie ja mannigfach auch in anderen Fällen — nicht so
leicht ist, wie mein Gegner glaubt. Es genügen darum auch
Versicherungen und Beteuerungen, daß man ein affirmatives Urteil
erfahre und daß dies dem sprachlichen Ausdrucke unverkennbar
besser entspreche, keineswegs, um außer Zweifel zu stellen, daß
diese Beschreibung des Erfahrenen die richtige sei. Etwas
anderes aber finde ich in dem von Meinong Gesagten zugunsten
seiner Deutung nicht beigebracht. Und der Leser wird sich
nicht wundern, wenn mich auch der Hinweis auf den scheinbar
affirmativen Charakter der üblichen Ausdrucksweise nicht ohne
weiteres überzeugt; nach den zahlreichen Beispielen von man-
gelndem Parallelismus zwischen Gedanke und sprachlichem Ausdruck, die wir schon gefunden haben — und ihrer mehr werden
uns noch begegnen — und dem, was wir in dieser Beziehung
nach der ganzen Art und Weise der Entstehung der Sprache
als etwas notwendig zu Erwartendes erkannten. Mehr muß
ich mich wundern, daß Meinong, der — wie der Leser weiß —
meine bezüglichen Bemerkungen bei Gelegenheit der Kritik seiner
Annahmenlehre mit dem Spott zurückgewiesen hat, man habe auch
vordem gewußt, „daß der sprachliche Ausdruck das Ausgedrückte

nicht ebenso eindeutig abbilde, wie etwa die kymographische Aufnahme die Muskelkontraktion", sich nun doch wieder so zuversichtlich auf das sprachliche Gewand des Gedankens beruft, als ob er das eben Betonte vergessen hätte.

Doch wenden wir uns zu dem, was Meinong gegen den Versuch geltend macht, den Satz „das gleichseitige Dreieck ist gleichwinklig" hypothetisch zu fassen, ihm also etwa die Form zu geben: „wenn ein gleichseitiges Dreieck existiert, dann ist es auch gleichwinklig".

„Fast unwillkürlich", bemerkt er, „stellt man hier die Frage: ‚Wie aber, wenn das gleichseitige Dreieck nicht existiert? Ist es dann nicht gleichwinklig?' Ist dem so, dann ist der Satz der Geometrie eigentlich falsch; denn gleichseitige Dreiecke gibt es ja nicht, somit sind alle gleichseitigen Dreiecke nicht gleichwinklig."

Meinong fügt hinzu: „Natürlich ist es mir hier durchaus nicht um Sophistenkünste zu tun, vielmehr darum, das Gefühl dafür lebendig werden zu lassen, daß die Berufung auf den hypothetischen Charakter des Urteils auf sophistische Unnatur hindrängt." Allein es ist, wie mir scheint, nicht schwer zu erkennen, daß hier das Unnatürliche und Sophistische (oder sagen wir lieber: Paralogistische) nicht an der genuinen hypothetischen Einkleidung des fraglichen mathematischen Satzes liegt, sondern an dem, was Meinong daraus macht. Er fragt: „Wie aber, wenn das gleichseitige Dreieck nicht existiert? Ist es dann nicht gleichwinklig?" Was heißt dies? Soll es heißen: Gibt es dann kein gleichseitiges und gleichwinkliges Dreieck? Oder soll es heißen: Gibt es dann ein gleichseitiges, das ungleichwinklig ist? Nur das Erstere kann vernünftigerweise gemeint sein. Jenes „nicht" in der Frage gehört offenbar zur Copula und nicht zum sog. Prädikat.

Aber noch weiter muß man fragen: Ist das „es gibt nicht" dabei im Sinne einer einfachen Nichtexistenz oder im Sinne einer Unmöglichkeit gemeint? Hier kann nur das Letztere der Fall sein; denn von der Art ist ja der Sinn der mathematischen Sätze, um welche es sich handelt. ‚Alle gleichseitigen Dreiecke sind gleichwinklig' heißt im Sinne der Mathematiker, es ist unmöglich, daß ein gleichseitiges Dreieck nicht gleichwinklig sei, und wenn also Meinong dartun will, daß aus unseren Voraussetzungen das Gegenteil dieses Satzes der Mathematik folgen würde, so müßte diese Folgerung lauten: es ist unmöglich, daß ein gleichseitiges Dreieck gleichwinklig (oder — was dasselbe ist — nicht ungleichwinklig) sei. Nach welcher syllogistischen Regel aber soll dies aus der Nichtexistenz von gleichseitigen Dreiecken gefolgert werden dürfen? Aus der Annahme, daß es tatsächlich kein gleichseitiges Dreieck gibt, folgt, daß es tatsächlich weder ein gleichseitiges gleichwinkliges noch ein gleichseitiges ungleichwinkliges gibt. Aber wie soll daraus folgen, was Meinong uns in die Schuhe schieben will, nämlich das Gegenteil des bekannten mathematischen Gesetzes, somit: es kann kein gleichseitiges Dreieck geben, welches nicht ungleichwinklig wäre?

Doch, um völlig deutlich zu sein, wählen wir auch noch die gewöhnlichere Ausdrucksweise, die man bezüglich der hypothetischen Sätze liebt. Ich meine: Jedermann sieht ein, daß die Folge der Nichtexistenz gleichseitiger Dreiecke ist: die Nichtexistenz sowohl gleichseitiger gleichwinkliger als gleichseitiger ungleichwinkliger Dreiecke. Aber wer darf daraus machen: Die Folge der Nichtexistenz gleichseitiger Dreiecke sei, daß sie notwendig nicht gleichwinklig sind? Und dieses Gegenteil des bekannten mathematischen Gesetzes ist es ja, was Meinong uns aufoktroyieren will. Es ist somit, wie ich sagte: Etwas Unnatürliches und Paralogistisches ist hier gewiß im Spiele; aber es liegt nur daran, daß Meinong die hypothetischen Sätze für affirmativ hält und daß er unrichtig folgert.

§ 74. Nicht nach uns also droht der mehrerwähnte mathematische Satz und alle ähnlichen ihre Wahrheit zu verlieren. Dagegen ist dies — wie eine nähere Betrachtung zeigt — allen Ernstes auf Meinongs Standpunkte der Fall. Leibniz, der Descartes' Erneuerung des ontologischen Arguments gegenüber zugab: was aus der Idee oder der Definition einer Sache folgt, das lasse sich der Sache selbst zusprechen, macht doch sofort die Einschränkung, es müsse zuvor die Möglichkeit jener „Sache" bewiesen sein. „Denn", fährt er fort, „wir können keine Definition zu einem Schlusse benutzen, ohne zuvor versichert zu sein, daß sie real ist oder daß sie keinen Widerspruch einschließt. Aus Begriffen nämlich, die einen Widerspruch enthalten, kann man ja gleichzeitig Entgegengesetztes schließen, was widersinnig ist."[1]) Während aber — wie man sieht — Leibniz nur für den Fall ein Sosein ohne vorhergehende Sicherung des Seins zugibt, wo es sich um Mögliches und Widerspruchsloses handelt, macht Meinong diese Einschränkung nicht. Schon in seinem einleitenden Aufsatz über Gegenstandstheorie und Psychologie (1904) bemerkte er, der Geltungsbereich des Prinzips von der „Unabhängigkeit des Soseins vom Sein" erhelle am besten „im Hinblick auf den Umstand, daß diesem Prinzip nicht nur Gegenstände unterstehen, die eben faktisch nicht existieren, sondern auch solche, die nicht existieren können, weil sie unmöglich sind. Nicht nur der vielberufene goldene Berg ist von Gold, sondern auch das runde Viereck ist so gewiß rund als es viereckig ist". Und gegenüber dem Bedenken von B. Russell[2]), daß durch An-

---

[1]) In der „Betrachtung über Erkenntnis, Wahrheit und Ideen", Ausgabe von Gerh. IV, 422—26.

[2]) Mind. 1905, S. 533.

erkennung solcher Gegenstände wie das runde Viereck der Satz des Widerspruchs seine unumschränkte Geltung verlöre, bemerkte er in dem Aufsatz „über die Stellung der Gegenstandstheorie im System der Wissenschaften"[1]): „Natürlich kann ich dieser Konsequenz in keiner Weise ausweichen; wer sich einmal auf ein „rundes Viereck" einläßt, wird einem Viereck oder sonst einem Objekte gegenüber, das zugleich rund und nicht rund ist, nicht zurückhaltender sein dürfen. Man wird aber auch, soviel ich sehe, schwerlich Grund haben, hieran Anstoß zu nehmen. Der Satz des Widerspruches ist ja von niemandem auf Anderes als auf Wirkliches und Mögliches bezogen worden."[2])

Aber indem Meinong, ganz anders als Leibniz, erlauben will, aus dem Begriffe des runden Vierecks zu schließen, daſs es rund und viereckig sei und diesen Satz für ebenso wahr erklärt, wie: daß das Viereck nicht rund ist, drohen alle mathematischen Sätze ihre Gültigkeit zu verlieren. Wie kann ich noch mit Wahrheit behaupten: alle Kreise sind rund, wenn es auch wahr ist, daß die viereckigen Kreise Kreise sind und daß sie viereckig sind? Und ebenso von den fünfeckigen, daß sie fünfeckig und von den sechseckigen, daß sie sechseckig sind? Da es solcher absurden Verbindungen viel mehr geben kann als widerspruchslose, müßte man von Meinongs Standpunkt in Wahrheit sagen, die allermeisten Kreise sind nicht rund. Jedenfalls aber wäre der Satz „der Kreis ist nicht rund" ebenso richtig wie der Satz „der Kreis ist rund", wenn es wahr ist, daß auch der viereckige, fünfeckige, sechseckige Kreis ein Kreis ist.[3])

---

[1]) Zeitschrift für Philosophie und philos. Kritik, Bd. 129, S. 62.

[2]) Die Behauptung, der Satz des Widerspruchs sei von niemandem auf anderes als auf Wirkliches und Mögliches bezogen worden, klingt befremdlich. Viel natürlicher hieße es meines Erachtens: der Satz des Widerspruchs beziehe sich nach allgemeiner Ansicht auf das Widersprechende und Unmögliche. Und nur in einem Sinne könnte ich jene Bemerkung verstehen, wenn damit gemeint wäre: der Satz des Widerspruchs besage nach der allgemeinüblichen Fassung, daß eines und dasselbe nicht zu gleicher Zeit so und nicht so sein könne, da aber von dem Sosein oder Nichtsosein von etwas nur dann in Wahrheit die Rede sein könne, wenn es wirklich und (was damit implizite gegeben ist) möglich sei, so beziehe er sich selbstverständlich nur auf Wirkliches und Mögliches. Aber gerade diese wohl verständliche Interpretation muß natürlich Meinong weit von sich weisen, da man ja eben nach ihm von dem, was nicht ist, doch in aller Wahrheit sagen kann, es sei so oder sei nicht so.

[3]) In Wahrheit ist es natürlich wieder einer Täuschung durch die Sprache zuzuschreiben, wenn man meint, weil ich ebenso die Wortverbindung viereckiges Dreieck bilden kann wie gleichschenkliges Dreieck, es handle sich beidemal um eine Determination oder Bereicherung des Begriffes Dreieck. Die Syntax ist, wie schon öfter betont wurde, äquivok. Viereckig zu Dreieck gefügt wirkt modifizierend, wie etwa „abgebrannt" zu Haus und „vermeintlich" zu Besitz.

Dieser Schlag gegen alle mathematische, ja gegen alle Wahrheit überhaupt, der aus seiner Position folgt, scheint Meinong völlig entgangen zu sein. Dagegen setzt er sich mit anderen Bedenken auseinander, die B. Russell angeregt hat. „Schlimmer", so bemerkt er a. a. O., „wäre es freilich, wenn die neue Betrachtungsweise, wie B. Russell (Mind. 1905, S. 533) weiter zu besorgen scheint, nun auch noch dazu zwänge, diesen unmöglichen Gegenständen Existenz bezw. Bestand zuzusprechen. Der Einwurf gründet sich auf die Gültigkeit von Sätzen, wie etwa, daß das existierende runde Viereck ‚existiert', worin ja ausdrücklich anerkannt scheint, daß es unter den runden Vierecken auch solche gibt, denen Existenz zukommt." Aber, meint unser Gegner, was hier an Schwierigkeit vorliege, könne nicht die unmöglichen Gegenstände als solche treffen, da vom ‚goldenen Berg' doch genau dasselbe gelte. Die Schwierigkeit liege vielmehr in der ‚Existentialprädikation'. Indem man das Partizip ‚existierend' oder dergl. bilde, gelange man in die Lage, einem Objekte formell ganz ebenso Existenz nachzusagen, wie man ihm sonst ein Soseinsprädikat nachsage. Aber solche ‚Existentialbestimmungen' seien niemals die Existenz selbst. „Darum", fährt der Autor fort, „kann man auch derlei Existentialbestimmungen zu anderen Bestimmungen fügen, von einem ‚existierenden goldenen Berg' ebenso reden wie von einem ‚hohen goldenen Berg', und dann von jenem ebenso gewiß das ‚existierend' als Prädikat aussagen wie von diesem das hoch. Gleichwohl existiert darum jener Berg so wenig als dieser: ‚existierend sein' in jenem Sinn der Existentialbestimmung und ‚existieren' im gewöhnlichen Sinn von ‚Dasein' ist eben durchaus nicht dasselbe." Der Autor bemerkt zu diesen seinen Ausführungen noch: „Nebenbei verhehle ich mir keineswegs, daß das, was ich eben zum Thema der Existentialbestimmungen beigebracht habe, besten Falles ein äußerst unbehilflicher Ansatz ist, das Problem zu lösen, das dem Erkennen schon vor so vielen hundert Jahren durch das ontologische Argument aufgegeben worden ist. Gesunder erkenntnistheoretischer oder eigentlich erkenntnispraktischer Takt, kürzer der gesunde Menschenverstand, hat das Argument jederzeit abgelehnt: daß wir aber auch heute noch so wenig geschult sind, den Irrtum, den wir fühlen, aufzudecken, das könnte für sich allein schon klar machen, wie wenig es bisher gelungen ist, Fragen dieser Art mit wirklich adäquaten Mitteln beizukommen — anders ausgedrückt wie wichtige Aufgaben über die Gegenstandstheorie zu lösen und wie sehr es wohl an der Zeit ist, daß an diese Aufgaben mit dem vollen Bewußtsein ihrer Eigenart herangetreten werde."

Demgegenüber möchte ich vor allem bemerken, daß man doch schon vor vielen hundert Jahren die Eigenart dieser Fragen sehr wohl gekannt hat, sofern als man ganz gut wußte, daß es sich beim ontologischen Argument um ein vermeintliches argumentum a priori handelte (was ja eben auch die Eigenart der gegenstandstheoretischen Betrachtungen sein soll) und als man sich über das Wesen der apriorischen Erkenntnis auch nicht völlig in Unwissenheit befand. Aber noch mehr. Es scheint mir auch eine, weder unbehilfliche noch unstichhaltige sondern vielmehr eine völlig durchschlagende und kein Entrinnen mehr zulassende, Lösung für das ontologische Argument bereits bekannt zu sein. Fassungen desselben gegenüber wie: Was unendlich vollkommen ist, dem muß auch (als eine dieser Vollkommenheiten) Existenz zukommen; nun aber ist Gott ein unendlich vollkommenes Wesen, ergo usw. gilt dasselbe was dem Satze ,der existierende goldene Berg existiert' gegenüber gilt, nämlich daß solche Sätze trotz ihrer scheinbar affirmativ - kategorischen Form in Wahrheit hypothetisch und negativ sind. ,Der existierende goldene Berg existiert' heißt nichts anderes als: es gibt nicht einen existierenden goldenen Berg, der nicht existierte usw. — was ja in der Tat a priori einleuchtet, woraus aber auch für die Existenz gar nichts folgt.

Dagegen muß ich Meinongs Unterscheidung von ,existierend sein' und ,existieren' allerdings als einen ganz unhaltbaren Lösungsversuch bezeichnen. Mag auch ,A ist existierend' und ,A ist' nicht identisch sein; jedenfalls sind sie äquivalent, und wenn — wie Meinong glaubt — der Satz ,ein existierender goldener Berg ist existierend' *als affirmativer* einleuchten würde, so müßte ebenso gewiß einleuchten ,ein existierender goldener Berg existiert', und da in der Bejahung des Ganzen stets die Bejahung des Teiles eingeschlossen ist, müßte als Folge auch einleuchten: ,ein goldener Berg existiert'. Und ganz dasselbe gilt beim Satze: ein existierendes rundes Viereck ist existierend. Natürlich würde hier aus der affirmativen Wahrheit des Satzes — wenn sie, wie Meinong lehrt, bestände — die Existenz des runden Vierecks sich nicht mehr als Folge ergeben, als die Existenz des goldenen Berges aus dem Satze: der existierende goldene Berg ist existierend; aber auch nicht weniger. Genug, daß sie folgen würde und somit das einträte, was Meinong selbst als ,schlimmer' für die ,neue Betrachtungsweise' bezeichnet, daß sie nämlich dazu zwänge, ,diesen unmöglichen Gegenständen Existenz resp. Bestand zuzusprechen'. Sie zwingt in Wahrheit dazu, und dasselbe läßt sich unausweichlich auch noch in anderer Weise zeigen. Auch die Objektive und speziell die Soseinsobjektive rechnet ja Meinong zu den ,Gegenständen', und die letzteren können ,Bestand' haben, auch wenn die betreffenden Objekte nicht existieren. Es gilt also nach unserem Autor im besonderen vom Rundsein des Runden, daß es Bestand hat, auch wenn das Runde nicht existiert, und dann — da es ebenso wahr sein soll, daß das runde Viereckige rund ist — eben auch vom Rundsein des runden Viereckigen. Also was Meinong vermeiden will, daß das Absurde nach ihm

‚Bestand' haben müßte, ist nicht zu vermeiden. Wenn auch
nicht das Runde-Viereckige, so doch das Rundsein des Viereckigen, das ebenso widersprechend ist wie das Runde-Viereckige selbst, hat nach ihm Bestand, und so ist auch für das
‚Bestehende' die Allgemeingiltigkeit des Kontradiktions- (resp.
Kontrarietätsgesetzes) aufgegeben. Freilich könnte einer, die
Methode, die wir Meinong im obigen anwenden sahen, weiter
ausnützend sagen: Wenn ich zum Begriffe: Rundsein des
Viereckigen das Attribut widerspruchslos hinzufüge, dann
könne ich auch wieder in aller Wahrheit, ja mit apriorischer
Evidenz und ‚aus den Begriffen' urteilend sagen: das widerspruchslose Rundsein des Viereckigen ist widerspruchslos und die
drohende Gefahr sei vermieden. Aber natürlich ist hier wieder
ebenso wahr, daß dies auch nicht widerspruchslos ist und wer
ersieht nicht eben aus dem Umstand, daß nach Meinongs Prinzipien solche Künste berechtigt wären, recht deutlich, wie wir
mit ihnen den Boden der Wissenschaft definitiv verlassen haben?
Doch ich will gerecht sein. Man hat meines Erachtens
der Wahrheit nicht erst den Rücken gekehrt, indem man mit
Meinong das „Prinzip der Unabhängigkeit des Soseins vom Sein"
auch auf das Widersprechende und Absurde ausdehnt und damit
offenkundig dem Paralogismus das tollste Spiel gestattet, sondern
— wie ich schon früher sagte — indem man es überhaupt
aussprach. Auch die Beschränkung auf das Widerspruchslose
und Mögliche rettet und rechtfertigt den Satz nicht, daß man
einer Sache, was in ihrem Begriffe enthalten ist, affirmativ zuerkennen könne ohne zuvor ihres Seins versichert zu sein. [1]) Sie
mildert nur die paradoxen Konsequenzen. Um wahrhaft berechtigt
zu sein muß er vielmehr auch in der Beschränkung auf das
Mögliche so lauten: Aus der sog. Realdefinition von etwas
folgt, daß dieses etwas nicht existieren kann, ohne daß
ihm die in der Definition enthaltenen Bestimmungen
in Wahrheit zukommen. Wir haben auch hier stets einen
negativen oder hypothetischen Satz vor uns. Und dieses gilt
natürlich schlechtweg von allen, auch von den widersprechenden
Begriffen. Nur ergibt sich aus der Analyse des Widersprechenden
und Absurden, z. B. des runden Vierecks, eben auch negativ

---

[1]) Das Wahre an diesem Gedanken Leibnizens von der Möglichkeit
einer positiven, aus der Analyse des Begriffs geschöpften, Behauptung über
eine Sache, falls deren innere Möglichkeit feststehe, bezieht sich bloß auf den
Begriff des unendlich vollkommenen, göttlichen Wesens. Weil
sich aus dem Begriffe ergibt, daß ein solches Wesen nur entweder durch
sich notwendig oder unmöglich sein kann, wäre mit der Möglichkeit zugleich
die notwendige Existenz erkannt. Leibniz übersah dabei nur, daß wir durchaus keine apriorische Einsicht in die Möglichkeit eines solchen Wesens haben
und haben können, daß sich uns diese vielmehr erst aus dem Beweise für die
Wirklichkeit ergeben kann.

oder hypothetisch zugleich Entgegengesetztes, „was — mit Leibniz zu sprechen — widersinnig ist". Z. B. ergibt sich, daß das runde Viereck, wenn es existierte, notwendig viereckig sein müßte und doch zugleich (als rund) unmöglich viereckig sein könnte usw. usw.

Der Satz: alle runden Viereke sind viereckig oder — was dasselbe ist — wenn es ein rundes Viereck gibt, so ist es notwendig viereckig oder — was abermals dasselbe ist — daß es ein rundes Viereck gebe, welches nicht viereckig wäre, ist unmöglich — ist nur richtig, wenn überall hinzugesetzt wird: „und zugleich rund". Verbindet man dagegen wie es sonst üblich ist, mit dem Satze: alle runden Vierecke sind viereckig, den Gedanken, daß damit die Wahrheit des konträren und kontradiktorischen Gegenteils ausgeschlossen sei, so ist der Satz natürlich falsch. Richtig ist nur der: daß es ein rundes Viereck gebe, welches nicht viereckig und zugleich rund wäre, ist unmöglich oder wenn es ein rundes Viereck gibt, so ist es rund und zugleich viereckig.

§ 75. Meinong beschränkt, wie wir sahen, nicht mit Leibniz die Unabhängigkeit des Soseins vom Sein auf das Widerspruchslose, ja er will das Prinzip ausdrücklich so verstanden wissen, „daß das Dasein die Bedingung eines Soseins nicht nur nicht ausmachen muß sondern sie wohl überhaupt gar nicht ausmachen kann" (a. a. O. S. 91). Aber obwohl also nach ihm das Objekt „ist, was es ist resp. wie es ist, wenn es auch nicht existiert", soll damit doch nicht in Abrede gestellt sein, „daß ihm, so lange es nicht existiert, manche Eigenschaft zuzuschreiben kein Grund vorliegen wird, die die Wirklichkeit sozusagen aus eigener Machtvollkommenheit im Sinne des oben berührten Zwanges der Tatsachen,[1] an ein ihr zugehöriges Objekt knüpfen mag. Ich kann mir einen Phantasieschreibtisch ausdenken mit den unerhörtesten Vorzügen, den es nirgends in der Welt gibt: nehme ich irgendwelche Herstellungskosten nicht in diesen Gedanken auf, so fehlt auch jedes Recht, sie ihm zuzuschreiben, während im Wirklichkeitsfalle gar nichts darauf ankäme, ob ich an die Kosten gedacht hätte oder nicht, da sie eben keinesfalls fehlen würden. Ohne Zweifel schafft also die Wirklichkeit, indem wir uns

---

[1] Es ist hier auf die schon oben, S. 262, zitierte Stelle (a. a. O., S. 77) angespielt, wo davon die Rede ist, daß alles Wissen um eine Wirklichkeit unmittelbar oder mittelbar auf eine Wahrnehmung zurückgehe und daß man bei dieser Art Erkenntnis — im Gegensatz zu den apriorischen Einsichten — „die Macht der Tatsachen weit mehr als einen von außen sich geltend machenden Zwang, dem man sich fügen muß auch ohne Verständnis" fühle, „während hier eben dieses Verstehen etwas wie ein sich freiwillig Unterwerfen mit sich führt".

ihr erkennend gegenüber stellen, eine ganz eigenartige Erkenntnislage. Das besagt aber etwas völlig anderes als die Meinung, das Sosein müßte das Sein des Soseienden zur Bedingung haben." [1])

Es ist bemerkenswert, daß Meinong danach doch selbst Bedenken trägt, auch Prädikate wie das eben erwähnte von den Kosten von einem Subjekte zu prädizieren auch wenn dasselbe nicht existiert. Aber ist die Einschränkung, die er vornehmen und das Zugeständnis, das er damit dem gesunden Sinn machen will, gerechtfertigt und befriedigend und bringt es ihn nicht mit sich selbst in Widerspruch? Was er dabei im Auge hat, ist offenbar der Unterschied zwischen Prädikaten, von denen sich a priori ergibt, daß das Subjekt nicht ohne sie sein kann und solchen, die ihm nur auf Grund der Erfahrung zugesprochen werden, also die alte Unterscheidung Leibnizens und anderer zwischen verités de raison und verités de fait. Allein er irrt sehr, wenn er meint, diese verschiedene Erkenntnisart bringe es mit sich, daß man die a priori erkennbaren Eigenschaften von einer Sache affirmitiv aussagen könne ohne ihres Seins gewiß zu sein und nur die empirischen nicht. Daß die letzteren von diesem Privilegium ausgeschlossen sein sollten, wäre höchstens berechtigt, wenn eine solche Eigenschaft, ebenso wie das Sein, für jedes Individium und Exemplar der Klasse eigens durch Wahrnehmung oder Erfahrungsschluß konstatiert werden müßte. Anders wenn auch hier ein gesetzmäßiger Zusammenhang, eine Notwendigkeit erkannt wird, wie z. B. für die Eigenschaft der Trägheit gegenüber dem Körper. Müßten wir für jedes Stück Blei ebenso wie sein Dasein (welches nicht in der Natur des Gegenstandes liegt) so auch seine Trägheit konstatieren, dann wäre es begreiflich, warum der Satz: das Blei ist träge affirmativ nur gelten soll, wenn Blei existiert, dagegen der Satz: das Blei ist ausgedehnt auch ohnedies. Wenn aber der Gegner zugibt, daß auch dort ein gesetzmäßiger Zusammenhang besteht, was heißt dies anderes, als daß es in der Natur des Bleies liege, träge zu sein, wenn auch wir es nicht a priori zu erkennen vermögen? Ein idealer Verstand — dies liegt im Begriffe der Notwendigkeit oder des Gesetzes — würde auch dies als im Wesen des Körpers liegend erkennen, ebenso wie wir die Ausdehnung, und die Unterscheidung zwischen beiden Eigenschaften ist durchaus keine solche, welche die Natur der Gegenstände an und für sich (und eine ‚Gegenstandstheorie' als solche) anginge, sondern sie beruht nur auf einer psychologischen Rücksicht auf die zufällige Beschränktheit unseres Erkenntnisvermögens, welches nicht alles, was an und für sich aus den Begriffen erkennbar sein müßte, so zu erkennen vermag. Die Konsequenz verlangt also unerbittlich, daß man entweder den Satz: das Blei ist ausgedehnt

---

[1]) a. a. O., Heft 1, S. 90—91.

ebenso wie den: das Blei ist träge, solange die Existenz des Subjektes nicht feststeht, bloß als eine negative oder hypothetische Wahrheit ansehe [1]) (nur daß der eine aus den Begriffen einleuchtet, der andere nicht) oder daß man ebenso positiv behaupte, etwas könne träge sein, Gewicht haben und Herstellungskosten verursachen usw. ohne zu sein, wie: es könne ausgedehnt sein. [2]) Der Unterschied der Erkenntnisart eines Prädikats kann keinen Unterschied dafür ausmachen, ob es einem Subjekte, das nicht ist, mit Recht zuerkannt werden kann oder nicht. Die Zuerkennung hätte auch für einen idealen Verstand, der alles was aus der Natur der Gegenstände erkennbar ist, a priori erkennt, keine Berechtigung. Sie wäre auch für ihn innerlich absurd. Bloß d a s ist eine Frage der Erkenntnisart und damit auch der Grenzen unseres Erkenntnisvermögens, ob und wann etwa das S e i n e i n e s S u b j e k t e s selbst a priori erkennbar sei. Und darauf ist zu erwidern, daß w i r wohl unter Umständen das Sein von N i c h t r e a l e m wie z. B. das der Nichtexistenz eines runden Vierecks (als Folge des negativen Axioms, daß es runde

---

[1]) Ich sage, der Satz: das Blei ist ausgedehnt sei unter der angegebenen Bedingung e b e n s o als ein negativer oder hypothetischer anzusehen wie der Satz: das Blei ist träge. Und es ist doch der Mühe wert, uns zu erinnern, daß bezüglich des l e t z t e r e n Meinong selbst es unweigerlich zugestehen muß, wenn er — ob mit Recht oder Unrecht — die obige Einschränkung seines Prinzips der Unabhängigkeit des Soseins vom Sein aufrecht halten will. Denn er wird nicht leugnen wollen, daß mit einem Satze wie: „die Körper sind träge“ ein G e s e t z ausgesprochen ist, das auch seine Geltung behielte, wenn alle Körper vernichtet würden, und daß der Satz nicht bloß von dem Kollektiv der existierenden Körper gelte, wo seine Allgemeinheit also nur von der Art wäre wie die des Satzes: Alle Apostel sind Juden. Ist dem aber so, dann ist der Satz eben wahr ohne affirmativ und kategorisch zu sein, und es bleibt nichts übrig, als daß er negativ und hypothetisch sei. Ließen sich dann aber d a g e g e n nicht ganz dieselben Argumente ins Feld führen, welche wir Meinong oben vorbringen hörten gegen unsere Behauptung, daß ein Satz wie: die Körper sind ausgedehnt negativ oder hypothetisch sei? Kann man nicht gerade so auf den (scheinbar) affirmativen und kategorischen Charakter der s p r a c h l i c h e n F o r m e l hinweisen? Und könnte man nicht nach dem obigen Muster auch hier argumentieren: Wie doch? „Die Körper sind träge“ soll heißen: sie sind träge, w e n n sie existieren? Und wenn sie nicht existieren? Gilt dann von ihnen das Gegenteil? — Doch dies nur nebenbei, da wir uns ja von der Unstichhaltigkeit jener Argumentationsweisen zur Genüge überzeugt haben.

[2]) Und beidemal, sowohl bei einem Satze wie: das Blei ist träge als bei: das Blei ist ausgedehnt müßten, wenn dies ein affirmativer allgemeiner Satz wäre, auch unzählige partikulär affirmative Sätze über ein Sosein gefolgert werden können und müßten, wo der allgemeine apriorisch ist, e b e n s o w i e e r diesen Charakter haben.

Vierecke nicht geben kann), niemals aber das Sein von Realem (was Meinong ‚Dasein' nennt) a priori zu erkennen vermögen. Wie die Gegner des ontologischen Arguments zu allen Zeiten mit Recht behauptet haben, vermögen wir für kein Reales sein Sein aus seiner Natur zu erkennen, und darum ist hier auch jede affirmative Behauptung über ein Sosein für uns lediglich empirisch.

Aber nochmal sei betont, daß davon unabhängig und schlechthin gilt, daß es kein Sosein ohne Sein gibt. Und ebenso kein Urteilen eines Soseins ohne ein solches des Seins; denn das direkte affirmative Soseinsurteil ist überall nur möglich in eigentümlicher (bloß einseitig lösbarer) Komplikation und Zusammensetzung mit der Anerkennung des Subjekts, analog wie das Urteilen überhaupt nur auf der Basis eines Vorstellens möglich ist (obschon durchaus nicht jedes Urteilen aus dem Vorstellen geschöpft ist — nur die apriorischen Einsichten sind ja so motiviert) und wie jedes Interessephänomen auf einem Vorstellungsvorgang aufgebaut ist. In diesem Sinne behaupten wir, daß das Sein die Bedingung des Soseins bilde und die Berechtigung dieser Lehre ist wohl durch die vorausgehenden Ausführungen zur Genüge erhärtet. Man kann ein Sosein vorstellen ohne das Sein anzuerkennen. Wer dagegen (affirmativ) das Sosein urteilt, fällt notwendig und unweigerlich ein Doppelurteil, worin auf die Anerkennung des Subjekts als zweite Urteilsbeziehung das Zuerkennen des Prädikats gebaut ist. Und nur auf Grund einer völligen Mißdeutung dieser Lehre vom Doppelurteil ist es möglich, daß Meinong a. a. O. S. 90) schließlich sogar behaupten kann, wenn man versuche den Gedanken der Zurückbeziehung eines Soseins auf die Bedingung des Daseins recht klar auszudenken, man „die innere Unnatur und Unstatthaftigkeit dieses Gedankens ganz direkt einsehen" könne. „Welchen Sinn", fragt er, „hätte es eigentlich, etwa von meinem Schreibtisch zu behaupten, wenn er existiere, sei er viereckig?"

Das — ich gebe es zu — wäre freilich ein handgreiflicher Widersinn. Aber wo haben denn die Vertreter der Lehre, daß das wahrhaft kategorische Urteil ein „Doppelurteil" sei, in welchem das Zuerkennen das Anerkennen des Subjekts voraussetze, einen wahrhaft kategorischen Satz je in dieser Weise verstanden und interpretiert? Wie könnte ich von „meinem Schreibtisch" reden, wenn ich nicht urteilte, daß er existiert? Eben weil in „mein Schreibtisch" schon gesagt ist, daß er existiert, darum führte ich schon in meinen Artikeln über subjektslose Sätze (a. a. O. Bd. XIX, S. 63 ff.) solche Beispiele zur Illustration des Doppelurteils an, wo die bereits gegebene Anerkennung des Subjekts zur Basis für eine Zuerkennung werde. Meinong scheint also in Wahrheit gegen etwas zu kämpfen, dessen Verständnis sich ihm gar nicht erschlossen hat.

So bleibe ich denn durchaus dabei, daß es keine wahrhaft allgemein affirmativen Sätze gibt oder daß man nicht mit Wahrheit zuerkennen kann ohne dasjenige anzuerkennen, dem zuerkannt wird oder — was alles dasselbe ist — daß es kein Sosein gibt unabhängig vom Sein. Die gegenteilige Meinung kann nur auf Verwechslungen und Täuschung beruhen. Täuschend war hier — wie schon betont wurde — vor allem der übliche sprachliche Ausdruck. Einmal indem er negative Sätze wie: ein gleichseitiges Dreieck, das nicht gleichwinklig wäre, kann es nicht geben, in die scheinbar affirmative Form faßt: Alle gleichseitigen Dreiecke sind gleichwinklig oder: Wenn es ein gleichseitiges Dreieck gibt, so ist es gleichwinklig. Sodann aber auch, indem sprachlich manches wie eine Zuerkennung gefaßt ist, wo eine solche nicht vorliegt oder wenigstens nicht d a s wahrhaft Subjekt der Zuerkennung ist, was die Sprache so hinstellt, wie wenn ich sage: ein dreieckiges Viereck ist unmöglich. Damit ist nicht ein dreieckiges Viereck anerkannt und ihm die Unmöglichkeit zuerkannt. Wir haben es nicht mit einer Determination eines Subjekts durch ein Prädikat, aber auch nicht mit einem Sosein unabhängig vom Sein sondern mit einer äquivoken Syntaxe zu tun, auf welche ich schon in meinen Artikeln „über subjektlose Sätze" (Vierteljahrsschr. für wiss. Philos. VIII S. 179) hingewiesen habe. Das scheinbare Subjekt wird durch das vermeintliche Prädikat modifiziert. Ebenso ist es bei: Der König ist tot; was natürlich nicht heißt: der König ist und ist tot. Sofern hier eine Prädikation vorliegt, ist das Subjekt ein ganz anderes, als was die Sprache so hinstellt.

Zu diesen sprachlichen Dingen, die hier irregeführt haben, können andere Verwechslungen hinzukommen. Es ist z. B. richtig, und auch wir haben es nie anders behauptet, daß für uns die Existenz eines Dinges nie aus seiner Natur oder a priori erkennbar ist, während wir über gewisse Eigenschaften etwas a priori zu erkennen vermögen. Aber es ist eine Täuschung, zu meinen, wir erkännten so affirmativ etwas über sie; also: ein Sosein ohne Sein. Die Erkenntnis ist negativ und nur darum und in diesem Sinne eine „daseinsfreie". Endlich darf nicht irreführen, daß mit der apriorischen negativen Erkenntnis eine affirmative und auch wohl eine solche über ein Sosein Hand in Hand geht, die aber weder apriorisch noch die eines Soseins ohne ein Sein ist. Wer z. B. einsieht, daß Rotes nicht sein kann, ohne farbig zu sein, der nimmt sich dabei in der Selbsterkenntnis als Rotesvorstellenden wahr[1]) und erfaßt diesen Rotesvorstellenden

---

[1]) Wer an die Existenz eines immanenten Objekts glaubt, wird auch sagen: man erfasse als Korrelat des Rotvorstellens die vorgestellte Röte und die Farbe als Eigenschaft dieses immanenten Gegenstands. Aber auch das wäre natürlich eine vérité de fait und nicht eine apriorische Erkenntnis eines Soseins ohne Sein. Denn die vorgestellte Röte, die ja nur das Korrelat des

zugleich als Farbevorstellenden. Diese affirmative Erkenntnis
ist nicht zu verwechseln mit der begleitenden negativen, daß ein
Rotesvorstellender, der nicht ein Farbevorstellender und ein
Rotes, das nicht ein Farbiges wäre, unmöglich ist.

Wir sind länger bei der Ablehnung dieser Fiktionen, die
man zum Nichtrealen gerechnet hat, verweilt, weil die Rechtfertigung des letzteren Begriffes für die gesamte Bedeutungslehre von der größten Wichtigkeit ist[1]) und das Vertrauen in
ihn eben dadurch nicht wenig erschüttert zu werden droht, daß
derartiges, was in Wahrheit fiktiv ist, wie die idealen Existenzen
von Husserl und das Sosein ohne Sein von Meinong u. dergl.,
dahin gezählt wird.

Doch dieser Fehler ist nicht der einzige, der begangen wird
und geeignet ist, die Lehre von dieser Klasse des Seienden in
Mißkredit zu bringen. Es kommt, dazu, daß man sehr allgemein
die Fiktion begangen hat, auch dasjenige Nichtreale, das in
Wahrheit existiert, in den Gedanken, die man sich davon macht,
viel zu sehr an das Reale heranzurücken. Man denke z. B. an
die wichtige Rolle, welche die possibilities of sensation in der
Metaphysik eines Mannes wie J. St. Mill und die Lehre von den
Kräften und Energien, die statt der Substanzen (welche man
leugnet) angenommen werden, in der modernen Naturphilosophie
spielen. Kräfte d. h. Möglichkeiten zum Wirken, Fähigkeiten
d. h. Möglichkeiten zu leiden und alle possibilities sind natürlich nur ein Nichtreales. Man behandelt sie aber wie Dinge,
denen Wirken und Gewirktwerden zukommt. Auch daß der
leere Raum nur eine Möglichkeit besagt, macht man sich vielfach nicht klar und behandelt ihn wie etwas Reales, und ähnlich geht man in tausend anderen Fällen vor.

Eine Verführung dazu liegt gewiß nicht zum wenigsten
wieder in der Sprache. Alle unsere Namen haben zur inneren
Sprachform entweder die Vorstellung einer Substanz oder eines
Accidens, also eines Realen. Bezeichnen wir doch auch das Nichtreale (wie ja selbst das völlig Fiktive) immer entweder durch ein

---

Rotvorstellens wäre, existierte nur solange wie dieses, und an ihr als dem
Subjekte würde das Prädikat erfaßt.

[1]) Auch haben wir speziell durch Zurückweisung der Annahme eines
Soseins ohne Sein oder wahrhaft allgemeiner bejahender Sätze, der Lehre vom
Urteilsausdruck schon in einem wichtigen und stark umstrittenen Punkte
wesentlich vorgearbeitet.

Substantiv (wie: der Mangel, die Möglichkeit, Unmöglichkeit usw.)
und dann ist die Vorstellung eines Dinges als figürliche innere
Sprachform gegeben, oder durch ein Adjektiv, welches einem wirklichen oder scheinbaren Subjekt als Prädikat oder Attribut bei-
gegeben wird, und dann ist die Vorstellung der Inhärenz im
Spiele, wie sie in Wahrheit bei den realen Accidentien gegenüber der Substanz vorliegt. Kant hat bekanntlich im zweiten
Abschnitt der Einleitung zur zweiten Auflage seiner Kritik der
reinen Vernunft ausgeführt, wenn man vom empirischen Begriff
eines jeden körperlichen oder nicht körperlichen Objekts alle
Eigenschaften weglasse, die uns die Erfahrung lehre, so könne
man ihm doch nicht diejenige nehmen, dadurch man es als
Substanz oder der Substanz anhängend denke. Man müsse also,
überführt durch die Notwendigkeit, womit sich dieser Begriff
uns aufdränge, gestehen, daß er in unserem Erkenntnisvermögen
a priori seinen Sitz habe. In Wahrheit hat hier eine gute Beobachtung von seiten Kants eine gründlich verfehlte Erklärung
gefunden. Wie für alle Begriffe, die wir überhaupt besitzen,
läßt sich auch für diejenigen von Substanz und Accidens der
empirische Ursprung mit aller Sicherheit aufzeigen. Aber das
ist sicher, daß sich uns die Vorstellung von Ding und Eigenschaft stets und überall aufdrängt, wenn auch nicht in Folge
einer angeborenen Notwendigkeit, so doch vermöge der Macht
einer starken und allgemeinen sprachlichen Gewohnheit.

Indem aber solche Namen von Nichtrealem scheinbare
Namen von Realem sind, überträgt sich dieser Schein auch auf
die Funktion der damit verbundenen Urteilszeichen, das „ist"
und „ist nicht". Sie scheinen nämlich etwas als Anzuerkennendes
bezw. zu Verwerfendes zu bedeuten, was hier in Wahrheit
nicht anzuerkennen bezw. zu verwerfen ist, während dasjenige,
auf welches wirklich diese Bedeutung der Zeichen geht,
etwas Nichtreales ist. Dies ist es, was gewiß auch im Grunde
Bolzano vorschwebte, wenn er, wie wir hörten — und ihm folgend
dann andere — dem „ist" in seiner Anwendung auf Nichtreales
eine andere Funktion und Bedeutung zuschrieben als gegenüber
Realem. Doch haben sie die wahre Natur dieser verschiedenen
Bewandtnis, die es mit dem „ist" und „ist nicht" hier und dort
hat, nicht richtig beschrieben, wenn sie meinten, es handle sich
um eine andere Weise des Seins. Sein bedeutet überall dasselbe,
nämlich: mit Recht anerkanntwerden können. Aber d as kann

— wie wir uns überzeugt haben — vermöge der Fiktionen der figürlichen inneren Sprachform geschehen, daß die Sprache etwas als anzuerkennend auszugeben scheint, wofür statt dessen etwas anderes wirklich anzuerkennen ist.

Natürlich wäre es auch fiktiv, wenn man den Unterschied von Gattung, Art und Individuum auf dem Gebiete des Nichtrealen sowie auf dem des Realen gegeben glaubte. Von Individualität kann wohl auch beim Nichtrealen die Rede sein, aber nur mit Rücksicht darauf, daß, wenn es als Folge zu Realem in Beziehung steht, es auch an dessen Individualität gleichsam partizipiert.

Ebenso wäre es verkehrt zu meinen, es werde ein Nichtreales a u s dem anderen, so wie ein Reales aus dem anderen. So wenig es im Gebiete des Nichtrealen eine causa efficiens gibt, so wenig eine causa materialis. Zwischen Nichtrealem, das sich folgt, kann wohl ein notwendiger Zusammenhang bestehen, aber nicht ein Verhältnis der Umwandlung.

In allen diesen Beziehungen gebraucht aber die Sprache die Ausdrücke für Reales auch für das Nichtreale. Und diese Bilder für das eigentlich Gemeinte zu nehmen ist hier, auf metaphysischem Gebiete, noch verhängnisvoller, weil von weitertragenden Folgen, als wenn der Physiker manches, was auf seinem Gebiete nur ein Bild und ein Versuch der Veranschaulichung ist, für die eigentliche Wahrheit nähme. Doch genug von diesen Fiktionen, die die Lehre vom Nichtrealen in Mißkredit zu bringen geeignet sind.

§ 77. Es sei aber letztlich noch ein anderes erwähnt, was in derselben Richtung wirken kann und tatsächlich gewirkt hat. Es sind dies wenig glückliche Bezeichnungen, die vielfach für dieses Gebiet des Seienden gewählt und gebraucht worden sind. Daß im allgemeinen eine treffende Benennungsweise dem Verständnis einer richtigen Theorie förderlich, eine irreführende dagegen ihr durch Erweckung von Vorurteilen hinderlich sein kann, ist aus der Geschichte der verschiedenen Wissenschaften genugsam bekannt. So ist und war es auch in unserem Falle, insbesondere mit dem Namen ens rationis oder Gedankending. Es ist anzunehmen, daß man mit diesen Termini das alte aristotelische ὄν ὡς ἀληθές wiedergeben wollte. Aber als Übersetzung für diesen terminus technicus von Aristoteles sind sie offenbar unglücklich, indem sie den, der nicht schon anderswoher über den wahren Sinn orientiert ist, eher auf eine andere Bedeutung führen. So z. B. können sie die Meinung erwecken, es handle sich um etwas, was zwar real aber nicht und niemals Gegenstand der Anschauung und direkter Erfahrung, sondern stets bloß ein Erschlossenes, also ein Transzendentes ist. „Gedankendinge" in diesem Sinne, d. h. ein nicht direkt Erfahrenes, sind zweifellos die Atome, sowohl die ponderablen als auch die imponderablen. Aber sie sind, wenn sie existieren, ebenso zweifellos zum Realen zu rechnen.

Noch bedenklicher ist es, wenn man bei „Gedankending" etwas im Sinne hat, was nur ein sog. intentionales Sein hat, und diese Bedeutung zu erwecken ist auch der Ausdruck Husserls von den „idealen Existenzen" gewiß zunächst geneigt. Wir werden aber später sehen, daß, wenn das Nichtreale ein „Seiendes" nur in diesem Sinne wäre, es (weil eine Fiktion der inneren Sprachform) nicht ein ens rationis, sondern besser ein ens elocutionis zu nennen wäre. Will man den Namen eines ens rationis für das Nichtreale beibehalten, so wäre also, um diese Klippen zu vermeiden und den Sinn von ὄν ὡς ἀληθές unzweideutig wiederzugeben, jedenfalls ein Zusatz wünschenswert, etwa: ens rationis veridicae.

§ 78. Sonst aber ist es am besten den Namen Nichtreales zu gebrauchen, und man mag dabei mehrere Klassen des Nichtrealen unterscheiden.

Das Nichtreale ist teils solches, das als Folge von Realem gegeben ist, mit ihm entsteht und vergeht; teils solches, das kein Entstehen und kein Vergehen hat. Von der ersten Art sind z. B. zweifellos die nicht realen Relationen und relativen Bestimmungen, die wir dem Realen zuschreiben.

Wenn man sie freilich ihm „inhärierend" nennt, so ist dies nicht glücklich, da dieser Terminus sonst von der Weise gebraucht wird, wie ein reales Accidens mit der Substanz Eines ist. Es würde besser sein für die wesentlich andere Art, wie die nichtrealen Bestimmungen ihrem Subjekte innewohnen, eine andere Bezeichnung zu bilden (etwa Emphyse oder dergl.), damit die „innere Sprachform", die durch das Wort „inhärieren" erweckt wird, nicht beirre und zu dem (wie schon bemerkt) so häufigen Fehler verführe, daß man das Nichtreale dem Realen in Gedanken zu nahe bringt.

Von einem andern Gesichtspunkte läßt sich das Reale ein-
teilen in solches, dessen Begriff durch Reflexion auf gewisse
Modi psychischer Tätigkeit (als deren Inhalt es gegeben ist)
gewonnen wird, und solches, bei dem dies nicht der Fall ist.
Die Relation der Gleich- oder Verschiedenfarbigkeit z. B. ist
nicht von der Art. Diese und ähnliche Begriffe werden vielmehr, ebenso wie der des Farbigen oder Tönenden, gewonnen;
nur, wie früher bemerkt, nicht im Hinblick auf einen, sondern
eine Mehrheit von Gegenständen, zwischen denen — wie man
sich ausdrückt — die Relation besteht.

Anders die Begriffe des Seins und Nichtseins, des Notwendigen, Unmöglichen, Möglichen, Guten und Schlechten usw.
Sie werden als Korrelate gewisser psychischer Verhaltungsweisen
erfaßt, des Anerkennens und Verwerfens (resp. apodiktischen
Leugnens), des Liebens, Hassens usw.

Allein obgleich sich so unter dem Nichtrealen verschiedene
Klassen auseinanderhalten lassen, haben wir doch auch wieder
Grund sie im ganzen als e i n Gebiet zusammenzurechnen, weil
alle Beispiele gewisse Züge aufweisen, wodurch sie sich gemeinsam charakterisieren und von allem Realen unterscheiden. Es
kommt ihnen, wie schon bemerkt, insgesamt kein Wirken und
Gewirktwerden zu, und, was die Weise wie sie erfaßt werden
betrifft, so werden sie alle — soweit ihre Existenz nicht bloß
erschlossen ist — in eigentümlicher Weise mit Realem kom-
perzipiert.[1]) In diesem Sinne mag man sagen, daß wir nur
von Realem eine „Anschauung" haben, sofern es weder so wie
eine Sinnesqualität von bestimmter Extensität und Intensität
oder wie ein psychischer Vorgang (wie Sehen, Hören, Lieben,
Hassen usw.) perzipiert ist („Anschauung im engeren Sinne"), noch
Gegenstand einer Imperzeption wie eine Rotempfindung in Abstraktion von ihrer bestimmten Extensität und Intensität („anschaulicher Begriff"). Und es gehört andererseits hierher, wenn
ich schon in meinen Artikeln über subjektlose Sätze die Aufstellung machte, daß in allem Nichtrealen der Begriff des Realen
stecke oder eingeschlossen sei. Nicht bloß etwa im Begriff des
Gleichfarbigen oder in anderen nichtrealen Bestimmungen, die

---

[1]) Es ist dies in gewissem Maße ein Gegenstück dazu, daß dem Nichtrealen kein Gewirktwerden und in diesem Sinne kein selbständiges Werden
sondern — soweit es wird — nur eine Syngenese zukommt.

durch Emphyse im Realen gegeben sind, sondern auch in Begriffen wie Seiendes, Notwendiges, Unmögliches, Gutes usw. Sie sind nicht zu denken ohne den Begriff eines (so oder so) Urteilenden, Liebenden usw.[1])

Die Behauptung, daß in der Vorstellung des Nichtrealen stets irgendwie die eines Realen eingeschlossen sei, hat mehrfach einen Anstoß erregt, den ich mir nur daraus erklären kann, daß man sie nicht richtig verstanden hat. Dyroff nennt schon den Ausdruck „einschließen", den ich dabei verwendete, ein „gefährliches jedenfalls aber lästiges Wortspiel". Auch meint er, von jener Behauptung bis zur Lehre, daß es keine „gegenstandslose" Vorstellungen gebe, sei nur ein Schritt. (Über den Existentialbegriff S. 75.) Ich muß darauf erwidern, daß wenn unter „Gegenstand", wie es am natürlichsten ist, „Vorgestelltes" schlechtweg oder „Vorstellbares" verstanden wird, ich es für selbstverständlich halte, daß es keine gegenstandslose Vorstellungen gebe. Versteht man aber darunter einen wirklichen Gegenstand,[2]) also etwas Existierendes oder gar Reales, so sehe ich nicht, wie dies — außer durch Mißverständnis — aus meiner obigen Behauptung irgend gefolgert werden könnte.

Auch Wernick scheint aber offenbar einem solchen verfallen zu sein. Denn er will bei mir einen Widerspruch finden zwischen jenem Satze und demjenigen, daß das bloß Vorgestellte ein Nichtreales sei. „Einmal" — so führt er (Der Wirklichkeitsgedanke 1. Art. In der Vierteljahrsschrift für wissenschaftliche Philosophie und Soziologie 1906. XXX. S. 190) aus — „heißt es, den Gegensatz (zum Realen) bildet u. a. das bloß Vorgestellte", dann werden wir wieder belehrt: ‚Von dem Begriff des Realen gilt, daß er von Hause aus in allem steckt'. Also das, was vorgestellt wird, ist nicht real, der Gegenstand der Vorstellung aber ist real. Das begreife, wer kann." So Wernick. Allein der Autor hat meinen Gedanken offenbar nicht richtig erfaßt und wiedergegeben. Weder sage ich irgendwo schlechtweg: was vorgestellt wird, sei nicht real — ich rede vielmehr vom bloß Vorgestellten als einem Beispiel des Nichtrealen. Noch sage ich irgendwo, alle Gegenstände der Vorstellung seien real. Der Widerspruch

---

[1]) Daß die Vorstellungen des Nichtrealen, indem man sie nicht als Anschauungen bezeichnet, nun insgesamt als „Begriffe" in Anspruch zu nehmen seien, soll aber damit nicht ohne weiteres gesagt sein. Sie sind nicht so zu nennen, falls man unter einem Begriff bloß eine Vorstellung versteht, welche Produkt einer Abstraktion oder durch eine Synthese aus solchen Produkten gebildet ist. Wir stehen hier an einem Punkte, wo die Lehre von den Vorstellungen sowohl in deskriptiver wie in genetischer Hinsicht noch mannigfacher Klärung und feinerer Unterscheidungen bedarf.

[2]) Wir werden im folgenden Abschnitt sehen, daß einen „Gegenstand haben und einen wirklichen Gegenstand haben" durchaus nicht dasselbe ist.

entfiele allerdings schon, wenn nur mit dem letzteren die Gegenstände schlechtweg im Gegensatz zu dem imanenten gemeint
wären. Aber noch mehr: ich behaupte auch nirgends, daß jene
insgesamt real seien sondern lehre ausdrücklich das Gegenteil.
Wie aus den übrigen Ausführungen des Autors hervorgeht, meint
er offenbar, in meiner Behauptung (der Begriff des Realen stecke
in allen Gegenständen unserer Vorstellung) sei involviert, daß
alle Gegenstände real seien. In Wahrheit ist dies natürlich
ganz und gar nicht damit gesagt. Den Begriff der Unmöglichkeit, so behaupte ich z. B., kann man nicht denken ohne wenigstens
im allgemeinen an einen apodiktisch Urteilenden (was etwas
Reales ist) zu denken. Aber daß die Unmöglichkeit selbst etwas
Reales sei, folgt nicht im mindesten.

§ 79. Doch zurück zu der Frage nach der Bedeutung der
Aussagen. Wir hörten, daß man nicht bloß als Funktion der
Aussage im Sinne ihrer Bedeutung bezeichnet, dem Hörer ein
gewisses Urteil zu suggerieren, sondern daß man auch das Sein
und Nichtsein resp. Dies — oder Jenessein von etwas als das hinstellt, was die Aussage bedeute, also als das, was auch der
Inhalt des Urteilens genannt wird.

Dies führte uns auf eine eingehende Erörterung des Begriffes
„Urteilsinhalt", sowie speziell des Begriffes der Existenz oder des
Seins, wo vor Verwechslungen und Mißdeutungen zu warnen war.
Allgemein aber erhob sich die Frage, ob es wirklich passend
sei, bloß Sein und Nichtsein, resp. Dies- oder Jenessein zum Inhalt der Urteile zu rechnen und nicht auch noch anderes. Und
es ergab sich, daß, wenn wir den Begriff des Urteilsinhalts in
naturgemäßester Weise bestimmen als das, was objektiv gegeben
sein muß, damit das urteilende Verhalten ein adäquates sei,
auch unter Umständen Notwendigkeit resp. Unmöglichkeit zum
Inhalt gehören. Infolgedessen aber stellt sich nun auch heraus,
daß wir unsere obige Angabe, die Aussage bedeute den Inhalt
des kundgegebenen Urteils in etwas berichtigen müssen. Doch
ist die Korrektur leicht und durch unsere früheren Erörterungen
bereits völlig nahe gelegt. Sie hat zu lauten: soweit dieser Inhalt durch Sprache direkt mitteilbar ist und also die Intention
der sprachlichen Mitteilung direkt auf ihn gerichtet sein kann.
Davon aber ist der eigentümliche Inhalt des apodiktischen
Urteils als solchen ausgeschlossen. Was ich durch die Sprache
einem anderen unmittelbar insinuieren kann, ist nur, daß er
etwas für seiend oder nicht seiend, gewesen oder künftig, für

A oder B seiend nimmt, nicht aber daß er es apodiktisch (oder mit apriorischer Evidenz) beurteilt. Diesen beschränkteren Inhalt nennt man also vielleicht zweckmäßig denjenigen Inhalt des Urteils, der zugleich Inhalt der Aussage ist, jenen reicheren dagegen den Inhalt, der dem Urteil an und für sich und ohne Rücksicht auf sprachliche Mitteilung zukommt.[1]) Noch sei bemerkt, daß statt Urteilsinhalt in der einen und anderen Bedeutung manchmal auch der Name „Urteil" verwendet wird. So wenn man von „Mitteilung eines Urteils" spricht, und ganz offenkundig, wenn man ein Urteil wie: daß A sei, ist falsch als „ein Urteil über ein Urteil" bezeichnet. Damit kann ja nur gemeint sein; ein Urteil über einen Urteilsinhalt. In anderen Fällen freilich wird „Urteil" auch wieder äquivok für Urteilstätigkeit gebraucht.

Im Sinne von Urteilsinhalt dagegen werden auch die Termini: Geurteiltes[2]), „Sachverhalt", „Tatbestand" und wohl auch „Satz" verwendet. Insbesondere hatte Bolzano, von „Sätzen" sprechend, zweifellos Urteilsinhalte im Sinne und verstand unter „Sätzen an sich" oder „Wahrheiten an sich" speziell die Inhalte möglicher richtiger Urteile.

Die Beschreibung, die jemand von den Urteilsinhalten gibt, ist natürlich mit dadurch bedingt, wie er über das Wesen des Urteilens denkt. Es liegt in der Konsequenz von Brentanos Theorie des Urteils, in gewissen Fällen bloß das Sein und Nichtsein als Inhalt unserer Urteile zu bezeichnen, und dementsprechend habe ich — wie früher angedeutet — schon in meinen Artikeln über subjektlose Sätze (Jahrg. 1884) die Bedeutung der thetischen Aussagen und den Inhalt des einfachen Urteils beschrieben. Wer dagegen das Wesen des Urteils in einer „Verbindung von Vorstellungen" (d. h. in einer Prädikation) sieht, wird seinen Inhalt stets in einem Dies- oder Jenessein suchen.

---

[1]) Mit diesem Gebrauche des Terminus „Urteilsinhalt" steht eigentlich auch nicht in Widerspruch, wenn man als zum Inhalt gehörig alles bezeichnet, was sich als Teil im Geurteilten unterscheiden läßt. Wenn es wahr ist, daß A und B sei, so bilden die Teiltatsachen, daß A ist und B ist Teilinhalte und beides zusammen den Gesamtinhalt jenes Urteils. Dagegen wäre es ganz gegen allen üblichen Gebrauch, wenn man unter Urteilsinhalt etwa die „realen Bestandstücke" am psychischen Akt des Urteilens verstehen wollte.

[2]) Das Beurteilte dagegen ist die Materie des Urteils. Es ist dasselbe, wenn ich A anerkenne und verwerfe, assertorisch oder apodiktisch beurteile. Das Geurteilte dagegen ist jedesmal ein anderes.

Aber, eben auch solche haben, wie wir schon früher erwähnten, in diesem Sinne von „Urteilsinhalt" gesprochen, und ich füge hinzu, daß z. B. auch Bolzano ihn ausdrücklich unterschieden wissen will von dem, was von anderen Logikern die Materie genannt wird, und daß er bemerkt, während man z. B. in „Gott ist allwissend" nur die Vorstellungen „Gott" und „allwissend" zur Materie, das „ist" aber zur Form des Urteils ziehe, gehörten alle drei zu seinem Inhalt. (Wissenschaftslehre II. § 123 Anm. 2.)

§ 80. Es erübrigt endlich noch die Frage: was zum Verständnis der Aussage gehöre? Wir sagten, deren primäre Intention von Seite des Sprechenden sei, ein (wenigstens nach Qualität und Materie) analoges Urteil im Hörer zu erzeugen, wie das wofür in der Regel die Aussage den Ausdruck bildet. Aber natürlich gehört nicht dieser Erfolg zum Verständnis der Aussage. Vielmehr genügt es, daß der Hörende die Vorstellung des Urteilsinhalts gewinne, dessen korrespondierendes wirkliches Urteilen die Aussage (üblicherweise) zu erwecken bestimmt ist. Auch die Überzeugung, daß jetzt aktuell jemand die Intention habe, uns ein solches Urteil zu insinuieren, ferner die Annahme, daß der Aussagende — falls ein solcher bekannt ist — tatsächlich den Glauben hege, welcher in der Regel durch die Aussage ausgedrückt wird, gehört nicht unumgänglich zum Verständnis. Ich kann die Aussage verstehen, auch indem ich sie ausdrücklich als gedankenlose und unwahrhaftige (lügenhafte) Äußerung durchschaue und spreche vom Verständnis eines Satzes, auch wo ich nicht weiß, daß er aktuelle Äußerung von irgend jemandem ist. Nur das Bewußtsein, daß er im allgemeinen bestimmt ist ein gewisses Urteil zu erwecken, ist erfordert.

Wenn Meinong bemerkt, das Verständnis bestehe im Erfassen des „Objektiv", so kann dies — soweit es richtig ist — nur dasselbe meinen, was wir eben sagten. „Erfassen" kann also hier weder heißen: erkennen oder einsehen, noch wahrnehmen, noch überhaupt urteilen, noch „annehmen", sondern bloß: die Vorstellung gewinnen.

Fünftes Kapitel.

Von der Bedeutung der interesseheischenden Äuſserungen oder Emotive.

-- -- --

§ 81. Es wurde schon erwähnt, daß die interesseheischenden Äußerungen unserer mit Absicht gesprochenen Sprache sich nicht bloß durch ihre Absichtlichkeit von einem unwillkürlichen Schreien oder Weinen u. dergl. unterscheiden, sondern auch dadurch, daß sie in doppelter, nämlich einer mittelbaren und unmittelbaren Weise Zeichen sind, indem sie — analog den Aussagen — in einer primären und sekundären Intention geäußert werden.

Unmittelbar dienen sie dazu, ein Fühlen oder Wollen u. dergl. beim Sprechenden zu äußern oder auszudrücken.

Ausnahmen sind die Fälle der Heuchelei und des gefühllosen Gebrauchs von Gefühlsausdrücken. — Die Fälle, wo zwar eine Absicht aber nicht die der Mitteilung sondern nur die einer Entladung der inneren Erregung durch Geberden oder Lautäußerungen vorhanden ist, gehört eigentlich nicht zur Sprache, in dem Sinne, in welchem wir davon handeln.

Mittelbar dient das Emotiv dazu, ein Phänomen des Interesses im Hörer zu erwecken. Mit Bezug auf letzteres wollen wir auch hier von der Bedeutung sprechen und sagen: ein Sprachmittel hat die Funktion oder Bedeutung eines Emotivs, wenn es, im Kreise der die betreffende Sprache Verstehenden, in der Regel bestimmt und in gewissen Grenzen auch fähig ist, eine Emotion zu erwecken.

Die Analogie zu den Aussagen springt in die Augen. Aber ebenso, daß diese klar und scharf von den Emotiven abgegrenzt sind. Während jene primär intendieren, durch den Ausdruck eines Urteils im Sprechenden ein solches im Hörer zu erwecken, ist die primäre Intention des Emotivs, durch Äußerung eines Fühlens oder Wollens im Sprechenden solche Phänomene im Hörer hervorzurufen. Fragt man also z. B., ob gewisse Worte des Trostes, des Tadels, der Aufmunterung als Emotive oder Aussagen anzusehen seien, so muß, ehe die Antwort möglich ist, eine Unterscheidung gemacht werden. Wenn die primäre Intention der Äußerung zunächst die ist, zu belehren, also durch Kundgabe der eigenen Überzeugungen anderen ebensolche zu suggerieren, so haben wir — soweit dies der Fall ist — Aussagen vor uns. Wenn auch der Sprechende als weitere Folge und als ferner liegendes Ziel dieser Belehrung eine Wirkung auf das Gemütsleben des Hörers im Auge haben mag.

Wenn dagegen jene Worte derart sind, daß sie sofort, und durch Kundgabe des eigenen Gemütslebens, das Fühlen und Begehren des Hörers zu beeinflussen intendieren (und das wird in der Regel der Fall sein, wo man etwas ein Trost- oder Tadelswort nennt [1]), dann liegen nicht Aussagen, sondern Emotive vor. Das nächste Ziel der primären Intention dieser Äußerungen ist eben nicht die Belehrung sondern die Beeinflussung des fremden Gemütslebens durch Suggestion von Zuständen, die dem kundgegebenen eigenen Fühlen und Wollen im weitesten Sinne entsprechen. Doch genügt es schon, daß bei der Kundgebung der eigenen Gefühle nur irgendwie auf eine Miterregung, ein Mitschwingen, des fremden Gefühls mit meinem inneren Erlebnis gerechnet werde und werden könne, damit eine gewisse Äußerung zur Klasse der interesseheischenden gehöre, so daß z. B. nicht bloß die bestimmte Bitte um Hilfe sondern auch die unbestimmte Klage und der Weheruf dahin zu rechnen sind.

Wir machten oben, indem wir von der Bestimmung und Fähigkeit der Aussage ein gewisses Urteil zu erwecken, redeten, einige Einschränkungen. Ganz analoge gelten auch bezüglich des Emotivs und der Erweckung von Interessephänomenen durch dasselbe. Insbesondere gilt natürlich auch hier, daß der Äußerung nicht für sich allein die Kraft innewohnt das fremde Seelenleben in der genannten Weise zu beeinflussen. Die Macht

---

[1] Noch deutlicher ist dies bei Worten des Lobes. Und so gibt es natürlich zahlreiche Fälle verbaler Liebkosungen und Mißhandlungen, wo kein Zweifel entstehen kann, daß die Intention der Äußerung nicht bloß die einer Aussage, sondern diejenige eines Emotivs ist.

der Gewohnheit und des Beispiels, der Sympathie und Autorität, der Furcht und Hoffnung usw. sind mit im Spiele.

Weiter: man kann, wie bei der Aussage, so auch bei den interesseheischenden Äußerungen in gewissem Sinne sagen: sie haben die Bedeutung, daß der Hörer ein bestimmtes Phänomen des Interesses hegen solle. Aber auch hier ist vor einem Mißverständnis zu warnen. Das Emotiv ist zwar manchesmal eine an den Willen gerichtete Aufforderung, mit anderen Worten seine Intention ist manchmal, durch Kundgabe eines Wollens im Sprechenden, dem Hörenden ein entsprechendes Wollen und Handeln zu suggerieren. Dann haben wir es mit einem Imperativ oder Befehl zu tun.[1]) Aber nicht alle interesseheischenden Äußerungen sind solche Aufforderungen im strengen Sinne. Oft auch sind sie nicht ein Befehlen sondern ein bloßes Empfehlen oder das Gegenteil davon, ein Mißliebigmachen u. dergl. Immerhin liegt hier ein gewisser Unterschied gegenüber den Aussagen vor, und ein anderer wird uns noch später begegnen.

§ 82. Zuerst wollen wir noch einen Einwand hören gegen unsere Angabe: die eigentümliche Bedeutung des Emotivs sei, daß der Hörer ein gewisses Interessephänomen hegen solle. Man könnte nämlich sagen, die primäre Intention gehe durchaus nicht immer darauf aus, im Hörer eine gewisse Emotion zu erwecken. Denn wer z. B. befehle: Sprich lauter! dem komme es nicht wesentlich darauf an, daß der Angeredete Neigung und Wille dazu habe; genug, wenn er es tue. Wenn aber so der Befehl nur auf das Tun gerichtet sei, so gehe er nicht auf ein Phänomen des Interesses, und oft überhaupt nicht auf einen psychischen sondern auf einen äußeren Vorgang.

Allein hier waltet offenbar eine Unklarheit ob. Was man tut — wenn es nicht unter Anwendung fremder Gewalt oder rein instinktiv und gewohnheitsmäßig oder gar im strengen Sinne reflektorisch geschieht — das will man. Damit ist aber nicht gesagt, daß man, was dabei erfolgt, in jedem Sinne liebe und wünsche. Man liebt dessen Verwirklichung, die als Folge eben davon, daß man sie liebt, vorausgesehen wird, — so lieben heißt ja Wollen — aber das Verwirklichte schlechtweg ist da-

---

[1]) Zu den Befehlen gehören natürlich auch die Drohungen, die den Imperativ durch Erregung von Furcht vor einem im Falle des Ungehorsams drohenden Übel verschärfen.

bei vielleicht nicht erwünscht und die Verwirklichung selbst ist
es möglicherweise nur aus Motiven der Furcht vor Übeln oder
in der Hoffnung auf ganz andere Güter als das durch die Handlung
Verwirklichte. Aber es bleibt dabei, daß, wer immer etwas
nicht bloß unwillkürlich tut, es zu verwirklichen liebt.
Und auf diese Liebe, d. h. eben auf ein Wollen, ist in der Regel
der Befehl gerichtet, auch wenn er nicht lautet: Wolle dies tun,
sondern: tue dies! Weil aber schon in dem Terminus Befehl angedeutet ist, daß ein Wollen im Hörer intendiert sei, so wird
nur der Gegenstand dieses Wollens zur Charakteristik des sog.
„Inhalts“ dieses Befehls angegeben und auch kurzweg die „Bedeutung“ des Befehles genannt. Ja oft wird nicht einmal dieser
Gegenstand nach allen Seiten bezeichnet, weil die allseitige
Charakteristik nicht nötig ist. Was von den Befehlen überhaupt
gilt, hat auch von den Fragen Geltung, die ja oft nur eine besondere Klasse von Befehlen bilden.

§ 83. Wenn es, wie wir sagten, die Bedeutung des Emotivs
ist: durch Äußerung eines Interessephänomens im Sprechenden
ein anderes Phänomen der Art im Hörer zu erwecken, so entsteht weiter die Frage, wie sich das geäußerte und das zu erweckende Phänomen zu einander verhalten. Bei der Aussage
konnten wir auf die analoge Frage erwidern: das geäußerte und
zu erweckende Urteil seien gleich, soweit eine solche Gleichheit
überhaupt durch sprachliche Mitteilung herstellbar ist. Auf die
Emotive ist dies nicht völlig übertragbar. Zwar kommt es auch
hier vor, daß die Äußerung eines gewissen Interesses dem Hörer
durch Nachahmung und Sympathie direkt ein (in den wichtigsten
Beziehungen) gleiches Fühlen oder Wollen suggeriert, und da
kann man sagen, die Bedeutung der betreffenden absichtlichen
Äußerung sei, daß der Hörer ein (im wesentlichen, und soweit
es durch Worte erwecklich ist, gleiches) Interesse hegen solle
wie das, welches der Sprechende hegt.
Ich sage: soweit es durch Sprache dem Hörer insinuierbar
ist. Denn auch hier gilt, analog wie beim Urteil, daß selbst bei
einem solchen Hörer, der dem Sprechenden, sei es durch Sympathie und Vertrauen, sei es durch Furcht und sklavischen Ge-
horsam, unbedingt ergeben ist, dasjenige von einem Interessephänomen, was durch Mitteilung direkt übertragbar ist, nicht
das Ganze bildet, wodurch ein solches überhaupt charakterisiert

sein kann und im Sprechenden charakterisiert ist. Es wird ja
z. B. entweder den Charakter der Blindheit oder den des als richtig
Charakterisiertseins haben,[1]) aber dieser Unterschied läßt sich
nicht durch Sprache suggerieren, und gehört darum nicht zur
Bedeutung. Und wie er nicht zur Bedeutung gehört, so auch
in der Regel nicht zu dem, was der Hörer direkt und unmittelbar durch das Emotiv kundgibt. Das Eine und Andere beschränkt sich in analoger Weise wie beim Urteil auf das, woran
das Interesse genommen wird (die Materie) und auf etwas, was
man hier wie dort die Qualität nennen kann, nämlich den
Charakter des Liebens und Hassens, des freudig aufnehmenden
und schmerzlich ablehnenden Verhaltens gegenüber dem Objekt.
Daß z. B. die Mitfreude oder das gemeinsame Leid, welches ich
durch Sympathie im Hörer erwecke, ein als richtig charakteri-
siertes sei, d a s vermag das Emotiv nicht direkt zu bewirken.
Dieser Erfolg liegt an mannigfachen Bedingungen, von denen
es abhängt, daß, was an und für sich geeignet ist, eine werterfassende Liebe zu erwecken, auch tatsächlich und in concreto
dazu gelange. Will ich etwas d a z u tun, so kann ich es nur,
indem ich Mittel ergreife, wodurch jene Bedingungen herbeigeführt und entgegenstehende Hindernisse hintangehalten oder
beseitigt werden. Kurz, was direkt erwecklich ist, erstreckt
sich, beim Interesse wie beim Urteil, auf die Materie und die
Qualität. Und daß der Hörer ein in dieser Beziehung g l e i c h e s
Interessephänomen wie der Sprechende hegen solle, ist in
m a n c h e n Fällen auch die Bedeutung des Emotivs.

Aber während das Analoge bei der Aussage geradezu d i e
R e g e l ist, ist es beim Emotiv, wie schon angedeutet wurde, bei
weitem nicht regelmäßig der Fall. Öfter ist das Interessephänomen,
welches durch ein Emotiv im Hörer erzeugt werden soll (auch
abgesehen von der eben erörterten Einschränkung) ein ganz
anderes als das durch die Äußerung im Sprechenden kund-
gegebene. Und dieser bemerkenswerte Unterschied, der hier
gegenüber den Aussagen statthat, erklärt sich leicht aus der
Natur der Sache. Was für den einen als wahr anzuerkennen
oder als falsch zu verwerfen ist, das ist es auch für jeden
anderen, und darum ist begreiflich, daß der Sprechende, der
etwas als wahr hinstellt, intendiert und erwartet, daß der seiner

---

[1]) Vgl. Brentano, Vom Ursprung sittlicher Erkenntnis 1889.

Autorität Vertrauende es ebenso wie er selbst beurteilen werde.
Dem Objekte des Interesses gegenüber befinden sich dagegen
verschiedene Menschen oft in verschiedenen Lagen. Was Schmerz
oder Freude erweckt, tut dies nicht notwendig und in derselben
Weise bei allen; was sich uns als lieb empfiehlt oder uns als
unlieb abstößt, hat nicht für jeden diesen eigentümlichen
Charakter. Selbst wenn etwas als schlechthin liebenswert erscheint, kann es doch für den Einen Gegenstand eines praktischen
Liebens, eines Wollens sein, da es durch ihn verwirklicht werden
kann, während es für den Anderen vielleicht nur Gegenstand
eines Wunsches bleibt, weil es nicht in seiner Macht steht, es
zu realisieren. Darum ist es nicht selbstverständlich, daß, wenn
ich mein Fühlen und Wollen kundgebe, um dadurch dasjenige
eines anderen zu beeinflussen, damit immer intendiert sei, in
ihm ein (auch nur nach Materie und Qualität) gleiches Interessephänomen zu erwecken wie dasjenige, welches in mir selbst vorgeht. Wer körperlichen Schmerz leidet, kann nicht die Intention
haben durch seine Rede völlig dasselbe psychische Phänomen in
anderen zu erwecken, wohl aber Mitleid und den Willen zum
Helfen. Ein anderes naheliegendes Beispiel, wodurch dieser
Unterschied illustriert wird, bietet der Fall des Bittens und
Fragens. Der Fragende äußert den Wunsch vom Hörer etwas
zu erfahren. Aber was die Frage in diesem zu erwecken bestimmt ist, ist der Wille das Gewünschte mitzuteilen.

Durch das Gesagte scheint mir genügend geklärt, was man
im weiteren Sinne unter der Bedeutung einer interesseheischenden
Äußerung zu verstehen habe.

§ 84. Wir haben im Vorausgehenden behauptet, daß die
Emotive nicht bloß in unmittelbarer Weise Kundgebungen der
Interessephänomene des Sprechenden sondern dadurch nebstdem
auch noch in mittelbarer Weise Zeichen für etwas sind und
zwar für etwas anderes als die Aussagen. Dies ist in
neuester Zeit ausdrücklich geleugnet worden von E. Husserl.
Er meint, nachdem er Gründe für und wieder angeführt und
eingehend diskutiert hat, die Entscheidung dahin fällen zu müssen:
die Äußerungen von der Art der Bitten, Fragen, Befehle,
Wunschsätze usw. kurz, was wir Emotive genannt haben, seien
im Grunde „zufällige Besonderungen von Aussagen oder sonstigen
Ausdrücken objektivierender Akte". Und unter objektivierenden

Akten versteht er, was wir Urteile und Vorstellungen genannt haben [1]) (und hier insbesondere das erstere). Frägt man aber, was nach Husserl der Inhalt dieser besonderen Gruppe von (angeblichen) Aussagen, nämlich der Bitten, Befehle usw. sei, so antwortet er: Im einsamen Seelenleben werden die fraglichen Formeln „zu Ausdrücken des schlichten Sinnes der inneren Erlebnisse mit mehr oder minder deutlicher Beziehung auf das Ich." „Die monologische Frage besagt entweder: ich frage (mich) ob ...; oder es entfällt die Rücksicht auf das Ich wohl ganz; der Frageausdruck wird bloßer Name oder im Grunde genommen nicht einmal das" ... dagegen „im kommunikativen Verhältnis haben, wie die Befehle, so manche andere der fraglichen Ausdrücke die Funktion, in der Weise wesentlich occassioneller Ausdrücke dem Hörenden zu sagen, daß der Redende die kundgegebenen Akte (der Bitte, des Glückwunsches, des Beileids usw.) in intentionaler Beziehung auf ihn, den Hörenden, vollziehe."

Demzufolge wären also nach Husserl ein Befehl, eine Bitte in eigentlicher Verwendung — denn dies ist ja doch die kommunikative — Aussagen, die nur bei der Deutung ihres Sinnes einer ähnlichen Unterstützung durch den Zusammenhang bedürftig wären, wie etwa die Pronomina *ich* oder *dieser*. Wie hier, so wäre dort jedesmal aus den Umständen zu entnehmen, w e r befiehlt und w e m befohlen wird. Der Befehl selbst jedoch wäre eine Aussage darüber, d a ß befohlen wird.

Der entscheidende Grund aber, der Husserl zu dieser Auffassung der Emotive als Aussagen über die Gemüts- und Willenstätigkeiten des Redenden bestimmt, ist der, daß diese Akte nicht objektivierend, „nicht Gegenstände konstituierend" seien, wie dies vom Vorstellen und Urteilen gelte. Mit diesem Punkte werden wir uns denn auf alle Fälle zunächst auseinandersetzen.

Meines Erachtens kann damit nur gemeint sein, daß die durch die Emotive kundgegebenen Interessephänomene nicht in dem Sinne wie die Vorstellungen und Urteile einen Inhalt besäßen. Unter dem Inhalt des Urteils — auf denjenigen des Vorstellens kommen wir im nächsten Kapitel zu sprechen — ist ja das zu verstehen, wodurch objektiv die Richtigkeit des

---

[1]) Logische Untersuchungen II, S. 692.

Urteils begründet und was also, falls das geäußerte Urteil richtig ist, durch die entsprechende Aussage im eigentlichen Sinne kundgegeben wird.

Fehlt denn nun wirklich ein Analogon des Urteilsinhalts auf dem Gebiete des Interesses? Ich glaube nicht. Zwar ist eine durchaus subjektivistische und in diesem Sinne fehlerhaft „psychologistische" Ansicht sehr verbreitet, die einen Unterschied zwischen dem bloß tatsächlich Liebbaren und dem Liebenswürdigen und zwischen einer blinden Nötigung und einem Sollen im Sinne einer Norm des Richtigen auf diesem Gebiete nicht anerkennt. Aber obschon sie sich selbst als „Werttheorie" bezeichnet, vermag sie doch von dem Begriff des Wertes und Unwertes keine befriedigende Rechenschaft zu geben, so wenig als die analoge psychologistische Lehre auf dem Gebiete der Erkenntnistheorie vom Begriff des Wahren und Falschen. Nur wenn Wert und Unwert wahrhaft Analoga sind des Wahren und Falschen — wie wir oben diese Begriffe faßten — kann es auch auf dem Gebiete des Interesses ein Analogon des Richtig und Unrichtig im Gebiete des Urteilens geben, und beides ist nur möglich, wenn es etwas vom subjektiven Phänomen des Liebens und Hassens Unabhängiges und in diesem Sinne Objektives gibt, was jene Richtigkeit des psychischen Verhaltens begründet, ebenso wie das Sein des Gegenstands für die Richtigkeit seiner Anerkennung, sein Nichtsein für die seiner Verwerfung das objektive Fundament bildet. Ohne einen solchen festen Grund und Maßstab wäre alles Reden von Wert und Unwert, Gut und Übel und weiterhin von Pflichtgemäß und Pflichtwidrig usw. ohne natürliche Berechtigung und Sanktion. Tatsächlich gilt aber, daß analog wie gewisse Urteile, so auch gewisse Akte des Interesses dadurch ausgezeichnet sind, daß sie sich als richtig kundgeben und dadurch auch das in ihnen Geliebte als wahrhaft wertvoll charakterisieren. [1]) Man kann also auch auf dem Gebiete des Liebens und Interesses wahrhaft von einem Analogon des Seienden d. h. eines die Anerkennung Verdienenden sprechen. Nur bestehen hier noch Unterschiede, für die auf dem Gebiete des Anerkennens und des Wahren das Gegenstück fehlt. Es gibt kein mehr oder minder Wahres, wohl aber ein mehr oder minder Gutes d. h. ein Vorzuziehendes und Nachzusetzendes, und

---

[1]) Vgl. Brentano a. a. O.

etwas kann, obwohl an und für sich so beschaffen, daß es eine
richtige Liebe begründet, neben ein anderes gehalten von
der Art sein, daß es ihm nachgesetzt zu werden verdient. Und
wie wir so einen Unterschied von Gutem und Besserem (d. h.
Vorzuziehendem) konstatieren müssen, so auch den eines primär
und in sich selbst Liebens- resp. Vorzugswerten und eines anderen,
das nicht in sich selbst sondern bloß wegen eines Anderen, in
sich Liebenswürdigen, die Liebe resp. den Vorzug verdient (das
wahrhaft „Nützliche") — eine Distinktion, für die auf dem Gebiete des Wahren ebenfalls keine strenge Analogie besteht. Endlich begegnen wir auf dem Gebiete des Interesses dem Unterschiede
von Lieben und Sichfreuen; doch braucht an dieser Stelle nicht
näher erörtert zu werden, daß auch dafür auf dem Gebiete
des Anerkennens und des Wahren das Gegenstück fehlt. Mit
diesen Einschränkungen aber besteht im wesentlichen die
Analogie zwischen richtigem Urteilen und richtigem Interessenehmen einerseits und dem Wahren und Guten (oder Wertvollen) andererseits zurecht, und darum können und müssen wir,
wie wir das Sein von A als Inhalt des Urteils „A ist" bezeichneten, auch bei der Liebe zu A und dem Vorziehen desselben,
von einem Inhalt dieser psychischen Verhaltungsweisen sprechen.
Es ist bei der Liebe die Güte (resp. Nützlichkeit), beim Vorziehen
die Vorzüglichkeit (resp. höhere Nützlichkeit) von A.

Nur ist hier, wie bezüglich des Urteilens, vor Mißverständnissen zu warnen. Schon dort hätten wir betonen können, daß
es etwas ganz anderes sei, ein gewisses psychisches Verhalten
üben und etwas anderes in abstracto darauf reflektieren.

Wir bezeichneten das affirmative Urteilen oder Anerkennen
als ein Seiend-nehmen und bestimmten den Begriff des Seienden
als das, was mit Recht anerkannt werden kann oder was einer
möglichen richtigen Anerkennung konform ist. Aber damit
sollte durchaus nicht behauptet sein, daß jeder, der ein affirmatives
Urteil fällt, den Begriff des Seienden habe und noch weniger,
daß das Anerkennen ein Prädizieren dieses Begriffs von einem
Subjekte sei. Diese Ansicht würde uns sogar in ein unmögliches
Hysteronproteron stürzen. Man kann A anerkennen ohne irgend
einen der Begriffe zu bilden, die durch Reflexion darauf zu gewinnen sind. Und wenn Einer diese Begriffe bildet, so ist damit
weiterhin noch nicht gesagt, daß er dieselben auch deutlich
zu machen vermöge. Wiederum ist es etwas ganz anderes: einen

gewissen Begriff haben und etwas anderes: ihn zu beschreiben und in diesem Sinne sich und anderen davon Rechenschaft zu geben vermögen. Das ist auch gerade bezüglich des Seinsbegriffes oft so wenig der Fall, daß bei dem Versuche von ihm Rechenschaft zu geben, ihm mannigfach andere Begriffe unterschoben werden: so insbesondere einer, den man gewissermaßen als eine Mimicry des wahren Seinsbegriffs bezeichnen kann. Durch Reflexion auf das anerkennende Urteil und seinen Gegenstand kann nämlich nicht bloß der Begriff des die Anerkennung Verdienenden sondern auch die Vorstellung eines die Anerkennung Fordernden im Sinne eines bloß tatsächlich dazu Führenden und davon Begleiteten gebildet werden, und das Ganze, was bei diesem äquivok „Sein und Seiend" genannten gedacht wird, ist vielleicht: etwas, was so ist wie dieses oder jenes, was uns erscheint und sich tatsächlich unserem Glauben aufdrängt. Dieser Begriff wird gewiß häufig verwechselt mit dem (durch Reflexion auf das als richtig charakterisierte Anerkennen gewonnenen) Begriff des mit Recht die Anerkennung Fordernden, d. h. mit dem eigentlichen Begriff des Seienden.[1]) Und nicht bloß ist dieser nicht identisch mit demjenigen des Seienden sondern auch nicht der des tatsächlich mit Recht Anerkannten, obschon letzterer dem Begriffe dessen, was mit Recht anerkannt werden kann, näher steht.

Was vom urteilenden Anerkennen überhaupt und vom richtigen und als richtig charakterisierten Anerkennen und vom Begriff des Seienden, das gilt aber ganz analog auch vom Lieben überhaupt und speziell von dem als richtig charakterisierten oder werterfassenden Lieben und vom Begriff des Guten. Auch hier sind es ganz verschiedene Dinge: die betreffende psychische Verhaltungsweise, welche dem auf sie Reflektierenden Anlaß zur Bildung von mancherlei Begriffen gibt, üben und irgend einen dieser Begriffe tatsächlich besitzen, ihn konsequent von anderen unterscheiden oder imstande sein, sich und Anderen von ihm deutliche Rechenschaft zu geben.

---

[1]) Aber daraus, daß wir vielfach von Dingen, die nicht existieren, gleichwohl fälschlich sagen, sie seien, folgt doch nicht, wie Dyroff (a. a. O., S. 16) meint, daß der wahre Begriff der Existenz nicht sei: mit Recht anerkannt werden zu können. Der eigentliche Begriff von etwas ist ja doch nicht im Hinblick auf Fälle zu bilden, wo er nicht wahrhaft gegeben ist und nicht zu Recht ausgesagt wird!

Jedes Lieben ist in gewissem Sinne ein Werthalten, wie Anerkennen ein für Seiend-nehmen ist, aber es ist nicht eine Reflexion auf das, was man darin tut. Und wie ferner dort nicht gesagt sein soll, daß jeder, der etwas anerkennt, etwas für wahr hält, was tatsächlich ist, und daß er es in der Weise (nämlich mit Evidenz) anerkenne, daß er durch Reflexion auf sein Tun den strengen Begriff des Seienden schöpfen könnte, und noch weniger, daß er ihn wirklich denke, so ist auch hier nicht gesagt, daß jedesmal, wenn man etwas liebt, dasselbe wertvoll sei, und noch weniger, daß die Liebe sich als richtig kundgebe, so daß man durch Reflexion darauf den Begriff des Wertvollen und Guten schöpfen könnte. Oft ist das Lieben ein unberechtigtes, oder, wenn nicht unrichtig, doch bloß auf Instinkt oder Gewohnheit beruhend. Dann sind die reflexen Begriffe, die man daraus schöpft oder schöpfen kann, nicht identisch mit dem des Liebenswürdigen (resp. Vorzugswürdigen), sondern es sind die Begriffe des tatsächlich Genehmgehaltenen (resp. Vorgezogenen) und des überhaupt Liebbaren d. h. dessen, was uns tatsächlich irgendwie die Liebe abzunötigen und sich uns zu empfehlen vermag. Und diese Begriffe des bloß tatsächlich Geliebten und Liebbaren sind natürlich das Analogon derjenigen des bloß tatsächlich Geglaubten oder (gleichgiltig, ob es wahr sei oder nicht) Glaubbaren. Aber nichtsdestoweniger gibt es, wie am Urteile, so auch am Interessenehmen irgendwie objektive Seiten, und wenn dies, dann ist auch in entsprechender Weise ein „Inhalt" desselben anzuerkennen, und in diesem Sinne ist auch diese Klasse von psychischen Tätigkeiten durchaus als eine „objektivierende" anzusprechen.

Selbst wenn also dies verlangt wäre, um die Emotive als etwas wesentlich von Aussagen Verschiedenes, als ihnen gegenüber in einer fundamental neuen Weise „bedeutende" Klasse von autosemantischen Bezeichnungsmitteln gelten zu lassen, so wäre der Beweis dafür erbracht. In Wahrheit scheint mir aber mit jenem Nachweis zu viel verlangt. Er ist gefordert nicht dafür, daß man überhaupt von einer Bedeutung der Emotive in einem anderen Sinne als bei den Aussagen spreche — dies ist schon damit gegeben, daß — wie wir bereits ausgeführt haben — ihre primäre und nächste Intention eine wesentlich andere ist als die der Aussagen — sondern dafür, daß man speziell auch davon reden könne, das Emotiv bedeute den Inhalt eines Interessephänomens, analog wie wir sagten, die Aussage bedeute den Inhalt eines gewissen Urteils. Dafür ist natürlich eine der Bedingungen, daß es überhaupt einen Inhalt von Interessephänomenen gebe im selben Sinne wie einen Inhalt des Urteils. Wären die relativistisch-psychologistischen Begriffe des tatsächlich Geliebten und Liebbaren das eins und alles auf dem Gebiete des Interesses und gäbe es ein Analogon des Existierenden nicht, dann wäre von vornherein ausgeschlossen, daß man von einer Bedeutung des Emotivs anders als in dem Sinne sprechen könnte, es habe die Funktion ein gewisses Lieben oder Hassen zu insinuieren. Eine „Kundgabe, daß etwas liebbar sei" könnte es wohl im Sinne einer Aussage geben, aber nicht im besonderen Sinne eines Emotivs. Und natürlich auch jenes nur unter der Voraussetzung, daß nicht auch auf dem Gebiete des Urteils ein Subjektivismus gilt, der nur den Begriff des tatsächlich Geglaubten und Glaubbaren gelten läßt und den Namen des Glaubwürdigen des Sinnes entleert. Sonst könnte man auch hinsichtlich der Aussage bloß behaupten, sie habe die Funktion oder Bedeutung, einen gewissen Glauben zu erwecken, nicht aber sie bedeute das Sein oder Nichtsein von etwas.

Doch daß unsere Interessephänomene überhaupt einen Inhalt im oben bestimmten Sinne haben oder haben können, ist nicht die einzige Bedingung dafür, daß man von den Emotiven sage, sie hätten ihn zur Bedeutung. Es muß außerdem Tatsache sein, daß bei dem diese Phänomene Äußernden wenigstens in der Regel die Absicht und Meinung besteht, dadurch einem Hörer jenen Inhalt zu Gefühl zu bringen. Und in dieser Beziehung sind die Verhältnisse bei den Emotiven allerdings nicht ganz dieselben wie bei den Aussagen.

Jeder, der etwas glaubt oder leugnet, ist in der Regel überzeugt, daß er richtig glaube oder leugne. Sonst würde er nicht so urteilen. Er hält also, was er anerkennt, für seiend, was er verwirft, für nichtseiend. Auch tut er, indem er aussagt, dies in der Regel in der Absicht, daß der andere so urteile, wie er selbst urteilt, also das für seiend halte, was nach seiner Überzeugung ist, und für nichtseiend, was nicht ist. Mit anderen Worten: Jeder Aussagende hat im allgemeinen die Absicht und Meinung, dem Hörer den Inhalt seines Urteils kundzugeben, und eben darum kann man sagen, die Aussage bedeute in der Regel den Inhalt des durch sie ausgedrückten Urteils, soweit derselbe direkt durch Sprache mitteilbar ist.

Auf dem Gebiete der Emotive aber ist etwas Analoges nur in weit geringerem Umfange angängig. Man kann es hier nicht als Regel aussprechen, daß, wer etwas liebt oder haßt, überzeugt sei, darin ethisch richtig zu handeln und, daß er beim Fehlen dieser Überzeugung eben nicht so handeln würde. Erstlich ist bekannt, daß man öfter sich so benimmt, wie schon beim Dichter geklagt wird: video meliora proboque, deteriora sequor. Aber nicht bloß will und bevorzugt man so mit vollem Bewußtsein dasjenige, was man als schlechter erkennt; es herrscht auch in weiterem Umfange als auf logischen Gebiete eine mehr oder weniger prinzipielle oder wenigstens gewohnheitsmäßige Gleichgiltigkeit gegen alle fundamentale Prüfung der Richtigkeit und Unrichtigkeit des Verhaltens. Daß man gegenüber dem Wahren und Falschen oder Seienden und Nichtseienden weniger gleichgiltig ist als gegenüber den ethischen Wertunterschieden, hängt wohl damit zusammen, daß sich ein Irregehen in jener Beziehung gewöhnlich viel rascher und bitterer am irrenden Individuum selbst rächt als ein Verkennen und fehlerhaftes Verhalten gegenüber den wahren Werten und Vorzüglichkeiten. Und wie eine weitgehende Gleichgiltigkeit gegenüber der Frage herrscht, ob, was man selbst will und wählt, die Wahl wahrhaft verdiene oder nicht, so auch gegenüber der Frage, ob das, was man anderen befiehlt oder empfiehlt, wirklich gut oder schlecht sei. Genug, wenn es den Interessen des Egoismus dienlich ist, obwohl man bezüglich ihrer gar nicht sicher ist, daß sie dem wahrhaft Guten dienen, ja oft vielmehr gewiß weiß, daß sie ihm zuwider sind. Nur soweit aber die Emotive, die man äußert, von der Absicht getragen sind, anderen etwas als gut an- oder als schlecht ab-zubefehlen, kann man in einem analogen Sinne wie bei der Aussage auch den „Inhalt" des psychischen Phänomens, der zu erwecken intendiert ist, als die Bedeutung des Emotivs bezeichnen. Und natürlich gilt dies auch nur solchen Wesen gegenüber, die selbst eines als richtig charakterisierten Liebens und Hassens und damit des Begriffes dieser Richtigkeit fähig sind. Innerhalb des Rahmens dieser Beschränkungen aber bleibt es möglich, daß einer, in analoger Weise, wie die Aussage den Inhalt des Urteils bedeutet, durch das Emotiv den Inhalt eines Interesses kundgebe. Und indem wir dies behaupten, kommen wir nicht in Widerspruch mit unserem früheren Zugeständnis, daß der Charakter des als richtig Charakterisiertseins, analog

wie der der Evidenz, nicht direkt durch die Sprache mitteilbar
sei. Denn wie die Intention meiner Aussage „A ist" sein kann,
dem Hörer kundzugeben, daß A sei, trotzdem ich dadurch nicht
direkt bewirken kann, daß er dies einsehe, so kann ich durch
mein Emotiv, durch ein: „du sollst", dem Hörer bedeuten wollen,
daß das Anbefohlene gut sei, ohne daß ich imstande bin zu bewirken, daß er, indem er meiner Aufforderung nachkommt und
das Betreffende liebt und wählt, in diesem Akte den Wert des
Geliebten unmittelbar inne werde.[1]

Aber auch wo es ausgeschlossen ist, daß die Bedeutung des
Emotivs ein volles Analogon der Bedeutung der Aussage darstelle, indem beim Sprechenden überhaupt die Absicht fehlt, etwas
als liebenswürdig kundzugeben, sei es daß er mit einem Hörer
rechnet, dem das Verständnis ethischer Wertunterschiede mangelt,
sei es, daß er auch für sich selbst nicht, gewohnt ist, bei seinem
Fühlen und Wollen ethische Motive maßgebend werden zu lassen,
da kann man doch in der früher angegebenen Weise von einer
Bedeutung des Emotivs sprechen, sofern der dasselbe Äußernde
primär die Absicht hat, dem Hörer ein Interessephänomen von
bestimmter Qualität und Materie zu suggerieren.

Sofern also gilt stets, daß die Emotive in fundamental
verschiedener Weise bedeuten wie die Aussagen, deren primäre
Intention ist, Urteile zu erwecken. Auch muß betont werden,
daß dieselbe Befehls- oder Bittformel, also ein scheinbar gleich-
lautendes „Du sollst" oder „mögest Du" u. dergl. jene verschiedenen Funktionen haben kann, indem es — wie bemerkt
— das einemal nur die Intention hat ein bestimmtes Fühlen
oder Wollen im Hörer zu erwecken, während es im anderen Falle
ihm etwas im ethischen Sinne als gut oder schlecht zu Gefühl
bringen oder anbefehlen will resp. anzubefehlen vermeint.

Und um nichts zu versäumen, sei noch einmal erinnert, daß
der Terminus „Inhalt" bei Befehlen, und überhaupt bei Emotiven,
manchmal unexakt, und in ganz anderem Sinne als wie eben
von uns, verwendet wird. Man redet nämlich öfter von „Inhalt",

---

[1] Und wie beim Aussagenden die Absicht die Wahrheit kundzugeben
bestehen kann, trotzdem er selbst im einzelnen Falle irrt, so kann beim An-
befehlenden oder Verbietenden die Absicht bestehen, etwas als gut an- oder als
schlecht abzubefehlen, obwohl er selbst im einzelnen Falle ethisch nicht richtig
wertet. Genug, daß er im allgemeinen richtiger ethischer Wertung fähig
ist und diese Fähigkeit auch bei dem betreffenden Hörer voraussetzt.

wo eigentlich der Gegenstand gemeint ist, auf den das zu
erweckende Wollen oder dergl. sich beziehen soll. Wie z. B.
wenn man als Inhalt des Befehls bezeichnet, daß einer kommen
oder gehen, lesen oder schreiben solle u. dergl. Oft wird dies
auch kurzweg als „Inhalt des Willens" oder da man statt „Ge-
wolltes" auch Wille sagt als „der Wille" von diesem oder jenem
bezeichnet. Und als „Inhalt" der Frage bezeichnet man oft
kurzweg das, was man zu erfahren wünscht, z. B. eine Zeit- oder
Ortsbestimmung. Und man kann die Termini „Inhalt" und
„Bedeutung" darum in der Weise übertragen, weil, was auf
dieser einen Seite zur vollen Charakteristik fehlt, auf der
anderen Seite durch die Besonderheit des Namens ergänzt ist,
den man der interesseheischenden Äußerung gibt und der das
durch sie zu erweckende psychische Phänomen qualitativ
charakterisiert. In dem Namen „Frage" liegt ja schon, daß das
im Angeredeten zu erzeugende Interesse ein Wunsch oder Wille,
und daß diese darauf gerichtet sein sollen, dem Sprechenden
etwas mitzuteilen. Und auch über den Charakter der Antwort
ist schon etwas gesagt, wenn man z. B. die Frage entweder
eine dilemmatische (Entscheidungs-) oder Erweiterungs- (Be-
stimmungs-) frage nennt.

Wir erwähnen diese Verwendung des Terminus „Inhalt"
bei den Interessephänomenen, weil es gilt, sich durch diesen
Sprachgebrauch nicht verwirren und gegen unsere oben ausgeführte ganz andere Fassung von „Inhalt" einnehmen zu lassen.

§ 85. Der Irrtum, die interesseheischenden Äußerungen mit
den Aussagen in eine Klasse zu bringen, welchen wir im Vorausgehenden bekämpft haben, ist von Logikern wie Grammatikern
nicht selten begangen worden. Wundt bezeichnet den Fehler
als ein Charakteristikum der von ihm sog. „logischen Grammatik".
Dabei ist jedoch zu bedauern, daß er selbst sich nicht völlig
von dieser, wirklich in verkehrtem Sinne „logischen", Auffassung
der Emotive frei gemacht und von den Verwechslungen, die
dazu verleiten, emanzipiert hat.

Dies tritt in mehrfacher Weise zu Tage. Einmal bezüglich dessen, was er hinsichtlich der Fragen lehrt. Obschon
er nämlich die Aussagesätze von den Ausrufungs- (Gefühls- und
Wunsch-) sätzen als fundamental verschiedene Klasse scheidet,
will er doch die Fragen nicht kurzweg zu den letzteren rechnen

sondern beiden als etwas Drittes und gleichsam Mittleres an-
reihen (a. a. O. II¹, S. 249,¹) 254, 256; ², S. 255, 260, 262). Mit
der Begründung, daß zwar der Fragende etwas wünsche, aber
jede Frage auch an und für sich eine Aussage enthalte; die
Zweifelsfrage eine vollständige, die Tatsachenfrage eine unvollständige, welche von der Antwort ihre Ergäuzung erwarte. Wir
wollen hier auf den genaueren Sinn dieser Unterscheidung nicht
näher eingehen.²) Zweifellos ist richtig, daß jede Frage in gewissem Sinne Aussagen enthält. Aber diese stehen jenen nicht
näher als den Ausrufungen, bei denen — was Wundt übersehen zu
haben scheint — ganz dasselbe der Fall ist. In: „Wenn doch A
wäre!" liegt ja: A ist nicht oder nicht sicher. Wenn ich sage: O!
daß mein Freund so frühe gestorben ist! oder: Welche Wendung
durch Gottes Fügung! so ist damit indirekt gesagt, daß mein Freund
frühe gestorben resp. daß durch Gottes Fügung eine unerwartete
Wendung eingetreten sei. Indem ich einem befehle, mir ein gewisses Buch zu bringen, ist ihm einerseits zu verstehen gegeben, daß es ein solches Buch gebe und daß es im Bereiche
seiner Macht liege, es mir zuzustellen. Indem ich rufe: bitte,
haltet den Dieb! ist implizite nicht bloß angedeutet, daß da
einer flüchtet, sondern auch daß er ein Dieb sei.

So sind denn in den Emotiven gewissermaßen virtuell oder
indirekt Aussagen enthalten, indem durch sie ja implizite oder
indirekt auch jene Urteile, bald einfache, bald auch prädikative,

---

¹) Hier scheint er sich für die Dreigliedrigkeit der Klassifikation bei
den Satzarten (Ausrufungs-, Aussage- und Fragesätze) auch auf das Vorhandensein von drei Interpunktionszeichen berufen zu wollen, „die zur Abgrenzung
der Sätze untereinander dienen und die überhaupt die Haupteinschnitte im
Fluß der Rede andeuten: der Punkt, das Ausrufungszeichen und das Frage-
zeichen." Das wäre in anbetracht der Mannigfaltigkeit von Umständen, die
für die Zahl und Art der Zeichen, die sich festsetzen, maßgebend sein können,
doch wohl kein zuverlässiges Kriterium.

²) ¹, S. 254; ², 260 wird darüber ausgeführt: „Der Fragesatz scheidet sich
... nach seiner psychologischen Natur in zwei Formen: die eine enthält den
Inhalt einer möglichen, jedoch vorläufig noch bezweifelten Aussage, nur in
einer Form, welche diese Aussage zur Frage umwandelt („Zweifelsfrage") usw.
Ich meine, die Ausdrucksweise, es erscheine in der „Zweifelsfrage"
eine mögliche Aussage in einer Form, welche sie zur Frage umwandle, sei
nicht glücklich. Als ganz mißverständlich aber muß man es bezeichnen,
wenn es ¹, S. 264; ², 270 heißt: Der Fragesatz sei „im allgemeinen nur
eine in ihrer Form umgewandelte Aussage." Der Fragesatz ist nie eine
Aussage, wenn er ihr auch in der Form äußerlich ähnlich sehen mag.

erweckt werden sollen, auf welche das Interessephänomen (das Gefühl oder der Willensakt) eventuell gebaut sein muß, dessen Erweckung die eigentliche Funktion des Emotivs ist. Aber daß damit nicht gesagt sein will und kann, die Emotive seien selbst Aussagen, erhellt wohl am besten aus einem Blick auf die parallele Tatsache, daß ja in analoger Weise jede Aussage virtuell auch einen Namen enthält, während doch wohl niemand behaupten wird, ein Satz wie: „A ist", oder „B ist nicht", sei selbst ein Name. Aber auch darin zeigt es sich, daß Wundt von der „logischen" Auffassung der Emotive sich nicht konsequent frei gemacht hat, daß er den Wunsch- und Befehlssätzen, obschon er sie als eine besondere Klasse von den Aussagen scheidet, dann doch wieder Subjekt und Prädikat zuschreibt, ja die Befehlsform geradezu für den Typus des prädikativen Satzes erklärt. Wäre dies wirklich der Fall, dann könnte man doch nicht umhin, den Imperativ als einen kategorischen Aussagesatz zu fassen. Ist er dies aber nicht — wie Wundt selbst ganz mit Recht gegen die sog. „logische" Grammatik behauptet — dann kann konsequenterweise bei ihm auch weder von Subjekt noch Prädikat im eigentlichen Sinne die Rede sein.

Würde einer etwa dagegen einwenden, bei Komme du! gehe du! u. dergl. sei „Du" doch als Träger der Handlung des Kommens und somit als „Subjekt" gedacht, so hätte er damit bloß eine Äquivokation zu Hilfe gerufen, für die ihm niemand Dank wissen wird, der etwas auf die strenge Scheidung wesentlich verschiedener Begriffe hält. „Subjekt" im Sinne des Trägers einer Handlung und „Subjekt" im Sinne des Korrelats für eine Prädikation ist ja doch etwas ganz Verschiedenes. Das geht wohl zur Genüge schon daraus hervor, daß, auch wer den Sinn des sog. Infinitivs „Kommen" oder des Substantivs „das Kommen" sich vergegenwärtigt, notwendig denken muß: Kommen eines Kommenden. Ein Träger des Kommens ist also unweigerlich auch hier mitgedacht, aber niemand wird doch den Infinitiv oder das Substantiv als „Prädikat" und das durch den Genitiv („eines Kommenden") Bezeichnete als „Subjekt" in dem Sinne, wie bei der Aussage davon die Rede ist, bezeichnen und damit jene Namen als Aussagen hinstellen. Ebensowenig gilt dies aber von „Komme Du!" oder „haltet den Dieb!" Sie sind nicht der Ausdruck von Prädikationen. Denn „komme" ist nicht von Du, „haltet" nicht von Ihr ausgesagt. Prädikative Vorstellungsverbindungen sind nicht Prädikationen, und natürlich sind auch wirkliche Prädikationen, die der Wunsch- und Befehlssatz so „enthält" oder implizite andeutet, wie wir es oben vom Frage- und Ausrufungssatz sagten, nicht mit der Bedeutung des Imperativs oder des Wunschsatzes selbst zu verwechseln.

§ 86. Noch eines sei erwähnt. E. Husserl macht sich gegenüber seiner Lehre, daß, was wir Emotive nennen, in Wahrheit nur Aussagen über innere Erlebnisse des Sprechenden seien, selbst den Einwand: man könnte in analoger Weise auch von einem Satze wie: S ist P leugnen wollen, daß er eine objektive Tatsache aussagen wolle und könnte behaupten, es sei bloß eine gelegenheitliche Verkürzung für: Ich urteile, daß S P ist, also die Kundgabe eines subjektiven Vorgangs. Aber der Autor hält diesen naheliegenden Einwand durch die Bemerkung für erledigt, die Sachlage sei für Aussagen einerseits und z. B. für Fragen anderseits doch nicht dieselbe. „Bei der Umwandlung des Satzes S ist P in den Satz: ich urteile, daß S P ist, oder in irgend einen verwandten Satz, der die Beziehung auf einen Urteilenden noch so unbestimmt ausdrückt, erhalten wir (meint Husserl) nicht bloß geänderte Bedeutungen, sondern solche, die den ursprünglichen nicht einmal äquivalent sind; denn der schlichte Satz kann wahr, der subjektivierte falsch sein, und umgekehrt. Ganz anders im Vergleichsfalle. Mag man in ihm von Wahr und Falsch zu reden ablehnen: man wird doch immer eine Aussage finden, die „wesentlich dasselbe besagt", wie die ursprüngliche Frage-, Wunschform u. dergl. [*z. B. Ist S P? = ich wünsche oder wünscht man zu wissen, ob S P sei*] usw." (a. a. O. S. 685.)

Ich kann aber nicht sagen, daß diese Lösung mich befriedigte. Bei „Ist S P?" einerseits und „ich wünsche zu wissen, ob S P sei" anderseits gilt allerdings nicht, daß der eine Satz wahr, der andere falsch sein kann. Wohl aber, daß der eine wahr oder falsch, der andere weder wahr noch falsch sein kann. Und wenn doch der eine dem anderen äquivalent sein kann — wie Husserl anzunehmen geneigt ist — so gilt dies nur in dem Sinne, daß praktisch eine Aussage über meine Wünsche dieselbe Endwirkung beim Hörer haben kann, wie die direkte Äußerung meines Wunsches; weshalb durch Funktionswechsel die Aussageform geradezu zu einer höflichen Form des Emotivs werden kann und tatsächlich geworden ist.

Und dazu möchte ich noch hinzufügen, daß dies in gewissen Grenzen auch bei der Aussage gilt. Wie die direkte Befehls- oder Wunschform als unhöflich gilt, so unter Umständen auch die Form einer direkten Aussage über einen objektiven Sachverhalt z. B. S ist P oder M ist N u. dergl. Dann wählt man statt dessen eine scheinbare Aussage über die eigene Überzeugung hinsichtlich jenes Tatbestandes, während man in Wahrheit nichts anderes sagen will als, daß S P oder M N sei. Hat der Gebrauch einen solchen Funktionswechsel unzweideutig herbeigeführt, dann besagt auch ein Satz wie: Ich befürchte, Herr X nehme es mit der Wahrheit nicht genau, „wesentlich dasselbe" wie: Herr X lügt, nur daß der eine Ausdruck im Gefühle anders gefärbt ist als der andere. Was aber auch der Fall ist, wenn das eine Mal die Wendung gebraucht wird: Geben Sie mir die Flasche und das andere Mal: Ich wäre Ihnen sehr verbunden, wenn Sie mir die Flasche reichen wollten. Würde einer schließlich zu gunsten der Lehre, daß die Emotive in Wahrheit nur Aussagen über gewisse eigene innere Erlebnisse seien, ins Feld führen, daß doch jedenfalls der Hörer einem Befehle gegenüber urteile, daß der Redende dies oder jenes wolle und daß der letztere auch die Absicht habe, jenes Urteil im Hörer zu erwecken, so ist auch dies etwas, was man in analoger Weise geltend machen könnte, um zu beweisen, daß alle Aussagen, auch solche wie: „es regnet; es ist kalt draußen" eigentlich Aussagen über eigene Erlebnisse des Sprechenden seien. Denn zweifellos hat, wer dies sagt, die Absicht (wenn auch nicht primär) im Hörer eine Überzeugung derart zu erwecken, und der letztere fällt ja auch tatsächlich das Urteil, daß der Hörende an das Fallen von Regen glaube. Ist es ihm doch Motiv, selbst daran zu glauben. Aber so wenig dies alles hindert, daß doch meine primäre Absicht ist, im Hörer das Urteil zu erwecken, daß es regne und dies darum auch als die primäre Funktion der Aussage bezeichnet werden muß, so gut gilt das Analoge beim Befehl, bei der Bitte, beim Frage- und Wunschsatz. Ihre primäre Absicht ist, im Hörer Phänomene des Interesses zu erwecken; wenn auch eines der Mittel dazu sein Urteil ist, daß ich gewisse Gefühle oder Begehrungen hege. Und darum bezeichnen wir mit Recht jenes als die primäre Funktion jener Sätze und fassen sie darum nicht als Aussagen sondern als eine davon fundamental verschiedene Klasse von autosemantischen Sprachmitteln. Und da, wie be-

merkt, ihre Funktion oder Bedeutung die ist, Emotionen bestimmten Inhalts im Hörer zu erwecken, so nenne ich sie:
interesseheischende Äußerungen oder Emotive.

Aber während ich eine Formel wie: ich sage Ihnen, gehen
Sie nicht in diesem Wetter ins Freie, oder: ich ersuche Sie,
bleiben Sie zu Hause, meist für Bitten oder Befehle (also für
Emotive) halte, obschon sie äußerlich gleich lauten wie bloße Aussagen über die Vorgänge im Sprechenden, haben meines Erachtens
die ganz ähnlich lautenden Beileidsbezeugungen und Glückwünsche wirklich zunächst die Funktion einer Aussage über das,
was im Sprechenden vorgeht. Und so möchte ich allerdings
nicht — wie Husserl an der eingangs zitierten Stelle tut —
Glückwunsch und Ausdruck des Beileids ohne weiteres mit der
Bitte auf eine Linie stellen.

§ 87. Und nun erübrigt noch zu sagen, was zum Verständnis einer solchen Äußerung gehöre. Die Antwort scheint
mir einfach zu sein. Es gehört dazu analog wie bei der Aussage nur die Vorstellung dessen, was wir vorhin im weiteren
Sinne die Bedeutung nannten. Weder brauche ich zu glauben,
daß der Sprechende tatsächlich fühle oder wolle, was er kundzugeben sich den Anschein gibt, noch brauche ich den Willen
oder das Gefühl, das er mir befiehlt oder empfiehlt, wirklich zu
hegen. Auch das ist nicht nötig, daß ich eine solche Absicht
als aktuell bestehend erkenne. Die Äußerung kann auch be-
deutungsvoll genannt und kann verstanden werden ohne tatsächlich aus einer Absicht hervorzugehen; genug, wenn sie in der
Regel einer solchen entpringt. Zum Verständnis genügt also
allgemein gesprochen die Vorstellung und das Wissen, welches
Interessephänomen zu suggerieren für gewöhnlich ihre primäre
Bestimmung sei. Ich möchte darum nicht mit Meinong sagen:
Wenn die Rede Gefühle oder Begehrungen äußere, so bestehe
das Verstehen (nur) darin ... zu erkennen, was der Redende
ausdrückt; „ausdrücken" in dem subjektiven Sinne genommen,
in dem auch wir es in der Regel gebrauchen.

Sechstes Kapitel

Von der Bedeutung der Vorstellungssuggestive, insbesondere der Namen.

Wie schon angedeutet wurde, kommt es vor, daß man etwas für ein Vorstellungssuggestiv hält, was nicht diesen Charakter hat. Und ich meine jetzt damit nicht bloß, daß z. B. manche Grammatiker und auch Psychologen so reden, als ob alle Sprachmittel nichts anderes bezeichneten als Vorstellungen und Vorstellungskomplexe und daß sie so Aussagen und Emotive nicht in ihrer wahren, von derjenigen bloßer Namen und überhaupt bloßer Vorstellungssuggestive, grundverschiedenen Funktion erkennen. Auch manche, die nicht in diesen Fehler verfallen, irren doch darin, daß sie nicht weniges, was nur scheinbar ein Name ist und in Wahrheit nur synsemantisch fungiert, für einen Namen halten wegen seiner äußerlichen Ähnlichkeit mit einem solchen.

Neben diesen nur scheinbaren Vorstellungssuggestiven gibt es dann auch umgekehrt wirkliche, die als solche verkannt werden. Man hält sie, weil sie die Form von Sätzen haben, gemeinhin für Aussagen oder Emotive oder macht sich überhaupt nicht klar, was sie eigentlich für eine Funktion haben. So geschieht es mit zahlreichen Nebensätzen und mit manchen Äußerungen des Dichters.

Endlich gibt es Vorstellungssuggestive, die man allgemein dafür hält und die es auch wirklich sind. Es sind dies diejenigen, welche wahrhaft als subjektischer Bestandteil in einer prädikativen Verbindung fungieren oder fungieren können. Wir sind erst später in der Lage, genau zu erörtern, was dies heiße. Auch werden wir Gelegenheit haben zu sehen, daß nicht alles, was grammatisch wie ein Subjekt aussieht, wirklich so fungiert.

Einstweilen wollen wir bloß betonen, daß jedenfalls, was nicht
Subjekt ist, wie dies in der Regel von einem Substantiv gilt,
das grammatisch in einem obliquen Kasus steht, nicht hierher
gehört. Wir wollen diese Vorstellungssuggestive, die allgemein
und mit Recht als solche anerkannt werden, mit dem Terminus
„Namen" bezeichnen und das, was damit gemeint ist, durch
Beispiele klar zu machen suchen.

Beispiele von Namen in unserem Sinne sind also: ein
Mensch; ein Dreieck; ein Rechteck; ein gleichseitiges Dreieck;
ein Mensch, welcher ein Verbrechen begangen hat; Rotes;
Rundes; Rotes-Rundes usw. Aber auch die Infinitive wie:
Frühaufstehen, alle Hände voll zu tun haben, einen Fleischer-
gang tun usw. Ich wähle absichtlich recht verschiedenartige
und auch etwas entlegene Beispiele um den Umfang der Klasse
sicherer zu verdeutlichen und gebe derselben (die Terminologie
der Grammatiker erweiternd) wie schon bemerkt die Bezeichnung:
Namen.

Da die Erscheinungen dieser Klasse von Vorstellungssuggestiven allgemein als solche anerkannt sind und in der
Sprache eine sehr ausgedehnte Rolle spielen, halten wir uns vornehmlich an sie. Wenn wir die Frage nach ihrer Funktion
beantwortet haben, so ist auch die nach derjenigen der Vorstellungssuggestive überhaupt im wesentlichen gelöst.

§ 88. Wir haben bei der Aussage eine doppelte Funktion
unterschieden, und eine analoge Unterscheidung scheint auch
hinsichtlich der Namen geboten. Wie die Aussage in der Regel
ein Urteilen von Seite des Sprechenden äußert, so äußert in
der Regel das Aussprechen des Namens (wenn auch nur
παρέργῳ) ein Vorstellen im Redenden oder drückt es als in ihm
vorhanden aus. Ich sage: in der Regel. Denn Ausnahmen
kommen vor und sind analog denen, die wir auch bezüglich
der Aussagen hervorhoben; ja sie sind tatsächlich in ihnen
impliziert. Wenn einer eine Aussage gedankenlos ausspricht
und ohne sich selbst dabei zu verstehen (ob er sich auch diesen
Schein geben mag), so trifft dieser Mangel eben auch den ein-
geschlossenen Namen.

Wie aber der direkte Zweck der Aussage ist, im Hörer
ein gewisses Urteil zu erwecken, so zielt auch das Vorstellungssuggestiv und speziell der Name primär eigentlich darauf, in

ihm eine gewisse Vorstellung wachzurufen und wie endlich jene primäre Intention als die Bedeutung der Aussage bezeichnet wird, so heißt das Analoge die Bedeutung des Namens.

Aber wenn wir in der angegebenen Beziehung bezüglich der Vorstellungssuggestive und speziell der Namen der Analogie von dem folgen können, was wir hinsichtlich einer verschiedenen Weise des Zeichenseins auch bei den Aussagen gegeben fanden, tauchen hier weiterhin noch Fragen auf, wo uns diese Analogie zu verlassen scheint oder wo sie wenigstens nicht auf den ersten Blick in die Augen springt. Vor allem spricht man allgemein nicht bloß von etwas, was der Name bedeutet, sondern auch von etwas, das er nennt, und es fragt sich, wie sich dies zu dem Bedeuteten verhalte.

§ 89. Man könnte versuchen die Unterscheidung zwischen dem wirklichen und immanenten Gegenstand hier heranzuziehen und zu sagen, die Namen nennten das erstere, das zweite dagegen sei ihre Bedeutung.

Diesen Versuch und überhaupt die Berechtigung dieser ganzen Unterscheidung, auf die er sich stützt, wollen wir zunächst einer Prüfung unterziehen. Das Ergebnis wird nicht bloß für die Lehre von den Vorstellungssuggestiven und Namen von entscheidender Wichtigkeit sein, sondern auch auf das über die Bedeutung der Aussagen und Emotive Gesagte neues Licht werfen.

Die Distinktion zwischen etwas wie einem immanenten Gegenstand unseres Bewußtseins und einem Gegenstand schlechtweg oder einem wirklichen ist alt, wenn sie auch mannigfach verschiedenen Ausdruck gefunden hat.

Das Geheimnis des Bewußtseins regte, wie man weiß, schon bei manchem der alten Ionier das Nachdenken an, und indem sie die rätselhafte Tatsache zu ergründen suchten, wie doch etwas, was nicht mit dem Vorstellenden oder Erkennenden identisch ist, diesem präsent sein könne, verfielen sie auf die Lösung, es müsse zwar nicht das Vorgestellte und Erkannte selbst, aber doch ein ihm Wesensgleiches oder Ähnliches in der Seele gegeben sein, damit ein Vorstellen und Erkennen möglich sei. So ließen sie denn Abbilder der Dinge von diesen ausströmen und durch die Öffnungen der Sinnesorgane an den Sitz der Empfindung und in das Organ des Denkens gelangen. Diese

Abbilder der gesehenen, gehörten Dinge, sollten die Vermittler des Sehens und Hörens, überhaupt des Vorstellens und Wahrnehmens sein.

Allein schon Aristoteles sah, daß in dieser reellen Verdoppelung der erkannten Dinge, auch wenn man je das eine Glied des Paares in den Denkenden verlegt, die Erklärung des Bewußtseinsvorgangs nicht liegen kann. Schon bei ihm wurde denn die Existenz des Erkannten im Erkennenden eine nichtreelle, eine bloß mentale. Wohl sagte auch er, das αἰσθητὸν ἐνεργείᾳ sei im Empfindenden, aber so, daß nur das εἶδος desselben, nicht seine ὕλη, in die Seele aufgenommen sei. Also nur um ein nichtmaterielles, — und da das Sinnliche, wenn es überhaupt real ist, notwendig ein Materielles, und wenn es nicht materiell, auch nicht real ist — um ein nichtreales Gegenstück des Realen handelt es sich, wenn nach Aristoteles das Empfundene im Empfindenden ist. So blieb es auch im Mittelalter, wo man allgemein das Vorstellen und Erkennen durch sog. species intentionales, wie man damals sagte, vermittelt sein ließ; das sinnliche durch species sensibiles, das intellektive oder begriffliche durch species intelligibiles. Die Scholastiker glaubten also, wie Aristoteles, an eine eigentümliche Weise der Gegenwart des Objekts im Geiste, die man bald mental, bald intentional, bald objektiv[1]) nannte und trotz des entgegengesetzten Vorsatzes, bald weniger, bald mehr, an eine reale Existenz heranrückte.[2]) Am stärksten und offenkundigsten machte sich diese Gefahr beim berühmten ontologischen Argument des Anselm v. Canterbury geltend, wo aus der Existenz Gottes im Geiste dessen, der den Begriff eines solchen unendlich vollkommenen Wesens denkt, auf das wirkliche Dasein desselben geschlossen wird. Aber auch Männer, die die Schlußweise des ontologischen Arguments nicht billigten, wie Thomas v. Aquin, ja auch W. v. Occam, der bekanntlich der Führer der späteren nominalistischen Richtung in der

---

[1]) d. h. die dem Objekt eigentümliche. Im Gegensatz dazu hieß das wirkliche Sein: subjektiv. Seither hat sich der Sprachgebrauch bekanntlich nahezu in sein Gegenteil verkehrt. „Objektives“ Sein heißt jetzt allgemein soviel wie wirkliches, und beim „subjektiven“ wäre man eher geneigt an eine Existenz in einem Subjekte oder Bewußtsein zu denken.

[2]) Letzteres war ja auch in der alten Zeit, nach Aristoteles, wieder mannigfach geschehen. Man denke an die Logoslehre der Alexandriner, an die Emanationslehre der Neuplatoniker und das verbum mentis des (durch die Neuplatoniker stark beeinflußten) Kirchenvaters Augustinus.

Philosophie war, hielten doch an der mentalen Gegenwart des Objektes fest. Obwohl z. B. Occam gegenüber einer zu seiner Zeit sehr beliebten Vervielfältigung der Realitäten und Entitäten den Grundsatz betonte: entia non sunt multiplicanda praeter necessitatem, lehrte er doch unbedenklich eine mentale oder objektive Existenz des Gedachten im Denkenden. Er, der die reelle Existenz der Universalien entschieden leugnet, will ihnen doch eine „objektive" nicht absprechen. In seinem Kommentar zum 1. Buch der Sentenzen (dist. II. quaest. 8) lesen wir: Potest dici probabiliter, quod universale non est aliquid reale, habens esse subjectivum, nec in anima, nec extra animam; sed tamen habens esse objectivum, quod est ipsum cognosci in anima, adeoque est quoddam fictum, habens tale esse objectivum in anima, quale esse subjectivum habet ipsa res extra animam ... quod scil. intellectus videns aliquam rem extra animam, fingit consimilem rem in mente, quae propter istam similitudinem, ut exemplar indifferenter respiciens ad omnia singularia, potest supponere pro rebus extra animam, habentibus consimile esse subjectivum extra intellectum.

Aber auch neuere Forscher und zwar solche, die mit den Scholastikern keinerlei spezielle Fühlung haben, wie — um von vielen anderen abzusehen — Kant, halten an der mentalen Existenz des Gedachten fest. Wie könnten sie sonst von der Existenz von Phänomenen sprechen, die nach Kant so sicher steht, daß er sogar unter ihnen (und nur unter ihnen) das Gesetz der Kausalität gelten und nur auf sie überhaupt alle unsere „Stammbegriffe" anwendbar sein läßt? Und wenn Schleiermacher von Christus sagt, in ihm habe Gott immerwährend gewohnt, und sein Gottesbewußtsein sei ein eigentliches Sein Gottes gewesen, so haben wir wohl nur die alte Lehre von dem Sein des Gedachten und Geglaubten im Geiste des Glaubenden in starker Übertreibung vor uns. Andere neuere endlich sind von diesem mentalen Sein so sicher überzeugt, daß sie sogar nur dieses gelten lassen. Denn wenn ihnen jedes Sein nur ein Sein für ein Bewußtsein ist, so kann dies — genau besehen — bloß heißen, es gebe überhaupt keine andere Existenz von etwas als die von ihm als einem Vorgestellten (oder überhaupt einem ins Bewußtsein Aufgenommenen) wie es im Vorstellenden (oder überhaupt im Bewußtsein) ist. Aber — wie wir schon angedeutet — auch mancher, der nicht so weit geht, unterscheidet doch noch heute neben dem wirklichen Gegenstand unseres Vorstellens oder überhaupt unseres Denkens einen dem Denkenden immanenten (und ich selbst tat dies früher) und beruft sich bei dieser Unterscheidung darauf, daß ohnedas unser Denken nicht seinem Wesen nach eine „Objektsbeziehung" sein könnte. Denn ein wirklicher Gegenstand sei ja nicht immer gegeben; nicht bloß nicht, wenn ich z. B. etwas Widersprechendes vorstelle, sondern selbst, wenn mir in einer Anschauung Rot oder Blau gegeben ist; mit anderen Worten das Urteil, daß das Vorgestellte in Wirklickeit sei, besitze nicht immer Richtigkeit. Wenn also dem Vorstellen ein Vorgestelltes als Korrelat gegenüberstehen solle, so könne dieses stets geforderte Korrelat nur der immanente Gegenstand sein. Denn nur dieser sei jedesmal gegeben, wenn ich etwas vorstelle. Ein Korrelat aber muß zweifellos gegeben sein, wenn es sich bei der sog. Beziehung zum Objekt um eine wahrhafte Relation handeln soll. Und wir bezeichneten es selbst schon gelegentlich als einen schweren Irrtum, ja als eine zweifellose Absurdität, wenn manche meinen, es könne eine Relation gegeben sein, ohne daß die Glieder derselben, und zwar alle Glieder, existieren.

Den immanenten Gegenstand also könnte man im Unterschied vom wirklichen (welcher das durch den Namen Genannte sei) als die Bedeutung des Namens in Anspruch nehmen, und da gar manche in neuerer Zeit diesen immanenten Gegenstand oder das Vorgestellte wie es im Vorstellenden ist, auch den Inhalt der Vorstellung genannt haben, so könnte man, diesem Sprachgebrauche folgend, auch davon reden, daß der Inhalt der im Hörer zu erweckenden Vorstellungen das durch den Namen Bedeutete sei, analog wie der Inhalt des zu erweckenden Urteils die Bedeutung der Aussage.

§ 90. Der erwähnte Sprachgebrauch (Vorstellungs-Inhalt = immanenter Gegenstand der Vorstellung) findet sich bei Bolzano, Zimmermann, Twardowski, Höfler und andern mehr. Was Höfler betrifft, so ist es nur befremdend, wie er (Sind wir Psychologisten?, in den Atti del Congr. int. di Psicologia, Roma 1906, S. 322 ff.) sagen kann, er sei (in seiner Logik 1890 § 5) der erste gewesen, der den Unterschied zwischen „Inhalt" und Gegenstand in diesem Sinne, also zwischen „immanentem Gegenstand" und wirklichem betont, und Twardowski der erste, der ihn („Zur Lehre vom Inhalt und Gegenstand der Vorstellungen", 1894) im Anschluß an jenen § begründet habe. Oder soll mit

jener Stelle des Kongreßberichts etwas anderes gesagt sein? Fast
möchte ich es glauben (obschon ich mich nicht getraue zu sagen,
was anderes denn gemeint sein könne und möge), weil mit dem
vorigen nichts Geringeres gesagt wäre, als daß alle Philosophen,
die vor Höfler-Meinong und Twardowski einen „immanenten
Gegenstand" unserer Vorstellungen annahmen, in dem Sinne
„Psychologisten" gewesen wären, daß sie einen Phänomenalismus
wie denjenigen eines Berkeley, wo nicht einen absoluten
Phänomenalismus, gelehrt hätten. Es wäre danach ihre Meinung
gewesen, daß es keine Orte, Bewegungen usw., ja konsequenterweise auch kein Vorstellen, Urteilen schlechtweg, sondern nur
gedachte Orte, Bewegungen, Urteile gebe. Und daß dies
vor dem Jahre 1890 eine in ebenso weiten Kreisen herrschende
Ansicht gewesen sei, als die Rede von einem „immanenten
Gegenstand" unserer Vorstellungen ging, widerspricht doch
offenkundig allen Tatsachen der Geschichte der Philosophie.
Twardowski selbst sagt, wo er (a. a. O. S. 4) mit Berufung auf
Höfler-Meinongs Logik das „immanente Objekt" im Unterschiede vom wirklichen „den Inhalt der Vorstellung" nennt,
bloß: „Diese Unterscheidung ist nicht immer gemacht ... worden."
S. 17 nennt er aber ausdrücklich als ihre Vertreter Bolzano,
Zimmermann und andere. „Daneben aber, heißt es dort, ist
auf den Unterschied, der zwischen dem Inhalte einer Vorstellung
und ihrem Gegenstande besteht, öfters mit Nachdruck hingewiesen worden. Bolzano hat es getan und mit großer Konsequenz an diesem Unterschiede festgehalten; Zimmermann
warnt ausdrücklich vor der Verwechslung des Inhalts mit dem
Gegenstande usw.", und der Autor deutet mit keinem Worte an,
daß er die genannten Männer für die ersten hielte, die jene
Unterscheidung zwischen „immanentem" und wirklichem Objekt
gekannt hätten, was ja, wie jeder Kenner der Geschichte weiß,
gegen alle historische Wahrheit wäre.

Auch C. Stumpf gebraucht in einer während des Druckes
dieses meines Buches erschienenen Abhandlung der Kgl. Preuß.
Akademie der Wissenschaften „Erscheinungen und psychische
Funktionen" (Berlin 1907), den Namen „Inhalt" und speziell
Sinnesinhalt (und synonym „Erscheinung") für das immanente
Objekt der Empfindungen und der gleichnamigen Erinnerungs-
Vorstellungen. Doch scheint bei ihm diese Bedeutung von
Sinnesinhalt (oder „Erscheinung") zu wechseln mit derjenigen von
Sinnesobjekt schlechtweg, wo also damit nicht z. B. die empfundene
Farbe, wie sie im Empfindenden ist, sondern die Farbe schlecht-
weg (d. h. etwas, was, wenn es wäre, in Wirklichkeit unserer
Farbenempfindung adäquat wäre) gemeint ist. Aber nur im
ersten Sinne kann ich es verstehen, wenn er (a. a. O. S. 10) von
den „Erscheinungen" sagt, sie seien, ohne Bezug auf eine äußere
Wirklichkeit, nicht etwa ein völliges Nichts; sie gehören nur
nicht der Wirklichkeit an, der sie das naive Denken zunächst

zuschreibt, nämlich einer vom Bewußtsein unabhängigen Wirklichkeit." Ebenso wenn er (S. 6) sie etwas nennt, was uns unmittelbar gegeben sei, indem er dabei als unmittelbar gegeben d a s bezeichnet, „was als Tatsache unmittelbar einleuchtet". Denn es ist gewiß nicht seine Meinung, daß Farben, Töne usw. schlechtweg uns in unmittelbar einleuchtender Weise als Tatsachen gegeben seien. Leugnet er doch mit der modernen Naturwissenschaft die Existenz von Tönen, Farben schlechtweg und schreibt ihnen, wie wir eben hörten, keine „vom Bewußtsein unabhängige Wirklichkeit" zu. Hier überall heißt also „Erscheinung" etwas dem Bewußtsein I m m a n e n t e s.

Und nur das auch kann gemeint sein, wenn gesagt wird, daß Erscheinung und Funktion eine E i n h e i t (ja: eine reale Einheit) bilden. Zum Begriff der i m m a n e n t e n Gegenstände, wenn etwas derartiges existiert, gehört es, daß sie keine vom Bewußtsein unabhängige Wirklichkeit sondern in und mit diesem wirklich sind, daß sie mit ihm als Gegenstand der i n n e r e n Wahrnehmung oder s e k u n d ä r e s Objekt des Vorstellungserlebnisses als Tatsache einleuchten, daß sie mit dem Bewußtsein von ihnen oder der zugehörigen psychischen Funktion eine Einheit bilden. [1])

Auch von B e g r i f f s i n h a l t e n spricht Stumpf im Sinne von etwas Immanentem. Wenigstens ist nur dann ganz verständlich, daß er sie „Gebilde" nennt und kann bloß dann von ihnen gelten, daß sie nur als Korrelate und in logischer Abhängigkeit von psychischen Funktionen oder „im Verbande des lebendigen, seelischen Daseins" existieren. [2])

---

[1]) Freilich eine r e a l e Einheit möchte ich es keinesfalls nennen (sofern ich die i m m a n e n t e n Gegenstände keinesfalls real nennen könnte) und ich wäre auch nicht geneigt, mit Stumpf ihr Verhältnis demjenigen von Ausdehnung und Farbe zu vergleichen, nicht bloß nicht in jeder Beziehung — was auch dieser Forscher nicht will — sondern auch nicht in d e r Beziehung, daß in beiden Fällen das eine und andere nur durch Abstraktion auseinanderzuhalten wäre. Daß die Begriffe Farbiges und Ausgedehntes nur durch Abstraktion auseinandergehalten werden können, sei ohne weiteres zugegeben. Jedes für sich ist ein Universale, während, was ihnen in Wirklichkeit entspricht (oder allein entsprechen könnte), ein Individuum ist (oder wäre). Dagegen die Farbenempfindung und ihr immanentes Objekt könnten sich nur wie Glieder einer Korrelation verhalten (wovon das eine real, das andere nicht real wäre) und die, wie in Wirklichkeit nicht, so auch nicht in Gedanken, und durch keine Abstraktion, von einander zu lösen wären. Wie ja auch der Begriff des Größeren durch keine Abstraktion im Denken von dem des Kleineren zu trennen ist.

[2]) Befremdlich ist freilich, wie der geachtete Forscher hierin zwischen den Begriffsinhalten und den Inhalten der Sinnesanschauungen („Erscheinungen") einen Gegensatz finden will, indem er behauptet, daß die „Erscheinungen" uns zwar auch nur mit den Funktionen gegeben seien, aber in logischer Un-

§ 91. Sollen wir also diesem Gebrauche des Terminus Vorstellungsinhalt (Sinnesinhalt, Begriffsinhalt usw.) folgen und ihn (d. h. den immanenten Gegenstand des Vorstellens) die Bedeutung, den Gegenstand schlechtweg (oder den eventuellen wirklichen) aber das Genannte nennen?

Das hielte ich keinesfalls für richtig, gleichviel wie immer man über die Existenz solcher immanenter Gegenstände denke. Die negative Antwort wird schon nahegelegt durch die Analogie zu dem, was wir als die Bedeutung der Aussagen bezeichneten.

Wie neben dem Vorstellungsgegenstand von einem immanenten Gegenstand, so kann man auch neben dem Urteilsinhalte schlechtweg von einem immanenten sprechen, und wer dort die Unterscheidung billigt, der handelt nur konsequent, wenn er es auch hier tut. Wie man argumentieren kann, jedes Vorstellen müsse einen Gegenstand haben, wenn nicht einen wirklichen so einen immanenten, so auch: jedes Urteil müsse einen Inhalt haben, also auch das falsche.[1]) Wenn aber z. B. das Urteil, daß A sei, falsch ist, sei damit eben gesagt, daß sein Inhalt (das Sein von A) nicht in „außerbewußter Wirklichkeit" besteht. Solle also der eigentümlichen Beziehung, die im Urteilen vorliegt, ein Korrelat gegenüberstehen, so könne es hier nur ein „immanenter" Inhalt sein.[2]) In der Tat redet z. B.

---

abhängigkeit von ihnen und in diesem Sinne neben ihnen. Dies gilt von den „Erscheinungen" im Sinne der immanenten Sinnesinhalte sicher nicht. Wer solche annimmt, kann sie so gut wie die immanenten Begriffsinhalte, nur als Korrelate einer zugehörigen psychischen Funktion, somit als in logischer Abhängigkeit von ihnen existierend, annehmen. So gefaßt besteht also zwischen den „Erscheinungen" und begrifflichen „Gebilden" gar kein Unterschied. Jedes dieser Immanentien steht und fällt mit der zugehörigen augenblicklichen psychischen Funktion.

Anders freilich, wenn man unter „Erscheinungen" nicht etwas der Empfindung Immanentes sondern die Farben, Töne usw. schlechtweg versteht, also etwas, was nicht — nach einem zuvor gehörten Worte — ein mit oder neben gewissen psychischen Funktionen als Tatsache Gegebenes ist. Von der logischen Unabhängigkeit, die den „Erscheinungen" in diesem Sinne den Funktionen gegenüber zukommt, wird später zu sprechen sein.

[1]) Im immanenten Urteilsinhalt wäre dann natürlich ein immanenter Gegenstand mit gegeben.

[2]) Stumpf, indem er „Urteilsinhalte" oder „Sachverhalte" (die durch Daßsätze und Verbalsubstantiva ausgedrückt würden) und ebenso Inhalte des Interesses (Werte) anerkennt, nennt sie zwar nicht ausdrücklich immanent. Aber er beschreibt sie, ebenso wie die Begriffsinhalte, mehrfach so, daß damit

Meinong ausdrücklich von immanenten „Objektiven" und meint,
es sei dem falschen Urteil eigentümlich, daß es bloß ein „immanentes Objektiv" habe.

Allein jedenfalls nicht diesen immanenten Inhalt des Urteils
wird man als Bedeutung der Aussage bezeichnen, und
wer es täte, würde sich mit dem gemeinen Sprachbewußtsein
offenkundig in Widerspruch setzen. Jedermann, indem er z. B.
sagt „A ist" oder „A ist nicht" und so einem anderen das Sein
von A oder dessen Nichtsein kundgeben will, meint ja damit
nicht etwas dem denkenden Geiste Immanentes, erst mit dem
Denkakt Anfangendes und mit ihm wieder Aufhörendes, sondern
etwas von ihm Unabhängiges. So ist denn nach Analogie zu
erwarten, daß auch ein Name wie Haus oder Baum, Sonne oder
Mond nicht etwas dem Geiste Immanentes meine, das nur so
lange existiert, als ich es denke. Und so ist es in der Tat.
Jedermann meint, von der Sonne oder einem Baum redend, etwas,
wenn es ist, außer meinem Bewußtsein Wirkliches und von
meinem augenblicklichen Denken Unabhängiges, das eventuell
Gegenstand der sog. äußeren Erfahrung ist. Meinte ich etwas
meinem Denken Immanentes, was nur als Korrelat meines individuellen Denkens existierte und in ihm und mit ihm im
inneren Bewußtsein erfaßt würde, so würde ich ausdrücklich
davon sprechen als von einem Haus oder Baum in meinem
Geiste oder von einem vorgestellten Haus, wie es im Vorstellenden ist.[1]

§ 92. Das wäre meines Erachtens zu sagen, auch wenn
jene Unterscheidung zwischen einem Vorgestellten schlechtweg
und einem Vorgestellten, wie es im Vorstellenden ist, zu Recht
bestände. Dazu kommt aber ein zweites, nämlich das ernstliche
Bedenken, ob denn diese mentale oder immanente Existenz des
vorgestellten Gegenstands überhaupt eine berechtigte und mögliche Annahme und nicht vielmehr eine Fiktion sei. Und die

---

nur etwas dem Bewußtsein Immanentes gemeint sein kann. Wir kommen
darauf zurück.

[1]) Manche nennen den immanenten Vorstellungsgegenstand auch das
„Vorgestellte als solches". Doch vermeiden wir diesen Ausdruck, da er nicht
unzweideutig ist und ganz wohl auch auf dem Standpunkte dessen einen Sinn
hat, der die immanenten Gegenstände leugnet.

nähere Untersuchung scheint das letztere außer Zweifel zu stellen. [1])

Wie sollten wir uns, wenn es neben dem wirklichen einen immanenten Gegenstand des Vorstellens gäbe, den Unterschied zwischen beiden denken? Daß es nicht, wie die gewöhnliche Ausdrucksweise wörtlich besagt, ein Unterschied in der Lokalisation ist, ist selbstverständlich. Die durch das „in" und „außer" (dem Geiste) erweckte Ortsvorstellung ist natürlich, schon nach der allgemeinen Ansicht, nur ein Bild der inneren Sprachform.

Doch, könnte man glauben, gemeint sei unter dem Bilde doch die verschiedene Weise der Existenz, und die mentale sei in dem Sinne eine besondere, daß der Ausdruck ein für mich sein oder überhaupt ein Sein für irgend ein Bewußtsein besage.

Allein diese Angabe scheint mir in Wahrheit nichts zu verdeutlichen; sie ist nicht mehr und nicht weniger dunkel als die Rede von der mentalen Existenz, nach deren Sinn wir eben fragen. Etwas sei „für mich", kann man verständlicherweise wohl in dem Sinne sagen: es sei, und sei Gegenstand meines besonderen Interesses, oder es sei nur für mich erkennbar oder meiner Macht- und Rechtssphäre im besonderen zugehörig, habe meinen eigentümlichen Plänen und Zwecken dienstbar zu sein u. dergl. Dabei ist aber immer das Sein schlechtweg vorausgesetzt und durch das „für mich" ist bloß eine bestimmte Korrelation oder relative Bestimmung ausgedrückt, die dem betreffenden Seienden zukommt, indem es Korrelat oder Terminus zu einem psychischen Verhalten meinerseits oder in irgend einer anderen Relation ist, bei welcher das eine Glied in mir als Subjekt liegt.

Im obigen Sinne aber, wo „für mich-sein" überhaupt soviel bedeuten soll wie die mentale Gegenwart oder die Immanenz und Innewohnung in meinem Geiste, handelt es sich um einen Gegensatz zu dem Sein schlechtweg. Und eben diese andere Weise der Existenz, die nicht ein Sein schlechtweg sein soll, erweist sich als unannehmbar. Unannehmbar! Denn es wider-

---

[1]) Gegen die Annahme eines immanenten Gegenstands ist in neuerer Zeit von verschiedener Seite Opposition gemacht worden. Doch nicht immer mit der wünschenswerten Konsequenz und Klarheit, und zumeist könnte ich mich auch mit dem, was man an die Stelle zu setzen suchte, nicht einverstanden erklären.

streitet dem Begriffe der Existenz, daß es etwas wie eine Existenz für irgend einen mit Ausschluß der anderen gebe. Existierend heißt — wie wir sahen — was mit Recht anerkannt werden kann. Es gibt aber keinen berechtigten Modus der Anerkennung, wo diese nur für mich und nicht schlechtweg richtig wäre und Geltung hätte. Vielmehr leuchtet unmittelbar a priori ein, daß ' ein Urteil, welches richtig ist, für jeden richtig ist. Nur Mißverständnisse und Verwechslungen können also zu der Lehre führen, es könne etwas nur für mich oder überhaupt nur für irgend Einen existieren. So z. B. indem man subjektivistisch „existierend" mit „tatsächlich anerkannt" verwechselt. Oder indem man unter „nur für mich existierend" wenig glücklich verstände: nur zu mir in einer gewissen besonderen Beziehung stehend. Wir sprachen schon oben davon. Aber im letzteren Falle ist der wahre Begriff der Existenz schon vorausgesetzt. Denn um zu mir in einer besonderen Beziehung zu stehen, muß das Betreffende sein, d. h. es ist für jedermann als ein zu mir in besonderer Beziehung Stehendes anzuerkennen. Auf die angegebene Weise ist also von dem Unterschied zwischen dem immanenten Gegenstand und dem Gegenstande schlechtweg jedenfalls nicht Rechenschaft zu geben. Der immanente Gegenstand, wenn er überhaupt ist, kann ebenso wie der wirkliche nur in dem einzig berechtigten Sinne sein, den ich diesem Worte überhaupt zuzusprechen vermag, d. h. es muß von beiden gelten, daß, welches Bewußtsein immer urteilt, sie seien, richtig urteilt und das gegenteilige unrichtig.

§ 93. Ist auf dem oben versuchten Wege von der angeblichen Differenz zwischen dem Gegenstand eines Vorstellens schlechtweg und einem sog. immanenten Gegenstand desselben nicht Rechenschaft zu geben, so bleibt nichts übrig als zuzugeben, Existenz heiße zwar von einem und vom anderen gebraucht dasselbe, aber das, was existiere (d. h. mit Recht anerkannt zu werden verdiene), sei hier und dort ein wesentlich Verschiedenes. Wenn es sich z. B. um die Vorstellung einer Bewegung handle, so sei ihr Gegenstand schlechtweg (die Bewegung) etwas Reales, der immanente dagegen, die bloß vorgestellte Bewegung, sei nichts Reales. Sowenig als ein bloß gedachter Taler oder ein bloß gewünschtes (ein Luft-) Schloß.

Allein war nach der vorigen Interpretation der immanente

Gegenstand unannehmbar, so ist er nach dieser jedenfalls etwas, was den Zweck, um dessen willen er angenommen wird, nicht erfüllt. Er soll das Korrelat des Vorstellens sein und das Bewußtsein vom wirklichen Gegenstand vermitteln. Allein wenn die bloß vorgestellte Bewegung nichts Reales ist — und dies jedenfalls steht außer Zweifel — dann ist sie auch nicht wahrhaft Bewegung zu nennen, ebenso wie der bloß gedachte Taler nicht wahrhaft ein Taler; nimmt ihn darum auch niemand als Zahlung an. Das eine und andere trägt bloß äquivok diese Namen. Und ist dem so, dann kann man auch nicht sagen, das eine sei das Korrelat der Bewegungs- und das andere dasjenige der Taler-Vorstellung. Denn dies soll doch wahrhaft ein Taler und jenes wahrhaft eine Bewegung sein.[1]) Die bloß vorgestellte Bewegung aber könnte eben nur das Korrelat der Vorstellung einer bloß vorgestellten Bewegung sein usw.

Was aber die Rede von der Vermittelung des Bewußtseins betrifft, so ist sie, wie man weiß, ursprünglich im Zusammenhang mit der Lehre von einer realen Einwanderung und Innewohnung des Gedachten im Denkenden aufgetreten, die heute jedermann als irrig ablehnen wird. Aber ist es nicht ebenso eine Täuschung, zu meinen, daß der sog. mentale Gegenstand das Bewußtsein vom wirklichen vermittele? Ist doch der Gedanke an eine solche stellvertretende oder vermittelnde Rolle von Hause aus von der Voraussetzung getragen, daß der eine ein wahrhafter Doppelgänger des andern sei, während eben der mentale Gegenstand, wenn er wahrhaft existierte, etwas wesentlich anderes wäre als der wirkliche, etwas, was nur äquivok dessen Namen trüge. Auch soll er ja gegeben sein können, während der wirkliche fehlt, wo also kein Bewußtsein des wirklichen im Sinne einer Korrelation der Seele zu ihm gegeben sein kann.

---

[1]) In diesem Sinne ist es ohne Zweifel richtig, wenn auch Husserl (a. a. O. II, S. 398) betont: „der transzendente Gegenstand wäre gar nicht Gegenstand dieser Vorstellung, wenn er nicht ihr intentionaler Gegenstand wäre" d. h. in Husserls Redeweise eben der Gegenstand, auf den die Vorstellung tendiert oder „auf welche die Bewußtseinsintention gerichtet ist." Unter dem transzendenten Gegenstand ist ja natürlich der Gegenstand schlechtweg gemeint, gleichviel ob er ein „äußerer" ist, wie wenn der Vorstellung von Räumen und Bewegungen etwas in Wirklichkeit entspricht oder ein „innerer", wie wenn es sich um die Gegenstände handelt, die den Vorstellungen von unseren eigenen psychischen Erlebnissen entsprechen.

Aber eben damit rühren wir an einen Punkt, der vor
allem auch zur Statuierung eines „immanenten" Objekts führte.
Man hielt die sog. Objektsbeziehung für eine Relation im strengen
Sinne dieses Wortes, d. h. für eine Korrelation, welche die wirkliche Existenz aller Glieder voraussetzt. Da aber das wirkliche
Objekt häufig fehlt, griff man dazu, das „immanente" oder mentale
zu fingieren. Daneben begünstigte noch anderes diese Fiktion.
Ein instinktiver Drang führt uns dazu, zunächst alles, was uns
sinnlich erscheint, für wahr zu halten d. h. ihm „äußere" Wirklichkeit zuzuschreiben; den Farben, Tönen, Orten und Ortsver-
änderungen, die uns in Empfindung oder Halluzination gegenwärtig sind. Für und für erst bringen gehäufte Erfahrungen
durch die Widersprüche, welche sie im Sinnenschein aufweisen,
dazu, vieles davon, was wir unmittelbar für wirklich hielten,
als solches anzuzweifeln und aufzugeben. Allein trotz dieser auf
Schlüssen beruhenden wissenschaftlichen Überzeugung von der
Nichtexistenz der empfundenen Farben, absoluten Orte, Größen usw.
bleibt der auf Instinkt beruhende blinde Glaube an sie in alter
Lebendigkeit bestehen. Das Gesehene erscheint nach wie vor
in derselben unmittelbaren Weise als wirklich, und da die Einsicht uns doch verbietet, es für etwas außer uns und unabhängig von uns Wirkliches zu halten, so greifen wir zu dem
Ausweg, ihm eine Art Existenz in uns und für uns zuzuschreiben. Ähnliches ist der Fall bei den Halluzinationen und
halluzinatorischen Elementen, welche die sog. Phantasietätigkeit
mit sich bringt. Die Widersprüche mit anderweitigen Erfahrungen verbieten uns, sie für äußerlich wirklich zu halten.
Wir verlegen also das, was uns in ihnen anschaulich ist und
sich uns in einem instinktiven Glauben als wirklich aufdrängt,
in den Geist.

Aber ich glaube unsere vorausgehenden Betrachtungen
haben es zweifellos gemacht, daß die Annahme eines „immanenten" Gegenstands unhaltbar ist, und sie erweist sich als
doppelt unmöglich, wenn es sich um allgemeine Gedanken
handelt. Ihre Statuierung würde ja dann die Hypostasierung
von etwas Unbestimmtem oder Allgemeinem involvieren und
etwas derartiges kann in keiner Weise für sich existieren, als
Nichtreales sowenig wie als Reales, und in einer sog. mentalen
Existenzweise sowenig als in einer realen, falls unter jener
wahrhaft eine Existenz gemeint ist. Ich sage, wenn damit

wahrhaft eine Existenz gemeint ist. Anders dagegen, wenn die
Rede von der Immanenz des Gedachten bloß eine andere Ausdrucksweise ist für die Tatsache des Denkens. In Wahrheit
aber ist eben dies der Fall. Man wollte das Geheimnis des
Bewußtseins ergründen und hat dabei ein sprachliches Bild, das
man bei der Beschreibung des eigenartigen Vorgangs gebrauchte,
mehr oder weniger ernst genommen. Die abstraktere Redeweise
von der Immanenz oder Innewohnung des Gedachten im
Denkenden (und ebenso des Gefühlten im Fühlenden) hat meines
Erachtens, ebenso wie die konkretere vom im Kopf- oder im Herzen-
tragen desselben, nur Berechtigung als eine Fiktion der figürlichen
inneren Sprachform, die stilistisch mancherlei Vorteile (auch den
der Kürze und Bequemlichkeit oder der Abwechslung) bieten mag,
aber zu einer Fälschung führt, sobald sie ernstlicher genommen
wird. So gut ptolemäische Redensarten, um wahr zu sein, ins
Kopernikanische, so gut muß ein Satz wie: etwas ist „in mir"
oder etwas ist „für mich", um wahr zu sein, übersetzt werden
in: ich stelle es vor resp. beurteile oder liebe und hasse es.
Und falls das Vorgestellte oder Beurteilte nicht in Wirklichkeit
ist, so hat auch die passive Wendung „es ist vorgestellt" nicht
ihren eigentlichen Sinn, so wie in: er wird geschlagen. Hier ist
gemeint: etwas ist und wird geschlagen, dort nicht, und eine
solche Vorstellung, die auch hier durch die sprachliche Wendung
erweckt wird, kann nur als Sache der inneren Sprachform gelten.
So ist es auch, wenn gesagt wird, Farben oder Töne werden
empfunden. Ganz meiden möchte ich darum Wendungen wie die
von Husserl gebrauchte: die Farben, Töne usw. würden „erlebt".[1]
Um wahrhaft erlebt zu werden, müßten sie sein. Sie sind
aber nicht, weder außer dem Bewußtsein noch als etwas dem
Bewußtsein Immanentes oder als reelle Bestandstücke des
letzteren. Erlebtwerden und Realität kommt tatsächlich nur
dem psychischen Phänomen des Empfindens zu,[2] das die Farbe

---

[1] Und wenn Cornelius und andere meinen, überhaupt nur immanente
Inhalte (z. B. „das blaue Stück der Erscheinung im Gesichtsfelde") würden
erlebt, Akte nicht, so scheint mir gerade das Umgekehrte die Wahrheit zu sein.

[2] Stumpf argumentiert, die „Erscheinungen" (worunter er, wie wir
sahen, bald etwas dem Bewußtsein Immanentes, bald die Farben, Töne usw.
schlechtweg versteht) müßten ebenso wie die psychischen Funktionen real
sein, da wir doch hier den Begriff des Realen schöpften.

Allein dieser Umstand erklärt sich zur Genüge daraus, daß uns Farben,
Töne usw. in anschaulicher Vorstellung (die von einem instinktiven Glauben

„zum Objekt hat" — ein „haben", das aber hier nicht eine Objektsbeziehung besagt im Sinne einer Korrelation, bei der notwendig beide Glieder existieren, sondern bloß im Sinne einer relativen Bestimmung, wo dies nicht der Fall ist. Wir kommen darauf zurück.

Die gewonnene Erkenntnis von der fiktiven Natur des sog. immanenten Bewußtseins-Gegenstands bringt natürlich für allerlei andere, irgendwie mit jener Fiktion zusammenhängende, Lehren die Konsequenz mit sich, daß sie aufgegeben oder entsprechend berichtigt werden müssen. Da die Ausführung sich von selbst ergibt, deute ich nur wenige Beispiele an.

Kant hat bekanntlich den Satz aufgestellt, die Gegenstände könnten sich, wenn sie bloße Phänomene sind, nach unseren Vorstellungen und Urteilen richten. Im Lichte der oben er-

---

an das Vorgestellte begleitet ist) gegeben sind. Daraus gewinnen wir den Begriff des Realen und die Erkenntnis, daß die Farben, Töne usw. schlechtweg real wären, falls sie existierten.

Nur — das ist damit schon gesagt — die andere Erkenntnis, nämlich daß der Begriff des Realen selbst (wie man sich ausdrückt) ein realer sei d. h. daß ihm etwas in Wirklichkeit entspreche, gewinnen wir aus der Reflexion auf Farben, Töne nicht, sondern aus der Reflexion auf unsere psychischen Funktionen, die uns in unmittelbar einleuchtender Weise als Tatsachen gegeben sind, was von den Farben nicht sondern eben nur von den Farben-empfindungen gilt.

Ganz verwunderlich ist es, wenn Ameseder in seinen „Beiträgen zur Grundlegung der Gegenstandstheorie" (in A. Meinong „Untersuchungen zur Gegenstandstheorie und Psychologie", 1904, S. 95) als a priori einleuchtend hinstellt, Farben könnten nicht existieren. Wenn man dem Satze den üblichen Sinn gibt (wonach „existieren" kurzweg soviel ist wie: sein), so wäre damit ein ganz neuer Typus apriorischer Einsichten aufgestellt, wovon mir die Beobachtung keinen Fall, weder diesen noch einen anderen, zu zeigen scheint. Ich kenne in aller Erfahrung nur analytische Sätze, bei denen wir es mit einer Verbindung oder Synthese von Elementen zu tun haben, wie: A non - A ist nicht, ein Rundes-Eckiges ist nicht, ein Kind ohne Vater ist nicht u. dergl. Dem Satze: Farben können nicht existieren fehlt (wenn „existieren" soviel ist wie: sein) jener Charakter. Wir hätten eine ganz neue, bisher unbekannte, Klasse von Axiomen vor uns, und ich gestehe offen, daß mir völlig unverständlich ist, wie die Unmöglichkeit der Existenz von Farben aus der Betrachtung der Vorstellung sich zu erkennen geben soll. Heißt aber „existieren" soviel wie „realsein" (und das scheint allerdings die Meinung von Ameseder), soll also gesagt sein: Farben, wenn sie wären, wären nicht real, so scheint mir dies offenkundig falsch. Und ich muß dem mit Stumpf entgegenhalten, daß ja hier vielmehr eine der Quellen vorliegt, wo wir den Begriff des Realen schöpfen.

wähnten Erkenntnis wird dieser Satz offenbar gehaltlos. Auch nach Kant soll ja die Wahrheit bestehen in einer *adaequatio rei et intellectus.* Nun meint er im Gegensatz zu anderen, eine solche *adaequatio* werde zweifellos möglich, wenn die *res* bloß unsere Erscheinungen seien. In Wahrheit wird sie aber eben dadurch unmöglich. Denn, wie zu jeder Korrelation, gehören auch zu ihr mindestens zwei Glieder. Wenn aber die *res* nichts anderes ist als unsere Erscheinung d. h. das sog. mentale Objekt, so wissen wir nunmehr, daß es weder eine *res* noch überhaupt ein wahrhaftes *ens* sondern eine Fiktion der Sprache, ein *ens elocutionis,* ist. Wenn dem *intellectus* nicht ein „Ding an sich" entspricht, so haben wir überhaupt keine *adaequatio* im Sinne einer Korrelation zwischen zwei Gliedern, wir haben nicht zwei, sondern nur ein *ens,* den Bewußtseinsvorgang, vor uns.

Eine andere Konsequenz ist, daß es offenbar nicht angeht, wenn man etwa die ästhetischen Gefühle von den ethischen dadurch scheiden wollte, daß jene auf die immanenten Gegenstände, diese auf die „wirklichen" sich bezögen. Die ästhetischen Gefühle sind im wesentlichen berechtigte Freuden. Solche können nur an Existierendem gefunden werden; die immanenten Gegenstände aber existieren nicht. In Wahrheit sind die ästhetischen Freuden, soweit sie berechtigt sind, so gut Freuden an Wirklichem wie andere ethische oder „Wertgefühle" und stehen zu diesem Begriffe durchaus nicht in einem Gegensatz sondern im Verhältnis der Unterordnung; es sind spezielle Freuden an der Vorstellungstätigkeit. Und diese aus dem Kreis des Ethischen auszuschalten, wäre ebenso verkehrt, wie der Freude an der als richtig charakterisierten Urteilstätigkeit, an der Erkenntnis, den Charakter eines ethischen oder Wertgefühls abstreiten zu wollen.

§ 94. Wie der immanente Gegenstand der Vorstellung, so ist auch sein Analogon, der immanente Inhalt des Urteils und des Interesses eine Fiktion. Wo ein Inhalt existiert, ist es ein Inhalt schlechtweg; wo nicht, da besteht eine Beziehung der Funktion zu einem Inhalt überhaupt nicht im Sinne einer Korrelation (sonst müßten eben beide Glieder existieren), sondern nur im Sinne einer relativen Bestimmung. Wo nur diese gegeben ist, brauchen nicht beide Glieder zu existieren, wie unten noch zur Sprache kommen soll. An dieser Stelle nur noch ein

Wort gegen gewisse Bemerkungen Stumpfs, die — während wir
die immanenten Inhalte unserer psychischen Tätigkeiten als
unmögliche Fiktionen ansehen mußten — vielmehr nur diese als
etwas Wirkliches gelten zu lassen, die Inhalte schlechtweg
dagegen (wenigstens bei den Begriffen, Urteilen und Interesse-
akten) leugnen zu wollen scheinen. Begriffe, Sachverhalte und
Werte, so führt er aus,[1]) seien Gebilde, die sich nicht irgendwo abgesondert in der Welt oder an einem „übersinnlichen Orte"
als für sich seiende Wesen, sondern die sich überall als spezifische
Inhalte psychischer Funktionen finden und nur als solche untersucht und beschrieben werden können. „Sie existieren nicht als
tote Präparate, als Petrefakten, sondern im Verbande des
lebendigen seelischen Daseins."

Von den „Erscheinungen" dagegen soll im Gegensatz dazu
gelten, daß, während die Gebilde uns in logischer Abhängigkeit,
sie uns in logischer Unabhängigkeit von den Funktionen gegeben seien. Der Begriff psychischer Funktionen sei nicht
durch eine logische Notwendigkeit mit dem der Erscheinungen verknüpft. Kein begriffliches Band lasse sich hier
entdecken.

1. Wenn Stumpf mit dieser Rede von der logischen Abhängigkeit resp. Unabhängigkeit nur sagen wollte, daß ein Unterschied bestehe hinsichtlich des Zustandekommens und der deskriptiven Natur der Begriffe, einerseits der Begriffe von den
Inhalten unseres Urteilens und unseres Interesses, anderseits derjenigen von den Gegenständen unserer anschaulichen Vorstellungen
(und speziell der sog. Erscheinungen, nämlich der Farben, Töne usw.
schlechtweg) so wäre ich vollkommen einverstanden. Schon in
meinem Aufsatze „über Annahmen" (a. a. O. S. 42 ff.) betonte ich,
daß man die Vorstellung eines Urteilsinhaltes nicht fassen kann,
ohne wenigstens im allgemeinen an einen Urteilenden zu denken,
und wenn also Stumpf („Erscheinungen u. psychische Funktionen"
S. 33) gleichfalls sagt: falls wir einen Sachverhalt denken, so
müsse notwendig die bezügliche Funktion, hier das Urteilen,
wenigstens ihrem Allgemeinbegriffe nach mitgedacht werden, so
stimme ich dem vollkommen bei. Und demgegenüber sind die
Erscheinungen (sofern damit Farben, Töne usw. schlechtweg ge-

---

[1]) Zur Einteilung der Wissenschaften, S. 34. Erscheinungen und psychische
Funktionen, S. 32, 11.

meint sind) und die Gegenstände unserer anschaulichen Vorstellungen überhaupt in einer anderen Lage. Ihren Begriff
kann ich denken ohne an ein Vorstellen (auch nicht im allgemeinen) zu denken. Und dies hängt damit zusammen, daß
Urteilen und Interessenehmen besondere Modi psychischen Verhaltens sind, welche zu dem fundamentalen des Vorstellens hinzukommen, während die Anschauungen eben selbst zu diesem
Verhalten gehören.

Die Folge davon ist, daß wir wohl die Gegenstände der
Anschauungen, nicht aber die Inhalte des Urteilens und Interesses
begrifflich erfassen können ohne in diesen Begriff den Gedanken
an die bezügliche psychische Beziehungsweise selbst aufzunehmen.
Mit anderen Worten: Urteilsinhalte und Werte sind — wie wir
auch früher wiederholt betont haben — etwas, was wir nur als
Korrelat oder relative Bestimmung zu einem besonderen Modus
psychischen Verhaltens denken können, während dies vom Begriff „einer Farbe“ oder „eines Tones“ nicht gilt. Jene Begriffe
stehen also, im Gegensatz zu diesen, in einer eigentümlichen
psychologischen Abhängigkeit vom Gedanken einer psychischen
Funktion.

2. Allein anders als mit dem Begriffe ist es mit dem
Sein der Interesse- und Urteilsinhalte.[1]) Demgegenüber, was
wir Stumpf hierüber ausführen hörten, sei zwar ohne weiteres
zugegeben, daß die Sachverhalte und Werte nicht „Wesen“
sind (denn darunter pflegt man gemeiniglich etwas Reales zu
verstehen) und daß sie auch nicht an einem Ort, weder einem
sinnlichen, noch übersinnlichen, sind, da ihnen kein räumlicher
Charakter zukommt. Aber sie sind auch nicht unsere „Gebilde“. Dieser Name gebührt etwa den Akten des Urteilens
und Wertens; aber die Inhalte, falls sie überhaupt sind, sind
etwas für sich und unabhängig vom Verbande des lebendigen
seelischen Daseins Bestehendes. Nicht freilich, als ob sie etwas
durch dieses Leben Erzeugtes und dann wie „Residuen“ desselben
Fortbestehendes wären; vielmehr sind sie eher als ein sachliches
Prius anzusehen für die Möglichkeit gewisser ausgezeichneter
Akte desselben, nämlich derjenigen, die auf dem Gebiete des
Urteils und des Interesses den Charakter der Richtigkeit haben.
Sie existieren also nicht als Abfälle sondern als Bedingungen
gewisser psychischer Lebensformen.

Ich sage: sie sind unabhängig von diesen Akten, als

objektive Bedingung ihrer Möglichkeit. Nur behalte ich mir vor,
den Sinn dieser Behauptung für die Fälle, wo es sich um Urteilsinhalte handelt, deren Materie ein Universale (wie Farbiges
oder Ausgedehntes oder Mensch) ist, noch näher zu präzisieren,
im Zusammenhang mit der später zu behandelnden Frage, in
welchem Sinne den Inhalten allgemeiner Begriffe eine von
unserem Denken unabhängige Existenz zukommen könne. Aber
diese Erläuterung vorbehalten, scheint mir die Lehre von der
Unabhängigkeit des Seins gewisser Urteils- und Interesseinhalte
von irgendwelchen entsprechenden psychischen Funktionen etwas
wohl Begründetes, ja unerschütterlich Feststehendes zu sein.

Von ihrem Sein gibt es keinen giltigen Schluß auf das
notwendige Zugleichsein einer psychischen Funktion. Das gilt von
ihnen nicht bloß ebensogut wie von den Gegenständen unserer Anschauungen (den „Erscheinungen"), sondern sie sind hierin speziell
den Gegenständen der Sinnesanschauung (d. h. den Farben,
Tönen schlechtweg) gegenüber im Vorteil. Während von diesen
bloß einleuchtet, daß sie ohne Widerspruch oder sonstige apriorische
Unmöglichkeit unabhängig von darauf bezüglichen psychischen
Funktionen bestehen könnten,[1] aber keine Tatsache uns sagt,

---

[1] Für diese Behauptung, die auch Stumpf gegenüber Berkeleys
Phänomenalismus und seinen Nachfolgern betont, nämlich daß Farben, Töne usw.
schlechtweg (denn nur dies kann hier mit „Erscheinungen" gemeint sein)
unabhängig von einem Bewußtsein existieren könnten, mit anderen Worten,
daß „das Merkmal des Wahrgenommenwerdens" nicht zu ihrem Begriffe gehört sondern „über ihn hinausgreift und in eine total andere Sphäre führt",
bedarf es meines Erachtens nicht des Vergleiches mit dem Verhältnis von
Farbe und Ausdehnung, welchen jener Forscher heranbringt. Er würde, meine
ich, überdies auch das Verlangte nicht beweisen. Stumpf argumentiert („Erscheinungen und psychische Funktionen" S. 13): „Farben und Ausdehnung bilden
untereinander gleichfalls ein Ganzes, in welchem sie nur durch Abstraktion
auseinandergehalten werden können. Wollte nun einer schließen: ‚also kann
Ausdehnung nicht ohne Farbe vorkommen', so wäre dies gleichwohl ein Fehlschluß. Tatsächlich zeigt uns der Berührungssinn, daß Ausdehnung ohne
Farbe, wenn auch nicht ohne irgendein qualitatives Moment überhaupt, vorkommt ... Ganz analog steht es nun, scheint es mir, mit dem Schluß, daß
das, was wir unter dem Namen der Erscheinungen zusammenfassen, nicht
existieren könne ohne Inhalt von psychischen Funktionen zu sein. Ich will
nicht sagen, daß das Verhältnis zwischen Erscheinung und psychischer Funktion
identisch sei mit dem zwischen Ausdehnung und Farbe. Es ist vielmehr
sicher ein durchaus eigenartiges. Aber gemeinschaftlich ist den beiden Verhältnissen, daß im einen wie im anderen Fall die beiden Glieder nur durch
Abstraktion auseinandergehalten werden können. Und so läßt sich jenes

daß sie wirklich existieren, wissen wir von manchen Sachverhalten nicht bloß, daß sie an und für sich ohne zugehörige psychische Tätigkeiten sein könnten, sondern auch, daß sie unabhängig von solchen tatsächlich sind.

S. 32 der erwähnten Abhandlung („Erscheinungen und psychische Funktionen") argumentiert Stumpf: der Sachverhalt könne nur als Inhalt eines aktuell stattfindenden Urteils real sein. Sonst wäre jeder beliebige Sachverhalt, auch der sicher falsche, ja absurde, nicht nur wahr sondern sogar real." So seien die „Gebilde" nur Tatsachen als Inhalte von Funktionen.

Allein ich verstehe nicht, wie der Autor zu gunsten der Immanenz der Urteilsinhalte (und nur dies kann ich unter dem Vorausgehenden verstehen) sich darauf berufen kann, daß, wenn das Gegenteil gelten würde (nämlich ein von der Urteilsfunktion unabhängiges Sein des Inhalts), jeder beliebige Sachverhalt wahr und real wäre. Was immer mit „Realität" hier sonst noch gemeint sein mag, jedenfalls ist wohl das Bestehen oder Sein gemeint (was ja auch die einzige Bedeutung von „wahr", auf Urteilsinhalte angewendet, sein kann). In Wahrheit würde aber, so scheint mir, gerade umgekehrt, wenn es immanente und

---

innerhalb der Erscheinungen wahrnehmbare Verhältnis wohl zur Erläuterung heranziehen für das, was man in solchen Fällen schließen und nicht schließen kann. Ebensowenig wie trotz des innigen Zusammenhangs von Ausdehnung und Farbe eine farblose Ausdehnung einen logischen Widerspruch einschließt, ebensowenig ist es der Fall mit dem Begriffe von Erscheinungen, die nicht Inhalte psychischer Funktionen wären."

Ich meine: Ausdehnung kann, wie Stumpf selbst richtig hervorhebt, zwar ohne Farbe, aber nicht ohne jede qualitative Bestimmung vorkommen. Wenn der Schluß auf das mögliche Vorkommen von Erscheinungen ohne psychische Funktionen seiner Struktur nach dieser Analogie entspräche, so würde also nur folgen, daß z. B. Farbe schlechtweg ohne eine bestimmte Klasse von psychischen Funktionen vorkommen könne, nicht aber ohne jede psychische Funktion, die sich darauf bezöge. Ich sage: ohne jede psychische Funktion. Denn wie dort eine Qualität im selben Sinne gegeben sein muß, nicht bloß etwas, was äquivok so genannt wird (wie etwa eine sog. Urteils-„qualität"), so auch hier eine Funktion im selben Sinne, also eine psychische, nicht bloß etwas, was nur äquivok so genannt würde. In Wahrheit aber ist es nicht a priori einleuchtend, daß nicht Farben, Töne usw. schlechtweg existieren könnten, ohne daß irgendeine psychische Funktion sich darauf bezieht. Von der empfundenen Farbe als solcher aber leuchtet es umgekehrt ein, daß sie, sofern überhaupt etwas derart existiert, speziell nur in und mit der psychischen Funktion der Farbenempfindung bestehen kann und nur unter deren Vermittelung noch in und mit anderen psychischen Funktionen.

nur immanente Urteilsinhalte gäbe, dann folgen, daß für jedes Urteil, auch das falsche und absurde, ein solcher bestände. Ist der Urteilsinhalt dagegen etwas vom Urteilsakt Unabhängiges, so hat das Urteil, um wahr zu sein, sich nach ihm zu richten. Das Sein der Urteilsinhalte ist so gewissermaßen das Prius für die Wahrheit des Urteilens, und darum und nur darum verdienen jene wahrhaft den Namen von etwas „Objektivem" und von etwas, dem man nachsagen kann — wie auch Stumpf gelegentlich tut — daß in seinen Begriffsinhalt „niemals das Merkmal des individuell augenblicklichen Denkens resp. Fühlens und Wollens eingeht" (Zur Einleitung der Wissenschaften S. 9). Wären die Inhalte nur in und mit dem Urteilen und Interesse, als etwas diesen Immanentes, gegeben, beständen sie schlechterdings „nur als Inhalte psychischer Funktionen", „im Verbande des lebendigen seelischen Daseins", dann könnten sie auch stets bloß als Inhalte eines individuellen, nur nicht gerade meines, psychischen Lebens begriffen werden. Denn jede psychische Funktion, alles psychische Leben, ist ja etwas individuell Augenblickliches, und ein Überindividuelles, dem jene Inhalte immanent wären, nimmt auch Stumpf keineswegs an. Indem sie also ohne einen bestimmten Akt, zu dem sie gehörten, begriffen werden können, folgt, daß sie nicht als etwas ihm Immanentes, sondern als etwas im Sein (und in diesem Sinne „logisch") von ihm Unabhängiges begriffen werden. Wenn somit der genannte Forscher (a. a. O.) weiter sagt: die Objektivität der Urteilsinhalte und Werte bedeute nicht ein außerbewußtes Dasein, sondern nur den Umstand, daß in den Begriffsinhalt (derselben) niemals das Merkmal des individuell - augenblicklichen Denkens, in den Gefühls- und Willensinhalt niemals das Merkmal des individuell - augenblicklichen Fühlens und Wollens eingeht", so möchte ich vielmehr sagen: die „Objektivität" jener „Inhalte" muß ein vom Bewußtsein unabhängiges Dasein bedeuten, und dies ist eben damit gesagt, daß sie ohne ein tatsächliches Urteilen resp. Interessenehmen begriffen werden, d. h. widerspruchslos ohne ein solches sein, können.

3. Wenn jedoch die Urteilsinhalte ebenso wie die Gegenstände der Anschauungen — sofern sie überhaupt sind — in ihrem Sein von entsprechenden Funktionen unabhängig sind, so gilt dies doch nicht hinsichtlich ihres Erkanntwerdens. Aber auch hier gilt von beiden, von den Gegenständen unserer

Anschauungen (den „Erscheinungen"), oder wie man hier besser
sagt: von den Inhalten der Urteile mit anschaulicher Vorstellungs-
grundlage, und von denjenigen der Urteile mit begrifflicher Vor-
stellungsgrundlage, dasselbe. Alle diese Inhalte sind uns nur
erkennbar zugleich mit psychischen Beziehungen, die ihnen
adäquat sind[1]) und mit dieser Adäquation. Darum habe ich
schon in früheren Kapiteln gegenüber einem verkehrten Antipsychologismus betont, daß auch das Fremde uns stets nur
Hand in Hand mit Eigenem erkennbar ist, mit irgendwelchen
eigenen psychischen Vorgängen, speziell mit gewissen Urteilen,
die sich uns als richtig zu erkennen geben. Und was von den
Urteilsinhalten gilt, das gilt ebenso von den Inhalten des Interesses oder den Werten.

Darum scheint mir der Name „Inhalt" dafür recht wohl
passend, weil er jeden, der dazu neigt zu vergessen, daß ein Sachverhalt und Wert nicht ohne ein entsprechendes Urteilen oder
Interesse er k a n n t und ihr Begriff nicht ohne den Begriff jener
g e d a c h t werden kann, an diese wichtige Tatsache mahnen kann.
Und solchem verkehrten Antipsychologismus sind wir ja genugsam
begegnet.

Dagegen sei nochmals betont, daß, wie die Anschauungs-
gegenstände (soweit sie eben nicht selbst psychische Vorgänge
sind), so auch die Inhalte unserer Urteile und Interessen i n
i h r e m S e i n nicht abhängig sind von irgendwelchen psychischen
Funktionen. Soweit sie überhaupt sind, k ö n n e n sie nur sein,
ohne mit psychischem Leben verflochten oder ihm immanent zu
sein u. dergl. Wer d i e s e ihre Unabhängigkeit leugnete, müßte
sie, um nicht zu irren, überhaupt für bloße Gebilde der inneren
Sprachform, für ein ens elocutionis erklären. Denn wir haben
gesehen, daß die Annahme immanenter Urteils- und Interesse-

---

[1]) Soweit es sich um die Erkenntnis des im i n n e r e n Bewußtsein uns
Erscheinenden handelt, ist beides natürlich geradezu identisch. Ich sage des
„im inneren Bewußtsein Erscheinenden". Denn mit Recht kann man ja auch
hier von „Erscheinungen" sprechen. Die „p s y c h i s c h e n Erscheinungen" sind
nur, soweit es sich um das in der inneren W a h r n e h m u n g Angeschaute —
und nicht um etwas bloß in der Erinnerung Erscheinendes und vielleicht bloß
durch sie Vorgetäuschtes — handelt, niemals b l o ß e Erscheinungen d. h. es
existiert nicht bloß die anschauliche Vorstellung und ein darauf gebautes
Urteil sondern auch eine adäquate Wirklichkeit, während dies letztere bei den
Anschauungen von Farben, Tönen usw. nicht der Fall ist.

inhalte, ebenso wie der immanente Vorstellungsgegenstand, sich
als eine Fiktion herausstellt. Bei dem Versuche das Bewußtsein
in seinem Wie und Was zu ergründen, hätte man sich hüten
sollen, sprachliche Bilder für eine begriffliche Klärung zu nehmen,
und dies geschah, indem man dem Vorgestellten, Geurteilten usw.
eine Art Existenz oder Immanenz im Vorstellenden und
Urteilenden zusprach.

§ 95. Doch es fragt sich, wie denn das in Wahrheit zu
beschreiben sei, was Anlaß zu jenem Bilde gab. Oder anders
ausgedrückt: Wenn auch eine Subjekt-Objektsbeziehung im Sinne
einer Korrelation nicht — wie man glaubte — bei jedem Bewußtsein gegeben ist, ist nicht doch vielleicht etwas dem Verwandtes gegeben, was den Anlaß bot, an die Existenz einer
solchen Korrelation in allen Fällen zu glauben?

Darauf scheint mir im folgenden die Antwort zu liegen.
Das Vorstellen — um zunächst bei diesem stehen zu bleiben —
ist ein realer Vorgang in der Seele, an welchen sich als nichtreale Folge knüpft, daß — falls dasjenige, was man das
darin Vorgestellte nennt, existiert — die vorstellende
Seele zu ihm in eine eigentümliche Relation tritt, die sich etwa
als eine ideelle Ähnlichkeit oder Adäquatheit mit demselben bezeichnen läßt. Ich sage: die vorstellende Seele oder das Vorstellende als solches, nicht der „immanente Gegenstand der
Vorstellung". Denn dieser ist eben nicht und kann darum auch
nicht ähnlich sein. Es ist im Subjekte nur der reale Vorgang
des Vorstellens oder ein Vorstellendes als solches gegeben. Aber
ihm läßt sich unter Umständen jene ideelle Ähnlichkeit mit dem
Vorgestellten zuschreiben und mit Rücksicht darauf mag man
das Vorstellen geradezu einen Vorgang möglicher oder wirklicher ideeller Verähnlichung oder mentaler Adäquation mit
einem Objekte nennen.[1]

Ich weiß natürlich sehr wohl, daß dies keine Beschreibung
ist, die einem, der die fragliche Tatsache nicht in sich erführe,
irgend sagte, worum es sich handelt. Ideelle Ähnlichkeit heißt
ja wieder nichts anderes, als eine solche, wie sie eben zwischen

---

[1] Mit dieser Adäquation, von der wir hier sprechen, ist nicht zu verwechseln was man „Adäquatheit des Vorstellens" im Sinne des eigentlichen
gegenüber dem sog. uneigentlichen Vorstellen nennt. Wir werden darauf
zurückkommen.

der „Idee" oder dem Vorstellen einerseits und ihrem Gegenstand anderseits besteht und mentale Adäquation nichts, als eine solche, wie sie allein beim Geiste gegenüber seinen Objekten gegeben sein kann. Aber worauf es mir ankommt, ist doch, zu betonen, daß es sich — falls beide Korrelate gegeben sind — um eine solche Korrelation handelt, die, wiewohl sie durchaus nicht mit dem zusammenfällt, was man gewöhnlich Ähnlichkeit oder Gleichheit oder Übereinstimmung nennt, doch am ehesten mit diesem Namen belegt werden kann. Wenn man auch sofort hinzufügen wird und muß, daß er hier nicht im selben Sinne wie dort, sondern in einem modifizierten und nur irgendwie analogen zu verstehen ist.

§ 96. Vor allem, wenn man bei der Gleichheit im gewöhnlichen Sinne im Zweifel sein kann, ob damit etwas Positives und nicht vielmehr etwas bloß Negatives (Mangel der Verschiedenheit) gemeint sei, ob, mit Leibniz zu sprechen, Gleichheit nicht ein Grenzfall von Ungleichheit sei, so ist dies bei jener ideellen Gleichheit jedenfalls nicht der Fall. Sie ist eine positive Übereinstimmung oder Anpassung.

Ferner wenn man, um die positive Natur des Verhältnisses zu betonen, es etwa lieber Ähnlichkeit als Gleichheit nennt, so ist doch sofort hinzuzufügen, daß während die Ähnlichkeit im gewöhnlichen Sinne Grade zuläßt, dies bei der ideellen nicht oder nicht im selben Sinne der Fall ist. Gemeinüblich spricht man — wie ich an anderem Orte erörtert habe [1]) — in zwei Fällen von Ähnlichkeit, nämlich einmal da, wo eine teilweise Gleichheit von Zusammengesetztem vorliegt, und dann da, wo man es mit nahestehenden Spezies derselben Gattung zu tun hat. Und beide mal ist mit darauf Rücksicht genommen, daß die Übereinstimmung oder Verwandtschaft mindestens so groß sei, daß sie erinnernd zu wirken vermag. Allein es ist vor allem klar, daß die ideelle Ähnlichkeit nicht eine Gleichheit der Gattung bei geringer Verschiedenheit der Spezies ist — das bedarf keiner weiteren Bemerkung —; aber auch nicht eigentlich eine Gleichheit gewisser Teile oder Momente bei Verschiedenheit anderer. Die letztere ist ja, wo es sich um Reales handelt, z. B. entweder eine Gleichheit der Gattung oder eine solche der Spezies

---

[1]) IV. Congrés international de Psychologie. Paris 1901. p. 360 ff.

nach, während dergleichen bei der eigentümlichen Adäquation
zwischen dem Vorstellenden und Vorgestellten keinen Sinn hat.
Die gewöhnlich sog. Gleichheit kann auch zwischen diesem
Paare bestehen und ist dann, wenn beide Glieder real sind, auch
entweder eine solche der Gattung oder der Spezies nach, wie z. B.
wenn Vorstellendes und Vorgestelltes psychische Realitäten, vorstellende Wesen sind, ja vorstellende Wesen, die dasselbe Objekt
vorstellen usw. Sofern gilt von ihnen, wie von gleichen Figuren
oder zwei gleichen Tönen, daß sie unter denselben Begriff
fallen. Aber die ideelle Gleichheit zwischen dem Bewußtsein
und dem, wovon es ein Bewußtsein ist, besteht durchaus nicht
darin, daß beide unter denselben Begriff, sei es Gattungs-, sei
es Artbegriff, fallen. Ferner: Während Grade der Übereinstimmung, wie sie zwischen dem im gewöhnlichen Sinne ähnlich
Genannten gegeben sind, bei der ideellen Ähnlichkeit nicht vorkommen, weist diese umgekehrt eine Weise unvollständiger
Adäquation auf, die dort ausgeschlossen ist. Ich meine die
zwischen dem allgemeinen und abstrakten Gedanken und dem
konkreten und individuellen Gegenstande. Und so ist sie denn
offenkundig durch so wesentliche Züge von der gewöhnlich sog.
Übereinstimmung verschieden (und eine weitere fundamentale
Verschiedenheit werden wir noch später erwähnen), daß man sie
unweigerlich als ein Verhältnis sui generis bezeichnen muß,
welches nur um einer gewissen Analogie willen — und Analogien können ja zwischen toto genere Verschiedenem bestehen,
wie zwischen Zeitdauer und Raumstrecke und zwischen Tonhöhe
und Farbenhelligkeit usw. — passend so genannt wird.

§ 97. Immerhin besteht eine solche Analogie wirklich.
Bei aller in die Augen springenden Verschiedenheit haben die
gewöhnlich sog. und die von uns ideell genannte Gleichheit doch
auch Züge gemein, die es rechtfertigen, der letzteren eher den
Namen dieser, als irgend einer anderen Klasse von Relationen
zu geben.

Vor allem handelt es sich hier wie dort um eine begründete oder bedingte Relation und kommt es beidemal
vor, daß statt der wirklichen Korrelation unter Umständen
etwas gegeben ist, was wir eine relative Bestimmung nennen
wollen. Es wird nötig sein dies einen Augenblick zu erläutern.

Ich sprach von „begründeten oder bedingten" Relationen.

Es scheint mir nämlich, daß überhaupt die Relationen fundamental zu scheiden sind in bedingte und Bedingungsrelationen. Und damit ist natürlich gesagt, daß, wo eine solche der ersten Klasse gegeben ist, immer auch eine solche der zweiten vorliegt; aber nicht umgekehrt. Seit alter Zeit hat man bei gewissen Relationen (manche Autoren haben das Merkmal irrtümlich auf alle ausgedehnt) von einem Fundament gesprochen, auf welchem sie beruhten. Zwischen ihm und der Relation besteht das Verhältnis von Bedingung und Bedingtem, und ebendies ist durch jene Rede von dem Gegebensein eines Fundaments ausgedrückt. Dagegen können die Bedingungsrelationen nicht selbst wieder alle ein Fundament haben. Würde dies doch unausweichlich zu einem regressus in infinitum führen.[1]

Was unter dem Fundament einer Relation zu verstehen sei, hat manchmal mißverständliche Darstellungen gefunden, ist aber leicht durch Beispiele klar zu machen. Eine fundierte Relation ist z. B. die Gleichfarbigkeit. Sie beruht darauf, daß zwei oder mehreren Dingen gewisse absolute Farbenbestimmungen zukommen und wäre ohne diese letzteren, die eben darum das Fundament oder das jene Relation Fundierende heißen, nicht möglich. Ebenso ist es mit der Farbenverschiedenheit und natürlich ebenso mit allen den Relationen, welche besondere Weisen der Gleichheit und Verschiedenheit resp. größerer oder geringerer Ähnlichkeit besagen, wie: nebeneinander, nacheinander, näher, ferner, früher, später, oben, unten, größer, kleiner, so oder so gestaltet usw. usw. Hier überall liegen den Relationen absolute Bestimmungen einer gewissen Gattung zugrunde. Durch sie ist die Korrelation bedingt, und steht und fällt mit ihnen im Sein und im Denken.[2]

----

[1] Ob und wie fern Bedingungsrelationen etwa selbst wieder bedingte sein können, mag an einem anderen Orte untersucht werden. Jedenfalls gilt es nicht von allen und gibt es Bedingungsrelationen, die selbst nicht bedingt sind (vor allem eben diejenige zwischen einer bedingten Relation und ihrem Fundament), wie es anderseits bedingte gibt, die selbst nicht als Bedingungsrelationen anzusprechen sind.

[2] Man hat manchmal gesagt, es sei eine Eigentümlichkeit der Relationen der Ähnlichkeit, Gleichheit und Verschiedenheit, daß sie nicht bloß zwischen den wirklichen Gegenständen, sondern auch zwischen ihren Vorstellungen bestehen.

Doch was soll damit gesagt sein? Daß zwischen den Vorstellungsakten dieselbe Relation der Gleichheit, Verschiedenheit etc. bestehe, wie zwischen

Wer aber aus der Erfahrung einer wirklichen Korrelation den Begriff derselben gewonnen, der vermag sich auf Grund dessen auch denjenigen einer möglichen oder hypothetischen zu bilden, die bestände, wenn die Fundamente gegeben wären. Ebenso den Begriff des Beitrags, den das eine oder andere der Fundamente zur Relation, wenn sie wirklich ist, leistet, und den der Fähigkeit, eine Relation in dieser Weise mit zu bedingen und zu begründen, welche jedem der Fundamente zukommt, auch wenn die übrigen Mitbedingungen und damit die durch sie bedingte Relation nicht wirklich gegeben sind. Diese Fähigkeit

---

den Gegenständen, kann nicht gemeint sein. Gewiß weisen die Akte eine reale Verschiedenheit auf, indem sie so beschaffen sind, daß Verschiedenes durch sie vorgestellt wird und auch wieder eine solche Verwandtschaft, wenn ihre Gegenstände gleich oder ähnlich sind. Aber anderseits bestehen unter ihnen zweifellos stets auch Übereinstimmungen, die mit der Gleichheit oder Verschiedenheit des Vorgestellten nichts zu tun haben. Dagegen die Verschiedenheit, die zwischen dem Vorgestellten besteht, wenn es das eine Mal eine Farbe, das andere Mal ein Ton oder eine zeitliche Bestimmung ist, und wiederum die Übereinstimmung, welche gegeben ist zwischen zwei Gegenständen wie hierseiendes Rot und dortseiendes Rot oder Blau, ist bei den Vorstellungsakten gewiß nicht in dieser Weise vorhanden. Sie sind sicher nicht im letzteren Falle qualitativ (der Gattung oder auch der Spezies nach) gleich und ,im ersten Falle dagegen toto genere verschieden zu nennen. Nein! was man mit der Gleichheit und Verschiedenheit meinte, die ganz analog wie bei den Gegenständen, so auch bei den „Vorstellungen" gegeben sein soll, war offenbar die Gleichheit und Verschiedenheit der „immanenten Gegenstände", die ja auch manchmal „Vorstellungen" genannt werden. Und diese Lehre entfällt — eigentlich verstanden — mit der Einsicht, daß die „immanenten" Gegenstände ein fiktiver Doppelgänger der Gegenstände schlechtweg sind. Nur wenn man die Rede von der Gleichheit und Verschiedenheit, „die auch zwischen den Vorstellungen bestehe", bloß als uneigentlichen Ausdruck für einen anderen Gedanken faßt, kommt ihm Wahrheit zu. Dieser Gedanke aber ist der, daß, wenn bei begründeten Relationen, wie denen der Gleichheit und Verschiedenheit, uns die eigentliche Vorstellung der Fundamente gegeben ist, sich aus der Betrachtung derselben (also a priori) auch die Folge, die sich an das Bestehen jener Fundamente knüpft, (nämlich eben die Gleichheit oder Verschiedenheitsrelation), zu erkennen gibt. Genauer gesprochen: es ergibt sich aus der Betrachtung jener Vorstellungen, daß das ihnen Entsprechende in Wirklichkeit nicht gegeben sein kann ohne daß auch die Relation der Gleichheit oder Verschiedenheit vorhanden ist. Und es ist dies nur ein Fall desjenigen Typus apriorischer Einsichten, wonach wir einsehen, daß Korrelate nicht ohne einander bestehen können; da ja die Gleichheits- resp. Verschiedenheitsrelation und die ihr zugrunde liegenden Fundamente sich wie die Glieder einer Bedingungs- oder Begründungsrelation verhalten.

ist freilich nur ein Hypothetikum oder Negativum und als solches etwas durchaus Nichtreales.. Es ist ja damit bloß gesagt, daß, w e n n außer dem bestehenden auch die anderen Fundamente gegeben sind, eine gewisse Relation notwendig mit gegeben ist, oder mit anderen Worten, daß die Existenz des tatsächlich gegebenen Fundaments und die gewisser anderer Fundamente nicht zugleich bestehen kann, ohne daß die Relation gleichfalls Tatsache ist. Aber dieses negative oder hypothetische Prädikat kommt dem bestehenden Fundament doch in aller Wahrheit zu, auch wenn die anderen Fundamente nicht existieren, und wir wollen es (mit einem schon früher gelegentlich verwendeten Terminus) eine r e l a t i v e Bestimmung nennen.[1])

Nicht selten gibt man ihm auch ungenauerweise den Namen einer Relation, ja verwechselt es geradezu damit. Man spricht z. B. davon, daß das Porträt eines Verstorbenen diesem ähnlich sei, obwohl eine Korrelation nicht mehr besteht und bestehen kann, ja das e i n e Glied nicht mehr existiert. Man nennt eine gewisse Menge kleiner als unendlich, ohne daß man damit behaupten will, daß eine unendlich große Menge wirklich existiere usw. In allen solchen Fällen kann bloß gemeint sein, ein gewisser existierender Gegenstand sei so beschaffen, daß, wenn auch jenes andere, in Bezug auf welches wir ihm die Bestimmung der Ähnlichkeit oder des Kleinerseins u. dergl. zuschreiben, existierte, dies nicht sein könnte, ohne daß zwischen beiden die Relation der Ähnlichkeit oder des Kleinerseins bestände. Kurz: während

---

[1]) Die relativen Bestimmungen und Korrelationen (und zwar beide fundamentalen Klassen von letzteren) haben auch miteinander gemein, daß sie häufig durch sog. Kasus ausgedrückt werden. Doch soll damit nicht gesagt sein, daß umgekehrt die Kasus stets wirkliche oder mögliche Korrelationen bezeichneten. Von solchen abgesehen, die modifizierende Bedeutung haben, sind — wie wir später ausführlich zu betrachten haben werden — in semantischer Beziehung zwei Hauptklassen von Kasus zu scheiden: nämlich neben solchen, die wirklich eine Korrelation oder relative Bestimmung mit oder ohne Determination bedeuten, andere, welche eine Determination durch eine (wirkliche oder mögliche) Korrelation zur Bedeutung haben. Von letzterer Art ist z. B. die Fügung: der Hut meines Freundes; denn dies heißt ja: der Hut, welcher meinem Freunde gehört. Ein Beispiel des ersteren Falles dagegen ist: Ursache von etwas, Ähnlichkeit mit etwas; und: Ursache eines Geräusches, Ähnlichkeit mit einem Orgelton. Ein Fall, wo dem Kasus modifizierende Bedeutung zukommt, ist: Löwe des Salons, König auf dem Schachbrett, Kind des Todes usw. Mehr davon später.

das Dasein einer Korrelation resp. der begründete Glaube an sie, von der Existenz aller Fundamente und dem begründeten Glauben an sie abhängig ist, kann von dem Bestehen einer relativen Bestimmung schon gesprochen werden, auch wenn nur eines derselben existiert. Und was von der Existenz gilt, gilt natürlich auch von der berechtigten Anerkennung oder Erkenntnis. Das einsichtige Urteil über die Existenz einer relativen Bestimmung ist möglich, auch wenn nur eines der Fundamente als bestehend erkannt ist. Dagegen ist auch hier wenigstens die Vorstellung aller Termini gefordert. Ich kann nicht bloß die Korrelation zwischen zwei ähnlichen Gegenständen nicht denken ohne beide Fundamente vorzustellen sondern auch die entsprechende relative Bestimmung nicht. Und weiter: eine unendlich große Zahl brauche ich zwar nicht als existierend zu erkennen um in der Weise einer relativen Bestimmung von einer existierenden Menge zu sagen, sie sei kleiner als unendlich, aber irgendeine Vorstellung einer unendlichen Menge muß ich doch hierbei zweifellos besitzen. Sonst ist jener Gedanke unmöglich. Oder: indem ich die relative Bestimmung „ähnlich dem verstorbenen X" aussage — brauche ich zwar nicht auch an die Existenz des Verstorbenen zu glauben so wie ich, eine wirkliche Korrelation, z. B. A schlägt den B, aussagend, so gut an die Existenz des Geschlagenen wie an die des Schlagenden glauben muß; aber doch kann ich jene relative Bestimmung nicht denken ohne dasjenige, worauf sie zielt, wenigstens mit vorzustellen.

Und darin vornehmlich, daß der Gedanke der relativen Bestimmung, so gut wie der der wirklichen Korrelation nicht möglich ist ohne die Vorstellung aller Glieder, liegt der Anlaß dazu, beides zu verwechseln und die relative Bestimmung nicht bloß eine Relation zu nennen, sondern sie geradezu dafür zu nehmen und damit zu verwechseln.

Soviel einstweilen von den Relationen und relativen Bestimmungen überhaupt. Worauf es uns hier ankommt, ist nun aber, daß all das, was wir eben von den begründeten oder bedingten Relationen und den offenkundigsten Beispielen für sie (wie der gewöhnlich so genannten Gleichheit, Verschiedenheit und Ähnlichkeit) sagten, auch von jener eigentümlichen Relation gilt, die wir den oben erwähnten als entfernt verwandt bezeichneten und um dieser Verwandtschaft willen gleichfalls

Ähnlichkeit oder Übereinstimmung nannten, wenn auch mit dem modifizierenden Beisatz: ideell oder mental. Soweit bei unseren Bewußtseinszuständen z. B. beim Vorstellen, das uns hier zunächst angeht, eine Relation im Spiele ist, ist es zweifellos eine bedingte oder begründete. Sie ist vor allem begründet in einem gewissen realen Vorgang in der Seele, der ein anderer ist, wenn ich Rot, ein anderer, wenn ich Blau oder einen Ton vorstelle. An diese seelische Veränderung knüpft sich — wie schon früher bemerkt — als nichtreale Folge, daß der Vorstellende, sei es wirklich, sei es möglicherweise, in eigentümlicher Weise konform oder ähnlich wird dem sog. Objekt, z. B. dem Rot oder Blau, einer Farbe oder einem Ton; wirklich konform, wenn Rot oder Blau usw. existiert, bloß möglicherweise oder hypothetisch, falls es nicht existiert. In diesem Sinne kann man das Vorstellen eine mögliche oder wirkliche ideelle Verähnlichung oder Adäquation an etwas bezeichnen, was wir dessen Objekt nennen. Existiert das Objekt, so besteht jene Ähnlichkeit im Sinne einer wirklichen Korrelation; existiert es nicht, so besteht sie bloß im Sinne einer relativen Bestimmung. Daß man auch hier eine Korrelation gegeben glaubte, war — wie wir schon früher betonten — mit ein Anlaß zur Fiktion des sog. immanenten Gegenstands. Der Schein entfällt, wenn man auf den oben ausgeführten Unterschied von Korrelation und relativer Bestimmung achtet.

§ 98. So hat denn das eigentümliche Verhältnis des Bewußtseins zu seinem Gegenstand (resp. Inhalt) wesentliche Züge mit demjenigen der gewöhnlich sog. Ähnlichkeit oder Übereinstimmung gemein. Beidemal handelt es sich um eine begründete Relation und beidemal treffen wir neben der Korrelation auch eine bloße relative Bestimmung. Doch wollen wir nicht versäumen, sogleich hinzuzufügen, daß die Weise, wie die Fundamentierung da und dort gegeben ist, bemerkenswerte Unterschiede aufweist. Während bei der gewöhnlich sog. Ähnlichkeit die Fundamente einander völlig ebenbürtig sind, sind sie es hier nicht, und zwar fehlt die Ebenbürtigkeit in doppelter Weise. Dem Subjektsglied kommt sowohl für das Sein als für das Erkennen der Korrelativa eine eigentümlich dominierende Rolle zu.

Bleiben wir zuerst beim Erkennen stehen. Die Erkenntnis der gewöhnlich sog. Gleichheit oder Ahnlichkeit gewinnen wir durch Vergleichung in dem Sinne, daß erst beide Fundamente erkannt und dann durch Zusammenhalt die zwischen ihnen bestehende Relation erfaßt wird. Zwar die Erkenntnis der Korrelate als solche ist überall eine. Aber wo die Korrelation durch Vergleich erkannt wird, da muß es möglich sein, daß die Fundamente derselben jedes für sich Gegenstand der Erkenntnis sein können. Bei der ideellen Adäquation zwischen dem Bewußtsein und seinem Inhalt ist dies unmöglich. Müßte uns doch sonst der letztere irgendwie unabhängig vom Bewußtsein bekannt sein, was natürlich ausgeschlossen ist. Es ist eine Eigentümlichkeit der ideellen Adäquation, daß sie nur erkannt wird, indem unter Umständen in und mit der Erkenntnis des einen Fundaments (nämlich des Bewußtseins) auch das andere und die Adäquation beider Glieder erfaßt wird. Es sind dies auf dem Gebiete des Urteils die Fälle der Evidenz (wo sich die Wahrheit des Inhalts und — wenn es sich um ein affirmatives Urteil handelt — zugleich mit jener auch die Adäquation des Objekts mit der dem Urteile zugrunde liegenden Vorstellung kundgibt), und auf dem Gebiete des Interesses die Fälle der als richtig charakterisierten Akte. Infolgedessen gibt es für uns, wie schon einmal angedeutet, keine Erkenntnis eines Fremden außer in und mit der Erkenntnis von etwas Eigenem, und eine dagegen gerichtete Form des Objektivismus oder Apsychologismus wäre nur geeignet diesen Standpunkt zu diskreditieren.

Aber auch zum Sein der ideellen Adäquation tragen beide Fundamente nicht in gleicher, sondern das Bewußtseinsglied in eigentümlich präpotenter Weise bei, indem es seiner Natur nach eine mögliche ideelle Verähnlichung mit etwas anderem als es selbst ist, während dies vom Gegenstand nicht oder nicht in dieser Weise gilt.

Es ist dies auch im gewissen Sinne der Fall, wenn der vom Bewußtsein verschiedene Gegenstand selbst ein psychisches Phänomen ist, wie z. B. wenn fremdes psychisches Leben Gegenstand meines Vorstellens ist. Dieses ist dann zwar selbst seiner Natur nach ein Akt ideeller Verähnlichung mit etwas, aber nicht einer Verähnlichung mit mir, dessen Objekt es ist, sondern mit seinem eigenen Objekt, dem es als Subjektsglied gegenübersteht. Kurz: das Objekt, sofern es nicht etwa selbst zugleich Subjekt ist, ist seiner Natur nach nicht etwas wie ein Akt der Verähnlichung. Existiert z. B. ein Atom, so ist es möglicherweise ein Vorgestelltes. Aber ich kann den Begriff des Atoms denken, ohne diese relative Bestimmung, daß es möglicherweise Gegenstand einer Vorstellung ist, zu denken; denn dies liegt nicht in dem Begriff der Realität, die ich ein Atom nenne. Anders beim Vorstellenden als solchen. Zum Begriffe dieses realen Vorgangs als solchen gehört es „ein Objekt zu haben" d. h. ich kann diesen Begriff nicht denken, ohne außer dem Realen, das zu ihm gehört, die (nichtreale) relative Bestimmung einer möglichen ideellen Ähnlichkeit mit etwas zu denken.

§ 99. Es ist eine altbekannte, beliebte Redeweise zu sagen, das Ähnliche sei der Ähnlichkeit nach enthalten in dem ihm Ähnlichen, z. B. im Porträt lebe oder wohne das Original, im Spiegelbild das Gespiegelte u. dergl., weshalb man dem einen auch geradezu den Namen des anderen gibt. In diesem bildlichen Sinne mag man nun auch sagen, das Vorgestellte sei im Vorstellenden und mag man die Rede von einer mentalen oder immanenten Existenz des Objekts im Geiste des Denkenden als ein Bild der inneren Sprachform gebrauchen für die Tatsache jener ideellen Ähnlichkeit des Denkenden mit seinem Objekte, die gegeben ist, so oft dasselbe existiert. Daß man aber nur von einer Existenz des Gedachten im Denkenden zu sprechen liebt und nicht auch umgekehrt, dies wird sehr wohl verständlich eben aus der dominierenden Stellung der Subjektsgliedschaft in dieser Korrelation, indem es an deren eigener Natur und nicht an der Beschaffenheit des Objektsgliedes liegt, daß es hier nicht bloß zu irgend einer Gleichheit im gewöhnlichen Sinne sondern gerade zu jener ideellen Adäquation kommt.

Man spricht auch davon, daß das Gewirkte im Wirkenden sei (virtuell oder der Kraft nach), aber hier ebenso umgekehrt, daß das Wirkende im Gewirkten sei (dem Erfolge nach); weil nichts Derartiges wie eine solche Unebenbürtigkeit der Fundamente vorliegt, gleich der im Falle der Bewußtseinsrelation gegebenen.

Genug. Es gibt, wie man sieht, wohl einen Sinn, demgemäß man von einer mentalen Inexistenz der Gegenstände unseres Bewußtseins reden kann. Aber dafür ist diese Ausdrucksweise eben nur ein Bild. Was wirklich existiert, ist nicht

ein uns innewohnender, eigentümlich modifizierter, Doppelgänger
des wirklichen Objekts sondern nur der reale psychische Vorgang, an den sich als Folge unter Umständen die Korrelation
einer ideellen Ähnlichkeit mit etwas anderem, unabhängig von
diesem Vorgang Existierenden, knüpft, unter anderen Umständen
aber auch bloß eine dieser Korrelation verwandte relative Bestimmung. Wie auch in anderen Fällen fiktiver innerer Sprachformen muß man also, um das „ist" bei der Rede vom „immanenten Gegenstand" zur Wahrheit zu machen, eine Übersetzung vornehmen und an Stelle dieses scheinbaren Namens
einen wahrhaften, d. h. eine Bezeichnung, die ernstlich gemeint
sein kann und ist, setzen. In diesem Sinne, aber auch nur in
diesem, kann von einer „Pseudoexistenz" des immanenten Gegenstands die Rede sein. Es ist nicht eine andere Weise der
Existenz, sondern nur eine andere Weise sprachlicher Auffassung,
um die es sich berechtigterweise handeln kann. „Ein Gegenstand
ist als vorgestellt in mir" oder „mir immanent" heißt: es existiert
ein diesen Gegenstand Vorstellendes d. h. ein ihm, w e n n er
existiert, ideell Verähnlichtes.

So scheint mir denn in der Annahme, daß der Vorstellende
durch diesen reellen Vorgang, soviel an ihm liegt, etwas anderem
(dem sog. Objekt) ideell konform wird, der wahre Kern der
Rede von einem immanenten Gegenstand zu liegen, und bei
dieser Fassung der Tatsache entfallen alle Schwierigkeiten, die
sich sonst erheben.

Es entfällt insbesondere auch die Schwierigkeit bezüglich
des Gedankens an Allgemeines. Ein Universale kann so wenig
mental existieren als real, wenn damit überhaupt ein wahres
Sein, d. h. ein mit Recht Anerkanntwerdenkönnen, desselben gemeint ist. Jede Hypostasierung eines in sich Unbestimmten ist
widerspruchsvoll, eine immanente so gut wie eine transzendente.
Und wenn es einen immanenten Gegenstand gibt, ist darum,
was in Wirklichkeit nicht trennbar ist, dies auch in Gedanken
nicht. Anders wenn der allgemeine Gedanke nichts anderes ist
als eine unbestimmte Verähnlichung mit vielem, wenn also mit
seiner Anerkennung nur die Existenz eines Vorstellenden behauptet ist, welches — soviel an ihm liegt — unzählig vielen
Individuen oder Konkreta in derselben Weise konform ist.
Es kann sehr wohl im Wesen der ideellen Verähnlichung liegen,
daß sie auch in solcher Unbestimmtheit und Unvollständigkeit

möglich ist und dies ist überhaupt das einzige, woraus die Tatsache der Abstraktion begreiflich wird.

§ 100. Wir sagten, manchmal knüpfe sich an das Vorstellen
die ideelle Ähnlichkeit mit etwas bloß im Sinne einer relativen
Bestimmung. Dies ist, wie oben wieder angedeutet wurde,
der Fall, so oft das Vorgestellte nicht existiert. Dann ist es
auch eine „Objektsbeziehung" nicht im Sinne einer Korrelation,
sondern nur im Sinne einer relativen Bestimmung. Das eine oder
andere aber ist bei jeder Vorstellung gegeben und wenn
Meinong („Über Annahmen" S. 111) lehrt, die urteilsfreie Vorstellung enthalte nichts von einem Gerichtetsein auf
einen Gegenstand, sie sei an sich immer nur potentiell nicht
aktuell gegenständlich, so müssen wir fragen, was damit gesagt
sein soll. Ist gemeint, beim bloßen Vorstellen fehle stets ein
entsprechender Gegenstand? Darauf müßte ich — wie schon
oben bemerkt — erwidern, daß dies durchaus nicht immer der
Fall ist. Bei der Vorstellung, die dem richtigen affirmativen
Urteil zugrunde liegen kann, fehlt er nicht und kann er nicht
fehlen. Es ist ja eine unerläßliche Bedingung für die Richtigkeit
dieses Urteils, daß der ihm zugrunde liegenden Vorstellung ein
Gegenstand entspreche.[1]) Andererseits fehlt auch vielfach beim
Urteil (und bei der „Annahme") der wirkliche Gegenstand.
So bei jeder falschen Affirmation. Darin kann somit die
„aktuelle Gegenständlichkeit" unmöglich liegen, die bei Urteil
und „Annahme" stets gegeben sein, beim bloßen Vorstellen dagegen stets fehlen soll.

Ist also vielleicht gemeint: daß das Vorstellen kein Bewußtsein von einem Gegenstand sei im Sinne eines Bewußtseins
von Sein resp. Nichtsein desselben? Das ist nach unseren

---

[1]) Und der Gegenstand kann gegeben sein, ohne daß ich urteile, er
sei gegeben. Daß von dem Entsprechendsein oder der Adäquation von Vorstellung und Gegenstand in diesem Sinne, wie sie Bedingung für die Richtigkeit des superponierten affirmativen Urteils ist und ihr Mangel dessen Unrichtigkeit zur Folge hat, wohl zu scheiden ist, was man Adäquatheit des
Vorstellens genannt hat im Sinne des eigentlichen gegenüber dem uneigentlichen Vorstellen und was — wie wir später sehen werden — verschiedene Grade zuläßt, haben wir schon einmal berührt. Dies ist etwas
anderes als jene Objektivität der Vorstellung, mit der die Richtigkeit des
eventuell darauf gegründeten affirmativen Urteils steht und fällt.

früheren Ausführungen selbstverständlich. Es ist aber damit auch
gar nichts weiter gesagt, als daß das Vorstellen kein Anerkennen
und Verwerfen sei. Von diesem urteilenden Verhalten und nur
von ihm kann man — wir kommen darauf zurück — sagen, es sei
seinem Wesen nach eine wirkliche oder mögliche ideelle Adäquation
mit dem Sein resp. Nichtsein eines Gegenstands. Das bloße
Vorstellen ist kein Bewußtsein vom Sein des Gegenstands und
wie es dies nicht (d. h. nicht Anerkennen des Gegenstands) ist,
so auch kein evidentes Anerkennen desselben, und in diesem
Sinne kein Wissen um ihn. Nur indem sich zum bloßen Vorstellen noch eine andere Weise des Bewußtseins, nämlich ein
Urteil gesellt, kommt es unter Umständen zu einer aktuellen
Gegenständlichkeit in dem Sinne, daß sich das Dasein eines der
Vorstellung entsprechenden Gegenstands uns kundgibt. Denn dies
geschieht nur, indem die Richtigkeit jenes Urteils sich uns
offenbart, von der wir sagten, daß sie mit der Adäquation der
zugrunde liegenden Vorstellung zu ihrem Gegenstand stehe und
falle. Auf die Evidenz des Urteilens geht hier alles zurück.
Aber da nicht jedes Urteil evident ist, so ist auch hier wieder
klar, daß, wenn „die aktuelle Gegenständlichkeit", von der
Meinong spricht, in jenem evidenten Wissen um den Gegenstand bestände, sie auch nicht bei allen Urteilen (geschweige
denn bei den „Annahmen") gegeben wäre.

Und was bleibt nun noch als möglicher Sinn für die vielberufene aktuelle Gegenständlichkeit, die dem Vorstellen fehlen
soll? Ich sehe nur das Eine, daß jemand sagen wollte: das bloße
Vorstellen sei überhaupt kein aktuelles Bewußtsein. Aber
Meinong kann dies nicht im Sinn haben, da er es ja anderwärts selbst als eine Grundklasse psychischer Beziehungsweise
neben dem Urteilen (und „Annehmen") und neben Fühlen und
Begehren hinstellt, und damit ist es doch als eine mögliche, besondere Form eines aktuellen Bewußtseins anerkannt. So ist
auch dieser Ausweg versperrt. Kurz: will einer nicht gelten
lassen, daß es etwas anderes sei, „einen Gegenstand haben" d. h.
überhaupt ein Bewußtsein sein, und etwas ganz anderes, einem
wirklichen Gegenstand adäquat, oder gar ein evidentes
Wissen um diesen Gegenstand sein, dann müßte er nicht bloß
dem Vorstellen, sondern auch allen „Annahmen" und vielen
Urteilen die Gegenständlichkeit absprechen. Erkennt man dagegen jenen Unterschied an — und er ist, wie wir sagten, nur

ein besonderer Fall des Unterschieds einer bloßen relativen Bestimmung und einer Korrelation — dann besteht nicht der geringste Grund, dem Vorstellen nicht „aktuelle Gegenständlichkeit" zuzusprechen;[1] nur ist es eben eine besondere Weise der Gegenständlichkeit, die fundamentalste von allen. Und wäre dies nicht, mit welchem Recht würde Meinong — ich habe es schon vorhin bemerkt — ebenso wie wir, vom Vorstellen als von einer besonderen Grundklasse psychischer Beziehungsweise sprechen? Jede Rede von einem „Gerichtetsein" des Bewußtseins auf den Gegenstand (oder von einer auf diesen gerichteten „Intention" des Aktes), die über das hinausgeht, was wir eben erörtert haben, muß ich als mystisch und fiktiv zurückweisen; ebenso wie den besonderen Sinn von Aktivität, der nach Meinong (und Höfler) den Vorstellungen fehlen soll, während er angeblich den Urteilen und Annahmen zukomme.

Andere haben nicht vom Vorstellen überhaupt, wohl aber von den Anschauungen geleugnet, daß sie ein Objektsbewußtsein seien. Demgegenüber sei ohne weiteres zugegeben, daß die Anschauungen durchaus nicht immer Objektsbeziehungen im Sinne von Korrelationen, sondern oft nur im Sinne von relativen Bestimmungen sind. Dies gilt insgesamt von unseren Sinnesanschauungen, den Empfindungen von Farben, Tönen, wenigstens in Hinsicht auf ihr primäres Objekt. (Und eben dies ist der berechtigte Sinn der Rede, daß die empfundenen Farben, Töne usw. bloß empfunden oder bloße Erscheinungen seien, und daß wir die äußere Wirklichkeit nur begrifflich zu erfassen vermögen.) Anders, sofern die Empfindung παρέργῳ zugleich auf sich selbst gerichtet ist und es sich überhaupt um Vorstellungen der inneren Erfahrung handelt. Von ihnen gilt im strengen Sinne einer Korrelation, daß sie ein Objekt haben. In allen Fällen aber kommt dem Vorstellen ein solches wenigstens im Sinn einer relativen Bestimmung zu, und das ist ja sehr häufig auch alles, was von den begrifflichen Gedanken, die durchaus nicht immer ein Objektsbewußtsein im Sinne einer Korrelation sind, zu sagen ist.[2]

---

[1] Auch in diesem Umstand, daß angeblich den bloßen Vorstellungen die aktuelle Gegenständlichkeit fehle, will Meinong einen Anlaß sehen, seine „Annahmen" zu statuieren. Wie der Leser sieht, zeigt sich wieder, daß sie, was von ihnen verlangt wird, entweder nicht leisten können oder nicht zu leisten brauchen. Sie sind hier wie überall überflüssig und nutzlos.

[2] Anderseits aber kann ich auch nicht beistimmen, wenn man umge-

Wenn man also gleichwohl nur von diesen sagen wollte, daß sie objektivierend seien oder Objekte konstituieren oder dergl. und dies den Anschauungen abspräche, so könnte dies nur sein, indem man mit dem Begriffe des „Objekts" und des „auf ein Objektgerichtetseins" eine besondere engere Fassung verbände. Versteht man nämlich darunter nur solche Objekte oder Gegenstände, von denen wir zueinander sprechen können, mit anderen Worten, solche, die einen Namen in der Sprache besitzen, dann haben die Anschauungen kein Objekt. Denn — wie wir schon früher betonten — Anschauungen im strengen Sinne sind nicht durch Sprache und Worte mitteilbar.

Ferner: wenn man unter Gegenständen speziell solche der sog. äußeren Erfahrung versteht und unter dem Bewußtsein von ihnen ein Erkennen, d. h. ein evidentes Erfassen derselben, so ist sicher, daß dies nur Sache des „Denkens" oder „des geistigen Auges" ist.

Endlich, wenn man unter Gegenstandsbewußtsein speziell den Begriff eines Gegenstands als solchen meint, entsteht auch dieses nur durch das begriffliche Denken und ist nicht Sache der Anschauung. Zu diesem reflexen Begriff gehört ja auch die ausdrückliche Unterscheidung des Objekts vom Subjekt, was zum simplen Anschauen eines anschaulichen oder Denken eines begrifflich aufgefaßten Gegenstands nicht gehört.

Gegenüber solchen engeren Bedeutungen vom Gegenstandsbewußtsein, wo ein reflexer Begriff oder wenigstens ein begriffliches Denken überhaupt damit gemeint ist, gibt es aber eine allgemeinste, und sie ist durch etwas erfüllt, was auch bei der simpelsten anschaulichen Vorstellung schon gegeben ist.

---

kehrt die Objekte unserer begrifflichen Gedanken gewissermaßen herabdrückt, indem man sie als bloße „Gedankendinge" hinstellt. Der Ausdruck ist vieldeutig und mißverständlich. Mit „Gedankending" kann eine Fiktion gemeint sein, also etwas, was gar nicht ist, sondern wo eben bloß dem betreffenden Gedanken Existenz zukommt. „Gedankending" kann aber auch etwas Erschlossenes im Gegensatz zum unmittelbar Wahrgenommenen und überhaupt das Objekt eines begrifflichen Gedankens im Gegensatz zu dem einer Anschauung heißen. Und dabei kann das Urteil, es sei, ganz ebenso einsichtig und wohl berechtigt sein, wie wenn es sich einerseits um eine unmittelbar sichere Tatsache und andererseits um den Gegenstand einer Anschauung handelt. Nicht bloß das ist in aller Wahrheit und ist real, was unmittelbar und anschaulich als solches erfaßt wird; sonst blieben wir unweigerlich im extremen Solipsismus befangen.

§ 101. Wir fanden den wahren Sinn der Lehre, daß jedes Vorstellen (resp. Bewußtsein überhaupt) eine Objektsbeziehung sei, darin, daß jedes eine wirkliche oder mögliche ideele Verähnlichung mit etwas (was eben das Objekt genannt wird) sei.

Allein auch was speziell das Vorstellen betrifft, um von den anderen Bewußtseinsformen noch abzusehen), so ist in neuerer Zeit, wenigstens bezüglich der begrifflichen Vorstellungen, behauptet worden, daß sie durchaus nicht im Sinne einer Ähnlichkeit oder Übereinstimmung das seien, was sie vorstellen oder „meinen". So hat W. James in seinen Principles of Psychology wenigstens von den begrifflichen Gedanken[1]) betont, *daß sie nicht sind, was sie vorstellen oder meinen*, und damit scheint gesagt, daß auch das eine Täuschung wäre, was wir oben als wahren Kern der alten Lehre von einem immanenten Gegenstande ausführten.[2])

Allein, wenn es bei den abstrakten Gedanken ausgeschlossen wäre, daß sie in gewissem Sinne das Gedachte abbilden und ihm konform sind, müßte es meines Erachtens auch von den

---

[1]) Ob James auch heute noch begriffliche Gedanken neben den konkreten und anschaulichen anerkennt, ist mir zweifelhaft. Lehrt er doch jetzt (vgl. die Akten des Internationalen Psychologenkongresses in Rom 1905) eine gewisse Identität von Physischem und Psychischem, durch Identifizierung der psychischen Akte und ihrer physischen Inhalte. Um aber diese Lehre zu halten, müßte er konsequent dazu fortgehen, alle psychischen Zustände als Empfindungen (d. h. Anschauungen von Physischem) zu fassen. Und wenn Empfindung und Empfundenes (Farbe, Räumlichkeit) identisch wären, wäre natürlich noch mehr als die ideelle Übereinstimmung zwischen ihnen gegeben, von der wir sprechen.

[2]) Wenn dagegen Meinong sagt, es fehle — soviel er sehe — zurzeit jeder Anhaltspunkt dafür, zwischen den realen Momenten am Vorstellen (was er — vom üblichen Sprachgebrauch abweichend — „Inhalt der Vorstellung" nennt) und der ihm zugeordneten Wirklichkeit Ähnlichkeiten oder Unähnlichkeiten anzunehmen (Über Annahmen, S. 126.), so ist dies offenbar nicht semantizistisch gemeint. Er leugnet bloß, daß zwischen jenen Gliedern eine Ähnlichkeit oder Gleichheit im gewöhnlichen Sinne zu bestehen brauche, damit die Vorstellung einer Wirklichkeit (oder Quasiwirklichkeit) adäquat heißen könne, oder damit — wie er sich dort auch ausdrückt — zwischen dem immanenten Gegenstand der Vorstellung und der Wirklichkeit eine Übereinstimmung bestehe. Seine (ebenda S. 128, Anmerkung) vorgetragene Lehre, daß in den Fällen eines bloß immanenten Objektes der Gegenstand als der Vorstellung adäquat zu bezeichnen sei (während bei der affirmativen Erkenntnis die Vorstellung dem Gegenstand adäquat heiße), wollen wir hier nicht näher erörtern.

konkreten Anschauungen gelten, und wir ständen also vor
einem extremen Nominalismus oder Semantizismus, der die Vorstellungen insgesamt zu etwas machte, was dem Vorgestellten
in keiner Weise ähnlich oder konform sondern ein bloß unähn-
liches und in diesem Sinne willkürliches Zeichen desselben wäre.
Und eine solche Lehre scheint mir — konsequent festgehalten —
überhaupt jede Möglichkeit einer Erkenntnis des Wirklichen zu
zerstören.

Wohl hat es einen Sinn zu sagen, es seien z. B. die Farben-
empfindungen nicht etwas Wirklichem konform; mit anderen
Worten, was in Wirklichkeit existiert, seien nicht Farben sondern
Schwingungen oder etwas, was gewisse den Schwingungen analoge
Gegensätze aufweist, und dafür seien die Farbenempfindungen
nur Zeichen, die dem Bezeichneten unähnlich sind. Allein wie
doch, wenn einer auch das wieder leugnete, daß in Wirklichkeit etwas wie Farbenempfindungen existieren, mit anderen
Worten leugnete, daß unsere im inneren Bewußtsein gegebenen
Vorstellungen von Farbenempfindungen ihrem Gegenstand konform seien? Und wenn er ferner auch das leugnen würde, daß
irgend etwas existiere, was der Vorstellung von Schwingungen
oder der Vorstellung von jenem allgemeinen Zuge der Gegensätz-
lichkeit, wie er bei Berg und Tal einer Welle gegeben ist, entspräche? Könnte man dann noch überhaupt davon reden, daß wir
physikalische Erkenntnisse besitzen? Ja, wenn unsere Gedanken
in keinem Sinne der Wirklichkeit ähnlich wären, könnte man
dann auch nur davon sprechen, daß sie Zeichen derselben seien?
Damit auch nur dies der Fall sei, muß zum mindesten doch in
Wirklichkeit etwas gegeben sein wie Vorstellungen und etwas
wie ein Zeichensein derselben für etwas anderes, d. h. eine
Möglickeit, aus dem Dasein des Einen richtig das Dasein des
Anderen zu entnehmen. Also sind dann doch wenigstens diese betreffenden Vorstellungen solche, denen in Wirklichkeit etwas
adäquat ist, und wenn es nicht überhaupt unsinnig ist, daß irgendwelche und speziell diese Vorstellungen irgendwie das sind, was
sie vorstellen, warum soll es nicht auch noch in anderen Fällen
möglich sein? Und wie schon bemerkt, hat es nur in dem Falle
einen Sinn zu behaupten, wir erkännten, daß, zwar nicht
merklich ausgedehnte farbige Körper, wohl aber unsichtbar
kleine Atome, daß zwar nicht Töne, wohl aber Luftschwingungen
existieren usw. Sonst wäre auch dies sinnlos; denn wir wüßten so

wenig, daß in Wirklichkeit etwas existiert, was den einen als etwas, das den anderen Namen wahrhaft verdient. Will man einer solchen, alle Möglichkeit einer Erkenntnis zerstörenden, Skepsis entrinnen, so wird man nicht umhin können, zuzugeben, daß die Vorstellungen unter Umständen dem Vorgestellten adäquat sind. [1])

§ 102. Ja ich glaube, man kann unbedenklich sagen, es gehöre zum Wesen j e d e r psychischen oder Bewußtseinstätigkeit, ein Vorgang zu sein, der zur Folge hat, daß dadurch das psychisch Tätige p r i m ä r etwas anderem als es selbst i d e e l l k o n f o r m wird. [2]) In diesem Verstande ist jedes Be-

---

[1]) Und wer den Kampf gegen die Fiktion von einem immanenten Objekt verflicht oder identifiziert mit der Lehre, daß das Vorstellen dem Vorgestellten überhaupt nicht ähnlich oder konform sondern ein bloßes „Meinen" desselben sei, der schafft dadurch jener berechtigten Opposition einen im Interesse des Sieges der Wahrheit unerwünschten Eintrag.

[2]) S e k u n d ä r auch mit sich selbst, im sog. inneren Bewußtsein. Ob ein primäres Bewußtsein ohne ein sekundäres tatsächlich vorkomme, oder ob ein solches zwar an und für sich möglich wäre, aber keine Gründe dafür sprechen, bei uns ein in diesem Sinne „unbewußtes Bewußtsein" als tatsächlich zu statuieren, oder ob primäres und sekundäres Bewußtsein innerlich unzertrennlich seien, darüber gehen die Meinungen bekanntlich auseinander. Ich neige dazu, die letztere Ansicht für begründet zu halten.

Wer ein unbewußtes Bewußtsein annimmt, den möchte ich u. a. fragen, ob nach ihm auch ein e v i d e n t e s Urteil gegeben sein könne, von dem wir kein Bewußtsein haben? Das erscheint wohl jedermann unmöglich; heißt doch „evident" ein Urteil eben dann, wenn es sich dem Urteilenden als richtig kundgibt, und es kann ihm unmöglich als richtig kund werden, ohne ihm ü b e r h a u p t kund zu werden. Wenn nun bloß evidente Akte sich uns im inneren Bewußtsein zeigten, so könnte man denken, hier sei zwischen dem Akte und dem urteilenden Subjekte ein b e s o n d e r e s Verhältnis gegeben, in welchem es begründet sei, daß mit dem primären Bewußtsein (z. B. dem Urteil, daß 1 + 1 = 2 ist) notwendig ein sekundäres (ein Selbstbewußtsein) auftritt. Allein die Erfahrung zeigt, daß auch ein blindes Verhalten wie z. B. der Glaube, daß Muhammed ein Apostel Gottes sei, von einem Selbstbewußtsein begleitet sein kann. Das eigentümliche Verhältnis des Aktes zum Subjekte, worin das Mitgegebensein des sekundären Bewußtseins wurzelt, kann also auch hier vorhanden sein, und so liegt es sehr nahe anzunehmen, daß es überhaupt bei jedem Akte eines primären Bewußtseins vorliege, und darum auch notwendig mit jedem ein sekundäres Bewußtsein verbunden sei. So möchte es in der Natur des Bewußtseins als einer ideellen Verähnlichung mit etwas liegen, nebenbei ein Bewußtsein von sich selbst zu sein.

Doch ist offenbar ein sekundäres Bewußtsein nur im Sinne einer inneren A n s c h a u u n g und des evidenten Erfassens ihrer Adäquation mit dem Gegen-

wußtsein eine Beziehung des Ich zu einem Objekte, und wäre dies nicht, so hätte es überhaupt keinen Sinn, von einer Bewußtseinsbeziehung zu sprechen. Nur meine ich, indem ich sage, es gehöre zum Begriffe des Bewußtseins: ein Objekt zu haben und dies sei eine mögliche Verähnlichung mit etwas, damit nicht, „ein Objekt haben" heiße, den oben entwickelten durch Reflexion gewonnenen Begriff einer ideellen Ähnlichkeit mit etwas denken. Schon wiederholt haben wir ja betont, daß es etwas ganz Verschiedenes ist, eine gewisse psychische Tätigkeit zu üben (und auch: sie in concreto in sich wahrzunehmen) und sich in abstracto bewußt zu sein, was dabei geschieht, mit anderen Worten ein begriffliches Bewußtsein von dem zu haben, was man tut.

Aber — dieses Mißverständnis ausgeschlossen — bleibe ich dabei, daß jedes Bewußtsein eine mögliche oder wirkliche Konformität des Ich zu etwas anderem ist, und in der Weise jener Konformität mit etwas anderem, die jeder physischen Tätigkeit

stand, untrennbar an jedes primäre Bewußtsein geknüpft. Dagegen sind die Komperzeption der mit unseren psychischen Erlebnissen verbundenen Verhältnisse (ausgenommen eben jenes Verhältnis der Adäquation mit der inneren Anschauung) sowie die auf die Vorgänge bezüglichen Imperzeptionen an besondere Bedingungen geknüpft. Weshalb sie in einem Falle auftreten, im anderen ausbleiben. Was uns innerlich erscheint, weist ja mannigfache Teilverhältnisse und solche der Gleichheit und Verschiedenheit auf. Es gehört gewissen Gattungen und Spezies an usw. Aber die Imperzeptionen und Komperzeptionen, durch welche uns dies alles zu besonderem Bewußtsein kommt, scheinen nicht παρέργῳ im selben Akte wie das primäre Bewußtsein, auf welches sie sich beziehen, gegeben zu sein, vielmehr besonderen, wenn auch innig mit jenem verknüpften Akten anzugehören, und dann erklärt sich, warum dieses Partialvorstellen und -Beurteilen des gegenwärtigen psychischen Gesamtzustandes das eine Mal fehlt, ein anderes Mal sich einstellt, während dies sonst nicht begreiflich wäre.

Versteht man unter „Apperzipieren" nicht bloß jenes Imperzipieren und das Komperzipieren von Teilverhältnissen (also ein bloßes Bemerken), sondern ein Deuten (vergleichendes Klassifizieren) der psychischen Vorgänge und ihrer Inhalte, dann gehört es nicht bloß nicht zum selben Akte wie das Apperzipierte, sondern es sind dazu vielfach Erinnerungen an früher Erfahrenes, Induktionen, ja auch Deduktionen nötig, und darum kann das Apperzipieren unserer psychischen Erlebnisse in diesem Sinne nicht bloß ausbleiben (während die einfache Perzepztion nie fehlt), sondern es unterliegt mannigfachen Täuschungen und Irrtümern. In diesem Sinne zu sagen, was ein gewisses inneres Erlebnis sei, ist so wenig Sache der evidenten inneren Perzeption als zu sagen, daß dieses Weiße Papier sei, als Sache des Gesichtssinnes bezeichnet werden kann.

wesentlich ist, liegt auch der Gesichtspunkt der fundamentalen Scheidung derselben in die Klassen des Vorstellens, Urteilens und Interesses, für die wir früher eingetreten sind.[1]) Während das Vorstellen wesentlich eine Adäquation mit den Unterschieden des Was eines Objektes ist, ist das Urteilen eine Konformation zu dessen Sein oder Nichtsein, resp. Dies- oder Jenessein und Notwendigkeit oder Unmöglichkeit, kurz mit dem, was wir den Urteilsinhalt genannt haben, das Interesse aber zu etwas, was wir in analoger Weise seinen Inhalt nennen können: nämlich,

— — —

[1]) Und wer eine andere gibt, hat meines Erachtens ihre Berechtigung zu begründen, indem er außer der von uns statuierten eine fundamental neue Weise der Adäquation und einen dementsprechenden objektiven Inhalt des Bewußtseins aufzeigt. Wenn nicht von vornherein und ein für allemal auf die Objektivität unseres psychischen Verhaltens verzichtet sein soll. Aber auch wenn es sich dann um die besonderen Differenzen innerhalb jeder dieser fundamentalen Verhaltungsweisen handelt, ist durch den obigen Begriff des Bewußtseins für die Statuierung objektiver Modi der Maßstab und die Richtschnur gegeben. Wenn irgendetwas, so scheint mir die Verkennung dieser Richtschnur den Namen eines verkehrten Psychologismus zu verdienen. Denn jede Möglichkeit der Begründung eines logischen Sollens gegenüber einem bloßen psychologischen Müssen, eines „Richtig" gegenüber einem bloß Tatsächlich, scheint mir damit aufgegeben.

Wenn z. B. Kant davon spricht, daß der Raum eine notwendige „Form" unseres Vorstellens (speziell des äußeren Sinnes) sei, und damit gesagt sein sollte, daß nur, wer die durch die (äußeren) Sinne gebotene „Materie" (die Qualitäten) räumlich vorstellt, sie richtig oder so vorstellt, wie sie vorgestellt werden soll u. dergl., so könnte dies nur heißen: bloß in dem Falle sei das Vorstellen einer von ihm unabhängigen Wirklichkeit konform. Wer diese Adäquation leugnet, für den kann jene Rede von einer notwendigen „Form" unseres Vorstellens bloß den Sinn haben, daß es ein Gesetz unserer psychophysischen Organisation sei, die Qualitäten räumlich vorzustellen. Diese Vorstellungsform wäre ein rein subjektiver Modus.

Übrigens hat, auch wer die Objektivität unseres Bewußtseins nicht in dieser Weise preisgibt, sondern nur neben objektiven noch rein subjektive Modi psychischen Verhaltens annimmt, meines Erachtens wohl zuzusehen, ob, was er etwa dafür anzusehen geneigt ist, sich nicht entweder auf eine Komplikation von objektiven Modi zurückführen oder überhaupt aus der Reihe der deskriptiven Unterschiede ausscheiden und als genetische und kausale Eigentümlichkeit begreifen läßt. Jedenfalls aber darf er bei der Beschreibung unserer psychischen Tätigkeiten nicht objektive und subjektive Modi wie Disjunktionsglieder in derselben Klassifikation behandeln. Nur bei solcher methodischer Strenge können wir hoffen, daß dieses Gebiet, in dem die Fundamente der Psychologie liegen, für und für der Willkür und dem Kampfe ephemerer Entdeckungen entzogen und die „Funktionspsychologie" nicht in ungerechter Weise diskreditiert werde.

wenn es sich um Lieben und Hassen handelt, der Wert und Unwert des Objekts, wenn um Vorziehen und Nachsetzen, der Mehr- und Minderwert desselben.

Besteht für das Urteil Konformität mit dem Inhalt im Sinne einer wirklichen Korrelation d. h. wird der ihm konforme Inhalt vorgefunden, so nennen wir es wahr oder richtig; das Wort in jenem engeren Sinne genommen, wo ihm nicht bloß das Falsche sondern auch das minder Adäquate entgegensteht, wie es bei einem bloß assertorischen Urteil über eine notwendige Wahrheit der Fall ist. Bezeichnet man das Urteilen mit dem lateinischen *cogitare*, den Inhalt des Urteilens oder das Geurteilte mit *cogitatum*, so kann man passend von einer adaequatio cogitantis et cogitati sprechen, worin die Richtigkeit des Urteilens in jenem engeren Sinne bestehe.

Die Definition der Wahrheit des Urteils als adaequatio rei et intellectus dagegen ist, wie schon Brentano betont hat, vor allem für das negative Urteil nicht passend, indem dieses ja gerade dann richtig ist, wenn die beurteilte *res* fehlt. Überhaupt konnte die Fassung des Gedankens der Adäquation nicht eine glückliche sein, so lange man die wahre Natur des Urteilens verkennend, es wesentlich für eine Verbindung resp. Trennung von Vorstellungen hielt, welche, um richtig zu sein, zu verbinden habe, was in Wirklichkeit verbunden und zu trennen, was in Wirklichkeit getrennt sei.[1]

Wir sagten, ein Urteil sei richtig, wenn eine adaequatio cogitantis et cogitati im Sinne einer wirklichen Korrelation gegeben sei. Fehlt dagegen für dasselbe der ihm konforme Inhalt in Wirklichkeit, d. h. ist es nicht richtig, ja sogar falsch und sagt man — wie es allerdings allgemein üblich ist — gleichwohl, es „habe einen Inhalt" und die dasselbe äußernde Aussage habe eine Bedeutung, so hat dies eine Berechtigung nur mit Rücksicht darauf, daß ihm die Harmonie oder Konformität mit

---

[1] Dies betont neuerlich auch Rickert. Aber er büßt diesen (aus der idiopathischen Urteilstheorie fließenden) Gewinn wieder ein. Einmal indem er das urteilende Anerkennen und Verwerfen mit dem Billigen und Ablehnen in Gemüt und Wille identifiziert und so Wahrheit und Wert konfundiert. Sodann aber, indem er die Adäquation des Vorstellens mit dem Gegenstand für ganz überflüssig hält und nicht bemerkt, daß es für das affirmative Urteil keine Richtigkeit geben kann, wenn jene Adäquation nicht besteht, daß vielmehr diese in jener involviert und unerläßliche Bedingung für sie ist.

einem eventuellen Inhalt im Sinne einer relativen Bestimmung zukommt.[1]) Korrelate können .ohne einander nicht
existieren. Indem ein Urteilen gegeben ist ohne daß sein Inhalt
existiert, kann „einen Inhalt haben" bloß heißen, daß, wenn
neben jenem psychischem Verhalten auch das existierte, was wir
seinen Inhalt nennen, dann eine gewisse Korrelation (die der
Adäquation oder Richtigkeit) notwendig mit gegeben wäre. Dagegen besteht beim richtigen Urteil die Objektsbeziehung im
Sinne 'einer wirklichen Korrelation, und bei der entsprechenden
Aussage ist darum, wie wir früher bemerkt haben, die Bedeutung Zeichen im Sinne einer wahrhaften Kundgabe des
Bedeuteten.

Im wesentlichen Entsprechendes gilt bezüglich des Gebietes der Interessephänomene. Gäbe es nicht hier ein Analogon
des Urteilsinhaltes d. h. etwas, was in analoger Weise die
Richtigkeit und Adäquation unseres psychischen Verhaltens
objektiv begründet, so wäre es — wir betonten dies schon früher
— um alle wahrhafte Sanktion und Berechtigung unserer
Wertungen der Gegenstände in Gefühl und Begehren ebenso
unwiederbringlich geschehen, wie im analogen Falle um die
Objektivität unseres Fürwahr- und Falsch-, Seiend- und Nicht-
seiend-Nehmens im Urteil. In Wahrheit aber gibt es ein solches
objektives Fundament, wodurch auch unser Interesse zu einer
besonderen Weise tatsächlicher Verähnlichung oder Konformität
mit den Gegenständen werden kann. Es ist ihr objektiver Wert-
verhalt; ihr Wert oder Unwert resp. Minderwert. Und man
kann meines Erachtens wohl sagen, daß, nur, weil dies Tatsache
ist, weil der Wert ein Analogon des Seienden und der Wahrheit
und somit etwas Objektives und allgemein Giftiges ist, die
Zustände des Interesses in wahrhaft analogem Sinne
ein Bewußtsein sind, wie das Urteilen und Vorstellen, nämlich
eine mögliche oder wirkliche Verähnlichung mit etwas, und daß
dies nicht der Fall wäre, wenn „Wert" nichts anderes hieße als
was tatsächlich geliebt oder bevorzugt wird.

---

[1]) Diese Lösung scheint mir vollkommen klar. Dagegen ist die Rede,
daß das irrige Urteil keinen in Wirklichkeit existierenden, sondern nur einen
immanenten Inhalt habe, ein bloßes Bild. Und die ernstliche Annahme, daß
stets ein immanenter Inhalt als Korrelat des Urteils gegeben sei, wäre —
wie wir schon wissen — ebenso eine Fiktion, wie der Glaube, daß jedem Vorstellen ein immanentes Objekt als Korrelat gegenübersteh.

Die Kardinalfrage ist und bleibt hier: ist der Wert etwas von der Existenz irgendeines Liebenden oder Hassenden Unabhängiges oder ist er dies nicht. Wenn das letztere, so ist er im besten Falle[1]) bloß ein Analogon jedes tatsächlich Geglaubten, nicht der Wahrheit und des Seienden. Mit diesem ist er, nur wenn das erste gilt, auf eine Linie zu stellen, und dann ist auch er etwas allgemein giltiges, und alle Versuche, gleichwohl von einem „Gut für Diesen oder Jenen" zu sprechen, können nur auf Mißverständnis oder ungenauer Ausdrücksweise beruhen.

Daß etwas nur für Diesen oder Jenen gut sei, ist ein selbstverständlicher Satz, wenn gut nur soviel heißt wie tatsächlich geliebt oder bevorzugt. Soll es aber soviel wie liebenswürdig heißen, und ein Analogon des Wahren, d. h. Anzuerkennenden sein, dann gebe man wohl acht, was mit jener Einschränkung „gut nur für Diesen oder Jenen" gemeint sein will und kann. Sie kann ja unmöglich sagen wollen, es sei nur für Diesen oder Jenen berechtigt, daß er den betreffenden Wert liebe, sondern nur, es sei gerade von diesem oder jenem zu fordern, d. h. es sei bald für diesen, bald für jenen richtig, daß er dessen Verwirklichung anstrebe und sich darum sorge.

So bleibe ich dabei, daß das Wertvolle etwas Objektives ist, das in analogem Verhältnis zum Lieben steht wie das Wahre oder Seiende zum Anerkennen. Und auch hier haben wir keine andere Möglichkeit diesen eigentümlichen, dem Lieben adäquaten, objektiven Charakter der Gegenstände, ein letzter Wert zu sein, inne zu werden, als in und mit der Richtigkeit unseres tatsächlichen Liebens resp. Vorziehens, die sich in analog ausgezeichneten Akten dieser Gattung kundgibt, wie es die evidenten Urteile sind und die Brentano, welcher zuerst auf sie hingewiesen, „als richtig charakterisierte" Akte genannt hat. Würde mit Cartesius der Ausdrück *cogitare* auch auf die Zustände des Interesses, der Neigung und Abneigung, der Freude und des Schmerzes, des Verlangens und Abscheus ausgedehnt und ihr Inhalt das cogitatum genannt, so könnten wir auch hier ihre Richtigkeit

---

[1]) Ich sage: im besten Falle; nämlich wenn man dann nicht — wie ich glaube — genötigt ist, überhaupt zu leugnen, daß das Interesse wahrhaft ein Bewußtsein von etwas sei, so wie es vom Vorstellen und Urteilen gilt. Die jenigen Relativisten, welche den Gefühlen ausdrücklich den Charakter einer Objektsbeziehung absprechen, scheinen mir hier wenigstens die Konsequenz für sich zu haben.

(im engeren Sinne[1]) als adaequatio cogitantis et cogitati bezeichnen.

Die Weise, wie die Richtigkeit sich uns kundgibt, ist speziell ein Analogon der Weise, wie sich uns im negativen apodiktischen Urteil die Unmöglichkeit des Nichtseins von etwas kundgibt. Wie wir wissen, wird diese Erkenntnis durch die Vorstellung des Unmöglichen kausiert oder motiviert, und zum Wesen des apodiktischen Urteilen gehört, daß dieses Verhältnis der Motivation erfaßt werde. In analoger Weise geschieht es unter Umständen, daß, wenn sich uns in der Vorstellung etwas bietet, was, wenn es wäre, wertvoll wäre, durch jene Vorstellung selbst die Liebe verursacht wird und wir auch hier dieses eigentümliche Verhältnis der Motivation erfassen. Indem wir es aber erfassen, sagen wir: der betreffende Gegenstand könne nicht sein ohne mit Recht geliebt zu werden und nennen ihn gut oder wertvoll. Kurz: wir haben hier ein Analogon der apodiktischen, nicht der bloß assertorischen Evidenzen vor uns.[2]

----

[1] Diese Richtigkeit im engeren Sinne kann fehlen, ohne daß damit gesagt ist, daß das entgegengesetzte Verhalten (z. B. statt der Liebe der Haß) gerechtfertigt sei. Wir kommen darauf zurück.

Die Termini „gut und schlecht" werden bekanntlich sowohl auf die Objekte als auf die Akte des Liebens und Hassens angewendet, und zwar noch ungezwungener als im analogen Fall die Termini wahr und falsch. Doch meint man, wenn man in berechtigter Weise z. B. von einem schlechten Akt spricht, stets ein „unrichtig" im weiteren Sinne, also ein Analogon des „falsch" auf dem Gebiete des Urteilens, woraus — wie wir früher sagten — die Richtigkeit des kontradiktorisch entgegengesetzten Verhaltens mit Notwendigkeit folgt.

[2] Diese Konsequenz aus Brentanos Lehre vom Ursprung der sittlichen Erkenntnis hatte offenbar schon Dr. O. Kraus (Zur Theorie des Wertes S. 87) im Auge, indem er bemerkt: ein Satz wie „die Lust ist an sich wertvoll" besage: es könne keine Lust geben, die nicht unter allen Umständen um ihrer selbst willen liebenswürdig wäre; der Charakter dieses Satzes sei der eines universell verneinenden apodiktischen Urteils. Nur ist noch hinzuzufügen, daß die werterfassende Liebe, aus der dieses apodiktische Urteil entspringt, selbst ein Analogon dieses apodiktischen Verhaltens ist.

Um allen Mißverständnissen vorzubeugen, sei noch ausdrücklich bemerkt, daß ich nicht das Verhältnis der Verursachung selbst, das da und dort gegeben ist, für eine bloße Analogie halte. Diese Relation fällt, wo immer sie gegeben ist, ob zwischen einem Urteil und gewissen Vorstellungen oder zwischen Urteilen untereinander oder zwischen Akten des Fühlens und Wollens oder auf dem Gebiete des Unbewußten und Physischen, unter denselben Begriff. Allein zu diesem Verhältnis, welches den in ihm stehenden Akten äußerlich ist, tritt meines Erachtens bei den apodiktischen Urteilen und bei

Ich sagte: es geschehe, daß, wenn sich uns in der Vorstellung etwas bietet, was, wenn es wäre, wertvoll wäre usw. Damit ist der eigentümliche Umstand schon angedeutet, daß die Zustände des Interesses in doppelter Weise eine Objektsbeziehung (d. h. eine ideelle Verähnlichung mit etwas) im Sinne einer bloßen relativen Bestimmung sein können; mit anderen Worten daß hier eine doppelte Bedingung dafür erfüllt sein muß, damit jene Verähnlichung im Sinne einer wirklichen Korrelation, die ja die Existenz aller Glieder verlangt) gegeben sei. Das Urteil, z. B. A ist, ist konform mit seinem Inhalt (d. h. mit dem Sein von A), falls dieses eine Tatsache ist. Von der Liebe zu A dagegen ist nur dann zu sagen, sie sei wirklich konform mit ihrem Inhalt, wenn A ist und gut ist. Ist die Sachlage so, daß zwar A nicht sein kann ohne ein Gut d. h. einer eventuellen Liebe adäquat zu sein, daß es aber tatsächlich nicht existiert, so kann man nicht vom Bestehen der Korrelation sprechen, auch wenn die Liebe zu dem betreffenden Objekte vorliegt. Man nennt aber gleichwohl ein solches psychisches Verhalten, für dessen Konformität die Möglichkeit wenn auch nicht die Tatsächlichkeit gegeben ist, ein richtiges Lieben. Wenn aber auch die letztere Bedingung erfüllt ist, mit anderen Worten, wo sich uns kundgibt, sowohl daß der Inhalt der Liebe existiert, als daß er ein Gut ist, da nennt man die Liebe zu ihm nicht mehr einfach richtige Liebe, sondern richtige Freude. Bezeichnet man etwas als „Gut", so bedeutet das also soviel wie: es sei, falls es ist, wertvoll, d. h. mit Recht Gegenstand der Freude.[1]

---

dem, was ich auf dem Gebiete des Interesses ihnen analog nannte, ein innerer deskriptiver Unterschied gegenüber den nicht apodiktischen Urteilen resp. den analogen Gemüts- und Willensakten. Dieses letztere Moment hängt aufs innigste mit der Evidenz und ihrem Analogon auf dem Gemütsgebiete — speziell mit der Evidenz resp. ihrer Analogie, wie sie eben im Falle der Apodiktizität und ihrem Analogon gegeben ist — zusammen und ist darum, wie jene selbst, hier und dort nicht im gleichen Sinne gegeben.

Wo es sich dagegen um psychische Akte handelt, die nicht als richtig charakterisiert sind, da halte ich die Motiviertheit nicht für ein deskriptives inneres Moment derselben, sondern sehe darin nur die Tatsache, daß der betreffende Akt durch ein anderes psychisches Phänomen verursacht ist und dieses Kausalverhältnis für uns Gegenstand unmittelbaren Erfassens (der Komperzeption) ist.

[1] Daß im übrigen Güte, Wert, Unwert, Mehrwert, Minderwert, kurz alle Inhalte des Interesses, ebenso wie die des Urteils, nichtreale Prädikate sind, bedarf kaum der Bemerkung.

Auch der Unterschied gegenüber dem Urteilsgebiete ist durch die obigen Ausführungen schon angedeutet, daß es auf dem des Liebens und Hassens kein Analogon assertorischer Evidenz gibt. Jedes Verhalten, dessen Richtigkeit sich uns unmittelbar kundgibt, ist ein solches, das als in der Vorstellung der Materie motiviert erfaßt wird.[1]) Dagegen kann es ganz wohl ein Analogon des blind assertorischen aber doch richtigen Urteilens geben. · Wie dort etwas Wahres glauben, so kann ich hier etwas Gutes lieben, ohne daß die Liebe als richtig charakterisiert ist, bestimmt durch Gewohnheit oder Beispiel (resp. Gebot und Befehl). Doch wird ein solches Lieben nie richtig sein im Sinne voller Adäquation (sowie auch das bloß assertorische Fürwahrhalten dessen, was notwendig und das bloß assertorische Leugnen dessen, was unmöglich ist, nie ein völlig adäquates Verhalten ist) sondern nur in jenem weiteren Sinne, mit dem die Unrichtigkeit des kontradiktorisch entgegengesetzten Verhaltens notwendig gegeben ist.

Doch genug. Wir können dabei bleiben, daß es jeder Weise des Bewußtseins wesentlich ist, eine eigentümliche (mögliche oder wirkliche) Adäquation mit etwas zu sein.

§ 103. Doch zurück zu der Lehre von den Vorstellungen und Vorstellungssuggestiven, indem wir zunächst den bezüglichen Ertrag aus den vorausgehenden Untersuchungen zusammenfassen.

Auch bei dieser Grundklasse psychischen Verhaltens — so sahen wir — gehört es zu ihrem Wesen, daß der Vorstellende möglicherweise oder soviel an ihm liegt durch diesen Vorgang primär etwas anderem, als er selbst ist, ideell ähnlich oder konform werde, und diese Adäquation ist ein nichtreales Prädikat des Vorstellenden, ebenso wie die Richtigkeit des Urteilens und

---

[1]) Die als richtig charakterisierte Freude hat wohl sofern einen assertorischen Charakter, als sie auf dem assertorisch-einsichtigen Urteil beruht, daß das geliebte Gute sei. Aber daß sie selbst als Freude richtig ist, gibt sich uns nicht unmittelbar in ihr selbst kund. Was sich so kundgibt, hat immer den „apodiktischen" Charakter des durch die Vorstellung Motiviertseins: so der Umstand, daß das Betreffende nicht sein kann ohne ein Gut zu sein und das Andere, daß sein Sein vorzuziehen ist seinem Nichtsein. Doch ergibt sich daraus als Folge, daß, da das Betreffende existiert, es ein existierendes Gut und somit nicht bloß Gegenstand berechtigter Liebe sondern Freude ist.

des Liebens. Danach ist klar, was wir unter dem Vorgestellten oder Vorstellungsgegenstand zu verstehen haben. So heißt nämlich etwas offenbar dann, wenn es seinerseits nicht sein kann ohne, falls ein gewisses Vorstellen gegeben ist, ihm adäquat zu sein oder was — soviel an ihm liegt — möglicherweise ideell konform ist einem Vorstellenden. Wir nennen es wirklichen Vorstellungsgegenstand, wenn es der objektive Terminus einer Vorstellungskorrelation ist. Wo dagegen eine solche Korrelation tatsächlich nicht vorliegt, sei es, daß das subjektive, sei es, daß das objektive Glied fehlt, so spricht man von einem Gegenstand schlechtweg. Die Vorstellung „Pegasus" hat in diesem Sinne zwar keinen wirklichen aber einen Gegenstand schlechtweg. Und umgekehrt, wenn wir etwas Wirkliches einen Vorstellungsgegenstand nennen ohne Rücksicht darauf, ob es tatsächlich von jemanden vorgestellt ist, so hat der Name auch hier bloß den Sinn einer relativen Bestimmung. Das Betreffende wäre wirklicher Vorstellungsgegenstand, wenn ein entsprechendes Vorstellen bestände.

Kurz: „Vorstellungsgegenstand" ist hier ganz analog dem, was wir Urteils- resp. Interesseinhalt nannten. Wie „einen Inhalt-haben" beim Urteil oft nur den Sinn einer relativen Bestimmung hat (wenn nämlich der wirkliche Inhalt fehlt, wie beim falschen Urteil), so gilt dies auch vom Inhaltsein, wenn eine gewisse Sachlage zwar besteht, aber kein Urteil vorhanden ist, das ihr konform wäre. Ebenso heißt „ein Objekt haben" beim Vorstellen oft nur: wenn das Betreffende wäre, wäre es für dieses Vorstellen Objekt, und umgekehrt kann auch von einem Objekt- oder Gegenstandsein im Sinne einer bloßen relativen Bestimmung gesprochen werden, indem damit bloß gesagt sein soll, daß wenn ein konformes Vorstellen gegeben wäre, dann eine Korrelation zwischen ihm und dem betreffenden x oder y bestände. [1])

Soviel von dem Wesen der Vorstellungsbeziehung und von

----

[1]) Die Meinung, daß Gegenstand immer ein Korrelat bezeichne, hat dazu geführt, ihm — wo ein individuelles Bewußtsein fehlt, das ihm zugeordnet wäre — ein „überindividuelles" oder eine allgemeine Ichheit zuzuordnen. Es ist dies ebenso eine unnötige und unmögliche Fiktion wie die Annahme des immanenten Gegenstands, zu der man — wie wir wissen — in ganz analoger Weise dadurch kam, daß man meinte, die Objektsbeziehung sei stets eine Korrelation.

dem, **was zu ihr** relativ ist. Es wird uns, wenn nicht unmittelbar, doch zweifellos mittelbar von Nutzen sein für die Beantwortung der Frage nach dem, was die Namen bedeuten und was sie nennen.

§ 104. Daß das Bedeuten bei den Namen (und bei den Vorstellungssuggestiven überhaupt) ihre primär intendierte Funktion ist, während das „Äußern" nur als etwas sekundär Intendiertes oder als ein Parergon gelten kann, fanden wir hier analog wie bei den Aussagen. Wir sagten bezüglich der letzteren: ihre primäre Intention sei, im Hörer gleiche Urteile zu erwecken, wie die, welche der Sprechende fällt, soweit dies überhaupt durch die Sprache mitteilbar sei, und bemerkten dabei, es beziehe sich diese Möglichkeit nur auf die Materie und Form von Urteilen.

Strenggenommen hätten wir auch hinsichtlich der Materie noch eine Einschränkung machen müssen: wir verschoben es aber bis zur Lehre von der Bedeutung der Vorstellungssuggestive und speziell der Namen, indem ja die Frage, wie weit eine Urteilsmaterie durch die Sprache mitteilbar sei, sachlich zusammenfällt mit der Frage, wie weit dies von Vorstellungen gilt. Und diese Frage ist dahin zu beantworten, daß jedenfalls Anschauungen von Physischem nicht im strengen Sinne durch Sprache mitteilbar sind. Ich habe dies schon in meinen Artikeln über subjektlose Sätze der entgegenstehenden Ansicht von Sigwart gegenüber betont und begründet.[1]) Die Begründung war nicht schwer. Eben weil von sprachlicher Mitteilung im strengen Sinne nur soweit die Rede sein kann als durch sie ein gleiches psychisches Erlebnis im Hörer erzeugt wird wie im Sprechenden,[2]) sind Anschauungen von Physischem, die ins Unendliche variieren können, davon ausgeschlossen. Und von den Anschauungen von Psychischem gilt dies (auch soweit sie nicht solche von Physischem voraussetzen), falls sie streng individuell sind.[3]) Unter dieser

---

[1]) Vierteljahrsschrift für wissenschaftliche Philosophie, Bd. XII, S. 244.

[2]) Das aber, wovon die Worte Zeichen sind, so sagte schon Aristoteles, ταῦτα πᾶσι παθήματα τῆς ψυχῆς. (De interpr. I, p. 16, a, b.)

[3]) In die Diskussion der Kontroverse, ob, indem wir uns innerlich anschauen und anschaulich vorstellen, stets unsere psychische Individualität mit angeschaut sei oder nicht, wollen wir hier einzutreten vermeiden.

Voraussetzung können also die Namen und die Vorstellungssuggestive überhaupt nur Vorstellungen zu erwecken intendieren, die nicht Anschauungen sind.

Will man freilich diese zunächst nur negativ abgegrenzte
Klasse von Vorstellungen insgesamt begriffliche nennen, so ist
nicht zu vergessen, daß damit sonst auch ein engerer Sinn verbunden wird. Nicht bloß indem man manchmal nur solche begriffliche Gedanken, die nach den Regeln der Logik zweckmäßig
gebildet sind, *κατ' ἐξοχήν* so nennt, sondern auch indem man als
„Begriffe" nur solche Vorstellungen bezeichnet, welche durch
Abstraktion aus Anschauungen gewonnen oder durch (prädikative) Synthese aus solchen (durch Abstraktion oder Analyse
gewonnenen) Elementen gebildet sind. Aber damit ist der Umfang
der Vorstellungsgebilde, die wir nicht eine „Anschauung" nennen
möchten, noch keineswegs erschöpft. Auch die Vorstellungen
der Urteilsinhalte und der Inhalte unseres Interesses, die wir
Hand in Hand mit der Reflexion auf unser Urteil und Interessenehmen gewinnen, sind nicht Anschauungen im üblichen Sinne
des Wortes (wie die von Farben oder Tönen und diejenigen von
Urteilen und Akten des Interesses). Freilich auch nicht begriffliche Vorstellungen derselben Art, wie die durch Imperzeption
in Anschauungen des primären oder sekundären (inneren) Bewußtseins gewonnenen Begriffe Farbe, Ton, Urteilen, Lieben usw.
Sie haben zwar mit letzteren (wie dem des Urteilens, Interesses
und dergl.) gemein, daß auch zu ihrer Gewinnung diese Modi unseres
psychischen Verhaltens Anlaß geben. Aber während der allgemeine Begriff des Urteilens oder Interesses usw. als Element
in den Anschauungen dieser realen Vorgänge erschaut wird,
beziehen sich jene anderen Begriffe wie: Seiendes, A-seiendes,
Gutes, Vorzügliches usw. auf das nichtreale (mögliche oder
wirkliche) Korrelat jener realen Vorgänge und werden in einer
Weise gewonnen, die wir nicht Imperzeption, sondern — wie
auch schon andere — „Reflexion" in einem besonderen Sinne
dieses Wortes genannt haben und nennen wollen. In dieser
Weise gibt, wie früher schon gesagt wurde, das Anerkennen zu
anderen Begriffen Anlaß als das Verwerfen, das apodiktische
Urteilen zu anderen als das assertorische, und mit daran erkannten wir Bejahen und Verwerfen und apodiktisches und
assertorisches Anerkennen oder Leugnen als verschiedene Modalitäten innerhalb derselben Grundklasse des urteilenden Ver-

haltens.[1]) Immerhin haben diese Begriffe wie Sein (von etwas),
Güte (von etwas) usw. mit denjenigen wie Farbe (von etwas),
Ton (von etwas) und dergl. gemein, daß auch sie — soweit es
sich nicht eben um die Vorstellung des Seins eines anschaulichen
und individuellen Konkretums handelt — als im strengsten
Sinne gleiche da und dort in einem Bewußtsein vorkommen, und
somit auch im strengen Sinne durch Worte und Sprache mitgeteilt werden können.

Ähnlich ist es beim Gedanken der Gleichheit, Verschiedenheit und der übrigen nichtrealen Relationen, die ich Komperzeptionen nennen will,[2]) da es sich weder um die Anschauung
(oder Perzeption) eines Realen, noch um eine unanschauliche
Vorstellung handelt, die durch Imperzeption aus einer Anschauung
gewonnen ist. Auch von ihnen gilt, daß sie sprachlich mitteilbar sind, soweit dabei nicht etwa die Anschauung eines
individuellen Konkretums mitbeteiligt ist. Und ebenso durch
Worte mitteilbar sind endlich auch die aus irgendwelchen dieser
elementaren, mitteilbaren Begriffe gebildeten Synthesen, mögen
sie individuell oder universell sein.[3])

---

[1]) Sonst sind bekanntlich in Bezug auf den Ursprung jener Begriffe
wie: Sein, Nichtsein, Notwendigkeit. Unmöglichkeit, Wert usw. verschiedene
Ansichten zutage getreten. Von den Psychologen abgesehen, die sich überhaupt nicht um die Herkunft jener Bewußtseinsinhalte kümmern — und es
gibt auch solche — haben die einen gemeint, sie aus Anschauungen der
äußeren Erfahrung zu gewinnen (Sensualismus), die anderen aus gewöhnlichen Imperzeptionen der inneren Anschauung, ebenso wie die Begriffe
„Urteilen", „Lieben", „Hassen" (man kann dies eine Form von Psychologismus heißen). Kant war offenbar von keinem dieser Standpunkte be-
friedigt und griff in der Verlegenheit (wie es von ihm und anderen ja auch
sonst öfter geschehen ist) zum Apriori, zu den Stammbegriffen des reinen
Verstandes, wohin er Notwendigkeit, Unmöglichkeit usw. rechnet.

[2]) Ich habe an früherer Stelle (vgl. S. 314.) den Namen „Komper-
zeption" in anderem Sinne verwendet, nämlich für das Erfassen des Urteils-
resp. Interesseinhaltes bei evidenten Urteilen resp. als richtig charakterisierten
Akten des Interesses. Bei abermaliger Überlegung ergab sich mir, daß der
Terminus passender in obiger Weise, nämlich für die Bezeichnung derjenigen
Begriffe von Nichtrealem verwendet wird, die nicht im oben erläuterten
Sinne reflexive sind. Bei der Verwendung des Terminus für das eine und
andere aber entstände eine Äquivokation, die zu Mißverständnissen über die
wahre Natur des Erfassens der Urteils- und Interesseinhalte Anlaß geben könnte.

[3]) Wir unterscheiden also unter den Vorstellungen:
1. anschauliche oder perzeptive und rechnen dahin alle Vorstellungen
   von Realem, die nicht durch Abstraktion allgemein oder bloß durch
   Synthese individuell sind,

Faßt man also den Terminus Begriff in diesem weiteren Sinn, so kann man sagen, es sei die Bedeutung der Vorstellungssuggestive und speziell der Namen, im Hörer eine gleiche begriffliche Vorstellung zu erwecken wie im Sprechenden, und demgemäß mag man auch die Frage, was die Namen als im Sprechenden vor sich gehend ausdrücken, genauer dahin bestimmen: es seien dies in der Regel begriffliche Vorstellungen (dieser Terminus hier im Sinne des vorstellenden Verhaltens oder der psychischen Funktion des Vorstellens verstanden).

§ 105. Unter Vermittlung dieser äußernden und jener Bedeutungsfunktion aber kommt den Namen nun auch das zu, was wir als das Nennen bezeichnen.[1] Wir schreiben es ihnen zu mit Rücksicht auf die Gegenstände, welche den dadurch erweckten Vorstellungen eventuell in Wirklichkeit entsprechen oder wenigstens (ohne Widerspruch) entsprechen könnten. Diese sind das Genannte und wenn auch diejenigen zu weit gehen, welche sagen, daß nur Wirkliches genannt sein könne, so ist doch soviel richtig, daß dazu wenigstens nur das gehört, was

---

2. imperzeptive, d. h. solche, die durch Abstraktion aus perzeptiven gewonnen sind (wie Farbiges, Tönendes, Urteilendes, Liebendes usw.),
3. comperzeptive, d. h. solche von Nichtrealem (wie die Verhältnisse der Gleichheit, Verschiedenheit und dergl.), die aber nicht reflexiv sind,
4. reflexive, wie diejenigen von Urteils- und Interesseinhalten,
5. durch Synthese gebildete, wobei die Elemente imperzeptive oder comperzeptive oder reflexive sein können. Daß auch sie eigentlich durch Reflexion (nämlich auf Doppelurteile) gebildet sind, werden wir noch später betonen. Doch kann man ihnen hier gleichwohl einen besonderen Platz anweisen.

Man könnte endlich auch noch von einer Quasi-imperzeption sprechen, wenn z. B. aus der Vorstellung der Gleichheit und der der Verschiedenheit usw. der allgemeine Begriff der begründeten Relation gewonnen wird und dergl.

[1] In diesem Sinne kann man es nur billigen, wenn schon die Scholastiker sagten: voces significant res mediantibus conceptibus. Die Namen nennen in der Tat die Gegenstände als das, als was sie durch unsere begrifflichen Gedanken erfaßt werden (resp. vom Hörer erfaßt werden sollen). (Vgl. meinen Aufsatz in den Symbolae Pragenses S. 116, Anm. 1.)

Wenn man aber deswegen den begrifflichen Gedanken, der die Benennung vermittelt, auch den „Benennungsgrund" genannt hat, so ist — wie ich ebenfalls früher schon erwähnte — zu bemerken, daß oft auch die figürliche innere Sprachform so genannt wird und daß beides nicht verwechselt werden darf.

ohne Widerspruch wirklich sein könnte. Denn nur hier hat es einen Sinn zu sagen, es sei unvollständig vorgestellt und so auch, es sei durch einen Namen genannt, dessen Bedeutung den Gegenstand nicht erschöpft.[1])

Daß, wer etwas mit dem Bewußtsein solcher Unvollständigkeit bezeichnet, dabei außer dem geäußerten noch andere Gedanken über dasselbe haben muß, ist selbstverständlich. Nur daß er sich, eben weil sie nicht geäußert werden und in verschiedenen Fällen mannigfach wechseln mögen, davon keine besondere Rechenschaft gibt und auch, dazu aufgefordert, vielleicht in Verlegenheit wäre, es zu tun.

Aus dem Vorausgehenden aber erklärt sich weiter auch, wie es geschehen kann, daß ein Name, während er Verschiedenes nennt, doch die gleiche Bedeutung haben kann und daß umgekehrt oft das Gleiche genannt ist durch Namen, denen eine verschiedene Bedeutung zukommt. Es ist dies die natürliche Folge davon, daß die die Nennung vermittelnden Vorstellungen oft eine unvollständige oder geradezu unbestimmte Verähnlichung mit den genannten Gegenständen sind. So sind z. B. durch die Vorstellung Weißes nicht bloß das vor mir liegende Papier, sondern auch der Hemdkragen und die weiße Wolke und die weiße Wand und die auf den Feldern liegende Schneedecke oder Bleiche usw. (unvollständig) vorgestellt. Und wie hier durch dasselbe Vorstellen (das in mir gegeben ist und durch ein völlig gleiches, das in anderen Individuen gegeben sein kann) unbestimmt viele verschiedene Gegenstände vorgestellt sein können, so kann auch umgekehrt derselbe Gegenstand einem mehrfachen und ungleichen Vorstellen (in mir oder in anderen) entsprechen, wie denn z. B. eine bestimmte rote Kugel zugleich der Vorstellung Rotes und Rundes enspricht, und das vor mir liegende Papier gleichzeitig Objekt der Vorstellung Weißes und Viereckiges und aus Lumpen Verfertigtes usw. ist.

Wir haben im Vorausgehenden Beispiele von Vorstellungen vor uns gehabt, die unvollständig sind infolge ihrer Unbestimmtheit oder Universalität, so daß ihnen gleichzeitig unbegrenzt viele wirkliche oder mögliche Gegenstände in einer

---

[1]) Wenn man auch dem Unmöglichen Namen gibt, behandelt man es dadurch fiktiv wie etwas Wirkliches oder Mögliches, während der Bezeichnung in Wahrheit wohl eine Bedeutung, aber nicht eigentlich die Funktion des Nennens zukommt.

bestimmten Richtung oder Weise entsprechen können.[1] Doch
gibt es auch eine Unvollständigkeit ohne solche Unbestimmtheit.
Wir bilden aus universellen Begriffen durch prädikative Synthese
Zusammensetzungen, deren Gegenstand zwar nur einer sein kann
und die also in diesem Sinne individuell sind, die ihn aber bloß in
derart bestimmter Richtung erfassen, daß er dadurch nicht erschöpft ist und darum neben der einen Auffassung mannigfache
andere möglich sind, die ihn ebenso treffen und ebensowenig
erschöpfen.[2]

---

[1] Von der Art sind alle durch Imperzeption in einer Anschauung
geschöpften, aber auch manche durch Komperzeption und „Reflexion" gewonnene
Begriffe und viele durch Synthese aus jenen Elementen gebildete wie: „Weißes
— Weiches — Wohlriechendes"; „Gelbes — Hartes — Klingendes" usw.

[2] So: Erzieher Alexanders des Großen und Begründer der peripatetischen
Schule für Aristoteles. Jede dieser Auffassungen ist in ihrer Weise unvollständig aber individuell, nur ohne das zu erfassen, worin die Individualität
des Gegenstandes eigentlich besteht. Die eigentliche und vollständige Vorstellung eines Individuums könnte natürlich nur eine sein.

Der Satz, daß die Namen die Gegenstände nennen mediantibus conceptibus könnte nur eine Anfechtung erfahren hinsichtlich der Eigennamen
im engsten Sinne des Wortes, wie Aristoteles, Napoleon, Friedrich, Rom,
Wien usw. Und bezüglich ihrer Funktion herrscht überhaupt mannigfach
Unklarheit und Streit.

J. St. Mill hat gemeint, die Bedeutung der Eigennamen sei diejenige,
welche einst Hobbes allen, auch den Namen wie Mensch, Dreieck usw. zuschrieb, indem er bekanntlich lehrte, der Satz „alle Menschen sind sterblich"
besage nichts weiter, als daß es denen, welche die Namen einführten, gefallen habe, denselben Gegenständen beide Namen zu geben. Hobbes hat
selbst die naheliegende Konsequenz daraus gezogen, daß danach die sog.
Richtigkeit unseres Denkens bloß darin bestände, die Namen richtig, d. h.
dem Sprachgebrauche gemäß zu verwenden, während die Prinzipien oder
obersten Sätze aller Wissenschaften willkürlich von denen festgesetzt wären,
die die Sprache gebildet haben. Aber während den Urheber der Theorie diese
Konsequenz nicht von ihr zurückzuschrecken und auf ihre Verkehrtheit aufmerksam zu machen vermocht hat, war und ist dies sicher bei anderen der
Fall, und so hat diese Theorie von der Bedeutung der allgemeinen Namen
wohl heute keinen ernsten Anhänger. Allein nicht einmal, daß die Eigennamen immer oder auch nur in der Regel in dieser Weise fungierten, wie
J. St. Mill glaubt, könnte ich für richtig halten. Nicht bloß bedeutet Mensch,
Dreieck usw. nicht Menschgenanntes, Dreieckgenanntes; auch Fritz, Bismarck,
Napoleon, Rom usw. heißt meines Erachtens nicht: Bismarck- resp. Rom-
genanntes usf. Wäre dies, so wäre offenbar ihre Funktion die von all-
gemeinen Namen; das wollen und sollen sie aber eben nicht sein. In
Wahrheit fungiert wohl manchmal ein Eigenname so, daß er „das dadurch
Genannte als solches" bezeichnet (wie wenn: Jaxthausen ist ein Dorf und

Wo überall aber solche Unvollständigkeit des Vorstellens gegenüber wirklichen oder möglichen Gegenständen auftritt, kann auch eine Diskrepanz zwischen d e m auftreten, was der Name nennt und dem, was er bedeutet. Heißt doch Genanntes hier eben der wirkliche oder mögliche Gegenstand unseres Vorstellens; als die Bedeutung desselben aber bezeichneten wir, im Hörer einen gleichen Begriff des Gegenstands zu erwecken wie derjenige ist, welchen der den Namen Äußernde hat. Ist nun dieser Begriff ein unbestimmter oder universeller, so ist auch ein Gegenstand in unbestimmter oder universeller Weise durch ihn genannt, d. h. so, daß unbegrenzt viele gleichzeitig genannt sein könnten. Und ist die Vorstellung individuell und unvollständig, so gilt

---

Schloß an der Jaxt, etwa heißt: das Jaxthausen Genannte ist usw.). Aber dies ist nichts anderes, als was auch einem Appelativum begegnen kann, wie wenn ich im Hinweis auf einen wirklichen Hund, einen Seehund und etwa eine Porzellanfigur von der Gestalt eines Hundes fragen würde: Welchen Hund meinst Du? wo dies ja nichts anderes heißen könnte als: „Welches Hund-Genannte?"

Allein die gewöhnliche Bedeutung der Eigennamen ist dies sowenig als die der Apellativa, und eher könnte man geneigt sein zu meinen, die Eigennamen nennten bloß etwas, o h n e e t w a s z u b e d e u t e n. Doch wäre auch dies meines Erachtens nicht die richtige Deutung der Tatsachen. Auch hier wird eine Vorstellung des einzelnen Gegenstandes, die seine Nennung vermittelt (und natürlich muß es eine individuelle sein), nicht fehlen. Aber es ist dem Zusammenhang überlassen, w e l c h e gerade erweckt werde, während der Name für sich allein in dieser Beziehung nicht determinierend wirkt. Er ist für sich allein nicht bloß äquivok in d e m Sinne, daß er unentschieden läßt, welcher unter den verschiedenen Heinrich-, Fritzgenannten gemeint sei, sondern auch, durch welche individuelle Vorstellung der Betreffende vorgestellt werden solle oder möge. Die allgemeine Vorstellung „ein Heinrich- oder Fritzgenanntes" mag wohl auch durch den Namen erweckt werden: aber sie gehört meines Erachtens nur zu den die Bedeutung vermittelnden Hilfen, also zur inneren Sprachform.

In anderen Fällen äquivoker individueller Bezeichnung wie: Ich (für jeden Sprechenden), Du (für jeden Angeredeten), Dieser (= der Hierseiende oder Gegenwärtige), Jener (= der Dortseiende oder Abwesende) das Vorausgehende, das eben Genannte usw., ferner: die Neustadt, die Altstadt, das Obere Tor, die neue Brücke usw. hat man im einzelnen Falle zuzusehen, ob die Vorstellungen, auf die man dabei zunächst geführt wird oder geführt werden kann, wirklich auch die Bedeutung bilden (so wie etwa: Erzieher Alexander des Großen und dergl.), oder ob sie nicht bloß zu inneren Sprachform geworden sind und die Bedeutung, die man mit dem Namen verbindet, eine andere, eventuell reichere, individuelle Auffassung des genannten Einzeldinges ist.

auch dies wiederum von der Weise, wie der Name unter ihrer Vermittlung nennt.

§ 106. Doch man kann bezüglich dessen, was als die Bedeutung der Namen zu bezeichnen sei, noch weitere Fragen stellen. Wir nannten ja bei der Aussage so nicht bloß, daß der Hörer ein gewisses Urteil (z. B. A ist) fällen solle, sondern im übertragenen Sinne auch den Inhalt dieses Urteils (z. B. daß A sei oder das Sein von A). Kann man — so entsteht die Frage — nicht auch in analogem Sinne von einem Inhalte des Vorstellens und auch speziell des begrifflichen Vorstellens sprechen und diesen die Bodeutung unserer Namen nennen? Darauf ist zu antworten: Man könnte in dem Falle in einem völlig analogen Sinne von einem Inhalt des begrifflichen Vorstellens sprechen, wenn sich dieses vom anschaulichen nicht bloß durch das Objekt (die Materie), sondern durch einen besonderen Modus des Verhaltens zu diesem (durch eine Form) unterschiede, ähnlich wie dies beim Anerkennen oder Verwerfen der Fall ist gegenüber der bloßen vorstellenden Vergegenwärtigung dieser Materie.

Manche sind in der Tat geneigt, bei den begrifflichen Gedanken im engeren Sinne (d. h. den durch Imperzeption oder einfache Abstraktion aus Anschauungen gewonnenen Elementen wie Rotes, Farbiges, Ausgedehntes usw. und bei den durch Synthese aus diesen Elementen gebildeten Zusammensetzungen) eine solche Denkform anzuerkennen, d. h. darin ein von der Anschauung nicht durch das Objekt (oder nicht durch dieses primär), sondern modal verschiedenes Verhalten zu erblicken.

Allein dieser Ansicht vermöchte ich nicht zuzustimmen. Fassen wir zunächst die einfachen imperzeptiven Gedanken, wie Farbiges, Urteilendes und dergl. ins Auge. Wenn wir es hier mit einer besonderen Modalität des Vorstellens, mit einer Form gegenüber einer Materie zu tun hätten, so könnte die letztere nur im Anschauungsinhalt bestehen, und es würde aus dieser Deutung des allgemeinen oder abstrakten Gedankens jedenfalls folgen, daß uns dabei jedesmal auch eine Anschauung gegenwärtig sein müßte. Würde doch sonst die Materie oder das Objekt fehlen, und dies ist hier ebenso unannehmbar, wie daß der Urteilsmodus des Anerkennens oder Verwerfens gegeben sei, ohne eine Materie (A oder B), auf die er gerichtet ist.

Nun ist es allerdings eine von bedeutenden Psychologen vertretene Lehre, daß ein abstrakter oder allgemeiner Gedanke niemals in uns stattfinde ohne eine entsprechende Anschauung. Allein wenn mir dies auch völlig festzustehen scheint mit Rücksicht auf die erste Entstehung jener Gedanken, so scheint mir doch nicht ebenso stringent bewiesen, daß auch bei jeder Erneuerung ausnahmslos eine entsprechende Anschauung im Bewußtsein gegenwärtig sein müsse.

Bei der ersten Genesis ist, wie die Erfahrung zeigt, eine Anschauung nicht genügend. Es bedarf dazu des Zusammengegebenseins mehrerer Fälle, denen das zu abstrahierende Element gemeinsam ist, und am besten ist es, wenn sie in allem übrigen differieren, diesen Zug, auf den die Imperzeption sich lenken soll, ausgenommen. Ja oft ist nicht bloß ein solches, durch mannigfache sonstige Unterschiede differenziertes, mehrfaches Gegebensein des zu abstrahierenden Zuges nötig, damit er von der Abstraktion erfaßt werde, sondern es ist auch wichtig, daß durch privative Gegensätze die Aufmerksamkeit auf ihn gelenkt werde. Wie wenn uns nicht bloß der Charakter der Evidenz einerseits in Konkomitanz mit Apriorität und anderseits mit einem bloß assertorisch-empirischen Charakter des Urteilens zusammengegeben ist, sondern daneben auch ein Urteilen, das der Evidenz entbehrt.

Daß nun bei jeder Erneuerung eines abstrakten Gedankens uns in dieser Weise eine Mehrheit von Anschauungen gegenwärtig sein müsse, wird auch der strengste Anhänger der Lehre von der ausnahmslosen Abhängigkeit der abstrakten Gedanken von Anschauungen nicht lehren.[1]) Aber warum sollte dann immer wenigstens eine gefordert sein; warum sollte hier ihr Dienst durchaus und unter allen Umständen unentbehrlich sein, während er dort (bei der ersten Entstehung) gar nicht ausreicht?

Und blickt man auf das, was als direktes Zeugnis der Erfahrung für jene Dependenztheorie vorgebracht wird, so zeigt sich, daß man häufig, ja mit einer gewissen Vorliebe, auf Beispiele sich beruft, die bei näherer Prüfung nicht als glücklich angesehen

---

[1]) Nur der Begriff des Universale als solchen ist natürlich nicht möglich ohne den Gedanken an eine Vielheit, worin dasselbe individualisiert ist, da wir ja damit etwas meinen, was, wenn es ist, vielen gemeinsam ist.

werden können. So, wenn man etwa darauf verweist, daß der Geometer, über das Dreieck nachdenkend, ein solches an die Tafel zeichne. Ich nenne das Beispiel unglücklich. Denn was uns hier vor Augen ist, ist gar keine Anschauung eines Drei-ecks. Würden ja doch dazu gerade Linien gehören, die in einer solchen Zeichnung sicher nicht gegeben sind! Auch handelt es sich bei dem Dreieck schon um einen durch prädikative Syn-these gebildeten, gar nicht um einen direkt aus Anschauungen geschöpften elementaren Begriff. Es wird zu untersuchen sein, in welcher Weise hier das, was man ungenau eine Anschauung oder Zeichnung eines Dreiecks nennt, das abstrakte Räsonnement fördert und ihm eine Hilfe ist. Aber so liegt die Sache offen-bar nicht, daß wir daran kurzweg einen Fall eines Begriffes in Begleitung von einer ihm entsprechenden Anschauung und einen direkten Beleg für das ἡ ψυχή οὐδὲν ἄνευ φαντάσματος νοεῖ hätten.

Was aber die apriorischen oder deduktiven Gründe betrifft, die man für eine solche ausnahmslose Abhängigkeit des abstrakten Gedankens von einer Anschauung (worin jedesmal das abstrakte Element erfaßt oder unterschieden werde) zu haben glaubt, so wären sie allenfalls kräftig vom Standpunkte der Lehre vom immanenten Gegenstand, indem die Annahme hier davor schützen könnte, das Allgemeine und Unbestimmte, das nicht für sich sein kann, mental zu hypostasieren. Auf unserem Standpunkte da-gegen, die wir nicht irgendeine Existenz des Allgemeinen für sich lehren (eine ideale so wenig als eine reale), sondern nur eine besondere Weise der Verähnlichung des Vorstellenden mit unbegrenzt vielen wirklichen oder möglichen Gegenständen, be-steht von vornherein kein Grund, daß diese stets auch von einer Verähnlichung mit einem anschaulichen Beispiel aus jener Viel-heit verbunden sei.

Wenn aber — und vom Gegenteil kann ich mich, wie auch andere in neuerer Zeit, nicht mit völliger Sicherheit über-zeugen — ein allgemeiner Gedanke unter Umständen möglich ist ohne eine konkrete Anschauung, dann kann er unmöglich etwas wie eine Form oder Modalität des Vorstellens sein, sonst würde die zugehörige Materie fehlen. Dagegen wäre diese Unabhängigkeit von jeder Anschauung wohl begreiflich, wenn das Allgemeine und Abstrakte im Gegensatz zum Konkreten und Individuellen zu denken, nicht primär eine Differenz der

Bewußtseinsform, sondern ein Unterschied der Materie, eine Objektsdifferenz ist.[1])

Doch wie dem sei; wir sind noch nicht zu Ende. Wenn der abstrakte Gedanke „Farbiges" ein besonderer Modus des Verhaltens zu dem anschaulichen Inhalt einer bestimmten farbigen Fläche wäre, so müßte der Gedanke „Ausgedehntes" als ein anderes Verhalten, eine andere „Form", gegenüber dieser selben Materie gefaßt werden können, und dies erscheint schwer begreiflich. Es ist mir nur verständlich, daß jene verschiedenen abstrakten Gedanken in dem Sinne ein verschiedenes Wie der Auffassung desselben Konkretums seien, als sie ein verschiedenes Was von ihm oder an ihm erfassen.

Ferner: wenn der begriffliche Gedanke ein besonderer Modus des Verhaltens zu dem anschaulichen Inhalt wäre, könnte die Anschauung selbst doch nicht auch als ein anderer Modus, sondern nur als ein nichtmodales, simples, Vorstellen angesehen werden. Und es scheint mir bedenklich, daß man so gezwungen wäre, das Vorstellen als eine Klasse psychischer Beziehung gelten zu lassen, wo sich ein schlichtes und ein modales Verhalten einander gegenüber ständen.

Zu alledem aber kommen noch allgemeine Bedenken, welche meines Erachtens gegen die Annahme verschiedener Modalitäten oder Formen des Vorstellens überhaupt sprechen. Gäbe es hier ein verschiedenes Verhalten zum selben Objekt, so müßte — falls es sich nicht um einen völlig subjektiven Unterschied derart handelt — doch das eine richtig, das andere unrichtig sein, und es wäre sonach zum Verwundern, warum es nicht auch auf dem Gebiete des Vorstellens etwas wie eine Evidenz gäbe, d. h. ausgezeichnete Akte, worin sich uns die Richtigkeit des Verhaltens unmittelbar kund gäbe.

---

[1]) Was so dagegen spricht, daß die durch einfache Imperzeption gewonnenen Begriffe wie: Farbiges, Ausgedehntes usw. besondere Modi des Vorstellens seien, ist auch eine Instanz gegen die Annahme, daß wir es dabei etwa mit einer neuen Grundklasse psychischen Verhaltens zu tun hätten. Doch würde in dem Falle auch noch folgen, daß die Vorstellung eines jeden Begriffsinhalts — und auch eine solche müßte doch möglich sein, analog wie die von Urteilsinhalten — nur gegeben sein könnte Hand in Hand mit der Vorstellung jenes eigentümlichen Modus begrifflichen Denkens. Analog wie wir einen Urteilsinhalt nicht denken können ohne im allgemeinen an ein Urteilen zu denken. Aber keine Erfahrung weiß etwas von der Tatsächlichkeit einer derartigen Analogie bei den Gedanken: Farbiges, Ausgedehntes usw.

Aber noch mehr. Es scheint mir zum Wesen des Vor-
stellens als der fundamentalsten Klasse psychischen
Verhaltens zu gehören, daß es eine Verähnlichung mit einem
Was sei und somit nur Objektsdifferenzen aufweise, mit anderen
Worten, daß seine Modi primär stets eben durch die Ver-
schiedenheit des Objekts begründet seien.[1]) Ist das „Was" ein

---

[1]) Darum würde ich es auch für nichtig halten, wenn man etwa mit
Berufung auf unsere Lehre, daß auch an den Vorgang des Urteilens und
Interessenehmens sich eine (mögliche oder wirkliche) Adäquation knüpfe, ein-
wenden wollte, auf Grund dessen ließen sich auch jene vermeintlich besonderen
Grundklassen als Differenzen des Vorstellens begreifen. Das sog. Urteilen
sei eben als ein Vorstellen des Seins und Nichtseins, das Interesse als ein
Vorstellen der Güte oder Vorzüglichkeit resp. Minderwertigkeit eines Gegen-
standes zu fassen.

Dies wäre — so meine ich — eine völlige Verkennung der wahren
Natur der vorliegenden Tatsachen. Sein und Nichtsein, Wert und Unwert
sind nicht so wie Farbe, Ton, Bewegung usw. primäre Unterschiede des
Was, und darum sind Urteile und Interesseakte, die ihnen (wirklich oder
möglicherweise) konform sind, ganz neue Weisen der ideellen Adäquation zu
etwas, und allererst aus der „Reflexion" auf dieselben (resp. ihre Inhalte) werden
die Begriffe des Seins und Nichtseins resp. des Wertes und Unwertes der
Gegenstände gewonnen. Wer das Urteil „A ist" als richtig erfaßt — und
dies ist, wie wir wissen, der Fall, wenn es den Charakter der Einsicht hat
— der kann daraus den Begriff dieser besonderen Weise der Adäquation
schöpfen. Aber es wäre, wie wir schon früher bemerkten, völlig verkehrt zu
glauben, das Urteil „A ist" enthalte selbst die Vorstellung oder den Begriff
des Seins.

Ebenso ist es beim Lieben und Hassen. Wer A liebt und diese Liebe
— falls sie berechtigt ist — als richtig erfaßt, der gewinnt daraus den Begriff der Güte des Geliebten oder die Erkenntnis, das A nicht sein und geliebt werden kann ohne der Liebe adäquat zu sein. Aber dieser Gedanke ist
nicht identisch mit dem Lieben selbst; er ist nur eine mögliche Folge davon,
und nichts wäre darum verkehrter als die Meinung, das Lieben sei ein „Werthalten" im Sinne eines Bewußtseins, das irgendwie den Begriff des Guten
als Bestandteil einschlösse. Dies gilt so wenig, als wie, daß das Anerkennen etwa als ein Seiend-Nehmen im Sinne der Prädikation des Begriffes
Seiend gelten könnte. Auch das verbietet, das Urteil und Interesse als ein
Vorstellen des Seins resp. des Wertes zu fassen, daß das Urteil offenbar
eine spezielle und ganz eigentümliche Adäquation an das Sein und das
Interesse eine ebensolche eigenartige Adäquation an den Wert ist, während
das Vorstellen sich zum einen und andern nicht anders verhält als zu beliebigen Objektsdifferenzen, wie etwa den Unterschieden von Farbe und Ton,
Rot oder Blau.

Und meinte einer diesem Novum genügend Rechenschaft zu tragen,
indem er lehrte, Urteilen und Interesse seien eben kein schlichtes Verhalten
des Vorstellenden zu einem Objekt (wie etwa das Vorstellen von Farbe oder

verschiedenes, so ist wohl das Wie des Verhaltens zu ihm auch ein anderes, aber eben nur dadurch, daß es einem anderen Was konform ist. Demselben Was kann das Vorstellen nicht in verschiedener Weise konform sein. Ist das adäquate Vorstellen ein anderes, so muß eben auch das Vorgestellte ein anderes sein.

Diese allgemeinen, prinzipiellen Bedenken sprechen natürlich auch gegen die Ansicht, daß speziell das begriffliche Vorstellen im Sinne der einfachen Imperzeption und Synthese besondere Modi des Vorstellens seien. Was die Synthesen (wie etwa: Weißes — Wohlriechendes — Weiches oder Glänzendes — Hartes — Schweres usw.) betrifft — wozu die meisten in der Sprache (obwohl vielfach durch einfache Namen, wie Wachs, Gold und dergl.) ausgedrückten Begriffe gehören — so ist bei ihnen allerdings nicht bloß eine in Anschauungen erfaßte Objektsdifferenz, sondern auch noch etwas anderes im Spiele. Sie entstehen ja, wie ich schon oben angedeutet und früher in meinen Artikeln über subjektlose Sätze ausgeführt habe,[1]) nur Hand in Hand mit der Reflexion auf Prädikationen (wie: dieses Weiße ist weich und dergl.). Aber dies ist kein besonderer Modus des Vorstellens, sondern wie wir schon wiederholt betont haben, ein besonderer Modus des Urteilens, ein Zuerkennen, und sein Inhalt wird bei den Vorstellungssynthesen zum Vorstellungsgegenstand.[2])

— — ·· ·· — ·

Ton, Rot oder Blau), sondern es seien ganz eigentümliche Modi des Vorstellens, so wäre dagegen nicht bloß an das zu erinnern, was oben zugunsten der Ansicht gesagt ist, daß das Vorstellen überhaupt und seinem Wesen nach ein schlichtes Verhalten zum Objekt und nicht ein, derselben Materie gegenüber verschiedener Modi fähiges, Verhalten sei. Es wäre noch speziell zu fragen, ob, wenn wir z. B. Affirmation und Negation als entgegengesetzte Vorstellungsmodi fassen wollten, wir nicht gezwungen wären, neben einem positiven auch einen negativen Anschauungsmodus anzunehmen, und wie doch die Genesis von negativen Anschauungen zu erklären sein sollte? In diese Schwierigkeiten verwickelt sich auch Husserl, indem er — wie früher gelegentlich erwähnt wurde — Anerkennen und Verwerfen als Sache des Vorstellens faßt und das Glauben oder Urteilen (belief) als ein zwar zu einem solchen entgegengesetzten Vorstellen hinzutretendes, aber in sich selbst stets gleichartiges, Verhalten des (mehr oder minder) Überzeugtseins oder dergl. faßt.

[1]) Vierteljahrsschrift für wissenschaftliche Philosophie, Bd. XIX, S. 76 ff.

[2]) Es sei hier gestattet, beiläufig zu bemerken, daß, wenn die Tatsachen zeigen sollten, daß diejenigen Recht haben, welche in älterer und neuerer Zeit auch im Zusammenfassen oder Kolligieren einen besonderen Modus

Diese Begriffe sind denn auch nicht denkbar, ohne daß man wenigstens im allgemeinen an ein Urteilen mit denkt. Wie Sein von A nicht vorgestellt werden kann ohne die Vorstellung eines Anerkennens, so ABsein nicht ohne die eines Zuerkennens.

Anders bei einfachen Begriffen wie: Farbiges, Ausgedehntes, Bewegung usw. Sie können wir denken ohne in abstracto den Begriff eines Denkenden mit vorzustellen, wenn auch die konkrete Vorstellung im inneren Bewußtsein mit gegeben ist, und sie sind hierin nicht mit der Vorstellung der Urteilsinhalte und Werte auf eine Linie zu stellen, sondern mit den Anschauungen.[1]) Wie ich anschaulich ein Farbiges vorstellen kann, ohne den Begriff des Anschauens mit zu denken (wenn auch nicht ohne die

---

psychischen Verhaltens und nicht primär eine Objektsdifferenz erblicken, es mir schiene, daß auch hier die Lösung nicht in der Annahme einer besonderen Vorstellungs-, sondern einer Urteilsform zu suchen wäre. Wir hätten, meine ich, dann zwei Klassen synthetischen Anerkennens anzunehmen, nämlich neben dem Zuerkennen oder Prädizieren ein Hinzuerkennen, ein Juxtaponieren oder Kopulieren. Und in Reflexion auf den bezüglichen Urteilsinhalt müßte sich, wie beim Prädizieren das ABsein, so beim Hinzuerkennen das A- und Bsein ergeben. Das „Zusammensein" würde dann zunächst bloß besagen, daß ein Urteilender mit Recht neben dem einen das andere anerkennen könne, wie das ABsein zunächst nichts mehr besagt, als daß, wer urteile „A ist B", richtig urteile.

Ich sagte: so wäre das Kolligieren meines Erachtens zu deuten, wenn darin primär ein besonderer Modus psychischen Verhaltens zu erblicken wäre. Ich meine also damit nicht die zweifellose Tatsache, daß wir auch völlig willkürlich Kollektiva und Inbegriffe (und speziell auch etwas wie „Gestalten" und „Formen" und „Gruppen", wie eine Melodie oder dergl.) bilden. Denn dies geschieht hier wie anderwärts nach Analogie zu Gebilden, wozu uns irgendwelche Erfahrung den Anlaß gegeben hat. Die Frage ist, ob dieser Anstoß einfach in der Weise wirksam ist, daß sich unserem Vorstellen und Urteilen neue Objektsdifferenzen aufdrängen, oder ob, indem wir uns der Objektivität — einem zeitlichen, örtlichen oder sonstigen Zusammen — konformieren, dies zunächst darin besteht, daß eine besondere Modalität unseres psychischen Verhaltens zu den Objekten auftritt. Wenn dies, dann meine ich, müßte diese Modalität eine besondere Form der Zusammensetzung von Anerkennungen sein, und aus der Reflexion auf sie müßte der allgemeinste Begriff des Zusammen in ähnlicher Weise gewonnen sein, wie der der Identität aus der „Reflexion" auf die prädikative Urteilssynthese.

[1]) Anderer Ansicht ist hier Stumpf, indem er die Begriffe, ebenso wie die Urteilsinhalte und Werte, zu den „Gebilden" rechnet und von diesen allgemein behauptet, sie könnten nicht ohne die Funktionen begriffen werden (und umgekehrt).

konkrete innere Anschauung dieses meines Erlebnisses), so auch Farbiges im allgemeinen ohne den Begriff dieses Gedankens.

Dagegen ist der Begriff des Gegenstandes als solchen nicht denkbar ohne den Gedanken an Anschauendes oder begrifflich Vorstellendes. Er ist eben relativ zum Vorstellen, so wie der des Urteilsinhaltes zum Urteilen und der des Wertes zum Interesse und kann nur Hand in Hand mit der Reflexion auf jene psychische Funktion gewonnen werden. Aber es wäre eine große Täuschung zu meinen, in Farbe, Ton usw. sei der Begriff des Gegenstandes eingeschlossen [1]) in dem Sinne, daß er daraus geschöpft werden könnte. Hier kann ich wohl den Begriff der Qualität im allgemeinen und auch den des Realen gewinnen; den des Gegenstandes nicht. Und Farbe und Ton kann ich nicht bloß anschaulich, sondern auch begrifflich vorstellen ohne es als Gegenstand zu denken. Während ich allerdings z. B. Urteilsinhalte nicht vorstellen kann ohne sie als Inhalte und damit eben als relativ zu einem Urteilenden (wenigstens im Sinne einer relativen Bestimmung) zu denken. Weshalb auch, wenn ich z. B. vorstelle: daß A sei oder daß B sei, dies nicht möglich ist, ohne den allgemeinen Gedanken an einen Urteilenden.

§ 107. Das Resultat unserer vorausgehenden Betrachtungen ist, daß man von einem Inhalte der Begriffe in streng analogem Sinne wie beim Urteilen und Interesse nicht sprechen kann. Es gibt hier keinen Unterschied der Form gegenüber anderen

---

[1]) Er ist dies, obwohl Farben, Töne usw., wenn sie sind, Gegenstände sind, so wenig, als in rot der Begriff gleich oder verschieden oder ähnlich eingeschlossen und daraus zu gewinnen ist, obwohl es jedem Roten, wenn es ist, notwendig zukommt von einem Grünen, wenn es ist, verschieden zu sein. Wie der Begriff der Verschiedenheit, so ist eben auch der des Gegenstandes ein relativer, und bei ihm handelt es sich, wie schon bemerkt, speziell um die Relativität zu einem (möglichen oder wirklichen) Vorstellenden.

Meinong behandelt die Begriffe wie: Gegenstand, Urteilsinhalt (oder „Objektiv"), Sein, Nichtsein, Notwendigkeit, Unmöglichkeit usw. wie etwas, dessen Genesis gar keiner Erklärung bedürfte. Mit Unrecht. Bezüglich der Urteilsinhalte wird er freilich sagen, wir hätten gar keinen Begriff von ihnen. Aber haben wir auch keinen von „Gegenstand"? In Wahrheit begibt der Autor sich, indem er zu der von mir oben betonten Reflexion „kein Vertrauen zu fassen vermag", der Möglichkeit, von dem Unterschied zwischen dem, was er Objekt und dem was er Objektiv nennt, Rechenschaft zu geben.

Klassen des Vorstellens. Nur eine Objektsdifferenz kann
es sein, was den Begriff gegenüber der Anschauung primär
konstituiert, und man kann also in diesem Sinne nicht anders
von einem Begriffsinhalte sprechen als von einem Inhalte der
Anschauung. Es ist damit der Gegenstand gemeint. Immerhin
kann mit Bezug darauf, daß — wie wir gesehen haben — die
Begriffe das Wirkliche und das, was für sich wirklich sein
könnte, vielfach unvollständig auffassen, bei ihnen, im Gegensatz zu den Anschauungen, ein Gegenstand im engeren und
weiteren Sinne unterschieden werden. Im weiteren Sinne wäre
also z. B. für den Begriff Weißes alles das ein Gegenstand zu
nennen, was zu seinem Umfang, d. h. zum Bereiche seiner An-
wendbarkeit gehört, d. h. alles, wovon, wenn es ist, das Weißsein in Wahrheit prädiziert werden kann. Im engeren Sinne
dagegen kann vom Gegenstand dieses Begriffes gesprochen
werden mit Rücksicht auf diejenige Seite an dem im ersten
Sinne Gegenstand Genannten, wonach dieses in einer solchen
unvollständigen Vorstellung erfaßt ist. Mit anderen Worten:
wenn das Vorgestellte, falls es wirklich wäre, dem Vorgestellten
in der Art adäquat sein würde, daß in ihm nichts gegeben
wäre, was nicht auch im Vorstellenden als solchen sein Gegenstück hätte, so können wir es „Gegenstand im engeren Sinne"
oder Inhalt nennen. Die Unterscheidung entfällt nur, wo der
Begriff notwendig ein das ihm wirklich oder möglicherweise
Entsprechende völlig erschöpfender ist.[1]) Faßt man den Terminus „Inhalt" in dieser Weise, daß man darunter den Gegenstand versteht, so weit er einer solchen unvollständigen Vorstellung entspricht, so kann man, statt zu sagen: die Namen
nennen die Dinge mediantibus conceptibus oder als das, als
was sie vorgestellt werden, sich auch ausdrücken: sie bedeuten
den Inhalt unserer begrifflichen Gedanken, die wir durch Aussprechen des Namens als in uns stattfindend äußern und in
gleicher Weise im Hörer erwecken wollen.[2])

---

[1]) Wo also etwas derart einfach wäre, daß von ihm in keinem berechtigten Sinne eine verschiedene Auffassungsweise möglich wäre, da würde
bei der einzigen Vorstellung, die es zuließe, nicht von einem Unterschied von
Inhalt (oder Gegenstand im engeren) und Gegenstand (im weiteren Sinne)
geredet werden können. Beide, das durch den betreffenden Namen Bedeutete
und das durch ihn Genannte, fielen zusammen.

[2]) Inhalt und Gegenstand der Vorstellung unterscheiden sich, wie wir

Von dem **Inhalt** der Begriffe als der Bedeutung der Namen
sprechend, mag man auch sagen, ein eindeutiges Zeichen habe
beim Sprechenden und Verstehenden und bei mehrmaliger Verwendung nicht bloß die **gleiche** Bedeutung (dies gilt, wenn unter

gesehen haben, auch dadurch, daß vielfach der Gegenstand derselbe ist oder
sein kann, während der Inhalt nicht derselbe ist.

Es ist vielleicht nicht müßig zu betonen, daß dies auch zwischen
anderem vorkommt, was man teils tatsächlich als Inhalt und Gegenstand
einander gegenübergestellt hat, teils wenigstens in Gefahr kommen kann, mit
unserer Unterscheidung zu konfundieren. Um solchen Verwechslungen vorzubeugen, sei das Betreffende hier ausdrücklich aufgezählt.

1. Vor allem würde vom „Vorstellungsinhalt" im Sinne des sog.
immanenten Gegenstands, wenn er wäre, gelten, daß er wenigstens individuell
wechseln könnte ja müßte, während der „Gegenstand schlechtweg" derselbe
bliebe. Wenn viele dasselbe Haus oder denselben Baum vorstellen, müßte,
wer einen „immanenten Gegenstand" lehrt, annehmen, daß derselbe so vielfältig gegeben wäre, als Vorstellende da sind, während der Gegenstand
schlechtweg für alle derselbe ist.

Aber wir haben uns bereits überzeugt, daß der sog. „immanente Gegenstand" nicht Inhalt in unserem Sinne d. h. die Bedeutung des Namens im
Gegensatz zum Genannten sein kann, schon darum, weil er eine Fiktion ist.

2. Aber auch anderes, was man als Inhalt dem Gegenstand entgegengesetzt hat, ist nicht mit dem, was wir so nennen, zu verwechseln, wenn es
auch nicht fiktiver Natur ist. Ich meine unsere sinnlichen Anschauungen gegenüber dem Wirklichen, wofür sie **Zeichen** sind. Auch unsere räumlichen und
qualitativen Eindrücke können wechseln, während die äußere Wirklichkeit,
welche durch sie angezeigt wird, dieselbe ist. Das weiß bis zu einem gewissen Grade schon der gemeine Mann. In viel ausgedehnterem aber die
Wissenschaft. Aber wenn manche (wenn ich recht verstehe, z. B. Husserl)
dieses den Gegenstand, jenes die Inhalte unseres Vorstellens genannt haben,
so sind es doch nicht die Inhalte in unserem Sinne, nämlich die Bedeutungen
unserer Namen. Einer Allee z. B. gebe ich in der Regel nicht nach dem
verschiedenen visuellen Eindruck, den sie, je nach meiner verschiedenen
Stellung zu ihr, auf mich macht, verschiedene Namen. Nur wo es doch
geschieht, wie wenn ich sagen würde: „das mir just so oder so Erscheinende
ist" usw. wäre dieser **Begriff** ein Inhalt in unserem Sinne.

Und ebenso gilt dies von den **Begriffen** Farbiges, Rotes, Weiches,
Warmes im gemeinen Bewußtsein, welches die Qualitäten im großen und
ganzen nicht für Zeichen der äußeren Wirklichkeit sondern für diese Wirklichkeit selbst hält. Für diese Auffassung des gemeinen Mannes ist Farbiges
(Rotes usw.) ein Inhalt in unserem Sinne, da es eine unvollständige Auffassung
dessen ist, was von diesem Standpunkte als wirklich gelten muß. Dagegen
sind die sinnlichen **Anschauungen** nie Inhalte in unserem Sinne.

3. Wie einem sich gleichbleibenden Gegenstande gegenüber nicht bloß
der Inhalt (in unserem Sinne) sondern auch noch anderes (das man nicht
deshalb mit ihm konfundieren darf) wechseln kann, so findet ein solches Ver-

„Bedeutung" der zu erweckende begriffliche Gedankenakt gemeint ist), sondern sie sei geradezu identisch, d. h. numerisch dieselbe. Demgegenüber wird man freilich einwenden, wenn dies auch von den allgemeinen Begriffen gelte, seien wir in Gefahr, einen Realismus oder platonischen oder neuplatonischen Idealismus zu lehren.

Daß dies aber nicht der Fall ist, haben wir schon früher gezeigt. Was für sich unbestimmt ist, kann auch — so meinen wir nach wie vor — in keiner Weise für sich existieren, an einem überirdischen so wenig als an einem irdischen Orte und zeitlos (nach Husserls Ausdrucksweise „ideal") so wenig als zeitlich (nach Husserls Ausdrucksweise „real"). In allen Fällen

---

hältnis des Wechsels gewisser Elemente auch wieder gegenüber dem Inhalt (in unserem Sinne) als etwas Konstantem statt, und es könnte geschehen und ist geschehen, daß man es deswegen mit diesem verwechselt. Es kann nämlich, wie wir wissen, bei gleichbleibendem Begriffsinhalt die figürliche innere Sprachform der zugehörigen Bezeichnung wechseln. Und man hat manchmal wie den Begriffsinhalt (d. h. die Bedeutung, welche das Nennen vermittelt) so auch die innere Sprachform (welche die Bedeutung vermittelt) mit dem Namen „Benennungsgrund" belegt. Aber — wie wir schon an früherer Stelle ausführten — hat dies da und dort eben einen ganz verschiedenen Sinn. Die begriffliche Auffassung eines gewissen Gegenstands (z. B. als Wein) vermittelt als Bedeutung dessen Nennung durch einen Namen, womit auch sonst Gegenstände, die unter diesen Begriff fallen, bezeichnet werden. Etwas ganz anderes aber ist der Umstand, daß, als Mittel um den Hörer auf diesen Begriff zu führen, durch Übertragung und Äquivokation eine Bezeichnung gewählt wird, die zunächst die Idee des Sorgenbrechers oder des Blutes der Reben oder des perlenden Naß erweckt oder was dergleichen Vorstellungen mehr sind, die ohne die Bedeutung zu sein, auf welche es ankommt, sie doch nach den Gesetzen der Assoziation zu vermitteln vermögen.

4. Endlich haben wir noch etwas Wechselndes dem Begriffsinhalt (in unserem Sinne) gegenüber an den anschaulichen Vorstellungen, welche den begrifflichen Gedanken (wenn nicht immer, doch häufig) begleiten. Von der Assoziationspsychologie sind sie geradezu mit dem begrifflichen Gedanken verwechselt worden, und es läge in der Konsequenz dieser Lehre, sie für den eigentlichen Inhalt dieses Gedankens zu erklären. Wie man dann aber dabei doch auch sagen könne, daß stets ein Gleiches (z. B. was dem Menschen, was dem Dreieck wesentlich ist), gedacht sei, das zu erklären dürfte der Theorie nie und nimmer gelingen. Doch davon hier nicht weiter. Was wir Begriffsinhalt nennen, ist aber eben jenes Gleiche, das trotz des wechselnden Anschauungsmaterials konstant bleibt und das allein die Gleichheit der Bedeutung bei den wiederholten Verwendungen des Namens „Dreieck" oder „Mensch" usw. verbürgen und begründen kann.

verstößt es gegen den Satz des Widerspruchs, daß etwas, was universell, also für sich nicht vollkommen bestimmt wäre, doch für sich existiere. Sätze wie: das gleichseitige Dreieck ist gleichwinklig, die Zahl 3 ist in 6 zweimal enthalten usw., können darum nur scheinbar (der äußeren und inneren Sprachform nach) als Affirmationen und Prädikationen gelten. Ihr wahrer Sinn ist ein ganz anderer. Sie besagen die Unmöglichkeit von etwas wie: ein gleichseitiges nicht gleichwinkliges Dreieck, und diese Unmöglichkeit, die tatsächlich besteht, ist kein allgemeiner Gegenstand, sondern etwas Einziges, Bestimmtes.

Überhaupt ist eine, sei es reale, sei es „ideale" Hypostasierung des Allgemeinen nicht nötig, um die „Identität" und auch nicht um die Objektivität des Inhalts unserer Begriffe zu garantieren. Was die Objektivität eines allgemeinen Inhalts betrifft, so kann sie nur darin bestehen, daß dem zugehörigen begrifflichen Gedanken in einer besonderen unbestimmten Weise irgendwelche wirkliche Gegenstände entsprechen und daß neben ihm an und für sich noch indefinit viele existieren könnten, die ihm in derselben Weise entsprächen. Der allgemeine begriffliche Gedanke ist eine Verähnlichung mit einer der Möglichkeit nach unbegrenzten Vielheit von individuellen Gegenständen, und in der besonderen Weise dieser Verähnlichung liegt die Besonderheit des einen begrifflichen Gedankens gegenüber einem anderen. So verstanden also gilt auch von dem Inhalte mancher allgemeinen Begriffe, daß er objektiv ist, d. h. daß etwas ihm Entsprechendes in logischer Unabhängigkeit von jeder psychischen Funktion existiert, und diese Tatsache gibt sich uns in gewissen (unmittelbaren oder mittelbaren) evidenten Urteilen zu erkennen wie in anderen die Objektivität des Inhalts oder Gegenstandes einer anschaulichen Vorstellung. In dieser Hinsicht besteht für die Begriffsinhalte kein wesentlicher Unterschied, weder gegenüber den Anschauungsgegenständen einerseits, noch den Urteils- und Interesseinhalten anderseits.

Was aber die Rede von der Identität des Inhalts gleicher begrifflicher Gedanken betrifft, so bin ich allerdings der Ansicht, daß es nicht zweierlei Identität gebe, eine begriffliche und eine reale oder sachliche, sondern diese ist immer eine sachliche. Aber sie besagt nicht immer, daß etwas identisch sei, sondern manchmal bloß, daß, wenn es wäre, es identisch wäre. So eben in den Fällen, wo wir z. B. die Bedeutung des Namens oder den Inhalt des

Begriffes „Farbiges" einen identischen nennen. Dies kann nur heißen: Gäbe es in Wirklichkeit einen Gegenstand, der alles enthielte und nicht mehr als das, wodurch er jener Vorstellung adäquat wäre, so wäre es notwendig ein Einziges; es bestände reale Identität. Nur im übertragenen Sinne aber und in Beziehung zu jener hypothetischen realen Identität spricht man nun auch von begrifflicher. Dieses farbige Papier und jene farbige Blume sind „einem Begriffe nach" identisch, wenn sie begrifflichen Gedanken entsprechen, deren adäquates Gegenstück, wenn es wäre, sachlich ein Einziges und Identisches wäre. Daß es wirklich existiere, ist eine durch unsere sprachlichen Ausdrucksweisen (wie: das Dreieck, die Röte, die Farbe, die Schönheit usw.) nahegelegte Fiktion, sowohl in der platonischen Form, als in jeder dieser ähnlichen, die seither versucht worden ist und Spezies und Gattungen für sich existieren oder bestehen ließ, um die Einheit der Bedeutung bei den entsprechenden Namen zu erklären. Obschon ein Farbiges im allgemeinen u. dergl. für sich nicht existiert, kann man doch davon reden, daß es Inhalt d. h. im engeren Sinne Gegenstand des begrifflichen Gedankens sei, weil hier Gegenstandsein oder einen Gegenstand-haben nicht im Sinne einer Korrelation sondern stets nur in dem einer relativen Bestimmung gemeint ist. Denn so verstanden heißt „etwas ist von mir vorgestellt" eben nicht, es sei irgendwo, real oder mental, sondern nur, wenn es wäre, wäre es meinem (unbestimmten) Gedanken so adäquat, daß es sich mit ihm deckte, z. B. es wäre etwas, mit dem weder rot noch grün völlig, beide aber teilweise identisch wären.

§ 108. Durch das Vorausgehende ist wohl zur Genüge klar geworden, wie der Unterschied des Bedeuteten und Genannten zu fassen sei. Doch ehe wir zu gewissen Besonderheiten auf dem Gebiete des Bedeutens und Nennens weiter gehen, die noch einer Erläuterung bedürfen, seien noch einige Worte der Klärung gewisser Termini gewidmet, die vieldeutig verwendet werden.

Daß dies beim Terminus Vorstellungs- resp. Begriffsinhalt der Fall ist, haben wir schon gelegentlich betont. Neuestens ist noch eine Äquivokation hinzugekommen, indem Meinong — und wenn ich recht verstehe, schon vor ihm Uphues — mit dem Namen „Vorstellungsinhalt" die reale Differenz bezeichnen wollen, wodurch sich z. B. der Rotvorstellende von dem Blauvorstellenden unterscheidet oder wodurch eine Tonvorstellung reell gegenüber einer Farbenvorstellung differenziert ist. Daß solche reale Differenzen bestehen, ist zweifellos. Sie bilden meines Erachtens das Fundament für jene nichtreale Relation oder relative Bestimmung, die wir die ideelle Ähnlichkeit des Vorstellenden mit Rot und Blau oder einem Ton usw. nannten; obschon sie in sich selbst nichts wie Rot oder Blau sind und ich sie auch nicht gerade als ein reales Bestandstück an der Vorstellungstätigkeit bezeichnen möchte. Allein obwohl etwas Tatsächliches, ist das Erwähnte doch sicher nicht das, was wir den Inhalt der Vorstellung nannten und auch nicht das, was man als die Bedeutung des Namens zu bezeichnen pflegt. [1]) Auf die Frage: was die Namen Farbe, Ton u. dergl. bedeuten, antwortet niemand: ein reales Bestandstück an meinem

---

[1]) Auch scheint es mir ein ganz unmögliches Beginnen, wenn St. Witasek (Grundzüge der allgemeinen Ästhetik S. 193 ff.) im Hinblick auf die Scheidung von Vorstellungsinhalt (in diesem Meinongschen Sinne) und Vorstellungsakt den Unterschied von ästhetischen und sinnlichen Gefühlen erklären will, indem die ersteren „Inhaltsgefühle“, die letzteren „Aktgefühle“ sein sollen. Während das, wodurch verschiedene Vorstellungen (z. B. ein Blau- und Rotvorstellen) sich reell unterschieden, nach dieser Terminologie der „Inhalt“ wäre, soll nach Witasek der „Akt“ das sein, was allen Vorstellungen gemeinsam ist. Danach wäre der „Akt“ offenbar ein Abstraktum, ein Universale, ähnlich wie der allgemeine Begriff des Körpers gegenüber dem, was ein gewisses Ding zu Gold oder Blei oder Sauerstoff usw. macht. Und eine solche Abstraktion soll Gegenstand des sinnlichen Gefühls sein, während das die verschiedenen Akte Differenzierende Gegenstand des ästhetischen Gefühls wäre? Gewiß eine absurde Annahme. — Auch scheint es mir keineswegs passend, Vorstellungsakt und -Inhalt als (in gewissen Grenzen) von einander unabhängig variable Seiten des realen psychischen Vorgangs zu bezeichnen (ebenda). Akt und realer psychischer Vorgang scheint mir vielmehr dasselbe. Und wenn ich an dieser realen Einheit durch Abstraktion das, was allen Vorstellungsakten gemeinsam ist, scheide von dem, was sie differenziert, so scheint es mir weder angemessen, das erstere kurzweg den Akt zu nennen, noch erlaubt zu sagen, daß es unabhängig von den Objektsdifferenzen (dem „Inhalt“) variieren könnte. Von einem solchen, dem „Inhalt“ gegenüber unabhängigen, Variieren des Aktes könnte nur die Rede sein, wenn dem Vorstellen bei gleicher Objektsdifferenz etwas wie verschiedene Modi zukämen. Aber auch wenn dies der Fall wäre, möchte ich nicht diese Modi als den „Akt“ bezeichnen, sondern eben als die Modi des Aktes, und sagen: der Akt könne einmal seiner Modalität und einmal seinen Objektsdifferenzen nach variieren.

454

psychischen Akt; denn von Farben, Tönen usw. redend, wollen wir ja nicht von unseren psychischen Tätigkeiten sprechen. Beides würde aber auch nicht der Analogie zu den Aussagen und Emotiven (resp. Urteilen und Interessephänomenen) entsprechen. Mit dem Inhalt der letzteren und der Bedeutung der ersteren ist nicht ein „reelles Bestandstück" an unseren psychischen Vorgängen sondern etwas Objektives gemeint.

Dagegen widerstreitet es unserer Verwendung des Terminus „Vorstellungsinhalt" eigentlich nicht, wenn man von Inhalt der Vorstellung in dem Sinne redet, daß man „zum Inhalt gehörig" Alles nennt, was als Teil am Gegenstand sich unterscheiden läßt. Der Inhalt einer Vorstellung wäre hienach die Gesamtheit der in einem Vorgestellten beschlossenen Teilvorgestellten, wie solche durch Analyse als darin begriffen erkannt werden. (Das Analoge gilt beim Urteilsinhalt.)

Statt Vorstellungsinhalt in unserem Sinne wird oft auch Vorstellung (idea) gesagt, und so ist es wohl z. B. zu verstehen wenn Locke sagt, die Namen seien Namen ·unserer „Ideen".

Daneben aber dient — wie man weiſs — der Terminus Vorstellung auch wieder zur Bezeichnung des Vorstellens und auch des Vorgestellten wie es im Vorstellenden ist (bei solchen, die an diese mentale Existenz glauben).

Ähnlich ist es mit dem Terminus Begriff. Bald versteht man darunter den Akt, bald das, was wir den Inhalt des begrifflichen Gedankens nannten. So wenn man den Begriff oft geradezu als „die Bedeutung eines Namens" definiert.[1]

Weiter: Bekanntlich nennt man die Angabe der Bedeutung eines Namens seine Definition.[2] Da statt Bedeutung auch Begriff gesagt wird, so redet man dementsprechend auch von Definition des Begriffes. Doch sollte dies dann eben nicht anders verstanden werden, als im Sinne der Verdeutlichung

[1] Doch soll nicht vergessen werden, daß man manchmal auch die Bedeutung von synsemantischen Zeichen ihren „Begriff" nennt, und in diesem Sinne von dem Begriffe des „und" oder des „wenn" spricht.

[2] Wenn „Definition" nichts anderes ist als Erklärung der Bedeutung, so ist offenbar, daß sie eigentlich nicht bloß bei Namen, sondern bei allen Sprachmitteln möglich und wünschenswert ist, die in irgend einer Beziehung minder verständlich sind. Man sucht in der Tat auch für Aussagen und Emotive, die vieldeutig oder sonst irgendwie mißdeutlich oder unverständlich sind, Übersetzungen zu bieten, welche an dem betreffenden Gebrechen nicht leiden.

des Begriffs; im weitesten Sinne, welchen der Terminus „Verdeutlichung" haben kann.

Wo die Bedeutung oder der Begriff zusammengesetzt ist aus einer Mehrheit von Merkmalen oder Teilbegriffen, da besteht die Verdeutlichung oder Bedeutungsangabe oft und zweckmäfsig in einer Aufzählung jener Elemente. Aber es wäre verkehrt zu glauben, dafs dies immer, wo es überhaupt möglich ist, auch gefordert sei. Und noch törichter wäre es, zu meinen, wo es nicht satthaben kann — und bei nichtzusammengesetzten Begriffen ist es natürlich von vornherein ausgeschlossen — sei überhaupt keinerlei Definition möglich. Die Verdeutlichung mufs eben andere Wege einschlagen, verdient aber in aller Wahrheit den Namen einer Definition, sobald sie nur eben jenen Zweck erfüllt.

§ 109. Doch nun zu gewissen Besonderheiten auf dem Gebiete des Bedeutens und Nennens, die noch einer Erläuterung bedürfen.

Es kommt bekanntlich vor, dafs man etwas ausdrücklich als eigentlich „unnennbar" bezeichnet, es aber doch irgendwie nennt; also uneigentlich. Was ist mit diesem Unterschied eines eigentlichen und uneigentlichen Nennens oder Bezeichnens gemeint?

Eines dürfte klar sein, daß, wie überhaupt die Namen stets etwas nennen *mediantibus conceptibus*, jener Unterschied in der Weise des Nennens mit einem Unterschied der dasselbe vermittelnden „Begriffe" zusammenhänge. Und in der Tat spricht man, wie von einem eigentlichen und uneigentlichen Nennen, so auch von eigentlichen und uneigentlichen Begriffen und Vorstellungen. Es ist dies schon in alter Zeit geschehen, und in neuerer Zeit hat u. a. Brentano wieder auf die Tatsache aufmerksam gemacht.

Fragt man sich aber, welcher Art der Unterschied zwischen eigentlichem und uneigentlichem Vorstellen sei, so möchte ich antworten: dafs er mir zu denen zu gehören scheint, welche Grade zulassen und wo wohl über die Extreme, nicht aber bezüglich der mittleren Lagen volle Klarheit darüber herrscht, in welcher Weise die Grenze zu ziehen sei.

Sicher uneigentlich wird man eine Vorstellung nennen, wenn sie weder eine Anschauung des Gegenstands, noch aus einer

Anschauung desselben geschöpft ist; auf einem Gebiete, wo doch nicht (wie beim Widersprechenden und Widerstreitenden) eine Anschauung von vornherein und für jeden Intellekt unmöglich ist.[1])

Wenn ein Blindgeborener die Rotempfindung, von der er öfter in charakteristischer Weise hat sprechen hören, eine Empfindung nennt „wie die eines Trompetentons", so ist dies mit Rücksicht auf die Gefühlswirkung derselben vielleicht nicht unpassend. Aber angenommen, es sei damit wirklich ein proprium der betreffenden Empfindung getroffen, so ist es doch nicht das, was man den eigentlichen Begriff von Rot nennt, sondern nur eine uneigentliche Vorstellung davon. Die eigentliche kann der an jenem Sinnesmangel Leidende gar nicht fassen, da ihm die entsprechende Anschauung fehlt, woraus allein der Begriff zu abstrahieren ist.

Aber auch wenn ein Farbentüchtiger die Rotempfindung etwa als diejenige bezeichnet, welche von den Strahlen größter Wellenlänge im Sonnenspektrum hervorgerufen wird, so ist damit nicht der eigentliche Inhalt der Rotvorstellung erläutert sondern ein uneigentlicher Begriff an die Stelle gesetzt.

Ebenso ist es aber eine uneigentliche Vorstellung von Schwarz oder Grau, wenn ich sage, es sei eine Farbe wie die meines Rockes oder Beinkleides, kurz, wenn ich die Farbe nach einem zufälligen Verhältnis oder einer solchen relativen Bestimmung, die ihr zukommt, erfasse. Oder wenn ich von etwas bloß sage, es sei das eben von mir Vorgestellte oder es sei eben Gegenstand der Unterredung oder es sei das durch dieses oder jenes Zeichen Bezeichnete. Aber auch wenn das Verhältnis oder die relative Bestimmung nicht, wie in den eben angegebenen Beispielen, ein bloß vorübergehendes und zufälliges ist, wird seine Angabe doch bloß als ein uneigentliches Erfassen des im Verhältnis Stehenden (oder des der relativen Bestimmung Teilhaftigen) anzusehen sein. Wie wenn ich Gott als die Ursache der Welt und das (physikalische) Licht als die (mögliche) Ursache meiner Gesichtsempfindungen auffasse.

Manche sind jedoch weiter gegangen und haben es geradezu als das Wesen des uneigentlichen Vorstellens bezeichnet, daß es etwas, statt in sich selbst, als in einem gewissen Verhältnisse

---

[1]) Die Vorstellung des Unmöglichen als solchen heißt dagegen nicht uneigentlich.

stehend denke. Dies ist sicher nicht richtig. Erstlich weil zu fragen wäre, ob nicht auch absolute Bestimmungen eines Gegenstandes eine derart unvollständige Auffassung desselben sein können, daß sie bloß als eine uneigentliche Vorstellung von ihm gelten dürfen.[1]) Sodann aber weil es eine Menge Auffassungen gibt, die irgendwie relativ sind, während man sie üblicherweise nicht als uneigentlich in Anspruch nimmt. So oft ich etwas, was mir die Anschauung bietet, analysiere und die Elemente wieder durch prädikative Synthese verknüpfe, so kommt in meine Gedanken etwas Relatives. Denn jeder solche Begriff wie „Rotes — Hierseiendes" oder „Dortseiendes — Weißes" ist, als Vorstellung eines Urteilsinhalts, gewonnen in Reflexion auf eine Prädikation und kann, weil relativ zu einem Urteilenden, ohne den allgemeinen Gedanken eines solchen nicht gedacht werden.[2]) Aber es schiene mir zu weitgehend und jedenfalls der üblichen Scheidung von eigentlich und uneigentlich nicht entsprechend, ihn deswegen zum Uneigentlichen zu zählen. Sind solche Begriffe und Namen doch durchaus nicht immer eine bloße denominatio extrinseca, woran man beim Begriff des uneigentlichen Vorstellens und Nennens vorab zu denken pflegt.

Wollte man freilich als uneigentlich jeden Gedanken bezeichnen, der Elemente aufweist, die nicht Teile des gemeinten Gegenstandes bilden, wenn er wirklich ist, so müßte man alle Relativa zum Gebiet des Uneigentlichen rechnen. Die Relationen und relativen Bestimmungen sind ja eben — wie wir schon wiederholt betonten — nicht vorstellbar, ohne daß auch andere Termini, wozu sie relativ sind, wenigstens im allgemeinen mit gedacht werden. So z. B. ist das „Ähnliche" als solches nicht

---

[1]) Ein beliebtes Beispiel uneigentlicher Vorstellungen sind die Negativa, wie „nicht — Rot", „nicht — Mensch" usw. Relativa aber sind sie nur, sofern sie Begriffe von Urteilsinhalten und sofern alle diese zu einem Urteilenden relativ sind. Aber wir werden sofort betonen müssen, daß diese Relativität nicht genügen kann um einer Vorstellung den Charakter des Uneigentlichen aufzuprägen. Sonst müßte man die meisten unserer Begriffe, die üblicherweise niemand als uneigentlich bezeichnet, dahin rechnen.

[2]) Der Gedanke heißt, wie wir von früher wissen: ein Rotes, dem (durch einen Urteilenden) mit Recht das Hiersein zuerkannt werden kann. In dieser Weise können, wie wir wissen, einerseits solche Elemente im Bewußtsein eine Synthese eingehen, die auch ursprünglich und anschaulich geeint auftreten, anderseits aber auch solche, von denen dies nicht gilt und die anschaulich ganz unvereinbar sind.

denkbar ohne etwas, dem es ähnlich ist. Der Gegenstand aber, den ich unvollständig und uneigentlich als einem anderen ähnlich auffasse, kann allen seinen konstitutiven Merkmalen nach bestehen, ohne daß etwas da ist, dem er tatsächlich ähnlich ist. Und so kann auch ein Urteilsinhalt sein, ohne daß ein Urteilender existiert, zu dem ich ihn in möglicher Korrelation denke. Als im strengsten Sinne eigentliche Vorstellungen blieben unter diesen Umständen nur die Anschauungen und die Begriffe übrig, welche durch einfache Imperzeption aus solchen geschöpft sind wie: Rothes, Farbiges, Ausgedehntes u. dergl.

Allein mit der üblichen Terminologie wäre dies sicher im Widerspruch. Und mit ihr bleibt man, meine ich, am besten im Einklang, wenn man als uneigentlich bezeichnet:

1. Alle Vorstellungen, die einem Gebiete angehören, wo uns die Anschauung fehlt (obschon eine solche an und für sich möglich wäre).

2. In Bezug auf Gegenstände, wo uns eine Anschauung gegeben ist, gewisse besondere Klassen von unvollständigen Auffassungen derselben, welche den Gegenstand nicht nach dem erfassen, was man seine konstituierenden Momente nennt, sondern nach gewissen Propria, Relationen und relativen Bestimmungen. Dabei ist aber die relative Bestimmung zu einem Urteilenden, welche in jedem prädikativ zusammengesetzten Begriffe gegeben ist, auszunehmen und zu sagen, daß bloß um ihretwillen die prädikativ vereinigten Merkmale nicht schon als bloß konsekutiv gelten, sondern nichtsdestoweniger als konstitutiv angesehen werden.

Da man unter dem „Wesen" oder den „wesentlichen Merkmalen" häufig nichts anderes versteht als die Teilbegriffe, welche in ihrer Gesamtheit den eigentlichen Begriff von etwas ausmachen, so kann man natürlich auch sagen, die eigentlichen Begriffe seien die wesentlichen oder Wesensbegriffe. Und in diesem Sinne. kommt nicht bloß den Substanzen, sondern auch den realen Accidentien, ja auch dem Nichtrealen, ein Wesen zu und kann man vom Wesen des Urteilens d. h. des Urteilenden als solchen, vom Wesen des Dreiecks d. h. des Dreieckigen als solchen, aber auch vom Wesen der Ähnlichkeit oder Verschiedenheit sprechen. „Wesentlich" in diesem Sinne ist also wohl zu unterscheiden von wesenhaft und sachhaltig im Sinne von real.

§ 110. Wir erwähnten vorhin als Beispiel eines uneigentlichen Vorstellens, wenn etwas erfaßt wird als durch ein gewisses Sprachmittel bezeichnet. Dies ist eine sehr häufige Weise
uneigentlicher Vergegenwärtigung von Inhalten. So denken wir
ja u. a. alle größeren Zahlen, beispielsweise die Zahl Tausend
oder Hunderttausend oder Million. Wir sind nicht imstande,
sie uns in eigentlicher Weise zu vergegenwärtigen d. h. eine
Summe von Tausend oder Million Einheiten als solche zu apperzipieren und gleichsam mit einem Blick geistig zu überschauen
oder einheitlich zusammenzufassen. Statt dessen denken wir etwa:
die durch den Namen Tausend oder Million bezeichnete grosse
Zahl oder dergl. Doch auch andere Relationen und relative Bestimmungen dienen in der Weise, so das Gewirktsein und
Ursachesein, ferner die Verschiedenheit von etwas anderem und
bloße Negativa. So denken wir ja z. B. Gott, von dem nicht
bloß die theologia negativa sondern jeder besonnene Theist
zugibt, daß er eigentlich unvorstellbar und „unnennbar" ist,
bald als den Unendlichen, bald als die Ursache der Welt usw.

Nebenbei bemerkt, wird man im Lichte dieser Tatsachen
und unserer früheren Ausführungen über die figürliche innere
Sprachform leicht erkennen, was Wahres, aber auch wieviel
Verkehrtes, an einer oft gehörten Theorie vom begrifflichen
Denken ist, wonach das begriffliche Erfassen eines Gegenstands
stets darin bestehen soll, daß er durch eines, insbesondere das
hervorstechendste, seiner Merkmale gedacht werde. Der Inhalt
des Begriffes ist weder immer im strengen Sinne ein Merkmal
des dadurch vorgestellten Gegenstandes noch ein solches, das
an und für sich die Aufmerksamkeit am meisten auf sich zieht.
Und natürlich ist es auch ganz verkehrt, wenn man alles
begriffliche Denken für uneigentlich gehalten hat. Dies ist
völlig unmöglich. Ist doch die uneigentliche Vorstellung selbst
stets ein begrifflicher Gedanke und kann nicht abermals durch
einen anderen vertreten werden in infin. Sein Inhalt wird notwendig eigentlich gedacht, nicht statt seiner ein Surrogat, und
noch weniger könnte dieses wieder eines der „Merkmale" jenes
Inhalts sein. Das würde ja voraussetzen, daß jedes „Merkmal"
d. h. jeder Teilbegriff abermals Teilbegriffe enthielte ins Unendliche. Insbesondere wäre es auch ein arger Irrtum zu glauben,
wenn wir etwas durch ein Zeichen denken, sei das nackte
Laut- oder Schriftzeichen oder dergl. das einzige, was statt des

Bezeichneten im Bewußtsein sei. Wie würde sich denn ein solcher Gebrauch des Zeichens von dem sinnlosen unterscheiden? Nein! wo das Zeichen als Surrogat dient, da wird der Gegenstand im weiteren Sinne eben als etwas durch dieses Zeichen Bezeichnetes aufgefaßt, und dies ist natürlich nicht möglich ohne den allgemeinen Begriff des Zeichenseins. Speziell beim Gebrauch der Zahlzeichen ist das Zeichen auch als ein nach solchen und solchen Regeln der Rechentechnik zu Gebrauchendes zu denken.[1])

Doch weiter. Ich nannte bereits mannigfache Relationen und relative Bestimmungen, die beim uneigentlichen Vorstellen eine Rolle spielen. Es gehört aber weiter insbesondere der Gedanke der Analogie hierher. Wie etwa, wenn einer das Licht im physikalischen Sinne als einen Prozeß bezeichnet, der einen analogen Wechsel von entgegengesetzten Phasen aufweise wie die Schwingungen usw. Ebenso der Gedanke der Ähnlichkeit überhaupt. Dieser ist ja offenkundig überall da beteiligt, wo wir etwas durch einen Begriff denken, der nach einem auffälligen Beispiel gebildet ist, und dies ist eine Weise der begrifflichen Auffassung der Gegenstände, die nicht bloß beim Kinde sehr gewöhnlich und anfänglich fast universell sondern auch beim gemeinen Mann die bleibende ist in Bezug auf alle Inhalte, deren eigentliches Erfassen ihm Schwierigkeit bietet (und dahin gehören jedesfalls die meisten dem psychischen und moralischen Gebiete angehörigen). Auch kommt dazu, daß selbst die Wissenschaft auf manchen Gebieten Klassifikationen nach Typen zweckmäßig findet.

Wir sprachen von Graden der Uneigentlichkeit; wie denn die Bestimmung, daß etwas so oder so benannt wird, offenbar eine im höheren Grade uneigentliche Auffassung des betreffenden Gegenstands ist, wie die, daß ihm etwa das Prädikat bewegungsfähig, fähig zu dieser oder jener Wirkung, zukomme; Bestimmungen, die den realen und konstitutiven sehr nahe stehen. Aber nichtsdestoweniger kann eine strengere Fassung des Begriffs der Uneigentlichkeit dazu drängen, auch hier davon zu sprechen. Dazu sei noch bemerkt, daß man, statt von mehr

---

[1]) Vgl. über diese verkehrte Theorie des begrifflichen Denkens auch unsere Ausführungen zur „inneren Sprachform" sowie die Artikel „Über subjektlose Sätze" usw. in der Vierteljahrsschrift für wissenschaftliche Philosophie Bd. VIII, insbesondere S. 327 die Kritik von Wundts Theorie der Entstehung der Begriffe und der Natur des begrifflichen Denkens.

oder weniger eigentlichem, auch von mehr oder weniger adäquatem Vorstellen spricht. Dann ist aber wohl zu achten, daß man diesen Begriff nicht verwechsle mit dem, was wir Adäquation des Vorstellens in einem weiteren Sinne genannt haben, ich meine jenes Entsprechen von Vorstellen und Gegenstand, das zu der Richtigkeit des auf die Vorstellung gebauten affirmativen Urteils im Bezug steht, indem es stets mit ihr zusammengegeben ist und mit ihr zusammen erkannt wird. Von dieser Objektivität der Vorstellung ist der Charakter der Eigentlichkeit und Uneigentlichkeit des Vorstellens als ein anderer und in gewisser Richtung engerer Sinn von Adäquation wohl zu unterscheiden. Weder fehlt jeder uneigentlichen Vorstellung die Objektivität, noch ist sie jeder eigentlichen ohne weiteres zuzuschreiben.

Doch genug von der Natur der uneigentlichen Vorstellungen. Überall aber wo nun eine solche vorliegt, kann sie vermöge des Umstandes, daß sie denselben Umfang hat wie die eigentliche, für diese in gewissen Grenzen als Surrogat dienen. Denn es ist eine bekannte Tatsache, daß äquipollente Vorstellungen in wichtigen Beziehungen dieselbe Wirkung im psychischen Leben üben, daß sie in gewissen Grenzen im strengen Sinne „gleich mächtig" sind und darum einander vertreten können.

Wo immer aber nun unter Vermittlung einer solchen uneigentlichen Vorstellung die Benennung eines Gegenstands erfolgt, da haben wir es auch nur mit einem uneigentlichen Bezeichnen, mit einer denominatio extrinseca zu tun. Und da wir z. B. von Gott nur uneigentliche Vorstellungen haben (die Anhänger des ontologischen Arguments wie selbst Cartesius, irrten sehr, wenn sie das übersahen) so haben, wie schon angedeutet, diejenigen ganz recht, welche ihn als im strengen Sinne unnennbar bezeichnen. Er wird stets nur uneigentlich genannt. Und dasselbe gilt für uns von großen Zahlen und überall da, wo nicht bloß einzelnen infolge der individuellen Schranken ihres Vorstellungsvermögens sondern uns allen, infolge allgemeiner und unüberwindlicher Grenzen, die dem menschlichen Vorstellen gezogen sind, die eigentlichen Vorstellungen durchwegs fehlen.

Nebenbei bemerkt ist dies aber nicht zu verwechseln mit dem, was man die uneigentliche resp. eigentliche Bedeutung eines Wortes nennt, wobei die Erscheinungen der figürlichen inneren Sprachform im Spiele sind. Hier sage ich: eigentlich (oder ursprünglich) bedeute z. B. Löwe ein bekanntes

Raubtier, uneigentlich einen Kavalier, der sich als Herzens-
eroberer hervortut. Es ist gemeint: zunächst erwecke der
Name die Vorstellung jenes kühnen Raubtiers, durch Vermittlung
desselben die Vorstellung eines jungen Mannes von bestimmten
Qualitäten. Die sog. uneigentliche Bedeutung ist hier also die,
welche eigentlich zu erwecken intendiert ist. Die andere ist gar
nicht als Bedeutung sondern als Vermittlerin für sie intendiert. So werden beim übertragenen Gebrauch des Wortes, wenn
die „Übertragung" noch lebendig ist, zwei Vorstellungen ins
Bewußtsein gerufen, und diejenige, welche zunächst erweckt
wird (die hier sog. eigentliche Bedeutung) hat nur als Band der
Assoziation zu dienen für die „übertragene", d. h. die durch den
übertragenen Gebrauch zu erweckende.

Im obigen Falle des uneigentlichen Nennens dagegen haben
wir es nicht mit einem Vermitteln und mittelbaren Erwecken,
kurz mit einem genetischen Verhältnis, sondern mit dem
Surrogieren für eine (in sich selbst) gar nicht erweckte Vorstellung zu tun, und diese surrogierte heißt die eigentliche;
während dort umgekehrt die vermittelnde so heißt. Doch liegt
die Verwechslung der beiden Verhältnisse nahe, nicht bloß wegen
der gleichen Bezeichnung, sondern weil Vorstellungen, die unter
Umständen als innere Sprachform dienen, unter anderen Umständen als Surrogat fungieren, welche Funktionen dann, obwohl
verschieden, wegen der zufälligen Gleichheit des Mittels, leicht
konfundiert werden.

§ 111. Durch das Gesagte ist wohl der Unterschied zwischen
eigentlichem und uneigentlichem Nennen genügend klar geworden,
und es ist nun auch verständlich, wie es kommt, daß man das
letztere in besonderem Sinne ein bloßes „Meinen" heißt.

Etwas anderes „meinen" als man sagt, heißt bekanntlich
öfter geradezu soviel wie: sich (sei es irrigerweise, sei es mit
Absicht) falsch ausdrücken, so daß der Hörer nicht erfährt, was
man denkt. Nicht selten aber heißt es, wie eben angedeutet,
vielmehr: etwas nur uneigentlich nennen (weil dafür die eigentliche Vorstellung mangelt), und hier liegt wirklich eine neue
Weise des Bedeutens vor. Wir können hier, strenge genommen,
nicht sagen, die Funktion des Namens sei: im Hörer eine Vorstellung desselben Inhalts zu erwecken, wie die welche der
Sprechende hat. Und auch der alte Satz, daß die Namen die

Dinge nennen *mediantibus conceptibus*, hat hier einen etwas
anderen Sinn. Die Vermittlung besteht nicht bloß in einem
unvollständigen Erfassen, sondern hat überdies einen bloß stellvertretenden Charakter. Die Gegenstände werden nicht als das
genannt, als was sie vorgestellt werden, sondern letzteres
ist nur ein Surrogat für ein fehlendes essentielleres Erfassen
derselben.

Zur Illustration dessen sei fürs erste an die Fälle erinnert,
wo der Sprechende die eigentliche Vorstellung von etwas besitzt,
der Hörende aber, sei es überhaupt, sei es wenigstens unter den
gegebenen Umständen, sie nicht haben kann, wie z. B. wenn ein
Sehender zu einem Blinden, und namentlich sehr häufig, wo der
Reifere zum Kinde oder überhaupt zum Unreifen, sei es einem
schlechtweg, sei es auf einem gewissen Gebiete Unreifen, spricht.
Wenn hier der Sprechende, trotzdem er sich dieses Mangels
beim Hörer bewußt ist, einen seiner eigentlichen Vorstellung
entsprechenden Ausdruck wählt, kann die Funktion desselben
natürlich nicht darin bestehen, im Hörer eine jener inhaltsgleiche Vorstellung zu erwecken, da der letztere eben nicht
dazu fähig ist.

Aber auch in Fällen, wo der Sprechende und Angeredete
gleichmäßig bloß eine uneigentliche Vorstellung des genannten
Gegenstandes besitzen, etwa weil eine eigentliche die Kräfte
unseres Vorstellungsvermögens überhaupt übersteigt (wie wenn
es sich um den Begriff einer größeren Zahl oder um den Begriff
Gottes handelt), geht es in allen den Fällen nicht an, die Erweckung einer in beiden sich Unterredenden inhaltsgleichen Vorstellung als mittelbare Intention des Namens zu
bezeichnen, wo dieser nicht eben die uneigentliche Vorstellung
zur Bedeutung hat (d. h. im Hörer erwecken will), die dem
Sprechenden als Surrogat dient. Derselbe eigentliche Begriff,
z. B. der Begriff Tausend, kann ja, wie wir wissen, surrogativ
durch verschiedene andere vertreten werden. Beim Hörer
kann also das Surrogat sehr wohl anders beschaffen sein als
beim Redenden, und zwar ohne daſs wir sagen, jener hätte diesen
nicht verstanden. Würden wir also den Inhalt der Surrogatvorstellung als die Bedeutung des Namens bezeichnen, so wären
Namen wie Gott (auch beim strengen Theisten), ferner: Tausend,
Million usw., die wir doch für eindeutig erklären, in Wahrheit
mannigfach vieldeutig. Da ja statt der eigentlichen Vorstellung

bald dieses bald jenes nur äquivalente aber inhaltsverschiedene
Surrogat vorgestellt wird, ein Wechsel, der von Individuum
zu Individuum, und beim selben Individuum unter verschiedenen
Umständen, gar vielfältig statthaben kann. Soll der Name als eindeutig gelten können, wie es tatsächlich der Fall ist, so bleibt
nichts übrig als zu sagen: seine Bedeutung im engeren oder übertragenen Sinne bilde der Inhalt, nicht der surrogierenden und
im Hörer tatsächlich erweckten Vorstellung, sondern derjenige der
surrogativ vertretenen, also einer solchen, die oft weder der
Sprechende noch der Angeredete besitzt. Seine Bedeutung
im weiteren Sinne aber sei, eine der geäußerten äquivalente
surrogative Vorstellung zu erwecken. Wo der Name bestimmt ist, den Bewußtseinsinhalt, der (im engeren Sinne) seine
Bedeutung bildet, auch wirklich in die Vorstellung zu rufen, da
wird der Gegenstand als das genannt, als was er vorgestellt
wird. Hier aber intendiert der Name nicht eigentlich jenen
Inhalt, sondern bloſs irgend ein Surrogat desselben im Bewuſst-
sein zu erwecken und der Gegenstand wird nicht als das genannt,
als was er vorgestellt wird, sondern als das, als was er (idealer-
weise) vorgestellt werden sollte oder als das, wofür nur ein stell-
vertretendes Surrogat im Bewußtsein ist. Auch ist, wenn wir
früher sagten, der Name bedeute die Erweckung einer inhaltsgleichen Vorstellung im Hörer wie die vom Sprechenden geäußerte, dem hinzuzufügen: einer inhaltsgleichen oder äquivalenten.[1]) Kurz: wie es ein uneigentliches Vorstellen gibt,

---

[1]) Besonders offenkundig ist dies bei solchen uneigentlichen Bezeichnungen, welche keine der möglichen Surrogatvorstellungen für die eigentliche
Bedeutung deutlich markieren. Durch den Namen „Gott" und durch den Namen
„Schöpfer der Welt" ist ja der betreffende wirkliche Gegenstand zwar beidesmal
uneigentlich genannt, aber in verschiedener Weise. Im letzteren Falle nämlich
gibt der Name doch deutlich an, w e l c h e uneigentliche Vorstellung des Genannten
zu bilden sei. Im anderen Falle aber ist der Gegenstand uneigentlich genannt durch einen Namen, der in dieser Beziehung keine Direktive angibt.
Mit anderen Worten im ersten Falle erweckt der Name wenigstens in der
Regel d i e Vorstellung, die er zu erwecken intendiert, obwohl es nicht die
eigentliche Vorstellung des Genannten ist. Im letzteren aber, beim Namen
„Gott", ist nicht vorauszusehen, ob durch ihn die Vorstellung „Unendlicher"
oder „Schöpfer der Welt" oder welches der Surrogate erweckt werde, die uns
die mangelnde eigentliche Vorstellung von Gott vertreten müssen.
Immerhin kann auch im Falle jener bestimmten Direktive der Hörer
doch eine a n d e r e Surrogatvorstellung „für das eigentlich Bedeutete" vorstellen,
ohne daß damit gesagt wäre, er habe die Rede und Intention des Sprechenden

so gibt es auch ein uneigentliches oder surrogatives Bedeuten der entsprechenden Namen.

Und was vom uneigentlichen Bedeuten der Namen gesagt ist, überträgt sich natürlich auch auf die Bedeutung der Aussagen und Emotive, sofern ihnen uneigentliche Vorstellungen zugrunde liegen. Doch ist es nicht nötig, eigens dabei zu verweilen, da die Anwendung sich von selbst macht.

§ 112. Fragt man, wie es zu einer solchen Gebrauchsweise von Namen kommen könne, während doch — wenn nicht das einzig Natürliche — gewiß das Natürlichere sei, daß der Name den Gegenstand als das nenne, als was er vorgestellt wird, so hat dies doch nichts Verwunderliches, solange es sich um Namen handelt, die wenigstens der Sprechende eigentlich versteht und mit denen nur der Hörende — sei es unter den besonderen Umständen, sei es überhaupt und wegen der Beschränktheit seines Vorstellungsvermögens — nicht die eigentliche Bedeutung zu verbinden vermag.

Ist aber weiter noch gemeint, wie auch Namen entstehen konnten, die auf solche Begriffe zielen, welche niemand von uns tatsächlich besitzt und in sich zu erwecken vermag, so ist hier die Frage nach dem Warum und dem Wie auseinander zu halten. In ersterer Hinsicht ist hinzuweisen auf das Interesse, das sich an die Pflege und Ausnützung des uneigentlichen Vorstellens knüpfte, durch welches uns vielfach Erkenntnisse zugänglich werden, die uns ohnedies gänzlich verschlossen blieben. Man denke z. B. an die Wichtigkeit der Auffassung so vieler unserer Erkenntnisgegenstände auf physischem und psychischem Gebiete durch Analogien, durch Relationen und relative Bestimmungen usw. (Von der gesamten Außenwelt haben wir ja nur auf diese Weise eine Kenntnis.) Wenn aber mannigfache Beschäftigung mit uneigentlich Gedachtem und dem was ihm an und für sich (und nicht bloß, sofern es unter diese oder jene uneigentliche Vorstellung fällt) zukommt, großes Interesse hat, so entsteht eo ipso auch ein Bedürfnis, es unabhängig von diesen wechselnden Surrogatvorstellungen zu benennen.

nicht verstanden. Weil eben ein eigentliches Verständnis hier überhaupt ausgeschlossen ist und nur Surrogate dafür möglich sind, die sich gegenseitig vertreten können.

Auf die Frage aber, wie solche Namen entstanden seien, ist meines Erachtens zu antworten, daß sie sicher ursprünglich aus solchen hervorgegangen sind, die auf irgend eine bestimmte Surrogatvorstellung hinwiesen. Dann aber konnte diese zur bloßen inneren Sprachform werden, ja ganz verloren gehen, und so entstanden Namen wie z. B. Gott und andere, die von einer bestimmten Surrogatvorstellung für den eigentlich gemeinten Begriff nichts mehr erkennen lassen.

Wie man aber dieses uneigentliche Bedeuten im prägnanten Sinne ein bloßes „Meinen" genannt hat, so hat man auch die zu Grunde liegende uneigentliche Vorstellung selbst, in ihrer Stellung zu der fehlenden eigentlichen, als ein „Meinen" bezeichnet. Diese Stellung ist — wie schon bemerkt — die eines Surrogats, und dieses Surrogatverhältnis bezeichnet man nun selbst als „Meinen". Während also der Terminus sonst neben anderen Bedeutungen, die schon gelegentlich erwähnt wurden, auch die hat: einen gewissen Vorstellungsinhalt ins Bewußtsein zu rufen, bedeutet er hier: ihn vertreten und für ihn surrogieren. Wir sagen: unser Geist „meine" bloß die Zahl 1000, ohne sie wirklich zu denken oder bei unserem uneigentlichen Gottesgedanken (wo wir ihn negativ als den Unendlichen oder durch eine Korrelation zu den Geschöpfen denken) sei Gott durch unser Denken wohl „gemeint" aber nicht wirklich gedacht usw.

Die Entstehung dieser übertragenen Verwendung des Terminus ist wohl verständlich.

Daß man überhaupt dazu kam, nicht bloß von einem eine Bedeutung erweckenden, sondern auch von einem stellvertretenden „Zeichen" zu sprechen, ist gewiß in folgender Weise zu begreifen: Indem das Zeichen die Vorstellung und Erkenntnis eines Gegenstandes erweckt, vertritt es ihn in dieser Wirkung. Von dieser Weise der Vertretung von etwas wird dann der Terminus auch auf andere Weisen übertragen, und man nennt auch ein solches Surrogat Zeichen, das nicht in der Art für etwas surrogiert, daß es dasselbe kundgibt. Ähnlich wie „Meinen" und „Zeichen sein" ist ja sogar „Vorstellen" oder Repräsentieren zu der oben erwähnten übertragenen Bedeutung, nämlich der des Stellvertretens, gekommen. Auch hier bildete die Zwischenstation der Fall, wo man uneigentlich sagt: etwas stelle ein anderes vor, wenn es dasselbe nicht in dem Sinne „vergegenwärtigt", daß es selbst dessen Vorstellung ist, sondern nur, indem es diese erweckt. Wie wenn man sagt: auf dieser Skizze stelle eine Linie einen Flußlauf, ein Viereck eine Stadt vor usw. Von dieser bereits erweiterten Bedeutung von Repräsentieren, nämlich „darstellendes Zeichen für etwas sein", ging dann die Bedeutungsübertragung noch weiter und man nennt „etwas vorstellen" nicht bloß: es so vertreten, daß dessen Vorstellung erweckt wird, sondern überhaupt seine Funktionen ausüben, wenn auch dadurch nur nebenbei oder auch gar nicht die Vorstellung des Vertretenen erweckt wird. So heißt im Schweizerisch-Alemannischen: Er stellt einen recht guten Landammann oder Pfarrer vor, kurzweg: Er versieht das Amt recht tüchtig.

§ 113. Es erübrigt der Unterschied zwischen deutlichem und konfusem Nennen und Bezeichnen. Man spricht von einer konfusen Bezeichnungsweise manchesmal da, wo der Umfang des durch einen Namen Bezeichneten zweifelhaft ist. Sei es daß eine Verschwommenheit oder Unschärfe vorliegt wie bei „ungefähr 100" u. dergl. — eine Besonderheit von Namen, von der wir später eingehender handeln wollen — sei es auch, daß man es dabei mit nichts anderem als mit äquivoken und mißverständlichen Sprachmitteln zu tun hat. Ist in diesem Sinne die Bezeichnungsweise nicht deutlich, so wird dasjenige, dessen Vorstellung erweckt wird, vielleicht etwas ganz anderes sein als was ich in die Vorstellung rufen wollte. Dies haben wir hier nicht im Auge.

Man redet aber auch von konfusem Bezeichnen in dem Sinne, daß zwar nicht zweifelhaft ist, welches Vorgestellte gemeint ist, daß es aber das eine Mal in deutlicher, das andere Mal in konfuser Vorstellung dem Bewußtsein vergegenwärtigt wird. Mit anderen Worten: man spricht von konfusem Bezeichnen, auch wo die Beziehung zwischen dem Namen und dem durch ihn Genannten soweit völlig gesichert ist, daß keine Verwechslung des letzteren mit dem durch einen anderen Namen Bezeichneten droht, kurz wo die Undeutlichkeit oder Unschärfe sich nicht auf den Umfang, sondern nur auf den Inhalt der mit der Bezeichnung verbundenen Vorstellung beziehen kann. Aber auch hier muß nun weiter gefragt werden, was diese Undeutlichkeit resp. Deutlichkeit heißen solle und könne.

Von deutlichem im Unterschied von konfusem Vorstellen spricht man nicht selten auch in Fällen, wo offenbar etwas

anderes gemeint sein muß, als wir hier — im Zusammenhang
mit dem deutlichen und konfusen Bezeichnen — im Auge
haben, und es wird nötig sein, dieses Andere ausdrücklich auszuschließen. Wir sagen z. B., daß wir einen Gegenstand deutlicher wahrnehmen, wenn wir ihn in passender Nähe und Beleuchtung, als wenn wir ihn in zu großer Entfernung oder in
zu starker oder schwacher Beleuchtung sehen. Das ist etwas
wesentlich anderes, als was wir bei der Rede von dem deutlichen
und konfusen Vorstellen und Bezeichnen desselben Gegenstandes
meinen. Und dies ist schon daraus klar, weil ja kein Fachmann in der psychologischen Optik das eben erwähnte Sehen
in verschiedener Entfernung und Beleuchtung im strengen Sinne
bloß als eine verschiedene Weise des Sehens desselben Gegenstandes bezeichnen würde. Das „Sehding“ (mit Hering zu
sprechen) ist vielmehr in den verschiedenen Fällen offenkundig
ein verschiedenes, und nur was wir auf Grund von Schlüssen
als Ursache des Phänomens betrachten, kann, und auch dieses
nur cum grano salis, dasselbe genannt werden. Es ist im besten
Falle so dasselbe, wie wenn ich etwas einmal durch ein Mikro-
skop, ein andermal mit unbewaffnetem Auge sehe, wo ja auch
das Phänomen (das „Sehding“) ein erheblich verschiedenes ist.
Anders, wenn bei völlig unveränderter Anschauung, z. B. bei Wahrnehmung desselben psychischen Gesamtzustandes uns das eine
Mal eben nur die Anschauung des Ganzen gegeben ist, das
andere Mal uns seine Details im einzelnen bemerklich sind, indem
auch die Teile des Vorgestellten als solche, in ihrem Verhältnis untereinander und zum Ganzen, explicite zum Gegenstand des Vorstellens (und Urteilens) werden. Hier haben wir
es in beiden Fällen mit demselben Vorgestellten (im weiteren
Sinne) zu tun. Denn nichts wäre verkehrter als zu meinen, die
Verhältnisse treten etwa erst durch unser Bemerken auf.[1]) Wir
finden sie vor, und wäre dies nicht, wären sie ein Produkt
unserer psychischen Betätigung, wie stände es mit der Objektivität unserer gesamten Naturerkenntnis, die sich ja nur auf
die Verhältnisse, nicht auf die absoluten Bestimmungen (des

---

[1]) Hierin kann ich ganz mit Stumpf (Zur Einteilung der Wissenschaften S. 37) übereinstimmen.

Daß wir auch Verhältnisse fingieren können, ist etwas, was hier ebenso
selbstverständlich ist, wie daß wir es auch hinsichtlich absoluter Bestimmungen tun. Nach den Gesetzen der Assoziation sind wir imstande,

Ortes, der Masse. der Größe usw.) bezieht? Aber wenn auch das Vorgestellte (im weiteren Sinne) beidesmal dasselbe ist, so liegt doch ein Unterschied vor und er besteht in einer deutlicheren oder weniger deutlichen Weise des Vorstellens von ihm, wie es beim deutlichen und konfusen Bezeichnen im Spiele zu sein scheint.

Doch kann — da die Namen niemals bloße Anschauungen, sondern Begriffe erwecken — nicht gemeint sein, daß etwa der konfusen Bezeichnung die nackte Anschauung, der deutlichen dagegen der dieselbe analysierende Begriff entspreche, sondern es müssen beiden irgend welche Begriffe entsprechen und auch diese sich also — scheint es — hinsichtlich ihrer Deutlichkeit so verhalten, wie die Anschauung und der sie analysierende Begriff. Dabei aber stoßen wir auf eine anscheinend nicht geringfügige Schwierigkeit und Verlegenheit. Können sich — so entsteht die Frage — begriffliche Gedanken vom selben Gegenstand so verhalten wie eine seinen Inhalt analysierende und eine ihn nicht analysierende Auffassung von ihm, während sie doch nicht bloß äquipollente sondern identische (inhaltsgleiche) Begriffe von ihm sein sollen? Ich sage: identische. Denn man meint ja mit dem Unterschied des mehr oder weniger deutlichen Nennens Fälle wie die, welche bei verdeutlichenden Definitionen gegeben sind, wo z. B. einem zusammengesetzteren Namen wie etwa: rechtwinkliges, gleichseitiges Viereck eine Deutlichkeit beiwohnt, welche dem einfachen (in diesem Fall: Quadrat) vielleicht abgeht. Eine strenge Definition aber (im Gegensatz zur bloß zirkumskriptiven) muß gleichbedeutend sein mit dem definierten Namen d. h. denselben Begriff erwecken wie jener. Der Unterschied kann also, scheint es, nur darin liegen, daß zwar beidemal alle Merkmale oder Teile des Begriffes (denn nur um einen zusammengesetzten Begriff kann es sich hier überall handeln) dem Bewußtsein gegeben

nicht bloß ein Gleiches wie früher, sondern auch etwas bloß Ähnliches und Analoges vorzustellen. Das gilt auch bezüglich der Relationen. Und ferner können wir fiktiv Jegliches von Jeglichem prädizieren und auch dadurch Verhältnisse „stiften". Daß wir dadurch und überhaupt durch unsere psychische Tätigkeit auch wirkliche Verhältnisse erzeugen können, die nicht da waren, nur freilich nicht Verhältnisse, die von diesen psychischen Tätigkeiten unabhängig sind, sondern nur solche, die zwischen ihnen untereinander und zwischen ihnen und anderem, worauf sie sich beziehen, bestehen, ist selbstverständlich. Aber das alles ändert nichts an der obigen These.

seien, aber eben das eine Mal in einer Weise, die „deutlich", das andere Mal in einer Weise die „nicht deutlich" genannt zu werden verdient. Und was kann dies hier heißen? Kann dieser Unterschied bei Begriffen untereinander im selben Sinne und in derselben Weise gegeben sein, wie zwischen einer Anschauung einerseits und dem sie analysierenden begrifflichen Gedanken andererseits? Es scheint nicht. Denn dort ist — wie wir oben bemerkt haben — ein Unterschied des Vorgestellten im Spiele und damit stehen im Zusammenhang Unterschiede des auf das Vorstellen gebauten Urteilens. Es handelt sich mit um eine Analyse des Angeschauten im Sinne einer Erkenntnis, daß dies und jenes als Element in ihm enthalten ist und um die analytische Einsicht, daß das Ganze nicht sein kann ohne diese Teile. Beziehungen von Teil und Ganzem und von Teil zu Teil werden in letzterem Falle explicite und aktuell Gegenstand des Bewußtseins, die es dort nur in impliciter und potentieller Weise sind. Und daß Anschauungen Anlaß geben zu solchem expliciten Erfassen von Teilverhältnissen, aber dieses selbst nicht involvieren, widerspricht ja ihrem Wesen durchaus nicht.

Allein in analoger Weise scheint sich der Unterschied zwischen deutlichem und undeutlichem begrifflichem Denken nicht erklären zu lassen. Es erscheint nicht annehmbar, daß gewisse Merkmale oder Teilinhalte nicht Gegenstand des Bewußtseins seien und doch begrifflich erfaßt werden. Dies würde der Natur des begrifflichen Erfassens, das seinem Wesen nach ein Analysieren oder eine auf eine Analyse gebaute Synthese ist, zuwider gehen; eine Vielheit von Momenten, die überhaupt Gegenstand des begrifflichen Gedankens sind, müssen ihm als Vielheit, also distinkt oder deutlich, präsent sein. Und so läßt sich, was wir in Bezug auf die konfuse Natur der Anschauung gegenüber dem sie analysierenden Begriff sagten, auf Begriffe untereinander nicht einfach übertragen. Nehmen wir aber an, daß beim sog. undeutlichen Denken jene Vielheit von Merkmalen nicht als solche zum Bewußtsein komme, dann ist dieser eben vom deutlichen Gedanken inhaltlich verschieden und die betreffenden Namen haben nicht dieselbe Bedeutung. Es entsprechen ihnen in Wahrheit verschiedene Auffassungen desselben Gegenstandes im weiteren Sinne, die bloß denselben Umfang haben. Sollen wir also überhaupt in Abrede stellen, daß es etwas wie eine Verdeutlichung eines Begriffes durch einen analysierenden Namen gebe und daß die Bedeutung des letzteren, markanteren, und die des ersteren, weniger markanten, doch dieselbe sei?

Beim Versuche der Lösung dieser Aporie scheint mir eines als unzweifelhaft festgehalten werden zu müssen, nämlich, daß es der Natur eines durch Synthese aus Elementen (wie: Ausgedehntes, Qualitatives u. dergl.) gebildeten begrifflichen Gedankens widerspricht, in dem Sinne undeutlich und konfus zu sein. daß diese Elemente (die jedes für sich Produkt einer Analyse oder Imperzeption sind) nicht als eine Vielheit unterschieden würden.

Wo dies nicht der Fall ist und soweit es nicht der Fall, kann man überhaupt nicht davon sprechen, daß der betreffende Begriff eigentlich im Bewußtsein vorhanden sei. Das Fehlen jener Deutlichkeit scheint mir identisch mit dem Nichtgegebensein des eigentlichen Gedankens. Statt seiner ist gewiß ein Surrogat (oft ein recht wenig eigentliches) gegeben, das der surrogierten Vorstellung nur umfangsgleich ist. Es mag z. B. geschehen, daß beim Namen Quadrat nicht mehr gedacht wird als etwa der Gedanke: die durch den Namen Quadrat bezeichnete regelmäßige Figur. Kurz: der deutliche Begriff, der in der Regel durch einen zusammengesetzten, analysierenden Namen wachgerufen wird und der bloß undeutliche, bei dem es häufig sein Bewenden hat bei Äußerung des sog. synonymen einfachen Namens, haben einen verschiedenen Inhalt. Und zwar nicht im Sinne einer Verschiedenheit des Modus oder der Form des Vorstellens — eine Annahme, für die ich hier so wenig wie anderswo eine Berechtigung sehe — sondern im Sinne einer verschiedenen Materie. Wenn man aber beide Bezeichnungsmittel — wie eben schon angedeutet — gleichwohl synonym oder gleichbedeutend nennt, so ist dies daraus zu erklären, daß — wie wir früher sahen — als die Bedeutung des mehr oder weniger symbolisch fungierenden Namens eben nicht derjenige Vorstellungsinhalt angesehen wird, den er tatsächlich erweckt. sondern jener andere, für den dieser das Surrogat bildet. Auch wenn einer z. B. mit dem Namen Quadrat bloß die vorhin genannte symbolische Vorstellung verbindet, so würde ich doch als seine Bedeutung nicht diesen, sondern den Gedanken: rechtwinkliges, gleichseitiges Viereck angeben. Eben diesen eigentlichen, auf Repräsentation der wesentlichen Merk-

male zielenden Gedanken mit größerer Sicherheit zu erwecken
ist Aufgabe der verdeutlichenden Definition durch einen zer-
gliedernden Namen, und sofern es einem solchen Namen mit
größerer Wahrscheinlichkeit gelingt, diesen sog. deutlichen (d. h.
hier eigentlichen) Gedanken von Quadrat zu erwecken, bezeichnet
man dieses Nennen selbst als ein deutliches, dagegen ein solches
durch einen einfachen Namen, das weniger wahrscheinlich diese
Folge hat, als ein weniger deutliches.[1])

Doch vielleicht wird man einwenden, es gehe doch nicht
an, von einem gebildeten Manne z. B. zu sagen, er habe nicht
den eigentlichen Begriff des Quadrats, obschon es gewiß öfter
vorkommt, daß er den Namen mit Verständnis hört, ohne jenen
Begriff in der Weise auszudenken, daß ihm alle seine Elemente
distinkt gegenwärtig wären.

Darauf ist natürlich zu erwiedern, daß „einen Begriff
haben (besitzen)" einen potentiellen und einen aktuellen Sinn
haben kann. Aktuell denkt derjenige den Begriff Quadrat
nicht, der dessen Inhalt — mit Leibniz zu sprechen — nur
durch eine cogitatio coeca vorstellt. Aber damit kann sich bei
ihm die Disposition verbinden, statt dessen mit Leichtigkeit
den eigentlichen (analysierenden) Gedanken zu realisieren.[2])
Zwischen ihm und einem solchen, der den Gedanken Quadrat
bloß uneigentlich dächte und dabei jene Fähigkeit und Tüchtig-
keit, ihn auch eigentlich zu vergegenwärtigen, nicht besäße,
besteht also ein Unterschied, wenn auch nicht mit Rücksicht
auf ihren aktuellen Geisteszustand, doch hinsichtlich ihrer Dis-

---

[1]) Man spricht freilich auch von Verdeutlichung bei einfachen Begriffen,
wie wenn ich durch ein Beispiel oder durch eine sog. umschreibende Definition jemandem klar mache, was Evidenz oder was Interesse im weitesten
Sinne dieses Wortes oder was Helligkeit ist. Allein da wird „deutlich" und
„verdeutlichen" eben äquivok gebraucht. Der in diesem Sinne weniger deutliche Name erweckt den Gedanken, auf welchen es ankommt, nicht bloß mit
geringerer Wahrscheinlichkeit, mit Sicherheit aber jedenfalls ein brauchbares
Surrogat dafür, sondern er erweckt in zuverlässiger Weise weder ihn selbst
noch ein Surrogat für ihn. Es ist, wie wenn einer beim Namen Quadrat
schwankend wäre, ob er dabei an ein gleichseitiges Rechteck oder an ein
Parallelogramm oder einen Kreis denken solle.

[2]) Auch die begründete Überzeugung von dieser Fähigkeit kann sich
damit verbinden. Sie kann ja auf Grund von Erinnerungen gegeben und
gegenwärtig sein ohne den aktuellen Vollzug dessen, wozu man fähig ist.
Dagegen ist eine bloß irrtümliche Meinung derart natürlich nichts, was
die eine cogitatio coeca vor der anderen auszeichnen würde.

positionen und Potenzen. Und natürlich hat diese potentielle Deutlichkeit Grade, was von der zuvor genannten aktuellen nicht gilt.

Doch noch in einem anderen Sinne kann man von einer Deutlichkeit sprechen, welche Grade unterscheiden läßt. Wir sagten: ein markanter Name, der die einzelnen Merkmale eines zusammengesetzten Begriffes einzeln aufzählt, sei mehr als ein einfacher geeignet (und biete unter sonst gleichen Umständen mehr als dieser die Wahrscheinlichkeit), eine deutliche (d. h. hier eigentliche) Vorstellung von ihm zu erwecken. In der Tat wird er dies sogar regelmäßig tun bei einem Hörer, der die elementaren Begriffe besitzt, aus denen der zusammengesetzte besteht und bei dem diese Elemente mit der zugehörigen Bezeichnung genügend fest assoziiert sind und die Aufmerksamkeit nicht in außerordentlicher Weise abgelenkt ist. Doch kann sich an diese gleichsam mechanische Assoziation des Namens noch ein anderes knüpfen, was nicht regelmäßig und nicht bei jedem und unter allen Umständen in gleichem Maße eintreten wird. Ich meine, daß infolgedessen eine Vergegenwärtigung mannigfacher spezieller und konkreter Beispiele der erweckten Begriffsinhalte und ein vergleichendes Verweilen bei ihnen und ihren Übereinstimmungen und Unterschieden eintrete. Dies mag man in einem über den früher erwähnten Sinn aktueller Verdeutlichung eines Begriffes hinausgehenden Verstande so nennen, und diese aktuelle Verdeutlichung läßt mannigfache Grade zu. Sie kommt in dem, was wir zueinander reden, gewöhnlich nicht zum Ausdruck,[1]) wie ja überhaupt nicht alle Geistesarbeit, sondern häufig nur deren Resultate Gegenstand der Mitteilung werden. Und wenn die Sprache — wie wir eben andeuteten — ein Mittel ist, zu dieser Geistesarbeit anzuregen, so ist sie dies doch natürlich nicht immer und ausnahmslos. Konnte sie doch selbst erst entstehen auf Grund solcher geistiger Tätigkeit und gab es und gibt es noch fortwährend Fälle, wo man auf Grund jener Deutlichkeit und Ver-

---

[1]) Der Gesamtzustand des Bewußtseins bei einem solchen, der diese Vergleichungen vollzieht und nicht vollzieht, ist natürlich ein anderer, aber im Namen, und auch in einem gegliederten Namen, kommt nicht dieser Gesamtzustand, sondern nur das zum Ausdruck, was die fundamentale Voraussetzung dafür ist, nämlich die eigentliche Vergegenwärtigung des Begriffsinhalts.

deutlichung der Begriffe erst die Mittel zur Beschreibung und Benennung ihrer Inhalte schafft und allmählich die Assoziation zwischen Zeichen und Bezeichnetem begründet und festigt.

§ 114. Fragen wir endlich, worin das Verständnis eines Namens bestehe, so ist gewiß zu sagen: im strengsten Sinne darin, daß im Hörer infolge davon, daß er den Namen vernimmt, ein Vorstellen des Inhaltes erweckt wird, welchen wir zuvor als die eigentliche Bedeutung bezeichnet haben. Wenn er statt dessen nur eine uneigentliche Vorstellung gewinnt, so kann man nicht in vollem Sinn sagen, daß er den Namen verstehe. Doch ist man häufig nicht so strenge in der Verwendung des Terminus „Verständnis" und spricht auch da davon, wo nur irgend ein Surrogat für die eigentliche Bedeutung sich einstellt (sei es das-selbe wie im Sprechenden, sei es ein anderes), wo also nicht ein absolutes, sondern nur ein relatives Verstehen gegeben ist. Dies wird insbesondere dann der Fall sein, wo der Sprechende und Hörende gleichmäßig unfähig sind, die eigentliche Vor-stellung des genannten Gegenstandes sich zu bilden. Und andererseits da, wo der Sprechende im Bewußtsein, daß der Hörende unvermögend ist zu einer gewissen Vorstellung, gleich-wohl einen Namen gebraucht, der sonst auf diese zielt, der aber hier offenbar nur den Zweck haben kann, irgend eine äqui-valente Surrogatvorstellung zu erwecken. Kurz: wir sprechen neben einem Verständnis im engeren auch von einem solchen im weiteren Sinne.

Daß zum Verständnis des Namens zwar nicht die Er-kenntnis gehört, daß der Name aktuell mit der Absicht eine gewisse Vorstellung zu erwecken geäußert werde, wohl aber, daß er im allgemeinen diese Bestimmung hat, gilt hier analog wie bei der Aussage hinsichtlich des durch sie zu erweckenden Urteils.

§ 115. Wir haben bis jetzt von den Namen gehandelt. Es gibt aber, wie schon bemerkt wurde, Vorstellungssuggestive, die nicht Namen sind. Dahin gehören unter Umständen dichterische Erzählungen, also scheinbare Aussagen, und manche scheinbare Ausrufungs- und Wunsch- und Befehlssätze des Lyrikers usw. Ich nenne auch letztere Vorstellungssuggestive, so oft und sofern ihre nächste Aufgabe bloß die ist, im Hörer gewisse Vorstellungen zu erwecken. Weiterhin kann dies allerdings den Zweck haben, Phänomene des Liebens und Hassens, speziell sog. ästhetisches Vergnügen zu erwecken. Aber solche weiterliegende Ziele können bei der fundamentalen Einteilung und Charakteristik der Autosemantika nicht in Betracht kommen, und ihre Berücksichtigung würde hier nicht Klarheit, sondern unheilbare Verwirrung stiften.

Erhebt man nun auch bezüglich dieser nicht zu den Namen zu rechnenden Vorstellungssuggestiven und zwar zunächst bezüglich der fiktiven Aussagen die Frage, was sie bedeuten, so ist die Antwort einfach: auch sie bedeuten, daß etwas vorgestellt werden soll und zwar gewisse Urteilsinhalte, wie: daß A sei oder nicht sei, gewesen sei oder sein werde usw. Mit anderen Worten, die scheinbare Rede suggeriert dem Hörer, sich eine Sachlage so vorzustellen, daß, sie gegeben, das Urteil A ist resp. A ist gewesen usw. richtig wäre. Dabei ist die Vorstellung eines Urteilens und eines Urteilenden im allgemeinen natürlich mitgegeben. Doch kann entweder sie oder der Urteilsinhalt in dem Sinne mehr im Vordergrunde des Bewußtseins stehen, daß das eine oder andere Gegenstand besonderer Beschäftigung ist.

Analog kann man bezüglich der scheinbaren Emotive sagen, sie bedeuten, daß gewisse Emotionsakte und Emotionsinhalte vorgestellt werden sollen, mit anderen Worten, sie suggerieren dem Hörer, sich eine Lage vorzustellen, die zu solchen Emotionen dränge und berechtige.

Frägt man aber, wodurch sich solche Vorstellungssuggestive von Namen unterscheiden (von denen manche doch auch Urteilsinhalte und Inhalte von Emotionen bedeuten), so ist zu sagen, daß der Unterschied allerdings nicht in der Bedeutung zu suchen ist, wohl aber in der inneren und äußeren Sprachform. Denn in unseren Sprachen ist die Befähigung eines Ausdrucksmittels als Subjekt zu fungieren auch durch die äußere und innere Sprachform bedingt. Wir werden an späterer Stelle darauf zurückkommen.[1])

Und dazu kommt ein zweites, nämlich, daß manche Vorstellungssuggestive, die nicht Namen sind, wie die Reden des

---

[1]) Vgl. darüber einstweilen meinen Aufsatz in den Symbolae Pragenses S. 124 und die Artikel über subjektlose Sätze, Vierteljahrsschrift für wissenschaftliche Philosophie, Bd. XIX, S. 263 ff.

Dichters mehrdeutig sind, indem sie (im Unterschied von den Namen) nicht immer als Vorstellungssuggestive fungieren. Manchmal intendieren sie vielmehr, und gelingt es ihnen auch, wirkliche Urteile und Emotionen zu erwecken,[1]) nur solche, die nicht eine volle und namentlich nicht eine praktische Herrschaft über das übrige Seelenleben gewinnen und denen man nur im Interesse des ästhetischen Genusses zeitweilig und gleichsam auf Kündigung gestattet, sich geltend zu machen. Dann sind jene Reden in Wahrheit Aussagen und Emotive, und wenn man sie gleichwohl fiktiv nennen wollte, so hätte dies einen anderen Sinn als vorhin und ginge eben auf diese nur beschränkte Geltung ihres Inhaltes innerhalb eines Bezirkes und einer Frist, wo Verstand und Wille anderen Interessen zulieb auf eine Kritik und Verdrängung derselben verzichten.

Daß unter den Reden die wirklichen früher waren als die fingierten und diese in der Regel einfach durch Funktionswechsel aus jenen hervorgegangen sind, bedarf keiner besonderen Bemerkung.

§ 116. Rückblick. Wir haben drei fundamentale Klassen von autosemantischen Zeichen unterschieden: Emotive, Aussagen und Vorstellungssuggestive. Bei der letzteren fanden wir nötig, eine Untereinteilung zu machen, indem wir die Namen von anderem schieden, was Vorstellungen zu vermitteln bestimmt ist, ohne etwas zu nennen. Vergleichen wir die Klassen untereinander, so finden wir die Namen den übrigen Klassen nicht in jeder Weise ebenbürtig. Wohl gilt, daß sie für sich allein etwas bedeuten; darum konnten wir sie mit gutem Recht zu den Autosemantika rechnen, aber tatsächlich werden sie nie für sich allein verwendet. Der „Hörende ruht nicht" bei ihnen — um ein Wort des Aristoteles zu gebrauchen — sondern erwartet noch etwas mehreres. Sie sind gewissermaßen nur theoretische nicht praktische Autosemantika. Letzteres gilt dagegen von den Aussagen, den Emotiven und jenen Vorstellungssuggestiven, die nicht Namen sind. Man kann — wie schon angedeutet — diese Gruppe die der „Reden" nennen, während den Namen dieser Charakter nicht zukommt. Der Unterschied, der damit

---

[1]) Sie wollen auch in diesem Sinne den Schein der Wirklichkeit hervorrufen.

gemeint ist, springt in die Augen. Wenn wir zueinander „reden",
so äußern wir nie bloße Namen, sondern stets entweder wirkliche Aussagen und Emotive oder — wie der Dichter — fingierte.

Auch das ist nicht zu bestreiten, daß, wenn Bezeichnen
heißt: irgend etwas kundtun (Erkenntnisgrund dafür sein), nie
das Bedeuten des Namens sondern nur das, was wir seine Ausdrucksfunktion nannten, ein Bezeichnen ist. Doch gilt dies
ebenso von den fiktiven Reden. Und nur die wirklichen Reden
tun etwas kund, indem sie nicht bloß ausdrücken, was im
Sprechenden vorgeht, sondern indem sie unter Umständen auch
etwas Objektives zu erkennen geben.

Daß die Namen nicht etwa das Erste waren, was in der
Sprache vorhanden war, ist womöglich noch zweifelloser. Sie
entstanden im Interesse der Zeichenersparnis, zusammen mit
gewissen synsemantischen Zeichen, wovon später zu handeln
sein wird. Wenn also die oft aufgeworfene Frage, ob die ersten
Wörter der Sprache Dinge oder Eigenschaften (resp. Vorgänge) bezeichnet hätten, dahin verstanden wird: ob jene
Wörter bloße Namen von Dingen oder von Eigenschaften
gewesen seien, so ist beides zu verneinen. Die ersten absichtlichen Sprachäußerungen des Menschen waren zweifellos von
interesseheischender Natur, und später waren es Aussagen, wenn
auch von höchst primitiver Gestalt. Man machte die Erfahrung,
daß unabsichtliche Schreilaute und Geberden das psychische
Leben anderer Wesen beeinflußten, sie zur Aufmerksamkeit,
Hilfeleistung, Mitleid usw. veranlaßten. Auf Grund solcher
Erfahrungen erwartete man in gleichen oder ähnlichen Fällen
ein Gleiches oder Ähnliches, und tat auf Grund dieser Erwartung
absichtlich, was früher unabsichtlich geschehen war. Die Kundgabe der eigenen Gefühle oder Willensmeinungen und der eigenen
Überzeugungen[1]) wurde zum Mittel um in anderen Wesen gewisse Gemütszustände oder Willensentschlüsse und gewisse Urteile zu erwecken. Man äußerte also zuerst Emotive und Aussagen, wenn sie auch unseren heutigen gleichbedeutenden
Formeln recht unähnlich waren.

In diesen Äußerungen war allerdings nach unseren früheren
Erörterungen implizite, aber zunächst auch nur so, ein Nennen
involviert, und frägt man weiter, ob dabei, und später bei dem

---

[1]) In Ausnahmefällen ist es, wie schon erwähnt wurde, auch bloß der
Schein einer solchen Kundgabe.

explititen Nennen, das sich allmählich aus jenen ungegliederten „Reden" (im Interesse der Zeichenersparnis) herausschälte und entwickelte, zuerst Dinge oder zuerst Eigenschaften (resp. Vorgänge) genannt wurden, so scheint wir auch hier noch ein verschiedener Sinn der Frage auseinander gehalten werden zu müssen. Will man damit fragen: ob die ersten Namen die Bedeutung unserer sog. Konkreta, wie Rundes, Rotes, Gehendes usw. oder vielmehr die unserer sog. Abstrakta, wie Rundheit, Röte, Gehen usw. gehabt hätten, so ist ohne Zweifel das zweite abzulehnen. Denn Röte, Gehen usw. kann nichts anderes heißen als: Röte von etwas (sc. Rotem), Gehen von etwas (sc. Gehendem). Die Vorstellung eines Dinges ist in derjenigen der Eigenschaft oder des Vorganges stets involviert. Und wie der Gedanke an Dinge ebenso früh oder früher da war, als derjenige an Eigenschaften in abstracto, so bestand auch gewiß Interesse und Anlaß dafür, Dinge zu nennen. Will man aber mit obiger Frage wissen, ob diese ersten Namen von Dingen nur Namen gewesen seien von der Bedeutung wie: Rundes, Weißes, Grünes und dergl. oder auch solche von der Bedeutung wie: Milch, Gras, Wasser oder dergl., so möchte ich antworten: Gewiß fanden sich unter den ersten Namen auch solche der letzteren Art, obwohl die ersten Begriffe, die etwa unseren populären (zu schweigen von den wissenschaftlichen) Begriffen von Milch, Gras, Wasser, Gold und dergl. umfangsgleich oder umfangsverwandt waren, gewiß sehr unvollkommen und noch weiter, als unsere populären Begriffe von diesen Gegenständen, davon entfernt sein mochten, eigentliche Vorstellungen dieser Klassen von Dingen (d. h. eine distinkte Vergegenwärtigung der Merkmale des Wassers, des Goldes usw.) zu sein.

Endlich kann man aber mit der obigen Frage auch meinen — und tatsächlich sind dabei gewiß alle diese wesentlich verschiedenen Probleme nicht genügend geschieden worden — ob die ersten Namen von Dingen, welche von gleichem oder verwandtem Bedeutungsumfang waren, wie unser Gold, Wasser, Baum usw., diesen heutigen Namen auch sofern glichen, daß sie keine figürliche innere Sprachform erkennen ließen oder ob sie vielmehr als ein solches Band zwischen Laut und Bedeutung die Vorstellung irgend einer Seite oder Eigenschaft jener Klasse von Dingen erweckten, welche daran besonders auffällig oder am besten durch die gerade zur

Hand liegenden Bezeichnungsmittel auszudrücken waren; wie
wenn Gold als „das Gelbe", der Fuchs als „der Rote" oder „der
Schlaue", das Weib als „das Säugende" bezeichnet wird usw.
Darauf ist meines Erachtens zu erwiedern, daß die ersten
Namen von Dingen ganz gewiß eine solche innere Sprachform
aufwiesen und daß erst durch Verdunkelung derselben (in vereinzelten Fällen auch, indem ein Laut völlig zufällig zu einer
gewissen Bedeutung kam), Bezeichnungen entstanden, wo das
gewöhnliche Bewußtsein keine innere Form zu erkennen vermag
oder die sogar — mit J. Grimm zu sprechen — für den Sprachforscher „harte Lava" sind.

§ 117. Wir haben die Vorstellungen als die fundamentalste
Klasse psychischer Beziehungen bezeichnet, die allen anderen
zugrunde liegt [1]) und eine analoge Stellung unter den autosemantischen Sprachmitteln darum auch den Vorstellungssuggestiven gegenüber den Aussagen und Emotiven eingeräumt.

Ehe wir unsere Ausführungen über diese allgemeinste
Klassifikation der Autosemantika verlassen, wollen wir aber
nicht versäumen zu erwähnen, wie die Behauptung, daß wir
von allem, was Gegenstand eines Urteils oder Interesses ist,
auch eine Vorstellung haben, bestritten worden ist und zwar
von Meinong hinsichtlich der Urteilsinhalte (der von ihm sog.
„Objektive"), die nach ihm uns stets nur entweder in Urteilen
oder Annahmen gegenwärtig wären. Die gegenteilige Überzeugung, daß wir speziell auch von Urteilsinhalten Vorstellungen
besitzen, hatte ich schon in meinen Artikeln über subjektlose
Sätze (z. B. bei Erörterung des Begriffes der Existenz und der
Identität) und auch wieder in meiner kritischen Besprechung
von Meinongs Annahmelehre ausgesprochen, indem ich am

---

¹) Daß auf eine Vorstellung mit derselben Objektsdifferenz oder Materie
spezifisch verschiedene Modi des Urteilens oder Interesses gebaut sein können
und spezifisch gleiche solche auf Vorstellungen mit verschiedener Materie, hat
man auch „unabhängige Veränderlichkeit der Erscheinungen und psychischen
Funktionen" genannt. Doch darf dabei nicht vergessen werden, daß beides
auch wieder in gewissem Maße bezüglich der Modi des Urteilens einerseits
und der auf sie gebauten Modi des Interesses anderseits gilt. Auch besteht
eine unabhängige Veränderlichkeit der „Erscheinungen" und der Objektsdifferenzen überhaupt gegenüber den Funktionen nicht in dem Sinne, daß
nicht das Empfinden der Farbe ein real anderer Vorgang wäre als das des
Tones und so im übrigen.

letzteren Ort betonte, daß vielfach, wo dieser Autor jene neue Klasse von psychischen Beziehungen zur Erklärung von gewissen Tatsachen heranzieht, in Wahrheit nichts anderes vorliegt und vorliegen kann, als Vorstellungen von Urteilsinhalten.

In seiner Erwiderung auf jenen kritischen Aufsatz spottet nun Meinong (a. a. O.), daß ich meine, wir hätten von den Urteilsinhalten oder — in seiner Sprechweise — von den „Objektiven" Vorstellungen wie von Häusern oder Bäumen?

Wenn mit diesem Vergleich nur gesagt wäre, man dürfe sich die Objektive nicht als Realia denken, so wäre ich völlig einverstanden. Die Urteilsinhalte, Sein, Nichtsein, Möglichkeit, Unmöglichkeit, Notwendigkeit usw. sind, wie ich schon in meinen Artikeln über subjektlose Sätze behauptet habe, etwas Nichtreales, also allerdings nicht etwas wie Häuser oder Bäume. Und was von Sein und Nichtsein usw. das gilt auch von Dies- oder Jenessein, z. B. Farbig- oder 4 Fuß-groß-sein. Farbig und 4 Fußgroß sind reale Prädikate; dagegen daß sie von etwas prädiziert werden können, d. h. daß etwas farbig ist, ist zwar eine Wahrheit, aber keine neue Realität.

Allein Meinongs Vorwurf zielt vielmehr dahin, daß ich überhaupt glaube, eine Vorstellung von den Urteilsinhalten zu haben. „Ich meine", so betont er (a. o. a. O.), „in Kapitel VII meines Annahmenbuches gezeigt zu haben, daß man Objektive . . . nicht vorstellen kann, sondern zum Erfassen derselben entweder Urteile oder Annahmen nötig hat".[1]

---

[1] Gelehrt wird dies in der Tat schon in dem Buch „Über Annahmen", wenn auch nicht konsequent. S. 159 hören wir allerdings: „man wird . . . einräumen müssen, daß ein Urteil ein durch ein anderes Urteil erfaßtes Objektiv zu seinem Gegenstande haben kann, ohne dazu einer dieses Objektiv betreffenden Vermittelung durch das Vorstellen zu bedürfen — womit dann allgemein nichts Geringeres behauptet ist als dies, daß es möglich ist, an etwas zu denken (d. h. es zu beurteilen oder „anzunehmen"), das man nicht vorstellt". Aber wie sollen wir damit vereinigen, was S. 98 desselben Buches gesagt wird? Dort heißt es: wenn auch dem negativen und falschen Urteil ein Gegenstand (es ist das gemeint, was er neuestens nur „Objekt" oder „Material" nennt, nicht das „Objektiv") in irgendeinem Sinne zugeschrieben werden könne, so könne nicht es selbst dasjenige sein, an dem diese Gegenständlichkeit hänge, sie müsse vielmehr die Eigenschaft von etwas sein, was mit dem Urteilstatbestande verknüpft, aber von der Qualität und Richtigkeit des Urteils nicht mit betroffen werde. Und wenn der Autor hinzufügt: „Derlei findet sich denn auch wirklich an jedem Urteil; es ist die Vorstellung, ohne die von einem Urteil ja nicht die Rede sein könnte." Also hier gilt auch Meinong noch als selbstverständlich, daß ohne Vorstellung von einem Urteil keine Rede sein könne! Und auch noch S. 126 sagt er kurzweg: „Die Vorstellung ist das Mittel (von mir unterstrichen!) mich einer Wirklichkeit oder Quasiwirklichkeit zu bemächtigen."

Demgegenüber möchte ich vor allem die Bemerkung machen, daß ich den Ausdruck „erfassen", allgemein auf das Verhältnis des Urteils zu seinem Inhalte angewendet, nicht glücklich finden kann. Nicht bloß bei einem falschen, sondern auch bei einem blinden, wenn auch zufällig richtigen, Urteil (und dasselbe gilt natürlich von den „Annahmen") scheint es mir nicht passend zu sagen, es werde darin der Inhalt „erfaßt". Anderwärts (Über Annahmen, S. 168) sagt der Autor denn auch selbst: es gehöre zum Wesen jeden Urteils, „daß es sein Objektiv gleichsam erfassen will; ob es ihm auch wirklich gelingt, das hängt freilich davon ab, ob das Urteil im Rechte ist oder nicht". Damit ist also wenigstens zugegeben, daß man bei einem unrichtigen Urteil nicht passend vom Erfassen des Objektivs rede. In Wahrheit ist die Ausdrucksweise aber selbst beim richtigen nur dann am Platze, wenn dasselbe zugleich einsichtig ist, d. h. wenn die Richtigkeit sich kundgibt. Allgemein gesprochen scheint es mir besser von einer wirklichen oder möglichen ideellen Beziehung des Urteils zu seinem Inhalt zu reden.[1]

Doch dies nebenbei. Wichtiger ist die Frage, ob wirklich — wie Meinong lehrt — die Annahme von Vorstellungen, welche Urteilsinhalte („Objektive") zum Gegenstand haben, unmöglich oder wenigstens unnötig sei. Und darauf muß ich erwidern, daß ich einen Beweis dafür in seinen Ausführungen nicht erbracht finde, weder für die Unmöglichkeit noch für die Entbehrlichkeit der Vorstellungen von Urteilsinhalten. In ersterer Beziehung beruft man sich umsonst auf die „negativen Begriffe" wie Nichtrotes u. dergl. und darauf, daß die Negation etwas sei, was nur auf dem Gebiete der Urteile und Annahmen zuhause sei. Auch ein Begriff wie Nichtrotes ist nach uns allerdings die Vorstellung eines Urteilsinhaltes (er heißt: etwas, wovon es falsch ist, daß es rot sei); aber durch Statuierung einer solchen Vorstellung wird durchaus nicht die Negation in das Vorstellen hineingetragen. Sie gehört hier nur zum Objekt eines solchen, und sowenig das Vorstellen von rot selbst rot ist, sowenig braucht das Vorstellen des Negierten und des zu Negierenden selbst wahrhaft eine Negation zu sein.

---

[1] Noch weniger glücklich finde ich es, wenn Meinong auch den Ausdruck gebraucht, im Objektiv werde auch das Objekt erfaßt. Wenn wir dem Worte den üblichen Sinn geben, ist ein Erfassen des Objekts nicht bloß bei keinem falschen, sondern auch nicht bei jedem richtigen und einsichtigen, Urteil gegeben. Bei einer negativen Evidenz, z. B. „es gibt keine Farbe, die ein Ton wäre" kann ich wohl sagen: ich erfasse das Objektiv (d. h. die Nichtexistenz jener Verbindung konträrer Bestimmungen) nicht aber das Objekt (die konträre Verbindung), wie denn Meinong anderwärts selber zugibt, daß das „Nichtseinsobjektiv" nicht das Sein des Objektes involviere. (Untersuchungen zur Gegenstandstheorie usw. S. 12.)

Aber die Vorstellungen von Urteilsinhalten sind auch nicht unnötig. Vor allem wäre hier zu bemerken, daß sie nach Meinong zum guten Teil durch seine neue Klasse der Annahmen entbehrlich werden sollen, von denen wir aber früher gesehen haben, daß sie schon vorgängig höchst unwahrscheinlich, wo nicht unmöglich sind. Mit ihrem Entfall tritt der Rekurs auf ein Vorstellen, das, wie auf anderes, so auch auf Urteilsinhalte gerichtet sein kann, wieder in seine Rechte.[1]) Doch ist weiter für die Unentbehrlichkeit dieser Kategorien psychischer Erlebnisse besonders bemerkenswert, daß Meinong selbst, bei seinem Streben sie zu vermeiden, sich nicht konsequent zu bleiben vermag.

1. Gegenüber seiner Lehre von der Unabhängigkeit des Soseins vom Sein droht, wie wir schon früher gesehen haben, die Gefahr, daß ein Satz wie „ein existierendes rundes Viereck existiert" Wahrheit gewinne und so Meinong gezwungen sei, die Existenz von Unmöglichem zuzugeben. Demgegenüber bemerkt der Autor, wie wir wissen, die Schwierigkeit liege in der Existentialprädikation. Indem man das Partizip „existierend" oder dergl. bilde, gelange man wirklich in die Lage, einem Objekt formell ganz ebenso „Existenz" nachzusagen wie man ihm sonst ein Soseinsprädikat nachsage. „Aber", fährt er fort, „dieses Superplus an Bestimmungen, die an der Existenz hängen und die wir, wenigstens zum Zwecke augenblicklicher Verständigung, darum Existentialbestimmungen nennen könnten, sind niemals die Existenz selbst. ... Darum kann man auch derlei Existentialbestimmungen zu anderen Bestimmungen fügen, von einem „existierenden goldenen Berg" ebenso reden wie von einem „hohen goldenen Berg" und dann von jenem ebenso gewiß das „existierend" als Prädikat aussagen wie von diesem „hoch". Gleichwohl existiert darum jener Berg so wenig wie dieser: „existierend sein" in jenem Sinne der Existentialbestimmung und „existieren" im gewöhnlichen Sinne von „Dasein" ist eben durchaus nicht dasselbe."

Wir haben schon früher gesehen, daß die Ausflucht völlig nichtig ist. Dasein und existierendsein sind durchaus äquivalent und wenn — wie Meinong fälschlich lehrt — die Behauptung, daß „der existierende goldene Berg existierend ist" ein wahrer affirmativer Satz wäre, so wäre es auch unweigerlich wahr, daß der goldene Berg ist. Doch auf diese Untriftigkeit von Meinongs Lösungsversuch für das ontologische Argument kommt es uns hier nicht mehr an, sondern nur darauf, daß er dabei ganz vergißt, wie er uns sonst jede Vorstellung von Urteilsinhalten abspricht. Hier aber gibt er offenbar

---

[1]) Aber selbst, wer die „Annahmen" gelten ließe und dabei — wie Meinong will — z. B. auch die Vergegenwärtigung eines fremden Urteilens als „Annahmefall" faßte, könnte dies nicht, ohne auch Vorstellungen von Urteilsinhalten beteiligt sein zu lassen.

zu, daß wir eine solche haben. Denn wenn er zwischen einer „Existentialbestimmung" wie „existierend" und Existenz unterscheidet, was anderes kann damit gemeint sein als der Unterschied zwischen dem Begriff existierend (der ebenso wie „hoch" als Attribut zu „goldener Berg" hinzugefügt und ihm dann auch als Prädikat beigelegt werden kann) einerseits und dem Sinne des Wörtchens „ist" in „A ist" und dergl. andererseits? Dieses „ist" bedeutet einen Urteilsinhalt, indem es ihn kund gibt oder geben will; das Wörtchen „existierend" dagegen nennt ihn bloß, d. h. es erweckt die bloße Vorstellung von ihm, und diese kann allerdings zu „goldener Berg" ebenso wie „hoch" hinzugefügt werden, ohne daß daraus mehr wird als eine Vorstellungsverknüpfung, die kein Urteil ist.

Aber wenn dem so ist, wo bleibt die Behauptung, Meinongs „Objektive" könnten nur durch Urteile oder „Annahmen" erfaßt werden? Hier ist deutlich eine bloße Vorstellung von einem „Objektiv" gelehrt, und es ist der Unterschied zwischen ihr und einem wirklichen Urteilen oder „Annehmen" desselben als so wichtig hingestellt, daß angeblich darin und darin allein aus solchen Fehlschlüssen wie das ontologische Argument ein Ausweg geboten sei.

Wie schon bemerkt, ist dies letztere gar nicht unsere Meinung. Aber das allerdings behaupten wir, daß die Worte existierend oder seiend, nichtexistierend, notwendig, aber auch Existenz von etwas,[1]) Notwendigkeit von etwas und dergl. Namen und nicht wie Meinong, wenn er sich konsequent zu bleiben vermöchte, lehren müßte, der Ausdruck von Urteilen oder „Annahmen", kurz von Bejahungen oder Verneinungen seien. Weil „existierend" nur die Vorstellung eines Urteilsinhaltes ausdrückt, nicht das „Erfassen" desselben durch ein Urteil, ist „existierendes A" nicht dasselbe wie „A ist". Ganz wie ich auch früher sagte, daß, weil Nichtrot u. dergl. nur die Vorstellung eines Urteilsinhaltes ist, nicht selbst eine Negation, keine Gefahr ist, daß durch meine Auffassung der negativen Begriffe die Negation ins Vorstellen hineingetragen werde.

2. Doch der eben erwähnte Unterschied zwischen Existenz und „Existentialbestimmung" ist nicht der einzige von Meinong zugegebene, von dem in Wahrheit nur durch Rekurs auf die Vorstellung von Urteilsinhalten Rechenschaft zu geben ist. Ein noch interessanterer Fall ist sein Zugeständnis, daß Urteilsinhalte („Objektive") nicht bloß als Geurteiltes sondern auch als Beurteiltes Gegenstand unseres Bewußtseins sein können.[2])

- -- -- --.

[1]) Ich sage: Existenz von etwas. Denn eine Existenz, die nicht eine solche von etwas wäre, ist, ebenso wie eine Ausdehnung, die nicht Ausdehnung von etwas wäre, ein Ungedanke, der nur in der Weise denkbar ist wie überhaupt alles Widersprechende und Absurde.

[2]) Nur so kann ich es verstehen, wenn er („In Sachen der Annahmen"

Diese Differenz, z. B. zwischen dem Sinne des Satzes „A ist" (wo das Sein von A geurteilt wird) und des Satzes „daß A ist, ist wahr" (wo derselbe Urteilsinhalt beurteilt ist), ist in einfacher und durchsichtiger Weise zu begreifen, wenn man annimmt, das eine Mal (nämlich in „A ist") sei die dem Urteil zugrunde liegende Vorstellung „A", das andere Mal (nämlich in „daß A ist, ist wahr") dagegen sei es die Vorstellung des Urteilsinhaltes „Sein von A" oder „daß A sei". Aber, wie wir hörten, will Meinong schon S. 159 seines Buches „Über Annahmen" von einer solchen Vermittlung des Urteils über „ein durch ein anderes Urteil erfaßtes Objektiv" durch das Vorstellen (dieses „Objektivs") nichts mehr wissen. Und S. 162 wird dort zum Beweise der Unnötigkeit einer solchen Vermittlung gesagt, da jedes Urteil sich seines „Objektivs" „sozusagen aus eigener Machtvollkommenheit zu versichern" habe, so sei eigentlich „nicht mehr recht abzusehen, warum eine Vorstellungshilfe nötig sein müßte, damit das erurteilte Objektiv nun Gegenstand weiterer Beurteilung werden kann".[1]

Allein damit scheint mir die Frage, wie sich „A ist" und „daß A ist, ist wahr" dem Gedanken nach unterschieden, gar nicht befriedigend beantwortet. Gewiß kann unter Voraussetzung der Meinongschen Ausdrucksweise, wonach „Urteilsgegenstand" soviel ist wie bei uns „Urteilsinhalt", ein Urteil ein durch ein anderes Urteil erfaßtes Objektiv zu seinem Gegenstand haben ohne dazu einer dieses Objektiv betreffenden Vermittlung durch das Vorstellen zu bedürfen", wenn das Moment, daß dieses Objektiv ein durch ein anderes Urteil erfaßtes ist, nicht selbst Gegenstand des Bewußtseins ist. Wenn aber ja — und nur so kommen wir zu einem Unterschied zwischen: „daß A sei, ist wahr" und dem direkten „A ist" —, so ist zu sagen, daß dieses Moment nicht zu dem gehört, worauf sich das urteilende Verhalten als solches bezieht oder, wie Meinong sich ausdrückt, dessen es sich „aus eigener Machtvollkommenheit zu versichern hat". Auch wenn also die Meinung des Autors ist, in „daß A sei, ist wahr", lägen zwei Urteile vor, eines, welches das Objektiv „Sein von A" erfasse, das andere, welches die „Wahrheit des Seins von A" zum Objektiv

---

a. a. O., S. 11) gegenüber meiner Kritik seiner „Annahme"lehre „die Eventualität eines Urteils über Objektive" ausdrücklich auch bezüglich gewisser Fälle zugibt, wo er sie früher übersehen hatte.

[1] Wohl darum, weil er von einer Vorstellung des „Objektivs" nichts wissen will, spricht er (Zeitschrift für Philosophie usw., a. a. O., S. 74) davon, das „Objektiv" habe sozusagen manchmal Objektsfunktion. Denn da er unter „Objekten" jetzt nur Vorstellungsgegenstände versteht, so müßte er, wenn das Objektiv „daß A sei" in „daß A sei, ist wahr", wirklich Objektsfunktion hätte, konsequent auch anerkennen, daß es hier vorgestellt sei.

habe, so ist damit gar keine Antwort auf unsere Frage gegeben. Wohl ist zu begreifen, daß und wie jenes erste Urteilen wieder Gegenstand des Urteilens nämlich eines Urteiles der inneren Wahrnehmung sein kann und ist. Aber darum handelt es sich hier nicht. Dieses Urteil über ein Urteilen würde sprachlich lauten: Ich nehme wahr, daß ich urteile: A ist. Jener Satz aber, von dessen Sinn Rechenschaft zu geben wäre, nämlich: daß A sei, ist wahr, ist ein ganz anderer. Er besagt: das Sein von A ist; für ihn muß Meinong die Erklärung geben, und in dem Vorgebrachten liegt sie durchaus nicht.

Doch vielleicht habe ich meinen Gegner mißverstanden, und ist es gar nicht seine Meinung, daß hier zwei Urteile im Spiele seien, wovon eines das von ihm erurteilte Objektiv dem anderen gleichsam zur Beurteilung darbiete. Vielleicht ist seine wahre Meinung: das Sein des Seins von A (welches das Objektiv des Urteils „daß A sei, ist wahr" bildet) sei ebenso direkt durch ein Urteil erfaßbar wie „A ist". Ist es doch ein „Objektiv", und der „Objektive" sich zu versichern, gehört vielleicht nach Meinong „zur eigenen Machtvollkommenheit des Urteilens" ohne jede Vermittlung sei es von Vorstellungen sei es von anderen Urteilen.

Allein wie „Sein des Seins von A", so ist auch „Sein des Seins vom Sein des A" usw. usw. bis ins Tausendste und Hunderttausendste derartige Glied, ein „Objektiv". Und wenn jedes derselben durch ein Urteilen „aus eigener Machtvollkommenheit", ohne jede Vermittlung „erfaßt" werden kann, warum geschieht es nicht einmal, daß einer von uns zuerst das tausendste Glied „Sein des Seins vom Sein usw. usw des A" erurteilt und erst später das simple Sein von A? Das hält aber gewiß auch Meinong nicht für glaublich, und er hat sicher, so gut wie ich, keine andere Erklärung dafür, als daß eben doch beim Urteil über das Sein des Seins von A usw. irgend eine Vermittlung nötig ist. Und da sie nach ihm nicht in der Vorstellung vom Sein des A liegen kann und soll, so muß es ein Urteilen sein, worin das Sein von A geurteilt (oder wie er sich ausdrückt: erurteilt) ist.

Abermals jedoch muß ich — da es sich nicht um den wohl verständlichen Fall eines Urteils über ein anderes Urteilen (wie bei der inneren Wahrnehmung) sondern über einen Urteilsinhalt handelt — fragen, wie doch zu diesem Zwecke die zwei Urteile ineinander verwoben oder wie eins aufs andere gebaut sei? Und ich vermag mir keine haltbare Vorstellung davon zu machen.

Auch wenn man ohne jede weitere Theorie darüber etwa kurzweg sagte: der Unterschied zwischen „daß A sei, ist wahr" und „A ist" bestehe darin, daß beide Mal A vorgestellt, aber hier einmal anerkannt sei, dort zweimal, ist dies eine glaubhafte Antwort? Wie doch, wenn ich ein anderes Mal sage:

daß A sei, ist falsch? Hier müßte ich nun, nach **Analogie zu** vorhin, A einmal anerkennen und einmal leugnen. **Im selben Akt und Augenblick!** Von einem solchen widerspruchsvollen Verhalten, das bei dem fraglichen Satze gegeben wäre, weiß aber keine Erfahrung etwas. Und die Sache wird nicht besser, wenn Meinong zur Ausflucht greift, in, daß A sei, ist falsch, sei die darin involvierte Anerkennung eine bloße „Annahme", ein „Scheinurteil", und nur die Leugnung sei ein wirkliches Urteil. Denn ganz abgesehen von dem, was sonst gegen die **Wahrscheinlichkeit**, ja Möglichkeit der Meinongschen „Annahmen" spricht, hier retten auch sie uns nicht vor einem widersprechenden Verhalten. Denn sie sollen ja, so gut wie das Urteilen, wahrhaft ein Anerkennen und Leugnen sein. Es bleibt also dabei, daß wir nach der fraglichen Theorie in „daß A sei, ist falsch" A zugleich anerkennen und leugnen würden, während die Erfahrung von einem solchen widersprechenden Verhalten, das tausend und tausendfach in unserem intellektuellen Leben gegeben sein müßte, nichts weiß.

Und endlich, wenn wir auch all dies in Kauf nehmen, hätten wir dann wirklich einen Zustand vor uns, wo ein Urteil das in ihm geurteilte Objektiv einem anderen Urteil zur Beurteilung darböte? Offenbar nicht. Vielmehr nur den, daß in „daß A ist, ist wahr" dasselbe Objekt (A), welches in „A ist" einmal beurteilt wird, zweimal Gegenstand der Beurteilung wäre. Wie aber sonst soll auf Meinongs Standpunkt ein Unterschied zwischen „A ist" und „daß A ist, ist wahr" gefunden werden? Denn das kann ja doch nicht gemeint sein, daß etwa im zweiten Falle auch „A" gar nicht vorgestellt, sondern nur durch das Urteil erfaßt werde? Und ebenso kann, wenn Meinong sagt, daß sich das Urteil der „Objektive" aus eigener Machtvollkommenheit (ohne Vermittlung von Vorstellungen) versichere, und wenn er zu den Objektiven auch die Soseinsobjektive, z. B. das Asein und das Bsein von etwas rechnet, doch nicht gemeint sein, daß auch hier das A oder B bloß vom Urteilen ohne Vermittlung eines Vorstellens „erfaßt" werde? Denn wenn dies hier möglich ist, dann, scheint mir, wäre ja gar kein Grund vorhanden anzunehmen, daß es nicht überall möglich sei, und es wäre nur konsequent, den Satz, daß dem Urteilen ein Vorstellen zugrunde liege, ganz, auch bei „A ist" und dergl., fallen zu lassen. Diese Konsequenz aber will Meinong selbst nicht ziehen.

Nur bezüglich der Urteile der inneren Wahrnehmung scheint er geneigt, eine Fundierung derselben durch ein Vorstellen ganz zu leugnen. Aus dem besonderen Grunde, weil hier das Wahrnehmende und Wahrgenommene eine Realität bilden. Was das Letztere betrifft, so bin auch ich der schon von Brentano scharfsinnig verfochtenen Meinung, daß z. B. das Sehen und das Bewußtsein des Sehens zu einem Akt psychischen Geschehens gehören müssen, und könnte die gegenteilige Ansicht (die Höfler zu vertreten scheint),[1]) nur für eine Quelle von Absurditäten und Unmöglichkeiten halten. Allein durch diese Zugehörigkeit von Wahrnehmendem und Wahrgenommenem zum selben realen Vorgang scheint mir doch auch beim Urteil der inneren Wahrnehmung ein ihr zugrunde liegendes Vorstellen nicht entbehrlich.

Vor allem ist zu fragen, soll dieses Vorstellen entbehrlich sein bloß bei der Perzeption unserer gegenwärtigen inneren Vorgänge oder auch bei der Apperzeption ihrer einzelnen Teile und Momente? Vielleicht ist die Lehre schon darum auf die Apperzeption resp. die ihr zugrunde liegende Vorstellung nicht auszudehnen, weil sich nicht annehmen läßt, daß die innere Apperzeption eines psychischen Erlebnisses mit diesem zusammen zu einem Akt gehöre. Ist sie doch, wenigstens einseitig, von ihm trennbar, indem ein Vorgang sich in uns abspielen kann, ohne daß alle seine Teile und Momente im besonderen Gegenstand des Bemerkens sind. Wer aber hier trotzdem die Zugehörigkeit der Apperzeption und des Apperzipierten zu einem realen Vorgang aufrecht hält, der begibt sich überhaupt des Rechtes, diese Zugehörigkeit als den Grund der Entbehrlichkeit einer inneren Vorstellung geltend zu machen. Denn wie bei der Perzeption eines Vorganges, so bildet dann auch bei der Apperzeption seiner einzelnen Momente stets der ganze psychische Vorgang mit der apperzipierenden Tätigkeit einen Akt. Wenn aber die psychische Wirklichkeit dieses ganzen Vorganges die innere Vorstellung vertreten würde, warum kommt es zur Apperzeption bald dieses bald jenes Momentes an ihm? Wir können doch nicht annehmen, daß dann nur diese Partialwirklichkeit gegeben sei? Nein! Es muß eine besondere Partialvorstellung auftreten, welche dieser oder jener wechselnden Richtung der Apperzeption zugrunde liegt, uud wenn also hier, trotz der Zugehörigkeit von apperzipierender Tätigkeit und Apperzipiertem zu einem Akt, ein inneres Vorstellen nicht entbehrlich ist, so kann es auch bei der Perzeption durch dieses Verhältnis zum Perzipierten nicht entbehrlich werden.

Doch — wie man sich zu der Frage, ob auch die innere Apperzeption, ebenso wie die Perzeption, πσρέργῳ zu ihrem Gegenstand gehöre oder nicht, stellen möge — die Lehre, daß ein inneres Vorstellen darum unnötig sei, weil Vorstellendes und Vorgestelltes eine Realität bilden, unterliegt auch sonst schwerwiegenden Bedenken. Wenn die vorgestellte psychische Wirklichkeit das innere Vorstellen derselben ersetzen könnte, warum macht sie nicht ebenso das innere Urteilen, die „innere Wahrnehmung entbehrlich"? Wie das, was die ideelle Selbstverähnlichung im Sinne der Selbstvorstellung sachlich begründet, keine von dem Vorgestellten verschiedene Realität ist, so auch nicht das, was die Selbstwahrnehmung sachlich begründet,

---

[1]) Vgl. Psychologie, S. 277.

gegenüber dem Wahrgenommenen. Wenn wir also aus dem erwähnten Grunde bezüglich des inneren Vorstellens (z. B. der Vorstellung der Tonvorstellung) nicht anzunehmen hätten, daß diese eine besondere sekundäre mentale Beziehung neben der primären (z. B. der Tonvorstellung) sei, so wäre ebenso zu schließen, daß es keine besondere sekundäre Urteilsbeziehung (keine Anerkennung der Ton„wahrnehmung") neben der primären (der Anerkennung oder sog. „Wahrnehmung" des Tones) gebe. Und wo bliebe dann überhaupt das innere Bewußtsein? Es würde nicht bloß zu einer Realität mit dem primären gehören, sondern wäre überhaupt in keinem Sinne von ihm zu unterscheiden.

Um aber zu der Frage nach der Möglichkeit und Notwendigkeit von Vorstellungen unserer Urteilsinhalte zurückzukehren, so glaube ich gezeigt zu haben, daß sie mit Ja zu beantworten ist, und daß Meinong, der sie verneint, sich nicht konsequent zu bleiben vermag, indem es ihm nicht gelingt, den Unterschied unseres Bewußtseinszustandes bei „A ist" und bei „daß A sei, ist wahr" ohne jene Annahme zu erklären. Nein: entweder besteht zwischen diesen beiden überhaupt kein Unterschied der Bedeutung und haben wir es nur mit einem verschiedenen sprachlichen Ausdruck für völlig denselben Gedanken zu tun, oder, wenn ein Unterschied des Sinnes besteht, kann er nur darin liegen, daß bei „A ist" dem Urteil kurzweg die Vorstellung A, bei „daß A sei, ist wahr" dagegen eine Vorstellung zugrunde liegt, die erst im Hinblick auf den Inhalt jenes einfachen Urteils gebildet ist. Aber überhaupt ist zu sagen: Entweder sind die Urteilsinhalte („Objektive") nichts als eine Fiktion der inneren Sprachform oder wir haben auch Vorstellungen von ihnen, die Hand in Hand mit der Reflexion auf das Urteilen gewonnen sind. Wer diese letzteren leugnet, der handelt nur dann konsequent, wenn er die Urteilsinhalte überhaupt aufgibt.

Nur wenn so jedem Urteilen ohne Ausnahme ein Vorstellen zugrunde liegt, gewinnen wir auch einen einheitlichen Sinn für den Terminus „Gegenstand". Nur dann steht der Begriff in Relation zu einer einheitlichen Klasse psychischer Beziehung, indem dann darunter alles Vorstellbare oder die Summe der möglichen Objekte des Vorstellens verstanden wird.[1]) Wenn

---

[1]) Das Analogon davon wäre einerseits alles „Urteilbare" oder die Summe aller möglichen Urteilsinhalte, andererseits die Summe aller möglichen Interesseinhalte. Auf diesem dritten Gebiete fehlt ein dem Terminus „Vorstellbares" und „Urteilbares" entsprechender allgemeiner Ausdruck. Denn „Liebbares" ist das Analogon von „Anerkennbares", und dies ist natürlich nicht dasselbe wie „Urteilbares". Wir müssen einen Namen haben, welcher die den beiden entgegengesetzten Verhaltungsweisen entsprechenden Inhalte gemeinsam umfaßt. Am ehesten würde „Fühlbares" den Dienst leisten, wenn es nicht zu äquivok wäre.

Meinong — auch hier den üblichen Sprachgebrauch ändernd [1])
— den Urteilsinhalt oder das „Objektiv" auch „Urteilsgegenstand" nennt, so ist dies von seinem Standpunkte begreiflich.
Nur ist es dann ungenau, wenn er (mit Ameseder) die Objekte
(d. h. Vorstellungsgegenstände) und Objektive „Unterarten von
Gegenständen" nennt.[2]) Es kann sich nicht um „Arten" handeln.
Denn „Gegenstand" ist auf Meinongs Standpunkt kein Gattungs-
und überhaupt kein einheitlicher Begriff, sondern bloß eine Analogie. Objekte und „Objektive" können nach ihm in Wahrheit
nur äquivok Gegenstand genannt werden.[3]) Ein einheitlicher
Begriff ist, wie gesagt, nur gegeben, wenn jedem psychischen
Vorgang, der selbst kein Vorstellen ist, wenigstens ein Vorstellen
zugrunde liegt.

Nur so ist endlich auch in einheitlicher Weise von dem
Wesen apriorischer Urteile Rechenschaft zu geben. Nach Meinong
soll die „Gegenstandstheorie" eine Lehre vom Apriorischen sein
und sowohl von „Objektiven" als von Objekten handeln. Aber
nur wenn es auch von den „Objektiven" Vorstellungen gibt,
werden wir die apriorische Erkenntnis als ein einsichtiges Urteil
bezeichnen können, das durch die ihm zugrunde liegende
Vorstellung motiviert ist. Eine andere befriedigende Deutung
vom Wesen des apriorischen Urteils aber wird sich nicht geben
lassen.

[1]) Sonst nannte man ja in einem Urteile wie „A ist" A den Gegenstand
des Urteils, der hier anerkannt, in einem anderen Falle (in: A ist nicht)
geleugnet wird und sagte also, das bejahende und verneinende Urteil könne
denselben Gegenstand haben. Nur der Inhalt sei notwendig verschieden. Den
„Inhalt" nennt nun Meinong statt „Objektiv" auch „Urteilsgegenstand".
Seltsam ist nur, daß er, wenn ich recht verstehe, doch fortfährt jenes
A sowohl in „A ist" wie in „A ist nicht" „Objekt" zu nennen, obwohl doch
„Objekt" und Gegenstand nur das eine die Übersetzung des anderen sind und —
wie wir gesehen haben — die Annahme eines Vorstellungsgegenstandes beim
Urteilen auf Meinongs neuestem Standpunkt überhaupt ins Gedränge kommt.

[2]) In den „Untersuchungen zur Gegenstandstheorie und Psychologie"
(1904). Ameseder, Beiträge zur Grundlegung der Gegenstandstheorie: § 2.
Es gibt zwei Klassen von Gegenständen: Objekte und Objektive . . . Gegenstände, die nicht Objektive sind, sind Objekte. Die Objekte sind . . . eine
Unterart der Gegenstände.

[3]) Da Meinong nicht erkannt hat, daß die Akte des Interesses in ganz
analogem Sinne einen Inhalt haben wie das Urteilen (und nur in dem Falle
können sie auch in wahrhaft analogem Sinne Bewußtseinsbeziehungen sein),
so entfällt für ihn eine dritte „Klasse von Gegenständen", die sonst zu den
Objekten und Objektiven, aber abermals nur als Gegenstand in analogem, nicht
im selben einheitlichen Sinn, hinzuzufügen wäre.

Siebentes Kapitel

Ergänzendes über das Bedeuten im allgemeinen.

Wir haben schon bei der Behandlung der Bedeutung der verschiedenen Gattungen sprachlicher Zeichen, insbesondere bei derjenigen der Aussagen, die wir zuerst ins Auge faßten, auf Züge hingewiesen, die allem sprachlichen Bezeichnen gemeinsam sind. Doch bleibt in dieser Hinsicht noch manches nachzutragen, was bei der Behandlung des Details nicht wohl seinen Platz fand. Und wir wollen auch nicht versäumen, gewisse Ansichten über das Bedeuten kurz zu erwähnen, die wir als mißverständlich oder mystisch ablehnen zu müssen glauben.

§ 118. Zunächst einige Bemerkungen zu unserer oben (und schon in der Vierteljahrsschrift für wissenschaftliche Philosophie, 1884) vorgetragenen Lehre von einer doppelten Intention beim absichtlichen Sprechen. Wir sagten, bei jedem absichtlichen Sprechen lasse sich eine Mehrheit von Seiten und Weisen des Zeichenseins unterscheiden, und die eine, primär intendierte, sei in den meisten Fällen vermittelt durch eine sekundär intendierte, mittelbare. Ich sage: in den meisten Fällen. Denn es ist zwar ausnahmslos der Fall, wo immer es sich um Aussagen und Emotive handelt. Aber wenn ein bloßes Vorstellungssuggestiv für sich geäußert wird, ist die Kundgabe der Vorstellungstätigkeit, die unmittelbar darin gegeben ist, nicht als Mittel für die Erweckung von etwas Analogem intendiert, sondern sie ist lediglich ein παρέργον. Freilich werden Namen überhaupt nur als Bestandteile von Aussagen und Emotiven geäußert, und es gilt dann von ihnen, als Bestandteilen solcher Enunziationen, natürlich was von dem Ganzen derselben gilt. Und Vorstellungssuggestive, die nicht Namen sind, werden für sich allein nur zum Zwecke der Erweckung ästhetischen Vergnügens geäußert, und dies ist ein relativ untergeordneter Fall der Verwendung der Sprache.

Was aber die Fälle absichtlicher Kundgabe des eigenen psychischen Lebens als Mittel zur Beeinflussung des fremden betrifft, so will ich nicht versäumen eines Umstandes zu erwähnen, der hier wie überall zur Beobachtung kommt, wo es sich um ein absichtliches Tun handelt, welches eine gewisse Endabsicht nur durch eine Reihe von Mitteln erreicht. Es ist das die Tatsache, daß die Achtsamkeit auf das, was bloß Mittel ist, durch Gewohnheit eine minimale werden und unter Umständen neben dem primär Intendierten, worauf sich das Interesse konzentriert, fast bis zur vollen Vernachlässigung zurücktreten kann. Immerhin wird es unter anderen Umständen auch wieder Gegenstand besonderer Beschäftigung werden, und so ist es ja z. B. wenn ich jemandem entgegenhalte: du lügst; ja auch, wenn ich ihm sage: du irrst. Hier bin ich beidesmal aufmerksam auf das Urteilen im Sprechenden, das durch die Aussage ausgedrückt wird resp. auf den Schein des Ausdrucks, der erweckt werden will.

Daß es von größter Wichtigkeit ist, die mittelbare und unmittelbare Zeichengebung, die wir unterschieden haben, stets wohl auseinander zu halten, wird nach dem Ausgeführten wohl niemand bezweifeln. Nichtsdestoweniger wird die konsequente Scheidung dieser Gesichtspunkte bei der Klassifikation der sprachlichen Zeichen nach ihrer „Bedeutung" oft vermißt. So in der Gramm. génér. et rais., wenn sie, zwei Klassen unterscheidend, sagt: les uns (z. B. die Nomina, Partizipien usw.) signifient les objets des pensées et les autres (z. B. die Verben, Interjektionen, Konjunktionen) la forme et la manière de nos pensées. Diese Einteilung wird so gegeben, als handelte es sich hier und dort um ein „Bedeuten" im selben Sinne, und als bestände der Unterschied nur im Was. In Wahrheit aber liegt ein solcher auch in der Weise des Bedeutens (denn im ersten Falle handelt es sich um ein mittelbares, im zweiten um ein unmittelbares Zeichensein[1]) und so fehlt die für eine gute Klassifikation geforderte Einheit des Gesichtspunktes. Dasselbe gilt aber auch,

---

[1] Dagegen erkennt Meinong („Über Annahmen", S. 16 ff.) — wenn ich recht verstehe — diese Unterscheidung als wichtig und will — wie er sagt — durch die Ausführungen darüber die von Martinak (Psychologische Untersuchungen zur Bedeutungslehre, 1901) „vorgenommene Präzisierung der Relation zwischen Zeichen und Bedeutung noch um einen Schritt weiter führen oder vielleicht auch bloß das ausdrücklich sagen", was dieser „noch unformuliert gelassen" habe.

wenn Wundt (a. a. O., II [1], S. 132; [2], S. 137) als Unterscheidungs-
merkmal zwischen Aussagen und Befehlen einerseits und Fragen
andererseits angibt, daß die beiden ersten Meinungs- oder Willens-
äußerungen „selbst enthalten", die letzteren dagegen zu ihnen
„auffordern". Oder beruht dies nicht auf einer Konfusion
jener beiden Intentionen, die überall gegeben sind? Auch die
Befehle fordern ja den Hörer zu etwas auf, und auch die Fragen
„enthalten" etwas von Seite des Sprechenden, und dieses Korrespondierende, Homologe, nicht das Heterologe, müßte doch
bei einer Klassifikation der Ausdrucksmittel nach ihrer Funktion
einander gegenübergestellt werden.

Indem wir im obigen von einem absichtlichen Ausdruck
unseres psychischen Lebens als Mittel des primären Zweckes
unserer Rede sprechen, soll natürlich nicht geleugnet werden, daß
damit häufig, ja mehr oder weniger stets, auch ein unabsichtlicher
Hand in Hand gehe, mit anderen Worten, daß auch unser absichtliches Sprechen fort und fort in gewissem Maße Züge enthält, die unser Inneres eröffnen in einer Weise, die nicht von
uns beabsichtigt ist. Einmal schon, indem es vermöge der mehr
oder weniger gewandten und passenden Ausdrucksweise Schlüsse
auf unsere intellektuellen Gaben, Sprachkenntnisse und dergl.
ermöglicht; sodann auch, indem es — wie jedermann bekannt
— durch die Art der Diktion, wie durch die begleitenden Mienen
und Geberden, irgendwie unser Gemütsleben kundgibt, auch wo
es weder aktuell noch virtuell unsere eigene Absicht ist, dies
zu tun.[1])

_____

[1]) Martinak (a. a. O.) nennt dieses unabsichtliche Äußern des
eigenen Inneren (im Gegensatz zum absichtlichen, das er „final" heißt) ein
„reales" Bedeuten. Zum „realen" rechnet er auch das uneigentlich sog.
„Bedeuten", wie wenn man sagt: diese Wolken bedeuten Regen, und er
glaubt — wie es scheint — durch Ausdehnung seiner Betrachtung auf diese
nicht sprachlichen Fälle der Klärung des sprachlichen Bedeutens einen
wichtigen Dienst zu leisten. Dieses letztere (nämlich daß Martinak seine
Bedeutungslehre auf eine so breite Grundlage stellen will) hat mit Recht
schon die Verwunderung von Schuchardt (vgl. das Literaturblatt für germanische und romanische Philologie, 1902, Nr. 6) erregt, da in der Tat, was
dem sprachlichen Bedeuten eigentümlich ist und noch am meisten einer
Klärung bedarf, sie durch Hinweis auf jene metaphorisch so genannten Fälle
des Bedeutens nicht erhalten kann.

Was den Namen „real" betrifft, so möchte ich sagen: wenn damit der
Charakter der Unabsichtlichkeit gemeint ist, warum wird er nicht lieber
so genannt? Wenn aber der der Unmittelbarkeit gemeint wäre, dann
wäre der Gegensatz dazu nicht „final", d. h. absichtlich (da das unmittelbare
„Bedeuten" auch absichtlich sein kann). Auch für den Gegensatz zwischen
dem Fall, wo etwas tatsächlich Erkenntnisgrund (und in diesem Sinne
Zeichen) eines anderen ist und dem, wo es dies nur vermeintlich und

§ 119. Eine weitere Frage, die ·uns interessiert ist die, wiefern es in Zusammenhang mit der Sprache ein Bedeuten ohne Kundgabe eines psychischen Lebens in einem Sprechenden gebe oder geben könne.

Zweifellos gibt es etwas Derartiges in folgendem Sinne: 1. Wie schon erwähnt wurde, geschieht es gelegentlich, daß wir durch die Mittel der Sprache in anderen gewisse Überzeugungen und Phänomene der Gemüts- und Willenstätigkeit erzeugen, indem wir uns bloß den Schein geben, selbst entsprechende Urteile und Interessephänomene zu hegen. Doch davon, als etwas allgemein Bekanntem, ist nicht weiter nötig zu sprechen.

2. Es wurde ferner auch schon erwähnt, daß, soweit es sich um die Erweckung bloßer Vorstellungen im Hörer handelt, die Kundgabe des Vorstellungslebens im Sprechenden nicht Mittel für jenen primären Zweck der sprachlichen Äußerung, sondern nur ein *παρέργον* ist. Und so kann überhaupt bei Worten und Wortverbindungen, welche als bloße Vorstellungssuggestive fungieren, davon abgesehen werden, ob sie auch Ausdruck eines psychischen Lebens sind.

3. Und weiter sieht man, wenn es sich bloß um das Erwecktwerden von Vorstellungen durch gewisse sprachliche Zeichen handelt, auch davon ab, ob sie überhaupt Werk einer Absicht sind und schreibt darum gelegentlich auch zufällig zusammengeratenen Buchstaben eine Bedeutung zu. Freilich kann dies dann nur heißen, sie seien solchen Gebilden, welche wirklich sprachliche Zeichen der genannten Art sind (d. h. den Zweck haben, Vorstellungen zu erwecken), genügend ähnlich um diese Fähigkeit mit ihnen zu teilen. So etwa die buchstabenähnlichen Brut- und Futtergänge der Larve des Fichtenborkenkäfers (Bostrichus typographus). Wer die zufällige Entstehung nicht kennt, wird glauben, es sei Aufgabe dieser Einschnitte etwas zu bedeuten, da sie so aussehen, daß sie als Zeichen dienen könnten.

Da weiter, wie wir schon ausgeführt haben, zum Verständnis einer Aussage und eines Emotivs nur die Vorstellung ihres Inhaltes (nicht ein entsprechendes tatsächliches

---

der bloßen Intention des Zeichengebers nach ist, könnte ich die Termini „real" und „final" nicht passend finden.

Glauben oder Interesse) gehört, kann man so auch bei Buch-
stabenkombinationen, die zufällig einer Aussage oder einem
Befehl gleichen, sagen, sie gäben einen verständlichen Sinn.
Während man ihnen allerdings die Bedeutung einer Aussage
oder eines Befehles nicht zuschreiben kann, falls wir Recht
hatten, diese darin zu suchen, daß sie in der Regel im Hörer
oder Leser ein Urteilen resp. ein Interessephänomen (nicht bloß
die Vorstellung vom Inhalt eines solchen) erwecken. Denn dies
wird jene Kombination von Buchstaben keinesfalls tun, wenn
der Leser die Absichtslosigkeit ihrer Entstehung kennt. Wenn
bei der Vorstellung des Urteilsinhaltes trotzdem sofort auch der
betreffende Glaube auftritt, so muß dies andere Gründe haben,
wie z. B. apriorische Einsicht oder Erinnerung an frühere
Erfahrungen usw.

4. Man spricht auch noch in einem Falle von „Bedeuten",
wo dasselbe nicht mit einer Kundgabe psychischen Lebens verbunden ist, nämlich da, wo damit die stellvertretende Funktion
einer Vorstellung für eine andere gemeint ist. In diesem Sinne
von „Bedeuten" kann und wird natürlich, wer nominalistisch unsere
Gedanken samt und sonders für bloße, ihren Gegenständen un-
ähnliche, Zeichen hält, sie als ein „Bedeuten" oder „Meinen"
des Gedachten bezeichnen. Aber dabei handelt es sich um einen
nicht mit der Sprache zusammenhängenden, ganz uneigentlichen
Gebrauch des Terminus „Bedeuten". Und das gilt natürlich
auch von Fällen wie der, wo man metaphorisch von den Wolken
sagt: sie „bedeuten" Regen und dergl.

Auch scheint mir mit dem unter diesen vier Nummern
angegebenen nun überhaupt alles erschöpft, wobei ein Vorgang
als ein „Bedeuten" bezeichnet werden kann und wird, welches
sich als von einer Kundgabe psychischen Lebens unabhängig darstellt. Und auch die Berufung auf die Tatsache, daß die Worte
der Sprache auch im Denken des Einsamen etwas „bedeuten",
vermag mich nicht vom Gegenteil zu überzeugen. Denn fragen
wir uns, was sie hier überhaupt für eine Funktion haben können,
die man als ein „Bedeuten" bezeichnen kann, so ist es vor
allem die vorhin unter Nummer 4 genannte. Die Worte dienen
in dem Falle als Element einer Surrogatvorstellung, und davon
ist jetzt nicht weiter zu sprechen nötig. In anderen Fällen haben
die Worte im Seelenleben des Einsamen die Funktion, eine Vorstellung durch Assoziation zu wecken und dies ist eine sehr

häufige Tatsache. Wir verwenden ja ihren sinnenfälligen Eindruck, um solches, was leichter als dieser dem unmittelbaren Bewußtsein und dem Gedächtnis entschwindet, wieder in dasselbe zurückzurufen, und so erleichtern wir uns die Arbeit des Besinnens, die Beherrschung unseres Vorstellungslaufs durch den Willen und die Einhaltung eines von bestimmten Plänen und Zielen durchleuchteten Gedankenzuges. Aber auch hier haben wir eben wieder einen der oben bereits erwähnten Fälle von „Bedeuten" vor uns, wo auch nach uns eine „anzeigende Funktion" nicht als Mittel dafür im Spiele zu sein braucht. Endlich benützt der Einsame die Worte der Sprache auch geradezu als Mittel der Mitteilung von Erkenntnissen, Vorsätzen an sich selbst für seine eigene Zukunft. Allein hier, wo unser späteres Selbst von dem früheren Belehrungen oder Anregungen und Aufforderungen empfängt, da ist mit dem „Bedeuten" der Sprachzeichen auch eine anzeigende Funktion derselben verbunden. Denn eben indem wir etwas als unsere frühere Überzeugung erkennen, geschieht es, daß wir ihr wieder anhängen, und indem sich uns etwas als früher von uns gewollt kundgibt, wird diese Tatsache zu einem Motiv, das unsere Gemüts- und Willenstätigkeit wieder in dieselbe Richtung drängt.

So kann ich denn auch beim Denken des Einsamen keinen Fall eines von der „anzeigenden Funktion" unabhängigen Bedeutens auffinden, der nicht unter die oben schon von uns aufgezählten fiele und kann überhaupt etwas anderes als das dort Geschilderte in den Tatsachen nicht begründet erkennen. Etwas Weiteres in dieser Richtung anzunehmen, würde, so scheint mir, dazu führen, in platonisierender Weise jedem sprachlichen Zeichen, das einen selbständigen Sinn hat (d. h. unter geeigneten Umständen eine Vorstellung oder ein Urteil oder ein Interesse von bestimmtem Inhalt zu erwecken fähig ist), etwas in der Welt des Seienden als Korrelat entsprechen zu lassen. Solche „Bedeutungen an sich", die nicht entstehen und vergehen sollen, scheinen mir aber ebenso fiktiv wie Bolzanos „Vorstellungen an sich". Und derartigen Verirrungen gegenüber wäre es begreiflich, wenn andere geneigt wären zu einem entgegengesetzten „psychologistischen" Extrem fortzugehen, indem sie nichts vom Bedeuten sondern bloß von einer kundgebenden Funktion sprachlicher Zeichen wissen wollten. Doch die Wahrheit scheint mir in der Mitte zu liegen. Die Sprachmittel geben nicht bloß in subjektiv-

unmittelbarer Funktion das psychische Leben des Sprechenden
kund; sie haben primär die Intention, mittelbar entsprechende
psychische Zustände im Hörer zu erwecken und diese Funktion
und weiterhin auch den Inhalt jener zu erweckenden
seelischen Zustände nennen wir ihre Bedeutung.[1]) Aber
indem man ein Bedeuten in diesem objektiven Sinne lehrt, ist
durchaus nicht behauptet, daß dem sinnvollen Sprechen eine zeitlos oder „ideal" existierende Welt „von Bedeutungen an sich"
gegenüberstehe. Nicht jeder Inhalt, der mit Recht als Bedeutung eines autosemantischen sprachlichen Zeichens gilt, vielmehr nur das von einer wahren Aussage Bedeutete (der
Inhalt der richtigen Urteile) hat „Wahrheit", d. h. eine Stelle
unter dem Seienden und zwar, wie alles Seiende, eine zeitliche
(wenn auch nicht bloß zeitweilige).

Sonst kann man nur sagen, daß das psychische Phänomen,
welches zu erwecken die primäre Intention und Bedeutung des
Sprachmittels ist, einen Inhalt habe, welcher ebenfalls
das Bedeutete heißen mag, und dieses „einen Inhalt haben"
ist, wie früher erörtert wurde, dann nicht etwas, was den
Charakter einer Korrelation, sondern nur den einer relativen
Bestimmung besitzt.

§ 120. Wie ich die Lehre von einer zeitlosen Existenz von
„Bedeutungen an sich" ablehnen muß, so kann ich auch der nicht
beistimmen, welche im Bedeuten einen besonderen „neuartigen
Akt" sähe, und ebenso derjenigen, wonach der „bedeutunggebende
oder -verleihende Akt" oder der Akt, „in dem sich das Bedeuten vollzieht", mit den zugehörigen Zeichen zu einer „deskriptiven oder phänomenalen Einheit" „verschmölze".[2])

Auch zum aktuellen Bedeuten eines sprachlichen Zeichens
gehört, wie wir wissen, nicht einmal, daß der Sprechende das
wirklich denke oder fühle, was er im Hörer von Gedanken und

---

[1]) In diesem Sinne bezeichnet man — wie wir wissen — z. B. die „Begriffe"
(= Inhalte unserer begrifflichen Gedanken) als die Bedeutung der Namen.

[2]) Zu „einer objektiven Gestaltqualität", zu einem Gesamtakt mit einer
leiblichen und geistigen Seite. (Vgl. Husserl, Logische Untersuchungen, II,
z. B. S. 170, 383.)

Wenn man gar bei jedem Wort von einem Aktcharakter sprechen
würde, der das Meinen oder Bedeuten desselben ausmache, so wäre dabei offenbar vergessen, daß es gar viele Synsemantika gibt.

Gefühlen erwecken will. Darin kann also der bedeutunggebende Akt oder der Akt des Bedeutens nicht liegen. Wohl
aber hat der Sprechende die Absicht, das Seelenleben des
Hörers in der angegebenen Weise zu beeinflussen und in
diesem Sinne mag man von einer Bedeutungsintention
sprechen. Aber natürlich ist dabei nicht an eine besondere
Weise der „intentionalen Beziehung" zum Objekt zu denken,
worin das Wesen des Bedeutens läge,[1]) und die „Erfüllung"
jener Intention ist nicht etwa abermals eine solche, sondern
das eine heißt eben nur soviel wie ein Begehren nach der
Suggestion gewisser psychischer Zustände, und dem steht als
eventuelle Erfüllung der Eintritt des Verlangten, die entsprechende wirkliche Beeinflussung des fremden psychischen
Lebens gegenüber.[2])

Von „Verschmelzung" endlich könnte ich bei einem Zeichen
und dem „Akt der Bedeutungsintention" usw. nur etwa sprechen,
sofern es dem psychologisch weniger Gebildeten schwer ist, diese
verschiedenen Seiten dessen, was er gleichzeitig tut und erlebt,
auseinander zu halten. Für schwierige Unterscheidbarkeit von
Inhalten der psychologischen Erfahrung kann es mehrfache, da
und dort verschiedene, Gründe geben. Hier kann nur etwa die
innige Assoziation von Zeichen und Bedeutung und das gewohnheitsmäßig rasche Abgleiten der Aufmerksamkeit vom ersten
auf die zweite wirksam sein. Und zur Annahme einer Verschmelzung in irgend einem anderen Sinne als dem solcher
schwieriger Unterscheidbarkeit scheint mir in den Tatsachen
gar keinerlei Nötigung gegeben.

§ 121. Doch noch andere das Bedeuten im allgemeinen
betreffende Züge sind zu besprechen. So z. B. der Unterschied
des usuellen und occasionellen Bedeutens.

---

[1]) Die Äquivokation von „Intention" im Sinne von Bewußtseinsbeziehung
überhaupt und speziell im Sinne von einer auf etwas gerichteten Absicht
darf und wird hoffentlich niemanden täuschen.

[2]) Natürlich etwas ganz anderes heißt aber „Erfüllung" im Gegensatz
zu „Intention", wenn man unter letzterer (mit Husserl) speziell das Meinen,
d. h. ein uneigentliches und bloß surrogatives Vorstellen versteht und unter
„Erfüllung" das entsprechende eigentliche. Daß auch jene „Intention" nicht
als eine neue Aktqualität oder eine neue „Weise des uns zu Mute seins"
gelten kann, wurde uns schon früher klar.

Bei hervorragenden Sprachforschern ist davon in mehrfachem und wesentlich verschiedenem Sinne die Rede, und es ist wohl nicht unnütz, diese verschiedenen Bedeutungen ausdrücklich zu scheiden.

1. Vor allem kann damit gemeint sein und ist manchmal damit gemeint, daß ein Ausdrucksmittel, welches bisher in einem gewissen Kreise nur in einem bestimmten Sinne verstanden wurde, nun durch Initiative eines Neuerers in etwas anderer Bedeutung gebraucht wird und vom Hörer aufgefaßt werden muß. Würde der betreffende Sprechende von seinem Verfahren Rechenschaft geben, so müßte er sagen: Ich verstehe unter diesem Ausdruck dieses oder jenes, während, wo es sich um den usuellen Gebrauch handelt, gesagt werden darf und muß: Man versteht darunter usw.

2. Aber nicht bloß den Gedanken an einen solchen Unterschied zwischen der bereits gegebenen Üblichkeit eines Zeichens in einem gewissen Kreise, und einer individuellen Neuerung in dessen Verwendung, kann man mit dem Ausdruckspaar usuell-occasionell verbinden. Es kann damit auch der Unterschied zwischen dem in einem weiteren und dem bloß in einem engeren Kreise Üblichen gemeint sein.

3. Es kann weiter darunter verstanden werden, daß das in einem größeren oder kleineren Kreise Übliche hier entweder öfter (in der Regel) oder seltener (ausnahmsweise und unter besonderen Umständen) gebraucht werde. Das Ausdrucksmittel wird in diesen Fällen gewöhnlich neben dem, was man kurzweg seine „Bedeutung" nennt, noch eine jener Nebenbeziehungen auf die Gefühle des Sprechenden und Hörenden haben, welche man seine „Farbe" genannt hat, und worauf wir anderwärts näher zu sprechen kommen.

Daß eine gewisse Verwandschaft zwischen diesen drei Bedeutungen von usuell und occasionell bestehe, wird niemand leugnen; aber identisch sind sie nicht.

4. Ganz anderer Art dagegen ist nun aber die Bedeutung von usuell und occasionell im Sinne von habituell und aktuell, indem unter dem ersteren die Bedeutung oder Bedeutungen verstanden werden, die ein Sprachmittel überhaupt dem Gebrauche gemäß haben kann, unter dem letzteren dagegen diejenige, die es tatsächlich im einzelnen Falle hat. Letztere wird z. B. in der Regel einfach sein, in dem Sinne,

daß auch einem Zeichen, das im allgemeinen vieldeutig ist, d. h.
bald in dieser bald in jener Bedeutung gebraucht werden kann,
im individuellen Fall doch in der Regel nur eine dieser Bedeutungen aktuell beigelegt wird. Eine Ausnahme bildet ja
nur, wenn der Sprechende einen Ausdruck absichtlich zwei-
deutig oder wenn er ihn konfus gebraucht, so daß sich ihm
selbst seine Zweideutigkeit unter der Verschwommenheit ver-
birgt.

5. Mit der Vieldeutigkeit gewisser Zeichen hängt es
zusammen, wenn man endlich auch noch von usueller und
occasioneller Bedeutung in dem Sinne spricht, daß man unter
ersterer eine solche versteht, welche ein gewisses Sprachmittel
unter den gewöhnlichen Verhältnissen immer zu erwecken vermag, unter letzterer dagegen eine, auf die man
nur durch Mitwirkung des Zusammenhanges besonderer
Umstände geführt wird, wie z. B. wenn mit Nadel unter
besonderen Verhältnissen einmal speziell eine Magnetnadel
gemeint ist, oder wenn die Pronomina „Ich“, „dieser“ usw.[1])
und ebenso eine Großzahl von Eigennamen unter gewissen Umständen dieses, unter anderen ein anderes menschliches Individuum bezeichnen, ohne Mitwirkung solchen Zusammenhanges
aber unbestimmt vieldeutig sind. Auf diese verdeutlichende
Macht des Zusammenhanges sind überhaupt die Äquivoka für

---

[1]) Für sich allein erweckt das Pronomen „Ich“ bloß die allgemeine
Vorstellung, daß es sich um einen Sprechenden, „Du“ die Vorstellung, daß
es sich um einen Angeredeten handelt usw. Von ihnen (und ebenso von
Adverbien wie: gestern, heute, hier, dort usw.) gilt also, daß sie in ganz
besonderem Maße auf die Mitwirkung des Zusammenhanges angewiesen sind,
und man mag sie in diesem Sinne mit Husserl solche von wesentlich
occasioneller Bedeutung nennen. Doch möchte ich jene Vorstellung,
welche durch „ich“, „du“ usw. zunächst erweckt wird, nicht mit ihm die
„anzeigende Bedeutung“ (im Gegensatz zu einer „angezeigten“) heißen. Sie
scheint mir in Wahrheit gar nicht zur Bedeutung zu gehören. Wir haben
es meines Erachtens vielmehr mit einem Kunstgriff und einer Vorstellung
der konstruktiven inneren Sprachform zu tun, also mit etwas, was nur eine
Hilfe und Vorbereitung ist für die Erweckung der Vorstellung des individuellen Gegenstandes, welche die eigentliche Bedeutung des betreffenden
Zeichens, wie es hier gemeint ist, bildet. Weil der erwähnte Kunstgriff der
Bezeichnungsmethode, insbesondere bei dem Wörtchen „Ich“, nicht ganz leicht
ist, erklärt es sich, daß die Kinder relativ spät dazu kommen, sich denselben
zu eigen zu machen.

die Sicherung ihres Verständnisses angewiesen,[1]) und **welche Macht** er zu üben vermag, dafür haben wir unter anderen auch ein sprechendes Beispiel an dem Verständnis der nicht vokalisierten Schrift der Hebräer.

So sind es denn zweifellos wesentlich verschiedene **Begriffe** von „occasionellem" und „usuellem" Sinn und Gebrauch **unserer** sprachlichen Bezeichnungen zu scheiden. Doch finde ich, wo **Paul** in seinen „Prinzipien der Sprachgeschichte" ausführlich von **diesem** Unterschied handelt, sie nicht ausdrücklich auseinander **gehalten,** obschon mehrfache Äußerungen, die er tut, zeigen, daß er mit den Termini nicht immer dieselbe, sondern bald diese bald jene der obenangeführten Bedeutungen verbindet. So wenn er z. B. sagt, die usuelle Bedeutung sei oft mehrfach, die okkasionelle stets einfach, und das Kind lerne nur occasionelle Verwendungsweisen, aber auch der Erwachsene lerne die Bedeutung der Worte oft nur auf Grund occasioneller Verwendung derselben kennen. Und dann wieder: die usuelle Bedeutung gewisser Ausdrücke sei stets abstrakt, die okkasionelle auch konkret. Und wiederum: Der Bedeutungswandel gehe stets aus occasionellen Verwendungen hervor, und oft sei eine gewisse Verwendung

---

[1]) Der Begriff des Zusammenhanges ist dabei natürlich im weitesten Sinne zu nehmen, wo nicht bloß die Zeichen der Lautsprache in ihrem Zusammenwirken, sondern auch die unterstützende Kraft von Geberden und die der gesamten gegebenen Situation darunter verstanden werden. Und was die Laut- resp. Geberdezeichen betrifft, so kann — wie ausdrücklich, so auch nebenbei — das eine in mannigfacher Weise zur Verdeutlichung für das andere dienen. Nicht bloß durch beigefügte Determinationen und relative Bestimmungen, sondern auch durch Angabe eines Gegensatzes für den gemeinten Begriff, kann das Vorstellen mit Sicherheit auf diesen geführt und so die Vieldeutigkeit behoben werden. Das Wort „Gesetz" z. B. ist äquivok. Aber durch den Gegensatz: Zufall wird deutlich, daß es im Sinne einer Notwendigkeit zu verstehen ist, nicht im Sinne einer Norm oder Regel des Richtigen, wo der Gegensatz ein ganz anderer wäre. Ebenso wird das vieldeutige „Land" so oder so geklärt, je nachdem ihm als Gegensatz „Moor" oder „Stadt" oder „Leute" gegenübersteht, und „Glauben" durch die verschiedenen Gegensätze: Meinen, Wissen, Aberglauben, Unglauben usw. Mit Rücksicht auf diese Weise des Verständnisses, die oft, wo nicht eine besondere Gewohnheit oder dergl. die richtige Deutung begünstigt, dem Raten der Rätsel gleich ist oder wenigstens nahe kommt, hat man die Äquivoka den Rätseln verglichen, und manche Rätsel sind ja nichts anderes als Homonyme. In bezug auf die Motive ihrer Bildung allerdings besteht ein Unterschied. Beim Rätsel ist Spiel und Vergnügen oder dergl. das Treibende; bei den Äquivokationen der gewöhnlichen Sprache nicht oder relativ selten.

nur occasionell, die andere bereits usuell. Da sind offenkundig andere und andere der oben unterschiedenen Bedeutungen
von „u^suell" und „occasionell" im Spiele. Doch ist es nicht
schwer in den verschiedenen Fällen zu sagen, welche. Und so
möge dieser Hinweis genügen.

§ 122. Indem wir hier von den gemeinsamen Eigentümlichkeiten aller Klassen unserer Bezeichnungsmittel handeln,
dürfen wir natürlich an einer praktisch sehr wichtigen nicht
ohne eingehendere Betrachtung vorübergehen, die wir oben schon
berührt haben; ich meine die, daß ihre Bedeutung häufig nicht
eine einheitliche und identische sondern eine mehrfache ist.

Am leichtesten und auffälligsten besteht die Gelegenheit,
die genannte Erscheinung bei den Namen zu beobachten. Hier
bieten sich am offenkundigsten verschiedene deskriptive
Klassen dar, und sind auch die genetischen Gesetze am meisten
in die Augen springend. Auch wir wollen uns denn zunächst
auf dieses Gebiet von Bezeichnungsmitteln beschränken. Andere
freilich haben dies zu ausschließlich getan, und darum sei sofort
hinzugefügt, daß es in Wahrheit auch mannigfache Äquivokationen
im Bereiche der übrigen Sprachmittel und insbesondere auch
der Synsemantika gibt. Wie die Namen und überhaupt die
Vorstellungssuggestive, so sind auch die Aussagen und Emotive
mannigfach vieldeutig, und zwar nicht bloß sofern sie vieldeutige
Namen enthalten sondern auch in dem, was für sie als Aussagen resp. Emotive spezifisch und charakteristisch ist. Wir
kommen darauf zurück. Einstweilen richten wir, wie bemerkt,
unser Augenmerk auf die Namen und betonen, daß, hier wie
anderwärts, die Äquivokation nicht bloß im einzelnen Wort,
sondern auch in der Wortfügung und Wortzusammensetzung liegen
kann. Wie denn z. B. dieselbe Syntaxe bald determinierenden
Sinn haben kann (neues Haus, Tal des Rheines, Seidengewebe)
bald modifizierenden (abgebranntes Haus, Tal der Tränen, Lügen-
gewebe). Und was die Worte betrifft, die den Sitz der Äquivokation bei den Namen bilden, so sind sie nicht immer selbst
Namen sondern oft Synsemantika; wie die obliquen Kasus, die
Präpositionen und dergl.

Im übrigen lassen sich unter den Eigentümlichkeiten, die
an den Äquivokationen zu beobachten sind — wie schon angedeutet — teils genetische teils deskriptive unterscheiden.

Vom deskriptiven Gesichtspunkt hat schon **Aristoteles** die äquivoken Namen eingeteilt in ὁμών. ἀπὸ τύχης, d. h. in solche, wo zwischen den verschiedenen Bedeutungen **kein** Zusammenhang besteht, vermöge dessen die eine **als figürliche** innere Sprachform für die andere dienen könnte, und **in solche,** wo ein derartiges Verhältnis gegeben ist.[1])

Wo dies der Fall ist, da kann man wieder **einerseits die** Unterscheidung machen zwischen Fällen, wo jener **Zusammenhang** auch Gegenstand des Bewußtseins ist, und **zwischen** solchen, wo dies nicht der Fall ist. Andererseits kann **man das** Gebiet in Klassen scheiden, je nach der Art, wie dieser Bedeutungszusammenhang beschaffen ist.

Der letztere Unterschied, der ein festbegrenzter und bleibender (während der erste ein fließender und schwankender) ist, ist natürlich der theoretisch wichtigste, und ihn hatte schon Aristoteles im Auge, bei seiner Scheidung der äquivoken Namen in ὁμ. κατ᾽ ἀναλογίαν und ὁμ. πρὸς ἕν, d. h. solche, wo zwischen den verschiedenen Bedeutungen desselben Terminus eine Proportion im Spiele ist, und solche, wo ein oder mehrere Inhalte eine gewisse Bezeichnung mit übernehmen um einer so oder so gearteten Beziehung willen zu etwas, das jene Bezeichnung **primär** und im eigentlichen Sinne trägt. Als sprechendes Beispiel für den letzteren Fall (das πρὸς ἕν) führt er selbst die Äquivokation des Terminus „gesund" an, der im eigentlichen Sinne dem menschlichen, tierischen und pflanzlichen Organismus zukommt, dann aber auch auf mancherlei anderes, was als Ursache oder Wirkung usw. mit jenem im eigentlichen Sinne „gesund"

---

[1]) Sie sind es, welche für das, was man den Geist der Sprache nennt, charakteristisch sind; entweder für den Genius einer besonderen Sprache oder Sprachfamilie oder für den der menschlichen Verständigung überhaupt. Es gibt ja auch nicht bloß allgemeine sondern auch spezielle und speziellste Methoden und Weisen der Äquivokation, die nicht bloß einer gewissen Sprache oder einer Gruppe genetisch zusammengehöriger Sprachen eigentümlich sind sondern mehr oder weniger in allen Sprachen, wenn dieselben auch gar keinen genetischen Zusammenhang aufweisen, wiederkehren. Und die Erklärung dafür liegt natürlich in der da und dort unabhängigen Wiederkehr derselben Anlässe und insbesondere in der überall im wesentlichen gleichen Anlage des menschlichen Geistes, woraus wir, wie G. Meyer treffend bemerkt hat, auch das unabhängige Auftreten verwandter Motive und Züge im Volkslied und im primitiven künstlerischen Ornament bei weit entlegenen Völkern begreifen müssen.

Genannten in Beziehung steht, übertragen wird; wie wenn von einer gesunden (d. h. gesundheitfördernden) Speise oder Gegend und wiederum von einer gesunden (d. h. gesundheitkündenden) Gesichtsfarbe die Rede ist.

Man hat auch wohl beide Klassen von Äquivokationen als solche „durch Analogie" bezeichnet, aber dann verschiedene Weisen dieser „Analogie" unterschieden, nämlich eine analogia proportionis und eine analogia attributionis. In neuerer Zeit nennt man die ersteren Fälle, welche eine Proportion, d. h. eine Gleichheit von Verhältnissen (eine ἰσότης λόγων) zwischen solchem, was absolut genommen verschieden ist, aufweisen, allein noch Analogien. Auf einer Analogie in diesem Verstande beruht es z. B., wenn sowohl das anerkennende Urteil als das liebende Erfassen von etwas eine „Hinneigung" zu ihm, oder wenn die vornehmste Figur auf dem Schachbrett und unter den Tieren der Löwe, König genannt wird; ebenso, wenn man eine Person einen Esel, eine Gans, einen Backfisch, einen Windhund, eine Schlange, ein Reptil, ein Herdentier usw. nennt; wenn man vom Hals einer Flasche, ja auch vom Hals (col) eines Berges spricht und diesem weiterhin Haupt und Fuß, Adern, Rippen (coste), ja selbst Augenbrauen [1]) zuspricht und seine Spitze je nach ihrer Gestalt als Horn, Nadel (aiguilles), Zahn (dent), Kamm, Säge (sierra) bezeichnet; wenn man von den Beinen eines Tisches, dem Bart des Schlüssels, von den Armen und der Mündung eines Flusses, von einer Landzunge,[2]) einem Meerbusen, einem Brückenkopf, Kohlkopf und Nagelkopf, von dem Kelche einer Blume und den Augen einer Kartoffel redet; wenn man zurzeit, wo noch mit Stoßvögeln gejagt wurde, die Namen derselben auf die Feuerwaffen übertrug (daher Falkonet, Muskete, Terzerol), wenn man von Länge in der Zeit wie im Raum, von Helligkeit der Farben und Töne,[3]) von dunklen Klängen und runden Tönen, vom

---

[1]) So nennt der Spanier den oberen Waldgürtel an Bergen.

[2]) Vgl. auch Cap (Kopf) oder Nase als beliebter Name von Vorgebirgen.

[3]) Nach meiner Ansicht haben diejenigen Recht, welche solche direkte Analogien zwischen Sinnesqualitäten verschiedener Gattung lehren, und die Verwandtschaft im Gefühl, welche Wundt hier als das Primäre und Einzige anzusehen scheint, ist gewiß eine Folge jener Ähnlichkeit zwischen den Sinnesinhalten selbst.

Eine bloße Gefühlsverwandtschaft dagegen liegt natürlich vor, wenn man gewisse Worte oder Reden (resp. ihren Sinn) süß oder bitter nennt. Die dadurch erweckten Gefühle sind verwandt den durch die Empfindung des

Zug oder Lauf der Gedanken, vom Wege einer Untersuchung, vom Grund einer Sache und dem Fundament einer Relation spricht usw. usw. Aber auch wenn man Redensarten gebraucht wie: Farbe bekennen, aufs Spiel setzen, aufs Korn nehmen, in Harnisch bringen, Lunte riechen, zur Hand sein, unter der Hand haben, weder Hand noch Fuß haben, einem ein x für ein u vormachen, den Pelz waschen usw. usw.[1]) Überall handelt es sich um Analogien. Ja eigentlich gehört hierher auch die Verwendung der Personalpronomina, wie „ich", „du" und der Demonstrativa wie „dieser"; des ersten im Munde jedes Sprechenden für sich selbst, des zweiten für jeden Angeredeten und des zuletzt genannten für einen Dritten, der weder Sprechender noch Angeredeter ist. Denn auch hier führt eine Gleichheit der Verhältnisse bei solchem, was absolut genommen verschieden ist, zum Gebrauche desselben Zeichens. Ebenso ist es bei der Verwendung der Termini *hier und dort, früh und spät, jetzt, gestern, morgen* usw. Dortseiend, Hierseiend, Jetztseiend heißt bald dieses bald jenes absolut genommen örtlich resp. zeitlich Verschiedene, wenn nur seine örtliche resp. zeitliche Bestimmung zu einem gewissen Ort resp. zu einer gewissen Zeit, die als Zentrum der Maßbestimmungen figuriert, dasselbe Verhältnis aufweist.

§ 123. Wenn zu dem, was wir als Äquivokation durch Analogie bezeichnen, nicht bloß die Analogie im strengsten Sinne des Wortes sondern jede Ähnlichkeit gerechnet wird, die auf teilweiser Gleichheit beruht,[2]) so fällt damit zusammen, was

Süßen resp. Bitteren hervorgerufenen. Nennt man den Kummer eine Last, so mag ein doppeltes gegeben sein. Einmal eine Ähnlichkeit dieses komplizierteren psychischen Zustandes mit dem elementaren sinnlichen Unlustgefühl des Druckes einer Last und dem der Beklemmung. Zudem aber ist wohl jenes höhere Interessephänomen von einer sinnlichen Redundanz (einer gewissen Trägheit der Atmung und dergl. und ihren Folgen) begleitet, welche von derselben Qualität ist, wie das durch eine physische Last erzeugte Unlustgefühl.

[1]) Auch „Rat schaffen" im geistigen Sinne verstanden beruht auf einer Analogie zu dem handgreiflichen „Vorrat (woraus ja „Rat" entstanden ist) herbeischaffen".

[2]) Sei es mehr eine solche in inneren Merkmalen, sei es mehr eine solche in äußeren Beziehungen, aber nicht gerade in einer Gleichheit von Verhältnissen, wie sie bei der analogia proportionis gegeben ist. Daneben kann aber noch von Ähnlichkeit gesprochen werden, wo es sich um eine

man seit alter Zeit Metapher im engeren Sinne[1]) (wo man sie auch ein „abgekürztes Gleichnis" heißen kann) genannt hat.

Unter das andere Glied der Aristotelischen Einteilung muß dann alles eingeordnet werden, was die alten Autoren zur Rhetorik und Poetik als Metonymie und Synekdoche bezeichneten, aber auch noch anderes, was man nicht beachtet oder nicht besonders klassifiziert hat.[2]) Wir wollen einen Blick auf diese Mannigfaltigkeit werfen ohne den Anspruch, erschöpfend in der Aufzählung der Klassen zu sein, und wir stellen an die Spitze die von Aristoteles selbst als typisches Beispiel für die ὁμωνυμία πρὸς ἕν erwähnten Fälle, wo, was zu einem gewissen Terminus x im Verhältnis der Ursache oder Wirkung steht, selbst den Namen jenes x erhält. Wie wenn die Bezeichnung „gesund" auf die Gegend und auf die Gesichtsfarbe, oder wenn der Name traurig von der Gemütsstimmung auch auf den Gesichtsausdruck, der ihre Folge und auf die Nachrichten oder Ereignisse übertragen wird, die ihre Ursache sind.[3])

---

geringe Verschiedenheit, ein Sichnahestehen von Spezies einer Gattung handelt, welches genügend enge ist, um erinnernd zu wirken. Sie wird, wo sie eine bewußte Äquivokation und Übertragung (und nicht eine bloße Verwechslung) der Bedeutungen begründet, auch irgendwie unter das zweite aristotelische Glied einzubeziehen sein.

[1]) Im weiteren Sinne nennt man einen Namen metaphorisch, wenn überhaupt bei seiner Verwendung eine figürliche innere Sprachform im Spiele und noch irgendwie lebendig ist; ja der Terminus ist gleichbedeutend mit tropischer oder uneigentlicher Bezeichnungsweise überhaupt, nicht bloß auf dem Gebiete der Namen sondern auch dem der anderen Autosemantika und der bloß synsemantischen Bezeichnungsmittel.

[2]) Die Sprachforscher pflegen die Äquivokationen insbesondere unter dem Gesichtspunkt des Bedeutungswandels ins Auge zu fassen. Die Klassen des letzteren sind aber auch — teils deskriptive, teils genetische — Klassen der ersteren. Denn wenn nicht gleichzeitig mit dem Bedeutungswandel auch ein Wandel des Lautes oder überhaupt der äußeren Sprachform eintritt, so kommt es entweder vorübergehend oder bleibend zu einer Äquivokation.

Im Zusammenhang mit der Lehre vom Bedeutungswandel findet man mannigfaltige Beispiele für die verschiedenen Klassen von übertragenem Gebrauch von Namen bei H. Paul, Prinzipien der Sprachgeschichte; M. Bréal, Essai de Semantique; Darmésteter, La vie des mots; L. Tobler, Versuch eines Systems der Etymologie (Zeitschrift für Völkerpsychologie und Sprachen. Bd. I, S. 349 ff.); O. Behaghel, Die deutsche Sprache (Das Wissen der Gegenwart, 54. Bd.), bei H. Kleinpaul in seinen Schriften über die Sprache und anderen.

[3]) Ganz analog wird im Schweizerisch-Alemannischen „müde" nicht bloß von dem gesagt, der müde ist, sondern auch von dem, was müde macht.

Hierher gehört natürlich auch der häufige Fall, daß die psychischen Vorgänge, insbesondere die Gemütsbewegungen, ihren Namen von den sinnlich warnehmbaren Wirkungen im Organismus, den sog. Ausdrucksbewegungen, erhalten.

Zu den auf kausalen Verhältnissen beruhenden Übertragungen gehört selbstverständlich auch der Name Goethe oder Schiller in seiner Verwendung für die Werke dieser Autoren, und wenn von einem echten Rembrandt oder einem verloren gegangenen Murillo geredet wird; ferner, wenn die Bezeichnung für einen Vorgang oder eine Handlung auch für das Resultat oder den Erfolg derselben (Ernte = das Geerntete, Spruch = das Gesprochene, Bruch, Riß, Wuchs, Bildung = die Wirkung des Brechens, des Reißens, des Wuchses, der Bildung), wenn der zum Verbergen geeignete oder sichere Ort als Bedingung für die Zuflucht selbst Zuflucht, oder wenn, was Bedingung für die Einfahrt und Durchfahrt ist, selbst eine Einfahrt und Durchfahrt, und das Mittel zur Ausflucht selbst eine Ausflucht, und, was Gefahr schafft, selbst eine Gefahr genannt wird.

Mit dem Verhältnis von Ursache und Wirkung zusammenhängend und, wie dieses, ein häufiger Grund von Bedeutungsübertragungen ist dasjenige von Zeichen und Bezeichnetem. Dahin scheint zu gehören, wenn dem Gemälde oder der Statue der Name des dadurch Dargestellten gegeben wird. Doch kann man auch denken, daß hier das Verhältnis der Ähnlichkeit im Sinne teilweiser Gleichheit, welche durch ihre erinnernde Kraft den einen Inhalt zum natürlichen Zeichen des anderen macht, die Übertragung des Namens begründe. Wo es sich dagegen um willkürliche Zeichen handelt (wie wenn der Name des Tones auch dem ihn darstellenden Notenzeichen und der des Lautes den ihn bezeichnenden Buchstaben gegeben wird), ist diese Deutung natürlich ausgeschlossen und haben wir es mit zweifellosen Beispielen von Übertragung eines Namens vom Bezeichneten auf das Zeichen zu tun. Das Umgekehrte, die Übertragung des Namens des Zeichens auf das Bezeichnete, haben wir vor uns, wenn von Thron und Altar statt von Staats- und Kirchengewalt geredet, wenn gesagt wird, das Kreuz habe den Halbmond besiegt oder „die Krone" habe die Vorschläge der Minister genehmigt, wenn von einem „Fähnlein Reiter" gesprochen wird und dergl.

§ 124. Mit dem Falle, wo der Name des Bezeichneten auch zum Namen des Zeichens selbst gemacht wird, haben sich unter anderem die Scholastiker besonders beschäftigt, und sie haben auf diese Äquivokation hingewiesen als eine solche, die sich durch alle menschliche Sprache hindurch ziehe und sich überallhin in irgend welchem Maße verbreitet finde oder leicht ausdehnen lasse. Im Zusammenhang damit sprachen sie davon, daß jedes Sprachmittel in verschiedener Weise „supponieren", d. h. fungieren und speziell „bedeuten" könne. Es könne natürlich stehen für das, was im eigentlichen Sinne seine Bedeutung genannt wird (d. h. wenn es sich um ein Autosemantikon handelt, für den Inhalt des ausgedrückten psychischen Phänomens); wie wenn „Mensch" den Inhalt des betreffenden begrifflichen Gedankens „bedeutet" und irgend einen einzelnen Menschen nennt. Dies hießen sie die suppositio simplex. Dem Worte könne aber auch eine suppositio formalis und materialis zukommen, und unter letzterer verstanden sie die Funktion des Wortes, sich selbst zu meinen, wie wenn ich sage: Mensch ist ein Substantiv. In letzterer Weise könnten, so bemerkten schon die genannten Philosophen, mitbedeutende Zeichen ganz ebenso wie die Namen fungieren, wie wenn gesagt wird: „aber" ist eine Konjunktion, was natürlich heißt: die Partikel „aber" ist eine Konjunktion. Aber außer Namen können auch Aussagen und Emotivformeln so „supponieren" („dieses A ist B" ist eine kategorische Aussage und dergl.), und sie fungieren dann selbst als Namen, nämlich als Namen des betreffenden Sprachmittels. Denn diese suppositio materialis ist offenbar nichts anderes als die Übertragung des Zeichens von seiner eigentlichen Bedeutung, nämlich vom Bezeichneten, auf jenes (das Zeichen) selbst.

Wie erwähnt, sprachen die Scholastiker auch von einer suppositio formalis, und zwar soll sie gegeben sein in einem Falle, wie wenn ich sage: Mensch ist ein Allgemeinbegriff. Es ist klar, daß auch diese Bedeutungsübertragung mit der Beziehung von Zeichen und Bezeichnetem zusammenhängt. Aber während bei der suppositio materialis das Sprachzeichen als Name für sich selbst steht oder sich selbst nennt, so fungiert es hier als Name für seine eigene Bedeutung, was gegenüber seiner regelmäßigen Funktion ebenfalls eine Verschiebung bildet. Wir wissen ja, daß jeder Name etwas nennt und etwas bedeutet, und beides in den meisten Fällen nicht dasselbe ist. So z. B.

nennt der Name Mensch diesen oder jenen einzelnen Menschen; er bedeutet aber den Inhalt der allgemeinen Vorstellung „Mensch". Eben diese Bedeutung aber wird nun selbst zu dem durch den Namen Genannten gemacht, wenn ich sage: Mensch ist ein Allgemeinbegriff.

Man könnte auch sagen: eine solche Wendung heiße in Wahrheit der Name Mensch bedeutet einen Allgemeinbegriff, und die Äquivokation stecke in dem „ist". Aber dies wäre keine wahre Lösung. Bei näherem Zusehen kann ja eben damit nichts anderes gemeint sein als: der Name ist ein einen Allgemeinbegriff bedeutender, oder — was dasselbe heißt — die Bedeutung des Namens Mensch ist ein Allgemeinbegriff, und dafür eben ist die Phrase „Mensch ist ein Allgemeinbegriff" die bequeme Abkürzung, indem hier „Mensch" supponiert für „die Bedeutung des Namens Mensch"; ähnlich wie es bei der suppositio materialis („Mensch ist ein Hauptwort") steht für das Sprachzeichen „Mensch".

Wie „Mensch ist ein Allgemeinbegriff" kann man weiter auch sagen: „A ist nicht" ist ein negatives Urteil, und nach Analogie zum vorigen heißt dann auch dies: die Bedeutung von „A ist nicht" ist der Inhalt eines negativen Urteilsaktes.[1]) Wie man sieht, verstehe ich hier unter „Urteil" den Urteilsinhalt (das Geurteilte) wie unter Begriff den Vorstellungsinhalt (das Vorgestellte im engeren Sinne). Faßt man aber „Urteil" im Sinne des betreffenden Urteilsaktes und sagt dann: „A ist nicht" sei ein negatives Urteil, so steht natürlich „A ist nicht" keineswegs für: die Bedeutung von A ist nicht, sondern für: das durch „A ist nicht" Ausgedrückte oder Geäußerte. Denn dieses ist ein Urteilsakt. Ich irre wohl nicht, wenn ich sage, daß tatsächlich die erwähnte Wendung manchmal auch so gemeint sein mag, und dann haben wir abermals eine neue Weise von Supposition vor uns. Doch ist es meines Wissens nicht üblich, in diesem Sinne auch zu sagen: Mensch ist ein Allgemeinbegriff. Ich glaube nicht, daß jemand bei dieser Phrase je von dem Akt des begrifflichen Denkens sprechen will.

---

[1]) Verwandt ist aber eigentlich auch die Redeweise: das „Wenn" und „Aber" sind böse Erfindungen. Denn gemeint ist: das durch diese Wörtchen Bedeutete resp. Mitbedeutete. Auch wenn ich sage: das Warum dieser Sache ist folgendes, fungiert „Warum" natürlich als Name für das, wonach durch dieses Wörtchen gewöhnlich gefragt wird.

Nicht mit all den aufgezählten Fällen mehrfacher Supposition zu verwechseln, aber ebenfalls bemerkenswert, ist die Verwendung von Namen in der Bedeutung des *mit diesem Namen Genannten*; wie wenn ich etwas, wovon ich nicht weiß, ob es ein Pudel oder ein Seehund ist, einen „Hund", und die Roßkastanie wie die wirkliche Kastanie, trotzdem ich ihren Unterschied kenne, eine „Kastanie" nenne. Es kann dann offenbar nur gemeint sein: ein „Hund- resp. Kastanie-Genanntes". So ist es auch, wenn ich von „einem Frankfurt" spreche, unbestimmt, ob Frankfurt am Main oder an der Oder gemeint ist. Der Ausdruck kann in solchem Falle nur heißen „ein Frankfurt-Genanntes oder einer der Frankfurt genannten Orte". Hier steht die Bezeichnung zwar nicht für sich selbst und auch nicht für die Bedeutung sondern für das Genannte; aber sie bedeutet es unter einer ganz uneigentlichen Auffassung, nämlich als mit diesem Zeichen Bezeichnetes oder (da es sich hier nur um Namen handeln kann) als so oder so Genanntes.

Nach J. St. Mill würden die Eigennamen wie Stuttgart, Karl Schurz, Kant, O. Müller und dergl. stets in dieser Weise bedeuten. Sicher ist, daß hier die Vorstellung des Sogenanntseins (ebenso wie bei „Ich" die des Sprechenden und bei „Du" die des Angeredeten) für das Verständnis eine Rolle spielen und doch andererseits dasselbe nicht voll begründen können. Letzteres nicht; denn sie erwecken für sich allein ja nur eine allgemeine Vorstellung, während die Bedeutung bald diese bald jene individuelle ist, und daß man auf sie verfalle, hängt mit von den besonderen Umständen ab. Doch kann man streiten, ob jene allgemeine Vorstellung wirklich als ein Element der Bedeutung oder bloß wie eine vermittelnde innere Sprachform fungiere.

§ 125. Eine andere Weise der Übertragung von Namen ist diejenige vom Teil auf das Ganze und umgekehrt, und sie bietet eine Unzahl von Fällen und verschiedene Unterklassen von solchen dar, schon wenn man die Begriffe Teil und Ganzes im engeren, noch mehr aber, wenn man sie in weiterem Sinne versteht. Im engsten Sinne der Worte liegt das Verhältnis vor, wenn Kiel oder Segel statt Schiff, Klinge statt Schwert oder Messer gesetzt, wenn von einem Graukopf gesprochen, oder gesagt wird, er zählt die Häupter seiner Lieben und dergl.

In den angeführten Fällen haben wir es **entweder** mit
Teilen eines Kontinuums (resp. solchem, was gewöhnlich so angesehen wird) oder aber mit Teilen eines Kollektivums zu tun.
Als kollektive Teile (nur häufig solche, deren **Verbindung**
eine recht äußerlich lose ist) kann man auch **das betrachten**,
was sich zeitlich oder örtlich nahe ist oder aneinander **grenzt**,
und auch solche zeitliche und örtliche Kontiguität **kann der**
Grund zu Bedeutungsübertragungen werden, wenn sie es **häufig**
genug mit sich bringt, daß das zeitlich und örtlich **Verbundene**
zusammen Gegenstand des Bewußtseins wird, und die **Vorstellung**
des einen mit der des anderen sich assoziiert. **Wie wenn z. B.**
Gegenstände oder Personen den betreffenden Ort **gewohnheits-**
mäßig oder vermöge einer besonderen Zusammenordnung einnehmen (vgl. Kammer, Kirche[1]) oder die Natur sie **damit ver-**
knüpft hat (Rüdesheimer, Kognak und dergl.). Und **mit der**
örtlichen und zeitlichen Nähe können sich innigere Verbind**ungen**,
wie kausale und dergl., verknüpfen.[2]

Die Teile eines Kontinuums und diejenigen des Kollektivs
verdienen im eigentlichsten Sinne den Namen von Teilen. **Man**
faßt aber auch anderes als Teil und Ganzes auf, was in weniger
eigentlichem Sinne so genannt wird, und auch hier treibt die
Synekdoche ihr Spiel. Ich meine zunächst das Verhältnis der Substanz oder des Dinges zu dem, was man seine Eigenschaften oder
Zustände nennt, also einesteils zu seinen Akzidentien (wie den
realen Beschaffenheiten und Tätigkeiten) andernteils zu den Dispositionen, Vermögen, Kräften. Auch das Verhältnis von Konkretum
und Abstraktum gehört nach der gewöhnlichen Auffassung (möge
sie nun berechtigt sein oder nicht) hierher, indem das Abstraktum
wie ein dem Konkretum inhärierender Teil erscheint.[3] Hier

---

[1] Umgekehrt „Universität", „Schule", „Kollegium" für den Ort, wo
diese Körperschaften untergebracht sind.

[2] Auch genügt es natürlich, daß das Betreffende als diesen Ort inne-
habend oder sich dort vollziehend, angenommen wird; wie wenn dem gemeinen Mann das Herz als Sitz des Gemütes gilt und darum selbst ein Name
für dieses wurde.

[3] Auch das Verhältnis von Form und Stoff in den verschiedenen Bedeutungen dieser Termini gehört meist irgendwie hierher; entweder zu dem
Verhältnis von Ganzes und von Teil oder Teil zu Teil im weiteren Sinne.
Jedenfalls gibt es gleichfalls Anlaß zu Übertragungen. Man nennt das Gebilde nach dem Stoff, aus dem es gemacht ist und umgekehrt, den Inhalt nach
dem Gefäße und dergl.

überall wird denn gelegentlich der Name des einen auch der des anderen. Man nennt einen übermütigen Jungen von dieser (wie ein Teil aufgefaßten) Eigenschaft her einen kleinen „Übermut", und Herrschaft und Kameradschaft werden für Herr und Kamerad gesetzt. Man heißt einen Menschen das „alte Laster", und der Engländer sagt für „ein Jüngling" a youth; auch heißt der Träger eines Vorganges: wie eines Rates, Zuges, Flusses, selbst Rat, Zug, Fluß und dergl. Umgekehrt tragen Eigenschaften den Namen von Dingen, denen sie charakteristisch sind (vgl. Orange[1]) und dergl.), und man sagt „den alten Menschen ausziehen" statt: die Eigenschaften des früheren Lebenswandels ablegen.

Ein Teilverhältnis im weiteren Sinne kann man auch als Grund der Namensübertragung angeben, wo sie von Gattung zu Art und umgekehrt statthat, indem der Gattungscharakter als ein Teil des Artcharakters aufgefaßt wird. Dies gilt sowohl, wenn die Ausdrücke Gattung und Art im strengen Aristotelischen Sinne, als wenn sie in einem erweiterten Sinne genommen werden (und so überhaupt über- resp. untergeordnete Klassen bezeichnen), und ob die Klassifikation einem theoretischen oder praktischen Gesichtspunkt entstammen und mehr oder weniger zweckmäßig und glücklich vorgenommen sein möge. Daß das fragliche Verhältnis häufig Anlaß zu Übertragungen ist, ist bekannt. So wird, um nur naheliegende Beispiele zu wählen, unter Frucht oft speziell Getreide, unter „Vogel" der Hühnerfalke oder je nach Umständen eine andere Spezies verstanden, und „machen" wird populär für die mannigfaltigsten Tätigkeiten und Vorgänge verwendet.[2] Umgekehrt wird „Rosen" für Blumen schlechtweg, in der Redensart „zwischen Birne und Käse" wird der erstere Name für Obst überhaupt (auch sonst „Apfel" für mancherlei Arten von Früchten) gebraucht, und wurde einst „Hoboisten" für Musikanten überhaupt gesagt.[3]

---

[1] Wenn dann weiterhin auch die sog. Wahrnehmung oder Empfindung jener (vermeintlichen) Eigenschaft gewisser Körper „orange" genannt wird, so liegt natürlich das Objekts- oder Inhaltsverhältnis der Übertragung zugrunde. Und wenn endlich der moderne Physiologe und Psychologe auch gewisse Ätherwellen „orange" nennt, so tut er es, weil er sie für die normale Ursache der Empfindung des „Orange" hält.

[2] Littré zählt für *faire* an die achtzig verschiedene Bedeutungen auf; doch handelt es sich keineswegs überall um gleich einschneidende Differenzen.

[3] Der Italiener sagt bekanntlich populär Christiano für uomo; wobei

Die spezielle Klasse, die in den vorigen Fällen bevorzugt erscheint, wird natürlich immer eine solche sein, die vor anderen durch irgend etwas ausgezeichnet ist, sei es durch einen wirklichen und inneren Vorzug, sei es durch irgend einen äußeren Umstand, und wäre es bloß der, daß sie in dem Kreise der Sprechenden gerade die bekannteste oder diejenige ist, von der aus irgend einem Grunde am häufigsten zu reden Anlaß ist. So kann es in der mannigfaltigsten Weise geschehen, daß etwas κατ' ἐξοχήν so oder so genannt wird, z. B. „Wort" für das Wort Gottes, „die Schrift" für die heilige Schrift, „ein Mann von Stande" statt von vornehmem Stande, „ein Kopf" für einen mit hervorragenden Talenten begabten Kopf, „die Stadt", „das Dorf", „der Herr" für eine bestimmte Stadt usw. usw. Und natürlich kann, wie der Name einer spezielleren Klasse, so auch der eines Individuums zu dem einer Gattung oder Art werden (vgl. er ist ein Cato, Cicero) und umgekehrt (vgl. den Namen philosophus für Aristoteles im Mittelalter, „der Apostel" für Paulus und die Entstehung so vieler Eigennamen wie Neustadt, Mühldorf, Bergstraße, Furth, Fahr, Reute (Rode oder Rütli) usw.).

Wir sprachen davon, daß das Verhältnis von Teil und Ganzem, und umgekehrt, Anlaß zu Bedeutungsübertragungen werde. Nicht minder kann dies aber auch der Fall sein, bei etwas, was als im Verhältnis von Teil zu Teil innerhalb desselben Ganzen (im engeren oder weiteren Sinne) stehend aufgefaßt wird. Wo immer etwas sich regelmäßig als Teil eines Gesamtzustandes oder einer Gesamtsituation konkomitiert oder auch als Teil eines Vorganges sich folgt, da kann der Name des einen den Übergang finden zu dem anderen. So haben ja allgemein die räumlichen und zeitlichen Eigenschaften ihre Bezeichnungen übertragen auf kausale und finale, für welche sie konkomitierend sind. Man denke an: Folge, Mittel (das Mittlere), Wegen (= auf den Wegen), weil (= dieweil), Ende (für Zweck).

Ich will durchaus nicht erschöpfen. Sonst wären weiter als Beziehungen, die Anlaß zu Bedeutungsübertragungen geben, zu erwähnen: die Beziehung von psychischer Tätigkeit oder

---

der Ausdruck allerdings die gehässige Färbung haben kann, den Nichtchristen das Menschentum abzusprechen.

menschlicher Handlung und Objekt und alle die mannigfachen Verhältnisse, z. B. rechtlicher und sozialer Natur, die damit zusammenhängen.[1]) Ferner: das Verhältnis des Möglichen zum Wirklichen, des Vergangenen und Zukünftigen zum Gegenwärtigen, des sog. immanenten Gegenstandes zum wirklichen[2]) usw. usw. Doch wir streben, wie schon bemerkt, nicht Vollständigkeit an in der Aufzählung der speziellen Klassen. Nur einige allgemeine Bemerkungen seien hier noch gestattet.

§ 126. Indem wir im Vorausgehenden eine Reihe verschiedenartiger Verhältnisse auseinander hielten, die eine Äquivokation „durch Beziehung" begründen können, sollte damit natürlich nicht gesagt sein, daß nicht unter Umständen auch mehrere derselben zusammen wirken. Im Gegenteil ist dies bei den tatsächlich vorkommenden Äquivokationen sehr häufig der Fall. Und mit der ὁμονυμία πρὸς ἕν wirkt auch die analogia proportionis und überhaupt die Ähnlichkeit zusammen. Darauf ist schon öfter hingewiesen worden. Nicht bloß können verschiedene Verhältnisse sukzessive verschiedene Übertragungen und so eine ganze Kette von solchen bewirken, sondern es können auch mehrere im selben Falle zusammen tätig sein. So kann bei der Bezeichnung des Psychischen durch Physisches (Ausdrucksbewegungen und dergl.) ein doppeltes zusammen wirken: der Umstand, daß die Bewegung begleitend auftritt und der, daß sie dem Psychischen irgend wie analog ist. In der Analogie liegt dann die Erklärung für die Entstehung und Angewöhnung der Ausdrucksbewegung selbst.

Eine sukzessive weitere und weitere Übertragung haben wir z. B. bei dem Namen „Kopf" vor uns. Ursprünglich bedeutet

---

[1]) Beispielsweise sei diejenige von Besitzer und Besitz erwähnt, die Anlaß gibt zu der Äquivokation der „armen Abgebrannten" und ähnlichen. Der Weg vom Objekt (Tadel = Fehler) auf eine Handlung (und psychische Tätigkeit) hat das Wort „tadeln" genommen, während umgekehrt von der Handlung des Lästerns (= Schmähen) der Gegenstand den Namen (Laster) bekommen hat. Von den Objekten, resp. den äußeren Reizen oder Ursachen, stammt auch vielfach der Name der Sinnestätigkeiten, während er in anderen Fällen von dem Organe, das ihr Träger ist, genommen wurde.

[2]) Doch wird diese Übertragung von denjenigen, welche die Existenz von immanenten Objekten statuieren, als auf dem Verhältnis der Ähnlichkeit oder Quasiähnlichkeit beruhend gefaßt werden und wäre dann also besser dort zu erwähnen.

es eine Trinkschale (vgl. noch den in manchen Gegenden üblichen Ausdruck „Tassenkopf"). Um der Ähnlichkeit der Gestalt willen heißt dann der menschliche Schädel und weiterhin auch das ganze Haupt „Kopf" und durch Synekdoche wird abermals der ganze Mensch „Kopf" genannt und gesagt: Die Gesellschaft zählt zwölf Köpfe.

Mit dem „Begreifen", d. h. Betasten und mit der Hand umschließen, ist eine deutliche sinnliche Wahrnehmung verbunden. Der letzteren analog sind aber auch gewisse höhere intellektuelle Funktionen, die wegen ihrer Deutlichkeit ebenfalls „Begreifen" genannt werden. So lehnt ja auch „einsehen" sich an das Sehen an.

Ein anderes: Unter den angeführten Beispielen von Bedeutungsübertragung sind uns bereits mehrfach solche eines Gebrauches von Namen begegnet, den man in einem besonderen Sinn als modifizierten Gebrauch bezeichnet hat. Von einem solchen spricht man nämlich im prägnanten Sinne dort, wo die neue Bedeutung nicht etwa lediglich durch bereichernde Determination der früheren entsteht (wie wenn ich unter Nadel speziell eine Stopfnadel oder eine Nähnadel oder unter Frucht speziell Obst verstehe), sondern, wo vielmehr die Übertragung zu einer μετάβασις εἰς ἄλλο γένος, ja vom Gebiet des Realen in das des Nichtrealen oder völlig Fiktiven führt. Da, und insbesondere im letzteren Falle, pflegt man die Veränderung der Bedeutung in besonderem Sinn eine Modifikation zu nennen; so z. B. wenn etwa ein Buch von Goethe oder ein Goethe darstellendes Gemälde selbst Goethe genannt und noch mehr, wenn das Gewesene, das bloß Mögliche, das bloß Vorgestellte usw. mit demselben Namen belegt wird wie das Gegenwärtige und Wirkliche. Beiwörter wie: gewesenes, mögliches, bloß vorgestelltes, bloß gewünschtes usw. werden denn auch (im Gegensatz zu den bereichernden) im eminenten Sinne modifizierende genannt, da dasjenige, zu dem sie gefügt sind, seinen Sinn so völlig ändert, daß das durch die ganze Fügung Bezeichnete einen total anderen Charakter hat, als was sonst durch das betreffende Hauptwort genannt wird.

Und auch daran haben wir Fälle von Äquivokationen vor uns, die sich durch alle menschliche Sprache ziehen.[1]) Die Ver-

---

[1]) Und zu solcher μετάβασις εἰς ἄλλο γένος gibt bald die Analogie bald das πρός τι Anlaß. Die erstere führt z. B. dazu von einer (Quasi-)

wendung von Namen in diesem modifizierten Sinn ist so häufig, daß es wünschenswert war, ein Wörtchen zu besitzen, das den eigentlichen Sinn gegenüber dem modifizierten wieder herstellt und ausdrücklich betont. Dazu dient meist das Wörtchen „wirklich" oder „wahrhaft". Ein wirklicher Mensch gegenüber dem gemalten, ein wirklicher Taler gegenüber einem fälschlich dafür gehaltenen ist nichts anderes als ein Mensch, ein Taler im eigentlichen Sinne des Wortes, d. h. etwas, was mit Recht als Mensch resp. als Taler anerkannt werden kann.

§ 127. Wie man sieht, lassen sich alle die aufgezählten Fälle von Äquivokationen, denen sonst wohl besondere Namen gegeben werden, irgendwie als eine solche durch Beziehung fassen. Aber allerdings kann man mit Grund geltend machen, daß dies auch von der Äquivokation durch Analogie und Ähnlichkeit (im Sinne teilweiser Gleichheit) gelte; auch hier sei nur eine besondere Weise des πρός τι gegeben, und somit bestehe zwischen dieser Klasse und der von Aristoteles unterschiedenen keine prinzipielle Grenze und Scheidewand. In der Tat haben wir in dem πρός τι oder der „Beziehung" nur einen anderen Ausdruck für die allumfassende Eigenschaft derjenigen Äquivokationen, die nicht zufällige sind, sondern wo ein Zusammenhang der Bedeutungen besteht und eine figürliche innere Sprachform im Spiele sein kann.

Man könnte zugunsten der Aristotelischen Scheidung einwenden: zwischen dem durch Analogie im strengen Sinne und dem durch Beziehung zu einem Terminus Äquivoken (wie es Aristoteles von ersterem unterschieden hat) bestehe der Unterschied, daß im letzteren Falle das eine im eigentlichsten Sinne einen gewissen Namen trage und das andere in überführtem, während dies bei der Äquivokation durch Analogie nicht der Fall sei. Allein, wenn damit nichts anderes gemeint ist, als daß eines zuerst und ursprünglich den Namen getragen habe und das andere erst später dazu gekommen sei, so würde dies keinen Unterschied zwischen den beiden Klassen begründen. Offenkundig ist dies ja nicht bloß bei den im engeren Sinne

Gleichheit zwischen Vorstellendem und Vorgestelltem zu sprechen; eine Äquivokation „durch Beziehung" dagegen liegt vor, wenn ich von einem vermeintlichen König rede. Den Anlaß dazu bildet ja, daß das Urteil, der Gegenstand sei ein König, falsch ist.

sog. Äquivokationen durch Beziehung der Fall (wenn es auch hier am auffälligsten sein mag), sondern auch bei denjenigen durch Analogie oder Proportion. Auch hier wird z. B. „hell" ursprünglich für Töne (vgl. hallen!), im abgeleiteten Sinne für andere Gattungen von Sinneseindrücken, König ursprünglich für den Herrscher im Reiche, im übertragenen Sinne für die erste Figur auf dem Schachbrett verwendet und dergl.

Auch daß Mehrerlei im übertragenen Sinne den Namen erhält, kommt (wie gerade das Beispiel von „König" zeigt) hier ebenso, wie bei den im engeren Sinne sog. Äquivokationen „durch Beziehung" vor. Nur daß da die vermittelnde Beziehung in verschiedenen Fällen oft ungleichartig, dort gleichartig ist. Übrigens ist auch nicht zu vergessen, daß überhaupt dieses Mehrerlei beim einzelnen Falle für sich nicht zum Bewußtsein zu kommen braucht und darum für seine deskriptive Eigentümlichkeit nicht relevant ist.

Nicht minder ist der Umstand, daß man beim uneigentlichen Gebrauche des vieldeutigen Namens häufig der Äquivokation durch einen Zusatz zu steuern sucht, etwas, was bei den Äquivokationen durch Analogie, ebenso wie bei denjenigen durch Beziehung (im engeren Sinne), vorkommt. Wie ich, um der Äquivokation beim Worte „gesund" vorzubeugen, bei Speise oder Medizin deutlicher sage: gesunderhaltend oder gesundmachend, bei Gesichtsfarbe gesundheitanzeigend und dergl., so setze ich bei „Länge", um Mißverständnisse zu verhüten, bald „im Raume", bald „in der Zeit" hinzu; ich spreche vom König auf dem Schachbrett resp. im Reiche, vom Bein des Tisches resp. dem wirklichen Bein, vom Arm des Flusses resp. einem menschlichen Arm, von Farben- oder Tonhelligkeit usw.

Dagegen könnte man hervorheben, daß in einem Teil der erwähnten Fälle durch den betreffenden Zusatz nunmehr ohne Vermittlung einer figürlichen inneren Sprachform die eigentliche Bedeutung erweckt werde. So wenn ich sage: gesunderhaltend und gesundheitanzeigend. In anderen Fällen dagegen (wie bei „König auf dem Schachbrett" oder bei „wogenähnlich wechselnde Gedanken" — statt wogende Gedanken —) sei die Vorstellung, die hier zunächst erweckt wird oder erweckt werden kann, immer noch nicht die eigentliche Bedeutung, sondern eben eine innere Sprachform, an die sich die eigentliche Bedeutung erst anzuknüpfen habe.

In der Tat ist in einem Teile der Fälle die Vorstellung der Beziehung zu einem gewissen x selbst schon die Bedeutung (z. B. bei dem Begriff: Ursache der Gesundheit, Wirkung der Gesundheit), in anderen dagegen hat sie bloß eine vermittelnde Rolle, und die Bedeutung ist vielmehr: das, was zu jenem x in der gedachten Beziehung steht, wie z. B. wenn ein gewisser Branntwein nach dem Erzeugungsorte Cognac genannt wird. Die Vorstellung von „in der Stadt Cognac erzeugt", welche der Name zunächst erweckt oder erwecken kann, war und ist nicht der ganze übertragene Sinn des Namens sondern nur eine innere Sprachform, so etwa wie „die Säugende" für Weib und dergl.

Allein wenn man die Äquivokationen danach scheidet, so ist die Klassifikation eine solche, die nicht mit der Aristotelischen in ὁμωνυμία πρὸς ἕν und Äquivokation durch Analogie (im strengen Sinne dieses Wortes) zusammenfällt. Sie kreuzt sich vielmehr damit. Denn nicht bloß bei der letzteren, sondern auch bei manchen Fällen der ersteren aristotelischen Klasse, wenn sie alles erschöpfen soll, was eine durch innere Sprachform vermittelte Übertragung und doch keine Metapher (im engeren Sinne dieses Wortes) ist, geschieht es, daß bei dem durch Übertragung Äquivoken trotz des erläuternden Zusatzes die zunächst erweckte Vorstellung noch nicht die eigentlich gemeinte, sondern nur etwas mit ihr Konvertibles ist (so wie der Inhalt einer umschreibenden Definition), mit anderen Worten, daß die Beziehung zu dem eigentlich so genannten selbst nicht die übertragene Bedeutung sondern nur eine innere Sprachform ist. Das zeigen schon die oben angeführten Beispiele, und sie ließen sich leicht vermehren.

Kurz: mit der Aristotelischen Einteilung kreuzt sich eine andere Klassifikation, wobei die eine Klasse von übertragenen Bedeutungen bloße Relativa umfaßt, die andere dagegen auch absolute Inhalte, so daß die Vorstellungen von Relativa, die auch hier miterweckt werden können, nur den Dienst figürlicher innerer Sprachformen tun.

Doch wichtiger noch ist es, die Aristotelische Einteilung oder die allgemeinere Kategorie der Äquivokationen durch Beziehung, die man in der Art bilden kann, daß sie beide spezielle Klassen des Aristoteles umfaßt, zu ergänzen durch die Gruppe der Äquivokationen durch Korrelation. Ich meine die Fälle, wo ein Name geradezu von einem korrelativen **Begriffe auf** den anderen übertragen wird. So ist es, wenn „heißen" sowohl für nennen als für genanntwerden, riechen sowohl für: einen Geruch wahrnehmen als für: als Geruch wahrgenommen werden,[1]) „lehren" mundartlich auch für lernen, leihen auch für borgen, nötig sein für nötig haben,[2]) gewiß sein von dem, der einer Sache gewiß ist und von der Sache, die ihm gewiß ist, gesagt wird usw.

Man wird uns nicht mißverstehen. Auch in den anderen Fällen, wo es sich nicht um eine zufällige Äquivokation handelt, ist bei der Bedeutungsübertragung eine Korrelation irgendwie im Spiele. Aber nicht so, daß die beiden Begriffe, zwischen denen der Name getauscht wird, selbst die Korrelativa sind. Vielmehr ist entweder der eine zwar ein relativer, aber determiniert durch einen absoluten[3]), und von diesem geht die Bezeichnung auf jenen durch ihn determinierten über (so ist es bei gesund resp. gesund machend), oder aber ein solcher relativer ist überhaupt nicht als Bedeutung (weder hüben noch drüben), sondern nur als vermittelnde Vorstellung im Spiele. So bei „wogende", d. h. wogenähnlich bewegte Gedanken, wo ja auch eine Relation im Spiele ist, die durch Wogen determiniert wird, wobei aber dieser ganze Gedanke nicht selbst die übertragene Bedeutung bildet, sondern nur auf sie hinführen soll. Man kann ja den vollen Begriff jener wechselnden Gedanken haben, ohne an Wogen und ihre Bewegung zu denken.

§ 128. In genetischer Beziehung — und auch hier sind die bezüglichen Gesetze der Äquivokationen am leichtesten bei den Namen zu beobachten — treten zwischen ihnen besonders folgende Unterschiede hervor:[4])

[1]) Analog: schmecken aktiv und passiv. Auch sehen ist in „aussehen" passiv, sonst aktiv verstanden.

[2]) Im Schweizerisch-Alemannischen sagt man: er ist notig, im Sinne von: er hat Not, d. h. es ist ihm etwas nötig.

[3]) Oder auch durch einen relativen, bei dem aber dieser besondere Charakter hier irrelevant ist.

[4]) Man hat auch von dem Entstehen einer Äquivokation durch „Verdichtung" gesprochen und meint damit die Fälle, wo ein Ausdruck äquivok wird, indem man einen determinierenden Zusatz wegläßt und die Aufgabe, den Sinn zu determinieren, dem Zusammenhang überläßt. Wie wenn man „die Stadt" für eine bestimmte Stadt gebraucht. Dabei hat man aber übersehen

1. ob eine Vieldeutigkeit mit Bewußtsein und Absicht entstanden ist oder ohne dies;

2. ob überhaupt Gesetze des Gedankenzusammenhanges dabei
   im Spiele waren (sei es daß sie ohne Zutun von Bewußtsein
   und Absicht tätig waren oder von dieser benutzt wurden),
   oder ob bloß lautliche Vorgänge die Äquivokation herbei-
   führten;

3. wenn Gesetze des Gedankenzusammenhanges im Spiele
   waren, welche dies sind.

Eine rein lautliche Ursache für die Entstehung einer
Äquivokation haben wir z. B. vor uns, wenn durch einen (von
der Bedeutung ganz unabhängigen) Lautwandel zwei ursprünglich
der Form wie der Bedeutung nach differente Sprachmittel einander lautlich bis zur Ununterscheidbarkeit genähert sind, so
daß sie nun wie ein Zeichen aussehen.

Weit häufiger ist die bestehende Funktion eines Zeichens
selbst Anlaß zu neuer, äquivoker Verwendung desselben und
hier ist mehreres auseinander zu halten:

1. Manche Äquivokation wird ohne Absicht und Bemerken
von Seite ihres Urhebers gestiftet, bloß dadurch, daß er die verschiedenen Bedeutungen verwechselt. Durch den Gebrauch des
Zeichens für den einen Inhalt wird eine Disposition begründet,
daß nicht bloß dieser, sondern auch ein ihm ähnlicher oder sonstwie mit ihm zusammenhängender Inhalt ins Bewußtsein gerufen
wird, und umgekehrt, daß, wenn ein solcher anderer Inhalt sich
dem Bewußtsein darbietet, ohne weiteres und ohne einen Gedanken an seine frühere Verwendung, das Zeichen uns zu Sinne
kommt. Indem die erworbene Disposition in dieser Weise wirkt,

---

(so z. B. Wundt), daß es nicht bloß determinierende, sondern auch modifizierende
Zusätze gibt (so nicht bloß: Luftschloß, Salonlöwe, hölzerner Fuß, Brückenkopf und dergl., sondern auch Magnetnadel, Handschuh usw.), wo das durch
den Zusatz erläuterte Wort nicht erst äquivok wird, indem derselbe wegfällt,
sondern auch dann anders fungiert, wenn der Zusatz es begleitet. Wo wir
es mit einem strenge bloß determinierenden Zusatz zu tun haben, und also
eine Äquivokation erst eintritt, wenn dieser wegfällt, da haben wir etwas vor
uns, was man unter die Fälle zu rechnen hat, wo die Bezeichnung einer
Gattung im weitesten Sinne, (d. h. überhaupt einer höheren Klasse) für die
einer Art (d. h. niederen Klasse) oder der Name dieser für den einer abermals niedrigeren, resp. für den eines Individuums, gebraucht wird.

ohne daß die Verschiedenheit der neuen und früheren Bedeutung
bemerkt wird, kommt der Sprechende dazu, den Namen unbewußt
in neuem Sinne zu gebrauchen. und der Hörer unbemerkt statt
des ursprünglichen einen solchen anderen Sinn mit dem gehörten
Zeichen zu verbinden.

Wenn L. Geiger und andere Recht hätten, so wäre solche
Konfusion und Verwechslung der einzige Weg, wie Namen (er
denkt bei seinen Ausführungen nur an diese Klasse von Sprachmitteln) überhaupt dazu kommen. viele Gegenstände zu bezeichnen,
nicht bloß die äquivoken. sondern auch die allgemeinen. In Wahrheit ist dies nicht bloß bezüglich der allgemeinen Namen völlig
unhaltbar sondern auch in Hinsicht auf die äquivoken eine arge
Übertreibung. Wir kommen auf letzteres zurück. Immerhin
ist häufig der Anlaß für den vieldeutigen Gebrauch eines Sprachmittels der. daß man den Unterschied zwischen gewissen zu
bezeichnenden Inhalten nicht gewahr wird und darum für alle
unterschiedslos dasselbe Zeichen verwendet. So wenn für nahe-
stehende Spezies einer Gattung. z. B. nahe verwandte Farben
oder für wenig verschiedene Töne derselbe Name verwendet wird.

2. Daneben gibt es aber (auch in der Volkssprache) zahllose Fälle bewußter Äquivokation. Der Sprechende hält die zu
bezeichnenden Inhalte wohl auseinander. belegt sie aber gleichwohl mit demselben Zeichen. wenn dasselbe mit genügender
Wahrscheinlichkeit verspricht, unter den gegebenen Umständen
auf die jedesmal gewünschte Bedeutung zu führen. Und er tut
dies teils a) aus Bequemlichkeit und um sich die Erfindung und
Einbürgerung eines völlig neuen zu ersparen, teils b) aus
ästhetischen Rücksichten.[1]) Letzteres, weil die neuartige Verwendung von Zeichen, die in gewissen Bedeutungen schon gebräuchlich sind, dem Vorstellungsleben größeren Reichtum oder
anderen Reiz zu geben verspricht.

3. Was endlich die Gesetze des Gedankenzusammenhanges
betrifft, die in verschiedenen Fällen bei der Stiftung der Äqui-

---

[1]) Von der Absicht durch Äquivokation zu täuschen oder in Zweifel
und Verlegenheit zu setzen und von derjenigen, dadurch Emotionen zu erwecken, die nicht ästhetischer Natur sind, sehe ich hier ab. Ebenso von dem
Falle, wo der Sprechende zwar selbst die verschiedenen Inhalte nicht verwechselt, aber gleichwohl denselben Namen für sie gebraucht, weil es ihm
irrelevant erscheint, daß der Hörer sie auseinander halte und daß er mit
Sicherheit den einen, nicht den anderen, für das Gemeinte nehme.

vokation und ihrem Verständnis im Spiele sind, so sind deren drei zu unterscheiden:

a) Das Gesetz, daß korrelative Gedanken nicht ohne einander gedacht werden können. So denkt, wer an lehren denkt, notwendig auch an gelehrt werden; wer an nennen, notwendig an Genanntwerden usw. Wird der Name auf eines der Korrelate als solches angewendet, so ist der Gedanke des anderen im allgemeinen schon mitgegeben, und so kann es leicht geschehen, daß er auf dieses übertragen wird.

b) Zu diesem Gesetze des Sichforderns korrelativer Gedanken gesellt sich in anderen Fällen als wirksam das des Einschlusses der Vorstellung des Teiles in der des Ganzen, welches überall zur Anwendung kommt, wo dieses Verhältnis (im engeren oder weiteren Sinne) in eigentlicher Vorstellung gegeben ist. Doch kann dieser Einschluß teils ein expliziter sein, wie in der eigentlichen Vorstellung „gleichseitiges Viereck" der Gedanke Viereck eingeschlossen ist, oder bloß ein impliziter, wie aus dem Gedanken Rotes derjenige des Farbigen abstrahiert werden kann, aber nicht notwendig explizite dabei gedacht wird. Handelt es sich bloß um einen solchen impliziten Einschluß, so können für die Gewinnung desselben die Gesetze der Ideenassoziation bedeutsam werden, und

c) sind sie es auch, die in allen anderen Fällen, wo nicht ein korrelativer Zusammenhang oder ein expliziter Einschluß die Gedanken von Natur und innerlich verknüpft, einen mehr äußerlichen und erworbenen Zusammenhang zwischen ihnen stiften und ein Zusammenauftreten derselben bewirken.

Ich sage einen erworbenen Zusammenhang. Denn von demjenigen Vorstellungszusammenhang, der wahrhaft den Namen der Assoziation verdient, hat schon Aristoteles erkannt und ist in neuerer Zeit besonders von Brentano betont worden, daß er auf Dispositionen beruht, die durch Gewöhnung erworben und begründet sind. Alle derartigen Fälle, die die Beobachtung zeigt, lassen sich auf zwei Gesetze zurückführen, welche man als das der Kontiguität und das der Ähnlichkeit bezeichnen mag.

Das erste läßt sich wie folgt formulieren: Vorstellungen, die ein oder mehrmal Bestandteile eines gleichzeitigen Bewußtseinszustandes oder zeitlich angrenzender Phasen des Bewußtseins gebildet haben, sind assoziiert, d. h. es besteht die Disposition und Tendenz, daß, wenn die eine derselben (oder eine ähnliche) wieder auftritt, dies als Reiz wirkt dafür, daß auch die andere oder eine ihr ähnliche[1]) erweckt wird.

Als zweites Gesetz der Assoziation läßt sich aussprechen: Wenn eine gewisse Vorstellung ein- oder mehreremal stattgefunden hat, ist eine Disposition und Neigung geschaffen, daß sie selbst oder eine ihr ähnliche (dies auch insbesondere im Sinne der Analogie oder überhaupt der teilweisen Gleichheit verstanden) wieder auftreten.kann, wenn eine ihr ähnliche im Bewußtsein gegeben ist. In diesem Falle wirkt also die Ähnlichkeit einer gegebenen und einer früheren selbst und für sich allein als Reiz dafür, daß jene frühere oder eine ihr ähnliche auftrete. Im ersteren dagegen ist Kontiguität im Spiele und ist durch sie etwas dem früheren Gleiches oder Ähnliches als Reiz wirksam dafür, daß ein anderes, damit in Kontiguität gewesenes oder dem ähnliches, erweckt werde. Unter diese beiden Gesetze aber lassen sich alle Fälle von Assoziation subsumieren, auch was man Assoziation nach Kontrast genannt hat, soweit es sich dabei wirklich um eine Assoziation und nicht um einen korrelativen Gedankenzusammenhang und dergl. handelt.

§ 129. Wir haben im Vorhergehenden insbesondere den Äquivokationen auf dem Gebiete der Namen unsere Aufmerksamkeit zugewendet. Wie schon früher betont wurde, treffen

---

[1]) Wenn es sich um eine Ähnlichkeit im Sinne geringer Verschiedenheit zwischen Spezies einer Gattung handelt, so ist es — wo immer infinitesimale Differenzen vorkommen — sogar unendlich unwahrscheinlich, daß eine genau gleiche Vorstellung wieder auftrete (sowohl was die erweckende, als die zu erweckende betrifft).

Aber auch sonst zeigt die Erfahrung, daß oft durch Kontiguität nicht eine völlig gleiche, sondern bloß eine ähnliche Vorstellung ins Bewußtsein gerufen wird, und daß auch der Reiz für die Wiedererweckung ein Zustand ist, der nur ähnlich, nicht gleich ist wie der, welcher früher mit dem zu erweckenden (oder einem ähnlichen) in Kontiguität stand. Es ist dies von den Psychologen vielfach nicht genügend bemerkt, doch von Brentano in seinem Vortrag über das Genie eigens hervorgehoben worden.

Auch die Wiederkehr gleicher oder ähnlicher Gefühle, wie sie eine Vorstellung einst begleitet haben, scheint für die Wiedererweckung derselben (oder einer ähnlichen) ein günstiger Umstand zu sein. Doch muß im einzelnen Falle untersucht werden, wieviel Anteil daran wirklich dem Gefühl als solchem und wieviel der zugrunde liegenden Vorstellung zukommt. Dagegen scheint die Gleichheit des urteilenden Verhaltens als solchen irrelevant zu sein für die Erneuerung von Assoziationen.

wir solche aber auch bei den Aussagen und Emotiven. Auch
hier kann die Äquivokation bald im einzelnen Worte liegen
(sei es in den Namen, welche Bestandteile dieser Ausdrucksmittel bilden, teils in den Synsemantika, welche die Namen
zum Ausdruck eines Urteils oder Interesses ergänzen [1]) bald in
der Syntaxe. Letzteres ist z. B. der Fall bei Aussagen wie:
etwas ist (bloß) vorgestellt, etwas ist gewesen, etwas ist möglich
usw. Die Syntaxe ist äußerlich dieselbe wie in: etwas ist rund,
groß und dergl. Allein, während „dieser Tisch ist rund" heißt:
er ist und ist rund, kann bei: ein König ist gewesen, ein Zentaur
ist bloß vorgestellt, natürlich nicht gemeint sein: ein König ist und
ist ein gewesener, oder ein Zentaur ist und ist ein bloß vorgestellter.
Wenn ein Zentaur bloß vorgestellt und ein König gewesen ist,
ist in Wahrheit etwas ganz anderes, als ein König resp. ein
Zentaur. Kurz: wir haben es im einen Falle mit einer wahrhaften, im anderen bloß mit einer scheinbaren Prädikation zu tun.
Weiter: In „alle Menschen" (sind sterblich) und dergl. ist die
Fügung im (scheinbaren) Subjektsnamen äußerlich keine andere
als bei: drei, vier, viele Menschen. Aber während dies simple
Subjektsnamen sind, gilt dies von „alle Menschen" keineswegs.
Vielmehr steckt in dem Wörtchen „alle" eine doppelte Negation,
wovon die eine zu einem der in der Aussage enthaltenen Begriffe, die andere aber zur Kopula der Aussage gehört, und nur
hier einen Sinn hat. „Alle Menschen sind sterblich" ist dem
Sinne nach meist identisch mit: Kein Mensch ist unsterblich.
Und dies führt uns gleich ein weiteres Beispiel eines scheinbaren Namens in die Hände. Auch „kein" hat hier scheinbar
dieselbe Position wie in einem anderen Falle die Zahlwörter:
ein, zwei, drei. In Wahrheit aber fungiert auch es ganz anders.
Es ist nicht ein (negativer) Begriff der das Subjekt determiniert,

---

[1]) Wir haben an beides schon bei unseren allgemeinen Erörterungen
über die innere Sprachform gerührt. Im folgenden werden wir vornehmlich
Beispiele von Synsemantika der letzteren Art erwähnen. Von den ersteren
zu handeln wird später ausgiebig Gelegenheit sein, z. B. bei der Lehre von
den Kasus, wo ja Äquivokationen (und damit zusammenhängend figürliche
innere Sprachformen) eine große Rolle spielen. Die Kontroverse zwischen der
lokalistischen Kasustheorie und den gegnerischen Theorien hat sich mit darum
so sehr in die Länge gezogen, und sie kann nicht zur Ruhe und zu befriedigender
Lösung der Differenzen kommen, ehe man auch auf diesem Gebiete von der
Unterscheidung zwischen Bedeutung und innerer Sprachform scharfe und
konsequente Anwendung macht.

sondern die in ihm liegende Negation gehört zur Aussage. Kein
Mensch ist unsterblich heißt entweder kurzweg negativ: es gibt
nicht einen unsterblichen Menschen oder: es gibt Menschen, und
unter ihnen ist nicht ein unsterblicher.

Die Vieldeutigkeit aber kann, indem wir über das Gebiet
der Namen unter sich hinausblicken, in mannigfacher Weise
stattfinden. Z. B. so, daß dasselbe Zeichen oder dieselbe Methode
der Bezeichnung einmal autosemantisch, ein andermal bloß synsemantisch fungiert. Wie wenn ein Wörtchen bald als Demon-
strativ, bald als bloßer Artikel dient.[1]) Oder, wenn nur aus
dem Zusammenhang zu erkennen ist, ob ein gewisses Gebilde bloß
als Nebensatz, oder ob es als Aussage oder Emotiv fungiere.
Und wieder, ob ein gewisses Wort als wirkliches Prädikat
fungiere oder bloß als Kopula. Die Zeichen für die Kopula
sind bekanntlich alle durch Funktionswechsel aus Verben mit
wirklicher Prädikatsbedeutung (wie: entstehen, wachsen, blühen,
stehen usw.) hervorgegangen. Der Zusammenhang muß es an
die Hand geben, wo vielleicht diese Vorstellungen nicht bloß
den Wert einer inneren Sprachform für das Zeichen der Anerkennung resp. Zuerkennung, sondern ihre ursprüngliche Bedeutung der Prädikation eines Zustandes oder Vorganges haben.[2])

Weiter geschieht es, daß gleichlautende Sätze bald im
Sinne von Aussagen, bald im Sinne von Emotiven gebraucht
werden. So z. B. die Formel: ich wünsche, daß du gehst. Im
Falle, wo ein solcher Satz als Befehl, also als Emotiv, gemeint
ist, wird es meist ein solches sein, das Farbe hat. Unter F a r b e

---

[1]) Und natürlich auch, wenn im Französischen die Wörtchen pas und
point bald als Namen für Schritt und Punkt fungieren, bald (indem diese
Vorstellungen — wenn überhaupt — nur noch als Elemente einer inneren
Sprachform erweckt werden) die Funktion von Verneinungspartikeln haben.
Hierin liegt natürlich ein starker Bedeutungswandel. Dagegen kann ich
darin keinen neuen Fall von solchem Wandel sehen (man hat es „Verdichtung“ genannt), daß diese Partikeln einmal ne point oder ne pas, und dann
durch Abkürzung bloß pas oder point lauten. Hier fungiert pas und point
beidemal gleich, und daß sie es das eine Mal mit ne, das andere Mal ohne ne
tun, repräsentiert keine neue Klasse von Bedeutungswechsel. Ein Wechsel
geht wohl mit der Abkürzung Hand in Hand, wenn ich etwa statt „das
deutsche Reich“ kurzweg sage: das Reich (hier mag man von einer „Verdichtung“ sprechen), nicht aber bei pas oder point im obigen Falle.

[2]) In diesem Falle schließen sie wenigstens virtuell die Funktion eines
Namens ein.

meinen wir bekanntlich die Funktion einer Äußerung, „im Hörer eine gewisse Stimmung zu erwecken" durch Kundgabe einer solchen im Sprechenden. Höfliche und unhöfliche, harte und liebevolle, anständige und unanständige Ausdrücke sind bei sonst gleicher Bedeutung durch die Farbe verschieden und durch letztere bedeutungsungleich. Oft bekommt eine Äußerung, die gewöhnlich farblos ist, eine gewisse Farbe ohne sich lautlich zu ändern, bloß durch den Zusammenhang oder durch eigentümliche Betonung[1]) und begleitende Mienen und Geberden. In diesem Falle begründet also der Zusammenhang, oder diese anderen begleitenden Umstände, die Farbe und damit die Äquivokation der Äußerung gegenüber dem Falle ihrer Farblosigkeit. In anderen Fällen sind es Unterschiede der Wörter und Wortfügung selbst, welche die Besonderheit der Färbung ständig mit sich führen. Sei es, daß der Unterschied in den verwendeten Namen liegt (und hier schon im Stamme oder in gewissen Endungen[2])) oder in Synsemantika. Und da kann es nun — wie bemerkt — auch geschehen, daß Formeln, die sonst als Aussagen fungieren, auch die Bedeutung von besonders gefärbten Emotiven gewinnen. „Ich wünsche, daß du gehst", kann als Befehl, also als Emotiv, gemeint sein. Aber als ein gefärbtes, d. h. als ein solches, das neben der emotiven Hauptbedeutung des Befehlens noch eine emotive Nebenfunktion hat, nämlich zugleich eine freundliche Stimmung des Sprechenden kundzugeben und eine entsprechende im Hörer zu erwecken.

—— —— —

[1]) Auch schon der Unterschied von laut und leise kann Farbe geben. Eine feine Bemerkung oder gemütvolle Äußerung mit Stentorstimme vorgebracht hat etwas Widernatürliches an sich; es liegt an der verfehlten Farbengebung.

[2]) Nebenbei bemerkt kann mit „Farbe" noch eine andere Vieldeutigkeit verbunden sein. Wenn man Mütterchen oder Mutter für „alte Frau", „Kind" liebkosend für eine erwachsene Person gebraucht, so haben wir eine gewöhnliche Äquivokation und eine gewisse Farbe vor uns. Letzteres könnte auch gegeben sein, wenn wir unsere Mutter oder überhaupt eine wirkliche Mutter mit Mütterchen anreden würden. Hier aber kommt noch hinzu, daß es sich vielleicht nicht um unsere und überhaupt nicht um eine Mutter handelt. Um dem Ausdruck Farbe zu geben, verwenden wir den Namen Mutter äquivok als Ehrennamen, und demselben Zwecke dient hier und vielfach auch die Verkleinerungssilbe. Sie soll nicht die Kleinheit andeuten, sondern nur die Gefühle, die man dem Kleinen, Niedlichen, Liebwerten und Geliebten gegenüber empfindet.

Aber auch sonst gibt es Fälle, wo eine Formel **bald als Aussage** bald als Emotiv fungiert. Wie denn die **Paragraphen des**
Strafgesetzbuches je nach Umständen den Sinn einer **Belehrung**
(also einer Aussage) und den einer Drohung (also eines Emotivs)
haben.

Weiter können Aussageformeln in der Art äquivok sein,
daß sie bald ein en bestimmten (farblosen) Behauptungswert, bald
eine z weite Hauptbedeutung als Aussagen und daneben noch
eine gewisse Farbe, also eine emotive Nebenbedeutung (z. B. den
einer bescheidenen Behauptung) haben. In dieser doppelten
Weise dienen z. B. die Modi und Tempora des Zeitwortes, die
Formeln mit *dürfte, möchte, sollte* und dergl., das Futurum usw.

Weiter geschieht es aber auch, daß eine gewisse Formel
zwar stets als bloße Aussage bedeutet; aber je nach Umständen
anders und anders. Beispiele sind uns schon begegnet. So,
wenn ein Satz mit *alle* oder *kein* bald als Ausdruck eines
Doppel-, bald eines einfachen Urteils fungiert. Wenn Formeln
wie „das A ist B" oder „die A sind B" ebenfalls bald ein affirmatives, bald ein negatives Urteil und bald ein solches über
ein bestimmtes Kollektiv, bald einen wahrhaft allgemeinen Satz
(eine Notwendigkeit) ausdrücken. Wir werden später darauf
zurückkommen. Und wiederum, wenn bei Konjunktionalsätzen
mit wenn, weil usw. die ursprüngliche (temporale) Bedeutung
zu Recht besteht, bald aber eine ganz andere geworden ist, so
daß die besondere Vorstellung der Zeitlichkeit nur Sache der
inneren Sprachform ist. Ferner, wenn dasselbe vom Futurum
oder anderen Tempora oder den sog. Modi des Verbs gilt usw. usw.

Endlich sei noch der Fall von Äquivokation erwähnt, wo
gewisse Sätze bald im Sinne von Aussagen resp. Emotiven bald
im Sinne von Vorstellungssuggestiven, die nicht Namen sind
(fiktive Aussagen und Emotive), wie sie der Dichter verwendet,
fungieren.

Diese Andeutungen über die Vieldeutigkeit unserer sprachlichen Ausdrücke mögen hier genügen. Eine nähere Untersuchung würde auch bei diesen Äquivokationen, die nicht
Namen betreffen, in deskriptiver und genetischer Hinsicht, analoge Klassen unterscheiden lassen, wie wir sie dort gesehen
haben. Hier nur noch die Bemerkung, daß diese Äquivoka —
und es gilt dies namentlich auch vom vieldeutigen Gebrauch
derselben Syntaxe — nicht bloß der praktischen Deutung unserer

Sprachmittel gefährlich zu sein pflegen, sondern auch verhängnisvoll werden und geworden sind für die theoretische Beschreibung
der psychischen Phänomene. Das allzu große Vertrauen auf
den Parallelismus zwischen der Struktur und Beschaffenheit
unserer sprachlichen Ausdrücke und der in ihnen sich äußernden
psychischen Phänomene trägt mit die Schuld an mancher grund-
verfehlten Weise der Beschreibung der letzteren, die wir bei
Psychologen und Grammatikern finden.

§ 130. Wir haben eben davon gehandelt, daß Vieldeutigkeit im strengen Sinne dieses Wortes etwas ist, was die übrigen
Gebiete des Semantischen mit den Namen gemein haben. Doch
ist noch eine den Äquivokationen verwandte Erscheinung in
der Weise des Bedeutens zu erwähnen, die den Namen eigentümlich ist. Es ist dies der Umstand, daß manche von ihnen
in verschwommener Weise bezeichnend sind.

Manchmal freilich wird unter Verschwommenheit geradezu
nichts anderes verstanden, als ein unbeabsichtigtes und unbemerktes
Schwanken und Wechseln der Bedeutung. Dies meinen wir
hier natürlich nicht. Auch nicht den Umstand, daß mancher
gewisse Begriffe denkt, ohne imstande zu sein, Rechenschaft zu
geben von dem, was er denkt; denn trotz dieses seines Unver-
mögens zur Beschreibung des Denkinhaltes kann dieser doch
ein fest begrenzter, und darum auch der betreffende Name ein
scharfer sein.

Was wir bei Verschwommenheit im Sinne haben, ist die
Erscheinung, daß das Anwendungsgebiet gewisser Namen
kein fest begrenztes ist. Es gibt Bezeichnungen der Art,
die absichtlich aus scharfen oder exakten umgewandelt und
durch eine besondere Modifikation zu verschwommenen geprägt
sind. Andererseits aber auch solche, die nicht durch eine
solche besondere Bildungsweise und Struktur als unscharfe
kenntlich sind.

Von der ersten Art sind die Zahlbezeichnungen mit dem
Beisatze „ungefähr", wie ungefähr 100 usw. Ferner Bildungen
wie bläulich, grünlich, süßlich usw.;[1]) weiter Bildungen mit -artig,
-ähnlich, nicht unähnlich, verwandt, relativ (z. B. relativ klein).

------

[1]) Im Schweizerisch-Alemannischen heißt es statt dessen: süßlächt oder
süßlächtig, süßlachtig. Ebenso: hartlächt, lindlächt usw. für ein wenig süß,

Beispiele von der letzten Art anzuführen ist kaum nötig. Jeder kennt den mehr oder weniger verschwommenen Charakter von Bezeichnungen wie: groß, klein, jung, alt, schnell, langsam, wenig, viel, weiß, schwarz, grau usw. usw. und insbesondere auch die unscharfe Natur so vieler Namen, die das moralische Gebiet betreffen. Wir finden diese Erscheinung der Verschwommenheit überall, wo unsere Bezeichnungen auf etwas gehen, was ein minder oder mehr oder etwas wie Stärkegrade zuläßt; sei es nun, daß die Begriffe von Größe und Intensität dabei im eigentlichen oder — wie so häufig — in einem bloß übertragenen und uneigentlichen Sinne zu verstehen sind.

Ich nannte die Verschwommenheit etwas der Vieldeutigkeit verwandtes, und ich meine dies so. Bei allen Äquivokationen ist zu sagen, daß sie für sich allein eine von mehreren möglichen Bedeutungen nicht mit Sicherheit, sondern nur mit einer gewissen Wahrscheinlichkeit erwecken. Welche wirklich wachgerufen werde, hängt von den übrigen Umständen ab. Mit den verschwommenen Ausdrücken aber hat es meines Erachtens folgende, dem ähnliche Bewandtnis. Auch bei ihnen, sowohl den in sich selbst als unscharf gekennzeichneten, wie den nicht so gekennzeichneten, bleibt von vornherein unbestimmt, welcher von mehreren Inhalten, die dadurch bezeichnet sein können, gemeint sei; doch haben die verschiedenen Möglichkeiten schon anfänglich nicht gleiche Wahrscheinlichkeit, sondern sie bilden in dieser Beziehung eine Reihe oder Gruppe mit gewissen mittleren oder zentralen und mit nach den Enden hin liegenden Positionen, wovon die ersteren die größte, die letzteren eine mehr und mehr abnehmende Wahrscheinlichkeit dafür aufweisen, daß sie zum Anwendungsgebiet des Namens gehören. Die Grenze dafür aber ist in doppeltem Sinne eine fließende. Erstlich, indem sie bei verschiedenen Personen und Gruppen von Personen, die den Namen gebrauchen, wechselt, und zweitens, indem man auch bei diesem Kreise zwar wohl solches angeben kann, was mit Sicherheit zum Gebiete möglicher Anwendung des Namens gehört und anderes, was sicher nicht dahin gehört, aber nur so, daß stets ein gewisser Bezirk übrig bleibt, von dessen einzelnen Positionen

---

hart, lind. Lächt scheint dem angelsächsischen hlaene und dem englischen lean (schmächtig) verwandt zu sein und ist das mutmaßliche Stammwort für klein (Stalder).

sich von vornherein weder mit Sicherheit bejahen noch verneinen läßt, daß sie tatsächlich zu dem unbestimmten Begriffe gehören, der die Bedeutung bildet. Was mit dem letzteren gemeint ist, wird leicht durch Beispiele klar. Sage ich: ungefähr tausend, so ist wohl sicher, daß 700 und 1300 nicht mehr damit gemeint ist. Aber bei welcher bestimmten Zahl nach unten und oben es nicht mehr angeht, sie mit diesem verschwommenen Namen zu bezeichnen, das ist nicht anzugeben. „Eine Zahl zwischen 950 und 1050" wäre eine unbestimmte, aber scharfe Bezeichnung. Ungefähr 100 ist unbestimmt und verschwommen.

Dazu kommt, was wir an erster Stelle bemerkten, daß nämlich verschiedene Individuen und verschiedene Gruppen von solchen dasselbe Zeichen wieder in verschiedenem Maße unexakt gebrauchen, und daß, wo die Verschwommenheit in dem wechselnden Maße der Annäherung an einen Typus besteht, auch das geschehen kann und häufig geschieht, daß dieser Typus in verschiedenen Kreisen und zu verschiedenen Zeiten ein verschiedener ist, während der Name derselbe bleibt.

Klassennamen, die nach Typen orientiert und darum in gewissem Maße verschwommen sind, treffen wir sogar in der Wissenschaft,[1]) wie ja auch unexakte Bezeichnungen von der Art wie ungefähr 1000 oder bläulich, oder herzförmig, wachsartig usw. Zu solcher Wahl führt hier dasselbe, was auch im gewöhnlichen Leben zur Verwendung verschwommener Ausdrücke führt, nämlich einesteils der Mangel an genaueren Begriffen und die Unmöglichkeit sich exaktere Kenntnisse zu verschaffen, andererseits die Bequemlichkeit, welche, wo es nicht nötig ist, der Mühe aus dem Wege geht, welche eine genauere Erforschung des Tatbestandes und die Wahl einer exakten Bezeichnung für denselben mit sich bringen würde. Wo Inhalte infinitesimal variieren können, ist natürlich von vornherein weder eine absolut genaue Messung, noch eine absolut genaue Bezeichnung möglich. Aber auch von diesem Extrem abgesehen, können mannigfache Umstände die Merklichkeit von Unterschieden bald erleichtern, bald erschweren, und wo eine größere Genauigkeit im Beobachten und Bezeichnen nicht erforderlich ist, gibt auch der theoretische Forscher das Streben nach ihr auf (selbst wo sie bei geeigneter

---

[1]) Vgl. J. St. Mill (in seiner Logik) über manche Klassifikationen der Botaniker.

Zeit und Stimmung zu erreichen wäre) und hört auf die Stimmen, welche zur Ersparnis von feineren Unterscheidungen und von neuen Namen drängen. Es trifft hier in etwas das Wort Lockes zu, daß die Menschen ihre Klassenbezeichnungen für die Gegenstände oft weniger nach der Natur der Dinge, als mit Rücksicht auf die Bequemlichkeit der Mitteilung (aber auch auf sonstige Bequemlichkeit) bilden.[1])

Im populären Sprachgebrauche kommt aber zu allen diesen Anlässen noch ein weiterer und sehr fruchtbarer hinzu, und er bringt es mit sich, daß fast alle Ausdrücke, die sich nicht auf sehr sinnfällige Begriffe beziehen, und so insbesondere die meisten, welche dem psychischen und moralischen Gebiete angehören, verschwommen sind. Es ist dies der Umstand, daß die Bedeutung der Bezeichnungen der populären Sprache nicht (wie es in der Wissenschaft und bei den „technischen Ausdrücken" ist oder sein sollte) unter Mithilfe genauer Definitionen fortgepflanzt wird, sondern meist nur aus den konkreten Fällen ihrer Verwendung erraten werden muß. Dabei geschieht es dann eben sehr häufig, daß der Begriff nur in sehr vager Weise nach einem gerade vorliegenden mehr oder weniger prägnanten Beispiel gebildet wird, so daß alles, was man dabei denkt, ist: etwas, was diesem x oder y ähnlich ist. Ähnlichkeit aber ist ein vager Begriff, der ein mehr oder minder zuläßt, und Gedanke und Bezeichnung sind schon infolge davon verschwommen, so wie etwa eine solche mit „ungefähr". Auch wenn „ähnlich" heißt: was teilweise gleich oder überhaupt verwandt ist (soweit, daß es geeignet ist, aneinander zu erinnern), so ist dies ein vager Begriff, da es nicht bloß von dem Maß der Übereinstimmung gewisser Gegenstände, sondern noch von anderen Umständen abhängt, ob sie tatsächlich die Vorstellung voneinander wachrufen.

Diese Art der Verschwommenheit, wie der Gedanke „ähnlich dem x oder y", zeigen die meisten Begriffe, die das Kind zunächst sich bildet, und es hängt dies — auch da, wo der eigentliche Begriff nicht schon wegen seiner Komplikation und der Fülle von Erfahrungen, die er voraussetzt, für den kind-

---

[1]) So spielt bei der Wahl von Typen und Klassenbezeichnungen auch der Zufall eine Rolle. Man denke an die Klassenbegriffe für Farben wie violett, orange, lila, purpur usw.

lichen Intellekt zu schwer faßbar ist — eben mit der erwähnten Weise zusammen, wie es die Sprache seiner Umgebung erlernt. Aber nicht bloß beim Kinde, auch beim Erwachsenen bleiben viefach die Begriffe, insbesondere diejenigen von komplizierten Gegenständen, in jener besonderen Weise uneigentlich und darum verschwommen, im Vergleich zu denen, die der Fachmann und die Wissenschaft schöpft. Man denke an den Begriff Gold oder Luft beim gemeinen Mann und beim Chemiker usw. usw. So bilden sich insbesondere auch die Begriffe wie groß, klein, viel, wenig, jung, alt, schnell, langsam. Und bei allen diesen nach Beispielen oder Typen geschaffenen Begriffen geschieht es nun auch, daß der Typus wechselt. Unter verschiedenen Umständen, in verschiedenem Zusammenhang und zu verschiedenen Zeiten, heißt darum sehr merklich Differentes groß, klein, schnell, hoch. Und auf solchen Wandel der Bedeutung und solche Verschiedenheit des da und dort als Maßstab Gegebenen mag der Gedanke, den man mit einem derartigen Namen verbindet, auch bereits Rücksicht nehmen, so daß dadurch ein neues Moment der Verschwommenheit in ihn aufgenommen wird. Das Ganze der Bedeutung, das dabei gegenwärtig ist, mag dann vielleicht der ganz uneigentliche Gedanke sein: was man gewöhnlich unter groß resp. schnell usw. versteht, oder: was gemeiniglich dahin gerechnet wird.

Achtes Kapitel

Allgemeines über die verschiedenen Klassen synsemantischer Zeichen.

Wie die autosemantischen, so könnten wir auch die synsemantischen Zeichen mit Rücksicht auf die Grundklassen der mitteilbaren Bewußtseinsbeziehungen klassifizieren, also danach, ob sie zum Ausdruck von Interessephänomenen oder Urteilen oder bloßen Vorstellungen beitragen. Denn diese Einteilung muß naturgemäß alle Möglichkeiten umfassen, wie etwas mitbedeutend funktionieren kann. Wir werden sie denn auch nicht ganz vernachlässigen. Zunächst jedoch erscheint es besser, die Synsemantika in solche zu scheiden, welche logisch begründet sind und solche, von welchen dies nicht gilt. Diese Scheidung ergibt sich im Zusammenhang mit der Lösung der Frage, worauf die Tatsache letztlich beruht, daß es in unseren Sprachen überhaupt Synsemantika gibt.

§ 131. Es gäbe keine, wenn die Sprachen nicht syntaktisch gebildet wären. Aber alle unsere Sprachen weisen in ihrer Entstehung und ihrem Bestande etwas wie eine Syntaxe im natürlichsten Sinn dieses Wortes auf.

Ich sage im natürlichsten Sinne. Denn man gibt dem Terminus manchmal auch einen anderen, indem man die Syntaxe als die Lehre vom Satze und der Satzbildung definiert, und diese Verengerung der Bedeutung scheint mir nicht natürlich. Ich glaube vielmehr eine natürliche Klasse und einen wissenschaftlich wichtigen Begriff abzugrenzen, wenn ich Syntaxe so definiere, wie ich es schon in meinem „Ursprung der Sprache" (S. 107) getan habe, indem ich sage: wir verstehen darunter

ganz allgemein den Umstand, daß in der Sprache Kombinationen
von Zeichen gebildet werden und wurden, die als Ganzes eine
Bedeutung oder Mitbedeutung, kurz eine Funktion haben, welche
den einzelnen Elementen für sich nicht zukommt. Die Definition
der Syntaxe als Lehre vom Satze ist demgegenüber sowohl zu
weit als zu eng. Zu weit: denn auch Ausdrücke, die keine
Mehrheit von Redegliedern aufweisen wie scribo, lego, wehe!
halt! und dergl. sind der Bedeutung nach wahrhafte Sätze. Zu
eng: denn es gibt andererseits mit einer Gesamtbedeutung aus-
gestattete Wortfügungen, die nicht Sätze im gemeinüblichen
Sinne, d. h. nicht wirkliche oder fiktive Reden sondern bloß
Namen sind, aber ganz analoge Erscheinungen aufweisen, wie
die, welche man bei der Satzbildung syntaktische nennt. Man
denke an Gebilde wie: Ein Vater von fünf unerzogenen Kindern,
der eine schlecht bezahlte Stelle bekleidet und dergl. Und wie
bei der Bildung von Namen Syntaxe in unserem Sinne im Spiele
ist, so sogar bei derjenigen von synsemantischen Zeichen; wie
denn z. B. die Wendung „In Hinsicht auf die Frage, ob A sei
oder nicht" gewiß eine Wortfügung zu nennen ist, aber bloß
mitbedeutende Funktion hat.

Den Besitz einer syntaktischen und in diesem Sinne
„artikulierten" oder gegliederten Sprechweise hat man vielfach
geradezu als wesentlichen Charakter der menschlichen Rede, und
die Entstehung von Sätzen mit einer Mehrheit von Redegliedern
als den Anfang der Menschensprache bezeichnet. Dies ist — so
wie es z. B. von Steinthal ausgesprochen wurde — zweifellos
eine Übertreibung, und insbesondere hängt die Entstehung
syntaktischer Bildungen nicht, wie man nach jenem Forscher
glauben sollte, kurzweg und ausschließlich mit den intellektuellen
Vorzügen des Menschen zusammen, d. h. mit dem, was den
fundamentalen Unterschied zwischen seinem und dem tierischen
Seelenleben begründet und damit auch einen solchen zwischen
Tier- und Menschensprache ermöglicht. Diese Vorzüge sind
das Vermögen zu allgemeinen Begriffen und damit zur Analyse
der äußeren und inneren Anschauungen und zur Synthese der aus
diesen gewonnenen Elemente und dergl.; aber mit ihnen ist die
syntaktische Sprechweise nicht ohne weiteres als notwendige
Folge gegeben.

Die natürliche Konsequenz jenes Steinthalschen Standpunktes
wäre es, zu lehren, daß überhaupt unser Sprechen nur, soweit

es gegliederte Gedanken auch durch entsprechend gegliederte
Sprachmittel ausdrückt, wahrhaft menschliche Rede sei. Und damit würde gar vieles von dem, was wir zueinander reden, diesen
Ehrennamen verlieren. Sowenig wir aber dies zugeben werden,
sowenig wäre es gerechtfertigt, den ersten ungegliederten, aber
absichtlichen Äußerungen des Kindes und analogen Gebilden,
die der phylogenetischen Kindheit der Sprachbildung angehören
(und die unseren Bitten, Befehlen, Aussagen dem Sinne nach
äquivalent, aber formell recht unähnlich waren) den Namen menschlicher Rede abzusprechen. Die Wahrheit an der Sache ist die: das
Vermögen des Menschen, die mitzuteilenden psychischen Phänomene und ihre Inhalte zu analysieren, ist zweifellos eine Bedinguug
für sprachliche Syntaxe im engeren Sinne des Wortes, d. h. für
jene Art syntaktischer Rede, wo eine Mehrheit von Zeichen sich
nicht bloß irgendwie in der Erweckung gewisser Bedeutungen
unterstützt, sondern, wo die verschiedenen Redeteile auch verschiedenen Teilbedeutungen entsprechen. Wo also solche Syntaxe vorliegt, kann man sofort schließen, daß es den Sprachbildnern an jener Gabe, das Mitzuteilende zu zerlegen, nicht
gänzlich fehlen konnte. Aber andererseits konnte sie vorhanden
sein und doch — wenn nicht andere Motive dazu drängten, von
ihr Gebrauch zu machen — für die Struktur der Sprachmittel
ohne Frucht und Wirkung bleiben. Und diese Motive, die tatsächlich mit den Ausschlag geben und gegeben haben, hängen
nicht immer und einzig mit Vorzügen, sondern oft in weit-
reichendem Maße auch mit Schwächen des menschlichen Geistes-
vermögens, mit der Beschränktheit seiner Kräfte und Mittel zusammen, die beim Sprechen und der Sprachbildung zur Ökonomie
drängten.

Doch in verschiedener Weise beobachten wir in allen
Sprachen ein Streben nach Zeichenersparnis, das zu syntaktischen
Bildungsweisen führte; verschiedene Arten von Synsemantika
waren die Folge davon, und wir wollen diesen Unterschieden
einzeln näher treten.

§ 132. Der natürlichste Anlaß zu einer Zeichenbildung
durch Zusammenfügung und damit auch zu synsemantischen
Sprachmitteln war der schon vorhin erwähnte, wo der zu bezeichnende Inhalt selbst tatsächlich eine gewisse Zusammensetzung darbot und darbietet, und wo die Syntaxe darin besteht,

daß, statt für das Ganze ein einfaches Zeichen zu wählen, man, jener Zusammensetzung im Auszudrückenden entsprechend, auch den Ausdruck durch eine Kombination von Zeichen gewinnt.

Wäre die Sprache ein Werk der Erfindung im strengen Sinne dieses Wortes, und zwar eines auf vollendetem analystischem Einblick in das Auszudrückende gebauten Raisonnements, so hätte zweifellos eine planmäßige Tendenz nach Ersparnis von Zeichen dazu geführt, diese, in Anlehnung an die Zusammensetzung des zu Bezeichnenden, gleichfalls durch Zusammensetzung elementarer Bausteine, also syntaktisch, zu bilden. Denn sofort hätte man bemerkt, daß die Methode, für jedes Mitzuteilende, das sich in seiner Gänze als etwas Neues darstellt, auch ein neues Zeichen zu bilden, zu einer mühevollen Vervielfältigung derselben ins Unendliche und zu einer unerträglichen Belastung des Gedächtnisses führen würde.

Was nun die Volkssprachen betrifft, so waren die zahllosen Individuen, durch deren Beiträge ihr Grund gelegt und die allmählige Ausgestaltung des ganzen Baues gefördert wurde gewiß nichts weniger als vollendete psychologische Analytiker. Auch waltete bei ihrem Tun wohl im einzelnen die Absicht der Verständigung, aber keinerlei auf das Ganze bezüglicher erfinderischer Plan, und so auch nicht der der Ersparnis. Nichtsdestoweniger sehen wir auch in ihrem Werke durch das Mittel der Kombination „eine Endlichkeit von Zeichen gewissermaßen zu einer Unendlichkeit erhoben“ um einen Ausdruck von Fr. Pott zu gebrauchen; wir sehen in weitem Umfange syntaktische Methoden der Zeichenbildung verwendet. Und eben die Planlosigkeit der Sprachentstehung, infolge deren eine Erfindung völlig willkürlicher Zeichen ausgeschlossen war, drängte auch ihrerseits zu syntaktischen Bildungen.

Sie zwang ja, in jedem Falle des Bedürfnisses, zu einem Zeichen zu greifen, das sich irgendwie von selbst erklärte, das also entweder von Natur verständlich war oder vermöge einer ihm irgendwie durch Zufall und Gewohnheit eigen gewordenen assoziierenden Kraft auf den Sinn zu führen versprach, den es erwecken sollte. Und jedes solche einmal verständlich gewordene Zeichen mußte man in der liberalsten Weise über seine ursprüngliche Bedeutung hinaus auch auf das ihr Ähnliche und Verwandte und irgendwie mit ihr Zusammenhängende auszudehnen suchen, und man konnte es tun und tat es, geführt von der

Macht der Gewohnheit und der darauf gegründeten Erwartung ähnlicher Folgen unter ähnlichen Umständen. Verwandtschaft und Zusammenhang aber empfand man auch zwischen einem Ganzen und seinen Teilen und umgekehrt. So kam man von selbst dazu, wenn ein zusammengesetzter Inhalt anzudeuten war, alle jene Ausdrucksmittel, welche schon zum Ausdruck der Teile gedient hatten, herbeizurufen und sie probeweise zusammen zu stücken, indem man es dem Zusammenhang der Umstände überließ, die Gesamtbedeutung, die diese Zeichenkombination hier haben sollte, herstellen zu helfen. Andererseits konnte es auch geschehen und geschah es, daß, wo für ein Ganzes schon ein Zeichen verständlich und bekannt war, man es auf einen Teil oder was man als solchen auffaßte, auch dann übertrug, wenn dieser in einem sonst anders gearteten Ganzen wiederkehrte, und durch Kombination desselben mit weiteren, auf die übrigen Teile dieses neuen Ganzen bezüglichen, Zeichen ein Ausdrucksmittel für dieses letztere in seiner Gesamtheit zu gewinnen suchte.

Und es bedarf keiner besonderen Bemerkung, daß jeder solche von Erfolg begleitete Versuch den ersten Schritt bilden konnte zur Begründung einer entsprechenden Gewohnheit, genauer, für ein gewohnheitsmäßiges Tun, das nicht bloß unter gleichen Umständen zu gleichen, sondern auch unter ähnlichen zu ähnlichen Gebilden führte. Mit anderen Worten, jener erste gelungene Versuch wurde leicht das Muster für zahlreiche Analogiebildungen im weitesten Sinne des Wortes.

Diese syntaktische Methode, die ein Ganzes so ausdrückte, daß sie für seine Teile besondere Zeichen bildete und sie kombinierte, konnte und mußte aber unter Umständen auch zu synsemantischen Zeichen führen. Nämlich überall da, wo jene Teilinhalte nicht für sich mitteilbar waren. Indem aber, wie wir bisher voraussetzten, die Teilung doch in der Natur der bezeichneten Inhalte begründet war, haben wir es mit Synsemantika zu tun, die wir logisch, d. h. eben in der Natur der Bedeutung begründete nennen können. Wir werden ihnen eine besondere und zwar die erste Stelle bei den nachfolgenden Betrachtungen einräumen.

§ 133. Doch ihnen, deren Gesamtheit in einer Sprache mehr, in der anderen weniger dem natürlichen System der logischen Synsemantika, nahe kommt, gesellen sich in jeder zahlreiche andere Fälle von Synsemantien zu, die wir im Gegensatz zu den vorigen als logisch nicht begründete bezeichnen müssen, weil die sprachliche Syntaxe, die wir da vor uns haben, nicht auf einer entsprechenden „logischen" Analyse oder Dekomposition des „Gedankens" beruht.

Während die früher genannten Synsemantika in der Natur begründete (nur eben nicht selbständige) semantische Einheiten sind, werden die letzteren zwar von der Sprache auch als besondere Redeglieder behandelt, aber die Einschnitte in die Rede, die sie darstellen. entsprechen nicht einer analogen Gliederung und Struktur des Ausgedrückten. Man kann sie in dieser Beziehung mit dem sog. unorganischen Schmuck an einem Werke der Baukunst vergleichen, dessen Gliederung sich mit den konstruktiven Linien und Abschnitten des Baues nicht deckt.

E. Husserl hat diesen Unterschied zwischen logisch begründeten und nicht begründeten Synsemantika nicht genügend beachtet, wo er (a. a. O., II, S. 296, 297) allgemein von den „synkategorematischen" Ausdrücken sagt, es entsprechen ihnen „unselbständige Bedeutungen" oder „unselbständige Glieder des Gedankens". Auch finde ich es nicht glücklich, bei „größer als" oder bei „den Kümmernissen des Lebens" und ähnlichen logisch nicht begründeten Synsemantika von einer einheitlichen Bedeutung zu sprechen, und noch weniger, wenn Husserl die „unselbständigen Bedeutungen" insgesamt als „fundierte Inhalte" auffassen will. Von der Funktion der logisch nicht begründeten Synsemantika gilt dies sicher nicht. Wie weit von derjenigen der logisch begründeten, wird sich uns später ergeben. Hinsichtlich der logisch nicht begründeten Synsemantien aber, wodurch die Struktur der sprachlichen Zeichen in der mannigfachsten Weise von der der Gedanken abweicht, gewinnt wirklich Steinthals Wort, die Grammatik spotte der Logik, eine gewisse Wahrheit. Freilich in ganz anderem Sinne, als er es verstand, der in dieser Autonomie der Sprache einen Vorzug erblickte und die Vorstellungen der inneren Sprachform an die Stelle der wirklichen Bedeutung setzte.

Doch weiter. Fassen wir diese logisch nicht begründeten Synsemantika, die in allen Sprachen eine große Rolle spielen und einen Hauptfaktor bei ihrer mehr als lautlichen Verschiedenheit bilden, näher ins Auge, so lassen sich bei ihnen wiederum zwei verschiedene Klassen mit etwas anderer und anderer Genesis unterscheiden.

I. Die eine Gruppe ist in ihrer Entstehung den logisch begründeten Synsemantien sofern verwandt, als sie im gleichen und eigentlicheren Sinne dem Streben nach Zeichenersparnis entstammt. Brachte dieses dort mit sich, daß man ein Bedeutungsganzes in seine wirklichen Teile zerlegte, so führt es hier dazu, etwas nur fiktiv (und zu Zwecken der bequemeren Bezeichnung) als ein aus mehreren Elementen bestehendes Ganzes aufzufassen, für diese (fiktiven) Teile besondere Zeichen zu bilden und die Bezeichnung für das (fiktive) Ganze durch Kombination jener Teilzeichen zu gewinnen. Wir werden später dafür sprechende Beispiele kennen lernen.

II. Doch außer dieser ergiebigsten Quelle für logisch nicht begründete Synsemantien floß noch eine andere in einer anderen syntaktischen Methode. Es ist dies ein Vorgehen, welches dem im Vorausgehenden genannten Streben der Sprache in gewissem Maße entgegengesetzt ist, indem es, während dort fiktiv Teile des Auszudrückenden geschaffen und als solche gesondert bezeichnet werden, hier wirkliche Teilungen desselben im Ausdruck ignoriert werden. Was bei einer gleichmäßig adäquaten Ausprägung des Mitzuteilenden nach seiner Zusammensetzung und mannigfachen Komplikation durch eine gegliederte Vielheit von Zeichen wiedergegeben sein müßte, wird bloß durch ein einfaches Symbol abbreviierend angedeutet; durch Kürzungen, welche offenbar der Bequemlichkeit oder auch dem Streben nach Schönheit der Diktion dienen sollen. Ich spreche auch von dem Streben nach Schönheit. Denn man kann ja ohne Anstand behaupten, daß auch schon bei der volkstümlichen Sprachbildung der Befriedigung des ästhetischen Gefühls in etwas Rechnung getragen werde, wenn auch das Streben nach Kürzung im Dienste der Bequemlichkeit eine weit wichtigere Rolle spielte.

Sofern das letztere im Spiele ist, haben wir es natürlich auch hier im allgemeinen mit einem Sparen und Haushalten in der Sprache zu tun, und sofern sind die hierher gehörigen Erscheinungen verwandt der Zeichenersparnis, welche auf den zuvor genannten Wegen angestrebt wird. Allein im Speziellen kommt doch die in dem abbreviierenden Ausdruck von Inhalten gelegene Ökonomie zu jener als eine anders geartete hinzu.

Denn es handelt sich bei ihr nicht prinzipiell darum, daß
w e n i g e r Zeichen gebildet und dem Gedächtnis eingeprägt
würden; im Gegenteil kann es geschehen und geschieht es, daß
infolge d i e s e r Ökonomie ihrer mehr werden. Hier haben vielmehr gewisse Ausdrucksmittel, die zur Hand wären, aber (indem
sie einen komplizierten Inhalt durch ein ebenso vielgliedriges
Zeichen wiedergeben) an Zeit und Mühe des Sprechenden eine
erhebliche Anforderung stellen,[1]) sich nicht behaupten oder
durchsetzen können, sondern an d e r e n Stelle sind kürzer und
bequemer zu handhabende Gebilde getreten, soweit dies ohne
Schaden für die Klarheit und Exaktheit geschehen konnte. Der
Antrieb zu diesen Bildungen ist also ein anderer, als der zuvor
genannte, und wir haben an diesen Abbreviaturen etwas den
sog. „Sigeln" in der Gabelsbergerschen Stenographie zu Vergleichendes vor uns, die zwar auch das Gedächtnis belasten,
aber in anderer Weise eine unzweifelhafte Ökonomie für den
Schreibenden involvieren.

Auch bei diesen Zusammensetzungen im Ausdruck aber
kann es nun zu sprachlichen Trennungen kommen, denen keine
analoge Scheidungslinie in den bezeichneten Inhalten korrespon-
diert. Wo kürzend zusammengefaßt wird, wird ja auch getrennt,
und wenn dabei die natürlichen Linien der Struktur des Auszudrückenden nicht eingehalten werden, wenn vielmehr die
Sprache (die eine mehr, die andere weniger) sich willkürliche
Durchschneidungen und Einkerbungen gestattet, so entstehen
auch hier Synsemantika, welche logisch nicht begründet sind.
Diese Fälle, wo der synsemantische sprachliche Ausdruck bei
Wiedergabe des Gedankens dessen Struktur nicht bloß verhüllt,
sondern positiv fälscht und verzeichnet und verschiedene semantische Einheiten in e i n Zeichen verquickt, dem weder ein selbständiges noch unselbständiges Glied des Gedankens entspricht,
sind im strengen Sinne zu den logisch nicht begründete Synsemantika zu rechnen. Im weiteren Sinne aber wollen wir auch
diejenigen synsemantischen Zeichen hierher zählen, die zwar
dem Gedanken keine fiktive Scheidungen andichten aber doch
seine natürliche Gliederung nicht, oder nicht vollständig, nachzeichnen.

----

[1]) Und — wie bemerkt · oft auch die Schönheit des Ausdruckes
beeinträchtigen würden.

Doch genug zur allgemeinen Charakteristik der Synsemantika. Bei ihrer Betrachtung im einzelnen wenden wir uns jetzt
zuerst denjenigen zu, die nicht wesentlich abbreviierenden
Charakter haben, sondern durch die Syntaxe die Bildung von
neuen einfachen Zeichen entbehrlich machen sollen, und wir
wollen unter ihnen zuerst diejenigen ins Auge fassen, welche
wesentlich mit der im Mitzuteilenden gegebenen Komplikation
zusammenhängen und darum, unter Voraussetzung einer syntaktischen Bildungsweise der Sprache, auch bei idealer Analyse
und adäquater sprachlicher Ausprägung des Mitzuteilenden unvermeidlich waren und sind, also diejenigen, welche wir oben schon
als logisch begründete bezeichnet haben.

§ 134. Die Natur und Existenz logisch begründeter Synsemantika wurzelt — wie wir schon wissen — überhaupt darin,
daß vielfach das Mitzuteilende eine Mehrheit von Elementen
unterscheiden läßt, und darunter auch solche, die, ihrer Natur
nach unselbständig, zwar mit dem Verstande unterscheidbar, aber
nicht in Wirklichkeit trennbar, und darum auch nicht für sich
mitteilbar sind. Wir wollen sie ihrer Leistung entsprechend in
drei Klassen scheiden, in solche, die bloß zum Ausdruck von
Vorstellungen, in derartige, die zum Ausdruck der Urteilsfunktion
als solcher und endlich in diejenigen, welche zum Ausdruck von
Interessephänomenen als solchen (also bei Bitten, Aufforderungen,
Befehlen, Fragen usw.) mithelfen.

Bei den letzteren werden wir in unserer Betrachtung nur
kurz verweilen. Mehr bei denjenigen, welche Bestandteile der
Namen oder überhaupt der Vorstellungssuggestive bilden, und
bei denen, welche die Urteilsfunktion als solche ausdrücken,
und es wird aus doppeltem Grunde zweckmäßig sein, wenn wir
die letzteren zu allererst ins Auge fassen. Einmal, weil der
Urteilsausdruck eine zentrale Stellung in aller menschlichen
Sprache einnimmt. Sodann aber, weil hier am leichtesten anschaulich zu machen ist, wie es zu logisch begründeten Synsemantika kommen kann und bei syntaktischer Bildung der Sprachmittel kommen muß. Doch soll damit durchaus nicht gesagt sein,
daß etwa hier die Sprache überall die Struktur des Gedankens
treu nachgebildet hätte. Nein! Nicht bloß beim Ausdruck der
zusammengesetzten Urteile, selbst bei demjenigen der einfachen
Bejahung und Verneinung sehen wir in der Gliederung der

Zeichen vielfach nur eine Annäherung an die des Ausgedrückten
gegeben. Aber es ist hier wenigstens besonders leicht deutlich
zu machen, wie weit eine solche vorliegt. Und auf diese und
die übrigen Anlässe hinzuweisen, die für die Bildung logisch
begründeter Synsemantika in der Sprache gegeben sind, sie
durch schematische Beispiele und durch die tatsächlich in den
Sprachen gegebenen, der Norm entsprechenden oder ihr sich
wenigstens nähernden, Ausdrucksmethoden zu erläutern, wird
die vornehmste Aufgabe der zunächst folgenden Kapitel des
zweiten Bandes sein. Wie weit daneben auch auf die Abweichungen vom normalen Schema einzugehen und wie weit
dies eher dem späteren Kapitel über die logisch nicht begründeten
Synsemantika zu überlassen sei, darüber müssen Rücksichten
der Zweckmäßigkeit entscheiden, die unter verschiedenen Umständen ein anderes und anderes ratsam machen können. Jedenfalls ist es hinsichtlich dieser Abweichungen von der Norm, und
überhaupt hinsichtlich der logisch nicht begründeten Synsemantien, nicht Sache der allgemeinen Grammatik die Fülle
des Details zu erschöpfen. Sie hat vielmehr nur die wichtigsten
Klassen und Richtungen dieser Ausdrucksweisen zu charakterisieren.

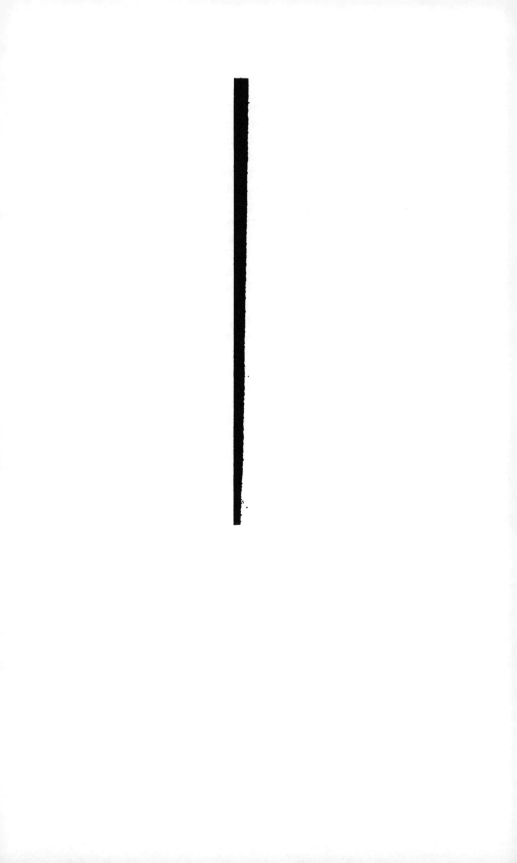

Zu Wundts Lehre vom regulären und singulären Bedeutungswandel und seiner Kritik der „teleologischen Sprachbetrachtung".

Unsere vorausgehenden Untersuchungen waren im großen und ganzen deskriptiven Fragen gewidmet, und so werden es auch die des folgenden, zweiten Bandes sein. Doch konnten wir nicht umhin und werden es auch späterhin nicht können, inzidentell auch unsere Ansichten zur Genesis der sprachlichen Gebilde durchblicken zu lassen. So ist z. B. unsere Lehre von der Natur und Tragweite der figürlichen inneren Sprachform ganz von ihnen durchdrungen, und ebenso treten sie an anderen Orten hervor, wie bei dem, was wir beim Überblick über die Klassen der Synsemantika und bei sonstigen Gelegenheiten von einem Streben nach Ersparnis, Kürze, Bequemlichkeit, ja auch nach Schönheit im Ausdruck, redeten.

Aber gerade gegen solche Reden von einem Streben nach bequemer Verständlichkeitder Sprachmittel und dergl. hat Wundt in seinem neuesten Werke über die Sprache die schärfste Opposition erhoben. Er betrachtet diese „teleologische Betrachtungsweise" als fiktiv und unwissenschaftlich, und der Kampf gegen sie durchzieht insbesondere auch seine Lehre vom Bedeutungswandel und seine Kritik der bisherigen Auffassungen von demselben.

I.

Was die bisherige Lehre vom Bedeutungswandel betrifft, so unterscheidet Wundt (a. a. O., II, ¹, S. 438, ², S. 467 ff.) dabei

vier Weisen, wie man ihn zu erklären versucht habe und glaubt
sie sämtlich entweder als gänzlich verkehrt oder wenigstens als
ungenügend ablehnen zu müssen, nämlich die historische Interpretation, die logische Klassifikation, die Wertbeurteilung
und die teleologische Betrachtung.

1. „Für den historischen Gesichtspunkt — so referiert er
— sind die Erscheinungen des Bedeutungswandels erklärt, wenn
die geschichtlichen Bedingungen ihrer Entstehung nachgewiesen
sind." Und dazu wird bemerkt, es gebe in der Tat eine Fülle
von Erscheinungen, die im Lichte der kulturgeschichtlichen Betrachtung sofort verständlich werden. So enthalte die lateinische
Sprache eine große Zahl von Wörtern, in deren Urbedeutungen
sich die Verhältnisse eines von Ackerbau und Viehzucht lebenden Volkes spiegeln, und wo man zugleich in den Veränderungen
dieser Bedeutungen den Übergang des Volkes zu einem Militär-
und Rechtsstaat mit ausgebildeter Geldwirtschaft verfolgen könne.

Allein gegen die ausschließliche Anwendung der historischen
Interpretation entspringe ein erstes Bedenken schon aus dem
Umstand, daß es eine große Zahl von Bedeutungsentwicklungen
gebe, die offenbar gar nicht an bestimmte geschichtliche Bedingungen geknüpft seien. Die historische Interpretation könne
also immer nur einen Teil der Erscheinungen umfassen, und
gerade solche schließe sie aus, welche wegen ihrer Allgemeingiltigkeit von besonderem Interesse seien und überall, in Sprachen,
welche den verschiedensten, geschichtlich durchaus nicht zusammenhängenden, Völkern angehören, in übereinstimmender
Weise erfolgen. Dazu komme, daß die geschichtliche Erklärung
auch da, wo sie gefordert ist, nur die äußeren Bedingungen
liefere, von denen eine Bedeutungsentwicklung ausging, während
sie über die psychischen Vorgänge, die dabei wirksam waren,
keine Rechenschaft gebe. Die historische Interpretation umfasse,
also offenbar auch da, wo sie möglich und notwendig ist, immer
nur einen Teil der Aufgabe; der andere allgemeinere beziehe
sich „auf die geistigen Vorgänge, die stets als die
nächsten Ursachen bestimmter Begriffsentwicklungen,
und der aus ihnen hervorgehenden Bedeutungsänderungen anzusehen sind".

2. „Der nächste Gesichtspunkt", so fährt Wundt fort, „der
sich bei einem solchen Rückgang auf die subjektiven Bedingungen
der Erscheinungen darbietet, ist nun hier, wie in so manchen

anderen, der logische. Man ordnet die verschiedenen Formen
des Bedeutungswandels, indem man jedesmal das Begriffsver-
hältnis zwischen der primären und der sekundären Bedeutung
feststellt. Um in einer solchen logischen Klassifikation eine
psychologische Interpretation sehen zu können, muß dann freilich
noch die Annahme hinzukommen, daß die nämlichen Motive, die
uns nachträglich zu dieser Ordnung veranlaßten, auch ursprünglich bei dem Bedeutungswandel selbst wirksam gewesen seien.
Nun lassen sich im allgemeinen drei Begriffsverhältnisse als
diejenigen aufstellen, denen sich in letzter Instanz alle irgendwie verschiedenen, aber zugleich irgendwie in Beziehung stehenden Begriffe subsumieren lassen. Dies sind die Verhältnisse
der Überordnung, der Unterordnung und der Nebenordnung. Den beiden ersten fügt sich ohne weiteres eine
Menge von Erscheinungen an. Erweiterung und Verengerung der Bedeutungen werden daher fast in allen Untersuchungen über diesen Gegenstand als zwei wohl zu unterscheidende Grundformen aufgestellt." ... „Größere Schwierigkeiten bietet wegen der Komplikation mit anderen Momenten
das Verhältnis der Nebenordnung. In der Regel werden daher
statt dieses Verhältnisses selbst eben solche hinzutretende
Momente, wie Ähnlichkeit und Gegensatz, Verschlechterung und
Veredlung der Bedeutung oder metaphorische Übertragung, der
weiteren Einteilung zugrunde gelegt. Damit ist natürlich das
Prinzip der rein logischen Klassifikation verlassen, und es mengen
sich andere Erklärungsprinzipien ein, die uns noch unten beschäftigen werden." „Bei dieser Subsumtion der Fälle des
Bedeutungswandels unter logische Begriffsverhältnisse", fährt
Wundt fort, „bleiben aber die psychischen Motive offenbar
ganz im Dunkeln. Allerdings hat die logische Betrachtung
nicht den Fehler der einseitig historischen, daß sie nur einen
Teil der Erscheinungen umfaßt; aber sie steht darin gegen sie
weit zurück, daß sie über die Bedingungen des Bedeutungswandels, über die äußeren, wie über die inneren, überhaupt
nichts enthält." Denn, bemerkt der Autor weiter, daß in der
Sprache selbst ein ursprünglicher Trieb zur Verallgemeinerung
usw. liege, lasse sich doch unmöglich annehmen, und dem
sprechenden Menschen diese Triebe zuzuschreiben, würde doch
auch nicht das Geringste erklären.

3. Als eine dritte Betrachtungsweise des Bedeutungswandels

zählt Wundt die „Wertbeurteilung" auf und versteht darunter diejenige Ansicht, welche in der „Verschlechterung" und der „Veredlung" der Bedeutungen eine wichtige Seite der Erscheinungen sieht. Man könne sie, führt er aus, auch eine „ethische Beurteilung" nennen, weil es im Grunde ethische Kräfte seien, die dabei als die wirksamen Motive vorausgesetzt werden. Nun sei es zweifellos, daß sich zahlreiche Vorgänge dem Gesichtspunkt der Erhöhung oder Erniedrigung des Wertes der Wörter unterordnen lassen. Doch meint Wundt zeigen zu können, daß, wenn man speziell von einem pessimistischen Zug in der „Entwicklung der Bedeutungen" geredet habe, die nähere Analyse jedes solchen Falles teils auf allgemein giltige Bedingungen der geistigen Entwicklung teils auf kulturgeschichtliche Einflüsse zurückführe, denen gegenüber jene Wertänderungen sich lediglich als Nebenereignisse ohne selbständige Bedeutung darstellen.

4. „Nicht als besondere Theorie endlich, wohl aber als leitender Gedanke bei der Darstellung des Bedeutungswandels und bei der Interpretation einzelner Erscheinungen" hat nach Wundt neben der historischen, der logischen und „moralischen" häufig auch noch „jene teleologische Betrachtungsweise eine Rolle gespielt, die in der Sprache überhaupt ein zu den Zwecken des Denkens und seiner Äußerung nützliches Werkzeug erblickt und daher geneigt ist, jedes einzelne sprachliche Phänomen zunächst auf seine Zweckmäßigkeit und Nützlichkeit anzusehen". „Die Geschichte der Sprache", so sage man von diesem Standpunkte aus, „bewegt sich in der Diagonale zweier Kräfte: des Bequemlichkeitstriebes und des Deutlichkeitstriebes". So z. B. G. von der Gabelentz (Die Sprachwissenschaft, S. 251); aber die gleiche teleologische Betrachtung herrsche noch in vielen anderen sprachwissenschaftlichen Werken aus neuerer Zeit, und sie werde, wie auf die Lehre vom Lautwandel, so auch auf diejenige vom Bedeutungswandel angewendet, ja hier sei man geneigt, „in höherem Grade noch ein zweckbewußtes, auf Überlegung und Absicht beruhendes Handeln vorauszusetzen, als bei dem Lautwandel".

„Augenscheinlich", so fährt Wundt fort, „hat diese teleologische Betrachtung vor der Wertbeurteilung das eine voraus, daß sie auf das ganze Gebiet des Bedeutungswandels nötigenfalls anwendbar ist. . . . Andererseits steht sie freilich darin

hinter jeder anderen zurück, daß sie nicht einmal als eine oberflächliche Einteilung der Tatsachen oder auch nur gewisser
Gruppen derselben brauchbar ist." Und da sie auf die Ursachen
der Erscheinungen gehen wolle, sei ihr Schicksal ohne weiteres
entschieden, wenn die angenommenen psychischen Triebe überhaupt keine zulässigen Erklärungsgründe seien. So aber sei es
tatsächlich. Selbst in den sporadischen Fällen, wo der Deutlichkeit oder Bequemlichkeit zu lieb eine bewußte willkürliche Veränderung in der Sprache vorgenommen werde, seien die angenommenen Triebe bloße Lückenbüßer für die völlig im Dunkeln
bleibenden psychischen Vorgänge.[1]) Und der Grund dieses
Mangels liege, wie bei den meisten teleologischen Erklärungen
psychischer Vorgänge, darin, daß bei dieser Betrachtung die
Vorgänge selbst ganz unbeachtet bleiben, ja daß sie nicht einmal nach Analogie der uns sonst bekannten gedeutet werden,
sondern daß man sich lediglich die Frage stelle, wie sie verlaufen müßten, wenn „ein logisch reflektierender Verstand sie
möglichst zweckmäßig hervorbringen wollte". Alle diese kritischen
Betrachtungen, so schließt Wundt, weisen „auf die psychologische Interpretation als diejenige hin, auf die eine Untersuchung des Bedeutungswandels in letzter Instanz immer angewiesen ist. So wichtig in vielen Fällen die Ermittelung der
geschichtlichen Zusammenhänge sein mag, sie bleibt selbst
auf ihrem eigensten Gebiete bei den äußeren Bedingungen
stehen, deren Wirkung ganz und gar darauf beruht, daß sie
psychische Vorgänge auslösen. Die logische Interpretation
liefert im besten Falle eine vollständige Klassifikation der Erscheinungen. Aber die Gesichtspunkte dieser haben weder mit
den Entstehungsbedingungen noch mit den psychischen Vorgängen des Bedeutungswandels etwas zu tun. Die Wertbeurteilung beschränkt sich auf eine kleine Gruppe von
Erscheinungen; und auch hier ist sie unvollständig und einseitig, indem sie über die wirklichen Ursachen mit dem geläufigen Auskunftsmittel hinweggeht, daß sie die tatsächlichen
oder vermeintlichen Wirkungen in irgend einen „Trieb" umwandelt, mag sie nun diesen in die Sprache selbst oder in den
sprechenden Menschen verlegen, und mag sie ihn als einen

---

[1]) Vgl. auch I, 1, S. 431, wo vom Bequemlichkeitstrieb gesagt ist, er
sei „kein psychisches Motiv", das wir als solches bei den sprachlichen Vorgängen eine Rolle spielen sähen.

pessimistischen oder optimistischen oder euphemistischen ansehen.
Endlich bei der teleologischen Interpretation mit den von
ihr angenommenen Hauptzwecken, der Deutlichkeit und der
Bequemlichkeit, ist die Unzulänglichkeit dieser Zweckmotive
augenfällig. Im Grunde tritt aber bei ihr nur die bei den
anderer Theorien mehr latent bleibende Voraussetzung, daß die
Sprache ein System willkürlich erfundener Begriffszeichen sei,
besonders deutlich zutage". Demgegenüber müsse nun das Streben
der psychologischen Untersuchung, hier wie überall, darauf gerichtet sein, die Vorgänge selbst nachzuweisen, die zu
bestimmten Wirkungen geführt haben. So Wundt.

Fragen wir uns nun, was danach das Charakteristische
seiner psychologischen Interpretation des Bedeutungswandels
sein soll, im Gegensatz zu den vier anderen von ihm abgelehnten
Interpretationsweisen, so kann man offenbar nicht sagen, es sei
der Umstand, daß sie eine genetische Betrachtungsweise sein
solle. Denn das wollte ja auch die historische und teleologische
Betrachtung, das wollte auch diejenige sein, welche Wundt
„Wertbeurteilung" nennt, ja — wenn seine eigene Darstellung
richtig wäre — sogar die sog. logische Klassifikation.

Das letztere halte ich nun freilich für irrig. Wenn man z. B.
von einer „Tendenz" der Sprache oder einem „Trieb" derselben
zu Verengerung oder Erweiterung der Bedeutungen gesprochen
hat, so hat man dies ebenso sicher bloß bildlich gemeint, als wenn
man von einer Tendenz des Wetters, in diesem Herbste (1907) schön
zu bleiben, oder von einer Tendenz des Mehles, teurer zu werden,
redet. Daß aber irgend ein ernst zu nehmender Sprachforscher
den Sprechenden die Tendenz oder den Trieb nach Verengerung resp. Erweiterung der Wortbedeutungen als etwas
letztes zugeschrieben, d. h. daß er gemeint habe (denn nur
diesen verständlichen Sinn kann ich in dem Falle mit
„Tendenz" oder „Trieb" verbinden), die Sprechenden hätten
jemals diese Vorgänge als Zweck im Auge gehabt, das kann
und werde ich solange nicht glauben, bis man es mir durch
strikte Belege beweist. Sagt sich doch meines Erachtens
jedermann, daß ein solches Ziel in sich selbst unmöglich
einen Anreiz für die Sprechenden gehabt haben könnte. Für-
wahr, anzunehmen, die Absicht derselben sei primär[1]) darauf

---

[1]) Dagegen kann es als Mittel erstrebenswert sein. Das Streben nach
Bequemlichkeit kann z. B. dazu führen, statt des spezielleren Ausdruckes den

gerichtet gewesen, wäre keine geringere Absurdität, als zu
glauben, jemand, der dieses oder jenes Rechtsgeschäft eingeht,
oder auch dieses oder jenes Verbrechen nach § x oder y sich
zuschulden kommen läßt, habe dabei nur die seltsame „logische"
Schwärmerei, etwas jenem Begriff Entsprechendes zu realisieren
und für jenen Paragraphen ein neues Exempel (einen „schönen
Fall") zu schaffen.

So kann ich denn in der „logischen Klassifikation", wie
sie bei manchen Sprachforschern (Wundt nennt: Lehmann,
H. Paul, Bréal, Darmesteter) aufgetreten ist, nicht den Versuch
einer „Interpretation" oder Erklärung sehen, d. h. eine Weise,
die Vorgänge auf ihre (psychologischen) Ursachen zurückzuführen (ihre Genesis anzugeben), sondern nichts anderes
als den (mehr oder weniger glücklichen [1]) Versuch sie zu beschreiben, und so hätten wir also wenigstens hier einen
klaren Gegensatz zwischen dem, was Wundt bieten will und
dem, was jene Forscher geboten haben. Seine Klassifikation
will eine genetische sein, die ihrige wäre, sofern sie bloß eine
„logische" ist, eine lediglich deskriptive. Ob sie dadurch
schon eo ipso wertlos, und ob der Name „logisch" (contra psychologisch) glücklich gewählt sei, wollen wir später kurz berühren.

Dagegen läßt sich dieser Gegensatz jedenfalls nicht
darauf anwenden, daß Wundt seiner psychologischen auch die
historische Interpretation, sowie die Wertbeurteilung und teleologische Betrachtung, entgegen stellt. Alle diese Theorien vom
Bedeutungswandel sollen ja nicht bloß nach Wundt selbst
genetische sein (wie schon daraus hervorgeht, daß er sie

– – – ...

allgemeineren zu gebrauchen (wo der Zusammenhang und die Sachlage so ist,
daß trotzdem kein Mißverständnis zu befürchten ist), weil der allgemeinere,
als ein öfter zur Verwendung kommender, leichter zur Hand ist. Umgekehrt
aber kann unter Umständen auch der konkretere Ausdruck dem Sprechenden bequemer zur Verfügung sein als der allgemeine (wenn letzterer derart
ist, daß er in diesem Kreise seltener gebraucht wird) und dann wird er ihn
— wo die Situation die Äquivokation doch zu klären verspricht — statt
dessen verwenden. Und beidemal kann die Gewohnheit einen solchen Wandel
festigen. Den konkreten Ausdruck statt des allgemeinen, abstrakteren, zu
gebrauchen kann aber auch durch die Freude an seinen ästhetischen Vorzügen motiviert sein. Der anschaulichere Ausdruck ist ja unter Umständen
mehr geeignet, ästhetisches Vergnügen zu erwecken. So entstehen sog. „Ten-
denzen" zur Verengerung resp. Erweiterung.
[1]) Wir kommen darauf zurück.

Interpretationsversuche nennt, aber auch sonst mannigfach
erhellt), sondern sie wollten auch tatsächlich, sei es ganz, sei
es wenigstens teilweise, für die Frage nach der Genesis des
Bedeutungswandels eine Lösung bieten. Und da auch die
Wundtsche sog. „psychologische Interpretation" dies will, so
kann der Gegensatz zwischen ihr und jenen Theorien nur etwa
darin gesucht werden, daß Wundt die wahren und genügenden
genetischen Gesetze für die Erscheinungen biete, jene Betrachtungsweisen dagegen fiktive oder wenigstens ungenügende.
Und wenn Wundt seine Lehre trotzdem als die „psychologische"
ihnen gegenüber stellt, so kann hier dieses Wort bloß im Sinne
richtiger, im Gegensatz zu falscher und ungenügender
Psychologie oder überhaupt genetischer Betrachtung der Erscheinungen gemeint sein, wie ja auch Plato sagte: ein schlechter
Arzt sei eigentlich kein Arzt.[1]

Die Frage ist also: sind die historische Interpretation, die
sog. „Wertbeurteilung" und „teleologische Betrachtung" wirklich
ungenügende oder gänzlich fiktive Versuche zur Erklärung der
Genesis des Bedeutungswandels, und ist nur die Wundtsche die
richtige, oder ist dem nicht so. Der Wert von Wundts Lehre
im Verhältnis zur sog. teleologischen Betrachtung wird uns in
den folgenden Kapiteln ausführlicher beschäftigen. Hier nur ein
Wort zu seiner Kritik der historischen Interpretation und
der sog. „Wertbeurteilung" (auf die wir später nicht passende
Gelegenheit haben werden zurück zu kommen), sowie über die

---

[1] Auch wenn, wie Wundt behauptet, die sog. logische Klassifikation
tatsächlich eine genetische Lösung sein wollte, so hätte sie sofern gar
nichts mit der Logik sondern nur mit schlechter, ja lächerlich schlechter,
Psychologie zu tun.

Übrigens gebietet es die Gerechtigkeit zu erwähnen, daß sich bei
Sprachforschern (z. B. bei Bréal, Darmesteter, Tobler und anderen) auch
solche genetische Unterscheidungen in Hinsicht auf den Bedeutungswandel
finden, die denjenigen, welche wir bei Wundt finden werden, ähnlich und
nur etwa weniger zuversichtlich ausgesprochen sind, und wenn also die
Wundtschen den Namen einer psychologischen Interpretation verdienen, so
gilt es auch von jenen. So ist es, wenn z. B. Tobler einen immanenten oder
notwendigen und einen zufälligen Bedeutungswandel, und wiederum einen
allmählichen und einen sprungweisen unterscheidet; wenn Darmesteter von
einem solchen, spricht, der objektiv (durch bestimmte historische Anlässe) und
einem solchen der subjektiv (durch innere, psychologische Ursachen, die sich
überall und zu allen Zeiten beim Menschen finden) bedingt sei, und ähnlich
Bréal und andere neuere Sprachforscher.

„logische Klassifikation", sofern sie eine bloß deskriptive Betrachtung sein will und als solche angesehen wird. Was diese letztere betrifft, so fällt zunächst auf, daß Wundt sie „logische Klassifikation" nennt. Es hängt dies aber wohl damit zusammen, daß er unter den deskriptiven Unterschieden der Bedeutungen, zwischen denen Bezeichnungsmittel wechseln, vornehmlich solche erwähnt oder bei anderen erwähnt findet, welche die Logikbücher im Kapitel über die Verhältnisse der Begriffe aufführen: nämlich Unter-, Über- und Nebenordnung. Ausdrücklich bezeichnet er es ja als ein Verlassen des „Prinzips der rein logischen Klassifikation", wenn man bei der Nebenordnung Untereinteilungen anbringt wie das Verhältnis von Ähnlichkeit und Gegensatz.

Demgegenüber liegt die Bemerkung nahe, daß diese, den Lehrbüchern der Logik entnommenen, Bruchstücke über die Verhältnisse der Begriffe gewiß nicht das letzte Wort ausmachen können in einer richtigen Beschreibung der verschiedenen Beziehungen, welche bei den mannigfachen Fällen des Bedeutungswandels zwischen der früheren und späteren Bedeutung bestehen. Die Logik ist, wie wir schon früher, und vor uns andere, betont haben, eine praktische Disziplin — die Anleitung zum richtigen Urteilen. Um diesen Zweck zu erfüllen, nimmt sie in ihre Unterweisungen unter anderem auch manches auf über die Verhältnisse der Vorstellungen in bezug auf Inhalt und Umfang, soweit die Unterschiede und Verhältnisse des Vorgestellten, als der Materie des Urteilens, für die Lehre von der Richtigkeit des letzteren von Wichtigkeit sind. Sie schöpft diese Angaben aus einer allgemeineren und erschöpfenden theoretischen Betrachtung der Vorstellungen, ihres Inhaltes und seiner Verhältnisse, was notwendig ein Kapitel der deskriptiven Psychologie bildet. Auch die Semasiologie bedarf dieser Kenntnisse. Aber statt sie in der Logik, also auf einem Umwege, zu suchen, tut sie meines Erachtens viel besser daran, sie direkt aus der beschreibenden Psychologie zu schöpfen. Ganz wohl kann es ja der Fall sein, ja es ist tatsächlich der Fall, daß den Semasiologen nicht bloß das an jenen Unterscheidungen und Klassifikationen interessiert, was den Logiker, und daß er jene theoretischen Ausführungen für seine Zwecke in anderer Weise und Richtung auszubeuten hat, als die Logik.

So bin ich denn auch keineswegs gesonnen, **was Wundt** als „logische Klassifikation" schildert, in jedem Betracht in Schutz zu nehmen. Die dort dargebotene Scheidung des Bedeutungswandels in einen Vorgang der Verengerung (Spezialisierung) und der Erweiterung ist meines Erachtens eine nur oberflächliche, und es wird darum gewöhnlich das Allerverschiedenste in diese Kategorien zusammen gerechnet, was nichts mit dem strengen logischen Begriff der Über- und Unterordnung zu tun hat.[1]) Und so sind überhaupt die Kategorien der Über-, Unter- und Nebenordnung gar nicht erschöpfende und passende Schemata, um die verschiedenen Verhältnisse der wechselnden Bedeutungen beschreibend zu umspannen und in ihrer Mannigfaltigkeit zu erschöpfen, wie dies auch von manchen Sprachforschern schon erkannt worden ist.[2])

Aber so wenig ich ein Lobredner dieses speziellen Versuches einer deskriptiven Klassifikation der Fälle des Bedeutungswandels bin, so unberechtigt finde ich es, wenn man den Wert einer beschreibenden Ordnung der Fälle überhaupt herabsetzt oder bestreitet. Eine solche Übersicht hat vielmehr einen theoretischen Wert sowohl für die nähere Charakterisierung dessen, was wir die figürliche innere Sprachform (in der menschlichen Sprache überhaupt oder einer einzelnen Sprache und Sprachengruppe) genannt haben, als auch im Sinne einer Vorarbeit für die Erkenntnis der genetischen Gesetze des Bedeutungswandels.[3]) Nicht als ob ich glaubte, die nachträgliche „logische Reflexion" des beschreibenden Psychologen über das Ver-

---

[1]) Unter die Erweiterung z. B., außer dem Übergang von einem Art- auf den Gattungsbegriff (sei es im strengen Aristotelischen Sinne, sei es wenigstens im weiteren Sinn einer übergeordneten und untergeordneten Klasse in einer nach den Regeln der Logik gebildeten, also stetigen, Klassifikation) auch die Metaphern, wo die Bedeutungen vielleicht toto genere verschieden und nur durch eine Analogie verwandt sind. Und zur Verengerung schlägt man auch die Verschlechterung oder Veredlung der Bedeutung, was gegenüber dem Verhältnis der logischen Unterordnung der Begriffe oft etwas ganz Heterogenes ist.

[2]) Vgl. K. Jaberg, „Pejorative Bedeutungsentwicklung im Französischen", 1901, S. 10 ff. bezüglich Verengerung und Erweiterung.

[3]) Von praktischen Gesichtspunkten aber kann sie einerseits den Ästhetiker interessieren, andererseits den Logiker; letzteren sofern die Äquivokationen, die mit dem Bedeutungswandel Hand in Hand gehen, Anlaß werden zu Verwechslungen und Fehlschlüssen.

hältnis der früheren und späteren Bedeutung habe auch bei den Sprachbildnern stattgehabt, bei denen der Wandel sich zuerst vollzog, oder er sei sogar als Motiv bei diesem Wandel im Spiele gewesen. Das alles wäre — wie schon bemerkt — eine törichte Fiktion. Aber der unblutige Sieg über den Popanz einer solchen „Reflexionspsychologie" (die meines Erachtens nie ein ernster Forscher vertreten hat) ist nicht zugleich eine Widerlegung der gesunden Ansicht, daß eine zweckmäßige Beschreibung des Verhältnisses der wechselnden Bedeutungen lehrreich sein könne für die Erkenntnis der dabei wirksamen Gesetze des Vorstellungszusammenhanges, und beweist nicht im Geringsten, daß jede solche deskriptive Ordnung eine „künstliche" und willkürliche sein müsse. Wir werden noch bei anderer Gelegenheit betonen, daß, wie anderwärts, auch auf semasiologischem Gebiete nicht bloß die genetischen sondern auch die deskriptiven Betrachtungen und Erkenntnisse wissenschaftlichen Wert haben,[1]) jedenfalls schon darum, weil sie ein unentbehrliches Licht auf die genetischen werfen. Wie soll man die Gesetze der Genesis eines Gebietes von Erscheinungen erforschen, wenn man nicht weiß, was man vor sich hat, wenn man seine natürlichen Klassen und ihre Verwandtschaft und Verschiedenheit nicht erkennt?[2])

Bezüglich der „historischen" Interpretation" bemerkt Wundt, daß sie von vornherein nur einen Teil der Erscheinungen umfasse und z. B. nicht erklären könne, daß „allgemein die Bezeichnungen psychischer Zustände und Vorgänge aus den Wörtern für äußere Gegenstände und Vorgänge hervorgegangen sind". Ferner, daß sie auch da, wo sie am Platze sei, nur die äußeren Bedingungen liefere, aus denen die Bedeutungsentwicklung hervorging usw.

---

[1]) Es ist ein Irrtum, auf psychologischem und auch speziell auf semasiologischem Gebiete, „Gesetz" und „kausales oder genetisches Gesetz" zu identifizieren. Es gibt auch deskriptive.

[2]) Gerade auf dem Gebiete der Semasiologie, und speziell bei Wundt, rächt sich die Vernachlässigung der deskriptiven Untersuchungen bitter. Wie können wir befriedigende Aufschlüsse über die psychologischen Gesetze für die Genesis des Bedeutungswandels erwarten, wo noch die Meinung besteht, daß alle Bedeutungen Begriffe seien (Haupt- oder Nebenbegriffe; letztere sollen z. B. die Bedeutungen der Präpositionen, Konjunktionen und dergl. bilden!!), wo also nicht einmal die fundamentale Unterscheidung zwischen autosemantischen und synsemantischen Bezeichnungsmitteln zur Klarheit gekommen ist?

Das alles ist zweifellos zuzugeben. Aber meines Wissens ist es auch niemals von den Sprachforschern, die der geschichtlichen Erklärung der Bedeutungsverschiebungen nachgingen, ernstlich verkannt worden. Immer haben sie gewußt, daß es sich dabei um psychische Vorgänge handelt, deren Gesetze zu konstatieren Aufgabe der Psychologie, nicht der Sprachgeschichte als solcher, ist. Und wenn sie sich etwa nicht genug bemühten, das kennen zu lernen und zur Verwendung zu bringen, was die Psychologen ihnen boten, so möchte ich auch das doch in etwas entschuldigen, solange wir Psychologen uns noch so sehr in der Lage befinden, zwar allerhand „Psychologien aber keine Psychologie" zu besitzen und den speziellen Geisteswissenschaften bieten zu können? Und wie kann dies anders sein, wenn wir selbst über eine so fundamentale Forderung der Methode nicht einig sind, wie die, daß gedeihliche und fruchtbare genetische Forschungen nur möglich sind auf der Grundlage sorgfältiger und exakter deskriptiver Untersuchungen?

Auch gegen die sog. „Wertbeurteilung"[1]) in der Lehre vom Bedeutungswandel bemerkt Wundt zum Teil etwas ähnliches, wie gegen die historische Interpretation, nämlich sie

---

[1]) Der Ausdruck „Wertbeurteilung" scheint mir für das, was Wundt meint, nicht glücklich. Es läge an und für sich am nächsten, dabei an die Zweckmäßigkeit oder Unzweckmäßigkeit des Bedeutungswandels, also an eine teleologische Betrachtung zu denken. Es ist aber die Achtsamkeit darauf gemeint, ob die betreffenden Ausdrücke eine Wertung einschließen und welche. Dies eine „Wertbeurteilung" zu nennen, kommt mir ebenso gewagt vor, wie wenn einer die Achtsamkeit auf die Größenbestimmungen, die in gewissen Ausdrücken vorliegen, eine quantitative Beurteilung derselben nennen wollte.

An die Begriffe der Zweckmäßigkeit und Unzweckmäßigkeit wird man zunächst gewiß auch wieder denken, wenn Wundt (II, ¹, S. 454; ², S. 483) gegenüber der sog. „Wertbeurteilung" kritisch bemerkt: der Standpunkt der Wertbetrachtung sei der psychologischen Interpretation fremd. Diese kenne nur beobachtete oder aus bestimmten, empirisch gegebenen Daten zu erschließende Tatsachen. Solche Tatsachen seien aber für die psychologische Beurteilung alle von gleichem Werte; sie seien ebensowenig gut oder schlecht, wie es vom Standpunkte des Physikers aus die Naturerscheinungen sind.

Auch hier wird, meine ich, bei „gut" und „schlecht" jedermann zunächst an zweckmäßig und unzweckmäßig denken. Es ist ja von den Tatsachen des Bedeutungswandels die Rede, und in welchem anderen Sinne können diese gut oder schlecht sein? Es ist aber etwas ganz anderes gemeint, nämlich daß durch gewisse Bezeichnungsmittel etwas als gut oder schlecht bezeichnet oder kundgegeben sei.

beschränke sich nur auf einen Teil der Erscheinungen, ja auf
eine kleine Gruppe derselben. Sodann aber setzt er hinzu, sie
gehe auch hier über die wirklichen Ursachen hinweg, indem sie

Bei diesen Bemerkungen ist es mir keineswegs um eine kleinliche
Nörgelei zu tun. Auch Sprachforscher, die in sehr dankenswerter Weise mit
der Sprachphilosophie Fühlung zu gewinnen suchen, beklagen sich über eine
das Verständnis erschwerende Nachlässigkeit in Wundts Schreibweise. (So
Sütterlin in seiner trefflichen Schrift „Das Wesen der sprachlichen Gebilde.
Kritische Bemerkungen zu W. Wundts Sprachpsychologie", 1902, S. 5 und 6.)
Und in der Tat ließen sich dafür speziell aus seinem Werke über die Sprache
zahlreiche Beispiele beibringen. Dies ist besonders bedauerlich gerade in
einem Werke, welches den Kontakt und die Zusammenarbeit zwischen Angehörigen verschiedener Fächer anzubahnen oder zu steigern berufen ist, wo
ein wachsendes Maß von Verständigung dringend wünschenswert wäre. Im
übrigen kann ich auch die Bemerkung nicht unterdrücken, daß, mag man
unter dem „Wert der Tatsachen des Bedeutungswandels", von welchem wir
Wundt reden hörten, das eine oder andere von dem oben Unterschiedenen
verstehen, es meines Erachtens beidesmal unrichtig ist, zu sagen, daß dies
die „psychologische Interpretation" dieses Wandels nichts angehe. Meint man
darunter das, was Wundt alles in allem genommen offenbar dabei im Sinne
hat, nämlich den Umstand, daß in einem gewissen Sprachmittel bald eine
höhere bald eine niedere Wertung ausgedrückt ist, so ist dies doch zweifellos
eine Besonderheit, welche zu dessen Bedeutung oder Funktion gehört. Und
wie schon bemerkt, hängen die genetischen Gesetze des Wandels der Funktion
naturgemäß zusammen mit den deskriptiven Unterschieden und Eigentümlichkeiten derselben. Wenn einer also hier einem Unterschied von „gut" und
„schlecht" Aufmerksamkeit schenkt und ihm bei seiner Betrachtung des Bedeutungswandels Rechnung trägt, so ist dies ganz und gar nicht — wie
Wundt will — damit in Parallele zu bringen, wie wenn etwa ein Physiker
auf die Naturerscheinungen solche Prädikate anwenden und z. B. bei seinen
Untersuchungen über Elektrizität maßgebend werden lassen wollte. Das
freilich wäre sinnlos. Dagegen daß der Semasiologe darauf achte, ob ein
gewisses Bezeichnungsmittel einmal etwas Gutes, das andere Mal etwas
Schlechtes bezeichne, oder ob es das eine Mal eine günstige Stimmung und
Hochschätzung für etwas erwecke, das andere Mal Verachtung und Abscheu
oder dergl., das ist ein wichtiger Unterschied in der Funktion desselben und
etwas, was die Bedeutungslehre ganz gewiß angeht.
Aber selbst wenn man bei dem „gut" und „schlecht" auf dem Gebiete
des Bedeutungswandels an die größere oder geringere Zweckmäßigkeit der
Tatsachen im Dienste der Verständigung dächte, so bin ich der Meinung, daß
dies etwas wäre, was für die Semasiologie und speziell die bezüglichen genetischen Untersuchungen ganz gewiß nicht ohne Belang wäre. Denn, was
auch Wundt entgegen sagen mag, die Erfahrung der Zweckmäßigkeit oder
Unzweckmäßigkeit der Sprachmittel ist etwas, was bei der Sprachbildung,
und zwar auch bei der volkstümlichen, als Motiv eine wichtige Rolle spielt,
und ich gedenke diese „teleologische" Betrachtungsweise der Sprache im

zu dem geläufigen Ausdrucksmittel greife, die tatsächlichen oder vermeintlichen Wirkungen in einen „Trieb", sei es der Sprache oder der sprechenden Menschen, zu verwandeln. Demgegenüber möchte ich bemerken, daß, was das erste betrifft, nämlich daß es sich bei der Verschlechterung oder Veredlung der Bedeutungen nur um einen Teil der sprachlichen Erscheinungen handelt, dies meines Wissens wiederum etwas allgemein Zugestandenes ist. Niemand hat, soviel ich weiß, das Gegenteil behauptet.[1]) Es wäre ja auch zu offenkundig falsch. Denn wie sollte z. B. bei Zahlbezeichnungen (eins, zwei, drei usw.) und bei so manchen anderen Sprachmitteln von einer Veredlung und Verschlechterung des Sinnes die Rede sein? Von besser und schlechter im eigentlichen, ethischen Sinne und von einem Wandel, bei welchem „ethische Kräfte als wirksame Motive vorausgesetzt würden", kann ja nicht einmal bei allen Beispielen, die Wundt als solche von „Werterhöhung" resp. „Werterniedrigung von Wörtern" anführt, die Rede sein; z. B. nicht bei Mähre, Pferd, Marschall, Connétable, Minister, Herzog. Was aber den zweiten Vorwurf betrifft, so sei auch da zugegeben, daß, wenn man der Sprache einen Trieb nach Verschlechterung der Bedeutungen ihrer Wörter zugeschrieben hat, dies natürlich nicht ernstlicher verstanden werden darf, als wenn man von einem Trieb derselben nach Verengerung der Bedeutungen redete, und beides nicht ernstlicher, als wenn man von einer steigenden und fallenden Tendenz der Getreidepreise oder einer steifen Haltung gewisser Aktien spricht und dergl. Darauf hat schon Bréal hingewiesen. Dagegen die Rede von einem Trieb der Sprechenden nach Verschlechterung der Bedeutungen, d. h. von einer darauf gerichteten Absicht, und von einer Wirksamkeit ethischer Kräfte bei gewissen Fällen des Bedeutungswandels, scheint mir durchaus nicht in allen Fällen ein leeres Wort.

Diese sog. „Werterhöhung oder -erniedrigung" der Wörter kann entweder darin bestehen, daß der Ausdruck eine andere

---

folgenden gegen alle Versuche Wundts, sie als schlechte „Reflexionspsychologie" lächerlich zu machen, standhaft zu verteidigen.

[1]) Tobler und Bréal, die Wundt als Vertreter der „Wertbeurteilung" nennt, haben jedenfalls diesen Fehler nicht begangen. Man vergleiche von ersterem die Abhandlungen: „Versuch eines Systems der Etymologie" und „Ästhetisches und Ethisches im Sprachgebrauch", von letzterem seinen geistvollen „Essai de Sémantique".

Farbe,[1]) d. h. eine andere emotive Wirkung erhält, oder daß er einmal etwas als gut resp. besser, ein andermal als schlechter bezeichnet oder nennt.[2]) Und warum sollte darauf nicht die Absicht gerichtet gewesen sein können? Handelt es sich doch nur um eine besondere Modifikation des Inhaltes der Mitteilung, und nur wer überhaupt die Absicht der Mitteilung als Motiv der volkstümlichen Sprachbildung ausschließt, was Wundt allerdings (aber mit Unrecht) tut, wird auch in diesem Falle die „teleologische Betrachtungsweise" dieser Sprachentwicklung perhorreszieren. In Wahrheit aber scheint mir die Erfahrung zu zeigen daß, wie überhaupt Absicht bei der Entstehung und Umbildung der Sprache wirksam ist, so auch speziell ethische Motive dabei im Spiele sein können.

Es gibt Menschen, die ungern an die Existenz des Guten glauben, die z. B., was in Wahrheit altruistische Güte und Wahrhaftigkeit ist, als Dummheit auslegen und nur engherzigen Egoismus als verständliche Triebfeder des menschlichen Handelns gelten lassen möchten. Solche werden, auch wo sie etwas mit den für das Gute üblichen Namen nennen, doch durch Mienen, Geberden und wie immer zu verstehen geben, daß sie es nicht für echt halten und mit anderen als den dem Guten (entsprechen) gebührenden Gefühlen aufnehmen, und sie werden auch im Hörer einen ähnlichen Glauben und ähnliche Stimmungen zu erwecken suchen. Durch diese „Färbung" der ganzen Äußerung aber können dann die darin gebrauchten Namen unter Umständen einen Funktionswechsel ins Schlimmere erfahren[3].)

---

[1]) O. Erdmann (Die Bedeutung des Wortes, 1900) nennt es „Gefühlswert" oder „Stimmungsgehalt".

[2]) Beides ist zu unterscheiden, obwohl das eine zum anderen führen kann. Daß dies vom ersten gegenüber dem zweiten gilt, ist selbstverständlich. Aber auch das zweite kann vorkommen. Wenn einer Äußerung, welche Namen enthält, die etwas als gut bezeichnen, durch begleitende Geberden und überhaupt durch den Zusammenhang, wiederholt eine Farbe, d. h. eine emotive Nebenwirkung gegeben wird, die etwas Schlechtem, Verächtlichem entspricht, so kann dadurch allmählich auch die Bedeutung jener Namen als solcher modifiziert werden, so daß sie für und für Namen für Schlechtes und Verächtliches werden. Vorausgesetzt natürlich, daß dieser Versuch zur Deteriorirung der Bedeutung nicht abgelehnt wird, sondern in einem größeren oder kleineren Kreise von Sprachgenossen Anklang findet.

[3]) Ebenso gibt es solche, deren unreine Phantasie und Lüsternheit auch Namen, die sonst unverfänglich sind, für und für in den Kot zieht. Auch Bréal (Essai de sémantique, p. 111, welches Buch überhaupt einen

Aber auch das kann geschehen, daß dieser pessimistische
Zug mancher Menschen sie dazu führt, geradezu das Schlechte
und Minderwertige mit dem Namen des Guten zu nennen, eben
weil sie, wo z. B. Einfalt und Gutmütigkeit zutage tritt, dies
nur als Folge geistiger Beschränktheit anzusehen vermögen usw.
Und wenn dies vom Kreise der Sprachgenossen nicht zurückgewiesen wird, ist eine Bedeutungsänderung der Namen nicht zu
vermeiden. Wer aber wollte leugnen, daß hier „ethische Kräfte"
als ware Ursachen des Bedeutungswandels im Spiele seien?

Ebenso offenkundig in einem anderen Falle. Schon Brèal
(a. a. O., p. 110) hat darauf hingewiesen, daß die Tendenz von
Worten zur Verschlechterung sich in manchen Fällen auch
erkläre als Wirkung d'une disposition très humaine, qui nous
porte à voiler, à atténuer, à déguiser les idées fâcheuses,
blessantes ou repoussantes, und er führt Beispiele aus der
Sprachgeschichte dafür an. Auch dieser Euphemismus kann
ethische Motive haben, sogar wenn man, ihm folgend, Krankheit
und Tod mit verhüllenden Ausdrücken bezeichnet. Noch mehr
aber, wo es sich um Laster, Verbrechen und solches handelt,
was leicht Anlaß dazu wird, wie z. B. das, was das Scham-
gefühl verletzt. Und nicht bloß um ein verhüllendes Benennen
unzweifelhafter Tatsachen kann es sich dabei handeln: der
Wohlwollende, menschenfreundlich und optimistisch Gesinnte
gibt gerne auch dem, was eine schlechte Deutung zuläßt, noch
den Namen des Guten, weil er ungern an die Existenz des
Schlechten glaubt und die Menschen für besser hält, als sie sind;
analog wie der pessimistisch und menschenfeindlich Gesinnte
das umgekehrte tut. Indem aber jener Euphemismus zweifellose
Tatsachen doch schließlich nicht zu verhüllen vermag, assoziiert
sich in der Folge leicht mit dem Namen des Besseren für und
für die Vorstellung des Schlechteren.

Man hat auch von einer Tendenz zur Melioration oder

feinen psychologischen Blick bekundet) bemerkt: Il est dans la nature de la
malice humaine de prendre plaisir à chercher un vice ou un défaut derrière
une qualité, und er bringt treffende Beispiele, wie dies die Verschlechterung
von Bedeutungen herbeiführen kann.

Ein Ausfluß des pessimistischen Zuges vieler Menschen ist es natürlich
auch, daß Namen eines gewissen Standes oder Berufes kurzweg auf den
Träger der schlechten Eigenschaften, die sich in diesem Kreise gelegentlich
finden, übertragen wurden. „Pedant" hieß eigentlich: Hauslehrer oder Hof-
meister, „Schalk": Knecht.

Erhöhung der Bedeutung gesprochen. Und von einer solchen kann man allerdings weniger im eigentlichen Sinne, d. h. im Sinne einer auf dieses Ziel gerichteten Absicht der Sprechenden, reden.¹) Vielmehr tritt dieser Erfolg meist als Nebenwirkung anderer Absichten, oder überhaupt anderer Ursachen auf. Eine dieser Ursachen liegt gewiß in der planlos unreflektierten Weise der Sprachbildung, die darauf angewiesen war, das leichter Verständliche als figürliche innere Sprachform für das schwieriger Mitteilbare zu verwenden (was ja auch dazu führte, allgemein die Bezeichnungen für Psychisches vom Physischen herzunehmen), zusammen mit dem Umstand, daß in einer Zeit niederer ethischer und kultureller Zustände (die man halb und halb „prämoralische“ nennen könnte) nur Sinn für äußere Nützlichkeit und körperliche Vorzüge vorhanden war. Für sie wurden darum zunächst Bezeichnungsmittel geprägt, und als dann die fortschreitende Entwicklung Verständnis und Wertschätzung für seelische Vornehmheit und innere, höhere Werte zeitigte, behalf man sich auch hier bei der Bezeichnung derselben damit, daß man jene bereits verständlichen Bezeichnungen auf sie übertrug und deren frühere Bedeutung als innere Sprachform verwendete für die irgendwie analoge oder sonstwie verwandte neue.²)

Noch ein anderer indirekter Anlaß zur Melioration, der aber freilich noch häufiger zur Deterioration oder Erniedrigung der Bedeutungen — sei es im streng ethischen, sei es im weiteren Sinne — führt, ist die sog. Übertreibung oder hyper-

¹) Eine direkte, auf Melioration der Bedeutungen gerichtete, Absicht wird sich am ehesten in Spiel und Scherz beobachten lassen. Man wendet in Scherz und Ironie Ausdrücke an, die das Gute und Werte schlecht und unlieb (ebenso wie auch das Große klein erscheinen lassen und dergl.), während doch begleitende Mienen und Geberden oder sonstige Umstände den wahren Sinn und die eigentliche Gesinnung, die damit verbunden sind, erkennen lassen. Der Kontrast zwischen dem wahren und scheinbaren Sinn solcher Äußerungen ist bekanntlich Quelle ästhetischen Vergnügens und reizt dadurch zur Wahl derselben.

²) Doch wie mit den Vorzügen, war es natürlich auch mit dem Gegenteil. Die Vorstellung dessen, was körperlich und äußerlich gering, niedrig oder schädlich war, wurde aus analogen Gründen zur figürlichen inneren Sprachform für die Erweckung der Begriffe von ethisch und innerlich Minderwertigem. Ja durch ethische „Umwertung“ kann bekanntlich der Name des Verachteten zu dem eines (früher verkannten) Vorzugs werden (humilis!).

bolische Ausdrucksweise, zu der bald willkürlich, bald unwillkürlich gegriffen wird. Absichtlich wählt der Rhetor starke
Ausdrücke um etwas, sei es zu empfehlen, sei es in Mißkredit
zu bringen. Unwillkürliche Übertreibung aber ist dem
Affekte eigen, der das Bessere und Schlechtere in Sympathie
oder Antipathie, Hoffnung oder Furcht zu überschätzen geneigt
ist. Und sowohl was absichtlich, als was mehr oder weniger
unwillkürlich im Affekt geschieht, kann auch gewohnheitsmäßig
werden.

Wo immer aber nun solcher Mißbrauch von Bezeichnungen
stattgefunden hat, kann der Widerstreit zwischen dem ursprünglichen Sinn der Worte und demjenigen, welchen die Tatsachen
und die Umstände beim Gebrauch derselben aufdrängen, dazu
führen, daß jener erste verändert und abgeschwächt wird, was
in einzelnen Fällen zu einer Melioration, in anderen zu einer
Deterioration führen kann. Daß es häufiger zu einer Verschlechterung als zu einer Erhöhung der Bedeutung führt,
bringt aber schon die größere Häufigkeit des Unvollkommenen
und Minderwertigen gegenüber dem Vollkommeneren mit sich.

Doch ich will dieses Thema durchaus nicht erschöpfen. Es
kam mir nur darauf an, zu zeigen, daß die bisherige Lehre vom
Bedeutungswandel auch in dieser Richtung die wahren Ursachen
nicht so gänzlich übersehen und daß sie nicht so völlig neben
das Ziel geschossen hat, wie man nach Wundt glauben sollte.

Doch nun zur Betrachtung von Wundts eigener Lehre vom
Bedeutungswandel. Diese wird uns Gelegenheit geben, auch seinen
Hauptvorwurf gegen die bisherige Lehre zu prüfen, nämlich daß
sie eine teleologische Betrachtungsweise sei, die ganz unberechtigter Weise auf die Erzeugnisse der Sprache ein „Handeln nach
Zweckmotiven" [1] übertrage, „bloß deshalb, weil unsere nachträgliche Reflexion solche Erzeugnisse gewissen, von uns willkürlich eingeführten Zweckbegriffen unterordnen kann".

II.

Ein fundamentaler Punkt der Wundtschen Lehre vom Bedeutungswandel ist seine Unterscheidung eines regulären und

---

[1] Nach der gewöhnlichen Bedeutung von „Motiv" wäre der Terminus
„Zweckmotiv" hier pleonastisch. Wundt aber erweitert den Begriff des Motives
so, daß er darunter jede psychische Ursache versteht, und dann sind
Zweckmotive natürlich eine besondere Klasse von Motiven unseres Handelns.

eines singulären Bedeutungswandels. Und unter dem ersteren
scheint er einen solchen zu verstehen, der Ausfluß der „Volksseele" und sofern der eigentlichen Volkssprache eigentümlich
sei, unter dem letzteren einen solchen, der nicht diesen Charakter
sondern im Gegensatz dazu seinen Ursprung in einzelnen Individuen habe.[1])

Als Grundformen des regulären Bedeutungswandels zählt
Wundt vornehmlich den assimilativen und komplikativen
Bedeutungswandel auf und rechtfertigt die Namen damit, daß
dabei dem, was er „simultane Assoziationen" nennt, die wesentliche Rolle zukommt und zwar im einen Falle „der Assimilation,
die zwischen Eindrucks- und Erinnerungselementen des gleichen
Sinnesgebietes sich abspielt", im anderen Falle „der Komplikation, die in einer Assoziation von Empfindungselementen
verschiedener Sinnesgebiete besteht" (II, ¹, S. 488; ², S. 517).

Als Beispiele der ersteren Klasse führt er unter anderem Übertragungen an wie diejenigen von Fuß, Kopf, Hals, laufen usw. vom
menschlichen und tierischen Körper und seinen Bewegungen auf
den Tisch, die Kehle, die Flasche, den Fluß usw. Als Beispiele
des komplikativen Wandels soll unter anderem gelten die Über-

---

[1]) Wundt glaubt (vgl. I, ², S. 11f.) mit dieser Scheidung zwischen
solchem, was seinen Ursprung in der „Volksseele" und anderem, was einen
individuellen Ursprung habe, zugleich das Gebiet der „Völkerpsychologie"
gegenüber dem der „Individualpsychologie" abgegrenzt zu haben. Wir
wollen die Frage, ob und in welchem Sinne das Volkstümliche eigentümlicher
Gegenstand der Völkerpsychologie, das Nichtvolkstümliche dagegen Sache der
Individualpsychologie sei, hier nicht eingehender erörtern. Nur die Bemerkung
sei gestattet, daß jedenfalls die letztere These nicht ohne weiteres einleuchtet.
Die Entwicklung der Wissenschaft, ja auch die der Kunst, soweit sie unvolkstümlich ist, gehört allerdings nicht in die Völkerpsychologie. Aber sind sie
darum der Individualpsychologie zuzuweisen? Meines Erachtens gilt dies von
den Gesetzen und Eigentümlichkeiten der Entwicklung des Ganzen einer
Wissenschaft oder Kunst gewiß nicht (es gehört vielmehr der Geschichts-
philosophie an), sondern nur von den einfachen Prozessen und einzelnen
Schritten, durch deren Zusammensetzung und Zusammenwirken das Ganze
zustande kommt. Allein auch wo es sich um den Aufbau von volkstümlichen
Werken, wie die Volkssprache, handelt, sind jene einzelnen Schritte und
elementaren Prozesse, mag man sie wie immer bezeichnen, Sache der Individualpsychologie; auch wenn man sie mit Wundt als „Triebhandlungen" faßt.
Oder soll von der einzelnen Triebhandlung, ihrem Wesen und ihren Gesetzen,
nicht die Individualpsychologie handeln? Und so ist es denn auch nicht
kurzweg richtig, daß das Volkstümliche Gegenstand der Völkerpsychologie
sei. Das alles bedarf jedenfalls einer Einschränkung und Präzisierung.

tragung von „hell" vom Gehör auf das Gesicht und dergl., und
die Verwendung von Bezeichnungen äußerer physischer Vorgänge für Gemüts- und intellektuelle Zustände wie: überlegen,
erwägen, begreifen, vorstellen usw. Neben diesen Grundformen
des regulären Bedeutungswandels erwähnt Wundt dann noch,
als auf „Nebenbedingungen" zurückgehend, den Wandel „durch
Gefühlswirkung" und den Wandel durch „assoziative Verdichtung der Bedeutungen" (wo „ein Wort durch andere
Wörter, die öfter mit ihm assoziiert waren, in seiner Bedeutung
verändert wird"[1]) wie wenn pas, point durch die Verbindung
mit ne negativen Sinn annehmen).

Als Hauptformen des singulären Wandels dagegen führt
der Autor an:

1. die Namengebung[2]) nach singulären Assoziationen
wie: die Benennung eines Gegenstandes nach dem Ort seines
Vorkommens (z. B. Kupfer, Berliner Blau, Moneta usw. usw.);
die Benennung einer Erscheinung nach einem einzelnen
Gegenstand, an dem sie wahrgenommen wurde (z. B. Elektrizität); die Benennung eines Gegenstandes nach der Ähnlichkeit mit einem anderen, dem er irgendwie, namentlich in der
äußeren Gestalt, gleicht (Kelch, Krone, Kätzchen der Blüten,
Näte der Knochen usw.); endlich die völlig willkürlichen
Namengebungen (wie Gas, Od und dergl.);

2. die singulären Namenübertragungen, z. B. den Gebrauch
des Namens eines einzelnen Gegenstandes zur Bezeichnung
einer größeren Gruppe verwandter Gegenstände (z. B.
Donquixotiade, faustisches Streben und dergl.);

---

[1]) Wundt will — wie man sieht — diesen Vorgang „assoziative Verdichtung" nennen, weil dabei — wie er sich ausdrückt — „ein ursprünglich
gegebener Begriff Nebenbegriffe, die mit ihm oft assoziiert werden, allmählich
unter seine eigenen Elemente aufnimmt". Die Beschreibung klingt seltsam
und dunkel, insbesondere, wenn man bedenkt, daß auch Fälle, wie der oben
erwähnte, nämlich der negative Sinn von pas und point damit beschrieben
sein sollen. In etwas hellt sich das Dunkel, indem man bedenkt, daß nach
Wundt jedes Wort einen Begriff bezeichnen soll und daß er hier, wo es
sich in Wahrheit um den Unterschied von Synsemantie und Autosemantie
handelt, nur den von sog. „Haupt- und Nebenbegriffen" gelten läßt.

[2]) Daß Wundt hier, und ebenso schon bei Aufzählung der Klassen des
regulären Bedeutungswandels, so spricht, als ob aller solcher Wandel bloß die
Namen anginge, hängt damit zusammen, daß er den Wechsel der übrigen
Autosemantika und den der Synsemantika teils völlig übersieht, teils für einen
solchen von Namen hält.

3. die echte Metapher.

Zur allgemeinen Charakteristik der einen und anderen Weise des Bedeutungswandels gibt Wundt mehreres an, was zu prüfen sein wird.

A. So z. B. bemerkt er (II, ¹, S. 431; ², S. 460), im Hinblick auf die typischen Beispiele des singulären und regulären Bedeutungswandels ¹) lasse sich das Verhältnis beider unter eine Formel bringen, deren Anwendung die Frage, ob eine Erscheinung der einen oder der anderen Klasse zuzurechnen sei, in der Regel am schnellsten entscheiden lasse. „Der singuläre Bedeutungswandel ist — so meint nämlich Wundt — in erster Linie die Geschichte eines Wortes, nur in nebensächlicher Weise berührt er sich mit der Geschichte eines Begriffes, den das Wort bezeichnet. Der reguläre Bedeutungswandel ist die Geschichte eines Begriffes; er ist Wortgeschichte nur insofern als der Begriff durch ein Wort ausgedrückt werden muß." ²)

Ich frage: kann man und in welchem Sinne kann man sagen, daß bei dem, was der Autor regulären Bedeutungswandel nennt, die Geschichte eines Begriffes, dagegen beim singulären Wandel die eines Wortes gegeben sei?

Zu Beginn des Kapitels über „Bedeutungswandel und Begriffsentwicklung" und über das Verhältnis von „Wort und Begriff" (a. a. O., ¹, S. 455; ², S. 484) bemerkt Wundt: „Da jedes Wort irgend einen Begriffsinhalt ausdrückt, so spiegelt sich in jedem Bedeutungswandel ein Begriffswechsel, und jeder zusammenhängenden Reihe von Bedeutungsänderungen entspricht eine Begriffsentwicklung". Daß es ungenau gesprochen ist, wenn Wundt jedem Worte damit irgend einen Begriff als Be-

---

¹) Der Autor führt dabei als typisches Beispiel für den letzteren die Verwendung von pecunia (ursprünglich Viehherde) für: „Geld" an, wobei es sich um „Weiterentwicklung eines und desselben Begriffes" handle, und als typisches Beispiel für den singulären Wandel, wenn für Geld moneta (= die Mahnerin, Juno Moneta; „Münze") verwandt wird, wo nicht eine solche „Weiterentwicklung" vorliege.

²) In verwandtem Sinne ist es wohl gemeint, wenn der Autor (a. a. O., ¹, S. 428, 431; ², S. 457, 460) auch sagt: beim singulären Bedeutungswandel im Gegensatz zum regulären bestehe der Vorgang durchweg nicht in einem Bedeutungswechsel, sondern in einer Bedeutungsübertragung; die alte Bedeutung bestehe neben der neuen fort, sie gehe nicht in diese über, und: der Vorgang sei kein allmählicher und stetiger sondern ein plötzlicher.

deutung zuweist, wissen wir von früher her, können aber hier
davon absehen. Dagegen muß betont werden, daß, indem der
Autor Begriff und Bedeutung (sei es nun des Namens oder „des
Wortes") einander gleichstellt, es nur konsequent ist, wenn er
überall, wo ein Bedeutungswandel vorliegt, auch einen Begriffswechsel lehrt. Und demgegenüber fällt nur auf, daß er
doch im Handumdrehen wieder vom singulären Bedeutungswandel leugnet, daß bei ihm ein Begriffswechsel vor sich gehe,
und daß er hier auch nicht von der Geschichte eines Begriffes,
sondern nur von der Geschichte eines Wortes reden will.
Man fragt sich, woher diese Unterscheidung? Auch die „Geschichte eines Wortes", wie sie beim singulären Wandel gegeben
sein soll, bezieht sich doch nicht auf seine lautliche Form,
sondern auf seine wechselnden Bedeutungen, also nach Wundts
Ausdrucksweise auf die damit verbundenen Begriffe! Und
da auch „Geschichte eines Begriffes" nichts anderes heißen
kann als: Geschichte der wechselnden Bedeutungen eines Wortes,
so scheint auf den ersten Blick zwischen dem, was Wundt einmal „Geschichte eines Begriffes" und das andere Mal „Geschichte eines Wortes" nennt, kein Unterschied zu sein.

Doch der Autor wird erwidern, was er meine, sei: daß,
wie er a. a. O. auch betone, beim singulären Wandel die neue
Bedeutung der alten bloß „äußerlich aufgepflanzt" sei, dagegen beim regulären die eine in die andere übergehe und die
spätere aus der früheren hervorgewachsen erscheine. Dort
sei der Wechsel ein „plötzlicher", hier ein „allmählicher".

Allein meines Erachtens wäre es eine gewaltige Täuschung
zu glauben, daß die verschiedenen Begriffe (oder überhaupt die
verschiedenen Bedeutungen), die wir beim regulären Bedeutungswandel vor uns haben — und verschiedenen Inhaltes müssen sie
ja sein, sonst wäre überhaupt kein Wandel und Wechsel vorhanden! —, der eine aus dem anderen „hervorwachse" oder der
eine „allmählich in den anderen übergehe". Und das gilt nicht
bloß von den Fällen, die wir (weil sie in allen Sprachen vorkommen und zum Grundstock aller populären Bedeutungsentwicklung gehören) zum regulären oder volkstümlichen Bedeutungswandel rechnen, sondern auch durchaus nicht in allen Fällen, die
Wundt selbst ausdrücklich dahin zählt.

Wie soll z. B. — sei es allmählich, sei es nicht allmählich
— der Begriff von etwas Physischem, wie das mit der Hand

Umgreifen eines Gegenstandes, in den geistigen Begriff des „Begreifens" übergehen, oder aus ihm hervorwachsen? Wie soll „sich der Begriff des Kummers aus dem der Belastung entwickeln"? Wer sich nicht gänzlich durch die sprachlichen Bilder täuschen läßt und sie mit der Bedeutung verwechselt, sieht sofort, daß hier und dort zwischen den beiden Begriffen eine unüberbrückbare Kluft besteht, und der eine so wenig in den anderen übergehen kann, als etwa der Begriff der Zeit in den des Raumes oder der des Tones in den der Farbe. Oder sollen wir auch glauben, daß der Begriff gewisser Farbenunterschiede aus demjenigen bestimmter Tondifferenzen sich entwickelt habe und umgekehrt, weil die Sprache von Farbentönen und Tonfarben redet? Zwischen Inhalten, die so toto genere verschieden sind, wie verschiedene Gattungen von Sinnesqualitäten und wiederum wie Physisches und Psychisches, können wohl Analogien bestehen, und diese kommen in den sprachlichen Metaphern oder in der Übertragung der Bezeichnungen zur Geltung; aber jeder der Begriffe „wächst" nur auf dem eigenen Boden von anschaulichen Erfahrungen sui generis.[1])

Oder wie ist es doch, wenn für den Begriff desselben psychischen Phänomens in der Geberdensprache die Vorstellung eines ganz anderen physischen Vorganges als innere Sprachform gewählt wird, als in der Lautsprache, und wenn auch in dieser

---

[1]) Wundt spricht auch — wie wir hörten — von einem allmählichen oder stetigen Übergang beim regulären Bedeutungswandel, im Gegensatz zu einem plötzlichen beim singulären. Mit ersterem ist wohl ein durch kleine Schritte oder Differenzen vermittelter gemeint. Allein kann es etwas weniger Vermitteltes und in minimale Schritte Zerlegbares geben, als der Sprung von Physischem auf Psychisches, von einer Gattung von Sinnesqualitäten zur anderen?

Oder will Wundt sagen, der Übergang — in sich zwar sprunghaft — werde vom Sprechenden gar nicht bemerkt, und in diesem Sinne sei er ein „stetiger"? Wenn dies gemeint ist, dann werden wir davon im nächsten Abschnitt handeln.

Das Befremdliche der Lehre, daß man es beim regulären Bedeutungswandel mit einem allmählichen Übergang von Begriffen (resp. Bedeutungen) ineinander zutun habe, steigert sich aber ins Groteske, wenn es sich um den Übergang von einer autosemantischen zu einer synsemantischen Funktion handelt. Oder ist es nicht so zu nennen, wenn aus der Namenbedeutung von pas oder point (also aus dem Begriffe von Schritt resp. Punkt) allmählich die Negation hervorwachsen soll, die gar kein Begriff sondern eine fundamental verschiedene Klasse von psychischen Verhaltungsweisen ist?

von verschiedenen Sprachen und Sprachenfamilien, ja unter Umständen von demselben Idiom, unter wesentlich verschiedenen Bildern bald dieses bald jenes bevorzugt wird? Man denke an pensare, cogitare, κρίνειν, computare, begreifen, discernere, verstehen, erwägen, untersuchen, urteilen, einsehen, einleuchtend sein usw. usw. Sind dies ebensoviele Begriffe als Namen und Bilder, und wenn nicht, wenn vielmehr je ein Teil der Bilder dieselbe Bedeutung vermittelt, ist der Begriff der gleichen intellektuellen Vorgänge abwechselnd aus den Vorstellungen ganz verschiedener äußerer Vorgänge und Sinnestätigkeiten hervorgegangen? Das hieße lehren, man könne Trauben nicht bloß vom Weinstock sondern auch anderswo, und zwar bald vom Eichbaum, bald von der Ulme, pflücken, und es steht ja auch in Widerspruch mit Wundts eigener Behauptung, daß es sich gerade beim regulären Bedeutungswandel um „eine in den ursprünglichen Eigenschaften der Begriffe begründete Entwicklung" handle.

Und so hat es überhaupt in zahllosen Fällen des regulären Bedeutungswandels, und zwar auch dessen, was Wundt selbst dahin rechnet, keinen Sinn, in irgend einer eigentlichen Weise davon zu sprechen, daß die eine Bedeutung aus der anderen „hervorgewachsen" sei. Die eine Verwendungsweise geht aus der anderen hervor (wie, das zeigt die Lehre von der figürlichen inneren Sprachform), aber nicht der eine Begriff wandelt sich in den anderen um oder geht in den anderen über.[1]

Eine vom Gängelband sprachlicher und popularphilosophischer Vorurteile emanzipierte Psychologie zeigt uns nur drei Wurzeln, aus denen Begriffe „hervorwachsen" können. Aus Imperzeption in den Anschauungen und durch Komperzeption gewinnen wir alle neuen Elemente unseres begrifflichen Denkens.[2] Nachdem wir aber so die elementaren Begriffe

----

[1] Wenn Wundt beim regulären Wandel von „Begriffsentwicklung", beim singulären von Begriffs- (oder Bedeutungs)übertragung spricht, so heißt in Wahrheit das eine nicht mehr als das andere. Es kann auch beim Ersten nur ein sog. übertragener Gebrauch des Wortes, d. h. die Tatsache gemeint sein, daß bei Gleichheit der Ausdrucksmittel die Bedeutung eine verschiedene und der eine Gebrauch des Zeichens aus dem anderen hervorgegangen ist.

[2] Und natürlich die anschaulichen Begriffe jeglicher Gattung (wie: Farbiges, Tönendes, Urteilendes, Hoffendes usw.) aus Imperzeptionen sui

gewonnen, geschieht es dann, daß wir sie — zunächst durch wirkliche oder vermeintliche Erfahrung geleitet, die uns dazu veranlaßt, sie von demselben Subjekte zu prädizieren — zu prädikativen Vorstellungssynthesen verknüpfen wie: „Rotes —
Warmes — Weiches — Rundes", oder „Glänzendes — Hartes —
Eckiges — Tönendes" usw. Und wir müssen bei den Synthesen,
zu denen die Erfahrung Anlaß bietet, nicht stehen bleiben,
sondern können auch solche vornehmen, deren Glieder willkürlich kombiniert sind, ja einander widerstreiten und widersprechen. Nur daß natürlich die in der Erfahrung vor-
gebildeten für die Erkenntnis des Wirklichen und auch für die
sprachliche Mitteilung eine besondere Wichtigkeit beanspruchen.
Solche zusammengesetzte Begriffe erhalten in der Sprache gewöhnlich einfache Namen, falls öfter Anlaß ist, sie namhaft zu
machen,[1]) und so Gelegenheit geboten ist, daß die (dem Inhalt
zwar mehr adäquate, aber schwerfälligere) zusammengesetzte
Bezeichnungsweise durch ihre Länge lästig werde und ihr
gegenüber eine kürzere, weniger schleppende sich als vorteil-
hafter erweise. Aber trotz des einfachen Namens bleibt der
Inhalt (falls er überhaupt eigentlich gedacht wird) natürlich
zusammengesetzt, und vergleicht man gewisse Zeichen zusammengesetzter Begriffe miteinander, so hängen sie untereinander so
zusammen, daß sie einen gemeinsamen Bestandteil enthalten,
durch den sie untereinander verwandt sind, während ihre Ver-

---

generis und komperzeptive Begriffe wie die von Korrelationen, Urteilsinhalten usw. aus entsprechenden Komperzeptionen.

Wenn manche alle unsere aus Anschauungen geschöpften Begriffe
speziell aus sinnlichen Anschauungen herleiten wollen, so beruht dies nur
auf einer Verwechslung der figürlichen inneren Sprachform (die meist sinnlicher Natur ist, auch wenn es sich um Begriffe von Psychischem handelt)
mit dem bedeuteten Begriff, und ist somit einer der vielen Täuschungen durch
die Sprache zuzuschreiben.

[1]) In dem Besitze solcher einfachen Termini zeigen verschiedene Sprachen
die mannigfachsten Unterschiede, und die Verschiedenheit dieses Besitzstandes
läßt Schlüsse zu auf die Verschiedenheit der natürlichen, sozialen und wirt-
schaftlichen Verhältnisse des sprachbildenden Volkes, die ja den Anlaß boten,
die betreffenden Begriffe zu bilden und sie häufiger zu bezeichnen. Die
größere oder geringere Zweckmäßigkeit der betreffenden Begriffsgebilde und
ihr Verhältnis zu den Anforderungen einer natürlichen und fruchtbaren
Klassifikation der Gegenstände bildet natürlich auch einen Anhaltspunkt für
die Beurteilung der kulturellen Entwicklung der Sprechenden.

schiedenheit darauf beruht, daß dieses gemeinsame Element
(„Merkmal") hier durch eine größere, dort durch eine geringere
Zahl von anderen Elementen („Merkmalen") determiniert ist.
Mit Rücksicht auf dieses gemeinsame Element, das wie eine
Materie erscheint, und die Determinationen desselben, die wie
Formungen jener Materie aufgefaßt werden können, sagt man
und mag man wohl sagen, der eine Begriff werde durch Umwandlung aus dem anderen gewonnen; der inhaltsreichere durch
eine weitere Determination, der inhaltsärmere durch eine Ent-
leerung, einen Entfall von Merkmalen. Und speziell die Entstehung der komplizierten aus den weniger komplizierten mag
man auch als ein „hervorwachsen" bezeichnen.[1]

Allein es ist offenkundig, daß durchaus nicht in allen Fällen,
wo — auch nach Wundt — ein regulärer Bedeutungswandel vorliegt, es sich um ein solches Ineinanderübergehen einer Serie von
prädikativ zusammengesetzten Begriffen handelt.[2] Ausdrücklich
rechnet ja der Autor — wie wir wissen — zum regulären Wandel
auch den Übergang einer Bezeichnung von einem Sinnesgebiet auf
das andere, ja auch vom Physischen auf das Psychische. Und
in diesem Falle ist doch offenkundig, daß der neue Begriff nur
durch neue Imperzeptionen (oder Komperzeptionen) gewonnen
und nicht durch Synthese mit der früheren Bedeutung des
Namens entstanden ist. Kurz: auch in dem oben angegebenen
beschränkten Sinne kann nur in seltenen Fällen davon die Rede
sein, daß die neue Bedeutung sich aus der alten entwickelt,
oder diese in jene übergegangen sei. Der neue Gebrauch oder
die neue Wirksamkeit des Zeichens ist aus der alten hervorgegangen, sofern sie damit in genetischem Zusammenhang steht,

---

[1] Doch ist auch dies natürlich eine uneigentliche Redeweise, und
ebensogut oder noch passender könnte man das Entspringen der einfachen,
anschaulichen Begriffe aus den konkreten Anschauungen ein „hervorwachsen" nennen, wenn es überhaupt für die wissenschaftliche Psychologie
einen Wert hätte, solchen Redensarten nachzugehen, statt sich einzig auf das
Studium der bezeichneten Vorgänge selbst zu verlegen.

[2] Ebensowenig gilt etwa umgekehrt, daß beim singulären Wandel
niemals eine derartige Umwandlung der Bedeutungen statthabe.

Von einem allmählichen Übergang von Begriffen könnte auch noch
geredet werden, wo etwas bloß uneigentlich als einem gewissen Typus ähnlich
gedacht wird, falls dieser Typus „allmählich" in einen anderen
übergeht. Aber es bedarf kaum der Bemerkung, daß auch diese Fälle sich
durchaus nicht mit denen des regulären Wandels decken.

nicht der neue Begriff aus dem alten. Und wenn Wundt auch in seinem Sprachwerke (II, [1], S. 454; [2], S. 484) wieder betont, gerade bei der Interpretation des Bedeutungswandels dürfe man nicht vergessen, daß „die Psychologie der Sprache nicht bloß ein Anwendungsgebiet der Psychologie, sondern selbst eine Hauptquelle allgemeiner psychologischer Erkenntnisse" sei, indem „aus dem allgemeinen Verlauf des Bedeutungswandels auf die Gesetze der Begriffsentwicklung zurückzuschließen" sei, so ist dies wesentlich derselbe Irrtum, den ich bei ihm und bei Max Müller schon im Jahrgang 1884 der Vierteljahrsschrift für wissenschaftliche Philosophie (S. 332) und in den Symbolae Pragenses (S. 121) bekämpft habe.[1]) Wenn endlich Wundt beim regulären Wandel von der „Geschichte eines Begriffes" spricht, so muß ich fragen: in welcher Beziehung betrachtet er die verschiedenen Bedeutungen, um die es sich dabei handelt, als eines? Ohne Zweifel besitzen sie eine beziehungsweise Einheit dadurch, daß sie in der Sprache durch denselben äquivoken Terminus bezeichnet sind. Allein das gilt so gut von den Fällen des singulären, wie von denen des regulären Wandels. Indem also Wundt bei den letzteren bloß von der Geschichte eines Wortes und nur bei den ersteren von der Geschichte eines Begriffes reden will, muß bei ihnen eine andere und besondere Einheit gemeint sein.

Von einer solchen kann man in der Tat auch noch sprechen, wenn diese verschiedenen Begriffe sich auf denselben Umfang beziehen, also Auffassungen derselben Gegenstände sind, wie z. B. der populäre und der wissenschaftliche Begriff des Goldes. Oder wenn ein Begriff, ob nun sein Umfang völlig derselbe oder nur ein verwandter sei wie der eines gewissen anderen, jedenfalls für diesen eine Vorstufe, ein Surrogat bildete, das dann mehr oder weniger außer Kurs gesetzt wird, wenn der zweckmäßigere (und den betreffenden, theoretischen oder praktischen Bedürfnissen besser entsprechende)

---

[1]) An ersterem Orte opponierte ich gegen diese Verwechslung von Sprachlichem und Gedanklichem, wie sie sich in der ersten Auflage seiner Logik kundgab, wo es hieß, daß „aus einem geringen Vorrat ursprünglicher Vorstellungen, die in den Wurzeln der Sprache ausgedrückt sind", das reiche „Begriffssystem" hervorgehe, „über welches unsere entwickelten Sprachen verfügen". An letzterem Orte kämpfte ich gegen eine ähnliche These von Max Müller.

gewonnen ist. In diesem Falle wird man jenen oder jene
anderen nur wie eine Vorbereitung für diesen vollkommeneren
betrachten und darum von ihnen als von einem Stück der
Geschichte dieses Begriffes reden.[1])

Allein wiederum ist zu sagen: es kann keine Rede davon
sein, daß wir es beim regulären Bedeutungswandel jedesmal mit
solchen Beispielen zu tun hätten und beim singulären niemals.
Im Gegenteil. Beispiele der Art sind häufig gegeben, wo
es sich um die Entstehung wissenschaftlicher Begriffe handelt
gegenüber populären, deren Namen sie beibehalten. Diese aber
muß Wundt selbst, nach seinen sonstigen Angaben, als Fälle
von singulärem Wandel klassifizieren. Und er würde also, wenn
er mit der Geschichte eines Begriffes das meint, was wir oben
ausführten, mit sich selbst in Widerspruch geraten und kann
dies nur dadurch vermeiden, daß er jene Deutung ablehnt, und
dann weiß ich überhaupt nicht, was etwa Tatsächliches damit
gemeint sein soll, daß in gewissen Fällen nicht bloß die Geschichte eines Wortes sondern eines Begriffes vorliege.[2])

---

[1]) Hier könnte man auch sagen, die alte Bedeutung bestehe nicht
„neben der neuen fort".

[2]) In anderen Fällen freilich ist ein Widerstreit nicht wegzudeuten
zwischen seinen verschiedenen Angaben über das, was zum regulären resp.
singulären Wandel zu rechnen sei.

So wird z. B. (II, [1], S. 551; [2], S 580) die „wirkliche Metapher" als eine
Klasse (ja als die wichtigste) singulären Wandels aufgeführt und dann hinzu-
gefügt, es sei klar, „daß alle jene Wörter in dem Augenblick zu gewöhnlichen
Metaphern werden, wo wir nachträglich vom Standpunkt des reflektierenden
Beobachters aus die späteren und die früheren Bedeutungen eines Wortes
vergleichen. Sie würden also wirkliche Metaphern sein, wenn diese
Betrachtungsweise des reflektierenden Beobachters es gewesen
wäre, die den Bedeutungswandel bewirkte" (a. a. O., [1], S. 553; [2], S. 582).
Ich frage: würde denn durch diese Reflexion das innere Verhältnis der Begriffe ein anderes? Wäre infolge derselben ihr innerer Zusammenhang ein
weniger inniger, so daß man nicht mehr von einem Hervorwachsen des einen
aus dem anderen und der Geschichte eines Begriffes reden könnte, während
es ohne jene Reflexion der Fall war? Unmöglich! An der Äußerlichkeit oder
Innerlichkeit des Verhältnisses der Begriffe, auf die wir vorhin ([1], S. 428, 431;
[2], S. 457, 460) Gewicht legen hörten, kann das Fehlen oder Hinzutreten der
Reflexion, auf die nach S. 553 (582) alles ankommt, nicht das Geringste ändern.
Und natürlich kann dadurch auch nicht ein „plötzlicher" und sprunghafter
Übergang zu einem „allmählichen" werden und umgekehrt, was aber sein
müßte, wenn die Angaben [1], S. 553; [2], S. 582 mit denen auf [1], S. 428; [2], S. 457
in Einklang sein sollten. Ferner: vom regulären Bedeutungswandel wird uns

So kann denn überhaupt das Kriterium: beim regulären Wandel hätten wir es mit einer in den inneren Eigenschaften der Begriffe gelegenen Entwicklung derselben zu tun, beim singulären nicht, unmöglich zutreffend sein. Überall ist etwas ganz anderes die Entwicklung der Begriffe, etwas anderes die Wahl der Bezeichnung mit Hilfe einer inneren Sprachform. Wohl kann diese · innere Form in einem Falle eine innere Verwandtschaft oder sonst einen mehr innerlichen Zusammenhang mit der Bedeutung haben, während in anderen Fällen beide einander ganz entlegen sein mögen, und wir wollen später untersuchen, ob etwa dies für die Fälle des volkstümlichen Wandels einerseits und für die des nichtvolkstümlichen andererseits charakteristisch sei.

Aber jedenfalls ist jener mehr innerliche Zusammenhang oft etwas ganz anderes als ein Hervorwachsen des einen Begriffes aus dem anderen, ein Übergehen des einen in den anderen usw., und darum kann, auch wo jene mehr innere Beziehung zwischen Bedeutung und innerer Sprachform besteht, die letztere verschieden und die Bedeutung dieselbe sein. Für die Wahl der inneren Sprachform können maßgebend sein: der Umstand, ob es sich um Geberden- oder Lautsprache handelt, weiter die Rücksicht darauf, welche Bezeichnungen in einer Sprache bereits vorrätig sind, ferner der Umstand, ob die einfache Verständlichkeit oder auch die Rücksicht auf Schönheit des Ausdruckes bei der Wahl desselben mitwirkt, und natürlich auch die besondere Richtung der Phantasie und des Interesses der Sprechenden usw. usw. — alles Dinge, die mit der Bildung und Entwicklung der Begriffe an und für sich entweder gar nicht, oder in wesentlich anderer Weise, zusammenhängen, als mit der Wahl der Bezeichnungen für dieselben.

(¹, S. 492; ², S. 521) gesagt, daß hier oft die Übertragung „ebensogut in der umgekehrten Richtung hätte stattfinden können". Auch hier muß man sich fragen, wie sich dies mit der oben gehörten Charakteristik vertrage, wonach es dem regulären Wandel eigentümlich sein soll, daß eine Bedeutung aus der anderen hervorwachse, vermöge einer in der ursprünglichen Eigenschaft der Begriffe begründeten Entwicklung. Nehmen wir (per absurdum) an, aus der sinnlichen Bedeutung von Begriffen könne die geistige hervorwachsen oder sich umwandeln, soll dann zugleich auch ebensogut das Umgekehrte möglich sein? Und wo noch am ehesten von einem Hervorwachsen die Rede sein kann, wenn nämlich die wissenschaftlichen oder überhaupt zweckmäßigeren Begriffe gewisse unwissenschaftliche und weniger brauchbare zu Vorstufen haben, soll auch da die Entwicklung ebensogut den umgekehrten Weg nehmen können?

III.

B. Eine andere Charakteristik, die Wundt vom regulären Wandel einerseits und vom singulären andererseits gibt, ist die. daß im letzteren Falle eine bewußte Übertragung statthabe, im ersteren nicht. Zum singulären Wandel rechnet er — wie wir schon wissen — insbesondere alle Fälle echter Metapher. Für diesen Begriff aber, meint er (II. ¹, S. 525; ², S. 555), müßten jedenfalls zwei Erfordernisse festgehalten werden: „erstens muß eine wirkliche Übertragung einer Vorstellung oder einer Verbindung von Vorstellungen auf ein anderes Begriffsgebiet vorliegen; ¹) und zweitens muß mindestens im Moment der Entstehung das Bewußtsein des Aktes der Übertragung vorhanden . . . sein" (II, ¹, S. 525 ff,; ², S. 555). Bei den Vorgängen des regulären Bedeutungswandels sei dies aber nicht der Fall. „Wir reden — so heißt es II, ¹, S. 491 ff.; ², S. 520 — vom *Fuß* eines Berges oder Turmes, von den *Armen* eines Flusses, vom *Hals* einer Flasche, von den *Füßen* und *Beinen* der Tische, Stühle und anderer Geräte, oder in Zusammensetzungen von einem *Mohnkopf*, *Krautkopf*, *Brückenkopf*, *Kehlkopf*, von der *Mündung* einer Kanone, eines Flusses, von einer *Ader* im Gestein, von der *Zunge* der Wage usw. Das *sitzen, liegen, stehen, gehen,* ursprünglich Lage- und Zustandsbestimmungen des menschlichen und tierischen Körpers, sind in allen Sprachen auf beliebige Objekte übertragen worden: der Wagen *geht*, der Fluß *läuft*, eine Stadt *liegt*, die Blätter und Früchte *sitzen* auf Zweigen . . ." Aber — so meint Wundt — „man wendet auf die Erscheinungen eine ihnen selbst völlig fern liegende Betrachtungsweise an, wenn man in diesen Übertragungen „Metaphern" erblickt. . . . Da . . . die Benennung überall aus der Apperzeption eines . . . dominierenden Merkmales hervorgeht, so haben wir gar keinen Grund anzunehmen. daß hier irgend ein Akt der Vergleichung übereinstimmender und widerstreitender Merkmale im Spiele sei, wie die willkürliche Übertragung ihn voraussetzen würde". . . . „Für das Bewußtsein desjenigen, der zum ersten Mal einem toten äußeren Objekt Beine und Füße zusprach, waren diese

----

¹) Es ist natürlich gemeint: eine Übertragung der Bezeichnung infolge Assoziation von Vorstellungen. Denn nur die Bezeichnungen, nicht wie Wundt zu sagen gewohnt ist, die Vorstellungen werden ja aufeinander übertragen. Die letzteren werden (eventuell) die eine durch die andere erweckt.

Teile wirkliche Beine und Füße, natürlich verschieden von denen
des Menschen und der Tiere, aber im wesentlichen doch nicht
verschiedener als es die gleichen Teile bei verschiedenen lebenden Geschöpfen auch sind: das herrschende Merkmal wurde von
ihm als das gleiche apperzipiert. Ebenso bestand in dem Bewußtsein dessen, der zum ersten Mal den Wagen gehen, den
Fluß laufen und den Baum stehen ließ, zwischen den so benannten Zuständen dieser Objekte und den entsprechenden von
Menschen und Tieren kein Unterschied".[1])

Die oben erwähnten Beispiele rechnet Wundt zum sog.
„assimilativen" Bedeutungswandel. Aber bezüglich dessen, was
er dem „komplikativen" zuordnet, wie wenn wir den Kummer
„bitter" und die Sorge „eine Last" nennen, wenn wir von „begreifen", „vorstellen", „erwägen", „übertragen" und dergl.
sprechen, lehrt er Analoges. Auch hier beruhe die Auffassung
aller dieser Erscheinungen als Metaphern „wiederum nur auf
dem psychologischen Irrtum, daß man den Standpunkt sprach-
wissenschaftlicher Analyse auf die sprachlichen Vorgänge selbst
überträgt". In Wahrheit sei bei den ursprünglicheren Erscheinungen dieser Art „keine Spur davon zu entdecken, daß das,
was wir bei unserer sprachlichen Analyse des Wortes als Bild
empfinden, anfänglich als ein Bild gedacht worden sei". Im
Zusammenhang damit (II, ¹, S. 527; ², S. 556) bezeichnet Wundt
denn auch den oft zitierten Ausspruch J. Pauls, die Sprache sei
ein Wörterbuch vergilbter Metaphern als „in dieser Allgemeinheit psychologisch betrachtet nicht zutreffend", „weil er aus
jenem populären Vorurteil entspringt, unsere auf dem Wege

---

[1]) Vgl. auch II, ¹, S. 553; ², S. 582, wo gesagt wird, der reguläre (sowohl der assimilative als der komplikative) Bedeutungswandel beruhe meist
auf Assoziationen, „die sich mit einer für das Bewußtsein des Sprechenden
zwingenden Notwendigkeit einstellen, so daß von diesem selbst der
Bedeutungswandel nicht im mindesten als eine Übertragung aufgefaßt wird."*) „Wenn wir von den „Füßen" eines Tisches sprechen, den
Kummer eine „Last", die Not „bitter", eine Arbeit „hart", eine Sorge „schwer"
nennen, so empfinden wir alle diese Wörter nicht als Übertragungen, sondern
als adäquate Ausdrücke für die Gegenstände und Seelenzustände selbst; und
es liegt kein Grund vor anzunehmen, daß dies anders gewesen sei, als jene
Benennungen zuerst entstanden. Auch hier wurden die Füße des Tisches als
wirkliche Füße betrachtet,*) die den schon vorher so benannten Teilen
der menschlichen und tierischen Gestalt entsprächen.

*) Von mir unterstrichen.

logischer Vergleichung gewonnene Auffassung psychischer Erscheinungen sei die Entstehungsweise der Erscheinungen selbst".

Die (populäre) Sprache, meint Wundt, sei „von Haus
aus keine Sammlung von Metaphern", „weil in ihr ursprünglich
alles wirklich geschaut und unmittelbar gefühlt ist".[1]

Gegenüber der eben gehörten Behauptung Wundts, daß
beim regulären Bedeutungswandel kein Bewußtsein der Übertragung gegeben sei, daß die Bezeichnungen vielmehr als
adäquat empfunden würden usw., muß vor allem gefragt werden,
was damit gemeint sei. Der Autor sagt, wenn wir von den
„Füßen" eines Tisches sprächen, den Kummer eine „Last"
nennen usw., so empfänden wir alle diese Wörter nicht als
Übertragungen sondern als adäquate Ausdrücke. Das kann
vollkommen richtig sein, wenn damit gemeint ist, bei uns
erweckten die Namen meist unmittelbar die übertragene
Bedeutung und sie würden so meist nicht mehr als bildlich und uneigentlich sondern (in diesem Sinne) als adäquat
empfunden.

Ganz anders, wenn Wundt auch von denjenigen, bei denen
dieser Bedeutungswechsel sich ursprünglich vollzogen hat, sagt,
ihnen seien diese Ausdrücke als adäquat erschienen. Während
im vorigen Falle gar nicht eine Verwechslung im Spiele zu sein
braucht, kann hier (bei den Sprachbildnern) die Behauptung nur
im Sinne einer solchen verstanden werden. Es kann nur gemeint
sein — wie es ja Wundt auch ausdrücklich erklärt — sie hätten
die „Tischfüße" ebenso für wirkliche Füße gehalten, wie die
eines Menschen oder Tieres, und das „Begreifen" sei ihnen als
ein wirkliches Umgreifen eines Gegenstandes, also als körperliche Handlung, erschienen. Und nur so ist auch zu verstehen,
wenn Wundt uns (II, ¹, S. 554; ², S. 583) sagt, das Wort, das
sich durch regulären Bedeutungswandel verändert, erwecke
stets, und auch im ersten Augenblick des Wandels nur die
Vorstellung der umgewandelten Bedeutung. Es kann damit
nur gemeint sein, daß, statt bewußter Übertragung, eine Verwechslung vor sich ging, daß also der Sprechende und Hörende
dabei die frühere und spätere Bedeutung nicht — wie dies

---

[1] „Einem sinnlichen Denken erscheint die „Vorstellung" als ein wirkliches Nachaußenstellen des Gedachten, das „Begreifen" als ein wirkliches
Umgreifen der Objekte" usw. (II, ², S. 556).

bei der echten Metapher der Fall ist — zueinander bloß in Analogie oder überhaupt in Vergleich brachte, sondern sie konfundierte und in diesem Sinne identifizierte.

Allein diese Annahme ist völlig unbewiesen. Vor allem folgt sie durchaus nicht etwa daraus, daß wir gegenwärtig vielfach metaphorische Ausdrücke „als adäquate empfinden". Denn, wie eben schon betont wurde, gilt dies von uns in einem ganz anderen Sinne, als es bei den Sprachbildnern hätte der Fall sein müssen.

Ferner wäre es ein arger Irrtum zu meinen, jenes Verhalten der Sprachbildner sei ohne weiteres eine Folge davon gewesen, daß der reguläre Bedeutungswandel — wie Wundt sich ausdrückt — sich „von selbst" vollzogen habe, in dem Sinne, daß er auf Assoziationen beruhte, „die sich mit einer für das Bewußtsein des Sprechenden zwingenden Notwendigkeit einstellen". Mit einer Assoziation, die ungesucht ist, d. h. ohne Eingreifen von Wille und Wahl („Willkür") eintritt, kann wohl eine Verwechslung der so verketteten Vorstellungen verknüpft sein, muß es aber durchaus nicht. Zum stehenden Charakter des „von selbst" sich assoziierenden gehört dies keineswegs, wie man nach Wundt glauben sollte.

Aber nicht bloß ist die Annahme, daß die Sprachbildner bei der Mehrzahl der Fälle des sog. regulären Bedeutungswandels die verschiedenen Bedeutungen verwechselt hätten, gänzlich unbewiesen, sie ist angesichts der Tatsachen unmöglich.

Ich leugne keineswegs (habe es vielmehr früher selbst betont), daß in der Tat manchmal dasselbe sprachliche Zeichen bloß darum auf verschiedene zu bezeichnende Inhalte angewendet wird, weil das Bewußtsein diese nicht auseinanderhält, daß also Verwechslung die Ursache der Äquivokation ist. Und ebensowenig verkenne ich, daß Verwechslung als Wirkung von Äquivokation auftreten kann, indem verschiedene Begriffe (und überhaupt Bedeutungen) infolge der Bezeichnung durch dasselbe Sprachmittel konfundiert werden — auch wenn solche Konfusion nicht der erste Anlaß zu der doppelten oder mehrfachen Verwendung des Wortes gewesen war. Beides wird besonders leicht vorkommen, wo es sich um Inhalte handelt, die nur durch schwer merkliche Differenzen unterschieden sind. Allein nicht ausschließlich, oder auch nur vorwiegend, um derartige Inhalte

handelt es sich beim regulären Wandel, sondern weit mehr um
solche, bei denen ein Unterschied leicht faßlich und auffällig ist.
Und daß diese Inhalte allgemein verwechselt worden seien, ist
nicht bloß von vornherein unglaublich, sondern wird durch offenkundige Tatsachen widerlegt. Denn wäre es der Fall, welche
fatale oder lächerliche Folgen müßte es für die in diesen Irrtum
Verfallenden gehabt haben und haben?

Rechnet man zum regulären Wandel wirklich jeden, der
volkstümlich ist, so gehören dahin die gewöhnlichsten und frucht-
barsten Methoden, wodurch es der Volkssprache gelungen ist,
mit einer relativ geringen Anzahl von Zeichen eine viel größere
Mannigfaltigkeit von Inhalten in ihre Herrschaft zu bringen;
also meines Erachtens z. B. die so häufige Verwendung der Bezeichnungen eines Teiles auch für das Ganze und umgekehrt,
des Ortes für das örtlich Bestimmte und umgekehrt und des
örtlich (oder zeitlich) Benachbarten füreinander, des Gefäßes für
den Inhalt, des Stoffes für das daraus Geformte und umgekehrt,
ferner des Verursachenden für das Gewirkte und umgekehrt,
der Gattung für die Spezies und umgekehrt und nicht minder
jene Äquivokationen, die wir in einem eminenten Sinne Bedeutungsmodifikationen nannten, wohin z. B. schon das Verhältnis des Zeichens zum Bezeichneten, aber auch das des bloß
Möglichen, Gewünschten, Geliebten, Geglaubten, Gehofften zum
Wirklichen gehört. Und wie bitter hätte es sich rächen oder
zu was für grotesken Folgen hätte es führen müssen, wenn da
immer, oder auch nur in der Regel, Konfusion und Verwechslung es gewesen wäre, was die Äquivokation und den
Bedeutungswandel herbeiführte.

Doch vielleicht wendet Wundt ein, er habe beim regulären
Bedeutungswandel nicht die Übertragung einer Bezeichnung
vom Teil auf das Ganze, vom Urheber auf das Werk und die
übrigen, die wir oben aufzählten, im Auge gehabt, und so treffe
unser Argument ihn nicht oder wenigstens nicht in seiner
ganzen Wucht.

Einer solchen Einrede gegenüber müßte ich aber vor allem
bemerken, daß, wenn Wundt alle diese Weisen der Übertragung
vom regulären Bedeutungswandel ausschließt und dem singulären
zuzählt, die Bedeutung dieser Termini selbst, gegenüber der
üblichen, einen starken Wandel erfahren muß. Das Singuläre
wird ja dann zu dem, was in der Sprache und Sprachbildung

nicht vereinzelt vorkommt, sondern gerade das Gewöhnliche und Volkstümliche ist. Denn dazu gehören zweifellos die oben angeführten Weisen der Übertragung. Sie bildeten und bilden die alltäglichsten und häufigsten Wege, wie eine Bezeichnung zu einer neuen Verwendung gelangt.

Doch sehen wir davon ab, und blicken wir nur auf die Beispiele, die Wundt selbst ausdrücklich und wiederholt als Fälle von regulärem Bedeutungswandel anführt, wie das von dem „Fuß" eines Tisches oder Berges und dergl., ferner die Verwendung von Bezeichnungen für äußere Handlungen wie „Begreifen", „Vorstellen" und dergl. für psychische Vorgänge.

Sollen wir wirklich glauben, daß, wie Wundt behauptet, „für das Bewußtsein desjenigen, der zum ersten Mal einem toten äußeren Gegenstand Beine und Füße zusprach", „diese Teile wirkliche Beine und Füße waren"? Wenn dies, dann hätte ja der Betreffende auch allen Ernstes erwarten müssen, daß das betreffende Ding damit gehen könne, daß es infolge von Verletzungen, Hitze, Kälte und dergl. Schmerz und Ungemach daran empfinden könne usw. Das wäre die unausweichliche Folge einer Verwechslung und Identifizierung der beiden (der eigentlichen und uneigentlichen) Bedeutungen von „Fuß".[1]

---

[1] Daß eine Übertragung wie die des Namens „Fuß" vom Lebendigen auf Unbelebtes auf Identifizierung und Verwechslung beruhen sollte, hat auch bei K. Bruchmann ungläubiges Kopfschütteln erweckt. Vgl. seine Anzeige des II. Bandes der 2. Auflage von Wundts Buch „Die Sprache" (in der Berliner Philologischen Wochenschrift, Jahrgang 1906, S. 631), welche, ebenso wie diejenige der beiden Bände der ersten Auflage (ebenda, Jahrgang 1902, S. 83 ff. und S. 113 ff.), manche treffende Bemerkung enthält.

Auch J. v. Roswadowski, „Wortbildung und Wortbedeutung", 1904, S. 26 ff., ist im Hinblick auf solche Beispiele zur Überzeugung gekommen, daß in Wundts Lehre vom regulären Bedeutungswandel ein Fehler stecken müsse. Ich kann ihm darin nur Recht geben, wenn auch meines Erachtens sein Versuch, den Fehler durch das sog. Gesetz von der Zweigliedrigkeit zu verbessern, nicht mit Erfolg gekrönt ist. Roswadowski gibt zuviel zu, wenn er bei jeder solchen Äquivokation eine (teilweise) Identifikation als berechtigt anerkennt, zu der nur (ausgedrückt durch ein formatives Element der Sprache oder dergl.) eine unterscheidende Bestimmung hinzukommen müsse. Das wäre der Fall, wenn es sich stets um die Subsumtion des Genannten unter eine höhere Gattung (deren Begriff dann nur einer näheren Determination bedürfte) handeln würde. Aber ist — um gleich bei dem obigen Beispiel zu bleiben — Fuß eine „Gattung", wovon menschlicher Fuß, Tischfuß, Fuß des Berges Spezies wären? Auch von teilweiser Identifikation zu sprechen, im Sinne von Subsumtion, ist also nicht berechtigt. Wir kommen übrigens auf den

Und analoge Folgen müßte es haben, wenn einer Vorstellen und Begreifen im eigentlichen und uneigentlichen Sinne in keiner Weise auseinanderhielte. Wem die Vorstellung eines neuen Hauses, das er sich wünscht, als „ein wirkliches Nachaußenstellen des Gedachten" erscheint, der müßte damit offenbar wähnen, das Haus schon wirklich vor sich zu haben. Der Glückliche! Und wer überzeugt ist, etwas zu begreifen, z. B. daß etwas nicht zugleich eine Farbe und Ton sein kann, müßte im Wahne sein, Körper vor sich zu haben, die er mit den Händen umfaßte. Allein Verwechslungen von so offenkundig Verschiedenem, wie das geistige „Begreifen" und „etwas mit der Hand umspannen", oder von geradezu handgreiflich Differierendem, wie der Fuß eines Berges und der eines Menschen, kommen doch bei keinem, der „seiner Sinne mächtig ist", vor, und wo sie vorkämen, da müßten sie sich ja — wie schon bemerkt — durch die fatalsten praktischen Folgen kundgeben und rächen.

Dieser Umstand scheint mir wie ein experimentum crucis Halt zu gebieten gegenüber dem Streben Wundts, eine derartige Kluft zwischen dem naiven und dem auf „logischen Reflexionen" beruhenden Denken zu statuieren. Und ich will daneben gar nicht erwähnen, zu was für Konsequenzen die Annahme, daß man bloß auf Grund von Verwechslung Bezeichnungen wie Fuß, Kopf, begreifen usw. usw. in der bekannten mehrfachen Weise verwendet habe, auch anderweitig noch führen würde. Sonst läge es nahe, zu fragen, wie es denn war, wenn für die Bezeichnung desselben Inhaltes (z. B. eines gewissen intellektuellen Vorganges) verschiedene Bilder gebraucht wurden. Wurden auch sie verwechselt? Zu welchem Wirrsal von Verwechslungen hätte dies führen müssen! Oder wurden sie unterschieden? Dann hieße dies, man habe das Bezeichnete, obschon es dasselbe war, ernstlich z. B. bald für ein mit der Hand umgreifen, bald für irgend eine andere körperliche Handlung, wie ein Sich vor etwas hinstellen, und wiederum dasselbe bald für ein Wägen, bald für ein Durcheinanderschütteln usw. usw. gehalten.

Doch Wundt wird vielleicht einwenden: die oben besprochene Auffassung seiner Lehre vom regulären Bedeutungswandel sei ein Mißverständnis. Es sei nicht seine Ansicht, daß

Versuch, Wundts Lehre, daß beim regulären Wandel keine bewußte Übertragung vorliege, in dieser oder ähnlicher Weise zu deuten, unten zu sprechen.

.

dabei eine Identifizierung der früheren und späteren Bedeutung in dem Sinne statthabe, daß auf Grund dessen das so Bezeichnete verwechselt, sondern daß es in begründeter Weise unter einen gemeinsamen allgemeineren Begriff subsumiert werde. Demgegenüber muß ich gestehen, daß ich schwer begreife, wie der Wortlaut aller bezüglichen Äußerungen, die wir oben darüber hörten, eine solche Deutung zuließe, und nur etwa bei einzelnen könnte man zu ihr versucht sein. So z. B. wenn Wundt (II, ¹, S. 493; ², S. 522) sagt, daß die Füße des Menschen, des Tisches, der Berge usw. nach einem „dominierenden oder herrschenden Merkmal" benannt wurden, daß es überall „als das gleiche apperzipiert" wurde, und daß dieses gemeinsame Merkmal im gegebenen Falle das Moment des Tragens und Getragenwerdens sei; indem ja „die Füße und Beine eines Tisches diesen ebenso tragen, wie der Mensch von seinen Füßen und Beinen getragen wird" (a. a. O., ¹, S. 492; ², S. 521).

Aber nehmen wir einmal an, es sei wirklich Wundts Meinung, das sog. herrschende Merkmal, im obigen Falle der Gedanke des Tragens und Getragenwerdens, habe das Ganze gebildet, was der Sprachbildner beim Gebrauch des Namens „Füße" sowohl für die menschlichen als die Tischbeine damit meinte, dann hätten wir es allerdings nicht mit einer Verwechslung zu tun, vielmehr mit der berechtigten Anwendung eines einheitlichen allgemeinen Begriffes auf eine Vielheit von Gegenständen, mit der Unterordnung derselben unter eine gemeinsame (sei es wesentliche oder unwesentliche) Klasse. Es wäre nicht anders, als wie wenn ich auch etwa das Papier und die Wand und die Schneedecke und eine Wolke usw. unter den einheitlichen Begriff „Weißes" fasse. Allein, offenbar läge dann soweit auch nicht ein Bedeutungswandel vor, ein regulärer so wenig als ein singulärer. Jener einheitliche Begriff des Tragens wäre ja dann eben die ganze und eigentliche Bedeutung, die in jedem der Fälle, welche Wundt im Auge hat, mit dem Namen verbunden würde, gerade so wie etwa der Namen Körper oder Ausgedehntes im selben Sinne auf einen Stein und auf meinen Leib angewendet werden kann.¹)

---

¹) Darum wäre unter dieser Voraussetzung Wundt auch im Rechte, wenn er a. a. O., ¹, S. 492; ², S. 521 betont, es hätte, wo es sich um einen sog. „regulären Bedeutungswandel" handelt, die Übertragung ebensogut

Ich sage: in jedem der Fälle, welche Wundt im Auge hat. Denn daneben gibt es allerdings — was er zu übersehen scheint[1]) — andere, wo es von vornherein klar ist, daß der Begriff des Tragens unmöglich dasjenige sein kann, was den verschiedenen Verwendungen des Namens „Fuß" gemeinsam ist. So, wenn ich nicht bloß vom Fuß eines Menschen und eines Berges, sondern auch von dem einer Treppe und noch deutlicher, wenn ich von einer „Fußnote" spreche. Wenn allen diesen Verwendungen eine einheitliche Bedeutung zugrunde liegt, so könnte es nur etwa die des „am unteren Ende Befindlichen" sein. Und damit ist schon gesagt, daß wir es auch nach dieser Auffassung bei „Fuß" mit einem Bedeutungswandel zu tun hätten. Wenn nicht in der Weise, wie man gewöhnlich glaubt (indem man annimmt, daß zum Begriff eines „wirklichen" Fußes gehöre, Glied eines animalischen Organismus zu sein und somit der Tischfuß kein „wirklicher" Fuß ist), doch jedenfalls in dem Sinne, daß Fuß in einem Falle ein Synonym des allgemeinen Terminus „Tragendes", im anderen Falle dagegen ein Synonym des noch allgemeineren Terminus „unten Befindliches" wäre. Und hier würde nun doch wieder die Frage entstehen: geschieht es infolge einer Verwechslung, daß man sowohl das Tragende als das unten Befindliche „Fuß" nennt oder auf Grund einer bewußten Äquivokation und Übertragung? Denn daß auch hier keines von beiden der Fall sei, sondern wir es abermals mit der berechtigten Subsumtion unter einen noch allgemeineren Begriff zu tun hätten, der dem Tragenden und dem unten Be-

---

in der umgekehrten Richtung stattfinden können. Gewiß. Aber nur, weil es sich dann in Wahrheit nicht um eine Übertragung, sondern um die Anwendung des gleichen einheitlichen Begriffes auf verschiedene Gegenstände handelte. Ob ein solcher zuerst diesem oder jenem Gegenstande beigelegt werde, ist natürlich gleichgültig. Anders, wenn doch ein Bedeutungswandel vorliegt. Da ist die Behauptung Wundts sicher unrichtig, indem die Umkehrung der Reihenfolge oft viel weniger natürlich ist. Und mit Recht bezeichnet es auch Bruchmann (a. a. O., Jahrgang 1906, S. 631) als unglaublich, daß man z. B. den Namen vom Fuß des Berges und Turmes auf den der Menschen und Tiere übertragen haben sollte.

[1]) Wenigstens scheint er das Beispiel „Fuß" unter die Fälle mit „konstantem dominierendem Merkmal" zu zählen, im Gegensatz zu anderen (wie Feder, Korn und dergl.), wo das dominierende Merkmal wechsele. In Wahrheit kann offenbar auch bei „Fuß" wenigstens das Merkmal „tragend" nicht konstant im Spiele sein.

findlichen gemeinsam sei, wird wohl niemand zu sagen versuchen. Auch die Annahme aber, daß die Begriffe Tragendes und unten Befindliches verwechselt würden, erscheint den Tatsachen gegenüber unmöglich, und so bliebe nur die, daß wir es mit einer bewußten Übertragung zu tun hätten, und was wäre mit dieser Auffassung der Dinge gegenüber der gemeinüblichen gewonnen? Diese letztere perhorresziert Wundt als Ausfluß einer unwissenschaftlichen „Reflexionspsychologie", weil sie dem primitiven Sprachbildner ein Denken zuschreibe, wie es etwa dem reflektierenden Beobachter der Sprachvorgänge zukomme. Allein könnte nicht ganz dasselbe mit gleich viel Recht auch gegen die Annahme gesagt werden, daß man auf Grund von Vergleichung und bewußter Übertragung sowohl das Tragende als das unten Befindliche „Fuß" genannt habe? Zweifellos. Und so wäre nach dieser Richtung damit gar nichts gewonnen. Wohl aber verwickelt man sich meines Erachtens in einen Widerspruch mit der Erfahrung, die mir nicht zu zeigen scheint, daß der Begriff des Tragens das Ganze sei, was ich bei „Fuß" denke. Überhaupt kann ich durchaus nicht finden, daß, wenn einmal von einem menschlichen Fuß und wiederum vom Fuß eines Berges und abermals vom Fuß einer Buchseite die Rede ist, hier der einheitliche Begriff einer Gattung oder Klasse durch verschiedene Differenzen determiniert würde. Es handelt sich vielmehr offenkundig um eine Modifikation der Bedeutung, und es ist nicht so, wie wenn ich zu Baum einmal Wald-, einmal Obstbaum füge. Eben dieser Unterschied ist es auch, der gemeinüblich dadurch ausgedrückt wird, daß man sowohl vom Waldbaum wie vom Obstbaum sagt, sie seien wirkliche Bäume, vom Fuß des Berges aber, er sei kein wirklicher Fuß.

Das scheint mir die Erfahrung schon im Falle, wo es sich um das Wort „Fuß" handelt, deutlich zu zeigen. Die Vorstellung, welche Wundt „dominierendes Merkmal" nennt, ist in Wahrheit nicht die Bedeutung des Namens, sondern gehört zur figürlichen inneren Sprachform, ähnlich wie in gewissen Sprachen die Vorstellung „Säugende" für den Begriff Weib. Wie hier dieses Merkmal nicht als Bedeutung, d. h. nicht als Klasse, unter die man den betreffenden Gegenstand damit ordnen wollte (sonst hätte man mit demselben Recht auch jedes weibliche Säugetier so klassifizieren müssen), sondern nur als Assoziationshilfe gemeint war, welche die Vorstellung des Weibes, zu der auch

noch ganz andere Merkmale gehören, zu erwecken diente, so ist
es mit der Vorstellung des Tragens und mit der des unten Befindlichen bei „Fuß".[1]) Ähnlich aber auch in tausend anderen
Fällen, wo — analog wie bei Fuß — der Versuch gemacht
werden könnte, einen gemeinsamen Begriff namhaft zu machen,
der in gewissen Fällen als einheitliche Bedeutung des Namens
geltend zu machen wäre.[2]) Dazu kommen aber zahlreiche andere,
wo Wundt selbst nicht von einem solchen „herrschenden Merkmal"
spricht, oder wo jedenfalls tatsächlich auch nicht einen Augenblick von etwas Derartigem die Rede sein kann. Denn wie
überhaupt sollte die Lehre da Anwendung finden, wo die verschiedenen Bedeutungen nicht durch irgend eine Ähnlichkeit
sondern bloß durch Kontiguität zusammenhängen? Und selbst,
wo es sich um Ähnlichkeit handelt, ist es eben durchaus nicht
immer eine solche, die in der Teilnahme an einem einheitlichen
gemeinsamen Merkmal (oder einer Mehrheit solcher) bestände
und sich dementsprechend analysieren ließe. Wo wäre z. B.,
wenn ich unter „Begreifen" das eine Mal ein Betasten und mit
der Hand Umfassen, das andere Mal ein geistiges Erfassen
und Verstehen einer Wahrheit meine, wo wäre da — frage ich
— der einheitliche Begriff, die gemeinsame Klasse, unter die
der psychische und physische Vorgang gefaßt würden? Wo, wenn
von „überlegen" bald in physischem bald in psychischem Sinne
die Rede ist? Wo, wenn „hell" auf ganz verschiedene Gattungen

---

[1]) Auch von anderen Gegenständen, die niemand Füße nennt, z. B. der
Schulter oder dem Rücken usw., gilt ja, daß sie tragen. Und ähnlich ist es
mit dem Prädikate „unten befindlich".
  Der Begriff des dominierenden Merkmals bei Wundt krankt offenkundig
an der Verwechslung von innerer Sprachform und Bedeutung. Ebenso der
Begriff der Apperzeption oder Auffassung und der der „Einheit oder Enge
der Apperzeption", die bei der Einheit der Benennung gegeben sei (vgl.
II, ¹, S. 468; ², S. 497 ff.). Und wie diese Termini, die beständig zwischen
jenen total verschiedenen Begriffen schwanken, können auch gewisse Formeln,
durch welche Wundt den Prozeß des regulären Bedeutungswandels zu verdeutlichen sucht, nicht zur Deutlichkeit führen, solange dabei Bedeutung und
innere Sprachform konfundiert werden. Die scharfe und konsequente Trennung
dieser beiden Begriffe ist die conditio sine qua non aller Klärung der Erscheinungen auf diesem Gebiete.
  [2]) Wer wird z. B. glauben, daß ich, von einem menschlichen Kopf und
einem Brückenkopf sprechend, beide Mal nur das als Bedeutung im Sinne
habe, was beiden gemeinsam ist? Wie könnte ich dann auch wieder von
einem Dummkopf sprechen, wie jemanden kopflos nennen usw.?

von Sinnesqualitäten angewendet wird, und so in tausend und tausend anderen Fällen, wo der Verwendung des gleichen Namens eben offenbar kein einheitlicher Begriff, sondern nur eine Analogie zugrunde liegt?

So kann also die Lehre Wundts, daß beim regulären Wandel nicht eine bewußte Übertragung statthabe, nur dahin verstanden werden, daß eine Verwechslung, nicht daß eine Subsumtion unter einem einheitlichen höheren Begriff statthabe.

Und daran ändert es auch nichts, wenn der Autor uns (II, ¹, S. 575 f.; ², S. 604 f.) sagt: bei jedem Bedeutungswandel erweise sich die Apperzeption einer Gesamtvorstellung als die Vorbedingung, „auf Grund deren erst bestimmte Assoziationen die Veränderungen und Übertragungen der Begriffe¹) hervorbringen können". So bilde „z. B. bei der Übertragung des Wortes „Fuß" vom Fuß eines Tieres auf den eines Tisches den Ausgangspunkt offenbar nicht der Fuß selbst, sondern das Ganze, in das sich diese Partialvorstellung eingliedert: das Tier auf der einen, der Tisch auf der anderen Seite". Denn auch ohne auf eine allseitige Kritik dieser Theorie einzugehen, muß man doch fragen, erstens wie es zu der Gesamtvorstellung Tier und Tisch kommt und kam? Und mir scheint, daß es doch meist nur darum dazu kommt, weil derjenige, der nach einer Bezeichnung für den Fuß des Tisches sucht, infolge irgendeiner Ähnlichkeit desselben mit dem Fuß eines Menschen oder Tieres, an dieses erinnert wird. Und dann war und ist ja der Umstand, daß beides, Tisch und Tier, zusammen vorgestellt wurde, eben schon Folge einer Assoziation. Fürs zweite aber — ob nun das Zusammenauftreten der beiden Vorstellungen von Tisch und Tier bereits Folge einer Assoziation oder ob es zufällige Folge einer Wahrnehmung und schon vor allem Suchen nach einer Bezeichnung für den Tischfuß gegeben war — in jedem Falle entsteht wieder die Frage: wie kommt der Name Fuß dazu vom Tier auf den Tisch übertragen zu werden; durch Verwechslung oder nicht?

Einige Zeilen weiter bemerkt Wundt: „Ein Wort wie „begreifen", comprehendere, bezieht sich zunächst auf ein sinnliches Greifen, also einen rein äußeren Vorgang. Die Veränderung erfolgt, indem in die Gesamtvorstellung neben dem Subjekt und Objekt der Handlung auch noch die Vorstellung der geistigen Tätigkeit des Handelnden eintritt und, da sie in einer Reihe analoger Gesamtvorstellungen in übereinstimmender Weise wiederkehrt, allmählich zum dominierenden Bestandteil wird". Hier muß ich vor allem sagen: daß diejenige „Vorstellung der geistigen Tätigkeit des Handelnden", wie sie jedem,

¹) Es ist natürlich gemeint: der Bedeutungen überhaupt.

der etwas „sinnlich greift", zugleich im inneren Bewußtsein gegeben ist, gewiß sofort in der Gesamtvorstellung gegeben ist, die der Greifende hat und nicht erst später irgendwie und irgendwann hinzutritt.

Aber diese Vorstellung geistiger Tätigkeit, die bei jedem sinnlichen Greifen im inneren Bewußtsein gegeben ist (d. h. die konkrete Vorstellung der zum Greifen gehörigen Muskel- und Tastempfindungen und dergl., sowie etwa die eines darauf gerichteten Willens und der Motive der Lust oder Unlust usw. für ihn), ist etwas ganz anderes als der Begriff jener intellektuellen Tätigkeit, welcher die übertragene Bedeutung des Terminus „Begreifen" bildet. Die Vorstellung eines solchen geistigen Vorganges aber begleitet durchaus nicht jedes sinnliche Begreifen, und es frägt sich, wie tritt dieser Begriff auf und wie geschieht es, daß der Name „Begreifen" von einem sinnlichen Vorgang auf jenen ganz anderen Inhalt übertragen wird?[1]) In Wahrheit wird die Vorstellung des (im übertragenen Sinne) *comprehendere* genannten intellektuellen Zustandes oder Vorganges oft da sein, und dann erst tritt durch Assoziation die Vorstellung des sinnlichen Greifens und der bezügliche Name auf. Und wenn er auf den intellektuellen Vorgang übertragen wird, so entsteht wieder die Frage, geschieht es infolge von Vergleichung oder von Verwechslung. Aber auch wenn wir annehmen, der Begriff jenes intellektuellen Vorganges, den wir in übertragenem Sinne „Begreifen" nennen, und die Vorstellung des körperlichen Greifens seien von Anfang zusammengegeben, so frägt sich auch hier, wie kommt dieselbe Bezeichnung dazu, beides (bald das eine, bald das andere) zu bedeuten? Denn das ist doch die zu erklärende Tatsache! Geschieht es, weil man diese Teile der „Gesamtvorstellung" konfundiert oder nicht?

IV.

C. Doch noch andere Eigentümlichkeiten des regulären gegenüber dem singulären Wandel gibt Wundt an, und auf sie scheint er sogar das größte Gewicht zu legen, indem es diejenigen sind, wodurch er schon in der Einleitung zu seinem Werke über die Sprache (I, 2, S. 11 ff.) allgemein einerseits die Erscheinungen,

---

[1]) Indem wir annehmen, daß er „in einer Reihe analoger Gesamtvorstellungen" von physischen und psychischen Vorgängen „in übereinstimmender Weise wiederkehre, ist damit durchaus nicht — wie Wundt glaubt — schon erklärt, daß er zum dominierenden Bestandteil (was hier offenbar soviel heißt wie: zur ausschließlichen Bedeutung des Namens) werde. Denn dieses übereinstimmende Wiederkehren kann ja von anderen Bestandteilen des Gesamtkomplexes sinnlicher und geistiger Vorstellungen geradesogut gelten.

welche naturgemäß als Gegenstand der Individual- und andererseits diejenigen, welche als Gegenstand der Völkerpsychologie zu betrachten seien, zu charakterisieren und abzugrenzen sucht. Es gebe, so bemerkt er dort, einen Versuch, die Erzeugnisse der Gemeinschaft und ihre Veränderungen ausschließlich auf individuelle Einflüsse zurückzuführen, also die Völkerpsychologie gewissermaßen zugunsten der Individualpsychologie auszuschalten. Von der Art sei auch „die noch heute in der Sprachwissenschaft weit verbreitete Annahme", „jeder generelle Laut- oder Bedeutungswandel eines Wortes sei auf irgend eine einmalige individuelle und okkasionelle Abweichung zurückzuführen". So werde insbesondere auch von H. Paul und B. Delbrück gelehrt, und sie fügten dabei nur noch die Annahme hinzu, daß, „während zahlreiche andere individuelle Abweichungen wieder verloren gingen, irgendeine, weil sie einer bestehenden Neigung entgegen kam, usuell geworden" sei.

Demgegenüber will Wundt aus dem menschlichen Gesamtleben allgemein einerseits Tatsachen von genereller Natur, andererseits solche von individueller ausscheiden, und als Kennzeichen für die letzteren glaubt er folgende zwei bezeichnen zu können: „Erstens", bemerkt er, „ist es das direkt nachweisbare Eingreifen einzelner mit den durch ihre individuelle Eigenart bestimmten Willensrichtungen, das eine Reihe von Erscheinungen als solche erkennen läßt, die zwar auf das gemeinsame Leben Wirkungen ausüben können, aber in ihrem Ursprung nicht der Volksseele angehören. Zweitens ist es durchgängig das Gebiet des willkürlichen, eine bewußte Abwägung der Motive voraussetzenden Handelns, das außerhalb der völkerpsychologischen Vorgänge liegt. Für diese bleiben dagegen die Gebiete der triebartigen Willenshandlungen von vorwiegender Bedeutung".

Diese allgemeine Charakteristik des der Volksseele Angehörigen soll nun auch von den Erscheinungen des regulären Bedeutungswandels gelten, und wir bleiben zunächst beim ersteren Punkte stehen, daß nämlich der reguläre Wandel einen generellen Ursprung habe, während beim singulären ein individueller Ursprung „teils nachzuweisen, teils mit Wahrscheinlichkeit anzunehmen" sei.[1]) Fragen wir uns also zunächst: Wider-

---

[1]) Vgl. II, ¹, S. 429 ff.; ², S. 458 ff. und öfter. Auch ¹, S. 558; ², S. 587 ist in diesem Sinne gesagt, Metapher und Gleichnis seien, verglichen mit

streitet es — wie Wundt annimmt — wirklich dem **Wesen volks-**
tümlicher Schöpfungen, daß sie nur von einem Individuum original
hervorgebracht und von den anderen bloß akzeptiert würden?
Ich glaube nicht, und damit ist auch schon gesagt, daß es meiner
Meinung nach diesem Charakter auch nicht widerspricht, daß
unter Umständen dieser individuelle Ursprung direkt bekannt
sei oder gewesen sei.[1]) Auch dieser Umstand kann einem Gebilde den Charakter des Volkstümlichen nicht nehmen. Allgemein erkennt man heute an, und auch Wundt tut es in abstracto, daß wir uns die Vorgänge im Sprachleben und die
dabei wirksamen Kräfte auch in Zeiten, die unserer unmittelbaren Erfahrung entrückt sind, soweit immer möglich, demjenigen analog zu denken haben, was die Beobachtung des uns
Naheliegenden und Gegenwärtigen zeigt. Wohlan! Wer hätte
nicht schon in seiner Umgebung beobachtet, daß ein einzelnes
wohlbekanntes Individuum zuerst ein gewisses Wort in einer
neuen Bedeutung verwendete, und der veränderte Gebrauch dann
in einem kleineren oder größeren Kreise in Aufnahme kam?
Und zwar meine ich dabei Fälle, die sonst nach ihrem ganzen
Charakter durchaus auf dem Niveau und im Rahmen des Volkstümlichen bleiben! Auch innerhalb dieses Gebietes kann das
eine Individuum mehr oder weniger schöpferisch, wie auch mehr
oder weniger wählerisch sein als ein zweites oder drittes.

Andererseits ist es gar nicht meine Meinung, daß jede
solche Bedeutungsänderung und -übertragung nur einen Urheber
habe und haben müsse, dem die anderen darin nachahmend
gefolgt wären. Es konnte derselbe Vorgang mehrmals unabhängig im Kreise der Sprachgenossen auftreten, und wenn auch
einer der Neuerer streng genommen zeitlich der erste war, ist
damit ja gar nicht gesagt, daß alle anderen die Neuerung
gerade von ihm übernommen hätten.

den Übertragungen des regulären Bedeutungswandels, beide „singuläre Erscheinungen"; nur trage das Gleichnis noch in höherem Grade als die Metapher
das Gepräge „individueller Erfindung" an sich. Ob mit der Unterscheidung zwischen dem, was einen individuellen und dem, was einen generellen Ursprung (d. h. einen solchen in der „Volksseele") habe, zugleich die
richtige Abgrenzung der Gegenstände der Individual- und der Völkerpsychologie gegeben sei, darüber haben wir uns schon oben eine kritische Bemerkung erlaubt.

[1]) Daß aus der Unmöglichkeit, ihn irgendwo direkt nachzuweisen, nicht
folgt, daß er nicht bestanden habe, scheint mir ohnedies sicher.

Irre ich nicht, so will auch H. Paul dies nicht leugnen. Worauf es ihm bei seiner energischen Betonung, daß jedes Wort und jede Form irgend einmal zuerst von einem bestimmten Individuum gebraucht worden sei, vornehmlich ankommt, ist wohl nur der Kampf gegen jede mystische Hypostasierung der Allgemeinheit, die auch ich schon in meinem Ursprung der Sprache bekämpft habe.

Wenn man davon spricht, der Geist oder die Seele einer gewissen Korporation oder überhaupt Gesamtheit sei nicht der Geist eines einzelnen oder der einzelnen für sich genommen, so hat dies ohne Zweifel eine gewisse Wahrheit. Erstlich kann durch Zusammenwirken vieler einzelnen ein Maß von Arbeit geleistet und damit ein Werk geschaffen werden, wozu jeder einzelne für sich unfähig wäre. Ferner können bei der Mehrzahl der Individuen einer Gesamtheit gewisse Neigungen, Gewohnheiten und Traditionen, Sympathien und Antipathien wirksam sein, welche vielleicht mit denen vereinzelter anderer in Widerstreit sind, aber diese unterjochen. Sei es in dem Sinne, daß sie dieselben allmählich in ihrer Eigenart abschwächen und nach sich ummodeln, sei es in dem Sinne, daß sie jedenfalls bei der Ausführung dessen, was als Werk und Ausdruck der Gesinnung der Gesamtheit erscheint, so überwiegen. daß sie allein sich deutlich darin zu erkennen geben.

Ja, sogar wenn gewisse Gewohnheiten und Neigungen allen Individuen einer Körperschaft eigen sind, kann es sein, daß sie bei ihnen doch eben nur, sofern sie Glieder dieser Gesamtheit sind, voll zur Geltung und Wirksamkeit kommen, sei es, daß der einzelne der Anregung und des Beispiels der anderen bedarf, sei es, daß sonstwie nur so alle Bedingungen für die ungehemmte Betätigung jener Neigungen und Fähigkeiten erfüllt sind. Aber bei alledem muß doch festgehalten werden, daß jene Dispositionen und Gewohnheiten, Sympathien und Antipathien, eben nur die einzelnen Individuen zu Trägern haben, und daß nur diese und die ihnen innewohnenden psychischen Kräfte es sind, auf welche die besonderen Umstände, in welche sie — sei es gemeinsam, sei es einzeln — gestellt sind, als Anreize und Förderungen oder Hemmungen wirken können. Und wenn es auch oft vorkommt, daß der „Sondergeist“ eines einzelnen dem sog. „Geist einer Gesamtheit“ erliegt und sich ihm angleicht. so kommt doch auch wohl einmal das Umgekehrte vor, nämlich daß ein einzelner einer Gesamtheit sein Gepräge aufzwingt und sie nach seinen Gesinnungen und Neigungen, die ursprünglich Sonderneigungen waren, ummodelt. Freilich nicht plötzlich und unvermittelt oder durch ein einmaliges Kommando. Ein solches wird selbst einer Sklavenseele gegenüber nicht sofort den Erfolg haben, sie innerlich umzugestalten. Aber durch kluge Benützung der Gesetze der Urteils- und Gesinnungsbildung ist es schon manchesmal einem Geiste von überlegener Kraft gelungen, das, was zunächst nur sein „Geist" war, stufenweise und allmählich zum Geiste einer Gesamtheit zu machen.

Das alles wird heute wohl niemand ausdrücklich bestreiten. Aber durch eine gewisse mystische Richtung in der Philosophie war einst eine Rede von dem Geiste oder der Seele einer Gesamtheit begünstigt, welche doch etwas anderes sein sollten, als was wir oben so nannten, nämlich etwas anderes als die Dispositionen der einzelnen unter dem Einfluß der gemeinsam auf sie wirksamen Verhältnisse, Traditionen usw. Man neigte dazu, die Gesamtheit als solche zu hypostasieren und die so hypostasierte Fiktion als den Träger der wichtigsten Tätigkeiten und geistigen Bewegungen des Volkslebens und als den Urheber der weitgreifendsten Werke und Institutionen der menschlichen Gesellschaft anzusehen. Und die Zuflucht zu einer solchen Fiktion wurde auch für die Frage nach dem Ursprung der Sprache und Sprachen und nach den Gründen ihrer besonderen Entwicklung und Gestaltung als Lösung ausgeboten. In Wahrheit war sie natürlich keine Erklärung und verhinderte nur, indem sie eine solche vortäuschte, daß man sich energisch der Forschung nach den wirklichen Ursachen der Erscheinungen befliß. Da aber auch heute noch der eine und andere, obwohl er es nicht Wort haben will, ein Anhänger jener fiktiven Hypostasierung von Kollektionen und Allgemeinheiten ist und Reden, die nur den Wert von Bildern haben können, unter der Hand wie ernstliche Erklärungen der Tatsachen gelten läßt, so erscheint es wohl gerechtfertigt, ja geboten, daß man dem immer wieder entgegentrete und betone, daß es in der psychischen wie der physischen Welt keine Realitäten gibt als die Individuen und ihre Wechselwirkung mit den sie umgebenden Umständen. Aber — wie schon bemerkt — worauf es dabei (z. B. hinsichtlich des Ursprungs und der Entwicklung der Sprache) ankommt, ist nicht die Lehre, daß (auch im Gebiete der „Volksseele") jeder einzelne Schritt der Wortbildung und Bedeutungsänderung einmal von einem allein original getan wurde, sondern nur, daß entweder dies der Fall war oder daß derselbe Schritt oder ein nahezu gleicher von mehreren bestimmten Individuen gleichzeitig oder nahezu gleichzeitig unabhängig gemacht wurde. Im letzteren Falle konnte, was damit gewonnen war, Gemeingut werden, ohne daß es alle von einem empfangen hatten. Doch ist und war auch das andere nicht ausgeschlossen und ist gewiß vielfach vorgekommen, ganz unbeschadet der Volkstümlichkeit des betreffenden Erzeugnisses. Wie auch umgekehrt es auf solchen Gebieten geistiger Bewegung, die nicht Sache des Volkes sind (wie die strenge Wissenschaft) vorkommen kann und vorkommt, daß mehrere nahezu gleichzeitig und unabhängig voneinander denselben oder nahezu denselben Schritt nach vorwärts tun, unbeschadet dem ganz unvolkstümlichen Charakter ihrer Bestrebungen und des Resultates derselben. Kurz: der Umstand, daß eine Errungenschaft nur von einem original gewonnen, von den anderen bloß übernommen und weiter tradiert wurde und wird, oder daß mehrere unabhängig voneinander zu ihr gelangen, ist durchaus nicht entscheidend für ihren volkstümlichen oder nicht volkstümlichen Charakter. Und beide Gebiete können miteinander gemein haben, daß ein bemerkenswertes Ganzes von Leistungen nur durch das Zusammenwirken eines größeren Kreises von Individuen, nicht durch ein Individuum allein, zustande kam und kommen konnte, wie ja auch z. B. bei wissenschaftlicher Tätigkeit der einzelne durch Wechselwirkung mit anderen und durch ein gegenseitiges Nehmen und Geben zu Arbeiten fähig wird, zu denen er für sich allein nie imstande gewesen wäre, und wie auch hier nur durch eine Vereinigung vieler Kräfte ein Werk von größerer Bedeutung möglich ist.

Fragt man aber, worin dann noch ein Unterschied bestehen bleibe, zwischen dem, was Erzeugnis der „Volksseele" ist und dem, was dies nicht ist, so erscheint mir die Antwort nicht schwer. Ist doch offenkundig der Kreis, der z. B. bei der Wissenschaft, sei es mehr schöpferisch, sei es mehr empfangend, prüfend und weitergebend zu einem Ganzen zusammenzuwirken befähigt ist, ein kleinerer, der von demjenigen, den man das Volk nennt, in weitem Bogen umschlossen wird. Bei dem wahrhaft Volkstümlichen aber ist eben das ganze Volk beteiligt oder wenigstens zur Beteiligung mehr oder weniger befähigt, sei es durch Neuschöpfung von Gebilden, sei es durch verständnisvolle Aufnahme des bereits Gegebenen und als Träger der bezüglichen Traditionen. Und was die vornehmsten Gegenstände der „Völkerpsychologie" betrifft, wie die Bildung der Sprache und diejenige volkstümlicher Sitten und rechtlicher und staatlicher Institutionen, so handelt es sich dabei überdies um Erzeugnisse und Gebilde, die überhaupt nur im Zusammenleben und Verkehre einer Vielheit Sinn und Zweck haben. Der einzelne für sich hatte ja keinen Anlaß und kein Bedürfnis nach einem Verständigungsmittel, und rechtliche Verhältnisse entspringen nur, wo eine Mehrheit zurechnungsfähiger Wesen sich in eine gemeinsame Machtsphäre zu teilen haben.

Doch auch wenn man von dem absieht, was so der Sprach- und volkstümlichen Rechtsbildung gegenüber der Wissenschaft eigentümlich ist, nämlich daß sie nicht bloß von einer Vielheit, sondern daß sie wesentlich für eine Vielheit geschaffen sind, ist — wie wir sahen — jedenfalls ein anderer Unterschied zwischen beiden Gebieten in die Augen springend, und er gibt auch die Richtschnur an, um innerhalb dessen, was wir Sprache und Recht nennen, selbst eine Abgrenzung zwischen dem Volkstümlichen und dem Nichtvolkstümlichen zu ziehen.[1]) Zur Entstehung von etwas wie Sprache beizutragen ist jeder Volksgenosse mehr oder weniger fähig, sei es schöpferisch, sei es durch Verständnis, Aufnahme und Wiedergabe des Geschaffenen. Träger der Wissenschaft zu sein ist nicht Sache aller Volksgenossen. Nicht bloß die Schaffenden sondern auch die mit Verständnis Aufnehmenden und Weitergebenden sind naturgemäß nur eine Elite innerhalb des Volkes. Und auch soweit es Sprachliches gibt, was hierin der Wissenschaft (und den höheren künstlerischen Leistungen) verwandt ist, rechnen wir es nicht zur Volkssprache. Als volkstümlich gilt uns auch hier alles das nicht, wofür nicht die Gesamtheit als Träger zu fungieren fähig ist. Das mag man, wenn man will, das Singuläre oder Vereinzelte in der Sprache nennen, im Gegensatz zum Volkstümlichen, das man das Reguläre oder Gewöhnliche heißen kann.

Diese Unterscheidung muß nun auch hinsichtlich der Bedeutungsentwicklung gelten.

---

[1]) Und einigermaßen analog auch bezüglich eines volkstümlichen und nichtvolkstümlichen Bereiches in der Kunst.

Nicht darauf kommt es also meines Erachtens an, ob eine Erscheinung „singulär" sei in dem Sinne, daß sie auf einen individuellen Urheber zurückweise,[1]) sondern ob sie nach ihrer ganzen Natur und Entstehungsweise sich über das Niveau der volkstümlichen Befähigung erhebe, oder aber, ob sie in diesem Rahmen bleibe. Nur danach wird sie, und so auch speziell der

---

[1]) Und auch das kann nicht ohne weiteres entscheidend sein für den singulären und unvolkstümlichen Charakter eines Bedeutungswandels. und einer Namengebung, ob sie strikte Eigentum des Volkes in seiner Gesamtheit oder nur eines beschränkteren Kreises sind, wenn sie nicht nach Stoff oder Methode über die Fähigkeit der Volksseele hinausreichen, sondern die Beschränkung sonstwie durch die Besonderheit der Erfahrungen und Bedürfnisse jenes Kreises oder durch allerlei Zufälligkeiten bedingt ist. Infolge solcher Besonderheiten gibt es ja eine Menge Ausdrücke, die nur oder vorzugsweise unter den Angehörigen besonderer Stände, Berufsklassen und Handwerke, mit Ausschluß der anderen, Verbreitung gefunden haben und finden. Dörfer im Unterschiede von den Städten und jene untereinander wie diese untereinander, ferner kleinbürgerliche Gewerbetreibende verschiedener Kategorien unter sich, Handwerksburschen, Ackerbauer, Hirten, Jäger, Schiffer, Kriegsleute, Theaterleute usw. haben alle mehr oder weniger ihre eigene Sprache; ja von jeder zahlreicheren und geistig geweckteren Familie und jedem solchen Geschwisterkreis gilt es, daß sie in Scherz und Ernst gewisse Besonderheiten des Wortschatzes aufweisen oder — um einen Ausdruck von Herder zu gebrauchen — auf dem Sprachfelde ihre besonderen Beete besitzen. Bekanntlich verfügt auch — wie schon L. Tobler betont hat — der Volksdialekt vielfach über Ausdrücke für spezielle Unterschiede von Pflanzen und Tieren, die in der Viehzucht und Landwirtschaft vorkommen, für Geräte und Verfahren im Handwerk und Hauswesen, für menschliche Torheiten und Gebrechen in einer Mannigfaltigkeit, worin ihm die Schriftsprache nicht gleichkommt. Und nach den Beobachtungen aus meiner Jugendzeit (und jeder wird unter analogen Umständen analoge gemacht haben) hat z. B. jedes schweizerische Seldwyla etwas von einem eigentümlichen Wortvorrat.

Aber es wäre verkehrt, diese Ausdrücke und Ausdrucksmethoden, bloß darum, weil sie nicht allgemeine Aufnahme und Verbreitung gefunden, als singulär zu bezeichnen.

Wenn Wundt dies täte, wie würde dies damit stimmen, daß er das „Singuläre" anderwärts — wie wir noch hören werden — als etwas hinstellt, was Ausfluß einer „Willkürhandlung" sei, d. h. Sache einer auf Reflexion beruhenden Wahl und Erfindung, die man dem Volke nicht zuschreiben dürfe, ohne sich einer falschen „Reflexionspsychologie" schuldig zu machen, welche einem primitiven Seelenleben das höher entwickelte des reflektierenden Psychologen unterschiebe. Müßte der Autor dann nicht dieselben Individuen: Hirten, Jäger, Soldaten, Handwerker usw. bald für fähig, bald für unfähig erklären für solche Erfindung und Reflexion, indem ja dann, was sie schafften und mit Verständnis weitergäben, bald regulär bald singulär wäre?

Bedeutungswandel, als etwas Reguläres und Volkstümliches anzusehen sein oder nicht.

Auch wenn man übrigens jenen Gesichtspunkt des individuellen Ursprungs als maßgebend gelten ließe für die Singularität
eines solchen Vorganges, so müßte ich bestreiten, daß dadurch
für die Klassen singulären Wandels, welche Wundt aufzählt,
insgesamt oder auch nur in ihrer Mehrzahl dieser Charakter
erwüchse. Er erwähnt[1]) unter diesen Klassen vor allem erstens
die „Namengebung nach singulären Assoziationen" und als die am
häufigsten vorkommenden Fälle der Art: die auf der Assoziation
des Gegenstandes mit dem Ort seines Vorkommens, seiner Auffindung und Herstellung beruhenden. Wie wenn die Münzstätte
(moneta) in Rom ihren Namen von dem Tempel der Juno Moneta
erhielt, in dessen Nähe sie eingerichtet worden war; wenn
Kupfer nach der Insel Cypern, wenn die „Heiden", pagani, nach
ihrem Wohnort in Dörfern (pagi) und auf der Heide benannt
wurden usw.

Als zweite Gruppe von Fällen der „Namengebung nach
singulären Assoziationen" führt er diejenigen an, welche fußen
auf der „Assoziation der Erscheinung, die benannt wird, mit
einem einzelnen Gegenstand, an dem sie wahrgenommen
wurde"; wie wenn die Elektrizität nach dem Bernstein (electron)
genannt wird.

An dritter Stelle nennt er die Fälle, wo „ein Gegenstand
nach einem anderen benannt wird, dem er irgendwie, namentlich
in der äußeren Gestalt, gleicht". Wie wenn man von Kelch, der
Krone und den Kätzchen der Blüten, von den Nähten der Knochen
spricht. Doch bemerkt der Autor selbst, in diesen auf Ähnlichkeitsassoziationen zurückgehenden Fällen sei nicht selten die Entscheidung zweifelhaft, ob man es mit singulärem oder regulärem
Bedeutungswandel zu tun habe. Aber je gesuchter und zufälliger
die Ähnlichkeit sei, um so wahrscheinlicher werde man annehmen
können, daß die Benennung ursprünglich individuell entstand.

Deutlicher dagegen sei der singuläre Ursprung im allgemeinen bei einer vierten Gruppe von Namengebungen, nämlich
bei den völlig willkürlichen. Gemeint sind technische Ausdrücke der Wissenschaft, sei es daß sie Übersetzungen aus dem
Lateinischen oder Griechischen sind wie Bewußtsein, Gegenstand, Beweggrund usw. oder ein fremdes Gewand beibehalten
haben wie Idealismus, Realismus, Altruismus usw. Ferner willkürliche Wortschöpfungen wie Od, Volapük, Gas.

2. „Der singulären Namengebung", fährt Wundt fort, „kann
als Vorgang zweiter Stufe die Übertragung des Namens von
dem Gegenstand, dem er ursprünglich zukam, auf einen anderen
folgen". Wenn die Übertragung „auf dem Wege des gewöhn-

---

[1]) II, ¹, S. 541 ff.; ², S. 571 ff.

lichen, auf allgemein gültigen Assoziationsmotiven beruhenden
Bedeutungswandels" geschieht, dann mündet der Vorgang in eine
reguläre Bedeutungsentwicklung ein. So wenn moneta der Name
auch anderer Münzstätten außerhalb Roms und weiter auch der Name
des geprägten Geldstücks wurde. Anders, wenn die Übertragung
selbst singulärer Art ist, was sich — wie Wundt meint — in einer
raschen Zunahme der Entfernung von der Anfangsbedeutung zeige.
Als Beispiele solchen „sprunghaften Wechsels" erwähnt er die
verschiedenen Bedeutungen von Realismus, Idealismus, Egoismus,
Nihilismus usw. Auch Übertragungen wie: homerisches Gelächter,
faustisches Streben, Tartüfferie, Eulenspiegelei, Donquixotiade
usw., wo „der Name eines einzelnen Gegenstandes zur Bezeichnung
einer größeren Gruppe verwandter Gegenstände gebraucht wird",
rechnet Wundt zu den singulären Übertragungen.

3. Als wichtigste Form des singulären Bedeutungswandels
endlich bezeichnet der Autor die echte Metapher, über deren
wahre Natur er — wie wir noch sehen werden — freilich
widersprechende Angaben macht.

Demgegenüber muß ich nicht bloß, was die Metaphern und
die Namengebungen nach der Ähnlichkeit der Gestalt betrifft, entschieden bestreiten, daß bei ihnen ein individueller Ursprung wahrscheinlicher sei als bei zahlreichen Fällen, die Wundt zum regulären
Bedeutungswandel rechnet; auch bezüglich der anderen aufgezählten
Klassen sog. singulären Wandels ist wohl zu unterscheiden zwischen
dem individuellen Charakter einer Assoziation in dem Sinne,
daß der Gegenstand, der den Anlaß zu ihr bot, individuell
oder quasi-individuell ist, und in dem Sinne, daß der originale
Schöpfer oder erste Träger derselben ein Individuum war.
Das eine ist durchaus nicht notwendig mit dem anderen verknüpft, ja auch nur dadurch wahrscheinlich gemacht. Obwohl
der Anlaß zu einer gewissen Assoziation individuell ist, sei es
im strengen Sinne wie bei Moneta[1]) oder Donquixotiade, oder

---

[1]) II, 1, S. 430; 2, S. 459 gibt Wundt bei diesen und verwandten Beispielen
des Bedeutungswandels als Grund dafür, warum wir an einen individuellen
Ursprung desselben glauben sollen, folgendes an. „Wenn z. B. die Römer
ihre erste Münzstätte Moneta nannten, nach dem in der Nähe befindlichen
Tempel der Juno Moneta, so war die Beziehung der beiden Vorstellungen
jedem römischen Einwohner verständlich. Da aber zwischen den Gegenständen selbst, abgesehen von ihrer zufälligen räumlichen Nähe, nicht die
geringste Beziehung besteht, so bleibt die Namengebung eine willkürliche,
und sie wird aller psychologischen Wahrscheinlichkeit nach schließlich ebenfalls auf einen einzelnen zurückgehen". Aus der „Willkürlichkeit" des Falles
im Sinne einer bloß äußerlichen Beziehung zwischen der früheren und späteren
Bedeutung wird also auf „Willkürlichkeit" im Sinne einer Wahl und von
dieser auf den individuellen Ursprung geschlossen. Auf den Wert dieser
Argumentation kommen wir im weiteren zu sprechen.

in einem weniger strengen wie bei electron. kann sich diese
doch vielen unabhängig voneinander aufdrängen und so
konnten sie auch die betreffende Namengebung unabhängig voneinander wählen.

Doch vielleicht wirft Wundt ein: was er als Eigentümlichkeit des singulären Wandels bezeichne, sei nicht strenge verstanden die Urheberschaft eines Individuums; vielmehr könne ein
solcher auch von mehreren Individuen ausgehen. Was er (Wundt)
einerseits unter der „einmaligen Entstehung der Motive" für den
Bedeutungswandel und andererseits unter ihrer „mehrmaligen
unabhängigen Entstehung" meine, sei, daß die letzteren bei
allen oder den meisten Individuen einer Gesellschaft wirksam
seien, die ersteren dagegen, wenn auch nicht bloß bei einem,
doch vereinzelt. Und der Grund dafür, daß der singuläre
Wandel nicht allgemein auftrete, sei der, daß er willkürlich sei
— willkürlich einesteils in dem Sinne, daß eine bloß zufällige
Beziehung zwischen der alten und neuen Bedeutung bestehe
(nicht eine innere, in der Natur der Begriffe liegende), andernteils in dem Sinne, daß eine solche Beziehung eben nur im Zusammenhang mit Willkür im Sinne eines Wollens und Wählens[1])
wirksam werden, dieses aber nicht Sache der Gesamtheit sondern
nur einzelner sein könne. Anders beim regulären Wandel. Hier
seien „Assoziationsmotive"[2]) im Spiele, die nicht bloß auf individuellen oder nach dem Umfang ihrer Verbreitung sehr beschränkten
Bedingungen beruhen, sondern allgemein gültige Bedeutung haben,
ja es handle sich um eine „in den ursprünglichen Eigenschaften
der Begriffe begründete Entwicklung" der Bedeutungen.[3]) Auf

[1]) Wundt gebraucht „willkürlich" bald in diesem, bald in jenem Sinne.

[2]) Offenbar ist der Terminus „Motiv" hier (und so öfter bei Wundt)
nicht strenge zu verstehen. Im eigentlichen Sinne genommen heißt ja Motiv
soviel wie Beweggrund und kann man nur vom Motiv eines Interesses (Fühlens,
Wollens, Wählens) oder eines Urteils oder Fürwahrhaltens sprechen, wie wenn
ich ein gewisses Mittel wegen des Zweckes begehre und einen gewissen Satz
für wahr halte wegen gewisser anderer, aus denen er folgt. Wundt gebraucht
hier das Wort augenscheinlich in viel allgemeinerem Sinne von allem, was
Ursache oder Bedingung von etwas ist. Und bei den „Motiven" einer
Assoziation in diesem Sinne ist zu denken: einmal au das allgemeine Gesetz
(oder die Gesetze) der Ideenassoziation, dann an die speziellen Reize (Anlässe)
und Dispositionen welche den Ablauf der Vorstellungen im Rahmen der allgemeinen Gesetze bedingen. Als Ursache des besonderen Verlaufes kann dann
allerdings auch das Eingreifen des Wollens und Wählens wirksam sein, und
dieses kann nun „Motive" haben im strengen Sinne des Wortes, die aber
freilich nicht Assoziationsmotive zu nennen wären. Denn soweit der Vorstellungsverlauf vom Willen beherrscht ist, liegt eben nicht bloß Assoziation vor.

[3]) II, [1], S. 428, 430, 487; [2], S. 457, 459, 515. [1], S. 542, 550; [2], S. 571, 580.

sie werde also nicht willkürlich von einem oder mehreren von einzelnen gegriffen, sondern man werde mit innerer Notwendigkeit und darum allgemein auf sie geführt.

Sollen wir also auf Grund dieser Äußerungen annehmen, Wundt wolle von regulärem Wandel da sprechen, wo innere Beziehungen zwischen den Bedeutungen ihn vermitteln, von singulärem dort, wo nur äußere im Spiele sind? Ich bin nicht sicher, daß dies seine definitive Ansicht ist.[1]) Aber nehmen wir an, dem sei so, so ist der Lehre gegenüber natürlich als tatsächlich einzuräumen (was wir auch schon früher zugegeben haben), daß es nicht bloß Fälle gibt, wo zwischen den verschiedenen Verwendungen einer Bezeichnung gar keine Beziehung besteht resp. bestand (die ὁμώνυμα ἀπὸ τύχης), sondern daß auch da, wo eine solche vorliegt, noch eine Scheidung zu machen ist zwischen den Fällen, wo sie eine bloß äußerliche und solchen, wo sie eine mehr oder weniger innere ist. Ich sage: mehr oder weniger. Denn die Grenze ist eine fließende; nicht — wie manche zu glauben scheinen — eine sichere und feste. Aber auch im übrigen müssen wir acht haben, daß die bezüglichen Tatsachen keine unrichtige Auffassung erfahren.

II, ¹, S. 426; ², S. 455 scheint er dies allerdings geradezu vom „selbständigen Bedeutungswandel" überhaupt zu sagen, d. h. von allen Fällen, „bei denen sich der Lautbestand des Wortes nicht oder doch nicht in einer die Bedeutung irgendwie beeinflussenden Weise geändert hat", im Gegensatz zu den von ihm sog. korrelativen Laut- und Bedeutungsänderungen, wo eine Wechselbeziehung zwischen der einen und anderen Änderung bestehe. Allein anderwärts ist es speziell vom regulären gesagt, von dem es auch — wie wir hörten — gelten soll, daß hier nicht bloß die Geschichte eines Wortes, sondern die eines Begriffes gegeben und daß er nicht individuellen sondern generellen Ursprungs sei usw.

¹) Die Lehre bringt ihn nämlich mit sich selbst in Widerspruch. Denn die „echte poetische Metapher" rechnet er doch entschieden und ausdrücklich zum singulären Wandel, und wer möchte behaupten, daß hier zwischen der eigentlichen und übertragenen Bedeutung nie eine innere Beziehung bestehe? Gewiß Wundt selbst nicht. Doch finden sich in seinen verschiedenen Angaben zur Charakteristik des regulären und singulären Wandels auch sonst Widersprüche, die in keiner Weise zu schlichten sein möchten.

²) Und darin kann auch der Unterschied, ob bei einem Wandel Wille und Wahl (Willkür) im Spiele sei, beim anderen nicht, nichts verschlagen. Willkürlich in diesem Sinne heißt nicht gesetzlos. Und selbst diejenigen, welche, (obschon, wie ich glaube, mit Unrecht), die Willensvorgänge nicht für determiniert durch unerbittliche Gesetzmäßigkeit halten, dürften doch kaum darauf Gewicht legen, den Indeterminismus gerade im Gebiete des absichtlichen Bedeutungswandels aufrecht halten zu wollen. Jedenfalls scheint uns die Wahrheit zu sein, daß das Wollen und Wählen so wenig grundlos oder undeterminiert eintritt wie jedes andere, sei es körperliche, sei es psychische Geschehen.

Schon andere vor Wundt haben davon gesprochen, daß bei
der einen dieser Gruppen von Fällen etwas wie eine den Begriffen immanente Notwendigkeit, bei der anderen dagegen eine
historische Zufälligkeit zum Bedeutungswandel führe, und man
hat den Unterschied auch dadurch zu charakterisieren gesucht,
daß man sagte, nur bei der einen Klasse (wo die Beziehung
der Bedeutungen eine bloß zufällige ist) solle man von einer Übertragung. bei der anderen Klasse von einem Übergang, einem
„von selbst in einander übergehen", der Bedeutungen sprechen.
Das klingt. wie man leicht bemerkt, an Äußerungen Wundts
an. wo er beim regulären Wandel von einer „in den ursprünglichen Eigenschaften der Begriffe liegenden Entwicklung" der
Bedeutungen spricht. Und wenn er strikte leugnet, daß hier
irgend etwas wie eine Wahl der Bezeichnungen statthabe, so
erscheint dies nur als der extreme Ausdruck für etwas, was
wohl auch anderen vorgeschwebt hat. Sehen wir denn zu, ob es
eine unzweideutige und richtige Auffassung der Tatsachen ist.
       Vor allem sei dem möglichen Mißverständnis vorgebeugt,
daß, wenn hier einem notwendigen Prozeß (beim sog. regulären
Wandel) ein solcher, der zufällig sei (beim singulären), gegenübergestellt wird, damit nicht gemeint ist und sein kann, nur
der erstere unterliege festen Gesetzen. Das will auch Wundt
nicht behaupten.[2]) Alles, was geschieht, wie außer uns, so auch
in uns, und wäre es Ausfluß der bizarrsten Laune, geschieht
nach Gesetzen, und bei jedem Bedeutungswandel, wo nicht eine
bloße ὁμωνυμία ἀπὸ τύχης und somit bloß die Lautgesetze
im Spiele sind, kommen denn auch irgendwie die Gesetze des
Gedankenzusammenhanges als wirksam in Frage. Der Unterschied kann also im besten Falle nur der sein, daß wir etwa
das eine Mal diese Gesetze und die ihnen unterliegenden Ereignisse mit ausnahmsloser Sicherheit zu erkennen und vorauszusagen vermögen, im anderen dagegen nicht.
       Wenn aber dies den sog. regulären und singulären Wandel
scheiden soll, dann muß ich abermals sagen, daß diese Charakteristik
eine Fiktion ist. In Wahrheit ist kein Bedeutungswandel mit
voller Sicherheit vorauszusagen. Überall handelt es sich für
uns bloß um größere oder geringere Wahrscheinlichkeit.
       Daß dasjenige, was Wundt eine „auf den ursprünglichen
Eigenschaften der Begriffe" beruhende, oder was andere eine
immanente und notwendige Bedeutungsentwicklung genannt haben,
nicht ausnahmslos eintritt, dafür liegt der handgreifliche Beweis
schon darin, daß es überhaupt daneben einen „zufälligen" oder
„singulären" Wandel gibt. Denn auch da, wo dieser auftritt,
eignen ja doch dem Begriff. der nun in dieser („zufälligen") Weise
eine übertragene Bezeichnung erhält, irgendwelche innere Beziehungen zu anderen Begriffen, so daß, absolut gesprochen,
auch ein darauf — oder (wie Wundt sich ausdrückt) auf den
ursprünglichen Eigenschaften der Begriffe — beruhender Be-

deutungswandel möglich gewesen wäre. Aber offenbar haben sich trotzdem bei der Wahl der Bezeichnung äußere Beziehungen siegreich dem Bewußtsein aufgedrängt, und darum trat nichts von dem ein, was sich angeblich mit innerer Notwendigkeit aus der Natur der Begriffe ergeben sollte. Die Wahrheit ist eben, daß eine solche innere Notwendigkeit für das Auftreten eines bestimmten Bedeutungswandels nirgends erkennbar ist. Innere Notwendigkeit besteht zwar zweifellos hinsichtlich der Entstehung der Begriffe selbst, sofern es ausgeschlossen ist, daß die elementaren Imperzeptionen und Komperzeptionen anders als in innigstem Kontakt mit gewissen entsprechenden Perzeptionen (z. B. der Begriff des Farbigen aus Farbenperzeptionen, der des Tönenden aus Tonperzeptionen, der der Gemütsbewegung und des Urteilens aus gewissen Anschauungen der inneren Erfahrung) gewonnen würden und die zusammengesetzten Begriffe (wie Dreieck, Organismus, Pflanze usw.) durch Synthese aus den Elementen, die eben das sog. Wesen des betreffenden „Gegenstandes" ausmachen. Aber — wie schon oben betont wurde — etwas anderes ist die Entstehung der Begriffe, und etwas anderes die Entstehung der Bezeichnungen für sie, sei es durch völlige Neuschöpfung, sei es durch übertragene Verwendung von schon Vorhandenem. Die Meinung von Wundt, M. Müller und anderen, der (reguläre) Bedeutungswandel sei identisch mit einer Entwicklung der Begriffe auseinander, haben wir bereits als einen Irrtum erkannt, der auf einer Verkennung der Natur der inneren Sprachform und der Gesetze der Genesis der Begriffe beruht. Von der Frage nach der letzteren ist ganz zu trennen die Frage, welche innere Sprachform etwa gewählt wird, um für einen gewissen Gedanken die Schaffung eines ganz neuen Zeichens zu vermeiden und mit dem schon gebräuchlichen und verständlichen Vorrat auszukommen. Für denselben Begriff kann so einmal eine Bezeichnung gewählt werden, deren bereits übliche Bedeutung durch eine innere Beziehung (Ähnlichkeit oder Verwandtschaft) mit ihm zusammenhängt. aber auch eine solche, wo nur ein ganz äußerlicher Zusammenhang die Assoziation begründet. Und was die inneren Beziehungen betrifft, so können hier wieder verschiedene in Frage kommen, die dem Zwecke, das Verständnis zu vermitteln. dienen: wie auch andererseits unter den äußeren abermals eine Mehrheit zur Wahl gestellt sein kann. Welche gewählt wird, ob eine innere oder äußere, und in der einen und anderen Klasse. welche unter den einzelnen, das ist etwas, was nicht von der Natur des Bezeichnenden allein, sondern von einer Mannigfaltigkeit anderer Umstände abhängig ist. Weshalb es ja auch — wie wir schon öfter betont haben — geschieht, daß für denselben Begriff ganz andere und andere Bilder der figürlichen inneren Sprachform gewählt werden. Sie sind anders und anders bei Synonymen derselben Sprache, anders bei verschiedenen Sprachen und Sprachenfamilien, anders

in der Lautsprache und Geberdensprache. Letztere Klassen
von Verständigungsmitteln differieren natürlich in dem, was
unmittelbar verständlich (d. h. durch irgendwelche Art von
Nachahmung) bezeichnet werden kann, und dies gibt von
Anfang an der Entwicklung der Zeichen eine etwas andere
Richtung. Aber auch wo dies nicht ist, sondern wo wir es
z. B. nur mit Lautzeichen zu tun haben, ist jene Richtung
bedingt durch die Verschiedenheit der einer gewissen Sprach-
genossenschaft nächstliegenden Erfahrungen und Eindrücke (der
mehr bleibenden und der vorübergehenden) und durch den
besonderen Schatz von prima apellata, wozu diese Erfahrungen
und Bedürfnisse sie führen, durch die Besonderheit der Richtung
der Phantasie und den Grad und die Eigenart des ästhetischen Ge-
schmackes usw. usw. Wer alle diese Umstände kennte, der könnte
in jedem Falle mit voller Sicherheit voraussagen, welche Weise
der Übertragung eintreten werde, ob es sich nun um eine auf
einer rein äußerlichen oder um eine auf einer inneren Beziehung
beruhende handeln mag. Wo die Umstände völlig gleich sind,
treten auch völlig gleiche Erscheinungen auf, und in dem Maße
als sie übereinstimmen, sind die Ereignisse, die ihre Folgen
sind, gleichfalls einander parallel oder verwandt. So finden wir
ja hinsichtlich des Bedeutungswandels nicht bloß allgemeine,
sondern auch spezielle und speziellste Übereinstimmungen in der
Weise und Methode der Übertragungen auch bei Sprachgenossen-
schaften und Individuen, zwischen denen kein Verkehr statthatte,
und wo kein herüber und hinüber jene Gleichheit erklärt. Sie
ist eben Ausfluß einesteils der Gesetze der Ideenassoziation und
überhaupt derjenigen des Gedankenzusammenhanges, welche
alles menschliche Seelenleben mit beherrschen, andernteils der
übereinstimmenden Bedürfnisse, Anregungen, Erfahrungen bei
der Sprachbildung und der Beschränkung in den Mitteln, welche
die planlose Entstehungsweise der Sprache und andere Umstände
überall auferlegten. Soweit aber diese mannigfaltigen Umstände
doch nicht völlig übereinstimmen, ist auch eine größere oder
geringere Abweichung im konkreten Resultat unvermeidlich und
wird sich die Übereinstimmung mehr und mehr auf gewisse allgemeinere und allgemeinste Züge beschränken. Da wir jedoch in
keinem einzelnen Falle die Umstände mit absoluter Vollständigkeit
kennen, so können wir auch nirgends mit voller Sicherheit den
Erfolg berechnen, sondern nur mit einem gewissen Grade von
Wahrscheinlichkeit. Überall aber mit um so größerer Wahrscheinlichkeit, je vollständiger unsere Erkenntnis jener Bedingungen
ist. Und unsere Erkenntnis hat um so mehr Aussicht sich der
Vollständigkeit zu nähern, 1. je weniger kompliziert die Umstände sind, um die es sich handelt, 2. je mehr sie der Erforschung zugänglich sind und 3. je eindringlicher diese selbst
betrieben wird. Was das letztere betrifft, so gilt es, wie den
Stil, d. h. die bezüglichen Gewohnheiten und Neigungen, eines

Schriftstellers, so auch den einer Sprache und Sprachfamilie, und den der menschlichen Volkssprache überhaupt, in umfassender Weise zu studieren. Das wird, wie es den Philologen, der sich völlig in seinen Autor eingelesen hat, befähigt, zu sagen, welche Wendungen und Ausdrucksmethoden bei ihm möglich und zu erwarten sind und nicht, uns auch auf jenem weiteren Gebiete zu etwas in gewissen Grenzen Analogem befähigen. Was die unter 1. und 2. erwähnten Punkte betrifft, so kann man wohl behaupten, daß, was sie besagen, im allgemeinen da mehr gegeben ist, wo es sich um einen auf inneren Beziehungen, als wo es sich um einen auf äußeren, zufälligen, beruhenden Wandel handelt.[1]) Allein das konkrete Resultat wird man trotzdem

---

[1]) Aber auch da sind im allgemeinen die Umstände immer noch erheblich komplizierter und wechselnder als bei dem, was man regulären Lautwandel genannt hat. Und doch erkennen wir ja selbst hier nicht in jedem Sinne ausnahmslose Gesetze. Auch hier ist es eben nur so weit möglich, als die Umstände, die einen gewissen Lautwandel bedingen, konstant sind, resp. wir sie als solche zu erkennen vermögen. Dies ist aber natürlich nicht immer und schlechtweg der Fall. Immerhin sind die Bedingungen für die Erkenntnis von besonderen Gesetzen hier günstiger als beim Bedeutungswandel. Es gibt einen Lautwandel, der nur durch die Besonderheit des Artikulationsvermögens und der sog. Artikulationsbasis des Sprechenden bedingt ist, der also bei allen Individuen, die an diesen Anlagen teil haben, mit Notwendigkeit eintritt und überall zur Bevorzugung charakteristischer Laute und Lautverbindungen und zu gewissen Lautübergängen führen wird, auch wenn die Laute gar nicht zum Zwecke der Mitteilung, sondern aus anderen Motiven z. B. wegen der bloßen Lust an der Lautgebung als solcher geäußert werden. Hier kann man also mit Sicherheit sagen, daß, soweit nicht eben psychische Motive mit ins Spiel kommen und soweit jene Anlagen reichen, der Wandel gleichförmig eintreten werde. Auch gilt jedenfalls von ihm, daß er sich „blind" vollzieht, d. h. ohne daß eine Absicht auf ihn gerichtet ist, so daß, wie man gesagt hat, dem Sprechenden „jedes Bewußtsein" dieser „Fortentwicklung und Umgestaltung des überkommenen Sprachstoffes völlig abgeht".

Was dagegen den Bedeutungswandel betrifft, so besteht eine analoge „Blindheit" und ein solches Unbewußtsein bloß, soweit er auf Verwechslung, durchaus nicht, soweit er auf Übertragung beruht. Hier ist vielmehr eine Absicht auf den Wandel gerichtet, sei es die Absicht der Verständigung, sei es eine auf ästhetisches Vergnügen gerichtete.

Auch darin besteht ein Unterschied von Lautwandel und Bedeutungswandel, daß auf ersterem Gebiete in weit strengerem Sinne und weiterem Umfange von einem allmählichen Übergange der Gebilde ineinander die Rede sein kann als auf dem zweiten. Wo die Laute auch nicht unmittelbar benachbart und organisch verwandt sind, sind sie es doch vielleicht mittelbar, und in jedem Falle gehören die Erscheinungen alle derselben Gattung an, während die Bedeutungen vielfach toto genere verschieden und darum durch eine unüberbrückbare Kluft getrennt sind.

auch dort nicht mit voller Sicherheit voraussagen können, und diese letztere oder die größte Annäherung an sie wird bloß dadurch gewonnen, daß man sich bei seinen Erwartungen nur in einer gewissen Allgemeinheit hält. So z. B. kann man mit großer Sicherheit sagen, daß die Volkssprache — infolge der Planlosigkeit ihrer Entstehung und des Umstandes, daß die Zeichen sich selbst erklären mußten — die Bezeichnungen für Psychisches vornehmlich der sinnlichen Anschauung (insbesondere dem Gebiete der den Unterredenden gemeinsamen Gesichtseindrücke) entlehnen wird.

Wenn man sich aber in solcher Allgemeinheit hält, so ist auch bezüglich des Wandels nach äußeren Beziehungen nicht jede sicherere Behauptung und Generalisation ausgeschlossen. Und vor allem ist gewiß, daß — nicht wie Wundt glaubt — ein solcher Wandel in dem Sinne singulär wäre, daß er nur vereinzelt und wie die Laune eines einzelnen oder als Ausfluß einer „individuellen Willensrichtung" aufträte, sondern daß er — ebenso wie unter anderen Umständen ein auf inneren Beziehungen fußender — aus einer allgemein verbreiteten Neigung stammen und so etwas durchaus Volkstümliches sein kann.[1]

Schon früher habe ich auch betont, daß der sog. individuelle Wandel, in dem Sinne wie ein solcher z. B. bei Kognak, Donquixotiade, Moneta usw. usw. gegeben ist, gar nicht notwendig einen individuellen Urheber mit sich führt. Der sog. individuelle Anlaß kann mehrere Individuen unabhäng voneinander beeinflussen, und es kann bei vielen die Neigung bestehen, sich durch ihn anregen zu lassen. Es verschlägt aber auch nichts, daß nur einer allein original die Übertragung vornahm, während die anderen sie nachahmten. Denn auch, indem sie das von ihm Versuchte akzeptierten, machten sie es in gewissem Sinne zur Sache ihrer Wahl, einer Wahl, bei der ihre Neigungen, so gut wie die jenes Erfinders, in Wirksamkeit kamen. Und das ganz

---

[1] Ein volkstümlicher Name für die Italiener in der Schweiz ist „Tschinggä". Er ist zweifellos im Zusammenhang damit entstanden, daß man die Leute oft beim sog. Morraspielen beobachtet hat und sie dabei besonders häufig das Wort cinque aussprechen hörte. Th. Curti („Die Sprachschöpfung", 1890, S. 68) erwähnt, daß nach seiner Erinnerung die italienischen Erdarbeiter, welche die Eisenbahndämme bauten, am liebsten „die Tschingelemurre" genannt wurden. Hier ist der Zusammenhang noch deutlicher. Einen ebenso zufälligen Ursprung hat der volkstümliche Name Midinettes in Paris, womit junge Mädchen, die in allerlei Geschäften angestellt sind, bezeichnet werden und wurden, weil sie stets pünktlich zu Mittag, beim zeitweiligen Verlassen der Arbeit, auf der Straße gesehen werden. Und leicht ließen sich zahllose ähnliche Fälle häufen, wie z. B. der Name Fiaker, der bekanntlich daher kam, daß die ersten Mietskutschen in Paris (1640) in einem Hause mit dem Bilde von St. Fiacre (einem Benediktinermönch, den die Gärtner des mittleren Frankreich als ihren Patron verehrten) aufgestellt waren.

Analoge gilt bezüglich der an eine innere Verwandtschaft an-
knüpfenden Bilder, wo es gleichfalls ganz wohl geschehen konnte,
daß nicht mehrere gleichzeitig und unabhängig dasselbe wählten,
sondern nur einer es tat und die anderen es, da es ihren Erfahrungen und ihrer Phantasierichtung entsprach, akzeptierten.
Und hier wie dort[1]) endlich ist zu sagen, daß, wenn wirklich
eine Assoziation und Bedeutungsübertragung in der Art und
dem Maße Sache einer individuellen Laune und einer „durch
die individuelle Eigenart bestimmten Willensrichtung“ wäre, daß
andere sie nicht verstehen oder sonst aus irgend einem Grunde
wegen ihrer differenten Sonderart sich nicht zu eigen machen
könnten, sie eben gar nicht Sprachgut würde, weder singuläres
noch reguläres. Was sich nur in der Vorstellungswelt eines
Individuums abspielt und abspielen kann, gehört nicht der
Sprache an.

So bliebe denn nur übrig, daß Wundt die Volkstümlichkeit
eines auf Grund von äußeren oder zufälligen Verhältnissen sich
vollziehenden Wandels leugne, etwa mit der Begründung: überall da,
wo die Bedeutungsänderung von solchen Beziehungen geleitet, sich
vollziehe, und nur da habe ein Wählen statt, und dieses könne
niemals Sache der Volksseele, sondern nur etwas vereinzeltes sein;
wo dagegen der Wandel „auf den ursprünglichen Eigenschaften
der Begriffe“ beruhe, da vollziehe er sich „mit dem den Trieb-
handlunden eigentümlichen Zwang“, und nur solche Triebhandlungen, eben weil sie keine Absicht und kein Wählen
involvieren,[2]) seien volkstümlich.

Das führt uns auf die letzte und wichtigste Charakteristik,
die Wundt von dem regulären Wandel einerseits und dem singulären
andererseits gibt.

V.

D. Diese Charakteristik hängt mit dem zusammen, was
Wundt überhaupt als das Wort des Rätsels für die Frage nach
Ursprung und Entwicklung der Volkssprache ansieht, während
er die sog. teleologische Betrachtungsweise, die bei Bildung der

---

[1]) Ich sage: hier wie dort. Denn auch, wo es sich um innere Beziehungen handelt, kommt es ja nicht bloß darauf an, daß sie da sind, sondern
daß sie bemerkt und benützt werden. Und es kann einem einzelnen eine
solche bemerklich sein, die es den meisten anderen nicht ist. Einem Genie
fallen tieferliegende Analogien zwischen den Erscheinungen auf, die von allen
anderen übersehen worden sind.

[2]) Nur daß kein Wählen und überhaupt keine bewußte Absicht bei den
Triebhandlungen im Spiele sei, kann mit dem ihnen eigentümlichen Zwang,
wovon Wundt redet, gemeint sein. Ein Zwang im Sinne einer Determination
durch notwendige Gesetze besteht auch bei jeder „Willkürhandlung“.

Sprache die Absicht der Verständigung und eine von ihr geleitete Wahl der Bezeichnungsmittel wirksam sein läßt, als das *πρῶτον ψεῦδος* der gesamten genetischen Sprachpsychologie ablehnt und ebenso, wie jede Rede von einem Streben nach Bequemlichkeit, Deutlichkeit der Ausdrucksweise und dergl. als falsche Reflexionspsychologie verpönt. Es wird nötig sein, daß wir allseitiger auf das eingehen, was er gegen die Berechtigung und Wissenschaftlichkeit jener Betrachtungsweise vorbringt, und was er als Ersatz an ihre Stelle bringen will.

I. Um mit letzterem zu beginnen, so ist nach Wundt die Volkssprache ihrem Wesen nach und auf allen Stufen ihrer Entwicklung eine Ausdrucksbewegung,[1]) und nach den Bestimmungen, die Wundt anderwärts über den Begriff der Ausdrucksbewegung gibt,[2]) ist damit schon gesagt, daß nach seiner Meinung ihr Werden und Wachsen durchaus der menschlichen Absicht entzogen ist, daß die Sprachmittel entstehen und sich entwickeln ohne jede Rücksicht auf die Zwecke der Mitteilung und Verständigung, als eine unwillkürliche Affektäußerung oder ein mit innerer Notwendigkeit an die psychischen Vorgänge geknüpfter physischer „Korrelatvorgang". Schon im ersten Band des Werkes ist (1, S. 84; 2, S. 89) gesagt, Affekt und Ausdrucksbewegung seien zusammen ein einziger psychophysischer Vorgang, den wir erst auf Grund einer durch die Erfahrung geforderten Analyse und Abstraktion in jene zwei Bestandteile sondern. Da nun die Sprache auf allen Stufen ihrer Entwicklung eine Ausdrucksbewegung sein soll, so ist es dem ganz entsprechend, wenn wir im Kapitel über den Ursprung der Sprache (II, 1, S. 606; 2, S. 636) hören: Die menschliche Sprache ist „nichts anderes als diejenige Gestaltung der Ausdrucksbewegungen, die der Entwicklungsstufe des menschlichen Bewußtseins adäquat ist". „Die Entwicklung des menschlichen Bewußtseins schließt die Entwicklung von Ausdrucksbewegungen, Geberden, Sprache notwendig in sich, und auf jeder dieser Stufen äußert sich das Vorstellen, Fühlen und Denken in der ihm genau

---

[1]) II, 1, S. 605; 2, S. 635. Der Autor erklärt da ausdrücklich, es gebe — wie er schon im Eingang des Werkes betont habe — „außer dem allgemeinen Begriff der Ausdrucksbewegung kein spezifisches Merkmal", „durch das anders als in willkürlicher Weise die Sprache sicher abgegrenzt werden könnte".

[2]) I, 1, S. 84 ff.; 2, S. 89 ff.

adäquaten Form";[1] „diese Außerung gehört selbst zu der psychologischen Funktion, deren wahrnehmbares Merkmal sie ist; sie folgt ihr weder nach, noch geht sie ihr voraus. Von dem Augenblick an, wo die Sprache auftritt, ist sie daher ein objektives Maß für die in ihr sich äußernde Entwicklung des Denkens, aber sie ist dies nur deshalb, weil sie selbst ein integrierender Bestandteil der Funktionen des Denkens ist" ([1], S. 605; [2], S. 635).[2])

Was eine auf Zwecke gerichtete Absicht tun kann, ist nach Wundt bloß die willkürliche Wiederholung dieser „von selbst" oder unwillkürlich gegebenen Symptome der inneren Vorgänge.

Daß Wundt, trotzdem er hier so ausdrücklich und energisch von der populären Entstehung leugnet, daß sie irgendwie Werk einer Absicht sei, auch wieder lehrt, die Sprache sei in ihrem Ursprung eine (einfache) „Willenshandlung", darf nicht irreführen. Es hängt dies damit zusammen, daß er den Begriff des Willens, und gleichzeitig den des Motivs, maßlos erweitert, so daß er jede psychische Ursache einer Bewegung ihr „Motiv" und jede in diesem ganz unexakten Sinne „motivierte" Bewegung eine Willenshandlung nennt, auch wenn jene psychische Ursache durchaus nicht ein Wollen im üblichen Sinne ist, d. h. nicht ein auf den Erfolg gerichtetes Begehren, sondern irgend ein beliebiges anderes Gefühl oder überhaupt psychisches Phänomen. Diesem Sprachgebrauch zufolge kann und muß er ein unwillkürliches Schreien und Weinen, kurz jede Affektäußerung und Gefühlswirkung, als eine Willenshandlung bezeichnen, und nur in diesem Sinne nennt er auch die Sprache, die wir ihn ja ganz den unwillkürlichen Ausdrucksbewegungen unterordnen hörten, in ihrem Werden eine „Willenshandlung".

In der ersten Auflage seiner physiologischen Psychologie hatte er sie — ganz dasselbe meinend — mit Steinthal eine „Reflexbewegung" genannt. Nachdem ich in meinem Ursprung

---

[1]) (Von mir unterstrichen.) Wenn kurz zuvor von einer allmählichen Vervollkommnung der Sprache die Rede war, so kann dies hiernach nicht heißen, daß sie allmählich dem Ausgedrückten besser angepaßt werde und dergl., sondern nur, daß sie mit dem wachsenden Reichtum des Seelenlebens gleichfalls reicher werde, indem sie diesem mit innerer Notwendigkeit auf jeder Stufe seiner Entwicklung „genau adäquat" bleibt.

[2]) Vgl. ebenda: „Wo irgend ein Zusammenhang psychischer Vorgänge, also ein Bewußtsein vorhanden ist, da finden sich auch Bewegungen, die diese Vorgänge nach außen kundgeben. Diese äußeren Merkmale des psychischen Lebens begleiten dasselbe von Stufe zu Stufe, und sie vervollkommnen sich natürlich mit dem Inhalt, dem sie zugeordnet sind".

der Sprache darauf hingewiesen hatte, daß damit eine Äquivokation geschaffen werde, indem man sonst, bei exakterem Gebrauch des Terminus, unter „Reflex" eine gar nicht psychisch
sondern bloß physiologisch vermittelte Bewegung verstehe, hat
er diesen Namen fallen gelassen. Aber indem er, was er einst
„Reflex" genannt hatte, späterhin „Triebbewegung" oder „einfache Willenshandlung" hieß, ist bloß der Name geändert.
Seine sachliche Überzeugung von der Natur der Sprachentstehung
ist ganz dieselbe geblieben, und — wie schon bemerkt — kann
er die betreffenden Vorgänge nur darum „Willenshandlungen"
nennen, weil er jede Bewegung, die durch irgendein psychisches
Phänomen (wenn auch ohne jede auf den Erfolg gerichtete Absicht, ja auch ohne jede darauf bezügliche Vorstellung) ausgelöst
wird, so nennt.[1]
    Wie der Name „Willenshandlung", den er — diesen Begriff
seiner charakteristischen Merkmale völlig entkleidend — der
populären Sprachschöpfung gibt, nichts gegen den nativistischen
Charakter seiner Theorie beweist, so auch nicht, daß er ihr
neuestens den Namen „Entwicklungstheorie" gibt. Auch wer, wie
Wundt, durchaus nativistisch die sprachlichen Erscheinungen als
„Funktionen des menschlichen Bewußtseins" oder genauer als
„notwendige Teilerscheinungen" desselben faßt, muß, indem er
diesem Bewußtsein eine Entwicklung zuschreibt — und wie
könnte er anders? — auch der (angeblich) mit innerer Notwendigkeit daran geknüpften Ausdrucksbewegung (d. h. der
Sprache) eine Entwicklung zuschreiben; auch sie wird natürlich,
mit Wundt zu sprechen, zu einer „Kette von Prozessen, in denen
sich die geistige Entwicklung des Menschen selbst, vor allem
seiner Vorstellungen und Begriffe, in unmittelbarer Treue spiegelt"
(II, [1], S. 609; [2], S. 639).
    Kurz: von Sprachentwicklung[2]) kann und muß der Nativist

---

[1]) Vgl. darüber meine Artikel über Sprachreflex, Nativismus und absichtliche Sprachbildung (Vierteljahrsschrift für wissenschaftliche Philosophie,
Bd. X, S. 77, 346 ff., Bd. XIII, S. 155 ff., 304 ff.), wo auch Wundts Lehre von
der Apperzeption in ihrem Verhältnis zu seiner Willenslehre erörtert und
gezeigt ist, wie der Autor nicht bloß den Unterschied zwischen dem Willkürlichen und dem Unwillkürlichen im üblichen Sinne verwischt, sondern auch
die Begriffe der Willenshandlung und des Wollens selbst vermengt. Nur
infolge jener oben charakterisierten unerhörten Erweiterung des Willens-
begriffes ist es auch möglich, daß nach ihm jeder Vorstellungsverlauf eine
Reihe von Willenshandlungen darstellt. Im üblichen Sinne des Wortes wird
wohl jede Vorstellung durch irgend eine Ursache oder Kraft ins Bewußtsein
gerufen. Aber daß dies jedesmal ein darauf gerichteter Wille sei, wäre —
Wille im üblichen Sinne genommen — ein offenkundiges Hysteronproteron
und widersinnig.

[2]) K. Hiemer („Das Problem des Ursprungs der Sprache", Preußische
Jahrbücher, 125. Bd., S. 32), versteht das vieldeutige Wort „Entwicklungstheorie"

so gut wie der Empirist sprechen. Was beide Theorien trennt, und was also charakteristisch ist für die eine und andere, ist die Frage nach den Kräften, welche die Entwicklung bedingten. Nach dem Empirismus ist es eine auf Verständigung gerichtete Absicht und psychische Arbeit, die mit größerem oder geringerem Geschick und Glück geübt werden kann. Nach dem Nativismus dagegen ist es eine ohne jede solche Absicht an das Bewußtsein und seine Entwicklung selbst geknüpfte, gleichförmige Notwendigkeit.

Offenbar sind also die Erzeugnisse der Volkssprache nach Wundt nicht anders aufzufassen wie etwa das unwillkürliche Weinen und Schreien im Schmerze. Nicht die Absicht der Verständigung hat sie nachträglich an das Auszudrückende geknüpft, sondern sie sind seine Begleiter vermöge eines ursprünglichen psychophysischen Zusammenhangs, und dieses „fortwährende Nebeneinander von Laut und Bedeutung" ist nur ein Ausfluß des allgemeinen psychophysischen Prinzips, daß „mit jeder Ver-

---

im Sinne der Lehre, daß — analog wie der menschliche Organismus aus dem animalischen — so die menschliche Sprache sich aus der tierischen allmählich entwickelt habe, und nennt Wundt den glänzendsten Vertreter derselben.

Danach sollte man glauben, Wundt habe in glänzender Weise den Nachweis geliefert für jene Entwicklung der spezifisch menschlichen aus der tierischen Verständigungsweise. In Wahrheit liegt nichts der Art bei ihm vor. Aus der Behauptung, die wir oben hörten, daß die Sprache auf jeder Stufe ihrer Entwicklung eine (in ihrer Entstehung unwillkürliche) Ausdrucksbewegung sei, die dem geäußerten Vorstellen, Fühlen und Denken stets genau adäquat bleibe, würde natürlich folgen, daß, wenn das menschliche Bewußtsein sich in allmählichem Übergang und ohne Hinzutritt neuer Elemente aus dem tierischen entwickelt hat, dann auch ebenso allmählich die tierische Sprache in die menschliche übergegangen sein müßte. Und es käme also, auch für den, welcher jenen Parallelismus zwischen Bewußtsein und sprachlichem Ausdruck desselben als selbstverständlich ansähe, alles darauf an, zu zeigen, daß und wie sich das tierische Bewußtsein allmählich in das spezifisch menschliche umgewandelt habe. Allein ich vermag einen solchen Nachweis bei Wundt nicht zu finden und kann diesen Autor also schon darum nicht als den glänzenden Vertreter der Entwicklungstheorie ansehen, als den Hiemer ihn preist. Es scheint wohl, daß letzterer sich durch den Klang des Wortes „Entwicklungstheorie" zu sehr hat bestricken lassen und darüber vergaß, daß, auch wenn das, was er damit meint, bei Wundt gleichfalls darunter verstanden wäre, es doch höchstens wie ein Programm ausgesprochen sein könnte, während die entsprechende Musik jedenfalls fehlt.

Daß heute auch kein Empirist die „Vernunft" entwickelt gegeben sein läßt vor der Sprache, sowenig als jemand umgekehrt die Sprache fertig sein läßt vor der Entstehung der Vernunft, bedarf keiner Bemerkung. Jedermann lehrt, daß beide sich Hand in Hand entwickelten. Die Frage ist nur, wie diese Entwicklung zu denken sei.

änderung psychischer Zustände zugleich Veränderungen physischer Korrelatvorgänge verbunden sind.[1]) Kein Wunder denn, daß Wundt auch beim volkstümlichen Bedeutungswandel keinerlei Absicht und kein Bewußtsein der Übertragung anerkennen will.

II. Wenn die nativistischen Annahmen Wundts, die wir eben kennen gelernt haben, in den Tatsachen begründet wären, wenn es richtig wäre, daß „von selbst" (d. h. ohne jede Rücksicht auf Mitteilung und Verständnis) jede „gefühlsstarke" oder „intensiv apperzipierte" Vorstellung zum Ausdrucke drängte, dann wäre natürlich die „teleologische Betrachtungsweise" überflüssig und schon darum methodisch verwerflich.

Aber in Wahrheit stehen die Tatsachen mit dieser, wie mit jeder nativistischen Lehre im Widerspruch, und wo Wundt den Schein des Gegenteils zu sehen glaubt, da geschieht es nur, weil er Sprachliches in den ausgedrückten Gedanken hineindeutet. Beispiele dafür bietet sein Werk über die Sprache, wie auch schon seine früheren Ausführungen, die in die Sprachphilosophie einschlagen, in Hülle und Fülle. Manche sind uns schon begegnet. Ein besonders sprechendes — und nur dies eine wollen wir hier erwähnen — haben wir aber gerade an einer Erscheinung, woran er seinerseits mit besonderer Deutlichkeit die Richtigkeit seiner Auffassung der Sprachentwicklung, in Opposition gegen die gewöhnliche „teleologische", illustrieren zu können glaubt. In dem Abschnitt über die Kasusformen des Namens (II, 1, S. 122; 2, S. 128) erwähnt er, daß die Sprachforscher, von jener falschen Betrachtungsweise geleitet, fast allgemein den Lautverlust der alten Kasusformen, z. B. derjenigen des Lateinischen, als Grund ansehen für die Bildung von Kasus mit Präpositionen (wie wir sie z. B. in den romanischen Sprachen sehen) und annehmen, weil durch den Lautverlust die Kasus unkenntlich geworden, habe man — im Bestreben die daraus erwachsende Gefahr der Undeutlichkeit zu vermeiden — nach Ersatzmitteln ihrer Unterscheidung gesucht und gegriffen. Dagegen eifert Wundt: „In solcher Weise vollzieht sich in Wahrheit kein sprachlicher Vorgang. Nie ist

---

[1]) In diesem (und gewiß nur in diesem) Sinne ist es zu verstehen, wenn wir Wundt oben sagen hörten, die Sprache sei ein „integrierender Bestandteil der Funktionen des Denkens" oder eine notwendige „Teilerscheinung der Bewußtseinsvorgänge". Nicht daß sie selbst ein Bewußtsein sei, kann natürlich gemeint sein, sondern nur, sie sei ein notwendiger Teil des psychophysischen Ganzen, zu dem das ausgedrückte Denken gehöre.

dieser ein Nacheinander von Laut- und Bedeutungswechsel sondern ein fortwährendes Nebeneinander derselben;[1]) und nimmermehr ordnen sich die in diesem Nebeneinander verbundenen Vorgänge in ihrem eigenen Ablauf den
Begriffen von Mittel und Zweck unter. Vielmehr ist das Zweckmäßige. hier wie in der organischen Natur, im allgemeinen erst
Resultat, nicht wirkendes Motiv der Vorgänge.[2]) Indem durch
die Lautänderungen. die im Laufe der Zeit unter der Wirkung
bestimmter psychophysischer Bedingungen erfolgten, die Kasusmerkmale der Wörter schwanden, mußten von selbst die zuvor
schon vorhandenen Assoziationen mit den äußeren Kasusformen
ihre Wirkungen geltend machen.[3]) Die Ausdrucksmittel der
letzteren Kasus sind aber in dieser späteren Periode der Entwicklung jedenfalls nicht anders entstanden als im Anfang derselben: wie jede zureichend gefühlsstarke Vorstellung zum Ausdruck drängt, so auch diejenige, die nicht selbst als Gegenstand,
sondern als die Beziehung eines Gegenstandes zu einer Handlung
oder zu anderen Gegenständen gedacht wird.[4]) Wenn die Wörter
der Sprache überhaupt nicht willkürliche Erfindungen sind, so
kann dies selbstverständlich auch von keiner einzelnen Klasse von
Wörtern angenommen werden. Vielmehr gilt hier wiederum der
Satz, daß die nämlichen sprachbildenden Kräfte, die im Anfang
der Sprachentwicklung wirksam waren, nach Maßgabe der veränderten inneren und äußeren Bedingungen fortwährend wirken,
so daß in diesem Sinne die Schöpfung der Sprache niemals
aufhört. Gerade die Präpositionen, in denen unsere neueren
Sprachen mannigfache Ausdrucksmittel der Begriffsbeziehungen

---

[1]) Von mir unterstrichen.

[2]) II, [1], S. 123. Ähnlich [2], S. 129.

[3]) Unter äußeren Kasusformen versteht Wundt solche mit besonderen
Bildungsmitteln, wie Suffixen und dergl. und insbesondere Präpositionen, unter
„inneren" solche ohne diese Mittel.

[4]) Vgl. auch II, [1], S. 125; [2], S. 131, wo von dem allgemeinen Prinzip die
Rede ist, daß „die natürliche Sprache die vorzugsweise gefühlsbetonten und
intensiver apperzipierten Vorstellungen zuerst ausdrückt". Ebenso [1], S. 81;
[2], S. 88. Vgl. auch [1], S. 102; [2], S. 108. „Augenscheinlich drängt . . . von
frühe an gerade die sinnlich anschauliche Beschaffenheit der den äußeren
Kasusformen zugrunde liegenden Verhältnisse zu einem Ausdruck in der
Sprache, der nun sofort ein außerordentlich mannigfaltiger wird, weil jede
besondere Gestaltung der Vorstellungen auch eine besondere Lautform fordert".
Offenbar ist eine innere Notwendigkeit gemeint. die hier „drängen" und
„fordern" soll.

geschaffen haben und immer noch neu schaffen. bilden aber
einen der wichtigsten Bestandteile dieser fortwährenden Sprachschöpfung" (¹. S. 123: ², S. 129).

Allein wie in zahllosen anderen Fällen. so läßt sich gerade
in diesem. auf welchen Wundt so großes Gewicht legt und wo
er die übliche teleologische Erklärung der Sprachforscher so
deutlich als unnötig zu erkennen glaubt. zeigen. daß seine Behauptung durch und durch fiktiv ist. Wenn Wundt dem Versuch
der Sprachforscher. den Ersatz der abgefallenen Kasusendungen
aus der Rücksicht auf das Bedürfnis und die Verständlichkeit
zu begreifen. entgegenhält. der Vorgang erkläre sich auch hier
aus der inneren Notwendigkeit, daß jede gefühlsstarke Vorstellung zum Ausdruck dränge, wie weit ist dies von den Tatsachen entfernt!

Wir wollen die Frage unterdrücken. was denn diese „Ge-
fühlsstärke" oder „intensive Apperzeption"¹) einer Vorstellung
sei, die — ohne Rücksicht auf Mitteilung und Verständnis —
„zum Ausdruck drängen" soll. und ob ein solcher psychophysischer
Mechanismus und Zusammenhang tatsächlich bestehe. Wir wollen
ferner — der Einfachheit halber — mit Wundt die (in Wahrheit
unbewiesene) Annahme machen, daß mit den Vorstellungen, welche
den sog. „inneren" Kasusformen entsprechen. stets (oder wenigstens
überall. wo Wundt es für seine Theorie braucht) solche. die den
„äußeren" adäquat sind. assoziiert seien. auch solange die ersteren
Formen ihre „Kasusmerkmale" noch nicht durch Lautänderungen
völlig eingebüßt haben und ihre Bedeutung darum nach ihm noch

---

¹) Mit Apperzeption kann bald das Bemerken, bald die Aufmerksamkeit gemeint sein, und bei Wundt bezeichnet der Terminus außerdem noch
mehrfache andere psychische Vorgänge und Zustände, die weder im Bemerken
noch in der Aufmerksamkeit aufgehen. Hier. wo von mehr oder weniger
intensiver Apperzeption die Rede ist, kann jedenfalls nicht speziell das
Bemerken gemeint sein (denn wie sollte dies mehr oder weniger intensiv
genannt werden können?) sondern etwas, was man populär eine mehr oder
weniger „intensive psychische Beschäftigung" mit etwas nennt, wobei zu
untersuchen bleibt, welche Art Beschäftigung im einzelnen Falle vorliege.
und wo es sich herausstellen dürfte, daß dabei von größerer und geringerer
„Intensität" nur in ganz uneigentlichem Sinne die Rede sein kann. Vgl.
über die Begriffe Bemerken, Aufmerken und über den vieldeutigen Wundtschen
Terminus „Apperzeption" meine Artikel „Über Sprachreflex, Nativismus und
absichtliche Sprachbildung". Vierteljahrsschrift für wissenschaftliche Philosophie,
Bd. X und XIII.

lebendig ist, und wollen auch die Frage unterdrücken, ob und wie es einleuchte, daß, nachdem diese Wirkung eingetreten ist, nun auf einmal jene assoziierten Vorstellungen selbst zur Bedeutung werden, während die frühere aufhört es zu sein.[1]) Jedenfalls muß es die Meinung von Wundt sein, daß dieser Vorgang statthabe; wenn überhaupt sein Versuch, die Entstehung der verschiedenen Kasusformen (hier die Entstehung der Fügungen mit Präpositionen an Stelle der verwitterten Kasusendungen) aus einer inneren Notwendigkeit und ohne eine auf Verständlichkeit gerichtete Absicht zu erklären, nicht von vornherein aussichtslos sein soll.[2]) Denn die Sache könnte ja nur etwa so gedacht werden, daß, indem ein solcher, einer „äußeren Kasusform“, entsprechender Gedanke zur Bedeutung und wohl damit „gefühlsbetont“ und „intensiver apperzipiert“ wird, er nun, als andere „Gestaltung der Vorstellungen“ von selbst auch eine andere Lautform fordere. Aber schon diese deskriptiv-

---

[1]) Oder wie sonst haben wir die Rede von den „Assoziationen äußerer Kasusformen mit den inneren“ zu verstehen, als daß die Gedanken, die den erstgenannten Wortformen entsprechen sollen, assoziiert seien mit denen, welche nach Wundt den sog. inneren Kasusformen adäquat sind?

[2]) Wenn es Wundts Meinung ist, daß die Kasusform mit Präposition im obigen Falle kurweg die Bedeutung des früheren Kasus mit innerer Determination übernehme, dann widerspricht dies nicht bloß dem Satze, daß „jede besondere Gestaltung der Vorstellungen auch eine besondere Lautform fordert“ (II, ¹, S. 102; ², S. 108), sondern mit dem Aufgeben des Grundsatzes ist auch der ganzen Art, wie Wundt die Entstehung der verschiedenen Kasusformen, im Gegensatz zur empiristisch-teleologischen Auffassung, erklären will, der Boden entzogen. Sie kann nur darauf fußen wollen, daß die sog. äußeren Kasusformen einem anderen Gedanken als Bedeutung adäquat seien, als die sog. inneren (wie der Autor es auch wiederholt ausdrücklich behauptet — vgl. II, ¹, S. 104, 116, 122 usw., ², S. 111, 122, 128 usw. — ohne sich freilich konsequent bleiben zu können) und darum diese verschiedenen Bedeutungen mit innerer Notwendigkeit auch jene verschiedenen, ihnen entsprechenden Ausdrucksformen fordern und erzeugen. Freilich wird auch so jedermann sagen: wenn wirklich die einer sog. äußeren Kasusform entsprechende Bedeutung diese Ausdrucksform „fordert“ und erzeugt, war dann nicht noch viel eher zu erwarten, daß die frühere, der sog. inneren Kasusform entsprechende, nie in Gefahr kommen konnte infolge Absterbens jener Ausdrucksform zu erlöschen? War nicht zu erwarten, daß, so oft und soviel auch mechanische Kräfte etwa in der Richtung arbeiten mochten, jene „innere Kasusform“ zu zerstören, doch die noch lebendige ihr entsprechende Bedeutung (nach den oben gehörten Wundtschen Grundsätzen) dem immerfort energisch entgegenwirken und den ihr adäquaten Ausdruck immer wieder fordern und erzeugen mußte?

semasiologische Behauptung, die der ganzen Wundtschen
Theorie von der Genesis der Kasus mit und ohne Prä-
positonen zugrunde liegt, nämlich daß wir bei den sog.
„Kasus der äußeren Determination" etwas wesentlich anderes
denken als bei denjenigen der „inneren", ist eine Fiktion. Es ist
eine Fiktion, daß die naturgemäße Bedeutung von Kasusformen
ohne Präpositionen oder sog. äußeren Bildungsmitteln eine andere
sei als diejenige mit Präpositionen und dergl., und daß hier
dem grammatischen Unterschied ein logischer, d. h. ein Unterschied im ausgedrückten Gedanken parallel gehe.[1]) Wir werden
in einem späteren Abschnitt, wo wir von der Bedeutung der
Kasus zu handeln haben, darauf zurückkommen. Und es wird
sich uns zeigen, daß gerade die Theorie der Kasus bei Wundt
ein typisches Beispiel jener ihm eigentümlichen unglücklichen
Methode von Sprachphilosophie ist, welche erst Unterschiede und
Eigentümlichkeiten des sprachlichen Ausdrucks (der äußeren und
inneren Sprachform) in den ausgedrückten Inhalt hineinträgt
und sie dann wieder aus diesem als Folge einer angeblich notwendigen und adäquaten Darstellung desselben ableiten will
und als Beispiel für jenen (fälschlich) von ihm supponierten
Parallelismus hinstellt.

Wie in diesem, so haben wir aber auch in vielen anderen
Fällen an dem vermeintlich adäquaten Ausdruck des Gedankens
nur etwas vor uns, was die Gewohnheit sanktioniert hat, was
aber Wundt vermöge der Konfusion von Eigentümlichkeiten der
sprachlichen mit den seelischen Gebilden für das von Natur
einzig mögliche und konveniente äußere Abbild des Inneren
hält.[2]) Aber nicht bloß hier fehlt in Wahrheit der durch
Wundts Theorie geforderte Parallelismus zwischen Gedanke und
Ausdruck, sondern er wird so vielfach und in so mannigfacher
Weise vermißt, daß der Autor selbst die Lehre von seinem Be-

---

[1]) Vgl. darüber auch L. Sütterlin, „Das Wesen der sprachlichen Gebilde". Kritische Bemerkungen zu Wilhelm Wundts Sprachpsychologie, 1902,
S. 103 ff., 111 ff., 119 ff. und Delbrück, „Grundfragen der Sprachforschung",
1901, S. 129.

[2]) Wir werden später noch weiter sehen, wie sowohl seine deskriptiv-
semasiologische Lehre von den Wortformen (vom Substantiv, Verb usw.), wie
diejenige vom Satze und seinen Klassen, fast auf Schritt und Tritt an den
Folgen der Verwechslung der Bedeutung mit Eigentümlichkeiten der üblichen
äußeren und inneren Sprachform krankt.

stehen nicht konsequent aufrecht zu halten vermag und wiederholt offenkundig entgegengesetzte Tatsachen anerkennt.

Eine Tatsache der Art ist jede strenge Synonymie und darum eigentlich schon der Umstand, daß dieselben Gedanken und überhaupt seelischen Zustände und ihre Inhalte in mannigfachen Formen und Methoden, einesteils in solchen der Geberden- und dann wieder in denen der Lautsprache und auch hier in einer Vielheit solcher von mannigfaltiger Beschaffenheit und Struktur ihren Ausdruck finden.[1]) Welche dieser Darstellungsformen ist die natürliche und konveniente? Denn viele und verschiedene zugleich können es unmöglich sein, wenn der Ausdruck eine „notwendige Teilerscheinung" des seelischen Vorganges ist, worin dieser sich „in unmittelbarer Treue spiegelt" oder worin er sich „in der ihm genau adäquaten Form äußert"? Und wo bleibt diese Treue und Adäquation ebenso in zahlreichen Fällen von Äquivokationen, dem Gegenstück der Synonymien? Wundt aber, obschon er ein ums andere Mal Unterschiede sprachlicher Ausdrucksmethoden und Differenzen ihrer Struktur in den Gedanken hineinträgt und auf diese Weise wenigstens zu einem Schein des Parallelismus gelangt, kann das Verfahren doch unmöglich überall durchführen und so weder über alle Synonymien noch über alle Äquivokationen sich hinwegtäuschen.[2]) Und so gibt

---

[1]) Aber nicht bloß in dem Schatze von Mitteln, womit geistig gleich hoch entwickelte Völker mit verschiedenen Idiomen ihre Gedanken ausdrücken, haben wir reiche Sammlungen strenger Synonyma vor uns, auch innerhalb derselben Sprache wird, wer nicht Bedeutung und innere Sprachform verwechselt, zahlreiche Fälle anerkennen. Natürlich ist ein eklatantes Zeugnis gegen die nativistische Lehre von einem notwendigen Parallelismus von Denken und Sprechen auch der Umstand, daß gar vieles Denken überhaupt ohne sprachlichen Ausdruck (und zwar auch ohne innere Reproduktion eines solchen) verläuft, wofür wir schon Beispiele erwähnt haben. Doch kommt es uns nicht darauf an, erschöpfend zu sein in der Aufzählung der Gründe gegen eine Theorie, die aller Erfahrung so sehr widerspricht, daß sie sich überhaupt nur in der Form inkonsequenter Halbheiten und allgemein gehaltener rhetorischer Überschwänglichkeiten zu erhalten vermag, von denen man im einzelnen auf Schritt und Tritt wieder abfällt.

[2]) Wie sollte man auch leugnen können, daß verschiedene Völker denselben Gedanken von Farbe, Ton usw., von der Zahl zwei und drei und der Zahl überhaupt usw. haben, obschon äußere und innere Sprachform der Bezeichnungsmittel dafür verschieden sind. Und wie diese und ähnliche Tatsachen der Synonymie, so sind auch zahlreiche solche der Äquivokation ganz handgreiflich und nicht wegzudeuten.

er denn die Tatsache, daß die Sprachen solche enthalten,
unumwunden zu, freilich indem er ganz zu übersehen scheint,
wie sehr sie gegen die Fundamente seiner nativistischen Theorie
zeugt, ja indem er gelegentlich vielmehr vermeint, sie in glück-
lichster Weise gegen die „teleologische" (d. h. empiristische)
Auffassung der Sprachentstehung ausspielen zu können. An der
Stelle II, ¹, S. 452; ², S. 481 glaubt er ja gegen diese von ihm
so verpönte Betrachtungsweise einen entscheidenden Schlag zu
führen, indem er gegen die Rede von einem (bewußten) Streben
nach Verständlichkeit oder Deutlichkeit bemerkt: „Wenn das
Streben nach Deutlichkeit irgend eine Macht hätte, wie könnte
es zulassen, daß z. B. das französische homme ebensowohl den
„Menschen" als den „Mann" bedeutet, oder daß ein Wort wie
das deutsche „Geist" in einer fast unabsehbaren Reihe von Bedeutungen vorkommt, während wir in anderen Fällen eine Fülle
von Wörtern besitzen, um kaum bemerkbare Nüancen des gleichen
Begriffes auszudrücken? Man wird doch nicht sagen können,
daß es für die Sprache minder wichtig sei, den „Menschen"
vom „Manne", als etwa die „Traurigkeit" von der „Betrübnis"
zu unterscheiden usw. (II, ¹, S. 452; ², S. 481).
  In Wahrheit ist durch all dergleichen nicht mehr bewiesen,
als daß das Streben nach Deutlichkeit nicht allein und nicht
planmäßig bei der Sprachbildung gewaltet hat, sondern im
Verein mit anderen Kräften, mit dem Streben nach Bequemlichkeit und Ersparnis, und wiederum mit dem nach Schönheit,
aber auch mit mancherlei für die Zwecke der Sprache ganz
zufälligen Umständen. Gerade unsere Auffassung der Sprachentstehung erklärt, daß oft für die Verständlichkeit nur soviel
getan wird als schlechterdings notwendig ist, und man im
übrigen sich von der erklärenden Kraft des Zusammenhanges
unterstützen läßt. Dagegen ist — wie schon bemerkt — diese
eigentümliche Beschaffenheit der Sprache ganz unerklärlich vom
Standpunkte von Wundts Theorie, wonach die Sprache eine „notwendige Teilerscheinung" und als solche ein getreues Spiegelbild der Bewußtseinsvorgänge sein soll.
  Doch der eben angeführte ist nicht der einzige Fall, wo
unserem Autor selbst der Mangel des Parallelismus und der
treuen Abbildlichkeit zwischen Gedanke und Ausdruck auffällt, und infolge davon sehen wir denn stellenweise — nur
noch daß er es bemerkt — den seltsamsten Widerstreit seiner

Äußerungen sich entwickeln. Während wir ihn (II, ¹, S. 123; ², S. 129) sagen hörten, nie seien die sprachlichen Vorgänge ein Nacheinander von Laut- und Bedeutungswechsel, sondern stets ein fortwährendes Nebeneinander, sehen wir ihn (200 Seiten später) in dem Kapitel über den Bedeutungswandel das strikte Gegenteil behaupten. Die Beziehung zwischen Laut und Bedeutung, so heißt es hier, lasse sich „nur unter sehr erheblichen Einschränkungen dem allgemeinen Verhältnis der physischen zur psychischen Seite des Lebens unterordnen".¹)

„Während sich für dieses ein durchgängiger Parallelismus der elementaren seelischen Vorgänge und der ihnen entsprechenden Modifikationen physischer Funktionen ergibt, kann auf dem Gebiete von Laut und Bedeutung von einem solchen nur unter ganz besonderen Bedingungen die Rede sein. Auf der einen Seite führt der gesetzmäßige Lautwandel tiefgreifende Veränderungen des Lautbestandes von Wörtern mit sich, deren Bedeutungen unverändert bleiben. Auf der anderen Seite kann aber auch die Bedeutung eines Wortes völlig wechseln, obgleich sich der Lautkörper desselben nur unwesentlich verändert hat. Wenn es ferner der Natur der Sache nach im allgemeinen, von besonderen Bedingungen abgesehen, ausgeschlossen ist, daß neben dem durch den Lautwandel veränderten Wort auch noch das ursprüngliche, unveränderte fortbesteht, so gehört auf dem Gebiete des Bedeutungswandels gerade dieser Fall zu den geläufigsten Erscheinungen: neben der ursprünglichen kann sich eine zweite, eine dritte Bedeutung erheben und so fort, indem sich bald die primäre mehrfach verzweigt, bald eine sekundär entstandene neue Zweige treibt. Besteht nach allem dem ein innerer Zusammenhang zwischen Laut- und Bedeutungsänderungen

¹) Auch im I. Bd., ¹, S. 84; ², S. 90 lesen wir unter der Überschrift „Allgemeinstes psychophysisches Prinzip der Ausdrucksbewegungen", daß das allgemeinste Prinzip psychophysischen Inhaltes, nach dem mit jeder Veränderung psychischer Zustände zugleich Veränderungen physischer Korrelatvorgänge verbunden sind, auch für die Ausdrucksbewegungen und die Seelenzustände gelte, „als deren Symptome wir jene auffassen". Und im II. Bd., ¹, S. 605; ², S. 635 (also etwas weniger wie 200 Seiten später als das eben im Text zitierte) hören wir wieder — wie schon bekannt — daß auch die menschliche Sprache auf allen Stufen ihrer Entwicklung den Ausdrucksbewegungen unterzuordnen sei, wonach also wieder zu erwarten wäre, daß es nur einen korrelativen Laut- und Bedeutungswandel in der Sprache geben könne.

im allgemeinen ebensowenig, wie ein solcher in der Regel
zwischen dem Laute selbst und seiner Bedeutung nachzuweisen
ist" usw. (II, ¹, S. 421; ², S. 450).

Kurz: hier erkennt Wundt die, seinen sonst ausgesprochenen
allgemeinen Anschauungen über das Verhältnis von Bewußtseinsvorgang und zugehörigem sprachlichem Ausdruck eklatant zu-
widerlaufende, Tatsache an, daß es neben einem „korrelativen
Bedeutungswechsel", wo „Lautwandel und Bedeutungswandel
einander parallel gehen" zahlreiche Fälle von „selbständigem
Bedeutungswandel" gebe, d. h. Bedeutungsänderungen, bei denen
sich der Lautbestand eines Wortes nicht oder doch nicht in
einer die Bedeutung irgendwie beeinflussenden Weise geändert
hat (II, ¹, S. 423; ², S. 452).

Noch mehr! Wo er (am eben a. O.) sich näher über die
von ihm korrelativ genannten Bedeutungsänderungen ausläßt,¹)
bemerkt er: „Wo immer wir nun solche Erscheinungen genauer
zu verfolgen imstande sind, da ergibt es sich regelmäßig, daß
die Lautänderung der primäre Vorgang ist, an den sich
erst die Bedeutungsänderung anschließt. Spaltet sich ein Wort
A lautlich in zwei Wörter A und B oder B und C, und bezeichnen wir die den Wörtern A, B und C beigelegten Bedeutungen
mit α, β und γ, so ist demnach die Spaltung der Begriffe α, β
und γ stets ein der Spaltung der Laute A, B und C nach-
folgender Vorgang."

Ich frage: wäre nach Wundts oben entwickelter nativistischer
Lehre, wonach er die Sprache „auf allen Stufen ihrer Entwicklung" nur den unwillkürlichen Ausdrucksbewegungen unterzuordnen weiß und sie darauf zurückführt, daß sich das Vorstellen, Fühlen und Denken auf jeder Stufe seiner Entwicklung
in der „genau adäquaten Form äußere", nicht das strikte Gegenteil zu erwarten, nämlich daß die Änderung oder Spaltung der
Bedeutung das primäre und die Spaltung des Ausdrucks die
Folge wäre?

Und hinzufügen muß ich, daß mir im übrigen die Erfahrung
evident zu zeigen scheint, daß durchaus nicht — wie Wundt

---

¹) Ob der Name korrelativer Bedeutungswandel auch für diejenigen
Fälle passend sei, wo zwischen Laut- und Bedeutungsänderung keinerlei
innere Beziehung besteht — und dahin gehört ja, wenn nicht die Gesamtheit,
jedenfalls die Mehrzahl der Fälle, wo sich an den lautlichen Wechsel ein
solcher in der Bedeutung anschließt — will ich hier dahingestellt sein lassen.

hier in schreiendem Widerstreit mit seiner allgemeineren Theorie behauptet — „regelmäßig" der Lautwandel der primäre und der Bedeutungswandel der nachfolgende Vorgang ist, sondern daß auch der umgekehrte Fall vorkommt. Ich erinnere nur an die so häufigen Fälle, wo ein autosemantisches Zeichen synsemantische Bedeutung annimmt (z. B. aus einem Nomen eine Präposition, aus einer Aussage ein bloß mitbedeutendes Zeichen des Urteils wird) und in der Folge seine ursprüngliche Lautgestalt einbüßt. Aber freilich geschieht es keineswegs so, daß damit jene nativistische Lehre von der Sprache als einer unwillkürlichen Ausdrucksbewegung und einem physischen Korrelatvorgang der dadurch angezeigten psychischen Zustände wahrscheinlich gemacht würde.

Aber Wundt ist nicht bloß gezwungen, selbst Tatsachen anzuerkennen, welche der Lehre von einem durchgehenden Parallelismus zwischen Denken und Sprechen, wie er sie mit seiner nativistischen Theorie vom Ursprung und der Entwicklung der Volkssprache verbindet, eklatant widersprechen, sondern er ist auch genötigt, bei der Erklärung der Vorgänge die von ihm sonst verpönte empiristisch-teleologische Betrachtungsweise zu Hilfe zu rufen, nur indem er auch hier merkwürdigerweise nicht zu bemerken scheint, daß und wie er es tut.

Eine ganze Reihe von solchen Anleihen bei der Lehre, daß die Rücksicht auf die Verständigung als Motiv bei der populären Sprachbildung einen Anteil gehabt, ließen sich namhaft machen. Oder gehört es nicht dahin, wenn er (II, 1, S. 125; S. 131) davon spricht, es entstehe gelegentlich ein „Bedürfnis" nach der Vervollständigung einer Aussage, oder es rege sich ein solches nach der „Hinzufügung näherer Bestimmungen" zu einem gewissen Bezeichnungsmittel. Denn mit diesem „Bedürfnis." kann hier wohl nur das Verlangen des Sprechenden, sich anderen verständlich zu machen, gemeint sein.[1]) Fährt doch der

---

[1]) Im selben Zusammenhang ist freilich sofort auch wieder die Rede von dem allgemeinen Prinzip, daß „die natürliche Sprache" die „vorzugsweise gefühlsbetonten und intensiver apperzipierten Vorstellungen zuerst ausdrückt", was ich nur im Sinne seiner sonstigen Lehre zu verstehen vermag, daß, ohne die Absicht der Mitteilung an andere und des Verstandenwerdens durch sie, vermöge einer inneren Notwendigkeit „jede zureichend gefühlsstarke Vorstellung" zum Ausdruck dränge. Aber dies ist ja nicht der einzige Fall, wo ich Wundts Äußerungen nicht unter sich zu vereinigen imstande bin.

Autor fort: „In der Geberdensprache des Taubstummen können wir diesen Vorgang heute noch beobachten. Er begnügt sich meist mit dem Ausdruck der Hauptbestandteile des Gedankens. Liest er aber etwa einmal in den Mienen des Zuhörers einen Zweifel über den Sinn des Mitgeteilten, so fügt er bei der Wiederholung dieser oder jener Geberde ein Hilfszeichen bei, durch das sie näher bestimmt wird. Um z. B. kenntlich zu machen, daß der Redende und ein anderer Anwesender irgendetwas zusammen vollbracht haben, macht er, nachdem er auf beide Personen hingewiesen, die symbolische Geberde der Vereinigung durch Ineinanderlegen der Hände, eine Art „Socialis"; oder um anzudeuten, daß der durch die Nachahmung der Gehbewegungen ausgedrückte Weg zugleich einen Weg woher oder wohin bezeichne, drückt er diese räumlichen Richtungen durch Handbewegungen aus, die der Hauptgeberde wiederum nachfolgen".

Also während uns nur zwei Seiten zuvor (II, ¹, S. 123; ², S. 129) eingeschärft worden war, daß die sprachlichen Vorgänge sich in ihrem Ablauf nie den Begriffen von Mittel und Zweck unterordnen, vielmehr das Zweckmäßige erst Resultat, nicht wirkendes Motiv der Vorgänge sei, hören wir jetzt von einem „Bedürfnis" nach größerer Verständlichkeit, das sich im Sprechenden regt, womit doch — wenn es nicht ein sinnloses Wort sein soll — nichts anderes gemeint sein kann, als daß der Hörende verstanden sein will, daß er in dieser Absicht zunächst Zeichen äußert, die wegen ihrer Lückenhaftigkeit nicht den gewünschten Erfolg haben, und dies bemerkend, nach Mitteln greift und Mittel versucht, die jene ungenügenden Zeichen ergänzen und in der Erreichung des Zweckes unterstützen können. Kurz: zweierlei ist hier zugegeben; erstlich wiederum, daß nicht wie Wundt sonst behauptet, in der Sprache, weil sie „ein integrierender Bestandteil der Funktionen des Denkens" sei, sich stets und von selbst unsere Vorstellungen und Begriffe „in unmittelbarer Treue widerspiegeln" und in der ihrer Entwicklungsstufe genau adäquaten Form äußern, sondern daß die sprachliche Wiedergabe des Inneren zunächst oft sehr inadäquat, ungetreu, unvollständig und lückenhaft ist. Und fürs zweite ist, in flagrantem Widerspruch mit den zwei Seiten zuvor ausgesprochenen Grundsätzen, (die jeden Gedanken an Mittel und Zweck bei der Entstehung der sprachlichen Zeichen als fiktiv ablehnen, und die diese ebenso unwillkürlich auftreten lassen wie das Zweckmäßige in der organischen Natur) hier zugegeben, daß bei deren Bildung eine gewisse psychische Arbeit im Spiele sei, die im Dienste einer Absicht, nämlich derjenigen verstanden zu werden, geleistet wird.

Ferner: klingt es nicht ebenso empiristisch, wenn (I, ¹, S. 567; ², S. 607) davon die Rede ist, daß die Ausbildung der vorhandenen Sprache den „nie erlöschenden Trieb der Wortbildung" auf ein verhältnismäßig enges Gebiet von Ergänzungen des vorhandenen Wortschatzes eingeschränkt habe — „naturgemäß auf ein um so engeres, je vollständiger die überlieferte Sprache allen Bedürfnissen bereits entgegenkommt?" Ist damit nicht das Bedürfnis der Mitteilung gemeint, oder kann man im eigentlichen Sinn ein Bedürfnis nach etwas haben, wovon man kein Bewußtsein und wonach man kein Verlangen hat?

Weiter: Wundt gibt zu, daß, indem der Mensch auf die kommunikative Kraft der (vermeintlich) unwillkürlich entstehenden Sprachäußerungen aufmerksam wird, Wille und Absicht in ihm wach werden können und auch tatsächlich werden, jene Mittel zum Zwecke der Verständigung zu wiederholen. Wohlan also! Können und müssen nicht dieselben Gesetze der Ideenassoziation und gewohnheitsmäßigen Erwartung, die dazu führen, daß man eine gleiche Äußerung absichtlich ausführt, die zuvor unabsichtlich getan worden war und dabei ihre Tauglichkeit zur Mitteilung verraten hatte, auch dazu führen. daß man etwas ähnliches äußert um eine ähnliche Wirkung zu erzielen? Auf Grund des allgemeinen Gesetzes der Gewöhnung sind wir ja — wie schon früher betont wurde — auf dem Gebiete des Vorstellens und Urteilens durch das Auftreten gewisser Akte nicht bloß zur Wiederholung gleicher unter gleichen Umständen, sondern auch zur Übung ähnlicher unter ähnlichen Umständen disponiert! Es wäre also geradezu ein Wunder, wenn unter diesen Verhältnissen jemand, der fähig ist Sprachzeichen absichtlich zu wiederholen, nicht auch fähig sein sollte, von derselben Absicht zur Verständigung geleitet, etwas Neues zu schaffen. Fast jeder von uns, indem er sich eine überlieferte Sprache aneignet und gebraucht, bringt vielmehr unter Umständen nach Analogie zum Gegebenen auch neues hervor. Sprachelernen und Spracheerzeugen gehen unmerklich ineinander über, und auch in diesem Sinne ist die Sprache nicht ein einmaliges ergon, sondern eine energeia.

So zuversichtlich also auch Wundts Absage an jede teleologische Betrachtungsweise der Sprachentstehung und seine Opposition gegen die Rede von einem Streben nach Verständlichkeit usw. auftritt, so vornehm er sie in Bausch und Bogen in das Gebiet einer „Reflexionspsychologie" verweist, oder einer Psychologie, wie sie nicht sein sollte, so wenig vermag sich der berühmte Autor in diesem Verdammungsurteil konsequent zu bleiben, und es wäre leicht, noch eine ganze Reihe von Äußerungen und Positionen bei ihm aufzuzählen, die samt und sonders in dieser oder jener Weise einen Abfall von seinen nativistischen Prinzipien bedeuten oder sonstwie durch inneren Widerspruch für die völlige Haltlosigkeit seines Standpunktes Zeugnis ablegen.

Er lehrt, wie wir bereits wissen, daß es neben der regulären unwillkürlichen Wortschöpfung eine singuläre, willkürliche gebe. Ja, wenn man konsequent bei manchen seiner bezüglichen Angaben bleibt, so würde ein großer Teil dessen, was zum Grundstock auch der populären Sprachbildung gehört, jenen Charakter des Singulären also des „Willkürlichen", „Erfundenen" haben.

Allein wie kann eine solche Erfindung von Worten nötig sein, wenn das Gesetz gilt, daß sich vermöge einer inneren Notwendigkeit an das menschliche Denken auf jeder Stufe seiner Entwicklung ein adäquater Ausdruck knüpft? Ja, wie wäre es einer solchen „willkürlichen Erfindung" auch nur möglich, sich gegen diese von Natur gegebenen Zeichen, die das Ausgedrückte „mit unmittelbarer Treue wiederspiegeln", durchzusetzen?

Weiter: I, ¹, S. 345; ², S. 356 sagt uns Wundt, die Geberdensprache sei „in höherem Grade der willkürlichen erfinderischen Tätigkeit unterworfen" als die Lautsprache. Ich frage: wenn es keine beim primitiven Menschen unannehmbare Reflexion voraussetzt, daß derselbe Geberden erfinde, d. h. auf Grund von Erfahrungen, die sich ihm ungesucht geboten haben, und nach Analogie dazu Mittel hervorbringe, die — sei es durch Ähnlichkeit mit dem Auszudrückenden, sei es durch Kontiguität — geeignet sind, der Mitteilung zu dienen, warum soll es nicht auch bezüglich der Laute möglich sein? Warum sollen wir nicht auch hier solches wählen und bilden können, was nach Analogie zu dem, was wir schon erfahren, eine gewisse Vorstellung zu erwecken verspricht, sei es wiederum entweder durch Ähnlichkeit oder durch Kontiguität. Ein Lautzeichen

kann ja auch der Verständigung dienen, wo es die Geberde
nicht kann, wie z. B. im Dunkeln oder bei Mitteilung „um die
Ecke" oder in größere Entfernung! Wenn die „Erfindung" von
nachahmenden Geberden, da wo sie dem Verständnis dienlich
waren, nicht über die Kräfte des primitiven Menschen hinaus-
ging, warum soll es diejenige von Lauten? Und das wäre
gerade nach Wundt doppelt unbegreiflich, da nach seiner Meinung
Lautnachahmungen immer indirekt, nämlich im Gefolge von sog.
Lautgeberden, d. h. der direkten Nachahmung von gewissen Vorgängen oder sichtbaren Eindrücken durch unsere Artikulationsbewegungen, entstehen sollen. Die Lautnachahmung wäre ja
danach eigentlich und primär stets Nachahmung durch Geberden,
und warum sollte man nicht auch dann auf Lautgeberden verfallen, wo nicht der Geberde selbst, sondern mehr dem daran
geknüpften Laut die mitteilende Kraft zukommt und die Geberde also nur um jener vermittelnden Stellung willen gewollt
wird? Doch genug von den Inkonsequenzen und Widersprüchen,
in die Wundt seine Sprachpsychologie stürzt und wofür sich die
Beispiele noch weiter häufen ließen.[1])

III. Wenden wir uns jetzt zu der Frage, wie Wundt sein
Verdammungsurteil gegen die teleologische Betrachtungsweise

---

[1]) Schon in meinen Artikeln über Sprachreflex usw. habe ich hervorgehoben, daß es auch eine seltsame Inkonsequenz ist, wenn Wundt einerseits lehrt, die Sprache sei die zum Denken zugehörige äußere Willenshandlung, andererseits aber das erstere (oder die „aktive Apperzeption") als innere
Wahlhandlung faßt, dagegen erklärt, die Sprache sei — wenigstens was ihre
Entstehung anbelangt — auf allen Stufen ihrer Entwicklung, nicht eine
Wahl- oder Willkürhandlung, sondern eine einfache Willenshandlung, was
— wie wir wissen — soviel wie ein unwillkürliches durchaus absichtsloses
Tun bedeutet. (In Wahrheit ist das Aussprechen von Gedanken in den
häufigsten Fällen, auch schon bei der Entstehung der bezüglichen Ausdrucks-
mittel, etwas Absichtliches, ja eine Wahlhandlung; dagegen das ausgedrückte
Denken nicht — so daß die Umkehrung von Wundts These viel eher den
Tatsachen entspricht.)

Eine Inkonsequenz ist es auch, wenn Wundt es als zum Wesen des
Satzes gehörig betrachtet, daß er eine willkürliche oder Wahlhandlung sei,
von allen Sprachmitteln aber in ihrer Entstehung — wie wir eben hörten —
lehrt, daß sie nicht Wahlhandlungen, sondern einfache Willenshandlungen
seien. Denn danach könnte ein Sprachmittel bei seinem Entstehen niemals
ein Satz sein, während man in Wahrheit stets in Sätzen zueinander spricht
und stets gesprochen hat, mochte auch anfänglich ihr äußeres Gewand dem
heutigen noch so wenig gleichsehen.

begründe. Wollten wir bloß ad hominem argumentieren, so könnten wir natürlich darauf hinweisen, daß, wenn jenes Urteil richtig wäre, es auch ihn selbst träfe, nämlich überall da, wo er (wie wir gesehen haben) selbst jene Betrachtungsweise zu Hilfe ruft. Doch wir wollen ad rem sprechen und es uns darum nicht verdrießen lassen, die Opposition Wundts gegen jede, auch die moderne, Form des Empirismus und damit gegen die Ansicht der meisten Sprachphilosophen[1]) und Sprachforscher noch einmal[2]) sachlich zu prüfen und — wie ich hoffe — zu entkräften.

I. Zunächst sei es denn gestattet, einen Blick auf die Parallele zu werfen, welche Wundt zwischen unserer teleologischen Sprachbetrachtung und der teleologischen Betrachtung der organischen Welt finden will — eine Parallele, welche ohne Zweifel in den Augen vieler diskreditierend für unsere Lehre ist. Es ist, meine ich, ein Leichtes, zu zeigen, daß — mag nun die üble Meinung, welche manche hinsichtlich einer teleologischen Erklärung von der Entstehung und Entwicklung der Organismen hegen, begründet oder unbegründet sein — es jedenfalls nicht gerechtfertigt ist, dieses abfällige Urteil auf unsere „teleologische" Auffassung der Sprachentwicklung zu übertragen. Wundt sagt, wie wir hörten (II, 1, S. 123; ähnlich 2, S. 129), bei der Sprache sei das Zweckmäßige, wie in der

---

[1]) Auszunehmen sind nur die Nativisten wie Humboldt, Steinthal und dessen Anhänger (soweit sie nicht durch die Tatsachen und den natürlichen psychologischen Blick von selbst zum Aufgeben seiner nativistischen Theorie geführt wurden) sowie Max Müller.

[2]) Ich habe dies zwar hinsichtlich derjenigen Form des Empirismus, die ich bereits in meinem Ursprung der Sprache (1875) vertreten habe, schon in meinen Artikeln über Sprachreflex, Nativismus und absichtliche Sprachbildung getan. Wundt hat aber diese meine Ausführungen ignoriert und belegt nach wie vor auch meine Theorie vom Ursprung der Sprache, welche sich von den Fehlern der „Erfindungstheorie" des 18. Jahrhunderts durchaus frei gehalten hat, kurzweg mit jenem ächtenden Namen.

Um zu verhindern, das durch das Ansehen des Mannes die öffentliche Meinung in der Frage irregeleitet werde, gehe ich hier noch einmal ausführlich und allseitig auf eine Rechtfertigung meines Standpunktes ein. Um so mehr, als es offenbar zugleich der Standpunkt einer ganzen Reihe angesehener Sprachforscher ist, wenn auch — da die Psychologie nicht ihr Fach ist — nicht von ihnen verlangt werden kann, den psychologisch-prägnantesten Ausdruck dafür zu finden.

organischen Natur, im allgemeinen Resultat, nicht wirkendes Motiv der Vorgänge.

Ich antworte: was das Leben und die Erhaltung der Organismen betrifft, so haben wir von Darwin gelernt, wie Zweckmäßiges an den Organismen sich (unter Voraussetzung einerseits ihrer Variabilität, andererseits der Beschränkung derselben durch die Gesetze der Vererbung) erhalten und steigern kann ohne einen besonderen darauf gerichteten Plan. So die Anpassung der Organismen an die gegebenen Lebensbedingungen; sie wird besorgt durch den blinden Kampf ums Dasein oder den survival of the fittest.

Es kann hier ganz dahingestellt bleiben, ob damit alle Teleologie (oder „Zielstrebigkeit" mit K. E. v. Bär zu sprechen) auf dem Gebiete der Organismen definitiv umgangen ist oder nicht. Aber eines ist offenkundig, wenn wir jenen Gedanken von Darwin und Spencer auf die Entwicklung der Sprache anwenden, so schließt er hier gar nicht aus, sondern fordert im Gegenteil, daß in gewissem Maße und Sinne das Zweckmäßige auch „wirkendes Motiv der Vorgänge" sei. Ich selbst habe schon in meinen Artikeln über Sprachreflex (Vierteljahrsschrift für wissenschaftliche Philosophie, Jahrgang 1890, 6. Artikel) davon gesprochen, daß auch unter den Sprachmitteln, welche die verschiedenen Sprachgenossen zum gemeinsamen Sprachschatz beizusteuern versuchen, eine Art Kampf ums Dasein und eine Auslese des Brauchbareren vor sich gehe, und daß dadurch, ohne vorbedachten Plan, das Zweckmäßigere sich erhalte und zum Typus zahlloser Analogiebildungen werden könne. Aber da die Worte der Sprache nicht leben und sterben wie die Pflanzen und Tiere, sondern ihr Leben im Festgehaltenwerden durch den menschlichen Willen, ihr Tod im Fallengelassenwerden durch denselben besteht, so ist es eben nur dieser menschliche Wille, der jene Auslese des für seine augenblicklichen Zwecke Brauchbaren übt — eine Auswahl, die, zusammen mit dem Gesetz der Gewohnheit und Analogie, planlos zum Aufbau eines zweckmäßigen Ganzen führt und führen kann. Bei der Vervollkommnung der Organismen durch survival of the fittest ist der Tod des minder Passenden und das Fortleben des Passenden die Wirklichkeit, die „Auslese" Bild. Bei der Schöpfung und Vervollkommnung der Sprache ist umgekehrt das „Fortleben" des Brauchbareren und

das „Zugrundegehen" oder „Absterben" des minder Brauchbaren
das bloße Bild (so gut wie der „politische Tod" eines Ab-
geordneten, der nicht wieder gewählt wird) und die Wirklichkeit ist die Auswahl durch den Willen der Sprachgenossen.
Überträgt man also, was die neuere Forschung im Gebiete der
Organismen über die Entstehung von Zweckmäßigkeit ohne
ein darauf gerichtetes Bewußtsein zeigt, in einer den veränderten Bedingungen entsprechenden Weise, auf die Entstehung
der Sprache, so zeigt sich, daß hier nur das Fehlen eines
Planes das tertium comparationis sein kann. Im übrigen steht
hinsichtlich der Entwicklung der Sprache eine richtige „teleologische" Betrachtungsweise mit der kausalen sowenig in Gegensatz, daß die Richtung des menschlichen Willens auf ein telos,
speziell die Absicht der Verständigung usw., zu den wichtigsten
causae des Werdens und Vergehens aller Gebilde gehört.[1]

Und gerade wer sie ausschließen wollte, würde unausweichlich das Opfer einer falschen Teleologie werden, welche
eine Unsumme von fertigen zweckmäßigen Mechanismen voraussetzen muß, für die sie keine kausale Erklärung hat.

Ganz dasselbe wird so recht deutlich, wenn Wundt, trotz
seiner heftigen Opposition gegen die übliche Rede der Sprachforscher von einem Trieb nach Verständigung und einem Streben
nach Deutlichkeit und dergl., doch gelegentlich (vgl. II, 1, S. 83;
2, S. 89) selbst von einem „instinktiven Trieb nach Verständigung"
oder von einem „Trieb nach Mitteilung" (vgl. I, 1, S. 319; 2, S. 328)
spricht als von einer bei der Sprachbildung wirksamen Ursache.
Was sollen wir bei ihm darunter verstehen? Der Terminus
„Trieb" in einer solchen Wendung, und ebenso in einer genitivischen
Zusammensetzung wie „Mitteilungtrieb" und dergl., ist vieldeutig. Es kann damit ein Begehren gemeint sein, wofür der

---

[1] Auch auf dem Gebiete der Entstehung und Vervollkommung der
Organismen schließen meines Erachtens Teleologie und Mechanismus, d. h. die
Existenz und Annahme von Zwecken einerseits und von wirkenden Ursachen
andererseits einander nicht aus, wie denn schon Lotze und vor ihm Leibniz
und andere gesagt haben, der Mechanismus oder die Kausalbeziehung sei
universell in der Natur, aber sie verwirklichen Zwecke. Aber während
hier die letzte Ursache (welche eine ist für das Ganze der Natur) eine
zwecksetzende ist und die nächsten es vielfach gar nicht sind, ist auf dem
Gebiete der Sprachentwicklung — wie wir sie auffassen — das Ganze
nicht Objekt eines Wollens und einer Absicht, dagegen sind die nächsten
Ursachen der einzelnen Schritte größtenteils Willens- resp. Wahlhandlungen.

beigefügte Genitiv oder die präpositionale Fügung das Objekt angibt. Aber so kann der Ausdruck bei Wundt — wenn der Autor nicht gänzlich von sich selbst abfallen soll — nicht ver- verstanden werden. Es wäre ja damit offenkundig ganz so eine Absicht zur Mitteilung und Verständigung angenommen, wie sie die von Wundt verpönte „teleologische Betrachtungs- weise" lehrt.

Es kann aber unter „Trieb zu etwas" und dergl. auch ein Gefühl oder Begehren gemeint sein, das ein ganz anderes, im betreffenden Ausdruck gar nicht angegebenes, Objekt hat. Was der beigefügte Kasus mit oder ohne Präposition angibt ist dann vielmehr ein entfernterer Erfolg, zu welchem gewisse, an jene Gefühle oder Begehrungen geknüpfte, Bewegungen und Hand- lungen im weiteren Verlauf führen, von dem aber das Wesen, dem man den „Trieb" zuschreibt, gar kein vorschauendes Be- wußtsein zu haben braucht. So spricht man den Tieren einen „Fortpflanzungstrieb" zu, obwohl niemand ernstlich daran denkt, ihnen ein auf die Fortpflanzung der Gattung gerichtetes Be- gehren zuzuschreiben. Ihre bezüglichen Handlungen sind durch irgend eine blinde Lust oder Unlust an Sinnesqualitäten hervor- gerufen, und die momentane Unlust abzuwehren oder das Lust- gefühl festzuhalten ist alles, mas man hier als „Streben des Tieres" bezeichnen kann. Nur in solchem Sinne nun kann nach Wundt, wenn er irgend konsequent sein will, auch davon die Rede sein, daß beim Menschen die Sprachschöpfung aus einem „Trieb nach Mitteilung und Verständigung" hervor- gegangen sei.[1]) Die Verständigung kann nur ein entfernterer Erfolg sein, der außerhalb des Bewußtseins und Willens der Sprachschöpfer liegt, bei denen vielmehr — wie wir ja den Autor versichern hörten — ohne ihre Absicht und ihr Zutun sich das Vorstellen, Fühlen und Denken notwendig auf jeder Stufe seiner Entwicklung in der dieser „genau adäquaten Form" äußert; derart, daß „diese Äußerung selbst zu der psychologischen Funktion gehört, deren wahrnehmbares Merkmal sie ist" (II, ¹, S. 605; ², S. 635; vgl. ¹, S. 123, 102; ², S. 129, 108).

---

¹) Dasselbe gilt von dem „Trieb, den Ausdruck adäquat der Vorstellung zu gestalten", wovon Wundt a. a. O. I, ¹, S. 327; ², S. 337 spricht. Entweder geht Wundt damit in das Lager der empiristisch-teleologischen Auffassung über und läßt eine so oder so motivierte Absicht walten, den Ausdruck der Vorstellung zu verähnlichen, oder er muß damit eine falsche Teleologie lehren.

Allein wer sieht nicht, daß gerade dadurch in tadelnswerter Weise „Teleologie" gelehrt wird, indem eine Unsumme
fertiger zweckmäßiger Veranstaltungen statuiert wird, deren
Ursprung völlig unerklärt bleibt. Unsere teleologische
Betrachtungsweise erklärt die Verknüpfung der Worte mit Gedanken — soweit sie überhaupt tatsächlich ist — einheitlich
und verständlich. Bei Wundt bleibt sie eine unerklärte
Vielheit von letzten Annahmen. Denn seine Versicherung,
daß von selbst „jede zureichend gefühlsstarke Vorstellung zum
Ausdrucke dränge" daß dabei „jede besondere Gestaltung der
Vorstellungen auch eine besondere Lautform fordere" (II, 1, S. 102;
2, S. 108; 1, S. 123, 2, S. 129) und die „vorzugsweise gefühlsbetonten
und intensiver apperzipierten Vorstellungen zuerst" ausgedrückt
werden, ist ja nur eine Behauptung von wirklichen oder vermeintlichen Tatsachen, nicht eine Erklärung derselben. In
welcher Art doch soll jene „Forderung" verständlich sein, die
angeblich jeder besonderen Vorstellungsform an und für sich
und ohne Zutun einer auf Mitteilung gerichteten Absicht und
psychischen Arbeit in einer besonderen Lautform Ausdruck ver-
schafft? Ich weiß schlechterdings keine einheitliche kausale
Begründung für sie. Denn diese etwa im Prinzip des psychophysischen Parallelismus zu suchen, wäre eine ans Lächerliche grenzende Willkürlichkeit, da mit diesem im besten Falle
gesagt ist, daß jeder Bewußtseinsvorgang an einen Gehirn-
vorgang geknüpft ist, nicht daß zu ihm sich notwendig
eine charakteristische „Ausdrucksbewegung" geselle. Wenn
jene Fülle und Mannigfaltigkeit psychophysischer Mechanismen,
der Art wie sie Wundt behauptet, bestände, würde sie eine
Summe von Tatsachen bilden, für die man eine einheitliche
Erklärung nur in einer transzendenten Teleologie suchen
könnte.

II. Doch wenden wir uns zum wichtigsten Vorwurf, den
Wundt der empiristisch-teleologischen Lehre vom Sprachursprung
und speziell auch der „teleologischen" Betrachtungsweise des Bedeutungswandels macht, nämlich den, eine falsche Reflexionspsychologie zu repräsentieren. Es ist darin wie wir wissen,
der Tadel involviert, daß man die Sprache durch eine psychische
Arbeit entstanden denke, wie sie nur dem wissenschaftlichen
Beobachter derselben, dem über sie „logisch reflektierenden
Verstand" zukommen könne.

Wiederholt spricht Wundt diesen Tadel aus. Die teleologische Art der Sprachbetrachtung, so hören wir z. B. II, ¹, S. 450;
², S. 479, sehe in der Sprache überhaupt ein zu den Zwecken
des Denkens und seiner Äußerung nützliches Werkzeug und sei
daher geneigt, auch jedes einzelne sprachliche Phänomen zunächst
auf seine Zweckmäßigkeit und Nützlichkeit anzusehen. Diese
Auffassung involviere die Voraussetzung, „daß die Sprache ein
System willkürlich erfundener Begriffszeichen sei" (a. a. O.,
¹, S. 453; ², S. 482) und während man die psychischen Vorgänge,
die bei der Entstehung und Entwicklung der Sprache wirklich
stattgefunden haben, unbeachtet lasse, stelle man sich lediglich
die Frage, „wie die Erscheinungen verlaufen müßten, wenn ein
logisch reflektierender Verstand sie möglichst zweckmäßig hervorbringen wollte" (a. a. O., ¹, S. 452; ², S. 481). Dadurch eben
falle sie in den Fehler der sog. Reflexionspsychologie, welche
die zu erklärenden Vorgänge selbst verwechsele mit unserer
Reflexion über sie. So Wundt.

In dieser tadelnden Charakteristik der teleologischen Betrachtungsweise sind mehrere Termini äquivok und mißverständlich, und ohne daß sie geklärt sind, ist eine Prüfung der
Berechtigung jenes Tadels nicht möglich. So wird z. B. zu
fragen sein, was mit „Erfindung", was mit „logischer Reflexion"
hier gemeint sei, und auch was mit „willkürlich", wenn Wundt
sagt, der fundamentale Fehler sei, daß man die Sprache als eine
Sammlung willkürlicher Begriffszeichen ansehe.¹)

1. Und beim letzteren Terminus wollen wir zuächst stehen
bleiben. Er hat — wir haben früher schon daran gerührt —
bei Wundt abwechselnd verschiedene Bedeutungen, ohne daß der
Wechsel deutlich angemerkt ist. Bald versteht der Autor unter
„willkürlich" alles, was gewollt und gewählt ist, nennt also
jede Namengebung und jeden Bedeutungswandel so, wenn sie
Werk einer Absicht sind. Bald versteht er unter willkürlichem
Bedeutungswandel speziell diejenigen Fälle, wo ein Bezeichnungsmittel so zu einer neuen Bedeutung kommt, daß zwischen ihr
und der früheren bloß eine äußerliche und nebensächliche
Beziehung besteht (wie etwa örtliche Nachbarschaft des Bezeichneten und dergl.). Diesen Sinn hat „willkürlich" gewiß

---

¹) Daß nicht alle Bedeutungen unserer Sprachmittel Begriffe sind, wurde
schon früher betont und ist nicht etwa eigentümliche Lehre der „Teleologen".

zunächst, wenn Wundt z. B. (II, [1], S. 430; [2], S. 459) sagt: Wenn die Römer ihre erste Münzstätte moneta nannten, nach dem in der Nähe befindlichen Tempel der Juno Moneta, so sei die Namengebung eine willkürliche gewesen, da „zwischen den Gegenständen selbst, abgesehen von ihrer zufälligen räumlichen Nähe, nicht die geringste Beziehung besteht". Aber der Autor sieht darin zugleich ein Beispiel für eine „willkürliche" Namengebung im Sinne einer absichtlichen (nicht bloß „triebartigen") Handlung; offenbar indem er das „Willkürliche" in einem und anderem Sinne ohne weiteres zusammen gegeben glaubt. Daß in Wahrheit die Begriffe nicht identisch sind, wird jedermann zugeben, der sich nicht ohne weiteres durch die Äquivokation täuschen läßt und Worteinheit nicht für Begriffseinheit nimmt. Aber auch dem Umfange nach fallen sie nicht ohne weiteres zusammen. Es kann ein Bedeutungswandel der Art sein, daß die verschiedenen Bedeutungen nur durch eine ganz äußere Beziehung miteinander zusammenhängen, und doch ist es nicht ausgeschlossen, daß er unabsichtlich entstanden sei.

Endlich kann aber unter „willkürlicher" Namengebung oder ebensolchem Bedeutungswandel auch ein Fall gemeint sein, wo ein Bezeichnungsmittel zu einer Bedeutung kommt, ohne daß zwischen beiden oder zwischen der früheren und späteren Bedeutung irgendeine Beziehung besteht, welche die Verknüpfung begründet.[1])

Zu untersuchen, ob willkürliche Zeichen in der ersten und zweiten Bedeutung etwas dem Begriffe der volkstümlichen Sprachschöpfung Widerstreitendes und darum Unannehmbares ist, bleibe anderen Stellen überlassen.

Hier sei zunächst zugegeben, daß, wenn unter einem System willkürlicher Zeichen soviel wie eine Sammlung von Zeichen gemeint ist, die gar keine natürliche (weder direkte noch indirekte) Beziehung zum Bezeichneten haben oder jemals

---

[1]) Dieses, d. h. also den völligen Mangel einer figürlichen inneren Sprachform, scheint Wundt zunächst im Sinne zu haben, wo er (II, [1], S. 545; [2], S. 575) als vierte Gruppe von „Namengebungen nach singulären Assoziationen" die „völlig willkürlichen Namengebungen" aufführt. Schon das Beiwort „völlig" deutet darauf hin, und als Beispiele sind ja unter anderem auch Fälle erwähnt, „wo der Name überhaupt ein willkürliches Lautgebilde ist, wie bei den Or-, Ant-, Mäl- und Omwesen der Krauseschen Philosophie, dem ... Reichenbachschen Od und anderen schrullenhaften Namenerfindungen mehr".

hatten, die also in diesem Sinne rein konventionell oder künstlich sind, es selbstverständlich ist, daß die Volkssprache von Anfang nicht eine solche Sammlung sein konnte. Zwar kann es auch in ihr vorkommen und kommt fortwährend vor, daß einzelnes zugelernt wird, was sich durchaus nicht selbst erklärt, sondern dessen Bedeutung der Hörer anfänglich nur aus dem Zusammenhang errät. Und so kann man nicht als von vornherein ausgeschlossen betrachten, daß es nicht auch in der Volkssprache, auf Grund von Erfahrungen darüber, wie ein in sich unverständliches Zeichen durch die erklärende Situation dazu gelangt, verstanden zu werden, zu absichtlicher Einführung einzelner solcher neuer Sprachbestandteile komme, in der Erwartung, daß auch für ihr Verständnis in analoger Weise der Zusammenhang sorge.

Doch kann dies jedenfalls nur von einzelnen Sprachmitteln gelten. Dagegen die Absicht, beliebig viele neu zu bildende Bezeichnungen, ein ganzes System derselben, ohne Vermittlung einer figürlichen inneren Sprachform einzuführen, ist nur möglich, wo eine Verabredung statthaben kann.[1]) Diese aber setzt natürlich schon Sprache voraus und gehört schon darum nicht den Anfängen volkstümlicher Sprachbildung an.

Kein ernst zu nehmender neuerer Forscher hat darum die Volkssprache in diesem Sinne für eine willkürliche und künstliche Erfindung gehalten.

2. Doch nicht bloß in diesem Sinne von Erfindung der Sprache zu reden läßt sich ohne weiteres als etwas Untunliches erkennen. Wundt spricht, wie wir hörten, weiter davon: Die teleologische Betrachtungsweise stelle sich — indem sie die

---

¹) Auch bei der Entstehung von Mischsprachen, wie z. B. eine solche nach H. Schuchardts lehrreicher Schilderung sich entwickelte, als die Portugiesen in Indien gelandet hatten und mit den Eingeborenen so redeten, wie man mit Kindern redet, ihren Bedürfnissen und ihrem Verständnis mit mehr oder weniger Geschicklichkeit entgegenkommend, war nicht eine auf das Ganze der Vorgänge und somit auf die Einführung eines Systems von Zeichen gerichtete Absicht im Spiele. Und im übrigen wurde der Prozeß natürlich dadurch ermöglicht, daß wenigstens für einen Teil der sich Unterredenden schon durch Gewohnheit feste Assoziationen zwischen gewissen konventionell gewordenen Worten und den zugehörigen Bedeutungen bestanden. Dies schuf für die anderen die Möglichkeit, daß aus der sicheren Wiederkehr und Konstanz derselben erklärenden Situationen sich für sie allmählich ebenso feste Assoziationen zwischen Laut und Bedeutung bildeten.

Sprache als eine Sammlung willkürlich erfundener Begriffszeichen ansehe — lediglich die Frage, wie die Erscheinungen
verlaufen müßten, wenn ein logisch reflektierender Verstand sie
möglichst zweckmäßig hervorbringen wollte.

Unter dieser Voraussetzung hätte ja die Sprache nach
einem Plane gebaut werden müssen, der entworfen war auf
Grund einer umfassenden Übersicht und möglichst genauen Analyse des Mitzuteilenden, sowie auf Grund der genauen Kenntnis
und kritischen Vergleichung der zur Verfügung stehenden Mittel,
und natürlich war bei der Volkssprache von alledem keine
Rede. Weder hatten die Schöpfer derselben jene abstrakte und
das Ganze überschauende Kenntnis des Zweckes, noch die
Möglichkeit planmäßiger Wahl und Berechnung des Ganzen
der passendsten Mittel. Und überhaupt ist jede, auch weniger
vollkommene, reflexionsmäßige Schöpfung und Ausgestaltung des
Ganzen einer Volkssprache durch die Sprechenden auch aus
anderen Gründen ausgeschlossen, weshalb ich sie jederzeit,
schon in meinem „Ursprung der Sprache", und wieder in meinen
Artikeln „Über Sprachreflex usw.", bei Gelegenheit der Auseinandersetzung mit Steinthals und Wundts Nativismus, aufs
ausdrücklichste abgelehnt habe. Jeder einzelne Schritt der
Sprachbildung, so führte ich schon dort[1] aus, war ein
bewußter. In bezug auf jedes Wort und jede Form wurde
irgend einmal von einem oder mehreren einzelnen zuerst der
Versuch gemacht, sie zum Zwecke der Verständigung mit anderen
zu gebrauchen und in diesem Sinne sie einzuführen; gewiß nicht
mit dem Gedanken an die fernere oder gar an alle Zukunft
und an den weitesten Kreis, wohl aber mit dem Gedanken
an den kleinen Kreis der Mitunterredenden und die kurze
Zeit des währenden Gesprächs. Dieser Versuch, eben weil
von der Absicht der Verständigung beseelt — war im eigentlichen Sinne eine Willenshandlung, ja — da es sich meist
um ein tastendes Probieren und je nach dem Erfolg um ein
unbefriedigtes Fallenlassen oder approbierendes Festhalten eines
Mittels handelte — eine Wahlhandlung. Und nicht bloß der
erste Schöpfer der Zeichen übte so eine tastende Auslese; ebenso
taten es — der eine mehr, der andere weniger — seine Ge-

---

[1] Vierteljahrsschrift für wissenschaftliche Philosophie, Bd. XIV, Jahrgang 1890, S. 55 ff. Vgl. auch M. Bréal, Essai de Sémantique, 1897, pag. 7 u. 8.

nossen, und eben nur, was dem ganzen Kreise genehm war
und definitiv von ihm gewählt wurde, blieb ein relativ dauernder
Bestandteil der gemeinsamen Sprache und wurde Sache einer
festen Gewohnheit. Allein diese Auslese von brauchbaren Verständigungsmitteln war eine völlig planlose.[1]) Jeder, der so zur
Sprachbildung stückweise beitrug, dachte nur an das gegenwärtige Bedürfnis, und von dem Ganzen und dem endlichen
Resultat, von der inneren Gliederung des Werkes und den
Funktionen seiner verschiedenen Teile, hatte keiner von allen,
die so — der eine mit mehr, der andere mit weniger Geschick
und Erfolg — an seiner Vollendung mitgeholfen, irgend ein Bewußtsein und noch weniger von der Methode oder den Methoden,
die bei dem Bau verfolgt wurden. In diesem Sinne war die
Sprachbildung eine unbewußte und unbeabsichtigte.[2]) Und im
Sinne dieser Devise: nicht unwillkürlich und wahllos, wohl aber
unsystematisch und planlos will ich es denn auch verstanden
wissen, wenn ich z. B. bei der Stiftung von Äquivokationen und
bei der syntaktischen Weise der Zeichenbildung und dergl. von
einem Streben nach Zeichenersparnis, von einer Tendenz nach
Bequemlichkeit und Kürze des Ausdrucks usw. spreche.

Man machte meines Erachtens konkrete Erfahrungen darüber,
daß überall da, wo z. B. jene syntaktische Methode der Bezeichnung

---

[1]) Ich meine auch natürlich keineswegs, daß immer und überall das
Brauchbarste ausgelesen worden sei. Ganz abgesehen davon, daß — wie ich
schon in der Einleitung betonte — etwas, was in einer Richtung zweckmäßig war, in einer anderen Beziehung vielleicht nicht diesen Vorzug hatte,
so konnten bei der Einbürgerung von Sprachmitteln auch Motive wirksam
sein (wie die blinde Macht des Beispiels), die weniger Zweckmäßigem ja
Zweckwidrigem die Sanktion erteilten. Und einmal festgewurzelt und mit
der zähen Macht des Gewohnten ausgestattet, vermag bekanntlich auch recht
Mangelhaftes sich für die längste Zeit zu halten und Zweckmäßigerem den
Eingang zu versperren.

[2]) So verstanden und im Hinblick auf das Ganze der Sprache und die
in ihm waltenden Methoden und Analogien, von denen keiner der vielen einzelnen ein Bewußtsein hatte, der unter dem Banne jener Stilgewohnheiten
stehend, Bausteine zu dem Gesamtwerke herbeitrug, mag man von der Volkssprache sagen, was A. v. Arnim von den Gebilden der Volkspoesie sang:

Was keinem eigen, was sich selbst erfunden —.

Vgl. auch G. Meyer (Essays und Studien zur Sprachgeschichte und
Volkskunde, II, S. 125 und 149) über die Umbildungen der Volkslieder im
Munde derer, die sie empfangen und weitergeben. „Das Volkslied wird in
stets frisch schaffender Improvisation immer gleichsam von neuem geboren".

des Neuen durch Kombination von schon Bekanntem in ausgesprochener und glücklicher Weise eingeschlagen wurde, das Finden und Behalten der Zeichen leichter von statten ging, als wo dies nicht der Fall war. Man bemerkte ja doch in concreto, ob man verstanden wurde und ob rascher oder langsamer, ob die Gewinnung des Mittels mühevoller oder leichter war und ob es neu oder alt war. Ebenso steht nichts im Wege, daß im einzelnen auch die größere Kürze eines Sprachmittels bemerkt und als annehmlich empfunden wurde. Und weiter meine ich, daß von diesen konkreten Erfahrungen über die größere oder geringere Brauchbarkeit und Bequemlichkeit der Sprachmittel Erinnerungen zurückblieben und zu einer Bevorzugung und Auslese des einen vor dem anderen drängten und der eine glückliche Schritt eine gewohnheitsmäßige Tendenz zu zahllosen ähnlichen und analogen begründete. Und so kam, trotzdem man nicht planmäßig das Ziel verfolgte, stets, soweit die Rücksicht auf Verständlichkeit es erlaubte, zum Müheloseren zu greifen, obwohl vielmehr Wahl und Absicht stets nur auf den nächsten Zweck ging, im großen und ganzen etwas zustande, das in gewissem Maße einem Werke ähnlich war, wie es sonst die planmäßige Richtung auf Ersparnis und Zeichenökonomie hervorbrächte.[1)]

Nur in diesem Sinne also möchte ich es verstanden wissen und habe ich es stets verstanden, wenn ich von einem Trieb nach Ersparnis oder einer Tendenz nach Bequemlichkeit bei den Sprachbildnern spreche; nicht im Sinne eines Planes, sich die Sache zu erleichtern und einer auf Reflexion beruhenden Erkenntnis der Natur und Vorzüge gewisser Methoden in abstracto und eines vorschauenden und auf das Ganze des Resultats gerichteten Berechnens.[2)] Und was von dem „Trieb nach Be-

---

[1)] Ähnlich wie ein Egoist, ohne mit weitausschauendem Plane das Prinzip des Eigennutzes zu verfolgen, doch im großen und ganzen zu einem verwandten Resultate kommt, wie wenn er es getan hätte. Genug, daß er instinktiv und gewohnheitsmäßig in jedem einzelnen Falle bloß seinen Nutzen maßgebendes Motiv seines Handelns werden läßt.

[2)] Was speziell die „Tendenz nach Bequemlichkeit" betrifft, so mag man, insbesondere (wie schon von hervorragenden Sprachforschern betont worden ist) hinsichtlich der Erscheinungen des Lautwandels, in manchen Fällen allzu rasch bei der Hand gewesen sein, sie als Erklärung anzurufen. Das hindert aber nicht, daß sie im allgemeinen zu den Kräften gehöre, denen man mit Recht einen Anteil an der eigentümlichen Entwicklung und

quemlichkeit", das gilt von dem ihm vielfach antagonistischen „Trieb nach Erhaltung" bedeutsamer Laute und Lautunterschiede und überhaupt von dem „Streben nach Verständlichkeit", das nach mancherlei Mitteln greift. Nicht mit Bedacht oder gar nach vorausgehender Verabredung wurde von zwei Worten mit verschiedenen Bedeutungen, die durch Lautwandel einander zu ähnlich geworden, eines fallen gelassen, und nicht in abstracto hatte man etwa ein Bewußtsein davon, daß Präpositionen die (verwitterten) Kasus ersetzen können usw. Überall handelt es sich hier um eine planlose Summation einzelner Schritte, die durch konkrete Erfahrungen geleitet und durch ebenso konkrete Ziele herbeigeführt sind, nicht um Maximen, die von vorausblickendem Scharfsinn ersonnen und planmäßig festgehalten würden. Und daß, wie Wundt behauptet, ein Trieb zur Erhaltung bedeutsamer Unterschiede „nur als die Äußerung einer bedachtsam handelnden Intelligenz möglich" wäre, und daß, wer von dergleichen redet, darum ganz und gar unter dem Banne der alten Erfindungstheorie stehen müsse, ist — wenn „Trieb" nicht ohne weiteres im Sinne von planmäßig bedachtem Streben genommen wird — eine Behauptung, die aller psychologischen Erfahrung widerstreitet.

3. Aber nicht bloß die Erfindung der Sprache im Sinne eines planmäßig auf das Ganze ihrer Mittel und Organe gerichteten Nachdenkens ist unannehmbar und von mir stets•abgelehnt worden, auch die Vorgänge bei den einzelnen Schritten der Sprachbildung verdienen nicht in jedem Sinne den Namen der „Erfindung" und „logischen Reflexion". Und das gilt, wie von der Beschaffung der Bezeichnungen überhaupt, so auch speziell von der Gewinnung derselben durch bewußte Übertragung.

Ich sage: durch bewußte Übertragung. Denn, wie wir schon früher zugegeben haben, gibt es auch einen Bedeutungswandel, der Folge von Verwechslung ist, und er ist natürlich nicht bloß nicht Sache einer „logischen Reflexion", sondern überhaupt nicht eines Bewußtseins. Aber, wie wir gleichfalls schon

---

Gestaltung der Sprache zuschreibt. Auch hinsichtlich einer Erleichterung der Lautgebung durch Ausgleichung und Verkürzung der Formen machte man Erfahrungen und es waren — wo die Rücksicht auf die Verständlichkeit nicht hindernd entgegentrat — Motive genug da, das Mühevollere zu meiden, ohne daß diese planmäßig und auf Grund wohl überlegter Maximen und Vorsätze zu wirken und zu walten brauchten.

betont haben, ist durchaus nicht aller volkstümliche Wandel von
der Art. Auch in der Volkssprache nimmt daneben die bewußte
Übertragung einen breiten Raum ein, und wie weit und in welchem
Sinne bei ihr „Reflexion" im Spiele sei und nicht, ist hier die
Frage. Ich meine, was bei ihr vorhanden sein mußte, war:

1. das Bewußtsein der neuen Bedeutung im Unterschied von
   der früheren;
2. die Absicht, sie durch das alte Bezeichnungsmittel mitzuteilen;
3. ein Anlaß dafür, gerade dieses Mittel zu wählen, trotzdem
   dessen frühere Bedeutung nicht mit der ihm neu zugedachten
   verwechselt wurde.

Sehen wir denn zu, ob die eine oder andere dieser Forderungen
notwendig ein Maß von Reflexion voraussetze, das der Volksseele
zuzuschreiben man Bedenken tragen müßte und ob, wenn man
deshalb die „teleologische Betrachtungsweise" der falschen „Erfindungstheorie" und einer schlechten „Reflexionspsychologie"
bezichtigt, die Anklage berechtigt ist. Es könnte ja auch sein,
daß die unvollkommene Psychologie in Wahrheit auf gegnerischer
Seite zu suchen wäre, und daß man infolge solcher bloß wähnte,
die oben aufgezählten Vorgänge könnten nur in einer Weise
gedacht werden, die ein unpopuläres Maß von Denken und
Reflexion voraussetzte.

• a) Ganz gewiß würde dieser Fehler vom Gegner begangen,
wenn er vergäße, daß, auch wenn man dem primitiven Bewußtsein
der ersten Sprachbildner zumutet, daß er gewisse Wortbedeutungen
erfaßt und auseinander gehalten habe, man damit weder alle
Bedeutungen meint, die in der entwickelten Volkssprache zum
Ausdrucke kommen, noch auch nur ein mehr oder weniger
äquivalentes Surrogat dafür. Nicht bloß hatten selbstverständlich
viele unserer Bezeichnungen dort gar kein Analogon, sondern
auch solche, von denen dies gilt, differierten dadurch von den
unsrigen, daß die Bedeutung, welche das primitivere Bewußtsein
damit verknüpfte, nicht dem Inhalte sondern höchstens dem
Umfange nach (ja auch in dieser Beziehung nur unvollkommen
und annähernd) mit dem Gedanken übereinstimmte, den wir
auch im populären Begriffe damit verknüpfen.[1])

---

[1]) Es bestand und besteht ohne Zweifel zwischen den Wortbedeutungen
einer primitiven Sprachstufe und denjenigen einer höher entwickelten vielfach ein analoges Verhältnis, wie etwa wiederum zwischen den populären

Weiter aber ist zu bedenken, daß, auch soweit wir mit Recht dem primitiven Bewußtsein den eigentlichen Besitz eines gewissen Gedankens in dispositionellem Sinne zuschreiben, er aktuell nicht immer eigentlich gedacht, sondern oft selbst wieder nur durch ein Surrogat vertreten werden mochte.[1])

Endlich ist in bezug auf die Vergegenwärtigung der Be- deutungen, die wir einem primitiven, ebenso wie hinsichtlich derjenigen, die wir einem entwickelteren Bewußtsein zuschreiben, zu betonen, was wir schon öfter hervorgehoben haben, nämlich daß es etwas ganz anderes ist, ein seelisches Phänomen und so auch einen gewissen Gedanken zu erleben und etwas ganz anderes, diesen seelischen Zustand so, wie es von dem darüber reflektierenden Psychologen verlangt wird, zu beschreiben oder ihn sich und anderen deutlich zu machen. Denn dazu gehört außer der Vergegenwärtigung des zu Beschreibenden noch mancherlei anderes, was nicht immer zugleich gegeben zu sein braucht, und überhaupt (namentlich aber in schwierigen Fällen) sich nicht leicht zusammen findet. So kommt es denn auch, daß oft jemand eine bestimmte Bedeutung, z. B. einen bestimmten Begriff, wohl denkt und in gewissen Grenzen sicher gebraucht, während er in Verlegenheit geriete, wenn er aufgefordert würde, eine Definition des betreffenden Namens zu geben, ja daß er beim Versuche dazu kläglich scheitert und in erstaunlicher Weise irre geht.

Bekanntlich hat Augustinus in bezug auf den Zeitbegriff gesagt: Ich weiß wohl, was die Zeit ist, bis man mich frägt, was sie sei; dann weiß ich es nicht. Mit anderen Worten: wenn man von ihm verlangt, er solle sich und anderen seinen begrifflichen Gedanken beschreiben, so ist er nicht dazu imstande.

Begriffen einer höher entwickelten Sprach- und Kulturstufe einerseits und den mit den gleichen Namen bezeichneten wissenschaftlichen Begriffen. Wenn heute der Chemiker und der Laie von Gold, Wasser usw. spricht, so ist ja der populäre Begriff dem wissenschaftlichen nicht inhaltsgleich, sondern bildet nur ein umfangsgleiches Äquivalent für ihn.

[1]) Wie früher bemerkt, sind unsere Begriffe teils einfache Imperzeptionen oder Komperzeptionen, teils Synthesen aus solchen einfachen Elementen. Zum eigentlichen Denken der letzteren gehört die distinkte Vergegenwärtigung der Elemente. Diese findet durchaus nicht immer aktuell statt, auch da nicht, wo die Befähigung dazu gegeben wäre. Die fehlende eigentliche Vorstellung wird vertreten durch ein Surrogat, das ihr äquivalent ist dem Umfange, nicht mit ihr identisch dem Inhalte nach.

Wie mit dem Begriffe der Zeit, so ist es aber auch mit vielen anderen. Und was in dieser Beziehung von dem entwickelteren Bewußtsein auf höheren Sprachstufen gilt, hat natürlich seine Geltung auch für das minder entwickelte der niederen. Wer entweder dies übersähe, oder jene früher erwähnten Unterschiede zwischen den Gedanken oder Wortbedeutungen, die diesen verschiedenen Stufen präsent sind und sein konnten, verkännte, der wäre allerdings in Gefahr, entweder den primitiven Sprachbildnern ein Übermaß von Denken und Reflexion zuzuschreiben oder aber, weil er dies um jeden Preis vermeiden will, ihnen auch dasjenige Maß von Denken abzusprechen, das ihnen ganz wohl zukommen konnte, ja — wenn die Tatsachen nicht ganz unerklärt bleiben sollen — zukommen mußte. Denn energisch müssen wir betonen: obwohl einer nicht, wie ein „reflektierender Beobachter", imstande sein mag, von seinem Gedanken sich und anderen beschreibend Rechenschaft zu geben, ja auch wenn er einem komplizierten Inhalt gegenüber nicht in der Lage ist, ihn in allen seinen Elementen distinkt (also eigentlich) sich zu vergegenwärtigen, so kann er doch befähigt sein, ihn von anderen zu unterscheiden, ja auch bis zu einem gewissen Grade (wenn auch nicht vollständig) die betreffenden Unterschiede resp. Übereinstimmungen zu bemerken; jedenfalls in dem Maße wie es zu einer bewußten Übertragung, z. B. zu einer Metapher, gehört. Das scheint mir die Erfahrung außer allen Zweifel zu stellen. Wundt gibt selbst zu, daß man bei einer dichterischen Metapher mit vollem Recht von einer bewußten Übertragung spreche, und er muß dies wohl zugeben. Denn hier hat ja doch die Äquivokation den Zweck, ästhetisches Vergnügen zu erwecken, und wie sollte dieses zustande kommen, worin sollte der poetische Reiz der Metapher wohnen, wenn dabei nicht ein Vergleich von Verschiedenem, sondern vielmehr eine mehr oder weniger plumpe Verwechslung vorläge? Allein solche Übertragungen im Dienste des ästhetischen Wohlgefallens sind ohne Zweifel auch etwas volkstümliches[1]) — wir kommen darauf zurück — und somit kann es unmöglich ganz unvolkstümlich, und dem intellektuellen Zustand der Sprache völlig unangemessen sein, die damit verbundenen Vergleiche zu machen. Ist aber die Volksseele in diesem Falle, wo es sich um sprachliche Bilder

---

[1]) Oder gibt es keine Volkspoesie oder eine solche ohne Metaphern?

im Dienste des poetischen Reizes handelt, dazu fähig, wie sollte
sie es nicht auch sein können, wo jene figürlichen inneren
Sprachformen im Dienste des nackten Verständnisses sich ver-
wenden lassen? Wenn dort nicht ein zuviel von Denken und
Reflexion dazu erfordert ist, so auch hier nicht. Denn beide
Fälle unterscheiden sich nur durch die Motive, die dabei
wirksam sind, nicht durch die innere Natur des Vorganges.
Zudem bilden und gebrauchen dieselben Personen, die wir als
Urheber so manchen volkstümlichen Bedeutungswandels durch
Übertragung ansehen müssen, auch Gleichnisse und sprichwört-
liche Redensarten, welche oft die packendsten Vergleiche ent-
halten, die offenkundig nur als Vergleiche und unmöglich als
Verwechslungen gedeutet werden können.[1])

Das Beispiel der dichterischen Metapher ist gerade dadurch
lehrreich, daß es sich bei der Vergleichung und Unterscheidung
der eigentlichen und übertragenen Bedeutung so wenig um eine
vollständige und exakte Analyse handeln kann, und so wenig
auch um ein solches Bewußtsein von ihr, wie es der darauf
reflektierende Psychologe hat, daß etwas wie eine vollständige
und wissenschaftliche Analyse und Beschreibung der Gedanken vielmehr der poetischen Wirkung des dichterischen Ver-
gleichs abträglich wäre und sie stören würde.[2])

---

[1]) Ich erinnere nur an ein Wort wie: Nichts wird so heiß gegessen,
als es gekocht wird, oder an eine (auch von Gottfried Keller adoptierte)
Redensart der schweizerisch-alemannischen Mundart: Ungespitzt in den Boden
geschlagen werden, für einen, dem das Schicksal besonders übel mitspielt,
oder die bekannte Wendung: mit des Seilermeisters Tochter Hochzeit halten,
einen von der Kanzel herabwerfen, den Dieb vom Galgen schneiden, wenn
man ihn braucht und tausend andere ebenso offenkundig bildliche Ausdrucksweisen. Ebenso ist es mit zahllosen volkstümlichen Scherz- und Necknamen,
die oft die Gabe zur packendsten Charakterisierung, wie sie jedem Dichter
Ehre machen würde, verraten.

[2]) Auch beim glücklichen, poetischen Gleichnis wird durchaus nicht
eine schlechtweg vollständige Analyse der Übereinstimmungen und Differenzen
des Verglichenen angestrebt; eben weil der gute Geschmack sie nicht weiter-
führt, als es dem ästhetischen Zwecke förderlich ist. Nebenbei bemerkt finde
ich im übrigen die bekannte Angabe über das Verhältnis von Gleichnis und
Metapher, wonach man die letztere als eine sprachliche Abkürzung des ersteren
und das Gleichnis als eine ausgeführte Metapher bezeichnet, ganz zutreffend.
Wundt (a. a. O., II, ¹, S. 552; ², S. 581) polemisiert dagegen als gegen
eine „rein äußerliche Begriffsbestimmung". Aber wenn er betont, jene Bezeichnung müsse notwendig die Meinung erwecken, das Gleichnis sei danach

636

So stehe ich denn nicht an zu sagen, daß auch beim
volkstümlichen Gebrauche jener Übertragungen, um deren willen
man die Sprache eine Sammlung verblichener Metaphern genannt
hat, die Bedeutungen keineswegs verwechselt, sondern verglichen
werden, und daß Wundt ganz mit Unrecht gegen jenen Ausspruch
J. Pauls Opposition erhebt.[1])

Das Vergleichen kann der bildlichen Benennung entweder
vorausgehen oder ihr folgen. Mit anderen Worten: es kann
geschehen, daß durch ein x, welches einem früher so oder so

das Frühere, die Metapher das Spätere, so muß ich gestehen, daß ich die
Angabe nie so verstanden habe, aber auch nicht glaube, daß sie von anderen
so gemeint sei. Sie scheint mir nichts anderes sagen zu sollen, als was Wundt
kurz darauf (¹, S. 554; ², S. 583) selbst über das Verhältnis von Metapher
und Gleichnis bemerkt, indem er sich ausdrückt, das letztere gehe über die
erste hinaus, indem es „die ursprüngliche und die übertragene Vorstellung
in der Rede selbst nebeneinander stelle". Der Unterschied ist seiner Natur
nach ein äußerlicher, sprachlicher, und so muß auch die Begriffsbestimmung
eine äußerliche sein. Die Differenz liegt nicht im Gedanken an sich,
sondern in der Vollständigkeit oder Unvollständigkeit des sprachlichen Ausdrucks. Ich begreife darum auch nicht, wie Wundt dazu kommt, daß er die
Wendung „sich zwischen zwei Stühle setzen" nicht als Metapher gelten
lassen, sondern zu den Gleichnissen rechnen will. Ist doch auch hier bloß
die zum Vergleich herangezogene Vorstellung sprachlich ausgedrückt, nicht die
eigentliche, um die es sich handelt. Und ich kann auch nicht finden, „die
ursprüngliche Vorstellung" sei, wie Wundt sagt, „unmittelbar in der Tatsache gegeben, die zur Anwendung des Sprichwortes herausfordert". Sie ist
in Wahrheit nicht darin gegeben, sondern wird nur vermöge einer
Analogie oder Ähnlichkeit im Beobachter wachgerufen, wie es
eben bei einer Methaper (im engeren Sinne) der Fall ist.

[1]) Auch Herder sagt in seiner „Abhandlung über den Ursprung der
Sprache" (Berlin 1789, S. 96): „Was war die erste Sprache als eine Sammlung
von Elementen der Poesie?" Angesichts dieser Äußerung, sowie des Umstandes, daß Herder den Ursprung der menschlichen Sprache ausdrücklich
von seiner Besinnung herleitet, muß man sich wundern, daß Wundt ihn,
im Gegensatz zu vielen anderen, nicht zu den Vertretern der „Erfindungstheorie" rechnet und — im Gegensatz zu jenen, die er einer falschen Reflexionspsychologie beschuldigt — gerade ihm den „Geist heutiger Psychologie" nachrühmt, d. h, „das Streben, das den wahren Psychologen kennzeichnet, sich
selbst ganz zu versenken in die Vorstellungen und Gefühle des Handelnden,
nicht diesem die eigenen Meinungen und Reflexionen unterzuschieben" (II, ¹,
S. 590; ², S. 620).

Auch J. Grimm fand, wie J. Paul und Herder, daß die Sprache, je
primitiver, desto mehr bildlich, ja daß gerade in ihrem Jugend- und völligen
Naturzustand die Macht der Poesie in ihr am größten sei. Vgl. auch Bréal,
Essai de Sémantique, p. 197.

benannten y ähnlich ist, sofort jener Name ins Bewußtsein gerufen und daran anschließend die Ähnlichkeit ausdrücklich Gegenstand des Bemerkens wird. Es kann aber auch vorkommen, daß zunächst die Ähnlichkeit auffällt und daran anknüpfend der Name wachgerufen wird. So begegnete es mir vor einiger Zeit auf einem Spaziergang durch die Felder in einer Elbegegend, daß ich eine Kette Rebhühner auffliegen sah und — da ich gerade in jenen Tagen mit Überlegungen, wie die vorliegenden, beschäftigt war — fiel mir sofort auf, wie das Bild von der Kette und ihre Ähnlichkeit mit dem Zug aufsteigender Hühner in meinem Bewußtsein auftrat, ehe ich an jene bildliche Bezeichnung dachte. Und zunächst war nichts da von gelehrten Reflexionen und überhaupt nichts, was ich nicht — ohne den Namen eines Reflexionspsychologen zu verdienen — jedem gemeinen Mann zuschreiben könnte.

Soviel von der Vergegenwärtigung der Bedeutungen, die bei der absichtlichen Zeichenbildung nötig ist.

b) Doch weiter zur Absicht des Bezeichnens und der Wahl der Mittel. Daß jene Absicht als solche nicht ohne weiteres und notwendig ein unannehmbares Maß von Reflexion involviere, ist klar.[1]) Dagegen könnte bei der Wahl des Mittels in doppelter Weise ein solches Übermaß supponiert werden, das mit Recht als für den intellektuellen Zustand der Volksseele unangemessen zurückzuweisen wäre.

Das wäre erstens der Fall, wenn einer glaubte, jeder, von dem man sagen kann, daß er dasjenige Mittel der Verständigung wähle, das sich ihm als das müheloseste und bequemste darbietet, habe dabei den Begriff der größtmöglichen Ökonomie und sei sich in abstracto klar, daß er bei seiner Wahl nach dem Prinzip derselben verfahre.[2])

---

[1]) Aber es sei noch ausdrücklich bemerkt, daß, wer von absichtlichem Bezeichnen und Sprechen redet, nicht meint, daß jeder Akt aus einer expliziten Absicht der Verständigung oder dergl. hervorgehen müsse. Eine Absicht kann hier, wie bei anderen Arten menschlichen Handelns, eine ganze Reihe von Akten einleiten und virtuell zu absichtlichen stempeln.

[2]) Will man deswegen, weil somit nach unserer Ansicht bei der Ersparnis in der volkstümlichen Sprachbildung nicht ein Bewußtsein des Verfahrens und seines Vorteils in abstracto vorhanden war, nicht von einem „Streben" nach Ökonomie reden, so möge man es eine im Sprachbildner waltende „Tendenz" heißen.

Ebenso aber fürs z w e i t e, wenn einer meinte: indem der volkstümliche Sprachbildner bei den absichtlichen Übertragungen eine Verengerung oder Erweiterung des Gebrauches vornahm, habe er dabei einen Begriff dieses Vorganges besessen oder habe überhaupt von der Verwendung der einen Bedeutung als figürlicher innerer Sprachform und von der Natur und Wirksamkeit dieses Mittelgliedes in abstracto ein Bewußtsein gehabt. Dies ist weder glaublich noch nötig. Es kann eine bewußte Übertragung gegeben sein, ohne irgend eine solche „logische Reflexion" über sie. Was wir schon oben betonten, gilt auch hier. Etwas anderes ist es, eine gewisse psychische Funktion oder Arbeit verrichten, und etwas anderes, in abstracto wissen, was man tut und wie man es tut, so daß man imstande wäre, sich und anderen davon Rechenschaft zu geben. Die exakte Psychologie der Urteilsbildung, des mathematischen Denkens, der berechtigten Induktion usw. ist erst im Werden begriffen. Richtiges Denken ist zum Glück viel älter. Und viele deduzieren und induzieren richtig und exakt, ohne daß sie imstande wären, ebenso richtig zu beschreiben was sie tun. Gewiß wäre es also verkehrt, jedem, der, sei es mehr, sei es weniger richtig denkt, auch die zutreffende Reflexion über sein Denken und den exakten wissenschaftlichen Begriff seines Tuns zuzuschreiben. Aber so verkehrt es ist dem naiven Menschen die Reflexionen des Psychologen zuzuschreiben, ebenso verkehrt ist es, ihm — darum, weil man ihm diese Reflexionen über gewisse psychische Vorgänge nicht zuschreiben will — auch diese Vorgänge selbst abzusprechen. Oder spielen sich nur bei den Psychologen, ja nur bei den guten Psychologen Denkvorgänge, ja überhaupt psychische Vorgänge ab?

So ist es auch in unserem Falle, wo es sich um die Methode der bewußten Bedeutungsübertragung und um das Wesen und die Wirkungsweise der figürlichen inneren Sprachform und ihre besondere Beschaffenheit im einzelnen Falle handelt. Die Erfahrung zeigt, daß über die wahre Natur der dabei spielenden Prozesse nicht bloß Sprachforscher im Unklaren sind (was wohl zu entschuldigen ist, da es sich um spezifisch psychologische Dinge handelt), sondern daß auch Sprachpsychologen das exakte Verständnis dafür fehlt.[1]) Wie könnte man da dieses Verständnis

---

[1]) E. Martinak (Zur Psychologie des Sprachlebens; Zeitschrift für die österreichischen Gymnasien, 1898, S. 15) spricht von der „bekannten Tatsache,

dem naiven Sprachbildner zuschreiben wollen? Aber folgt daraus, daß es sich bei ihm gar nicht um eine durch eine figürliche innere Sprachform vermittelte Übertragung handle, sondern um eine Verwechslung der früheren und späteren Bedeutung? Und folgt daraus, daß er das Verhältnis der beiden nicht in abstracto, wie ein wissenschaftlicher Beobachter, zu klassifizieren und in Kategorien zu bringen vermag, daß er überhaupt nicht, auch nicht in concreto, ihren Unterschied und Zusammenhang irgendwie bemerke?

daß wir, sowie die Sprachen uns einmal vorliegen, außerordentlich häufig zwischen Wort und Bedeutungsvorstellung ein recht wichtiges Zwischenglied vorfinden, die sog. innere Sprachform". Wenn damit gesagt sein sollte, daß nicht bloß der Terminus „innere Sprachform" altbekannt, sondern auch der richtige Begriff und die sachgemäße Abgrenzung und Deutung der damit bezeichneten Erscheinungen etwas allgemein Bekanntes und Anerkanntes sei, so wäre dies ein Irrtum. Fast jeder Blick in die sprachphilosophische Literatur zeigt, wie durchaus nicht allgemein erkannt ist, daß es sich bei der inneren Sprachform in Wahrheit um einen Gedanken handelt, der von der von Bedeutung (sei diese nun ein Vorstellungs- oder Urteilsinhalt usw.) scharf zu trennen ist und entweder zur Vermittlung des Verständnisses dient (und in diesem Sinne ein Mittelglied zwischen Ausdruck und Bedeutung ist) oder auch den Zweck hat ästhetisches Vergnügen zu erwecken.

Nicht bloß haben — wie wir schon früher sahen — W. v. Humboldt und ihm folgend H. Steinthal, die zuerst von „innerer Sprachform" redeten, das eigentliche Wesen der Erscheinung verkannt, indem sie dabei mit der Bezeichnung desselben Begriffes unter Vermittlung verschiedener innerer Formen (oder Bilder) die Benennung desselben Gegenstandes unter Vermittlung verschiedener Begriffe (oder Bedeutungen) verwechselten. Auch neuere konfundieren noch fortwährend in dieser oder ähnlicher Weise die innere Sprachform mit der Bedeutung. Wir haben auch dafür schon eine Anzahl von Beispielen getroffen, und eben jetzt sehe ich wieder in W. Sterns sonst verdienstlichem Buche (Die Kindersprache, 1907, S. 121) einander gegenübergestellt: „äußere Sprachform", wozu in Klammer gesagt ist: (d. h. die lautlich-grammatisch-syntaktische Gestalt), und „innere Sprachform", wobei erläuternd beigesetzt wird: der „mit der Sprache verbundene Bedeutungsgehalt". Und dabei handelt es sich nicht etwa bloß um eine Differenz in der Terminologie gegenüber der unsrigen, sondern diese Differenz wurzelt offenbar darin, daß auch Stern das Wesen und die Wirkungweise dessen, was wir die figürliche innere Sprachform nennen, im Unterschiede von der Bedeutung nicht klar erfaßt zu haben scheint. Sonst würde er ihr, die im Sprachleben eine so große Rolle spielt, wohl eine besondere Bezeichnung im Unterschiede von der Bedeutung, oder dieser eine andere im Unterschiede von jener, eingeräumt haben.

c) Doch noch in einem anderen Sinne könnte man bei den
einzelnen Schritten der Sprachbildung und speziell bei der bewußten Übertragung von Bezeichnungen ein Zuviel von Reflexion
und Überlegung annehmen. Es wäre dies, wenn man die Wahl
der Sprachmittel auf ein besonnenes Abwägen der Motive, auf
ein scharfsinniges Berechnen des Zweckmäßigen, ja wohl gar
auf eine Kenntnis der das Verständnis und die Mitteilung beherrschenden psychologischen Gesetze gegründet dächte.

Nicht, als ob nicht diese Gesetze benutzt würden! Wie
sollten wir überhaupt unser eigenes psychisches Leben und die
Außenwelt irgendwie beherrschen außer mit Hilfe der Gesetze,
welchen die Vorgänge hier und dort in ihrem Entstehen und
Vergehen unterliegen! Aber wie so manche Macht und Wirksamkeit in der Außenwelt und an unserem Leibe von uns ausgeübt
wird, ohne daß man in abstracto eine Kenntnis der bezüglichen
Kräfte und Gesetze hat, so auch in bezug auf unser inneres
Leben. Die beiden Begriffe: „Willkürlich" und „nach Gesetzen,
speziell nach den Assoziationsgesetzen verlaufend", können also
nicht in der Art einen Gegensatz bilden, daß, wo Wille und
Wahl eine Bedeutungsänderung herbeiführt, die Assoziationsgesetze eo ipso nicht im Spiele wären und umgekehrt. Die
Assoziationsgesetze und überhaupt die Gesetze des Vorstellungszusammenhanges sind auch bei der absichtlichen Bedeutungsübertragung im Spiele, nur eben benützt von der Absicht. Auch
wo unser Denken den Charakter einer Willenshandlung hat, ist
die Wirksamkeit dieser Gesetze nicht ausgeschlossen.[1] Und

---

[1] Einen Gegensatz bilden also — wie wohl auch Wundt zugibt —
nicht Wille oder Willkür (von Wundt unglücklicherweise „Apperzeption"
genannt) einerseits und Assoziation andererseits, sondern ein vom Willen
gelenkter Verlauf der Assoziationen und ein solcher, wo keine solche Benützung
der Assoziationsgesetze durch das Imperium des Willens statt hat. Es ist der
bekannte Gegensatz des Gesuchten und Ungesuchten im Vorstellungslauf. Und
natürlich können die Spezialgesetze der Vorstellungsverknüpfung, die der Wille
benützt, ebenso verschiedene sein, auch der spontane Vorstellungszusammenhang
bald durch dieses bald durch jenes beherrscht wird. Indem also Wundt dem
letzteren Gebiete den regulären Wandel, den singulären dagegen dem Gebiete
der „Willkür" zuweist, tut er jedenfalls, und wie es auch sonst mit der Berechtigung dieser Zuweisung bestellt sein möge, Unrecht, damit hinsichtlich
der Gesetze des singulären Wandels alles für erledigt zu erachten und bloß
beim regulären noch weiter nach den speziellen Vorstellungsverknüpfungen
zu fragen, die in verschiedenen Fällen wirksam sind.

641

eine Beherrschung derselben durch Wille und Wahl kann — wie schon bemerkt — statthaben, ohne daß man eine wissenschaftliche Kenntnis der betreffenden Gesetze hat, die man benützt. Es handelt sich nicht um ein Wählen auf Grund verstandesmäßiger Reflexion und Einsicht, sondern auf Grund konkreter Erfahrungen und gewohnheitsmäßiger Erwartung gleicher und ähnlicher Erfolge unter ähnlichen Umständen. Wundt irrt sehr wenn er glaubt, daß alles Wählen und so auch speziell alles absichtliche Ergreifen und Suchen von Sprachmitteln, notwendig ein auf Überlegung und besonnenem Nachdenken beruhendes sei.[1]) Es gibt auch ein

Wie Wundt dazu kam, Willkür- oder Wahlhandlung mit Apperzeption, ja weiterhin auch mit Wahl oder Willkür selbst zu identifizieren, haben wir schon im dritten und vierten Artikel über Sprachreflex usw. (Vierteljahrsschrift für wissenschaftliche Philosophie, Bd. X, S. 346 ff. und XIII, S. 195 ff.) erörtert. Es war der Umstand im Spiele, daß er den Vorgang des Bemerkens, der am passendsten Apperzeption genannt wird, mit Aufmerken identifiziert und jede Aufmerksamkeit, ja jedes Denken für eine Willenshandlung hält, bei solchen inneren Willenshandlungen aber, wie dem absichtlichen Sichbesinnen und Nachdenken, Aufmerken usw., den actus imperatus und elicitus voluntatis, d. h. den gewollten Erfolg mit dem darauf gerichteten Wollen selbst konfundiert.

Daß Apperzeption auch in der natürlichsten Bedeutung des Wortes, nämlich im Sinne von „etwas im besonderen Bemerken" (samt Auffassen oder Klassifizieren), zu Assoziation keinen Gegensatz bildet, wird schon daraus sofort klar, daß ja mit ersterem eine deskriptive (die Beschaffenheit betreffende) Klasse psychischer Zustände, mit letzterem dagegen eine Weise der Sukzession und Genesis von solchen gemeint ist, die Kategorien also Glieder aus Einteilungen unter ganz verschiedenen Gesichtspunkten bilden und somit unmöglich im Verhältnis der Disjunktion stehen können. In der Tat kann auch zwischen Akten der Apperzeption (im Sinne des Bemerkens und Deutens) das Verhältnis der Assoziation gegeben sein. Mit anderen Worten, es kann auf Grund einer durch Gewöhnung erworbenen Disposition der eine auf den anderen führen. Und zwar können die Gesetze der Assoziation auch hier spontan und ohne Zutun eines Willens und einer Absicht, kurz ungesucht, in solcher Weise wirksam werden.

Einen wirklichen Gegensatz bilden assoziative und apperzeptive Vorstellungsverknüpfung, wenn man unter apperzeptiv hier soviel versteht wie prädikativ. Eine prädikative Vorstellungsverbindung ist etwas ganz anderes als eine bloße Assoziation. Nur das ist auch hier nicht zu vergessen, daß das prädikativ Verknüpfte als Ganzes auch wieder nach Assoziationsgesetzen ins Bewußtsein gerufen werden kann und verschiedene Verknüpfungen sich gewohnheitsmäßig miteinander assoziieren können.

[1]) Auch Bréal (a. a. O., S. 27) bezeichnet es als einen Fehler bei der Lehre von der Sprachbildung de n'admettre l'intervention de la volonté

Marty, Sprachphilosophie. 41

Wählen, wo man unbedacht zum ersten besten greift, was die
spontane Assoziation bietet, und was nach Analogie zu früher Erfahrenem die gewünschte Wirkung zu üben verspricht, und wo
nur, wenn dieses den Dienst versagt (in unserem Fall, wenn das
zunächst gewählte Mittel kein Verständnis findet), etwas anderes
versucht wird, bis dieses planlose Tasten doch schließlich den
beabsichtigten Erfolg hat.[1]) Dies ist eine Art willkürlichen, d. h.
absichtlichen Handelns, das wir selbst dem Tiere und Kinde,
wieviel mehr dem sprachbildenden Menschen wohl zuschreiben
dürfen, und es ist ein für die ganze Völkerpsychologie verhängnisvoller Irrtum Wundts, daß er dasselbe gänzlich übersieht und
keinen anderen Gegensatz kennt, als den zwischen „Willkürhandlung" im Sinne eines überlegten, durch besonnenes Abwägen
der Motive und logische Reflexion geleiteten Wählens[2]) und
einem „triebartigen", d. h. unabsichtlichen Tun, welches wesentlich gleicher Natur ist wie die unwillkürlichen Ausdrucksbewegungen des Schreiens und Weinens im Schmerz usw. Denn
da er die Schöpfer der regulären oder volkstümlichen sprachlichen Gebilde mit Recht für unfähig hält zum ersteren, so ist
er gezwungen, alles Volkstümliche in der Sprache als Ausfluß
eines unabsichtlichen, „triebartigen" Tuns hinzustellen und in
weiterer Folge sehr vielem, was zweifellos der Volkssprache
angehört und was Wundt selbst nicht mit den unwillkürlichen
Ausdrucksbewegungen auf eine Linie zu stellen wagt, den volks-

—— — - — - —

humaine que s'il y a une volonté consciente et réflechie, wie er denn auch
sonst manchen glücklichen Ausdruck findet für die dabei herrschenden psychischen Vorgänge.

[1]) Und wie so kein Grund vorhanden ist, beim Wählen der Sprachmittel
überhaupt verstandesmäßige Reflexion vorauszusetzen, so auch — wie wir
schon gesehen haben — nicht etwa bei der bewußten Übertragung der Bezeichnungen wegen der dabei geforderten Vergleichung der beiden Bedeutungen.

[2]) Vgl. II, ¹, S. 452; ², S. 481. Das ist offenbar auch gemeint, wenn
Wundt die Reflexion auch als etwas bezeichnet, wobei „eigentliche Urteils-
prozesse" im Spiele seien (II, ¹, S. 581; ², S. 611). Denn er faßt den äquivoken
Terminus Urteil (man sagt z. B., jemand habe Urteil in einer Sache und
meint damit ein logisch gerechtfertigtes Urteil, verständige Einsicht) offenbar
in viel zu engem Sinne und scheint ganz zu übersehen, daß es auch blindes,
instinktives und gewohnheitsmäßiges Urteilen gibt, wie ein solches der Glaube
des gemeinen Mannes an die Existenz der Sinnenwelt und die exspectatio
casuum similium, die wir mit den Tieren gemein haben, ist, sowie das blinde
Fürwahrhalten dessen, was wir andere, insbesondere solche, die uns eine
Autorität sind, anerkennen sehen.

tümlichen Charakter abzusprechen und es für „singulär" zu erklären. So, wie wir hörten, auf dem Gebiete des Bedeutungswandels, alle Metaphern und ebenso die Benennung eines Gegenstandes nach dem Orte seines Vorkommens, seiner Auffindung oder Herstellung, die Benennung einer Eigenschaft nach der Klasse von Gegenständen, für welche sie charakteristisch ist, die Benennung eines Gegenstandes „nach einem anderen, dem er irgendwie, namentlich in seiner äußeren Gestalt, gleicht" — lauter Vorkommnisse, die in der, in aller Mund lebenden, Sprache so häufig sind und stets waren, daß, wenn Wundt sie als singuläre (d. h. doch eigentlich: vereinzelte, außerordentliche!) bezeichnet, er dies nur kann, indem er — wie wir schon einmal sagten — diesen Terminus auch einem totalen Bedeutungswandel unterwirft.

Aus diesen Verlegenheiten und Unmöglichkeiten gibt es nur einen Ausweg: die verschiedenen Bedeutungen von Sprach-„erfindung", welche Wundt vermengt, scharf zu trennen. Einmal Erfindung im Sinne einer Zeichenwahl, bei welcher — sei es nur beim einzelnen Schritt, sei es sogar beim Aufbau des Ganzen als solchem — verständige Reflexion und scharfsinnige Berechnung der Mittel zum Zwecke im Spiele war. Sodann aber Erfindung bloß in dem Sinne, wie sie jede empiristisch-teleologische Betrachtungsweise lehrt, welche die Sprache als ein zu Zwecken der Äußerung des Seelenlebens durch Absicht und psychische Arbeit gebildetes Werkzeug ansieht, ohne bei dieser ihrer Bildung planmäßiges Nachdenken und in diesem Sinne erfinderischen Scharfsinn anzurufen.

Beides ist, wie wir gesehen haben, sehr wohl trennbar und es gilt dies sowohl, wenn es sich um die Wahl nachahmender Zeichen handelt, wie sie für den Anfang der Sprachbildung anzunehmen ist,[1]) als um die Wahl solcher Bezeichnungsmittel, welche der Übertragung und der Hilfe einer figürlichen inneren Sprachform ihr Verständnis verdankten. Assoziation von Ähnlichem und Analogem und gewohnheitsmäßige Erwartung ohne eigentliche Überlegung und Schlußfolgerung waren ganz wohl imstande, auf alle jene metaphorischen und metonymischen Übertragungen zu führen, mit deren Hilfe, aus einer geringen Zahl elementarer Zeichen durch mannigfaltige

---

[1]) Wir kommen darauf zurück.

Zusammensetzung und Zusammenfügung, der große Reichtum
syntaktisch unterschiedener und gegliederter Zeichen erwachsen
ist, den wir eine fertige Sprache nennen und vermöge deren
diese so weite Gebiete des zu Bezeichnenden, mit einem
geringen Vorrat ursprünglicher Mittel haushaltend, zu umspannen
weiß. Und weder ist es richtig, daß, wo den Übertragungen
eine innere Beziehung der Bedeutungen zugrunde lag, keine
Wahl stattgefunden habe, noch daß, wo bloß ein äußeres oder
zufälliges Verhältnis bestand, ein solches unreflektiertes Wählen,
wie wir es eben geschildert haben, nicht genügt hätte. Es
reichte vielmehr vollkommen dazu aus, und so hatte zweifellos
gerade die Übertragung nach zufälligen Beziehungen keinen
geringen Anteil an der volkstümlichen Bedeutungsentwicklung
und kann durchaus nicht als etwas Singuläres gelten. Andererseits aber war, auch wo die Bedeutungen durch ein inneres
Band zusammenhängen, meist die Wahl zwischen einer Mehrheit
von Möglichkeiten der Art oder zwischen solchen und der
Möglichkeit einer durch äußeren Zusammenhang verständlichen
Übertragung gegeben, und es hing von besonderen Umständen
ab, welcher Anlaß im einzelnen Fall siegreich blieb und tatsächlich gewählt wurde. So kommt Wundts Charakteristik des
regulären und singulären Wandels und sein einseitiger Begriff von
Spracherfindung nach allen Seiten mit den Tatsachen in Widerspruch.

Besonders auffällig zeigt sich die Verlegenheit, in die er
dadurch gerät auch, indem er sich gezwungen sieht, jede echte
Metapher für eine singuläre und unvolkstümliche Erscheinung
zu erklären. Wir wollen hier davon absehen, daß in Wahrheit
— wie wir oben gesehen haben — auch die Volksseele zu echten,
dichterischen Metaphern fähig ist. Nehmen wir an, Wundt lasse
— und dies mit Recht — nur die Metaphern der Kunstdichtung
als echte gelten. Dann muß er wenigstens sie als Werk einer
„logischen Reflexion" ansehen. Aber daß auch nur sie in der
Regel dieser Quelle, daß sie überhaupt planmäßigem Nachdenken
entstammen, widerstreitet der Erfahrung.[1]) Es widerspricht
insbesondere dem eigenen Zeugnis der Dichter, die hier doch

---

[1]) Es widerspricht auch der eigenen Lehre Wundts, wenn es seine
Meinung ist, daß, wo die Bedeutungen innerlich verwandt sind, der Wandel
notwendig eine „Trieb-", keine „Willkür"handlung sei. Denn er kann und

auch gehört zu werden verdienen. Wohl gibt es mehr reflektierend
Schaffende unter ihnen, also solche, die — wie in anderer Beziehung
— auch in der Wahl der Ausdrücke und sprachlichen Bilder
ein größeres Maß von Überlegung und kritischem Nachdenken
bei ihrem Schaffen aufwenden und aufwenden müssen. Allein
die in Sachen ihrer Kunst Urteilsfähigsten darunter haben stets
selbst gefühlt, ja es auch wohl offen ausgesprochen, daß dies
nicht die allgemeine und nicht die glücklichste und geniale Art
des Produzierens sei. Ja, indem Lessing in schöner Offenheit sich
zu jener reflektierenden Weise des dichterischen Schaffens bekennt,
schickt er dem Bekenntnis geradezu die Behauptung voraus, er sei
„weder Schauspieler noch Dichter". Die Stelle im hundertsten
bis hundertvierten Stück der Hamburgischen Dramaturgie[2]) ist
bekannt. „Man erweist mir", so fährt der scharfsinnige Kunst-
kritiker dort fort, „zwar manchmal die Ehre, mich für den letzteren
zu erkennen. Aber nur, weil man mich verkennt. Aus einigen
dramatischen Versuchen, die ich gemacht habe, sollte man nicht
so freigebig folgern . . . Die ältesten von jenen Versuchen sind
in den Jahren hingeschrieben, in welchen man Lust und Leichtigkeit so gern für Genie hält. Was in den neueren Erträgliches
ist, davon bin ich mir sehr bewußt, daß ich es einzig und allein
der Kritik zu verdanken habe. Ich fühle die lebendige Quelle
nicht in mir, die durch eigene Kraft sich emporarbeitet, durch
eigene Kraft in so reichen, so frischen, so reinen Strahlen auf-
schießt; ich muß alles durch Druckwerk und Röhren aus mir
heraufpressen" usw. Lessing spricht hier in erster Linie allerdings von der Erfindung und Gestaltung der Charaktere und
Situationen, die der Dichter uns vorführen will; aber ganz das
Analoge gilt von dem eigentümlichen sprachlichen Kleide, das
er den Gedanken gibt. Wie die harmonische Fülle poetischer
Gedanken, so strömen auch die ihnen harmonischen sprachlichen Ausdrucksmittel, und so insbesondere auch die alles veranschaulichenden und verschönenden Metaphern, dem genialen
Dichter ungesucht zu, wenn nicht immer, so jedenfalls in der
glücklichen Stunde, wo der Genius ihn besucht. Wenn ich vom

---

wird doch nicht behaupten, daß bei der dichterischen Metapher stets bloß
zufällige Beziehungen zwischen der eigentlichen und übertragenen Verwendung
des Wortes bestünden!

[1]) II. ¹, S. 553 ff.; ², S. 582 ff.

[2]) Lessings Werke. Ausgabe von Hempel. VII, S. 470 ff.

reflexionslosen Tun des volkstümlichen Sprachbildners (und gewiß
ist jeglicher eben um so fähiger dazu es zu sein, je mehr er
etwas von den Gaben des Dichters besitzt) sagte, es greife zum
ersten besten, was Assoziation und Analogie bieten, so gilt
dies auch von der Schaffensweise des echten Dichters. Und
wenn er den Vorzug genießt, daß bei ihm meist oder häufig das
Erste auch wirklich „das Beste" oder wenigstens etwas über-
ragend Vorzügliches ist, so verdankt er dies dem Umstande, daß
seine Assoziationstätigkeit (durch das lebendige Gefühl für das
Schöne erzogen) in ihrem spontanen Verlaufe vorwiegend und
auf den ersten Wurf ästhetisch Vollendetes und Reifes pro-
duziert.[1])

So scheint mir denn die dichterische Metapher der beste
Beweis dafür, daß es nicht bloß nicht nötig sondern unmöglich
ist anzuehmen, jede Wahl eines Bezeichnungsmittels sei aus
einer erfinderischen Reflexion hervorgegangen.[2]) Und was von

---

[1]) Von dieser Erziehung, die der angeborene ästhetische Geschmack
beim echten Dicher durch fortdauernde Auslese des ihm Entsprechenderen
und Entsprechendsten übt, hat Fr. Brentano in seinem Vortrage über das
Genie gehandelt (Cotta 1881), und ich begnüge mich hier, darauf zu verweisen. Kein echter Dichter ohne ein in hohem Maße lebendiges und feines
Gefühl für das Schöne und ästhetisch Wirksame, und ihm verdankt er es,
daß die lebendige Quelle in ihm spontan nicht bloß in reichen sondern in
reinen, und von allem ästhetisch Minderwertigem geläuterten, Strahlen auf-
schießt. (Vgl. a. a. O., S. 28 ff. sowie S. 21 ff.)

Natürlich ist diese ästhetische Erziehung der Phantasie nicht der
einzige Fall einer solchen. Auch das wissenschaftliche Interesse übt eine
solche aus, und ebenso die praktischen, und jedes, sei es theoretische, sei es
praktische, eine besondere, je nach seiner besonderen Richtung.

[2]) Und der Hinweis auf das Schaffen des echten Dichters und auf seine
Schöpfungen zeigt zugleich, wie verkehrt es ist, wenn Wundt das „Generelle"
einerseits und dasjenige, was einem inneren Zwange entspringt, andererseits
als notwendig zusammengehörig ansieht, während angeblich das Eigenartige
und in diesem Sinne Individuelle ebenso notwendig den Charakter des „Willkürlichen" trage. Der echte Dichter schafft gewiß Eigenartiges; aber es ist
trotzdem nicht „willkürlich" im Sinne des Ausflusses einer zufälligen Laune
oder auch einer künstlichen Reflexion, sondern etwas so unmittelbar und
innerlichst sich ihm Aufzwingendes, daß es einer primitiven Psychologie vor-
kam wie etwas, was ein zeitweilig ihm innewohnender Gott ihm gebe zu singen
und zu sagen. W. Scherer (a. a. O., S. 147) scheint mir ganz Recht zu haben,
wenn er sagt, je mehr der Dichter sich zwinge, statt von innen her
gezwungen zu werden, desto mehr verfalle er der Schablone. Der echte
Dichter dichte, „weil er muß und wie er muß". „Er steht unter einem
Zwange seines Charakters und seiner Phantasie. Und je mächtiger der

ihr, das kann denn auch von den analogen Gebilden der gemeinen Sprache gelten, von denen ja mit Recht gesagt worden
ist, sie böten bei manchen Völkern nicht minder kühne Übertragungen und phantasievolle figürliche innere Sprachformen
mannigfacher Art, als die Einfälle des Dichters. Sie sind Werk
der Absicht, aber nicht Werk eines planmäßigen Suchens und
Nachdenkens.

Wir haben uns — glaube ich — überzeugt, daß keines
der Kriterien, welche Wundt zur Scheidung des regulären und
singulären Bedeutungswandels angibt, haltbar ist. Als ganz
fiktiv erwies sich die Angabe, daß wir beim einen bloß die Geschichte eines Wortes, beim anderen dagegen auch die Geschichte
eines Begriffes vor uns hätten. Es ist durchaus nicht richtig,
daß beim regulären Wandel immer in einem besonderem und
anderen Sinne als beim sog. singulären von der Geschichte
e i n e s Begriffes die Rede sein könnte. Wäre aber eine solche
Differenz überall gegeben, dann hätten wir daran etwas, was
man als einen Unterschied im Stoffe des Bedeutungswandels
hier und dort bezeichnen könnte.

Die Differenzen, welche Wundt sonst noch namhaft macht,
könnte man dagegen teils als solche der Form oder Methode,
teils als solche des Motivs bezeichnen.

Zur Form oder Methode[1]) gehört natürlich der Unterschied, ob der Wechsel unbewußt und unbeabsichtigt oder ob
er bewußt und beabsichtigt vor sich ging, und wenn eine
figürliche innere Sprachform im Spiele war,[2]) welcher Art im
allgemeinen dieselbe ist, mit anderen Worten: welche Art Verhältnis zwischen der neuen und früheren Bedeutung die Assoziation

---

Zwang, je stärker der Drang, desto frischer das Produkt". Was von den
Schöpfungen des Künstlers, das gilt aber in gewissem Maße auch von den
Werken des Genies auf anderem Gebiete. Individuell im Sinne von eigen-
artig und „mit Notwendigkeit aus dem Innersten fließend" sind nicht eo ipso
Gegensätze.

[1]) Nur etwa im Zusammenhange damit könnte auch der Unterschied,
ob der Wandel einen individuellen Ursprung hat oder nicht, bedeutsam sein.
An und für sich kann er kein prinzipielles Kriterium für Unvolkstümlichkeit und Volkstümlichkeit des Vorganges abgeben.

[2]) Daß eine Einbürgerung von Zeichen ohne jede innere Sprachform,
also rein konventioneller Symbole, in größerem Umfange jedenfalls nicht
volkstümlich war, haben wir schon betont.

begründen und das Verständnis vermitteln half. Ferner — wenn
Absicht waltet — ob dabei „Überlegung" im Spiele ist oder
nicht, d. h. eine Reflexion auf das, was man tut, und ein planmäßiges Nachdenken beim Aufsuchen der Verständigungsmittel
und hilfreichen inneren Sprachformen.

Was den Mangel von Bewußtsein und Absicht überhaupt
betrifft, so mußten wir mit voller Entschiedenheit und als allen
Tatsachen widersprechend in Abrede stellen, daß er zum
Charakter des volkstümlichen Bedeutungswandels gehöre.

Ferner, wenn hinsichtlich des Verhältnisses von früherer
und späterer Bedeutung Wundt meint, die Fähigkeit darauf
einen Wandel zu gründen sei nur dann der Volksseele zuzuschreiben, wenn jenes Verhältnis ein inneres, nicht ein bloß
äußeres und zufälliges sei, so mußten wir auch dies als etwas
sowohl von vornherein Unglaubliches als durch die unleugbarsten
Tatsachen Widerlegtes erklären. Zum ersten zu greifen ist so
gut ein Wählen wie das Ergreifen des zweiten, und ein Wählen
letzterer Art wiederum ist nicht unvolkstümlicher als eines der
ersteren Art.

Dagegen ist zuzugeben, daß es weder der Fähigkeit der
Volksseele angemessen ist, über das, was sie bei einer solchen
Wahl tut, zu reflektieren (es sich in abstracto zu verdeutlichen),
noch eine Wahl etwa in der Weise zu treffen, daß sie das, was
der spontane Lauf der Assoziationen und Erinnerungen an Mitteln
zur Disposition stellt, einer planmäßigen Abwägung und Prüfung
unterwerfen würde um — wenn das spontan sich Bietende sich
als minder tauglich erwiese — auf Grund allgemeiner Einsichten
nach Neuem und Passenderem zu suchen. Das alles gehört
sicher nicht der Stufe der volkstümlichen Sprachschöpfung, sondern
im besten Falle der technischen und wissenschaftlichen Tätigkeit auf diesem Gebiete an.[1])

---

[1]) Aber wenn auch zweifellos das planmäßige Suchen von Bezeichnungsmitteln nichts Volkstümliches ist, so darf dabei doch ein Doppeltes nicht vergessen werden: was durch Reflexion gefunden wurde, kann ohne solche
Reflexion Aufnahme und weitere Verbreitung finden und sofern volkstümlichen Charakter gewinnen. Ferner ist der sog. „Eindruck des Gesuchten
oder Fernliegenden" nicht ein sicheres Zeichen, daß das Betreffende durch
scharfsinniges Nachdenken gesucht wurde. Diese Annahme kann zwar von
vornherein die Wahrscheinlichkeit für sich haben. Aber auch hier bewährt
sich unter Umständen der Satz: le vrai n'est pas toujours vraisemblable.

Weiter: auch in Hinsicht auf das, was man Stoff des Bedeutungswandels nennen kann, läßt sich eine Scheidung machen
zwischen solchem, was der Volksseele angemessen sei und nicht.
Freilich in ganz anderer Weise, als wir oben von Wundt hörten.
Die wahrhaft berechtigte Frage ist hier, ob die breiten Volks-
schichten imstande seien, die Bedeutung, auf welche das schon
bekannte Zeichen angewendet werden soll und die alte, der es
ursprünglich angehörte, hinlänglich zu verstehen oder nicht. Und
dadurch wird natürlich ein Wandel, der sich auf wissenschaftliche Terminologie bezieht, aus dem Gebiete des Regulären und
Volkstümlichen ausgeschaltet.

4. Endlich noch eine letzte Frage: Wenn die Stiftung einer
Äquivokation oder eines Bedeutungswandels Werk einer Absicht
ist, so kann diese verschiedene Motive haben. Ist vielleicht
hinsichtlich dieser Motive nur das eine oder andere als volkstümlich, die übrigen als singulär und unpopulär in Anspruch
zu nehmen?

Motiv für eine absichtliche Bedeutungsänderung kann
— schlechthin gesprochen — mehreres sein: entweder 1. die
größere Bequemlichkeit der simplen Verständigung oder 2.
die Erweckung ästhetischen Vergnügens an den durch den
Ausdruck erweckten Vorstellungen oder endlich 3. ein Dienst,
den etwa das Sprachmittel dem einsamen Denken als solchem
leisten soll.[1])

Was den letzteren Beweggrund betrifft, so habe ich nichts
dagegen, ihn im großen und ganzen für einen singulären zu
erklären Aber ebenso sicher scheinen mir die beiden ersteren
reguläre oder volkstümliche Motive zu sein, und unter den Begriff
der Verständigung fällt auch, was wir (mit Brentano) die
Farbe eines Ausdruckes genannt haben. Es ist dies ja — wie
wir schon früher betont haben — nur eine besondere Weise
und Richtung der Mitteilung, gehört also zum Stoff des Bedeutungswandels und zwar zu einem Gebiete desselben, der
durchaus nicht ohne weiteres als unvolkstümlich gelten kann.

Aber auch die Erweckung ästhetischen Wohlgefallens, obwohl sie als etwas wie ein Luxus im Sprachleben bezeichnet

---

[1]) Es kann ja vorkommen, daß die Gedanken im Interesse ihres eigenen
Fortschrittes und Gedeihens mit Zeichen versehen werden, und Hand in
Hand damit, und in solcher Absicht könnte es auch zu Bedeutungsänderungen
kommen.

werden kann, möchte ich keineswegs völlig vom Gebiete des Volkstümlichen ausschließen.

Wundt scheint dieser Meinung zu sein, indem er die „echte" Metapher für etwas durchaus Singuläres und als für sie charakteristisch erklärt, daß die dabei gegebene Übertragung „eine willkürliche, zum Zwecke der stärkeren sinnlichen Gefühlsbetonung eines Begriffes geschaffene sei" (II, ¹, S. 526; ², S. 555) oder daß „ihre Wirkung zunächst nur in der Verstärkung des Gefühlseindruckes" bestehe (vgl. ebenda, ¹, S. 559; ², S. 588). Daß mit diesem „Gefühlseindruck" das ästhetische Wohlgefallen, und nicht etwa die Farbe gemeint sei, zeigen die weiteren Ausführungen Wundts[1]) und insbesondere ist es meines Erachtens nur so zu verstehen, wenn er (II, ¹, S. 565; ², S. 594) bemerkt, die Metapher unterscheide sich auch dadurch von den angrenzenden Erscheinungen des assimilativen und komplikativen Bedeutungswandels, daß diese in sehr vielen Fällen Wörter für völlig neue Begriffe schaffen, während die Metapher ihren singulären Ursprung darin bekunde, daß sie nur synonyme aber durch ihre eigentümliche Begriffsfärbung wertvolle Ausdrücke für andere, nicht metaphorische hervorbringe.

Indem hier gesagt ist, durch die Metapher werde ein Synonym für eine nicht metaphorische Bezeichnung geschaffen, scheint gemeint, daß Zweck dieser Schöpfung die Erweckung ästhetischen Vergnügens sei.[2]) Denn bestände die „Gefühls-

---

[1]) Für sich allein könnte jener Ausdruck allerdings auch von dem verstanden werden, was wir die Gefühlsfärbung eines Ausdruckes nannten und was etwas gänzlich anderes ist. Denn, da es — wie schon bemerkt — ein Stück praktischer Mitteilung und Verständigung ist, geht es auf die mannigfaltigsten und entgegengesetzten Gefühle, während die dichterische Metapher nur eine Art von Gefühlen erwecken will, nämlich ästhetisches Vergnügen.

[2]) Es ist gewiß nur ein weniger glücklicher Ausdruck, wenn Wundt dabei sagt, daß die Metapher durch eine „eigentümliche Begriffsfärbung wertvoll" werde. Damit kann nicht gemeint sein, der Begriff selbst sei verändert (denn wo bliebe sonst wieder die Synonymie?!), sondern die Änderung kann nur darin bestehen, daß andere Vorstellungen und an sie geknüpfte Gefühle auftreten, die nicht zur Bedeutung gehören. Kurz: es kann hier von Wundt wohl nur die ästhetische Wirkung der figürlichen inneren Sprachform gemeint sein, wenn auch die Erscheinung nicht klar und unzweideutig beschrieben ist.

Mit dieser Charakteristik der echten Metapher als einer dem ästhetischen Vergnügen dienenden Bedeutungsänderung steht freilich wieder in auffallen-

verstärkung" in dem, was wir „Farbe" des Ausdruckes nannten,
so hätten wir es nicht wahrhaft mit einem Synonymum zu tun.
Ungefärbter und gefärbter Ausdruck, und ebenso verschieden-
gefärbte untereinander, sind nicht — wie die Stoiker irrtümlich
glaubten — streng synonym, und man konnte darum ganz wohl
von etwas wie „Sophismen des gefärbten Ausdruckes" sprechen,
die, wo sachliche Gründe versagen, in einer versteckten Weise
durch Äußerung und Kaptivierung der Gefühle zu wirken suchen.
(Vgl. auch La logique ou l'art de penser. I partie, chap. 14.)
Während aber die „Farbe" eines Ausdruckes seine Bedeutung
ändert, tut es der poetische Reiz desselben nicht.

In welcher Weise die metaphorischen und überhaupt die
bildlichen Bezeichnungsweisen poetisch reizvoll werden und
imstande sind, der Erhöhung des ästhetischen Genusses zu
dienen, habe ich an anderem Orte untersucht. (Vgl. den Anhang II
zu meinem Buche „Die Frage nach der geschichtlichen Entwicklung des Farbensinnes", 1879, und den dritten meiner Artikel
„Über subjektlose Sätze" usw., Vierteljahrsschrift für wissenschaftliche Philosophie, Bd. VIII, S. 294 ff.) Und während es
vom Standpunkte jener übereinstimmenden Motivierung auf eine
weitere Unterscheidung dieser bildlichen Ausdrucksmethoden nicht
ankommt und sie ganz wohl alle im weiteren Sinne metaphorisch
genannt werden mögen, ist der engere Begriff der Metapher
und im Unterschiede davon der der Metonymie, Synekdoche
usw. bei der Frage, wie in den verschiedenen Fällen die
ästhetische Wirkung zustande komme, relevant. Denn dafür
sind eben die Unterschiede des Verhältnisses der eigentlichen
und uneigentlichen Bedeutung, die diese Klassifikation begründen,
von Wichtigkeit.

---

dem Widerspruch, wenn Wundt (II, ¹, S. 553; ², S. 582) von den dem assimilativen und komplikativen Bedeutungswandel angehörenden Wörtern sagt,
sie würden in dem Augenblicke zu Metaphern, „wo wir nachträglich vom
Standpunkte des reflektierenden Beobachters aus die späteren und die früheren
Bedeutungen eines Wortes vergleichen", und wären von Anfang Metaphern
gewesen, „wenn diese Betrachtungsweise des reflektierenden
Beobachters es gewesen wäre, die den Bedeutungswandel bewirkte". Hier ist gar nicht von einem besonderen Beweggrund und einer
speziell auf Gefühlsbetonung gerichteten Absicht die Rede, welche zum
Begriffe der echten Metapher gehöre, sondern bloß davon, daß sie Werk der
Reflexion sei. Doch müssen wir von diesem nicht zu schlichtenden Widerspruch absehen.

Auch in anderer Beziehung bestimmt Wundt den Begriff der Metapher
nicht überall übereinstimmend, aber wir können hier nicht dabei verweilen.

Von Metapher in diesem engeren Sinne spricht man bekanntlich, wo jenes Verhältnis das der Ähnlichkeit oder Analogie ist, wie wenn etwa der alte angelsächsische Dichter davon spricht, daß das Eis „Brücken baut", wenn er die Nacht als einen (alles bedeckenden) Helm, die Sonne als Tageskerze bezeichnet usw. usw. Daß die poetische Macht dieses dichterischen Sprachmittels nicht bloß in der veranschaulichenden Kraft desselben liege, habe ich schon am angeführten Orte betont und kann also Wundt beistimmen, wenn er (II, ¹, S. 559; ², S. 588) dagegen Einsprache erhebt, die Metapher kurzweg eine Veranschaulichung zu nennen. Freilich scheint mir ihre wahre Bedeutung auch nicht unzweideutig beschrieben, wenn er seinerseits sagt, ihre Wirkung bestehe „zunächst nur in der Verstärkung des Gefühlseindruckes (als ob es sich um beliebige Gefühle handelte); es müßte doch näher gesagt sein, welche Gefühle gemeint sind und wie sie durch die Metaphern erzeugt werden. Auch darf, um dem Anteil, welcher der Veranschaulichung doch wirklich bei der verschönernden Wirkung der Metapher zukommt, gerecht zu werden, der Begriff der Anschaulichkeit nicht zu eng gefaßt, nämlich nicht, wie Wundt es tut, mit der sinnlichen Anschaulichkeit identifiziert werden. Auch auf dem Gebiete des Psychischen oder Geistigen besteht der Unterschied zwischen anschaulichen und unanschaulichen Vorstellungen (resp. mehr oder weniger anschaulichen), und auch hier kommt den ersteren eine größere ästhetische Wirkung zu.

Wenn Wundt speziell tadelt (II, ¹, S. 552 und 560; ², S. 581 und 589), daß man in den Lehrbüchern der Rhetorik und Poetik von Quintilian bis auf die neuere Zeit das bekannte Bild: *classique immittit habenas* in das Schema der „Darstellung eines Leblosen durch ein anderes Lebloses" eingerechnet habe, so kann ich ihm nur beipflichten; ja ich möchte noch weiter gehen und sagen, daß das Bild nicht bloß gezwungen, sondern gar nicht in das Schema paßt, da, wie Wundt selbst betont, hier nicht eigentlich der Zügel in Betracht komme, sondern das mit gelöstem Zügel dahinstürmende Pferd. Nur wenn der Autor hinzufügt: „Während das Schema hierin die Verbindung mit Leblosem sieht, wirkt also die Metapher selbst belebend auf alle in ihr enthaltenen Vorstellungen" scheint mir die letztere Ausdrucksweise mehr bildlich als deutlich. Die Wahrheit ist meines Erachtens die, daß hier mit der an und für sich reizloseren Vorstellung eines physischen Vorganges die Vorstellung von Psychischem verbunden wird, die poetisch reizvoller ist und zwar so, daß beide vereinigt Gegenstand des Interesses werden und die eine dadurch zur Teilnehmerin an dem Vergnügen wird, das die andere erweckt. Ähnlich ist es, wenn gesagt wird: das Erdreich dürste nach Regen, die Pflanze liebe die Sonne usw. Zwar können die Bilder und Gleichnisse nicht bloß, indem sie zur Vorstellung von Physischem solche von Psychischem fügen, verschönernd

wirken, sondern auch indem sie in geeigneter Weise solche von
Physischem zu Psychischem und Vorstellungen von Physischem
mannigfacher Art untereinander gesellen. Aber da im allgemeinen
und unter sonst gleichen Umständen die Vorstellungen von
psychischem Leben ästhetisch wertvoller sind als diejenigen von
physischen Vorgängen oder Gegenständen, so wird die Metapher
doch mit Verliebe zu Vorstellungen von Leblosem solche von
Leben und Lebensbewegung fügen.[1])

Das ist der richtige Kern an der Rede von der ästhetischen
Personifikation, Beseelung oder Einfühlung — Erscheinungen,
die man (wie ich schon früher betonte) nicht mit einem ganz
andersgearteten Vorgang hätte konfundieren sollen, nämlich mit
dem ernstlichen, sei es naiv-kindlichen, sei es wissenschaftlich-
metaphysischen Glauben an eine weitreichende oder gar allgemeine Beseelung der Körperwelt. Dieses ist ein Stück ernstlicher Weltanschauung, jenes ein Spiel der Phantasie.

Den Fehler dieser Konfundierung ganz verschieden gearteter
Vorgänge der sog. Beseelung begeht auch Elster in seiner von
Wundt beifällig zitierten Theorie von der Metapher.[2]) Doch
begegnen ihm meines Erachtens bei der Lehre von dieser wichtigen sprachlichen Erscheinung noch eine Reihe anderer Versehen.

Als das Wesen der Metapher bezeichnet er, daß der Mensch
„zu Vorstellungen, die in sein Bewußtsein treten, andere
Vorstellungen aus dem Schatze seiner Erfahrung in
Parallele setzt", und diese Bestimmung scheint mir jedenfalls
an dem Mangel zu leiden, daß sie viel zu weit ist.[3])

---

[1]) Vgl. darüber schon Aristot. Rhetor., III, Kapitel 11.

[2]) Vgl. Prinzipien der Literaturwissenschaft, I, 1897, S. 375 ff., ein
Buch, das sonst manches Treffliche enthält.

[3]) Schwer verständlich ist auch, wie Elster dazu kommt, diesen Vorgang allgemein als „ein Projizieren nach außen" zu bezeichnen und zwar
so, daß die Metapher dadurch mit der „personifizierenden Apperzeption" teils
in einem Verhältnis der Verwandtschaft, teils aber auch in einem solchen des
Gegensatzes stände. A. a. O., S. 374, 375 wird uns gesagt: „Mit der personifizierenden hängt die metaphorische Apperzeption aufs engste zusammen; sie
bildet gleichsam die Fortsetzung von dieser. Auch in ihr ist jener Grundtrieb der menschlichen Seele wieder zu erkennen, der darin besteht, auf die
Dinge und Vorgänge der Welt ihr eigenes geistiges Leben zu übertragen.
Während wir aber bisher nur die Fälle ins Auge gefaßt haben, wo der Mensch
die verschiedensten Dinge, Wesen, Vorgänge des außermenschlichen Seins
durch sein eigenes geistiges Leben beseelt, beschäftigt uns hier eine Übertragung anderer Art. Auch hier projiziert er sein eigenes Selbst nach außen:
indessen nicht so, daß er die Umwelt beseelt, sondern so, daß er zu Vorstellungen, die in sein Bewußtsein treten, andere Vorstellungen
aus dem Schatz seiner Erfahrung in Parallele setzt".
Ich meine: von einer Projektion des eigenen Selbst nach außen kann
bei diesem in Parallele setzen wohl dann die Rede sein, wenn die neu auf-

Vor allem ist es nicht zutreffend, wenn danach **die Metapher
bloß wie eine Sache des Gedankenlaufes als solchen erscheint,**
während sie in Wahrheit zu den Vorgängen beim **Bezeichnen**

tretende Vorstellung eine solche von Physischem und die aus der früheren
Erfahrung geschöpfte und damit verknüpfte eine solche von Psychischem ist.
Wie aber, wenn ich mit einer Vorstellung von Physischem, z. B. einem Ton,
eine solche von etwas anderem Physischen, z. B. einer Farbe, in Parallele
bringe, wie dies der Fall ist, wenn ich beides (das eine eigentlich und das
andere metaphorisch) hell nenne, oder wenn ich von dem Bart eines Schlüssels,
von dem Hals einer Flasche oder eines Schiffes, von dem Sattel oder Fuß bei
einem Berge spreche usw. usw. Soll in dem bloßen Umstand, daß die hinzu-
gebrachte Vorstellung meine Vorstellung ist, die Projektion meines Ich
nach außen liegen? Wenn dies die Meinung Elsters wäre, so läge ein offen-
kundiger Fehlschluß vor, der sich zum Teile aus dem Doppelsinn von „Vorstellung" (welcher Terminus bald Vorstellen, bald Vorstellungsinhalt heißt),
aber auch so freilich nur unvollständig begreifen ließe. Der Vorstellungsinhalt kann etwas Psychisches oder etwas Physisches sein. Das Vorstellen ist natürlich stets ein Psychisches, ein Stück meines Selbst.
Aber selbstverständlich verknüpfe ich, wenn ich eine Metapher bilde, nicht ein
solches Stück meines Selbst mit etwas mir Fremdem, Äußerem. Das Vorstellen, soweit dieses in Betracht kommt, ist nicht bloß mein eigen, wenn es
sich um die „aus dem Schatz meiner Erfahrung" geschöpfte, sondern auch
wenn es sich um die neu „ins Bewußtsein tretende" Vorstellung handelt, und
so ist, was das Vorstellen anbelangt, also nirgends eine Projektion eines
Inneren nach außen gegeben. In Wahrheit kann somit dabei nur der Vorstellungsinhalt in Betracht kommen, den ja bald etwas Inneres, bald etwas
Äußeres bilden kann. Aber da ist dann eben von einer „Übertragung eigenen
geistigen Lebens auf die Dinge und Vorgänge der Welt" oder davon, „daß
der Auffassende sein Denken in die Dinge der Außenwelt hineinprojiziere"
(was von Elster allgemein als das Charakteristischste der ästhetischen und so
auch der metaphorischen Apperzeption bezeichnet wird) nur die Rede, soweit
zu einem physischen Inhalt ein psychischer gefügt wird. Und das gilt auch,
wenn Elster von der Metapher noch sagt, sie bringe Dinge, die uns weniger
geläufig sind, mit solchen in Beziehung, in denen wir leben und weben; sie
gehe beim Landmann aus dem Landleben, beim Seemann aus dem Leben am
Meer und auf dem Schiffe hervor usw. Die Regel, welche damit für „die gesunde Metapher" ausgesprochen sein soll, erklärt sich, wenn es sich um eine
metaphorische Wendung handelt, die dem nackten Verständnis dient, ganz von
selbst. Sie hat auch eine gewisse Berechtigung, wenn es sich um die
poetische Metapher handelt. Aber hier wie dort liegt eben eine „Projektion"
des eigenen Inneren ins Äußere nur soweit vor, als das „worin wir leben
und weben" und dessen Vorstellung wir mit denen des uns weniger Geläufigen verknüpfen, etwas Psychisches ist. Wenn der Seemann seine
Bilder vom Meere oder vom Sturm und dergleichen hernimmt, wo liegt da
jene „Projektion"? Wenige Zeilen später fordert Elster denn auch geradezu
von der Metapher, daß sie eine Sache unserem subjektiven Seelenleben

gehört. Mit eben auftauchenden Vorstellungen solche aus dem
Schatze früherer Erfahrungen in Parallele zu bringen, ist etwas,
was man auch dem zuschreiben kann und muß, der eine Induktion
oder einen Analogieschluß macht, der eine Hypothese bildet usw.
Bei der Metapher handelt es sich um ein in Vergleich bringen von
Vorstellungen in Zusammenhang mit der sprachlichen Bezeichnung,
und zwar in der Weise, daß nicht etwa die in Parallele gebrachten
Vorstellungen einem gemeinsamen höheren Begriff subsumiert
und um deswillen die neu auftretende mit demselben Namen
behaftet würde wie die zuvor erlebte, sondern so, daß bei der
neuen Verwendung des Namens seine Bedeutung eine andere
ist, als es die frühere war und beide nur durch eine Ähnlichkeit
oder Analogie zusammenhängen. Kurz: es handelt sich, wie wir
schon anderwärts ausgeführt haben, darum, daß eine mit einem
gewissen Namen bereits verknüpfte Vorstellung zur figürlichen
inneren Sprachform werde für eine neue, diesem Bezeichnungsmittel zu verleihende Bedeutung, und zwar — wenn es sich
nicht um einen Tropus überhaupt, sondern im engen und strengen
Sinne um eine Metapher handeln soll — auf Grund einer Ähnlichkeit (im Sinne teilweiser Gleichheit) oder einer Analogie
zwischen ihren Inhalten. Der Zweck dieses Vorganges aber
kann — wie ebenfalls schon früher gesagt wurde — bei der
Metapher, wie bei der Synekdoche und Metonymie, entweder derjenige der bloßen bequemeren Verständigung und Ersparnis von
Bezeichnungsmitteln oder aber derjenige eines ästhetischen
Schmuckes der Rede sein. Es ist also auch nicht korrekt,
wenn Elster an anderem Orte die Metapher kurzweg für eine
besondere Form der ästhetischen Apperzeption erklärt. Das
gilt jedenfalls nur von einem Teil der Metaphern, im engeren
wie im weiteren Sinne.[1])

---

näher bringen müsse — und so verstanden hat er uns zwar die Verwandtschaft der Metapher mit der personifizierenden Apperzeption klar gemacht,
aber nicht den Gegensatz, den sie dazu bilden soll. Die Angaben darüber
bleiben unklar und in sich unharmonisch.

[1]) Eine Vielzahl anderer hat einfach den Zweck und das Verdienst,
daß ohne allzugroße Zeichenvermehrung jegliches Ding, von dem man sprechen
will, seinen Namen erhält, wie schon Quintilian richtig gesehen zu haben
scheint. Hier faßt also Elster den Begriff der Metapher zu eng, während
seine obige Bestimmung ihn zu weit faßte.

Stellenweise scheint auch er anzuerkennen, daß der Zweck der Metapher
nicht überall ein ästhetischer ist. So S. 376: „Es bedarf kaum noch der Erwähnung, daß die Metapher . . . nicht nur der künstlerischen Rede eigen ist,
sondern daß sie das gesamte Sprachleben durchdringt". Und S. 375: „Jede
gesunde Metapher geht aus dem Gedankenkreis hervor, in denen ein Mensch
vornehmlich zu Hause ist: der Landmann verknüpft die Dinge vornehmlich
mit dem Landleben, der Soldat mit denen seines militärischen Berufes" usw.

Doch noch bedenklicher ist mir, daß er etwas, was nur ein Spiel der Phantasie und eine Sache des Schmuckes und der Verschönerung des Vorstellungslaufes ist, mit dem Namen einer „Apperzeption" belegt. Denn dies kann nur dazu dienen, diese Erscheinungen einer figürlichen inneren Sprachform mit ganz anderen Vorgängen zu konfundieren, nämlich einer ernstlichen Klassifikation oder Subsumtion. „Apperzeption" heißt, wie schon früher wiederholt betont wurde, am natürlichsten das Bemerken und deutende Auffassen von etwas. Davon ist die ästhetische Apperzeption, oder wie man auch sagt: die Apperzeption der Phantasie, nicht eine besondere Art, sowenig als das Wachshölzchen eine besondere Art von Holz und der Tischfuß eine besondere Gattung von Füßen ist. Hier wie dort wird die Bedeutung eines gewissen Namens durch den Zusatz nicht determiniert (wie in: Mahagoniholz, Pferdefuß usw.), sondern wesentlich modifiziert.[1]) Handelt es sich doch nicht um eine ernstliche Auffassung oder Deutung sondern eben um eine F i k t i o n zum Zwecke der Erhöhung des ästhetischen Reizes unserer Gedankenwelt. Und während die eigentlich sog. Apperzeption ein Urteilen im Sinne einer Überzeugung oder ernstlichen Vermutung ist, liegt bei der sog. ästhetischen Apperzeption entweder nur ein Urteil „auf Kündigung" vor, dem man sich, im Banne des schönen Scheines, zeitweilig hingibt (um es sofort wieder aufzugeben, wenn der Ernst, sei es der theoretischen, sei es der praktischen Wirklichkeit, dazu mahnt), oder aber der Vorgang bleibt ganz im G e b i e t e des Vorstellens. Und in diesen häufigen Fällen trägt die „ästhetische Apperzeption" oder die „Apperzeption der Phantasie" zweifellos diesen Namen selbst nur m e t a p h o r i s c h.[2]) Aber solche Metaphern sind nicht das, was in

---

Oder ist es die Meinung von Elster, daß auch hier die Metapher stets wegen ihres poetischen Reizes gewählt und nur nicht im engeren Sinne „künstlerisch" zu nennen sei?

Wie dem sein möge, und ob der Autor nun sich konsequent bleibe in der Subsumtion des Metaphorischen unter die ä s t h e t i s c h e Apperzeption, oder nicht, jedenfalls ist sie unrichtig. Es gibt auch Metaphern im engeren und weiteren Sinne, die eine schlichte, sprachökonomische Erscheinung sind.

[1]) Ebenso ist es, wenn die im Dienste des nackten Verständnisses stehenden Metaphern „s p r a c h l i c h e Auffassungen" oder (vermöge des äquivoken Charakters von „Anschauung", welcher Terminus ja auch manchesmal synonym mit „Auffassung" gebraucht wird) „sprachliche Anschauungen" genannt werden.

[2]) Dasselbe gilt auch von anderen Klassen ästhetischer Apperzeption, die Elster aufzählt, nämlich der personifizierenden und symbolischen. Noch weniger glücklich finde ich es, wenn er auch die A n t i t h e s e eine Form der ästhetischen Apperzeption nennt. Nicht als ob nicht auch der Kontrast (und zwar in hohem Grade) ästhetisch wirksam wäre. Aber er ist es in anderer

der Wissenschaft zweckmäßig ist, wo es auf die scharfe Unterscheidung der verschiedenen Begriffe ankommt, ein Geschäft dem durch dergleichen Äquivokationen bekanntlich oft Behinderung und Gefahr droht.

Bei der „Apperzeption" im eigentlichen und ursprünglichen Verstande hätte es keinen Wert, sie danach zu klassifizieren, ob sie etwas als beseelt auffasse oder nicht, außer wenn es sich gerade um die Aufzählung der primitivsten und häufigsten Irrtümer handelt. Sonst sind dies eben Unterschiede der Urteilsmaterie, nicht anders als auch die, ob man etwas als Wasserstoff oder Sauerstoff, Gold oder Silber usw. deutet und ob man es als groß oder klein, rund oder eckig, als Fisch oder Vogel klassifiziert usw. Wenn es bei der sog. ästhetischen Apperzeption am Platze ist, im besonderen von einer beseelenden oder „einfühlenden", personifizierenden usw. zu sprechen, so hängt dies eben damit zusammen, daß wir es hier gar nicht mit einer ernstlichen Beurteilung derart, sondern mit einem ganz anders gearteten Vorgang zu tun haben, bei dem, mit Rücksicht auf den dabei waltenden Zweck, jene Differenzen als Unterschiede des Mittels relevant sind, und es interessant ist, von diesen verschiedenen Mitteln gesondert zu erforschen, wie jedes dem gemeinsamen Zwecke dient.

Daß bei der verschönernden Wirkung der Metapher die Erweckung von Vorstellungen psychischen Lebens eine große Rolle spielt,[1]) wurde schon zuvor hervorgehoben, doch ist es nicht berechtigt, wenn Elster geradezu sagt, jede Metapher sei „gut, die eine Sache unserem subjektiven Seelenleben näher

Weise als jene Erscheinungen der figürlichen inneren Sprachform, und nur sofern der Kontrast etwa ein fiktiver wäre, könnte er mit der Metapher usw. in Parallele gebracht und ebenso wie sie uneigentlich eine ästhetische, d. h. zum Zwecke der Verschönerung des Vorstellungslebens fingierte, „Auffassung" genannt werden.

Wenn man dagegen auch von emotioneller und phantastischer Apperzeption gesprochen hat, so ist damit vielleicht nicht eine uneigentlich so genannte, d. h. bloß fingierte „Auffassung" von etwas gemeint, sondern eine ernstliche, ein wirkliches Glauben oder Urteilen, und liegt sein Unterschied von Urteilen und Prädikationen, die auf Erfahrung und Einsicht gegründet sind, nur in einer Weise der Genesis, nämlich dem Ursprung im Gefühl und Affekt oder dergl. Daß es dagegen ein arger Mißbrauch wäre, die Emotive und das Gefühl selbst auch Apperzeptionen zu nennen, bedarf keiner Bemerkung.

¹) Es kann dies teils in der Weise der Beseelung und Personifikation der Fall sein, teils auch in anderweitiger Gesellung von Vorstellungen psychischen Lebens zu solchen von Physischem bestehen. Was die Personifikationen betrifft, so sind sie meines Erachtens nicht mit Elster den Metaphern bei-, sondern ihnen als eine besondere Klasse unterzuordnen. Alle Personifikationen sind Metaphern (oder Gleichnisse), nur nicht umgekehrt.

bringt, die sie in unser Innerstes hineinführt, jede Metapher
schlecht, die diesen Zweck verfehlt".[1]) Schon die dem ästhetischen
Reize dienende Metapher kann dies in Wahrheit nicht bloß durch
Erweckung von Vorstellungen psychischen Lebens. Und noch
mehr gilt es von derjenigen, die bloß ökonomisch-hermeneutischer
Natur sind. Wie wenn wir sowohl von hellen Farben als Tönen
und von Farbenton und Tonfarbe, Tonhöhe und Tontiefe sprechen;
wenn der Franzose von einem chant large, einer voix chaude,
wenn wir von breiten und spitzen Tönen reden, der Lateiner
und Grieche eine vox atra und μέλαινα φωνή kannte usw. usw.[2])

Das alles gilt schon von der Metapher im engeren Sinne,
d. h. dem auf das Verhältnis der Ähnlichkeit gebauten Tropus.
Noch mehr von der Metapher im weiteren Sinne, d. h. den Tropen
überhaupt,[3]) und so scheint ja Elster den Terminus zu fassen.
Oder wie sonst sollen wir es verstehen, wenn er S. 376 sagt,
der Ausdruck *tropus* bei Quintilian decke sich fast ganz mit
dem, was er das Metaphorische nenne? Kurz: mag man nun die
Metapher in diesem weiteren oder engeren (von uns schon wiederholt bestimmten) Sinne nehmen, jedenfalls ist auch das eine
unbillige Verengerung ihres Begriffes und eine Verzeichnung
ihres Charakters, wenn man allgemein von ihr fordert, daß sie
jede Sache unserem subjektiven Seelenleben näher zu bringen habe.

Elster fügt an diese unberechtigte Forderung folgenden Tadel
gegen die alte Rhetorik an: „Blickt man nun auf die Definitionen,
welche die antike Rhetorik vom Metaphorischen gibt, so erkennt
man wieder, wie oberflächlich ihre Darstellung dieser Dinge war.
So z. B. bezeichnet Quintilian als Tropus (und dieser Ausdruck
deckt sich fast ganz mit dem, was wir hier das Metaphorische
nennen) *verbi vel sermonis a propria significatione in aliam cum*

---

[1]) Vgl. auch S. 362 wo von aller ästhetischen Apperzeption, wovon —
wie wir hörten — die Metapher nur eine besondere Klasse sein soll, gesagt
ist: sie bestehe darin, „daß der Auffassende sein Denken in die Dinge der
Außenwelt projiziert" oder „die Dinge der Außenwelt in sein Denken hinein-
nimmt".

[2]) Und wie Physisches zu Physischem metaphorisch in Beziehung
gebracht werden kann, so auch verschiedenartiges Psychisches untereinander.
So ist es, wenn gewisse analoge Verhaltungsweisen auf dem Gebiete des
Urteils und Interesses mit denselben Namen (Anerkennung, Zuwendung; Verwerfung, Ablehnung) belegt werden.

Endlich wird manchmal metaphorisch auch eine Bezeichnung vom
Physischen auf Psychisches übertragen: Schwarze Gedanken, tiefes Nachdenken, ennui noir, breites Behagen und dergl.

[3]) Darüber, wie sowohl die Metapher im engeren Sinne, als insbesondere
auch die Synekdoche und Metonymie, noch in ganz anderer Weise der Verschönerung unseres Vorstellens dienen können, als durch Erweckung von
Assoziationen psychischen Lebens vergleiche man den II. Anhang meines
Buches „Über die Entwicklung des Farbensinnes", S. 142 und 144.

virtute mutatio. In dieser Definition liegt nicht der geringste
Hinweis auf den letzten Grund und Zweck des Metaphorischen
usw". Man wird nach dem Vorausgehenden nicht verwundert
sein, wenn ich diese Definition nicht so verfehlt finden kann,[1])
und wenn Elster statt dessen als von dem letzten Grund, aus dem
die Metapher entspringe, von dem „Grundtriebe" der menschlichen Seele spricht, „auf die Dinge und Vorgänge der Welt ihr
eigenes geistiges Leben zu übertragen", so liegt meines Erachtens
darin nur wieder eine Konfundierung der kindlichen Neigung
des primitiven Menschen zu einem ernstlichen Glauben an
Leben in vielem Unbeseelten (auf Grund voreiliger Generalisation
und der unberechtigten Erwartung überall Ähnliches und Analoges zu finden, wie das ihm nächstliegende) mit dem ganz anders
gearteten Vorgang der ästhetischen Beseelung und „Einfühlung",
der durch die Freude am Schönen und die Lust am Fabulieren
motiviert ist.

In Wahrheit handelt es sich — wie schon gesagt — hier
nicht überall um ei n en einheitlich motivierten Grundtrieb
sondern um viele und verschiedene Motive, die nur zu einem
äußerlich ähnlichen Resultate führen. Doch von diesen sprach-
ästhetischen Fragen wollen wir an dieser Stelle nicht weiter
handeln.

Was uns hier vornehmlich interessiert ist, daß, obwohl
die poetische Metapher und so auch andere tropische Ausdrucksmethoden, die der Dichter verwendet, die Aufgabe haben,
ästhetisches Vergnügen zu erwecken und wir es sonach dabei
mit etwas zu tun haben, was vom Standpunkte des nackten Be-

---

[1]) S. 392 bemerkt Elster, die antiken Rhetoriker ließen eine tiefere
psychologische Auffassung dieser Erscheinungen durchaus vermissen und suchten
„durch Breite und haarspaltende Unterscheidungen den Mangel an Tiefe zu
ersetzen". Ich bin der letzte, der diesem Tadel gegenüber etwa die Einteilungen
von Quintilian und anderen jener Alten samt und sonders verteidigen möchte. Gar
manches verdient meines Erachtens gar keine ausführliche Kritik und möge verdienter Vergessenheit verfallen. Aber daß alles, was sie über die Natur und Wirksamkeit der Tropen gesagt, oberflächlich und unbefriedigend sei, ist ebensowenig
zutreffend, als daß etwa alles von der modernen „Apperzeptionspsychologie"
Beigebrachte richtig sei. Ich erinnere in ersterer Beziehung nur an die
bemerkenswerte Regel des Aristoteles, daß die Metapher, sofern sie ein
Schmuck sein soll, vom Schönen hergeholt werden (Rhet. III, cap. 2) und
(darum), soweit es angeht, Vorstellungen von Lebendigem und Lebenstätigkeit
erwecken soll. Daß jedoch die alte Rhetorik nicht jede Metapher und jeden
Tropus für etwas eo ipso dem Schmucke dienendes hielt, und daß sie, auch
soweit die betreffenden Erscheinungen diesen Zweck haben, nicht von jeder
forderte, daß sie eine „Einfühlung" sei, kann ich ihr nur zum Verdienste
und nicht als einen Mangel an Tiefe anrechnen.

dürfnisses als überflüssig und in diesem Sinne nebensächlich erscheint, es darum doch nicht etwas „Singuläres" im Sinne des Unvolkstümlichen ist. Ich will mich zum Beweise dafür nicht ohne weiteres darauf berufen, daß bei manchen Völkern sprachliche Bilder, welche an Kühnheit und poetischer Kraft den Mitteln des Dichters nicht nachstehen, volkstümlich im Gebrauche und vom Volke selbst geschaffen sind. Denn da dieselben Mittel (entweder schlechtweg oder mit geringen Abweichungen) wie der Absicht ästhetisches Vergnügen zu erwecken, so auch der bloßen Intention bequemer Verständigung dienen können, so könnte man sagen, es sei möglich, ja wahrscheinlich, daß jene volkstümlichen Erzeugnisse diesem letzteren Beweggrund ihren Ursprung verdankten und ihre poetischen Vorzüge etwas zufällig und unbeabsichtigt Entstandenes seien. Allein wenn wir den Grundsatz anwenden, zeitlich und räumlich Entfernteres nach Analogie zu dem zu beurteilen, was uns die Erfahrung noch in der Nähe und heute zeigt, so finden wir, daß der ästhetische Reiz etwas ist, was in seinen Anfängen durchaus nichts dem Gefühl und Verständnis des primitiven Bewußtseins und der volkstümlichen Stufe des Geisteslebens Fremdes ist. Wir können, meine ich, alltäglich beobachten, daß auch die Freude an farbenkräftigen, an witzigen und scherzhaften Wendungen (und auch das Scherzhafte und Komische gehört ja in ein Kapitel der Ästhetik) bei der Wahl der figürlichen inneren Sprachformen für die Sprachmittel keine ganz unbedeutende Rolle spielt,[1]) und so würde man irren, wenn man leugnete,

---

[1]) Eine solche ästhetische Wirkung kann durch Funktionswechsel auch dem zukommen, was wir die Farbe eines Ausdruckes nannten. So ist es insbesondere der Fall, wenn derselbe in Spiel und Scherz zur Anwendung kommt. Seine „Farbe" soll dann eine gewisse Stimmung nur gleichsam auf Kündigung erwecken (so wie die Tragödie Furcht und Mitleid), oder gar nicht die Stimmung selbst, sondern nur die Vorstellung von ihr.

Eine verwandte (und schon einmal angedeutete) Erscheinung, speziell einen Gegensatz zwischen Farbe und sonstiger Bedeutung gewisser Sprachmittel, haben wir vor uns bei der Verwendung von gewissen Schimpfwörtern wie Schelm, Spitzbube und dergl. als Kosenamen. Es ist dies meines Erachtens ein vollständiges Analogon der Drohungen mit lachender Miene oder der scheinbaren Mißhandlungen durch bloß markiertes Beißen, Schlagen, die in Wahrheit als Liebesbezeugungen gemeint sind. Wie hier das, was wie ein Schmerzzufügen aussieht, nicht wirklich wehetut, so gesellen sich dort zu der scheinbaren psychischen Mißhandlung begleitende Mienen, welche durch die Gefühls-

daß auch in der Gestaltung der Volkssprache die Rücksicht
auf Schönheit in etwas als Motiv gewirkt hat, wie sie auch bei
der Wahl und Gestaltung von Wohnung und Kleidung neben
der nackten Notdurft sich für und für geltend machte.¹) Daß
sie als Luxus neben den Forderungen der Not ein untergeordnetes
Motiv blieb, schließt ihren volkstümlichen Charakter nicht völlig
aus. Ein Kenner des Sprachlebens wie J. Grimm hat sicher
nicht geirrt, wenn er — wie wir schon einmal angedeutet haben
— in der Sprache und insbesondere in ihrem Naturzustand und
ihrer Jugendzeit das poetische Vermögen und die Phantasie des
Volkes bewunderte.²) W. Scherer aber, der Biograph des Be-
gründers der deutschen Grammatik („J. Grimm", 2. Aufl., 1885,
S. 218) steht nicht an zu sagen, manche Lösung, die dem genialen
Forscher gelungen, habe auf dessen eigenem poetischem Sinn
und seiner poetischen Nachempfindung beruht. Und er rechnet
es seinerseits zu den Verdiensten Grimms, daß er der Dichtung
und den Dichtern „die Türen der Grammatik öffnete".

Es bleibt also hinsichtlich der Motive der Zeichenwahl
als unvolkstümlich bloß übrig: die Rücksicht auf den Nutzen,
den die Sprache für das einsame Denken haben kann.

---

farbe, die sie der Gesamtäußerung geben, jene Verbalinjurien in ihr Gegenteil
verkehren. Und hier wie dort wirkt das Spiel mit dem Gegenteil dessen,
was man ernstlich fühlt, der Kontrast zwischen Schein und Wirklichkeit,
erheiternd und wohlgefällig; wie denn ja der Gegensatz, durch Spannung
und Lösung, ein Element ist, das allgemein beim Komischen und Scherzhaften eine prominente Rolle spielt. Vgl. Fr. Brentano, „Das Schlechte
als Gegenstand dichterischer Darstellung", 1892, S. 10.

¹) Auch was man „Poesie im Rechte" genannt hat, die symbolischen
Handlungen und poetisch klingenden Formeln, in welche das Recht sich z. B.
bei den alten Deutschen kleidete („Wir sehen über dem steinernen Richter-
stuhl die blühende Linde" sagte K. Uhland von Grimms „Deutschen Rechts-
altertümern", 1828), zeigt die Empfänglichkeit für das ästhetisch Reizvolle. Wenn auch jene Formeln und Symbole gewiß in erster Linie bestimmt
waren, die Rechtshandlung feierlich, eindrucksvoller zu machen und die
Regeln des Rechtes (mangels schriftlicher Aufzeichnungen) dem Gedächtnis
besser einzuprägen, frägt man sich doch billig, wie denn das alles möglich
gewesen wäre, außer bei Menschen, denen eben das ästhetisch Reizvolle
Gefühle erweckte, die eine besondere Macht über ihr Seelenleben übten.

²) Ja, er hat z. B. ausdrücklich darauf hingewiesen, daß noch die
heutige Volkssprache gewisse Zusammensetzungen, in denen ein Glied nur
die „sinnliche Deutlichkeit" des anderen erhöht — eine Erscheinung also, die
sicher auch dem ästhetischen Reize dient — mit dem alten Epos teile.

Dazu gesellt sich, was wir hinsichtlich der Unvolkstümlichkeit manches Stofflichen in der Sprache gesagt haben, sowie bezüglich einer gewissen, Reflexion involvierenden, Methode. Unter diese Gesichtspunkte läßt sich denn auch alles unterbringen, was Wundt als singulär bezeichnet hat und was wirklich diesen Charakter hat. Was sich aber von Wundts Nummern nicht unter jene Kategorien begreifen läßt, das wird von ihm mit Unrecht als singulär hingestellt, wie der Leser sich leicht überzeugen kann, wenn er die früher schon mitgeteilten Wundtschen Klassen und Beispiele durchgeht.

Eine Reihe der von Wundt aufgezählten Beispiele singulären Wandels gehören zweifellos zum Unvolkstümlichen, weil der Stoff der Namenübertragung, d. h. die neue Bedeutung keine volkstümliche ist.

„Elektrizität" und „faustisches Streben" rechnen auch wir in gewissem Sinne zum „regulären Bedeutungswandel", nicht weil die Assoziation „singulär" wäre in dem Sinne, daß sie an einen individuellen Gegenstand oder an eine Klasse von solchen anknüpft, sondern weil es sich um Begriffe handelt, die nicht Gemeingut des Volkes sind, oder, was die Elektrizität betrifft, jedenfalls es nicht waren, als dieser Name entstand. Das letztere gilt auch von „Gas", das Wundt unter der vierten Gruppe der „Namengebungen nach singulären Assoziationen" nämlich unter dem Titel „völlig willkürliche Namengebungen" als Beispiel anführt. Ich lasse es als „singulär" gelten, nicht weil nachweislich ein einzelner (Baptista van Helmont) es zuerst gebraucht hat,[1]) sondern weil der allgemeine Begriff verschiedener Luftarten

---

[1]) Es scheint, im Anschluß an das Wort Gaze (= feines Gewebe).
Zu den Fällen eines durch das Material unvolkstümlichen Bedeutungswandels gehört meines Erachtens auch „die Übertragung der Namen äußerer Gegenstände oder Zustände auf Empfindungen", und ich wundere mich, daß Wundt dies als eine Klasse regulären Bedeutungswandels namhaft macht, falls nicht etwas ganz anderes darunter zu verstehen ist, als der natürliche Wortsinn besagt. Denn danach ist ja zu erwarten, daß Fälle gemeint sind wie die, wo man von einer Rot- oder Violettempfindung spricht und dieser Gebrauch, der ja eine Reflexion auf unsere Empfindungen im Unterschied von den sie erregenden Objekten resp. Reizen voraussetzt, ist gewiß nichts Volkstümliches.
Anders, wenn Wundt dabei nichts anderes meinen würde, als den Übergang eines Namens wie Violett, Orange, von bestimmten Gegenständen auf die Eigenschaft (hier die Farbe), welche diesen Gegenständen eigentümlich ist. Dies ist gewiß etwas Volkstümliches. Aber gerade das so Geartete zählt Wundt, wie wir hörten, als eine Klasse singulären Wandels auf, und es kann also mit dem obigen nicht gemeint sein.

damals jedenfalls kein volkstümlicher war oder auch heute noch nicht ist.[1]) Und aus diesem Grunde jedenfalls sind auch Namengebungen singulär wie: Idealismus, Realismus, Empirismus usw., die Wundt unter derselben Gruppe wie das Wort „Gas" aufführt. Bei diesen Wörtern und ebenso bei „Elektrizität" kommt auch ihre Ableitung aus einer toten Sprache — also eine Besonderheit der Methode ihrer Wahl und Bildung — als unvolkstümliches Element hinzu.

Und ein solches und zwar ebenfalls die Methode angehendes ist es natürlich auch, wenn so konventionelle Ausdrücke wie Od oder Volapük eingeführt werden.[2])

Endlich kann es natürlich auch geschehen, daß es sich bei Benennung eines Gegenstandes nach einem anderen, der ihm in seiner Gestalt gleicht, einesteils um wissenschaftliche und technische Begriffe handelt (z. B. die „Nähte" der Knochen), um Beschreibungen, die in dieser detailierten Genauigkeit nicht volkstümlich sind, oder auch darum, daß ein Maß von Reflexion und eine Planmäßigkeit bei der Wahl der Bezeichnung waltet, die ebenfalls über das Niveau der Volkssprache hinausgehen. Aber damit scheint mir alles erschöpft, was ich bei der Wundtschen Aufzählung mit Recht als singulär anerkennen kann.

Dagegen für völlig verkehrt muß ich die Behauptung halten, daß es überhaupt eine singuläre Erscheinung sei, Namen auf Grund einer Ähnlichkeit der Gestalt zu übertragen. Wie denn die Pflanzennamen „Glockenblume", „Hahnenfuß", „Eisenhut", „Fingerhut", „Rittersporn", „Königskerze", „Hundszunge" usw.

---

[1]) Mit dem Gesagten ist schon angedeutet, daß nach unserem Erachten unter diesem Gesichtspunkte, nämlich dem des Stoffes, eine Namengebung oder ein Bedeutungswandel, der ursprünglich singulär war, später regulär und volkstümlich werden kann. Die Greuze ist hier eine schwankende und verschiebbare. Solche Verschiebungen werden insbesondere in bezug auf die technischen und juristischen Ausdrücke im Laufe der Zeit anzuerkennen sein.

[2]) Aus mehreren der erwähnten Gründe rechne ich natürlich auch die Namen, die Linné gewissen Pflanzenspezies gab, nämlich: Browallia demissa, Br. elata und Br. alienata (ein Beispiel, das nicht von Wundt gebraucht wird), zu den unvolkstümlichen. Aber nicht weil ein Individuum der Erfinder war, und auch nicht bloß, weil der Anlaß ein individueller war. Browall soll ein Gegner Linnés gewesen sein, der sich aber anfänglich noch sehr demütig benahm, später (als er Bischof von Åbo geworden) den Vornehmen gegen Linné spielte und, als Linné daraufhin eine neue Spezies jener Pflanze Br. elata genannt haben soll, in großen Zorn geriet, den er auch in Publikationen äußerte — ein Vorgehen, an dem der große Naturforscher nur dadurch Rache genommen, daß er nun noch von einer Br. alienata sprach. So offenkundig hier der Anlaß zur Namengebung individuell war, dies hätte sie nicht zu etwas Unvolkstümlichem gemacht, außer in Verbindung mit den sonstigen Besonderheiten des Falles.

gewiß als volkstümliche Bildungen gelten können und ebenso,
wenn die alten Angelsachsen von dem schäumenden Hals des
Schiffes redeten, das wie ein Vogel über die Fluten gleite,
wenn ganz gemeinhin von dem Hals einer Flasche,[1]) von dem
Sattel eines Berges gesprochen wird, wenn so manche Berg-
spitze „Horn" und eine gewisse Gebirgsart „Nagelflue" genannt
wird, weil sie da, wo sie zutage geht, den Anblick darbietet,
als ob die Köpfe großer Nägel aneinander geschichtet wären
und zahllose andere ähnliche Fälle.[2])

Unrichtig ist es, zu meinen, ein sprunghafter Wechsel
der Bedeutungen sei singulär und unvolkstümlich; unrichtig auch,
die echten Metaphern insgesamt vom regulären oder volkstümlichen Bedeutungswandel auszuschließen. Weder die Besonderheit des Motivs dieser Bildungen, nämlich die Erhöhung des
ästhetischen Wohlgefallens — was man nach der einen Angabe
Wundts als das Charakteristische der echten Metapher anzusehen hätte — macht sie unvolkstümlich, noch braucht in Wahrheit dabei eine derartige Vergleichung im Spiele zu sein wie
sie einem „reflektierenden Beobachter" zukommt — was
nach einer anderen Angabe des Autors zum Wesen der Metapher
gehören soll.

Es ist ferner durchaus nichts Singuläres und Unvolkstümliches, daß ein Gegenstand nach dem Ort seines Vorkommens,
seiner Auffindung und Herstellung genannt werde (Malaga,
Cognac, Fiacre usw.). Es ist endlich etwas Gewöhnliches und
Populäres, daß eine Erscheinung nach einem einzelnen Gegenstand benannt wird, an dem sie wahrgenommen wurde und dem
sie besonders eigentümlich ist, wie wenn eine gewisse Farbe
violett, eine andere purpur, eine dritte orange genannt wird.
Und ebenso ist es nichts Singuläres und Ungewöhnliches, daß
„der Name eines einzelnen Gegenstandes zur Bezeichnung einer
größeren Gruppe verwandter Gegenstände gebraucht wird", wie
es bei den Namen Donquixotiade, Tartüfferie usw. der Fall
ist. Ebensowenig, wie wenn der Name eines Standes oder Ge-
werbes allgemein zum Namen der Träger gewisser geistiger
Eigentümlichkeiten und Charakterzüge, Gesinnungen und Über-

---

[1]) Wundt selbst zählt dies (zusammen mit Ausdrücken wie: Fuß eines
Tisches oder Berges, Brückenkopf, Fingerhut, Blashorn, Thronhimmel usw.)
als Beispiel regulären Wandels auf, freilich indem er glaubt, daß hier nicht
eine Vergleichung sondern Identifizierung der alten und neuen Bedeutung
vorliege. Wir haben dies unter II. schon zurückgewiesen.

[2]) Flue heißt bekanntlich im Schweizerisch-Alemannischen eine steile
Felswand.

Auch wenn die Ähnlichkeit eine ganz äußerliche und zufällige ist,
so bildet dies (wie so zahlreiche volkstümlich entstehende Necknamen beweisen) durchaus nichts Singuläres und Unpopuläres.

zeugungen wird, die man an den Mitgliedern jenes Kreises beobachtet hat. Wenn z. B. „Pedant", das ursprünglich Hauslehrer
hieß, zur Bezeichnung eines Mannes von übertrieben pünktlichem
und hofmeisterndem Wesen wurde, wenn einst in Südfrankreich
eine zur Mystik neigende Sekte, die unter der Zunft der Weber
stark verbreitet war, *les tisserands* hieß usw. usw.

Das alles sind vielmehr Weisen der Übertragung, welchen
die Fähigkeiten einer sprachbildenden Volksgenossenschaft vollkommen gewachsen sind, und nur dies ist — wie ich schon
oben betonte — ein berechtigter Gesichtspunkt zur Scheidung
zweier Klassen, nämlich des Regulären und Singulären, nicht der
Umstand, ob der Anlaß ein „individueller" war, nicht der, ob
zufällig nur ein Individuum ihn original benützte, und auch
nicht, ob die Bezeichnungsweise auf einem größeren oder —
wie bei den Ausdrücken, die im Kreise eines bestimmten
Standes oder Handwerkes üblich sind, — einem kleineren Gebiete von Sprachgenossen heimisch wurde.[1]

Doch genug davon. Denn ich wollte und will hier nicht
eine vollständige Kritik der Lehre Wundts vom Bedeutungswandel bieten.

Wenn die Kritik irgend erschöpfend sein sollte, so wäre
noch gar manches zur Sprache zu bringen. Inzidentell wurde
z. B. bereits angedeutet, daß Wundt zu ausschließlich den Bedeutungswandel auf dem Gebiete der Namen im Auge hat, daß
aber selbst hier durch die von ihm aufgezählten Spezialklassen
die Mannigfaltigkeit der Erscheinungen keineswegs erschöpft ist.
Manche, und zwar sehr wichtige und durch alle Sprachen sich
erstreckende, Fälle scheinen nicht beachtet. Wie — um nur einiges
zu erwähnen — die Übertragung eines Namens vom Bezeichneten
oder Dargestellten auf das Zeichen oder Darstellungsmittel und
umgekehrt, vom Wirklichen auf das Mögliche, bloß Vorgestellte,
Gehoffte, Gewünschte usw. (kurz das, was wir Bedeutungsmodifikation im eminenten Sinne nannten) und anderes mehr. Es
wäre weiter zu untersuchen, ob nicht bei der Klassifikation
verschiedene Gesichtspunkte sich mengen und ob nicht Verwandtes getrennt und Fernstehendes in dieselben Klassen zusammen gerechnet ist. So ist z. B. fraglich, ob Übertragungen
wie „begreifen", „vorstellen", „erwägen", usw. passend zum
komplikativen Bedeutungswandel gerechnet werden, wenn die

[1] Und so auch nicht, ob sie nur in einer Sprache oder in einer Mehrheit
von solchen eine Stätte fand, sei es daß letzteres durch unabhängige Entstehung da und dort (wie es bei Übertragungen, die auf inneren und fast
allen Menschen auffälligen Beziehungen beruhen, vielfach der Fall ist) sich
vollzog, sei es durch Wanderung und Adoption (wodurch auch solche mit
zufälligem Anlaß unter Umständen sich weit über ihr ursprüngliches Ent-
stehungsgebiet verbreiten können).

Komplikationen als „Verbindungen zwischen Vorstellungen oder Vorstellungsbestandteilen verschiedener Sinnesgebiete" (II, ¹, S. 509; ², S. 538) definiert werden. Oder soll auch das Gebiet der inneren Erfahrung so heißen?

Aber auch wenn man bei „Sinnesgebiet" bloß an die Sinnesqualitäten denkt, so ist zu fragen: was heißt ein „verschiedenes" und was heißt „dasselbe Sinnesgebiet"? Bei Verschiedenheit ist wohl nicht bloß an spezifische, sondern generische Verschiedenheit gedacht. Aber dabei scheinen Geruch und Geschmack ohne weiteres als verschiedene Gattungen genommen, zwischen denen es keine „Verschmelzung" („Assimilation") der Erscheinungen geben könne, während die Erfahrung vielleicht das Gegenteil zeigen dürfte.¹)

Jedenfalls aber führt es gegenüber den psychischen Vorgängen zu Mißlichkeiten, wenn man sie als ein Sinnesgebiet faßt, analog wie etwa das der Farben oder der Töne. Denn, was in letzterer Weise zu einem Sinnesgebiete gehört, sind Qualitäten derselben Gattung. Daß aber alle psychischen Vorgänge zu einer Gattung gehörten und „Assimilationen" und somit auch irgendwelche Übergänge zwischen ihnen möglich wären, wie zwischen den Farben untereinander und den Tönen untereinander, ist eine unbewiesene und unbeweisbare Behauptung.

Faßt man dagegen den Begriff der Komplikation weiter, indem man sie nicht — wie wir von Wundt hörten — als Verbindung von Vorstellungen „verschiedener Sinnesgebiete" definiert, sondern um — das Gebiet des Psychischen nicht als ein Sinnesgebiet bezeichnen zu müssen — etwa kurzweg als: Verbindung von Vorstellungen des Ungleichartigen überhaupt, während die „Assimilation" das Gleichartige umfasse, so ist dann nicht bloß jene eine allzuweite und kunterbunte, sondern es deckt sich auch die zweite nur bei völlig willkürlichem Gebrauch des Wortes „gleichartig" mit der Klasse des zum selben Sinnesgebiet Gehörigen. Dasselbe Sinnesgebiet zeigt ja Raum und Farbe, während Farbe und Ton natürlich zu verschiedenen Sinnesgebieten gerechnet werden. Allein in Wahrheit scheinen mir Raum einerseits und Qualität (Farbe, Ton usw.) andererseits viel ungleichartiger zu sein, als die verschiedenen Qualitätsgattungen untereinander. Und wohin mit der Zeit und den Relationen der Gleichheit und Verschiedenheit usw.?

Ferner: Wir hörten Wundt die bloß deskriptiven Klassifikationen des Bedeutungswandels in harten Worten tadeln, und schon danach, aber auch nach seinen sonstigen Äußerungen, wäre

¹) Vgl. Fr. Brentano, Untersuchungen zur Sinnespsychologie, S. 80, über Korrekturen, die bei der üblichen Abgrenzung der Sinnesgebiete nötig wären.

zu erwarten, daß e r im Gegensatze dazu bloß den genetischen
Gesichtspunkt bei der Einteilung maßgebend sein lassen wolle,
und zwar — wie es bei einer Klassifikation, die auf wissenschaftlichen Wert Anspruch erhebt, zu fordern ist — nicht beliebige
und speziellste Unterschiede der Genesis, sondern solche von allgemeiner und bedeutsamer Natur, wie etwa solche, die sich auf
die dabei wirksamen Gesetze des Vorstellungszusammenhanges
beziehen oder auf das Fehlen oder Gegebensein und die besondere Weise und Motivierung eines Willenseingriffes bei den
Vorgängen.

Es wäre also zu fragen, ob die Wundtschen Einteilungen
wirklich von solchen Gesichtspunkten geleitet sind. Ob z. B.
bei den Fällen, die Wundt zum sog. assimilativen einerseits
und zum komplikativen Bedeutungswandel andererseits rechnet,
wirklich — wie er glaubt — verschiedene Spezialgesetze der
Ideenassoziation wirksam sind. Und dazu hier nur die Bemerkung, daß es die Spezialgesetze der Assoziation nach Ähnlichkeit und nach Kontiguität in der üblichen Fassung jedenfalls nicht sein können, denn sowohl Erscheinungen desselben
wie solche „verschiedener Sinnesgebiete“ können unter sich in
Kontiguität stehen, und ebenso kann umgekehrt eine Ähnlichkeit nicht bloß zwischen ersteren, sondern auch zwischen letzteren
gegeben sein.

Auch Wundt selbst scheinen jene bisher angenommenen
Spezialgesetze nicht vorzuschweben. Denn er führt z. B. als
Fall von Komplikation an: die Übertragung der Bezeichnung
„hell“ von den Tönen auf die Farben, und diese geschieht zweifellos auf Grund einer Ähnlichkeit oder Verwandtschaft. Wie ich
glaube auf Grund einer Verwandtschaft der Qualitäten als
solcher (die ja — wie auch das Beispiel von Raum und Zeit
zeigt — sehr wohl auch zwischen toto genere Verschiedenem
bestehen kann), an welche sich eine Verwandtschaft der damit
verknüpften Gefühle als Folge knüpft. Nach Wundt wäre
allerdings diese Übereinstimmung in den Gefühlen alles, was
zur Übertragung der Bezeichnung führte. Aber wie dem sei;
es ist doch eine Art Verwandtschaft oder Ähnlichkeit.

Ebenso führt er als Beispiel von Komplikation an: die
Übertragung von Bezeichnungen für körperliche Vorgänge auf
psychische Zustände (begreifen, erwägen, vorstellen usw. usw.),
die zweifellos mit auf Analogie beruhen.

Was aber die von Wundt sog. Assimilation betrifft, so
kann sie auch darum nicht das sein, was man sonst Assoziation
nach Ähnlichkeit nennt, weil es nach dem Autor zu den entscheidenden Eigenschaften der Assimilation gehören soll, daß
die sich verbindenden Bestandteile der Gesamtvorstellung (es
sind gemeint z. B. die Bestandteile der unmittelbaren Anschauung
und die aus der Erinnerung übernommenen) wechselseitig ver-

ändernd aufeinander einwirken,[1]) während eine Assimilation im
Sinne einer solchen Verähnlichung .durch Veränderung nicht
zum Begriffe der Assoziation nach Ähnlichkeit gehört. Wenn
eine solche Assimilation eintritt, so ist sie ein besonderer Vorgang, der keine Assoziation im üblichen Sinne des Wortes
ist und sich auch nicht notwendig an sie knüpft.

Nebenbei bemerkt scheinen mir auch viele Vorgänge des
Bedeutungswandels, die Wundt unter die vorhin geschilderten
Assimilationserscheinungen rechnet, durch diese Subsumtion von
vornherein in ein falsches Licht gerückt zu werden, indem in
Wahrheit auch bei ihnen das Wesen dessen, was vorgeht, nicht
darin besteht, daß die spätere Bedeutung der früheren verähnlicht würde oder umgekehrt, sondern daß sie — unverändert bleibend — wegen ihrer Ähnlichkeit mit derselben
Bezeichnung verknüpft werden, und die eine als Assoziationshilfe für die andere benutzt wird. Wenn ich vom Fuß eines
Berges, einer Landzunge, der Mündung eines Flusses spreche,
so bleibt — nach meiner Erfahrung — sowohl die Vorstellung
des im eigentlichen Sinne „Fuß“, „Zunge“, „Mund“ Genannten
als auch die des uneigentlich so Bezeichneten in sich unverändert. Und dasselbe gilt gewiß, wenn z. B. an verschiedenen
Alpenseen ein kleines Dampfboot scherzweise „die Kaffeemühle“
geheißen wird.

Weiter wäre zu fragen, ob bei allem, was er zu den Assoziationen durch Gefühlswirkung rechnet, derselbe Vorgang vorliege, und ob z. B., wenn der Name des Fehlers (Tadel ursprünglich
=̇ Fehler, Makel, Gebrechen) auf den der Rüge, also vom Objekt
auf eine bezügliche Handlung, und wenn umgekehrt von der
Handlung des Schmähens (Laster von lahan = schelten, tadeln,
schmähen) die Bezeichnung auf das Objekt derselben übertragen
wurde, hier eine Wirkung von „Gefühlsassoziation“ und nicht
eine andere wohl bekannte, auf Vorstellungsassoziation beruhende
Weise der Übertragung vorliege. In zahlreichen anderen Fällen,
die Wundt hierher rechnet, ist zwar irgendwie Gefühlswirkung
im Spiele, aber nicht so wie Wundt glaubt. So bei dem, was
wir als Wirkung von ethischen Motiven erkannt haben, deren
Herbeiziehung Wundt als Ausfluß einer falschen „teleologischen“
Betrachtungsweise ablehnt. Nebenbei bemerkt haben auch schon
Delbrück (a. a. O., S. 170) und Sütterlin (a. a. O., S. 182) begründete Bedenken gegen diese Wundtsche Klasse eines Bedeutungswandels durch sog. Gefühlswirkung erhoben.

Wiederum wäre zu untersuchen, ob und wiefern wir bei

---

[1]) Grundriß der Psychologie, S. 273 f. Vgl. auch Logik, 2. Aufl., I. Bd.,
S. 20, wo gesagt ist, daß sich die Komplikationen zu den anderen Formen
simultaner Assoziation verhielten wie zu einer chemischen Verbindung ein
mechanisches Gemenge.

dem, was Wundt Bedeutungswandel durch „assoziative Verdichtung“ nennt, eine besondere Weise der Genesis eines solchen
vor uns haben. Er führt als Beispiel dafür an den Gebrauch
ne pas für die Negation, von *capitale* für Hauptstadt und ähnliches. Wie früher schon gelegentlich bemerkt wurde, geht der
Bedeutungswandel mit *pas* schon vor sich, indem es mit *ne*
zusammen die Bedeutung der simplen Negation gewinnt und
diejenige eines Namens für „Schritt“ verliert. Die Abkürzung,
die darin liegt, daß dann auch statt *ne pas* bloß *pas* gesagt
wird, mag man eine Verdichtung nennen, aber es ist kein Bedeutungswandel.
Dagegen liegt eine Verdichtung (d. h. Kürzung), die
zugleich ein Wandel ist, vor, wenn z. B. statt „Deutsches
Reich“ kurzweg „Reich“ oder statt „die Stadt Prag“ kurzweg
„die Stadt“ gesagt wird und dergl. Allein die „Verdichtung“
ist höchstens die Beschreibung dessen, was vorgeht, nicht die
Angabe seiner Genesis. Mit anderen Worten, wir haben es im
besten Falle mit einer deskriptiven Klasse zu tun, die überdies nicht neu, sondern, als Verwendung eines Gattungsnamens
für eine Spezies oder des speziellen Namens für ein Individuum, bereits klassifiziert ist. Bei der Genesis des Wandels
aber sind Kräfte beteiligt, die nicht bloß hier sondern auch
anderwärts tätig sind. Neben den speziellen Gesetzen des Gedankenzusammenhanges, die wir früher erörtert haben, und der
Absicht der Verständigung, die sie benützt, insbesondere die
Macht des Zusammenhanges im weiteren und engeren Sinne.
Aber was speziell dieses Agens betrifft, so ändert sich dadurch
die Bedeutung nicht bloß in den Fällen wie die obigen, die
man bildlich eine Verdichtung nennen kann, sondern auch in
mannigfachen anderen, wo es wenig oder keinen Sinn hätte,
davon zu reden. Durch den Zusammenhang erhält nicht bloß
der Name eines Individuums auch die Bedeutung einer Klasse
und der der Spezies die der Gattung, sondern vornehmlich durch
ihn sind insbesondere viele synsemantische Zeichen, Konjugations-
und Deklinationsformen, Konjunktionen, Präpositionen und Partikeln verschiedener Art zu ihrer Bedeutung gekommen,[1]) ja über-

---

[1]) Das Vertrauen auf eine große assoziative oder kontagiöse Kraft des
Zusammenhanges und der Syntaxe im weitesten Sinne und der Gedanke, daß
manches (insbesondere manches synsemantische) Bezeichnungsmittel anfänglich
für sich mehr die bloße Annahme erweckt, daß es irgend etwas, als die bestimmte
Vorstellung dessen, was es bedeutet, und daß es seine bestimmte Funktion allmählig aus der Mitwirkung aller Umstände schöpft, ist auch der richtige Gedanke
der sog. Adaptationstheorie. Aber anderseits scheint sie mir doch arg gegen
die Regeln der Wahrscheinlichkeitsrechnung zu verstoßen, indem sie in Hinsicht
auf die Bedeutung der sog. formalen Sprachelemente alles den zufälligen Assoziationen anheim gibt, und sich nirgends frägt, ob man nicht und warum man

haupt ist die Wirkung des Zusammenhanges in den mannigfachsten Fällen bei der Entstehung von Äquivokationen und
bei ihrer Deutung im Spiele, wo auch Wundt nicht von Verdichtung spricht.

Auch bezüglich der Spezialklassen des singulären Wandels,
die wir Wundt unterscheiden hörten, würde zu erörtern sein, ob
sie nach dem Gesichtspunkte bedeutsamer genetischer Unterschiede gebildet sind. Doch alles das wollen und können wir
hier nicht zum Austrage bringen, da es — wie schon bemerkt
— nicht in unserem Plane liegt, eine vollständige Kritik der
Wundtschen Theorie vom Bedeutungswandel zu bieten.

Die Lehre interessierte uns vornehmlich, sofern sie in
Opposition ist mit unserer Auffassung von der Natur und
Wirkungsweise der figürlichen inneren Sprachform und von der
Genesis der Sprache überhaupt.

IV. Was die letztere Kardinalfrage und die Grundanschauung über die bei der Entwicklung der menschlichen

---

von Anfang das eine formale Element mit Vorliebe gerade in diesem, das andere
in einem anderen Zusammenhang gebrauchte. Es wäre meines Erachtens das
reine Wunder gewesen, wenn man hier jede, das Verständnis erleichternde
Unterstützung durch innere Sprachformen, die sich darbot, von der Hand
gewiesen hätte. Was bei den Autosemantika, speziell bei den Namen, zur
Benutzung solcher Hilfen drängte, wirkte vielmehr auch hier dazu, alles
zu ergreifen, was als ein derartiges Assoziationsmittelglied sich tauglich
erwies. Und daran fehlte es ja nicht ganz. Die schon verständlichen
Autosemantika, insbesondere die Namen (aber unter Umständen auch primitive
Aussagen und Emotive) boten sich dar. Und wir beobachten auch hier das
Gesetz, daß, was die Namen anbelangt, solche mit sinnlich-anschaulicher Be-
deutung, insbesondere die auf das Sichtbare und der gemeinsamen Anschauung
Offenliegende gehenden, als innere Form dienen für alles über das Sinnliche
Hinausliegende oder speziell der gemeinsamen Wahrnehmung Entrückte.
Darin hat z. B. in Hinsicht auf die Lehre von der Kasusentwicklung die sog.
lokalistische Kasustheorie gewiß Recht. Sie würde nur irren, wenn sie, was
innere Sprachform ist, mit der Bedeutung verwechselte, und wenn sie insbesondere die betreffende Vorstellung der inneren Sprachform für einen „Grund-
begriff" hielte, in bezug auf den alle sog. abgeleiteten Bedeutungen als spezielle
Klassen gefaßt werden könnten und müßten. Sowenig der Bedeutungswandel
bei den Autosemantika, z. B. bei den Namen, stets sozusagen geradlinig erfolgt, so daß die übertragenen Bedeutungen alle als Spezies einer Gattung
oder dergl. gelten könnten (man denke etwa an die mannigfachen Bedeutungen
von Kopf!), sowenig ist es bei den Synsemantika der Fall. Die Übertragung
ist oft eine nach verschiedenen Richtungen verzweigte, indem wechselnde
innere Sprachformen — resp. verschiedene Seiten oder Merkmale einer ursprünglichen Vorstellung — als Mittelglieder für das Verständnis und den weiteren
Funktionswechsel in Wirksamkeit treten.

Sprache tätigen Kräfte betrifft, so sei hier noch eine allgemeine
und prinzipielle Erörterung unseres und des ihm entgegengesetzten Wundtschen Standpunktes gestattet. Nach uns ist —
wie oben ausgeführt wurde — die Sprache nicht unabsichtlich
und wahllos, aber unsystematisch und planlos entstanden, und
diese Ansicht teilt heute — wenn mich nicht alles trügt — die
große Zahl jener Vertreter der Sprachwissenschaft, welche überhaupt auch den allgemeinsten und höchsten Fragen ihres Gebietes ein regeres Interesse entgegen bringen. Nur daß sie, da
die Psychologie eben nicht ihr Spezialfach ist, im Ausdruck
jener psychologischen Anschauungen und bei der Beschreibung
der betreffenden seelischen Vorgänge nicht immer die volle
Schärfe und Klarheit finden. Nicht bloß der der Wissenschaft
(und auch speziell der Sprachphilosophie) allzu frühe entrissene
W. Scherer und der von Jespersen[1]) mit vollem Recht ob der
Nüchternheit und überlegenen Klarheit seiner Denkweise ge-
feierte N. Madvig waren entschiedene Anhänger unserer empiristisch-teleologischen Anschauung, sondern ebenso Jespersen
selbst, ferner Whitney, Bréal und v. d. Gabelentz. Auch
K. Brugmann[2]) scheint ihr im wesentlichen zugetan, ja mehr
und mehr auch eine Anzahl hervorragender deutscher Sprachforscher, die — von Steinthal ausgehend — ursprünglich,
gleich ihm, mehr zu nativistischen Ansichten neigten oder von

---

[1]) Progreß in Language, 1894, S. 356.

[2]) Wenn dieser hervorragende Kenner des Sprachlebens in seiner mit
A. Leskien zusammen herausgegebenen Schrift „Zur Kritik der künstlichen
Weltsprachen", 1907 (auf die wir in den Nachträgen noch zu sprechen
kommen), von den natürlich gewordenen Sprachen betont, daß sie aus dem
tiefsten Hintergrund der Volksgeschichte „still und geheimnisvoll hervorgewachsen" seien, so will er damit meines Erachtens nichts Mystisches in
bezug auf den Sprachursprung lehren. Was er meint, ist gewiß nur das,
was auch Schuchardt betont, nämlich daß eine im einzelnen für uns unauf-
lösbare und undurchsichtige Komplikation von Kräften, von historischen Zufälligkeiten und individuellen Ereignissen einerseits und von allgemeineren
psychologischen Gesetzen und angeborenen Neigungen andererseits, beim
Werden und Wandel jeder Volkssprache zusammenwirken, so daß, wie er
selbst treffend bemerkt, jede (Volks-) Sprache einen Typus darstellt, der sich
nicht wiederholt und der sich nicht wiederholen kann — und, so darf man
hinzufügen, auch nicht künstlich nachzumachen ist. Aber daß die Absicht
der Verständigung im Zentrum dieser geistigen Wechselwirkung der Individuen einer Sprachgemeinschaft stehe und gestanden habe, ist Brugmann weit
entfernt zu verkennen.

denen dies wenigstens, um dieses Zusammenhanges willen, zu
vermuten gewesen wäre. Ich meine Männer wie L. Tobler,
H. Paul,[1]) Delbrück,[2]) Bruchmann und andere.
Wundt seinerseits weist diese Ansicht — wie wir gesehen
haben — weit von sich, als Ausfluß einer Popularpsychologie,
welche zur wissenschaftlichen, die ihrerseits ganz bestrebt sei,
sich in die Vorstellungen und Gefühle des darzustellenden
Seelenlebens zu versenken, in schroffem Gegensatze stehe, indem
sie statt dessen jenem die eigenen (des Darstellenden) Meinungen
und Reflexionen unterschiebe. Nach Wundt also wäre zur Anbahnung einer Verständigung und Zusammenarbeit zwischen denjenigen Sprachpsychologen, die wirklich diesen Namen verdienen,
einerseits und den Vertretern der allgemeinen Sprachwissenschaft
andererseits es durchaus nötig, daß die letzteren jene Anschauungen, die sie sich (im Anschluß an Vertreter einer Psychologie, die Wundt nicht als wahrhaft wissenschaftlich gelten läßt,
oder aus Eigenem) zur psychologischen Deutung der Tatsachen
des Sprachlebens gebildet haben, als Vorurteile beiseite schaffen,
um sie von Grund aus durch andere zu ersetzen. Während,
wie schon bemerkt, nach meiner Meinung jene Ansichten her-

---

[1]) Es ist ein durchaus empiristischer Gedanke, wenn er betont, daß
jedes Wort und jede Form zuerst einmal „okkasionell" gebraucht wurde,
d. h. von einem Individuum eingeführt wurde und daß bei dem, was „usuell"
wurde (d. h. Verständnis und Aufnahme bei den Sprachgenossen fand), eine
gewisse Auslese des Brauchbareren geherrscht habe. (Vgl. außer seinen
„Prinzipien der Sprachgeschichte" neuestens seinen Vortrag „Über den Ursprung der Sprache", abgedruckt in der Beilage zur Münchener Allgemeinen
Zeitung, 1907, vom 16. und 17. Januar.) Wenn er bemerkt, die Veränderung
des Sprachgebrauches gehe ohne Wissen und Wollen vor sich, so ist damit offenbar für eine Großzahl von Fällen auch des populären Wandels nur gemeint,
daß er sich ohne Plan und Reflexion vollzog, wie überhaupt das Individuum
bei der Einführung neuer Bezeichnungsmittel nur das augenblickliche Bedürfnis der Verständigung und nicht eine fernere Perspektive im Auge hatte.
[2]) Bei aller Reserve, die er sich in seinen „Grundfragen der Sprachforschung mit Rücksicht auf W. Wundts Sprachpsychologie erörtert" überall
da auferlegt, wo es sich um Dinge handelt, die mehr als Sache des Psychologen als des Sprachforschers gelten, kann er doch nicht umhin, wiederholt
bei der Besprechung gewisser Vorgänge in der Sprachbildung und -entwick-
lung, die sich nach Wundt völlig ohne Willkür und Absicht vollzogen haben
sollen, den Zweifel auszusprechen, ob dem so sei, und ob wirklich die betreffenden und die ihnen ähnlichen Vorgänge sich ganz ohne Mitwirkung bewußter Absicht abgespielt hätten.

vorragender Sprachforscher einen gesunden Kern enthalten, der nur vielleicht einer völligeren Reifung im Lichte der Psychologie bedürftig ist.

Natürlich ist die Frage, ob diese meine Auffassung oder die Wundtsche die richtige ist, von größter Wichtigkeit für das Geschäft, ein Zusammenwirken zwischen historischer Sprachforschung und Sprachpsychologie anzubahnen, und dieses hinwiederum ist zweifellos von entscheidender Tragweite für den Fortschritt der allgemeinen Sprachwissenschaft, insbesondere da, wo er heute am meisten zu wünschen wäre, nämlich nach der semasiologischen Seite. Aus diesem Grunde bin ich schon im Vorausgehenden eingehender bei einer Prüfung des Streitpunktes verweilt und darum will ich — selbst auf die Gefahr hin, manchem Leser damit lästig zu werden — hier noch ein letztes Wort zu der Kontroverse sagen. Eine Entscheidung — so meine ich nämlich — müßte hier darum um so leichter sein, als beide Lager gemeinsam einen fundamentalen methodischen Grundsatz für die fraglichen Untersuchungen anerkennen. Schon in meinen Ausführungen „Über den Ursprung der Sprache" habe ich betont, daß — da keine direkte historische Forschung uns an den Anfang der menschlichen Sprache führen kann — wir bloß die Frage zu beantworten trachten können, ob und wie etwa nach Analogie zu dem, was wir heute an kommunikativen Fähigkeiten und Mitteln am Menschen beobachten, Anfänge eines menschlichen Sprechens entstehen konnten.[1]) Und daß,

---

[1]) Jespersen (in seinem an originellen Gedanken reichen Buche: Progress in Language, p. 334) meint gegen diese Weise, eine Lösung für das Problem des Sprachursprunges zu suchen, entschiedene Opposition machen zu müssen. Obwohl -- wie er selbst bemerkt — diese Methode sozusagen instinktiv von jedermann befolgt worden sei und obwohl — so fügt er hinzu — we are positively told (by Marty) that it is the only method possible, so glaubt er sagen zu müssen: In direct opposition to this assertion I should like to advance the view, that it is chiefly and principally due to this method and to this maner of putting the question, that the results of all attempts to solve the problem has been so very small. Linguistic philosophers have acted very much as the German did in the well — known story, who set about constructing the camel out of the depths of his inner consciousness. Hegel began his philosophy with pure non — existence, and thence took a clean jump to pure existence; and our philosophers make the same jump with regard to language. But jumps are dangerous if you have no firm ground to take off from!

wenn die Kräfte, die wir heute beim Menschen in den Anfängen
seiner Entwicklung beobachten und diejenigen, die wir heute
in Fällen der Anbahnung einer primitiven Verständigung und

Allein hier liegt offenbar ein Mißverständnis vor hinsichtlich dessen,
was ich mit der von mir empfohlenen Fragestellung meine und gemeint habe.
Schon indem Jespersen sie in den Worten formuliert: „How would it be
possible for men or manlike beings, who have hitherto been unable to speak,
to acquire speech as means of communication of thought", trifft er nicht
ganz das, was ich sagte und meine. Daß Wesen, who have hitherto been
unable to speak, nun auf einmal zu sprechen anfangen, das könnte in der
Tat wie ein Sprung aus dem Nichts ins Etwas verstanden werden. Allein,
wenn ich fragte, wie war die Entstehung der Sprache möglich, so meinte ich
damit natürlich nicht die bloße logische Möglichkeit, d. h. Widerspruchslosig-
keit, so wie man auf dem Gebiete der Mathematik und des Apriorischen von
„Möglichkeit" spricht. Es lag mir auch völlig fern an eine „mögliche Entstehung der Sprache" in dem Sinne zu denken, in der Wundt (II, ¹, S. 604;
², S. 634) davon redet, wenn er der Nachahmungs- und Naturlauttheorie vorwirft, sie hielten sich nur an beschränkte Erscheinungen des sprachlichen
Gebietes und bemühten sich „mittels dieser eine mögliche Entstehung zu
konstruieren, ohne zu fragen, ob diese Konstruktion mit den tatsächlich vorliegenden Bedingungen übereinstimmt". Ich würde,
wo dies nicht ausgemacht ist, meinerseits durchaus nicht von Möglichkeit
sprechen. Denn da es sich in unserem Falle um ein reales Geschehen handelt,
so kann mit „Möglichkeit" billigerweise nur die Summe der realen Bedingungen desselben gemeint sein, und da wir von solchen nicht a priori
sondern nur durch Erfahrung und durch Schlüsse, die auf diese gegründet
sind, etwas wissen können, so heißt die Frage: wie war die Entstehung der
Sprache möglich, meines Erachtens soviel wie: konnte der primitive Mensch
mit Hilfe der Kräfte, die wir ihm nach Analogie zu dem, was wir
heute beobachten, zuschreiben, die Anfänge menschlicher Sprache
schaffen, und in welcher Weise war eventuell diese Entwicklung zu denken.
Wenn wir dann auf Grund solcher Analogien in völlig bestimmter und
ins einzelne gehender Weise die Gestaltung der Sprachanfänge zu
konstruieren suchen, so ergeben sich freilich eine große und schwer zu
erschöpfende Zahl von „Möglichkeiten", und wir können nicht sagen, daß
irgendeine bestimmte, sondern nur daß entweder die eine oder andere
von den vielen wirklich gewesen sein müsse. Anders, wenn wir uns mit
unseren Schlüssen über die Beschaffenheit der ersteren Sprachmittel im allgemeinen halten. Dabei kann es sein, daß sich nach Analogie zu dem,
was wir heute und überhaupt in historischer Zeit konstatieren, gewisse Züge
für die ersten menschlichen Verständigungsmittel als die einzig möglichen
ergeben, und dann sind wir auch zu dem Schlusse berechtigt, daß sie die
wirklichen gewesen seien.

So handelt es sich denn bei unseren Mutmaßungen und Behauptungen
über den Sprachursprung durchaus nicht um bloße Möglichkeiten im Sinne
beliebig ersonnener Phantasiebilder, sondern um Schlüsse nach den strengen

sprachlichen Mitteilung mit Erfolg in Wirksamkeit treten sehen,
ausreichen, um die Entstehung der Sprachanfänge in der Urzeit
zu erklären, jede Statuierung eines Plus von Kräften und Gaben,
das damals vorhanden gewesen wäre und heute fehlte, als
unwissenschaftlich abzulehnen sei. Aber siehe da, auch Wundt
stellt den Grundsatz als zweifellose Richtschnur methodischer
Forschung hin, daß bei der Erklärung des Sprachursprungs
„diejenigen Eigenschaften des menschlichen Bewußtseins" „zur
einzigen Grundlage der Betrachtung" zu nehmen seien, „die dasselbe auf seinen unmittelbar unserer Beobachtung zugänglichen
Stufen darbietet".[1]) Und in der Schrift „Sprachgeschichte und
Sprachpsychologie", S. 27, begrüßt er es, wie allmählich doch
auch von der Sprachwissenschaft anerkannt werde, „daß die
sprachlichen Vorgänge einer vorgeschichtlichen Zeit im wesentlichen in Anlehnung an die noch gegenwärtig unserer Beobachtung
gegebenen Erscheinungen gedeutet werden müssen"; während
— wie er anderwärts (I, [1], S. 314) ausführt — frühere Sprachforscher von der Voraussetzung ausgegangen seien, „der Mensch
sei bei der ursprünglichen Neuschöpfung von Wörtern ein völlig
anderer gewesen als in der Zeit ihrer Weiterentwicklung oder
einer später vorkommenden Neuschöpfung".

Regeln der Induktion und des Analogieschlusses. Und ganz dasselbe will
denn auch Jespersen selbst. Auch er meint ja, wie seine weiteren Ausführungen zeigen, wir könnten nur und müßten auf die Beschaffenheit der
Sprachanfänge schließen von der primitiven Sprache aus, die das Kind im
ersten Lebensjahre sich bilde (in the child's first purposeless murmuring,
crowing and babbling, we have real nature sounds; here we may exspect to
find some clue to the infancy of the language of the race; a. a. O., S. 336), und
sodann indem wir etwa das heutige Englisch mit dem Altenglischen oder
Angelsächsischen, das Dänische mit dem Altnordischen und beide mit dem
„Gemeingermanischen" usw. vergleichen und daraus bestimmte Gesetze für
die Entwicklung der Sprache im allgemeinen von primitiveren zu fortgeschrittenen Gestaltungen zu gewinnen suchten (and to try and find a
system of lines which can be lengthened backward beyond the reach of history).
Wie immer man, meine ich, von der Zuverlässigkeit dieser Rück-
schlüsse denken möge (es fällt z. B. auf, daß Jespersen gerade auf das erste
Lebensjahr des Kindes das größte Gewicht legt), jedenfalls sind auch sie
doch ein Versuch, auf Grund des heute oder in historischer Zeit sich Abspielenden zu erkennen, was in vorhistorischer möglich war, d. h. wozu wir
nach Analogie zu dem später Konstatierten für jene frühe Zeit die Bedingungen statuieren dürfen resp. müssen.

[1]) A. a. O., II, [1], S. 604; [2], S. 634. Vgl. auch Beilage zur Münchener
Allgemeinen Zeitung vom 26. Februar 1907, S. 316.

Hier hätten wir also, was zur Schlichtung eines Dissenses und zur Anbahnung einer Verständigung unumgänglich nötig ist, nämlich eine gemeinsame Basis und einen Ausgangspunkt, über den wir einig sind. Und es frägt sich bloß, bleibt Wundts nativistische Theorie jenem Grundsatz treu, oder gilt es von der empiristisch-teleologischen.

Das ersteres nicht der Fall ist, scheint mir offenkundig. Die Wirksamkeit jenes vermeintlichen allgemeinen psychophysischen Prinzips unwillkürlicher Ausdrucksbewegungen, die als Korrelatvorgänge zum Denken und Fühlen (auf allen Stufen seiner Entwicklung) gehören sollen, und aus welchen Wundt den Ursprung der Sprache herleiten will, müßte sich aufs Unzweideutigste verraten, sowohl wo es sich um die Sprachentwicklung des Kindes handelt, als wo bei den Erwachsenen ein Zuwachs neuer Inhalte in der Welt der Gedanken und Interessen eine Bereicherung der Sprache verlangt. Die Tatsachen zeigen aber so unwidersprechlich das Gegenteil, daß Wundt selbst nicht alle Konsequenzen dieser nativistischen Grundlehre aufrecht zu halten vermag. Wie er über die Sprachentwicklung beim Kinde denkt, werden wir später hören. Bezüglich der Art aber, wie heute und überhaupt in historischer Zeit, die Sprache bereichert, weiterentwickelt und umgebildet wird und wurde, sahen wir ihn schon früher Zugeständnisse machen, die mit seinem Nativismus in Widerspruch stehen. Wo er ihn aber doch festzuhalten sucht, führt er ihn zu offenem Widerstreit mit den Tatsachen. Nicht von selbst und unwillkürlich — wir sagten es schon — wachsen ja zu dem vorhandenen Vorrat neue Sprachmittel hinzu, weder völlig neue, noch die alten in neuer Verwendung,[1]) sondern durch eine psychische Arbeit und Absicht und durch eine von den wechselnden Umständen bedingte Wahl, so daß — ganz im Gegensatz zu der nativistischen Rede von einem den Gedanken von vornherein adäquaten Ausdruck, der ihnen durch einen psychophysischen Mechanismus als natürlicher Korrelatvorgang zugeordnet wäre — für denselben psychischen Inhalt unter verschiedenen, nach ihrer äußeren und inneren Form differenten Bezeichnungsmitteln, hier dieses dort jenes ergriffen und festgehalten wird.[2])

---

[1]) Denn wie schon Bréal treffend sagte: une nouvelle acception équivaut à un mot nouveau.

[2]) Aus den unzähligen Beispielen, die sich dafür anführen ließen, erwähne

Und wie die reguläre Fortentwicklung unserer Sprachen den Empirismus bestätigt, so die Art, wie wir noch die heutigen Menschen sich unter außerordentlichen Umständen benehmen sehen, wo die überlieferten Sprachen ihnen den Dienst versagen. Wir sehen sie zu Geberden mannigfacher Art, sei es zu stummen, sei es zu Lautgeberden greifen, sehen sie Schallnachahmungen und zufällige Assoziationen in den Dienst nehmen und überall so viel als möglich die erklärende Kraft der Situation ausnützen, weil gar viel dazu fehlt, daß sich ihnen von „selbst" und unwillkürlich „adäquate" Ausdrucksmittel darböten, wie wir den Nativismus träumen hörten. Doch diese und andere Vorkommnisse in der heutigen Erfahrung und aus historischer Zeit, die mit unserer Ansicht von der Sprachentwicklung und nur mit ihr übereinstimmen, sind schon früher von uns und anderen genügend betont worden, und ich will hier nur bei einigen Punkten noch eigens verweilen, einerseits bei solchen, die gegnerischerseits in besonderem Maße angefochten, oder anderseits von den Freunden des Empirismus weniger beachtet worden sind.

ich nur eines, auf welches neuerlich Diels in seiner Rede über die internationalen Aufgaben der Universitäten (abgedruckt in den Preußischen Jahrbüchern, Bd. 125, S. 403) zur Charakteristik des volkstümlichen Sprachlebens hinweist.

Nach den Berichten des Missionars Cleve über die Frauensprache bei den Suaheli Deutschostafrikas darf bei den Wakonde „die Frau den Namen des Schwiegervaters und seines Bruders nicht in den Mund nehmen. Sie muß aber auch alle damit verwandten Wörter meiden. Wenn also der Schwiegervater z. B. „Sohn der Sonne" oder „Sohn des Ochsen" heißt, so dürfen auch diese einzelnen Worter nicht über die Lippen der Frau kommen. Wenn der Betreffende mehrere Brüder hat, so erstreckt sich das Tabu auf eine ziemliche Anzahl von Wörtern, die alle neu gebildet werden müssen. Da helfen sie sich nun entweder durch wirkliche Neubildungen, oder aber (und dies ist das Gewöhnliche) sie nehmen zu Umschreibungen ihre Zuflucht. Statt „Baum" heißt es „der gepflanzt wird", statt „Sonne" „das Scheinende" und dergl. So entsteht aus dem individuellen Bedürfnisse allmählich eine förmliche Frauensprache, die beständig bereichert wird". Ich frage: sieht dies irgend aus wie eine Bestätigung von Wundts Auffassung der Sprache als einer unwillkürlichen Ausdrucksbewegung? Und ebenso ist es, wenn wir in unseren Sprachen zufällig entstandene Lautdifferenzen zur Differenzierung der Bedeutungen verwendet sehen und tausend anderes, wo deutlich die Absicht, sich verständlich und deutlich zu machen, am Werke ist und die verschiedenartigsten Mittel und Wege, die ihr die Umstände (und natürliche oder zufällige Assoziationen) an die Hand geben oder offen lassen, zu diesem Zwecke ausnützt.

1. So denn zuerst ein Wort über die Schallnachahmung
oder die direkte Onomatopöie, weil Wundt ihr Vorkommen in
historischer Zeit und in der heutigen Erfahrung bestreitet und
so auch nicht für den Urzustand der Sprache als eine Quelle
von Bezeichnungsmitteln anerkennen will. Er glaubt nämlich
sowohl aus den Tatsachen der Sprachgeschichte, als insbesondere
aus allgemeinen Betrachtungen über die „psychophysischen Bedingungen der Lautbildung" schließen zu müssen, „daß die sog.
Schallnachahmung nicht der Ursprung sondern eine Nebenwirkung
der zwischen dem objektiven Vorgang und der Lautbezeichnung
spielenden Assoziation ist". „Der lebhafte Eindruck", so meint
er, „erzeugt eine trieb- oder wenn man will reflexartige Bewegung der Artikulationsorgane, eine Lautgebärde, die dem
objektiven Reiz ebenso adäquat ist, wie die hinweisende oder
zeichnende Gebärde des Taubstummen dem Objekt, auf das er
die Aufmerksamkeit seines Genossen lenken will. Die von der
Ausstoßung eines Lautes begleitete Gebärde kann nun einer
Schallnachahmung äußerlich gleich sehen und in gewissen Grenz-
fällen vielleicht in sie übergehen. Aber auch da, wo sie so
erscheint, handelt es sich durchweg nicht um eine willkürliche
subjektive Nachahmung des objektiven Lautes . . ., sondern um
eine durch die Ausdrucksbewegung der Artikulationsorgane entstehende Lautbildung, deren Ähnlichkeit mit dem Gehörsein-
druck eine unbeabsichtigte Begleiterscheinung der Artikulationsbewegung ist".

So faßt der Autor seine Lehre kurz zusammen in einem
Aufsatze in der Beilage zur Münchener Allgemeinen Zeitung,
1907, vom 16. Februar, zu dem er durch den nicht lange zuvor
erschienenen Vortrag von H. Paul über den Ursprung der
Sprache veranlaßt wurde. In wesentlich ähnlicher Weise (nur
etwas ausführlicher) aber ist Wundts Ansicht über Schallnachahmung und Lautgebärde auch vorgetragen in der ersten und
zweiten Auflage seines Werkes über die Sprache, z. B. I, [1], S. 321;
[2], S. 331: „Die Beziehung zwischen Laut und Bedeutung kann
. . . keine im voraus gewollte, sondern nur eine nachträglich entstandene sein. Der Laut wurde nicht gebildet,
weil er eine bestimmte Ähnlichkeit mit dem objektiven Eindruck besaß, sondern er wurde umgekehrt[1] dem Eindruck

---

[1] Daß das Folgende im strengen Sinne eine Umkehrung des Vorausgehenden sein soll, ist damit wohl nicht gemeint.

ähnlich, weil die Artikulationsbewegung, aus der er hervorging, dies notwendig so mit sich führte". Eine solche nachahmende oder nachbildende Bewegung der Artikulationsorgane will Wundt (auch schon hier) als eine „Lautgebärde" bezeichnen und meint, die Beziehung zwischen dem objektiven Eindruck und der Lautnachahmung sei dann näher dahin festzustellen, daß „diese in keiner Weise eine Nachahmung des Lautes, sondern eine unwillkürliche Nachahmung des äußeren Vorganges durch den Laut" sei,[1] „die in der Übereinstimmung der triebartig entstehenden Lautgebärde mit dem äußeren Eindruck ihre eigentliche Quelle" habe. In ähnlichem Sinne wie oben äußert sich der Autor auch II, ¹, S. 590 ff.; ². S. 620 ff. und II, ¹, S. 604 ff.; ², S. 634 ff. So heißt es z. B. II, ¹, S. 607; ², S. 637: „Das Bedeutsame an der ursprünglichen Sprachäußerung ist . . . nicht der Laut selbst, sondern die Lautgebärde, die Bewegung der Artikulationsorgane, die, ähnlich wie andere Gebärdebewegungen, teils als hinweisende, teils als nachbildende vorkommt, und die, das Gebärdenspiel der Hände und des übrigen Körpers begleitend, im Grunde nur als eine besondere Spezies der mimischen Bewegungen dem Gesamtausdruck der Gefühle und Vorstellungen sich einfügt. Eine Folgeerscheinung der Lautgebärde ist dann erst der Sprachlaut, der nun vermöge der Beziehung zwischen Artikulationsbewegung und Lautbildung natürlich[2] ebenfalls noch eine gewisse Verwandtschaft zu dem, was er ausdrückt, besitzen kann. Doch bleibt diese Verwandtschaft stets eine indirekte, entferntere".

Nebenbei bemerkt zeigt der Autor hier bezüglich der „indirekten" Verwandtschaft von Laut und Eindruck, die als Folgeerscheinung derjenigen zwischen Eindruck und Artikulationsbewegung zu erwarten sei, eine bemerkenswerte Zuversicht, während er sich nachher und vorher (vgl. z. B. II, ¹, S. 591; ², S. 621) nicht so zuversichtlich äußert.[3] Doch, wie dem auch sei. Jedenfalls erscheint eine direkte Onomatopöie als Quelle der Sprachbildung abgelehnt.

---

[1] Ob durch diese beiden Wendungen: Nachahmung des Lautes und durch den Laut der Gegensatz, um den es sich nach Wundt handelt, prägnant bezeichnet sei, lasse ich dahingestellt.

[2] Von mir unterstrichen.

[3] Vgl. auch Logik, 2. Aufl., S. 52 mit S. 19 f., wo sogar entgegengesetzt über die Bedeutung der Onomatopöie für die Urzeiten der Sprache geurteilt wird.

Gleichwohl, und trotzdem Wundt — wie wir noch sehen
werden — die Annahme als mit allgemeinen psychologischen
Betrachtungen in offenem Widerspruch stehend darzutun sucht,
halten hervorragende Sprachforscher wie H. Paul[1]) und andere
an ihr fest als an etwas, was in der späteren Sprachgeschichte
und heute noch beobachtet werde und darum nach Analogie
ganz wohl auch unter die Vorgänge bei den Anfängen menschlicher Sprachbildung gezählt werden dürfe. Ich muß mich auch
hier ganz auf Seite dieser Sprachforscher stellen und kann
nicht finden, daß ihre Ablehnung der Wundtschen Ansicht von
der Onomatopöie in einem „einseitigen Historismus" oder in
einer prinzipiell ablehnenden Haltung gegen die Rechte der
Psychologie auf dem Gebiete der eigentlichen Sprachprobleme
wurzle, wie Wundt glaubt, sondern meine, daß sie sich gerade
psychologisch sehr wohl rechtfertigen läßt. Der Leser aber wird
vielleicht diese Ansicht teilen, wenn er hört, warum der Autor
„die der Theorie der Schallnachahmung zugrunde liegenden
psychologischen Voraussetzungen für unmöglich hält". Hören
wir diesen Haupteinwand, der da gegen die alte Lehre ins Feld
geführt wird.

Nachdem Wundt betont hat, daß es vom Standpunkt der
empirischen Sprachforschung jedenfalls ein Übelstand sei, daß,
auch wenn man den Begriff der Lautnachahmung so weit wie
möglich fasse, sie doch schließlich nur einen kleinen Teil des
Wortvorrates decke,[2]) fügt er hinzu: „Bedenklicher ist aber die
psychologische Schwierigkeit, die dem Begriff der Lautnachahmung anhaftet. Dieser schließt in sich, daß der Gegenstand
oder Vorgang und der ihn bezeichnende Laut irgendwie, sei es
absichtlich, sei es unwillkürlich und triebartig, miteinander in
Beziehung gesetzt werden, entweder in eine unmittelbare, die
den gehörten Schall durch einen ausgestoßenen Laut wiedergibt,
oder in eine mittelbare, die den wahrgenommenen Eindruck

[1]) So neuestens in dem oben erwähnten Vortrag in der Münchener Allgemeinen Zeitung. Vgl. auch Prinzipien der Sprachgeschichte S. 160 und
Delbrück, a. a. O., S. 81.

[2]) Für unsere Theorie vom Sprachursprung, die weit entfernt ist, die
Lautnachahmung als die einzige Quelle der Wortschöpfung anzusehen, und
noch weniger sich einbildet, man könne oder müsse in den „Wurzeln" unserer
Sprachen Spuren davon nachweisen, ist das oben Erwähnte kein ernstlicher
Übelstand.

in einem Lautsymbol darstellt. Nun findet eine solche Beziehung zwischen Laut und Eindruck überhaupt nicht statt, sondern der Laut selbst ist immer erst die Wirkung der Artikulationsbewegungen. Der sprechende Mensch bringt diese hervor, und die sie begleitenden Empfindungen sind es, die, wenn er überhaupt seine Sprachbewegungen in Beziehung zu etwas Wahrgenommenem bringt, den Inhalt dieser Beziehung ausmachen müssen. Ihnen gegenüber sind die Laute selbst etwas Sekundäres, auf das weder die Aufmerksamkeit noch irgend ein willkürlicher[1]) Trieb bei der Ausstoßung der Laute direkt gerichtet sein kann."

So Wundt II, [1], S. 590, 591; [2], S. 620, 621. Ich gestehe aber offen, daß ich die Stringenz des Gedankenganges nicht einzusehen, und daß ich insbesondere mit dem Terminus „Beziehung", der in der Argumentation eine entscheidende Rolle spielt, nicht überall dieselbe Bedeutung zu verbinden vermag, wie es sein müßte, wenn der Fehler der quaternio terminorum vermieden werden soll. Wenn zunächst gesagt ist, der Begriff der Lautnachahmung schließe in sich, daß der Gegenstand und der ihn bezeichnende Laut miteinander in eine unmittelbare Beziehung gesetzt werden, so kann damit nur eine Ähnlichkeit oder Übereinstimmung des Lautes und des bezeichneten Gegenstandes (entweder eine in der Vorstellung selbst oder im Gefühle wurzelnde, wie Wundt letzteres beim „Lautsymbol" annimmt) gemeint sein. Wenn nun aber der Autor zuversichtlich fortfährt: eine solche Beziehung zwischen Laut und Eindruck finde überhaupt nicht statt, und dies kurzweg daraus folgert, daß der Laut selbst immer die Wirkung der Artikulationsbewegungen sei — kann hier Beziehung noch dasselbe, nämlich Ähnlichkeit, heißen? Oder ist hier nicht eine ganz andere Beziehung gemeint, nämlich ein Kausalverhältnis? Daß ein solches nicht direkt zwischen dem Eindruck und dem Laut statthabe, sondern zunächst zwischen dem Eindruck und den Artikulationsbewegungen (oder genauer zwischen ihm und gewissen Phänomenen, die man als die nächsten psychischen und physiologischen motorischen Bedingungen jener Muskelaktionen bezeichnen muß[2])) ist einleuchtend. Dagegen, wie

---

[1]) In der ersten Auflage heißt es: unwillkürlicher Trieb.

[2]) Was der Wille — oder bei der unwillkürlichen Entstehung ein anderes psychisches Antezedens — unmittelbar hervorbringt, ist ja irgend

sollte es einleuchten, daß, weil der Laut „selbst immer erst
Wirkung der Artikulationsbewegung ist", nicht ein Verhältnis
der Ähnlichkeit zwischen ihm und dem Eindruck bestehen
könne? Und doch, wenn wir weiter lesen, heißt es: „Der
sprechende Mensch bringt diese (die Artikulationsbewegung)
hervor, und die sie begleitenden Empfindungen sind es, die,
wenn er überhaupt seine Sprachbewegungen in eine Beziehung
zu etwas Wahrgenommenem bringt, den Inhalt dieser Beziehung
ausmachen müssen". — Was heißt hier „Beziehung"? Da von
einer solchen die Rede ist, in die der Sprechende seine Sprachbewegungen zu etwas Wahrgenommenem bringe, und deren
Inhalt die Empfindungen seien, die sich an die Artikulationsbewegungen knüpfen, kann es unmöglich ein Verhältnis des
Kausalzusammenhanges, sondern nur wieder ein Verhältnis der
Ähnlichkeit sein. Und so ist der Sinn der zu beweisenden Behauptung und der des Schlußsatzes übereinstimmend der, daß
zwischen Eindruck und Laut kein Ähnlichkeitsverhältnis
bestehe und beabsichtigt sei, aber in dem vermittelnden Satze,
der den Beweis enthalten soll, ist in Wahrheit bloß dargetan,
daß kein direktes Kausalverhältnis zwischen beiden gegeben
sei. Meines Erachtens folgt daraus zwar mit analytischer
Evidenz, daß die Laute etwas Sekundäres sind in dem Sinne,
daß sie eben erst Wirkungen der Artikulationsbewegungen
sind, aber es folgt in keiner Weise, was Wundt beweisen müßte,
nämlich daß keine Beziehung der Ähnlichkeit zwischen ihnen
bestehe oder daß diese Ähnlichkeit nicht primär Gegenstand
der Aufmerksamkeit und der Absicht sein könne, wie es die
Theorie der Lautnachahmung behauptet.

Sogar angenommen — wenn auch nicht zugegeben (wir
kommen darauf zurück) — es müsse, damit der Laut dem
objektiven Eindruck ähnlich sein könne, dies immer auch von
der Lautbewegung gelten, so würde zwar folgen, daß die
Ähnlichkeit der letzteren stets der Ausführung nach, nicht
aber, daß sie der Intention nach das erste sei.[1] Daß freilich,

eine Veränderung im Gehirn und den motorischen Nerven usw., und die sichtbare Artikulationsbewegung ist nur ein letztes resp. vorletztes Glied in einer
ganzen Kette von kausal zusammenhängenden Vorgängen.

[1] Die Ausdrucksweise Wundts: „Aufmerksamkeit und willkürlicher
Trieb" seien nicht (wie die Lautnachahmungstheorie behauptet) „direkt auf
die Laute gerichtet", ist mißverständlich. Wenn ich einen Zweck durch ein

wo es sich um eine Kette von näheren und ferneren Zwecken handelt, dasjenige, was der Intention nach das Erste ist, nicht auch der Ausführung nach das Erste, sondern vielmehr das Letzte sei, ist eine altbekannte Sache. Und nur wenn die Lehre von der direkten Onomatopöie so töricht gewesen wäre zu meinen, man könne Laute erzeugen ohne Vermittlung von Artikulationsbewegungen, dann wäre sie von Wundt widerlegt; aber dazu hätte es nicht so vieler Worte bedurft, wie sie der Autor aufwendet.

Doch vielleicht glaubt der Leser, ich hätte aus den deduktiven Betrachtungen, die Wundt gegen die Lautnachahmungstheorie ins Feld führt, etwa die schwächste herausgehoben? Wohlan! Er möge irgendeine der anderen vornehmen. Überall wird er in analoger Weise die Stringenz vermissen, ja dieselben oder analoge Lücken und Sprünge im Gedankengange vorfinden.

Man vergleiche die weiteren Ausführungen auf derselben Seite (II, ¹, S. 591; ², S. 621) ferner I, ¹, S. 318 ff.; ², S. 327 ff. An ersterem Orte heißt es weiter: „Was der sprechende Mensch unmittelbar erzeugt, das sind eben jene Bewegungen der Atmungs-, Stimm- und Sprachorgane. Wenn irgendeine Anpassung zwischen der Sprache und dem, was sie ausdrückt, stattfindet, so kann diese also nicht darin bestehen, daß der Sprechende den Laut, sondern darin allein, daß er seine Bewegungen dem Eindruck oder vielmehr den durch den Eindruck in ihm wachgerufenen Vorstellungen und Gefühlen anpaßt. Damit wird dann aber sofort begreiflich, daß zwar in manchen Fällen eine Ähnlichkeit

---

gewisses Mittel erreichen will, so kann man das Mittel das direkt Beabsichtigte nennen, wenn „direkt" soviel heißt wie zunächst, den Zweck aber, wenn direkt soviel heißt wie: in sich selbst und nicht bloß um eines anderen willen.

Auch finde ich es nicht glücklich, daß der Autor das Wörtchen „direkt" hier ebenso auf Aufmerksamkeit wie auf Trieb oder Absicht anwendet. Gewöhnlich versteht man unter dem direkt Beabsichtigtsein das zweite der vorgenannten Verhältnisse, nämlich das als Zweckbeabsichtigtsein, unter dem indirekt Beabsichtigten dagegen das, was bloß als Mittel gewollt ist. Aber kann man ebensogut von einer „indirekten Aufmerksamkeit" sprechen? Daß, wo ich einen Zweck durch ein gewisses Mittel erreichen will, das Mittel nicht beabsichtigt sei, kann man nicht wohl sagen. Dagegen kann recht wohl geschehen, daß es (bei genügender Übung) nicht Gegenstand der Aufmerksamkeit ist, indem diese sich ganz auf den Zweck konzentriert. Und so ist es ja gerade bei den auszuführenden Lauten der Fall gegenüber den Artikulationsbewegungen, durch welche sie erzeugt werden. Obwohl Wundt das Gegenteil als selbstverständlich hinstellen möchte.

auch der weiteren Wirkungen dieser Bewegungen, der äußeren
Sprachlaute, mit den Vorstellungen, auf die sie bezogen werden,
eintreten kann, daß dies aber keineswegs überall stattfinden
muß, wo trotzdem zwischen den Sprachbewegungen und dem,
was sie ausdrücken, eine Beziehung nicht fehlt."

Daß die Ähnlichkeit (denn nur dies kann ja hier wieder
mit „Beziehung" gemeint sein) zwischen den Sprachbewegungen
und dem objektiven Eindruck nicht notwendig auch eine Ähnlichkeit zwischen ihm und dem Laut nach sich ziehe, sei ohne
weiteres zugegeben. Aber ebenso gewiß kann es umgekehrt
geschehen, daß der Laut dem Eindruck ähnlich ist, ohne
daß es die zugehörige Sprachbewegung ist. Wundt will das
Gegenteil beweisen. Aber in dem, was er ausführt, ist dies
durchaus nicht geleistet. Wenn jene These daraus folgen würde,
daß der Laut nicht unmittelbar erzeugt wird, so sei doch abermals daran erinnert, daß auch die Artikulationsbewegung von
unserem Willen nicht unmittelbar erzeugt wird, sondern nur
mittelst gewisser nervöser Vorgänge im Gehirn und in den
motorischen Nerven. Wenn also Wundts Argumentation irgendetwas beweisen würde, würde sie zuviel beweisen, nämlich daß
wir auch die Artikulationsbewegung dem objektiven Eindruck
nicht „anpassen" könnten, wenn nicht auch jener unmittelbare
Erfolg, wovon auch die Bewegung nur eine Wirkung ist, ihm
ähnlich wäre! Und wird Wundt behaupten, daß dies immer, ja
daß dies überhaupt einmal der Fall sei?

II, ¹, S. 606; ², S. 636 hören wir: „Da sich die Sprache
voraussichtlich aus den einfacheren Formen der Ausdrucksbewegungen entwickelt hat, die, insbesondere die der Sprache
am nächsten stehenden Gebärden, noch eine unmittelbare Beziehung zu ihrer Bedeutung erkennen lassen, so dürfen wir
schließen, daß auch dem Sprachlaut eine solche Beziehung
ursprünglich nirgends gefehlt habe. Aber dieser Schluß gestattet es noch nicht, diese Beziehung nun auch ohne weiteres,
wie es die Nachahmungstheorie tut, als eine direkte anzusehen.
Vielmehr ist von vornherein im doppelten Sinne eine indirekte
Beziehung nicht bloß an sich möglich, sondern eigentlich allein
möglich: erstens und hauptsächlich, weil der nächste Ausdruck
des psychischen Vorganges die Artikulationsbewegung. nicht der
Laut ist, dieser also immer erst indirekt, durch die Affinität
von Sprachbewegung und Laut mit jenem in Beziehung steht;
und zweitens, weil die Lautbewegung in der begleitenden
pantomimischen und mimischen Bewegung eine so wirksame
Unterstützung finden kann, daß der Laut ursprünglich in vielen
Fällen erst durch diese begleitenden Gebärden möglicherweise
seine Bedeutung empfangen haben wird."

Wir halten hier zunächst inne, um die Bemerkung zu
machen, daß uns dieser zweite Sinn, in welchem Wundt dem
Laute eine bloß indirekte Beziehung zur Bedeutung zuerkennen

will (indem er nämlich seine Erklärung durch die begleitenden Gebärden empfange), nicht tangiert. Ist ja dies doch etwas, was auch die Gebärden selbst häufig trifft, indem auch sie oft vieldeutig sind und darum ihre Interpretation zum guten Teil aus der gesamten Situation geschöpft werden muß. Auch ist es kaum nötig zu betonen, daß, wenn dieser Mangel dem Laute auch häufig anhaftet, er ihm doch nicht notwendig und immer zukommt, also nicht, wie es bei Wundt heißt, das allein Mögliche ist; sowenig, daß Wundt sofort selbst wieder bloß sagt: „in vielen Fällen" sei es so.

Mehr geht es uns an, wenn der Autor als das einzig Mögliche bezeichnet, daß der Laut immer erst indirekt (nämlich mittelst der Lautbewegung) mit dem Objekte in einer Affinitätsbeziehung stehe. Mit dieser „Affinität" kann nur Ähnlichkeit gemeint sein, und das allein ist ja offenbar auch gemeint, wo als These ausgesprochen wird, eine Beziehung zur Bedeutung habe ursprünglich nirgends gefehlt, aber es sei nicht gestattet, sie — wie es die Nachahmungstheorie tue — als eine direkte anzusehen. Allein für diese Lehre, daß zwischen Laut und bezeichnetem Gegenstand nur eine indirekte Ähnlichkeit bestehe und bestehen könne, ist als Grund nichts anderes angegeben, als daß nicht der Laut sondern die Artikulationsbewegung der nächste Ausdruck (d. h. offenbar: die nächste äußerlich wahrnehmbare Wirkung) des psychischen Vorganges sei. Aus der zweifellosen Tatsache, daß die Kausalbeziehung zwischen dem Laut und der Vorstellung eines gewissen Objektes keine direkte ist,[1]) wird wieder ohne weiteres gefolgert, daß auch die Ähnlichkeitsbeziehung zwischen ihnen eine bloß indirekte sei. In Wahrheit ist dies sowenig einleuchtend, daß man sich verwundert frägt, was denn nur eigentlich mit dieser indirekten Ähnlichkeitsbeziehung gemeint sein solle.

---

[1]) Das ist wohl auch bei der etwas kühnen Wendung (II, ¹, S. 604; ², S. 634) gemeint, wo es heißt, daß „Sprachlaute überhaupt keine primäre Funktion des Bewußtseins (!) sondern immer nur Wirkungen sein können, die bestimmten Bewegungsfunktionen zugeordnet sind".

Aber mag man auch mit Wundt gemäß dieser seltsamen Terminologie die Bewegung eine primäre und den Laut eine sekundäre Funktion des Bewußtseins heißen — immer bleibt mir unbegreiflich, wie er im Zusammenhang damit auch sagen kann: die Nachahmungstheorie, indem sie einen Trieb annehme, äußere Gegenstände oder Vorgänge durch Laute nachzuahmen, setze also „als Ursache voraus, was vermöge der Natur des menschlichen Bewußtseins höchstens als Wirkung möglich ist". Ich frage mich umsonst: wofür denn die Nachahmungstheorie die subjektiven Laute als Ursache voraussetze, während sie in Wahrheit dessen Wirkung wären. Auch bei einer recht verfehlten Fassung dieser Theorie könnte ein Anhänger doch höchstens meinen, die objektiven Laute seien Ursache der Nachahmung; aber er glaubt dies doch nicht von dem subjektiv (bei der Nachahmung) geäußerten Laute!

Wenn eine indirekt erzeugte Ähnlichkeit, so ist dies nichts anderes, als was vorhin schon zugegeben wurde, was aber nicht mit dem zu Beweisenden identisch ist. Es scheint aber gemeint, eine Ähnlichkeit, die nicht bloß überhaupt genetisch vermittelt, sondern so vermittelt ist durch eine andere Ähnlichkeit,[1]) hier durch die Ähnlichkeit der lautgebenden Bewegung. Und nur dies kann Wundt auch meinen, wenn er im selben Zusammenhang sagt, die Verwandtschaft zwischen dem Laut und dem Ausgedrückten sei stets eine „entferntere". Dies heißt ohne Zweifel nicht — wie sonst gewöhnlich — soviel wie: eine geringere, sondern eine kausal entferntere, wobei aber die Ursache auch eine Ähnlichkeit mit dem objektiven Eindruck aufweise. Allein auch in diesen Ausführungen Wundts sehe ich durchaus keinen Beweis für das so Behauptete.

Und aus deduktiven Betrachtungen, wie wir sie Wundt hier anstellen hörten, ist überhaupt keiner zu gewinnen. Nicht bloß kann ein absichtlich hervorgebrachter Laut einem objektiven Ton ähnlich sein, ohne daß die zugehörigen Bewegungen einander ähnlich sind. Es könnte dies auch in der Weise der Fall sein, daß — wie Steinthal und einst auch Wundt selbst beim primitiven Menschen annahm — die Vorstellungen der mannigfachsten Töne unwillkürlich vermöge fertig angeborener Mechanismen (die man durch mißbräuchliche Verwendung dieses Terminus „Reflexe" nannte) ähnliche Lautäußerungen hervorriefen. Auch dies könnte der Fall sein, ohne daß auch die Lautbewegung dem objektiven tönenden Vorgang ähnlich zu sein brauchte. Ich lehne solche nachahmende „Lautreflexe" ab — und habe es schon in meinem „Ursprung

---

[1]) Eine Ähnlichkeit, die in sich selbst, in ihrer deskriptiven Natur, durch eine andere vermittelt wäre, kann es ja nicht geben. Ich begreife allenfalls, wie eine gewisse Ähnlichkeit durch ein solches Mittelglied bemerklich werden kann, die sonst nicht bemerkt worden wäre, aber wie sie durch das Mittelglied in sich begründet sein sollte, wäre rätselhaft. Und das gilt, sowohl wenn es sich um Ähnlichkeit im Sinne geringer Verschiedenheit (wie zwischen sich nahestehenden Spezies einer Gattung, im strengen Sinne dieses Wortes, z. B. zwei sich nahestehenden Töne der Skala) handelt oder — und dies ist ja der häufigere Fall — wenn eine Ähnlichkeit im Sinne teilweiser Gleichheit vorliegt. Auch das kann nicht bei „indirekter Ähnlichkeit" des Lautes mit dem äußeren Gegenstand oder Vorgang gemeint sein, daß der Laut zwar einem gewissen Ton, aber nicht etwa dem sichtbaren Träger oder Erreger desselben „direkt" ähnlich sei. Denn das Wauwau ist zwar dem Bellen des Hundes, aber dem Hunde selbst gar nicht ähnlich, indirekt sowenig als direkt.

der Sprache" getan —, aber durchaus nicht, weil ich sie von vornherein für unmöglich hielte (etwa aus Gründen, wie die von Wundt oben ausgetührten), sondern bloß darum, weil ich sie für überflüssig und in den Tatsachen nicht gerechtfertigt halten muß.

Doch Wundt führt gegen die Möglichkeit der direkten Lautnachahmungstheorie noch ein anderes Argument ins Feld. Sie führe, meint er, notwendig zur Erfindungstheorie, von der wir schon wissen, daß er sie in bezug auf die Lehre von der Genesis der Volkssprache als die typische Ausgeburt einer schlechten Vulgärpsychologie betrachtet. I, ¹, S. 318; ², S. 328. hören wir: „die Unhaltbarkeit des Begriffs der Lautnachahmung in dem vulgären Sinn einer absichtlichen Wortschöpfung, die den gehörten Schall benützt, um sein akustisches Bild vor dem Hörer zu wiederholen, liegt . . . darin, daß sie in die Auffassung der sprachbildenden Vorgänge den Begriff der Erfindung hinüberträgt. Nun können künstliche Worterfindungen ¹) . . . vorkommen. . . . Doch die onomatopoetischen Wörter sind in der Regel nicht solche Kunsterzeugnisse,¹) sondern Gebilde der natürlichen Sprache, deren individuellen Ursprung wir auch meist da nicht mehr nachweisen können, wo es sich um Wortschöpfungen aus nächster Vergangenheit handelt" usw.²)

Ich meine demgegenüber, daß die direkte Onomatopöie in keinem anderen Sinne eine Worterfindung lehre, als sie nach unseren früheren Erörterungen mit Fug gelehrt werden darf, und als in Wahrheit auch Wundt sie lehren muß, wenn die Entwicklung der Sprache nicht gänzlich unerklärt bleiben soll. Was die Theorie der Lautgebärden zunächst vor derjenigen der direkten Onomatopöie vorauszuhaben scheint, ist nach Wundt offenbar der Umstand, daß sich aus dem allgemeinen Gesetze, wonach die lebhafte Vorstellung einer Bewegung von selbst sich zur Bewegung auswirke, ohne weiteres die unwillkürliche Entstehung der Lautgebärden erklären würde. „Wie . . . jeder

---

¹) Es sind offenbar Bildungen gemeint, wie die, welche wir Wundt früher als „singulär" bezeichnen hörten.

²) Vgl. auch II, ¹, S. 591; ², S. 621. „Indem die Nachahmungstheorie den Sprachlaut als ein unmittelbares Erzeugnis betrachtet, zwischen dem und dem Eindruck, der ihn anregt, eine Beziehung der Ähnlichkeit gesucht werden müsse, haften ihr . . . noch immer die Spuren der Erfindungstheorie an, aus der sie sich abgezweigt hat".

lebhaft erregte Beobachter, so bemerkt er a. a. O., I, ¹, S. 321;
², S. 331 einen Bewegungsvorgang, den er sieht, mit Mienen und
Gebärden begleitet, so und nicht anders haben wir uns jene
Lautbewegungen zu denken".¹)

Ich will hier dahingestellt sein lassen, wieviel von der
bekannten Erscheinung, daß die lebhafte Vorstellung einer Bewegung sich unwillkürlich auswirkt, Sache von Gewohnheit
und wieviel Sache eines ursprünglich angeborenen Mechanismus
sei. Jedenfalls ist der Satz, daß der lebhafte Eindruck einer
sichtbaren Bewegung die unwillkürliche Ausführung einer ähnlichen Aktion durch uns nach sich ziehe, nicht etwas, wie eine
analytisch erkennbare und selbstverständliche Notwendigkeit,
sondern bloß Sache der Erfahrung. Und wir werden ihn nicht
weiter ausdehnen dürfen, als die direkte Erfahrung oder wohlbegründete Erfahrungsschlüsse ihn bestätigen und sichern. Es
ginge aber weit über das Maß des so logisch Gerechtfertigten
hinaus und wäre eine ganz unnötige und unbewiesene Annahme,
daß jede gesehene Bewegung, die unser Interesse erregt, ursprünglich und vermöge eines fertig angeborenen Mechanismus
eine unwillkürliche Nachahmung unsererseits fände. Gar viele
Bewegungen die wir mit lebhaftem Interesse sehen und zwar
solche, deren Ausführung den menschlichen Gliedern von vornherein durchaus nicht unmöglich ist, müssen wir mühsam und

---

¹) Ich verstehe dies von einer unwillkürlichen Nachbildung der gesehenen Bewegung nach dem oben erwähnten Gesetze. Freilich fügt Wundt
sofort hinzu: (wir hätten uns jene Lautbewegungen zu denken) „als Bewegungen, die, indem sie die durch den Eindruck erregten subjektiven Gefühle ausdrücken, unwillkürlich auch den das Gefühl erregenden Vorgang
selbst nachbilden". Da muß man fragen, was ist mit diesen Gefühlen gemeint?
Wenn das sozusagen theoretische Interesse an der gesehenen Bewegung,
dann ist dies nichts anderes, als was wir die Lebhaftigkeit der Vorstellung
nennen. Es handelt sich eben um einen Fall des oben erwähnten Gesetzes,
und die Ähnlichkeit der mimischen Bewegung mit der gesehenen ist danach
erklärt. Anders wenn damit Gefühle anderer Art gemeint wären, wie z. B.
Schrecken über das Gesehene. Auch sie werden gewiß unwillkürlich durch
Mienen und Gebärden ausgedrückt, aber daß diese „unwillkürlich auch den
das Gefühl erregenden Vorgang selbst nachbilden", ist nicht allgemein zu
erwarten. „Gefühle" der einen und anderen Art, sowie die an die einen und
anderen sich knüpfenden unwillkürlichen Mienen und Geberden, müssen
meines Erachtens auseinander gehalten werden. Ich denke hier an die
zuerst erwähnten, gewissermaßen theoretischen Gefühle und die entsprechenden Bewegungen.

allmählich erlernen,[1]) nicht bloß die Bewegungen des Klavier-
und Violinspielers usw., nicht bloß die zierlichen Bewegungen
des Tänzers und tausend andere höhere manuelle und pedale
Fertigkeiten, sondern auch primitive wie das Gehen und ähnliche Aktionen der Arme, Hände und Finger, die nicht zu den
künstlichen gerechnet werden und doch eine Kunst sind. Zu
Übungen unserer Bewegungswerkzeuge führt zunächst planlos
die Lust an mäßiger Muskelaktion überhaupt — angeborene Lust-
gefühle, die man zu erhalten und zu erneuern strebt — weiterhin die Freude an der Nachahmung bestimmter Vorbilder, und
endlich — und gewiß im weitesten Maße — die Erfahrung
irgendwelcher anderer (direkt oder wiederum nur als Mittel)
begehrungswerter Erfolge, die sich an die betreffende Bewegung
knüpfen. Durch solche Übung können wir natürlich niemals
Aktionen in unsere Gewalt bekommen, wozu die elementare
psychophysische Prädisposition fehlt, aber wir sind imstande das ursprünglich Prädisponierte zu isolieren und mannigfach zu kombinieren, so daß wir nicht auf eine sklavische Wiederholung des durch fertige angeborene Mechanismen uns in den
Schoß Gelegten angewiesen sind.[2])

So ist es auch mit den Artikulationsbewegungen und speziell
mit den Lautgebärden. Wie vieles auch Wundt hier fertig angeboren sein lasse, er wird gewiß nicht behaupten wollen, daß
jede Bewegung, die wir irgendeinmal absichtlich ausführen, vorher genau ebenso unwillkürlich und vermöge eines angeborenen
Mechanismus ausgeführt worden sein müsse.

Eine völlig genaue Wiederholung wird sogar die Ausnahme,
nicht die Regel sein. Wenn nun aber auch bei einer merklich
abweichenden Wiederholung wieder das Verständnis und die
kommunikative Kraft beobachtet wird, welche bei der früheren
unwillkürlichen Äußerung erfahren wurde, wird man naturgemäß

---

[1]) Ich spreche hier nur von Menschen. Die Tiere scheinen reichlicher
mit speziellen motorischen Mechanismen ausgestattet zu sein, wie sie auch
sonst mehr durch fertig angeborene Instinkte geleitet werden, da, wo der
Mensch Erfahrungen zu sammeln und zu lernen hat.

[2]) Ich habe davon schon in meinem Ursprung der Sprache gehandelt und
betont, daß — wie auch schon von anderen bemerkt worden ist — die sichere
Beherrschung einer bestimmten Bewegung geknüpft scheint an die rasche
und genaue Reproduktion des ihr eigentümlichen Muskelgefühles (der Art,
wie uns bei ihr zu Mute ist).

dasselbe auch in Zukunft wieder erwarten, und wie weit ist —
bei einem Wesen, das nicht bloß Gleiches an Gleiches, sondern
auch in freier Weise Ähnliches an Ähnliches zu assoziieren und
ähnliche Folgen bei ähnlichen Antezedentien zu erwarten fähig
ist — von da der Schritt zu „Erfindungen", in dem Sinne allein,
in welchem wir hier überhaupt davon zu reden brauchen, aber
auch reden müssen? Nicht auf Grund verstandesmäßiger Berechnung, sondern vermöge der gewohnheitsmäßigen Erwartung
nicht bloß des Gleichen, sondern auch des Ähnlichen und Analogen auf Grund der Erfahrung von Ähnlichem, kann es auch
mehr und mehr zur Ergreifung von relativ Neuem kommen, und
ohne diese Fähigkeit Ähnliches zu ähnlichen Zwecken zu wählen
wären die Entwicklung menschlicher Sprache und überhaupt die
Anfänge menschlicher Kultur und die Bildung ihrer primitiven
Werkzeuge unmöglich gewesen. Doch bei den Lautgebärden wird
und muß Wundt eine gewisse Originalität in der Benutzung derselben und eine Erfindung im angegebenen Sinne umsomehr zugeben, als er ja — wie wir früher schon erwähnt haben — bei
den Gebärden überhaupt dem Menschen unbedenklich ein gewisses Maß von erfinderischer Gabe zuschreibt und die Lautgebärden nach ihm doch nur eine besondere Klasse von
Gebärden sind!

Allein in keinem anderen als diesem Sinne braucht auch
die alte Lautnachahmungstheorie eine „Erfindung" von Sprachmitteln zu lehren, und es liegt — wie wir schon einmal sagten
— nicht der Schatten eines Grundes dafür vor, dem primitiven
Menschen hier ein Maß von Erfindung abzusprechen, wozu ihm
doch dort die Fähigkeit zuerkannt wird.[1])

---

[1]) Delbrück scheint mir darum (a. a. O., S. 82) Wundt gegenüber zuviel
zuzugeben, wenn er Lautnachahmungen nur mit der Begründung und in
der Beschränkung annehmen zu dürfen meint, daß er sagt: wie man in der
ganzen Entwicklung der Sprache neben der ungeheuren Masse unbewußter
Vorgänge doch auch Erfindungen der Einzelnen annehmen müsse, die durchgedrungen sind, so werde man auch für die Urzeiten nicht ganz ohne diese
Annahme auskommen. Meines Erachtens war weder die Masse der Vorgänge,
durch welche die sprachlichen Gebilde entstanden sind, unbewußt und unabsichtlich, noch waren speziell die Lautnachahmungen in einem anderen Sinne
bewußt und absichtlich und etwas wie „Erfindungen", als zahllose jener Vorgänge, durch die der Mensch überhaupt zu seinen populären Bezeichnungsmitteln gelangt ist.

Obschon ich — wie früher betont — es so wenig für unmöglich halte, daß an die Vorstellung von bestimmten Lauten, wie an die von gewissen Bewegungen, durch einen fertigen angeborenen Mechanismus die Hervorbringung des Vorgestellten[1]) geknüpft sei, so meine ich doch hier — wie überall — den Grundsatz befolgen zu sollen: entia non sunt multiplicanda praeter necessitatem, und darum lehne ich die „Lautreflexe" Steinthals ab. Wie in anderer Beziehung, so sind meines Erachtens dem Menschen auch in Hinsicht auf die lautbildenden oder sog. Artikulationsbewegungen neben zweckmäßigen vielfach nur ungeordnete und unzweckmäßige Bewegungen in der Art angeboren, daß sie sich schon ursprünglich an irgend einen psychischen Zustand knüpfen, der nicht eine auf die betreffende Aktion gerichtete Absicht ist. Und selbstverständlich kann der Mensch auch nicht die Absicht haben Laute zu äußern, ehe er erfahren hat, daß er dazu fähig ist und sich ihm auf Grund von Erfahrungen irgendwelche Motive für jene Absicht bieten.

Er lernt durch Übung die Elemente jener komplexen Äußerungen isolieren und neu kombinieren und so auch bestimmte Schälle und Laute, die er von anderen oder in der Natur hört, besser und besser nachahmen. Und zu solcher Betätigung und Übung seiner lautbildenden Organe bestimmt ihn teils die bloße Lust an der Muskelaktion, teils die Lust am erzeugten Ton, und speziell auch an seiner Ähnlichkeit mit einem anderen, dem er nachgebildet ist. Weiterhin werden andere Erfolge erfahren, wie die kommunikative Wirkung der nachahmenden und anderer Laute, und werden sie auch mit Absicht auf diesen Erfolg ergriffen.[2])

---

[1]) Die Hervorbringung des Lautes ist natürlich nur durch eine Lautbewegung möglich — das hat nie jemand geleugnet und bedarf keiner Worte — aber es braucht nicht notwendig zuvor die Vorstellung dieser Bewegung und eine darauf gerichtete Absicht vorhanden zu sein!

[2]) I, 1, S. 318; 2, S. 327, 328 bemerkt Wundt gegen die übliche Lehre von der „Schallnachahmung" auch: „Bei der willkürlichen Nachahmung wird, wo sie auch vorkommen mag, unmittelbar immer nur die Wiedergabe des Lautes selbst bezweckt, niemals die Bezeichnung des Gegenstandes. Wo sich etwa die letztere Absicht regt, da handelt es sich um einen selbständigen, erst zu der Nachahmung hinzutretenden Vorgang. Wir mögen also willkürlich hervorgebrachte Lautnachahmungen unter Umständen nachträglich benutzen, um sie zur Namengebung zu verwenden; dagegen läßt sich eine Umkehrung dieses Prozesses, wie sie vorausgesetzt wird, wenn man den Vorgang onomatopoetischer Wortbildung als eine Nachahmung des Lautes auffaßt, nirgends nachweisen."

44*

Und wie anderwärts wird auch hier absichtlich nicht bloß
Gleiches, wie das, was früher hervorgebracht wurde und von
Erfolg begleitet war, sondern auch bloß Ähnliches erzeugt, und
nicht bloß zu gleichem sondern auch zu ähnlichem oder analogem
Zweck. Es entsteht vom Früheren relativ Abweichendes und
Neues, und in diesem Sinne, aber nicht im Sinne von etwas
planmäßig Berechnetem, „Erfundenes".

Was zunächst den Ausdruck „Nachahmung des Lautes" betrifft, so
betrachtet ihn Wundt — wie wir schon gehört haben — werkwürdigerweise
als einen prägnanten Ausdruck für die alte Auffassung von der Lautnachahmung, während er die seinige, welche nur „Lautgebärden" anerkennen will,
als Lautnachahmung durch den Laut bezeichnet. Doch ob diese Ausdrucksweise glücklich sei oder nicht, wichtiger ist, daß nach Wundt die alte Lehre
von der Onomatopöie statt — was nach ihm das Richtige wäre — anzunehmen,
daß wir eine willkürlich hervorgebrachte Lautnachahmung erst nachträglich
zur Namengebung benützen, eine Umkehrung dieses Prozesses voraussetze, die sich nirgends als tatsächlich nachweisen lasse. Wenn wir
den Worten ihren üblichen Sinn geben, hieße dies offenbar: die Theorie setze
voraus, daß eine Lautnachahmung erst in der Absicht der Namengebung
geäußert und dann nachträglich auch ohne das hervorgebracht werde! Das
wäre die Umkehrung dessen, wovon Wundt spricht. Aber lehrt dies irgend
ein Vertreter der direkten Onomatopöie? Mir ist etwas derartiges nicht
bekannt. Auch fällt es gewiß keinem ein zu leugnen, daß einen Laut
nachahmen und ihn als sprachliches Zeichen benützen, nicht dasselbe ist, so
daß Wundt auch dies nicht ausdrücklich hervorzuheben brauchte. Aber was
die von ihm verpönte Theorie wirklich lehrt, ist, daß sprachliches
Zeichengeben häufig das primäre Ziel ist, weshalb eine Lautnachahmung ausgeführt wird, mit anderen Worten, daß sie oft nur als
Mittel zu jenem Zwecke gewählt wird. Nicht als ob sie vergäße oder leugnete,
daß, ehe man ein solches Mittel wählen könnte, man Erfahrungen gemacht
haben mußte über die Tauglichkeit desselben, sowie über unsere Fähigkeit
es zu realisieren. Aber was sie allerdings leugnen müßte, wäre, daß in
jedem einzelnen Falle die Lautnachahmung erst ohne Absicht der Mitteilung geäußert sein mußte und dann erst nachträglich in dieser wiederholt
werden konnte. Wenn Wundt dies meint, dann allerdings hat er die alte
Lehre von der direkten Onomatopöie, wie auch ich sie schon in meinem
„Ursprung der Sprache" vertreten habe, zum Gegner. Aber es dürfte ihm
schwer werden zu beweisen, daß, was die Theorie so behauptet, sich „nirgends
nachweisen" lasse. Ist es doch offenkundige Tatsache, daß man hier wie
anderwärts, tausend- und tausendfach etwas, was man als zu einem gewissen
Zwecke geeignetes Mittel erfahren hat, nicht zunächst wieder ohne diese
Absicht zu ergreifen braucht um es dann erst mit ihr zu wählen, sondern,
daß ein entfernterer Erfolg einer gewissen Handlung, nachdem er erfahren
worden ist, für die Zukunft sofort primäres Motiv für ihre Wiederholung
oder für die Ausführung einer ähnlichen werden kann und wird.

So ist denn die alte Lehre von einer direkten Onomatopöie in keiner Weise unmöglich. Aber nicht bloß dies; sie ist auch nichts weniger als überflüssig, indem durchaus nicht alle Fälle von Lautnachahmung sich als „Lautgebärden" fassen lassen.[1]) Schon wenn wir bei den Fällen bleiben, wo nicht bloß der Laut, sondern auch die Artikulationsbewegung eine nachahmende ist, widerspricht es den Tatsachen, zu behaupten, es sei niemals der Laut und die Lautähnlichkeit das primär Intendierte. Kann und muß der Mensch nicht, wie er die mitteilende Kraft des sichtbaren Teils der Lautgeberde bemerkt, auch diejenige des hörbaren Teiles gewahren, und wäre es nicht ein Wunder, wenn er sie nicht gelegentlich auch um dieses Umstandes willen wählte? Wenn aber dies, dann ist sie, auch wo sie nur der Wirkung des sichtbaren Teiles unterstützend an die Seite tritt, ebenso primär intendiert wie diese. Allein nicht bloß als die Kraft der Gebärde unterstützend und unter Umständen als ein ihr ebenbürtiges Verständigungsmittel wird so der Gebärdelaut gewählt werden können, sondern nicht selten auch als ihm überlegenes, ja als allein wirksames. Der hörbare Teil der Lautgebärde kann ja — wie ich schon früher einmal bemerkt habe — gelegentlich kommunikativ wirken, wo es der sichtbare nicht kann, z. B. im Dunkeln, um die Ecke und auf größere Entfernung! Und wird man dann nicht — so fragte ich schon dort — die Artikulationsbewegung zwar ausführen, aber bloß als Mittel um den nachahmenden Laut zu erzeugen? Wird auch hier der nachahmende Laut nur „nachträglich[2]) als eine unmittelbare Wiedergabe" des objektiven Eindruckes erscheinen? Aber nicht genug. Obwohl ich zugebe, daß es Fälle gibt, wo sowohl Gebärde als Laut nachahmend sind und die Lautnachahmung Folge der mimischen ist, so ist dies doch durchaus nicht immer der Fall. Es gibt Fälle, wo ein Laut nachgeahmt wird, ohne daß es sich dabei um eine — sei es unabsichtliche, sei es absicht-

---

[1]) Daß neben direkten Lautnachahmungen auch Lautgebärden vorkommen, wird niemand leugnen. Und schon Leibniz hat zu beweisen gesucht, daß auch sie, ebenso wie jene und die sog. Lautmetaphern ihre Wirkungen in der Sprache äußern und geäußert haben. Vgl. Nouv. Ess. l. III chap. 2 (de la signif. des mots), wo er durch Beispiele zu belegen sucht, qu'il y a quelque chose de naturel dans l'origine des mots, qui marque un rapport entre les choses et les sons et mouvements des organes de la voix.

[2]) Von mir unterstrichen.

liche — Nachahmung der tönenden Bewegung durch die Artikulationsorgane handelt und handeln kann. So gut als das
Umgekehrte statthat, nämlich daß eine mimische Artikulationsbewegung gegeben sein kann, deren zugehöriger Laut mit dem
objektiven Eindruck keine Ähnlichkeit aufweist.[1])

J. Winteler hat in einer, wie Delbrück sich ausdrückt, von
beneidenswerter Naturkenntnis zeugenden Abhandlung (Naturlaute und Sprache, Ausführungen zu W. Wackernagels Voces
variae animantium, 1892) gezeigt, daß eine Übereinstimmung
besteht zwischen den deutschen Namen vieler Vögel und den
Lautgebilden, durch welche Naturkundige ganz ohne Rücksicht
auf Sprachforschung die Stimmen der Vögel auszudrücken versucht haben. Wie soll man sich — so fragt schon Delbrück
mit Recht — auf Wundts Standpunkt die Übereinstimmung
solcher Vogelnamen mit dem Ruf oder Gesang des Vogels
erklären?[2])

---

[1]) Dies wird gewiß nicht häufiger, eher seltener sein als das erstere.
Aber wie dem sei. Jedenfalls beweist es nichts gegen die alte Lautnachahmungstheorie. Es bildet nur eine besondere Klasse derjenigen Fälle, wo
Sprachlaute, auch ohne nachmend zu sein, durch Hilfe anderer Umstände
zufällig zu einer Bedeutung kommen und sie dann auch behalten können,
wenn jene Hilfen, die die Assoziation begründet haben, entfallen und ver-
kümmern.

[2]) A. a. O., S. 81. Ähnliche Zeugnisse wie die von Winteler und
Wackernagel ließen sich häufen.

Auch Wundt gibt zu, daß nachträglich der Name von Tieren dem
charakteristischen Ruf oder Stimmlaut der betreffenden Wesen und so auch
andere Bezeichnungen von Gegenständen oder Vorgängen in der Natur gewissen für sie charakteristischen Geräuschen und Tönen „assimiliert" würden.
Damit ist gemeint, daß man den Sprachlaut jenen Tierstimmen und überhaupt
Naturlauten entsprechend verändert (und nachträglich auch die Vorstellung
dieser Laute dem Wort der Sprache verähnlicht, z. B. den Namen des Tieres
in seinen charakteristischen Ruf hineingehört habe). Aber es dürfte Wundt
schwer werden, zu beweisen, daß eine solche akustische Ähnlichkeit stets
auf dem Wege über eine primäre „Anpassung" der Artikulationsbewegung
an den lautgebenden Naturprozeß und nur auf dem Wege einer solchen
optischen Verähnlichung der Lautbewegung und des objektiven Vorganges
zu erreichen sei.

Den oben erwähnten Beobachtungen ist es verwandt, wenn man, ohne
daß es sich gerade um Benennung handelt, in gewissen Tierlauten, Vogel-
rufen und dergl. eine Ähnlichkeit mit bekannten Lauten dieser oder jener
Sprache findet und so scherzweise dem Tiere menschliche Worte in den Mund
legt. In einer Restauration, welche regelmäßig von tschechischen Arbeitern
besucht wurde, ließ eine muntere Drossel in einem Käfig oft ihren charakte-

Sie ist — und dasselbe gilt von der Nachahmung von allerlei Geräuschen in der lebendigen und leblosen Natur und Maschinenwelt, oder derjenigen von Klängen musikalischer Instrumente[1]) — vielfach nicht auf dem indirekten Wege über die Anpassung oder Verähnlichung der Artikulationsbewegung mit dem objektiven lauterzeugenden Vorgang denkbar, entweder weil wir von diesem Vorgang und der Entstehung des objektiven Schalles kein oder wenigstens kein deutliches Gesichtsbild haben, oder weil er durch unsere Artikulationsbewegungen nicht nachahmbar ist oder wenn er es wäre, diese Nachahmung (vermöge der Verschiedenheit der in Bewegung gesetzten Körper oder Organe) eine wesentlich differente akustische Wirkung hätte, und nicht zum wenigsten endlich, weil wir von unseren eigenen Artikulationsbewegungen meist nur ein unvollständiges und unexaktes optisches Bild und von vielen für die Lautgebung wichtigen Vorgängen gar keine deutliche Gesichtsvorstellung haben. Nur die Vorstellung eines gewissen Lautes, den zu erzeugen in unserer Macht steht, ist uns geläufig, und daran knüpft sich infolge der durch Übung gestifteten Assoziationen unmittelbar die Reproduktion der eigentümlichen Qualitäten des Muskelgefühls und Berührungssinnes, durch welche die sichere Erzeugung der zur Hervorbringung jenes Lautes notwendigen Bewegung und Lage der Artikulationsorgane bedingt ist. Dies ist so offenkundig, daß, selbst wenn es unter Umständen primär (z. B. im Interesse einer physiologischen oder ärztlichen Untersuchung) nur darauf ankommt, eine gewisse Bewegung und Lage der Artikulationsorgane herbeizuführen, nicht den zugehörigen Laut zu erzeugen, es oft kein besseres Mittel gibt,

---

ristischen Gesang hören. Die ebenso munteren Leutchen, denen nach getaner Arbeit ein Seidel (tschechisch: židlík) Bier trefflich schmeckte, wollten nun immer finden, daß der lustige Vogel sie ermuntere, sich noch eins zu gönnen, denn er rufe ja: pij, pij (tschechisch: trink! trink!), žîdlík! židlík! (tschechisch: ein Seidel! ein Seidel!) oder auch: půlžidlík! (ein halbes Seidel!)

[1]) Bekanntlich ahmen auch die Tiere, namentlich gewisse Singvögel, allerlei Klänge und Geräusche in der lebendigen und leblosen Natur nach (wofür es selbst ein bescheidenes und analog längst beobachtetes Beispiel ist, wenn mein Hänfling zu singen und zu jubilieren anfängt, sobald ich etwas auf dem Klavier spiele). Ob Wundt auch bei ihnen keine direkte (sei es unabsichtliche, sei es absichtliche) Lautnachahmungen sondern nur „Lautgebärden" annimmt, weiß ich nicht. Jedenfalls wäre aus solchen das, was wir bei den Singvögeln beobachten, ebensowenig oder noch weniger zu erklären, als was die Erfahrung beim Menschen zeigt.

jenes Resultat herbeizuführen, als die Aufforderung, den betreffenden Laut auszusprechen. Sprechen Sie A, sagt der Arzt, wenn er einem Patienten in den Kehlkopf blicken will, nicht: öffnen Sie die Stimmbänder.

Schon Helmholtz hat in seiner physiologischen Optik (II. Aufl., S. 629 ff.) die Bemerkung gemacht, daß „die Intention unseres Willens bei allen willkürlichen Bewegungen sich immer nur auf die Erreichung eines direkt und deutlich wahrnehmbaren äußeren Erfolges bezieht". „Bei allen nicht sichtbaren und nicht fühlbaren Teilen des Körpers ist es . . . nicht die Stellung und Bewegung, sondern erst der durch diese zu erreichende Erfolg, den wir durch eine willkürliche Aktion zu erreichen wissen." Helmholtz führt als Beispiel dafür die Augenbewegungen an. „Wir können ihre Bewegungen nicht selbst sehen, außer wenn wir vor einem Spiegel stehen; wir können sie auch nur sehr unvollkommen fühlen. Aber wir nahmen sehr deutlich wahr die Verschiebung der optischen Bilder auf der Netzhaut, oder vielmehr das entprechende Wandern des Blickpunktes im Gesichtsfelde, wenn wir Bewegungen mit den Augen machen. Dies ist aber auch die Wirkung, auf die unsere Willensintention gerichtet ist, und welche wir willkürlich zu erreichen wissen. Wenn wir wünschen, daß jemand, der noch nicht über seine Augenbewegungen zu reflektieren gelernt hat, die Augen nach rechts wenden soll, so müssen wir nicht sagen: wende deine Augen nach rechts, sondern: Sieh jenen rechts gelegenen Gegenstand an."

Als deutlichstes Beispiel aber für den oben ausgesprochenen allgemeinen Satz über den bewußten Zweck unserer Willensakte bei Bewegungen betrachtet Helmholtz gerade diejenigen unserer Sprechwerkzeuge. Wir gebrauchen, so führt er aus, „unseren Kehlkopf und die Teile unseres Mundes mit einer bewunderungswürdigen Sicherheit und Geschicklichkeit, um die zartesten Veränderungen der Tonhöhe und Klangfarbe unserer Gesangs- und Sprechlaute hervorzubringen, und doch weiß der Laie gar nicht, und der Physiologe unvollkommen genug, was für Bewegungen wir dabei ausführen. Hier bezieht sich also die Willensintention nur auf den hervorzubringenden Ton, nicht auf die Bewegung der einzelnen Teile des Kehlkopfes, und wir haben gelernt, alle diejenigen Bewegungen des Kehlkopfes ausführen, die für einen solchen Zweck nötig sind, aber keine anderen." Was Helmholtz hier betont, ist in der Tat eine allgemeine Erfahrung, und es ist unverständlich, wie Wundt angesichts dessen es als eine ausgemachte Sache hinstellen mag, daß die Laute etwas seien, auf das weder die Aufmerksamkeit noch irgendein willkürlicher Trieb direkt gerichtet sein kann.[1])

Es ist aber auch das bemerkenswert, daß Wundt sich in dieser Ablehnung jeder direkten Onomatopöie nicht konsequent zu bleiben vermag. In dem neuesten Aufsatz über Schallnachahmungen scheint er zuzugeben, daß es sich bei den (wie er glaubt) durchaus nicht von den Kindern selbst, sondern „von den Müttern und Ammen erfundenen Schallnachahmungen der Kindersprache" um eine willkürliche subjektive Nachahmung des objektives Lautes handle,[2]) also, wenn ich nicht alles mißverstehe, um eine direkte Onomatopöie im üblichen Sinn des Wortes. Doch handle es sich dabei eben um „Erfindungen", um „Kunsterzeugnisse". Allein wenn es psychologisch unmöglich wäre, daß Aufmerksamkeit und willkürlicher Trieb jemals direkt auf den Laut gerichtet wären, so wäre es — sollte man meinen — auch in der Weise jener „Erfindungen" nicht möglich. Und dazu kommt, daß etwas, wozu jede beliebige Mutter und Amme fähig ist, doch nicht wohl eine solche „Erfindung" sein kann, die wegen des Übermaßes von Reflexion und Künstlichkeit, die dabei im Spiele wären, von der Volkssprache ausgeschlossen werden müßte!

Außer den Lautgebärden läßt Wundt auch Lautmetaphern gelten, als etwas, wodurch die Sprache noch fortwährend bereichert werden könne und was einst auch bei ihrer ersten Bildung eine Rolle gespielt habe. Er versteht darunter eine zwischen Sprachlaut und Bedeutung bestehende Beziehung, die durch einen „Gefühlston des Lautes" vermittelt ist, indem dieser mit den durch den Eindruck erweckten Gefühlen übereinstimmt oder verwandt sei. Solche im Gefühle wurzelnde Affinitäten zwischen Laut und Bedeutungen sollen nach Wundt z. B. vorliegen, wenn — wie er nachweisen zu können glaubt — häufig, und in historisch nicht zusammenhängenden Sprachen, bei Ortsadverbien und Pronomina dem Gedanken größerer Entfernung ein dunklerer Vokal, demjenigen kleinerer Entfernung

---

[1]) II, ², S. 621. In der ersten Auflage S. 591 heißt es: „weder die Aufmerksamkeit noch irgend ein unwillkürlicher Trieb". Es widerspricht meines Erachtens beides den Tatsachen.

[2]) Beilage zur Allgemeinen Zeitung, a. a. O., S. 313, 314.

ein hellerer Vokal im Ausdruck gegenüberstehe (z. B. *io* hier,
ao dort; *iki* dieser; *ika* jener), oder wenn in den Bezeichnungen
für die Eltern der härtere Konsonant konstant für Vater (vgl.
Papa), der weichere für Mutter (vgl. Mama) verwendet werde,
ferner wenn Dehnung eines Vokallautes als Ausdrucksmittel für
eine Begriffssteigerung diene usw. Hier und so in mannigfachen
Fällen sieht Wundt im Laute einen „adäquaten Ausdruck" für
die bezeichnete Begriffsnüance in der Weise, daß die Adäquation
durch die Gefühlsverwandtschaft zwischen Zeichen und Bezeichnetem begründet wäre. Ja er ist geneigt, den Bereich dieser
Affinitäten für sehr groß zu halten, und nennt (I ¹, S. 342;
², S. 335) überhaupt die Lautmetapher ein natürliches Ausdrucksmittel des Denkens, bei dem die Assoziation, eben
weil sie Gefühlsassoziation sei „wegen ihrer fast unbe-
schränkten Beziehungen³) auch für solche Vorstellungen
adäquate Ausdrucksformen liefert, die den eigentlichen Lautgebärden, den hinweisenden wie den nachahmenden, unzugänglich sind".

Ich lasse dahingestellt, ob dieses Vertrauen Wundts auf
die natürliche Affinität zwischen sog. Lautmetaphern und dadurch zu bezeichnenden Gedanken nicht zu kühn ist, und auch,
ob bei den speziellen Beispielen, wo er solche Gefühlsverwandtschaft finden will, sie wirklich vorliege. Dagegen scheint mir
sicher, daß eine Affinität zwischen Gehörseindrücken und Inhalten anderer Gattung nicht von vornherein unmöglich und
darum auch eine darauf gegründete natürliche Beziehung zwischen
Zeichen und Bezeichnetem nicht ausgeschlossen ist. Nur möchte
ich sie nicht lediglich in einer bloßen Gefühlsverwandtschaft
suchen, welchem Momente Wundt meines Erachtens eine zu
große Tragweite zumißt. Es gibt Analogien auch zwischen verschiedenen Gattungen von Vorstellungsinhalten in sich selbst,
und zwar nicht etwa bloß zwischen Raum und Zeit, sondern
auch zwischen verschiedenen Gattungen von Sinnesqualitäten
(z. B. Farben und Tönen). Es kann und wird sich oft damit
eine Gefühlsverwandtschaft verbinden, aber sie bildet dann nur
einen Teil der Übereinstimmung und wurzelt ihrerseits in jener

---

¹) Vgl. I, S. 327; ², S. 337 und den oben erwähnten Aufsatz in der
Beilage zur Allgemeinen Zeitung.
²) Beilage zur Allgemeinen Zeitung, a. a. O., S. 315.
³) Von mir unterstrichen.

Verwandtschaft und Analogie der Vorstellungsinhalte an und für sich. Wie denn z. B. tiefe Töne und dunkle Farben (nach der übereinstimmenden Ansicht hervorragender Beobachter) nicht bloß ähnliche Gefühle erwecken, sondern auch in sich selbst verwandt sind und eben darin ihre Gefühlsverwandtschaft begründet ist. Und so gibt es noch mannigfache Analogien zwischen verschiedenen und heterogenen Vorstellungsinhalten überhaupt, woran sich dann eine Verwandtschaft der begleitenden Gefühle als Folge knüpfen kann.[1])

Doch wie immer es mit der Tatsächlichkeit dessen, was Wundt bezüglich der von ihm sog. Lautmetaphern lehrt, bestellt sein möge, uns interessiert hier besonders die Frage, ob er auch sie zu den Lautgebärden rechnet, d. h. ob nach ihm auch hier primär stets eine Gefühlsaffinität der Artikulationsbewegung und des zu bezeichnenden Eindrucks gegeben und intendiert sei und nur indirekt (als zufälliger Nebenerfolg) eine Gefühlsverwandtschaft zwischen jenem Eindrucke und dem Laut. Stellenweise scheint der Autor hier eine direkte Beziehung zwischen dem Laut resp. seinem „Gefühlston" und dem Bezeichnetem anzunehmen,[2]) und wenn ich ihn hierin nicht mißverstanden habe, so begeht er meines Erachtens damit eine Inkonsequenz. Denn wenn eine solche Ähnlichkeit zwischen dem artikulierten Laut und Eindrücken ganz anderer Gattung möglich ist und primär intendiert sein kann,[3]) warum nicht noch viel eher eine solche zwischen einem Laut und einem Eindruck derselben Gattung? Doch vielleicht ist nicht dies Wundts wahre Meinung, sondern die, daß auch die Lautmetaphern in Wahrheit Lautgebärden seien. So ist ja z. B. I, ¹, S. 341 unten (ebenso ², S. 353) wo gesagt wird, die sog. Lautmetaphern fügen sich deshalb dem allgemeinen Begriff der Metapher ein, „weil sie .... durch Gefühlsassoziationen vermittelte Übertragungen des Eindrucks auf ein anderes Sinnesgebiet" seien, hinzugefügt: „nämlich direkt auf das der Artikulationsempfindungen und dann weiterhin indirekt auf das

---

[1]) Dagegen wird man allerdings z. B. ein trauererweckendes Ereignis, wie den Tod eines geliebten Menschen, und die schwarze Farbe nur gefühlsverwandt nennen.

[2]) Z. B. I, S. 327; ², S. 337.

[3]) Wenn auch natürlich der Laut kausal nicht direkt, sondern vermittelst einer Artikulationsbewegung realisiert wird, wovon ja wohl nie und nirgends jemand das Gegenteil behauptet hat.

der Schallempfindungen —",¹) wobei ich nicht ausgeführt finde,
ob diese „Artikulationsempfindungen" Gesichtsempfindungen von
der Artikulationsbewegung oder Muskel- und Berührungs-
empfindungen seien. Aber wie dem sei — durch diese Flucht
ins Gebiet solcher indirekter Gefühlsverwandtschaften wird
meines Erachtens zwar Wundts Position erleichtert jemanden
gegenüber, der sich vor einer detaillierten Kontrolle kühner und
verwickelter Behauptungen scheut und sie darum ungeprüft
hinnimmt, aber sehr erschwert gegenüber jemanden, der auch
hier unnachsichtig auf Klärung und Bewährung alles Einzelnen
besteht. Es dürfte Wundt, insbesondere bei dem Umstand, daß
er den bei den sog. Lautmetaphern gegebenen Gefühlsassoziationen fast unbeschränkte Beziehungen und dadurch eine
so weitgehende Fähigkeit zuschreibt für allerlei Vorstellungen
adäquate Ausdrucksformen zu liefern, schwer werden, dies eingehend zu beweisen. Denn man bedenke, auf wie weiten Umwegen dabei die Affinität zwischen Ausdruck und Ausgedrücktem
zustande kommen soll! Inhalte der verschiedensten Gattungen
sollen ja hier durch Lautbewegungen und indirekt auch durch
die damit verknüpften Laute „adäquat ausgedrückt" sein, nicht
indem die Laute selbst irgend eine Analogie oder Ähnlichkeit
mit dem Ausgedrückten darbieten, auch nicht einmal, indem das
zur Lautempfindung natürlicherweise sich gesellende Gefühl direkt
mit dem an das Auszudrückende sich knüpfenden verwandt wäre,
sondern bloß, indem dieses letztere eine direkte Ähnlichkeitsbeziehung hätte zu dem Gefühl, das sich an die „Artikulations-
empfindung" (sei dies das zur Artikulation gehörige Ge-

---

¹) Als zweiter Grund, warum die „Lautmetapher" sich dem allgemeinen
Begriff der Metapher einfüge, führt dann der Autor noch an: „Weil .. durch
diese Übertragung die Gefühlswirkung des Eindruckes verstärkt wird — zwei
Merkmale, die der Metapher auch in ihren „künstlichen" Formen eigen sind".
Käme es hier auf eine allseitige Kritik der Wundtschen Aufstellungen an,
so müßte ich bestreiten, sowohl, daß es sich bei der „Metapher" im Sinne der
bildlichen (speziell der durch Ähnlichkeit oder Analogie) vermittelten Bezeichnungsweise allgemein um eine Gefühlsassoziation handle, als daß
ihre Wirkung eine Gefühlsverstärkung sei. Was das letztere betrifft, so
haben wir schon früher betont, daß es bei den der bloßen Verständigung
dienenden Metaphern gar nicht auf eine Gefühlsverstärkung ankommt, und
daß bei der dem ästhetischen Genuß dienenden gefragt werden müßte, welche
Art der „Gefühlsverstärkung" denn hier Wundt zum Wesen der Erscheinung rechnet.

sichtsbild, oder die eigentümlichen Muskel- oder Berührungs-
empfindungen) knüpft und nur indirekt auch eine Verwandtschaft
mit demjenigen, welches den artikulierten Laut selbst begleitet.
Doch wir brauchen hier nicht in eine detailierte Untersuchung
einzutreten, ob solche vermittelte Zusammenhänge und Affinitäten in dem Umfange, wie Wundt glaubt, bestehen, und auch
nicht, ob bei den Fällen, die auch andere als sog. Lautmetaphern gelten lassen, indem sie dabei eine natürliche Verwandtschaft zwischen Lautzeichen und Eindrücken, die nicht
Laute oder Töne sind, anerkennen, die Affinität häufig eine so
umständlich vermittelte sei, wie Wundt lehrt. Wir können
kurzweg die Frage nach den Lautmetaphern und ihrer Natur
beiseite lassen. Denn schon bezüglich der gewöhnlichen Lautnachahmungen haben wir uns überzeugt, daß es nicht bloß nicht
allgemeinen psychologischen Gesetzen widerspricht, sondern durch
die Tatsachen unzweideutig und unweigerlich gefordert ist, sie
vielfach als direkte zu betrachten. Und wir halten uns dadurch
— trotz Wundts Opposition — für wohl berechtigt, die direkte
Onomatopöie im alten Sinne des Wortes als etwas zu statuieren,
was, wie es heute noch in der Sprachgeschichte vorkommt, so
auch zu den Mitteln gerechnet werden darf, die einst den Anfang
menschlicher Sprache begründeten.

2. Auch die Anfänge der Sprache beim Kinde sind
hinsichtlich der Art, wie sie aufzufassen und für Analogieschlüsse
in bezug auf den Sprachursprung zu verwerten seien, der Kontroverse noch nicht entrückt, und so wollen wir uns auch dabei
etwas aufhalten. Daß Wundt sich auf diese Erscheinungen
berufen wolle um geradezu eine positive Bestätigung für seine
nativistischen Anschauungen zu gewinnen, möchte ich nicht
behaupten. Er bemerkt (I, ¹, S. 286; ², S. 291), die Sprachbildung unserer Kinder sei, weil sie unter dem Einflusse der
redenden Umgebung stattfindet, eine verfrühte Entwicklung.
Sie werde hervorgerufen, lange bevor sie spontan erfolgen würde.
Aber daß dem Kinde die Sprache von seiner Umgebung mitgeteilt wird, schließe natürlich nicht aus, daß es irgend eine
Sprache, irgend eine Art und Weise, seine Vorstellungen und
Gefühle durch Laute kundzugeben — nicht „erfinden", denn
dieser Ausdruck sei kein adäquater Begriff für die hier stattfindenden Vorgänge — wohl aber selbständig erzeugen und aus-
bilden würde, wenn nicht die ihm mitgeteilte Sprache dem zuvor-

käme. „Wäre es möglich, Kinder, ohne ein Wort vor ihnen auszusprechen, aufwachsen zu lassen, so würde vermutlich neben der
natürlichen Gebärdensprache auch eine natürliche, wenngleich
vielleicht sehr unvollkommene Lautsprache bei ihnen entstehen."
So Wundt, und mich dünkt, diese Vermutung klingt viel
zaghafter, als es die Zuversicht erwarten ließe, mit der wir
sonst hörten: „Die Entwicklung des menschlichen Bewußtseins
schließt die Entwicklung von Ausdrucksbewegungen, Gebärden,
Sprache notwendig in sich, und auf jeder dieser Stufen äußert
sich das Vorstellen, Fühlen und Denken in der ihr genau adäquaten Form: diese Äußerung gehört selbst zu der psychologischen Funktion, deren wahrnehmbares Merkmal sie ist, sie
folgt ihr weder nach, noch geht sie ihr voraus" usw. (II, ¹, S. 605;
², S. 635). Auch meine ich, daß, wenn eine solche innere Notwendigkeit das Kind zum adäquaten Ausdruck seiner Vorstellungen, Gefühle usw. drängte, sich dies auch deutlich in
einem Antagonismus gegen die Sprechweise, die ihm
von der Umgebung zugemutet wird, kundgeben müßte, mit
anderen Worten, daß es einen harten Kampf kosten müßte, dem
Kinde die konventionellen Zeichen unserer Rede aufzunötigen,
sobald und in dem Maße, als sich bei ihm früher oder später
nach jenem Wundtschen psychophysischen Gesetz die „natürliche Äußerung" (die wie ein Korrelatvorgang zu jedem Bewußtsein gehören soll) mit der diesem Verhältnis entsprechenden
Ursprünglichkeit und Naturgewalt gelten machte. Aber wo
zeigt die Erfahrung dergleichen? Wundt macht selbst nichts
derart geltend. Er konzentriert seine Bemühung weit mehr
darauf, darzutun, daß es bei der Sprachentwicklung des Kindes
nicht so zugehe, wie es nach der von ihm verpönten empiristisch-
teleologischen Ansicht, die er — wie wir wissen — „Erfindungstheorie" nennt, angeblich zu erwarten wäre. In diesem Sinne legt er
denn besonders Gewicht darauf, daß es nicht gelungen sei, exakt und
zweifellos die Tatsache von „Worterfindungen" bei den Kindern
darzutun. Wo immer in vorurteilsloser und methodischer Weise
Beobachtungen angestellt würden, da stelle es sich regelmäßig
heraus, daß nicht ein einziges Wort als von dem Kinde selbständig erfunden nachweisbar sei (a. a. O., I, ¹, S. 280; ², S. 284);
die kindliche Sprache sei danach als „ein Erzeugnis der Umgebung
des Kindes" anzusehen, an dem „das Kind selbst wesentlich
nur passiv mitwirkt" (a. a. O., I, S. 296; ², S. 301). Wenn trotz-

dem einige der sorgfältigsten Beobachter zu Schlüssen gelangt seien, die sich bei Einhaltung der gebotenen Vorsichtsmaßregeln nicht bestätigen, so sei daran wohl lediglich jene „logische" Interpretationsweise der Vulgärpsychologie schuld, das Vorurteil, daß der Mensch von Hause aus ein Wesen sei, welches in seinen Handlungen von „logischen Reflexionen" bestimmt werde (I, ¹, S. 273; ², S. 278).

Allein hier, wie hinsichtlich des phylogenetischen Ursprungs der Sprache, begegnet es Wundt, daß er ein aut-aut zu sehen meint, wo in Wahrheit keine solche Disjunktion gegeben ist, sondern wo die Wahrheit in der Mitte liegt. Gewiß beobachten wir beim Kinde keine „Spracherfindung", die als Sache „logischer Reflexion" angesehen werden könnte. Weder besitzt es ein abstraktes Bewußtsein von Zweck und Mittel, noch wird es die letzteren mit Überlegung dem ersteren anpassen. Und natürlich wäre es auch in höchstem Maße verkehrt, ihm speziell eine Neuschöpfung von Worten im Sinne einer planmäßigen Einführung eines Systems konventioneller Zeichen zuzuschreiben.

Aber all das hat ein besonnener Empirismus auch für den phylogenetischen Ursprung der Sprache nicht gelehrt. Was wir für die ersten Stadien menschlicher Sprachentwicklung statuierten, war — wie nun schon wiederholt betont wurde — ein planloses Ergreifen von Bezeichnungsmitteln an der Hand konkreter Erfahrungen über ihre semantische Kraft. Und dabei zunächst in buntem Wechsel die Benutzung von Lauten und Gebärden und zwar teils eine absichtliche Wiederholung von natürlichen Ausdrucksbewegungen und Interjektionen, teils eine solche von Lautgebärden und Schallnachahmungen, teils eine solche von Lauten, welche zufällig und bloß Dank der Situation zu einer assoziativen Wirksamkeit gelangt waren.

Für all das aber findet sich ein Analogon mehr oder weniger auch in der Kindersprache; sowohl für die selbständige Benutzung von Ausdrucksbewegungen und nachahmenden Gebärden,¹) als für diejenige von Naturlauten²) (sei es inter-

---

¹) Wie ich schon anderwärts betont habe, scheinen mir die hinweisenden Gebärden in Wahrheit nur eine besondere Klasse von nachahmenden zu sein. Es handelt sich — meine ich — um eine Nachbildung der Richtung, in welcher der betreffende Gegenstand liegt und der Bewegung, die zu ihm führt oder eventuell für geeignet gehalten wird, ihn zu ergreifen.

²) Wenn Wundt (Beilage zur Allgemeinen Zeitung, a. a. O., S. 313) bemerkt,

jektionellen, sei es nachahmenden) und endlich von solchen, die
zufällig zu ihrer Bedeutung gekommen sind. Ebenso für die
weitestgehende Verwendung der einmal verstandenen Zeichen
für mannigfaches Verwandte oder irgendwie Benachbarte.[1]) Auch
wer nicht in der Lage ist oder war, systematisch und fortgesetzt
Beobachtungen über die Entwicklung der Sprachtätigkeit bei
Kindern zu machen, wird doch gelegentlich zweifellose Belege
für das Gesagte finden, z. B. Fälle konstatieren, wie die von mir
(der ich auch nie in jener günstigen Lage war) beobachteten,
wo ein Kind von 3 bis 4 Jahren den Truthahn spontan und
original Kaute-Kaute nannte, oder wo ein anderes noch jüngeres
die Brille als „der Tante ihre Augerl" bezeichnete, oder wo ein

----

daß die schallnachahmenden Wörter der Kindersprache nur in ganz seltenen
Fällen in die allgemeine Sprache eingedrungen seien, so ist dies für die Art,
wie wir uns auf sie berufen, ganz irrelevant.

[1]) Auch für die planlos-zufällige (und in diesem Sinne „okkasionelle")
Weise der Entstehung des Verständnisses der einzelnen Bezeichnungsmittel
mit Hilfe der ganzen Situation, die dem ersten Entstehen der Sprache eigentümlich war, haben wir vielfach ein Gegenstück am Spracherlernen des
Kindes, in all den Stadien, wo mit dem Gebrauche der Bezeichnungsmittel
von Seite der Erwachsenen nicht eine ausdrückliche Erklärung derselben für
das Kind Hand in Hand geht.

Und analog wie wir früher (und schon im „Ursprung der Sprache")
bezüglich der phylogenetischen Sprachentstehung ausgeführt haben, gilt
natürlich auch bezüglich der Sprachanfänge des Kindes, daß die ersten sprachlichen Äußerungen ihrer Funktion nach nicht — wie man es vielfach fälschlich
dargestellt hat — Namen waren, weder solche von Vorgängen oder Eigenschaften, noch solche von Dingen, sondern Emotive (d. h. der Ausdruck von
Gefühlen, Wünschen usw.) und dann auch Aussagen — also dem Sinne
nach „Sätze". Denn zweifellos kann man alle Aussagen und Emotive mit
diesem Namen bezeichnen, nur gilt nicht das Umgekehrte. Es gibt auch
Sätze, die bloß Vorstellungssuggestive sind, wie manche „Reden" des Dichters.
Ich möchte darum nicht mit Stern (a. a. O., S. 164) den Satz definieren, als
den „Ausdruck für eine einheitliche Stellungnahme zu einem Bewußtseinsinhalt", da — wie die weiteren Ausführungen zeigen — unter diesem Bilde
teils das Anerkennen oder Leugnen, teils das Wünschen oder Fliehen (also
das, was wir Urteilen und Interesse nennen) gemeint, das bloße Vorstellen
aber davon ausgeschlossen ist. — Daß Sterns Definition besser mit den Tatsachen stimmt, als die Wundtsche und andere, die Wundt bekämpft, sei ohne
weiteres zugegeben. Aber hier — wie in Hinsicht auf die Lehre vom Sprachursprung — ist die Darstellung und Aufzählung der Theorien bei Wundt
nicht erschöpfend, und bilden seine Unterscheidungen nicht eine Disjunktion,
zwischen deren Gliedern man unweigerlich zu wählen hätte. Wir kommen
auf letzteres zurück.

älteres (5jähriges) Mädchen verkündete, die Tante, die zu Besuch
da war, trage Käferschuhe, und darüber befragt, erklärte, sie sahen
doch aus wie ein Käfer (weil sie, um sommerlich leicht und
luftig zu sein, im Oberleder Einschnitte hatten) usw. Es sind
aber insbesondere in neuerer Zeit auch systematische Beobachtungen über die Sprachanfänge bei Kindern angestellt worden.
So von W. Stern und seiner Frau, und der genannte Forscher
hat in dem Werke (die Kindersprache 1907), wo er sie in chrono-
logischer Folge mitteilt (S. 15 ff.)[1]), zugleich einen reichhaltigen und
kritisch geordneten Überblick über das von anderen beigebrachte
Material zu der Frage geboten. Er erwähnt (a. a. O., S. 300 ff., 325 ff.,
347 ff., 365 ff.) und zusammenfassend Beispiele für Lallworte, für
Lautgebärden,[2]) und (gegen Wundt) für direkte Schallnachahmung und Onomatopöie bei Kindern, und wenn nach seinem
Berichte die sicher konstatierten Fälle origineller Bildungen der
letzteren Art verhältnismäßig wenig zahlreich sind, erklärt er
dies, wie mir scheint, nicht unzutreffend daraus, daß dem Kinde
die Gelegenheit dazu von den Erwachsenen vielfach vorweg-
genommen wird.[3]) Reichhaltig sind auch die Beispiele für die

---

[1]) Insbesondere aus den drei ersten Lebensjahren, doch — in richtiger
Erkenntnis, daß damit kein scharfer zeitlicher Rahmen für das gegeben ist,
was man „Kindersprache" nennen kann — dehnt er seine Beobachtungen und
Mitteilungen auch noch in das vierte, fünfte, ja sechste Lebensjahr aus und
setzt erst dort eine Grenze, wo das Kind die Hauptarten des Satzgefüges der
Sprache der Erwachsenen zu bewältigen gelernt hat.

[2]) Die Lautgeberdeworte *memm, memmi, memmen,* welche Stern nach
Wackernagel und Wölflin erwähnt, sind nicht bloß im Basler Dialekt,
sondern auch in der Urschweiz allgemein in der Kindersprache gebräuchlich.
Die ersten beiden für alles Trinkbare, das letzte (*memmä*) für das Trinken
sebstl. Das von Stern erwähnte Lallwort *pa-pa* finde ich hier in Prag allgemein als Abschiedsformel bei kleinen Kindern und im Verkehre mit ihnen
gebräuchlich, während papat „essen" heißt.

[3]) Worin ich mit Stern hinsichtlich der direkten Onomatopöie nicht
übereinstimmen kann, ist nur, daß er mir hier in der Annahme fertiger
Instinkte zur Lautnachahmung bei den Kindern zu weit und weiter zu gehen
scheint, als wozu die Tatsachen berechtigen und zwingen möchten. Bei den
Tieren mögen — wie ich schon einmal sagte — solche Instinkte in erheblich
weiterem Umfange gegeben sein; wie überhaupt bei ihnen die Bewegungen
weit mehr durch fertige psychophysische Mechanismen vorgebildet sind. Aber
wenn unter den Menschen beim einen mehr, beim anderen weniger Talent zum
Nachahmen und eine größere oder geringere „Treffsicherheit" darin beobachtet
wird, kann dies — meine ich — recht wohl mit einer allgemeineren Verschiedenheit in der Veranlagung und Geschicklichkeit zu Muskelaktionen,

freie, ja „souveräne" Art, wie das Kind mit dem ihm zu Gebote
stehenden Material von Bezeichnungsmitteln schaltet und waltet,
durch Übertragungen nach Kontiguität und Analogie, durch
Zusammenfügungen und Zusammensetzungen, sowie späterhin
durch selbständige Analogiebildungen und Ableitungen.

Eingehend beschäftigt sich Stern (a. a. O., S. 337 ff.) auch mit
der Frage nach dem Vorkommen von „Urschöpfungen", d. h. von
solchen, für die weder in Schallmalereien und Lautgebärden noch
in Worten der überlieferten Sprache eine Voraussetzung existiere,
die also, trotzdem sie weder von Natur noch durch Gewohnheit
etwas bedeuten, von den Kindern für irgend eine Funktion eingeführt und festgehalten würden. Er glaubt solche „absolute
Neuschöpfungen" auf Grund des ihm vorliegenden reichen
und sorgfältig gesichteten Materials ablehnen zu müssen, und
meint, daß die Fälle, die man so gedeutet hat, oder zu deuten
geneigt wäre (wie namentlich auch solche, die von Stumpf aus
der eigenartigen Sprachentwicklung seines Sohnes Felix mitgeteilt sind), aus Verstümmelung oder irgendwelcher Entstellung
von Wörtern der Sprache der Erwachsenen herstammen. Doch
beschränkt er dieses ablehnende Urteil auf „die Epoche der eigentlichen Sprachwerdung". „Anders, meint er (a. a. O., S. 345), steht
es mit späteren Altersstufen. Hier gibt es oft ganz unableit-
bare Momentanbildungen. Zuweilen kann sogar von „erfinden" im
eigentlichen Sinne gesprochen werden, indem die Kinder bewußt
mit den Lauten herumprobieren, bis etwas ganz Besonderes
herauskommt." Er erwähnt auch, daß die Knaben sich etwa
untereinander mit geheimen, ganz aus der Luft gegriffenen Namen
nennen, und daß zuweilen sich das Spiel auch zu dem Versuche
ausdehne, eine wirkliche Sprache zu „machen". Gewiß erinnert
sich jeder aus seiner Jugend solcher aus dem Reize des Geheim-
nisses geborenen Velleitäten. Aber von derartigen über das Bedürfnis hinausgehenden Einfällen und künstlichen Versuchen,
welche schon Sprache und etwas wie eine Verabredung voraussetzen, möchte ich hier absehen. Wichtiger — obwohl auch
ihrerseits nicht von entscheidender Bedeutung für die Frage, ob
das Kind bei der Sprachentwicklung bloß passiv oder nicht viel-

---

ferner mit der größeren oder geringeren Freude an denselben (sei diese eine
unmittelbare oder mittelbare) und mit dem größeren oder geringeren Maß
der Übung zusammenhängen.

mehr auch aktiv und in gewissem Maße original sei — ist es,
ob das Kind im Dienste der augenblicklichen Verständigung
auch selbständig zu Lauten greife, die sich durch keine natürliche Beziehung zur Bedeutung empfehlen. Dies scheint mir
nicht ausgeschlossen. Ob es mehr nach dem dritten Jahre oder
auch schon früher statt habe, ist für unseren Zweck von untergeordneter Bedeutung. Doch möchte ich nicht behaupten, daß
dergleichen nicht auch im Stadium der „eigentlichen Sprachwerdung" (mit Stern zu sprechen) vorkomme. Um Erfindungen
im strengen Sinne handelt es sich meines Erachtens freilich überall
nicht, sondern nur um eine Ausdehnung dessen, was den Charakter
aller spontanen sprachlichen Betätigung des Kindes ausmacht,
nämlich der *exspectatio casuum similium* nach Analogie zu
früheren konkreten Erfahrungen. Ich meine, diese Erwartung
könne eine mehr oder weniger weit gehende sein, und es ist ja
schon ein Schritt über das gewöhnlichste hinaus, wenn das Kind
nicht bloß bei deutlicher Wiederholung von Wörtern (sei es von
Lallwörtern eigener Erzeugung, denen von den Erwachsenen
ein gewisser Sinn unterlegt worden ist, und die das Kind infolge
dessen in einem irgendwie verwandten gebraucht, sei es von
Wörtern, die es aus der Sprache der Erwachsenen übernommen
hat) jene Erwartung hegt, sondern auch bei einer merklich von
dem Vorbild abweichenden, deren differente Gestalt ihm nicht
verborgen bleibt. Solche Fälle aber sind Tatsache, und es ist
z. B. das Verhalten von Stumpfs Felix nur so zu erklären, daß
er sich der Besonderheit seiner Bezeichnungsmittel gegenüber
den üblichen wohl bewußt war, aber sie mit deswegen bevor-
zugte und hartnäckig festhielt.

Von hier aber bedeutet es nur einen graduellen, nicht einen
Schritt zu etwas prinzipiell Neuem, wenn das Kind auch bei
beliebigen Lauten, die ihm in den Mund kommen, in naiver
Weise erwartet, daß sie — wenn es damit die Aufmerksamkeit
auf einen gewissen Gegenstand lenken, einen Wunsch äußern, ja
auch etwas bezeichnen will — von der Umgebung verstanden
werden. Und wenn dies unter Mithilfe der relativ einfachen
Situation oder erläuternder Gebärden, und vielleicht nach Fehl-
versuchen in der Deutung und mancherlei Raten gelungen ist,
wird es unter Umständen auch an einem solchen Zeichen festhalten, um es freilich später einmal gegen eines oder mehrere
äquivalente der überlieferten Sprache wieder fallen zu lassen.

In jedem Sinne zufällig ist natürlich auch eine solche
Wahl nicht. Wenn der Laut zur Bedeutung in keinerlei, weder
durch die Natur noch durch Gewohnheit begründeten Beziehung
steht, so entscheidet für seine Wahl etwa der Umstand, daß er
bei dem betreffenden Individuum an und für sich beliebt und
ihm geläufig ist.[1])

Solche Neubildungen, zusammen mit den Verstümmelungen
und Entstellungen des überkommenen Wortmaterials, können
recht wohl zu etwas wie einer eigenen Sprache in der Kinder-
stube führen, und mit in diesem Sinne meinte ich es, wenn ich
in meinen Artikeln „über Sprachreflex, Nativismus und absichtliche Sprachbildung" (Vierteljahrsschr. für wiss. Phil. 1890, Bd. XIV,
S. 464), anknüpfend an eine aus Max Müllers Vorlesungen bekannte Mitteilung Moffats,[2]) über die Kindersprache bemerkte:
„Ich finde die Moffatsche Mitteilung nicht unglaublich; beobachten wir doch an unseren Kindern im Kleinen etwas Ähnliches. Zur Zeit, wo ihr Bedürfnis täglich wächst, aber ihr
Vermögen unsere Sprache nachzusprechen, nicht ebenso rasch
zunimmt, bilden sie sich alle mehr oder weniger einen eigenen
Schatz von Ausdrucksmitteln, bestehend . . . teils aus Lauten,
die unabhängig von unserer Sprache zu ihrer Bedeutung gekommen sind, teils aus solchen, die den von uns gebrauchten
Wörtern halb und halb gleichen . . . Manche unserer Kleinen,
denen das Nachsprechen unseres Wortschatzes besonders un-
bequem und schwierig zu sein scheint, die aber inbezug auf
das Verständnis unserer Rede und das Bedürfnis sich mitzuteilen, ihrem Alter entsprechend wohl entwickelt sind,
sehen wir ganz lange Zeit mit großer Hartnäckigkeit und
Konstanz solche ihnen eigentümliche Sprachmittel, auf die ihre
Umgebung eingegangen ist, beibehalten, durch neue bereichern
und den ganzen Schatz auch in mannigfacher Weise zu

---

[1]) Die Leichtigkeit, womit sich ein gewohnheitsmäßiges Band zwischen
einem solchen Laut und einer Bedeutung knüpft, zu der er ganz zufällig
gekommen ist, und die Art wie dann das, was die Gewohnheit geschaffen, wie
etwas von Natur Gegebenes hingenommen und festgehalten wird, erinnert an
die Heilkraft, womit die Natur gewaltsamen Eingriffen gegenüber den natürlichen Zusammenhang der Gewebe wieder herstellt.

[2]) Wonach in vereinzelten Wüstendörfern Südafrikas sich die Kinder,
während häufiger und langer Abwesenheit ihrer Eltern, eine eigene Sprache
bilden.

primitiven syntaktischen Fügungen verwenden." Was ich so aus sporadischen Beobachtungen erschlossen hatte, hat in dem sozusagen klassischen Falle eine Bestätigung gefunden, welchen Stumpf an seinem Sohne Felix vor sich hatte und den er — wie von einem so hervorragenden Psychologen nicht anders zu erwarten — systematisch und mit aller methodischen Vorsicht beobachtet und in einem Vortrage im Berliner „Verein für Kinderpsychologie" am 13. Dezember 1901 zur Darstellung gebracht hat. Das darin Mitgeteilte ist auch von W. Stern in gebührender Weise berücksichtigt.

Alles in allem glaube ich, wenn man das Material, welches die Beobachtungen über die Sprachentwicklung beim Kinde darbieten, unbefangen betrachtet, so kann man auch hier nur eine Bestätigung dessen finden, was ein besonnener Empirismus hinsichtlich des Ursprungs der Sprache lehrt. Auch das Kind schon erfindet Bezeichnungen in d e m Sinne, in d e m allein wir es dem Urmenschen zuschreiben, und wenn das erstere dazu fähig ist, dürfen wir es um so mehr vom letzteren annehmen. Auch W. Stern scheint das von ihm gesammelte reiche Material im großen und ganzen in diesem Sinne zu deuten und aufzufassen, und um so mehr wundere ich mich, daß er, wo auf die Analogie zwischen der Sprachentwicklung beim Kinde und den phylogenetischen Anfängen der Sprache die Rede kommt, vornehmlich auf Wundts Klassifikation der Theorien über das letztere Problem verweist. Obschon diese — wie sie überhaupt weder vom historischen noch vom systematischen Standpunkte glücklich und befriedigend genannt werden kann — insbesondere gerade der modernen Form des Empirismus nicht gerecht wird, sondern sie mit der alten „Erfindungstheorie" identifiziert und daraufhin kurzweg verwirft.

Die Klassifikation der Theorien, die Wundt in seinen neuesten Ausführungen über den Ursprung der Sprache gibt, zählt fünf solche auf: die Erfindungs-, die Nachahmungs-, die Naturlaut-, die Wundertheorie und die Entwicklungstheorie. Letzteren Namen gibt er seiner eigenen nativistischen Auffassung der Tatsachen.

Vom historischen Gesichtspunkte fällt hier vor allem als Lücke auf, das Fehlen einer zutreffenden und vorurteilslosen Darstellung des modernen Empirismus. Aber es ist auch ein Mangel, daß das Bild, welches von der Nachahmungstheorie entworfen wird, nicht getreu ist. Es ist meines Erachtens nicht historisch, daß, wie II, ¹, S. 592; ², S. 622 gesagt ist, diese Theorie, die Lautnachahmung „als wirkendes Motiv der Sprach-

bildung" ansehe, und ist auch nicht glücklich, wenn sie
(II, ¹, S. 585); ², S. 615) der Naturlauttheorie in der Weise
gegenübergestellt wird, daß nach ihr „die Anregung zur Sprache
von objektiven Ursachen", während sie bei der Naturlauttheorie
von „subjektiven" ausgegangen sei.

Selbst wer als Nativist die Sprache von Lautnachahmungen
ausgehen ließ, betrachtete doch nicht etwa die objektiven tönenden
Vorgänge in analogem Sinne als Ursachen der Lautnachahmungen,
wie ein Schmerz- oder Lustgefühl als diejenige von Interjektionen.
Als Ursache der sog. nachahmenden „Lautreflexe" sah er vielmehr gewisse Gehörsempfindungen und daran geknüpfte Gefühle
an, und wenn diese weiterhin auch äußere Ursachen haben, so
gilt dies doch ebenso von vielen Lust- und Schmerzgefühlen, an
die sich Interjektionen knüpfen. Noch weniger hat, wer in
empiristischem Sinne Lautnachahmungen als die ersten Sprachanfänge betrachtet, das Obige gemeint, und er hat die Lautnachahmung auch nicht als Motiv, sondern als Mittel der
Sprachbildung angesehen, als Motiv der Lautnachahmung selbst
aber entweder zunächst die bloße Freude an ihr oder dann auch
die Absicht der Mitteilung.

Aber auch vom Standpunkte einer systematischen
Klassifikation der Theorien, die doch den Fortschritt zur Lösung
des bezüglichen Problems im Auge hat, kann ich die Einteilung
Wundts nicht glücklich finden. Denn hier mußte es sich vor
allem um klare und fruchtbare Disjunktionen handeln,[1] und
solche scheinen mir bei Wundt nicht gegeben. Schon früher
habe ich bemerkt, daß „Entwicklungstheorie" ein Terminus sei,
der viel zu weit ist. So kann man ja sowohl einen Nativismus
nennen, wie ihn Wundt vorträgt (und wonach die Sprache als
adäquate unwillkürliche Ausdrucksbewegung das menschliche
Denken auf allen Stufen seiner Entwicklung begleiten soll), als
auch anderseits sogar die Erfindungstheorie des 18. Jahrhunderts.
Wenn Tiedemann sagte, die Sprache sei erfunden worden, so
wie alle anderen Künste und Wissenschaften — haben nicht
auch diese „Erfindungen" ihre Entwicklung? Es ist also keine
gute Disjunktion, wenn Wundt Entwicklungstheorie und Erfindungstheorie einander als Gegensätze gegenüberstellt.

Und bei dem Terminus „Erfindung" selbst — wie bei dem
alten θέσις im Gegensatze zu φύσις — kann und muß man
fragen: ist damit speziell eine Einführung bloß konventioneller
Zeichen im Gegensatz zu solchen, die durch sich oder von
Natur verständlich sind, gemeint, oder allgemeiner: ein von Plan
und Reflexion geleitetes Vorgehen (welches ja auf die natürlich
gegebenen Ausdrucksmittel, auf nachahmende Zeichen und auf

---

[1]) Auch L. Sütterlin (Das Wesen der sprachlichen Gebilde, S. 185) vermißt bei der Wundtschen Einteilung die Klarheit und innere Harmonie.

die willkürliche Wiederholung von Interjektionen nicht notwendig zu verzichten brauchte) oder endlich überhaupt jede
Beteiligung von Wille und Absicht bei der Sprachbildung, auch
eine solche, die durchaus nicht planmäßig ist? Offenbar hält
Wundt diese verschiedenen Bedeutungen von Spracherfindung
nicht auseinander, was schon daraus hervorgeht, daß — wie wir
schon wissen — der moderne Empirismus, der die Sprachmittel
nur in diesem uneigentlichen Sinne für „erfunden" hält, von ihm
kurzweg mit der Erfindungstheorie des 18. Jahrhunderts zusammengeworfen wird. Aber auch d a s zeigt die mangelnde
Schärfe des Begriffs der „Erfindung" bei Wundt, daß er einmal
dieser Theorie die Nachahmungstheorie als Gegensatz gegenüberstellt, dann aber diese letztere selbst wieder als eine besondere
Form von Erfindungstheorie behandelt. Dabei kann ja doch
Erfindung unmöglich beidemal dasselbe bedeuten.

Bei der Rede von „Nachahmungstheorie" wäre im Interesse
der Klarheit vor allem zu fragen, ob sie nativistisch gemeint ist
und „nachahmende Reflexe" statuiert oder ob dies nicht der Fall ist.
Nur scharfe Disjunktionen bieten meines Erachtens Aporien, aus
denen ein εὐπορεῖν entspringt, falls man es zugleich vermeidet,
bei solchen Disjunktionsgliedern, die von vornherein hinfällig
oder wenigstens heute allgemein als solche erkannt sind, unnötig
zu verweilen. Als solche Glieder aber müßte ich nicht bloß die
Wundertheorie ansehen, sondern auch eine Nachahmungstheorie,
die a l l e ursprünglichen Sprachmittel für nachahmend hielte,
und ebenso eine „Naturlauttheorie". die b l o ß Interjektionen als
Quelle der Sprache betrachtet, oder auch b l o ß Lallworte und
dergleichen, die zufällig durch Assoziation mit äußeren Eindrücken zu einer Bedeutung gekommen sind.[1]) Und nicht minder
endlich halte ich eine Erfindungstheorie für abgetan, die eine
systematische Einführung von konventionellen Zeichen, ja überhaupt ein planmäßiges Vorgehen bei der Bildung der Volks-

---

[1]) Wundt rechnet zu dem, was er „N a t u r l a u t t h e o r i e" nennt, einerseits
die frühere Ansicht, daß die Sprachanfänge natürliche Interjektionen gewesen
seien, andererseits jene neuere Lehre, die — wie Geiger, Noiré und andere
— den Ursprung der Sprache in allerlei zunächst sinnlosen Lauten sehen
will, die, indem sie beim Anblick gewisser Gegenstände (aber ohne ihnen
irgendwie ähnlich zu sein) und in Begleitung gewisser Bewegungen, Arbeiten
und dergl. geäußert wurden, durch solche zufällige Assoziationen zu einer
Bedeutung kamen. Ich lasse dahingestellt, ob es passend ist, diese beiden
Theorien unter einem Titel: Naturlauttheorie zusammenzufassen. Jedenfalls
scheint mir der Terminus „Naturlaut" im einen und anderen Falle einen verschiedenen Sinn zu haben. Denn bei einer wahren Interjektion (einem
Schmerzens-, Furcht- oder Freudenschrei und dergl.) meint man, wenn man
ihn einen „Naturlaut" nennt, damit, daß der Laut von Natur verständlich
sei, was ja bei dem eine Arbeit begleitenden Singen oder sonstigen Laut-
geben nicht der Fall ist, wenn es nicht nachahmend ist.

sprachen, lehrte. Dagegen wäre es meines Erachtens für Wundt wohl der Diskussion wert und kein unfruchtbares Beginnen gewesen, zu prüfen, ob eine Form von Empirismus oder von „Spracherfindung" im weitesten Sinne möglich sei und alle nativistischen Annahmen entbehrlich mache, welche keine bedachtsam handelnde Intelligenz, und in diesem Sinne nicht logische „Reflexionen", sondern nur planlose Wahl und Absicht bei der Sprachbildung beteiligt sein läßt, aber von dieser sowohl Naturlaute im alten Sinne des Wortes, als Nachahmungen, als auch zufällige Assoziationen, kurz alles, was auf Grund konkreter Erfahrung und nach Analogie zu ihr dem Verständnis zu dienen verspricht, in den Dienst genommen denkt.

Ich sagte: der moderne Empirismus rufe nicht „logische Reflexionen" zu Hilfe, und ohne sie sehen wir denn auch das Kind sich mit einer gewissen Freiheit und relativen Selbständigkeit Sprachmittel schaffen.

Allein Wundt bekämpft nicht bloß in dem oben erörterten Sinne, daß beim Sprechen und Verstehen des Kindes „logische Reflexionen" im Spiele seien. Nicht bloß ist nach ihm (wie auch nach uns) dabei nicht ein abstraktes Bewußtsein von Zweck und Mitteln und ein reflektiertes Wählen der letzteren, sondern überhaupt nicht Begriffsbildung, im Spiele. Er hat bei dieser seiner Opposition[1]) zunächst die Angaben von Preyer, Taine und anderen im Auge. Und gewiß geht der erstere dieser Forscher zu weit, wenn er meint, beim Kinde sei die Begriffsbildung von den ersten Anfängen der Wortbildung an da und gestatte ihm, Wörter, die man ihm mitgeteilt hat, beliebig in ihrer begrifflichen Bedeutung zu erweitern oder auf neue Begriffe zu übertragen. Und zwar kann hier sogar in doppelter Weise die intellektuelle Leistung des Kindes zu hoch angeschlagen sein. Es braucht sich möglicherweise gar nicht um ein begriffliches Denken zu handeln. Oder, wenn dies der Fall ist, handelt es sich vielleicht nicht um eine bewußte Übertragung nach Ähnlichkeit oder Analogie (im Gegensatz zu uns, wenn wir z. B. vom Fuße des Berges sprechen), sondern um eine berechtigte oder fälschliche Subsumtion und teilweise Identifizierung der Gegenstände. Was das erste betrifft, so kann und wird es gewiß vorkommen, daß das Kind nicht bloß Lallworte, sondern auch Lautkomplexe aus der Sprache der Erwachsenen, welche für diese wahre Namen, d. h. der Ausdruck für Begriffe sind, gebraucht, indem es sie

---

[1]) I, ¹, S. 282 ff.; ², S. 286 ff.

nicht in dieser spezifisch menschlichen Weise versteht, sondern sie, wie das Tier, bloß als Zeichen konkreter Eindrücke auffaßt und verwendet.[1]) Es kann und wird nach den Assoziationsgesetzen geschehen, daß die Vorstellung eines Lautes, welche sich mit derjenigen eines gewissen Gegenstandes assoziiert hat, auch durch den Anblick eines ähnlichen erweckt wird, **ohne daß die Ähnlichkeit oder irgend ein gemeinsamer Zug Gegenstand des Bemerkens** und ohne daß irgendein, wenn auch noch so primitives, begriffliches Denken im Spiele ist. Die Gesetze der Gewohnheit und Assoziation, die — wie schon wiederholt bemerkt wurde — nicht bloß Gleiches wie das bereits Erfahrene mit einem Gleichen, sondern auch mit einem Ähnlichen, und Ähnliches mit Ähnlichem, verknüpfen, können so auf eine Strecke weit Resultate zustande bringen, die den Vorkommnissen beim spezifisch menschlichen Erlernen und Gebrauch der Sprache analog sind ohne wirklich ein solches zu sein.[2]) Aber ein derartiges Vortäuschen spezifisch menschlichen Sprachverständnisses ohne Besitz allgemeiner Begriffe ist eben doch nur stückweise möglich. Und bald tritt eine Grenze ein, die nicht überschritten werden kann, außer mit Hilfe von Begriffsbildung und Abstraktion. Wundt bemerkt (a. a. O., S. 284): „Wenn . . . das Kind meist in viel weiterem Umfange Ähnlichkeitsassoziationen ausführt als der Erwachsene, so beruht das nicht auf einer umfassenderen Tätigkeit der „Vergleichung", sondern umgekehrt darauf, daß es leichter Gegenstände verwechselt, die nur eine entfernte Ähnlichkeit haben, und daß bei ihm namentlich Größen- und Entfernungsunterschiede noch fast gar keine Rolle spielen". An dieser Bemerkung ist ohne

---

[1]) Daß das Tier bloß konkrete Vorstellungen habe (die aber ähnlich wie auch bei uns nach Kontiguität und Ähnlichkeit verknüpft sind und sich assoziieren), während ihm die Gabe, durch Abstraktion Universalien (wie: Rotes, Farbiges, Dreizahl usw.) zu erfassen mangelt, haben Beobachter wie ̔Aristoteles, Locke und andere übereinstimmend angenommen. Auch ich teile diese Ansicht, und sie hat neuerlich wieder durch die von Stumpf geleiteten eingehenden und methodischen Beobachtungen an dem Pferde des Herrn von Osten eine Bestätigung erfahren. Vgl. Dr. O. Pfungst, Das Pferd des Herrn von Osten, 1907.

[2]) Auch verwendet das Kind — wie bekannt — wohl manches Mal, bloß um überhaupt die Aufmerksamkeit zu erwecken oder um auf irgend einen Gegenstand, bald diesen, bald jenen, hinzuweisen, ein Zeichen, welches dem Erwachsenen mehr als das ist, nämlich ein Mittel um etwas Bestimmtes nach seiner Natur und Art zu benennen.

Zweifel Wahres, und in diesem Sinne habe ich schon vor Jahren gegen Steinthal zugegeben,[1]) daß ein Teil der kühnen Verwendungen von Sprachmitteln, die wir bei Kindern finden, gewiß auf Rechnung dessen zu setzen ist, daß sie weniger unterscheiden und infolgedessen manches identifizieren, was der Erwachene auseinanderhält. Aber wenn Wundt selbst (a. a. O.) eine Erzählung von Helmholtz (Physiologische Optik, ², S. 770) aus seiner eigenen Kindheit erwähnt, nämlich er habe als kleiner Knabe, auf dem Arm seiner Mutter sitzend, von dieser verlangt, sie solle ihm die Dachdecker vom nächsten Turm herabholen, da er sie für Puppen hielt, so scheint es mir nicht glücklich, daß er gerade dies und ähnliches als einen Beleg dafür ansehen will, wie das Kind in diesem Alter noch keinerlei begriffliche Gedanken fasse. Ich möchte es als einen Beleg dafür ansehen. Denn es scheint damit doch zugegeben, daß Ähnlichkeiten wie die Gleichheit der Gestalt und dergl. und etwas Gemeinsames derart für das Kind Gegenstand seiner Apperzeption werden. Und dies involiert eine primitive Begriffsbildung. Wundt spricht von „Ähnlichkeitsassoziationen", die das Kind ausführe. Aber dies kann in mehrfachem Sinne gemeint sein. Einmal so, daß man dabei — wie es Wundt zu wollen scheint — jede Beteiligung von begrifflichem Denken leugnet, dann aber auch so, daß man eine solche zugibt. Und auch dabei kann noch in doppelter Weise davon die Rede sein, daß die Ähnlichkeit assoziierend wirke. Werfen wir einen kurzen Blick auf das eine und andere.

Vor allem kann eine Assoziation nach Ähnlichkeit oder auf Grund von Ähnlichkeit zwischen konkreten Vorstellungen statthaben, ohne daß irgendwie die Ähnlichkeit oder etwas den ähnlichen Vorstellungen Gemeinsames Gegenstand der Apperzeption oder des Bemerkens ist. Diese Vorgänge haben auch beim Tiere statt und begründen seine Art sprachliche Zeichen zu gebrauchen. Dagegen zur spezifisch menschlichen Sprache führt dies — wie schon bemerkt — niemals. Dazu ist irgend eine Abstraktion unentbehrlich, und nur auf Grund einer solchen ist der Gebrauch allgemeiner Namen möglich. Eine Abstraktion oder ein begriffliches Denken liegt vor, wenn eine Ähnlichkeit

---

[1]) Vierteljahrsschrift für wissenschaftliche Philosophie, Bd. VIII (1884) S. 323 ff.

bemerkt wird oder wenn etwas mehreren Gegenständen Gemeinsames als solches Gegenstand der Apperzeption ist, also wenn
die Ähnlichkeit, indem sie assoziierend wirkt, zugleich bemerkt wird.[1]) Aber auch dies braucht nicht immer der Fall
zu sein, wo ein begriffliches Denken im Spiele. Wenn einmal
etwas vielen Gemeinsames, was nicht selbst ein Konkretum
ist (also ein Universale wie: so oder so Gestaltetes, Rotes,
Farbiges usw.), durch Abstraktion erfaßt und mit einem Zeichen
assoziiert ist, so kann das letztere durch Assoziation in Erinnerung gerufen werden, so oft jenes in einer neuen Erfahrung
wieder auftritt und erfaßt wird, ohne daß das früher erfahrene
Konkretum ins Bewußtsein gerufen wird, worin der betreffende
Begriff damals erfaßt wurde, und so auch ohne daß die Ähnlichkeit und Übereinstimmung des früher und später mit demselben
Namen Genannten Gegenstand des Bemerkens ist.[2]) Jedenfalls
sind Assoziation und Begriffsbildung nicht — wie man nach
Wundt glauben sollte — Gegensätze. Auch Begriffe können
assoziiert sein, sowohl unter sich, als mit konkreten Eindrücken,
wie z. B. mit der Vorstellung von bestimmten Sprachlauten. Und
beim spezifisch menschlichen Sprechen sind es eben Begriffe, die
mit gewissen Worten (nämlich den Namen) assoziiert sind. Und
eben solche Assoziationen scheinen mir auch in dem Falle vor-
zuliegen, welchen Wundt aus Helmholtzs Kinderzeit anführt; der
Name scheint nur mit gewissen Zügen assoziiert, die ein verschiedenen Gegenständen gemeinsames Universale bilden.[3])

----- - -- ---

[1]) Das Erfassen von Relationen oder relativen Bestimmungen als solchen,
wie der Ähnlichkeit, Verschiedenheit und dergl., ist zwar nicht eine Abstraktion im üblichen Sinne einer Imperzeption (wie das Erfassen des Begriffes Farbiges, Rotes und dergl.), sondern wird besser eine Komperzeption
genannt. Aber, wie schon früher betont wurde, müssen meines Erachtens
auch diese Komperzeptionen zum begrifflichen Denken gerechnet werden.

[2]) Beim ersten Erfassen eines solchen Universale (wie Rotes, Farbiges
und dergl.) mußte allerdings notwendig eine Mehrheit von Konkreta gegeben
sein, worin jenes ihnen Gemeinsame erfaßt und durch Abstraktion herausgehoben wurde. Ist aber diese Vorstellung des Gemeinsamen gewonnen, so
kann sie sowohl auftreten, indem sie als ein mehreren Gemeinsames bemerkt
wird (und dann sagt man, daß dieses Mehrere unter diesem Gesichtspunkt
verglichen werde), als ohne dies.

[3]) Und eine ähnliche Bewandtnis scheint es mir auch zu haben, wenn
ich vor wenigen Wochen beobachtete, wie ein Kind von 14 Monaten, das
im Stadtpark in seinem Wagen gefahren wurde, über dessen Rasenbeete
und Gebüsche hinweg auf eine Turmuhr am Franz-Josephsbahnhof blickte

Daneben ist es eine sekundäre Frage, wann es sich bei einem
uns überraschenden Gebrauche eines Namens unserer Sprache
von Seite der Kinder um eine bewußte Übertragung auf Ähnliches
oder Benachbartes, und wann es sich um eine — sei es berechtigte, sei es fälschliche — Subsumtion handle.²) Es wird
aber auch Fälle geben, wo ausgeschlossen ist, daß eine Verwechslung vorliege und anderseits auch die berechtigte Subsumtion
unter einen allgemeinen Begriff entweder völlig unannehmbar oder
unwahrscheinlich ist. Letzteres, weil sie dem Kinde eine größere
intellektuelle Leistung zumuten würde, als die bewußte Übertragung. Oft ist es auch schwer oder ganz unmöglich einen allgemeinen Begriff anzugeben, der — wo wir einen Namen im übertragenen Sinne verwenden — beim Kinde in dieser Weise die
einheitliche und eigentliche Bedeutung bilden sollte. Das gilt schon,
wo es sich bei uns um Übertragungen nach Analogie handelt
(Metapher im engeren Sinne), und noch mehr bei Übertragungen
nach Kontiguität. Wie z. B. wenn ein nachahmender Laut als
Bezeichnung für den Gegenstand gebraucht wird, der den Laut
hervorzubringen pflegt und dergleichen. Liegt nun der Fall
zugleich so, daß es unannehmbar ist, daß das Kind die Worte
unserer Sprache ohne einen Anfang von Begriffsbildung bloß in

---

und in dieser Richtung zeigend ausrief: Tik-tak. Mag es auch natürlich die
Entfernung und Größe des Gegenstandes nicht richtig geschätzt haben, so
war doch bei dieser Benennung zweifellos die Ähnlichkeit des Gesehenen mit
den Uhren, die das Mädchen schon zu Hause gesehen hatte, im Spiele und,
wie ich glaube eine solche, die irgend einmal Gegenstand des Bemerkens geworden und mit einer primitiven Abstraktion verbunden war. Nebenbei
sei erwähnt, daß nach meiner Erkundigung das Mädchen genau in dem Alter
ist, wie jener Knabe eines Kollegen, von dem die Beobachtung galt, die ich
früher einmal verzeichnete (vgl. a. v. a. O., S. 324), daß er einen Wärme-
regulator im Eisenbahnkupee Tiktak nannte.

²) Dies zu entscheiden, wird oft mit dadurch erschwert, daß es uns
überhaupt nicht leicht ist, uns in die praktischen und theoretischen Interessen,
welche beim Kinde vorwiegen und die Richtung seiner Apperzeptionen und Gedanken bestimmen, hineinzuversetzen. Unter vielen Beispielen, die sich anführen
ließen, sei nur eines erwähnt, das Stumpf in seinem interessanten Berichte
über die „eigenartige sprachliche Entwicklung eines Kindes" (Zeitschrift für
pädagogische Psychologie und Pathologie, Jahrgang III, Heft 6, S. 18) anführt. Sein Sohn Felix verwendete zurzeit jener eigenartigen sprachlichen
Versuche die Bezeichnung „trocken" überhaupt im Sinne von etwas Mangel-
haftem, z. B. für einen der Zügel seines hölzernen Pferdes, der keine Glocken
hatte, während der andere sie besaß. Offenbar — wie Stumpf selbst richtig
bemerkt — infolge eines Hineinspielens „der Eßphantasie".

der Weise konkreter Zeichengebung, wie deren auch das Tier
fähig ist, verwende, und ebenso unannehmbar, daß es das Verschiedene dadurch Bezeichnete fälschlich unter denselben Begriff
subsumiere und in diesem Sinne verwechsele (was sich ja oft durch
fatale praktische Folgen kundgeben und rächen müßte), so bleibt
nichts übrig, als auch bei ihm eine bewußte Übertragung anzunehmen.
Es ist auch ihm eine metaphorische oder bildmäßige Bezeichnungsweise zuzuschreiben, sei es eine Metapher im engeren Sinne
(d. h. eine gleichnisweise Übertragung nach Analogie) oder eine
solche im weiteren Sinne (Metonymie und Synekdoche). Dies
könnte nur bestreiten, wer unberechtigter Weise in den Begriff
der Metapher aufnähme, daß sie den Zweck haben müsse, nicht
dem nackten Verständnis, sondern dem ästhetischen Vergnügen
zu dienen, oder wer dabei ein Maß von Reflexion voraussetzte,
wie wir es oben auch bei den Übertragungen des gemeinen
Mannes in der Volkssprache ablehnten. In Wahrheit gehört
dazu weder ein Maß von vergleichender Analyse der betreffenden
Inhalte, wie sie nur dem wissenschaftlich reflektierenden Verstande zukommen könnte, noch ein, nur diesem angemessenes
Bewußtsein von seinem eigenen Tun. Wir müssen auf letzteres
sofort noch einmal zurückkommen.

Auch W. Stern, der sonst in der Auffassung der Kindersprache uns in mancher Beziehung nahe steht, insbesondere
indem er ihr, wie wir, den Charakter der Spontaneität zuschreibt, kommt Wundt doch darin entgegen, daß er wenigstens
meint, es bedeute eine „zu intellektualistische" Fassung dieser
Spontaneität, wenn man sie auf ein begriffliches Denken gegründet sein lasse. Tatsächlich handle es sich dabei nicht
um „logische", sondern nur um Pseudobegriffe, d. h. — wie
schon der letztere Name besagt — um Vorgänge, die nicht in
Wahrheit, sondern nur dem Scheine nach begriffliche Gedanken
seien. Ihr psychologisches Zustandekommen, so sagt uns Stern
(a. a. O., S. 171), sei durchaus alogisch, auf viel primitiveren
Funktionen als denen der Begriffsbildung beruhend. Diese
letztere würde eine Reproduktion der früheren Eindrücke (mit
denen die Worte sonst verknüpft wurden) voraussetzen. „Nun
aber, fährt der Autor fort, ist das Kind des frühesten Sprach-
stadiums noch viel zu sehr Augenblickswesen, um Erinnerungen
zu Hilfsmitteln seines Denkens und Sprechens zu machen. Es
benennt etwas, weil es im Moment auf ein bestimmtes Er-

lebnis reagiert. Daß dieses Erlebnis eine solche Reaktion auslösen kann, ist zwar durch frühere Erlebnisse bedingt, aber ohne
daß diese früheren Erlebnisse jetzt als Bewußtseinsinhalte da zu
sein brauchten. Sie wirken unterschwellig auf die Gegenwart
durch assoziative Zusammenhänge und verleihen dem gegenwärtigen Erlebnis eine gewisse Gefühlsnüance der Vertrautheit".
So sei auch das erste Wiederkennen des Kindes nicht ein Wiedererkennen des Vorherdagewesenen, sondern nur ein Vertrautheitsgefühl gegenüber dem gerade Wahrnehmbaren. Die Bekanntheitsqualität, wie man diese Gefühlsnüance benannt hat, gehe
chronologisch stets der bewußten Erinnerung voran.

Demgegenüber möchte ich vor allem daran erinnern, daß
es sich auch nach uns um etwas wie Schein- oder Pseudobegriffe handelt, wenn man den Tieren „Begriffe" zuschreibt, wie
z. B. dem Hund den Begriff eines anderen Hundes, oder den der
Katze, oder seines Herrn, oder seines Futternapfes usw. Und wenn
man von ihm sagt, daß er diese Gegenstände kenne und wiedererkenne. Hier sind meines Erachtens nur konkrete Assoziationen
gegeben, die sich dem Tiere — auf Grund von Erfahrung und
Assoziation — regelmäßig an gewisse konkrete Eindrücke
knüpfen und seine Handlungen bedingen und bestimmen. Den
Komplex dieser Assoziationen nennt man den Begriff (notion),
welchen das Tier von dem betreffenden Gegenstand besitze oder
dessen Bekanntschaft mit ihm.

Unter diesen konkreten Assoziationen können sich auch
Sprachzeichen finden, und in diesem Sinne kommt — wie wir
schon früher sagten — dem Tiere auch Sprachverständnis und
Sprechen zu. Ist es nun das, was auch beim Kinde das Sprachverständnis und Sprachdenken ausmachen soll in jenem ersten
Stadium, von welchem Stern redet? Wenn dies, dann müßte ich
wiederholen, daß solche Vorgänge nur stückweise die betreffenden Leistungen des Kindes zu erklären vermögen und nicht in
ihrer Gänze. Viele von ihnen sind vielmehr der Art, daß sie
ohne Hinzutreten eines gewissen Maßes von Abstraktion und
Begriffsbildung in dem Sinne, wie wir oben davon sprachen,
nicht erklärlich sind. Stern führt im Anschluß an das oben von
ihm Zitierte selbst aus, indem das Kind bei einem gewissen,
durch Wiederholung ihm vertraut werdenden Erlebnis immer
von neuem ein bestimmtes Wort vernehme und sich zwischen
beiden eine Assoziation bilde, hafte es „mit seinem Vertrautheits

gefühl, und entsprechend mit der Wortassoziation, nicht etwa
an dem Erlebnis als einem Ganzen"; ein oder mehrere
Merkmale,[1]) oft sehr unwesentliche und dem Erwachsenen recht
fernliegende, würden herausgegriffen[1]) und Träger des Symbols;
„tauchen diese Merkmale selbst in neuen Verbindungen auf, so
kann ihre Bekanntheitsqualität dennoch ausreichen, die Wortassoziation zu realisieren. Auf diese Weise entstehen jene
Pseudogattungsbegriffe und Begriffserweiterungen, die wir oben
erwähnten." Mir scheint, damit ist deutlich zugegeben, daß das
Kind einer gewissen Abstraktion fähig sei, da die Merkmale, an
die sich die Worte assoziieren, vielfach nicht konkrete, von dem
Ganzen des übrigen Eindrucks abtrennbare Vorstellungsbestand-
teile, sondern Züge sind, die für sich ein Universale bilden.
Und das wird auch durch die Beispiele bestätigt, die Stern für
jene von ihm geschilderten Vorgänge beibringt. Wie, daß seine
Tochter Hilde das Wort *puppe* von ihrer (wirklichen) Puppe
rasch auch auf gewisse andere Spielsachen, z. B. auf ihren Stoff-
hund und ihr Stoffkaninchen (dagegen nicht auf ein anderes
Hauptspielzeug derselben Zeit, nämlich ein silbernes Glöckchen)
übertrug. Es war also — wie er bemerkt — die ungefähre
Größengleichheit, ferner Tasteindrücke von Stoffen, sowie eine
gewisse Gliederung, was das gleiche Wort auslöste. Lediglich
der Eindruck des Fliegenden war bestimmend, wenn ein beim
Anblick von Vögeln gelerntes pipip bald auch auf Insekten angewendet wurde usw. Und indem Stern auch das bekannte
Beispiel Romanes' von einem Kinde erwähnt, das beim Anblick
einer Ente auf dem Wasser *quack* zu sagen gelernt hatte und
bald alles Vogelartige, dann auch eine Münze, auf der ein Adler
abgebildet war, und endlich auch andere Münzen ohne Vogel-
prägung so nannte, setzt er hinzu: „das Merkmal der Vogelform
ist also das zunächst zur Vermittlung dienende, später aus-
fallende Zwischenglied, das Merkmal des Runden, oder des
Blanken, oder des Fliegenden hat sich an dessen Stelle mit dem
Worte assoziiert."

Ich lasse dahingestellt, ob gerade bei diesem, Romanes entnommenen, Beispiele mehr als eine Assoziation des Wortes mit
konkreten Eindrücken vorlag, aber wenn dies, so muß es als
Assoziation mit Merkmalen gefaßt werden, deren Vorstellung nur

---

[1]) Von mir unterstrichen.

durch irgend eine Abstraktion gewonnen werden konnte. Und
wenn nicht hier, so ist dies doch jedenfalls in manchem der
anderen Fälle Tatsache, wo nach Stern das Wort als „Bekannt-
heitssymbol auf rein assoziativer Grundlage" fungiert. Assoziation ist zweifellos im Spiele; aber Assoziation zwischen dem
Wort und irgend einem — wenn auch noch so primitiven —
begrifflichen Gedanken, und dies gibt dem Worte den Charakter eines spezifisch menschlichen Sprachmittels, wofür beim
Tiere sichere Beispiele fehlen. Wenn Stern leugnet, daß das Kind
dabei „Erinnerungen zu Hilfsmitteln seines Denkens und Sprechens
mache", so kann ich dies nur in dem Sinne zugeben, daß es gewiß
oft einen allgemeinen Namen auf einen neuen Gegenstand anwendet,
ohne Rückerinnerung an die früheren Fälle, wo es ihn in derselben Weise gebraucht hat, und daß, auch wo dies der Fall
ist, es dabei gewiß nicht in abstracto das Bewußtsein und den
Vorsatz hat, den Namen darum aufs neue zu gebrauchen, weil
das eine und andere durch ihn Genannte den betreffenden Begriff miteinander gemein haben.[1]) Aber das ist nicht ausgeschlossen, daß manchesmal, indem beim Anblick eines neuen
Gegenstandes ein gewisser, mit einem Merkmal desselben asso-
ziierter Name im Bewußtsein auftaucht, zugleich die Erinnerung

---

[1]) Ich möchte dies aber nicht als wesentlich für den spezifisch menschlichen Gebrauch der Sprache bezeichnen. Ebenso nicht, mit Stern (a. a. O.,
S. 171), als Grundvoraussetzung für den begrifflichen Symbolwert der Sprache
das Bewußtsein ansehen, „daß jedes Wort die Funktion hat, dauernd eine
bestimmte Bedeutung zu repräsentieren".

Und wiederum möchte ich nicht für die menschliche Sprachentwicklung
das Bewußtsein als wesentlich ansehen, „daß zu jedem Gegenstand dauernd
ein ihn symbolisierender, zur Bezeichnung und Mitteilung dienender Lautkomplex gehöre", d. h. „daß jedes Ding einen Namen habe" oder „die
Einsicht, daß die Namengebung etwas für die Dinge allgemein zu Be-
anspruchendes sei". Daß solche Erwartungen für jeden einzelnen Fall sich
bilden auf Grund und nach Analogie zu früheren Erfahrungen, sei ohne
weiteres zugegeben und daraus erklärt sich meines Erachtens „das ständige
Namensfragen" genügend, worauf Stern sich unter anderem für die Annahme
beruft, daß das Kind zu einer bestimmten Zeit (bald etwas früher, bald
etwas später) jene „Entdeckung" mache oder das „Symbolbewußtsein" gewinne. Soll eine allgemeine Einsicht über die Sprachmittel und ihre Funktion
damit gemeint sein? Mit der Statuierung solcher Einsichten beim Kinde
möchte ich vorsichtig sein. Aber freilich ebensowenig ihm jedes „Symbolbewußtsein" und „Symbolverlangen" absprechen, ehe es zu solchen Reflexionen fähig ist über das, was es tut. Auch hier gilt es zwischen
einem Zuviel und Zuwenig die Mitte zu halten.

an andere Gegenstände geweckt wird, die dasselbe Merkmal an sich tragen und daß dabei die Übereinstimmung bemerkt wird.[1])

Und gibt Stern dies nicht eigentlich selbst zu, indem er von einem Vertrautheitsgefühl oder einer Bekanntheitsqualität spricht, welche von Seite des früher Erlebten dem Gegenwärtigen verliehen werde — falls diese Ausdrücke, die doch mehr einer populären Diktionsweise angehören, eine Übersetzung in die exakte wissenschaftliche Terminologie vertragen und die „unterschwelligen" Tatsachen nicht in ungebührlicher Weise zur Erklärung der im Bewußtsein sich abspielenden herangezogen werden sollen?

Ich kann nämlich die Rede von einer „Gefühlsnüance der Vertrautheit" und dergl. nicht in anderer Weise gelten lassen, als etwa auch die von einem „Gefühl", daß eine gewisse Rechnung nicht richtig sei, oder die von einem „Wahrscheinlichkeitsgefühl". In diesem Falle kann es sich offenbar nur um Urteile handeln, von deren Berechtigung man sich keine, oder wenigstens keine volle Rechenschaft zu geben vermag. Solche Urteile mögen von Gefühlen (Furcht, Hoffnung und dergleichen) mit bedingt sein oder ihrerseits solche im Gefolge haben, aber sie selbst sind nicht Gefühle, sondern eben Akte des Urteilsvermögens, Schätzungen, Vermutungen. Allein nur so kann es auch gemeint sein, wenn man zu sagen pflegt: man habe das „Gefühl", etwas schon gesehen oder gehört zu haben, das „Gefühl", daß es einem bekannt vorkomme. Es ist — wie sich bei näherer Untersuchung zeigt — nicht im eigentlichen und exakt-psychologischen Sinne ein „Gefühl" gemeint (oder soll es Lust oder Unlust, Furcht oder Hoffnung sein? und gar solche Emotionen, die nicht auf irgendwelche Urteile und Vorstellungen gegründet wären?), sondern ein Urteil, über dessen Gründe man nicht im Klaren ist. Man glaubt sich zu erinnern, meint eine vage Ähnlichkeit mit etwas früher

---

[1]) Nur kann natürlich dieses Bemerken der Übereinstimmung in einem gewissen Merkmal nicht der Abstraktion dieses Begriffes vorausgehen — wenigstens wenn es sich um ein fache Abstraktion handelt — sondern ihr erst folgen. In diesem Sinne wäre es verkehrt zu sagen, die Abstraktion sei eine Vergleichung oder beruhe auf einer solchen. Im eigentlichen Sinne kann man dies nur behaupten von der Bildung (zweckmäßiger und speziell erfahrungsgemäßer) zusammengesetzter Begriffe — wir kommen darauf zurück — nicht von der Gewinnung der letzten begrifflichen Elemente.

Erlebtem zu bemerken (und dabei kann natürlich, was man in gleicher oder ähnlicher Weise früher schon erfahren zu haben, und woran man die Identität oder Verwandtschaft des Neuen mit dem Alten zu erkennen glaubt, auch ein Gefühl sein). Aber wenn der psychische Zustand, der sich abspielt, irgend exakt und wissenschaftlich beschrieben werden soll, wird er nur als ein Urteilen auf Grund gewisser Vorstellungsassoziationen und dunkler Erinnerungen zu bezeichnen sein. Auch speziell das „Vertrautheitsgefühl", von dem Stern spricht, kann denn meines Erachtens nicht wahrhaft ein Gefühl sein, sondern es besteht entweder in gewissen Urteilen und somit in eigentlichen Erinnerungen, oder wenn dies nicht, wenigstens in gewissen Vorstellungsassoziationen, und da dieses sog. „Gefühl" sich nach Stern selbst nicht an das Ganze des Erlebnisses knüpfen soll, sondern an gewisse Merkmale, und zwar solche, deren Vorstellung nur durch eine gewisse Abstraktion zu gewinnen ist, so muß die Assoziation sich auf irgendwelche — wenn auch noch so primitive — begriffliche Gedanken beziehen. Sei es, daß dabei auch eine Übereinstimmung von früher und später Erfahrenem zum Bewußtsein kommt, sei es, daß auch nur der Name auftaucht, sobald der früher mit ihm verknüpfte Zug wieder an einem Gegenstand apperzipiert wird, ohne eine explizite Erinnerung an den früheren gleichen oder verwandten Gebrauch und an andere Gegenstände, die schon früher als mit jenem Merkmal behaftet erfahren worden sind.[1])

Sollen wir nun diese primitiven begrifflichen Gedanken, die den Gebrauch der Worte da vermitteln, wo diese von Stern Bekanntheitssymbole auf assoziativer Grundlage genannt werden, „logische Begriffe" nennen oder den Vorgang als „alogisch" bezeichnen?

Das wird natürlich davon abhängen, wie man den Sinn des Terminus „logische Begriffe" bestimmt, und damit die Erörterung sachlich bleibe und nicht in unfruchtbaren Wortstreit ausarte, so wird vor allem auf die in der Natur der Dinge begründeten Unterscheidungen hinzuweisen zu sein, die von

---

[1]) Wie das „Vertrautheitsgefühl" so kann ich natürlich auch die „Bekanntheitsqualität", von der andere gesprochen haben (vergl. z. B. auch J. M. Baldwin, Thought and Things, 1906, p. 153), nicht für etwas Letztes, was keiner Analyse bedürfte, halten.

uns zum Teil auch bereits in aller Schärfe gemacht worden, zum anderen Teil noch nachdrücklicher zu betonen sind.

Man kann vor allem gewisse Begriffe „logisch" in dem Sinne nennen, daß sie schlechtweg zweckmäßig, oder zweckmäßiger als andere, im Dienste der Erkenntnis gebildet sind.[1]) Dieser Unterschied geht namentlich die durch prädikative Verknüpfung aus jenen Elementen gebildeten begrifflichen Synthesen an. Sie, in besonderem Sinn und Maße, können entweder der Wirklichkeit entsprechen oder nicht,[2]) und auch wenn das erstere der Fall ist, gilt insbesondere von ihnen, daß sie die wirklichen Gegenstände unter unwesentlichen, oder aber unter wesentlicheren Gesichtspunkten gruppieren, mit anderen Worten durch tiefergreifende und eigentlichere, oder oberflächliche und uneigentliche Auffassungen gebildete Klassifikationen derselben begründen. Die wesentlicheren und auf eigentlichere Auffassungen gebauten Begriffe werden natürlich im allgemeinen mehr für die Erkenntnis leisten, als diejenigen von gegenteiliger Beschaffenheit.

Faßt man nun den Terminus Begriff im engeren Sinne eines solchen logischen Begriffes, d. h. einer wissenschaftlich wertvollen und zweckmäßigen Auffassungsweise der Gegenstände, so ist klar, daß wir sie den Kindern nicht zuschreiben werden. Zwar sind es auch vielfach die begrifflichen Gedanken nicht, welche die Erwachsenen mit den Namen der Sprache verbinden. Aber doch sind es natürlich diejenigen der Kinder noch viel weniger.

─── ·· ───

[1]) Urteile nennt man logisch, wenn sie Erkenntnisse und in diesem Sinne den logischen Regeln (die zum richtigen Urteilen anleiten wollen) gemäß sind. Begriffe können nicht in diesem, wohl aber in obigem Sinne logisch genannt werden, nämlich sofern sie eine Bedingung und mehr oder weniger zweckmäßig gebildete Vorbereitung und Hilfe für die Erkenntnis sind.

[2]) Es ist natürlich nicht meine Meinung, daß etwa nur die der Wirklichkeit entsprechenden Begriffe für die Gewinnung von Erkenntnissen dienlich sein könnten. Das ganze Gebiet unserer apriorischen Erkenntnisse bezieht sich auf solches, was nicht bloß nicht ist, sondern notwendig nicht ist; die diesen negativen Evidenzen zugrunde liegenden Begriffe gehen auf Unmögliches. Aber, wie schon bei früherer Gelegenheit gesagt wurde und übrigens auf der Hand liegt, haben nicht alle diese apriorischen Einsichten denselben Wert, und so sind auch nicht alle sie bedingenden Begriffssynthesen für die Erkenntnis gleich wertvoll. Dazu kommt, daß es auch Begriffssynthesen gibt, die weder etwas Wirklichem entsprechen und für solche (assertorische) Erkenntnisse dienlich sind, noch auch eine negative (apriorische) Einsicht begründen.

Auch wenn sie mit einem Namen nicht bloß konkrete Eindrücke, sondern den Gedanken an irgend ein Universale, an etwas vielen Gemeinsames verknüpfen, so wird er vielfach auf einer ganz unwesentlichen und oberflächlichen Übereinstimmung fußen und entweder einen anderen Umfang haben als der Gedanke des Erwachsenen, oder wenn einen gleichen oder verwandten Umfang, doch einen anderen Inhalt.[1]) Und indem es etwas denkt, was auf denselben Umfang von Gegenständen anwendbar, aber eine uneigentlichere Auffassung derselben ist, oder aber auch bloß einen verwandten Umfang hat wie der Gedanke des Erwachsenen, werden dies insbesondere oft nach Typen gebildete uneigentliche Vorstellungen sein, wie: etwas dem oder dem Ähnliches und dergl.

Auch Stern bemerkt (a. a. O., S. 172) hinsichtlich der Pseudobegriffe, die er dem Kinde als Grundlage seiner Worte zuschreibt: ein oder mehrere Merkmale, oft sehr unwesentliche und dem Erwachsenen recht fernliegende, würden herausgegriffen und Träger des Symbols. Aber ich glaube nicht, daß er die betreffenden Vorstellungen aus diesem Grunde, weil sie nur unwesentliche Merkmale der Gegenstände erfassen, nicht „logische", sondern Pseudobegriffe nennen will.

Allein man kann Begriffe auch darum „logische" nennen wollen, weil sie mit einer Reflexion auf das eigene Denken (auf die Abstraktionstätigkeit oder die prädikative Synthese usw., wodurch der betreffende Gedanke zustande kommt) verbunden sind. Oder weil sie von einer Reflexion auf die Beschaffenheit des Resultats und von dem ausdrücklichen Bewußtsein begleitet sind, ob

---

[1]) Wir wissen ja, wie Begriffe, welche die gleiche Gruppe von Gegenständen umspannen, dies tun können, indem sie dieselben in eigentlicherer Vorstellung und nach wesentlicheren Merkmalen, oder unwesentlicheren Charakterzügen nach und uneigentlicher auffassen können. Die ersteren Begriffe, z. B. solche, die die wesentlichen Merkmale des Dreiecks oder des Kreises oder des Sauerstoffs distinkte ausdenken, werden wir mehr logisch nennen, da sie im allgemeinen für die Erkenntnis wichtiger sind. Womit nicht gesagt sein soll, daß nicht unter Umständen und in gewissen Grenzen auch der uneigentlichere Gedanke (als müheloseres Äquivalent und Surrogat des eigentlicheren, dessen öftere und jedesmalige Vergegenwärtigung einen großen und vielfach nutzlosen Aufwand von Zeit und Geisteskraft erfordern würde) dem Fortschritt des wissenschaftlichen Denkens in bemerkenswerter Weise Vorschub leisten kann. Doch darum wird es sich beim kindlichen Denken gegenüber dem der Erwachsenen nicht handeln.

es sich um einen Gattungs- oder Speziesbegriff oder, allgemein gesprochen, um einen, im Vergleich zu einem anderen, über-, unter- oder nebengeordneten handle. Ich nenne auch in diesem Sinne die Begriffe des Kindes durchaus nicht „logisch", und wenn Wundt darin Recht hat, daß Taine und andere „Vertreter der Erfindungstheorie", dem Kinde solche „logische Reflexionen" zugeschrieben haben, so kann ich dies nicht billigen. Es handelt sich um den Bericht Taines[1]) über ein Kind, welches das Wort *bébé* anfänglich nur für das kleine Jesuskind, das man ihm auf einem bestimmten Gemälde gezeigt hatte, verwendete. Man zeigte ihm dann andere Kinder und endlich sein eigenes Bild im Spiegel, indem man dasselbe Wort bébé sagte. „Hiervon ausgehend — fährt Taine fort — hat das Kind den Sinn des Wortes erweitert; „bébé" nennt es nun alle kleine Figuren, z. B. die halbgroßen Gipsfiguren auf der Treppe" usw. — Dazu bemerkt Wundt, ihm scheine, der Fehler, den die vulgäre Reflexionspsychologie bei der Beurteilung der von dem Kinde herbeigeführten Wortübertragungen begehe, lasse sich nicht deutlicher kenntlich machen, als es durch das Beispiel Taines geschehe. „Wenn wir nachträglich das Verhältnis der verschiedenen Bedeutungen, die das Kind einem und demselben Wort im Verlauf der Zeit gibt, auf ihr logisches Verhältnis prüfen, so ergeben sich natürlich Verallgemeinerungen, Verengerungen oder sonstige Umwandlungen der Begriffe. Diese Begriffsoperationen verlegt man nun in das Kind selber. Man nimmt an, dieses ändere den Sinn des Wortes willkürlich[2]) nach seinen Bedürfnissen und womöglich infolge einer Überlegung. Aber nicht nur erklären sich alle jene Erfolge vollkommen zureichend aus naheliegenden Assoziationswirkungen, sondern sind auch gelegentlich von Erscheinungen begleitet, die direkt auf bestimmte Wahrnehmungsassoziationen hinweisen, während sie jeder Art logischer Reflexion widersprechen." (I, [1], S. 283; [2], S. 287.)

Daß hier Assoziationen im Spiele seien, will wohl niemand leugnen. Aber daraus folgt — wie wir schon wiederholt be-

---

[1]) „Über den Verstand", deutsch von Siegfried, 1880, S. 286 ff.

[2]) Was heißt hier: willkürlich ändern? Ohne Anlaß in einer Ähnlichkeit des früher oder später damit Bezeichneten? Das will wohl weder Taine noch sonst jemand behaupten. Oder ist es nur eine Verstärkung des „mit Überlegung"?

tonten — nicht, daß nicht irgend ein begriffliches Denken im Spiele sei. Sei es so, daß das Kind die verschiedenen Gegenstände, die es bébé nennt, demselben Begriffe subsumiert, sei es, daß dies nicht der Fall ist und eine Änderung (Verengerung oder Erweiterung) der Bedeutung vorliegt. Und auch wer dies letztere annimmt, braucht dem Kinde nicht Überlegung und logische Reflexion und eine „Begriffsoperation" in dem Sinne zuzuschreiben, daß es sich in abstracto klar wäre über den Vorgang der Bedeutungserweiterung oder Verengerung. Sollten Taine oder die „psychologischen und pädagogischen Beobachter des Kindes", von denen Wundt sagt, daß sie in gewissem Maße einer „ähnlichen Interpretationsweise huldigen" (Ament, Compayré), dies behaupten wollen,[1]) so würden sie zweifellos irren. Und ich meinerseits möchte nicht bloß dem Kinde nicht, sondern auch nicht allen Erwachsenen solche Kenntnis seiner eigenen logischen Funktionen zuschreiben.

Aber ebensosehr ist meines Erachtens derjenige im Unrecht, der mit der Widerlegung der Annahme von „logischen Begriffen" in diesem Sinne beim Kinde, zugleich diejenige ins Unrecht gesetzt zu haben glaubt, daß hier überhaupt ein begriffliches Denken im Spiele sei, und so müßte ich auch Einsprache erheben, wenn Stern das Erfassen von „Merkmalen", das er dem Kinde zugesteht, darum etwa als bloßen „Scheinbegriff" hinstellte, weil es nicht von einer „Kenntnis der eigenen logischen Funktionen" und von dem Bewußtsein begleitet ist, daß es sich um Gattungs-, oder Art- oder Individualbegriffe handle.

Doch gegen unsere Ausführungen wird man vielleicht einwenden, sie setzten voraus, daß der Mensch allgemeine Begriffe früher besitze als Individualbegriffe, und dies sei unannehmbar. Gerade auch die Beobachtung beim Kinde zeige, so meint z. B. Stern, daß sich „in logischer Hinsicht die Individualbegriffe zuerst herauslösen," und das Kind erlange damit die Fähigkeit „ein bestimmtes Objekt bewußt zu identifizieren", z. B. die Puppe oder die Mama. „Eine viel längere Entwicklungszeit brauchen dagegen, so fährt er fort, die Gattungsbegriffe. Sie existieren zunächst nur in einer Vorbereitungsform, die zwar die konkrete Vielheit gleichartiger Exemplare, nicht aber die abstrakte Allgemeinheit der Merkmale enthält. Wir wollen sie „Plural-

---

[1]) Insbesondere bezüglich Aments kann ich dies aber nicht glauben.

begriffe" nennen. Das Kind weiß jetzt schon, daß „Pferd"
nicht ein nur einmal vorhandenes Individuum ist, sondern ihm
in vielen Exemplaren begegnen kann; aber seine Aussagen beziehen sich immer nur auf dieses oder jenes Exemplar, welches
sich gerade in seiner Wahrnehmung, Erinnerung oder Erwartung
darbietet. Es ordnet jedes neue Exemplar nun schon neben
die vielen anderen, die es früher wahrgenommen, aber es ordnet
noch nicht alle Exemplare dem Allgemeinbegriffe unter. Nach
unseren Erfahrungen kommt das Kind erst im vierten Lebensjahre hierzu" (a. a. O., S. 179. 180).

Allein — um von dieser eigentümlichen Schilderung der
Pluralbegriffe zunächst abzusehen — kann ich nicht zugeben,
daß Individualbegriffe den Anfang unserer Begriffsbildung
repräsentierten, und ich muß diese Lehre für den Ausfluß einer
irrigen und den Tatsachen nicht entsprechenden Abstraktions-
theorie halten — ebenso wie die oft gehörte, daß überhaupt die
spezielleren Begriffe vor den allgemeineren gewonnen würden.
Die letztere Behauptung ist nur richtig bezüglich der durch
einfache Imperzeption gewonnenen Elemente unseres begrifflichen
Denkens. Hier ist der speziellere Gedanke vor dem allgemeineren, z. B. der Gedanke Rotes, Blaues vor dem Gedanken
Farbiges, oder Qualitatives überhaupt. Man stellt aber mit
Vorliebe als Beispiele von Abstraktion hin, daß aus der Betrachtung verschiedener Pferde oder dergl. der allgemeine Begriff des Pferdes, weiter: aus derjenigen des Pferdes und anderer
Säugetiere der allgemeinere des Säugetieres, und abermals durch
Vergleichung der Säugetiere mit Tieren anderer Klassen der
noch allgemeinere Begriff des Tieres überhaupt gewonnen werde.
Und indem man solche Fälle als Beispiele einer einfachen Abstraktion betrachtet, übersieht man völlig, daß jeder, selbst ein
uneigentlicher und oberflächlicher, Begriff des Pferdes bereits
ein zusammengesetzter Gedanke ist, der nicht gedacht werden
kann, ehe das Bewußtsein der einzelnen Elemente gewonnen ist.
Ähnlich ist es mit dem beliebten Beispiele vom Dreieck, dessen
Begriff durch Vergleichung verschiedener Arten von Dreiecken
erworben werde, und mit dem Hinweis, daß man weiterhin aus
der gleichzeitigen Betrachtung von Dreiecken und anderen
geradlinigen Figuren den der geradlinigen Figur überhaupt
gewinne usw. In Wahrheit muß, wer den Begriff Dreieck
eigentlich denkt, denjenigen der geradlinigen Figur bereits völlig

distinkt besitzen, also zweifellos dessen Elemente im Bewußtsein
haben und durch prädikative Synthese verknüpfen. Und so sind
denn, wenn man auf diese zusammengesetzten Begriffe, wie Pferd,
Hund, Tier, Dreieck usw. blickt, nicht die spezielleren und
speziellsten, sondern die allgemeineren und allgemeinsten die
frühesten. Jeder solchen Zusammensetzung geht voraus die Gewinnung der Elemente. Sie ist Sache einfacher Abstraktion (resp.
Komperzeption usw.); die Bildung der Zusammensetzungen ist
Sache einer prädikativen Verbindung und Determination.[1] Was
aber von den spezielleren und speziellsten Begriffen gilt, das gilt
auch von den individuellen. Sie entstehen durch Synthese und
können unmöglich früher sein als die allgemeineren Elemente, aus
denen sie bestehen. Der Gedanke Hierseiendes — Rotes kann
nicht gegeben sein vor demjenigen von Hierseiendes und von Rotes.
Und dasselbe gilt von dem Individualbegriff bestimmter sog.
Dinge, wie dieser Hund, jenes Pferd, der Papa, die Mama usw.
Mag auch der individuelle Begriff eines solchen Dinges beim

---

[1] Eine solche ist natürlich auch der distinkte Gedanke: Rotes-Farbiges.
Auch dieser ist später als Rotes und als Farbiges.

Zwar nicht die Bildung solcher Synthesen überhaupt, wohl aber die
der zweckmäßigen und speziell derjenigen, wodurch die wirklichen Dinge
nach ihren wesentlichen und wichtigen Klassenmerkmalen erfaßt werden, ist
natürlich Sache einer Vergleichung, im eigentlichen Sinne des Wortes. Es
hieße ein Hysteronproteron begehen, zu sagen: die Abstraktion der einfachen
begrifflichen Elemente beruhe auf einer eigentlichen Vergleichung; denn die
Übereinstimmung in einem gewissen Merkmal zu erkennen, setzt ja den
Begriff dieses Merkmals schon voraus. Dagegen ist es Sache einer wirklichen
Vergleichung, speziell diejenigen Merkmale herauszufinden und durch Synthese zu verbinden, die z. B. zum Wesen des Dreiecks oder des Hundes
gehören oder „dessen Begriff" bilden. Hier kann man auch sagen der Begriff
werde gewonnen, indem das allen Dreiecken Gemeinsame unter Abstraktion
von dem, wodurch die besonderen Beispiele differieren, herausgehoben werde. Mit anderen Worten: hier kann Abstrahieren den Sinn
eines bewußten Absehens von gewissen Zügen haben. Dagegen bei dem,
was man Abstraktion der einfachen Begriffselemente nennt, würde es gleichfalls einem Hysteronproteron gleichkommen, dem Terminus „Abstraktion"
von allem Anfang diesen Sinn zu geben.

Man hat jene Konstatierung der konstanten Merkmale an den Dingen
und ihren Verhältnissen, wodurch die wichtigen und zweckmäßigen Klassenbegriffe gebildet werden, „Induktion" genannt. Und jedenfalls ist sie —
wenn nicht selbst im strengen Sinne des Wortes eine Induktion — doch eine
Vorbereitung zu dem, was so genannt zu werden verdient, nämlich der Er-
schließung allgemeiner Gesetze aus einzelnen Tatsachen.

Kinde noch so uneigentlich sein, d. h. mögen die Merkmale, wodurch es den betreffenden Gegenstand bei der wiederholten Be-
gegnung mit ihm identifiziert, noch so oberflächlich heraus-
gegriffene sein, es handelt sich — wenn überhaupt von einem
Individualbegriff die Rede sein soll — doch um eine wahre
Identifikation[1]) und, da identifizieren prädizieren heißt, um einen
durch prädikative Synthese gebildeten Komplex von Merkmalen,
wovon jedes einzelne für sich ein Universale wäre.

So ist denn nur zu erwarten, daß das Kind auch von
Namen irgendwelche allgemeine früher in spezifisch menschlicher Weise verstehen und gebrauchen lerne, als individuelle.[2]) Und damit scheinen mir die Erfahrungen aufs beste
zu stimmen. Das Kind gebraucht bekanntlich zuerst Eigennamen wie *Papa* für alle Männer. Das kann ganz wohl so
sein, daß es nicht bloß in tierischer Weise mit dem ähnlichen
Eindruck denselben Laut verknüpft, ohne die Ähnlichkeit oder
etwas Gemeinsames zu bemerken. Es erfaßt irgend etwas derart,
und indem es das Unterscheidende übersieht, so wird ihm, was

---

[1]) Nur um eine solche, wenn auch von noch so primitiver Art, kann es
sich auch handeln bei dem, was Stern ein „Vertrautheitsgefühl" nennt, welches
das Kind vor dem vierten Jahre beim Gebrauch individueller Namen, z. B.
beim Namen „Mama", leite und worin er eine Vorstufe der Individualbegriffe
sieht. Ich kenne auch hier nur ein aut-aut. Entweder liegt wirklich ein
Begriff vor, dann und nur dann kann dem Kinde ein über das Tierische
hinausgehendes Sprachverständnis zukommen, oder es handelt sich nur um
konkrete Eindrücke, dann können ihm die individuellen wie die allgemeinen
Namen nur in ganz uneigentlicher Weise „Bekanntheitssymbole" sein, nämlich
so wie etwa auch dem Tiere. Wir sagen auch von diesem, es erkenne seinen
Herrn wieder. Aber es kann sich dabei weder um ein evidentes Wiedererkennen handeln, noch auch um ein blindes Füridentischnehmen im Sinne
einer wahrhaften Prädikation. Was vorliegt, ist eine Assoziation konkreter Eindrücke, die stückweise zu ähnlichen Resultaten führt, wie ein mit
einem primitiven begrifflichen Denken verbundenes Identifizieren. Beim
Anblick des Herrn entstehen im Hunde vermöge der Gesetze der Assoziation
und Gewohnheit wieder gleiche Erwartungen und Gefühle wie zuvor. Er
handelt also so, als ob er die Identität erkennte; analog wie er auch dem
Ähnlichen gegenüber sich vielfach so benimmt, als ob er die Ähnlichkeit
bemerkte, während im eigentlichen Sinne von einem solchen Bemerken
nicht die Rede sein kann.

[2]) Mit der Lehre, daß gewisse Allgemeinbegriffe früher sind, als
alle Individualbegriffe, stimmt auch die Tatsache, die schon Leibniz betont
hat, daß nämlich die Eigennamen unserer Sprachen aus allgemeinen oder
„appellativen" hervorgegangen sind.

für uns ein Eigenname ist, zu einem Gemeinnamen, d. h. es verbindet irgendeinen, wenn auch noch so primitiven allgemeinen Begriff damit. Später lernt es etwas kennen und behalten, was den Papa von allen anderen Männern unterscheidet. Es bildet sich ihm durch Synthese und gegenseitige Determination mehrerer Merkmale ein speziellerer und (in gewissen Grenzen) individueller Begriff. Und indem ihm dieser nun zur Bedeutung des Wortes *Papa* wird, erhält irgendein anderer Name, wie Onkel oder dergl., die Funktion, alle Männer, die ihm freundlich begegnen, zu bezeichnen, also als primitiver Klassenname zu dienen.

Stern meint, als Vorbereitungsform für die Gattungsbegriffe müßten „Pluralbegriffe" dienen, worin zwar die konkrete Vielheit gleichartiger Exemplare, nicht aber die abstrakte Allgemeinheit der Merkmale enthalten sei. Allein wenn damit nur eine Vielheit von konkreten und individuellen Vorstellungen gemeint wäre, so müßte ich erwidern, daß dies gar nicht als ein Begriff gelten kann, und daß der nominalistische Versuch der Assoziationspsychologie, den Gedanken des Umfangs der Universalien an die Stelle des Inhaltes zu setzen, sich (soweit dies nicht schon von anderen geschehen ist) in jeder Form leicht als unhaltbar dartun ließe. Nicht das scheint mir die Wahrheit zu sein, daß das Kind bei „Pferd" keinerlei abstrakten Inhalt denkt, dagegen allerdings das, daß es nicht an die tiefergreifenden und komplizierten Merkmale denkt wie wir, daß sein Begriff dem unseren zwar umfangsgleich oder umfangsverwandt, aber dem Inhalte nach nur ein recht uneigentliches und oberflächliches Surrogat desselben ist.

Und wenn Stern fortfährt, das Kind ordne jedes neue Exemplar zwar neben die vielen anderen, aber es ordne noch nicht alle Exemplare dem Allgemeinbegriff unter (dazu gelange es erst im vierten Lebensjahre), so kann ich dieser bildlichen Ausdrucksweise — denn nur um ein Bild kann es sich ja doch handeln — bloß etwa in dem Sinne Wahrheit zugestehen, daß es nicht in abstracto ein Bewußtsein hat von dem Verhältnis der Über- und Unterordnung zwischen den Vorstellungen und in diesem Sinne auch nicht von dem Gattungs-, Art- und Individualcharakter derselben.[1]) Aber allerdings auch nicht von

[1]) Natürlich sind auch nicht alle Allgemeinbegriffe Gattungs- resp. Artbegriffe im strengen aristotelischen Sinne des Wortes (wie etwa Farbig

der Nebenordnung. Und das gilt meines Erachtens vom Kinde nicht bloß vor dem vierten Lebensjahre, sondern auch danach. Aber zu Individual- und Allgemeinbegriffen,˙ ohne solche logische Reflexion auf ihre Natur und Beschaffenheit, ist es wohl befähigt, und sonst wäre das spezifisch menschliche Sprachverständnis, durch welches es sich auch schon in dieser Zeit vom Tiere unterscheidet, schlechterdings nicht möglich.

Wie wir dem Kinde Begriffe, die in dem oben erörterten Sinne nicht „logisch", aber doch wahrhaft Begriffe sind, unbedenklich zuschreiben, so auch dem primitiven Sprachbildner. Seine begrifflichen Gedanken waren nicht von einer Reflexion auf dieses eigene Tun begleitet, und sie waren auch gewiß nach Inhalt und Umfang vielfach (und noch mehr als die des Kindes, das ja durch uns in „frühreifer Entwicklung" zur Auffassung und Klassifikation der Gegenstände angeleitet wird) andere als die unsrigen. Aber wenn es nicht Begriffe — wenn auch noch so primitive, und die Dinge nach noch so oberflächlichen Merkmalen und in noch so uneigentlicher Weise erfassende — gewesen wären, so wäre eine spezifisch menschliche Sprache niemals entstanden. Es wäre ohne irgendwelche Imperzeptionen, Komperzeptionen, „Reflexionen" und die Synthese solcher durch einfache Abstraktion usw. gewonnener Elemente, nie zu Namen mit einheitlicher Bedeutung und nie zur übertragenen Verwendung von Zeichen mit Hilfe von inneren Sprachformen gekommen. Auch das Letztere nicht. Denn wie ich schon wiederholt betont habe, sind auch die figürlichen inneren Sprachformen nicht, wie man vielfach gemeint hat, „Anschauungen", sondern Begriffe, nur sind es teils Begriffe von Anschauungen, teils solche, die speziell aus sinnlichen Anschauungen geschöpft sind, weil das Sinnliche, und insbesondere das Sichtbare, der gemeinsamen Wahrnehmung offen liegt und darum besonders geeignet ist, das Verständnis für ferner Abliegendes zu vermitteln. Nur auf Grund von Abstraktion und der Erfassung von allgemeinen Zügen an den Gegenständen war und ist — wie ich schon in meinem „Ursprung der Sprache" und anderwärts betonte — selbst die primitive Methode möglich, wie in der Gebärdensprache ein Ding durch Nachahmung seiner Gestalt oder Bewegungsweise,

gegenüber Rot, wo die Gattung nicht außerhalb der Art gefunden wird), sondern die Ausdrücke „Gattung und Art" sind hier im weitesten Sinne zu nehmen.

oder in der Lautsprache durch Wiedergabe der ihm charakte-
rischen Laute und Geräusche, bezeichnet wird.

So bleibe ich dabei, daß es irrig wäre, zu behaupten, die
Aneignung der menschlichen Sprache von Seite des Kindes habe
nichts mit der Begriffsbildung zu tun, falls man mit „Begriff"
nicht einen exzeptionell engen Sinn verbindet. Und ebenso bildete
ein gewisses Maß begrifflichen Denkens die Voraussetzung für
die Sprachentstehung beim Urmenschen, so daß ich nicht bloß
mit Wundt das Dilemma: Entweder die Vernunft vor der Sprache
oder die Sprache vor der Vernunft, sondern auch seine Entscheidung, es habe weder das eine noch das andere stattgehabt,
sondern Sprache und Vernunft hätten sich gleichzeitig entwickelt,
für ungenügend halten muß. Es ist noch etwas anderes möglich,
und dies war das Tatsächliche, nämlich daß in gewissem Sinne
die Vernunft vor der spezifisch menschlichen Sprache da
war [1]) und sich doch auch mit ihr weiter entwickelte. Nicht

----

[1]) Wundt sagt II, ¹, S. 606; ², S. 636: Das menschliche Bewußtsein
lasse sich ohne Sprache gerade sowenig denken, wie sich die Sprache ohne
menschliches Bewußtsein denken läßt. Darum seien beide miteinander und
durcheinander geworden, und die Frage, ob die Vernunft oder die Sprache
das Frühere sei, habe ebensowenig einen Sinn wie die berühmte Streitfrage,
ob das Ei oder die Henne früher sei.

Es ist, meine ich, bezeichnend, daß der Autor diesen Vergleich heranbringt und stimmt damit, daß er sich den Zusammenhang von Sprechen und
Denken nativistisch denkt, wie er denn unmittelbar zuvor (aber — wie wir
schon wissen — auch an zahlreichen anderen Stellen) ausführt: Wo immer
ein Bewußtsein vorhanden sei, da fänden sich auch Bewegungen, die es nach
außen kundgeben, und diese äußeren Merkmale, die als „natürliche Kom-
plemente" zu ihm gehören, begleiten dasselbe von Stufe zu Stufe, sich mit
dem Inhalt, dem sie zugeordnet sind, vervollkommnend (vgl. auch II, ¹, S. 605;
², S. 635). Aber mit dieser unbewiesenen nativistischen Voraussetzung steht
und fällt natürlich jede Berechtigung des obigen Vergleiches.

II, ¹, S. 598; ², S. 628 argumentiert der Autor, die Annahme einer
Priorität der Sprache vor der Vernunft oder diese vor jener sei willkürlich:
„Denn eine Funktion und die Werkzeuge ihrer Anwendung sind immer zugleich da, müssen also auch zugleich sich entwickeln". Ich frage: wiefern
sollen wir es bei Vernunft und Sprache mit einer Funktion und den Werk-
zeugen ihres Gebrauches zu tun haben — denn das ist ja wohl gemeint,
daß die Vernunft die Funktion und die Sprachmittel die Werkzeuge seien? —
Daß die Sprache Werkzeug der Mitteilung ist, sei ohne weiteres zugegeben.
Allein daraus folgt nichts für Wundts nativistische These. Es würde nur
etwas folgen, wenn es ausgemacht wäre, daß jedes einsame Denken eines
Allgemeinen mit innerer Notwendigkeit an eine „Ausdrucksbewegung" oder

in jedem Sinne kommt der „Vernunft" Priorität zu gegenüber der Sprache, nämlich nicht im Sinne eines auf die Wahl der Bezeichnungsmittel verwendeten abstrakten Nachdenkens und nicht im Sinne einer logischen Reflexion über die eigene Sprach- und Denktätigkeit, wohl aber in dem des Besitzes irgendwelcher durch Abstraktion gewonnener allgemeiner Begriffe. Vernunft in diesem Sinne schuf allererst den spezifisch menschlichen Bezeichnungsmitteln ihre eigentümlichen Inhalte und für vielseitige übertragene Verwendung die figürlichen inneren Sprachformen. Nur war auch diese Vernunfttätigkeit nicht bloß in gewissem Maße Voraussetzung für die Sprachbildung,[1]) sondern sie hat sich natürlich auch Hand in Hand und Schritt für Schritt mit ihr weiter entwickelt, wie wir es noch heute beim Kinde beobachten können.

3. Eine weitere Erscheinung, auf die man sich ganz wohl zugunsten der empiristischen Anschauung vom Ursprung und der Entwicklung der Sprache berufen kann, ist die sog. Volksetymologie. Bekanntlich hat zuerst E. Förstemann im I. Band der Zeitschrift für vergleichende Sprachforschung von Aufrecht und Kühn (1852, S. 1 ff.) in wissenschaftlicher Weise davon gehandelt. Er sieht darin das Streben des Volkes, sich den Ursprung der Wörter und den Zusammenhang derselben unter sich klar zu machen, und er bemerkt treffend, daß, obwohl häufig damit eine äußere Umwandlung des Wortes (zum Zwecke, um es einem bekannten anzugleichen) Hand in Hand geht, dies doch nicht zum Wesen der Erscheinung gehört. „Zuweilen ist sie auch (aber schwerer erkennbar) allein innerlich in den Vorstellungen wirksam." Es ist also eine Verkennung des wahren Begriffes der Volksetymologie, wenn Wundt sie als eine „Wortassimilation" definiert, da es Fälle gibt, wobei die Form des Wortes in keiner Weise auf Entstellung und Assimilation beruht. Und ebenso verengt er den Begriff ungebührlich, indem er zur obigen Definition hinzufügt („eine Wortassimilation") „mit begrifflicher[1]) Umbildung des Wortes durch die assimilierenden Elemente" oder wenn er kurz zusammenfassend die Erscheinung

ein Zeichen irgendwelcher Art geknüpft wäre. Allein dies läßt sich weder irgendwie aus der Natur der allgemeinen Gedanken erweisen, noch durch Tatsachen erhärten. Ja die letzteren (z. B. die Fälle der aphasia amnestica und vieles andere) sprechen offenkundig dagegen.

[1]) Von mir unterstrichen.

bestimmt, „als eine lautlich-begriffliche¹) Wortassimilation
(I, ¹, S. 477; ², S. 464).

Denn sowenig ein Wandel der äußeren Form, sowenig
gehört ein solcher in der Bedeutung notwendig zum Wesen des
Vorganges.²) Das beweist schon der Umstand, daß die Volksetymologie sich auch auf Eigennamen beziehen kann, wo infolge der
irrigen etymologischen Auffassung die Bedeutung durchaus nicht
eine andere wird (der Name bezeichnet ja infolge davon keineswegs ein anderes Individuum). Aber so ist es auch öfter, wenn
es sich um Appellativa handelt. Ihre verkehrte etymologische
Deutung ist nicht immer von einer Bedeutungsverschiebung begleitet. Wer es glaubte, könnte es nur infolge einer Verwechslung der Bedeutung mit der figürlichen inneren
Form.

Förstemann hat gewiß auch weiter Recht, wenn er ausführt, die Erscheinung der Volksetymologie werde vor allem da
häufig sein, wo der Volksgeist sich noch in sprachschöpferischer
Freiheit bewege; denn das Bilden neuer Ausdrücke und das
Erforschen des Ursprungs der schon bestehenden seien zwei
einander gewissermaßen entgegengesetzte Tätigkeiten, die sich
gegenseitig fördern und ergänzen.³) Namentlich die letztere
Bemerkung scheint mir vortrefflich. Wir haben es in der
Volksetymologie in der Tat mit dem Ausfluß der gewohnheitsmäßigen Erwartung eines Zusammenhangs der Wörter zu tun.⁴)
Daher das Befremden, wo ein solcher ganz zu fehlen scheint,
das Suchen nach ihm und das Bestreben einen solchen her-
zustellen. Aus derselben Quelle aber fließt in anderen Fällen
auch die Gewinnung neuer Bezeichnungen in Anlehnung an
die gegebenen (durch Übertragung, Ableitung, Komposition)
zur Bestreitung neuer Bedürfnisse.

¹) Von mir unterstrichen.
²) Gerade so involviert ja auch das gelehrte Analogon der Volksetymologie, die wissenschaftliche Etymologie, nicht ihrem Begriffe nach eine
Bedeutungsänderung für das fragliche Wort, sondern nur eine begründete
Annahme oder ein sicheres Urteil über den Zusammenhang der einen
Bedeutung mit anderen.
³) A. a. O., S. 3.
⁴) „Warum heißt dies so"?, ist oft nur eine Frage nach dem Etymon,
nicht nach dem Sinne und der Berechtigung der in der Benennung liegenden
ernstlichen Klassifikation des genannten Gegenstandes.

Aber gerade die Fälle der Volksetymologie zeigen — und
dies ist der Grund, warum ich hier besonders auf sie verweise —
wie bei diesen Vorgängen kein abstraktes und irgendwie wissenschaftliches Bewußtsein dessen, was wir den Zusammenhang der
Bedeutungen und die Wirksamkeit der inneren Sprachform
nennen, besteht und zu bestehen braucht, sondern daß konkrete
Erfahrungen und die gewohnheitsmäßige Erwartung des Ähnlichen und Analogen (unter ähnlichen Umständen) genügt. Schon
bei Kindern findet sich bekanntlich ein solches etymologisches
Bedürfnis, mit und ohne Umänderung der davon betroffenen
Wörter. Förstemann erzählt von sich, daß er als Knabe sich
über den sentimental klingenden Namen des Siegfried von Feucht-
wangen gewundert habe, als käme er von „wange"; da er weder
das ahd. wang (campus) noch den ahd. Ortsnamen Fiuhtinwanc
kannte. Aus eigenem kann ich erwähnen, daß mich in meinen
frühen Knabenjahren das schweizerisch - alemannische Wort
„fuoren" befremdete, weil ich es mit keinem der Bedeutung
verwandten neuhochdeutschen in Beziehung zu bringen vermochte. Man sagt nämlich im Schweizerisch-Alemannischen eine
Speise fuoret, wenn sie nährend, sättigend ist, und da mir das
ahd. fuorôn = nähren unbekannt war, suchte ich umsonst nach
einem Etymon für jenen unveränderten Überrest der Sprache
Notkers, die einst in meiner Heimat gesprochen wurde.[1]
　　Solche Beobachtungen zeigen, meine ich, aufs deutlichste,
daß und wie es zwischen dem Bewußtsein des über diese
Dinge reflektierenden Sprachforschers und Sprachpsychologen
und einem völligen Unbewußtsein, wie es unsere Gegner beim
regulären Bedeutungswandel und der populären Wortschöpfung
statuieren wollen, Mitteldinge gibt und geben muß. Bekanntlich
ist auch das erwähnte etymologische Bedürfnis bei verschiedenen
Individuen verschieden stark ausgebildet, gerade wie auch verschiedene von ihnen in ungleichem Maße schöpferisch und
wählerisch sind in der Bereicherung und Tradition der überlieferten Sprache.
　　4. Doch nicht bloß was wir am historischen und heutigen
Sprachleben beobachten, kann uns ein berechtigter Finger-
zeig sein für die Art, wie wir uns die prähistorischen Zustände

---

[1] Auch W. Stern (Die Kindersprache, S. 273 ff.) erwähnt hübsche Beispiele von Volksetymologie (mit und ohne Assimilation) bei Kindern.

zu denken haben, sondern auch die Entstehung anderer
Erscheinungen im Volksleben kann ein Licht werfen auf
das Maß der Fähigkeiten und auf die Art des Schaffens und
Bildens, welche wir der Volksseele bei der Entstehung der
Sprache zuschreiben dürfen.

Der Mensch hat sich primitive Werkzeuge gebildet, er
hat sich Speisen bereiten gelernt usw., was konkrete Erfahrungen über die größere oder geringere Tauglichkeit gewisser
Mittel zu gewissen Zwecken voraussetzte, wo wir also nicht an
ein absichtloses Tun denken dürfen, aber auch nicht an ein planmäßig reflektierendes zu denken brauchen. Der Sprachbildung
am nächsten aber liegt die Analogie von der Entstehung
volkstümlicher rechtlicher und staatlicher Einrich-
tungen, da wir es auch hier nicht mit Schöpfungen eines
einzelnen und für einen einzelnen zu tun haben, sondern mit
solchem, was wesentlich für eine Vielheit bestimmt war und
von ihr beeinflußt und geschaffen wurde. Schon in früheren
Publikationen habe ich auf diese Parallele hingewiesen, und so
tun es auch andere.[1]

Es war ein Grundgedanke Savignys und der sog. historischen
Schule in der Rechtswissenschaft, daß die Bildung von Recht und
Staat nicht das Werk der Willkür Einzelner als solcher, sondern
das des in allen Einzelnen lebenden Volksgeistes gewesen sei.[2]
Und wie wir denn, nach einem Worte W. Scherers, die Bekanntschaft mit Savigny als die erste große Wendung in
J. Grimms Leben betrachten müssen, so erfüllte sich auch
J. Grimm (der seine deutsche Grammatik bekanntlich Savigny
gewidmet hat) mit diesen Anschauungen und übertrug sie auf
die Entstehung der Sprache. Allein wenn so von Recht und
Staat, wie von der Sprache, betont wird, sie seien nicht willkürliche und individuelle Erfindungen, sondern ein unbewußtes
und notwendig sich gestaltendes Werk der Gesamtheit des Volkes,
kann damit gemeint sein, sie seien Ausfluß unwillkürlicher

---

[1] Vgl. z. B. Brentano, Die Zukunft der Philosophie, S. 53 (bezüglich
des römischen Rechtes), und neuestens Diels in seiner oben erwähnten
Rektoratsrede.

[2] Vgl. über Savigny auch O. Kraus, Die leitenden Grundsätze der
Gesetzesinterpretation, in der Zeitschrift für das private und öffentliche Recht
der Gegenwart, 32. Bd., S. 2 ff. Andere haben in ähnlichem Sinne von einem
Werk der „objektiven", im Gegensatz zur „subjektiven Vernunft" gesprochen.

„Triebhandlungen" in dem Sinne, daß auch bei den einzelnen
Schritten und Beiträgen zu dem Ganzen des Baues keinerlei
Absicht und Zweckbewußtsein gewaltet habe?
Offen gestanden ist mir völlig rätselhaft, wie wir uns dies
bei der Entstehung der rechtlichen und staatlichen Bildungen
vorstellen sollen, und wo hier das Analogon der unwillkürlichen,
auf einem allgemeinen psychophysischen Parallelismus beruhenden,
Ausdrucksbewegungen zu suchen sein sollte, was wir von Wundt
als das Wesen aller populären Sprachentwicklung bezeichnen
hörten. An eine solche Unwillkürlichkeit hat sicher Savigny
bezüglich der Entstehung der rechtlichen und staatlichen Haud-
lungen und Gebilde nicht gedacht. Wundt muß also entweder
rundweg ablehnen, daß zwischen der Entwicklung der Volkssprache und der volkstümlichen Rechtsbildung eine Analogie
bestehe und muß die letzteren als Ausfluß der Reflexion und
„Erfindung" bezeichnen, oder er muß zugeben, daß sein psychologisches Kategorienschema, nämlich die Scheidung der psychischen
Vorgänge in unwillkürliche Triebhandlungen einerseits und verstandesmäßige Willkürhandlungen anderseits, hier jedenfalls
nicht imstande ist, das aut-aut abzugeben, in welches sich die
Tatsachen des menschlichen Seelenlebens in seiner Entwicklung
in der Geschichte zwanglos einfügen lassen.

Vom Standpunkte unserer Auffassung der Entstehung der
volkstümliche Gebilde dagegen ist leicht erklärlich, was Savigny
und Anderen bezüglich der Entstehung des Rechtes vorschwebt: es
ist offenbar der Gedanke, daß — analog wie wir es bezüglich der
Sprache ausgeführt — das Ganze der volkstümlichen rechtlichen
Institutionen planlos und durch Zutun vieler entstand, und daß die
Harmonie und Zweckmäßigkeit oder die scheinbare Planmäßigkeit, die gleichwohl in jenem Ganzen zu Tage tritt, nicht durch
die Vernunft eines Einzelnen („subjektive Vernunft") sondern
auf dem Wege einer natürlichen Anpassung und Auslese des im
einzelnen Falle Brauchbaren und als Werk von Bedürfnissen,
Neigungen und Gewohnheiten zustande kam, welche zu etwas
von jenen Bedürfnissen Gefordertem und jenen die Gesamtheit
beherrschenden Neigungen Kongenialen führte, ohne daß die
einzelnen davon eine Übersicht und ein abstraktes Bewußtsein
hatten.

Und wenn ich hinsichtlich der Entstehung der Sprache von
Anfang etwas Analoges (nämlich: nicht unwillkürlich und wahl-

los, aber unsystematisch und planlos!) lehrte und verteidigte, so glaube ich damit — wie schon oben bemerkt — nur demjenigen die schärfere psychologische Fassung gegeben zu haben, was vielen der bedeutendsten modernen Sprachforscher vorschwebte (und vorschwebt), und wozu sie die liebevolle Versenkung in die konkreten Erfahrungen des Sprachlebens und der Sprachgeschichte führte, wenn sie auch nicht immer die angemessene abstrakte Formulierung für ihre Ansicht fanden.¹)

---

¹) Bei manchen ist dies um so mehr zu entschuldigen, als ihnen die zeitgenössische Psychologie, soweit sie sich von ihr leiten ließen, darin nicht in der richtigen Weise an die Hand ging. Übrigens sind andere dieser Sprachforscher, von ihrem gesunden psychologischen Blick geleitet, sogar in der Wahl des Ausdrucks für die richtige empiristische Auffassung und Beschreibung des Sprachlebens gar nicht unglücklich gewesen. Ich nenne beispielsweise nur N. Madvig, W. Scherer und M. Bréal.

Sachregister.

47*

748

Verbesserungen und Zusätze.

Seite 9, Anmerkung, muß es heißen: Anders, wenn man unter „evident" nicht das versteht, usw.

Seite 31, Zeile 7 von oben muß es heißen: und dies ist auch durchaus nicht usw.

Über das in diesem § kurz berührte Problem einer internationalen und künstlichen Weltsprache hat sich eine ganze Literatur entwickelt, die zum Teil erschienen oder mir in die Hand gekommen ist, nachdem das im Texte Gesagte niedergeschrieben war, und es haben teils hervorragende Sprachforscher (wie H. Schuchardt, G. Meyer, K. Brugmann, A. Leskien, H. Diels) teils Gelehrte, die auf anderen Gebieten Fachmänner sind, (wie Couturat, Ostwald u. a.) dazu das Wort ergriffen.

Man vgl. von Schuchardt außer der früher erwähnten Schrift (Auf Anlaß des Volapüks 1888) insbesondere auch: Weltsprache und Weltsprachen. An Gustav Meyer. 1894. Bericht über die auf Schaffung einer künstlichen internationalen Hilfssprache gerichtete Bewegung. Almanach der K. Akademie der Wissenschaften zu Wien 1904 — „Zur Frage der künstlichen Gemeinsprache", Beilage zur Allgem. Zeitung vom 30. Mai 1907. — Von Gustav Meyer vgl. man Essays und Studien zur Sprachgeschichte und Volkskunde II. Bd. S. 23 ff. „Weltsprache und Weltsprachen". — Von Brugmann und Leskien die Schrift: Zur Kritik der künstlichen Weltsprachen 1907. — Von Diels die Rede: Internationale Aufgaben der Universitäten (Preußische Jahrbücher, September 1906). — Von Couturat „Die internationale Hilfssprache", Berlin, Esperanto-Verlag von Möller & Borel, ohne Jahr, und „Eine Weltsprache oder drei". Deutsche Revue (Februar 1907). — Von W. Ostwald „Die internationale Hilfssprache und das Esperanto", Vortrag, gehalten in Berlin am 7. Novbr. 1906.

Wie schon im Texte gesagt wurde, stehe ich, soweit bei der Stellungnahme zum Problem einer internationalen Hilfssprache auch die Ansicht über Wesen und Genesis der Sprache überhaupt zum Ausdrucke kommt, dem am nächsten, was Schuchardt ausgesprochen hat. Dagegen bin ich in Hinsicht auf die praktische Seite der Frage nach einer künstlichen Sprache nicht ganz so zuversichtlich, wie er und nicht ferne dem, was Brugmann meint, der in jenen allgemeinen Fragen Schuchardts Gegner zu sein scheint. Dies ist auf den ersten Blick befremdlich. Aber es erklärt sich daraus, daß mir Schuchardt in jener Zuversicht etwas weiter zu gehen scheint, als seine allgemeinen Prinzipien es verlangen möchten, während anderseits Brugmann in praktischer Hinsicht weniger ablehnend ist, als es sein theoretischer Standpunkt vielleicht erwarten ließe.

Daß man bei dem Weltsprachenproblem, „wie bei einer guten Predigt", mehrere Fragen auseinanderhalten müsse, hat schon G. Meyer betont. Man müsse, meint er, die Frage scheiden: 1. Ist eine Weltsprache wünschenswert. 2. ist eine künstliche Sprache möglich, 3. entspricht das Volapük (und seither kann man das Esperanto und eine Reihe anderer Lösungsversuche dazu fügen) den Bedürfnissen und Anforderungen einer solchen.

Was die letzte Frage betrifft, so ist klar, daß vornehmlich derjenige zu einer Kritik berufen sein wird, der nicht bloß in der Sprachgeschichte sondern vor allem auch in dem bewandert ist, was wir früher die Technik der Sprache nannten. Das ist derjenige, der einerseits die Zwecke und Be- dürfnisse genau kennt, welchen die künstliche Sprache zu genügen hätte, anderseits ein Urteil besitzt über die Mittel, die ihnen am besten und mühe- losesten genügen, wozu nicht bloß die Gabe richtiger Abwägung dessen, was nötig und unnötig und mehr oder weniger nötig ist, gehört, sondern auch ein feines Verständnis für das, was in Hinsicht auf äußere und innere Formen, ohne zu große Schwierigkeit und ohne einen zu harten Kampf gegen Laut- und Stilgefühl in den verschiedenen Kreisen heimisch zu werden vermag, die sich durch die internationale Hilfssprache verständigen sollen.

Bei der Kritik, die man bisher an den angebahnten Versuchen geübt hat, sind treffende Bemerkungen gemacht worden sowohl was das Lautliche, als was das Semasiologische betrifft und sowohl in Hinsicht auf die vorge- schlagenen Methoden der Wortbildung als diejenigen der Syntaxe. Hie und da ist man dabei freilich in den Fehler verfallen, das Ungewohnte, insbesondere das in Hinsicht auf die innere Sprachform unseren Gewohnheiten Zuwider- laufende, ohne weiteres für unnatürlich und lächerlich zu halten. Aber ich kann mir nicht verhehlen, daß auch die Schöpfer der verschiedenen künst- lichen Sprachen solches, was nur durch Gewohnheit sanktioniert ist (wie z. B. manches in der Scheidung der Redeteile, die in den europäischen Sprachen üblich ist), ohne weiteres auf die künstlichen Sprachen übertrugen, als wäre es durchweg etwas Natürliches oder etwas logisch Gerechtfertigtes oder Ge- botenes. Und ebenso offenkundig ist, daß sie in ihren Hilfssprachen einerseits gar manches Entbehrliche mitschleppen, anderseits nur irrtümlich ver- meinen, „allen logischen Schattierungen des Gedankens" im Ausdruck gerecht zu werden und in Hinsicht auf Klarheit und Unzweideutigkeit, wenn nicht den höchsten, doch recht hohen Anforderungen zu entsprechen. Was das letzte betrifft, so sind z. B. im Esperanto nicht bloß eine Menge Äquivokationen in der Syntaxe, in den Ableitungen und dergl. nicht getilgt, sondern auch wer bei den Stämmen der Worte keine Zweideutigkeit mehr sähe, könnte es nur, indem er — durch Gewohnheit getäuscht — weitreichende Gebiete von Homonymie ganz übersähe.

Doch wir wollen diesen kritischen Betrachtungen nicht näher treten, und ebenso die andere der von G. Meyer unterschiedenen Fragen, ob eine Weltsprache oder internationale Hilfssprache wünschenswert sei, nicht noch- mal erörtern sondern nur noch einige Bemerkungen zu dem über ihre Mög- lichkeit Gesagten hinzufügen.

Hier kann man die Gründe, welche gegen die Möglichkeit einer künst- lichen Weltsprache vorgebracht worden sind, meines Erachtens zweckmäßig in drei Gruppen scheiden: in solche, die sich von vornherein als unhaltbar erweisen dürften; in solche, die nur berechtigt sind, sofern die Verfechter des Projektes sich ihre Ziele zu kühn und zu weit stecken, und endlich in solche, die auch abgesehen von solchen Fehlern der Freunde des Unternehmens noch ernste Erwägung erheischen.

I.

Zur ersten Gruppe von Argumenten muß ich es rechnen, wenn man eine künstliche Sprache durch den Vergleich mit dem Homunkulus als etwas Unausführbares darzutun gemeint hat. Schon Schuchardt hat dem gegenüber treffende Bemerkungen gemacht, und daß man sich trotzdem wieder und wieder auf das Bild beruft, hat wohl zum guten Teil nur in einer Zweideutigkeit seinen Grund, die bei der Kontroverse über diese wirkliche oder vermeintliche Analogie unterlaufen ist.

Schuchardt hat eingewendet, daß die Parallele fehle, da ein Homunkulus nie und nirgends aus der Retorte hervorgegangen, vielmehr ein Hirngespinst ist, das nie existiert hat, während das Volapük oder Esperanto existiert oder existiert hat, und es sich nur darum handeln kann, ob es zweckmäßig und kräftig genug gebaut sei, um auf die Dauer lebensfähig zu sein und die ihm zugedachten Aufgaben zu erfüllen. Gust. Meyer aber, indem er eben dies von den künstlichen Weltsprachen bestreitet, will offenbar gerade darin das Tertium comparationis mit dem Homunkulus finden. Indem er stillschweigend zugibt, daß dieser eine Fiktion sei, es sich also nicht um eine Realdefinition sondern nur um eine Nominaldefinition desselben handeln könne, nimmt er offenbar für sie jenes Privilegium der Willkürlichkeit in Anspruch, das man — in gewissen Grenzen — in der Tat jemandem nicht abstreiten kann, der bei einer Phrase wie: „Der Homunkulus ist usw." nichts anderes meint, als: „Unter dem Homunkulus verstehe ich usw."

So ist es denn wohl aufzufassen, wenn der geistvolle Autor a. a. O. S. 35 den Homunkulus beschreibt als „ein lebensschwaches Geschöpf mit altklugem Gesicht, dem der frühe Tod auf die Stirne geschrieben steht." Und daß jede künstliche Sprache ein Homunkulus in diesem Sinne sei und sein müsse, meint G. Meyer aus dem Grunde nicht erst durch Erfahrung konstatieren zu müssen, sondern von vornherein mit Sicherheit annehmen zu dürfen, weil sie so entstehe, wie man sich den (fiktiven) Homunkulus entstanden denkt. „Der Homunkulus ist ein ohne das Zusammenwirken zweier menschlicher Einzelwesen erzeugtes Geschöpf, ein Produkt der wissenschaftlichen Bemühungen eines einzelnen. Ganz ebenso das Volapük." „Die Sprache, ihre Entstehung und ihre Fortbildung ist durchaus an die Berührung zweier Individuen geknüpft" (a. a. O. S. 34). „Leben und Wachstum, zwei Begriffe, die man mit Recht auf die Sprache übertragen hat, sind für Volapük unmöglich, weil kein Blut in seinem Körper rollt, wie es nur die natürliche Zeugung gibt" (a. a. O. S. 35).

Hierin, bei der Statuierung dieser Parallele zwischen den künstlichen Sprachen und dem Homunkulus, scheint mir G. Meyer gänzlich in die Irre zu gehen. Die Parallele besteht in Wahrheit nicht. Wie man nur bildlich vom Leben, Wachstum und Blut der Sprache und dergl. redet, so ist es selbstverständlich auch nur ein Bild, wenn man die Berührung zweier oder mehrerer Individuen, wodurch die natürlichen Sprachen entstehen, mit der Zeugung

lebendiger Wesen durch Berührung zweier Individuen vergleicht. Und wer
zugibt, daß Menschen nur in dieser natürlichen Weise entstehen können,
braucht — da jene Analogie eben nur ein Bild ist — darum nicht im mindesten
zuzugeben, daß auch Sprachen nur in jener natürlichen Weise entstehen
können. Die Freunde der künstlichen Sprachen können gewiß aus jenem Bilde
vielmehr für sich Kapital schlagen und darauf hinweisen, daß — wenn nur
das ebenbürtige Zusammenwirken zweier oder mehrerer Individuen bei der
Sprachentstehung diese zu einer natürlichen macht — offenbar die Art,
wie wir die Schriftsprache oder fremde Sprachen von einem Lehrer oder aus
Büchern lernen, bereits etwas Künstliches an sich hat.

Schon Schuchardt hat auch treffend bemerkt, daß zwar der Gebrauch
der Sprache an eine Mehrheit von Individuen geknüpft ist, nicht aber unter
allen Umständen ihre Entstehung. Und ich möchte hinzufügen, daß es anderseits auch gar nicht zum Begriffe der künstlichen Sprache gehört, von einem
Individuum gebildet zu sein. Was hier natürliche und künstliche Entstehungsweise scheidet, das ist: Plan einerseits und Planlosigkeit anderseits. Wo die
Bausteine nicht bloß nach Maßgabe des momentanen Bedürfnisses sondern nach
einem Plane zum Ganzen zusammengetragen werden, da haben wir es mit einer
künstlichen Entstehung zu tun, gleichviel ob der Bauleute mehr oder weniger
oder ob es nur einer sei. Daß aber Planmäßigkeit des Vorgehens bei der
Sprache von vornherein und unter allen Umständen ausgeschlossen sei, ist
nicht einleuchtend, und wer es aus dem Vergleiche mit den Organismen ab-
leitet, setzt voraus, was er beweisen sollte. Die natürliche, planlose, Sprachentstehung mag man — in gewissen Grenzen — mit dem Entstehen des
Organismus vergleichen, weil hier und dort ein Ganzes entsteht mit einer
Vielheit von ineinandergreifenden Teilen, welche mannigfache, sich gegenseitig ergänzende Funktionen aufweisen, während doch hier und dort niemand
da ist oder wenigstens scheinbar niemand da ist, der einen Überblick über
jenes Ganze und seine Teile besäße und sie zweckmäßig aufeinander be-
rechnete. (Das schließt nicht aus, daß — wie ich auch früher betonte — die
Entstehung der Organismen und die der Sprache im übrigen auch einen Gegensatz bilden, indem bei der letzteren die einzelnen Schritte des Werdens
und Wachsens eine Absicht und ein Wählen zu ihrer nächsten Ursache haben,
bei der ersteren dagegen nicht.) Aber ob, wie ein Organismus, so auch eine
Sprache nur in jener „natürlichen" und nicht auch in anderer Weise entstehen könne, das ist durchaus nicht a priori zu entscheiden.

Auch von der volkstümlichen Entstehung der rechtlichen und staatlichen Bildungen gilt — wir haben es schon betont — etwas Ähnliches wie
vom volkstümlichen Werden der Sprache. Aber dadurch ist keineswegs ausgeschlossen, daß es staatliche und rechtliche Institutionen geben könne, die
das Werk von planmäßiger Absicht und Berechnung sind. Und heute beklagen wir an solchen gesetzgeberischen und staatsmännischen Arbeiten vielfach nicht das Zuviel sondern das Zuwenig des Planvollen und Weitblickenden.

II.

Doch wenn mancher Gegner der künstlichen Weltsprache im Eifer des
Gefechtes über das Ziel geschossen hat, können wir auch nicht wenige ihrer
Freunde keineswegs davon freisprechen, ihrerseits durch Fehler das Unter-

nehmen zu diskreditieren. Dahin gehört es vor allem, wenn man durch eine internationale Sprache gleichzeitig ganz verschiedenen Zwecken dienen will, die eine wesentlich verschiedene Gestaltung des Mittels erheischen würden. Es gehört mit zu den eigentümlichen Zügen der Volkssprache, daß verschiedenartige Bedürfnisse und Motive gleichzeitig auf ihre Entwicklung eingewirkt und dadurch ein Gebilde erzeugt haben und fort und fort weiter gestalten, daß jedem jener Zwecke in gewissem Maße, aber keinem in vollkommener Weise entspricht und jedem derselben mit einem gewissen Widerstreben dienstbar gemacht werden muß. Man entschuldigt die Mängel in der einen und anderen Richtung eben mit der Planlosigkeit der Entstehung und dem Umstand, daß dabei verschiedenartigen — zum Teil unvereinbaren — Anforderungen stückweise Rechnung getragen wurde. Wenn es sich aber um eine planmäßige Schöpfung handelt, so verlangt man etwas dem Zwecke, den man sich gesetzt hat, vollkommener entsprechendes, als es das planlos gewordene ist.

Das setzt aber meines Erachtens voraus, daß die Erfinder der Weltsprache es sich nicht zur Aufgabe machen, gleichzeitig und gleichmäßig den Anforderungen gerecht zu werden, wie sie die Bequemlichkeit des täglichen Verkehrs und anderseits Logik und Wissenschaft und wiederum Ästhetik und Poesie an die Sprache stellen, und die — wie ich schon im Text ausgeführt habe — oft schwer oder gar nicht zu vereinigen sind. Auch wer die Frage offen ließe, ob eine künstliche Sprache Aussicht habe oder nicht, den Zwecken des Dichters überhaupt in idealerer Weise zu dienen als unsere Volkssprachen es tun, müßte doch zugeben, daß es jedenfalls ein undankbares Geschäft ist, künstlich ein Gebilde schaffen zu wollen, das poetisch auch nur so brauchbar sein soll wie die Volkssprachen, wenn es zugleich besser als diese den Zwecken des Handels und Verkehrs und denen der Wissenschaft zu dienen hat.[1]

Auch schon die letzten beiden Aufgaben zu vereinigen, scheint mir ein allzu kühnes Beginnen. Eine zu den Zwecken des internationalen wissenschaftlichen Verkehrs geschaffene Sprache, auch wenn sie noch nicht das sein oder anstreben will, was Cartesius oder Leibniz vorschwebte, muß doch in Hinsicht auf logische Exaktheit und Vollständigkeit weit mehr bieten, als für solche bequem und passend ist, denen eine internationale Sprache für den kommerziellen Verkehr wünschenswert ist. Auch hier müßte der eine dem fluchen, was der andere segnet. Denn wie der poetische Schmuck und die stilistischen Schönheiten, so würden die Mittel, welche einem höheren Maße von Klarheit und Unzweideutigkeit und einem größeren Reichtum an logischen

---

[1]) Wenn die Freunde des Esperanto ihm nachrühmen, daß die Werke der Poesie ohne Schmälerung ihres Reizes aus den Volkssprachen in jenes künstliche Idiom übertragbar seien und daß sich so das Ideal einer Weltliteratur, wie es Herder und Goethe vorgeschwebt, am einfachsten als realisierbar erweise, so wäre zu untersuchen, ob das Vergnügen, welches sie bei diesen Übersetzungen finden, ein rein ästhetisches und nicht irgend ein Surrogat dafür ist. Auch wäre zu fragen, ob die Schönheiten des Originals dabei wirklich im Esperanto und seiner äußern und innern Sprachform zur Wiedergabe und darum auch für einen solchen zur Wirkung kommen, der das Original nicht kennt und nicht in der Erinnerung daran den Genuß findet.

Nuancen zu dienen haben, als ein lästiger Überfluß empfunden werden von allen, denen solche Anforderungen an die Sprache fremd sind. Und dieser Luxus wird sich ihnen um so beschwerlicher geltend machen, je mehr er sich nicht bloß in der Nomenklatur sondern in der Syntaxe und im ganzen Bau der Sprache ausprägte.

III.

Es erübrigt die Frage, wie es mit der Möglichkeit einer Weltsprache stehe, wenn man von den oben berührten, offenkundig zu weit gespannten, Forderungen absieht, wie dies von den besonnensten Freunden des Projekts (namentlich Schuchardt) selbst empfohlen worden ist. Man könnte ja nicht bloß die Aufgabe, Werkzeug des Dichters zu sein, den natürlich gewachsenen Sprachen überlassen, sondern, auch was die übrigen Dienste betrifft, welche die Sprache zu leisten hat, bei dem internationalen Hilfsidiom eine Teilung der Arbeit eintreten lassen. Man kann einesteils ein internationales Verständigungsmittel für den kommerziellen Verkehr, andernteils ein solches für den Austausch der wissenschaftlichen Ideen, wie es früher das Latein war, anstreben, und wenn auch gegen die Möglichkeit der Realisierung eines solchen Verlangens Bedenken sprechen, so sind sie offenbar am ernstesten zu nehmen. Und in der Tat wird, meine ich, namentlich die Schöpfung und Verbreitung einer internationalen wissenschaftlichen Sprache als Ersatz des Latein Schwierigkeiten begegnen. Hier insbesondere wird das eintreten, was ich schon im Texte eindringlich hervorhob, nämlich daß das Bessere sich als Feind des Guten erweist. Mag auch die künstliche akademische Sprache, außer dem Vorteil, daß sie international ist, den Vorteil bieten, daß sie den wissenschaftlichen Anforderungen besser entspricht als die natürlichen (und dies wird man von einer planmäßig gebildeten doch sicherlich erwarten dürfen), wo soll mit den Anforderungen höherer Vollkommenheit Halt gemacht werden? Werden alle Wissenschaften (trotz des verschiedenen Standes ihrer Entwicklung) in dieser Beziehung dasselbe Maß verlangen, und wenn — wie sicher anzunehmen — dies nicht der Fall ist, werden die Angehörigen eines Faches, denen mit größerer logischer Durchsichtigkeit und Vollendung des Werkzeugs gedient wäre, sich mit dem geringeren Maß zufrieden geben oder wird umgekehrt derjenige, der jene größere Annäherung an die wissenschaftliche Idealsprache für seinen Teil nicht fordert, doch ein damit ausgestattetes Idiom adoptieren, trotzdem es mancherlei Unbequemlichkeit (wie z. B. größere Umständlichkeit der Ausdrucksweise und dergl.) mit sich führt?

Sowohl bei der akademischen als bei der kommerziellen internationalen Sprache wird ferner die Sorge und Schwierigkeit entstehen, zu verhüten, daß sie nicht verwildern. Es ist von verschiedenen Seiten darauf hingewiesen worden, daß in phonetischer Beziehung aus einer internationalen Sprache sofort eine Menge von Dialekten entspringen würden, indem Angehörige verschiedener Völker, denen eine Verschiedenheit des Artikulationsvermögens und der Artikulationsbasis eigen ist, dieselben Schriftzeichen verschieden aussprechen werden. Und da niemand die Weltsprache als Muttersprache rede, so fehle eine Norm, an welcher die Abweichungen immer wieder ihre Korrektur und Beschränkung fänden. Doch könnte man hier wohl einwenden, daß wohl das Streben sich gegenseitig verständlich zu bleiben, von selbst jede der Parteien dazu bewegen wird, sich gewisse Reserven in der lautlichen Nationalisierung des gemeinsamen Idioms aufzuerlegen und alle insgesamt, Anstalten zu treffen, daß dem Übelstande vorgebeugt und, wo er doch eingerissen ist, abgeholfen werde.

Aber nicht bloß in lautlicher, sondern auch in stilistischer Beziehung drohen der künstlichen Sprache Differenzierungen, welche die Einheit gefährden. Ihre Freunde haben sich darauf berufen, daß aller Eigenbrödelei zum Trotz doch ein einheitliches Maß und Gewicht, ein einheitliches Geld, einheitliche Zivil- und Kriminalgesetze in Kreisen eingeführt worden seien, wo früher die bunteste Mannigfaltigkeit herrschte. Allein man scheint — wie auch schon gesagt worden ist — dabei zu vergessen, daß (von allem anderen abgesehen) in der Sprache weit mehr als bei allen jenen Dingen die Persönlichkeit und Individualität zum Ausdruck kommen will. Kein Wunder darum, wenn manche Leute deswegen gegen die Weltsprache Stellung nehmen, weil sie in sprachlicher Beziehung noch weniger, als in bezug auf den Stil der Wohnung und Zimmereinrichtung, es vertragen können, allzusehr von einer einförmigen Schablone beherrscht zu werden. Anderseits ist es begreiflich, daß, wer von Gebieten kommend, wo jede Rücksicht auf Schönheit und Originalität der Bezeichnungsweise mangelt, wie bei dem streng wissenschaftlichen Zeichensystem der Mathematiker oder der Chemiker, die Frage der Universalsprache ins Auge faßt, sich leichter für sie begeistert und die Opposition nicht völlig begreift, die andere gegen sie erheben.

Immerhin möchte ich von diesen letzteren Bedenken nicht ohne weiteres sagen, daß sie die Einführung und Erhaltung einer künstlichen Sprache unmöglich machen. Es liegt zwar im Wesen der künstlichen Sprache, daß sie planmäßig geregelt sei und vervollkommnet werde, während die Volkssprache planlos entstanden ist und sich den steigenden Bedürfnissen vollkommen angepaßt hat. Doch braucht auch bei der ersteren nicht jegliche Freiheit der Bewegung bei den Individuen ausgeschlossen zu sein. Genug, wenn sie in einem Rahmen bleibt, der den ursprünglichen Charakter und die Verständlichkeit nicht stört, und wenn Vorsorge getroffen wird, daß Verbesserungen und Anpassungen an neue Bedürfnisse, welche innerhalb der fest geregelten Methoden nicht möglich sind und radikalere Änderungen erfordern, wiederum, ebenso wie die ursprüngliche Schöpfung, planmäßig und einheitlich durchgeführt werden und werden können.

Mit diesen Gedanken wollte ich das schwierige Problem nicht erschöpfen sondern durch den Hinweis auf ein Zuviel des contra und des pro, etwas dazu beitragen, daß die Gegner nicht auch das Mögliche von vornherein als unmöglich bestreiten, die Freunde nicht ihrerseits zu kühne Projekte entwerfen und durch Anstreben von Allzuschwierigem oder von Unmöglichem auch das Mögliche diskreditieren.

Zu Seite 48, Zeile 11 von unten: Windelband hat freilich gerade gegen diesen Versuch Brentanos in der Geschichte des philosophischen Denkens eine Gesetzmäßigkeit aufzuweisen, scharfe Einsprache erhoben. Unter den verschiedenen Versuchen, „eine allgemeine Formel für den historischen Prozeß zu finden", sei „keiner so verfehlt und künstlich wie dieser", und von seinem Standpunkte erschienen „die Gestalten der Philosophiegeschichte in schiefer Perspektive und in verzerrten Verhältnissen" usw. (Archiv für Geschichte der Philosophie. Neue Folge, III. Band. 1897. S. 292 ff.)

Sieht man genauer zu, wie diese Vorwürfe gemeint und begründet sind, so zeigt sich, daß Windelband der Brentanoschen Darstellung ein Doppeltes entgegenhält: erstens, daß sie gewisse Philosophen als Vertreter einer skeptischen oder als Vertreter einer unnatürlich-mystischen Denkweise usw. auffasse, die dies nicht verdienen; zweitens, daß ein Gesetz der Suzession solcher Phasen des Philosophierens, speziell die Aufeinanderfolge einer Phase aufsteigender (von theoretischem Interesse beseelter) Entwicklung, dann einer solchen mit mehr praktischem Interesse, weiter einer solchen mit einem skeptischen und einer solchen mit mystischem Charakter, sich nicht bewähre.

Was das erstere betrifft, so lehnt der Autor aber jede eingehende Diskussion pro und contra ab, indem er z. B. zu Brentanos Charakteristik von Kants transzendentalem Idealismus als einer „widernatürlich kecken Behauptung" bloß bemerkt, jedes Wort darüber sei überflüssig, und, indem er auch die Einordnung Humes unter die Skepsis nur kurzweg als eine oberflächliche Etikettierung bezeichnet. Wir müssen es also dem Urteil anderer Fachmänner und der Zukunft überlassen, zu entscheiden, ob jemand, nach dessen Ansicht allen Erfahrungsschlüssen und somit allen sog. Erfahrungswissenschaften die logische Rechtfertigung fehlt, mit Recht zu den Skeptikern gezählt wird oder nicht, und ebenso, ob der Versuch, die Möglichkeit synthetischer Erkenntnisse a priori durch die Annahme zu begründen, daß unser Urteil sich nicht nach den Gegenständen, sondern diese sich nach jenem zu richten hätten, nicht der „Spekulation" in einem bedenklichen Sinne dieses Wortes, d. h. einer gewissen Willkür und verfehlten Methode, die Tore öffnen mußte und geöffnet habe.

Was dagegen das zweite betrifft, nämlich daß in der Geschichte auch schon mystische Erscheinungen vor den von Brentano statuierten Zeiten mystischer Stadien und ebenso skeptische vor denjenigen der Skepsis usw. aufgetreten seien, so scheint mir dieser Einwand nicht triftiger, als wenn man gegen das meteorologische Gesetz, daß auf die sommerliche, höhere, eine herbstliche, tiefere Temperatur folge, geltend machen würde, daß doch oft auch schon im August Tage mit herbstlicher und wiederum im September und Oktober solche mit sommerlicher Temperatur sich einstellten. Wie dieser Einwand ignoriert, daß jenes meteorologisches Gesetz ein bloß empirisches sein will, so scheint mir Windelband seinerseits den eigentümlichen, empirischen Charakter der historischen Gesetze zu verkennen, und dann muß natürlich ihre Aufstellung als Anwendung eines Prokrustesbettes, als Verzerrung der Tatsachen und dergl. erscheinen. —

Seite 49, Zeile 19 von oben ist nach terrestrischen einzufügen: oder Geo-Physik.

Seite 60, Zeile 12 des Textes von unten muß es heißen: S. 288 statt 287.

Seite 93, Zeile 6 von unten muß es heißen: dieser „Untersuchungen" statt: dieser Beiträge, und Erörterung statt: Untersuchung.

Seite 196, Zeile 12 von oben ist nach: „in der Bedeutung" einzufügen: (δ).

Seite 197, Zeile 3 von oben soll es heißen: die erste von ihnen, statt: die eine derselben.

Zu Seite 273, Zeile 9 von oben. Wenn hier gesagt ist, auf die Existenz der schönen Gegenstände komme es nicht an, so soll damit nicht geleugnet werden, daß beim ästhetischen Genuß nicht auch — wie von verschiedener Seite hervorgehoben worden — Wertgefühle dieser Art, und ebenso intellektuelle, als Unterstützungsmittel beteiligt sein könnten. Aber diese Freuden an der Erkenntnis und jene im engeren Sinne ethisch genannten Wertgefühle (z. B. die Freude an wirklicher, nicht bloß ersonnener, Harmonie zwischen Tugend und Glück u. dergl.) sind dann eben nicht der wesentliche Kern der ästhetischen Freuden. Und dasselbe gilt von der Freude an der Zweckmäßigkeit und im gewissen Maße auch von derjenigen an der Ächtheit des Materials. Darum kann ja auch das Schlechte Gegenstand künstlerischer Darstellung sein. (Vgl. B r e n t a n o „Das Schlechte als Gegenstand dichterischer Darstellung“ 1892.)

Zu Seite 281, Zeile 14 von oben. Auch H u s s e r l (Logische Unter-suchungen II, S. 25 ff.) adoptiert den Terminus „Motiv“ für das Urteilsgebiet und verwendet ihn für den Begriff des „Anzeichens“ im Sinne der „tatsäch-lichen Anzeige für irgend etwas“. Doch erklärt er (wie Meinong und im Gegensatz zu Brentano) daß es sich bei Wahrnehmung der Motiviertheit nicht um Wahrnehmung von Kausation handle.

Zu Seite 288, Zeile 14 von oben. Daß das „ein Urteil fällen sollen“, welches wir die Bedeutung der Aussage nennen, auch speziell den Sinn haben kann, daß das betreffende Urteil richtig sei (sofern der Aussagende die Absicht hat die Wahrheit kundzugeben) wird später berührt werden. Vgl. S. 374 ff.

Zu Seite 291, Zeile 12 des Textes von unten. Daß die absichtliche Kundgabe der eigenen psychischen Zustände (und seiner Inhalte) eine Deutung derselben involviere, gilt vom spezifisch menschlichen Sprechen. Bei der tierischen Sprache kann, wie nur uneigentlich von einer solchen Deutung (nämlich im Sinne konkreter Assoziationen), so auch nur uneigentlich von einem absichtlichen Kundgeben des psychischen Lebens die Rede sein.

Seite 306, Zeile 6 von unten ist das Zeichen [1]) zu tilgen.

Seite 314, Zeile 20 von oben ist: eine Komperzeption — zu tilgen.

Zu Seite 330, Zeile 13 des Textes von unten. Diesen Ausdruck hat bekanntlich Meinong (in der Abhandlung: Über Gegenstände höherer Ordnung usw., Zeitschrift für Psychologie, 21. Bd., und in dem Buche: Über Annahmen) speziell für die immanenten Gegenstände verwendet, und in der Schrift: Die Erfahrungsgrundlagen unseres Wissens (Berlin 1906, S. 56) interpretiert er ihn in analoger Weise, wie wir es hier tun, nachdem er schon am zuerst a. O. S. 187 gesagt hatte, „daß vielleicht geradezu die Frage aufgeworfen werden könnte, ob bei einem immanenten Objekte als solchem überhaupt je von Existenz im eigentlichen Sinne zu reden ist“. Was in Wahrheit existiere, sei im betreffenden Falle eben die Vorstellung usw. Vgl. auch den Zusatz zu Seite 416, Z. 16 von oben.

Zu Seite 338, Zeile 8 des Textes von unten. Dies ist populär gesprochen. Wer entsprechend den Ausführungen Seite 296 den Begriff des Unmöglichen faßt als dasjenige, was apodiktisch als nicht seiend erkannt werden kann, weiß auch, daß möglich nur als Negation von unmöglich, also als das zu fassen ist, was nicht notwendig nicht ist. Und so ist natürlich auch die

Existenz einer Möglichkeit nichts anderes als die Wahrheit, daß etwas nicht notwendig nicht ist.

Zu Seite 354, Zeile 13 von oben ist einzufügen: § 76.

Seite 358, Zeile 11 des Textes von unten muß es heißen: sofern das Nichtreale, statt: sofern es usw.

Seite 364, Zelle 15 von oben muß es heißen: Durch unmittelbare Kundgabe usw.

Zu Seite 380, Zeile 1 von unten: Dies gilt (und unter derselben Voraussetzung ist das S. 524 ff. und anderwärts über den Funktionswechsel von Aussagen in Emotive Gesagte zu verstehen), wenn das, was sonst eine Aussage über meine Emotionen ist, nun als unmittelbare Kundgabe derselben zum Zwecke der Erweckung fremder gemeint ist und aufgefaßt wird. Und das kann meines Erachtens vorkommen.

Seite 381, Zeile 1 von oben muß es statt: daß dies in gewissen Grenzen usw. heißen: daß etwas Ähnliches (nämlich ein gewisser Funktionswechsel) auch bei den Aussagen vorkommt.

Ebenda Zeile 13 von oben: Durch diese andere „Färbung“ tritt zur Aussage noch nebenbei ein Emotiv; aber wir haben es nichtsdestoweniger auch wahrhaft mit einer Aussage zu tun; nur — falls es sich in der angegebenen Weise um eine Gefühlsfärbung handelt — nicht um eine Aussage über die eigenen Gefühle.

Zu Seite 382, Zeile 10 von oben: Wenn hier gesagt ist, Glückwünsche und Beileidsbezeugungen hätten meines Erachtens „zunächst“ die Funktion einer Aussage im Sprechenden, so meine ich dies unter Absehen von ihre etwaigen „Gefühlsfarbe“, wodurch auch sie nebenbei zu Emotiven werden können. Dagegen darf man nicht glauben, eine Aussage würde dadurch zu einem Emotiv, daß etwa ihr entfernterer Zweck (und wenn es auch in den Augen des Sprechenden der wichtigere und entscheidende sein sollte) darin liegt, im Hörer gewisse Gefühle oder Willensentschlüsse zu erwecken. Wer Vorträge über Ethik hält, mag als eigentlichen und letzten Zweck der Belehrungen, die er gibt, die Erweckung gewisser Gefühle und guter Vorsätze (also Willensentschlüsse) bei seinen Zuhörern beabsichtigen. Aber seine Äußerungen bleiben darum doch Aussagen, außer sofern der Vortragende etwa durch die „Wärme“ und den Gefühlston seines Vortrags (also durch eine unmittelbare Kundgabe seiner Gefühle) auf die Gefühle der Hörer einwirkt. Ebenso wird eine dichterische Erzählung nicht dadurch zu einem Emotiv, daß der Dichter die Absicht hat, durch die Erweckung schöner Vorstellungen im Hörer ästhetischen Genuß zu erwecken.

So ist denn auch, wenn wir eine Aussage über die eigenen Gefühle machen (wie bei einem Glückwunsch oder einer Beileidsbezeugung) entscheidend, ob damit noch etwas verbunden ist, was in unmittelbarer Weise unsere Gefühle kundgibt (nicht in der mittelbaren Weise einer Aussage über sie) und nur, wenn dies der Fall ist, tritt zur Aussage ein Emotiv.

Dies scheint mir die einzige Weise zu sein, wie prinzipiell eine Grenze zwischen diesen beiden Klassen von Autosemantika gezogen werden kann. Und in diesem Sinne ist es — wie übrigens schon aus dem S. 364 Gesagten hervorgeht — auch zu verstehen, wenn ich (z. B. S. 373, 377) als das Wesentliche des Emotivs bezeichne, daß seine nächste und primäre Intention auf die

Erweckung von fremden Interessephänomenen gerichtet sei. Es ist gemeint: die Erweckung solcher in direktem Zusammenhang mit der unmittelbaren Kundgabe der eigenen. Was dagegen in einem anderen Sinne „primär" (z. B. als Wichtigstes) intendiert sei, kommt hier nicht in Frage.

Zu Seite 392, Zeile 3 des Textes von oben vgl. den Zusatz zu Seite 416, Zeile 16 von oben.

Zu Seite 396, Zeile 19 des Textes von oben: Auf diese Eigentümlichkeit unseres Glaubens an den Sinnenschein hat besonders Brentano aufmerksam gemacht.

Seite 397, Zeile 2 der Anmerkung von unten soll es heißen: Allein damit ist nur gesagt, daß uns Farben, Töne usw.

Seite 410, Zeile 22 der Anmerkung von unten muß es heißen: was man gewiß öfter mit der Gleichheit usw.

Zu Seite 411, Zeile 8 und 9 der Anmerkung von unten: Wenn hier gesagt ist, daß die (obliquen) Kasus oft Korrelationen oder relative Bestimmungen bedeuten, so heißt dies nicht, daß sie solche nennen. Sind sie doch synsemantische Bezeichnungsmittel! Näheres darüber im II. Band.

Zu Seite 416, Zeile 16 von oben: Schon Husserl hat die „Bildlichkeit" der Rede von einem immanenten Gegenstand hervorgehoben (und die Rolle, welche diese Fiktion z. B. beim ontologischen Argument spielte), und wenn er also (wie S. 397 erwähnt wurde) von einem Erlebtwerden der Farben und Töne spricht, so kann er offenbar nicht die „immanenten" meinen. (Und wenn auch nicht die wirklichen, so können nur die Empfindungen gemeint sein, womit ich — abgesehen von der Ausdrucksweise — vollkommen einverstanden bin.) Auch Meinong (Über die Erfahrungsgrundlagen usw., S. 56) sagt, daß „eine Existenz „für" irgend jemanden strenge genommen ein Ungedanke" sei. „Ein Objekt, das nur in meinem Verstande existiert", existiere „eigentlich gar nicht", während in Wahrheit etwas anderes existiert. Und dies sei der Sinn, in welchem er von „Pseudoexistenz" der immanenten Gegenstände spreche. (Dasselbe gilt dann natürlich von den immanenten „Objektiven".)

Aber wenn man nun, unter Ablehnung des immanenten Gegenstandes, nach einer anderen und völlig befriedigenden Erklärung des Sachverhaltes bei der sog. Bewußtseinsbeziehung frägt, ist sie in den dortigen Ausführungen Meinongs über die „Auswärtswendung" und „Einwärtswendung" der Inhalte (worunter er, wie wir wissen, reale Momente am Vorstellen usw. versteht) wirklich gegeben? Meines Erachtens kann die Lösung nur darin gesucht werden, daß man zwar jedes Bewußtsein als eine ideelle Verähnlichung mit einem Gegenstand oder Inhalt (in unserem Sinne) faßt, aber das eine Mal im Sinne einer Relation, das andere Mal bloß in dem einer relativen Bestimmung. Und die klare Scheidung zwischen beiden, wie wir sie oben gegeben haben, zeigt, daß die letzte bestehen kann ohne daß beide Fundamente existieren, während dies von der ersteren anzunehmen absurd ist. Dadurch wird der Fiktion eines immanenten Gegenstandes definitiv jeder Schein der Berechtigung entzogen und der Anlaß beseitigt, nach irgendeinem Ersatz dafür zu suchen.

Zu Seite 421, Zeile 15 des Textes von oben: Anders, wenn James bloß leugnen wollte, daß zwischen dem Gedanken und dem Gedachten eine Ähnlichkeit oder Gleichheit im gewöhnlichen Sinne bestehe. Dies haben natürlich auch wir geleugnet (vgl. S. 407 ff.). Aber eine solche Ähnlichkeit besteht auch nicht zwischen den Sensationen und ihren Objekten, wo er doch zugeben will, es könne *with any show of plausibility* von ihnen gesagt werden, daß sie *resemble their objects* (a. a. O., p. 471). In dieser Beziehung muß meines Erachtens von den Sensationen und den Gedanken ganz dasselbe gelten. (Und auch die Existenz eines immanenten Objekts ist bei den Sensationen abzulehnen.)

Zu Seite 423, Anmerkung 1, Zeile 5. Dies gilt insbesondere auch von Husserl, der (vor mir) Einwände gegen die Annahme immanenter Gegenstände gemacht hat, die berechtigt sind (vgl. Logische Untersuchungen, II, S. 350 ff.) und ihre volle Geltung gewinnen, wenn der damit verbundene Semantizismus entfällt. Stückweise — nämlich was das uneigentliche Denken betrifft — ist ja auch dieser Forscher, wenn ich recht verstehe, der Ansicht, daß die Gedanken in keiner Weise das sind, was sie „meinen". Denn dies ist meines Erachtens darin involviert, daß er den Unterschied des uneigentlichen gegenüber dem eigentlichen Denken nicht in einer Differenz des Vorgestellten sondern in einer besonderen Aktqualität sucht. Und auch das muß ich für bedenklich halten Ja, mir will scheinen, daß, wenn doch das eigentliche und uneigentliche Denken Bewußtseinsakte im selben Sinne und beide objektivierende Akte sein sollen, es entweder von beiden gelten muß oder von keinem gelten kann, daß sie ihrem Wesen nach eine mögliche oder wirkliche Verähnlichung mit dem Objekte seien. Wie dies meines Erachtens auch bezüglich der Anschauung einerseits und allem begrifflichen Denken andererseits gilt.

Seite 424, Zeile 17 von oben muß es heißen: jeder psychischen Tätigkeit statt: jeder physischen.

Ebenda Zeile 2 der Anmerkung von oben muß es heißen: Komperzeptionen, statt: Komperzeption und Zeile 3 statt: ausgenommen eben jenes usw. vielmehr: nicht aber das Erfassen jenes Verhältnisses usw.

Zu Seite 427, Zeile 8 von oben. Ich gebrauche hier (ebenso wie Seite 388) den Terminus Objektsbeziehung im üblichen Sinne für Bewußtseinsbeziehung überhaupt.

Seite 430, Zeile 4 und 5 der Anmerkung von unten ist: (der Komperzeption) zu streichen.

Zu Seite 435, Zeile 11 von oben. Bei B. Kerry (Über Anschauung und ihre psychische Verarbeitung, I. Art. Vierteljahrsschr. für wissensch. Philos. 1885. S. 483) finde ich die Bemerkung, daß Leibniz in dem Aufsatz „De analysi situs", Ausgabe der Werke von Pertz, 3. Folge, 5. Bd., S. 153f., 197f. „im Gegensatz zu dem (nach der Ansicht unseres Philosophen) von den Mathematikern viel zu eng definierten Begriffe der Ähnlichkeit von Gebilden" einen Begriff der „Ähnlichkeit im allgemeinen" einführt. „Hiernach werden ähnlich solche Dinge genannt, welche nicht durch Betrachtung jedes einzelnen für sich (singula per se considerata, oder auch singillatim) sondern nur durch vergleichende Wahrnehmung (comperceptio) unterschieden werden können." — Der Terminus ‚comperceptio' scheint also hier in ähnlichem Sinne verwendet, wie ich ihn gebrauchen möchte.

Zu Seite 441, Zeile 1 der Anmerkung von oben ist hinzuzufügen: Und hier wird man wohl sagen müssen, daß auch der Gedanke an das Erfassen des Gemeinsamen notwendig mit dem Begriffe verbunden sei.

Zu Seite 446, Anmerkung, Zeile 18 von oben: Die Erfahrungen, die zum Kolligieren Anlaß geben, können natürlich mannigfacher Art sein; solche von Ähnlichkeiten, Unterschieden und Relationen anderer Art, aber auch von besonderen Gefühlen und Erinnerungen, die sich an das Zusammengegebene knüpfen usw. Dann aber können, wie schon bemerkt, Kollektiva auch frei erfunden werden nach Analogie zu denen, zu deren Bildung ein Anlaß in dem Kolligierten gegeben war.

Zu Seite 458, Zeile 4 von oben: Daß, wenn der „gemeinte Gegenstand" die Relation selbst (oder das Korrelative und Relative als solches) ist, die Relationsvorstellung nicht eine uneigentliche sei, ist selbstverständlich und gewiß nie von jemanden geleugnet worden. Geht sie ja dann doch eben auf das „Wesen" des von ihr Erfaßten.

Zu Seite 483, Zeile 17 des Textes von unten: Wer, wie die Vorstellungen von Urteils-, so konsequent auch diejenigen von Interesseinhalten leugnet, kann natürlich auch die Worte „gut", „schlecht", „vorzüglich" usw. nicht als Namen gelten lassen. Auch dies, wie ich glaube, mit Unrecht.

Zu Seite 496, Zeile 13 von oben: In welchem Sinne von den affirmativen Wahrheiten gilt, daß auch ihre Gegenstände bestehen (oder die ihnen zugrunde liegende Vorstellung ihrem Gegenstande tatsächlich adäquat ist) wurde schon früher erörtert. Vgl. z. B. S. 339. Es gilt in dem Sinne, daß doch nur Individuelles existiert.

Zu Seite 497, Zeile 4 des Textes von unten: Damit soll natürlich nicht geleugnet sein, daß wir Zeichen und Bedeutung als ein durch eine gewisse Relation begründetes Kollektiv zusammenfassen (und ebenso eine Vielheit von Zeichen mit Rücksicht auf ihre etwaige einheitliche Bedeutung). Aber mehr könnte ich nicht zugeben, und auch nicht, daß diese Zusammenfassung und Gliederung notwendig zum Verständnis gehöre oder ihm vorausgehen müsse.

Zu Seite 498, Zeile 14 von oben: Im Anschlusse an diese Unterscheidung von „okkasionell" im Sinne einer individuellen Neuerung und „usuell" im Sinne von etwas allgemein üblichem, könnte auch noch die Scheidung gemacht werden von „okkasionell" im Sinne von etwas, was bloß im Drange des momentanen Bedürfnisses und ohne einen Gedanken an die Zukunft (planlos) und „usuell" im Sinne von etwas, was planmäßig und mit der Absicht auf dauernden Gebrauch, eingeführt wird.

Seite 524, Zeile 1 des Textes von unten ist „meist" zu streichen.

Seite 525, Zeile 1 von oben ist „bekanntlich" zu tilgen. Daß „Farbe" manchmal in einem weiteren Sinne für „Nuance" oder „Schattierung" der Bedeutung überhaupt gebraucht wird, bedarf kaum der Bemerkung.

Seite 566, Zeile 3 des Textes von unten muß es heißen: Aus Imperzeption in den Anschauungen und durch Komperzeption und „Reflexion" gewinnen wir usw.

Seite 567, Zeile 1 der Anmerkung von oben soll es heißen: und komperzeptive und reflexive Begriffe . . . aus entsprechenden Komperzeptionen und „Reflexionen".

Seite 568, Zeile 8 des Textes von unten muß es heißen: (oder „Reflexionen" und Komperzeptionen).

Seite 597, Zeile 10 von oben muß es heißen: Imperzeptionen, Komperzeptionen und „Reflexionen".

Seite 602, Zeile 1 des Textes von unten soll es heißen: in der ihr. statt: in der ihm usw.

Seite 620, Zeile 11 von oben muß statt I. stehen: *I.*

Zu Seite 622, Zeile 2 der Anmerkungen von unten: Wenn hier gesagt ist, das Ganze der Volkssprache sei nicht Gegenstand einer Absicht, so soll damit natürlich nicht geleugnet werden, daß nicht auch diese Vorgänge dieselbe letzte Ursache haben oder haben können wie das Ganze der Natur. Aber ihre Gesamtheit hat nicht für sich eine besondere zwecksetzende Ursache.

Seite 624, Zeile 9 von unten muß statt II. stehen: *II.*

Seite 633, Zeile 6 der Anmerkung von unten ist nach Komperzeptionen einzufügen: und „reflexive" Vorstellungen usw.

Zu Seite 695, Zeile 5 des Textes von unten: Mit den Lippenbewegungen und anderen derartigen sichtbaren und wohlbekannten Aktionen ist ja für die Erzeugung der verschiedenen nachahmenden Laute meist noch wenig getan.

Zu Seite 696, Zeile 1 von oben ist hinzuzufügen: oder erweitern Sie die Stimmritze (dies geschieht, wenn z. B. der Laut A oder Ä, insbesondere in möglichst hoher Stimmlage, angeschlagen wird).

Zu Seite 720, Zeile 1 der Anmerkung von unten ist hinzuzufügen: Es darf auch nicht vergessen werden, daß der Begriff des Zeichens gegeben sein kann vor allgemeinen Erkenntnissen der obigen Art.

Druck von Erhardt Karras, Halle a. S.

Lightning Source UK Ltd.
Milton Keynes UK
UKHW010052260119
336225UK00012B/1144/P